Feminismo, Pluralismo e Democracia

Roberto Parahyba de Arruda Pinto
Alessandra Camarano
Ellen Mara Ferraz Hazan

Coordenadores

FEMINISMO, PLURALISMO E DEMOCRACIA

Associação Brasileira
de Advogados Trabalhistas

EDITORA LTDA.
© Todos os direitos reservados

Rua Jaguaribe, 571
CEP 01224-003
São Paulo, SP – Brasil
Fone (11) 2167-1101
www.ltr.com.br
Março, 2018

Produção Gráfica e Editoração Eletrônica: LINOTEC
Imagem de Capa: Renato Diniz
Projeto de Capa: Fabio Giglio
Impressão: BOK 2

Versão impressa: LTr 5976.6 — ISBN: 978-85-361-9575-9
Versão digital: LTr 9338.8 — ISBN: 978-85-361-9602-2

Dados Internacionais de Catalogação na Publicação (CIP)
(Câmara Brasileira do Livro, SP, Brasil)

Feminismo, pluralismo e democracia / Roberto Parahyba de Arruda Pinto, Alessandra Camarano, Ellen Mara Ferraz Hazan, coordenadores. – São Paulo: LTr, 2018.

Vários autores.
Bibliografia.

1. Democracia 2. Feminismo 3. Identidade de gênero 4. Igualdade perante a lei 5. Mulheres - Condições sociais 6. Mulheres - Direitos 7. Mulheres - Trabalho 8. Pluralismo 9. Sexualidade 10. Violência contra as mulheres I. Pinto, Roberto Parahyba de Arruda. II. Camarano, Alessandra. III. Hazan, Ellen Mara Ferraz.

18-13142   CDD-305.42

Índice para catálogo sistemático:
1. Feminismo : Sociologia 305.42

Sumário

APRESENTAÇÃO 9
Roberto Parahyba de Arruda Pinto

O PONTO DE VISTA FEMINISTA 11
Roberto Parahyba de Arruda Pinto

A PREVIDÊNCIA SOCIAL COMO INSTRUMENTO PARA EFETIVAÇÃO DA IGUALDADE DE GÊNERO 15
Adriane Bramante de Castro Ladenthin, Jane Lucia Wilhelm Berwanger e Julieth Berwanger Eckert

A (IN)VISIBILIDADE DA MULHER COMO ESTRATÉGIA DE MANUTENÇÃO DA CULTURA DO PATRIARCADO E DAS DESIGUALDADES SOCIAIS, APARELHADOS PELO SISTEMA CAPITALISTA 23
Alessandra Camarano Martins

O DIÁLOGO ENTRE O PECADO CAPITAL, "NASCER MULHER" E OS SONHOS QUE PULSAM E SE TRANSFORMAM NA BUSCA PELA IGUALDADE 27
Aline Corrêa

O DEBATE SOBRE ASSÉDIO NAS REDES SOCIAIS 31
Ana Amélia Mascarenhas Camargos e Paula Camargos Sacchetta

TRABALHADORES E TRABALHADORAS DO BRASIL: ONDE ESTÁ A IGUALDADE? O PAPEL DO MINISTÉRIO PÚBLICO DO TRABALHO NO COMBATE À DISCRIMINAÇÃO DE GÊNERO E PROMOÇÃO DA IGUALDADE NO TRABALHO 34
Ana Cláudia Rodrigues Bandeira Monteiro

A DEMOCRACIA NO SISTEMA OAB E A IGUALDADE DE GÊNERO 42
Antonio Oneildo Ferreira

UM OLHAR SOBRE A SORORIDADE 49
Beatriz Di Giorgi

CONSCIÊNCIA E JUSTIÇA 55
Beatriz Montenegro Castelo

MULHERES NA ABRAT – 40 ANOS DE HISTÓRIA DE LUTAS 58
Benizete Ramos de Medeiros

AS DUAS MÃES 66
Bernadete Kurtz

NASCI PARA SER 68
Branca Lescher

A DEMOCRACIA E AS MULHERES: UMA HISTÓRIA EM CONSTRUÇÃO! 72
    Cezar Britto

DIREITO FUNDAMENTAL AO TRABALHO DA MULHER: UMA CRÍTICA FEMININA À JURISPRUDÊNCIA DO STF 76
    Christine Oliveira Peter da Silva e Leilane Leite Alves

FEMINICÍDIO E O COMBATE À MORTE DE MULHERES EM RAZÃO DO GÊNERO: A NECESSIDADE DA PROTEÇÃO PELO ESTADO 85
    Cristina Alves Tubino

O PROTAGONISMO E A REPRESENTAÇÃO DAS MULHERES NA SOCIEDADE CONTEMPORÂNEA: A CONQUISTA DA DEMOCRACIA E DA IGUALDADE 89
    Delaide Miranda Arantes e Beatriz Monteiro Lemos

O DIREITO, A MULHER E O MERCADO DE TRABALHO 95
    Elaine Cristina Beltran de Camargo

A VIOLÊNCIA (IN)VISÍVEL E AS MULHERES 99
    Ellen Mara Ferraz Hazan

AUTONOMIA E ABORTO NO SUPREMO TRIBUNAL FEDERAL 105
    Eloísa Machado de Almeida e Ana Rita Souza Prata

A VULNERABILIDADE E A DEFINIÇÃO DE COMPETÊNCIA NAS AÇÕES DE FAMÍLIA NO CPC/2015 111
    Estefânia Viveiros

DIREITO DO TRABALHO E A MULHER EMPREGADA – CONQUISTAS E DESAFIOS NO BRASIL DO SÉCULO XXI ... 118
    Fabíola Marques

FEMINISMO, PLURALISMO E DEMOCRACIA – A PARTICIPAÇÃO DE MULHERES EM PROCEDIMENTOS DE ARBITRAGEM 131
    Fátima Cristina Bonassa Bucker

AS CONQUISTAS DAS MULHERES NOS ÚLTIMOS SÉCULOS: HISTÓRICO E DESAFIOS 136
    Fernanda Marinela

PROTEÇÃO DOS DIREITOS HUMANOS DAS MULHERES NO SISTEMA INTERAMERICANO 143
    Flávia Piovesan

MOVIMENTO + MULHERES NA OAB: É PRECISO DIVIDIR PARA MULTIPLICAR 150
    Florany Mota

REFORMA TRABALHISTA E PRECARIZAÇÃO DO TRABALHO TERCEIRIZADO: A INCORPORAÇÃO DO TRABALHO FEMININO NOS ESTRATOS ASSALARIADOS DE SERVIÇOS 156
    Gabriela Neves Delgado e Valéria de Oliveira Dias

POR UMA JUSTIÇA FEMINISTA 167
    Gláucia Foley

BREVES REFLEXÕES SOBRE A (DES)PROTEÇÃO À JORNADA DE TRABALHO DA MULHER NA LEI N. 13.467/2017 175
Juliana Cruz

VALENTES, OUSADAS, TRANSGRESSORAS E LIBERTADORAS: MULHERES NADA INVISÍVEIS DA BÍBLIA 180
Karlla Patricia Souza

RELATOS DE SOFRIMENTO E DE LUTA DAS MULHERES: DA ESCRAVIDÃO AO TEMPO ATUAL 185
Kátia Magalhães Arruda

CADÊ TEREZA? A MULHER NO SAMBA COMO ATO DE RESISTÊNCIA 190
Letícia Pedroso de Arruda Pinto e Eliane Pedroso

LA HUELGA FEMINISTA: LA EXPERIENCIA DESDE ARGENTINA 196
Lucía Cavallero, Verónica Gago e Natalia Fontana

A POLÍTICA DO RECONHECIMENTO E AS MULHERES: DISCURSOS DOMINANTES QUE EXCLUEM AS MULHERES DOS CARGOS DE PODER HIERÁRQUICO NAS CARREIRAS JURÍDICAS 200
Luciane Toss

A LA MUJER REBELDE 208
Luisa Fernanda Gómez Duque

FEMINICÍDIO 212
Luiza Nagib Eluf

O IMPACTO DA SÍNDROME DE *BURNOUT* NAS MULHERES 214
Maria José Giannella Cataldi e Marcela Cataldi Cipolla

UMA ADVOGADA CHAMADA NEUSA 220
Maria Madalena Selvatici Baltazar

LA VIOLENCIA COMO FORMA DE DISCRIMINACIÓN HACIA LAS MUJERES. APUNTES PARA TEJER LA TRAMA DE UN DERECHO LABORAL FEMINISTA 223
María Martha Terragno

MULHERES E POLÍTICAS PÚBLICAS – QUESTÃO DE CLASSE, QUESTÃO DE GÊNERO 230
Maria Rosaria Barbato e Bárbara Almeida Duarte

LIMITES AO PODER DIRETIVO DO EMPREGADOR E DIREITO À IMAGEM DO EMPREGADO OU COLABORADOR COM SUAS CARACTERÍSTICAS ÉTNICO-RACIAIS 236
Mylene Pereira Ramos Seidl

MULHERES E LUTAS DEMOCRÁTICAS 239
Nilton Correia e Elise Correia

RELAÇÕES DE TRABALHO E O GÊNERO FEMININO: (DES)IGUALDADE E ASSÉDIO SEXUAL 245
Noemia Porto e Ana Paula Porto Yamakawa

FEMINISMO, PLURALISMO E DEMOCRACIA 254
Olívia Santana

MULHERES BRASILEIRAS NO MERCADO DE TRABALHO: DO CHÃO DE FÁBRICA AOS GRANDES ESCRITÓRIOS DE ADVOCACIA 261
   Patrícia Tuma Martins Bertolin, Mary Lucia do Carmo Xavier Cohen e Silvia Marina Ribeiro de Miranda Mourão

DIREITO DO TRABALHO DOMÉSTICO NO BRASIL: A LUTA CONTRA A PERSISTÊNCIA DAS DESIGUALDADES 267
   Patrícia Maeda

MULHER COMO REALIZAÇÃO DE MUNDO: DIÁLOGOS ENTRE A EXPERIÊNCIA, O SIMBÓLICO E O IMAGINÁRIO 277
   Petilda Serva Vázquez

BIOGRAFIA DE UMA JOVEM ADVOGADA 285
   Rafaela Kasai Araújo Lima

O FEMINISMO NAS ESTRUTURAS SINDICAIS 289
   Renata Fleury e Veronica Quihillaborda Irazabal Amaral

AS MULHERES, O MERCADO DE TRABALHO, O TETO DE VIDRO DAS ADVOGADAS. DESAFIOS E EXPECTATIVAS 294
   Rita Cortez

OS USOS DOS TEMPOS: A DESIGUAL VIVÊNCIA TEMPORAL COTIDIANA ENTRE MULHERES E HOMENS 299
   Sarah Hakim e Ana Claudia Moreira Cardoso

A MULHER MIGRANTE NAS OFICINAS DE COSTURA EM SÃO PAULO 306
   Silvana Abramo Margherito Ariano

SILÊNCIOS, AVANÇOS E RETROCESSOS NO ENFRENTAMENTO À IGUALDADE DE GÊNERO NAS EMPRESAS BRASILEIRAS 311
   Silvana Valladares de Oliveira e Adriane Reis de Araujo

SIM, A MULHER PODE! 319
   Sílvia Lopes Burmeister

A IMPORTÂNCIA DA MANUTENÇÃO DOS MEIOS DE PROTEÇÃO AO TRABALHO DA MULHER 323
   Tânia Regina Silva Reckziegel

A (DES)VALORIZAÇÃO LABORAL DA MULHER E A SUA TRANSFORMAÇÃO SOCIAL ATRAVÉS DAS PRINCESAS DOS CONTOS DE FADAS 330
   Tatiana C. Fiore de Almeida

A MULHER NA PREVIDÊNCIA E O PRINCÍPIO DA VEDAÇÃO DO RETROCESSO 341
   Thais Riedel

PRECISAMOS FALAR SOBRE ABORTO! 350
   Valdete Souto Severo

EM BUSCA DA COEXISTÊNCIA: UM GIRO NEGRO SOBRE O FEMINISMO, O PLURALISMO E A DEMOCRACIA 357
   Vera Lúcia Santana Araújo

Apresentação

A ABRAT presta uma homenagem ao feminismo em altíssimo estilo, ofertando ao público a presente obra coletiva que contém uma pluralidade de abordagens, em diversidade própria da natureza humana, mas que não quebra, antes reforça sua unicidade, marcada por uma visão compartilhada visceralmente democrática, por pulsantes sensibilidades e solidariedades sociais, que fazem com que a leitura de cada artigo vibrem nossos corações e mentes. Esse livro representa um baita estímulo para perseverarmos, firmes e fortes, na luta coletiva em prol de uma sociedade mais justa.

Temos todos presente no espírito a importância que o "ser feminista" representa nos dias atuais, em que o poder pautado pelo paradigma machista se converteu em violência, em aumento de desigualdade, precariedade das condições de vida e de trabalho, opressão de gênero, raça, classe social e sexualidade.

O feminismo representa uma imperiosa mudança de mentalidade e valores, uma correção da rota, em direção a uma sociedade mais inclusiva, fraterna, cooperativa, respeitosa da dignidade do ser humano.

Nesse aprimoramento do trajeto, é necessário converter os olhares para a uma análise global das identidades sociais, em um diálogo de metodologias que se relacionam com a opressão, dominação e discriminação, analisando segundo, Daniela Muradas, " *as categorias sociais com interseccionalidade, ou seja, mediante uma ótica transdisciplinar que visa apreender a complexidade das identidades e das desigualdades sociais por intermédio de enfoque integrado, que permite a articulação da luta política Coletiva"*

Daí porque dos objetivos institucionais da ABRAT mais relevantes é o de infundir o feminismo em nossa sociedade até que o mundo dele fique totalmente impregnado. Esse sentimento que nos conduziu (o leitmotiv) a organizar a presente obra coletiva.

Roberto Parahyba de Arruda Pinto
Presidente da ABRAT

O Ponto de Vista Feminista

Roberto Parahyba de Arruda Pinto[1]

No ponto de vista feminista – **feminist stand point** – reside a grande virada democrática contemporânea, a "viragem ontológica-linguística" (Lenio Streck), com incidências tanto corporal, racial e sexual, como simbólica e jurídica. É sobretudo uma reflexão crítica da realidade concreta das relações humanas, concebidas como relações de linguagem e como relações de poder, com vistas a construção de um novo modelo de sociedade, mais plural, democrático e igualitário, menos violento.

Como uma prática, o feminismo não tem nada ver com os encontradiços discursos puramente estilísticos, floreios retóricos, que muitas vezes servem para acobertar a disputa de poder entre homens e mulheres, como busca de uma supremacia de gênero – no caso o feminino contra o masculino – em mera inversão de poder no jogo da dominação masculina. O feminismo não é uma manutenção do poder patriarcal com roupagem nova ou invertida que se alcança por uma ideologia de puro oposicionismo. Desvela-se como uma crítica concreta à sociedade patriarcal, contra o poder constituído com base naquilo que se pode chamar de paradigma machista. A dominação masculina não é apenas atitude dos homens, mas está incrustada na estrutura organizacional das relações humanas. Como disse Marcia Tiburi: "Engana-se quem pensa que o "machismo", nome vulgar da dominação masculina, será desmanchado apenas por meio de uma dominação feminina que seria, aliás, um erro capaz de destruir o feminismo."

O feminismo é essencialmente plural, um projeto filosófico de transformação social e política na contramão das opressões de sexualidade, gênero, raça, crença e classe social. Feminismo, Pluralismo e Democracia são conceitos siameses e indissociáveis, impossíveis de serem compreendidos isoladamente, um sem os outros. O que evoca o conhecido lema dos Três Mosqueteiros, do romance de Alexandre Dumas: "*Um por todos, todos por um*", também brasão tradicional da Suíça: *Unus pro omnibus, omnes pro uno.*

A luta feminista pela concretização do direito universal à igualdade substancial entre homens e mulheres está relacionada ao surgimento do Direito do Trabalho, nosso campo de atuação profissional, e permanece vívida, mais do que isso pungente nos dias atuais. Desafortunadamente, o Brasil convive com a discriminação racial e de gênero: o rendimento médio das mulheres negras (que ainda são maioria no trabalho doméstico e terceirizado) correspondia, segundo o censo de 2010, a 35% do rendimento médio dos homens brancos; as mulheres negras tinham rendimento médio equivalente a 52% do rendimento médio das mulheres brancas; e as mulheres brancas, renda equivalente a 67% do rendimento médio dos homens brancos (IBGE – censo 200 a 2010).

Á época da chamada Revolução Industrial, a exploração sistematizada e organizada do trabalho das mulheres, como também das crianças, constituíam a mão de obra mais barata, apresentava condições aviltantes, degradantes, em todos os aspectos (jornada, ambiente de trabalho, salário etc...). Nos dizeres de Orlando Gomes[2]: "Nenhum preceito moral ou jurídico impedia o patrão de empregar em larga escala a mão de obra feminina e infantil. Os princípios invioláveis do liberalismo econômico e do individualismo jurídico davam-lhe a base ética e jurídica para contratar livremente, no mercado, esta espécie de mercadoria. Os abusos desse liberalismo cedo se fizeram patentes aos olhos de todos, suscitando súplicas, protestos e relatórios em prol de uma intervenção estatal em matéria de trabalho de mulheres e menores.

As mulheres, como destaca Paula Cantelli[3]: eram "(...) submetidas a um sistema desumano de trabalho. Não eram raros os espancamentos e o assédio sexual. Além da extensa jornada de trabalho, ao chegarem em casa, naturalmente, ainda cuidavam dos filhos, do marido e dos afazeres domésticos. Tamanha era a exploração que a mortalidade feminina aumentou consideravelmente".

As primeiras normas de Direito do Trabalho, bem como as iniciativas tendentes à sua universalização, visaram exatamente limitar a jornada de trabalho das mulheres e proibir o trabalho noturno aos menores. O art. 23 do Pacto da Sociedade das Nações, que se firmou após a primeira grande guerra com o compromisso de uma paz universal tendo como base a justiça social, determinava que os membros das Sociedades das Nações se esforçariam para assegurar condições de trabalho eqüitativas e humanitárias para o homem, a mulher e a criança em seus próprios territórios e nos países aos quais estendessem suas relações de comércio e indústria.

Em um segundo momento, o estabelecimento de direitos sociais mínimos para as mulheres também decorreu de uma reivindicação dos operários do sexo masculino preocupados com uma concorrência desleal no ambiente de

---

1. Presidente da ABRAT.
2. *Curso de direito do trabalho.* 6. ed. Rio de Janeiro: Forense, 1976. p. 4.665.
3. *O Trabalho feminino no divã*: dominação e discriminação. São Paulo: LTr, 2007. p. 81.

trabalho fabril, como pontuado por Simone de Beauvoir[4], em sua clássica obra "O segundo sexo".

"Se os empregadores acolheram com interesse as mulheres por causa dos baixos salários que elas aceitavam, o mesmo fato provocou resistência entre os trabalhadores masculinos. Entre a causa do proletariado e das mulheres, não houve uma solidariedade tão imediata quando pretendiam Babe e Engels. O problema apresentou-se mais ou menos da mesma maneira que o da mão de obra negra nos Estados Unidos.

As minorias mais oprimidas de uma sociedade são, amiúde, utilizadas pelos opressores como arma contra o conjunto da classe a que pertencem. Em consequência, elas são consideradas inicialmente inimigas e é preciso uma consciência mais profunda da situação que os interesses dos negros e dos brancos, das operárias e dos operários se coliguem, em vez de se oporem uns aos outros.

Compreende-se que os trabalhadores masculinos tenham, primeiramente, vista nessa nesta concorrência uma temível ameaça e se tenham mostrado hostis. Somente quando as mulheres se integram na vida sindical é que puderam defender seus próprios interesses e deixar de pôr em perigo os da classe operária em seu conjunto".

A partir da Declaração Universal de 1948, começa a se desenvolver com maior intensidade o sistema normativo de proteção geral dos direitos humanos, assim como o de proteção de direitos humanos específicos, (tortura, discriminação racial, violação de crença,...), entre os quais, o da discriminação contra a mulher.

A Constituição Brasileira de 1988 é o marco jurídico de uma nova concepção da igualdade entre homens e mulheres. É o desaguadouro das profundas transformações sociais que se robusteceram a partir da segunda metade do século XX, e que ainda não se consolidaram na prática. O respeito aos direitos das mulheres está a exigir uma mudança de mentalidade e valores da sociedade. Afinal, pelo menos nos últimos três mil anos, a civilização ocidental baseou-se em sistemas filosóficos, sociais e políticos em que os homens, seja pela força, pressão direta, ou por meio da tradição, do ritual, lei e linguagem, costumes, etiqueta, educação e divisão do trabalho, determinam que papel as mulheres devem ou não desempenhar.

No âmbito jurídico ainda viceja o obsoleto paradigma que legitima a vetusta organização patriarcal com o consequente tratamento privilegiado ao homem branco heterossexual investido de poder econômico. Porém, cada vez mais delineia-se em seu lugar uma 'interpretação conforme a Constituição" de igualdade de direitos e deveres. Desapareceu, por exemplo, a figura da chefia da sociedade conjugal e com ela as preferências e privilégios que sustentavam juridicamente a dominação masculina. Mas a ruptura paradigmática com o prestígio do novo conjunto de valores albergado pela Constituição Federal em vigor desde 1988 ainda não se consolidou.

O desafio é o de converter a igualdade meramente formal, proclamada no art. 5º, I, da nossa Constituição Federal, em igualdade material, real e substantiva. Para tanto, é imprescindível a atuação dos movimentos feministas, a ampliação dos lugares de fala, da abertura de espaços para a multiplicidade das vozes contra hegemônicas, extremamente potentes, capazes de pensar novos projetos, de apontar novos marcos civilizatórios, rompendo com a visão predominante machista, reducionista e preconceituosa que redunda em violência e aumento da desigualdade social. Exemplo dessa violência institucional é o alto índice de feminicídio, especialmente de mulheres negras, bem como o fato de que a cada 23 minutos um jovem negro é assassinado no Brasil.

Como pontua Ellen Hazan[5], também coordenadora dessa obra coletiva, com precisão cirúrgica:

"Hoje a ciência, a partir de estudos reais e de centenas de pesquisas, afirma o contrário: a mulher não ocupa na sociedade um lugar desconfortável em relação ao homem em razão de suas condições físicas, biológicas e naturais. O status de inferioridade foi e ainda é imposto por uma cultura milenar que a sociedade impinge à mulher desde o ventre materno, orientando-a para a execução de um papel social de segunda categoria, para a ocupação de um lugar marginal na sociedade, sem nenhuma ou quase nenhuma manifestação de rebeldia.

Por todas essas razões é que se faz oportuna a demonstração da importância da mulher na construção dos direitos humanos e sociais dos trabalhadores, não só sob a ótica jurídica. Encarar esse tema também à luz da política e da sociologia é necessário, porque, como visto, a legislação social teve início com a edição das leis de suposta proteção do trabalho da mulher e do menor – na realidade, tais leis surgiram para acalmar as mulheres, que sempre lutaram por seus direitos.

Não fosse a luta das mulheres, não existiriam leis sociais; não existiria sentimento de solidariedade, muito menos questão social..."

O fortalecimento do movimento feminista implica no incremento do associativismo, como um todo. A prevalência da autoafirmação sobre a integração, vale dizer do individualismo sobre o associativismo, é fruto do pensamento machista, no seio do qual os poderes político e econômico são exercidos por uma classe oligárquica dominante; as hierarquias sociais são mantidas de acordo com orientações racistas e sexistas; e a violação à dignidade da pessoa humana constitui-se a metáfora central.

---

4. BEAUVOIR, Simone. *O segundo sexo*. 2. ed. Rio de Janeiro: Nova Fronteira, 2009. p. 174.
5. *Em Mulheres na efetivação dos Direitos Humanos e Sociais*. Belo Horizonte: RTM, 2017. p. 77.

Ultimamente, encontra-se tanto rarefeita a noção de pertencimento a uma classe ou a um grupo estabelecido. Isso aparta as pessoas de círculos sociais e identidades que antes tinham. Elas se sentem isoladas e manipuladas. O mal-estar social da civilização atual é uma combinação de isolamento com ressentimento pela degradação da qualidade de vida. A globalização associada às novas tecnologias sacrificou empregos e reduziu a renda média do trabalhador. A ascensão do capitalismo financeiro tem provocado o esgarçamento das bases de solidariedade e também da representação dos trabalhadores. Não há mais partidos ou organizações da sociedade civil em que as pessoas se sintam representadas.

Fácil é compreender o ressentimento das pessoas com a política em geral, que transcende as frustrações de natureza apenas econômica. A expansão dos processos de emancipação das minorias nos campos de orientação sexual e étnica, a flexibilização de políticas de imigração e a promoção da diversidade, associados a um novo discurso de sustentabilidade ambiental, valorizado em grandes centos urbanos, vem contribuindo para a desestabilização dos padrões culturais, religiosos e, fundamentalmente, da própria autoridade masculina em ambientes e comunidades mais conservadores, fortalecendo um ressentimento difuso e agressivo.

A "retórica da intransigência" ganha ressonância, potencializada, e com inaudita intensidade, nas redes sociais. Nunca se fez tão necessário desenvolvermos a capacidade de somar, de interagir, de ligarmos uns aos outros, de utilizarmos mais o prenome nós em detrimento do eu. O de construirmos uma narrativa compartilhada, e não marcada pelo preconceito e individualismo feroz, mas prenhe de todos aqueles valores sem os quais nenhuma sociedade pode se considerar humana: a cooperação, a solidariedade, o cuidado uns com os outros, a proteção da biodiversiade, a escuta da consciência que nos incita para o bem (voz do coração – **verbum cordis**), nosso e dos outros.

A começar, pelo respeito às diferenças, conceito chave da vida em sociedade, tão escasso, quanto necessário nos dias atuais em que viceja a intolerância. Respeitar as diferenças significa sobretudo respeitar a dignidade da pessoa humana, em seu aspecto mais primordial: o comunicativo, relacional, o da interação entre as pessoas. É reconhecer a essencial unicidade-universal: que cada pessoa humana é credora de um dever de igual respeito e proteção no âmbito da comunidade humana. A unicidade na pluralidade, como professa Hanna Arendt[6] em seu livro "A condição humana": *"a pluralidade é a condição da ação humana pelo fato de sermos todos os mesmos, isto é, humanos, sem que ninguém seja exatamente igual a qualquer pessoa que tenha existido, exista ou venha a existir"*.

A construção de relações de reciprocidade pressupõe a prevalência do ponto de vista feminista, a adoção de uma posição crítica concreta à sociedade patriarcal. Uma sociedade machista, oligárquica e individualista, como a brasileira, caminha em sentido diametralmente oposto, o de exarcebação da tensão social, violência e banalização da vida, como revelam de uma forma brutal os mais de um milhão de homícios nas duas últimas décadas em nosso país. A desigualdade social não deve ser encarada como um acidente na história de uma sociedade, mas sim fruto de deliberadas escolhas políticas e institucionais que favorecem a concentração de renda.

A brutal concentração de capitais no topo da pimâmide social em nosso país foi recentemente reverberada, e de forma contundente, no relatório "A Distância Que nos Une – Um retrato das desigualdades brasileiras, divulgado pela ONG oxfram Brasil, em 25 de setembro de 2017. De acordo com o estudo, apenas 5% da população, os mais ricos, recebe mensalmente o mesmo que os demais 95%. A desigualdade patrimonial é igualmente escandalosa. Seis homens (Jorge Paulo Lemann, Joseph Safra, Marcel Telles, Carlos Alberto Sicupira, Eduardo Sabvein, e Ermirio Pereira de Moraes) concentram a mesma riqueza que a metade mais pobre da sociedade.

A prevalência do ponto de vista feminista é o traço distintivo da ABRAT, o que a caracteriza desde a sua fundação, ou seja, há 40 (quarenta) anos, a carta de navegação que lhe confere uma atuação institucional coerente e ética ao longo do tempo, em defesa dos direitos fundamentais, gênero do qual os direitos sociais são espécie, motivo de orgulho da advocacia trabalhista nacional. Como entidade que reúne e congrega advogados, sempre manteve **interna corporis** acesa e crepitando aquela chama que os antigos romanos denominavam de **animus**, assim entendida como a "sede de vontade dos sentimentos e paixões que animam o grupo social"[7]. Em seu âmago institucional, permanecem pulsantes as motivações sociais e políticas que inspiraram os colaboradores ativos da ABRAT a abraçar tão elevada, árdua, atribulada, grandiosa e dignificante profissão, quais sejam: lutar pela justiça, defender as liberdades públicas, concorrer para uma sociedade menos desigual, contribuir para o aprimoramento das instituições públicas e do estado democrático de direito. O espírito social intrínseco à advocacia, como um todo, se faz presente com maior intensidade no seio da advocacia trabalhista, considerando-se que, como dito por Evaristo de Moraes Filho ("*o arquiteto da sociologia e do direito do trabalho no Brasil*"): "**Em nenhum outro direito se encontra tão dramática e intensa esta sede de justiça distributiva como no direito do trabalho**".

Termino essa minha singela manifestação inaugural dessa importantíssima obra coletiva feminista citando estrofe de um homem que foi um grande defensor do matriarcado, Oswald de Andrade: "**Essa noite tenho o coração menstruado. Sinto uma ternura nervosa, materna, feminina, que desprega de mim com um jorro lento de sangue. Um sangue que diz tudo porque promete maternidades. Só um poeta é capaz de ser mulher assim**".

---

6. ARENDT, Hanna. *A condição humana*. 10. ed. Tradução de Roberto Raposo. Rio de Janeiro: Forense Universitária, 2001. p. 16.
7. COMPARATO, Fábio Konder. *ÉTICA – Direito, moral e religião no mundo moderno*. São Paulo: Companhia das Letras, 2006.

A Previdência Social como Instrumento para Efetivação da Igualdade de Gênero

Adriane Bramante de Castro Ladenthin[1]
Jane Lucia Wilhelm Berwanger[2]
Julieth Berwanger Eckert[3]

Esse texto objetiva estudar a inclusão das mulheres na Previdência Social como forma de reconhecimento do trabalho feminino, da diminuição das desigualdades entre sexos e, sobretudo, como ferramenta de efetivação do princípio constitucional da isonomia. Para tanto, analisar-se-á a relação histórica da mulher com o trabalho remunerado e os avanços logrados nesse sentido, principalmente mediante a elaboração de normas previdenciárias que reconheceram as dificuldades ainda vigentes no âmbito do trabalho feminino. Serão abordados os principais benefícios que influenciam na diminuição das discrepâncias relativas ao trabalho de homens e mulheres, bem como quais as circunstâncias que justificam as regras previdenciárias diferenciadas para as mulheres. Por fim, será discutido o princípio constitucional da igualdade e a implicação das regras previdenciárias na sua aplicação. O método utilizado será o dedutivo.

1. CONSIDERAÇÕES INICIAIS

O presente estudo irá tratar da inclusão das mulheres na Previdência Social como forma de reconhecimento do trabalho feminino e principalmente como instrumento de efetivação de igualdade de gênero.

Essa temática suscita frequentes e importantes discussões. Serão retomados estudos revisionais com embasamento legislativo, bem como estudos estatísticos, seja em âmbito nacional, caso daqueles realizados em associação, órgãos como o IPEA e o Ministério da Previdência Social, seja de abrangência regional (como as realizadas na Grande ABC ou em Porto Alegre). Considerou-se importante também o entendimento da situação da mulher em âmbito global, mediante abordagem dos dados fornecidos por entidades como a ONU e a OIT no que se refere ao trabalho da mulher.

No intuito de responder à questão sobre se a inclusão das mulheres na Previdência Social – especialmente no que concerne à concessão de benefícios previdenciários e à diferenciação de regras para mulher nas aposentadorias – de alguma forma influencia na diminuição da desigualdade entre homens e mulheres, considerou-se apropriada a divisão do presente estudo em tópicos. Primeiramente, o texto trata da mudança da condição de "mera" dependente, para segurada, no sistema previdenciário. Depois, serão analisados os benefícios de proteção à família, na ótica da proteção da mulher. Por fim, será abordada a aposentadoria da mulher, com idade reduzida com relação aos homens.

2. DA CONDIÇÃO DE DEPENDENTE À DE SEGURADA: A INSERÇÃO DA MULHER NO MUNDO DO TRABALHO E OS EFEITOS PREVIDENCIÁRIOS

A inserção das mulheres no mercado de trabalho foi um processo historicamente complexo. É possível vislumbrar os conflitos que envolveram esse fenômeno social mediante o estudo de importantes documentos referentes às reivindicações das mulheres.

Já no ano de criação da Organização Internacional do Trabalho, 1919, criou-se um Conselho Feminino Internacional no intuito de promover a valorização do trabalho das mulheres operárias. A maior reivindicação desse órgão era a igualdade salarial entre homens e mulheres.[4]

Em 1921 entrou em vigor a Convenção n. 3 da OIT, abordando tópicos caros às mulheres trabalhadoras, como a garantia de licença remunerada antes e depois do parto, bem como intervalos no horário de trabalho para amamentação.[5] Em 1979 ocorreu a Convenção da ONU sobre Eliminação de todas as Formas de Discriminação contra a Mulher, que objetivou o combate à discriminação contra a mulher por razões de casamento ou maternidade, também

---

1. Advogada. Mestre e Doutoranda pela PUC-SP. Presidente do Instituto Brasileiro de Direito Previdenciário. Coordenadora e professora de pós-graduação. Autora de várias obras e Direito Previdenciário.
2. Advogada. Mestre em Direito pela UNISC. Doutora em Direito Previdenciário pela PUC-SP. Diretora de Cursos do Instituto Brasileiro de Direito Previdenciário. Professora de cursos de pós-graduação em várias instituições. Autora de várias obras de Direito Previdenciário.
3. Acadêmica de Direito da Pontifícia Universidade Católica do Rio Grande do Sul.
4. DE MELO, Hildete Pereira. A questão de gênero no projeto da reforma da previdência social: uma visão histórica. *Revista da ABET*, v. 16, n. 1, 2017.
5. Coleção de Leis do Brasil – 1935, p. 159, v. 3.

englobando a necessidade de a remuneração ser igual entre homens e mulheres para trabalho de igual valor.[6]

Apesar de as reivindicações referentes às condições de trabalho equânimes entre homens e mulheres datarem de cerca de 100 anos, permanecem atuais as situações de desigualdade. É o que se depreende, por exemplo, dos dados de relatório divulgado pela ONU (Organização das Nações Unidas) em 2016. Conforme esse estudo, as mulheres continuam ocupando os empregos com menores remunerações e baixa qualidade, além de viverem em condições mais precárias de saúde, de acesso à água e saneamento. O relatório informa também que as mulheres continuam sendo predominantemente responsáveis pelo cuidado com os filhos e com os idosos.[7]

Por sua vez, a Organização Iberoamericana de Seguridade Social, ao justificar a instituição em 2014 de seu "Programa sobre equidad de género en los sistemas de Seguridad Social", traz apontamentos significativos que corroboram a noção de que as desigualdades de gênero no trabalho se mantêm. Entre os fatos relatados, destacam-se: os principais setores de emprego para as mulheres na América Latina são o serviço doméstico, fabricação de tecidos e a agricultura sazonal; no trabalho realizado pela mulher, há maior incidência de contratos a prazo determinado e há interrupção maior na carreira, devido ao cuidado com familiares (filhos e idosos); as mulheres são as primeiras a perderem seus empregos;[8]

Na apuração da situação da mulher no mercado de trabalho em âmbito regional, os resultados se repetem. É o que se verifica na leitura da pesquisa intitulada Inserção da Mulher no Mercado de Trabalho da Região Metropolitana de Porto Alegre, realizada pelo Departamento Intersindical de Estatística e Estudos Socioeconômicos. Os resultados demonstram que as mulheres têm remuneração média 17% inferior à dos homens; a população economicamente ativa feminina é menor que dos homens; a permanência das mulheres no mercado de trabalho formal é menor; ficam em média 37 meses no mesmo trabalho, período inferior ao dos homens, que é de 41,7 meses.[9]

Por outro lado, em que pese a persistência da ampla situação de desigualdade de gênero no trabalho, cabe constar que a luta das mulheres pela valorização de seu trabalho logrou avanços em âmbito nacional. Assim é considerada a inclusão da mulher como segurada da Previdência Social, que é o ponto principal do presente estudo.

A inclusão da mulher na Previdência Social, contudo, foi bastante gradual: a proteção às mulheres prevista na Constituição Federal de 1946, por exemplo, mantinha apenas uma longínqua proteção à maternidade.[10] Assim explana Milko Matijascic:

> Até 1960, quando entrou em vigor a Lei n. 3.807, conhecida por Lei Orgânica da Previdência Social (LOPS), os planos de benefícios não apresentavam diferenças entre homens e mulheres para fins de elegibilidade aos benefícios. O acesso a benefícios de um modo quase hegemônico para as mulheres se dava na forma de dependente dos homens enquanto esposa, sobretudo, ou filha. Os textos legais originais dos anos 1930, de acordo com Madureira (2004), revelam que era necessário haver boa conduta no casamento para a mulher ser elegível a uma pensão por morte do cônjuge, o benefício mais acessado por elas na época.[11]

A partir da publicação da Lei Orgânica de Previdência Social – Lei n. 3.807/1960 –, passou-se a exigir cinco anos de contribuição a menos para as mulheres se aposentarem do que para os homens. Por outro lado, para os homens havia a possibilidade de aposentadoria proporcional por tempo de serviço, opção que não estava disponível às mulheres.[12]

Tal situação foi sintetizada em momento anterior:

> Com o advento da Lei Orgânica da Previdência Social, as mulheres passaram a ter participação mais nítida no trabalho remunerado, aumentando a representação feminina no sistema previdenciário. Contudo, as diferenças de gênero ainda eram intensas, o que se vislumbra pelo fato de que, nesse contexto jurídico, as mulheres eram usualmente consideradas dependentes previdenciárias e a pensão por morte da mulher trabalhadora somente beneficiaria o cônjuge caso ele fosse considerado inválido. Por outro lado, institui-se demanda de idade para aposentadoria menor para as mulheres, que poderiam aposentar-se com 60 anos, enquanto que, para os homens, a idade era de 65 anos.[13]

---

6. BERWANGER, Jane L. W.; VERONESE, Osmar. *Constituição*: Um olhar sobre minorias vinculadas à Seguridade Social. Curitiba: Juruá, 2014.
7. ONU – ORGANIZAÇÃO DAS NAÇÕES UNIDAS. *El Progreso De Las Mujeres En El Mundo 2015-2016*. Disponível em: <http://progress.unwomen.org/en/2015/pdf/UNW_progressreport_es_10_12.pdf>. Acesso em: 21 set. 2016.
8. OISS – ORGANIZAÇÃO IBEROAMERICANA DE SEGURIDADE SOCIAL. Por qué incluir la perspectiva de género en los sistemas de Seguridad Social?. Disponível em: <http://www.oiss.org/Por-que-incluir-la-perspectiva-de.html>. Acesso em: 21 set. 2017.
9. DIEESE – DEPARTAMENTO INTERSINDICAL DE ESTATÍSTICA E ESTUDOS SOCIOECONÔMICOS. A Inserção da Mulher no Mercado de Trabalho da Região Metropolitana de Porto Alegre. Disponível em: <https://www.dieese.org.br/analiseped/2016/2015pedmulherpoa.pdf>. Acesso em: 23 set. 2016.
10. DE MELO, Hildete Pereira. A questão de gênero no projeto da reforma da previdência social: uma visão histórica. *Revista da ABET*, v. 16, n. 1, 2017.
11. MATIJASCIC, Milko. *Previdência para as mulheres no Brasil*: reflexos da inserção no mercado de trabalho. Texto para Discussão, Instituto de Pesquisa Econômica Aplicada (IPEA), 2016. p. 20.
12. MATIJASCIC, Milko. *Previdência para as mulheres no Brasil*: reflexos da inserção no mercado de trabalho. Texto para Discussão, Instituto de Pesquisa Econômica Aplicada (IPEA), 2016.
13. BERWANGER, Jane L. W; VERONESE, Oscar. *Constituição*: Um olhar sobre minorias vinculadas à Seguridade Social. Curitiba: Juruá, 2014.

No que tange à aposentadoria por tempo de serviço, por sua vez, a diferenciação de tempos necessários para cada um dos sexos foi estipulada pela primeira vez na Constituição Federal de 1967, em art. 158, inciso XX, garantindo "aposentadoria para a mulher, aos trinta anos de trabalho, com salário integral".[14]

Em 1972, por força da Lei n. 5.859, os empregados domésticos foram incluídos no rol de segurados da Previdência Social, denotando um importante progresso na garantia de Direitos Sociais das mulheres, visto que a categoria de empregados domésticos era – e ainda é – ocupada majoritariamente por mulheres.[15]

Ainda na década de 1970, mediante publicação da Lei n. 6.136/1974, as mulheres seguradas passaram a ter acesso ao salário-maternidade por noventa dias após o nascimento do filho.[16]

Um dos notáveis avanços para as mulheres na Previdência Social brasileira deu-se com a promulgação da Constituição de 1988, conforme apontado em momento anterior:

> A partir do texto da Constituição Federal de 1988, houve equidade de gênero em relação aos direitos previdenciários, notada principalmente na possibilidade de os homens, mesmo não sendo considerados inválidos, receberem pensão por morte de sua cônjuge. Essa modificação no sistema previdenciário foi um reconhecimento da importância do labor da mulher para as famílias e para a sociedade, em detrimento da visão do trabalho feminino como subalterno ao do homem.[17]

No que concerne às mulheres trabalhadoras rurais, em seu turno, a Constituição de 1988 representou significativo reconhecimento de seu labor, ao criar a categoria de "segurados especiais" e inserir nesta os cônjuges dos produtores rurais, contemplando, assim, as mulheres:

> Art. 195. A seguridade social será financiada por toda a sociedade, de forma direta e indireta, nos termos da lei, mediante recursos provenientes dos orçamentos da União, dos Estados, do Distrito Federal e dos Municípios, e das seguintes contribuições sociais:
>
> § 8º O produtor, o parceiro, o meeiro e o arrendatário rurais e o pescador artesanal, bem como os respectivos cônjuges, que exerçam suas atividades em regime de economia familiar, sem empregados permanentes, contribuirão para a seguridade social mediante a aplicação de uma alíquota sobre o resultado da comercialização da produção e farão jus aos benefícios nos termos da lei.[18]

Embora a redação não tenha instantaneamente modificado a situação das mulheres rurícolas no sentido do reconhecimento social de seu trabalho (e ainda mais porque os documentos rurais continuaram sendo comumente emitidos em nome do marido), possibilitou que fossem consideradas elas mesmas *seguradas* da Previdência Social, em detrimento de *dependentes*. Foi, portanto, um passo importante para a autonomia da mulher na obtenção de seus direitos previdenciários.[19]

Matijascic aponta iniciativas recentes no âmbito da Previdência Social que beneficiaram as mulheres, como a instituição da "aposentadoria para donas de casa". Esse benefício, previsto desde a Lei n. 8.213 de 1991, foi retomado pela Lei n. 12.470 de 2011, criando "critérios vantajosos em termos das regras de contribuição e acesso a todos os benefícios existentes, excetuada a aposentadoria por tempo de contribuição".[20]

Ressalta-se que, a despeito dos avanços na área, a inclusão das mulheres na Previdência Social ainda é irregular. Considerando-se a conjuntura atual, não poderia ser de outra forma: a efetivação dos direitos previdenciários está diretamente ligada ao trabalho e, como abordado, as mulheres ainda encontram muitas dificuldades na manutenção de empregos fixos e formais e na percepção de salários igualitários aos dos homens. Tal situação se reflete na dificuldade em comprovar o exercício laboral, bem como no valor dos benefícios, entre outros efeitos.

Ressalta-se que, conforme pesquisa do Ministério da Previdência Social, em 2015 as mulheres representavam um total de 56,7% em contraposição a um total de 41,7% de homens[21]. No entanto, apesar de ser maioria, o valor total dos benefícios destinados ao público feminino é menor do que o total pago aos homens, conforme indica pesquisa estatística de acordo com dados do INSS, em 2013: havia, no Grande ABC (estado de São Paulo), 110.203 mulheres aposentadas e recebendo, em média, benefícios de R$ 989,69;

---

14. BRASIL. Constituição Federal de 1967. Disponível em: <http://www.planalto.gov.br/ccivil_03/constituicao/constituicao67.htm>. Acesso em: 21 jan. 2018.
15. MATIJASCIC, Milko. *Previdência para as mulheres no Brasil*: reflexos da inserção no mercado de trabalho. Texto para Discussão, Instituto de Pesquisa Econômica Aplicada (IPEA), 2016.
16. MATIJASCIC, Milko. *Previdência para as mulheres no Brasil*: reflexos da inserção no mercado de trabalho. Texto para Discussão, Instituto de Pesquisa Econômica Aplicada (IPEA), 2016.
17. BERWANGER, Jane L. W; VERONESE, Oscar. *Constituição*: Um olhar sobre minorias vinculadas à Seguridade Social. Curitiba: Juruá, 2014.
18. BRASIL. *Constituição Federal de 1988*. Disponível em: <http://www.planalto.gov.br/ccivil_03/constituicao/constituicao.htm>.
19. BERWANGER, Jane L. W; VERONESE, Oscar. *Constituição*: Um olhar sobre minorias vinculadas à Seguridade Social. Curitiba: Juruá, 2014.
20. MATIJASCIC, Milko. *Previdência para as mulheres no Brasil*: reflexos da inserção no mercado de trabalho. Texto para Discussão, Instituto de Pesquisa Econômica Aplicada (IPEA), 2016.
21. BRASIL. MINISTÉRIO DA PREVIDÊNCIA SOCIAL. *CNPS*: Crescente inclusão da mulher no mercado de trabalho tem reflexo nos benefícios previdenciários. Disponível em: <http://www.previdencia.gov.br/2016/02/cnps-crescente-inclusao-da-mulher-no-mercado-de-trabalho-tem--reflexo-nos-beneficios-previdenciarios/>. Acesso em: 10 jan. 2018.

por sua vez, os homens, em maior número (174.661 do total de 284.864 aposentados), ganhavam valor mensal de R$ 1.691,12 – uma diferença de 41,47% na média de salário de benefícios entre homens e mulheres.[22]

Tendo estudado a concessão de benefícios previdenciários para as mulheres entre 1992 e 2014, ainda, Matisjascic conclui que

> é possível perceber que a situação das mulheres evoluiu de forma positiva e as diferenças em relação aos homens se reduziram. No entanto, após todo esse período, as diferenças ainda são importantes e isso se deve, em grande medida, à precariedade existente no mercado de trabalho brasileiro, que ainda discrimina as mulheres (...)[23]

3. IMPORTÂNCIA DOS BENEFÍCIOS DE PROTEÇÃO À FAMÍLIA

A fim de ter uma noção aproximada da importância dos benefícios previdenciários para a mulher na atualidade, em especial no que tange à diferenciação de regras para obtê-los, faz-se necessário abordar o fenômeno social da *jornada dupla* realizada pela grande maioria das mulheres.

A dupla jornada refere-se à soma do período de trabalho remunerado com o período de trabalho em casa, cuidando dos filhos, da casa, enfim, do ambiente doméstico. Pesquisas apontam que esse quadro é muito atual: Síntese de Indicadores Sociais de 2016, elaborado pelo IBGE, constata que mulheres trabalham por semana, em média, 5 horas a mais do que os homens[24]. Também elaborada pelo IBGE, outra pesquisa aponta que, em 2015, a percentagem de mulheres ocupadas foi de 42,7% (40,7 milhões), enquanto o percentil de homens ocupados foi de 57,3% (54,7 milhões)[25]. Segundo Hildete Pereira de Melo, "estes números expressam as dificuldades enfrentadas pelas mulheres para entrarem e permanecerem no mercado de trabalho, porque, além das funções da maternidade, o mercado sedimenta situações discriminatórias"[26].

A persistência da situação de jornada dupla de trabalho para as mulheres parece estar relacionada, entre outros diversos fatores, com a percepção cultural arcaica, atrelada ao machismo ainda muito presente em nossa sociedade, de que é inerente à mulher o papel de *cuidadora*, em contraposição ao papel do homem de *provedor*. Como consequência, os homens resistem a participarem dos afazeres domésticos, mesmo que tenham mesma (ou menor) carga horária de trabalho que as mulheres da família.[27]

Dessa forma, considerando-se as dificuldades ainda presentes na manutenção da mulher no mercado de trabalho, os benefícios previdenciários projetam-se como importantes instrumentos na tentativa de diminuição da desigualdade de gênero, embora em certa medida ainda reflitam, como já foi dito, as discrepâncias próprias ao âmbito do trabalho.

Camarano e Pasinato, por sua vez, pensam os benefícios previdenciários como mecanismo de compensar o ônus da desvalorização do trabalho das mulheres:

> O desenvolvimento do conceito de Seguridade Social e a ampliação da cobertura previdenciária foram responsáveis pela melhoria das condições de vida das mulheres. Em média, devido ao recebimento de benefícios como pensões e aposentadorias, mulheres idosas possuem melhores condições de vida financeira em relação às mulheres mais jovens. Apesar de a média do valor dos rendimentos ser mais baixa, há um maior número de mulheres acobertadas pelo sistema, representando uma menor desigualdade de renda, cuja redistribuição advém dos benefícios previdenciários.[28]

Ressalta-se como benefício previdenciário de grande relevância para a manutenção da mulher no mercado de trabalho o salário-maternidade, previsto pela Lei n. 8.213/1991 e contando atualmente com a seguinte redação (dada pela Lei n. 10.710, de 2003):

> Art. 71. O salário-maternidade é devido à segurada da Previdência Social, durante 120 (cento e vinte) dias, com início no período entre 28 (vinte e oito) dias antes do parto e a data de ocorrência deste, observadas as situações e condições previstas na legislação no que concerne à proteção à maternidade.[29]

---

22. DIARIO DO GRANDE ABC. *Aposentadoria da mulher é 41% menor que do homem*. Disponível em: <http://www.dgabc.com.br/Noticia/515087/aposentadoria-da-mulher-e-41-menor-que-a-do-homem>. Acesso em: 21 jan. 2018.
23. MATIJASCIC, Milko. *Previdência para as mulheres no Brasil*: reflexos da inserção no mercado de trabalho. Texto para Discussão, Instituto de Pesquisa Econômica Aplicada (IPEA), 2016. p. 28.
24. INSTITUTO Brasileiro de Geografia e Estatística. Síntese de Indicadores Sociais. 2016.
25. IBGE, Pesquisa Nacional por Amostra de Domicílios. Rio de Janeiro-RJ, 2015. *In*: DE MELO, Hildete Pereira. A questão de gênero no projeto da reforma da previdência social: uma visão histórica. *Revista da ABET*, v. 16, n. 1, 2017.
26. DE MELO, Hildete Pereira. A questão de gênero no projeto da reforma da previdência social: uma visão histórica. *Revista da ABET*, v. 16, n. 1, 2017.
27. DE MELO, Hildete Pereira. A questão de gênero no projeto da reforma da previdência social: uma visão histórica. *Revista da ABET*, v. 16, n. 1, 2017.
28. CAMARANO, Ana Amélia; PASINATO, Maria Tereza. *Envelhecimento, condições de vida e política previdenciária. Como ficam as mulheres?* Texto para Discussão, Rio de Janeiro, n. 883, p. 1-25, jun. 2002.
29. BRASIL. Lei n. 8.213, de 24 de julho de 1991. Dispõe sobre os Planos de Benefícios da Previdência Social e dá outras providências.

Esse benefício foi um grande avanço no sentido de possibilitar que a mulher não precise optar entre ter filhos e trabalhar, tendo direito à manutenção da identidade como mulher trabalhadora ao mesmo tempo em que constrói uma família. Dito de outra forma, o salário-maternidade possibilita a mulher a assumir a duplicidade de responsabilidades a que o homem sempre teve direito: a familiar e a laboral.

Em estudo de Matijascic de 2016, referente à análise do tipo de benefício que as mulheres percebem em geral, foram obtidos os seguintes dados:

> A concentração maior de mulheres se deu em pensões por morte, na condição de dependente do marido, ou de aposentada por idade, na qual as regras referentes à contribuição são menos severas, o que facilita a elegibilidade (...) Nas aposentadorias por invalidez, a participação das mulheres é menor que a dos homens porque as mulheres, em geral: cuidam melhor da sua saúde, possuem mais dificuldades de acesso devido à condição de contribuinte ser menor até o período mais recente; ou apresentam um perfil de atividades profissionais ou de vida pessoal com riscos menores para a sua saúde.[30]

Além disso,

> a presença das mulheres aumentou em benefícios com maior densidade de contribuição, como as aposentadorias por tempo de contribuição, e perdeu força nas pensões por morte, pois o modelo baseado no homem provedor do lar (male breadwinner) perde força e novos arranjos familiares ganham espaço.[31]

Destarte, depreende-se que apesar de continuar grande o contingente de mulheres que recebem benefícios como pensão por morte, caso no qual a mulher figura como dependente do(a) segurado(a) falecido(a), há um aumento na percepção por parte das mulheres de benefícios relacionados mais propriamente ao trabalho por elas realizado, como é o caso das aposentadorias por tempo de contribuição.

É oportuno ressaltar, inclusive, que às mulheres cabe uma diferenciação na regra para a concessão das aposentadorias – diferença de 5 anos de idade ou 5 anos de tempo de contribuição para aposentadoria por idade ou por tempo de contribuição, respectivamente. Essa distinção será abordada em seguida na pretensão de discutir seu caráter igualitário frente à situação de trabalho discrepante entre os gêneros sexuais.

4. POR QUE AS MULHERES SE APOSENTAM MAIS CEDO, SE VIVEM MAIS?

Um dos pontos que mais contribui para considerar a Seguridade Social como agente de distribuição de oportunidades entre homens e mulheres é a diferenciação entre as idades mínimas para aposentadoria por idade, bem como a diferença de tempo de contribuição necessário para aposentadoria por tempo de contribuição entre os sexos.

As regras para a obtenção do benefício de aposentadoria por idade estão previstas na Lei n. 8.213/1991:

> Art. 48. A aposentadoria por idade será devida ao segurado que, cumprida a carência exigida nesta Lei, completar 65 (sessenta e cinco) anos de idade, se homem, e 60 (sessenta), se mulher.[32]

Há grande discussão sobre os motivos que embasam as regras diferenciadas para as mulheres para a obtenção das aposentadorias. Nesse sentido, contribui reflexão de Simone Barbisan Fortes:

> Os motivos para tanto são, em linhas gerais, de um lado a lógica de compensação pelo tempo de afastamento do mercado de trabalho a que são submetidas as mulheres em função da reprodução e responsabilidades familiares, o que também está correlacionado com a conhecida dupla jornada de trabalho a que são submetidas (conciliando o trabalho remunerado com tarefas domésticas não remuneradas), bem como, de outro, ao conhecido fato de que ocupam postos de trabalho de qualidade inferior ou, quando idênticos, aos dos homens, com piores remunerações.[33]

Tal perspectiva vai ao encontro das informações encontradas no relatório da OIT Mulheres no Trabalho – tendências 2016. Consoante os achados da OIT, as dificuldades enfrentadas pelas mulheres no trabalho estão longe de serem restritas à questão da dupla jornada, a começar pela estimativa de que "as mulheres têm uma maior probabilidade de ficar desempregadas do que os homens, com taxas de desemprego global de 6,2 por cento, contra 5,5 por cento para os homens"[34].

Corroborando essa visão, Kaizô Iwakami Beltrão afirma que as regras diferenciadas para as aposentadorias das mulheres "não devem ser vistas apenas como resposta ao argumento da dupla jornada, mas também à precariedade da trajetória da vida ativa feminina, em relação à masculina".[35]

---

30. MATIJASCIC, Milko. *Previdência para as mulheres no Brasil*: reflexos da inserção no mercado de trabalho. Texto para Discussão, Instituto de Pesquisa Econômica Aplicada (IPEA), 2016. p. 26.
31. MATIJASCIC, Milko. *Previdência para as mulheres no Brasil*: reflexos da inserção no mercado de trabalho. Texto para Discussão, Instituto de Pesquisa Econômica Aplicada (IPEA), 2016. p. 31.
32. BRASIL. LEI N. 8.213, DE 24 DE JULHO DE 1991. Dispõe sobre os Planos de Benefícios da Previdência Social e dá outras providências.
33. FORTES, Simone Barbisan. A mulher trabalhadora rural e a Previdência Social. In: BERWANGER, Jane Lucia Wilhelm; FORTES, Simone Barbisan. *Previdência do trabalhador rural em debate*. Curitiba: Juruá, 2008. p. 289-317.
34. ORGANIZAÇÃO INTERNACIONAL DO TRABALHO – OIT. *Mulheres no trabalho*: tendências 2016. Genebra: 2016. p. 4.
35. BELTRÃO, Kaizô Iwakami, *et al*. *Mulher e previdência social*: o Brasil e o mundo. Disponível em: <http://repositorio.ipea.gov.br/handle/11058/2101>. Acesso em: 30 out. 2014.

É importante reconhecer a ocorrência cada vez maior de melhorias na situação de trabalho das mulheres; por outro lado, o nível de avanços está imensamente longe de justificar que as regras previdenciárias para homens e mulheres sejam igualadas. De fato, sob a ótica de efetivação dos direitos sociais, tal equiparação só poderia ser realizada quando as condições de trabalho entre homens e mulheres fossem factualmente equiparáveis. E, conforme estudo da OIT, "se as atuais tendências se mantiverem, serão necessários mais de 70 anos até que as disparidades salariais de gênero sejam completamente eliminadas".[36]

Diante do exposto, cabe relacionar a Previdência Social com a tentativa de diminuição das desigualdades de gênero. De fato, os Direitos Sociais em geral destacam-se como agentes da promoção de igualdade, como sintetiza com primazia o doutrinador Paulo Bonavides, que afirma que estes "nasceram abraçados ao princípio da igualdade do qual não se podem separar pois fazê-lo equivaleria a desmembrar luz da razão de ser que usam para estimular"[37].

Reiterando o entendimento de Paulo Bonavides, afirma o jurista Marcus Orione Gonçalves Correia:

> Como técnica de efetivação da justiça social a serviço do direito, será exatamente nos direitos sociais em geral – e mais especificamente nos direitos do trabalho e previdência social – que a utilização do postulado da igualdade revelará a sua maior eficiência. Isso, inclusive, para fins de justiça distributiva, uma das armas mais eficientes na consolidação da solidariedade – tanto como conceito jurídico quanto sociológico.[38]

Dentre os direitos sociais, a Seguridade Social destaca-se como intrinsecamente relacionada à efetivação da igualdade. Assim afirma Walter Claudius Rothenburg:

> A Seguridade Social como um todo – previdência, assistência e saúde – assenta as suas bases no princípio da igualdade. Basta vermos o art. 194, parágrafo único, I e II da Constituição. Trata-se dos princípios da universalidade e da seletividade. A universalidade implica a aplicação objetiva (todas as contingências) e subjetiva (todas as pessoas) da seguridade social. Portanto, é desdobramento imediato da igualdade formal. Já pela seletividade haveria uma escolha de hipóteses específicas para incidência de políticas públicas de seguridade. Seria desdobramentos, pois, da igualdade material (tratar os desiguais de forma desigual na medida de sua desigualdade) (...) Consiste em hipótese de seleção de políticas públicas referenciadas apenas na Constituição – já que apenas esta pode selecionar, uma vez que, pela própria essência, o sistema de Seguridade Social, no nosso entender, baseia-se essencialmente na igualdade formal.[39]

No que tange ao conceito de igualdade, Flávia Piovesan ensina que concepção da igualdade desmembra-se em vertentes: a primeira diz respeito à igualdade formal, sintetizada na expressão "todos são iguais perante a lei". Por sua vez, a igualdade material pode corresponder ao ideal de Justiça distributiva (enquanto orientada pelo critério socioeconômico) ou pelo ideal de justiça enquanto reconhecimento de identidades[40].

Piovesan apropriadamente aborda a teoria de Nancy Fraser sobre o caráter bidimensional da Justiça: exige simultaneamente a redistribuição e o reconhecimento de identidades. Nesse sentido afirma Boaventura de Sousa Santos:

> temos o direito a ser iguais quando a nossa diferença nos inferioriza; e temos o direito a ser diferentes quando a nossa igualdade nos descaracteriza. Daí a necessidade de uma igualdade que reconheça as diferenças e de uma diferença que não produza, alimente ou reproduza as desigualdades.[41]

Assim sendo, no que tange à efetivação da igualdade de gênero, importa trazer a Recomendação Geral n. 16 de 2005, elaborada pelo Comitê dos Direitos Econômicos, Sociais e Culturais, de que a aplicação do princípio da igualdade por vezes exigirá que o estado tome medidas em favor das mulheres no intuito de atenuar ou suprimir condições que perpetuem e discriminação.[42]

---

36. ORGANIZAÇÃO INTERNACIONAL DO TRABALHO – OIT. Mulheres no trabalho: tendências 2016. Genebra: 2016. p. 9.
37. BONAVIDES, Paulo. Curso de direito constitucional, 16. ed. São Paulo: Malheiros, 2005. p. 564. In: LEITE, George Salomão; SARLET, Ingo (Coord.). Direitos fundamentais e Estado constitucional: estudos em homenagem a J.J. Canotilho. São Paulo: Revista dos Tribunais, 2009. p. 327.
38. CANOTILHO, J. J. Gomes; CORREIA, Marcus Orione Gonçalves; CORREIA, Erica Paula Barcha (Coord.). Direitos fundamentais sociais. São Paulo: Saraiva, 2010.
39. CANOTILHO, J. J. Gomes; CORREIA, Marcus Orione Gonçalves; CORREIA, Erica Paula Barcha (Coord.). Direitos fundamentais sociais. São Paulo: Saraiva, 2010.
40. PIOVESAN, Flávia. Igualdade, diferença e direitos humanos: perspectiva global e regional. In: LEITE, George Salomão; SARLET, Ingo (Coord.). Direitos fundamentais e Estado constitucional: estudos em homenagem a J.J. Canotilho. São Paulo: Revista dos Tribunais, 2009. p. 296.
41. SANTOS, Boaventura de Souza. Reconhecer para libertar: os caminhos do cosmopolitanismo multicultural. Rio de Janeiro: Civilização Brasileira, 2003, p. 56 apud: LEITE, George Salomão & SARLET, Ingo (Coord.). Direitos fundamentais e Estado constitucional: estudos em homenagem a J.J. Canotilho. São Paulo: Revista dos Tribunais, 2009. p. 327.
42. PIOVESAN, Flávia. Igualdade, diferença e direitos humanos: perspectiva global e regional. In: LEITE, George Salomão; SARLET, Ingo (Coord.). Direitos fundamentais e Estado constitucional: estudos em homenagem a J.J. Canotilho. São Paulo: Revista dos Tribunais, 2009. p. 302.

No que tange à possibilidade de anular as "vantagens" concedidas às mulheres para fins de obtenção de benefícios previdenciários, Melo e Oliveira enfatizam que "onerar a mulher com os mesmos encargos masculinos é um falso e hipócrita tratamento *soi-disant* igualitário: a lei não pode configurar uma igualdade que a realidade não contempla".[43]

Por fim, no intuito de sintetizar o entendimento do estabelecimento de regras previdenciárias diferenciadas para as mulheres como uma aplicação legítima do princípio constitucional da igualdade, traz-se um importante argumento do debate ensejado por Wajnman sobre a oposição entre proteção social e equidade individual:

> Ao decidir o que privilegiar – equidade individual ou proteção social – o Estado deve considerar o papel desempenhado pelas famílias e as mudanças que têm ocorrido em sua estrutura, principalmente, o fato das mulheres se tornarem, cada vez mais, um recurso escasso no cuidado dos dependentes, na medida em que avançam sua participação no mercado de trabalho e que acabam sendo sobrecarregadas com os trabalhos no mercado de trabalho e no âmbito doméstico.[44]

5. CONSIDERAÇÕES FINAIS

O presente estudo iniciou-se com a elaboração de um breve histórico sobre a relação da mulher com o trabalho e as consequências dessa realidade na modificação das regras previdenciárias com o passar do tempo.

Em diversas pesquisas estudadas, foram encontradas evidências de que, em que pese diversos avanços na situação das mulheres brasileiras atualmente, as dificuldades na manutenção do trabalho e principalmente na conciliação desde com os afazeres domésticos continuam significativas e contribuem para a extenuação das mulheres.

Entende-se aqui que, se o propósito é a busca pela igualdade, é essencial reconhecer as desigualdades: para mudar uma realidade, deve-se antes de tudo conhece-la. Dessa forma, negar as desigualdades de gênero no âmbito do trabalho seria um obstáculo intransponível na luta social para eliminá-las: deve-se reconhecer que as mulheres ainda enfrentam significativas dificuldades em manter seus empregos, e em conciliar o tempo de trabalho com o tempo que exige o cuidado do lar e dos filhos – e que ainda lhe é corriqueiramente exigido que ocupe sozinha o papel de mantenedora da organização doméstica.

Assim sendo, uma das possíveis conclusões diante do exposto é a de que a estipulação de vantagens para as mulheres nas regras previdenciárias são tentativas de minimizar desigualdades entre sexos presentes no âmbito do trabalho. Se o objetivo é equiparar as regras previdenciárias, portanto, dever-se-ia primeiramente equiparar as condições de trabalho entre homens e mulheres, incluindo, dentre outros muitos aspectos, a justa divisão de tarefas domésticas e a remuneração igual entre homens e mulheres para atividades laborais iguais.

É lógico considerar que a proteção social das mulheres não beneficia apenas a parcela feminina da população, mas a sociedade como um todo no sentido de permitir a manutenção satisfatória da família, seja no quesito do trabalho remunerado que garante o sustento, seja no âmbito do cuidado afetivo e doméstico. Da mesma forma, prezar pela igualdade como cenário de discrepância mínima de condições entre diferentes tipos de indivíduos é um serviço não apenas às minorias mas a todo o povo brasileiro, por meio da construção de um sistema justo de amparo à totalidade dos cidadãos.

6. REFERÊNCIAS BIBLIOGRÁFICAS

BELTRÃO, Kaizô Iwakami, et al. *Mulher e previdência social*: o Brasil e o mundo. Disponível em: <http://repositorio.ipea.gov.br/handle/11058/2101>. Acesso em: 30 out. 2014.

BERWANGER, Jane L. W.; VERONESE, Osmar. *Constituição*: Um olhar sobre minorias vinculadas à Seguridade Social. Curitiba: Juruá, 2014.

BONAVIDES, Paulo. Curso de direito constitucional, 16. ed. São Paulo: Malheiros, 2005. p. 564. In: LEITE, George Salomão & SARLET, Ingo (Coord.). Direitos fundamentais e Estado constitucional: estudos em homenagem a J.J. Canotilho. São Paulo: Revista dos Tribunais, 2009. p. 327

BRASIL. Constituição Federal de 1967. Disponível em: <http://www.planalto.gov.br/ccivil_03/constituicao/constituicao67.htm>. Acesso em: 21 jan. 2018.

BRASIL. Constituição Federal de 1988. Disponível em: <http://www.planalto.gov.br/ccivil_03/constituicao/constituicao.htm>.

BRASIL. Lei n. 8.213, de 24 de julho de 1991. Dispõe sobre os Planos de Benefícios da Previdência Social e dá outras providências.

BRASIL. MINISTÉRIO DA PREVIDÊNCIA SOCIAL. *CNPS*: Crescente inclusão da mulher no mercado de trabalho tem reflexo nos benefícios previdenciários. Disponível em: <http://www.previdencia.gov.br/2016/02/cnps-crescente-inclusao-da-mulher-no-mercado-de-trabalho-tem-reflexo-nos-beneficios-previdenciarios/>. Acesso em: 10 jan. 2018.

CAMARANO, Ana Amélia; PASINATO, Maria Tereza. *Envelhecimento, condições de vida e política previdenciária*. Como ficam as mulheres? Texto para Discussão, Rio de Janeiro, n. 883, p. 1-25, jun. 2002.

CANOTILHO, J. J. Gomes; CORREIA, Marcus Orione Gonçalves; CORREIA, Erica Paula Barcha (Coord.). *Direitos fundamentais sociais*. São Paulo: Saraiva, 2010.

Coleção de Leis do Brasil, 1935. v. 3, p. 159.

DIARIO DO GRANDE ABC. *Aposentadoria da mulher é 41% menor que do homem*. Disponível em: <http://www.dgabc.com.

---

43. MELO, Hildete Pereira de; OLIVEIRA, André Barbosa. *Mercado de trabalho e a previdência social*: um olhar feminista. Econômica, Rio de Janeiro, v. 11, n. 2, p. 107, dez. 2009. p. 55.
44. WAJNMAN, Simone; MARRI, Izabel; TURRA, Cássio M. *Os argumentos de proteção social e equidade individual no debate sobre Previdência e Gênero no Brasil*. Anais, p. 1-16, p. 3, 2016.

br/Noticia/515087/aposentadoria-da-mulher-e-41-menor-que-a--do-homem>. Acesso em: 21 jan. 2018.

DIEESE – DEPARTAMENTO INTERSINDICAL DE ESTATÍSTICA E ESTUDOS SOCIOECONÔMICOS. A Inserção da Mulher no Mercado de Trabalho da Região Metropolitana de Porto Alegre. Disponível em <https://www.dieese.org.br/analiseped/2016/2015pedmulherpoa.pdf>. Acesso em: 23 set. 2016.

FORTES, Simone Barbisan. A mulher trabalhadora rural e a Previdência Social. In: BERWANGER, Jane Lucia Wilhelm; FORTES, Simone Barbisan. *Previdência do trabalhador rural em debate*. Curitiba: Juruá, 2008. p. 289-317.

IBGE, Pesquisa Nacional por Amostra de Domicílios. Rio de Janeiro-RJ, 2015. In: DE MELO, Hildete Pereira. A questão de gênero no projeto da reforma da previdência social: uma visão histórica. *Revista da ABET*, v. 16, n. 1, 2017.

INSTITUTO Brasileiro de Geografia e Estatística. *Síntese de Indicadores Sociais*. 2016.

MATIJASCIC, Milko. *Previdência para as mulheres no Brasil*: reflexos da inserção no mercado de trabalho. Texto para Discussão, Instituto de Pesquisa Econômica Aplicada (IPEA), 2016. p. 20.

MELO, Hildete Pereira de. A questão de gênero no projeto da reforma da previdência social: uma visão histórica. *Revista da ABET*, v. 16, n. 1, 2017.

MELO, Hildete Pereira de; OLIVEIRA, André Barbosa. *Mercado de trabalho e a previdência social*: um olhar feminista. Econômica, Rio de Janeiro, v. 11, n. 2, p. 107, p. 55, dez. 2009.

OISS – ORGANIZAÇÃO IBEROAMERICANA DE SEGURIDADE SOCIAL. *Por qué incluir la perspectiva de género en los sistemas de Seguridad Social?*. Disponível em: <http://www.oiss.org/Por-que-incluir-la-perspectiva-de.html>. Acesso em 21 set. 2017.

ONU – ORGANIZACAO DAS NAÇÕES UNIDAS. *El Progreso De Las Mujeres En El Mundo 2015-2016*. Disponível em <http://progress.unwomen.org/en/2015/pdf/UNW_progressreport_es_10_12.pdf>. Acesso em: 21 set. 2016.

ORGANIZAÇÃO INTERNACIONAL DO TRABALHO – OIT. *Mulheres no trabalho*: tendências 2016. Genebra: 2016. p. 4.

PIOVESAN, Flávia. Igualdade, diferença e direitos humanos: perspectiva global e regional. In: LEITE, George Salomão & SARLET, Ingo (Coord.). *Direitos fundamentais e Estado constitucional*: estudos em homenagem a J.J. Canotilho. São Paulo: Revista dos Tribunais, 2009. p. 296.

SANTOS, Boaventura de Souza. Reconhecer para libertar: os caminhos do cosmopolitanismo multicultural. Rio de Janeiro: Civilização Brasileira, 2003. p. 56 *apud*: LEITE, George Salomão & SARLET, Ingo (Coord.). *Direitos fundamentais e Estado constitucional*: estudos em homenagem a J.J. Canotilho. São Paulo: Revista dos Tribunais, 2009. p. 327

WAJNMAN, Simone; MARRI, Izabel; TURRA, Cássio M. *Os argumentos de proteção social e equidade individual no debate sobre Previdência e Gênero no Brasil*. Anais, p. 1-16, p. 3. 2016.

A (In)Visibilidade da Mulher como Estratégia de Manutenção da Cultura do Patriarcado e das Desigualdades Sociais, Aparelhados pelo Sistema Capitalista

Alessandra Camarano Martins[1]

Este artigo pretende despontar para uma reflexão a partir de dados históricos, em relação ao caráter patriarcal da sociedade atrelado ao capitalismo, que silenciaram o protagonismo da mulher nas grandes transformações sociais, como ferramenta de prolongamento de dominação.

Os apontamentos lançados pretendem atrair o debate para a perspectiva da mulher que esteve à frente de trabalhos domésticos e provida de sentimentalidades, que em uma matriz vilipendiosa a consideram precária do discernimento inteligente.

Desde a criação da humanidade, a história da mulher é marcada pelo anonimato, preconceito e violência. Foi constituída a partir da costela de Adão, a causadora do pecado original, condenada à submissão e sofrimentos eternos.

Deus disse à mulher: *"Tornarei penosa a tua gravidez, e entre penas darás à luz teus filhos. Contudo sentirás atraída para o teu marido, mas este te dominará". (Gênesis 3:16)*

Num reforço da cultura de preconceito contra as mulheres, ela foi interpretada como sexo fraco que caiu na tentação e seduziu o homem, o que justifica sua submissão histórica.

A história das crenças religiosas é selada pela redução da mulher a uma situação inferior ao homem, criando sociedades patriarcais, onde as mulheres eram fadadas ao cumprimento de tarefas meramente domésticas, mantidas na discrição e anonimato, castas e virgens e àquelas que fugiam aos padrões tradicionais impostos pela Igreja e que teimavam nos pensamentos libertos de arestas eram chamadas de bruxas e submetidas ao açoite, afogadas e queimadas para que o fogo purificasse sua alma e servissem de exemplo às demais, que se refugiavam em seus medos e cada vez mais se vinculavam à invisibilidade.

Simone de Beauvoir analisa criticamente a situação de submissão partindo da gênese para a manutenção do estado de dependência da mulher, que sequer teve autonomia para o nascimento.

Nessa análise pode-se concluir que seguindo trechos do início da criação, a mulher deve ser mantida em situação de invisibilidade absoluta, para que seja grata pela gentileza divina da ideia de moldá-la a partir de um pedaço do corpo masculino, o que a submete e lhe faz perder sua independência e vontade, devendo se tornar um Ser absolutamente alienado e desprovido de racionalidade.

"Todos os mitos da criação exprimem essa convicção preciosa do macho e, entre outras, a lenda de Gênese que, através do cristianismo, se perpetuou na civilização ocidental. Eva não foi criada ao mesmo tempo que o homem; não foi fabricada com uma substância diferente, nem como o mesmo barro que serviu para moldar Adão: ela foi tirada do flanco do primeiro macho. Seu nascimento não foi autônomo; Deus não resolveu espontaneamente criá-la com um fim em si e para ser por ela adorado em paga; destinou-a ao homem. Foi para salvar Adão da solidão que ele lha deu, ela tem no esposo sua origem e seu fim; ela é seu complemento no modo do inessencial. E assim ela surge como uma presa privilegiada. É a natureza elevada à transparência da consciência, uma natureza naturalmente submissa. E é essa maravilhosa esperança que muitas vezes o homem pôs na mulher. Ele espera realizar-se como ser possuindo carnalmente um ser, ao mesmo tempo que consegue confirmar-se em sua liberdade através de uma liberdade dócil."

No lado oposto dessa civilização, estaria o homem, criado à imagem e semelhança de Deus, segundo passagens bíblicas, como personagem principal na mercancia, na política, no desenvolvimento econômico. O provedor. Ângela Davis e outros autores clássicos tratam do tema como a dissociação-valor, pois aos homens estariam impregnadas a força e sapiência, numa lógica de *"constrangimento da ordem social burguesa à sexualidade."*

Caminhando pela história, e nos socorrendo de pesquisas elaboradas pela Doutora **Rosângela Angelin**, militante feminista e doutoranda em Ciências Jurídicas na Universidade de Osnabrück – Alemanha (<http://catarinas.info/a-caca-as-bruxas-uma-interpretacao-feminista/>), nos deparamos com o período de "caça às bruxas" na Idade Média, quando da Instalação dos Tribunais da Inquisição. Com a ajuda do Estado, a Igreja criou os tribunais do Santo Ofício, que perseguiam, acusavam, julgavam e condenavam aqueles que não praticavam o catolicismo. As mulheres eram o alvo principal dos Tribunais da Inquisição. Num recorte histórico do

---
1. Advogada Trabalhista e Vice-Presidente da ABRAT.

período, pode-se observar que os maiores crimes praticados pelas "bruxas" eram as reuniões coletivas que aconteciam como forma de aprendizado do ofício do emprego de plantas medicinais para a cura de doenças e epidemias que eram repassadas de umas para as outras e com isso, um natural reforço da convivência social.

O conhecimento, as relações sociais, o atendimento à população mais pobre, foram bases para acender as fogueiras da inquisição, já que a ordem patriarcal e do capital, mais uma vez estavam ameaçadas.

Os conhecimentos das práticas populares relativas à saúde e a difusão dessa sabedoria entre as mulheres as tornaram ameaçadoras para a classe dominante que se atrelando à Igreja, que também estava perdendo espaço para o antropocentrismo, resolveram eliminar toda forma de poder que não estivesse diretamente vinculado ao Estado, ao Capital, a Igreja e consequentemente ao patriarcado.

> "No capitalismo, as diferenças são transformadas em desigualdades e, recorrentemente, utilizadas para justificar e naturalizá-las, sem questionar os seus fundamentos. A complexidade desse processo leva-nos a perceber que, na sociedade capitalista é impossível construir a plena igualdade entre sujeitos portadores de diferenças que deveriam ser apreendidas como componente da diversidade humana. Partimos da compreensão de que o patriarcado, o racismo e o capitalismo se relacionam de forma recíproca, ou, nos termos cunhados por Saffi oti (2004), patriarcado-racismo-capitalismo formam um "novelo" que permite certa mobilidade entre estas formas de dominação, porém nenhum destes pode prescindir dos demais." (<https://www.ifch.unicamp.br/ojs/index.php/cemarx/article/view/2946>. – Leonardo Nogueira Alves).

Nessa toada de invisibilidade e eliminação, as mulheres foram protagonizando as transformações sociais operadas na história da humanidade, pagando com suas vidas e resistindo a cada investida do Capital e do sistema patriarcal.

Em uma abordagem histórica das mulheres no Brasil Colonial, os autores Débora Antonia Del Guerra, Jorge Luiz Souto Maior, Leila Giovana Izidoro, Mariana Benevides da Costa, Paulo Fernando Nogueira Cunha e Sarah R. Vieira, estruturam o papel desempenhado pelas mulheres sob a perspectiva da história de resistência feminina nas primeiras lutas contra a exploração do trabalho humano, contra "as opressões, sobretudo de raça e gênero"

> "E como não poderia deixar de ser, ao longo das referidas etapas, e, inclusive, como decorrência do mesmo modelo econômico implantado, o atuar feminino não se mostrou compassado, variando de acordo com a etnia e com o estrato social da mulher. Às brancas, ver-se-á adiante, cabia, de regra, uma vida impoluta, fora dos espaços sociais, sob as referências marianas preconizadas pela Igreja Católica. Negras e índias, reificadas, prestavam-se à satisfação dos anseios econômicos e sensuais do dominador" (Mulheres em Luta. A outra metade da história do Direito do Trabalho – Organizadores Jorge Luiz Souto Maior e Regina Stela Corrêa Vieira – "A História das Mulheres no Brasil Colonial – p. 13/28).

Percebe-se uma retroalimentação conceitual emergido no período da gênese em que a mulher criada a partir da costela de um macho é condenada pela divindade ao sofrimento e à satisfação dos desejos do marido. Nessa repetição axiológica, a divisão em castas e raças se impõe de maneira a tornar a mulher cada vez mais afastada das conjecturas sociais, incrementando um sistema patriarcal totalmente comandado pelo capitalismo como aparato repressivo.

O período de "caças às bruxas" também é reproduzido, no período do Brasil Colônia, numa formatação de invisibilidade e emudecimento da mulher que ousa levantar a voz contra a cultura de domínio masculino. A mulher negra, escravizada é recolhida nas senzalas no período noturno e nos períodos diurnos trancafiada nas casas grandes para a realização dos afazeres domésticos enquanto a mulher branca se submete à dependência do pai e posteriormente do marido. Àquelas que ousaram levantar suas vozes contra as imposições patriarcais, chegaram a ser colocadas em manicômios e internatos.

Neste contexto histórico não se pode deixar de abordar a situação das mulheres indígenas, que apesar de terem participado do processo de construção do Brasil, permaneceram no anonimato com parcas fontes de pesquisa até a chegada dos colonizadores, que durante o processo de colonização as exploravam sexualmente e submetiam-nas à condição de escravas.

São mulheres de todas as etnias que permaneceram no obscurantismo, mas que tiveram participação fundamental na dinâmica construtiva histórica da sociedade e que às suas maneiras e com as ferramentas que lhes eram destinadas à época e mesmo com todo aparato repressivo, não deixaram de rebelar-se contra a imposição e o domínio.

Já na primeira república, mulheres se encorparam e passaram a reivindicar voz e espaços trazendo à tona a questão da igualdade, mesmo diante de uma sociedade que apregoava a inferioridade da mulher que necessitava da proteção paternalista na contribuição da propagação da mulher como "sexo frágil".

Neste período algumas se inseriram no mercado de trabalho, principalmente nas indústrias e passaram a ser Chefes de Família, situação que lhes rendeu uma participação mais ativa nas questões sociais, em especial na influência sobre outras mulheres, luta pela participação política e ainda por melhores qualificações.

As mulheres deram os primeiros passos em relação à apropriação de toda a sua essência, saindo da situação de alienação a que eram submetidas e que Marx define como limitação de sua atenção à esfera da mera utilidade.

"Os sentidos verdadeiramente humanos são caracterizados pela mais alta complexidade. A posse dos olhos não é suficiente para captar a beleza visual. Para isso, é preciso ter o sentido da beleza. Os sentidos humanos estão entrelaçados não só entre si, mas também cada um deles com todas as demais capacidades humanas, incluindo, é claro, a capacidade de raciocinar. São essas interconexões que tornam possível o sentido da beleza. "O homem se apropria de toda a sua essência de uma maneira total, portanto como um homem total" (106 [108 modif.]). Separar os sentidos – "imediatamente em sua práxis, os sentidos se tornaram teoréticos" [109] – do raciocínio a fim de subordinar aqueles a este é, por conseguinte, um procedimento artificial e arbitrário. É por isso que a representação idealista dos sentidos tem de ser rejeitada. Contudo, a tarefa de "emancipar todas as qualidades e sentidos humanos" está longe de ser cumprida pela apreensão correta das inter-relações complexas entre as capacidades humanas. O problema, segundo Marx, é que, por causa da alienação, o ser humano não se apropria de "toda a sua essência como um homem total", mas limita sua atenção à esfera da mera utilidade. Isso traz consigo um empobrecimento extremo dos sentidos humanos."

Ao estarem confinadas em suas casas e sem a participação da vida em sociedade e sem autorização para sequer tratarem de questões dentro das igrejas, a mulher foi retirada de sua condição humana, embora por dentro palpitasse todas as veias humanitárias de um ser em vida que pulsa e que possui desejos e anseios. E tudo em uma armação absolutamente meticulosa para que não houvesse a substituição do poder patriarcal, absolutamente dominado pelo Capital.

Com a revolução industrial, o êxodo rural e ocupação das cidades, há consequentes mudanças sociais e a mulher sai de casa para ajudar os seus maridos no mercado de trabalho, com salários muito inferiores e sem que lhes seja aliviada a carga do trabalho doméstico e os cuidados com a casa, o marido e os filhos, reforçando a desigualdade.

Começam a surgir movimentos organizados de mulheres que buscavam a equivalência dos sexos, numa política de respeito às diferenças e de igualdade de direitos, tendo como primeiras ondas o direito ao voto, o direito à propriedade, a reforma do casamento e a liberdade sexual.

E mesmo com os movimentos em direção ao mercado de trabalho, permaneceram, em situação de submissão ativa em relação às Classes Dominantes patriarcais, pois seus salários eram mais baixos e as jornadas de trabalha exaustivas, situação que as levou para a linha de frente nas reivindicações e organizações de resistência nas fábricas e locais de trabalho, situação que coincidiu com a participação feminina na política institucional, na República Velha e a luta pela garantia do direito ao voto.

"A mulher brasileira conquistou, formalmente, o direito de ser eleitora e elegível com a aprovação do Código Eleitoral de 1932. É certo que no art. 70 da Constituição da República dos Estados Unidos do Brasil, de 24 de fevereiro de 1891, não havia proibição expressa do voto feminino, mas, para o exercício desse direito, foi preciso a forte atuação das mulheres.

Dentro do recorte histórico da Primeira república, destacam-se alguns movimentos e figuras femininas responsáveis pela luta para a participação das mulheres nas eleições. Ressalta-se, no entanto, a existência de tantas outras mulheres responsáveis pelo sufrágio feminino que permanecem, até hoje, no anonimato."

Começam a surgir movimentos organizados de mulheres que buscavam a equivalência dos sexos, numa política de respeito às diferenças e de igualdade de direitos, tendo como primeiras ondas o direito ao voto, o direito à propriedade, a reforma do casamento e a liberdade sexual.

Passando para a Era Vargas, observa-se uma efervescência social, e nos depararemos no tema relativo à "revolta" feminina com as condições de trabalho e vida que eram submetidas, havendo um verdadeiro rebuliço social quanto à participação feminina nas reivindicações de classe.

Foi nessa época em que surgiu a primeira greve no Brasil, em 1917, que teve início em uma Fábrica Têxtil em São Paulo, durante 30 dias, liderada por mulheres, que havia como pauta aumento de salários, redução de jornadas exaustivas, havendo com o tempo agregação de pautas mais extensivas àquelas relacionadas aos contratos de trabalho, como por exemplo a libertação dos presos que participaram dos movimentos. Foi a primeira greve geral do país.

Vale um recorte histórico para mencionar que em fevereiro do mesmo ano, antes da Greve geral no Brasil, mulheres que trabalhavam na indústria têxtil iniciaram protestos e parada laborativa, na revolução Russa. Essa concatenação de movimentos demonstrou que o Brasil estava em conexão com outras partes do mundo.

Um retrocesso nos movimentos feministas e na liberdade da mulher aconteceu após a segunda guerra mundial e imagens fortes de mulheres que ficavam em casa cuidando dos filhos e que recebiam seus maridos, retornando da grande guerra, passaram a ser espalhadas, com o intuito de retirá-las do mercado de trabalho para que os homens pudessem ocupá-lo.

Os retrocessos em relação à mulher são apontados criativamente em várias eras, sempre que elas despontavam por uma brecha de participação ativa na sociedade que deve ser igualitária.

Foram movimentos, ora sutis, ora às escâncaras, que estacionavam e insistiam em reduzir a mulher à situação de desigualdade, deixando-as permanentemente no anonimato.

Talvez pareça a grande teoria da conspiração, mas são fatos históricos e que remetem à atualidade da mulher contemporânea, que mesmo com tanta luta continua sofrendo preconceitos que há algum tempo, ainda permaneciam dentro dos armários interiores, mas que de uma para outra arrombaram as portas e saíram pelo mundo gritando e chutando a desigualdade, sem qualquer pudor.

As declarações conservadoras e que retrocedem a história da busca e conquista de liberdade e igualdade da mulher na sociedade, colocando-as em situação de inferioridade, partem de grandes autoridades que parecem ter a intenção de afrontar, subjugar e violentar todo o progresso já conquistado, mas que muito ainda precisa avançar.

Quando nos referimos aos movimentos feministas a sensação que vem é que estamos despertando para algo novo.

Em verdade o feminismo é vivenciado por mulheres de algumas sociedades, muitos séculos antes de Cristo e nada mais é do que segundo conceito desde 1895 "a crença de que homens e mulheres deveriam ter direitos e oportunidades iguais" e "a atividade organizada em apoio aos direitos e interesses das mulheres".

Essa invisibilidade feminina é o reforço cada vez mais potente de que a verdadeira igualdade ainda é parca e que os interesses na modificação da realidade que permeia o universo feminista ainda está longe do alcance, porém sem impossibilidade de se atrelar.

A reflexão que se busca no presente artigo, que vem acompanhado de história, filosofia e sociologia, é a busca para que homens e mulheres comprometidos com o dever social de uma sociedade democrática possam a partir dos modelos de articulações empunhadas pelas mulheres ao longo da história, vivenciar as lutas em conjunto não se dissociando das questões que revelam a subjugação ao Poder do Capitalismo que têm a cada dia se manifestado fortemente em cada esfera de questões não só relacionadas ao feminismo, mas em todas que atingem as minorias e desequilibram as relações sociais, concentrando o poder e riqueza nas mãos de uma parcela mínima da sociedade.

"Nenhum homem consentiria em ser uma mulher, mas todos desejam que haja mulheres. "Agradecemos a Deus por ter criado a mulher". A natureza é boa demais, pois deu a mulher aos homens". Nessas frases, e em outras análogas, o homem afirma uma vez mais com arrogante ingenuidade que sua presença neste mundo é um fato inelutável e um direito, enquanto a da mulher é um simples acidente: um bem-aventurado acidente. Aparecendo como o Outro, a mulher aparece ao mesmo tempo como uma plenitude de ser em oposição a essa existência cujo vazio o homem sente em si; o Outro sendo posto como objeto aos olhos do sujeito, é posto como em si, logo como ser. Na mulher encarna-se positivamente a falta que o existente traz no coração, e é procurando alcançar-se através dela que o homem espera realizar-se."

REFERÊNCIAS BIBLIOGRÁFICAS

(Gênesis 3:16)

Rosângela Angelin, militante feminista e doutoranda em Ciências Jurídicas na Universidade de Osnabrück. Alemanha. Disponível em: <http://catarinas.info/a-caca-as-bruxas-uma-interpretacao-feminista/>.

Disponível em: <https://www.ifch.unicamp.br/ojs/index.php/cemarx/article/view/2946>. Leonardo Nogueira Alves.

Mulheres em Luta. A outra metade da história do Direito do Trabalho. Jorge Luiz Souto Maior e Regina Stela Corrêa Vieira (Orgs.). *A História das Mulheres no Brasil Colonial*, p. 13/28.

Mulheres em Luta. A outra metade da história do Direito do Trabalho. Jorge Luiz Souto Maior e Regina Stela Corrêa Vieira (Orgs.). Mulheres na Luta: Primeira República, p. 29/43. Laura Nazaré de Carvalho; Gustavo Seferian Scheffer Machado; Giovana Labigalini Martins; Luana Duarte Raposo; Victor Emanuel Bertoldo Teixeira.

MÉSZÁROS, István. *A Teoria da Alienação em Marx*. BoiTempo, p. 185.

BEAUVOIR, Simone de. *O Segundo Sexo*. v. 1. Fatos e Mitos, p. 201.

O Diálogo entre o Pecado Capital, "Nascer Mulher" e os Sonhos que Pulsam e se Transformam na Busca pela Igualdade

Aline Corrêa[1]

O convite para escrever em obra coletiva sobre FEMINISMO, PLURALISMO E DEMOCRACIA e as propostas lançadas no editorial de chamada para esse desafio, despertaram-me para a pesquisa da temática que compartilho abaixo:

"Em 1857 a lei do divórcio foi aprovada e, como é bem conhecido, definiu legalmente diferentes parâmetros morais para homens e mulheres. De acordo com essa lei, um homem poderia obter a dissolução de seu casamento se ele pudesse provar um ato de infidelidade de sua esposa; porém uma mulher não poderia desfazer seu casamento a não ser que pudesse provar que seu marido fosse culpado não apenas de infidelidade, mas também de crueldade".

(Millicent Garrett Fawcett, em seu livro "O voto das mulheres", publicado em 1911)

"Era um período estranho, insatisfatório, cheio de aspirações ingratas. Eu a muito sonhava em ser útil para o mundo, mas como éramos garotas com pouco dinheiro e nascidas em uma posição social específica, não se pensava como necessário que fizemos alguma coisa diferente de nos entretermos até que o momento e a oportunidade de casamento surgisse. melhor qualquer casamento do que nenhum, uma velha e tola tia costumava dizer.

A mulher das classes superiores tinham que entender cedo que a única porta aberta para uma vida que fosse, ao mesmo tempo, fácil e respeitável era aquela do casamento. Logo, ela dependia de sua boa aparência, nos conformes do gosto masculino daqueles dias, de seu charme e das artes de sua penteadeira".

(Charlotte Despard, memórias não publicadas, registro de 1850).

"Permanecer solteira era considerado uma desgraça e aos trinta anos uma mulher que não fosse casada era chamada de velha solteirona. Depois que seus pais morriam, o que elas podiam fazer, para onde poderiam ir? Se tivessem um irmão, poderiam viver em sua casa, como hóspedes permanentes e indesejados. Algumas tinham que se manter e, então, as dificuldades apareciam. A única ocupação paga aberta a essas senhoras era a de governantas, em condições desprezadas e com salários miseráveis. Nenhuma das profissões eram abertas as mulheres; não havia mulheres nos gabinetes governamentais; nem mesmo trabalho de secretaria era feito por elas. Até mesmo a enfermagem era desorganizada e desrespeitada até que Florence Nightingale a tornasse uma profissão ao fundar a Nightingale School of Nursing (Escola Nightingale de Enfermagem) em 1860".

(Louisa Garrett Anderson, depoimento escrito de 1860)

"...os pais acreditavam que uma educação séria para suas filhas era algo supérfluo: modos, música e um pouco de francês seria o suficiente para elas. Aprender aritmética não ajudará minha filha a encontrar um marido, esse era um pensamento comum. Uma governanta em casa, por um breve período, era o destino habitual das meninas. Seus irmãos deviam ir para escolas públicas e universidades, mas a casa era considerada o lugar certo para suas irmãs. Alguns pais mandavam suas filhas para escolas, mas boas escolas para garotas não existiam. Os professores não tinham boa formação e não eram bem educados. Nenhum exame público (para escolas) aceitava candidatas mulheres".

(Louisa Garrett Anderson, depoimento escrito de 1839).

Sabe-se que a condição social da mulher mudou muito, especialmente após a chamada Revolução Feminista da década de 1960. Antigamente era inadmissível a mulher ter direitos que, hodiernamente, são tão naturais, como estudar, trabalhar fora do lar, votar, e tantas outras coisas. Embora direitos como esses representem conquistas femininas (ou feministas), há que se considerar, também, que são fruto de conjunturas históricas específicas. Todavia, ainda nos dias atuais verifica-se mulheres vivendo as condições descritas nos trechos destacados alhures.

Ao fazer pesquisas para elaborar contribuição à obra coletiva, me deparo com uma triste realidade. Em verdade, comecei a fazer uma autorreflexão e percebo que minha estória de vida se confunde até mesmo com os depoimentos acima. Vivenciei, o que várias mulheres vivenciam ou vivenciaram, mas, algumas, como eu, mudou a trajetória de suas vidas.

Nasci numa cidade do interior de Goiás, Ceres; meus pais se conheceram em Ponta Porã/MS, depois de viverem alguns anos por lá, resolveram mudar-se para a antiga cidade do meu Pai, onde nasci.

Meu pai era um homem muito sistemático, nasceu no ano de 1927 e confesso não evoluiu nos anos. Vivia os costumes do ano que nasceu, cresceu de família em família, pois seus pais faleceram quando ele contava com apenas dois anos de idade.

Era um homem que gostava de conhecer mulheres.

---

1. Advogada Trabalhista e Presidente da ARONATRA (Associação Rondoniense da Advocacia Trabalhista).

Antes de conhecer minha mãe, já havia se relacionado com muitas outras mulheres e já contava cinco filhos que somados aos três que teve com minha mãe e mais dois após a separação, totalizam 10 filhos, com 05 (cinco), mulheres diferentes.

Minha mãe viveu vinte e dois anos ao lado do meu pai e pelo pouco que tenho conhecimento, não viveu um casamento feliz, contudo, não lhe era permitido o divórcio, tinha que continuar casada, mesmo que fosse infeliz.

Minha mãe então tomou atitude que mudara toda sua vida e a minha também.

Ela "fugiu" de casa acompanhada de outro homem, um desconhecido que tinha lhe prometido amor eterno, eternidade que durou até o aparecimento da primeira dificuldade, seguida do abandono e desaparecimento, sem que minha mãe tivesse qualquer notícia.

Eu, com um ano e seis meses de vida fiquei com meu pai e meus dois irmãos, de dez e sete anos, respectivamente.

Meu pai, a partir disso, assumiu o papel também de mãe, obviamente, com suas limitações, mas não nos abandonou, por mais que pessoas pediam para ficar conosco, ele nunca permitiu que nenhum de nós saísse do lado dele.

Como tudo na vida segue, meu pai teve outros relacionamentos e em um deles nasceu uma menina que foi abandonada pela mãe aos quatro dias de vida.

À época eu contava com apenas seis anos de idade e tive que amadurecer para cuidar de minha irmãzinha, recém-chegada a esse mundo, enquanto minhas coleguinhas brincavam com bonecas e casinhas de mentira, eu fazia tudo isso, com a diferença que era tudo de verdade e jamais poderia cometer erros, pois era um bebê, uma vida frágil sendo cuidada por uma criança inocente.

Quando fiz sete anos fui para escola, no entanto, a regra em minha casa era, no caso das mulheres, frequentariam a escola até aprender a escrever o próprio nome, pois, segundo meu genitor, mulher precisava aprender escrever somente o próprio nome. Vejam, estamos falando de trinta e um anos atrás, parece até ser algo de séculos atrás, mas não. Outra regra era ter que casar cedo, vez que moça não poderia passar dos trinta anos sem casar, sendo esta minha única chance de vencer na vida.

Aprender a assinar somente o próprio nome era muito pouco para uma criança que sonhava muito e queria muito, diante disso, pedi à minha professora que pedisse ao meu pai mais um ano de estudo, pois precisava melhorar minha assinatura, ela gentilmente assim o fez, conseguindo ali, minha primeira vitória.

Assim, foram os anos seguintes, sempre com algum argumento, elaborado por minhas professoras "Advogadas". E a permissão acontecia, sempre com condições de no ano seguinte não mais dar continuidade aos estudos.

Com a conclusão do ensino fundamental e a chegada do ensino médio, em período noturno, encerraram meus sonhos de ter um estudo e uma profissão.

Não poderia me conformar com aquela situação. Ali me vi fadada a ter a mesma vida de várias mulheres que me cercavam, donas de casas, com pouco ou nenhum estudo. E essas mulheres são merecedoras de aplausos, porque viveram uma vida planejada por uma sociedade machista. São inúmeras "Marias" que enterraram seus sonhos e se conformaram com uma vida dentro das paredes de seus lares.

Eu almejava muito mais do que assinar meu próprio nome e concluir a oitava série do ensino fundamental. Todavia para meu pai eu já teria ido longe demais, foi quando iniciei minha primeira grande batalha.

Manifestei desejo de ir viver com minha mãe e passei a agir para que isso acontecesse e recebi a autorização paterna, pois para ele, teria dificuldades na lida com uma adolescente que precisava viver com uma mulher.

Assim, concluí o ensino médio e depois de alguns anos, quando consegui um emprego que me possibilitava pagar uma mensalidade, comecei a cursar direito. Na minha formatura, recebi o prestígio de meu pai, que orgulhoso dizia a todos: minha filha será *"adevogada"*.

Durante a escrita e relato dos fatos aqui narrados, um filme se passou em minha cabeça e todas as dificuldades que enfrentei para que pudesse ir além de assinar o próprio nome, se deram por causa do meu pecado capital: nasci mulher.

Passei a advogar, com muito orgulho, pois sei que esse não seria meu destino se aceitasse as imposições já expostas. Fui convidada para compor a diretoria da Associação de Advogados Trabalhistas, uma instituição sonhada por um grupo de advogados idealizadores e com o incondicional apoio da nossa Mãe ABRAT, que nasceu em 2013 (ARONATRA), quando eu orgulhosamente fui nomeada a secretária geral para o triênio 2013/2016.

Hoje estou Presidente da ARONATRA, para o triênio 2016/2019 e também faço parte do Conselho da Ordem dos Advogados da Seccional de Rondônia. Muitas colegas me abordam para dizer o quanto se sentem orgulhosas por terem uma mulher na presidência da ARONATRA.

Na verdade eu que me sinto muito honrada em poder liderar uma instituição, por tudo isso que aqui relatei, espero cada vez poder representar a nós mulheres em tantas outras instituições, sem ser para cobrir cotas, mas, porque sabem que sou qualificada para a função de liderança.

Sabemos que a mulher vem ao longo dos anos conquistando seu espaço, tanto que o dia 8 de março é o resultado de uma série de fatos, lutas e reivindicações das mulheres por melhores condições de trabalho e direitos sociais e políticos. Por conta dessas lutas é que as garantias dos espaços para as mulheres têm sido alcançadas. Mas vale sabermos que isso tem acontecido em passos lentos.

Somos conhecedoras que nossa grande batalha é ainda a ocupação de espaços de poder. No Brasil, o poder é um domínio ocupado hegemonicamente ainda por homens. As decisões públicas do país são em maioria masculinas, e nesse contexto, as decisões quanto às relações de gênero, a meu ver, não carregam sensibilidade.

Politicamente nossa grande luta foi o direito ao voto, o qual foi conquistado só em 24 de fevereiro de 1932, um marco na história da mulher brasileira, que foi consolidado na Constituição de 1934. É necessário conscientizar a participação da mulher na política, em um país democrático é fundamental para o alcance da igualdade e do desenvolvimento, e consequentemente da paz.

Se consultarmos dados na biblioteca do Senado, verificaremos que elegemos a primeira deputada em 1934 no estado de São Paulo. A primeira deputada negra foi eleita em Santa Catarina no ano de 1935. A primeira senadora no ano de 1981, Governadora, apenas em 1994, Roseana Sarney no estado do Maranhão.

Um marco histórico para nosso país foi em outubro de 2010 tivemos a primeira presidenta eleita, Dilma Rousseff.

Segundo o Tribunal Superior Eleitoral (TSE), na composição atual da Câmara, das 513 cadeiras, somente 55 são ocupadas por mulheres (10,7%). No Senado, o percentual é um pouco maior. Das 81 cadeiras, 12 são ocupadas por mulheres (14,8%). Notem, são 67 mulheres entre os 594 deputados e senadores (11,2%).

Óbvio que o direito de votar e ser votada sem dúvida foi uma grande conquista, entretanto, é preciso ter em mente que ainda não superamos à sub-representatividade das mulheres nos espaços de poder, ainda mais se olharmos a nível mundial, o Brasil ocupa a 154ª posição em um *ranking* internacional, elaborado pela União Interparlamentar que listou 190 países, sobre a participação da mulher nos parlamentos.

Não podemos olvidar que, por intermédio de políticas afirmativas, se conseguiu instituir cotas no sistema político para fomentar a inclusão das mulheres na política. Foi aprovada na legislação eleitoral a cota de gênero, que hoje é de 30%, válida para qualquer eleição do poder legislativo.

Hoje a Lei eleitoral brasileira estimula a participação feminina na política estabelecendo um percentual mínimo de 30% de candidaturas de cada sexo (art. 10, § 3º, da Lei n. 9.504, de 1997).

Se analisarmos a Lei n. 9.096, de 1995, com redação dada pela Lei n. 12.034, de 2009, há a imposição de aplicação de, no mínimo, 5% dos recursos do Fundo Partidário na criação e manutenção de programas de promoção e difusão da participação política das mulheres e determina que, no mínimo, 10% do tempo de propaganda partidária gratuita no rádio e na televisão seja destinado à promoção e à difusão da participação política feminina.

Mas, é preciso que a sociedade, sobretudo nós mulheres, entendamos que representamos 7 milhões de votos a mais, mas mesmo com as cotas, o percentual de mulheres eleitas é muito baixo, ou seja, as mulheres ainda não têm representação proporcional a esse número no Parlamento.

Esses dias um colega me disse que no partido político onde é integrante, precisa "catar à laço" mulheres para cumprir a cota, disse-me que gostaria que esse cenário fosse diferente e que mulheres se interessassem mais por política, pois teríamos muito mais avanços com a sensibilidade da mulher frente aos problemas sociais.

Realmente a sociedade perde com essa falta de representação, a política fica com visões distorcidas sobre os problemas sociais, fica com visões estreitas sobre a realidade e visões parciais sobre o projeto de desenvolvimento do país.

Diante disso, percebemos o quanto o lugar da mulher brasileira ainda reflete o domínio do homem sobre a vida dela, é certo que nessa conjuntura, percebemos então, que mesmo as estatísticas detectando avanços importantes em vários setores, é preciso união de toda classe feminina para conscientizar e extirpar de vez esse discurso que mulher é diferente, mulher é sexo frágil, e, cada vez mais, porque somos qualificadas, representarmos lugares de liderança.

Não seremos utópicas que o enquadramento da mulher em estereótipos, geralmente com conotação preconceituosa, é uma realidade que está longe de ser modificada, mas ressalto novamente, havendo união da nossa classe, podemos sim mudar essas maldosas conotações.

A própria mulher precisa se conscientizar que não há nada de errado em ser feminista, socialista, lésbica, bonita, inteligente, presidenta, e que todas essas características sejam assumidas pela mulher de forma livre e desempenhadas em sua plenitude, sem que sofra qualquer tipo de preconceito.

A mulher pode sim exercer o papel de mãe, filha, amiga, esposa, trabalhadora. Cada uma a seu tempo ou todos ao mesmo tempo. No desempenho desses papéis, ela pode ter diferentes estados civis, diferentes orientações sexuais, diferentes posições políticas, diferentes engajamentos na sociedade.

E digo mais, somente a mulher consegue equilibrar com maestria os afazeres femininos, como cuidar de casa e da família, com a carreira profissional, e, ainda, enfrentar as diversas discriminações da sociedade e as barreiras impostas por um mercado de trabalho ainda preconceituoso.

As mulheres têm se mostrado fortes o bastante para encarar os desafios propostos pelo mercado de trabalho com convicção e disposição e ainda administrar o tempo a favor de suas atividades, para que as questões familiares não entrem em conflito com questões profissionais e sociais.

Afirmar que mulher é sexo frágil realmente é um equívoco, o que muitos consideram fragilidade, podemos afirmar que na verdade é sensibilidade. Qualidade que é capaz de colaborar nas influências humanas que se tenta propagar na atualidade, pois o mundo passa por transformações rápidas e desastrosas que precisam de mudanças imediatas e a mulher consegue transmitir a importante e dura tarefa de mudar hábitos com a clareza e a delicadeza necessária para despertar o envolvimento de cada indivíduo.

É pela fragilidade que a mulher enfrenta o ônus pela independência financeira e profissional alcançada. Há muitas mulheres bem sucedidas que se culpam por não poderem estar presentes fisicamente no dia a dia dos filhos e da família; sofrem assédios e violências; recebem remuneração inferior mesmo ocupando posição igual a do homem.

Sim, ainda vamos ter que percorrer um longo caminho até conseguirmos usufruir de todas as conquistas de forma mais leve, sem culpas e desconfortos, pois a realidade só começou a mudar muito recentemente.

Eu, por exemplo, nasci com destino certo, ou seja, assinar tão somente o próprio nome, pois por ser mulher era isso o permitido para minha vida, além de ter que casar cedo. Mas acreditei e lutei por mais, e, ainda quero muito mais, quero um Brasil melhor para minha filha, quero um mundo melhor para nossa classe.

Por isto é importante que o Dia Internacional da Mulher seja uma data muito mais do que comemorativa e sirva também para trazer à tona certos temas que ainda precisam ser debatidos e transformados, a ABRAT, a qual tenho muito orgulho de ser Abratiana, é sensível a tudo isso, tenho certeza que essa obra coletiva mudará a vida e o destino de muitas mulheres, e fará com que nossa união seja ainda mais forte para mudar essa desigualdade social arraigada ao longos dos anos.

O Debate sobre Assédio nas Redes Sociais

Ana Amélia Mascarenhas Camargos[1]
Paula Camargos Sacchetta[2]

"Tem umas horas em que o mundo para de fazer sentido e aí tem uns segundos... eu não sei se dá pra medir desespero em segundos. São mais eternidades em segundos. Até cair a ficha e você entender o que está acontecendo..." (Trecho de depoimento de Fernanda Gianesella Bertolaccini no documentário "Precisamos Falar do Assédio")

Fim de 2015: na televisão, durante a estreia de um programa de competição culinária entre crianças, uma menina de 12 anos, Valentina Schultz, vira o assunto mais falado do Twitter naquela noite. Os comentários: "Deus que me perdoe, mas essa Valentina! Deixa eu ficar quieto para não ir preso", "Valentina, você pode perder o MasterChef, mas acabou de ganhar um namorado", "A culpa da pedofilia é dessa molecada gostosa!", "Quem nunca quis estuprar uma criança?", "Sobre essa Valentina: se tiver consenso é pedofilia?", "Essa Valentina com 14 anos vai virar aquelas secretárias de filme pornô".

Assédio. Pedofilia. Incitação ao crime. No centro do debate, uma menina de apenas doze anos. Como era de se esperar, a resposta também espalha-se rapidamente pelas redes sociais. O coletivo feminista Think Olga lança uma campanha com a *hashtag* #MeuPrimeiroAssédio. Uma iniciativa que encorajava mulheres a relatar suas histórias de assédio, abusos e todo tipo de violências sofridas e até então escondidas, guardadas ou até mesmo naturalizadas ou esquecidas. Pela primeira vez, elas começavam a falar de experiências traumáticas que não ousavam abordar nem mesmo entre amigas, por mais íntimas que fossem.

Pela segunda vez, registrou-se uma enxurrada no Twitter e no Facebook. Agora, no lugar de comentários, os mais variados tipos de relatos: "Lembrei que, com 8 anos, pegava ônibus todo dia com um cara de uns 30, que sempre dava um jeito de passar a mão na minha barriga"; "Eu tinha 7 anos, um cara no bairro se masturbou atrás de um poste me vendo, a mim e as minhas vizinhas brincando, e nós corremos"; "Treze anos. Apê na praia com avós. Sou acordada no meio da noite por um amigo da família. Ele estava bêbado e pelado"; "Com 11, fui agarrada por dois colegas mais velhos na escola e, ao reclamar, a diretora disse que eu dei motivo"; "Tinha 11 quando um guri apertou minha bunda na sala de aula. Eu tive medo de reclamar e ele me seguir até em casa"; "Com 14, o açougueiro ficava mexendo comigo. Minha mãe botou a culpa em mim"; "Um primo. Eu tinha 8 anos. Chegou a desabotoar minhas calças e passar a mão em mim. Me escondi por um dia todo no banheiro"; "Aos 10 anos, um tio que morou conosco me assediou e fez propostas. Nunca comentei com a família por medo de me culparem".

Testemunhos que não chegam a surpreender. Toda mulher passa por constrangimentos pelo simples fato de ser mulher. Ao andar pela rua, na escola ou mesmo dentro de casa. Até a criação da *hashtag*, que gerou uma ampla mobilização, a grande maioria não falava do tema, fosse por não perceber a sensação de repulsa como resultado de uma violência verdadeira, fosse por simples medo ou, ainda, por acreditarem que estavam sozinhas. Assim, a campanha nas redes gerou a ideia de que basta ser mulher para ter um caso para contar. Muitas, nesse momento, tiveram coragem de relatar suas histórias pela primeira vez. Não estavam mais sozinhas.

Decidiram, juntas, que transformariam aquelas dores em palavras. Decidiram que não mais voltariam ao lugar do silêncio, da culpa e do medo. Desde então, muitas mulheres e meninas aprenderam, juntas, a dizer não. Tiveram coragem para dizer não. Tiveram forças para falar do não dito e se reconhecer nas dores umas das outras. Esse movimento que surgiu nas redes e se ampliou para fora dela ficou conhecisdo como "Primavera Feminista" ou "Quarta Onda do Feminismo".

Os comentários sobre Valentina aconteceram numa terça-feira à noite. No domingo seguinte, em 5 dias, a *hashtag* #MeuPrimeiroAssédio já havia sido usada mais de 82 mil vezes, entre relatos e *retweets*. Num universo de 3.111 histórias compartilhadas no Twitter, o coletivo Think Olga constatou que a idade média do primeiro assédio era de 9,7 anos.

A unir os depoimentos, notaram-se duas sensações comuns: medo e culpa. Pois além de ter medo e vergonha, a mulher também aprende que é responsável pela violência sofrida. É a culpabilização, que anda de mãos dadas com a naturalização da violência. Não raro, mesmo sentindo-se constrangida, ela pensa algo do tipo: "imagina, isso deve ser coisa da minha cabeça, não tem nada de mais o que ele fez", ou "melhor eu não falar disso porque vão achar que eu provoquei". E assim, medo e culpa geram silêncio.

---

1. Advogada trabalhista e professora doutora da PUC-SP.
2. Documentarista e diretora de "Precisamos Falar do Assédio".

A TURMA DO "DEIXA DISSO"

Como era de se esperar, na esteira desse forte movimento, veio a reação. Uma reação de quem não sente na pele a violência diária. De um lado, acusações pejorativamente chamadas de "delações premiadas" ou de "caça às bruxas". Questionamentos sobre a veracidade dos depoimentos que continham a *hashtag*, como se a sexualização de meninas muito jovens não fosse algo totalmente assimilado na sociedade em que vivemos. Diziam que aquilo era "exagerado", "descabido" ou "desnecessário". De outro, manifestos de mulheres privilegiadas confundindo sedução com abuso e até sentenças de juízes desqualificando casos de violência. A culpa é sempre da mulher. Trata-se de histeria coletiva. Ou então, o mundo é que está ficando chato demais.

Felizmente, nada conseguiu deter o movimento. Mais de dois anos depois daquela noite o assunto continua em evidência. E novas denúncias não param de aparecer. Elas envolvem altos executivos de empresas, atores famosos, diretores de cinema e grandes produtores de Hollywood. No começo de 2018, depois das inúmeras denúncias de assédio na indústria cinematográfica, atrizes norte-americanas decidiram criar o movimento *Time's Up* e se vestiram de preto na cerimônia de premiação do Globo de Ouro. No mesmo evento, a atriz Natalie Portman, chamada para entregar o prêmio de melhor direção, começou a ler a lista dos nomeados ironizando: "aqui vão todos os homens indicados". Nenhuma mulher havia sido indicada ao prêmio mais importante da noite.

Poucos dias depois, mais uma vez, a reação mostrou suas garras. Desta vez, cem mulheres do país da feminista Simone de Beauvoir – todas ricas, famosas e brancas, vale ressaltar –, lançaram um "manifesto pelo direito de importunar".

Na visão destas senhoras, havia no ar uma "onda purificadora" e uma "febre de levar porcos aos matadouros". A referência ao animal faz alusão à campanha #balancetonporc, *hashtag* francesa equivalente à americana #MeToo (#EuTambém), em que mulheres eram encorajadas a dividir suas experiências traumáticas nas redes sociais.

Para Catherine Deneuve, que encabeçou a iniciativa, bem como para suas companheiras, as denúncias "não servem à autonomia das mulheres, mas sim a inimigos da liberdade sexual, a extremistas religiosos, a reacionários e a quem vê o sexo feminino como uma criança que pede proteção."

Elas diziam ainda que "este tipo de feminismo encarna um ódio aos homens e à sexualidade" e que o movimento "faz vítimas, já que muitos foram obrigados a se demitir por terem tocado em um joelho, tentado roubar um beijo, falarem sobre coisas íntimas em um jantar de negócios ou mandarem mensagem com cunho sexual para uma mulher que não se mostrou atraída". Declararam, por fim, que "a liberdade de importunar indispensável à liberdade sexual". Vale lembrar que Catherine Deneuve defendeu publicamente o cineasta Roman Polanski, acusado de estupro: "sempre achei a palavra estupro excessiva", afirmou na ocasião.

LIBERDADE PARA INCOMODAR

O verbo importunar, transitivo direto, é, segundo o dicionário, "incomodar persistentemente alguém com pedidos inoportunos, desagradáveis, ocasionar um desconforto, causar incômodo a ou aborrecer-se devido a insistência de alguém ou por influência de alguma coisa fatigante".

Não é demais perguntar, aqui, por que essas mulheres defendem o direito de serem importunadas. Porque confundem galanteio e sedução com violência? Porque a sedução precisa, necessariamente, passar por "incômodo", "desconforto" e coisas "desagradáveis" – sempre, claro, de um homem sobre uma mulher? Protestar contra certos comportamentos não é bancar a vítima ou encarnar "uma pobre coisinha frágil", como diz o manifesto. É muito mais sobre ser forte e ter coragem de dizer não a coisas para as quais jamais ousávamos dizer e as quais nunca apreciamos. É sobre sentir-se forte e não sobre se fazer de vítima. É ter a esperança de que o colega mal intencionado poderá ser demitido pela "mão boba" no ambiente de trabalho. E não sobre ser obrigada a suportar as "investidas" durante anos até a situação tornar-se insuportável, a ponto de levar a própria vítima do assédio a pedir demissão, por medo de denunciar e ser chamada de desequilibrada, mentirosa ou exagerada.

Esse movimento de denúncia da violência, da dor e de vivências traumáticas não é sinônimo de puritanismo, nem atenta contra a liberdade sexual. É sobre ser livre sexualmente – inclusive para dizer não a atos aos quais nos submetíamos até hoje. É sobre poder e não o inverso. É sobre falar do que até agora não se falava.

Feminismo não é puritanismo, feministas não têm ódio dos homens, não são contra os prazeres da carne ou contra o gozo. A conversa é outra. O movimento surgido nas redes fala de dominação, violência, constrangimento e consentimento. Liberdade dos homens importunarem mulheres significa continuar no mesmo lugar de sempre, sendo subjugadas no trabalho, em casa, na cama. Ir contra tais aberrações significa ser bruxa, puritana ou extremista religiosa?

Os tempos estão mudando, ainda bem! E, para além da histórica luta feminista travada desde sempre, não podemos negar que houve um avanço real graças às redes sociais. Hoje, extremismo e trevas é pregar a manutenção do estado atual das coisas num momento de possível renovação, de questionamento, de força, de coragem e até de beleza. A sedução não deve ser pautada, antes de tudo, por respeito, carinho e consentimento e não por "pedidos inoportunos, desagradáveis" "desconforto", "incômodo", "insistência" e "aborrecimento"?

O que essas senhoras afirmam estar "tirando o sexo do mundo" está, na verdade, construindo relações mais saudáveis, mais iguais. Se homens, hoje, se sentem "acuados", "pisando em ovos" ou "sem lugar de fala" nessa arena, é porque estão se revendo, reavaliando a própria formação e postura enquanto homens, educados eles mesmos nesse contexto opressor e machista. Se nos basearmos em relações que partam do respeito, o sexo acaba? Os homens pensarem melhor em suas investidas, com mais carinho e cuidado é "castrador"? Porque opor uma coisa a outra? Não deveria, tudo isso, fazer parte da construção de um mundo melhor?

Paulo Bomfim, veterano locutor da Rádio Cultura FM, reclamou em sua crônica semanal "Passeios da Memória", em fevereiro deste ano, de ter sido repreendido pela netinha de apenas doze anos por ter assobiado para uma mulher bonita na rua. Essa criança, bem pequena ainda quando começaram esses movimentos, já tem consciência, aos doze, do que quer ou não ouvir na rua. E mais que isso, já traz embutida em si a coragem de dizer não. Tem a certeza de poder dizer não. Para além da idade, o abismo entre ela e o avô é gigantesco. Ela é fruto de um novo parâmetro de ser mulher e de estar no mundo. Dinossauros como seu avô e Catherine Deneuve estão ficando para trás.

Foi-se o tempo de naturalizarmos violências de como uma fala obscena dirigida a meninas de onze anos nas ruas, uma apalpada em uma criança da família na mesa do jantar de Natal ou uma mão no joelho no ambiente de trabalho. Acabou-se o tempo de deslegitimar abusos e violências como "exageros". A diferença entre "paquera" ou sedução e abuso está clara. Só ainda não entendeu quem não quer.

Deslegitimizações do movimento que surge com força no final de 2015, sejam elas de qualquer tipo, além da culpabilização da vítima, sob a alegação de que ela mereceu ou provocou a violência, são apenas algumas das ferramentas de manutenção do patriarcado. Um sistema que pretende exercer controle sobre o corpo da mulher e tirar sua autonomia para, em última instância, mantê-las longe dos centros de tomada de decisão e dos espaços de poder.

Está cada dia mais evidente que temos que falar cada vez mais, e aceitar cada vez menos. Nada vai parar o movimento iniciado. Que as *hashtags*, os encontros reais gerados a partir deles e a luta nas ruas, que nunca deixou de existir, façam a dor das marinas, adelaides, carolines, ericas, marianas, isabellas, brunas, natálias, lúcias, flávias e ágatas chegar a todas as mulheres e homens do mundo. Que nos faça caminhar para um lugar melhor, onde possamos andar na rua, trabalhar e frequentar espaços de poder sem temor algum. Sim, precisamos falar do assédio, cada dia mais e mais livres, com liberdade, menos medo e sem máscaras.

Trabalhadores e Trabalhadoras do Brasil: Onde Está a Igualdade? O Papel do Ministério Público do Trabalho no Combate à Discriminação de Gênero e Promoção da Igualdade no Trabalho

Ana Cláudia Rodrigues Bandeira Monteiro[1]

1. CONSIDERAÇÕES INICIAIS

O presente texto apresenta uma breve análise sobre alguns dispositivos constitucionais e legais a respeito do trabalho da mulher, inclusive sobre os impactos da recente "reforma trabalhista", e, a partir destes, que obviamente não esgotam o ordenamento jurídico, em que medida a lei garante direitos ou discrimina a trabalhadora.

Partindo-se da noção de que a igualdade formal entre homens e mulheres está consagrada na lei, busca-se o caminho para a realização da igualdade substancial. Coloca-se o Ministério Público do Trabalho, instituição do Estado Democrático de Direito, como um dos agentes de transformação social para que se alcance a concretização de direitos.

2. O TRABALHO DA MULHER NOS TERMOS DA LEI

Não há dúvida, no ordenamento jurídico brasileiro, de que o trabalho é um direito em si, que, exercido, gera outros direitos. No texto constitucional é classificado como direito social. Tamanha importância atribuída a esse direito não foi produto da simples vontade política dos parlamentares então Constituintes. Resultou, sim, da expressiva participação dos movimentos sociais na Assembleia Nacional Constituinte, sobretudo as organizações sociais e entidades sindicais. A centralidade do trabalho na Constituição Federal de 1988 salta aos olhos.

No art. 1º, inciso III e IV, da Carta Magna, a dignidade humana e os valores sociais do trabalho e da livre-iniciativa são erigidos a fundamentos do Estado Democrático de Direito. O art. 170 dispõe, por sua vez, que a ordem econômica é fundada na valorização do trabalho humano e na livre-iniciativa, tendo por fim assegurar a todos existência digna, conforme os ditames da justiça social.

Assim, o acesso ao trabalho, digno, e aos benefícios dele decorrentes é direito de todos, uma vez que o art. 3º elegeu como um dos objetivos fundamentais da República Federativa do Brasil *"promover o bem de todos, sem preconceitos de origem, raça, sexo, cor, idade e quaisquer outras formas de discriminação."*

Nessa perspectiva, homens e mulheres, no Brasil, têm direitos iguais, sob todos os aspectos, inclusive no tocante ao trabalho. A Constituição Federal de 1988, chamada "Constituição Cidadã" trouxe um novo significado ao princípio da igualdade, com destaque para a questão de gênero. Dispõe o art. 5º, inciso I, que *"Todos são iguais perante a lei, sem distinção de qualquer natureza, garantindo-se aos brasileiros e aos estrangeiros residentes no País a inviolabilidade do direito à vida, à liberdade, à igualdade, à segurança e à propriedade, nos termos seguintes: I – homens e mulheres são iguais em direitos e obrigações, nos termos desta Constituição;"*. Esta é tida como uma das maiores conquistas advindas da nova ordem constitucional.

Segundo a mais moderna doutrina constitucional, o art. 5º, inciso I, da Constituição consagra a igualdade não apenas no plano formal, perante a lei, mas também no material. Isto significa que se busca uma igualdade proporcional, real, que consiste em aquinhoar os iguais igualmente e, aos desiguais, de forma desigual. Ao lado da fraternidade e da liberdade, a igualdade foi bandeira da Revolução Francesa e influenciou diversos povos mundo afora.

Ainda se observa nas sociedades modernas, no entanto, uma tendência a relegar a mulher a um *status* social secundário, naturalizando-se a pretensa *inferioridade* e *características* femininas, aceitas como verdade e ponto de partida para tudo quanto se relacione à mulher no contexto social, econômico, cultural. Isso também se revela em relação ao trabalho. No que diz respeito ao trabalho da mulher, é patente a desigualdade de fato entre homens e mulheres, portanto.

Ao longo da história, observa-se que as diferenças entre homens e mulheres, desde o nascimento, vão muito além do aspecto biológico. A cultura impõe distinções mais profundas. Prevalece ainda, na nossa sociedade, a cultura do patriarcado, que, decorrente do pensamento tradicional vigente, se atribui à doutrina da igreja católica, no tocante à divisão do mundo a partir do sexo de cada pessoa[2].

---

1. Vice-Presidente da Associação Nacional dos Procuradores do Trabalho. Especialista em Direito Processual do Trabalho pela Universidade de Brasília. Procuradora do Trabalho em Brasília.
2. PENIDO, Laís de Oliveira. Legislação, equidade de gênero e cultura patriarcal brasileira, p. 274/275. In: *A igualdade dos gêneros nas relações de trabalho*, coordenação Laís de Oliveira Penido, ESMPU, 2006.

Tradicionalmente, às mulheres, aliada à função biológica da procriação, é destinada a função do cuidado da prole, da casa, dos pais e de tudo que envolve o ambiente doméstico. A principal decorrência da cultura do patriarcado é a exclusão da mulher do espaço público. À mulher foi destinado o espaço doméstico e ao homem o âmbito público.

Dada a evolução social e a natural necessidade de se repensar as estruturas vigentes, também sob a ótica do discurso patriarcal, houve uma redefinição dos papéis que o homem e a mulher devem ocupar na sociedade que então surge. A partir disso, erigiu-se uma divisão social do trabalho classificada em masculino e feminino.

No Brasil, a partir do século XX, quando a mulher veio ocupando os espaços públicos, na educação e no trabalho, o trabalho fora de casa somou-se ao trabalho doméstico, o que gera distorções e flagrante ausência de isonomia em relação aos homens. Quando inserida no mercado de trabalho, reservou-se para a mulher as posições subalternas, de segregação, e de subordinação, muitas estreitamente ligadas às atividades domésticas.

Fincado na cultura do patriarcado, o conceito ideológico de feminilidade significa a institucionalização da ideia de inferioridade física e psíquica da mulher. A ela são atribuídas características negativas, como emotiva, irracional e dependente. As noções sobre feminilidade e masculinidade consolidadas na cultura supõem e legitimam a predominância do homem na sociedade e a opressão da mulher.

No dizer de Sofia Vilela de Moraes e Silva e Renata Coelho[3]:

"Após a segunda Guerra Mundial e lutas pela libertação feminina nas décadas de 1950 e 1960, a mulher passou a ampliar seus espaços de operária e a evoluir seu nível educacional, avançando nas profissões liberais. A organização dos movimentos sociais das mulheres, intensificados nas décadas de 1960 e 1970, repercutiram mudanças também no Brasil e a mulher ampliou os locais de inclusão e manifestação. Mudaram o olhar do mundo para as mulheres e das mulheres para o mundo. A mulher passava a não ser mais tida como acessório do marido, porém suas tarefas e obrigações domésticas e familiares permaneceram e disputaram lugar com o horário de trabalho remunerado.

A mulher no Brasil, dos anos 20 até o presente, inseriu-se no mercado de trabalho, alcançou o direito ao voto, o ensino superior e os concursos públicos. A realidade mostra, porém, que o salário da mulher era e ainda é visto como complementar, apesar de dados apontarem que entre 1992 e 2009 o percentual de famílias chefiadas por mulheres subiu de 21,9% para 35,2% e a proporção de mulheres que contribuem para a renda familiar cresceu de 39% para 66%. Em termos absolutos, são quase 22 milhões de famílias que identificam como principal responsável alguém do sexo feminino conclui estudo do Instituto de Pesquisa Econômica Aplicada (IPEA, 2009)."

Sem adentrar as questões de cunho sociológico e antropológico, que não constituem objeto deste ensaio, não há como tratar de tema afeto à mulher sem sequer mencionar-se a discussão em torno do gênero.

Pelas análises de dados estatísticos oficiais, da história ou simplesmente por observação empírica, é notória a diferença de tratamento entre homens e mulheres no mundo do trabalho, em desfavor delas, seja no acesso ao trabalho, no aspecto remuneratório ou nas condições de trabalho.

Não obstante venham ocorrendo avanços na sociedade, e também no âmbito legislativo, os fatores de ordem sociológica, antropológica, religiosa, cultural ainda fazem pender em prejuízo da mulher o desequilíbrio, em relação ao homem, no tocante ao acúmulo das atividades de natureza doméstica com as funções do trabalho remunerado. A chamada "dupla jornada", não raro, deixa a mulher em desvantagem em relação ao homem, seja no aspecto físico, emocional, psíquico e cultural. E, por outro lado, no próprio ambiente de trabalho, na esfera produtiva, fora de casa, o tratamento diferenciado desfavorece a mulher, bastante sentido no fato de a mulher comumente perceber remuneração inferior à paga aos homens que exercem funções semelhantes.

Daí a necessidade de se compensar a desigualdade no trabalho entre homens e mulheres. Se é certo que as leis, por si só, não eliminam a discriminação em razão do sexo, expressamente proibida pela Constituição, é verdade que elas pavimentam o caminho da promoção da igualdade.

Tem toda razão Maurício Godinho Delgado ao afirmar que[4]:

"Não obstante os textos constitucionais anteriores vedassem discriminação em função de sexo, o fato é que a cultura jurídica prevalecente jamais considerou que semelhante dispositivo tivesse o condão de suprimir condutas tutelares discriminatórias contra a mulher no contexto do mercado de trabalho ou no próprio interior da relação de emprego.

A Constituição de 1988, entretanto, firmemente, eliminou do Direito brasileiro qualquer prática discriminatória contra a mulher no contexto empregatício – ou que lhe pudesse restringir o mercado de trabalho – ainda que justificada a prática jurídica pelo fundamento da

---

3. COELHO, Renata; SILVA, Sofia Vilela de Moraes e. *Assédio sexual no trabalho* – O papel do MPT na preservação da igualdade de gênero e do ambiente de trabalho sadio e inclusivo. Disponível em: <https://portal.mpt.mp.br/wps/wcm/connect/portal_mpt/238abdc3-4e2d-4d4a-a35e--b815c2b91c25/Cartilha+Assedio+Sexual+-GT+G%C3%AAnero.pdf?MOD=AJPERES>. Acesso em: 04 fev. 2018.
4. DELGADO, Mauricio Godinho. *Curso de Direito do Trabalho*. São Paulo, 2006. p. 780.

proteção e da tutela. Nesse quadro, revogou inclusive alguns dispositivos da velha CLT que, sob o aparentemente generoso manto tutelar, produziam efeito claramente discriminatório com relação à mulher obreira.".

Na mesma direção, reforçando o aparato legislativo contra a discriminação, desta feita especificamente na seara laboral, a Constituição estabeleceu no art. 7º, inciso XXX, a "proibição de diferença de salários, de exercício de funções e de critério de admissão por motivo de sexo, idade, cor ou estado civil". Estabeleceu, ainda, no inciso XX, do mesmo art. 7º, como direito dos trabalhadores urbanos e rurais a "proteção do mercado de trabalho da mulher, mediante incentivos específicos, nos termos da lei". E o art. 226, §5º fixou, por sua vez, que "Os direitos e deveres referentes à sociedade conjugal são exercidos igualmente pelo homem e pela mulher."

Imprescindível destacar, a respeito do processo constituinte, que culminou na promulgação da Constituição de 1988, que houve uma forte articulação política por parte dos movimentos feministas, conhecido como "*lobby* do batom", que buscou agregar sugestões e avanços no que respeita aos direitos individuais e sociais das mulheres.

No dizer de Ana Cristina Teixeira Barreto[5]:

> A participação das mulheres no processo constituinte foi de grande repercussão na história político-jurídica do país. Com o lema "Constituinte pra valer tem que ter palavra de mulher", o Conselho Nacional dos Direitos da Mulher, em 1985, criou e divulgou a campanha *Mulher e Constituinte*, a qual mobilizou uma série de debates entre as mulheres, por todo o Brasil, e resultou na elaboração da *Carta da Mulher Brasileira aos Constituintes*, que foi entregue ao Congresso Nacional, no dia 26 de agosto de 1986, por mais de mil mulheres. (MONTEIRO, 1998).
>
> As mulheres marcaram, assim, a nova Constituição, estando muitas de suas reivindicações incorporadas ao texto constitucional. A promulgação da Constituição Federal, em 1988, representou o marco político-jurídico da transição democrática e da institucionalização dos direitos humanos no país.

Além da Constituição, é certo que houve, no âmbito da legislação ordinária, diplomas legislativos, além de políticas públicas, voltados à discriminação positiva da mulher, para a eliminação da desigualdade, bem como para a proteção do mercado de trabalho da mulher.

A Lei n. 9.029, de 13.04.1995, por exemplo, proíbe a "adoção de qualquer prática discriminatória e limitativa para efeito de acesso à relação de emprego, ou sua manutenção, por motivo de sexo, origem, raça, cor, estado civil, situação familiar ou idade" (art. 1º). De forma a proteger especificamente as pessoas do sexo feminino, proíbe a exigência de declarações, exames e medidas congêneres relativamente à esterilização ou estado de gravidez, na forma do art. 2º. Proíbe, ainda, a indução ou incitamento ao controle de natalidade.

Também a Lei n. 9.799, de 26 de maio de 1999, alterando a Consolidação das Leis do Trabalho para acrescentar o art. 373-A, insere regras de proteção do mercado de trabalho da mulher. Entre outras, veda a publicação de anúncio de emprego em que haja referência a sexo, idade, cor, situação familiar ou estado de gravidez, salvo quando a natureza da atividade a ser exercida pública e notoriamente assim o exigir. Veda ao empregador, ainda, "recusar emprego, promoção ou motivar a dispensa do trabalho em razão de sexo, idade, cor, situação familiar ou estado de gravidez, salvo quando a natureza da atividade seja notória e publicamente incompatível". Proíbe, ademais, ao empregador ou a preposto a realização de revistas íntimas nas empregadas ou funcionárias.

Da mesma forma, as convenções e recomendações internacionais trazem preceitos protetores ou promotores da igualdade.

A esse respeito, afirma Thereza Cristina Gosdal[6]:

> Assim, a Convenção n. 4 proibia o trabalho noturno da mulher nas indústrias públicas ou privadas, a não ser que a obreira desenvolvesse sua atividade onde trabalhassem apenas membros da mesma família. A Convenção n. 45, de 1935, vedava o trabalho de mulheres na parte subterrânea das minas. A Recomendação n. 4, de 1919 a Convenção n. 13 e a n. 136 (de 1921 e 1971 respectivamente) buscavam proteger a mulher do labor em condições insalubres e perigosas; essas convenções foram sendo gradualmente revistas.
>
> Em 1951, foi instituída a Convenção n. 100, marco representativo da mudança de postura da OIT, tratando da igualdade de remuneração para trabalho de igual valor. Em 1958 foi adotada a Convenção n. 111, que versa sobre a discriminação no emprego ou profissão, que também foi ratificada pelo Brasil. Por fim, a Convenção n. 16, adotada em 1979, representa um avanço no plano da igualdade de oportunidades, ao tratar de trabalhadores com responsabilidades familiares, sem imputar tais responsabilidades e direitos apenas à mulher trabalhadora, mas aplicando-se indistintamente ao homem com responsabilidades familiares.

Observa-se, portanto, pelo texto constitucional, pela legislação ordinária, bem como pelas normas internacionais,

---

5. BARRETO, Ana Cristina Teixeira. *A Carta de 1988 é um marco contra a discriminação*. Igualdade de sexos. Disponível em: <https://www.conjur.com.br/2010-nov-05/constituicao-1988-marco-discriminacao-familia-contemporanea>.
6. GOSDAL, Thereza Cristina. Diferenças de gênero e discriminação no trabalho, p. 312/313. In: *A igualdade dos gêneros nas relações de trabalho*, coordenação Laís de Oliveira Penido, ESMPU, 2006.

que a igualdade formal entre homens e mulheres está consagrada. Embora a realidade fática seja distinta, ou seja, ainda não se tenha concretizado a igualdade material, persistindo a discriminação de gênero, é certo que ao Estado cumpre estabelecer as regras.

A mudança na vida real depende de conscientização e de evolução sócio-cultural, que se dá em processo lento de transformação, mas, que é verdade, já vem ocorrendo. Prova disso, além do já exposto em relação às normas de combate à discriminação no trabalho e de proteção do mercado de trabalho da mulher é a ênfase que a sociedade e o Estado têm dado ao combate à violência doméstica, imiscuindo-se dentro dos lares e das relações íntimas, familiares, em terreno no qual não se permitia a ninguém, nem ao Poder Público, interferir até há bem pouco tempo. A festejada e indispensável Lei Maria da Penha é um símbolo dessa transformação. Trata-se da Lei n. 11.340, de 7 de agosto de 2006 (Cria mecanismos para coibir a violência doméstica e familiar contra a mulher, nos termos do § 8º do art. 226 da Constituição Federal, da Convenção sobre a Eliminação de Todas as formas de Discriminação contra as Mulheres e da Convenção Interamericana para Prevenir, Punir e Erradicar a Violência contra a Mulher; dispõe sobre a criação dos Juizados de Violência Doméstica e Familiar contra a Mulher; altera o Código de Processo Penal, o Código Penal e a Lei de Execução Penal; e dá outras providências.).

Por outro lado, é inegável que a legislação especificamente voltada para a "proteção do mercado de trabalho da mulher" ao tempo que "protege", discrimina e legitima o tratamento discriminatório e a "inferioridade" da mulher. Não se está afirmando, com isso, que tal legislação seja nefasta ou desnecessária; ao contrário, é preciso reconhecer-se que no atual estágio de evolução social e jurídica ainda é necessária tal tipo de discriminação positiva para que se compense, minimamente, a desigualdade fundada no gênero.

Nesse contexto, em que ainda não se alcançou a igualdade material entre mulheres e homens, mas que, de alguma forma, se conta com a igualdade formal prevista na legislação nacional e estrangeira, reputa-se importante uma breve análise do impacto da "reforma trabalhista" há pouco aprovada pelo Congresso Nacional, como contraponto ao esforço legislativo no sentido de assegurar-se a igualdade às mulheres.

3. O IMPACTO DA "REFORMA TRABALHISTA" SOBRE A TRABALHADORA

Seguindo a linha de argumentação antes adotada, no sentido de analisar-se o papel da legislação pátria na vida da trabalhadora, será examinado, neste tópico, o impacto da recente "reforma trabalhista" sobre a mulher. Importante ressaltar que não é objeto deste artigo a abordagem aprofundada do denominado fenômeno "reforma trabalhista", mas tão somente trazer à luz algumas reflexões sobre o que o texto da Lei n. 13.467/2017 trouxe de relevante especificamente em relação às mulheres.

No final do ano de 2016, foi apresentada à Câmara dos Deputados, pelo Poder Executivo, projeto de lei que visava a alteração de sete artigos da Consolidação da Leis do Trabalho e alguns poucos artigos da Lei n. 6.019, de 3 de janeiro de 1974. Sem que houvesse a necessária discussão sequer sobre a proposta inicial de modificação da CLT, pois apesar da realização de audiências públicas na Câmara e no Senado, não se buscou os pontos de consenso, restou aprovado um substitutivo na Câmara dos Deputados, em que foram sensivelmente alterados mais de 100 pontos da CLT. Na sequência do processo legislativo, no Senado, Casa Revisora por definição constitucional, o projeto de lei foi igualmente aprovado, e, em seguida, sancionado, exatamente com o mesmo texto aprovado na Câmara dos Deputados, carecendo do indispensável debate em torno de alterações tão profundas na legislação trabalhista, que afetam de maneira direta os trabalhadores e trabalhadoras brasileiros.[7]

Eis que surge a Lei n. 13.467, de 13 de julho de 2017. Vigente desde 11 de novembro de 2017 a referida lei, publicou-se a Medida Provisória n. 808, de 14 de novembro de 2017, que, a pretexto de trazer melhorias para a Lei n. 13.467/2017, nada de substancialmente modificativo revela, mantendo-se a subversão da lógica protetiva do direito do trabalho, a precarização das relações trabalhistas, a fragilização do sistema sindical e o enfraquecimento da Justiça do Trabalho, mediante inserções de ordem material e processual.

A título de ilustração, destaca-se a prevalência do negociado sobre o legislado, o que significa que o resultante de negociação coletiva, ainda que aquém do garantido em lei, deverá prevalecer para fins de aplicação aos contratos de trabalho. Digna de destaque, ainda, é a plêiade de contratos precários, antes combatidos e conhecidos como práticas condenáveis, hoje institucionalizadas, tidas como "formalização da relação de trabalho", como a terceirização ampla, inclusive na atividade-fim; o contrato de trabalho autônomo, onde o trabalhador ainda que trabalhe para um único empregador, continuamente, tem a sua qualidade de empregado expressamente afastada; o contrato de trabalho intermitente, em que o trabalhador não sabe se e quando será chamado a trabalhar e só receberá pelas horas efetivamente laboradas.

Chama atenção, ainda, porque constitui porta aberta à fraude, a possibilidade de rescisão contratual por acordo, em que o trabalhador recebe as verbas rescisórias pela metade ou em valores parciais. Ademais, a lei em questão retira

---

7. Nota Técnica do Ministério Público do Trabalho n. 8, sobre reforma trabalhista. Disponível em: <http://portal.mpt.mp.br/wps/wcm/connect/portal_mpt/ce4b9848-f7e4-4737-8d81-6b3c6470e4ad/Nota+t%C3%A9cnica+n%C2%BA+8.2017.pdf?MOD=AJPERES&CVID=lPCHY69>.

a obrigatoriedade do imposto sindical antes recolhido em favor dos sindicatos, sem qualquer contrapartida, ao mesmo tempo em que lhes imputa a responsabilidade de negociar coletivamente inclusive em termos mais desvantajosos que os previstos em lei, revelando-se aí flagrante atentado à liberdade e à estrutura sindical, e em última instância ao direito do trabalhador de ter uma representação sindical forte. O acesso à justiça do trabalhador restou igualmente atingido, uma vez que, mesmo que o obreiro seja beneficiário da gratuidade da justiça, poderá ser condenado ao pagamento de custas judiciais, em caso de condenação parcial, e de honorários periciais, se vencido no objeto da perícia.

Feito um brevíssimo apanhado de alguns poucos dos muitos pontos nefastos, inconstitucionais e contrários às convenções da OIT, da Lei n. 13.467/2017, urge abordar-se a questão sob o ponto de vista do direito da mulher.

Ainda sem a pretensão de esgotar-se o tema, em relação às trabalhadoras, passa-se às considerações que se reputa mais relevantes.

É verdade que o art. 611-B veda a negociação por acordo ou convenção coletivos de direitos como a licença-maternidade com a duração mínima de cento e vinte dias e a proteção do mercado da mulher mediante incentivos específicos, nos termos da lei, mas dispõe no seu parágrafo único que "Regras sobre duração do trabalho e intervalos não são consideradas como normas de saúde, higiene e segurança do trabalho para os fins do disposto neste artigo". Isso significa que a duração do trabalho, para todos os trabalhadores, pode ser objeto de negociação, inclusive individual, o que, ao contrário do que o dispositivo mencionado pretende negar, afeta diretamente a saúde dos obreiros. E, para as mulheres, tem impacto diferenciado eis que, como sabido, o comum é que elas tenham a "dupla jornada". Assim, uma jornada de trabalho fora de casa ordinariamente aumentada somada aos deveres no âmbito doméstico certamente resultarão em adoecimentos e consequente sobrecarga da Previdência Social, prejuízo para o núcleo familiar e toda a sociedade.

Outro ponto de todo relevante, em relação ao trabalho da mulher, é o pertinente à possibilidade de trabalho de gestante em ambiente insalubre. Em que pese a existência da Lei n. 13.287, de 11 de maio de 2016, que prevê, modificando a CLT e acrescendo a esta o art. 394-A, que "A empregada gestante ou lactante será afastada, enquanto durar a gestação e a lactação, de quaisquer atividades, operações ou locais insalubres, devendo exercer suas atividades em local salubre.", na "reforma trabalhista", esse direito também foi flexibilizado.

Dispõe a Lei n. 13.467/2017, em seu art. 394-A:

> Art. 394-A. Sem prejuízo de sua remuneração, nesta incluído o valor do adicional de insalubridade, a empregada deverá ser afastada de:
>
> I – atividades consideradas insalubres em grau máximo, enquanto durar a gestação;
>
> II – atividades consideradas insalubres em grau médio ou mínimo, quando apresentar atestado de saúde, emitido por médico de confiança da mulher, que recomende o afastamento durante a gestação;
>
> III – atividades consideradas insalubres em qualquer grau, quando apresentar atestado de saúde, emitido por médico de confiança da mulher, que recomende o afastamento durante a lactação.
>
> § 1º (...)
>
> § 2º Cabe à empresa pagar o adicional de insalubridade à gestante ou à lactante, efetivando-se a compensação, observado o disposto no art. 248 da Constituição Federal, por ocasião do recolhimento das contribuições incidentes sobre a folha de salários e demais rendimentos pagos ou creditados, a qualquer título, à pessoa física que lhe preste serviço.
>
> § 3º Quando não for possível que a gestante ou a lactante afastada nos termos do *caput* deste artigo exerça suas atividades em local salubre na empresa, a hipótese será considerada como gravidez de risco e ensejará a percepção de salário-maternidade, nos termos da Lei n. 8.213, de 24 de julho de 1991, durante todo o período de afastamento." (NR)

Observa-se, no texto acima, a permissão legal expressa para que a mulher gestante se exponha a agentes insalubres em grau médio ou mínimo se o médico de confiança dela não recomendar o seu afastamento durante a gestação. Da mesma forma, só se afastará das atividades insalubres no período de lactação se o médico de confiança da mulher o recomendar. E quando inevitável o afastamento da gestante ou lactante, caberá à Previdência Social custear o salário-maternidade para a mulher durante todo o período de afastamento.

Resta claro, a partir desse dispositivo legal, que a lei ignora solenemente a hipossuficiência do trabalhador em relação ao empregador, nos contratos de trabalho, traço que os distingue dos pactos civis. Nesse quadro, dificilmente a empregada gestante, necessitada do emprego e com medo de perdê-lo, sobretudo pela iminência de ter um filho para sustentar, conseguirá fazer valer o seu direito de trabalhar em ambiente livre de agentes insalubres que venham a comprometer a sua saúde e a do seu filho. Por outro lado, é de se destacar que, na situação em que o afastamento é imperioso, inclusive sob a ótica dessa lei permissiva do trabalho insalubre, exime-se o empregador que promove o trabalho insalubre de qualquer responsabilidade, empurrando-se esta para a Previdência Social, para a sociedade ao fim e ao cabo.

Após acaloradas discussões, durante o processo legislativo, e a forte pressão exercida pelo Ministério Público do Trabalho, pela Associação Nacional dos Procuradores do Trabalho, em todas as oportunidades de manifestação no Parlamento, inclusive mediante notas técnicas, bem como de parlamentares progressistas, sobretudo das bancadas femininas da Câmara e do Senado, editou-se a Medida Provisória n. 808, de 14 de novembro de 2017, ainda em vigor, que assim dispõe sobre o mesmo art. 394-A, modificando-o parcialmente:

"Art. 394-A. A empregada gestante será afastada, enquanto durar a gestação, de quaisquer atividades, operações ou locais insalubres e exercerá suas atividades em local salubre, excluído, nesse caso, o pagamento de adicional de insalubridade.

(...)

§ 2º O exercício de atividades e operações insalubres em grau médio ou mínimo, pela gestante, somente será permitido quando ela, voluntariamente, apresentar atestado de saúde, emitido por médico de sua confiança, do sistema privado ou público de saúde, que autorize a sua permanência no exercício de suas atividades.

§ 3º A empregada lactante será afastada de atividades e operações consideradas insalubres em qualquer grau quando apresentar atestado de saúde emitido por médico de sua confiança, do sistema privado ou público de saúde, que recomende o afastamento durante a lactação." (NR)

O texto da MPV n. 808, em vigor por 60 dias e prorrogável por igual período (CF, art. 6, § 3º), não resolve, no entanto, a questão fundamental consistente na necessidade de se proteger a mulher e o feto do trabalho insalubre, pois quando impõe o afastamento da mulher gestante de quaisquer atividades, operações ou locais insalubres para o exercício de suas atividades em local salubre, transfere à trabalhadora o ônus da atividade insalubre da empresa mediante uma redução salarial injusta. Ademais, põe sob a responsabilidade da trabalhadora, hipossuficiente no contrato de trabalho, o seu afastamento ou não das atividades gravadas por insalubridade, no período de gestação e durante a lactação.

Inconstitucionais, portanto, os textos da Lei n. 13.467/2017 e da MPV n. 808/2017, no tocante ao art. 394-A, entre outros aspectos. Resta clara a conduta discriminatória em relação à mulher no momento da gestação e lactação, para muitas, o ponto alto de suas existências.

Digno de nota, ainda, é o fato de a flexibilização das normas trabalhistas, a precarização das relações de trabalho, mediante os contratos precários, atingir em cheio o mercado de trabalho da mulher. Nesses contratos, não se observam regras rígidas quanto à limitação da jornada, nem à remuneração, representando eles vínculos frágeis sem qualquer garantia para o empregado e a total prevalência dos interesses do empregador sobre os direitos do trabalhador. Como já se afirmou, tradicionalmente, as mulheres acessam o mercado de trabalho em posições desprestigiadas e com remuneração mais baixa que os homens. Daí porque é grande a possibilidade de a flexibilização dos contratos, como a terceirização, o contrato intermitente, a pejotização e o contrato de trabalho autônomo, ser a regra para as trabalhadoras. E certamente haverá forte repercussão sobre o trabalho doméstico, predominantemente realizado por mulheres, sendo possível vislumbrar-se a anulação da legislação específica que garante direitos aos trabalhadores domésticos.

O teletrabalho é outro ponto que merece atenção especial neste tópico. Assim, destaca-se o que estabelece o art. 75-B da Lei n. 13.467/2017:

"Art. 75-B. Considera-se teletrabalho a prestação de serviços preponderantemente fora das dependências do empregador, com a utilização de tecnologias de informação e de comunicação que, por sua natureza, não se constituam como trabalho externo.

Parágrafo único. O comparecimento às dependências do empregador para a realização de atividades específicas que exijam a presença do empregado no estabelecimento não descaracteriza o regime de teletrabalho."

O art. 75-E dispõe, por sua vez:

'Art. 75-E. O empregador deverá instruir os empregados, de maneira expressa e ostensiva, quanto às precauções a tomar a fim de evitar doenças e acidentes de trabalho.

Parágrafo único. O empregado deverá assinar termo de responsabilidade comprometendo-se a seguir as instruções fornecidas pelo empregador.'

Os dispositivos legais acima traduzem a regulamentação de trabalho fora das dependências da empresa, que pode ser realizado na residência do trabalhador. Vista a lei na sua inteireza, e tendo-se em mente o seu espírito de precarização, bem como a sua intenção deliberada de livrar o empregador das responsabilidades sociais que a Constituição lhe impõe, é possível presumir-se que esta modalidade de trabalho também gerará precarização de direitos na relação trabalhista.

Em se tratando de qualquer trabalhador, mas sobretudo da mulher, a possibilidade de trabalhar em casa, perto da família, parece ser bastante atrativa. Ocorre que, como se infere da letra da lei, o risco da atividade sob o ponto de vista da saúde no trabalho recai sobre os ombros do trabalhador. Isso porque não há qualquer previsão legal alusiva a efetivo controle de jornada neste tipo de trabalho. Além disso, o empregador deve informar e orientar seus empregados quanto às precauções para evitar-se doenças e acidente de trabalho, mas não há qualquer obrigação de que ele fiscalize a prestação de serviço, sendo de total responsabilidade do empregado seguir as orientações do empregador, que podem ser efetivas ou não, cabendo-lhe, cumprir as obrigações contratuais de realizar o trabalho a contento e cumprir metas talvez inatingíveis, evitar o próprio adoecimento. Também aqui verifica-se inconstitucionalidade, pois é clara a transferência do risco da atividade econômica para o trabalhador. E é muito provável, também, que, pela característica desta modalidade contratual, muitas trabalhadoras que exerçam esse tipo de trabalho sejam acometidas dos mais diversos desequilíbrios físicos, psíquicos e adoecimentos.

Pinçados alguns diplomas normativos, em que ora se verifica a consagração da igualdade formal, ora se observa o retrocesso social, é certo que ainda há um caminho longo a se percorrer em busca da realização plena da igualdade material. No regime democrático, que tem como traço fundamental o império da lei, os direitos são cumpridos e implementados a partir do trabalho de instituições fortes. No Brasil, o Ministério Público do Trabalho é uma dessas instituições.

4. O PAPEL DO MINISTÉRIO PÚBLICO DO TRABALHO. COMBATE AO TRATAMENTO DISCRIMINATÓRIO E PROMOÇÃO DA IGUALDADE DE GÊNERO NO TRABALHO

O Ministério Público do Trabalho, ramo do Ministério Público da União, tem como "atribuição fiscalizar o cumprimento da legislação trabalhista quando houver interesse público, procurando regularizar e mediar as relações entre empregados e empregadores."[8]

Dentro de sua atribuição constitucional, que consiste na defesa da ordem jurídica, do regime democrático e dos interesses sociais e individuais indisponíveis (Constituição Federal, art. 127), o MPT elegeu prioridades de atuação. Sem descurar de toda e qualquer controvérsia que, observado o interesse público, se apresente no mundo do trabalho, o MPT definiu como prioritários os seguintes temas: Administração Pública, Liberdade Sindical, Criança e Adolescente, Meio Ambiente do Trabalho, Trabalho Escravo, Fraudes Trabalhistas, Trabalho Portuário e Aquaviário e Promoção da Igualdade.

Nesse sentir, o tema afeto ao gênero, seja sob o aspecto do combate à discriminação ou da promoção da igualdade, é tratado no âmbito da Coordenadoria Nacional de Promoção de Igualdade de Oportunidade e Eliminação da Discriminação no Trabalho – COORDIGUALDADE. No âmbito desta coordenadoria são desenvolvidos ações e projetos nacionais, visando, entre outros, o combate ao racismo, a inserção da pessoa com deficiência no mercado de trabalho, a promoção da igualdade de gênero no trabalho.

São diversos os tipos de atuação do MPT, que, provocado ou de ofício, investiga situações de lesão trabalhista que, caracterizadas como de interesse público e ou coletivo, geram termos de ajuste de conduta, ações civis públicas, recomendações notificatórias, entre outros. Ademais, o MPT exerce importante papel na promoção de implementação de políticas públicas, seja mediante articulação política junto ao Poder Público, seja por ação judicial.

Quanto à situação específica das mulheres no mundo do trabalho, e também em defesa de transgêneros, foi criado, no MPT, o Grupo de Trabalho de Gênero que, voltado para as questões ligadas ao gênero, produziu e publicou, em maio de 2017, a cartilha Assédio Sexual no Trabalho – Perguntas e Respostas, que reúne textos explicativos e informações úteis a quem queira compreender do que se trata o assédio sexual, bem como as formas de se defender, denunciar e combater essa violência. Neste trabalho, de incontestável excelência, produzido por Procuradores do Trabalho, observa-se que o assédio sexual, tendo como vítima predominantemente a pessoa do sexo feminino, é tratado como forma de discriminação e decorre da posição "desprivilegiada", de "inferioridade" da mulher, que ainda vige na sociedade. Tal cartilha pode ser acessada e reproduzida livremente a partir do Portal do MPT na internet.

Citou-se apenas um exemplo de atuação do *parquet* trabalhista, mas, de fato, as questões relacionadas ao gênero, às mulheres, desde que não se afigurem como meramente individuais, desafiarão a ação do MPT, uma vez que estão relacionadas à ordem jurídica, aos interesses sociais e individuais indisponíveis. Ademais, assegurar o respeito aos princípios da dignidade humana e da igualdade nas relações sociais não só se insere na, mas orienta a missão constitucional do MPT. Garantir um mercado de trabalho livre de discriminação e ambiente em que se consagre a igualdade, sem distinções em razão de sexo, origem, raça, idade é o parâmetro, portanto, do Ministério Público do Trabalho.

É bem verdade que o comportamento discriminatório, também motor da desigualdade, não se modifica simplesmente porque a lei o condena, mas, por outro lado, as políticas voltadas para a promoção da igualdade material alteram a situação fática e, aos poucos, as mentes e corações. Nessa perspectiva, a atuação do MPT também é determinante, pois, como promotor de justiça provoca a implementação de políticas públicas visando a eliminação da desigualdade nas relações de trabalho.

Em Estados Democráticos de Direito, como o nosso, é preciso ir além de combater a discriminação, urge promover direitos, buscar a igualdade substancial, direito humano fundamental. Nesse sentido, é imperioso aplicar-se, a partir da Constituição da República de 1988 os princípios em que ela se fundamenta, entre outros: a dignidade da pessoa humana, o trabalho como valor social e o pluralismo. Ou seja, impõe-se a reconstrução do discurso constitucional tendo como norte a inclusão e o respeito à diversidade.

5. CONSIDERAÇÕES FINAIS

Apesar da ainda predominância do pensamento fundado na cultura do patriarcado, na nossa sociedade, a legislação vem evoluindo ao longo do tempo no sentido de conferir direitos à mulher trabalhadora, justamente por se reconhecer a disparidade de tratamento entre mulheres e homens, no contexto social em geral, o que se espraia para o mundo do trabalho.

Nos altos e baixos da civilização, que refletem também no sistema normativo, observa-se na recente "reforma trabalhista" retrocesso flagrante em relação aos direitos de todos os trabalhadores, inclusive nos das mulheres.

Mas, a despeito disso, o ordenamento jurídico contém substrato suficiente a consagrar a existência de uma

---

8. Portal do Ministério Público do Trabalho. Disponível em: <http://portal.mpt.mp.br/wps/portal/portal_mpt/mpt/ompt>.

igualdade formal entre homens e mulheres, também no que diz respeito ao trabalho.

A vida requer, no entanto, muito mais que igualdade formal. É preciso concretizar-se a igualdade substancial entre trabalhadores e trabalhadoras. Não é admissível, ainda nesta quadra da história, que mulheres estejam mais sujeitas à informalidade e exclusão social e percebam remuneração inferior a de homens que exerçam funções semelhantes às delas. Tampouco se pode conceber que as mulheres tenham mais dificuldade de se colocar no mercado formal de trabalho pelo simples fato de serem do gênero feminino.

Não há dúvida de que essa diferença de tratamento se deve, em grande parte, ao componente histórico, social e cultural da sociedade e que isso não é de hoje. Já passou do tempo de se mudar essa realidade, no entanto. Se a mentalidade reinante numa sociedade não se altera da noite para o dia, é importante que, ao menos, se possa utilizar de instrumentos próprios do Estado Democrático de Direito para fazer valer a igualdade prevista nos textos legais. Nessa perspectiva, o Ministério Público do Trabalho, instituição essencial à Justiça, exerce papel fundamental para o combate a todo tipo de discriminação no trabalho, inclusive a fundada em gênero, e para a efetiva realização do princípio da dignidade humana, da igualdade substancial e do pluralismo.

6. REFERÊNCIAS BIBLIOGRÁFICAS

BARRETO, Ana Cristina Teixeira. *A Carta de 1988 é um marco contra a discriminação. Igualdade de sexos.* Disponível em: <https://www.conjur.com.br/2010-nov-05/constituicao-1988-marco-discriminacao-familia-contemporanea>.

BRASIL. Ministério Público do Trabalho. Nota técnica n. 8, de 26 de junho de 2017. Brasília, 2017. Disponível em:<http://portal.mpt.mp.br/wps/wcm/connect/portal_mpt/ce4b9848-f7e-4-4737-8d81-6b3c6470e4ad/Nota+t%C3%A9cnica+n%-C2%BA+8.2017.pdf?MOD=AJPERES&CVID=lPCHY69>. Acesso em: 06 fev. 2018.

_____. *Planalto.* Constituição Federal. Disponível em: <http://www.planalto.gov.br/ccivil_03/constituicao/constituicao.htm>.

COUTINHO, Maria Luiza Pinheiro. *Discriminação no trabalho*: Mecanismos de combate à discriminação e promoção de igualdade de oportunidades. Disponível em: <http://www.oitbrasil.org.br/sites/default/files/topic/discrimination/pub/oit_igualdade_racial_05_234.pdf>.

COELHO, Renata; SILVA, Sofia Vilela de Moraes e. *Assédio sexual no trabalho* – O papel do MPT na preservação da igualdade de gênero e do ambiente de trabalho sadio e inclusivo. Disponível em: <https://portal.mpt.mp.br/wps/wcm/connect/portal_mpt/238abdc3-4e2d-4d4a-a35e-b815c2b91c25/Cartilha+Assedio+-Sexual+-GT+G%C3%AAnero.pdf?MOD=AJPERES>. Acesso em: 04 fev. 2018.

DELGADO, Maurício Godinho. *Curso de Direito do Trabalho.* São Paulo, 2006.

DEJOURS, Cristophe. *A banalização da injustiça social.* 7. ed. Rio de Janeiro: Editora FGV, 2007.

GOSDAL, Thereza Cristina. Diferenças de gênero e discriminação no trabalho. In: *A igualdade dos gêneros nas relações de trabalho*, coordenação Laís de Oliveira Penido, ESMPU, 2006.

PENIDO, Laís de Oliveira. Legislação, equidade de gênero e cultura patriarcal brasileira. In: *A igualdade dos gêneros nas relações de trabalho*, coordenação Laís de Oliveira Penido, ESMPU, 2006.

RIBEIRO, Leandro de Moura Ribeiro. *A igualdade jurídica de homens e mulheres*: Constituição e ações afirmativas. Disponível em: <http://www.ambito-juridico.com.br/site/index.php?n_link=revista_artigos_leitura&artigo_id=9390>. Acesso em: 06 fev. 2018.

ROSENFELD, Michel. *A identidade do sujeito constitucional.* Belo Horizonte: Mandamentos, 2003.

A Democracia no Sistema OAB e a Igualdade de Gênero

Antonio Oneildo Ferreira[1]

1. INTRODUÇÃO

Era o ano de 1906, quando a cidadã Myrthes de Campos tornava-se a primeira mulher brasileira a exercer a advocacia. Mas o caminho ali inaugurado vinha sendo insistentemente obstruído para as mulheres: Doutora Myrthes vinha tentando, sem sucesso, ingressar nos quadros do Instituto dos Advogados Brasileiros há sete anos. Seu primeiro pedido de inscrição formalizado fora negado sob o argumento de que a independência exigida para a advocacia era incompatível com a sujeição infligida às mulheres casadas, subordinadas a seus maridos e relativamente incapazes.

É provável que se a Doutora Myrthes de Campos se deparasse com a atual conjuntura do sistema OAB, ficaria surpresa com o quão pouco avançamos, mais de cem anos depois, em termos de representatividade feminina na advocacia. Apesar de serem quase metade dos quadros da advocacia nacional, as mulheres continuam visivelmente sub-representadas nos órgãos colegiados e nas diretorias. Para minimizar esse painel de exclusão, cotas de um percentual mínimo de 30% passaram a viger desde 2015 em todo o sistema OAB. Infelizmente, a reserva de presença feminina ainda não alcançou as diretorias. Democracia requer participação. É absurdo que justamente a OAB, instituição que protagoniza as lutas por direitos em nosso País há quase um século, não esteja inteiramente tomada pela igualdade de gênero.

A inclusão das perspectivas femininas na política da Entidade só tem a enriquecer nossas posições, pontos de vista e visões de mundo. A advocacia não pode ser conivente com a insidiosa, porém lamentavelmente real, exclusão das mulheres dos espaços de poder. A igualdade de gênero já foi encampada por nossa Constituição Cidadã. Cabe-nos torná-la a cada dia mais concreta e sedimentada, seja nos espaços privados, seja – com mais razão – nos espaços públicos. O "Movimento Mais Mulheres na OAB" tem angariado inestimável empenho no sentido de aprimorar a democracia e a igualdade de gênero na Entidade. E esse apoio deve emanar não só das mulheres, como também dos homens que compõem a classe: a pauta da igualdade de gênero é uma questão de cidadania, atinente a todas e todos; é uma exigência da democracia constitucional – única concepção compatível com um Estado democrático de direito comprometido com a igualdade *na* diferença, com o igual respeito e a igual consideração de todos os cidadãos partícipes da comunidade. É fundamental encontrarmos maneiras de conciliar democracia e igualdade de gênero em todo o sistema OAB, inclusive em seus cargos diretivos, de sorte que a igualdade não encerre mera promessa.

2. EM BUSCA DE UMA CONCEPÇÃO IGUALITÁRIA DE DEMOCRACIA

Etimologicamente, democracia é o governo em que o povo exerce a soberania (do grego *demokratia*: *demo* (povo) + *kratos* (poder)). No entanto, esse truísmo permanece muito vago, carece de precisão conceitual suficiente para nos instruir acerca do regime político triunfante na modernidade tardia. Apesar de muito propagado pelo senso comum, o conceito que identifica o conteúdo da democracia com o procedimento majoritário (o governo da maioria) é inadequado à experiência moderna: as democracias liberais e constitucionais se servem da noção de que há direitos individuais inalienáveis, contra os quais nem mesmo a maioria, no exercício de sua suposta prerrogativa da soberania, pode atentar. As revoluções liberais inglesa, norte-americana e francesa trouxeram para o cerne da cultura moderna a intangibilidade dos direitos das minorias, os quais fundamentam a própria estrutura constitucional do direito.

O respeito às minorias integra definitivamente o conceito de democracia. O que restaria a elas, sem dúvida também incluídas no conceito de "povo", caso pudessem ser simplesmente esmagadas pelas maiorias permanentes ou ocasionais? Sabendo que as mulheres são, na prática, invariavelmente sub-representadas nos espaços de deliberação política, que tipo de democracia lhes resguardaria seus interesses fundamentais? O "direito dos direitos" para uma democracia é a igualdade: o axioma de que todos os cidadãos devem ser sempre tratados com igual consideração e respeito pela comunidade e pelo Estado, sem qualquer distinção, incluindo a de gênero. Que segurança teria uma mulher se seus direitos, sua integridade, sua dignidade, sua liberdade e sua propriedade pudessem ser a qualquer tempo vilipendiadas pelas maiorias masculinas?[2] Por que ela juraria fidelidade à democracia vigente em tais circunstâncias de constante incerteza? Seria possível uma democracia estável sob o império de uma soberania popular ilimitada? Eis o dilema que floresce na democracia, tornando-a, até

---

1. Advogado. Diretor-Tesoureiro do Conselho Federal da Ordem dos Advogados do Brasil.
2. Em grande parte das sociedades se verifica a superioridade *numérica* das mulheres sobre os homens. No entanto, elas continuam minorias no espaço político. Neste sentido "qualitativo" é que usamos a expressão "minorias": com referência às possibilidades de autoafirmação de interesses, comportamentos e opiniões de cada grupo social na vida pública.

certo ponto, paradoxal e dicotômica em relação ao constitucionalismo (paradoxo da democracia): como prevenir a destruição do governo do povo efetuada pelo próprio povo, ou, em outras palavras, o predomínio da tirania da maioria?

A única concepção de democracia compatível com um Estado constitucional, alicerçado nos direitos fundamentais, é uma concepção de *democracia constitucional*. Os direitos fundamentais sobressaem como trunfos do indivíduo contra a maioria, daí seu *ethos* ontologicamente contramajoritário. Notáveis juristas contemporâneos filiados à tradição liberal, como Ronald Dworkin, compartilham com intensidade dogmática desse postulado fundamental.

A crítica da premissa majoritária é fulcral para a teoria da democracia de Dworkin. A premissa indica que os resultados de um processo político seriam justos quando favorecidos por uma decisão da maioria dos cidadãos: *"supõe que, quando uma maioria política não pode fazer o que quiser, isso é sempre injusto, de tal modo que a injustiça permanece mesmo quando existem fortes razões que a justifiquem"*.[3] Contra essa tendência, o pensador do direito propõe a concepção *constitucional* de democracia, que supõe seja a comunidade política governada por um agente coletivo – o Estado – adstrito ao cumprimento do princípio da igualdade em suas relações com cada cidadão em particular: as decisões coletivas devem ser *"tomadas por instituições políticas cuja estrutura, composição e modo de operação dediquem a todos os membros da comunidade, enquanto indivíduos, a mesma consideração e o mesmo respeito"*.[4]

Em uma perspectiva a um só passo liberal e republicana, participação moral, reciprocidade e autogoverno formam uma tríade indissociável: *"uma sociedade em que a maioria despreza as necessidades e perspectivas de uma minoria é não só injusta como ilegítima"*[5] – arremata Dworkin. O princípio republicano do autogoverno, por seu turno, pressupõe um equilíbrio entre liberdade e igualdade. Ambas andam juntas: segundo leciona Rousseau, pai do republicanismo cívico moderno, um povo só será livre se e quando *"elaborar suas leis num clima de igualdade, de tal modo que a obediência a essas mesmas leis signifique, na verdade, uma submissão à deliberação de si mesmo e de cada cidadão, como partes do poder soberano"*.[6]

Um contrato social legítimo, portanto, pressupõe uma forte ideologia igualitária; requer uma unidade baseada na igualdade política de todos os cidadãos, uma unidade que componha a vontade geral que a todos e a cada um submete. Essa igualdade não se trata da negligência ou da supressão das diferenças e das divergências; pelo contrário, reconhecendo as *desigualdades naturais* (como aquelas que estabelecem a bipartição de gênero), o contrato social as substitui por uma igualdade moral que torna todos os homens e mulheres iguais por convenção, na medida em que desfrutam dos mesmos direitos e que devem obediência às mesmas leis gerais e abstratas. Não houvesse um ponto de concórdia, um denominador comum aos interesses plurais e díspares que compõem o vínculo social, nenhuma sociedade poderia existir, tampouco a solidariedade social. Para dizer lapidarmente: democracia não é um governo de grupos ou de elites; é um governo da vontade geral dirigido ao alcance do bem comum – bem esse que também alberga, necessariamente, os interesses e as opiniões do público feminino.

Não obstante, subterfúgios e engodos foram criados na tradição do pensamento e da prática liberais com o intuito de manter a exclusão das mulheres do espaço democrático e, por conseguinte, conservar o quadro de opressão e exploração vigorante. No contraponto, os movimentos políticos e a literatura feministas, cuja luta atravessa persistentemente os últimos séculos, têm sido cruciais na disputa pela redefinição dos papéis de gênero e na crítica da desigualdade. Uma das críticas centrais no campo político, que toca diretamente as reivindicações por autonomia pessoal, redefinição da divisão sexual do trabalho e participação política paritária, tem como alvo a divisão estratificada entre espaço público e espaço privado, central para a emergência e afirmação do liberalismo político e econômico gestado no século XVII. Confinando a mulher ao espaço privado, o liberalismo instituiu uma barreira de imunização da justiça pública: em nome do elogio da tradição patriarcal, as opressões perpetuadas no espaço familiar são escamoteadas e impedidas de chegar até o debate público. Com efeito, a dicotomia público *vs.* privado é *generificada*, porquanto erigida sob a afirmação da superioridade masculina nos fóruns da política.

A demarcação de uma esfera de interesses individuais e de uma esfera do bem comum, rigidamente apartadas, não pode servir de álibi para excluir do espaço público questões que afetam os interesses dos membros mais fragilizados das famílias, notadamente mulheres, crianças e idosos. A "privatização" das demandas, a criação de um âmbito não passível de problematização coletiva, serve para deslegitimar interesses minoritários, ocultar relações de poder e dominação, e inviabilizar a participação direta de mais da metade da população na cidadania. Apenas as mulheres, por si mesmas, podem definir adequadamente quais questões as concernem e merecem ser publicizadas. Afinal de contas, como assevera o célebre *slogan* feminista "*O pessoal é político!*", não existe espaço apolítico. A política

---

3. DWORKIN, Ronald. *O direito da liberdade: a leitura moral da Constituição norte-americana*. Trad.: Marcelo Brandão Cipolla. São Paulo: Martins Fontes, 2006. p. 25.
4. *Ibidem*, p. 26.
5. *Ibidem*, p. 39.
6. ROUSSEAU apud NASCIMENTO, Milton Meira do. "Rousseau: da servidão à liberdade". In: WEFFORT, Francisco C. (org.). *Os clássicos da política*. 14. ed. São Paulo: Ática, 2006. v. 1, p. 189-241.

está em todos os lugares. Mesmo porque as disparidades no ambiente doméstico se espraiam na vida pública: não é por acaso que as mulheres se encontram sistematicamente excluídas da política institucional.[7] A cultura do machismo e seus valores misóginos, a dupla jornada (doméstica e extradoméstica) de trabalho, a violência doméstica (física e/ou moral) e o "dever" da maternidade são fatores especialmente relevantes que são nutridos na comunidade familiar e, em consequência, diminuem as chances de expressão e participação feminina nos espaços de poder.

3. EM BUSCA DE UMA CONCEPÇÃO COMPLEXA DA IGUALDADE DE GÊNERO

As características habitualmente associadas às condições feminina e masculina, e usadas como pretexto para instituir a inferiorização do feminino, derivam menos de determinações da natureza do que de normas mantidas e disseminadas pela cultura. O destino do "ser homem" e do "ser mulher" no mundo não é aprisionado pela natureza, mas definido e condicionado pelas práticas culturais de uma sociedade, as quais valoram distintamente os papéis sociais atribuídos aos sexos: é a atribuição – por vezes arbitrária e heterônoma – desses papéis o que se convencionou chamar de *gênero*. Gênero não é uma categoria teórica das Ciências Naturais, mas das Ciências Sociais: trata-se da institucionalização *social* das diferenças entre os sexos; de *habitus*[8] sexuados. Nas palavras de Bourdieu, "*a definição social dos órgãos sexuais, longe de ser um simples registro de propriedades naturais, diretamente expostas à percepção, é produto de uma construção efetuada à custa de uma série de escolhas orientadas, ou melhor, através de uma acentuação de certas diferenças, ou do obscurecimento de certas semelhanças*".[9]

Defender a igualdade entre os gêneros não passa pelo desprezo a essa diferença biológica básica, mas, sim, pelo reconhecimento da diferença e pelo reconhecimento de que alegar a diferença não constitui um argumento defensável para instituir a desigualdade. Se algumas diferenças são manifestamente naturais, sua avaliação simbólica no domínio cultural[10] é eminentemente *histórica* e *social*. O modo de *ser* mulher ou homem não é meramente natural, mas *naturalizado*, socialmente construído e cristalizado nas práticas culturais disseminadas e ensinadas por meio da linguagem. O processo de diferenciação de gênero não ocorre ao acaso; pelo contrário, obedece às lógicas do exercício do poder de um grupo sobre outro, levando à criação de hierarquias que implicam influxos de subordinação, dominação e opressão. A dominação masculina infiltrou-se em costumes reiterados através dos tempos, conferindo aos homens posições privilegiadas, legitimadas por mecanismos educacionais[11] que consistem em verdadeiros *dispositivos pedagógicos de gênero*.

Os modos de produção condicionam a distribuição de papeis entre os gêneros. Patriarcalismo e capitalismo são doutrinas mutuamente sustentadas, inextrincavelmente amalgamadas, pois a figura do homem trabalhador não poderia ser compreendida na ausência da figura da mulher dona de casa,[12] que lhe presta o devido suporte doméstico, afetivo, sexual, moral, e lhe garante o cuidado da prole e a perpetuação da linhagem familiar. Ocorre que o trabalho da mulher no ambiente privado – em regra não remunerado –, a despeito de igualmente indispensável para a manutenção da ordem social, costuma receber desprestígio público, além de não lhe proporcionar autonomia financeira suficiente para subsidiar sua própria independência existencial.

O *patriarcalismo* – ideologia que reserva ao homem a função de líder no espaço público e chefe no espaço privado –, apelando ao argumento da natureza, prescreve à mulher a função do cuidado da prole, da casa e das atividades domésticas; *um lugar doméstico privado, subordinado, fora da vida pública*. A capacidade biológica da mulher para gerar descendentes tem sido utilizada como pretexto para *associá-la à natureza*, em contraposição à associação do homem ao universo da cultura, é dizer, da liberdade. A mulher passa a ocupar uma posição-de-sujeito subordinada, sendo-lhe atribuída a emotividade em lugar da razão; a aptidão

---

7. Foi eleito em 2014 um Congresso dramaticamente desequilibrado no que tange à representação das tensões sociais presentes na população brasileira. Enquanto 51% da população é composta de mulheres, apenas 9,94% dos eleitos para a Câmara dos Deputados e 13,58% dos eleitos para o Senado Federal são mulheres, totalizando 10,37% nas duas Casas. Mostra-se contraditório que a instituição incumbida de representar o povo – a Câmara – não represente efetivamente mais da metade da população. Tal incongruência reduz a legitimidade democrática do Congresso, principalmente quando este discute e vota questões que tocam diretamente os grupos sub-representados. Esse é o caso dos temas que envolvem direitos e interesses das mulheres, as quais constituem 52,134% do eleitorado e, como vimos, menos de 10% da Câmara dos Deputados. No tocante à participação feminina na política, o Brasil ocupa a vexatória posição de 158º de um total de 188 países.
8. No vocabulário do sociólogo e antropólogo Pierre Bourdieu, os *habitus* sexuados, que alicerçam o pleno exercício da dominação masculina, "*funcionam como matrizes das percepções, dos pensamentos e das ações de todos os membros da sociedade, como transcendentais históricos que, sendo universalmente partilhados, impõem-se a cada agente como transcendentes*". BOURDIEU, Pierre. *A Dominação Masculina*. 2. ed. Trad.: Maria Helena Kühner. Rio de Janeiro: Bertrand Brasil, 2002. p. 45.
9. BOURDIEU. *Op. Cit.*, p. 23.
10. Tome-se o devido cuidado de ressalvar que o domínio simbólico implica consequências materiais, *reais*, e não apenas "imaginárias"; ele é visível nas atividades práticas, nas condutas, nas instituições, sendo algo além de uma mera representação mental.
11. Tomamos a educação em sentido amplo: educam-se os corpos e as mentes não apenas nas instituições escolares, mas também nos ambientes familiares, nos espaços de convívio social, no trabalho, nas instituições religiosas, nas associações desportivas, nas ruas e nas mídias.
12. PATEMAN, Carole. "Feminist critiques of the public/private dichotomy". In: _____. *The disorder of women*. Stanford: Stanford University Press, 1989. p. 121-132.

para os afazeres domésticos em lugar da participação política; e a propensão à sujeição. Sob a ordem da dominação masculina, o homem é a "medida de todas as coisas", a natureza masculina é sempre "neutra, não marcada", enquanto o feminino é explicitamente caracterizado.[13.] Note-se que existe, para o senso comum, uma "advocacia feminina", composta por "mulheres advogadas", enquanto costuma ser prescindível demarcar uma "advocacia masculina" (que seria em princípio neutra), bem como fazer referência expressa aos "homens advogados" – como se os advogados fossem naturalmente, e necessariamente, homens.

Na linha de combate a essa realidade iníqua, as teóricas e militantes feministas têm-se empenhado em uma constante e árdua luta pela desconstrução dos estereótipos excludentes de gênero rumo à igualdade de direitos e de estima social. O feminismo ingressou com mais força na disputa em torno da atribuição de significados do universo simbólico, valendo-se da linguagem dos direitos civis de igualdade e liberdade, em meados do século XX. A luta pelo reconhecimento[14.] da igualdade de direitos e de valor social das mulheres deu-se sobretudo em três frentes: *a)* luta pela *autonomia pessoal*, que inclui a liberdade financeira, contratual, sexual, comportamental e, inclusive, a recusa ao matrimônio ou a livre escolha do cônjuge ou parceiro sexual; *b)* luta pela *redefinição da divisão sexual do trabalho*, mediante a possibilidade de ingresso no mercado de trabalho remunerado em pé de igualdade com os homens no que se refere à percepção de iguais salários[15.] e de condições laborais dignas, bem como mediante o rearranjo dos encargos domésticos; e *c)* luta pela *participação política paritária*, pela qual as mulheres possam definir, por elas próprias, sua agenda na política, seus interesses e aspirações, prescindindo da mediação realizada pelos homens nos fóruns públicos – tipicamente espaços masculinos. O ponto principal dessa luta deu-se em torno da *ressignificação do princípio da igualdade*.

Os textos constitucionais dos Estados democráticos de direito incorporaram gradualmente as experiências de luta por igualdade de gênero. Não podemos afirmar que a igualdade entre os sexos foi de todo conquistada, mas, seguramente, o constitucionalismo confere abertura à sua promoção, plasmada em argumentos de estatura constitucional. A estreita concepção da igualdade formal (da igualdade de todos perante a lei) foi alargada de modo a incluir a dialética entre igualdade de direito e igualdade de fato, como decorre da assunção do princípio da igualdade material (da igualdade de todos *na* lei) desde o constitucionalismo social. A dimensão materializada da igualdade requer uma igualdade de resultados – uma igualdade na fruição concreta, *material*, dos direitos – que ultrapassa (não propriamente supera, antes enriquece) a típica igualdade de tratamento liberal.

A luta por igualdade de negros, mulheres, LGBT, minorias étnicas e religiosas, pessoas com deficiência, entre outros, contribuiu para a construção de um entendimento comum de que o tratamento igual pode, às vezes, reafirmar uma exclusão precedente, produzindo injustiças concretas. Tratar os indivíduos de maneira isonômica, por meio de leis gerais e abstratas, nem sempre faz jus à efetiva conquista da igualdade política, social e moral. Afinal, uma mesma lei afeta certos grupos sociais de maneiras distintas. Daí se legitimam as políticas de ação afirmativa em prol de grupos sociais em desvantagem. Deste cenário emerge o princípio da *igualdade como diferença*, compreensão da igualdade que não se traduz necessariamente na remoção dos elementos materiais de diferenciação, antes na afirmação do igual valor de certas formas de vida em um ambiente de salutar diferença.

Em Estados plurais e acentuados por desigualdades de toda sorte – como é o caso do Brasil –, o princípio da igualdade deve significar exatamente a consideração da igualdade na diferença, o reconhecimento de que ser diferente não é motivo suficiente para fundamentar um tratamento inferiorizado, de que a diferença deve ser desconsiderada quando inferioriza e deve ser enaltecida quando emancipa. Nas palavras do sociólogo português Boaventura de Sousa Santos, *"temos o direito de ser iguais quando nossa diferença nos inferioriza; e temos o direito de ser diferentes quando a nossa igualdade nos descaracteriza. Daí a necessidade de uma igualdade que reconheça as diferenças e de uma diferença que não produza, alimente ou reproduza as desigualdades"*.[16.] Eu já havia ponderado, outrora, que *"diferença pressupõe alteridade, uma atitude de pelo menos esforçar-se, munido de boa-fé, para se colocar no lugar do outro"*.[17.] Igualdade e diferença, tanto uma quanto a outra, pressupõem e implicam alteridade, a consideração das necessidades dos outros como se fossem nossas.

O dispositivo constitucional que estatui a igualdade de gênero (art. 5º, I) no sistema jurídico brasileiro assevera que homens e mulheres são iguais em direitos e obrigações.

---

13. BOURDIEU. *Op. Cit.*, p. 20, p. 26.
14. HONNETH, Axel. *Luta por reconhecimento*: a gramática moral dos conflitos sociais. São Paulo: Editora 34, 2003.
15. Além de uma inserção e de uma permanência mais dificultosas nos empregos em decorrência da maternidade e em razão de outros tipos de preconceitos e estigmas inferiorizantes, as mulheres seguem recebendo menores salários que os pagos aos homens, mesmo quando desempenham funções similares. Segundo dados divulgados pelo Banco Interamericano de Desenvolvimento (BID) em 2009, os homens brasileiros ganham aproximadamente 30% a mais que as mulheres com mesma idade e mesmo grau de instrução e formação.
16. Disponível em: <http://pensador.uol.com.br/frase/MTEzNTExNw/>. Acesso em: 03 out. 2017.
17. Para minha reflexão sobre a diferença e a divergência no regime democrático brasileiro, tendo em vista os acontecimentos mais atuais de nosso cenário político, ver meu artigo disponível em: <http://www.conjur.com.br/2016-jul-12/antonio-oneildo-ferreira-democracia-proteger-discordancia>. Acesso em: 03 out. 2017.

Entretanto, a igualdade não pode ser compreendida dentro de uma óptica míope e desconectada da evolução do constitucionalismo. A igualdade a que se refere o texto da Constituição é *complexa*, depende de fundamentos invocados para justificar um tratamento igual ou, quando necessário, um tratamento diferente, tendo em vista o imperativo de fazer justiça no caso concreto. A promoção da igualdade de gênero não nega a diferença, mas revela, em contrapartida, tanto o comprometimento com o combate às diferenças *sociais* que criam hierarquias quanto o correspondente dever do Estado de considerar ou desconsiderar tais diferenças no intuito de tomar decisões que fomentem uma igualdade real de direitos, de estima social (art. 5º, I c/c art. 3º e incisos – CF), de dignidade humana (art. 1º, III – CF) e de possibilidades de exercer plenamente a cidadania (art. 1º, II – CF) e tomar parte no valor social do trabalho (art. 1º, IV – CF).[18]

4. CAMINHOS DE APRIMORAMENTO DA DEMOCRACIA E DA IGUALDADE DE GÊNERO NO SISTEMA OAB

Conquanto as mulheres sejam a maioria da população, prosseguem excluídas de forma contundente da política institucional. Em nossa história política, ainda ecoa uma presença acentuadamente masculina. Mesmo após décadas de intensa luta pela igualdade, as mulheres ainda estão perceptivelmente excluídas dos centros de decisão. Assistimos a um grave problema de representatividade da pluralidade encontrada na sociedade brasileira. Grupos estatisticamente superiores, por irônico que possa ser, não estão proporcionalmente representados nas arenas deliberativas onde deveria haver um prolífico confronto de opiniões que reproduzisse a diversidade social que caracteriza nossa "identidade nacional". As causas dessa gritante sub-representação remetem à cultura de machismo que tem trespassado nossa formação societária desde tempos imemoriais: constatamos que, de modo geral, *as mulheres estão fora da política*.

Esse dado é não só intrinsecamente injusto e ilegítimo, como empobrece a qualidade dos debates que circulam no espaço público. Quanto mais plural for a composição da esfera pública, tanto mais ricos serão os resultados e os aprendizados coletivos. Temos muito a aprender com o ponto de vista das mulheres: mulheres e homens, por ocuparem diferentes posições-de-sujeito no campo social, possuem visões de mundo distintas demarcadas por *perspectivas sociais* derivadas de suas singulares experiências de vida.[19] Trata-se de uma usurpação paternalista o fato de homens decidirem questões que afetam direta e gravemente a autonomia das mulheres, principalmente sem sequer consultá-las. A inclusão de perspectivas significa promover um ponto de saída para a discussão, a partir de um terreno ou determinado lugar social, estimulando as pessoas a exercícios de empatia, alteridade e solidariedade, a um verdadeiro colocar-se no lugar do Outro.[20]

Em uma sociedade estruturalmente assimétrica, como a brasileira, a inclusão de perspectivas nos fóruns de representação política dificilmente poderia acontecer espontaneamente, haja vista a resiliência dos mecanismos de poder que mantêm a desigualdade. Urge a elaboração de mecanismos que induzam à igualdade. Uma das alternativas mais viáveis é a *representação por cotas*. A garantia de

---

18. O marco jurídico da igualdade de gênero no Brasil inclui a extensão do voto às mulheres (introduzida pelo Decreto n. 21.076 do Código Eleitoral Provisório de 1932); a edição do Estatuto da Mulher Casada (Lei n. 4.121, de 1962); a conquista da licença-maternidade (instituída em 1943 pelo Decreto-Lei n. 5.452 – CLT, aumentada pela Constituição de 1988 e pela Lei n. 11.770, de 2008) e da licença-paternidade (criada pela CLT, em 1943, prevista no art. 10, §1º, da ADCT da Constituição de 1988 e, recentemente, ampliada pela Lei n. 13.257 de 2016); a legalização do divórcio (por meio da Emenda Constitucional n. 9, de 1977, regulamentada pela Lei n. 6.515, do mesmo ano); a descriminalização do adultério (Lei n. 11.106, de 2005, que revogou o art. 240 do Código Penal); a promulgação da Lei Maria da Penha (Lei n. 11.340 de 2006); a obrigatoriedade da flexão de gênero nos diplomas e certificados das instituições públicas e privadas de ensino (Lei n. 12.605, de 2012); e, mais recentemente, a introdução do tipo penal de feminicídio (pela Lei n. 13.104 de 2015). A igualdade de direitos e deveres entre cônjuges recebeu forma constitucional (art. 226, §5º). Toda essa evolução legislativa no direito pátrio deu-se no compasso do aprimoramento dos direitos humanos das mulheres no direito internacional. Podemos destacar como momentos paradigmáticos, em âmbito mundial: a) Carta das Nações Unidas (1945), Declaração Universal dos Direitos Humanos (1948) e Convenção Americana de Direitos Humanos de São José da Costa Rica (1969, promulgada no Brasil em 1992 pelo Decreto n. 678): pugnam pelo respeito aos direitos humanos e às liberdades fundamentais, independentemente de raça, sexo, língua ou religião; b) Convenção Interamericana Sobre a Concessão dos Direitos Civis à Mulher (1948, promulgada no Brasil pelo Decreto n. 31.643, de 1952): outorgou às mulheres os mesmos direitos civis garantidos aos homens; c) Convenção Sobre os Direitos Políticos da Mulher (1953, promulgada no Brasil em 1963 pelo Decreto n. 52.476); d) I Conferência Mundial Sobre a Mulher (Cidade do México, 1975): reconheceu o direito da mulher à integridade física, à autonomia de decisão sobre o próprio corpo e à maternidade opcional; e) Convenção Para Eliminar Todas as Formas de Discriminação Contra a Mulher – CEDAW (1979, ratificada pelo Brasil, sem reservas, em 1994, pelo Decreto Legislativo n. 26); f) Convenção Interamericana Para Prevenir, Punir e Erradicar a Violência Contra a Mulher – Convenção de Belém do Pará (1994, promulgada no Brasil pelo Decreto n. 1.973 de 1996); e g) Convenções da OIT n. 100 (1951, ratificada pelo Brasil em 1957): dispõe sobre igualdade de remuneração; n. 103 (1952, ratificada pelo Brasil em 1965): dispõe sobre o amparo materno; n. 111 (1958, ratificada pelo Brasil em 1965): dispõe sobre a proibição de discriminação em matéria de emprego e profissão; n. 156 (1981): estende aos homens a responsabilidade pela família.
19. Desenvolvi essa ideia em artigo publicado no Portal Migalhas: "Todo ponto de vista é a vista de um ponto ou Em defesa da igualdade de gênero no governo". Disponível em: <http://www.migalhas.com.br/dePeso/16,MI240054,31047-Todo+ponto+de+vista+e+a+vista+de+um+ponto+ou+Em+defesa+da+igualdade>. Acesso em: 01 out. 2017.
20. YOUNG, Iris Marion. "Representação política, identidade e minorias". Trad.: Alexandre Morales. In: *Lua Nova*, São Paulo, 67:263-269, p. 139-267, 2003.

uma proporção mínima de mulheres nos órgãos colegiados de representação e direção é uma das vias possíveis para a promoção da igualdade de gênero. Desse modo, presume-se que serão gerados resultados mais justos, pois mais representativos dos interesses femininos em jogo.

Todo órgão representativo que reivindique para si legitimidade deve estar sensível ao crescimento dos potenciais de atuação política das mulheres. Disso não destoaria justamente a Ordem dos Advogados do Brasil, instituição historicamente engajada com a afirmação da igualdade e da justiça social. A OAB esteve presente em todos os momentos de afirmação dos direitos fundamentais das minorias, de intercessão pela ordem democrática e pela construção do Estado de direito em sua plenitude.

O sistema de representatividade do Conselho Federal da Ordem dos Advogados do Brasil (CFOAB) tem passado por constante aprimoramento. A preocupação da classe vem corrigir a discrepância entre mulheres ocupando cargos representativos e mulheres militando na advocacia: quase metade da advocacia brasileira (506.571 do total de 1.051.266, o que corresponde a 48,18%)[21.] é atualmente composta de mulheres. Considerando que a taxa anual de crescimento da advocacia segundo o recorte de gênero tem sido, nos últimos dez anos, sempre maior relativamente ao gênero feminino,[22.] há uma projeção de que o número de advogadas ultrapasse o número de advogados em 2021.[23.] Essa realidade anunciada não se coaduna com o atual sistema representativo.

Metade da classe que custeia a Entidade não se vê representada nas mesas de direção e comando do sistema OAB. Na atual Diretoria do Conselho Federal: cinco homens. Membros Honorários Vitalícios (MHV) – ex-presidentes do CFOAB: todos homens. Conselho Federal: setenta Conselheiros e onze Conselheiras em exercício (13,58%, percentual bastante inferior aos 48,18% que as mulheres exprimem). E assim na maior parte das Seccionais e demais instâncias deliberativas do sistema. Algo precisa mudar. Esse quadro não pode continuar inalterado.

Contra essa desproporção, o *Movimento Mais Mulheres na OAB* tem ganhado número cada vez maior de adeptos e adeptas, ocupando a linha de frente das pautas de discussão da Instituição. A então Comissão Especial da Mulher Advogada (hoje, comissão permanente) apresentara proposta, gestada no âmbito do Movimento, de provimento que assegura o mínimo de 30% e o máximo de 70% para cada gênero nos cargos representativos da OAB, o que foi discutido e aprovado por unanimidade no Conselho Pleno.[24.] As cotas passaram a viger em 2015. No mesmo ano, a estatística extrapolou as previsões: aumentaram de 17% para 37% os cargos diretivos em todo o País ocupados pelo gênero feminino.[25.] Destacam-se a Seccional de Sergipe e a Seccional de Tocantins; naquela, onde houve paridade na composição das chapas vencedoras, e nesta, onde houve maioria feminina.[26.]

Reitero que seria oportuno extirparmos o sexismo presente no nome de nossa Entidade. Defendo, para tanto, a alteração da nomenclatura para *Ordem da Advocacia do Brasil*, que aponta para a adequação a uma linguagem menos excludente e mais coerente com o propósito igualitário da OAB. Apresentada por 19 advogadas com o intuito de modificar o art. 17 do Decreto n. 19.408 de 1930, pleiteando a inclusão formal das advogadas integrantes da classe no nome da Entidade, tal proposta foi incorporada na Carta de Belo Horizonte, aprovada em novembro de 2016 na II Conferência Nacional da Mulher Advogada.[27.] O nome da antiga Conferência Nacional dos Advogados fora alterado para *Conferência Nacional da Advocacia* para contemplar as mulheres advogadas.[28.] Deste modo, a referência seria à classe, não aos sujeitos que a compõem, regra mais inclusiva, adotada pelos conselhos de fiscalização profissional em geral.

Se as advogadas são praticamente metade dos quadros da OAB – e, em decorrência, são responsáveis pela metade do custeio financeiro da Entidade –, é ultrajante que a sigla continue a mencionar apenas *os advogados*. Mesmo que modestas, tais iniciativas podem servir à gradativa transformação do imaginário coletivo, de modo a introduzir mudanças que permitirão à população tomar consciência dos preconceitos arraigados na masculinização do universal, além de realçar questões controvertidas hábeis a conduzir a reflexões sobre o sexismo no interior das entidades profissionais. Ilustrativo dessa consciência que tem florescido na

---

21. Disponível em: <http://www.oab.org.br/institucionalconselhofederal/quadroadvogados>. Acesso em: 02 out. 2017.
22. Por exemplo, em 2017, a taxa foi de 5,89 para o gênero feminino e 4,11 para o gênero masculino.
23. Segundo levantamento interno do sistema OAB, em 2021 o número de advogadas seria de 770.229 e o de advogados, 767.127.
24. Disponível em: <http://www.oab.org.br/noticia/27775/oab-aprova-a-unanimidade-cota-de-30-de-mulheres-em-chapas-internas>. Acesso em: 03 out. 2017.
25. Disponível em: <http://oabce.org.br/2015/11/mais-mulheres-na-oab-37-das-diretorias-eleitas-sao-formadas-por-mulheres/>. Acesso em: 03 out. 2017.
26. Disponível em: <http://www.infonet.com.br/cidade/ler.asp?id=182362; e http://g1.globo.com/to/tocantins/noticia/2015/11/walter-ohofugi-e--eleito-presidente-da-oab-no-tocantins.html>. Acesso em: 03 out. 2017.
27. Lê-se no item 17 da Carta: "Pugnar pela alteração da nomenclatura da Ordem dos Advogados do Brasil para Ordem da Advocacia do Brasil, e que nas identidades das advogadas seja observada a flexão de gênero". Disponível em: <http://www.oabmg.org.br/noticias/8095/II-Confer%-C3%AAncia-Nacional-da-Mulher-Advogada-divulga-a-Carta-de-Belo-Horizonte>. Acesso em: 03 out. 2017.
28. Disponível em: <http://www.prerrogativas.org.br/oab-muda-nome-de-conferencia-nacional-para-contemplar-mulheres-advogadas>. Acesso em: 03 out. 2017.

OAB é o fato de 2016 ter sido escolhido o "Ano de Valorização da Mulher Advogada". E, ao final do ano, o Conselho Pleno, pela primeira vez, escolheu uma mulher para ser agraciada com a Medalha Rui Barbosa – a mais alta comenda da advocacia brasileira –, a advogada gaúcha Cléa Carpi da Rocha,[29] decana e ex-diretora do Conselho e, acima de tudo, símbolo do engajamento feminino na nobre profissão da advocacia. Outra não poderia ser a postura da OAB, instituição comprometida com uma história de empenho em prol da consolidação do Estado democrático de direito, destacada por sua postura cada vez mais afirmativa em defesa dos direitos das minorias, e que cumpre a função de zelar pelos valores constitucionais (art. 133 da Constituição e arts. 2º e 44 do Estatuto da Advocacia e da OAB) – entre estes, a igualdade de gênero, a ampliação da cidadania e a promoção da dignidade humana.

5. CONSIDERAÇÕES FINAIS

Se o assunto é de interesse e relativo a todas e a todos, somente a partir de um debate com as partes e o todo é possível se formatar um quadro inclusivo, com a necessária e intransponível igualdade de gênero, já de muito contemplada no texto constitucional. Afirmar que a luta contra a desigualdade de gênero é uma luta de *todos e todas* não se reduz a mera figura retórica ou frase de efeito. Ao tempo em que os homens são responsáveis por se contrapor a uma ordem social injusta, devem ser igualmente encorajados a se opor a uma estrutura que também os vitima. Embora de maneiras e em graus distintos, os homens também são vítimas do machismo que em algumas circunstâncias os favorecem. Tal como alerta Bourdieu, o privilégio masculino é uma cilada: impõe a todo homem o penoso fardo de provar em toda e qualquer circunstância sua virilidade, o dever de adequar-se diuturnamente a uma norma cujo cumprimento também lhe causa desgastes. O esforço de liberar as mulheres das estruturas objetivas de dominação há de ser acompanhado do esforço paralelo para *"liberar os homens dessas mesmas estruturas que fazem com que eles contribuam para impô-la"*.[30]

Por todas essas razões, é preciso conscientizar-se de que a desigualdade de gênero é uma questão não restrita ao público feminino, que envolve, ao contrário, toda a cidadania; que requer, na mesma intensidade, a participação masculina e a participação feminina. Desde que o homem reconheça seu devido lugar e não usurpe o protagonismo das mulheres na definição de sua própria agenda e de suas próprias reivindicações, não é desnecessário nem absurdo que ele venha a engajar-se nessa luta. A igualdade de gênero é, portanto, pauta da maior importância que afeta todo o sistema OAB, todos seus órgãos e todos seus membros.

Atento a esse diagnóstico, diante de todo o exposto, manifesto meu apoio às seguintes propostas já sustentadas pelas advogadas:

a) Seja alterado o nome da Instituição para "Ordem da Advocacia do Brasil", conforme consta da Carta de Belo Horizonte;

b) Sejam inseridas cotas de um mínimo de 30% para cada gênero em todas as composições representativas do sistema OAB, inclusive nas diretorias.

---

29. Disponível em: <http://www.oabrs.org.br/mobile/noticias/conselho-pleno-aprova-unanimidade-nome-clea-carpi-para-medalha-rui-barbosa/23557>. Acesso em: 03 out. 2017.
30. BOURDIEU. *Op. cit.*, p. 136.

Um Olhar sobre a Sororidade

Beatriz Di Giorgi[1]

1. PREÂMBULO

Foi uma dupla alegria receber o convite para escrever o presente texto para integrar essa coletânea de textos denominada "Feminismo, Pluralismo e Democracia", primeiro pelo convite em si, que representou a oportunidade de discorrer sobre um tema que adoro, e, também, por nesta empreitada estar acompanhada de autoras muito interessantes, militantes e estudiosas da causa feminista, das mais altas expressões.

A partir da compreensão de que o feminismo é, em síntese, a ideologia, a política ou a ética que abraço com amor, cuja essência é lutar para que as mulheres tenham os mesmos direitos (em amplo sentido) que os homens, a presente reflexão nasce do desejo de apresentar meu olhar sobre a sororidade, que representa, em breves linhas, a atitude das mulheres se tratarem reciprocamente como irmãs na perspectiva da luta por direitos comuns e defesa mútua.

Este escrito reflete um olhar singular de uma mulher brasileira, em 2018, de cinquenta e dois anos, branca, nascida em uma família de classe média, advogada e professora, que também pode ser – e desejo que seja – considerado o olhar de uma mulher qualquer sobre a relação entre as mulheres. Em outras palavras, a reflexão e o relato de experiência, que aqui se apresentam, surgem de um repertório individual a partir do qual pretendo buscar e fazer emergir o que há de identidade no universo das mulheres, na forma como o concebo e vivencio. Discorro aqui sobre o impacto de ser mulher e a relação com outras mulheres na minha história de vida, com a crença de haver elementos universais a serem apontados nesta trajetória.

Esclareço que este texto livre, sem pretensão acadêmica alguma, é apenas o registro de meu depoimento particular que surge pela constatação de necessidade de que as impressões de mulheres sobre sua condição precisam ser divulgadas. Este texto é uma espécie de monólogo com desejo de ser diálogo, assim como uma reflexão individual que deseja trocar com outras reflexões que nascem individuais e buscam a encontrar a comunhão.

Lamento que tenham sido perdidos, nos séculos antecedentes à atualidade, tantos registros de reflexões e relatos de mulheres. Escrevo, então, uma despretensiosa tentativa de trazer ao conhecimento de quem lê, uma perspectiva singular e, ao mesmo tempo, reveladora de um olhar de uma mulher sobre si e suas parceiras de gênero. Assim não apresento, e nem poderia apresentar, certezas e conclusões definidas, apenas especulações e perguntas abertas sobre um tema que julgo relevante, a partir da minha experiência como mulher.

Reconhecendo as diferenças marcantes entre mulheres que compõem o gênero, dedico esse escrito a todas, principalmente às mulheres que sofrem mais profundamente com o machismo, às violentadas, às revolucionárias e às rebeldes.

2. EM BUSCA DA CONSTRUÇÃO DE SIGNIFICADO DE SORORIDADE

Meus pais eram professores universitários de esquerda, perseguidos pela ditadura de militar iniciada em 1964 e, tanto meu pai, como minha mãe, incentivaram-me, entre tantos ensinamentos importantes, a respeitar e admirar a luta das mulheres por igualdade de direitos e me apresentaram, entre outras autoras brilhantes, Simone de Beauvoir. Aos 14 anos li o "Segundo Sexo" e fiquei encantada. Mais tarde, como estudante de direito da PUC-SP, fui monitora e, já formada, professora assistente da professora Silvia Pimentel, quando tive a oportunidade de conhecer a efervescente militância feminista dos anos 1990 (que, diga-se de passagem, foi muito ofuscada pela "luta geral", pela construção da "nova democracia" que nascia com o fim da ditadura) e participar de eventos junto com o movimento feminista. Além disso, Silvia Pimentel me apresentou o debate acadêmico de estudiosas feministas do mundo inteiro.

Já a palavra sororidade chegou a meus ouvidos púberes em uma conversa entre duas mulheres muito combativas, inteligentes e saudosas, minha mãe, Maria Edith Di Giorgi, e minha madrinha Lilia Azevedo. Muito antes de saber que o feminismo já tinha recentemente começado a incorporar o conceito de sororidade a seu repertório, ouvi, mais de uma vez, as duas conversarem sobre a necessidade de as mulheres, além de lutarem contra o machismo em tese e pontual ocorrido no seu entorno, serem atentas e generosas

---

1. Poeta, advogada, conciliadora/mediadora judicial e na área privada, foi professora na Faculdade de Direito da PUC/SP entre 1990 e 2005, atualmente leciona na APAMECO – Academia Paulista de Mediação e Conciliação. É autora com Luís Fernando Angerami de "*Flávio Di Giorgi Seu Nome Era Professor*", biografia de seu pai, editora EDUC-PUCSP, 2016, "*Labirinto*", livro de poesias, Editora Neotropica, 2014; autora com Flávio Di Giorgi e Cristiano Di Giorgi do livro "*Sentimentos humanos: origens e sentidos*", Fundação Stickel, 2013, abril de 2013; coordenadora de edição com Celso Campilongo e Flávia Piovesan e autora de um artigo do livro "*Direito, Cidadania e Justiça*: ensaios sobre lógica, interpretação, teoria, sociologia e filosofia jurídicas", Editora Revista dos Tribunais, março de 1995 e coautora com Silvia Pimentel e Flávia Piovesan. "*A Figura/Personagem Mulher nos Processos de Família*", livro publicado em Sergio Fabris Editor, março de 1993.

com as dores das outras mulheres próximas e constatarem que a palavra fraternidade (que em latim significa sentimento de irmãos) não contemplava totalmente essa condição que desejavam. Concluíram, portanto, que deveriam adotar uma palavra até então inexistente para elas, sororidade, sentimento de irmãs em latim, para designar o que desejavam e o que compartilhavam, inclusive, na relação entre elas.

Imagino que ao longo dos séculos muitas Marias, Ediths, Lilias e companhia ilimitada, devem ter conversado e especulado sobre a sensação e a utopia de sororidade, sem ter, contudo, batizado o sonho, até que algumas o batizaram.

Depois fiquei sabendo que, provavelmente sem que minha mãe e minha madrinha tivessem notícia prévia, tempos antes da conversa que presenciei entre ambas, no início dos anos 1970, a escritora norte-americana Kate Millett já havia começado a utilizar o termo *sisterhood* e, que também mais ou menos nesta época, as feministas francesas começaram a usar a expressão *sororité*. Observe-se, que nos dias de hoje a antropóloga mexicana Marcela Lagarde divulga amplamente o termo sororidade e o define como "o apoio recíproco entre as mulheres para se conseguir o poder para todas". É um pacto, um compromisso, que mulheres estabelecem, de confiança e de apoio recíproco. Para esta feminista mexicana, a sororidade é a prática de somar e criar vínculos, é o reconhecimento que cada mulher é um elo no encontro com outras muitas.

Não é mera coincidência que muitas mulheres no mundo tenham pensado algo bem semelhante, ao mesmo tempo, sobre a relação entre elas e a importância da qualidade da relação na transformação de uma situação de opressão e de desigualdade entre os gêneros. Como também não é por acaso o pouco conhecimento que temos da construção do pensamento de mulheres sobre sua condição, ao longo da história da civilização.

Gosto de acreditar, e tenho motivos fortes para isto, que muitas mulheres anônimas, ao longo da história, devem ter feito algumas descobertas maravilhosas, diálogos sublimes, que ficaram sumidos entre quatro paredes. Alguns textos, aos pedaços, muito tempo depois ressuscitaram, incompletos e amputados. Que pena. Mas tem muita mulher que trabalha para mudar essa história e não é de hoje.

Além das mulheres que foram perseguidas na luta pela liberdade e dignidade, da qual temos poucas notícias, também lamento que na história, tantos e tantos escritos femininos foram jogados fora, escondidos, queimados na fogueira. Quanto conhecimento, quanta arte e literatura foram irremediavelmente perdidos por ignorância, preconceito e discriminação.

Ao falar de sororidade, sinto-me compelida a lembrar de minha querida e saudosa mãe. Maria Edith Di Giorgi, poeta e professora, teve cinco filhos, um homem e quatro mulheres, e nos deu, aos cinco, uma educação que buscava enfatizar a igualdade de gênero. Ela tinha enorme preocupação em evitar que, nós as meninas, aderíssemos, acriticamente, aos estereótipos ditos femininos, aos papéis a serem representados por cada gênero conforme o esperado pela sociedade.

A tecla que minha mãe sempre tocava era que a realização afetiva e profissional eram as mais importantes da vida pessoal e coletiva de homens e mulheres, mas que a busca de realização afetiva, da felicidade, jamais poderia se limitar a objetivo de um "bom casamento feliz", mas deveria referir-se, antes, à dimensão de interação social que permitisse uma troca afetiva profunda, como também a dimensão profissional era valorizada como uma oportunidade de buscar conhecimento e interferir no mundo que habitamos, na tentativa de melhorá-lo.

Minha mãe – e meu pai também – se esforçou tremendamente para que desenvolvêssemos espírito crítico, para podermos ter escolhas conscientes e livres e para evitar sermos manipuladas por ideias opressoras.

Nascida em 1930, em uma cidade do interior paulista, em uma família tradicional, minha mãe chegou à cidade de São Paulo com menos de vinte anos para cursar a USP, onde tinha sido aprovada em primeiro lugar na faculdade de letras clássicas. Ela tirou carteira de motorista nos anos 1950 e, mais tarde, era ela quem exclusivamente conduzia meu pai, que jamais soube dirigir, e os cinco filhos no carro da família, o que era uma situação rara nos anos 1960 e 1970. E, por vezes, até causava estranheza em pessoas conservadoras.

Maria Edith nunca soube cozinhar e não costumava se embelezar, se maquiar, se vestir sensualmente. Não posso deixar de constatar, com certa tristeza, que ela, como a maioria das mulheres feministas e intelectuais de sua geração, foi compelida a abdicar da dimensão do cuidado da beleza, visto que havia uma enorme preocupação em não passar a imagem de objeto sexual e, sim, de seriedade e objetividade. Certamente ela se sentia impelida a manter uma postura de credibilidade intelectual que se associava, à época, a ausência de vaidade física. Maria Edith foi uma mulher muito bonita (opinião de gente que a conheceu) que escondia ao máximo sua beleza.

A poeta Maria Edith tinha, lá com ela, a certeza que as mulheres que inventaram a linguagem verbal e a escrita. Segundo sua teoria, relatada oralmente à família, no tempo das cavernas, enquanto os homens iam para fora, para a floresta caçar e coletar alimento, as mulheres ficavam ensinando os filhos a se comunicarem e aprimorar a linguagem. Até o dia em que começaram a escrever nas paredes da caverna.

Volto aos tempos atuais e ao mundo ocidental e observo o quanto ficamos reduzidas a meras parideiras, sexo frágil, rainhas do lar e outros estereótipos que tais. Também fomos divididas em duas espécies de mulher, santa ou puta. Fomos partidas ao meio, metade alma "suave e doce", outra metade corpo "provocativo".

Aos homens sempre coube o lado de fora da casa, o esporte, a política, a ciência, a literatura e às mulheres sobrou cuidar do lar e reinar no interior da casa. Historicamente ao homem sempre coube a vida coletiva e à mulher a vida solitária. Até hoje quando se diz homem de vida pública isso é um elogio e quando se diz mulher de vida pública é para chamá-la de puta, aquela que invadiu o espaço da rua e merece por isso ser maltratada.

Fomos e ainda somos ensinadas, por força da cultura dominante, que qualquer problema familiar ou na vida cotidiana é nossa culpa. Fomos ensinadas que a culpa pelo fracasso das relações ou da quebra de expectativas, é sempre da mulher que, supostamente, teria sido incompetente no cumprimento de seu papel social.

Diante da história que vivi, posso afirmar que o oposto da ideia de sororidade é a ofensa e o desrespeito, praticados por mulheres contra as outras, motivados pelo comportamento sexual ou jeito de se vestir ou de se apresentar socialmente, ou qualquer comportamento que divirja da expectativa social.

Nessa esteira, sororidade pode ser compreendida como o ato que envolve cuidado, cumplicidade e afeto distribuídos por mulheres a outras mulheres que pressupõe a aceitação da liberdade de escolha entre elas. Para haver sororidade é necessário desconstruir o comportamento que incentiva a competição entre mulheres, cultivado durante milênios pela cultura machista, que perpetua a desunião e a hostilidade entre as mulheres. Ou seja, a sororidade só pode se efetivar e ganhar espaço quando as mulheres abandonam a prática de realizar julgamento prévio de outras mulheres.

A sororidade é, assim, um dos principais fundamentos para o êxito do feminismo, pois sem a ideia de "irmandade" entre as mulheres, o movimento tem poucas chances de ganhar força e união para fazer valer suas reivindicações. Em minha opinião, praticar a irmandade entre as mulheres, conforme entendo a sororidade, é um ato subversivo. O respeito e a compreensão à liberdade das outras mulheres e o espírito do coletivo incomodam, e muito, a cultura dominante.

Um caso recente ilustra bem um ato de sororidade exemplar, em 2017, a figurinista da Rede Globo Susllem Meneguzzi Tonani, declarou ter sido assediada pelo poderoso ator José Mayer. A denúncia, não totalmente investigada, parece ser absolutamente verdadeira, pois a princípio a moça não ia arriscar sua carreira para inventar fatos. Assim foi um ato de coragem extraordinária da figurinista divulgar o fato. E aí entra ainda a sororidade da atriz Leticia Sabatela, que imediatamente expressou sua solidariedade à moça, sem medo de sofrer retaliações, que foi seguida por outras atrizes famosas.

Embora, ao que eu saiba, o desfecho do caso não tenha ainda redundado em julgado que tenha condenado ou absolvido o acusado, a sororidade publicamente estampada é um sinal de esperança que a sororidade está a despontar como uma conduta comum de ocorrer em casos de ofensas e violência contra mulher. É certo, por outro lado, que há um longo caminho para luta por igualdade de direitos entre os gêneros e são, ainda, muitas as ocorrências de agressões e assassinatos praticados contra a mulher.

3. PROBLEMAS E DESAFIOS RELATIVOS À PRÁTICA DE SORORIDADE

Definir apenas a sororidade não basta. A despeito da expressiva potência que tem a sororidade, ao representar a relação pactuada de mulheres com vistas a tornarem-se, em união, rede de proteção uma das outras, o conceito não corresponde a um mundo "cor de rosa" de contos de fadas. O conceito de sororidade na perspectiva feminista enseja desafios e está fundado em patamares do enfrentamento de contradições, muitas vezes bem complexas e difíceis de lidar.

A origem da palavra sororidade, conforme já mencionado, vem do latim *sóror*, que significa "irmãs, que é uma espécie versão feminina da fraternidade, que, por sua vez, vem de *frater*, que quer dizer "irmão". A palavra fraternidade que serviu de pretexto ou inspiração para o surgimento do termo sororidade, há muito tem tido seu significado questionado na esfera da universalidade que carrega, visto que, simultaneamente, sugere semanticamente uma universalidade explícita e carrega em si, implicitamente, um padrão de homem e de irmandade que enseja definição. Precisamente neste sentido já é a palavra fraternidade enredada no paradoxo e desafio de lidar com a possibilidade de ser em algum grau discriminatória (a depender do padrão de homem e de irmandade que adote). Assim, não é absurdo afirmar que a sororidade herdou estes paradoxo e desafio contidos em fraternidade, ou seja que tipo de parentesco há entre estes seres unidos em sororidade, literal ou simbólico, e até que limite?

O feminismo e a sororidade contemporâneos precisam lidar com as diferenças em seu seio, diferenças que são saudáveis até o limite da discriminação opressiva. Adotar a sororidade como patamar do feminismo só faz sentido se entendermos irmãs da família humana. Irmãs num sentido idealizado, pois, longe de tal conotação que compreende irmãs como parentes da família humana, muitas e muitas irmãs de sangue, irmãs de famílias específicas e convencionais, ainda precisam se apaziguar e compreender o sentido de identificação, reconhecimento e defesa recíprocos.

Por séculos perdurou, e ainda hoje perdura, a mitologia da mulher traiçoeira. Assim fomos nós, as mulheres, educadas para sermos objeto do homem e ter ódio uma das outras, para sermos individualistas. O entendimento é que cada lar tem sua rainha. Uma rainha sempre ameaçada pela volúpia de outra mulher mais jovem e bela.

Somos compelidas desde o nascimento a uma espécie de compromisso com a beleza nos padrões da sociedade, assim é suposto que as mulheres devem "cuidar" da aparência. E as mulheres, por isso, tendem a se comparar e criticar a aparência das outras mulheres.

O sentimento de inveja é estimulado no universo feminino e, sendo a inveja, em última análise, uma recusa inexorável da outra pessoa tal como é, entendo que as mulheres são culturalmente incentivadas a não se identificar com as outras mulheres, não terem empatia, não agirem como irmãs.

A dominação e opressão das mulheres sobre outras mulheres é um "clássico" na cultura tradicional, como uma espécie de continuação da exploração e tratamento vil que, no Brasil escravagista, as sinhás dispensavam às mucamas, estas duplamente violentadas, moral e fisicamente pela sinhá e sexualmente pelo senhor de escravos.

Para além da dominação e a opressão que sofre o gênero feminino pelas mãos dos homens, há muitas mulheres ricas que maltratam as pobres, as tidas como bonitas que tripudiam sobre as consideradas feias, as magras que desprezam as gordas, as brancas que discriminam as negras, as heterossexuais que abominam as homoafetivas e assim por diante.

Ademais, mesmo entre feministas, a despeito do caráter universal que a irmandade deve ter (dos domínios do universo de todas as mulheres), a sororidade se apresenta, de vez em quando, com um viés discriminatório, visto que há vários grupos diferentes que habitam o grande grupo feminista, e alguns segregam, no seu conceito de sororidade, mulheres que são acolhidas por outros grupos, como por exemplo as feministas que não reconhecem e não aceitam que as transgêneros sejam consideradas mulheres. Registro aqui, de antemão, que discordo veementemente daquelas que não admitem serem as transgêneros do gênero feminino, pois esse raciocínio absurdo exigiria que concebêssemos um terceiro gênero, ou ainda mais outros.

É evidente, pois, que, para outorgar à sororidade a grandeza que enseja, e não permitir que se apequene e se adultere enquanto essência, devemos enfrentar as contradições e paradoxos inerentes à luta pela igualdade de gênero. Porém é bom que nós enxerguemos que entre os desafios da irmandade há um muito relevante e sutil que não pode ser ignorado, o desafio de não nos dividirmos por falsos dilemas, como, por exemplo, o suposto "racha" entre as feministas francesas e as americanas que, até segunda ordem, apenas divergem sobre os limites e alcance do assédio sexual, porém ambas concordam, e é isso que importa, que a violência contra as mulheres é inadmissível.

Sem admitir que é a prática da sororidade feita de conflitos complexos a serem superados, não é possível louvá-la como um poderoso instrumento, nossa grande arma, para a conquista da unidade no movimento feminista, deixando-o apto para lutar contra opressão de gênero.

A conotação que uma palavra vai adquirindo no uso cotidiano e em larga escala depende, e muito, da força empenhada para sua incorporação ao vocabulário, sobretudo, pelo grupo de pessoas que tenha identidade semântica com a palavra. Em outras palavras, nós, mulheres feministas, temos uma enorme responsabilidade sobre os rumos que a palavra sororidade (no que ela implica de sintática, semântica e pragmática) irá tomar. Na esteira da grande Simone de Beauvoir, digo: não nasci mulher, tornei-me mulher e, como tal, optei por adotar a sororidade como um referencial de comportamento.

A sororidade, sem dúvida, é introduzida pela luta feminista em nossa cultura e chega, para transgredir e, inclusive, mostra sua cara no *slogan* "Mexeu com uma mexeu com todas".

4. SORORIDADE PARA QUAIS SITUAÇÕES?

Na perspectiva do feminismo, e considerando as dificuldades inerentes à prática da sororidade, é preciso admitir que a sororidade não é absoluta e nem, tampouco, aplicável a todas situações, porém ela precisa necessariamente estar presente em determinadas situações em que qualquer mulher seja vítima de violência motivada por pertencer ao gênero feminino, sob pena de se tornar desprovida de sentido, tanto no contexto da luta feminista como na vida corriqueira. No intento de refletir sobre circunstâncias em que a sororidade é essencial, busquei elencar, de forma exemplificativa, e não exaustiva, situações em que me parece essencial que prevaleça e se imponha a lógica do "mexeu com uma mexeu com todas":

4.1. Feminicídio

Sendo o feminicídio definido como o assassinato de uma mulher em função de ser mulher, um clássico crime de ódio, no que concerne a sua ocorrência ou medidas para evitá-lo, a necessidade da sororidade se impõe absolutamente. Por uma questão lógica e de sobrevivência, convém que as mulheres se unam muito na prevenção e clamor pela punibilidade deste crime, até porque, pela natureza mesma do feminicídio, qualquer mulher pode ser a próxima vítima, dado que a motivação está relacionada justamente ao fato de a vítima ser mulher. A sororidade, inclusive, foi amplamente praticada pelas feministas brasileiras, que se empenharam unidas pela incorporação ao ordenamento jurídico do crime de feminicídio. Por obra e empenho das feministas unidas pela causa, o crime de feminicídio entrou na legislação penal pátria mediante a Lei n. 13.104 de 2015, que alterou o art. 121 do Código Penal (Decreto-Lei n. 2.848/1940) e incluiu o feminicídio como circunstância qualificadora, ou tipo penal qualificador, do crime de homicídio. Assim, segundo o Código Penal, feminicídio é "o assassinato de uma mulher cometido por razões da condição de sexo feminino", isto é, quando o crime envolve: "violência doméstica e familiar e/ou menosprezo ou discriminação à condição de mulher" A pena prevista para o homicídio qualificado é de reclusão de 12 a 30 anos. O feminicídio atingiu o status de circunstância qualificadora do homicídio e foi adicionado ao elenco dos crimes hediondos (Lei n. 8.072/1990), ao lado do estupro, genocídio e latrocínio, etc. O crime de feminicídio é, lamentavelmente, praticado com uma frequência alarmante. E sua existência é antiquíssima. Embora apenas recentemente incorporado à legislação penal, e, independente do tempo antigo ou não que foi praticado, constitui-se como um descalabro absoluto. É difícil, quase impossível, compreender como pode alguém tirar a vida de alguém, tendo como principal fundamento o fato da pessoa ser mulher. Daí a sororidade ser uma resposta necessária para existência de um crime que precisa deixar de existir, para que possamos idealizar uma sociedade minimamente agradável para mulheres e homens viverem em paz, a perseguir seus bons sonhos.

4.2. Cultura do estupro

O crime de estupro está previsto no art. 213 do Código Penal Brasileiro e é, em breves linhas, uma relação sexual praticada sem consentimento da vítima. A expressão "cultura do estupro", por sua vez, surgiu nos anos 1970 e foi introduzida na linguagem por feministas visando a designar um ambiente cultural (de valores) que naturaliza uma série de violências praticadas contra à mulher. O fundamento da cultura do estupro é a desigualdade entre homens e mulheres e a suposição que as mulheres são inferiores ao homem, menos inteligentes e menos capazes, o que favorece e banaliza a prática de vários tipos de violência contra a mulher, entre elas o estupro. A sororidade, sempre está nos processos consolidados na realidade de desconstrução da opressão contra a mulher. Além de trazerem ao debate o conceito de cultura de estrupo, as feministas irmanadas, lutam e, por força da batalha delas, partir de 2009, houve alteração da legislação penal, e considera-se estupro qualquer ato libidinoso contra a vontade da vítima ou contra alguém que, por qualquer motivo, não pode oferecer resistência. Antes de 2009, o estupro só se caracterizava se houvesse conjunção carnal com violência ou grave ameaça. Ainda há muito a lutar, a incidência do estrupo é imensa. Segundo o Fórum Brasileiro de Segurança Pública, uma mulher é estuprada a cada 11 minutos, tanto no Brasil como no mundo. Haja sororidade para se contrapor a esse hediondo estado das coisas!

4.3. Tratamento da mulher como objeto

A denominada "objetificação feminina", que se refere à atitude de tratar as mulheres como objetos, concebendo-as como coisas com características físicas equiparadas a um bem de consumo e desprezando os atributos intelectuais emotivos e espirituais que definem uma pessoa. A publicidade é mestra em objetificar as mulheres e estabelecer padrões estéticos irreais e inalcançáveis para a maioria delas. A objetificação tem como soturno efeito a depreciação social de mulheres, cujas aparências estão em desacordo com padrões considerados bons e aceitáveis pela sociedade. Ademais, a lógica de objetificação da mulher, provoca que as mulheres, crendo que são coisas, enxerguem que o corpo feminino se destina basicamente à satisfação do desejo de outrem. E tal lógica, por conseguinte, faz com que as mulheres oprimam umas as outras e a si mesmas, na crença inglória que as mulheres devem ser a imagem e semelhança das top models, magérrimas e quase sempre brancas, que desfilam nas passarelas do mundo irreal da publicidade.

Como bem disse a brilhante Elza Soares "a carne mais barata do mercado é a carne negra". O que faz lembrar que as mulheres são as maiores vítimas da objetificação e, as mulheres negras com maior intensidade ainda. Hoje, em seu mais recente show, Elza bradou "a carne mais barata do mercado FOI a carne negra" numa clara alusão à transformação que já houve e à necessidade de continuar a luta contra o preconceito e à discriminação.

O combater a objetificação é, portanto, uma das tarefas que envolve a sororidade, a atitude de demonstrar incansavelmente que todas as mulheres são pessoas que têm direito de serem respeitadas em todas dimensões que implica ser pessoa, corpo físico, capacidade intelectual e repertório espiritual.

4.4. Diferença de tratamento por gênero

A mera observação da realidade nos conduz à constatação de que há um tratamento evidentemente desigual para homens e mulheres, em relação a qualquer atividade desenvolvida pelas mulheres. A igualdade formal está assegurada, mas não basta. O art. 5º da Carta de 1988, estabelece que "todos são iguais perante a lei, sem distinção de qualquer natureza, garantindo-se, aos brasileiros e estrangeiros residentes no país, a inviolabilidade do direito à vida, à liberdade, à igualdade" e destaca no inciso I: "homens e mulheres são iguais em direitos e obrigações nos termos dessa Constituição" e o art. 7º da mesma constituição Federal, determina no inciso XXX, a proibição de diferença de salários, de exercício de funções e de critério de admissão por motivos de sexo, idade, cor ou estado civil. Novamente é preciso ressaltar que, se a Constituição Federal de 1988 traz expressamente o direito da igualdade entre os gêneros, isto não é obra do acaso, é fruto da sororidade das mulheres que lutaram bravamente pela formalização desses direitos. Porém a desigualdade ainda é grande e há muita batalha pela frente, tanto no campo profissional como da valorização e oportunidades que as mulheres têm no campo social.

4.5. Manifestações de machismo pulverizadas no dia a dia

Existem ainda aquelas situações e atitudes que não são consideradas tão graves como o feminicídio e o estupro. São situações corriqueiras e cotidianas em que é reafirmada a desigualdade de gênero e a violência simbólica é colocada. Atitudes e palavras aparentemente inocentes, são o motor que mantém e estimula as ocorrências mais graves de violência contra a mulher. Cada vez, por exemplo, que existe um consenso, numa eventual conversa banal, sobre a inadequação e a intenção provocativa de uma roupa que usa uma mulher, se reafirma a cultura machista e, em, última análise se contribui para naturalização da violência contra uma vítima que tende a ser considerada culpada *a priori* pela violência que sofre.

Estes são apenas alguns exemplos de situações inadmissíveis e ainda tão corriqueiras na contemporaneidade, que precisam de combate sem fim, e para as quais a sororidade é o patamar onde se criam as condições para a luta.

5. APESAR DOS PERCALÇOS, SORORIDADE GERA ESPERANÇA DE DIAS MELHORES E TRANSFORMAÇÃO DE VALORES

O caminho da sororidade é, certamente, um caminho com obstáculos, cheio de bifurcações que deixam em dúvida qual o trajeto a seguir. Mas é um caminho que se orienta pela bússola do amor e da transformação da cultura e da sociedade. Mapear este caminho, através do registro das mulheres que andam por ele, parece interessante e motivador. E essas formas de mapeamento podem ser muitas, tantas como são as formas das mulheres relacionarem-se entre si. O termo sororidade foi uma bela aquisição ao vocabulário feminista, tanto pelo seu significado que explica o sentimento que funda a união pela luta feminista, como pela amplitude de "sujeitas" que abarca nas inúmeras possibilidades de relações entre as mulheres.

No assumido teor intimista deste texto, ao falar da sororidade, destaquei a personalidade e as atitudes da minha mãe como mote e, ao final dele, curiosamente fiz uma nova e divertida descoberta sobre a potência da sororidade: antes do vocábulo sororidade aparecer para designar a relação exclusiva entre mulheres tínhamos apenas a maternidade e irmandade e, este relato, me permitiu desvendar e exercer amorosamente um outro, sem nome na língua, a filiariedade.

E é mesmo potente a sororidade, pois é um único vocábulo, mas tem o condão de abranger as sensações de irmandade, maternidade, filiariedade, solidariedade, empatia, amizade, entre outras, vivenciadas numa relação de perspectiva horizontal, não hierarquizada.

Culturalmente a mulher sempre teve que escolher se realizar no ambiente interno (casa) ou externo (profissão), compelidas a escolher entre isto ou aquilo como bem apontou a poeta Cecília Meirelles. E minha mãe, uma das mulheres que principalmente homenageio ao longo deste relato, não teve um registro de sua obra e pensamento que fizesse jus à sua contribuição, deixou apenas publicações esparsas e um livro de poemas cujo título é "Vita". Portanto aproveito a oportunidade para apresentar um dos poemas do livro Vita que acrescenta ao tema sororidade, sobretudo por tocar no dilema que separa o corpo da alma e instiga a escolha de um ou outro, armadilha de que foi vítima a geração de intelectuais de que minha mãe fez parte:

ATÉ ONDE – Maria Edith Di Giorgi

Não sei se meu corpo é alma

Ou se minha alma é que é corpo.

Eu sei que as coisas da alma

Eu sinto é mesmo no corpo

E sei que as coisas do corpo

Vão até fundo na alma,

Eu não conheço a fronteira

Nem sei mesmo se ela existe.

Fundiu-se a alma no corpo

Viveu o corpo na alma.

Assim caminha a humanidade, sonhos gestados, nascidos (e alguns bem evoluídos, outros deturpados) e outros tantos sonhos abortados. Viva as mulheres e que elas continuem a conceber, gestar e dar à luz a boas e transformadoras ideias, artes e literaturas, com novos nomes. Para isso é fundamental que sejamos "sorores", com amor.

Viva as mulheres e que a sororidade essencial impere a cada dia mais Por essas e outras o feminismo que acredito é o feminismo do diálogo. Afinal, nós mulheres não somos todas iguais e nem podemos sempre concordar com o pensamento e comportamento alheios, mas podemos e devemos conversar, trocar ideias e respeito, e rir muito, assim como irmãs.

Consciência e Justiça

O que é necessário para mudar uma pessoa é mudar sua consciência de si mesma.
Abraham Maslow

Beatriz Montenegro Castelo[1]

Ao meu pai, eterno exemplo de advogado. Um provocador de consciências.

Em uma tarde do final da década de 1990, bateram às portas do nosso escritório, sem marcar previamente a consulta, três jovens mulheres. Por falta do agendamento, os advogados mais experientes estavam ausentes, de forma que coube a mim, àquela altura iniciando a carreira, atendê-las sozinha.

Este acaso terminou por possibilitar uma experiência pessoal e profissional singular.

As ações judiciais que decorreram desta consulta foram especialmente importantes para a minha percepção sobre o impacto da consciência na busca de justiça e também sobre a importância da advocacia para a efetivação de direitos.

Pude observar, durante a condução destes casos, que a busca por justiça nasce necessariamente da consciência prévia sobre a existência de direitos.

Os casos eram também emblemáticos porque tratavam de um impactante enfrentamento cotidiano da condição feminina e dos complexos direitos de personalidade nas relações hierarquizadas entre patrão e empregada, isto quando a competência para discutir assédio moral estava apenas chegando à Justiça do Trabalho.

Em que medida estes três casos tiveram impacto sobre minha percepção a respeito da relação entre consciência e justiça?

Aquelas três mulheres haviam sido dura e cotidianamente assediadas moralmente. Mas não vieram em busca desta reparação, porque não reconheciam, em nenhuma medida, a existência de seu direito moral. O assédio havia passado desapercebido enquanto violação, quase que como algo inerente à sua condição feminina, ao seu *status* social, à sua idade ou à sua profissão.

As três jovens mulheres sentaram-se em volta da mesa do escritório, ávidas para relatar o absurdo das longas jornadas de trabalho a que foram submetidas. Vieram em busca do pagamento das horas extras.

Estavam corretíssimas em buscar tal reparação. A jornada de 8 horas de trabalho é um direito inegável a todos os trabalhadores, não só porque garante saúde e higiene, mas também porque possibilita o lazer e o convívio com suas famílias.

A introjeção do direito à jornada extraordinária, às férias, ao adicional de insalubridade, à licença maternidade ou ao décimo terceiro salário é uma conquista sem precedentes.

Da consciência profunda da existência destes direitos é que nasce a luta individual por suas garantias. O direito do trabalho talvez seja um dos mais abundantes celeiros da luta pela justiça, exatamente porque muitas das garantias são de conhecimento amplo da população. No Brasil, o próprio conceito de cidadania confunde-se com o direito dos trabalhadores.

Assim, é indubitavelmente motivo de celebração o fato de que elas buscavam reparação dos desmandos de seus chefes quanto às suas longas jornadas de trabalho.

Deve-se mesmo celebrar a conscientização de que as pessoas são titulares de direitos e garantias, as quais promovem autonomia, igualdade, respeito e, consequentemente, uma fundamental alteração das condições sociais.

O que há de simbólico nos casos em comento é justamente a contraposição desta verdade. A ausência de consciência de que a humilhação, o desrespeito ou a perpetuação da desigualdade são inconcebíveis, porque violam direitos.

Não haverá alteração da condição feminina, para falar especificamente deste tema, sem que haja a conscientização pelas mulheres de quais são os seus direitos, e sem que haja a sua reivindicação junto ao sistema de Justiça.

E na conscientização dos direitos de cada cidadã, a atuação das advogadas e advogados é também de relevância evidente.

Ao alterar a percepção das três mulheres sobre os seus direitos de personalidade, provocando-lhes a gana pela reparação moral, alterei minha própria percepção sobre a necessidade e a importância do nosso papel social como advogadas.

---

1. Advogada desde 1993 – sócia da Montenegro Castelo Advogados Associados. 1989 – 1993 – Direito na Pontifícia Universidade Católica de São Paulo. 1994 – 1995 – Visiting Scholar at Columbia University. 1998 – 1999 – Mestrado na Pontifícia Universidade Catolica de São Paulo.

Uma das questões que deve tocar o âmago daqueles que assumem a advocacia como vocação, é de que maneira pode-se restaurar um direito que foi violado e incrementar a própria noção de direitos. De que maneira pode-se contribuir para que uma pessoa que tenha sido submetida a um tratamento arbitrário, que tenha tido o seu interesse legítimo destituído, que tenha tido um direito suprimido, possa ver restaurada a justiça? Como se pode contribuir para a solidificação da consciência que cada indivíduo deve ter sobre seus próprios direitos, inclusive aqueles de personalidade? Mais do que isso, como inibir que as práticas violadoras se perpetuem?

As jovens mulheres que bateram à minha porta nos idos da década de 1990 trabalhavam num Bingo como carteleiras.

Começaram sua história relatando com dramaticidade que chegavam ao trabalho por volta das 11h00 da manhã e que seguiam trabalhando até bem depois da meia noite. Falavam uma em cima da outra, acrescentado que sentiam o cansaço do corpo, a falta de tempo. Uma delas criava a sobrinha que havia ficado órfã e reclamava do raro tempo que sobrava para lhe fazer necessária companhia. A outra queria casar e a terceira, a mais tímida das três, não achava tempo para voltar aos estudos. Enquanto eu mergulhava nos relatos ansiosos das três, ia tomando nota de todos os pontos essenciais para o futuro litígio.

Como se tratava de uma queixa recorrente de jornada extraordinária, fiz a pergunta mais comum e consequente possível: "tinha horário para almoço?"

As três responderam quase que ao mesmo tempo e sem muito alarde: "Não. A gente comia em pé, no banheiro."

Baixei a caneta e olhei para as três. O meu espanto não encontrou eco no olhar delas. Eu me espantava porque comiam no banheiro. Elas entediam que faziam jus a mais uma hora extraordinária. Se eu não houvesse perguntado sobre horário para refeição, o fato de se alimentarem ao lado das privadas não teria sido um tema relevante.

Esta cena vez por outra retorna à minha memória.

Elas olhavam para mim, aguardando meu comentário e eu certamente demorei a falar. Em determinado momento eu disse algo como: "Mas não pode comer no banheiro. Isso não é aceitável. "

Meu tom era quase de desolação, antes da revolta... como assim, comer no banheiro?

Primeiro elas foram solidárias com minha desolação e revolta. Manifestaram isso com o olhar, com um quase sorriso. Mas logo depois acrescentaram: "Ora, Doutora! Não sabemos por que a senhora está tão assustada. Isto era o de menos".

Desta vez pousei a caneta definitivamente na mesa. Não era possível que houvesse algo pior do que comer no banheiro!

Olhei para as três, que esperavam por uma reação menos misteriosa da minha parte. Certamente elas ainda não haviam compreendido o que eu faria com aquelas informações. Não sabiam se deviam continuar o relato, se os fatos eram relevantes para a causa ou se meu assombro apenas havia aguçado a minha curiosidade.

Era tudo misturado, na verdade, mas aos poucos fui organizando as ideias, voltei ao meu papel e fiz a pergunta: "Mas o que era pior do que comer no banheiro?"

Ai os relatos saíram aos borbotões. As três definitivamente passaram a falar ao mesmo tempo, atropelando-se por algumas vezes, complementando-se em outras. Escusei-me de escrever e passei somente a ouvir.

No dia a dia dos seus trabalhos, a função delas era basicamente distribuir as cartelas do jogo de Bingo para os clientes, descendo e subindo ininterruptamente o corredor entre as mesas. Não é difícil de imaginar que, além das senhoras e senhores que lotavam os Bingos somente em busca de pueril distração, também houvesse uma parte da clientela pronta para lançar eventuais comentários grosseiros ou desrespeitosos na direção daquelas jovens.

Mas este não era o ponto que as três traziam agora no relato e que era pior do que comer no banheiro!

As três jovens mulheres passaram a me contar, com surpreendente riqueza de detalhes, que eram vítimas cotidianas de comentários sexualmente constrangedores ou extremamente rudes por parte de seus superiores hierárquicos. Mais do que isso, os comentários ocorriam no microfone, em altíssimo e bom som, enquanto elas entregavam as cartelas. Os comentários serviam, mais do que para coagir as funcionárias, para entreter a plateia. O Gerente do Bingo gritava expressões chulas enquanto pedia pressa na entrega dos objetos. Fazia da sua cabine um palco para seu show de horrores e usava suas empregadas como demonstração do seu escárnio.

As histórias eram inúmeras e cheias de crueldade.

Ouvi por muito tempo em silêncio e fui-me dando conta de que o próprio ato de relatar estes eventos, naquela circunstância e naquele ambiente, deram a eles outra imediata importância.

Quando elas terminaram, entre outros comentários e pontuações, expliquei-lhes que aquilo era uma gravíssima violação de um direito moral e que havia uma previsão de reparação.

Muito difícil relatar a inicial e brevíssima desconfiança delas e logo em seguida, justamente quando esta possibilidade de reparação foi internalizada, a força do olhar iluminado de satisfação.

Foram pouquíssimos segundos entre a escuta da minha explicação e o entendimento profundo do que aquilo significava. Tive o privilégio de ver nascer aquele pedaço de consciência.

E tive o privilégio de vivenciar com elas que com o nascimento da consciência surge inexoravelmente o desejo e a possibilidade de reparação e de justiça.

De repente, e até o final das ações, o pleito de indenização por assédio moral tomou, para elas, uma proporção muito mais ampla do que os outros pleitos. O ressarcimento da dor moral tornou-se mais relevante do que o ressarcimento das horas extraordinárias laboradas. A procedência deste pedido deu-lhes a consciência de que a dignidade era um bem que também não podia ser violado, o que para elas não era, inicialmente, tangível.

Com a simples existência do pleito de indenização por assédio moral, e mais ainda com o julgamento procedente do pedido, elas passaram a ter uma nova dimensão a respeito do seu próprio valor, alterando, ao mesmo tempo, a perspectiva pela qual deveriam passar a ser tratadas por outrem.

Em uma sociedade que protege a dignidade da pessoa humana, todos merecem ser tratados com igual respeito e consideração.

Mas para além da consciência, é necessária a instrumentalização do desejo de reparação.

O meu assombro transformou-se em instrumento de justiça e concretizou-se em pleito de indenização por assédio moral. O direito não é um instrumento neutro. Mesmo regras que estabelecem a igualdade, para que sejam efetivamente válidas, precisam ser devidamente demandadas. Há um custo para operar o direito. Este custo incide de maneira desproporcional sobre os diferentes setores da sociedade. Em um país marcado pela profunda desigualdade, não apenas socioeconômica, mas também racial e de gênero, a justiça se torna, muitas vezes, um objeto fugidio.

O fato de alguém ter formalmente um direito não significa que haja consciência da sua existência, e muito menos que seja capaz de transformá-lo em realidade.

Se a consciência é um primeiro passo na transformação da letra fria da lei em um benefício concreto, o advogado é, ao mesmo tempo, aquele que pode contribuir para o surgimento e para a expansão da consciência daqueles que têm seus direitos violados, mas sobretudo são os agentes que podem transformar estes direitos abstratos em benefícios reais.

O Brasil confronta este duplo desafio: o de aflorar a consciência de sua própria condição e o de se instrumentalizar para buscar a necessária reparação de suas mazelas e, quem sabe, a mudança das práticas cotidianas de violação a estes direitos.

O direito e seus profissionais são instrumentos poderosos, seja na expansão da consciência, seja na efetiva busca por justiça. Foi o que aprendi naquela tarde.

Mulheres na ABRAT – 40 anos de História de Lutas

Benizete Ramos de Medeiros[1]

"Não venci todas as vezes que lutei, mas perdi todas as vezes que deixei de lutar"
(Cecilia Meireles)

1. INTRODUÇÃO

O convite de escrever um texto sobre mulheres e correlações, chega em momento que o Brasil atravessa grave crise de identidade política e social. O mais desafiador está relacionado com a grande alteração na Legislação Trabalhista, iniciada a partir do PL n. 6.787 denominado "reforma da CLT", com posterior substitutivo apresentado pelo relator deputado Rogério Marinho (PSDB/RN), tendo no Senado o PLC n. 38/2017 e no dia 13 de julho de 2017, sancionado pelo presidente da República (não eleito pelo voto direito) tomando o n. 13.467/2017 ocasionando no mundo do trabalho e nos artífices do direito, insatisfação, incomodação, tirando muitos da zona de conforto, sobretudo quem é vinculado a questões trabalhistas e sociais, sejam os advogados trabalhistas; magistrados do Trabalhos; membros do MPT; membros da fiscalização do trabalho; professores da área, sindicatos e, sobretudo os trabalhadores, esses pela absoluta incerteza de continuidade de emprego, atirados às intempéries do futuro.

Por isso, desde 2015 com toda essa promessa de incertezas e prenúncio de lutas, venho, como muitos, debruçada na análise da chamada reforma Trabalhista com irresignação por diversos meios. Nessa perspectiva, escrever sobre mulheres, parece fugir desse eixo, mas não, não muito, pois a luta de mulheres que durante quarenta anos vem fazendo a história da ABRAT e chega a esse período encorajadas.

Tanto se pode escrever sobre reformas trabalhistas ou sobre mulheres, ah... sobre essas a seara é farta e fértil, optando por fazer um recorte já desde logo prestando uma homenagem aos quarenta anos da Associação Brasileira de Advogados Trabalhistas: ABRAT e as diretoras que contribuíram em seus movimentos nas diversas épocas.

Inspira-se em outra importante mulher brasileira Cora Coralina em seu famoso poema "Aos moços", para fazer coro com o necessário otimismo e coragem que deve vestir aqueles que saíram do ano de 2017 combalidos por tanto desarranjo social, político e jurídico, este relacionado ao Direito do Trabalho. Eis, a primeira parte:

Eu sou aquela mulher

a quem o tempo

muito ensinou.

Ensinou a amar a vida.

Não desistir da luta.

Recomeçar na derrota.

Renunciar a palavras e pensamentos negativos.

Acreditar nos valores humanos.

Ser otimista.[2]

Sei de mulheres que fizeram e fazem muito. Convivi e convivo com tantas. Admiro diversas e me espelho em algumas, mas faço um recorte senão seria interminável qualquer texto. Ao fazer a escolha de resgatar a participação das mulheres que estiveram na diretoria da ABRAT nas diversas épocas colocando tijolos nessa construção que se solidificou ao longo de 40 anos. Ao fazê-lo, pontuo a história dessa instituição de lutas.

Portanto, este texto não é jurídico, nem histórico, tampouco sociológico, mas tem um pouco de cada. Poderá despertar o leitor pela pesquisa e o pouco do resgate histórico da participação da ABRAT nas lutas dos direitos sociais e as mulheres que ombrearam ao lado.

Ao nominá-las nas diretorias da ABRAT em diversas épocas, também homenageio todas as mulheres que não se furtaram à luta na política, nas ciências, nas artes, na literatura, nas lides domésticas e nas diversas profissões e mesmo aquelas que se mantiveram na retaguarda.

Portanto, todo suporte teórico está baseado nas informações pesquisadas e entrevistas feitas para compor a obra que resgata a história da ABRAT[3], na qual há indicação de todas aquelas mulheres que compuseram as diretorias nos diversos momentos do país.

---

1. Advogada trabalhista. Professora de Direito material e Processual do Trabalho; doutora em Direito e Sociologia (UFF); mestre em Direito Público (FDC); membro da Comissão de Direito do Trabalho do IAB; presidente da direção geral da Associação Luso-brasileira de juristas do Trabalho – JUTRA (biênio 2016-2018).
2. Cora Coralina, no livro *Vintém de cobre*: meias confissões de Aninha. 6. ed. São Paulo: Global Editora, 1997. p. 145.
3. MEDEIROS. Benizete Ramos de. *Os Trabalhistas, da discriminação à ascensão e a contribuição da ABRAT*. São Paulo: LTr, 2016.

2. MULHERES QUE CONTRIBUÍRAM PARA PRIMEIRA QUADRA DA ABRAT – 1977 A 1987

Nos primórdios da construção da ABRAT algumas mulheres tiveram importante papel, pois iniciava-se a semente de uma Associação de âmbito nacional, cujo gigantismo atual não se podia prever. Algumas delas não são conhecidas pela maioria dos abratianos[4].

Nos idos da década de 1970 foram muitas conversas iniciais de idealização de uma Associação de âmbito nacional que agrupasse os advogados trabalhistas, então partilhadas por Bernadete Kurtz (RS), Moema Baptista (RJ), Olga Araújo (RS) e Célia Belmonte e Giza Nara (RS), portanto, as pioneiras.

Esses diálogos ocorreram em 1977 durante o III Congresso Estadual de Advogados Trabalhistas do Rio Grande do Sul, sob a direção da Associação Gaúcha de Advogados Trabalhistas – AGETRA. Benedito Calheiros Bomfim (RJ), havia sido convidado para proferir palestra de abertura nesse III Encontro da AGETRA. O advogado carioca Costa Neto era o presidente da ACAT e, diante disso, propôs que se fizesse uma grande delegação para prestigiar o palestrante carioca. A delegação foi constituída por parte do segmento da advocacia trabalhista carioca, dentre eles, Moema Baptista, Calheiros Bomfim, Custódio Neto, Paulo Reis, Costa Neto, Celia Belmonte, Carlos Eduardo Azevedo Lopes (Kadu), Nelson Tomaz Braga e outros, com isso "fizemos uma grande delegação, éramos uns 20 do Rio de Janeiro e lá nesse encontro eu conheci 60 advogados gaúchos".[5]

Assim, nascia, naquele Estado em 1977, a semente dessa gigante chamada ABRAT com intuito de abraçar as questões de aderência ao Direito do Trabalho, da Justiça do Trabalho e, portanto, da defesa dos Direitos e garantias fundamentais, bem como os interesses do próprio grupo de advogados trabalhistas, então discriminados em relação aos demais ramos do direito. Esses, os pilares fundantes.

Em 1978, junto com IV Encontro da AGETRA, ocorreu Iº Encontro Nacional dos Advogados Trabalhistas – ENAT (como eram chamados os CONAT's). E, em 1979, no Rio de Janeiro, foi eleita a primeira diretoria da ABRAT e lavrado os estatutos, assim nascia oficialmente, cujo resgate histórico, numa pesquisa de campo e documental é detalhado na obra desta autora.[6]

Afinadas a essas propostas iniciais de lutar pelos direitos sociais contra o retrocesso e conferir dignidade ao grupo de advogados, várias mulheres ousaram ocupando as mais diversas posições nas diretorias e ombreando nas propostas estatutárias e fundantes ao longo dos hoje 40 anos de existência da ABRAT.

Nessa quadra, onde a reconstrução do país e instalação do estado democrático de direito era o grande anseio da sociedade brasileira e dos advogados trabalhistas aliados à busca pelo reconhecimento como advogados em patamar de igualdade aos criminalistas, civilistas e tributaristas.

A discriminação era também em relação a própria Justiça do Trabalho como casa do trabalhador, por ser muito mais voltada à conciliação, também pela existência (até 1999) de juízes leigos e outros pontos que diferenciavam-na da justiça comum.

Das pesquisas feitas é possível encontrar a participação de uma única mulher nas diretorias dos biênios de 1981/1983 e 1983/1985, a paulista Maria da Penha Guimarães, ocasião em que houve a primeira reeleição na história da Associação, tendo como presidente Ary Montenegro Castello (SP).

Já no biênio seguinte – 1985/87, a diretoria capitaneada por Reginaldo Felker, contou com a contribuição feminina de Sandra Nara (ES) e Marilene Petry Somnitz (RS), isso na diretoria. No entanto, sem o apoio de sua companheira de luta Bernadete Kurtz, a gestão seria bem mais difícil, como se depreende do trecho da entrevista feita "E ele saía a perambular pelo Brasil, e eu segurava o escritório".[7]

Registre-se que não havia mulheres na primeira diretoria então presidida por Celso da Silva Soares que embora pequena era bastante representativa e, por ser a primeira entende por bem de fazer o registro. Assim, Presidente: Celso da Silva Soares (RJ); vice-presidente: Ulisses Riedel de Resende (DF); vice-presidente administrativo: Carlos Arhur Paulon (RJ); vice-presidente de relações regionais: Mario Chaves (SP); secretário geral: Francisco Domingues Lopes (RJ); tesoureiro: João Alves de Góes (Niterói, RJ); diretor de comunicação: Sizernando Pechincha Filho (ES). Mas, a candidata natural, segundo se pesquisou, era uma mulher Olga Araújo, mas que em razão de um "racha com os advogados do Sul"[8] a indicação foi de Celso Soares.

O que marcava essa quadra era a ditadura militar e, portanto o anseio geral de construção de um estado democrático de direito, razão pela qual a instituição pactuava o "compromisso de contribuir para o desenvolvimento público, social e econômico da sociedade brasileira, aprimorando a lei"[9].

Eram tempos de crise econômica, desemprego, inflação alta, que já se avizinhavam e por isso, não escapavam dos

---

4. Palavra oficialmente cunhada no Livro desta autora, *Os Trabalhistas da Discriminação à ascensão e a contribuiçao da ABRAT*. São Paulo: LTr, 2016.
5. BAPTISTA. Moema. Entrevista gravada em 28.08.2014 (segunda entrevista feita com Moema) e que compôs a obra referida
6. MEDEIROS. Benizete Ramos de. *Os Trabalhistas, da discriminação à ascensão e a contribuição da ABRAT*. São Paulo: LTr, 2016.
7. Entrevista feita para compor a obra citada.
8. Medeiros. Ob cit.
9. Carta do Rio de Janeiro do ano de 1979 transcrita, em parte, no livro citado.

temários de debates nos encontros anuais, muitos deles, sugeridos por essas mulheres.

Um ponto que merece destaque foi a participação da ABRAT na Assembleia Nacional Constituinte, tendo sido o presidente Felker sabatinado na comissão respectiva. Segundo ele, acredita ter contribuído para construção dos direitos sociais ínsitos na CRFB/88.

Nesse período foi criada a Associação Latino-Americana de Advogados Laboralistas – ALAL, com intuito de ampliação dos diálogos comum em prol dos direitos sociais e fortalecimento das entidades.

3. MULHERES QUE CONTRIBUÍRAM PARA SEGUNDA QUADRA DA ABRAT – 1987 A 1997

No biênio 1987 a 1989 assume a presidência da instituição o jurista José Martins Catharino e posteriormente, por 08 meses houve um mandato provisório com Roberto Mehana Khamis. Nesse período, contava-se com a participação de Alice de França Marques e Edna Xavier Cardoso (GO) nas diretorias.

Essa quadra teve a marca do primeiro *impeachment* de um presidente da República, Fernando Collor de Mello; de leis regulamentadoras marcadas por disputas de interesses no cenário político.

Nesse ambiente, assumia em março de 1989, para o biênio 1989/1991, a primeira mulher na presidência, da ABRAT, Moema Baptista, de Cachoeiro de Itapemirim, ES, radicada no Rio de Janeiro, tendo diante de si a responsabilidade e o desafio de uma gestão em tempos sem internet, sem telefones móveis, sem redes sociais, sem whatsapp, sem facilidades nas viagens aéreas. Um desafio! Mas nada disso a fez desanimar, ao contrário, saída de uma disputa eleitoral tomou-se de uma garra e coragem, marcando posição entre os trabalhistas e no país.

As eleições foram diretas e disputadíssimas com outra importante mulher Ana Maria Mendida de Moraes. O voto direto pela via da Associação de cada Estado, ou seja, cada Estado teve direito a um voto, que era o resultado dos votos individuais dos associados. Houve empate, no entanto, ante o criterioso e organizado processo eleitoral instalado, adotou-se um dos critérios de desempate, que levou Moema a ser a vencedora na disputa. No dizer de Celso Soares10 *"As eleições foram disputadíssima, e a proclamação do resultado demorou, pois a comissão eleitoral teve que examinar e julgar dois recursos. Foi uma demonstração de exercício de democracia e amadurecimento da categoria. Uma eleição legítima, e não "para inglês ver" como diz o ditado popular".*

Tal fato confirma a ousadia e a coragem da mulher que teve como vice-presidente a não menos aguerrida, Ana Ribas (DF).

No biênio seguinte, 1991/1993 as mulheres conquistam mais cadeiras na diretoria da Associação, o presidente era Renato Oliveira que contou com apoio de Silvia Lopes Burmeister (RS); Ana Ribas (DF); Maria Aparecida Moretto; Olga Araujo (RS); Fernando K. da Fonseca; Maria Chaves e Helena Scheiler, tiveram papeis fundamentais nos avanços necessários.

Para 1993/1995 ocupa a presidência Gilberto Gomes e, conforme obra citada, não foram localizados registros acerca da composição da diretoria, como também se escreveu que foi uma fase sem muitos projetos da ABRAT, tanto que ficou um ano à deriva inclusive com propostas de encerramento das atividades e baixa estatutária.

Considerando que a ABRAT encontra-se acéfala desde março de 1995, quando se extinguiu o último mandato de diretoria eleita e sem notícia de nenhuma providência para nova eleição, inexistindo, por consequência, qualquer dirigente legitimamente investido a quem possam se dirigir. Considerando inexplicável e inaceitável a completa omissão e ausência da ABRAT no cenário nacional, quando se discutem e se decidem matérias da mais alta relevância, tanto para os juslaboralistas como, para a defesa da cidadania. Considerando que a ABRAT desde a sua fundação, sempre se caracterizou como tribuna livre de debate amplo e democrático sobre todos os problemas que envolvem a cidadania, com presença marcante no processo de conscientização dos Advogados Trabalhistas. Considerando que a ABRAT deve ser considerada como patrimônio dos operadores do Direito do Trabalho, merecendo uma imediata discussão sobre seu destino, RESOLVEM promover a publicação de edital convocatório para realização de uma assembleia geral extraordinária a ser realizada em Vitória, Espírito Santo, em 06 de julho de 1996, nos termos do documento anexo. Curitiba, 06 de junho de 1996"[11].

Mas o período do Brasil requeria que os advogados trabalhistas se mantivessem organizados pois eram tempos de globalização, de mudanças de paradigmas e, as mulheres foram fundamentais para essa reorganização tanto aquelas que sustentaram a continuidade como Bernarder Kurtz, Moema Batptista, Clair Martins, Giza Nara e outras, como as que compuseram a diretoria de revitalização.

Assim que para o biênio 1996/1998, foi eleita uma diretoria com Carlos Alberto Rocha (ES) como presidente e diretorias Silvia Lopes Burmeister (RS); Silvia Mourão (PA) e Celita Oliveira Souza (DF).

Aguerridamente enfrentaram a crise econômica, a globalização, então precursora do período neoliberal que traria intensos ataques aos direitos sociais.

---

10. Soares Celso. In *Revista comemorativa dos 25 anos da ABRAT*, conforme obra citada.
11. *Revista comemorativa dos 25 anos da ABRAT*. p. 27. citada no referida obra.

A fênix para o ressurgimento da ABRAT teve a contribuição ímpar das mulheres que haviam passado pela sua história. O momento social e políticos do Brasil era distinto para o qual o desafio de seguir a frente de uma Associação de âmbito nacional propunha muito trabalho, disposição, muita capacidade e coragem.

4. MULHERES QUE CONTRIBUÍRAM PARA TERCEIRA QUADRA DA ABRAT – 1998 A 2008

A segunda mulher a ocupar a presidência da décima diretoria da ABRAT, dez anos depois, foi a paranaense Clair da Flora Martins, eleita para o biênio 1998/2000, contava na sua gestão com outras tantas que viriam ombrear grandes lutas do grave período de políticas neoliberais com tentativas de desmontes da legislação protetora; com estado mínimo; venda das empresas públicas. Não é novidade a tentativa do capital no desmonte da legislação social protetora.

Foram elas, Moema Baptista (RJ); Bernadete Kurtz (RS); Ivonete F. Andrade; Alzira Dias S. Rotbande; Joselice A.C. de Jesus (RJ); Gleide Barbosa Leite Sobrinha.

O momento do país fez com que essas mulheres buscassem alianças com as entidades dos países da América Latina, resgatando a ALAL e promovendo encontros e realizando nos anos de 1998 e 2000 os IIº e IIIº Encontros Latino Americano de Advogados Trabalhistas – ENLAT's, com participação do México, Chile, Argentina, Uruguai, Paraguai, exatamente para que se tomasse posição acerca das ideias neoliberais em razão dos prejuízos aos países mais pobres, tanto que em função dessa necessária união *"criamos a ALAL, criada pela ABRAT em conjunto com outras entidades da América latina"*12.

Muitos foram os movimentos nesse período, sobretudo de conscientização dos advogados e Associações estaduais, acerca do perigo das propostas de mudanças. A experiência de Moema Baptista e Bernadete Kurtz, aliada à militância política de Clair Martins desde os tempos de chumbo, tendo sido presa política, foram fundamentais para os necessários enfrentamentos.

Na gestão seguinte – 2000-2002 com Luis Carlos Moro, presidente, Silvia R. Marina Mourão (PA); Arlete Mesquita (GO); Clair da Flora Martins (PR), a experiência das militantes anteriores se une com as mulheres que vão chegando na ABRAT.

As lutas do período neoliberal, agora mais ainda agressivas no último período dessa quadra, requeria da instituição e, por conseguinte dos diretores a ousadia, a intuição, a estratégia e a coragem, marcas dessas mulheres.

Deve-se anotar que havia duvidas, muitas renúncias pessoais e profissionais, muitas dificuldades. Mas, o natural sexto sentido aliado a sabedoria naturais do sexo feminino, permitiram posicionamentos necessários, nem sempre agradando a todos, nem mesmo aos pares.

Nos biênios seguintes, participaram da gestão 2002 a 2004, como presidente Nilton da Silva Correia (DF); Arlete Mesquita (GO); Benizete Ramos de Medeiros (RJ); Araçari Baptista de Santana (RJ); Mirela Barreto (BA); Bernadete Laú Kurtz (RS); Silvia Lopes Burmeister (RS) e Mary Cohen (PA).

Mulheres experientes na luta vão ensinando as que chegam a necessária coragem e o otimismo, inspirando-se a mais um trecho de Cora Coralina:

> Creio numa força imanente
> que vai ligando a família humana
> numa corrente luminosa
> de fraternidade universal.
> Creio na solidariedade humana.
> Creio na superação dos erros
> e angústias do presente.
> Acredito nos moços.

Para 2004/2006 Osvaldo Sirota Rotbande, paulista, assume a presidência e conta com as seguintes mulheres: Silvia Marina Ribeiro de Miranda Mourão (PA); Silvia Lopes Burmeister (RS); Benizete Ramos de Medeiros (RJ); diretora de relações associativas: Mary Cohen (PA) e Joselice Cerqueira de Jesus (PA).

Que tempos eram esses? Ainda de combate aos projetos neoliberais de supressão de direitos, como a Terceirização; negociado x legislado; extinção da Justiça do Trabalho ainda não vencida totalmente; a chacina de UNAI.

E segue "Daí a luta contra a ALCA, da qual a ABRAT foi partícipe; a luta contra as instalações da CCP; a luta contra o documento técnico de número 319 do Banco Mundial"; na discussão da lei de arbitragem, que é de 1996, mas também ganha maiores repercussões nos anos subsequentes. Tudo isso fez parte de um projeto estrangeiro de redução de direitos para implantação de substratos de garantias legais muito inferiores àquelas que já eram constitucionalmente asseguradas. [13]

A união com algumas entidades como OAB; ANAMATRA, ANPT, contribuíam para estratégias comuns e fortalecimento.

5. MULHERES QUE CONTRIBUÍRAM PARA QUARTA QUADRA DA ABRAT – 2008 A 2018

Que período! Quantas Lutas!

A ABRAT não imaginou que tivesse que enfrentar, nos três últimos anos, o retorno de uma política neoliberal agressiva,

---
12. Martins. Clair da Flora. Entrevista gravada em Curitiba, PR, em 25.05.2013. citada na obra referida.
13. Entrevista de Clair Martins referida.

golpista, de supressão de direitos e uma Lei que efetivamente quebrou a espinha dorsal do Direito do Trabalho.

Nos dois biênios seguintes, 2006/2008 e 2008/2010, a direção da ABRAT foi do Paranaense Luiz Salvador, que teve como uma das bandeiras, a saúde do Trabalhador e aliança com instituições. Não tinha unanimidade e consenso na própria diretoria sobre o *modus faciendi*, mas, reconhecidamente guerreiro unindo-se a mulheres que o sustentaram. Na primeira gestão, Salvador contou com Arlete Mesquista (GO); Sandra Mara de Lima Rigor (MS); Silvia Marcia Nogueira (PE); Benizete Ramos de Medeiros (RJ); Silvia Burmeister (RS); Silvia Mourão (PA); Clair da Flora Martins; diretora de relações com países Sul-americanos: Aldacy Rachid Coutinho (RR); Araçari Batista de Santana (RJ); Mirela Barreto (BA); diretor de assuntos doutrinários: Silvia Mourão (PA) Magda Barros Biavaschi (RS); Valena Jacob (PA); Marina da Silva Gaya (SP); Silvia Marina Mourão (PA); Luciana Cury Calia (SP); Arlete Mesquita (GO).

Na segunda gestão houve pouca alteração, participaram Silvia Lopes Burmestels (RS); Silvia Mourão (PA); Arlete Mesquista (GO); Magda Barros Biavaschi (RS); Sandra Mara de Lima Rigor (MS); Silvia Marcia Nogueira (PE); Benizete Ramos de Medeiros (RJ); Clair da Flora Martins (PR); Aldacy Rachid Coutinho (PR); Araçari Batista de Santana (RJ); Mirela Barreto (BA); Valena Jacob (PA); Marina da Silva Gaya (SP) e Luciana Cury Calia (SP).

Posteriormente, seguindo a cronologia das gestões, assume a direção 2010-2012 Jefferson Callaça (PE) e foram Ana Amélia Mascarenhas Camargo (SP); Maria Cristina Carrion Vidal de Oliveira (RS); Sílvia L. Burmeister (RS); Arlete Mesquita (GO); Letícia Sanches Ferranti (MT); Roseline Rabelo de Jesus Morais(SE); Izabel Dourado (MG); Araçari Batista que contribuíram grandemente.

O ponto forte e marcante dessa gestão foi a criação das chamadas caravanas da ABRAT. Tinha-se como objetivo percorrer o Brasil nos dois anos de mandato, utilizando-se de seminários, debates, reuniões para identificação das questões locais ligadas ao Direito do Trabalho e aos advogados trabalhistas, juntamente com as associações anfitriãs de cada Estado. Para esses eventos, foram escolhidos temas atuais do interesse da advocacia trabalhista, para discussões e tomadas de posições com alinhamentos estaduais e nacional. Quem melhor pode justificar sua criação é o seu mentor Jefferson Calaça[14].

Os advogados trabalhistas no país inteiro conheceram a sua entidade nacional de perto através da Caravana da Abrat, em que percorremos 19 cidades em dois anos de mandato, conhecendo e discutindo temas e problemas que afetam os advogados no cotidiano. No ano de 2011, elegemos o Processo Eletrônico como tema central dos debates, já em 2012, transformamos os Honorários Advocatícios na Justiça do Trabalho não apenas como um título a ser tratado por onde passamos, mas uma verdadeira bandeira de luta da advocacia trabalhista nacional. Ao mesmo tempo em que tentávamos convencer a magistratura da justeza desse pleito, também atuamos na esfera legislativa, ocupando os gabinetes e plenários do Congresso nacional para acelerar a aprovação do PL 3.393/2004, de autoria da ex-presidente da Abrat, Clair da Flora Martins e obtermos uma vitória histórica.

A gestão seguinte também deu continuidade nas caravanas, interiorizando-as. A diretoria do biênio 2012/2014 com presidente: Antônio Fabrício de Matos Gonçalves; contando com apoio de Sílvia Lopes Burmeister (RS); Miriam Klahold (PR); Benizete Ramos (RJ); Izabel Dorado (MG); Roseline Rabelo de Jesus Morais (SE); Luciana Slosbergas (SP); Maria Cristina Vidal de Oliveira Carrion (RS); Araçari Baptista (RJ); Luciana Serafim (MT); Arlete Mesquita (GO); Sílvia Mourão (PA).

Assim sendo, os temas centrais eleitos como bandeiras de discussão para percorrer todo o país para esse período foram: (i) o Processo Judicial Eletrônico e (ii) os honorários de sucumbência na Justiça do Trabalho. Isso sem se distanciar de outros que viriam depois, como, por exemplo, (iii) as férias dos advogados (ou suspensão dos prazos em período de dezembro a janeiro), que começavam a ser reivindicadas de unificação. As caravanas reuniam uma média de 300 advogados. Muitos deles não haviam, ainda, conhecido a ABRAT, seus diretores, sua forma de organização, quer porque não tivessem condições materiais de viajarem para frequência nos Encontros Nacionais, quer mesmo por ausência de maior divulgação em algumas regiões ou leniência das associações estaduais em certas épocas do movimento para filiações associativas.

Com o compromisso de manter a ABRAT no topo em prestígio, respeitabilidade e gigantismo, a terceira mulher a ocupar a presidência foi a gaúcha de posicionamento firme, Silvia Lopes Burmeister, que recebeu pesada herança de continuar o combate ao PL n. 4.330/2004 da terceirização ampla; luta pela aprovação do PL n. 606/2011, sobre execução, pelas férias dos advogados do PL n. 3.392/2004, de honorários de sucumbência na Justiça do Trabalho (de autoria da ex-presidente Clair Martins, quando deputada federal); o enfrentamento das dificuldades do PJe, implantado açodadamente, causando inúmeros transtornos aos advogados de todo o Brasil, além de outras bandeiras.

Contou com suporte dos homens experientes e aguerridos, bem como das seguintes mulheres em sua diretoria: Araçari Baptista (RJ); Alessandra Camarano Martins (DF); Benizete Medeiros (RJ); Luciana Barcelos Slosbergas (SP); Maria Cristina Carrion de Oliveira (RS) e Roseline Moraes (SE).

---

14. CALAÇA, Jefferson. A ABRAT conheceu o Brasil. In: *Revista da ABRAT*. MG, Montes Claros, n. 2, p. 3, set. 2012. Informado na obra citada.

Tempos de operação lava jato e mensalão, com prisões de políticos e empresários envolvidos em gigantesca corrupção; governo e partidos políticos divididos numa verdadeira luta de força e poder; tempos de início de uma recessão econômica e retorno do desemprego no país. Movimentaram-se incansavelmente de norte a sul, ora firmando posição institucional, ora participando dos inúmeros eventos jurídicos, ora de solenidades.

Mas, o que essas mulheres que vêm fazendo história, não suspeitavam na gestão que se seguiria – 2016/2018, capitaneada pelo paulista Roberto Parayba é que teriam que enfrentar talvez um dos maiores desafios da advocacia trabalhista, da história da ABRAT, qual seja, a luta contra a aprovação da chamada reforma trabalhista – Lei n. 13.467/2017 e a Reforma da previdência, sem excluir outras tantas frentes. A Lei trouxe graves retrocessos, é uma lei inconstitucional, violadora de normas e convenções internacionais, de princípios e valores constitucionais.

Aqui cabe um destaque especial para a vice-presidente Alessandra Camarano (DF) que vem atuando nos frontes das reformas aguerridamente. Integram essa última gestão Araçari Baptista (RJ); Roseline Rabelo de Jesus Morais (SE); Karla Patricia Souza (MT); Elise Ramos correia (DF); ValenaJacob Mesquita (PA); Ellen Mara Hazan (MG); Arlete Mesquita (GO); Daniela Muradas (MG) e Rita Cortez (RJ).

Como Cora Coralina na parte final do poema:

> Exalto sua confiança,
> generosidade e idealismo.
> Creio nos milagres da ciência
> e na descoberta de uma profilaxia
> futura dos erros e violências do presente.
> Aprendi que mais vale lutar
> Do que recolher dinheiro fácil.
> Antes acreditar do que duvidar.

Elas vêm seguindo, sem ficar na plateia, sem esmorecer, sem receios.

Conforme dissemos em texto anterior, A sociedade brasileira, em especial os segmentos dos trabalhadores com maior nível cultural, os advogados trabalhistas, as instituições alinhadas à defesa do Direito do Trabalho, assistem em sua grande maioria, estarrecidas às manobras do Congresso Nacional e do atual presidente da República para atender aos ditames do capital e alterar a legislação trabalhista, e o que pior, com açodamento, sem diálogo social para a implantação aprovação. E nem se diga que é uma reforma de atualização [15].

A despeito de inúmeras formas de resistências popular, individual e institucional, a chamada reforma trabalhista foi votada no Senado Federal no dia 11 de julho de 2017 – dia para não ser esquecido – com uma surpreendente votação de 50 votos a favor e 26 contra, mas não sem conflitos. Na própria casa entre os senadores de partidos de oposição ao governo com atos de resistência física, além de medidas para que representantes de entidades e trabalhadores tivessem acesso ao plenário. As mudanças sancionadas e encomendadas pelo presidente da República, impactam de maneira grave nas conquistas de mais de 70 anos. O grande e principal objetivo do projeto é atender aos ditames do capital em detrimento do trabalho humano, da proteção à saúde e bem-estar do trabalhador, sem contar as normas de minimização da Justiça do Trabalho e de obstáculo do acesso à Justiça.

Traz o contrato de trabalho intermitente; a ampla terceirização; a mordaça para justiça do trabalho; a prevalência do negociado sobre o legislado; enfraquecimento dos sindicatos com ausência de homologação para finalização do contrato; formas de negociação do banco de horas; exclusão do amparo da jornada para o teletrabalho; parametrização para o dano moral dentre outros, tendo como características nefasta e clara o beneficiamento do capital, conforme diversos dispositivos.

Está eivada de inconstitucionalidades por violação a valores fundantes da República Brasileira insculpidos na CRFB/1988 como o princípio da dignidade do trabalhador (art. 1º, inciso III); do valor social do trabalho e do bem estar (arts. 6º e 193); da melhoria das condições do trabalhador (*caput* do art 7º); da ordem econômica pautada na valorização do trabalho (art. 170); além de violar o valor fundamental da harmonia social formulada no preâmbulo e estabelecer a discriminação vedada no art. 5º.

E a ABRAT vem ombreando juntamente com a ANAMATRA, ANPT e diversas entidades para firmar posicionamentos contrários; contribuiu com os enunciados da ANAMATRA na 2ª jornada de direito material e processual; esteve na votação do protejo; dialogou com deputados e presidente da câmara; integrou o Forum Interinstitucional para Defesa dos Direitos Sociais – FIDS, dentre outras inúmeras atuações.

Como o momento requer, uma breve menção a referida alteração da CLT e Lei n. 6.019/1974.

Essa (de)forma traz uma visível ruptura a direitos fundamentais com valorização do capital, invertendo-se a lógica estabelecida como supremacia do Estado Social de Direito, construída historicamente, pois desde a *Rerum Novarum* que se propunha dignidade humana com valorização ao trabalho, por ser a única fonte de sobrevivência, sugerindo não se ficar à mercê dos interesses exclusivos

---

15. MEDEIROS. Benizete Ramos. O direito ao trabalho decente e digno como princípios fundamentais e as alterações da legislação trabalhista: Um aviltamento sem fim. *Revista da Associação Brasileira de advogados Trabalhistas – ABRAT*, ano 5. n. 5. Minas Gerais: Fórum. 2017.

das leis de mercados, propondo a união entre o capital e o trabalho, pela íntima dependência um do outro assim como as melhores condições do contrato.

E como se demonstrou por amostragem nos pontos da reforma acima referidos, se está diante de uma inversão da ordem social, com a perda de direitos conquistados, quando o ser humano é a finalidade precípua e não o contrário.

Relembrando, ademais, que se a Constituição tem supremacia em relação às demais normas do sistema, e para que sobrevivam validamente no mundo jurídico, as leis e normas têm que se harmonizar com a Lei Maior, que contém o código de conduta dos três poderes do Estado.

O confronto é evidente e está a merecer grandes debates e análises, com ações diretas de inconstitucionalidades, pedidos incidentais e a continuidade das lutas sociais por meio das instituições para que as conquistas não se dispersem no emaranhado dos interesses do governo e das classes dominantes.

Creio, por fim, que a Justiça do Trabalho, ao contrário da encomendada lei que propõe a redução das ações, vai ter muito trabalho pela frente, pois grandes serão os desafios que suscitarão o provimento do Estado, quer seja para afastar fraudes; quer seja para alinhar os princípios nucleares da Constituição Federal; quer seja para interpretação de cláusulas contratuais conforme o art. 9º e 468 da CLT, e a CF/1988, dentre outros. Cabendo aos construtores das teses e teorias, muito desafio. Aos juízes, coragem e independência.

Esse será um desafio da ABRAT, dos homens, das mulheres, dos advogados e todos artífices do Direito social.

6. BUSCANDO CONCLUIR

E assim caminharam e caminham essas mulheres, fazendo história, marcando posição, lutando a luta da ideologia de um estado social de direito, de uma sociedade justiça, igualitária e solidária.

Na história atual da ABRAT, outras atuantes mulheres vêm agregando seu valor e sua sabedoria, somando-se às mais antigas, em importante contribuição, mesmo fora das direções. Se as primeiras ajudaram a instituir e solidificar a Associação, as últimas e outros não nominadas, sustentam, contribuem e imprimem avanço.

Fecha esse texto retornando a Cecília Meireles "Não venci todas as vezes que lutei, mas perdi todas as vezes que deixei de lutar". Assim são essas mulheres que vêm ao longo dos quarenta anos contribuindo para fazer a história dessa associação que tem a marca do inconformismo, da coragem, da construção de uma sociedade mais justa, igual.

Avante! O mundo é nosso! O Brasil é dos brasileiros, dos trabalhadores, dos homens e mulheres que lutam o bom combate de cada dia!

7. REFERÊNCIAS BIBLIOGRÁFICAS

CORALINA. Cora. *Carta aos Moços*. Vintém de cobre: meias confissões de Aninha. 6. ed. São Paulo: Global Editora, 1997. p. 145.

MEDEIROS. Benizete Ramos de. *Os Trabalhistas, da discriminação à ascensão e a contribuição da ABRAT*. São Paulo: LTNMR, 2016.

_____. O direito ao trabalho decente e digno como princípios fundamentais e as alterações da legislação trabalhista: Um aviltamento sem fim. *Revista da Associação Brasileira de advogados Trabalhistas – ABRAT*, ano 5. n. 5. Minas Gerais: Fórum. 2017.

Os motivos pelos quais três mulheres, em épocas distintas, decidiram ocupar o primeiro posto da ABRAT e outras obrearam é pouco relevante, mas importa registrar que tiveram a coragem de ousar e experenciar muito trabalho, muitas dúvidas, muitas renúncias pessoais e profissionais, muitas dificuldades e que, o natural sexto sentido aliado a sabedoria naturais do sexo feminino, permitiram posicionamentos necessários, nem sempre agradando a todos.

As Duas Mães

Bernadete Kurtz[1]

Maria Antônia está totalmente impactada. A cena, digna de um filme de Fellini, não lhe sai da cabeça.

Na semana anterior, encontrara, por acaso, uma amiga dos tempos de normalista, a quem vira a última vez quarenta anos atrás. Celina, embora com as marcas do tempo esculpidas no rosto, ainda era reconhecível e bonita. Maria Antônia vibrou, pois fora saudada entusiasticamente pelo nome (também não precisava de crachá).

Abraçaram-se comovidas, conversaram um pouco, e Maria Antônia foi convidada para tomar chá na casa da velha amiga, que com muito bom humor avisou:

— Vá preparada, pois moro num hospício!

Durante aquela noite, Maria Antônia rememorou a época em que era uma das poucas amigas de Celina (ou talvez fosse a única), que fazia parte de uma família totalmente fora dos padrões tradicionais, numa cidade do interior, na década de sessenta.

O pai, marceneiro, conhecido como "anticristo", era do Partidão e vivia mais na cadeia do que em casa; volta e meia encostava um camburão dos milicos, e lá ia Seu Fritz.

Na época, o PCB não estava legalizado, e era preciso muita coragem para ser um militante, pois, embora a clandestinidade, numa cidade pequena do interior todos os "comunistas" eram conhecidos, não só da polícia da ditadura, mas da sociedade toda.

Além de comunista, o danado do Seu Fritz tinha duas famílias: uma com Da. Cecília, mulher do lar e prendada, educada em internato de freiras, que tinha em Celina a única filha; a outra, com Da. Júlia, viúva, mãe de dois filhos homens, operária da fábrica de refrigerantes da cidade, também do Partidão.

A hipocrisia reinante fazia com que os comentários de que *aquela vida em pecado era coisa de comunista* corresse de boca em boca, inclusive pelos mulherengos reconhecidos na cidade, que também tinham mais de uma família, mas eram perdoados, ou se faziam vistas grossas, porque iam à missa todos os domingos e contribuíam com as quermesses do padre Antão...

Seu Fritz não era mulherengo; ele simplesmente amava suas duas mulheres e afirmava não poder viver sem alguma delas, sendo absolutamente fiel às duas. São essas maneteadas que o coração dá, criando um enrosco que jamais desenrosca; quem pode criticar um amor tão grande? Ora, os maldosos de plantão, gente que existe em todo canto e viceja como inço brabo.

Depois de muitas vezes levado pelos milicos, estes um dia disseram que Seu Fritz deveria depor em São Paulo, e nunca mais foi visto. Sumir com as pessoas não era raro naquela época, se ouvia dizer, mas não era comum no interior do Estado do Rio Grande do Sul, onde até na polícia política (DOPS) havia "gente boa", e as coisas não eram tão violentas como nos grandes centros, pois, afinal, todo mundo se conhecia, e quando alguém estava prestes a ser preso, numa situação mais séria, era comum chegar algum aviso, dando tempo para uma viagem apressada até a fronteira com o Uruguai. Seu Fritz não recebeu nenhum aviso; simplesmente foi levado.

Com o sumiço do marido, Da. Cecília só chorava. Celina, adolescente ainda, não sabia o que fazer naquela situação: órfã de pai (talvez vivo), com a mãe-filha para cuidar e consolar, começando a faltar o arroz e o feijão, sem contar que precisava também ser consolada.

Naquela época, expressões como *empoderamento feminino, sororidade e resiliência* não eram conhecidas, e a discussão sobre feminismo era travada timidamente entre as mais jovens; jamais fazia parte das conversas das senhoras casadas e mães de família.

A situação estava desesperadora na casa de Celina, quando, de repente, numa manhã, Da. Júlia apareceu na porta da casa de Da. Cecília com uma carroça cheia de tralhas e seus dois meninos. Ela aboletada ao lado do carroceiro e os piás em cima das tralhas, achando tudo muito engraçado, para espanto da vizinhança, que foi toda para as janelas e os muros. Ali começou uma história de *empoderamento feminino, sororidade e resiliência*, na marra, sem que ninguém soubesse estar acontecendo isso. Naquele momento, começou também uma atitude quase generalizada de preconceito e discriminação de mulheres contra mulheres: as "senhoras" da vizinhança deram literalmente as costas para Da. Cecília e Da. Júlia e proibiram os filhos de falarem *com aquela gente*, especialmente as meninas. Estavam proibidas de sequer olhar para Celina, conversar com ela. Isso bastou para que Maria Antônia se aproximasse de Celina e se transformasse em sua amiga e confidente, e, muitas vezes, surrupiasse bolachas e outros itens do armário da cozinha para dividir com a amiga e seus irmãos.

---

1. Advogada trabalhista há 46 anos. Ex-presidente da AGETRA (Associação Gaúcha de Advogados Trabalhistas). Fundadora da ABRAT.

Da. Júlia era fervorosa admiradora da basca Isidora Dolores Ibárruri Gómez, mundialmente conhecida como *La Pasionaria*, e, quando estendia roupas no varal, repetia alto e bom som a frase atribuída a ela: *É melhor ser viúva de um herói que a mulher de um covarde.*

A partir do dia em que se mudou para a casa de Da. Cecília, Da. Júlia passou a sustentar todos com seu parco salário de operária, e Da. Cecília, acostumada às lides domésticas, cozinhava, lavava e costurava para cinco pessoas, o que antes fazia para três. Encorajada e estimulada por Da. Júlia, dedicou-se a fazer uns bordados para fora, reforçando a renda familiar, pois suas toalhas de linho bordadas à mão eram famosas e cobiçadas por todas as noivas, o que nem o preconceito da vizinhança conseguiu evitar.

No final da tarde, Da. Cecília esperava a sócia com chimarrão pronto, banho tomado, cheirosa e preparada para prosear, como fazia com seu Fritz, contando como fora o seu dia e ouvindo como fora o da companheira, ativista sindical e distribuidora do jornal clandestino *A Voz Operária*.

Maria Antônia chegou a rir sozinha lembrando-se do falatório da época sobre aquela estranha família, prato preferido das fofoqueiras de plantão, sempre prontas para crucificar alguém. Aquelas mulheres eram consideradas viúvas do "anticristo", morando juntas e criando os filhos do mesmo homem, portanto o "anticristo" revivido.

A casa era pequena, limpa, agradável e cheirava a pão quente e a sabonete Alma de Flores, e as conversas eram sempre animadas, com as crianças e adolescentes participando de todos os assuntos (Maria Antônia era frequentadora assídua, para desespero de sua mãe).

O convite para o chá na casa de Celina, após quarenta anos de separação, deixou Maria Antônia cismada e curiosa com aquela história de Celina falar que morava num hospício. Que significaria aquilo? Certamente, nada de mais, deveria ser uma brincadeira, ou não? Será que Da. Cecília era viva? E Da. Júlia? Ela não havia perguntado. No dia e horário marcados, Maria Antônia se apresentou na casa da amiga para o combinado chá.

Quando a porta se abriu, Celina alegremente gritou para dentro:

– Gurias, temos visita!

Logo apareceu uma senhora alta, magra, encarquilhada, usando uma calça de abrigo, tênis e boina, com a aparência de pergaminho, que, brandindo uma bengala, gritou:

– É a *Pasionaria!* Avante, companheira! Os fascistas não passarão!

Em seguida, veio outra senhora, meio rechonchuda, que se locomovia como se deslizasse, roupa impecável, saia preta, longa, colar de pérolas por cima da blusa de renda branca, cheirando a sabonete Alma de Flores, que nervosamente falou:

– Meu Deus! Não me avisaram que ela viria. Vou já tirar as porcelanas do armário e a toalha de linho bordada. Celina, esquenta a água para o chá!

Celina gargalhou:

– Te lembras das minhas mães?

Nasci para Ser

Branca Lescher[1]

O Deus da minha infância era uma mulher. Não a figura clássica do velhinho barbudo, mas a figura mítica da minha avó materna, construída pela minha mãe no meu imaginário.

Quando sentia medo, entrava em uma Igreja ou na Sinagoga, era nela em quem pensava, era para ela que rezava.

Duas fotos e uma nota na Enciclopédia Judaica contando a história dela, o suficiente para ter da minha avó materna a imagem de alguém que no outro mundo tomava o lugar do sagrado.

Não perdia tempo com Deus, tão distante e ocupado, tinha ela, minha deusa particular.

A religião para mim tem ainda hoje esse lugar, da ligação das almas da família, quem me espera e quem me guarda.

Fui criada por duas feministas, uma presente e uma onipresente, sem nunca ter tomado contato com o conceito do feminismo, nem por elas, nem por ninguém mais.

A figura onipresente era a minha avó, formada em medicina em 1921. Judia, imigrante russa, filha de um Rabino progressista. Fundou com outros imigrantes, inclusive o marido e os cunhados, todos médicos, a Policlínica (Sociedade Beneficente Israelita de Amparo aos Imigrantes), no Rio de Janeiro.

Faleceu aos 36 anos em 1939, segundo noticiado na época em virtude de um acidente de bonde. Distraída não olhou o movimento ao atravessar a rua e foi atropelada. Minha mãe tinha apenas dois anos de idade.

Minha mãe foi uma mulher diferente para sua época também. Criada pela avó e por uma madrasta malvada casou-se aos 21 anos em São Paulo, para onde exilou-se a fim de fugir do jugo da família opressora que não entendia sua sensibilidade, suas necessidades intelectuais e artísticas.

Mas o casamento não a socorreu. Casou-se com meu pai, que embora seja o meu querido pai para ela não foi lá grande companheiro, não por falta de boa vontade, simplesmente porque ele também não entedia o mundo particular em que ela vivia, uma mulher a frente do seu tempo, uma artista que não se realizou como tal.

Ela nos criou sem nos lembrar que éramos mulheres, ou que por isso estávamos limitadas a qualquer coisa que quiséssemos fazer. Não percebi qualquer diferença entre a minha educação e a do meu irmão ou da minha irmã. Nunca escolhi qualquer atividade considerando a questão de gênero.

Era sócia do meu pai, trabalhavam juntos, inclusive por muitos anos dividiram a mesma sala, e para mim, minha mãe era a chefe do negócio, diferente das mães das minhas amigas, quase não a via e para encontrar meus pais eu costumava ir ao escritório deles para almoçar.

Não que fosse confortável, me ressentia por ela não se preocupar com as minhas lições, nunca ir à escola, me buscar na casa das amigas, conversar com as outras mães, além de tudo, como qualquer executivo, era nervosa, estressada, não foi exatamente fácil ser sua filha na infância.

Eu tenho ainda hoje um certo "fetiche" por donas de casa, programas para mulheres de TV como "Mais Você"," Mulheres", acho lindo as mulheres todas juntas em casa, conversando, cozinhando, costurando, levando os filhos à escola, eu nunca vivi nada disso, nenhuma mulher da minha família, tias, avós, todas, todas trabalhavam, sem exceção.

Minha família pertencia a classe média e até a década de 1980 poucas mulheres brasileiras de classe média trabalhavam fora de casa, em cargos dito masculinos diferente das operárias e mulheres do campo que nunca puderam escolher outro caminho que não o do trabalho árduo, conciliando todas as tarefas da casa e do trabalho.

Fui morar um ano fora do Brasil, em Israel, com 17 anos, e na volta minha mãe já não morava mais em casa, havia se mudado para a Fazenda, parte dos negócios que ela tinha com meu pai. Na época de sua mudança – 1982 – a Fazenda contava com 120 famílias trabalhando e ela foi sozinha para lá, em uma casa enorme, ela sozinha.

Passei a ser a responsável pelas compras da casa, ficamos meu pai, eu e meus irmãos nos acostumando com a ausência dela.

Ironicamente minha avó e minha mãe, se me for permitido analisar suas mortes aqui, representaram o paradoxo da vida que optaram por ter, me explico:

A par do noticiário da época ter dito que minha avó foi atropelada, cresci ouvindo que ela tirou a própria vida, jogando-se debaixo do bonde e isso porque deprimida não

---

[1]. É advogada, consultora do escritório Dias Brandão Maggi Ferreira em São Paulo, na área de Direito de família, especialista e mestre em Filosofia do Direito pela PUC-SP e mediadora desde 2002. Foi durante onze anos auxiliar de Ensino na PUC-SP, ministrando aulas de Introdução ao Estudo do Direito – IED. Sua tese de mestrado "A lei de Moisés – Torá como Fonte do Direito" foi publicada em 2005 pela Editora RCS. Há alguns anos é conciliadora e mediadora no Fórum Regional de Pinheiros. É, também, cantora, compositora e poeta. Seu primeiro livro de poesias "Fibromialgia" foi publicado pela Editora Benfazeja em 2016 e em 2017 lançou seu primeiro disco autoral, "Branca", que se encontra disponível nas plataformas digitais. Durante o ano de 2016 lançou o CD por meio de vários *shows* que ocorreram no interior do Estado e na Capital, incentivados pelo PROAC-ICM-S da Secretaria de Cultura do Estado de São Paulo.

se conformava com o fato de que o marido a estava traindo com a melhor amiga, a chapeleira pobre a quem ela o apresentou. Após sua morte, meu avô casou-se com a chapeleira e minha mãe sentiu-se vítima da madrasta má por toda a sua vida. A médica independente, culta e dinâmica não suportou a traição do marido e da amiga e quem sabe a vergonha, a humilhação de ter sido trocada por outra.

Parece incrível que uma mulher como ela tenha tirado a própria vida e deixado uma criança de apenas dois anos por ter sido traída, para o que me pergunto que poder ela atribuiu àquele homem e por que não entender que ele simplesmente apaixonou-se por outra mulher e que isso não tinha necessariamente nada a ver com ela. Foi ela vítima talvez de um machismo intrínseco e inconsciente, porque seus atos e atitudes na vida demonstraram que o fato de ser mulher nas décadas em que viveu, antes da Segunda Guerra Mundial, não determinaram a vida que escolheu ter.

Minha mãe, por seu turno, viveu sozinha na Fazenda no Vale da Ribeira cuidando dos negócios, por 17 anos. Continuava casada com meu pai, embora morando separados, eram sócios, ele cuidando dos negócios aqui, ela dos de lá. Os negócios foram ficando difíceis, ela se perdeu em inúmeras dívidas, seu temperamento era complicado, talvez para compensar sua condição de mulher sozinha lidando com os peões da fazenda e também a insegurança com o próprio negócio que ela não dominava tão bem como queria transparecer.

Foi assassinada por um homem insatisfeito com as condições de trabalho, que lhe pediu um "vale". Era feriado, ela disse que no dia seguinte iria ao Banco, mas ele não esperou. Estava bêbado, foi para casa, pegou a foice de banana, saiu correndo atrás dela, e a assassinou fria e duramente dentro do barracão da banana, com diversas pessoas olhando impassíveis.

Ela foi morta com testemunhas que em nada a ajudaram, quando finalmente foi socorrida já não havia mais o que fazer e ela morreu após chegar ao hospital da Cidade mais próxima.

Assisti ao julgamento com o meu pai e irmãos dentro de uma sala abafada, no interior do Vale da Ribeira, em uma Cidade que frequentei a vida inteira, com todas as pessoas da sala – lotada – nos encarando por horas a fio. Sai mais de vinte vezes da sala para ir ao banheiro urinar. Meu irmão ao meu lado suava, fazia muito calor e os ventiladores de teto não davam conta do abafamento do local. Nunca me senti tão observada. Quem foi julgado naquele dia foi minha mãe.

Voltei a Idade Média, o advogado do acusado, que foi preso em flagrante após o crime, bebendo em um bar, descreveu minha mãe como a bruxa má do castelo que destratava os funcionários.

Como em um circo, o advogado conhecido por todos na região, gesticulava, agitava os braços, fazia troça dela, de como ela era, de como segundo ele ela era cruel. Assim como em uma Ópera bufa todos os presentes riam extasiados e eu ouvia: "é, ela era não era fácil, mas não era para tanto".

O assistente de acusação Alberto Carlos Zacharias Toron, meu professor e amigo, ficou estarrecido com tudo que lá ouviu. Quando contei a ele o porquê eu precisava de um assistente para um crime confesso, apenas oito dias após o passamento da minha mãe, ele achou que eu estava exagerando, que estava tudo muito tranquilo, que a decisão seria fácil.

Fui ao escritório dele e descrevi o que eu achei que aconteceria. Disse a ele, com pesar, que minha mãe por sua timidez era considerada antipática, por ser mulher e ter de se impor a consideravam autoritária, que atraiu para si a antipatia das mulheres da cidade e dos homens em geral, com exceção de alguns poucos amigos que fez ao longo dos anos.

Além de ser a dona da fazenda e não se intimidar em dar ordens, era culta e lia, lia muito. Não tinha pudor em demonstrar conhecimento o que dê certo afastou muita gente do seu convívio. Não foi fácil para mim poucos dias depois da sua morte reconhecer como ela não era querida pela Cidade que tinha adotado como sua.

Ao final do julgamento ele triste me disse: você tinha razão, sua mãe conselou a luta de classes entre o rico e o pobre, da mulher que ousa mandar, sem a companhia do marido ou de um homem, da mulher independente e isso tudo ficou muito claro no julgamento, foi ela hoje quem foi julgada aqui.

A pena proferida na Sentença do primeiro julgamento foi pífia, recorremos da decisão e no segundo julgamento a primeira sentença foi anulada, e outra foi proferida em que ficou decidido que o crime foi de fato hediondo, tendo restado provado não ter havido qualquer fato que justificasse tremenda violência, enfim, no segundo julgamento a justiça foi restaurada e a pena alargada. Após o julgamento nós e o Dr. Toron comemoramos aliviados.

A morte da minha mãe foi em 1999, minha filha tinha sete anos. Pelo ritual judaico do luto, respeitado por mim, cumpri o Shiva e não sai de casa, cobri os espelhos e rezei durante a manhã e a noite a reza dos mortos, o Kadish. Durante os primeiros dias minha filha sentou-se ao meu lado em silêncio e disse que não iria à escola. Não falou, não reclamou, guardou o luto comigo e eu nunca recebi um afeto tão respeitoso na vida, vindo de uma menina de apenas sete anos, um pequeno Buda ao meu lado.

Certo dia, no último ano do ensino médio nos avisou que estudaria medicina. Foi o que fez. Aos 25 anos já é pediatra e faz o primeiro ano da residência na Universidade de São Paulo. De novo o fato de ser mulher não foi condição para suas escolhas, nem para as minhas. Comecei minha vida profissional trabalhando com Direitos Humanos, fazendo estágios em instituições de defesa dos trabalhadores presos e após o falecimento da minha mãe e a morte do meu pai, sete anos depois, fui cuidar como advogada de todos os problemas que deixaram.

Sempre ouço que sou corajosa. Não diriam isso a um homem que tivesse ou fizesse atividades como as que costumo fazer.

Nasci para ser. Minha avó, minha mãe e minha filha nasceram para ser também. Nunca disse a minha filha, ouvi da minha mãe ou pensei em me vestir de determinada maneira para que pudesse conseguir algo ou usei do fato de ser mulher para qualquer coisa.

A questão do feminismo para mim é distante, como se não fosse uma luta minha, nunca precisei dela, no mundo que conheci. No mundo em que vivo existem humanos, seres humanos.

O fato de não ter tido que arrebentar portas para fazer ou ser o que quisesse não fez com que a vida fosse mais fácil, nem para elas nem para mim. As dificuldades emocionais que enfrentamos são as mesmas, mas acho ótimo não ter tido que justificar minhas escolhas.

Não subestimo o movimento ou as feministas, os coletivos feministas (minha filha criou um na faculdade de Medicina e m que estudo), acho fundamental as mulheres se movimentarem, lutarem pelos seus direitos, abrirem os caminhos, reconheço o machismo. Como advogada de família por mais de 25 anos conheço todo o tipo de história e não são poucos os abusos que vi serem cometidos contra as mulheres.

Minha mãe foi vítima do machismo, sua independência caiu mal no interior de São Paulo, se fosse homem a teriam elogiado pelo pulso forte, mas mulher virou a "bruxa má" do Castelo. Minha avó era brilhante, segundo conta a história da família incentivou o marido e os cunhados a estudarem medicina, e foi vítima de um machismo intrínseco de que não teria mais valor porque o seu marido não a amava mais, como se isso fosse determinante em sua vida.

Por inúmeras vezes fui vítima de atitudes machistas, como nas audiências em que os advogados da outra parte me chamavam de "querida", "minha jovem", "você parece minha filha", me obrigando a ser também "desagradável "e a responder: "não apela doutor".

Mas não me pauto por isso e não uso o fato de ser mulher nem minha aparência para conseguir o que quer que seja, como já disse acima. Também como minha avó tenho em mim um machismo intrínseco e luto para não me contaminar com ele e entender de maneira menos preconceituosa nossa sociedade, mas sinceramente não aceito que existam tarefas exclusivamente destinadas a um só gênero, em que pese nossas diferenças físicas, homens e mulheres são capazes das mesmas coisas. É assim que tento educar o meu filho também, porque se existem ainda jovens machistas é porque existem mães que não contribuem para que isso seja diferente.

A Democracia e as Mulheres: uma História em Construção!

Cezar Britto[1]

1. A DICOTOMIA DEMOCRÁTICA

A História mostra a experiência grega como responsável pela criação da democracia, enquanto governo exercido pelo povo. A democracia ateniense conquistou este atributo quando ampliou o poder deliberativo no âmbito dos grupos familiares e a eles agregados por interesses de sangue, sociais, religiosos e econômicos (*fratias*). A *polis* ateniense, que reunia estes clãs, revolucionou, com este gesto, o padrão monárquico que caracterizava a cidade-estado grega e, ainda, a oligarquia sustentada pelos aristocratas e ricos comerciantes da urbe. É neste contexto de superação oligárquica e de afirmação da importância do morador da *polis* que os reformadores Drácon e Sólon começaram a introduzir as primeiras medidas de decisão coletiva em assembleia popular.

No ano de 507 a.C., materializada por Clístenes, a concepção de democracia como governo do povo foi, finalmente, admitida em Atenas. Nesta fase embrionária, a democracia ateniense adotou a instância deliberativa direta pela Assembleia do Povo ou *Ecclesia*, que tinha a competência de, dentre outras atribuições, aprovar as leis, decidir sobre as questões referentes à paz e à guerra; admitir a condição especial de integrante da *polis* a estrangeiros, determinar o ostracismo de integrantes da *polis* e eleger os representantes do povo para o exercício de determinadas atividades públicas, geralmente não remuneradas.

Tornou-se pacífico, em razão destes acontecimentos, que a experiência grega consolidou o conceito de democracia como sendo o governo do povo (*demos*=povo + *kratos*=poder). A ele foi agregado o romano conceito de República (*res*=coisa + *publica*), fruto da *Cúria Hostília*, em que os chefes tribais italianos se reuniam sob o comando de Rômulo, formando o núcleo de decisão coletiva que dera origem ao poderoso Senado Romano. Não sem razão, portanto, os historiadores afirmam que o governo do povo foi criado em Atenas sob a forma de democracia direta, enquanto em Roma ganhou o corpo sólido da democracia representativa. Democracia e República conceituadas em definitivo no dicionário da humanidade.

Estas duas grandes experiências, no entanto, são exemplos clássicos da dicotomia entre o que se anuncia e o que se torna realidade. Na decantada democracia ateniense, mesmo com a afirmação de que muitos participavam do governo, somente os que eram considerados cidadãos poderiam votar, serem votados e participarem da Assembleia do Povo. As mulheres não eram consideradas cidadãs, assim como os estrangeiros que residiam na cidade de Atenas. Em Roma também não participavam da política, salvo quando autorizadas por seus esposos ou herdeiras de romanos que gozavam do próprio prestígio político.

A desigualdade institucionalizada sofreu forte abalo com a *Independência dos Estados Unidos da América* e, logo a seguir, com a *Revolução Francesa*. Os dogmas excludentes, absolutistas e hierarquizados passaram a ser contestados pelas novas classes ávidas de poder. Nos EUA, estabeleceu-se uma República fundada no conceito de democracia representativa e na regra de que as todas as pessoas têm o mesmo valor político (*One man, one vote*). Na França, o poder popular, mostrando-se vanguardista e revolucionário, ousou condenar à morte a nobreza e o clero que justificavam a reinante dominação exclusivista. E nesta seara de expressões que integram o universo político da inclusão popular, a *Revolução Francesa* contribuiu com as simbólicas *liberté, egalité* e *fraternité*.

Mas a dicotomia entre a propaganda e o produto fornecido manteve-se firme em seu curso histórico. A *Declaração Americana dos Direitos do Homem* não foi capaz de abolir o gravíssimo crime da escravidão, que acontecera apenas depois de uma guerra civil e da aprovação da Emenda 13. Embora modificando as relações de poder e guilhotinado a legitimação do acesso ao governo em razão dos títulos de nobreza ou do atributo genético do sangue azul, a moderna República Estadunidense manteve a exclusão do direito de voto dirigida às mulheres, aos negros e aos índios.[2]

---

1. Advogado. Membro do Conselho Consultivo Técnico da ABRAT. É diretor técnico da Revista Fórum de Direito Sindical, consultor do Instituto dos Advogados Previdenciários (IAPE) e membro da Academia Sergipana de Letras Jurídicas. Foi presidente da OAB NACIONAL (2007-2010), presidente da União dos Advogados da Língua Portuguesa, conselheiro federal e secretário-geral da OAB, conselheiro seccional e presidente a OAB/SE (1993/1994), conselheiro do Conselho de Desenvolvimento Econômico e Social (CDES), conselheiro do Conselho de Defesa dos Direitos da Pessoa Humana (CDDPH), vice-presidente (Nordeste), presidente e fundador da Sociedade Semear. Foi presidente da Comissão Nacional de Relações Internacionais da OAB, vice-presidente Nacional do *Consejo de Colegios y Órdenes de Abogados del Mercosur*. Publicou livros de crônicas (*Nos alpendres da vida e Caminhadas*), direito (*A inviolabilidade do direito de defesa, A Contratação do Advogado Sindical e Fiz-me Advogado na Luta*) e romances (*Almas livres, corpos libertos e Um lugar longe do mundo*), de poemas em prosa (*140 curtidas*) e peça teatral (*Mulheres que ousam escolher*), além de várias obras coletivas, artigos em revistas e sites especializados.
2. As exclusões constavam do Art. 1, Seção 2, itens 1 e 2, da Constituição dos EUA, subscrita pelo presidente e delegado de Virgínia, George Washington, no distante 17 de setembro de 1787.

A contradição entre o discurso formal e real também se fez notar na revolucionária França. A *Declaração dos Direitos do Homem e do Cidadão*, da *Revolução Francesa*, inscreveu na História da Humanidade, no seu art. 1º, que o *fim da sociedade é a felicidade comum*. Entretanto, não se sentiu infeliz quando aplicou o terror e a guilhotina para os crimes de opinião, inclusive à Olympe de Gouges quando esta ousou propor a aprovação de uma *Declaração dos Direitos da Mulher e da Cidadã*. As mulheres e os pobres, fundamentais nos agitados anos de contestação, continuavam excluídos do direito de votar e serem votados.

2. A LUTA SUFRAGISTA

Apenas em 1848, em decorrência das barricadas de Paris, a Assembleia Nacional revogou o voto censitário, em 05 de março, permitindo, a partir daí, o voto do cidadão comum. A *Comuna de Paris* talvez tenha sido a primeira e única experiência de real acesso ao poder para os pobres, mulheres e trabalhadores. Com o crescimento do movimento operário, entre o final do século XIX e o início do século XX, a ambiência revolucionária agregou outras lutas, a exemplo da ação contra a exclusão em razão da condição sócio-econômica, de gênero, de raça, de cor ou de religião. A luta pelo direito de voto passou a ser universal e constar nas pautas socialistas.

Neste contexto, a luta pelo voto da mulher ganhou maior força, motivando que a Nova Zelândia, de forma pioneira, instituísse o voto feminino em 1893. No Reino Unido, quando são batizadas de *sufragistas* e *feministas radicais,* as mulheres exigiram e intensificaram as reivindicações pelo direito de votarem e serem votadas. O movimento feminista foi para as ruas, sobretudo em razão da atuação da União Social e Política das Mulheres (*Women's Social and Political Union* – WSPU), revelou o machismo institucional da sociedade britânica, causando grande comoção, reação, prisão e protesto. A atuação das *sufragistas* cresceu acentuadamente durante a Primeira Guerra Mundial (1914-1918), quando as mulheres assumiram destacado papel nos esforços de guerra. O direito ao sufrágio obteve seu primeiro sucesso com a aprovação do *Representation of the People Act* de 1918, que estabeleceu o voto feminino no Reino Unido.

Compreendeu o movimento feminista e sufragista que o poder do voto seria determinante para modificar a legislação repressora e excludente dos direitos da mulher, especialmente no campo do direito à propriedade, na legislação que permitiria à mulher um trabalho digno e decente e na possibilidade real e concreta de decidir sobre o seu próprio querer, sentir e dizer. O direito ao voto resultaria no direito de ser votada e, assim, ocupar em igualdade de condições com os homens o poder decisório. E em passos lentos, país por país, a exclusão do direito de votar e ser votada para as mulheres foi sendo revogada, timidamente em alguns deles, como se observa da tabela divulgada pela *Women's suffrage – Women in politics*[3].

3. A CONQUISTA SUFRAGISTA NO BRASIL

O Brasil Colônia, em que o governo era exercido por direito hereditário e divino dos reis portugueses, a escolha para os cargos decisórios e atividades políticas, obrigatoriamente, recaia sobre os homens, especialmente os nobres, os militares, os comerciantes ricos, senhores de engenho e de posses. A Constituição de 1824, a primeira no chamado Brasil independente, manteve a lógica da antiga metrópole, concentrando o poder no imperador, admitindo a representação através do voto censitário e mantendo as exclusões clássicas, notadamente dos pobres, dos negros, dos índios e das mulheres. Em janeiro de 1881, mediante o decreto do primeiro-ministro José Antônio Saraiva, o império afirmava que só tinham capacidade eleitoral os homens com mais de 25 anos de idade e uma renda anual determinada, excluindo do acesso ao voto quem estivesse abaixo da idade limite, as mulheres, os assalariados em geral, os soldados, os índios e os escravos.

Em 15 de novembro de 1889, o Brasil acordou com um novo sistema de governo. Com ele, o povo brasileiro foi apresentado à República dos Estados Unidos do Brasil. O marechal Deodoro da Fonseca, surpreendendo os monarquistas, que tinham dele a confiança, rompeu com o imperador Dom Pedro II. Consolidou-se, assim, o apoio das forças armadas, dos ricos comerciantes, dos fazendeiros e dos barões do café ao movimento republicano. Em 24 de

---

3. 1893 Nova Zelândia 1902 Austrália 1906 Finlândia 1913 Noruega 1915 Dinamarca, Islândia 1917 Canadá, Países Baixos 1918 Reino Unido, Áustria, Estônia, Georgia, Alemanha, Hungria, Irlanda, Letônia, Lituânia, Polônia, Federação Russa 1919 Bélgica, Luxemburgo, Países Baixos, Suécia, Ucrânia 1920 Estados Unidos da América, Albânia, República Tcheca, Eslováquia 1921 Armênia, Azerbaijão, 1924 Mongólia, Santa Lucia, 1927 Turquemenistão 1929 Equador, Romênia 1930 África do Sul (brancas), Turquia 1931 Chile, Portugal, Espanha, Sri Lanka 1932 Brasil, Tailândia, Uruguai 1934 Cuba, Turquia 1937 Filipinas 1938 Bolívia, Usbequistão 1939 El Salvador 1941 Panamá 1942 República Dominicana 1944 Bulgária, França, Jamaica 1945 Croácia, Guiana, Indonésia, Itália, Japão, Senegal, Eslovênia, Togo 1946 Camarões, Coréia do Sul, Guatemala, Libéria, Macedônia, Trindade e Tobago, Venezuela, Vietnã, Iugoslávia 1947 Argentina, Israel, Nigéria, Coréia do Norte, Suriname 1949 Bósnia, China, Costa Rica 1950 Barbados, Haiti, Índia 1951 República Dominicana, Nepal 1952 Grécia, Líbano 1953 Butão, México 1954 Belize, Colombia, Ghana 1955 Etiópia, Honduras, Nicarágua, Peru 1956 Egito, Gabão, Mali, Somália 1957 Malásia 1958 Burquina Faso, Chad, Guiné, Nigéria (Sul) 1959 Madagáscar, São Marino, Tunísia, República Unida de Tanzânia 1960 Chipre, Gambia, Tonga 1961 Bahamas, Burundi, El Salvador, Malawi, Mauritânia, Paraguai, Ruanda, Serra Leone 1962 Argélia, O Fiji, Irã (República Islâmica de), Quênia, Marrocos, Papua, Nova Guiné 1964 Sudão 1965 Bostwana, Lesotho 1967 Congo, Kiribati, Tuvalu, Iémen 1968 Nauru 1970 Andorra 1971 Suíça 1972 Bangladesh 1974 Jordânia, Ilhas Salomão 1975 Angola, Capa Verde, Moçambique 1977 Guiné Bissau 1978 Nigéria (Norte), Moldova, Zimbabue 1979 Marshall Ilhas, Micronésia (Estados Federados), Palau 1980 Iraque 1984 Liechtenstein, África do Sul (mestiças e índias) 1986 República Africana Central, Djibouti 1989 Namíbia 1990 Samoa 1993 Kazakhstan, República de Moldova 1994 África do Sul (negras) 2005 Kuwait.

fevereiro de 1891 foi promulgada a *Constituição da República dos Estados Unidos do Brasil*, que prometia federalismo e o fim do centralismo que caracterizara o Brasil desde o seu achamento pelo mundo ocidental.

A recém-instalada República não permitiu que as mulheres votassem e, sob a nomenclara de mendigos, os pobres e negros libertos. A Lei n. 1.269, de 15 de novembro de 1904, conhecida como *Lei Rosa e Silva*, estabeleceu a faculdade do voto ser aberto e controlado pelos candidatos que já controlavam a política. Este novo sistema permitiu que o poder na República fosse mantido pela oligarquia vitoriosa, especialmente quando o governante e seus mandatários praticavam o que ficou conhecido como voto de cabresto. Neste, o eleitor era obrigado a votar segundo as ordens emanadas das elites. Era a República formal fazendo propaganda enganosa a República real.

A *Revolução de 1930*, precedida de várias revoltas populares e do *Movimento Tenentista*, triunfou no Brasil, prometendo atender as demandas frustradas pelo país governado pelos coronéis, banqueiros, industriais e proprietários de terra. As camadas sociais urbanas, especialmente a nascente burguesia, cobraram mais participação no comando governamental, exigindo, para isso, reformas nas instituições políticas. As mobilizações dos trabalhadores por melhores condições de trabalho, as inquietações dos jovens oficiais, o fortalecimento do movimento feminista, o crescimento dos comunistas e as dissidências políticas dos grupos oligárquicos também questionavam a estrutura política brasileira. Mudar o sistema eleitoral, acabar com a fraude, combater a corrupção, obter maior investimento no setor industrial, reduzir o protecionismo ao café e acabar com o coronelismo entravam nas mais diversificadas pautas políticas do país.

A luta pelo sufrágio universal no Brasil contou com a determinação da *Liga para a Emancipação Intelectual da Mulher* e, depois, com a *Federação Brasileira pelo Progresso Feminino (FBPF)*. Estes movimentos acreditavam ser possível reunir todas as mulheres que escolheram lutar contra a comodidade de um mundo excludente, dividido por cor, sexo, raça, religião e tamanho das riquezas. Berta Lutz, uma das lideranças sufragistas, tinha representado, em 1922, o Brasil na Assembleia Geral da *Liga das Mulheres Eleitoras*, realizada nos Estados Unidos, onde foi eleita vice-presidente da Sociedade Pan-Americana. É dela, quando eleita deputada federal em 1934, a frase síntese do movimento: *Recusar à mulher a igualdade de direitos em virtude do sexo é denegar justiça à metade da população.*

E de fato, a instituição do voto feminino se deu a partir de uma reforma no então Código Eleitoral, com a assinatura do Decreto-Lei n. 21.076, de 24 de fevereiro de 1932, pelo então presidente Getúlio Vargas. Mas somente as mulheres casadas, viúvas e solteiras que tivessem renda própria poderiam votar. Em 1934, as restrições ao voto feminino foram eliminadas do Código Eleitoral, embora a obrigatoriedade do voto fosse um dever masculino. Em 1946, a obrigatoriedade do voto foi estendida às mulheres, formalizando o princípio da igualdade de gênero. Assim, a partir da Constituição de 1946, o Brasil passou a adotar os padrões formais de democracia, garantindo, expressamente o direito de votar e ser votado para todos os brasileiros. A exclusão apenas permanecia para os analfabetos e aos que estivessem com os direitos políticos cassados.

4. DILEMAS ATUAIS

A normalidade formal da democracia brasileira, no entanto, foi rompida pelo Golpe Militar de 1964, quando suspenso o direito de eleger diretamente os representantes do povo brasileiro, adotada a prática de cassação de eleitos, promovido um longo rol de castrados de direitos políticos, aumentado o número de cidadãos exilados, imposta a censura, admitida a tortura e praticado o desaparecimento político. O povo desapareceu no regime em que um dos seus algozes, o general-ditador João Baptista Figueiredo, preferia o cheiro e a convivência com os cavalos.

O Estado Democrático de Direito foi restabelecido em 05 de outubro de 1988, quando da promulgação da vigente Constituição Federal. A democracia brasileira, na atual quadra do tempo constitucional, pretendeu ser o ponto de partida para que os cidadãos resolvessem as suas demandas em ambiente de justiça e de concórdia. Por meio dela, consultar os cidadãos não mais seria uma mera faculdade política do governante. Este ato passou a ser, sobretudo, uma obrigação fundamental para situar o grau de democracia aplicado no país. Eleição, plebiscito, leis de iniciativa popular e referendo foram as palavras determinantes no conceito de soberania popular.

A igualdade constitucional permanecia, entretanto, sem a devida correspondência fática. As mulheres continuavam excluídas da efetiva participação democrática, sendo praticamente insignificante o número de mulheres participando do processo eleitoral, ocupando, em consequência, poucos cargos no Executivo e no Legislativo. As Leis ns. 9.100/1995, 9.504/1997 e 12.034/2009 procuraram minorar a lógica excludente do processo eleitoral, obrigando aos partidos políticos, via cota de gênero, a aumentar o número de mulheres candidatas. Assim, como regra atualmente vigente, estabeleceu-se que, do número de vagas eleitorais em disputa, cada partido ou coligação deveria preencher "o mínimo de 30% (trinta por cento) e o máximo de 70% (setenta por cento) para candidaturas de cada sexo".

Efetivamente, a aplicação da Lei n. 12.034/2009 garantiu o aumento do número de candidaturas de mulheres nas eleições de 2010, 2012 e 2014, esta última, inclusive, batendo todos os recordes em número de candidaturas femininas. Para as eleições parlamentares, federal e estaduais, os partidos políticos apresentaram nominatas em que as candidatas apresentadas estavam pouco acima do piso dos 30% da política de cotas. Os dados divulgados do TSE, de 08 de setembro de 2014, mostram que nas eleições gerais deste ano tiveram 18.018 homens candidatos (69%) e 8.122 mulheres (31%). Houve, de fato, um crescimento de dez vezes maior o número de candidatas entre 1994 e 2014, parecendo demonstrar o acerto inclusivo da política de cotas.

Os dados divulgados pelo TSE, mais uma vez, desnudaram a promessa democrática, pois apontaram que a democracia real não foi alcançada com a mudança legislativa. É que a máquina partidária continuou aplicando secular política excludente, patrimonialista, machista e sexista. A imensa maioria dos partidos políticos apenas cumpriu de forma regulamentar a obrigação de atender a lei de cotas, completando a lista dos candidatos preferenciais com o registro de candidatas laranjas, que sequer constariam das propagandas eleitorais. E quando algumas candidatas apresentavam alguma perspectiva eleitoral, geralmente não contavam com o apoio da estrutura partidária.

Nas eleições 2012, por exemplo, 8.287 mulheres foram eleitas, representando apenas 13,19% (treze vírgula dezenove por cento) dos cargos em disputa para vereador e 11,84% (onze vírgula oitenta e quatro por cento) dos cargos para prefeito. Os dados referentes às eleições de 2014 também atestam a dicotomia entre a igualdade constitucional e a desigualdade real. Conforme aponta pesquisa da União Interparlamentar, a obrigação de que 30% dos candidatos sejam do sexo feminino, aumentou em apenas três pontos percentuais a participação delas na Câmara e no Senado (de 7% em 1997 para 9,9% em 2015). Com isso, o Brasil ocupa a 116ª posição no *ranking* de representação feminina no Legislativo, atrás de países que restringem direitos de mulheres como Arábia Saudita, Somália e Jordânia. Percebeu-se, assim, que o preenchimento das cotas não passava de uma propaganda eleitoral enganosa, pois as mulheres não recebiam apoio partidário para que competissem com paridade de armas.

5. CONCLUSÕES

Não se tem dúvida, nesta lógica conclusiva, de que a democracia brasileira está formalmente amparada na Constituição Republicana, pois, nela, o povo é o verdadeiro soberano das decisões e das coisas públicas. Ainda mais quando o sistema jurídico adotado no Brasil admite a universalidade do direito ao voto, garante a amplitude e a segurança do lugar em que se recolhe o voto, pratica a habitualidade bienal do sufrágio e permite que todos possam ser votados. Assim, no campo formal, o Brasil pode ser considerado um perfeito e acabado Estado Democrático de Direito.

A realidade histórica, infelizmente, tem demonstrado que a virtude igualitária da democracia ainda é uma promessa inacabada, em construção. Após décadas de luta, não obstante a derrota dos regimes autoritários, a constitucionalização dos princípios fundamentais e o estabelecimento do sufrágio universal no Brasil e na maioria dos países, a exclusão do acesso ao poder para as mulheres ainda é uma das grandes fragilidades da História. O acesso ao poder ainda está reservado à elite registrada segundo a sua condição social, econômica, gênero, raça e etnia. Os pobres, os negros e as mulheres ainda são os segmentos sub-representados do povo nas diversas experiências de governo.

E democracia com a exclusão das mulheres é sinônimo de democracia de papel, uma História que tristemente está inacabada, embora com o crescente ativismo feminista no Brasil, resta-nos esperança e muita luta para construir uma nova História em nosso país. Daí porque correta a lembrança da jornalista, atriz, diretora de teatro, tradutora, declamadora Eugênia Álvaro Moreyra, quando da fundação da *União Feminina do Brasil*, fundando as bases da campanha sufragista no Brasil: *A mulher será livre somente no dia em que passar a escolher seus representantes*. E também puder, com paridade de armas, ser eleita.

Direito Fundamental ao Trabalho da Mulher: uma Crítica Feminina à Jurisprudência do STF

Christine Oliveira Peter da Silva[1]
Leilane Leite Alves[2]

1. PARA COMEÇO DE CONVERSA

A agenda do poder constituinte reformador ainda não despertou para a reforma feminista. A Constituição não é vista como uma norma jurídica destinada às mulheres e, talvez por isso, não se estabeleça uma conexão entre a agenda de sua reforma e a agenda feminista. A estabilização da economia, a contenção de gastos públicos, o crescimento da produção e do emprego, a luta contra a corrupção e o financiamento das campanhas políticas, não são questões, nem por exercício diletante, associadas à pauta feminista.

Entretanto, ainda que não se tenha nenhum indício razoável da probabilidade de atualmente agendar-se uma reforma feminista, é possível que o pensamento feminista influencie as demais reformas constitucionais que estão em andamento. A reforma trabalhista, por exemplo, que já avança perante o Congresso Nacional, também passará pelo crivo dos diversos tribunais, inclusive o Supremo Tribunal Federal, e, por isso, é necessário um olhar feminista para sua respectiva jurisprudência.

O presente trabalho tem como objetivo principal analisar, por meio da hermenêutica constitucional feminina, as possibilidades de uma leitura feminista do direito fundamental ao trabalho da mulher. As premissas teóricas são compartilhadas, principalmente, da obra "*Toward a feminist theory of the State*" (1989) de Catharine Mackinnon e a análise da jurisprudência do STF é o resultado de percuciente pesquisa de iniciação científica de Leilane Leite Alves, co-autora deste artigo.

O artigo está dividido em 3 partes: a primeira cuidará dos aportes metodológicos da hermenêutica constitucional feminina; o segundo exporá as premissas teóricas mais relevantes da obra de Catharine Mackinnon "*Toward a feminist theory of the State*" (1989); e o terceiro apresentará, de forma sintética, uma leitura crítica dos fundamentos de três precedentes do Supremo Tribunal Federal sobre o direito fundamental ao trabalho da mulher: a Ação Direta de Inconstitucionalidade 3.165/SP; o Recurso Extraordinário 658.312/SC e o Recurso Extraordinário 778.889/PE.

O convite para escrever para um projeto que invoca "Feminismo, Pluralismo e Democracia" impulsiona-nos para um lugar de fala e de poder acolhedor e entusiasmado, de forma que sou muito grata às organizadoras desta obra coletiva pela oportunidade de participar da construção de novos aportes para o pensamento jurídico, social e político brasileiro, em perspectiva feminina. Vamos juntas.

2. HERMENÊUTICA CONSTITUCIONAL FEMININA

É preciso esclarecer, para ser melhor compreendida, porque a opção por uma hermenêutica constitucional feminina, e, não, por uma hermenêutica constitucional feminista, como seria mais fácil de sustentar.

Os primeiros confrontos e as primeiras divergências entre a abordagem feminista e a proposta de uma abordagem feminina surgiram em face das reivindicações de uma terceira onda de direitos que, a par de continuar lutando pelo direito à igualdade plena entre mulheres e homens, pelo direito à emancipação das mulheres em todos os âmbitos, bem como pelo direito a ações afirmativas que possam mitigar e equilibrar a diferença das elites de poder formada por maioria esmagadora de homens (BARTLETT, 2000, p. 33; FINEMAN, 2005, p. 20), busca uma compreensão feminina de Estado, Sociedade e Indivíduo, a qual apresenta a sustentabilidade, a fraternidade e a solidariedade como alternativas de compreensão do mundo (pressupostos ideológicos fundamentais), bem como a dialogicidade e a alteridade como alternativas de ação no mundo (pressupostos ideológicos fundamentais).

Catharine MacKinnon foi pioneira em lançar seu olhar acadêmico sobre a ausência de compreensão feminista no âmbito da produção legislativa, da interpretação jurídica das normas em geral, bem como das práticas metodológicas de pensar a lógica dos ordenamentos jurídicos. Constatou que todos os ganhos obtidos pelas mulheres até final da década de oitenta do século passado, ou seja, trabalhos iguais, educação do mesmo nível, pedidos de salários equivalentes, dentre outros, eram especificamente destinados para as mulheres que escolhiam ser iguais aos homens, especialmente no mundo público (MACKINNON, 1987, p. 37).

---

1. Doutora e Mestre em Direito, Estado e Constituição pela UnB; Professora Associada do Mestrado e Doutorado em Direito das Relações Internacionais do Centro Universitário de Brasília (UniCeub); Pesquisadora do Centro Brasileiro de Estudos Constitucionais – ICPD/UniCeub; Assessora do Ministro Edson Fachin do Supremo Tribunal Federal.
2. Bacharela em Direito pelo Centro Universitário de Brasília – UniCeub; Bacharelanda em História pela Universidade de Brasília – UnB.

Com essa percepção, Catharine MacKinnon sugeriu que o olhar, sob a perspectiva de gênero, fosse voltado de uma forma mais intensa para a vida privada das mulheres que optam pela condição feminina em seu mais amplo sentido, dando-se preferência para aqueles espaços em que a atenção e o interesse pela vida da mulher era quase invisível.

Ao refletir sobre essa visão interpretativa do movimento feminista da primeira e da segunda ondas, Catharine MacKinnon percebeu que, em um sistema baseado e definido por valores essencialmente masculinos (BOURDIEU, 2002), a vida pública e privada da mulher costumavam ser desqualificadas e desfiguradas, negando-se espaço e visibilidade à própria experiência feminina, de modo a negligenciar-se os valores da mulher, as demandas da mulher e as formas da mulher ser e estar no mundo (BARTLETT, 2000, p. 37).

Pensar pela hermenêutica feminina requer, necessariamente, um pensamento que agrega teoria e prática, pois a percepção das inúmeras formas das discriminações da mulher precisam ser analisadas e transformadas em ações que modifiquem modo de ser vigente, fazendo com que todas as instituições possam pensar em si mesmas e nas ações de seus agentes, a partir de uma nova forma – feminina – de auto-compreensão.[3] (FINEMAN, 2005, p. 19)

Hermenêutica é uma expressão que designa o cuidado que o sujeito tem consigo mesmo a ponto de compreender o mundo a partir da consciência e respeito com o seu eu em si.[4] Assim, a hermenêutica constitucional feminina pressupõe que cada mulher possa expressar-se como ser humano dotado de direitos e deveres fundamentais a partir de seus próprios e indissociáveis lugares de fala.

O feminismo cultural (ALCOFF, 2002, p. 3-7) indica uma ideologia da natureza ou essência feminina a qual busca deslocar a luta feminista para além dos ambientes estritamente politizados, ressaltando aspectos do feminino como alternativas para a vida em sociedade. É uma corrente de pensamento, desenvolvida a partir de meados da década de 1970, que preconiza o lado emocional e intuitivo das mulheres como trunfos para a identificação e expressão do feminino em todos os ambientes habitados pelas mulheres, sejam eles públicos ou privados.

A ideia do coletivo feminino e dos valores do feminino são apresentados como vias legítimas para as vivências na estrutura política e social. O feminismo cultural aponta a ética do cuidado, dos afetos e da alteridade como alternativas aos paradigmas do individualismo, agressividade e competitividade (escassez). No plano dos vetores constitucionais hermenêuticos surgem a sustentabilidade, a fraternidade e a solidariedade (abundância) como princípios constitucionais expressos ou implícitos.

A hermenêutica feminina preocupa-se com a desconstrução da lógica masculina de ser e estar no mundo, desde e até o ponto em que esta se pretende única, superior e hegemônica. Mas não impõe uma lógica feminina para substituir-lhe, porque isso seria contraditório com o princípio da dialogicidade e da alteridade, negando as premissas do pluralismo e da interseccionalidade.

A hermenêutica feminina pressupõe convivência com o masculino, desde que este, como todos os demais estereótipos existenciais, não se pretendam únicos, superiores e hegemônicos, pois a chave de compreensão da hermenêutica feminina é a dinâmica de confrontos e harmonizações recíprocas, a qual poderá conduzir a uma nova forma de seres humanos constituirem-se em Estado, Sociedade e Indivíduo.

A análise proposta pela hermenêutica constitucional feminina, portanto, é focada na experiência, no olhar e na expressão feminina como lugar de existência e fala, que analisa como o Direito e a Constituição se colocam diante dos grandes temas. É daí que nasce a importância da hermenêutica feminina também como caminho metodológico, a qual se materializa pela necessidade de legitimação do procedimento, da linguagem, do pensamento, como estética, e do paradigma feminino como ambiente epistemológico.

A hermenêutica feminina, como meio e possibilidade feminista de compreensão e interpretação do Direito e da Constituição, do lugar de fala do feminino, consiste em: identificar e desafiar os elementos da dogmática jurídica que discriminam por gênero, raciocinar a partir de um referencial teórico segundo o qual as normas jurídicas e constitucionais são respostas pragmáticas para dilemas concretos das mulheres reais, mais do que escolhas estáticas entre sujeitos opostos ou pensamentos divergentes.

Com isso, almeja-se aumentar as possibilidades de colaboração entre diversas visões e experiências vivenciadas tanto por homens quanto por mulheres engajadas e comprometidas com esse novo caminho (BARTLETT, 1990, p. 833). Não há, portanto, pré-compreensões dogmáticas ou estáticas nesse universo em movimento. A igualdade, respeito e consideração recíprocas passam a ser as condições de possibilidade de todas as formas de pensar e de agir, de ser e de estar no mundo feminino.

3. IDÉIAS DE CATHARINE MACKINNON PARA O DEBATE FEMINISTA

3.1 Sobre Feminismo e Estado

O feminismo não tem uma teoria do estado, carecendo, assim, de uma teoria específica acerca da organização política fundamental. Boa parte da teoria liberal tem considerado que o Estado emana poder. Existe um questionamento latente que se torna essencial para compreensão da relação entre poder estatal e classe: seria o Estado essencialmente autônomo da classe ou está parcialmente determinado por

---

3. *"There is a tension between the idea of feminism as a method of analysis and gender neutrality or equality as its aspiration."*
4. Aqui a influência de Michel Foucault é inegável e perceptível (FOUCAULT, 2006).

ela? É preciso, portanto, investigar as leis como forma particular de expressão do Estado, sem anular a ideia de que, junto a todas as emanações do Estado, as leis são guiadas por interesses (MACKINNON, 1989, p. 282).

O feminismo não tem revisado, em termos próprios, a relação entre Estado e Sociedade dentro de uma teoria da determinação social específica dos sexos. É necessário para isso analisar a Lei e a jurisprudência de um país, pois seria este o conjunto para uma teoria do Direito e de sua relação com a sociedade (MACKINNON, 1989, p. 283).

A prática feminista, segundo Catharine Mackinnon, tem oscilado entre uma teoria liberal do Estado e uma teoria socialista de Estado. Ambas as teorias consideram que a Lei é a mente da sociedade e reflexo de interesses materiais. As mulheres se convertem implicitamente em um grupo de interesses dentro de um pluralismo de outros interesses, e o pior: com problemas específicos de mobilização, representação, presença e voz (MACKINNON, 1989, p. 283).

O liberalismo, aplicado às mulheres, tem admitido a intervenção do Estado em nome das mulheres como indivíduos abstratos, sem examinar o conteúdo nem as limitações das nações em termos de gênero. O estupro, o aborto, a pornografia e a discriminação social são um dos exemplos dessas limitações (MACKINNON, 1989, p. 284).

O gênero é um sistema social que divide o poder, portanto, é um sistema político. É dizer que ao longo do tempo as mulheres têm sido economicamente exploradas, esquecidas, exploradas domesticamente, forçadas à maternidade, sexualmente objetificadas, fisicamente ofendidas, privadas de voz e cultura e do direito ao voto e, em última análise, excluídas da vida pública.

Catharine Mackinnon mostra que os homens, no geral, não têm sofrido com tais problemas, de modo que as relações entre homens e mulheres trata-se indubitavelmente de uma relação, sobretudo, política, em termos de Estado. Apesar de nem o liberalismo nem o marxismo reconhecerem a mulher como um sujeito típico da relação especificamente estatal (MACKINNON, 1989, p. 285).

Para Catharine Mackinnon, o Estado é masculino, no sentido feminista. O direito e as leis tratam as mulheres como os homens as veêm. O estado liberal constitui com coação e autoridade a ordem social a favor dos homens como gênero, legitimando normas, formas e a relação com a sociedade e suas políticas básicas, seguimentadas pelo gênero, como opção política (MACKINNON, 1989, p. 288). Para ela, os tribunais dos Estados intervêm somente em disputas devidamente factualizadas, muitas vezes tratam os conflitos sociais como dados empíricos e a única conduta correta é o seguimento das normas (MACKINNON, 1989, p. 289).

Em termos práticos, pode-se dizer que a forma de governo que une conhecimento científico com controle estatal, em sua concepção do que é a lei, institucionaliza certas posturas objetivas como jurisprudência (MACKINNON, 1989, p. 291). Catharine Mackinnon enfatiza que o Estado é masculino do ponto de vista jurídico, o que significa que se adota um ponto de vista do poder masculino na Lei e sociedade. Esta postura é especialmente preocupante nas decisões constitucionais em que se reforça o conteúdo masculino de algumas legislações (MACKINNON, 1989, p. 292).

No âmbito do Estado Liberal, as garantias legais de igualdade muitas vezes oferecem uma via de entrada e, em alguns deles, a ideia de que as mulheres tenham o básico da igualdade sexual chega ao terreno da Lei (MACKINNON, 1989, p. 434). A igualdade entre os sexos na lei, ainda não tem sido definida de forma significativa para as mulheres, visto que em muitas vezes há mitigação dessa igualdade, e continuam colaborando com a realidade existente de desigualdade social (MACKINNON, 1989, p. 434-435).

Tal realidade tem exigido, então, uma nova concepção do problema da desigualdade sexual, portanto, uma nova concepção legal, tanto na doutrina, quanto na jurisprudência. Além de transformar a inferioridade forçada e desvalorização social da mulher, a igualdade deve ser entendida substantivamente, ao invés de abstratamente, isso quer dizer que tal igualdade deve ser definida pelas mulheres, em seus termos próprios, com base em suas experiências concretas. É o que as mulheres mais necessitam e é o que nenhuma delas tem (MACKINNON, 1989, p. 436).

É bem verdade que as leis de igualdade legal e constitucional proporcionam em consequência uma oportunidade de jurisprudências particulares, ou uma fenda entre o muro que há entre a Lei e a sociedade, pois a Lei geralmente não garante direitos ao que não existe (MACKINNON, 1989, p. 437). Por tais questões é possível que se provoquem discussões de jurisprudência acerca do que a Lei pode ou não dizer sobre as mulheres, bem como elas devem ser parte da mudança das próprias relações com o Estado exigindo a igualdade real e não apenas abstrata por meio da Lei (MACKINNON, 1989, p. 438).

O primeiro passo é chamar a atenção para a realidade concreta das mulheres. As desigualdades concretas se produzem em um contexto de desigualdade de salários, de designação a trabalhos não valorizados, de características físicas depreciadas, dos maus tratos domésticos, do abuso sexual, da perseguição sexual sistemática, entre outros. As mulheres são desumanizadas diariamente, utilizadas em entretenimentos degradantes, além de não possuírem controle reprodutivo (MACKINNON, 1989, p. 438).

O segundo passo é reconhecer que as formas masculinas de poder sobre as mulheres se encarnam afirmativamente como direitos individuais na lei. Quando os homens perdem poder, sentem que estão perdendo direitos, o que pode ser verdade, visto que a igualdade sexual real na lei limitaria ou eliminaria esses poderes masculinos (MACKINNON, 1989, p. 438).

A criação de leis, ou estatutos de gênero neutro, serviria apenas para reforçar a supremacia masculina, pois são baseados na experiência de subordinação das mulheres. É preciso, sobretudo, reconhecer que os direitos civis também estão e devem estar nas mãos das mulheres (MACKINNON, 1989, p. 440). Reconhecendo tais direitos, seria um grande passo para se reconhecer também os direitos dos homossexuais como direitos de igualdade sexual, posto que a sexualidade define em grande medida o gênero, e a discriminação baseada na sexualidade é a discriminação baseada no gênero. Após o reconhecimento e recebimento de tais normas pela sociedade, o consequente avanço seria que todas as formas de discriminação e exploração social que os homens exercem sobre as mulheres, como a prostituição e qualquer outro tipo de violência passariam a ser processadas (MACKINNON, 1989, p. 444).

A ideia liberal de que a Lei é o texto da sociedade, ou seja, sua mente racional, expressa a visão masculina em sua versão normativa. A ideia da esquerda tradicional é de que o Estado é como é a lei, uma superestrutura ou epifenômeno, que se expressa em visão empírica. Que dizer, tanto a visão liberal quanto a de esquerda racionalizam o poder masculino, afirmando que ele não existe, e que a igualdade entre os sexos é a norma básica da sociedade em virtude de sua descrição como direito fundamental (MACKINNON, 1989, p. 445).

Por fim, principalmente a jurisprudência feminista vê que o poder masculino existe e que não existe a igualdade sexual, porque somente o feminismo consegue ver em que medida o antifeminismo é misógino e que ambas as teorias de Estado, liberal e marxista, são tanto normativas quanto empíricas. Assim, a masculinidade aparece como posição específica, nas coisas, nos juízos e nas particularidades reveladas em processos e procedimentos, sentenças e legislações (MACKINNON, 1989, p. 445).

Para Catharine Mackinnon, a igualdade precisa de mudanças e, não, simplesmente, de reflexões, uma nova jurisprudência seria uma nova relação entre a vida e a lei, em que a interpretação normativa levaria em consideração a verdadeira realidade vivida pelas mulheres. Desse modo, a teoria feminista de Estado apenas se tem imaginado e ainda nunca se tem experimentado sistematicamente (MACKINNON, 1989, p. 445). Dessa forma se faz necessário analisar a evolução das conquistas das mulheres por direitos fundamentais nos principais marcos legislativos nacionais e internacionais.

Por tais razões, Catharine Mackinnon apresenta uma crítica específica em relação ao Judiciário. Afirma que os juízes com suas soluções metodológicas, especialmente o da neutralidade judicial, aparta do consolo constitucional aqueles grupos socialmente abjetos e sistematicamente excluídos do processo político habitual. Para as mulheres, isso tem significado a reprodução e a manutenção da dominação em que elas estão claramente subordinadas. A jurisprudência, portanto, tem contribuído, de forma muito contundente, para que as mulheres sejam privadas do poder, e fiquem de fora do alcance das garantias e proteções constitucionais (MACKINNON, 1989, p. 294).

Esse é o ponto que será analisado a seguir.

3.2 Sobre a Jurisprudência em perspectiva feminista

Inicialmente, para elaborar-se uma jurisprudência feminista, é preciso ter consciência de que esta é uma teoria da relação entre a vida e a lei, de modo que mulheres e homens experimentam de forma muito diferente tal relação, como traços característicos do próprio ser. Em outras palavras, o gênero se vive como ontologia e não como epistemologia, de modo que é a Lei que participa ativamente das transformações das diferentes perspectivas do ser (MACKINNON, 1989, p. 427).

Quando a vida se converte em lei, mesmo em diferentes sistemas de Estado, recebe um caráter, ao mesmo tempo, formal e substantivo, pois envolve a vida marcada pelo poder. Nas sociedades de supremacia masculina, o ponto de vista masculino domina a sociedade civil em forma de padrão objetivo. A hierarquia entre gêneros se ordena principalmente sobre as classes e raças, estratificando também as mulheres. Sobre o governo patriarcal, os homens dominam mulheres e crianças, ou seja, três quartos da população mundial. O Estado então, absorve os atos de poder social e os transforma em lei, fazendo com que tais leis se tornem legítimas e a dominação masculina, muitas vezes, invisível (MACKINNON, 1989, p. 427).

Assim, para Catharine Mackinnon, o domínio codificado se converte em diferença e a realidade objetificada se converte em ideias, ao mesmo tempo que as mesmas ideias objetivamente codificadas convertem-se em realidade. Melhor dizendo, a discriminação na sociedade se converte em discriminação na Lei (MACKINNON, 1989, p. 428).

A perspectiva feminista é capaz de explicar porque quem detém o poder, que não são as mulheres, as excluem dos processos legislativos e, escrevem constituições que se convertem no padrão mais elevado das leis, sem qualquer referência à existência e ao ser feminino. Catharine Mackinnon, reforça que ocorre um problema estrutural pois apesar de a maioria das sociedades estabelecerem igualdade constitucional, e de não existirem Lei que silenciem as mulheres, a dominação se perpetua porque o silenciamento é um fenômeno social. Desse modo, a Lei do ponto de vista masculino, combina a coação com a autoridade, controlando a sociedade em seus extremos (MACKINNON, 1989, p. 430).

Tais posições estatais se estruturam por meio da interpretação judicial, sendo o caso feminino especialmente complexo. Catharine Mackinnon mostra que tomar posições e interpretar a Lei para adaptá-las às mulheres pode ter um caráter paternalista, degradante ou muito pouco realista.

Por fim, o modo por meio do qual o ponto de vista masculino interpreta uma experiência é o mesmo modo que interpretaria a política estatal. As realidades sociais e legais são coerentes e se determinam mutuamente, de forma que a Lei nunca interferiu efetivamente nas mudanças de bases, não se tornando necessário convertê-las em norma expressa da Lei (MACKINNON, 1989, p. 299).

Do ponto de vista feminista, a questão da realidade coletiva das mulheres e de como transformá-la funde-se com a questão de como conhecer a própria realidade. É preciso, então, responder alguns questionamentos como: O que vivem as mulheres? Qual ponto de vista pode questionar o código da sociedade civil?

Para Catharine Mackinnon, a resposta é simples e concreta, específica e real: a desigualdade social das mulheres em relação aos homens com base no sexo. Às mulheres não se permite conhecer plenamente o que seria a igualdade sexual, porque elas nunca a vivenciaram. É idealista, e um tanto elitista, afirmar que já tiveram vivido. Elas só conhecem a desigualdade porque é isso que vivenciam, de modo que sabemos que é preciso ainda quebrar muitas barreiras para chegar na igualdade, muitas dessas barreiras são legais, sociais e encontram um ponto de contato que é a relação entre Lei e sociedade (MACKINNON, 1989, p. 433).

O feminismo, em seus próprios termos, tem começado a dar voz e a descrever a condição coletiva das mulheres como tais, descobrindo, também, as leis que submetem as mulheres a uma condição de inferioridade. O poder social dos homens sobre as mulheres se estende através de algumas leis que parecem proteger as mulheres como parte de uma comunidade, fingindo serem leis que anunciam uma intenção de diminuir as desigualdades, mas não o fazendo efetivamente (MACKINNON, 1989, p. 434).

A seguir será feita uma análise de precedentes especialmente selecionados na base de jurisprudência do Supremo Tribunal Federal para evidenciar esse paradoxo.

4. SUPREMO TRIBUNAL FEDERAL E A CONCRETIZAÇÃO DE DIREITOS FUNDAMENTAIS DA TRABALHADORA: UMA CRÍTICA EM PERSPECTIVA FEMININA

Pela perspectiva da hermenêutica constitucional feminina, espera-se que os julgadores, ao se depararem demandas que versem sobre direitos fundamentais das mulheres, considerem, em seus juízos, a subjetividade intrínseca das titulares desses direitos.

Assim, uma Corte Constitucional, como é o caso do Supremo Tribunal Federal, necessita constatar que só é possível almejar a pretensão de eficácia dos direitos fundamentais das mulheres, se os procedimentos de análise e julgamento do caso concreto corresponder à realidade social, para que seja capaz de enxergar seu papel como instrumento transformador e regulador das mudanças sociais (AGOSTINHO; HERRERA, 2011, p. 115).

Vale lembrar que os direitos fundamentais não emergiram em um exato momento, mas foram gradualmente conquistados pela busca da consolidação da dignidade, liberdade e igualdade humana. Cabe ressaltar que esses direitos requerem uma constante elaboração e renovação, sendo imprescindível que as novas gerações de juristas, e os tribunais do País, em especial os Tribunais Constitucionais, assumam a responsabilidade de desenvolvê-lo cada vez mais, baseando-se na realidade social e na identificação das necessidades de proteção (AGOSTINHO; HERRERA, 2011, p. 128).

Neste cenário, as mulheres devem ser vistas nas especificidades e peculiaridades de sua condição social. Ao lado do direito à igualdade, surge, como direito fundamental das mulheres o direito à diferença e à diversidade em perspectiva feminina, o que lhes assegura um tratamento especial. Esses direitos fundamentais implicam no reconhecimento de identidades próprias, o que propicia a incorporação da perspectiva de gênero, isto é, repensar, revisitar e reconceituar os direitos fundamentais a partir da relação entre os gêneros, como um tema transversal (PIOVESAN, 2016).

Para se chegar a conclusões acerca de como a Corte Constitucional brasileira tem levado a efeito a concretização dos direitos fundamentais ao trabalho da mulher, é imprescindível analisar alguns precedentes constitucionais, os quais foram escolhidos por terem sido objeto de recente debate no Plenário do Supremo Tribunal Federal, demonstrando, portanto, como a Corte tem enfrentado essa temática nos últimos tempos.

4.1. Ação Direta de Inconstitucionalidade 3.165/SP

O Supremo Tribunal Federal foi demandado mediante a Ação Direta de Inconstitucionalidade 3.165/SP a decidir acerca da constitucionalidade, ou não, de uma Lei estadual que punia com o cancelamento do registro estadual das empresas que exigiam exame de gravidez ou atestado de laqueadura no momento da admissão de suas funcionárias.[5]

Esta ação foi ajuizada em 12 de março de 2004, pelo Governador do Estado de São Paulo, tendo por objeto a Lei estadual n. 10.849/2001, a qual estabelecia punições às empresas que exigissem a realização de teste de gravidez ou relatório de laqueadura como um requisito necessário para a admissão ou promoção profissional de trabalhadoras.

O autor da ação sustentou a inconstitucionalidade da lei, por entender que seu conteúdo material se referia ao direito do trabalho, e por ser norma trabalhista, somente a União teria competência privativa para legislar, padecendo a norma de vício constitucional de iniciativa legislativa.

O voto do Ministro Dias Toffoli trouxe como argumento principal o mesmo trazido pelo requerente da ação e sustentou que, apesar de reconhecer a relevância social do tema, tendo em vista que se tratava de direitos das mulheres, ao analisar a norma impugnada, percebeu claramente que a matéria nela abordada versava sobre direito do trabalho, matéria de competência privativa da União. Assim,

---

5. SUPREMO TRIBUNAL FEDERAL. *Plenário julga inconstitucional Lei paulista e reafirma que cabe à União legislar sobre trabalho*. Brasília, 11 nov. 2015. Disponível em: <http://www.stf.jus.br/portal/cms/verNoticiaDetalhe.asp?idConteudo=303830>. Acesso em: 1 set. 2017.

o Ministro Toffoli entendeu que a Corte já tinha o mesmo posicionamento em demandas anteriores, de modo que entendeu pela procedência do pedido da ação direta e pelo efeito *ex tunc* da inconstitucionalidade verificada.

Ao longo do julgamento, os demais Ministros presentes no plenário, sendo estes: Marco Aurélio, Gilmar Mendes, Luiz Fux, Teori Zavaski, Luis Roberto Barroso e Ministra Rosa Weber, seguiram o voto do Relator, Ministro Toffoli. Porém, houve duas divergências da posição do Ministro Relator, uma do Ministro Edson Fachin e a outra da Ministra Cármen Lúcia.

Sustentou o Ministro Edson Fachin, em voto vista, a sua inflexão sobre o tema, primeiramente no que diz respeito ao conteúdo do princípio federativo e suas repartições de competências legislativas no Estado Constitucional brasileiro. Desse modo, afirmou o referido Ministro ser necessário chamar a atenção para uma premissa da discussão dos autos: de que não se estava diante de uma legislação regulamentadora de direito do trabalho, mas de uma legislação protetiva contra a discriminação de gênero, proibitiva de restrição de acesso a postos de trabalho em razão exclusiva da condição de ser mulher.

Assim sendo, o Ministro Edson Fachin chamou a atenção, para o fato de a norma impugnada ir muito além da regulamentação do direito do trabalho, por apresentar como concretização do direito à não discriminação da mulher no acesso ao mercado de trabalho, não sendo, portanto, simples norma regulamentadora típica de direito do trabalho.

O segundo voto divergente, da Ministra Cármen Lúcia, possui como principal fundamento o fato de que se há uma norma nacional, já tipificando esta prática, as tomadas de providências legislativas estaduais para efetivar o que se busca vedar, são compatíveis com os princípios federativos do sistema jurídico vigente, além de sustentar que não se trata de uma relação de trabalho mas, sim de uma norma contra a discriminação.

Como uma crítica à corrente vencedora no Plenário do Supremo Tribunal Federal é preciso ressaltar que as condições em que vivem homens e mulheres não são produtos de um destino biológico, mas, sobretudo, de construções sociais. Eles formam dois grupos sociais envolvidos numa relação social específica: as relações sociais de sexo. Estas, como todas as relações sociais, possuem uma base material, que no caso analisado era o acesso ao mercado de trabalho, que também pode ser chamada de divisão sexual do trabalho.

Nota-se aqui, portanto, que as relações de trabalho estão inseridas em uma lógica de construção social, que reproduz valores naturalizados na própria sociedade. Catharine Mackinnon diz que tal divisão encontra-se na totalidade das relações humanas, se determinam como um processo pelo qual definem as relações sociais de gênero, na mesma medida em que tais relações criam a própria sociedade (MACKINNON, 1989, p. 23).

Inseridas na lógica social, em que o trabalho é apenas mais uma de suas vertentes, não nos parece correto analisar tais relações separadamente, como no caso do acórdão e dos votos vencedores na Ação direta de inconstitucionalidade 3.165/SP. O centro da questão deveria ter-se voltado para a proteção constitucional contra a discriminação da mulher nas relações de trabalho, em face de uma norma que coibia práticas consolidadoras de uma inferioridade feminina, pautada pelo simples fato de poder engravidar.

Se voltarmos o olhar para compreender que a questão tratada transborda puramente as relações de trabalho e que, em outra medida, trata-se de um direito fundamental da mulher à igualdade de chances no acesso ao trabalho, nos aproximaríamos dos argumentos trazidos pelos dois votos divergentes do plenário que julgou a ação direta de inconstitucionalidade aqui apresentada.

Dessa forma, a realidade social das mulheres tem exigido uma nova concepção do problema da desigualdade sexual, portanto, uma nova concepção legal, tanto na doutrina, quanto na Lei e na jurisprudência, de modo que se possa alcançar a igualdade material nas relações de gênero (MACKINNON, 1989, p. 436).

Neste particular, Catharine Mackinnon sugere ainda que a igualdade é também o que a sociedade afirma que as mulheres já possuem, e, portanto, lhes assegura mediante uma Lei positiva. A norma jurídica, nesse sentido, não vem assegurar direitos a coisas que ainda não existem na sociedade, mas garantir a efetividade daqueles que já existam (MACKINNON, 1989, p. 437).

Assim, tendo em vista que o direito tutelado pela Lei estadual ultrapassa indubitavelmente os limites das relações de trabalho, e alcança direitos fundamentais femininos necessários contra a discriminação em razão do sexo e, ainda por tratar-se de uma norma de caráter positivo de proteção, poderíamos pensar não em simples regras de competências legislativas típicas do federalismo, mas em uma noção de compartilhamento fraterno de competências que assegurem a efetivação de direitos fundamentais.

4.2. Recurso Extraordinário 658.312/SC

No Recurso Extraordinário 658.312/SC, que cuidava da compatibilidade, ou não, do artigo 384 da Consolidação das Leis do Trabalho – CLT com a Constituição Federal de 1988, verificou-se a concretização de direitos que atingiam as mulheres também em relação ao mercado de trabalho.[6]

---

6. SUPREMO TRIBUNAL FEDERAL. 528 – Recepção, pela CF/88, do art. 384 da CLT, que dispõe sobre o intervalo de 15 minutos para trabalhadora mulher antes do serviço extraordinário. Relator: Ministro Dias Toffoli, 27 nov. 2014a. Disponível em: <http://www.stf.jus.br/portal/jurisprudenciarepercussao/verAndamentoProcesso.asp?incidente=4145394&numeroProcesso=658312&classeProcesso=RE&numeroTema=528#>. Acesso em: 4 set. 2017.

O caso em tela foi julgado em 27 de novembro de 2014, sob a relatoria do Ministro Dias Toffoli, tendo como Reclamante a empresa A Angeloni & Cia LTDA., e contando como "Amicus Curiae" a Associação Brasileira dos Supermercados – ABRAS e a Federação Brasileira dos Bancos – FEBRABRAN.

No recurso extraordinário, sustentava-se violação do artigo 5º, inciso I, e 7º, inciso XXX, da Constituição Federal, em face da não-recepção, pela Carta Constitucional de 1988, do art. 384 da CLT, o qual previa a concessão de descanso de 15 minutos às mulheres entre a jornada de trabalho normal e a extraordinária, o que implicaria o pagamento de horas extras relativas a esse período.

Aduzia-se, ainda, a Recorrente a necessidade de se analisar o feito à luz do princípio da isonomia, haja vista que não se pode ser admitida a diferenciação apenas em razão do sexo, sob pena de se estimular discriminação no trabalho entre iguais, diante do tema exposto, foi reconhecida a repercussão geral do tema em questão.

Concluiu o Relator, Ministro Dias Toffoli, que a Constituição veio a se utilizar de alguns critérios para diferenciar, segundo a sua visão, os homens das mulheres, sendo esses: a histórica exclusão da mulher do mercado regular de trabalho; a existência de um componente orgânico, biológico, a justificar o tratamento diferenciado, pela menor resistência física da mulher; e a presença de um componente social, pelo fato de ser comum o acúmulo de atividades pela mulher no lar e no ambiente de trabalho.

Finalmente expôs que esses parâmetros constitucionais são legitimadores de um tratamento diferenciado, desde que a norma instituidora amplie direitos fundamentais das mulheres e atenda ao princípio da proporcionalidade na compensação das diferenças. Ressaltou ainda diferenças físicas entre os dois sexos e votou pelo não provimento do Recurso Extraordinário e pela fixação das teses jurídicas de que o artigo 384 da CLT foi recepcionada pela Constituição Federal de 1988 e que a norma se aplica a todas as mulheres trabalhadoras.

As Ministras Cármen Lúcia e Rosa Weber com suas respectivas fundamentações, seguiram o voto do Relator e, também, os Ministros Celso de Mello e Gilmar Mendes. Os Ministros Luiz Fux; sob o reconhecimento que a própria doutrina trabalhista diverge sobre o tema, e o argumento de que o referido artigo viola o princípio da isonomia e causaria um ônus ao mercado de trabalho em relação às mulheres e, Marco Aurélio; sob o argumento que o artigo da CLT não seria protetor mas como prejudicial às mulheres pois as colocaria em segundo plano, foram votos vencidos.

Com base na perspectiva feminista sobre o tema, é possível perceber que, embora se verifique uma intenção dos magistrados na proteção dos direitos fundamentais das mulheres, entendendo pela constitucionalidade do artigo referente a Lei trabalhista, existem argumentos questionáveis, segundo a hermenêutica constitucional feminina, nesse âmbito. Certamente o argumento mais evidenciado ao longo dos discursos é a desigualdade entre homem e mulher com base em uma desproporcionalidade biológica questionável.

Considerando a lógica de divisão sexual do trabalho, já denunciada pela perspectiva feminista, estabelecendo-se, na verdade, uma divisão social do trabalho, fundada em dois princípios organizadores: o da separação, em que existem trabalhos de homens e trabalhos de mulheres, e o da hierarquização, em que o trabalho de um homem vale mais do que o de uma mulher.

Assim, para a Catharine Mackinnon, o domínio codificado se converte em diferenças e a realidade objetivada se converte em ideias, ao mesmo tempo que as mesmas ideias objetivamente se convertem em realidade. Do ponto de vista feminista, a questão da realidade coletiva das mulheres e de como transformá-las se funde com a questão de conhecer a própria realidade (MACKINNON, 1989, p. 428).

Tal realidade tem exigido, então, uma nova concepção do problema da desigualdade sexual, portanto, uma nova concepção legal, tanto na doutrina, quanto na jurisprudência (MACKINNON, 1989, p. 437). Com base no presente caso, diante de uma norma que visa conceber a ideia de igualdade material às mulheres as concedendo um intervalo de 15 minutos antes da jornada extraordinária de trabalho, deve ser interpretada pela jurisprudência com base nas condições de trabalho vividas pelas empregadas, na qual, seu trabalho fora do âmbito privado têm sido, ainda, apenas a primeira jornada de trabalho das mulheres, antecedendo o trabalho no âmbito privado, administrando o lar e os eventuais filhos, realidade esta, reconhecida inclusive pela maioria dos magistrados presentes no plenário.

O perigo de não se destacar as reais condições sociais vividas pelas mulheres e possuir como argumento base, uma fragilidade biológica, já superadas pelas teorias feministas é se chocar com a lógica de poder social que Mackinnon trata, em que esse poder social dos homens sobre as mulheres se estende por algumas leis que parecem proteger as mulheres como parte de uma comunidade, são leis que anunciam uma intenção de diminuir as desigualdades, mas não as fazem efetivamente.

Por fim, nota-se que houve uma convergência entre o resultado final do julgamento do recurso extraordinário aqui analisado, mas que é esperado, com base nas teorias abordadas, que o Supremo Tribunal Federal tome como argumentos norteadores a verdadeira realidade das mulheres, para continuar cumprindo com valorosa missão de tutelar os direitos fundamentais e com seus argumentos ajude à comunidade feminina a romper com algumas desigualdades a muito tempo naturalizadas em nossa sociedade.

4.3. Recurso Extraordinário 778.889/PE

Neste último caso analisado, verificou-se a necessidade de ampliar o campo de estudo para tratar de um tema que é bem recorrente em todas as relações de trabalho, em sentido amplo, abrangendo inclusive o serviço público, que é a maternidade e suas consequências no mundo jurídico, especialmente suas implicações na vida profissional das mulheres.

O Recurso Extraordinário 778.889/PE foi um dos escolhidos por discutir pedido de uma servidora pública da Justiça Federal à extensão do mesmo tempo de licença maternidade reconhecido à mãe biológica para o seu caso, que era mãe adotante. O caso foi julgado em 20 de novembro de 2014, em processo de Relatoria do Ministro Roberto Barroso, tendo como reclamada a União.[7]

Desse modo, se discutiu, à luz do artigo 7º inciso XVIII, 39 § 3º e 227 § 6º, da Constituição Federal, a validade de dispositivos que preveem períodos distintos de licença maternidade para as servidoras e empregadas gestantes em relação às mesmas servidoras adotantes. A decisão final do caso teve como resultado a equiparação dos períodos da licença gestante e da adotante, bem como a fixação da tese de que, em relação à licença adotante, não é possível fixar prazos diversos em função da idade da criança adotada.

Foi possível perceber que o voto vencedor do Relator, Ministro Roberto Barroso, foi extenso e conduzido por algumas linhas de raciocínio, sendo essas: a importância da adoção como política pública, os direitos dos menores carentes antes de 1988, a família e a adoção antes de 1988, o avanço dos direitos do menor, a igualdade entre os filhos biológicos e adotados, a evolução das normas sobre adoção e licença adotante e somente por último se abriu um tópico para tratar sobre a autonomia da mulher.

Neste último ponto, os argumentos trazidos podem ser questionáveis do ponto de vista da teoria feminista aqui adotada. Os argumentos presentes eram fundamentados na afirmação de que no momento da adoção, a mulher é a principal responsável pelo cuidado da criança adotada e que, por isso, teria uma "grande tarefa pela frente com a adoção". Afirmou ainda que, por ter-se tornado mãe, a servidora estaria menos disponível para si mesma, para o trabalho, vida social e família, pois seria muito demandada em casa.

Nota-se também motivações que se baseiam em uma questão psicológica de "depressão pós-maternidade", pois a mulher decorrente da chegada da criança, da intensa demanda que se instala sobre a mulher e da necessidade de compatibilizá-la com todos os demais papéis e tarefas que lhe incumbem. Argumentos estes que destinam a mulher ao papel que a anos elas vêm tentando se separar, de principal responsável pelo ambiente privado do lar.

Sob o olhar de uma crítica feminista do Direito, confrontando essa crença normatizada, chama-se atenção justamente para a permanência das discriminações ostensivas e indiretas nesse campo das ciências sociais aplicadas. A contribuição do feminismo ao direito como ferramenta analítica crítica consiste justamente no apontamento da invisibilidade das mulheres como sujeitos de direito, da naturalidade com que essa invisibilidade é tratada nos discursos de elaboração e de aplicação da norma jurídica e das consequências negativas em termos de proteção de direitos (SANTOS, 2014, p. 555).

Sob a perspectiva da hermenêutica constitucional feminina, vê-se que, na decisão ora analisada, os fundamentos norteadores foram somente a proteção da criança, com referências ao direito de família, sem considerar-se os direitos e a realidade vivida pela mulher.

É urgente refutar a ideia de que a mulher deve dedicar mais tempo à maternidade e ao lar quando dá a luz ou quando adota um filho, pois isso é dizer, também, que a mulher deve abdicar de um período de sua profissão em face da maternidade, como se trabalho e vida familiar fossem incompatíveis.

À isso, somem-se as circunstâncias biológicas da gravidez e da maternidade, que, apesar da importante função social, geram discriminação no trabalho. Desta maneira, no que concerne aos aspectos biológicos que conformam a gravidez e a maternidade, faz-se imprescindível uma proteção mais adequada e feminina pelas normas jurídicas, porque a mulher tem direito tanto a gerar filhos quanto a trabalhar (LOPES, 2010, p. 44).

Tais argumentos podem não só criar as impressões anteriormente citadas, mas também, reforçar juridicamente a lógica da divisão sexual do trabalho. Buscando uma explicação na perspectiva feminista, um dos principais responsáveis para a reprodução dessa lógica seria por entender que a licença maternidade, seja para a gestante, ou para a adotante, seria uma proteção ao direito de família e não ao direito das mulheres.

Por fim, Catharine Mackinnon ressalta que é preciso, sobretudo, reconhecer que os direitos civis também estão e devem estar nas mãos das mulheres.[8] Após o reconhecimento e recebimento de tais normas pela sociedade o consequente avanço seria que todas as formas de discriminação e exploração social que os homens exercem sobre as mulheres. Somente com o conhecimento real da realidade vivida pelas mulheres e com a elevação das mulheres como sujeitas legítimas de direito e todas as mudanças que essa perspectiva levaria, seria possível uma nova jurisprudência ou simplesmente uma nova relação entre vida e Lei (MACKINNON, 1989, p. 445).

---

7. SUPREMO TRIBUNAL FEDERAL. 782 – Possibilidade de Lei instituir prazos diferenciados de licença-maternidade às servidoras gestantes e às adotantes. Relator: Ministro Roberto Barroso, 10 mar. 2016a. Disponível em: <http://stf.jus.br/portal/teses/verAndamentoProcesso.asp?incidente=4482209&numeroProcesso=778889&classeProcesso=RE&numeroTema=782#>. Acesso em: 4 set. 2017.
8. MACKINNON, Catharine Alice. *Toward a feminist theory of the State*. Tradução de Eugenia Martín. Cambridge: Harvard University Press, 1989. p. 440.

Em última análise, ressalta-se que, tanto sob a perspectiva da jurisprudência feminista, de Catharine Mackinnon, quanto na da hermenêutica constitucional feminina aqui apresentada na primeira parte do artigo, a supremacia masculina precisa ser transformada em igualdade de voz e voto das mulheres que, por si mesmas, definirão seus direitos fundamentais com base em suas experiências concretas.

Dessa forma, nota-se que as decisões do Supremo Tribunal Federal ainda carecem da perspectiva feminina em sua fundamentação, pois o verdadeiro avanço necessita de argumentos que visem diminuir as desigualdades com base nas experiências sociais e, não, em argumentos que possam diminuir as mulheres na essência de sua condição feminina.

5. CONCLUSÃO

A hermenêutica feminina propõe uma forma de pensar e agir que agrega necessariamente as dimensões mais evidentes da existência humana feminina: seus espaços públicos e privados de experiências e vivências. A percepção das inúmeras formas das discriminações da mulher precisam ser analisadas e transformadas em ações que modifiquem modo como a sociedade, suas instituições e seus indivíduos possam pensar em si mesmos e nas suas ações.

Hermenêutica é uma expressão que designa o cuidado que o sujeito tem consigo mesmo a ponto de compreender o mundo a partir da consciência e respeito com o seu eu em si. Assim, a hermenêutica constitucional feminina pressupõe que cada mulher possa expressar-se como ser humano dotado de direitos e deveres fundamentais a partir de seus próprios e indissociáveis lugares de fala.

O feminismo cultural, especialmente proposto por Linda Alcoff indica uma ideologia da natureza ou essência feminina a qual busca deslocar a luta feminista para além dos ambientes estritamente politizados, ressaltando aspectos do feminino como alternativas para a vida em sociedade. É uma corrente de pensamento que chama a atenção para o lado emocional e intuitivo das mulheres como trunfos para a identificação e expressão do feminino em todos os ambientes habitados pelas mulheres.

Nesta perspectiva, a crítica à jurisprudência do Supremo Tribunal Federal buscou sistematizar, pelo olhar de duas mulheres, os argumentos de três precedentes que, a pretexto de concretizar os direitos fundamentais das mulheres ao trabalho, denunciaram quão distante a Suprema Corte brasileira está de uma perspectiva feminina do discurso constitucional.

O auxílio da teoria, já antiga, de Catharine Mackinnon serviu apenas como sustentação mais evidente de que o movimento político feminista deve estar para o Direito como ferramenta analítica crítica com o objetivo maior de apontar a invisibilidade das mulheres como sujeitos de direito, da naturalidade com que essa invisibilidade é tratada nos discursos de elaboração e de aplicação da norma jurídica e das consequências negativas em termos de proteção de direitos fundamentais das mulheres.

Não há um caminho seguro para a pavimentação de uma hermenêutica constitucional em perspectiva feminina, nem muito menos fórmulas feministas infalíveis para se proceder à crítica instrumentalizada do Direito vigente em busca dos ideais da igualdade de gênero. Entretanto, é preciso constatar que a tanto a legislação, quanto a jurisprudência brasileiras precisam de um impulso relacionado à hermenêutica constitucional feminina.

6. REFERÊNCIAS BIBLIOGRÁFICAS

AGOSTINHO, Luis Otávio Vincenzi; HERRERA, Luiz Henrique Martim. *Tutela dos direitos humanos e fundamentais*: ensaios a partir das linhas de pesquisa. Construção do Saber Político e Função Política do Direito. São Paulo: Boreal, 2011.

ALCOFF, Linda. Feminismo cultural vs. Post-estructuralismo: la crisis de identidad de la teoria feminista, in *Revista Debats*, n. 76, 2002, p. 1-26.

BARTLETT, Katharine T. *Cracking Foundations as Feminist Method*, in The American University Journal of Gender, Social Policy & the Law 8, n.1, 2000.

_____. *Feminist Legal Methods*. Harvard Law Review, Boston: 1990.

BOURDIEU, Pierre: *Dominação Masculina*, tradução Maria Helena Kuhner, Rio de Janeiro: Bertrand Brasil, 2002.

FINEMAN, Martha Albertson. *Feminist Legal Theory*, in Journal of Gender, Social Policy & the Law, v. 13, n. 1, 2005.

FOUCAULT, Michel. *A hermenêutica do sujeito*. Tradução de Márcio Alves da Fonseca e Salma Tannus Muchail. São Paulo: Martins Fontes, 2006.

LOPES, Cristiane Maria Sbalqueiro. A efetivação do direito à creche no Brasil. *Revista do Ministério Público do Trabalho*, São Paulo, 2010.

MACKINNON, Catharine A. *Feminism Unmodified: Discourses on life and law*, Cambridge, Harvard University Press, 1987.

_____. *Toward a feminist theory of the State*. Tradução de Eugenia Martín. Cambridge: Harvard University Press, 1989.

PIOVESAN, Flávia. A mulher e o debate sobre direitos humanos no Brasil. Disponível em <http://www.revistadoutrina.trf4.gov.br/>. Acesso em: 7 dez. 2016. <http://www paginador.jsp?docTP=TP&docID=10923825>. Acesso em: 4 set. 2017.

SANTOS, Marina França. A construção do corpo da(s) mulher(es) nos discursos de interpretação e aplicação jurídicas. *Revista da Faculdade de Direito da Universidade Federal de Minas Gerais*, Belo Horizonte, n. 65, p. 549-582, jul./dez., 2014.

Feminicídio e o Combate à Morte de Mulheres em Razão do Gênero: a Necessidade da Proteção pelo Estado

Cristina Alves Tubino[1]

A violência perpetrada contra a mulher não é algo que possa ser considerado novo. Ao contrário, ao longo do tempo, decorre da desigualdade social, de direitos entre os gêneros e encontram raízes nas sociedades de estrutura patriarcal que, fundando-se no pensamento machista, formaram um sistema de dominação da mulher, de sua sujeição e sua subordinação com tanta reiteração que a situação chega a ganhar ares de normalidade.

É nesse sentido o entendimento de Maria Amélia Teles e Mônica de Melo, ao afirmarem que a violência de gênero se traduz como *"uma relação de poder de dominação do homem e de submissão da mulher. Demonstra que os papéis impostos às mulheres e aos homens, consolidados ao longo da história e reforçados pelo patriarcado e sua ideologia, induzem relações violentas entre os sexos"* (TELES; MELO, 2002).

Relatos de atos de violência contra a mulher, independentemente de sua idade, são frequentes e, por vezes, já não chocam tanto e não são manchetes dos jornais.

Segundo dados da ONU Mulher, entre 2004 e 2011 aproximadamente 66 mil mulheres foram vítimas de homicídio, apenas pela razão de serem mulheres. A representatividade dessa estatística acabou por fazer com que a referida Organização reconhecesse essa violência de gênero como um fenômeno mundial e clara violação dos Direitos Humanos. No Brasil, no período compreendido entre 2003 e 2013, o número de vítimas do sexo feminino cresceu de 3.937 para 4.762.

Essas 4.762 mortes em 2013 representam 13 homicídios femininos por dia (WAISELFISZ, 2015, p.13).

Há mais informações relevantes. O *Mapa da Violência 2015: homicídios de mulheres no Brasil*, produzido em conjunto por Flacso, OPS/OM, ONU Mulheres e Secretaria de Políticas para as Mulheres do Governo brasileiro, revela, ainda, em números, a magnitude da violência contra a vida das mulheres ao informar que 50,3% das mortes violentas de mulheres são de autoria de familiares, enquanto que 32,2% são cometidas por seus parceiros e ex-parceiros.

Pois bem, em 2006, judicializou-se o problema por meio da criação de lei específica, alteração da legislação penal existente e, pela criação de meios por meio dos quais as autoridades policiais e seus agentes, bem como o Poder Judiciário possam ser provocados para proteger as vítimas de violência e sancionar os/as agressores/agressoras.

De fato, com a entrada em vigor da Lei Maria da Penha (Lei n. 11.340/2006), a questão da violência contra a mulher, além de obter maior visibilidade no país, delegou aos órgãos já mencionados, mas especialmente ao judiciário, um papel de protagonista, a partir da determinação da criação de varas específicas para análise e julgamento de tais crimes, os Juizados de Violência Doméstica e Familiar contra a mulher.

Não apenas a criação de varas especializadas, mas a previsão de medidas cautelares de urgência com o objetivo de fazer parar a violência cometida, seja essa violência física, moral, psicológica sexual ou patrimonial, fizeram com que muitas mulheres, em situação de violência, acuadas e desesperançadas, tomassem coragem e dessem um fim ao ciclo de violência em que se encontravam.

É importante Ressaltar que à exceção do art. 44 da Lei n. 11.340/2006, a Lei Maria da Penha não trouxe qualquer previsão de tipo penal específico decorrente da violência contra a mulher. Assim, além dessa alteração pontual e que não disse respeito à violência exclusivamente contra pessoa do sexo feminino, os tipos penais se mantiveram os mesmos já existentes sem, contudo, haver qualquer diferenciação no capítulo dos crimes dolosos contra a vida do CP quanto ao homicídio de mulheres.

Apenas em 2015 foi sancionada e entrou em vigor a Lei n. 13.104/2015, chamada de Lei do Feminicídio, que alterou o Código Penal Brasileiro, especificamente em seu art. 121 em que acrescentou inciso no seu § 2º, bem como causas de aumento de pena correlacionadas ao dispositivo.

Em que pese a alteração do Código Penal brasileiro ter ocorrido apenas em 2015, desde a década de 2000 os homicídios em razão de gênero já vinham sendo descritos e tipificados em legislações de outros países da América Latina. No Brasil, na Convenção de Belém do Pará[2], a OEA (Organização dos Estados Americanos), elaborou uma declaração sobre o Feminicídio ressaltando a necessidade da ampliação de seu debate.

---

1. Advogada, Professora da Escola Superior de Advocacia da OAB/DF, Especialista em Direito Penal e Processo Penal e em Direito da Mulher, Presidente da Comissão da Mulher, Advogada da OAB/DF, Presidente Nacional da Associação Brasileira de Advogados (ABA), Ouvidora da Associação Brasileira de Advogados Criminalistas do DF (ABRACRIM-DF).
2. Convenção para Prevenir, Punir e Erradicar a Violência contra a Mulher.

A Convenção Interamericana para Prevenir, Punir e Erradicar a Violência contra a Mulher, concluída em Belém do Pará, em 09 de junho de 1994 em seus arts. 1º, 3º e 4º, alínea *a*, dizem, respectivamente:

> Art. 1º. *Para os efeitos desta Convenção deve-se entender por violência contra a mulher qualquer ação ou conduta, baseada no gênero, que cause morte, dano ou sofrimento físico, sexual ou psicológico à mulher, tanto no âmbito público como no privado.*
>
> Art. 3º. *Toda mulher tem direito a uma vida livre de violência, tanto no âmbito público como no privado.*
>
> Art. 4º. *Toda mulher tem direito ao reconhecimento, gozo, exercícios e proteção de todos os direitos humanos e às liberdades consagradas pelos instrumentos regionais e internacionais sobre direitos humanos. Estes direitos compreendem, entre outros:*
>
> *a) o direito a que se respeite sua vida.*

Mais do que a ampliação do debate a respeito do assunto, por mais que em um primeiro momento possa parecer desnecessário, a inclusão na lei penal de um homicídio qualificado com o *nomen iuris* de "feminicídio" mostrou-se essencial, pois, do ponto de vista de uma política criminal feminista, retira o fato da sua "invisibilidade social". (MELLO, 2017, XI).

Resolvido o problema da previsão legal, torna-se necessário explicar o que vem a ser o Feminicídio qual tem sido, apesar da recenticidade da alteração legislativa, o entendimento dos operadores do direito a respeito dele.

Diversos são os conceitos trazidos a respeito do Feminicídio. Há, inclusive, discussão quanto à nomenclatura utilizada uma vez que se verifica, no mundo, o uso das expressões *Femicídio* e *Feminicídio*, sendo certo que na America Latina ainda não existe um consenso a respeito da terminologia.

Em 1976 utilizou-se pela primeira vez a expressão *femicide* (do inglês) no Tribunal Internacional de Crimes contra as Mulheres realizado na Bélgica. Na oportunidade a socióloga Diana Russel (RADFORD; RUSSEL, 1992, p. XIV) usou a expressão para significar a morte de mulheres, por homens, em razão de serem mulheres, ou seja, com a motivação de gênero. De acordo com a socióloga, o uso de uma nomenclatura que significa a "morte de mulheres" é passo relevante para a evidenciação desse tipo de violência.

O uso da expressão *femicídio* como alterativa ao termo *homicídio* seria necessário para retirar a invisibilidade da violência sistemática contra as mulheres, posto que poder nomear um tipo penal fornece meios de se problematizar a questão, o que, normalmente, precede o enfrentamento do tema (RADFORD; RUSSEL, 1992, p. XIV).

PASINATO (2001) utiliza a nomenclatura *femicídio* de forma bastante ampla, reconhecendo que se trataria de um *"ponto final de um continuum de terror que inclui agressões verbais físicas e uma extensa gama de manifestações de violência e privações a que as mulheres são submetidas ao longo de suas vidas"* (MELLO, 2017, p. 18).

Assim, ao se analisar sob uma perspectiva jurídico-penal, feminicídio corresponde à morte das mulheres, não necessariamente relacionada à condição do sexo feminino (BIANCHINI; GOMES, 2015), mas sim abrangeria todas as mortes evitáveis de mulheres, fossem elas evitáveis ou não, criminais ou não.

BIANCHINI diferencia, portanto, os conceitos de *femicídio* e *feminicídio*, afirmando que o primeiro se refere à morte de mulher enquanto que o segundo é a morte de uma mulher por razões de gênero (por discriminação ou menosprezo à condição de sexo feminino).

MELLO (2017, 31) usa o termo feminicídio e entende que ele se refere à ideia de *"morte de mulheres em razão de seu gênero e, em dois contextos, o doméstico e o familiar baseado no gênero, ou seja, o primeiro corresponde à mulher assassinada por parceiro íntimo atual ou ex-parceiro, e o segundo seria a morte de mulher por pessoa desconhecida da vítima, mas por motivação de gênero"*.

No Brasil, a escolha da nomenclatura deu-se pelo legislador, que optou pela expressão *Feminicídio*, conforme se vê no Código Penal vigente.

De acordo com a nova Lei, passa a ser homicídio qualificado a morte de mulher por razões de sexo feminino (art. 121, § 2º, VI, do Código Penal). No § 2º-A do mesmo artigo, o legislador lista as situações que são consideradas como razões de condição do sexo feminino: violência doméstica e familiar, menosprezo à condição de mulher ou discriminação à condição de mulher. A Lei n. 13.104/2015 também incluiu o feminicídio no rol dos crimes hediondos, com a consequente modificação do art. 1º da Lei n. 8.072/1990.

Assim, sendo classificado como crime hediondo, segundo o descrito no art. 5º, inciso XLIII, da Constituição da República de 1988, a lei proíbe a concessão de fiança, graça ou indulto, além de outras restrições legais.

Deve-se ressaltar que a Lei do Feminicídio faz referência expressa à vítima mulher. O que também é feito no âmbito da Lei Maria da Penha. No caso, há decisões jurisprudenciais e entendimento doutrinário no sentido de aplicá-la em situações que envolvem transexuais, travestis, bem como relações homoafetivas masculinas, posto que o texto de lei trata essencialmente das medidas protetivas de urgência, em que a analogia é válida para proteger até mesmo o homem (BIANCHINI; GOMES, 2015).

Há previsão expressa no parágrafo único do art. 5º da Lei n. 11.340/2006, no sentido de ela deve ser aplicada, independentemente de orientação sexual. Assim, na relação entre mulheres hetero ou transexuais (em que o sexo biológico não correspondente à identidade de gênero; sexo masculino e identidade de gênero feminina), caso haja violência baseada no gênero, pode caracterizar o feminicídio. (BIANCHINI; GOMES, 2015).

Já no Código Penal, a qualificadora do feminicídio, o sujeito passivo é a mulher, não se admitindo analogia contra o réu, ou seja, não se pode admitir a aplicação da qualificadora quando a vítima é um homem, ainda que com orientação sexual distinta da sua qualidade masculina. Mulher se traduz num dado objetivo da natureza. Sua comprovação é empírica e sensorial (BIANCHINI; GOMES, 2015).

Roberto Delmanto ressalta que não é todo homicídio realizado contra a mulher que será considerado *feminicídio*, apenas aqueles praticados dentro dos limites definidos pelo legislador. Pode ter, todavia, como autor tanto o homem quanto a mulher (DELMANTO, 2017. p. 442/443).

Nesse mesmo sentido é a manifestação de GRECCO ao afirmar que não é pelo fato de uma mulher ser sujeito passivo do delito tipificado no art. 121 do Código Penal que já estará caracterizado, automaticamente o feminicídio (GRECCO, 2015).

Jeferson Botelho Pereira classifica o crime de feminicídio em três espécies: **íntimo, não íntimo e por conexão. Como feminicídio íntimo entende como sendo o praticado** por pessoas com as quais a vítima tem ou teve uma relação íntima, familiar, de convivência ou afins. Assim, Já o feminicídio não íntimo é o posto e é perpetrado por pessoas com as quais a vítima não tinha relações íntimas, familiares ou de convivência. Por último, o feminicídio por conexão é aquele em que uma mulher é morta porque se encontrava na *"linha de tiro"* de um sujeito ativo que tentava matar outra mulher, o que pode acontecer na *aberratio ictus"* (PEREIRA, 2015).

Assim, resta claro que para a caracterização do crime de feminicídio, deve ele ocorrer o crime deverá ser praticado por *razões de condição de sexo feminino*, que efetivamente ocorrerá quando envolver:

I – violência doméstica e familiar;

II – menosprezo ou discriminação à condição de mulher.

Para que haja o reconhecimento das hipóteses de violência doméstica e familiar deverá ser utilizado como referência o art. 5º, da Lei Maria da Penha, que afirma:

> Art. 5º Para os efeitos desta Lei, configura violência doméstica e familiar contra a mulher qualquer ação ou omissão baseada no gênero que lhe cause morte, lesão, sofrimento físico, sexual ou psicológico e dano moral ou patrimonial:
>
> I – no âmbito da unidade doméstica, compreendida como o espaço de convívio permanente de pessoas, com ou sem vínculo familiar, inclusive as esporadicamente agregadas;
>
> II – no âmbito da família, compreendida como a comunidade formada por indivíduos que são ou se consideram aparentados, unidos por laços naturais, por afinidade ou por vontade expressa;
>
> III – em qualquer relação íntima de afeto, na qual o agressor conviva ou tenha convivido com a ofendida, independentemente de coabitação.

> Parágrafo único. As relações pessoais enunciadas neste artigo independem de orientação sexual.

Desta forma, caso ocorra quaisquer das hipóteses previstas nos incisos acima transcritos, deverá ser reconhecida da qualificadora relativa ao feminicídio.

Já no caso do inciso II do § 2º-A do art. 121 do Código Penal depreende-se que será qualificado o homicídio quando a morte de uma mulher se der por menosprezo ou discriminação à essa sua condição.

GRECO entende que *Menosprezo*, aqui, pode compreendido no sentido de desprezo, sentimento de aversão, repulsa, repugnância à uma pessoa do sexo feminino; enquanto que *discriminação* tem o sentido de tratar de forma diferente, distinguindo-se a vítima pela sua condição de mulher (GRECO, 2015). Haverá menosprezo quando o agente praticar por ter pouca ou nenhuma estima ou apreço pela mulher que é vítima o crime, configurando, dentre outros, desdém, desprezo, desapreciação, desvalorização (BIANCHINI; GOMES, 2015).

Ainda no que se refere à expressão discriminação é de se ressaltar que o Brasil é signatário da Convenção sobre a Eliminação de todas as Formas de Discriminação Contra a Mulher (CEDAW, 1979), ratificada em 1984, e lá há a seguinte definição de discriminação contra a mulher:

> toda distinção, exclusão ou restrição baseada no sexo e que tenha por objeto ou resultado prejudicar ou anular o reconhecimento, gozo ou exercício pela mulher, independentemente de seu estado civil, com base na igualdade do homem e da mulher, dos direitos humanos e liberdades fundamentais nos campos político, econômico, social, cultural e civil ou em qualquer outro campo. (Art. 1º)

A Lei n. 13.104/2015 incluiu ainda no Código Penal brasileiro, causas de aumento de pena (art. 121, § 7º) que deverão ser aplicadas quando da ocorrência do feminicídio. Veja-se:

> § 7º A pena do feminicídio é aumentada de 1/3 (um terço) até a metade se o crime for praticado:
>
> I – durante a gestação ou nos 3 (três) meses posteriores ao parto;
>
> II – contra pessoa menor de 14 (quatorze) anos, maior de 60 (sessenta) anos (6) ou com deficiência;
>
> III – na presença de descendente ou de ascendente da vítima.

Algumas observações se fazem necessárias. Em primeiro lugar, as circunstâncias acima descritas devem ser de conhecimento do autor (ou autora) do crime, posto que o desconhecimento do agente, ou seja, a ausência de dolo em relação a qualquer uma delas significa erro de tipo, excludente do aumento da pena.

No que se refere à variação do *quantum* de aumento de pena depende das circunstâncias do caso concreto e essa valoração será de competência do juiz da causa.

Há todavia, algumas regras genéricas que deverão ser observadas, por exemplo, no caso de gestação é certo que quanto mais próximo do parto, maior será o aumento; quando mais perto do parto já feito, até o limite dos 3 meses após, maior o aumento; quanto menor a idade da vítima maior o aumento; quanto mais idosa a mulher, maior o aumento (a majoração aqui é maior do que a prevista no § 4º do art. 121); no caso de deficiência (art. 4º do Decreto n. 3.298/1999, que regulamentou a Lei n. 7.853/1989, deverá o magistrado ao juiz valorar o grau da deficiência e a maior fragilidade da vítima e assim em diante.

Pois bem, analisados os aspectos objetivos da lei, fica claro que a problemática da violência contra a mulher ultrapassa a questão jurídica e se mostra muito mais ampla e complexa, requerendo uma análise dos aspectos sociais, psicológicos e familiares.

De fato uma das maiores dificuldades que se encontra quando se faz qualquer análise sobre o feminicídio se refere à existência de dados estatísticos sobre o assunto. O que se percebe é a enorme dificuldade no acesso a tais dados e a compreensão das estatísticas oficiais apresentadas, especialmente pela sua disparidade, entre os fornecidos pelos serviços de saúde e pelos órgãos judiciais e de segurança.

Deve-se entender que a diferença se dá inicialmente pela diferença das as unidades de registo oficial e suas finalidades (WAISELFISZ, 2015, p. 8 e p. 67). Ainda que longe do que seja considerado ideal, os números disponíveis permitem inferir que a violência contra a mulher é sistemática, reiterada e muito maior do que se imagina. Os números são aterradores, apenas para exemplificar: entre os anos de 2003 e 2013 os homicídios contra mulheres na Região Nordeste tiveram um crescimento de 79,3%. A Região Norte apresentou uma taxa um pouco menor: 53,7%.

Com a taxa de 4,8 homicídios por 100 mil mulheres, o Brasil, num grupo de 83 países com dados homogêneos, fornecidos pela Organização Mundial da Saúde, ocupa, pasmem, 5ª posição, evidenciando que os índices locais excedem, em muito, os encontrados na maior parte dos países do mundo. Para compreender melhor esses números basta dizer que apenas três países latino-americanos, El Salvador, Colômbia, Guatemala e a Federação Russa estão a nossa frente no *ranking*. Temos 48 vezes mais homicídios femininos que o Reino Unido; 24 vezes mais homicídios femininos que Irlanda ou Dinamarca; e 16 vezes mais homicídios femininos que Japão ou Escócia. (WAISELFISZ, 2015, p. 27).

O que se percebe, portanto, é que apesar da existência de legislações que buscam a prevenção e o combate da violência cometida contra a mulher no Brasil, ainda estamos longe de ter números que mostrem sua real e efetiva diminuição.

Persistem preconceitos e estereótipos na prática dos operadores do direito; há na maioria dos municípios e estados a demora no início das investigações dos casos envolvendo os crimes contra as mulheres, a inatividade de expedientes, a irregularidade e as falhas na colheita de provas dos crimes, o descaso das autoridades e as dúvidas que mostram com relação às vítimas. O tratamento inadequado das mulheres que buscam ajuda seja com a descrença, seja com o despreparo fazem com que as vítimas desistam de denunciar seus agressores e acabem, em razão do crescimento da violência contra si, tendo o mais cruel e definitivo destino: a morte.

A previsão de sanções na lei é o primeiro passo para o combate efetivo da violência contra a mulher. Deve-se combater a impunidade dos agressores e lutar contra a "normalidade" da violência contra a mulher. O caminho é longo, a luta árdua, mas não se pode desistir.

A tipificação de um crime não tem o condão de prevenir sua ocorrência ou mesmo diminuir a violência, Quando há a provocação do Estado, seja por seus agentes de polícia, seja pelo Judiciário, já terá havido a lesão ao bem jurídico tutelado. O mais importante é, de fato, prevenir, educar, orientar, alterar a visão social, mudar a visão equivocada que decorre de uma herança histórica-cultural machista, incutindo em cada um a certeza da igualdade entre homens e mulheres.

1. REFERÊNCIAS BIBLIOGRÁFICAS

ANDRADE, Léo Rosa. *Feminicídio, monogamia, violência contra mulheres*. Disponível em: <http://leorosa.jusbrasil.com.br/artigos/172692529/feminicidio-monogamia-violencia-contra-mulheres>.

BIANCHINI, A.; GOMES L. F. *Feminicidio*: entenda as questões controvertidas da Lei n. 13.104/2015, Disponível em: <https://professorlfg.jusbrasil.com.br/artigos/173139525/feminicidio-entenda-as-questoes-controvertidas-da-lei-13104-2015>.

CUNHA, Rogério Sanches. *Lei do Feminicídio*: breves comentários. Disponível em: <http://rogeriosanches2.jusbrasil.com.br/artigos/172946388/lei-do-feminicidio-breves-comentarios?ref=...>.

DELMANTO, C; DELMANTO, R; JÚNIOR, D. R; DELMANTO F. M.de A. *Código Penal Comentado*. 9. Ed. São Paulo: SaraivaJur, 2017.

GRECO, R. *Feminicídio* – Comentários sobre a Lei n. 13.104, de 9 de março de 2015. Disponível em: <https://rogeriogreco.jusbrasil.com.br/artigos/173950062/feminicidio-comentarios-sobre-a-lei-n-13104-de-9-de-marco-de-2015>.

MELLO, A.R. *Feminicidio*. Uma análise sociojurídica da violência contra a mulher no Brasil. Rio de Janeiro: Editora GZ, 2017.

ONU MULHERES; SPM; SENASP. *Feminicídios*: diretrizes nacionais para investigar, processar e julgar com perspectiva de gênero as mortes violentas de mulheres. Brasília: ONU Mulheres, SPM e SENASP, 2016.

PEREIRA, Jeferson Botelho. *Breves apontamentos sobe a Lei n. 13.104/2015, que cria o crime de feminicídio no ordenamento jurídico brasileiro*. Disponível em: <http://jus.com.br/artigos/37061/breves-apontamentos-sobrealein13-104-2015-que-cria-de-crime-feminicidio-no-ordenamento-jurídico-brasileiro>.

RADFORD, J.; RUSSEL, D. E. H. *Feminicide*: the Politics od wiman killing. New York: Tawayne, 1992.

SCHLOTTFELD, S. *Femicidio, feminicidio e o entendimento dos operadores do Direito brasileiro ao tratar a morte de mulheres em razão do gênero*. Boletim IBCRIM, São Paulo, n. 291, fev. 2017.

TELES, Maria A. De Almeida. MELO, Mônica. *O que é violência contra a mulher*. São Paulo: Brasiliense, 2002.

WAISELFISZ, J. J. *Mapa da Violência 2015*: Homicídio de mulheres no Brasil. Brasília: SPM, ONU Mulheres e OPAS/OMS, 2015.

O Protagonismo e a Representação das Mulheres na Sociedade Contemporânea: A Conquista da Democracia e da Igualdade

Delaide Miranda Arantes[1]
Beatriz Monteiro Lemos[2]

"É tão grande o desnível de direitos e oportunidades entre homens e mulheres na sociedade brasileira, que talvez seja o caso de a futura Constituição vir a conter preceito estabelecendo ser a emancipação da mulher tarefa essencial do Estado e, assim sendo, zelar para que a educação e os meios de comunicação estejam a serviço de uma cultura igualitária"
Professora Silvia Pimentel[3]

1. INTRODUÇÃO

As conquistas de direitos no Brasil refletem a luta diária e incessante de homens e mulheres por melhores condições de vida. No entanto, as reivindicações das mulheres a favor de direitos que envolvam suas demandas ou mesmo que as coloque em posição de igualdade com os homens são ainda mais difíceis, e mesmo no século XXI persiste a desigualdade de direitos e oportunidades.

A possibilidade de contribuir com um artigo sobre os direitos das mulheres foi dada pela Associação Brasileira de Advogados Trabalhistas, a ABRAT que, em louvável iniciativa, em tempos de crises e dificuldades para a sociedade brasileira, toma a decisão de comemorar o Dia Internacional da Mulher com a edição do livro "Feminismo, Pluralismo e Democracia", cuja proposta consiste em um "(...) projeto editorial crítico à sociedade patriarcal, de resistência e transformação social e política na contra-mão das opressões de sexualidade, gênero, raça, crença e classe social" (Advogado Trabalhista, Roberto Parahyba de Arruda Pinto, Presidente da ABRAT, em mensagem de 11 de janeiro, apresentando o projeto editorial e formulando convites para a elaboração de artigos).

Neste sentido, o objetivo deste artigo é historicizar as lutas feministas e as principais conquistas das mulheres no Brasil, analisar criticamente a atual representação das mulheres nas carreiras jurídicas e nos espaços públicos no país e apresentar os principais desafios destas mulheres no século XXI, reforçando a tese de que a ocupação dos espaços públicos por mulheres é determinante para a plena realização da democracia.

É difícil encontrar um marco zero na luta das mulheres no Brasil, mas costuma-se atribuir a semente do feminismo brasileiro ao texto da potiguar Nísia Floresta[4], que em 1832 lançou o livro *Direito das Mulheres e Injustiça dos Homens*. Este livro, tradução do texto da inglesa Mary Wollstonecraft, é adaptado à realidade brasileira, de forma a buscar a conscientização das mulheres sobre seus direitos, principalmente à educação, e a clamar por mudanças na sociedade, que até então mantinha as mulheres vetadas do direito ao voto e à vida pública.

A luta das mulheres por participação no mundo público e político em igualdade com os homens foi um processo histórico longo, relacionado às reivindicações e à organização do movimento feminista desde, pelo menos, o século XVIII. No Brasil, a reivindicação pelo sufrágio teve início ainda no período da Proclamação da República, em 1889, mas a expectativa por direitos políticos na República foi frustrada pela Assembleia Constituinte de 1891, que se calou sobre o direito ao voto feminino.

Inúmeras mulheres brasileiras, como Bertha Lutz (1894-1976), uma das fundadoras da Federação Brasileira pelo Progresso Feminino, foram fundamentais na conquista do voto pelas mulheres no Brasil, que só ocorreu em 1932. A conquista do voto universal fez parte de uma trajetória de lutas feministas por participação das mulheres na vida pública, tanto como cidadãs votantes como candidatas a cargos eleitorais.

---

1. Ministra do Tribunal Superior do Trabalho; especialista em Direito e Processo do Trabalho pela Universidade Federal de Goiás; especialista em Docência Universitária pela Pontifícia Universidade Católica de Goiás; pesquisadora do Grupo de Pesquisa Trabalho, Constituição e Cidadania da Universidade de Brasília (UnB).
2. Graduada em História pela Universidade de Brasília (UNB).
3. Apud CALIL, Lea Elisa. *História do Direito do Trabalho da Mulher*. Aspectos sociológicos do início da República ao final deste século. São Paulo: Ltr, 2000. p. 55.
4. FLORESTA, Nísia. Os direitos das mulheres e injustiça dos homens. *Introdução, Posfácio e Notas de Constância L. Duarte*. São Paulo: Cortez, 1989.

Na década de 1960, o Brasil e outros países latino-americanos passavam por período de regimes autoritários, momento em que a luta pela redemocratização coincidiu com o fortalecimento dos movimentos de mulheres. Estes movimentos ampliaram seus espaços de atuação política, inclusive em guerrilhas armadas rurais e urbanas, e costumavam atrelar-se a movimentos marxistas, articulando as relações de gênero às estruturas de classe e contestando as relações de poder. No período, as mulheres costumavam se organizar em clubes de mães, associações, comunidades eclesiais, movimentos estudantis, partidos e sindicatos, e muitas deram suas vidas à luta pelo fim das ditaduras de seus países[5].

A luta das mulheres brasileiras pela conquista da democracia e igualdade de direitos e oportunidades teve um marco no ano de 1985, instituído pela ONU, a Organização das Nações Unidas, como o Ano Internacional da Mulher. O Brasil vivia o fim da ditadura militar, mas um grupo de mulheres no Rio de Janeiro, com o aval da ONU, organizou uma semana de debates sobre a mulher. O evento foi realizado na sede da ABI, a Associação Brasileira de Imprensa, e contou com a participação de Celso Furtado, que declarou em seu pronunciamento que o movimento feminista era um dos principais movimentos do século XX e conferiu legitimidade ao debate naquele momento difícil de cerceamento da liberdade[6].

Com a abertura política, as mulheres desempenharam um papel muito importante em todo o processo da Assembleia Nacional Constituinte de 1987, quando brasileiras organizadas em todo o país realizaram inúmeros eventos e atos reivindicatórios que culminaram com a "Carta das Mulheres aos Constituintes".

O trabalho e a luta das mulheres brasileiras na Assembleia Nacional Constituinte, mesmo antes de sua instalação oficial, teve relevante papel nos resultados da Constituição Federal Cidadã promulgada em 05 de outubro de 1988. Jacqueline Pitanguy, no seu artigo sobre a Constituinte e Constituição[7], faz importantes relatos sobre a construção do feminismo, a Carta aos Constituintes, a persistência dos valores machistas, o movimento das mulheres, bem como de sua importância ao longo da história:

"(...) Carta das mulheres brasileiras aos constituintes. Este é um documento histórico e, de certa forma, recupera, nos diversos âmbitos, princípios gerais e propostas específicas, no âmbito do trabalho, da saúde, da educação e cultura, da família, da violência e dos benefícios sociais, que vinham sendo apresentadas, digeridas e debatidas desde 1985".

Apesar da participação das mulheres na Assembleia Nacional Constituinte e da inclusão da igualdade de gênero no texto Constitucional, persiste uma baixa representatividade das mulheres no âmbito público da sociedade. Excluídas dos espaços de decisão, não é possível a realização da plena democracia:

O conceito de democracia só assumirá significado verdadeiro e dinâmico quando as políticas e legislações nacionais forem decididas conjuntamente por homens e mulheres com equidade na defesa dos interesses e atitudes de um e de outros.[8]

Sistematicamente, as mulheres são submetidas a leis que vão contra seus direitos e reivindicações, pois são excluídas do poder de decidir sobre assuntos que as afetam diretamente. Tal crise de representatividade não possui relação com a capacidade, inteligência, falta de interesse na política ou a "essência" do sexo biológico, mas está ligada ao estímulo que recebem, às hierarquias de gênero e aos mecanismos cotidianos que colaboram para a reprodução dessas hierarquias, desencorajando-as a seguir carreira na vida pública:

A participação de homens e mulheres na vida pública não é aleatória, fruto de desejos pessoais, particulares, muito menos de aptidões ou habilidades naturais de cada sexo. Somos socialmente educados e educadas para gostar mais ou menos de política, de economia, de leis, quer sejamos homens ou mulheres.[9]

Via de regra, as mulheres que ousam entrar na esfera pública sofrem preconceito de gênero e são tratadas pelos seus pares homens como incapazes de atuar nesse âmbito por serem mulheres.

A eleição de Dilma Rousseff para a presidência preencheu um vácuo de mais de cem anos de República sem que nenhuma mulher tenha ocupado este cargo. Representou, também, mais um passo na desconstrução das imagens atreladas ao que seria o papel das mulheres na sociedade. As dificuldades enfrentadas pelo seu governo não prescindem de uma análise sob o ponto de vista misógino. A despeito de discussões sobre problemas relacionados à governança, o tratamento desrespeitoso que permeou as manifestações da mídia e de seus pares reforça a ideia de que as mulheres sofrem preconceitos característicos de gênero.

Neste sentido, o chamado golpe parlamentar, nas palavras inclusive de Boaventura Sousa Santos Boaventura[10] e que culminou com o impedimento da Presidenta apresentou fortes traços da herança cultural machista e resultou, ao

---

5. MULHERES. Disponível em: <http://memoriasdaditadura.org.br/mulheres/index.html> Acesso em: 17 set. 2017.
6. PITANGUY, Jacqueline. *Mulheres, Constituinte e Constituição* in Redistribuição, Reconhecimento e representação. ABREU, Maria Aparecida (Org). Redistribuição, reconhecimento e representação: diálogos sobre igualdade de gênero. Brasília: IPEA, 2011.
7. *Idem*, p. 23.
8. *Resolução sobre Mulher e poder político da Inter-Parlamentary Public Union* (IPU), 1994. Acesso em: 12 fev. 2018.
9. Disponível em: <http://ead.bauru.sp.gov.br/efront/www/content/lessons/24/G%C3%AAnero%20-%20texto1.pdf>. Acesso em: 12 fev. 2018.
10. Disponível em: <https://blogdaboitempo.com.br/2016/06/02/boaventura-contra-o-golpe-parlamentar-no-brasil/>. Acesso em: 12 fev. 2018.

final, entre outras medidas, na aprovação pelo Congresso Nacional de uma reforma trabalhista que flexibiliza direitos sociais e trabalhistas conquistados há mais de setenta anos e no anúncio de uma Reforma de Previdência altamente prejudicial à sociedade, aos trabalhadores dos setores público e privado e sobretudo às mulheres.

Por tudo isso, as comemorações deste oito de março de 2018 serão marcantes, pois será um ano de muitas lutas, mas de esperança por dias melhores, após os conturbados anos de 2016 e 2017, marcados por quebras de princípios da democracia e por retrocessos sociais.

2. A REPRESENTAÇÃO DAS MULHERES NA ESFERA PÚBLICA

A integração das mulheres nos espaços públicos de representação não significa necessariamente que elas estejam em um contexto igualitário[11]. Se as mulheres obtiveram oportunidades de trabalho e de poder, a cultura patriarcal conferiu a elas condições desiguais, e é isso que esse tópico pretende apresentar.

É certo que as mulheres precisam se lembrar de importantes conquistas através dos tempos, como as que se deram na Constituição Federal 1988, e do relevante fato de o Brasil ter sido presidido pela primeira vez em sua história por uma mulher. No entanto, a persistência da cultura machista se manifesta no baixo índice de representação das mulheres nos mais importantes setores da sociedade e, ainda, nos atos de preconceito e discriminação presentes até hoje.

Compreende-se representação como a "demanda por voz de grupos que não predominam e muitas vezes nem mesmo estão presentes nas estruturas representativas da organização social", e principalmente, nas estruturas de poder. A plena realização da democracia vai além da representação das mulheres nos espaços públicos, que durante séculos a elas foi negado; perpassa também pelo reconhecimento de seu trabalho, entendendo reconhecimento como um termo que surge a partir da demanda de alguns setores sociais que se consideram excluídos pelas concepções de justiça universais, passando pela ideia de igualdade através do respeito e da afirmação da identidade.[12]

Na busca por reconhecimento e representação social, o Brasil obteve grandes avanços a partir do século XX, destacando-se os que vierem com a criação da Justiça do Trabalho, com a promulgação da Consolidação das Leis do Trabalho, a CLT, a Constituição Federal Cidadã de 1988, o Código Civil Brasileiro de 2002 e outras conquistas da legislação infraconstitucional, avanços que contribuíram para a igualdade dos direitos das mulheres. No entanto, esta igualdade ainda se situa no campo formal, com déficit na esfera real, como admitem estudiosos e pesquisadores. Nesse sentido, conclui Sandro Marcos Godoy:

> "Certamente o avanço socioeconômico da mulher brasileira nos últimos tempos proporcionou-lhe a conquista da isonomia legal. A perpetuação dessa luta objetiva atingir a isonomia real de forma a extirpar totalmente a discriminação na relação de gênero, em especial proporcionando igual competitividade ao mercado de trabalho e encerrando a era da desproporcionalidade salarial e impinge ao homem uma média remuneratória bem superior àquela percebida pelo sexo feminino no exercício de idêntica atividade".[13]

Apesar das conquistas alcançadas, ainda persistem atos de preconceito de gênero que validam os atuais movimentos pela igualdade de direitos, de tratamento e de oportunidades. Neste passo, as campanhas pela erradicação do trabalho infantil em condições de exploração, por mais segurança no trabalho, pela igualdade de remuneração, pela erradicação completa do trabalho em condições análogas ao de escravizados são pautas que se somam às lutas das mulheres e que atingem milhões de brasileiras.

No que se refere à participação das mulheres nos espaços públicos da sociedade, estudos e pesquisas levam à conclusão de que os desafios das mulheres são muitos, embora elas venham de uma história de muitas lutas pela conquista de liberdade, da democracia e de igualdade de direitos e de tratamento, contra toda e qualquer forma de discriminação e preconceito de gênero. Neste sentido, os seguintes dados significativos:

> "O Brasil ocupa a 85ª posição entre os 134 países analisados e o principal problema constatado é a sub-representação política das mulheres (...). As eleições de 2010 para o Executivo e o Legislativo confirmam esses dados (...) apenas 11,66% dos eleitos eram mulheres. Nos Sindicatos os números não são diferentes. Os dados do Dieese confirmam a divisão sexual do trabalho e a disparidade da participação política entre homens e mulheres. (...) percentual de trabalhadores sindicalizados por setor da economia e sexo, sendo os homens maioria na agricultura (60,7%), na indústria (73,9%), na construção (93,7%), no comércio e reparação (58,6%), no transporte, armazenagem e comunicação (85,5%), na Administração Pública (60,6%); as mulheres são maioria apenas na educação, saúde

---

11. ELEUTÉRIO, Julia Melim Borges. *(Des)igualdade de gênero nas relações de Trabalho)*: por um novo paradigma relacional a partir da desconstrução da cultura machista. 1. ed.- Florianópolis, SC: Empório do Direito, 2017.
12. ABREU, Maria Aparecida (Org). *Redistribuição, reconhecimento e represenração*: diálogos sobre igualdade de gênero. Brasília: IPEA, 2011, introdução.
13. GODOY, Sandro Marcos. *A Mulher e o Direito do Trabalho*: a proteção da dimensão constitucional do princípio da igualdade. ed. Birigui, SP: Boreal Editora, 2015, p. 79.

e serviços sociais (77,6%) e nos serviços domésticos (86,7%). Os índices de mulheres que ocupam cargos de "poder, mando e decisão" dentro dos sindicatos ainda são muito pequeno. Nas diretorias das Centrais Sindicais, em 2009, era de 21,18%"[14].

Os desafios são muitos, a iniciar pela desigualdade de remuneração das mulheres trabalhadoras brasileiras. Depois de quase setenta anos da aprovação e ratificação da Convenção n. 100 da Organização Internacional do Trabalho – a OIT, assegurando igualdade de remuneração entre homens e mulheres para o exercício do mesmo trabalho, as mulheres ainda não conquistaram a igualdade de remuneração, o que as obriga a conviver com uma diferença salarial na ordem de trinta por cento: as mulheres percebem quase um terço a menos que os homens em igual função e com a mesma responsabilidade.

No âmbito dos serviços públicos, os dados estatísticos demonstram a existência de mais de cinquenta por cento de mulheres trabalhadoras do total de ingressantes nas carreiras públicas. No entanto, em funções de poder, quando o assunto é empoderamento, o percentual de participação das mulheres cai para a ordem de dezoito por cento nos cargos de direção.

Na Ordem dos Advogados do Brasil – a OAB, uma das entidades mais respeitadas da sociedade civil brasileira, vanguarda na defesa da democracia e dos direitos, estruturada em todas as unidades da Federação através de vinte e sete seccionais estaduais, inúmeras subseções em milhares de cidades do Brasil, as mulheres advogadas são maioria, constituindo atualmente percentual acima de cinquenta por cento entre os quase um milhão de advogados.

A entidade nacional da OAB sempre foi presidida por grandes expoentes do mundo jurídico, a exemplo de Raimundo Faoro, Maurício Correia, Márcio Tomás Bastos, Cezar Britto Aragão, dentre outros, no entanto, nunca foi presidida por uma mulher em sua história de quase cem anos de sua fundação, em 18 de novembro de 1930.

A OAB é a entidade máxima de representação dos advogados e advogadas do Brasil e é responsável pela regulamentação da advocacia no país. Atualmente é presidida pelo advogado Claudio Lamachia, do Rio Grande do Sul. A atual gestão é composta por cinco diretores e não tem em sua composição nenhuma mulher. Dos setenta e oito Conselheiros Federais que representam a Entidade em nível nacional, apenas dez são mulheres Conselheiras Federais titulares. E das já referidas vinte e sete Seccionais das unidades da Federação, apenas uma é presidida por mulher, a Seccional da OAB de Alagoas, com sede em Maceió, presidida pela Advogada Fernanda Marinela.

Na composição dos Tribunais Superiores a situação não é muito diferente, pois apenas dois Tribunais Superiores são presididos por mulheres, o que não é suficiente para constituir uma real superação da desigualdade de gênero nas altas funções de poder, no Brasil.

É que a eleição para os postos de presidência e direções em geral, das Cortes Superiores de Justiça, do Brasil, dá-se pelo critério de antiguidade e tanto a Presidente do Supremo Tribunal Federal (STF), quanto a do Superior Tribunal de Justiça (STJ) ascenderam aos postos por este critério, embora toda a sociedade tenha amplo conhecimento que além do tempo de serviço ambas têm competência, são preparadas e experientes para ocuparem os postos que hoje lhes são destinados.

O Supremo Tribunal Federal, o STF tem em sua composição nove homens e apenas duas mulheres, as Ministras Carmem Lúcia Antunes Rocha e Rosa Weber. O Superior Tribunal de Justiça, o STJ é composto por vinte e três homens e apenas seis mulheres. O Superior Tribunal Militar que pela primeira vez na história foi presidido por uma mulher, a Ministra Maria Elizabeth Rocha, tem em sua composição apenas uma mulher, a Ministra Elizabeth. São treze ministros homens. O Tribunal Superior Eleitoral, o TSE, tem em sua direção uma mulher eleita vice-presidente, a Ministra Rosa Maria Weber, mas é composto em sua maioria por ministros homens.

O Tribunal Superior do Trabalho, o TST é a instância máxima da Justiça Federal especializada do Trabalho, no Brasil, organizado em Tribunais Regionais do Trabalho, ao todo são vinte e quatro Tribunais divididos por regiões. O TST é composto em sua maioria por ministros homens: do total de vinte e sete ministros são vinte e um homens e seis mulheres, sendo que o Tribunal nunca teve uma mulher na presidência em toda a sua história de mais de setenta anos de criação.

No campo da política institucional, no Brasil, a participação das mulheres no Congresso Nacional ainda é uma das mais baixas do mundo: o país ocupa a 154ª posição entre 193 no *ranking da Inter-Parlamentary Union*[15] com cerca de dez por cento de mulheres nos cargos de deputadas federais, e isso nas eleições de 2014, mesmo após 16 anos da vigência de 30% de cotas em eleições proporcionais para candidaturas no legislativo.[16]

Com relação aos níveis estaduais e municipais, as estatísticas mostram ainda menos mulheres no campo político: das 18 que concorreram ao governo estadual, apenas uma tornou-se governadora em 2014 (Suely Campos, de Roraima), e nas Assembleias Legislativas, apenas 11,3% são mulheres.[17]

---

14. Bertolin: Kamada, 2012, p. 40 Apud FERREIRA, Olavo Augusto; MENDES, Márcia Cristina. *Reforma Trabalhista*, Ribeirão Preto: Migalhas, 2017. p. 398.
15. *Dados Sobre a Participação das Mulheres na Política Brasileira*. Disponível em: <http://www.politize.com.br/participacao-das-mulheres-na-politica-brasileira/>. Acesso em: 10 jun. 2017.
16. ARAÚJO, Clara. *Mulheres nas eleições de 2014* – elegibilidade, um desafio que permanece. Rio de Janeiro, 2010.
17. Disponível em: <http://politica.estadao.com.br/noticias/geral,mulheres-chefiam-procuradorias-em-apenas-tres-estados,70001902615>.

Levantamento feito pelo jornal O Estado de São Paulo mostra que, dos 27 procuradores-gerais de Justiça dos Estados e do Distrito Federal, apenas três, ou seja, 11%, são mulheres, no Espírito Santo, na Bahia e em Roraima.[18]

Assim, conclui-se que nos espaços públicos da sociedade brasileira, seja nos Poderes Executivo, Legislativo ou Judiciário, ou nos cargos de direção das entidades representativas das carreiras jurídicas, há muito o que ser feito para alcançar a igualdade de representação e de gênero.

3. AS MULHERES E AS IMPORTANTES BANDEIRAS DE LUTA PELA DEMOCRACIA E PELA IGUALDADE

"A vida tem duas faces: positiva e negativa. O passado foi duro mas deixou o seu legado. Saber viver é a grande sabedoria. Que eu possa dignificar minha condição de mulher (...) e me fazer pedra de segurança dos valores que vão desmoronando. Nasci em tempos rudes, aceitei contradições lutas e pedras como lições de vida e delas me sirvo. Aprendi a viver."

Cora Coralina, Poetiza Goiana – 1889/1985.

O nosso país tem sido apontado como um dos mais desiguais do mundo. A sua população de mais de duzentos milhões de habitantes é constituída em sua maioria de mulheres e estas são as maiores vítimas dos grandes problemas sociais. Quando se fala em reforma trabalhista com a terceirização ampla para todas as atividades empresariais e flexibilização com redução de direitos, a mulher é mais prejudicada.

Nesse sentido, o estudo apresentado por Adriana Letícia Saraiva Lamonier Rodrigues e Flávia Souza Máximo Pereira[19] discorre sobre os impactos da reforma trabalhista para as mulheres trabalhadoras:

"No entanto, são as mulheres-que-vivem-do-trabalho que sofrerão o maior impacto da precarização derivada da terceirização irrestrita, especialmente a mulher negra periférica. Essa análise dos efeitos precarizantes do Projeto de Lei n. 4.302/1998 buscou visibilizar que as relações de opressões de classe se articulam com as categorias de gênero e raça, fazendo com que o tipo de trabalhadora mais vulnerável seja capturada pela lógica da terceirização, naturalizando posições subalternas e desiguais na divisão do trabalho no Brasil" (p.14). A vida tem duas faces: positiva e negativa. O passado foi duro, mas deixou o seu legado. Saber viver é a grande sabedoria. Que eu possa dignificar minha condição de mulher (...) e me fazer pedra de segurança dos valores que vão desmoronando.

Além da reforma trabalhista e da terceirização, existem ainda graves problemas sociais que afetam a população brasileira e que atingem diretamente milhões de mulheres. E aí a referência é especialmente às camadas menos favorecidas economicamente, milhões de mulheres pobres, sem acesso a educação de qualidade, a informação adequada, a emprego decente e sem renda digna para a sobrevivência mínima. Um desses problemas é o tráfico de pessoas, que só na Região Centro-Oeste é responsável por vinte vírgula trinta e seis por cento (20,36%), do tráfico de pessoas no País.

Há ainda a exploração do trabalho infantil (urbano, rural e doméstico), que de acordo com dados do PNAD/IBGE 2013, atinge no Brasil, em torno de três milhões e duzentas mil crianças e adolescentes que trabalham nessas condições. Outro grande mal que não tem sido adequadamente combatido é o trabalho análogo a de escravizados, que atinge mais de duzentos mil trabalhadores e trabalhadoras nesta condição degradante, e ainda a violência doméstica, que segundo pesquisas, atinge mais de 13 milhões de mulheres que já sofreram algum tipo de agressão.

A marca da desigualdade de direitos dentro do recorte de raça e gênero se reforça com o registro de que o Brasil é o maior empregador de trabalho doméstico do mundo, de acordo com pesquisa da Organização Internacional do Trabalho, a OIT, realizada em 117 países do mundo. No Brasil são quase sete milhões de trabalhadores domésticos, dos quais mais de noventa por cento são mulheres e destas mais de sessenta por cento são mulheres negras.

4. À GUISA DE CONCLUSÃO

O que se pode afirmar neste oito de março, em comemoração ao Dia Internacional da Mulher, é que a luta continua. E nessa senda, colocamo-nos ao lado de mulheres que além de seus ofícios e encargos profissionais, pessoais e familiares, não medem esforços para contribuir para a conquista da igualdade entre homens e mulheres e pela construção de uma sociedade mais justa e igualitária, considerando que a sociedade brasileira figura entre as mais desiguais do mundo.

As lutas feministas são essenciais para manter os direitos já conquistados, impedir os retrocessos e continuar em busca de mais direitos. Apenas com o reconhecimento pleno do trabalho das mulheres nos espaços público e privado o Brasil terá uma sociedade mais plural e uma democracia mais justa, cada vez mais livre da cultura patriarcal e machista.

Ressalto por fim, o importante trabalho que vem sendo realizado por meio de sucessivas direções, pela Associação Brasileira de Advogados Trabalhistas, a ABRAT, a quem devemos a organização desta importante obra coletiva em comemoração ao Dia Internacional da Mulher deste importante ano de 2018.

---

18. Disponível em: <http://politica.estadao.com.br/noticias/geral,mulheres-chefiam-procuradorias-em-apenas-tres-estados,70001902615>.
19. O projeto de Lei n. 4.302/1998 e as mulheres-que- vivem-do-trabalho: a terceirização tem rosto definido In: RAMOS, Gustavo Teixeira et al (Coords.). *O golpe de 2016 e a reforma trabalhista*: narrativas de resistência. Bauru: Canal 6. 2017. p. 14.

5. REFERÊNCIAS BIBLIOGRÁFICAS

ABREU, Maria Aparecida (Org). *Redistribuição, reconhecimento e representação:* diálogos sobre igualdade de gênero. Brasília: IPEA, 2011.

CALIL, L.E.S. *História do Direito do Trabalho da Mulher:* aspectos histórico-sociológicos do início da República ao final deste século. São Paulo: LTr, 2000.

ELEUTÉRIO, Julia Melim Borges. *(Des)igualdade de gênero nas relações de Trabalho):* por um novo paradigma relacional a partir da desconstrução da cultura machista. 1. ed. Florianópolis, SC: Empório do Direito, 2017.

FERREIRA. O.A.V.A.; MENDES. M.C.S. *Reforma Trabalhista.* Ribeirão Preto: Migalhas, 2017.

GODOY, Sandro Marcos. *A mulher e o direito do trabalho:* a proteção e a dimensão constitucional do princípio da igualdade. 1. ed. Birigui, SP: Boreal Editora, 2015.

MAIOR, J.L.S.; VIEIRA, R.S.C. *Mulheres em Luta:* a Outra Metade da História do Direito do Trabalho. São Paulo: LTr, 2017.

RAMOS. G.T. *O Golpe de 2016 e a Reforma Trabalhista:* Narrativas de Resistência. Bauru: Canal 6, 2017.

SEVERO, V.S.; MAIOR. J.L.S. *Manual da Reforma Trabalhista:* Pontos e Contrapontos. 1. ed. Porto Alegre – São Paulo: Editora Sensus, 2017.

SHARP. A. et.al. *Mulheres: um século de transformações.* Rio de Janeiro: Agência O Globo, 2016.

CORRÊA, Talita. A Presença Feminina no Poder Judiciário: Mulheres Ministras Ocupam Apenas 18% das Cadeiras dos Cincos Tribunais Superiores do Brasil. *Revista Observatório Feminino*, Jaboatão dos Guararapes, v. 2, n. 03, p. 16-31, 2016.

O Direito, a Mulher e o Mercado de Trabalho

Elaine Cristina Beltran de Camargo[1]

Não podemos todos ser bem-sucedidos quando metade de nós está restringida.
(Malala Yousafzai)

1. CONSIDERAÇÕES INICIAIS

O instituto do feminismo, ao contrário do que muitos pensam, difere-se do *femismo*. O feminismo é um movimento social que visa a igualdade de gêneros, atingindo por sua importância, diversas áreas, tais como a sociologia, a economia e o direito.

O movimento feminista não é o oposto do *machismo*; este por sua vez, esse possui outra nomenclatura, o *femismo*. O femismo não nos interessa, já que as mulheres não devem ter a intenção de ser superior aos homens, não pretendem possuir as mesmas características biológicas ou competir com a sua força física. NÃO é isso!

O movimento feminista prega a igualdade de gêneros, ou seja, as mulheres não querem sofrer preconceito pelo fato de serem mulheres. O ponto precípuo é o ser humano, de igual para igual, concorrendo de forma efetiva às mesmas oportunidades de trabalho.

Historicamente, a inserção da mulher no mercado de trabalho foi impulsionada pela Revolução Industrial, no século XVIII. Com a mudança do sistema produtivo, o novo regime de produção em massa, a racionalização e a divisão do trabalho, passaram a absorver as chamadas *meias forças*: a mão de obra feminina e infantil eram exploradas sem quaisquer barreiras, quer do ponto de vista ético, quer do ponto de vista jurídico. A contratação era livre, como uma espécie de "mercadoria", pautada no liberalismo econômico e jurídico.

No século XIX, o trabalho feminino atingiu 78% das indústrias têxteis. Sem regulação, as jornadas eram extenuantes, por vezes acima de quinze horas diárias; o ambiente era insalubre, permeados pelo preconceito e discriminação.

Os primeiros textos internacionais que trataram dos Direitos das Mulheres começaram a ser instituídos a partir de 1919, com a criação da Organização Internacional do Trabalho (OIT), pelo Tratado de Versalhes, onde se estabeleceram doze Convenções Internacionais a favor da igualdade de gêneros. Dessa dúzia de convenções, o Brasil ratificou apenas seis:

- Convenção 3. Proteção à maternidade, de 1919, foi ratificada em 1934;
- Convenção 89. Trabalho noturno (mulheres), de 1948, foi ratificada em 1957;
- Convenção 100. Igualdade de remuneração, de 1951, foi ratificada em 1957;
- Convenção 103. Proteção à maternidade, de 1952, foi ratificada em 1965;
- Convenção 111. Discriminação no emprego e na ocupação, de 1958, foi ratificada em 1965;
- Convenção 171. Trabalho noturno, de 1990, foi ratificada em 2002.

Os primeiros direitos trabalhistas estabelecidos na legislação brasileira foram instituídos apenas pela Consolidação da Legislação do Trabalho (CLT), em 1943.

A partir das décadas de 1960 e 1970, as mulheres passaram a ocupar postos de trabalho de maior importância intelectual, sendo que a maioria das vezes em ambientes que não reconheciam sua capacidade.

Com o advento da Constituição Federal de 1988, a legislação avançou, prevendo a igualdade de direitos e obrigações entre homens e mulheres (art. 5, inciso I). Entretanto, até os dias atuais as normas não têm sido cumpridas em sua totalidade, demonstrando ser insuficientes para abolir as práticas discriminatórias.

Em pleno ano de 2018, a igualdade de gêneros não foi consolidada, o que implica e torna fundamental a abordagem do tema para que o movimento feminista atinja seu objetivo social, político e econômico.

Enquanto houver desigualdades, haverá necessidade de ações afirmativas.

2. TRABALHO, MULHER E DISCRIMINAÇÃO

O feminismo é um movimento plural que permeia todos os ramos do direito, dentre os quais, o direito social do trabalho.

O direito do trabalho é envolvido pelo feminismo em diversas oportunidades. Nos casos em que homens e mulheres percebem remuneração diversa apenas em razão da diferença de gênero. Nos casos em que a licença-maternidade se constituiu um obstáculo aos lucros das empresas.

---

1. Mestre em Direito do Trabalho pela PUC-SP. Conselheira da Associação dos Advogados de São Paulo (AASP). Advogada em São Paulo.

Nos casos em que a jornada de trabalho da mulher é dupla, mas a remuneração é única. Ou ainda em todos os casos em que mulheres sofrem assédio sexual e assédio moral em seus postos de trabalho.

2.1. Dignidade da mulher x discriminação no trabalho

A dignidade da pessoa humana é o fim supremo de todo o direito. Logo, expande os seus efeitos aos mais distintos domínios normativos para fundamentar toda e qualquer interpretação. É o fundamento maior do Estado brasileiro.

O termo *discriminação* é de origem anglo-americana; do ponto de vista etimológico significa o caráter infundado de uma distinção.

A Constituição Federal de 1988 trata da dignidade da pessoa humana e dos valores sociais do trabalho no art. 1, incisos III e IV. A valorização do trabalho compõe, juntamente com outros elementos, o ser humano, tornando-o digno. Quando a mulher é discriminada apenas pelo fato de ser mulher, sofre ela preconceito em sua maior plenitude, o que viola frontalmente os preceitos constitucionais.

As principais formas discriminatórias contra a mulher no trabalho estão relacionadas a desigualdade remuneratória, a dificuldade de obtenção e permanência no emprego em razão da maternidade, o sofrimento de assédio sexual e o sofrimento de assédio moral.

2.1.1. Desigualdade remuneratória

A prática mostra que, via de regra, a remuneração feminina é inferior em todas as funções de trabalho, sendo que, quanto mais alto o nível hierárquico da função, mais abrupta será a diferença. Segundo o site Catho, especializado em recrutamento e seleção, para funções operacionais, a diferença entre os salários chega a 58%. Nos casos de especialista graduado, a diferença é de 51,4%; especialista técnico é de 47,3%; coordenação, gerência e diretoria é de 46,7%; supervisor e encarregado é de 28,1%; analista é de 20,4%; trainee e estagiário é de 16,4%; e assistente e auxiliar é de 9%.

Desigualdade de salários
Pesquisa da Catho mostra que empresas pagam menos para mulheres em todos os cargos

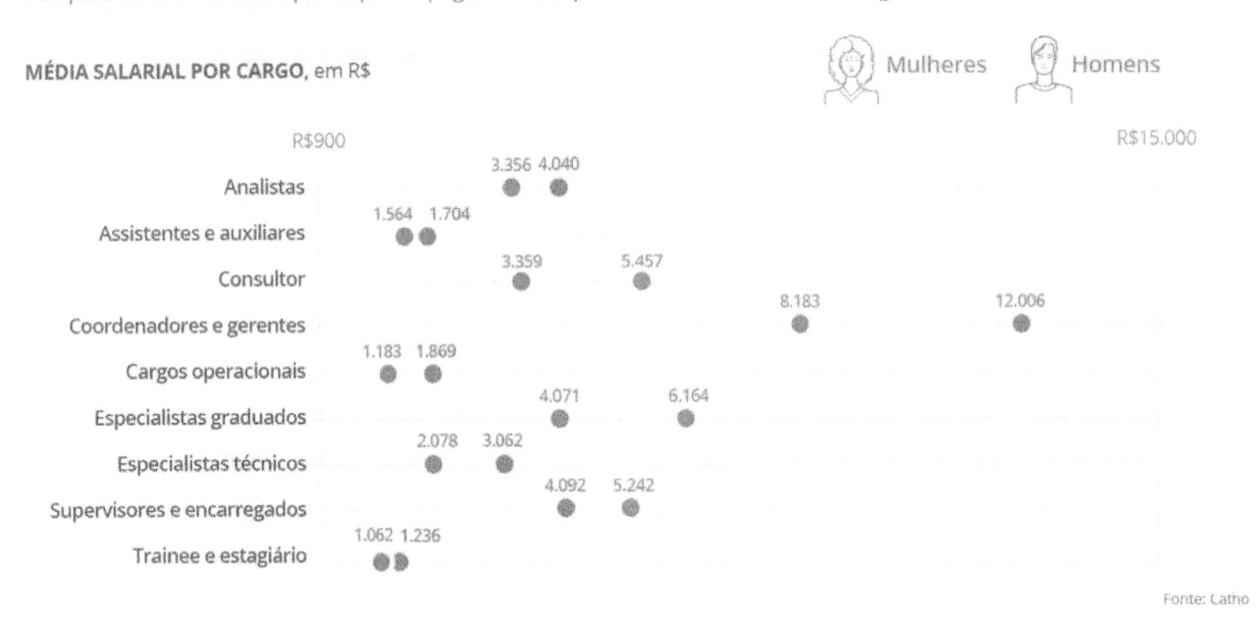

MÉDIA SALARIAL POR CARGO, em R$ — Mulheres / Homens

Cargo	Mulheres	Homens
Analistas	3.356	4.040
Assistentes e auxiliares	1.564	1.704
Consultor	3.359	5.457
Coordenadores e gerentes	8.183	12.006
Cargos operacionais	1.183	1.869
Especialistas graduados	4.071	6.164
Especialistas técnicos	2.078	3.062
Supervisores e encarregados	4.092	5.242
Trainee e estagiário	1.062	1.236

Fonte: Catho

Tais diferenças de salário são inadmissíveis. A velha justificativa de a que a mulher possui jornada dupla e, por tal razão, não disporia do mesmo tempo que os homens para o cumprimento de suas tarefas não é sustentável, ainda mais nos dias de hoje, em que maternidade é cada vez mais tardia.

A legislação atual prevê o direito de a mulher receber o mesmo salário que os homens, se o trabalho prestado for equivalente. Porém há uma discriminação de forma velada quando por exemplo, há menor disponibilidade de vagas de trabalho para mulheres. Tais práticas afrontam os dispositivos legais e os princípios constitucionais, devendo, pois, serem combatidos.

2.1.2. Maternidade

No que tange aos aspectos que envolvem a maternidade, a legislação é complexa em todos os pontos. Tanto em relação à contratação da mulher, quanto em relação à estabilidade da gestante (art. 10, II, *b* do Ato das Disposições Constitucionais Transitórias da Constituição Federal de 1988), ou em relação à licença maternidade (art. 392, CLT), ou ainda em relação à amamentação (art. 396, CLT).

Ao mesmo tempo que o conjunto normativo garante à gestante seu emprego durante o período da estabilidade, cria obstáculos à contratação das mulheres por essa mesma razão. Não raramente, entende-se que a contratação feminina é sinônimo de prejuízo financeiro.

A legislação infraconstitucional ainda prevê que as empresas nas quais trabalhem pelo menos trinta mulheres com mais de dezesseis anos de idade são obrigadas a providenciar um local apropriado onde seja permitido às mães guardarem, sob vigilância e assistência os seus filhos no período de amamentação (art. 389, CLT). Entretanto, há pouca fiscalização neste sentido.

Não poderíamos deixar de mencionar o que inicialmente a Reforma Trabalhista (Lei n. 13.467/2017) havia previsto, de que gestantes ou lactantes poderiam trabalhar em ambientes insalubres mediante autorização médica, o que seria verdadeiro absurdo. Após a promulgação da Medida Provisória n. 808/2017, a gestante foi afastada do ambiente insalubre em grau máximo, mas poderá trabalhar voluntariamente em ambientes insalubres em grau mínimo e médio com autorização médica. A intenção do legislativo com a MP 808 foi flexibilizar a norma causando menor impacto social.

2.1.3. Assédio sexual e assédio moral

O assédio moral é a prática reiterada e abusiva de se impor pressão desarrazoada sobre o empregado, causando danos psicológicos de dimensões diversas. Como por exemplo, cita-se a exigência de metas inatingíveis, xingamentos, castigos, humilhações. Referidas atitudes atingem a honra e a moral, ferindo a dignidade da pessoa humana (art. 1, III da CF).

As consequências para o assediado muitas vezes são terríveis, redundando em graves problemas de saúde, tais como a depressão.

Da mesma forma, o assédio sexual sofrido pela mulher no ambiente de trabalho não apenas fere sua dignidade, como no caso do assédio moral, mas também constitui uma conduta criminosa (art. 216-A do Código Penal).

> "Assédio sexual – art. 216-A. Constranger alguém com o intuito de obter vantagem ou favorecimento sexual, prevalecendo-se o agente da sua condição de superior hierárquico ou ascendência inerentes ao exercício de emprego, cargo ou função."
>
> Pena – detenção, de 1 (um) a 2 (dois) anos."

2.2. Mecanismos contra a discriminação das mulheres no trabalho

A reforma trabalhista de 2017 poderia ter evoluído no tema em favor das mulheres, prevendo que a família poderia decidir a quem seria permitido o gozo da licença parental quando do nascimento do filho, ou ainda propiciar condições diferenciadas na substituição das mulheres no período da licença, como bem salientou Cláudia Abud Marques em recente estudo publicado no Migalhas.

Algumas empresas que possuem uma cultura organizacional mais avançada no tratamento das mulheres têm instituído ações afirmativas, disponibilizando ferramentas que combatem a discriminação.

Anualmente, é publicado um *ranking* das melhores empresas para as mulheres trabalharem. Em 2017, as principais, pela ordem, foram: Natura, Redecard, Magazine Luiza, McDonald's, Credicard, O Boticário, BankBoston, Unimed, RM Sistemas, e a Herbarium.

Por sua vez, os critérios estabelecidos para essa apuração foram os seguintes: – a primeira seleção é quantitativa, a empresa deve possuir mais de 35% de mulheres no quadro e a média de satisfação com o ambiente de trabalho ser superior a 71% (numa escala de zero a 100). A partir daí, foi realizada uma depuração das empresas selecionadas: – em primeiro lugar, analisou-se a porcentagem de mulheres em posição de chefia. As empresas com até 25% de executivas receberam 30 pontos; de 26% a 50%, 50 pontos; com 51% ou mais, receberam o máximo de 100 pontos.

A mesma escala de pontos foi utilizada como critério com relação à quantidade de mulheres no quadro geral de funcionários, a partir do mínimo de 35%. Depois, foi a vez dos benefícios. Até três benefícios renderam 30 pontos. Com quatro ou cinco, 50 pontos. Acima de cinco práticas, 100 pontos. A nota final foi dada com base em quatro itens de pesos distintos: – a satisfação das mulheres com o ambiente de trabalho teve 60% de peso; – os comentários espontâneos dos funcionários sobre a não-discriminação tiveram peso equivalente a 5%; por fim, as práticas apresentadas pela empresa significaram 25% da nota. Por fim, os 10% restantes vieram da média ponderada de benefícios e do número de mulheres em cargos de chefia.[2]

2.2.1. Aplicação de penalidades

As empresas devem implantar políticas que impeçam os assédios moral e sexual, levando informação aos colaboradores através de treinamentos, inserção de conceitos nos regulamentos internos, adotando punições previstas em lei, tais como advertências, suspensões, despedidas por justa causa. Todos os fatos potencialmente lesivos devem ser investigados sigilosamente (sindicância), criando-se uma cultura interna de não-discriminação da mulher. Não há brechas para qualquer ato duvidoso no ambiente de trabalho contra a mulher, como por exemplo, o oferecimento de carona de um superior hierárquico em prol de uma subordinada. A adoção de medidas preventivas é fundamental para a evolução contra práticas de assédio.

Em caso de abuso, a colaboradora assediada poderá propor judicialmente a rescisão indireta (art. 483, CLT) de seu contrato de trabalho em face do empregador, além de pleitear a reparação por dano moral e material, obviamente o caráter punitivo não eliminará o sofrimento moral incorrido.

---

2. Disponível em: <http://www.sinprorp.org.br/empregos/empregos2005/016.htm>.

A assediada poderá procurar o Ministério Público do Trabalho e oferecer uma denúncia contra o assediador, inclusive, de forma anônima.

Para se combater o assédio sexual não basta a existência de instrumentos legislativos de caráter pedagógico e cunho punitivo, embora sejam indispensáveis. Há de se avançar nas relações humanas, na mentalidade dos homens e das mulheres.

2.2.2. Instrumentos normativos

Além da criação de um ambiente de trabalho saudável para as mulheres e adoção de ações preventivas, os instrumentos coletivos podem também cobrir as falhas da legislação, estabelecendo normas que permitam a igualdade de gêneros.

A negociação coletiva é um mecanismo importante para a promoção da igualdade de oportunidades no trabalho, visto poder assegurar algumas condições básicas para a existência da igualdade, tais como a remuneração igual para um trabalho de mesmo valor; a proteção legal à maternidade; bem como outros direitos que promovam o equilíbrio entre o exercício da maternidade, da paternidade e do trabalho, podendo ainda dispor sobre a temática do assédio sexual.

3. NOVAS FORMAS DE TRABALHO X TRABALHO DA MULHER

A revolução tecnológica do século XXI trouxe novas formas de trabalho.

O comércio *online* e a prestação do trabalho à distância sem a necessidade de cumprimento de jornada de trabalho fixa, tem gerado inúmeros benefícios às mulheres.

Porém, a revolução tecnológica é recente, não havendo dados consistentes para medir seu impacto frente à atuação das mulheres no mercado de trabalho.

Segundo Caroline Cadorin, diretora da Hays Experts, as mulheres vêm se demitindo num ritmo crescente, buscando equilíbrio entre vida pessoal e profissional. Do mesmo modo, as empresas estão buscando opções mais flexíveis para que mais mulheres consigam obter o equilíbrio que desejam.

4. CONCLUSÃO

É fato incontroverso que as mulheres alcançaram, ao longo dos séculos, espaços relevantes no mercado de trabalho, sendo certo que as mulheres ocupam hoje cargos que seriam inimagináveis até pouco tempo.

O ordenamento jurídico dispõe de normas que garantem direitos iguais entre homens e mulheres, embora exista uma lacuna entre as normas e os fatos. O mero reconhecimento da igualdade formal diante da lei se mostra insuficiente para garantia das necessidades femininas exigidas pelo mercado de trabalho.

O avanço tecnológico é aliado do movimento feminista, pois além de propiciar uma melhor interatividade entre as mulheres, vem permitindo novas formas de trabalho, as quais trazem mais liberdade às mulheres que trabalham à distância.

O movimento feminista é de suma importância para o alcance dos direitos protetivos das mulheres, clamando pela igualdade real de gênero. O ideal é que um dia a questão de igualdade de gêneros não seja mais alvo de acaloradas discussões. Nesta nova realidade, por enquanto, fictícia, homens e mulheres usufruíram dos mesmos direitos e oportunidades igualitariamente, onde todos serão bem sucedidos em todas as suas plenitudes.

5. REFERÊNCIAS BIBLIOGRÁFICAS

Âmbito jurídico. *Direito do Trabalho da Mulher ontem e hoje*. Disponível em: <www.ambito-juridico.com.br>. Acesso em: 03 fev. 2017.

BARROS, Alice Monteiro de. *Curso de Direito do Trabalho*. São Paulo: LTr, 2005.

_____. *Discriminação no emprego por motivo de sexo*. In Discriminação. São Paulo. LTr, 2003.

BELTRAN, Ari Possidonio. *Direito do Trabalho e Direitos Fundamentais*. São Paulo: LTr, 2002.

DELGADO, Maurício Godinho. *Curso de Direito do Trabalho*. São Paulo: LTr, 2008.

G1 – *Mulheres ganham menos do que os homens em todos os cargos, diz pesquisa*. Disponível em: <http://g1.globo.com/economia/concursos-e-empregos>. Acesso em: 03 fev. 2017.

Migalhas – *Reforma trabalhista e seus impactos no trabalho da mulher*. Disponível em: <www.migalhas.com.br>. Acesso em: 03 fev. 2017.

NASCIMENTO, Amauri Mascaro. *Curso de Direito do Trabalho*. São Paulo: Saraiva, 2015.

NINET, José Ignácio Garcia. *Igualdade de tratamento*. Dicionário Brasileiro do Direito do Trabalho. São Paulo: LTr, 2013.

OIT. Disponível em: <www.ilo.org/brasilia/convenções/lang--pt/index.htm>. Acesso em: 03 fev. 2017.

SILVA NETO, Manoel Jorge. *Dignidade da pessoa humana*. Dicionário Brasileiro do Direito do Trabalho. São Paulo: LTr, 2013.

A Violência (in)Visível e as Mulheres

Ellen Mara Ferraz Hazan[1]

A porta da violência também se abre para dentro!

1. INTRODUÇÃO

É visível a violência praticada contra as mulheres em todo o nosso planeta desde o estabelecimento do patriarcado. Essa violência, assim como aquela imposta às rotuladas minorias, se explicita nas normas jurídicas, na falta de liberdade, no feminicídio, no racismo, na segregação, na cultura do estupro, nas piadas machistas, na homofobia, nas agressões físicas e morais e na discriminação dentro e fora dos ambientes familiar e de trabalho.

A violência contra as mulheres é detectada por toda a constelação social e contra ela se tem lutado muito e desde sempre. A cultura patriarcal/capitalista, contudo, quer que sejamos indiferentes a ela.

Não é sobre pensar essa violência visível que gostaríamos de aqui ponderar. Queremos tratar da violência invisível, que, em razão do patriarcado e do sistema de acumulação capitalista, foi e vem sendo inserida no psicológico de todos nós sem que déssemos conta de sua existência:

> Nos espaços subcutâneos, subcomunicativos, capilares e neuronais, adotando uma forma macrofísica, que pode ser exercida até mesmo sem a negatividade do domínio ou da inimizade. Ela se desloca do caráter visível para o invisível, de frontal para o viral, da força bruta para a medial, do real para o virtual, do físico para o psíquico, do negativo para o positivo, e volta a se recolher para espaços subcutâneos, subcomunicativos, capilares e neuronais, de modo que surge a falsa impressão de que ela teria desaparecido.[2]

É certo que todo tipo de violência sofrida incomoda o violentado e alguns de seus pares. Não obstante, existem pessoas que não se sentem tocadas pelo sofrimento alheio e não se incomodam com a violência que não as atinge de maneira direta. Há também pessoas oprimidas que repassam a violência sofrida para outrem, tornando-se opressoras, agentes da violência.

É sobre essa transferência da opressão, que transforma a vítima em opressora, que pretendemos debater.

Como explicar o fato de mulheres historicamente oprimidas oprimirem outras mulheres, acreditando na existência, entre elas, de algum tipo de submissão ou concorrência ou de superioridade em algum quesito subjetivo, como beleza, inteligência, sucesso profissional, entre outros?

Como explicar o fato de pessoas que sofrem historicamente com o racismo negarem a cor de sua pele, discriminando seus iguais e violentando seus pares?

Como explicar as atitudes violentas praticadas contra esposa e filhos por aquele trabalhador que é oprimido durante o seu turno de trabalho?

Como explicar a violência que sofrem as/os empregadas(os) domésticas(os) por trabalhadores(as) que voltam do trabalho oprimidos(as)?

A cultura capitalista/patriarcal constrói o fenômeno que transforma o violentado em violentador, o oprimido em opressor, o abusado em abusador e a vítima de racismo, machismo e homofobia em praticante dessas agressões. Será que é essa a violência com a qual nos acostumamos ou será que é essa a violência que não detectamos?

Gostaríamos de apresentar algumas considerações sobre essa angústia que, supostamente, tem explicação. Deixamos claro que não pretendemos convencer, ofender ou fazer ponderações como se fossem verdades absolutas, mas apenas convidar os leitores à reflexão sobre o tema.

2. A LUTA CONTRA A VIOLÊNCIA

Todos os movimentos sociais que lutam contra a violência também sofrem violência, razão pela qual a nossa luta, a de todos os violentados, deve se desenvolver dentro e fora de nós mesmos. Lutamos pela desconstrução da violência visível e, mesmo que um dia a alcancemos, isso não se dará sem que lutemos também contra a violência invisível, que se apresenta com discursos positivos e que é exercida sem ter que declarar inimizades.

A violência, visível e invisível, é produto do sistema de dominação, exploração e exclusão. E a resistência contra ela não tem surtido o efeito esperado.

Não se pode mais lutar só contra a violência visível. A luta tem que ser, também, contra aquela violência que, em alguns momentos e para alguns oprimidos (inclusive

---

1. Graduada em Direito pela Faculdade de Direito Milton Campos. Mestra em Direito do Trabalho pela PUC Minas. Advogada trabalhista e professora. Diretora de Direito Coletivo e Sindical da ABRAT- Endereço: Av. Augusto de Lima, n. 1800, sala 406, Barro Preto, CEP: 30190-003, Belo Horizonte/MG. Telefone: (31) 3295-1935. E-mail: hazan.ellen@gmail.com.
2. HAN, Byung-Chul. *Tipologia da violência*. Tradução de Enio Paulo Giachini. Rio de Janeiro: Vozes, 2017. p. 7-8.

movimentos sociais e organizações sociais e políticas), consciente ou inconscientemente, transforma-os em opressores.

Estaria essa opressão do oprimido ligada ao sentimento de poder, que todos os ditos humanos (supostamente) buscam? Não sabemos, mas podemos afirmar que essa opressão é psicológica, emocional e se expressa em todos os segmentos da sociedade.

Somente a violência invisível pode explicar o fato de as mulheres brasileiras aceitarem e não discutirem sua realidade (elas correspondem a mais de 50% da população brasileira e são mães dos outros quase 50%, mas continuam sendo oprimidas). Como podem aceitar, por exemplo, não serem remuneradas pelo trabalho doméstico, do qual o sistema capitalista se apropria (na medida em que as mulheres quase sempre assumem as tarefas do lar, liberando do desgaste a elas referente os homens que trabalham para o sistema – e também os que não trabalham)?

Também está ligada à violência invisível contra a mulher a aceitação:

- do fato de serem as únicas responsáveis pela criação dos filhos (que não foram concebidos sozinhos), pelos cuidados com a família, inclusive pelo sustento financeiro da prole por não terem seus companheiros salários e trabalhos dignos ou por terem sido por estes abandonadas;
- com normalidade, da dupla e até tripla jornada de trabalho;
- de uma remuneração inferior à dos homens trabalhadores, o que as obriga a ter dois ou mais trabalhos mal remunerados;
- do discurso de que a luta pela igualdade de gênero é uma farsa e de que o feminismo não leva à defesa de direitos, mas à redução destes – por consequência, aceita-se o discurso de que o trabalho remoto ou o trabalho intermitente vieram para atender à (suposta) necessidade da mulher de permanecer em casa por mais tempo, cuidando dos filhos;
- de que a lei coloque a mulher como a única responsável por cuidar dos filhos recém-nascidos ou adotados, vez que não é dada aos homens igualdade na licença-paternidade;
- de que as mulheres devem ocupar postos de trabalho mais precários, ilegais, informais, remotos, terceirizados e quarteirizados;
- do discurso machista de que as mulheres são menos inteligentes do que os homens, o que as faz, desde os 6 anos de idade, desistir de atividades vinculadas à aprendizagem;
- do discurso machista de que a mulher é um ser inferior em relação ao homem;
- do medo de lutar por seus direitos e contra a discriminação imposta pela sociedade capitalista, que é e sempre será machista, racista e violenta.

Não basta mais falar da violência visível contra a mulher ou somente da solidariedade entre as mulheres. É preciso reconhecer que, sem pensar, sem contar até dez, a violência invisível nos fará agredir, oprimir, discriminar, repetir a violência contra a qual lutamos.

Necessitamos compreender que todos os oprimidos e violentados precisam estar juntos na batalha. Necessitamos conclamar o respeito e a solidariedade entre todos os oprimidos pela violência, sejam mulheres negras ou brancas; pobres ou não; trabalhadoras do lar ou não; consumidoras ou não; feministas ou não; comunistas ou não; casadas ou não; amadas ou não.

Termos que partir da compreensão de que qualquer tipo de violência, por mais sutil, sofrida ou praticada, é o resultado de um processo de dominação patriarcal capitalista que tenta impedir que tenhamos controle da nossa própria vontade de viver dignamente como seres humanos que somos.

Não podemos nos acostumar com a violência sofrida ou praticada! A violência deixa de ser incontrolável quando passamos a ter consciência dela e da forma com que ela nos foi e é imposta.

Ninguém é oprimido, explorado ou discriminado porque quer. Ainda, muitos, quando se enxergam opressores, machistas, racistas ou homofóbicos, escondem esse matiz no sentimento de culpa, no de vítima ou no de partícipe de um poder incompreensível.

O exercício diuturno deverá ser o de lutar, dentro e fora de nós mesmos, contra a estratégia patriarcal/capitalista que utiliza da violência e do suposto poder para neutralizar a alteridade inquietante da mulher, a rebeldia de todos os seres humanos e a união de todos explorados, violentados e oprimidos contra o sistema.

Vamos pensar, contar até dez (como muitas avós nos ensinaram), antes de julgar, criticar, fazer piadas, caretas, oprimir, violentar e discriminar.

3. A MULHER E SEU RESGATE

Nós, mulheres, temos que resgatar nossa memória, que, mesmo obscurecida pela história reacionária contada pelos homens e pelo sistema patriarcal/capitalista, poderá iluminar nosso caminho em busca de justiça e liberdade para todos.

Por mais que a violência nos negue um papel relevante na história humana e na atual sociedade; por mais que queiram nos colocar como mão de obra barata ou como um exército de reserva quando o sistema capitalista deseja reduzir o preço que paga pelo trabalho; por mais que queiram que acreditemos que o homem é nosso inimigo natural ou que é melhor do que nós; por mais que queiram que acreditemos que somos pessoas invejosas que disputam entre si os homens, o sucesso, a carreira, a roupa mais bonita; somos lúcidas o suficiente para saber que todo esse discurso é mentiroso, fruto da violência invisível instalada em nosso inconsciente, mas que por nós pode ser controlada.

Somos seres humanos, e nosso papel na história é mais do que relevante: é essencial, indispensável e crucial. São tempos difíceis os atuais, em que prosperam impunemente explicitações de ódio racial, de gênero e de classe, mas os tempos sempre se mostraram difíceis para nós, excluídas, oprimidas, violentadas, discriminadas, e nem por isso deixamos de nos colocar à frente de todas as lutas, como protagonistas na construção e na efetivação dos direitos humanos e sociais para todos e todas.

É preciso resgatar a história da humanidade para entendermos como o sistema patriarcal/capitalista conseguiu nos fazer acreditar que é natural sermos discriminadas, violentadas, estupradas, mortas e oprimidas e que temos o "direito" de repassar para outros a violência, a discriminação e a opressão que vivenciamos. A estratégia utilizada pelo sistema é a construção de ficções, mitos e mentiras que com a repetição, por séculos, se travestiram em verdades. Mas não são verdades!

Os seres humanos, a partir do momento em que passaram a viver em comunidades maiores, desenvolveram métodos de exercício de controle e poder para que fosse instalada na pólis a colaboração. Convenceram os membros da comunidade ou mesmo de outras comunidades a colaborar entre si, sob o manto de mitos e ficções religiosas que prometiam sobrevivência e paz.

Como não é fácil fazer um ser humano renunciar à sua liberdade individual em prol da segurança e da sobrevivência coletivas, a propagação de mentiras, mitos e ficções – efetivada até mesmo mediante violência direta (por exemplo, "caça às bruxas" na Idade Média) – acabou por fazer com que estes deixassem de ser mera abstração e ocupassem um lugar concreto, de destaque, no inconsciente dos comandados.

É tão invisível essa violência que chegou ao ponto de nos fazer acreditar mais no que é abstrato do que no que é concreto. Por exemplo, acreditamos mais no dinheiro do que nos rios, árvores e animais, na medida em que protegemos o dinheiro e deixamos desprotegida a natureza. Estamos convencidos de que a pessoa jurídica é mais importante, na sociedade, do que a pessoa humana, na medida em que aceitamos a exploração dos trabalhadores em favor do lucro das empresas. Deixamos as ficções e os mitos dominarem nosso universo, tanto que hoje o que é real passou a ser descartável, como os rios, os animais, as árvores e as pessoas.

Afirma o historiador Yuval Noah Harari:

> Depois da Revolução Agrícola, as sociedades humanas ficaram ainda maiores e mais complexas, enquanto os constructos imaginados que sustentavam a ordem social também se tornaram mais elaborados. Mitos e ficções habituaram as pessoas, praticamente desde o momento do nascimento, a pensar de determinadas maneiras, a se comportar de acordo com certos padrões, a desejar certas coisas e a seguir certas regras. Dessa forma, criaram instintos artificiais que permitiram que milhões de estranhos cooperassem de maneira efetiva. Essa rede de instintos artificiais é chamada de "cultura".[3]

Como já afirmado em outra publicação nossa, dentro da cultura estão crenças, normas e valores. Tanto as crenças quanto as normas e os valores são nada mais nada menos do que ficções, invenções para controle e exercício de poder de poucos sobre muitos.

Ficções inventadas e diuturnamente repetidas para que os seres, deste ou daquele clã, deste ou daquele país, deste ou daquele gênero, desta ou daquela cor, cooperassem e se submetessem a um poder central se realizaram. As normas jurídicas (e a justiça), a liberdade, a discriminação, o feminicídio, o racismo, a segregação, a cultura do estupro, a homofobia, entre outros, decorrem de ficções e mitos que devemos desconstruir.

Historiadores afirmam que foi com o descobrimento e o domínio de sua função biológica reprodutora, somados à necessidade de aquisição e domínio da propriedade, (acumulação de riquezas), que o homem impôs seu controle sobre a sexualidade feminina. Aparecem aí o culto da virgindade, o casamento em que a mulher é propriedade do homem, a transmissão da herança a partir apenas da descendência masculina (em alguns países ainda é assim).

Os antropólogos são unânimes em afirmar que as mulheres foram pioneiras na descoberta dos ciclos da vida, da natureza. Elas comparavam o ciclo da natureza com o próprio corpo. Foram também as mulheres as primeiras plantadoras e as primeiras ceramistas, mas foram os homens que, a partir da invenção do arado, controlaram a atividade agrícola e pastoril, dando início uma nova era de opressão em busca da acumulação.

Muitos desses mitos só se concretizam se sobre eles não pensamos e se, com suposta normalidade, os transmitimos como "normais" e "reais". Não pensar neles como mitos e ficções que são não significa não nos responsabilizarmos sobre os mesmos – e é sobre isso que temos que refletir.

Estamos submetidos de tal forma a essa cultura capitalista machista, racista, homofóbica e segregadora que não enxergamos a nossa responsabilidade pelos atos opressivos que praticamos ou que são praticados por outros sem nossa repreensão. Precisamos nos informar, resgatar nossa história e buscar o sentido de nossas ações, atentos às nossas condutas e àquelas dos que estão à nossa volta, sempre na perspectiva da dignidade de todos os seres humanos.

---

3. HARARI, Yuval Noah. *Sapiens*: uma breve história da humanidade. Tradução de Janaína Marcoantonio. 8. ed. Porto Alegre: L&PM, 2015. p. 171.

4. A CULTURA DO PATRIARCADO EM FAVOR DO CAPITALISMO

As ficções construídas para afirmar as discriminações contra as mulheres, os negros e membros pobres da classe trabalhadora não passam de invenções da cultura estruturada para dominação. A violência, fruto dessas ficções, não ocorre em razão de diferenças biológicas ou fisiológicas, genéticas, anatômicas ou de força física, mas em razão do papel social destinado a cada um desses grupos por aqueles que deliberam comandar os seres humanos para o seu próprio e individual regozijo.

Saindo do regozijo individual, de tribo ou de clã, veio o regozijo do sistema. É o capitalista que, para obter e manter lucros exorbitantes, necessita marcar diferenças e discriminar.

A mulher é ser humano, e o que se chama de "gênero" nada mais é do que uma construção social, uma ficção que visa a discriminar. Desde a infância, ficções tidas como valores culturais são reforçados, tanto pelos meios de comunicação, pela sociedade quanto pela família. Temos que rever e reavaliar essas ficções.

A construção de papéis determinantes para homens e mulheres ao longo da nossa civilização é ficção. Trata-se de conceito puramente social, que veio para apontar padrões de comportamento baseados nas diferenças entre os sexos observadas no ato do nascimento – tem pênis? – é homem; tem vagina? – é mulher.

O sistema patriarcal reforçou e reforça a violência contra as mulheres, estabelecendo relações de dominação e submissão entre homens e mulheres (e entre negros e brancos, pobres e ricos, entre outros). A violência sexual e a exploração no trabalho têm sido as principais formas de agressão contra as mulheres, especialmente as mulheres negras, mas delas não escapam crianças, adolescentes, idosas, mulheres de todas as raças e classe social. O estupro, certamente, gera graves repercussões individuais e coletivas, mas segregação e exclusão também.

A violência de todas as espécies, inclusive sexual, está inserida com uma normalidade doentia dentro das famílias. No Brasil, mais de dois milhões de mulheres são espancadas e violentadas por ano. Isso significa que a cada quinze minutos uma mulher é agredida, conforme dados coletados pela Fundação Perseu Abramo em 2002.

Uma das principais causas de morte de mulheres entre 12 e 40 anos de idade, no Brasil, é a violência doméstica. Muitas são agredidas e têm vergonha de pedir ajuda. Acabam calando-se e aceitando sua condição de violentadas como natural. A dependência econômica e emocional das mulheres em relação aos homens transforma-as em vítimas de agressores insanos.

A violência doméstica também afeta idosos, crianças e deficientes físicos. Os agressores das mulheres são, regra geral, pessoas habituadas a resolver suas frustrações por meio da agressividade.

São tantos os tipos de violência praticados contra as mulheres, e alguns deles chegam a ser considerados como demonstração de afeto. Algumas mulheres aceitam, por exemplo, que os homens as impeçam de trabalhar fora de casa ou de sair sozinhas ou na companhia de amigos; que eles ditem a roupa que elas podem usar; e acham que isso representa cuidado e amor.

Quantas mulheres não aceitam caladas humilhações em público pelos seus parceiros? Quantas não acusam suas filhas vítimas de abuso sexual de terem seduzido os homens? Temos que ter consciência de que a violência nem sempre é visível, expressa. Ela pode vir dissimulada e, perigosamente, nos transformar em opressores.

Diferentemente do que se tem afirmado, o racismo, as discriminações e outras formas de violência não dizem respeito, exclusivamente, a questões éticas. Dizem respeito a uma relação social construída pelo patriarcado/capitalista como estrutura política e econômica de poder, tudo por meio de ficções e mitos com os quais nos recusamos a romper, por enquanto.

A história da humanidade não tem um único sujeito, mas muitos, os quais conformam uma massa. É o controle dessa massa nada uniforme, possuidora de identificações específicas, que garante o sucesso ao sistema patriarcal/capitalista. Foi pela via da exploração do trabalho como mercadoria e da submissão da massa às condições de sobrevivência e consumo ditadas pelo poder econômico que o capitalismo se consolidou... e pela mesma via ele se reafirma.

Com base nessa assertiva, afirmamos que todas as lutas empreendidas contra o racismo, o machismo, a homofobia e as discriminações de supostas minorias não são problema exclusivo deste ou daquele grupo, mas de toda a massa explorada, a qual Marx denominou de classe trabalhadora.

Como destaca Alessandra Devulsky:

> Eis que, portanto, a agudização da exploração de uma parcela da massa trabalhadora com base no recorte racial, a opressão de homens contra mulheres e a discriminação de grupos por causa da origem nacional ou do credo religioso são aspectos que não devem deixar de ser avaliados por meio do materialismo histórico, pois constituem elementos da realidade que podem potencialmente promover novos ciclos de desenvolvimento da luta de classes.[4]

Não se pode negar que os movimentos negro e antirracista, feminista e dos LGBTI's, dentre outros que lutam contra qualquer tipo de segregação e discriminação, têm

---
4. DEVULSKY Alessandra. Estado, racismo e materialismo. *Revista da Boitempo – Margem Esquerda*, São Paulo, n. 27, 2016, 2. sem., p. 29.

cumprindo um papel essencial na explicitação dos conflitos impostos pela cultura racista/patriarcal/capitalista. É claro que a heterogeneidade dos grupos e as especificidades de bandeiras e pautas de cada um devem ser respeitadas, mas a luta precisa ser conjunta.

A violência, visível e invisível, é uma prática política permanente, não episódica, do sistema patriarcal/capitalista para manutenção da lógica de acumulação. E contra ela todos devemos unir forças, até porque toda violência sofrida e empreendida é estruturante do autoritarismo social, que ora se veste de ditadura, ora de democracia, ora de liberalismo, ora de social democracia.

Em relação ao racismo, Lélia Gonzalez pondera:

> Embora o grupo capitalista branco figure como principal operador dessa ideologia, a inscrição de seus efeitos no nível da estrutura social ocasiona que um grupo mais amplo se beneficie da "mais-valia" psicológica, cultural e ideológica por ela instituídos... tanto brancos quanto negros pobres sofrem os efeitos da exploração capitalista. Mas, na verdade, a opressão racial faz-nos constatar que mesmo os brancos sem propriedade dos meios de produção são beneficiários do seu exercício. Claro está que, superexploração do negro, a maioria dos brancos recebe seus dividendos do racismo, a partir de sua vantagem competitiva no preenchimento das posições que, na estrutura de classes, implicam nas recompensas materiais e simbólicas mais desejadas.[5]

Nos últimos anos, talvez em razão das lutas feministas contra a discriminação ou do fato de mulheres precisarem se afastar do trabalho por causa de agressões domésticas sofridas (o que dá prejuízo para o sistema), a violência contra as mulheres foi incluída, para debate, nas agendas capitalistas públicas nacionais e internacionais. A inclusão da matéria nas pautas de deliberações, contudo, ainda não foi suficiente para eliminar a violência, apesar da inserção, nos ordenamentos jurídicos, de medidas voltadas à sua coibição.

Estamos vivenciando uma epidemia de violência contra mulheres, negros e contra a classe trabalhadora. É também evidente o ataque contra os direitos humanos e sociais duramente conquistados.

Temos que perceber que a crise inventada pelo sistema capitalista visa a colocar em suposta crise os direitos sociais, que não pertencem exclusivamente às mulheres, aos negros, aos homossexuais, aos transgêneros ou às demais tidas minorias. O problema afeta toda a classe trabalhadora, independentemente de cor, gênero, raça, idade, classe ou posição social – afeta todos os não burgueses, detentores dos meios de produção e do poder econômico.

Acreditamos que todas as lutas contra a violência, visível e invisível, devem se estabelecer a partir da união de todos, no que se define como luta de classes. Não podemos nos esquecer de que todos temos a mesma importância nessa luta, como assevera Ângela Davis:

> As organizações de esquerda têm argumentado dentro de uma visão marxista e ortodoxa que a classe é a coisa mais importante. Claro que classe é importante. É preciso compreender que classe informa a raça. Mas raça, também, informa a classe. E gênero informa a classe. Raça é a maneira como a classe é vivida. Da mesma forma que gênero é a maneira como a raça é vivida. A gente precisa refletir bastante para perceber as intersecções entre raça, classe e gênero, de forma a perceber que entre essas categorias existem relações que são mutuas e outras que são cruzadas. Ninguém pode assumir a primazia de uma categoria sobre as outras.[6]

O raciocínio de Ângela Davis não contrapõe os matizes das lutas de gênero e raça à visão marxista de luta de classes. Não se trata da luta geral contra a luta específica, mas do fato de a luta específica ser geral dentro da classe, com a compreensão generalizada de que existem, sim, desigualdades e hierarquias decorrentes da violência invisível a todos imposta, inclusive na luta de classes, para triunfo do patriarcado/capitalismo.

Não pode haver dúvida de que a violência (visível e invisível) contra todos os explorados e oprimidos é causada pela economia capitalista, que explora o trabalho, e pelo mito do patriarcado, transformado em ideologia de dominação.

Precisamos ter consciência de que nós, homens e mulheres integrantes da classe trabalhadora, que não controlamos os meios de produção, somos uma classe dominada e explorada. Em sequência, devemos romper com a lógica da ideologia dominante, a da burguesia, utilizando nosso senso crítico para enxergar a realidade que se esconde por trás das propagandas que o capital realiza pela mídia global.

Devemos também lutar pela ideologia que assegura a todos a igualdade de oportunidades, a democracia efetivamente participativa, a não discriminação, o respeito aos direitos humanos, o cumprimento da função social da propriedade e das empresas e a dignidade.

A aceitação da lógica da violência e da dominação, imposta pela ideologia do capital, faz com que deixemos de ser "seres humanos" para nos tornarmos "teres humanos" – até porque não somos o que pensamos ser, mas o que os outros pensam que somos.

Assim, ousamos repetir:

Nosso objetivo? Tornar visível a violência invisível.

---

5. GONZALEZ, Lélia. *Racismo e sexismo na cultura brasileira*. Disponível em: <https://www.dropbox.com/s/yeoqnkca7jg0i6h/Racismo%20e%20sexismo%20na%20cultura%20brasileira.pdf?dl=0>. Acesso em: 10 fev. 2018.
6. DAVIS, Ângela. *As mulheres negras na construção de uma nova utopia*. Disponível em: <https://www.geledes.org.br/as-mulheres-negras-na--construcao-de-uma-nova-utopia-angela-davis/>. Acesso em: 10 fev. 2018.

Nosso rumo? A consciência de classe.

Nosso instrumento? O conflito social.

Nossa missão? Uma sociedade sem exploradores e sem explorados.

5. REFERÊNCIAS BIBLIOGRÁFICAS

DAVIS, Ângela. *As mulheres negras na construção de uma nova utopia*. Disponível em: <https://www.geledes.org.br/as-mulheres-negras-na-construcao-de-uma-nova-utopia-angela-davis/>. Acesso em: 10 fev. 2018.

DEVULSKY, Alessandra. Estado, racismo e materialismo. *Revista da Boitempo – Margem Esquerda*. São Paulo, n. 27, 2016, 2. sem., p. 29.

GONZALEZ, Lélia. *Racismo e sexismo na cultura brasileira*. Disponível em: <https://www.dropbox.com/s/yeoqnkca7jg0i6h/Racismo%20e%20sexismo%20na%20cultura%20brasileira.pdf?dl=0>. Acesso em: 10 fev. 2018.

HAN, Byung-Chul. *Tipologia da violência*. Tradução de Enio Paulo Giachini. Rio de Janeiro: Vozes, 2017. p. 7-8.

HARARI, Yuval Noah. *Sapiens*: uma breve história da humanidade. Tradução de Janaína Marcoantonio. 8. ed. Porto Alegre: L&PM, 2015. p. 171.

Autonomia e Aborto no Supremo Tribunal Federal

Eloísa Machado de Almeida[1]
Ana Rita Souza Prata[2]

1. INTRODUÇÃO

A criminalização do aborto no Brasil é ampla e abrange todas as hipóteses de interrupção da gestação, com exceções para aquelas que sejam fruto de estupro, que coloquem a vida das mulheres em risco ou seja de fetos anencéfalos[3]. Estas características, aliadas às conhecidas barreiras de acesso aos serviços de aborto legal, fazem do Brasil um dos países mais restritivos em matéria de autonomia reprodutiva na região[4].

Alterar essa realidade tem se mostrado uma tarefa bastante difícil. No âmbito legislativo, são raríssimos os projetos de lei que procuram ampliar as hipóteses legais de interrupção da gestação e, invariavelmente, são iniciativas isoladas e sem força política. Por outro lado, as iniciativas legislativas para ampliar a criminalização têm sido cada vez mais intensas[5].

Essa parece ser uma das principais razões pelas quais o debate sobre a descriminalização do aborto encontra espaço no Judiciário. Alimentado por decisões que dão algum suporte ao argumento pró escolha – como a constitucionalidade de pesquisas com células tronco embrionárias (ADI 3510) e a possibilidade de interrupção da gestação de feto anencéfalo (ADPF 54) – o pleito de descriminalização do aborto foi levado oficialmente ao Supremo Tribunal Federal em 2017, na ADPF 442. Trata-se de uma ação inédita que pede a descriminalização da prática da interrupção da gestação quando realizada até a 12ª semana de gestação.

Esse artigo reproduz, com algumas adaptações de estilo, os argumentos sobre autonomia, liberdade e direitos sexuais que foram levados ao Supremo Tribunal Federal pelo *amicus curiae* NUDEM – Núcleo Especializado de Promoção e Defesa dos Direitos da Mulher, órgão da Defensoria Pública do Estado de São Paulo, em parceria com a Clínica de Litigância Estratégica em Direitos Humanos na FGV Direito SP.

Espera-se, com isso, ampliar o debate público sobre os fundamentos constitucionais para a descriminalização do aborto no país.

O Núcleo Especializado de Promoção e Defesa dos Direitos da Mulher da Defensoria Pública do Estado de São Paulo tem por missão a efetivação do princípio da igualdade de gênero e a promoção dos direitos das mulheres. Integrando a Defensoria Pública do Estado de São Paulo, é um espaço de defesa dos direitos das mulheres mais vulneráveis dentre as vulneráveis, parcela da população que enfrenta cotidianamente violações de toda ordem: são as piores remuneradas, são vítimas preferenciais de violência doméstica, de racismo, de misoginia, realizam trabalhos em condições precárias, são menos educadas, têm pior acesso à saúde.

Quando interrompem a gravidez e realizam um aborto, essas mulheres o fazem de forma insegura e se tornam alvos preferenciais do sistema de justiça, enfrentando a quebra de confiança nos serviços de saúde, a exposição pública, a persecução criminal, um julgamento e eventual encarceramento.

O NUDEM acompanha a defesa criminal dessas mulheres acusadas da prática de aborto, conhecendo a face mais perversa da criminalização, última etapa de uma longa trajetória de exclusão e violência. Não há dúvidas de que a

---

1. É advogada formada pela PUC-SP, mestra em ciências sociais pela PUC-SP e doutora em direito pela USP. É professora da FGV Direito SP e coordenadora do centro de pesquisa Supremo em Pauta.
2. É Defensora Pública no Estado de São Paulo, formada pela PUC-SP e mestranda na mesma Instituição. Coordena o Núcleo Especializado de Promoção e Defesa dos Direitos da Mulher da Defensoria Pública de São Paulo.
3. Essa última por decisão judicial do Supremo Tribunal Federal na ADPF 54.
4. Nos últimos anos: Uruguai passou por um peculiar processo de despenalização do aborto (WOOD et alli, 2016); Colômbia avançou nas hipóteses de aborto legal via decisões judiciais, assim como o México e Peru (RAMOS, 2016).
5. Machado e Maciel (2017) analisam com precisão os movimentos pró-vida e pró-escolha na agenda legislativa e diante das recentes decisões do Supremo Tribunal Federal. As autoras explicam: "Retracing the political process on abortion in Brazil, we showed that the movement and count- er-movement dynamics between the executive and the legislative branches during two governments that progressively opened space to the pro-choice movement, FHC (1995-2002) and Lula's first term (2003-2006), is key to understanding the backlash against the pro-choice agenda after 2006 (...). Part of the pro-choice movement explored the Constitutional Court as an escape route to legislative disputes. Three positive decisions for the pro-choice movement (the biosafety law case in 2008, the anencephalic fetus case in 2012, and the concession in 2016 of a habeas corpus considering unconstitutional the pre-trial prison of two doctors accused of abortion) showed political opportunities for the pro-choice agenda in the court. Two cases are still pending there: the Zika infection case from 2016 (demanding authorization to proceed to abortion in case of microcephaly of the fetus) and the most recent one, filed in March 2017, finally addressing decriminalization until 12 weeks. After the political backlash, the Supreme Court appears to be the sole institutional arena still receptive to the pro-choice movement". (MACHADO e MACIEL, 2017, p. 129-130).

criminalização do aborto é uma violação à autonomia de todas as mulheres, ao direito à privacidade, à liberdade e à igualdade; mas são as mulheres atendidas pela Defensoria, pobres e vulneráveis, que sofrem mais com a criminalização. A criminalização do aborto é inconstitucional e impacta desproporcionalmente as mulheres atendidas pela Defensoria Pública.

É a partir dessa experiência que o NUDEM se manifestou como *amicus curiae*, apresentando dois argumentos principais.

O primeiro desenvolve a ideia de que realizar o aborto, interromper uma gravidez, é um direito constitucional, decorrente do direito à autonomia, de decidir livremente sobre os rumos de sua própria vida, donde se desdobram os direitos à privacidade e à liberdade. No âmbito dos direitos sexuais e reprodutivos, a decisão de não ter filhos envolve a possibilidade de interrupção voluntária da gravidez, como forma de preservar a vida, a integridade e saúde psíquicas e físicas.

Sendo um direito fundamental, garantido pela Constituição e tratados internacionais de direitos humanos, há o dever correspondente do poder público em oferecer as condições adequadas a sua realização, no âmbito da integralidade do direito à saúde, também constitucional.

Sendo a interrupção da gravidez um direito constitucional, a sua criminalização seria inconstitucional não só por impedir o seu exercício, mas também por violar a igualdade entre homens e mulheres, criando gravames, controles e punições específicos para as mulheres, pela simples condição de serem mulheres. Como mencionado anteriormente, na prática, essas violações inconstitucionais afetam desproporcionalmente as mulheres pobres e vulneráveis que compõem o público alvo da Defensoria Pública.

Desprovidas de recursos, em situação de vulnerabilidade, essas mulheres se veem diante de duas escolhas ruins: a manutenção da gestação indesejada, em violação a sua autonomia, integridade, saúde e igualdade; ou a interrupção da gestação de forma insegura, vulnerando sua integridade e colocando em risco sua vida e liberdade, sujeitando-se aos processos de criminalização.

Essas múltiplas violações a direitos afetam diretamente os preceitos constitucionais fundamentais, compostos não só pelos direitos fundamentais, como também por seus princípios sensíveis, como já decidido por este Egrégio Supremo Tribunal em outras arguições (p.e., ADPF 186, relator ministro Ricardo Lewandowski, j. 26.04.2012; ADPF 101, relatora ministra Carmen Lucia, j. 24.06.2009; ADPF 130, relator ministro Carlos Ayres Britto, j. 30.04.2009; ADPF 378, relator para acórdão ministro Luis Roberto Barroso, j. 16.12.2015).

O segundo argumento se concentra no desenvolvimento da ideia de que o Supremo Tribunal Federal é a única instância capaz de fazer cessar essas violações, atacadas por arguição de descumprimento de preceito fundamental, também único instrumento que pode sanar as lesões, sendo absolutamente necessária a prestação jurisdicional constitucional para garantir direitos das mulheres, minorias políticas que têm sido alvo constante de diminuição de direitos por meio legislativo. Uma decisão do Supremo Tribunal Federal será a única forma de garantir os direitos constitucionais das mulheres, encerrando um processo de décadas de subordinação.

2. A ARGUIÇÃO DE DESCUMPRIMENTO DE PRECEITO FUNDAMENTAL ADPF 442

A arguição de descumprimento de preceito fundamental ADPF 442, proposta pelo Partido Socialismo e Liberdade – PSOL, defende a inconstitucionalidade da criminalização do aborto por violar o preceito da dignidade humana e da cidadania das mulheres, além de uma série de direitos fundamentais, como a integridade, a liberdade, a proibição da tortura, a igualdade e a saúde.

O argumento principal é de que a dignidade humana das mulheres é afetada nuclearmente com a criminalização da interrupção de gestação, construindo socialmente um tipo de sub-cidadania feminina, na medida em que se permite, por meio da lei penal, o controle íntimo sobre o corpo e as escolhas da mulher. Isso seria ainda mais patente na hipótese de interrupção da gestação em seus momentos iniciais, em que haveria uma intensa subordinação da mulher à expectativa de vida, apensas, de um embrião.

Seu pedido se compõe principalmente pela declaração de não recepção parcial dos arts. 124 e 126 do Código Penal, "para excluir do seu âmbito de incidência a interrupção da gestação induzida e voluntária realizada nas primeiras 12 semanas (...) de modo a garantir às mulheres o direito constitucional de interromper a gestação, de acordo com a autonomia delas, sem necessidade de qualquer forma de permissão específica do Estado, bem como garantir aos profissionais de saúde o direito de realizar o procedimento".

Ao propor a descriminalização do aborto quando realizado até a 12ª semana de gestação, a arguição de descumprimento de preceito fundamental utiliza, portanto, não só um argumento de não subordinação das mulheres, mas também de garantia de sua saúde, diante da segurança dos métodos de interrupção da gestação nesse período. Por isso, pede-se também nessa arguição de descumprimento de preceito fundamental a garantia aos profissionais da saúde do direito de promover a interrupção da gestação, independentemente de autorização judicial.

3. ABORTO NÃO É CRIME, É DIREITO

3.1. Mulheres têm direito de decidir sobre os rumos de suas vidas

Autonomia, enquanto capacidade de decidir livremente sobre os rumos de sua própria vida, é um valor central do constitucionalismo brasileiro. É a partir da noção de autonomia que são construídas as liberdades de pensamento, de consciência, artística e de expressão, as liberdades de exercer profissão, proferir religiões, de crer, associar-se, de votar, de amar e se relacionar com quem quiser. É a partir da valorização da autonomia que se constitucionaliza a inviolabilidade da intimidade e da privacidade como espaços de realização das escolhas e da vida particular.

Se os direitos de liberdade e privacidade garantem o exercício da autonomia, os direitos de igualdade atuam para impedir sua limitação, tornando inconstitucionais relações de subordinação por motivo de raça, sexo, cor, gênero, idade, convicção filosófica, ou quaisquer outras formas de discriminação. Dito de outra forma, todos, independentemente de suas crenças, cor da pele, gênero ou sexo, têm direito a escolher livremente a forma que considera mais apropriada de viver sua vida.

O direito brasileiro garante às mulheres, em situação de igualdade, a autonomia para decidir livremente sobre as escolhas que definirão seu modo de vida, inclusive a escolha sobre ter ou não filhos, onde está incluída a escolha de interromper a gestação. É uma escolha, protegida pelo direito à autonomia, liberdade e privacidade, fundante da vida da mulher, sobre decidir livremente vivenciar ou não a maternidade, no âmbito do exercício dos seus direitos reprodutivos. Por isso, a vedação da oportunidade de escolha através da criminalização viola não só a autonomia, mas também outros direitos fundamentais; afinal, ser obrigada a ser mãe é uma afronta à saúde e integridade físicas e psíquicas, além de imposição reveladora da desigualdade.

Decidir livremente em situação de igualdade significa que suas escolhas não estão subordinadas a outras vontades ou interesses: a mulher decide sobre ter ou não ter filhos e sobre interromper a gestação sem estar vinculada ou subordinada à vontade do genitor, da vontade do Estado ou de interesses em potencial, como do feto.

3.2. Ter ou não filhos é escolha exclusiva da mulher e não da família

Ter ou não filhos é uma escolha das mulheres. No âmbito dos direitos reprodutivos, essa escolha é traduzida sobre o poder de decidir se, quando e como ter filhos. Trata-se de uma decisão central para qualquer mulher diante do impacto que a maternidade promove na sua vida. Ainda que essa escolha possa ser compartilhada, trata-se inevitavelmente de uma decisão inserida única a exclusivamente no âmbito do exercício de sua autonomia.

Mesmo que exista uma associação direta entre a gestação e a família, isto é, entre a reprodução humana no âmbito de um modelo específico de organização social, a verdade é que a mulher tem direito de decidir sozinha sobre a oportunidade e conveniência de tornar-se mãe, independentemente do tipo de relação familiar em que esteja inserida. Afinal, uma mulher pode decidir sozinha tornar-se mãe, por exemplo recorrendo a métodos de fecundação artificial heteróloga; pode ser mãe inserida numa relação familiar homossexual, heterossexual, seja casada ou solteira.

A mulher pode decidir sozinha, também, não ter filhos, independentemente de integrar ou não uma família, recorrendo a métodos anticoncepcionais. Em ambos os casos, sendo um direito decorrente do exercício de sua autonomia, em condições de liberdade e igualdade, a decisão de ter ou não ter filhos acarreta uma correspondente ação do Estado, traduzida no apoio ao planejamento familiar e na organização de uma política pública de saúde reprodutiva e distribuição gratuita de anticoncepcionais (art. 226, §7º CF/1988 c/c art. 3º, parágrafo único, I, Lei n. 9.263/1996).

Se a mulher exerce essa autonomia na decisão de ter filhos, porque não teria o direito de fazê-lo também na escolha de interromper uma gestação indesejada? Uma vez grávida, seria a mulher obrigada a levar essa gestação até o final por estar subordinada à vontade do genitor?

A resposta constitucional é bastante clara: as mulheres no Brasil são iguais em dignidade e direitos aos homens e têm direito de decidir como viver suas vidas e se serão ou não mães, sem que sofram qualquer tipo de coerção ou imposição por parte de terceiros. Homens que sejam maridos, companheiros, namorados ou parceiros eventuais, ou ainda que sejam doadores de sêmen, têm direito ao seu exercício de autonomia, a recorrer a métodos próprios de prevenção de gestação e a autorizar, ou não, o uso de seu material biológico, mas não têm direito de impor sua vontade sobre a escolha da mulher quanto à maternidade.

O mesmo pode ser argumentado quanto à interrupção da gestação de mulheres adolescentes, menores de 18 anos. A menoridade não afeta a posição de sujeito pleno de direitos, onde a autonomia é garantida, assim como o direito à integridade, saúde e igualdade. Levando-se em conta o melhor interesse das mulheres menores de idade, princípio legal norteador das políticas voltadas à infância e juventude, deve ser reconhecida sua autonomia para decidir sobre a interrupção, ou não, da gestação.

3.3. Ter ou não filhos é uma escolha exclusiva da mulher e não do Estado

Não há no ordenamento jurídico brasileiro uma hierarquia entre homens e mulheres e estas são livres para decidir se, quando e como ter filhos, independentemente da vontade do homem que tenha contribuído com o devido material genético e independentemente da relação deste homem com a mulher, seja marido, companheiro, namorado ou doador de esperma. No âmbito da privacidade, trata-se de um direito de escolha da mulher.

Poderia, entretanto, o Estado se sobrepor a este âmbito de privacidade e impor uma determinada conduta? A criminalização do aborto, afinal, é justamente a reprovação do Estado, através de seu instrumento mais invasivo, nos tipos de decisões e atos que podem, ou não, ser tomados.

Aqui a pergunta é recolocada de outra forma: se a mulher exerce essa autonomia na decisão de ter filhos, porque não teria o direito de fazê-lo também na escolha de interromper uma gestação indesejada? Uma vez grávida, seria a mulher obrigada a levar essa gestação até o final por estar subordinada à vontade do Estado?

A resposta constitucional também é direta e clara para estas questões. O Estado reconhece, mediante previsão constitucional, a igualdade entre homens e mulheres e fortalece a noção de autonomia mediante o estabelecimento de direitos de liberdade e privacidade.

Uma mulher, igual e livre, tem direito de decidir a forma como viver, sendo uma parte legítima do modo de vida a escolha entre ter ou não ter filhos. A escolha de não ter filhos e interromper uma gestação é garantida não só pela liberdade de controle sobre seu corpo como também pelo direito íntimo de decidir não ser mãe, amparado pelo direito à privacidade. A sua negação afeta uma série de outros direitos fundamentais.

Diante deste quadro constitucional, a atuação do Estado criminalizando uma opção de vida representa uma interferência gravosa na vida, no corpo e no futuro de uma mulher.

Como bem exemplificado pela E. Ministra Rosa Weber, ao votar pela inconstitucionalidade da criminalização do aborto, o "Estado deve adotar uma postura de neutralidade quanto às questões de ética privada" (STF, HC 124.306, p. 16, Relator Ministro Marco Aurélio; Redator do Acórdão Ministro Luis Roberto Barroso, j. 29.11.2016).

Por este viés, a criminalização de uma conduta como a interrupção da gestação, que nada mais é do que o exercício livre de autonomia das mulheres quanto a escolha de não serem mães, fere não só os direitos constitucionais de liberdade e privacidade das mulheres, como também promove uma forma cruel de desigualdade, em que mulheres devem arcar com o ônus de serem mães, simplesmente por serem mulheres.

Aqui vale a transcrição de trecho de voto do eminente Ministro Luis Roberto Barroso no âmbito do *habeas corpus* 124.306, precedente importante da 1ª Turma deste egrégio Tribunal sobra a inconstitucionalidade da criminalização do aborto:

> "(...) é dominante no mundo democrático e desenvolvido a percepção de que a criminalização da interrupção voluntária da gestação atinge gravemente diversos direitos fundamentais das mulheres, com reflexos inevitáveis sobre a dignidade humana. O pressuposto do argumento aqui apresentado é que a mulher que se encontre diante desta decisão trágica – ninguém em sã consciência suporá que se faça um aborto por prazer ou diletantismo – não precisa que o Estado torne a sua vida ainda pior, processando-a criminalmente". (STF, HC 124.306, p. 16, Relator Ministro Marco Aurélio; Redator do Acórdão Ministro Luis Roberto Barroso, j. 29.11.2016).

Argumenta-se que a interferência do Estado na vida privada, intimidade, liberdade e autonomia das mulheres estaria autorizada pelo objetivo de preservação da vida do embrião ou feto. Mas toda e qualquer expectativa de vida é capaz de se sobrepor à autonomia da mulher? É o que se procura responder a seguir.

3.4. Ter ou não filhos é uma escolha exclusiva da mulher e não está subordinada às expectativas de direito do embrião ou feto

A mulher tem direito de decidir se quer ou não ser mãe, usando métodos anticoncepcionais e/ou interrompendo a gestação se necessário. Essa é uma decisão, como argumentado anteriormente, respaldada pelo exercício da autonomia em condições de igualdade, pelas liberdades constitucionais e pelo direito à privacidade.

Nessa decisão de ter filhos, não ter e interromper a gestação, a mulher não está subordinada à posição do homem/genitor e não deve estar subordinada ao Estado, como exigências do exercício da autonomia, do direito à igualdade, à privacidade, à integridade e saúde.

A expectativa de vida do embrião ou feto tampouco pode servir de limitação ao exercício da autonomia. Caso a gestação seja obrigatória, haverá na prática a subordinação da mulher ao embrião ou feto, o que seria incoerente e inconstitucional, reduzindo a mulher ao papel instrumental de incubadora. Absolutamente dependente do corpo da mulher, o feto é também absolutamente dependente também de sua vontade em manter ou não a gestação. Como argumentado pelo ministro Luís Roberto Barroso no *habeas corpus* HC 124.306: "... exista ou não vida a ser protegida, o que é fora de dúvida é que não há qualquer possibilidade de o embrião subsistir fora do útero materno nesta fase de sua formação. Ou seja: ele dependerá integralmente do corpo da mulher".

Essa já é a regra prevista no art. 128, nas hipóteses do que se costuma chamar de aborto legal, onde é garantido o direito da mulher de interromper a gestação se ela foi fruto de violência sexual, sem que importe a expectativa de vida do feto ou embrião.

O Supremo Tribunal Federal, no julgamento de distintas ações, tem criado um sólido caminho interpretativo de construção da autonomia da mulher e não subordinação. Na ADC 19 o tribunal reconheceu que as mulheres não podem estar sujeitas às vontades e violências em decorrência de discriminação de gênero, declarando constitucional a especial proteção dada a mulher pela Lei Maria da Penha como medida anti-subordinação. Na ADPF 54 esse tribunal reconheceu que a imposição da continuidade da gravidez de feto anencéfalo às mulheres seria equivalente a submissão à tortura. Já na ADI 3510, esse tribunal reconheceu ser constitucional a gradação da proteção jurídica dada a vida, permitindo a pesquisa com células tronco embrionárias e relativizando a dimensão da proteção jurídica do direito à vida intrauterina frente à vida biográfica, a vida vivida. Por fim, no julgamento do HC 124.306, a 1ª Turma deste tribunal deu importante avanço no reconhecimento e garantia dos direitos das mulheres ao afastar a possibilidade de criminalização de interrupção de gestação realizada antes de 12 semanas, por contrariar os preceitos constitucionais fundamentais.

Essa arguição de descumprimento de preceito fundamental, ao requerer a não recepção parcial dos arts. 124 e 126 do Código Penal, "para excluir do seu âmbito de incidência a interrupção da gestação induzida e voluntária realizada nas primeiras 12 semanas (...) de modo a garantir às mulheres o direito constitucional de interromper a gestação (...)", pretende justamente retirar as barreiras legais ao pleno exercício de autonomia das mulheres, na mesma direção do que já vem sendo trilhado ao longo dos anos nessa corte.

Isso não significa que seja ilegítimo ao Estado promover leis e políticas públicas destinadas a proteção do embrião ou feto, mas tal proteção é sempre dependente da prévia decisão da mulher em manter a gestação.

Afinal, tornar-se mãe é uma escolha e não uma exigência. Aborto é um direito, e não um crime. Sendo um direito, a mulher tem direito de realizá-lo com segurança, apoio e planejamento.

3.5. Interromper a gestação é um direito e o Estado deve adotar políticas públicas que garantam sua plena e segura realização

Temos argumentado que interromper a gestação é um direito garantido pelo valor da autonomia e resguardado pelo direito à liberdade, privacidade e igualdade, com efeito sobre a integridade e saúde.

A sua criminalização seria violadora de preceitos constitucionais fundamentais que garantem a mulher o direito de decidir sobre os rumos de sua própria vida, incluída aí a decisão sobre a maternidade.

Entretanto, o reconhecimento de que a interrupção da gestação é um direito implica não só, para o Estado, o **dever de respeito** para com a decisão da mulher, mas também de **proteção**, eliminando barreiras e dificuldades que possam ser impostas na realização da interrupção da gestação, e de um **dever de realização**, ou seja, de uma prestação adequada, universal, acessível, integral e gratuita para a interrupção segura da gestação através do Sistema Único de Saúde, nos termos da Constituição (art. 198, II, CF/1988).

A tríade de proteção, respeito e realização dos direitos fundamentais, adotada pelo Comitê DESC (Comentário Geral 12) como matriz interpretativa das obrigações dos Estados, rompe com a noção de que, por se tratar de um direito inserido no âmbito do exercício da liberdade, não haveria um dever de agir correspondente. Isso não é correto. A indiferença para com a escolha da mulher na interrupção da gestação é omissão inconstitucional do Estado. Sendo uma escolha garantida pelo exercício de autonomia, mas vinculada com os direitos reprodutivos e com impacto na integridade física e psíquica e na saúde, há o dever de respeito – já desrespeitado pela criminalização – mas também de proteção e realização, com a adoção de medidas e políticas concretas para assegurar o exercício da autonomia e de forma a preservar a saúde e a integridade das mulheres.

É nesse sentido que se insere o marco temporal de 12 semanas de gestação, indicado na inicial, como adequado para a implementação de uma política pública, em cumprimento ao dever de proteção e realização imposto ao Estado diante do direito da mulher de interromper a gestação. Por um lado, seria um procedimento menos complexo e mais seguro para a mulher, seja a partir de métodos mecânicos ou medicamentosos; por outro, seria uma forma de regulamentar o exercício da autonomia de forma menos gravosa para a mulher, combinada à uma intenção de preservação da vida em evolução, já que a partir dos três meses se daria, geralmente, a formação do sistema nervoso central nos embriões. Como aponta Osmar Ribeiro Colás:

> "...existem vários métodos para realizar os procedimentos de interrupção eletiva da gestação. No entanto, é necessário reforçar que os riscos da intervenção acima de 12 semanas se revestem de maiores complicações tanto no sentido técnico de procedimentos como no de efetividade dos procedimentos". (COLÁS, 2010, p. 31)

Porém, na linha de argumentação adotada aqui, defende-se que as mulheres têm direito de interromper a gestação a qualquer momento; sua autonomia lhe garante o direito de escolher vivenciar ou não a maternidade, decisão que afetará a vida, a integridade e a sua saúde. Porém, o poder público pode (e deve) criar uma política pública que diminua os riscos e incentive, através de regulamentação, o exercício da autonomia em combinação com medidas de proteção da vida em evolução, indicando, por exemplo, o prazo de 12 semanas para interrupção de gestação.

Descriminalizar o aborto e não prover os meios para a sua realização significa sanar uma inconstitucionalidade e cair em outra, uma omissão inconstitucional na garantia do direito às mulheres a interromper a gestação.

4. CONCLUSÃO: ABORTO NÃO É CRIME, É DIREITO. E CABE AO STF GARANTI-LO

O Supremo Tribunal Federal, na arguição de descumprimento de preceito fundamental ADPF 442, foi chamado a atuar em sua função mais bela e precípua, na defesa dos direitos das minorias, na proteção daqueles que sem voz e recursos, sofrem injustiças e são relegados a uma condição de subordinação por maiorias que se mostram impiedosas.

Nem é necessário fazer um grande exercício argumentativo para provar o quão minorias e subordinadas estão as mulheres no Brasil: vítimas preferenciais de homicídios, reféns de seus companheiros no lar, nos espaços e relações nas quais deveriam se sentir mais seguras, estupradas por familiares, amigos, colegas de sala; menor salário, são interrompidas e ignoradas. Mulheres não podem decidir sobre seu corpo, não podem interromper uma gestação, sendo obrigadas a uma maternidade indesejada ou a submissão a métodos impróprios e inseguros de abortamento.

Também são notórias as ameaças aos direitos das mulheres que já despontam no legislativo: projetos como o Estatuto do Nascituro, retirada das hipóteses de aborto legal, dificuldades de reportar violência sexual, são apenas algumas das propostas patrocinadas por um Congresso Nacional que não tem se mostrado capaz de proteger e fazer avançar uma agenda de defesa de direitos das mulheres.

Por esta razão, a atuação deste tribunal constitucional na proteção dos direitos das mulheres é não só necessária, como a única alternativa possível para fazer cessar violações a preceitos constitucionais fundamentais.

Semelhante provocação constitucional em outras cortes gerou decisões determinantes na construção de direitos sexuais e reprodutivos, como a decisão *C-355* na Corte Constitucional Colombiana e os casos *BvF 2/1990, 2 BvF 4/1992, e 2 BvF 5/1992* da Corte Constitucional Alemã, ou mesmo para a compreensão da mulher enquanto plenos sujeitos de direitos, como em *Roe versus Wade* na Suprema Corte dos Estados Unidos, *R versus Morgentaler* na Suprema Corte Canadense e, mais recentemente, no caso *AI 146/2007*, da Suprema Corte de Justiça da Nação Mexicana[6]. No âmbito internacional, a Corte Interamericana de Direitos Humanos, o caso *Artavia Murillo e outros versus Costa Rica* apontou a inconvencionalidade de legislações que desconsideram o direito à privacidade e a autonomia frente a proteção de vida em estado potencial (embriões)[7].

Para além da importância abstrata que a descriminalização do aborto tem no direito constitucional, trata-se de questão central na proteção dos direitos das mulheres no Brasil. A criminalização do aborto alcança o espectro de direitos de todas as mulheres, relegadas a um papel de subordinação e controle excessivo, violando seu direito à autonomia, à privacidade e à liberdade, mas afeta especialmente as mulheres negras, jovens e pobres, em situação de maior vulnerabilidade. Para estas, a criminalização do aborto significa também risco à integridade e à vida, além da certeira perseguição criminal.

5. REFERÊNCIAS BIBLIOGRÁFICAS

COLÁS, O. Misoprostol no Brasil, em *Aborto Medicamentoso no Brasil*. São Paulo: Comissão de Cidadania e Reprodução, 2010.

MACHADO, Marta Rodriguez; MACIEL, Débora. The Battle Over Abortion Rights in Brazil's State Arenas, 1995-2006. *Health and Human Rights Journal*, v. 19, n. 1, p. 119-131, 2017.

RAMOS, Silvina. "Investigación sobre aborto en América Latina y el Caribe. Una agenda renovada para informar políticas públicas e incidencia (resumen ejecutivo)." *Estudios demográficos y urbanos* 31, n. 3, p. 833-860, 2016.

STF. SUPREMO TRIBUNAL FEDERAL. ADC 19, inteiro teor do processo.

STF. SUPREMO TRIBUNAL FEDERAL. ADI 5581, inteiro teor do processo.

STF. SUPREMO TRIBUNAL FEDERAL. ADPF 442, inteiro teor do processo.

STF. SUPREMO TRIBUNAL FEDERAL. ADPF 54, inteiro teor do acórdão.

STF. SUPREMO TRIBUNAL FEDERAL. HC 124.306, inteiro teor do acórdão.

WOOD, Susan; ABRACINSKAS, Lilian; CORREA, Sonia; PECHENY, Mario. "Reform of abortion law in Uruguay: context, process and lessons learned." *Reproductive health matters* 24, n. 48, p. 102-110, 2016.

---

6. A íntegra das mencionadas decisões judiciais das diferentes cortes supremas pode ser lida em: Colômbia <http://www.corteconstitucional.gov.co/relatoria/2006/C-355-06.htm>; Alemanha <https://www.bundesverfassungsgericht.de/SharedDocs/Entscheidungen/EN/1993/05/fs19930528_2bvf000290en.html>; Estados Unidos da América <https://supreme.justia.com/cases/federal/us/410/113/case.html>; Canadá <www.morgentalerdecision.ca/charter-right-to-abortion/> e México <https://www.sitios.scjn.gob.mx/codhap/sites/default/files/engrosepdf_sentenciarelevante/DESPENALIZACION%20ABORTO%20DF%20AI%20146-2007_0.pdf>.

7. Os detalhes do caso julgado na Corte Interamericana de Direitos Humanos podem ser consultados no sítio: <http://www.corteidh.or.cr/cf/Jurisprudencia2/ficha_tecnica.cfm?nId_Ficha=235>.

A Vulnerabilidade e a Definição de Competência nas Ações de Família no CPC/2015

Estefânia Viveiros[1]

1. INTRODUÇÃO

A discussão do foro da competência da mulher nas causas de família foi reestudada a partir da Constituição Federal de 1988, que trouxe a igualdade de gêneros no seu art. 5º, I, ao definir que "homens e mulheres são iguais em direito e obrigações, nos termos desta Constituição". Esse novo cenário jurídico, equiparando-se constitucionalmente o homem e a mulher em direitos e obrigações, permitiu que o art. 100 do CPC/1973[2] fosse reinterpretado pelos tribunais, levando em consideração a situação concreta da mulher no caso de ações em direito de família, respeitando a igualdade material e promovendo as diferenciações necessárias[3]. Isso significa que a mulher, independentemente do polo na ação judicial, deveria ter a prerrogativa de foro (e não privilégio), se realmente demonstrada que a sua situação está em vulnerabilidade em relação ao seu ex-cônjuge. É a aplicação do princípio da isonomia material e não formal, até porque a isonomia material é focada na vulnerabilidade do litigante[4].

Ao interpretar o art. 100 do CPC/1973, o Superior Tribunal de Justiça demonstrou preocupação com a preservação dos direitos da mulher em determinadas situações, evitando-se estigmatizá-la de forma discriminatória, mas ao mesmo tempo preocupado com a isonomia material. De outro lado, o Superior Tribunal também fixou a regra de competência do domicílio do réu, como regra geral, com base no princípio da igualdade entre cônjuges, proclamado pelo art. 226, § 5º da Constituição, não se aplicando assim o benefício da mulher casada estabelecido no art. 100 do Código/1973[5].

Por sua vez, o Supremo Tribunal Federal, no conhecido precedente do Ministro Joaquim Barbosa, ao analisar o art. 5º da CF/1988 frente à norma infraconstitucional (CPC/1973, art. 100), concluiu sem olhar voltado ao direito da igualdade da mulher, *verbis*: "o inciso I do art. 100 do Código de Processo Civil, com redação dada pela Lei n. 6.515/1977, foi recepcionado pela Constituição Federal de 1988. O foro especial para a mulher nas ações de separação judicial e de conversão da separação judicial em divórcio não ofende o princípio da isonomia entre homens e mulheres ou da igualdade entre os cônjuges"[6].

A partir das interpretações dos tribunais sobre o tema, o novo Código reformulou o tema da competência da mulher nas causas de direito de família, adequando-se ao que prevê a Constituição Federal. Daí falar-se que o direito processual civil se constitucionalizou ao transportar princípios e regras

---

1. Doutora em Direito Processual Civil pela PUC/SP. Mestre em Direito Processual pelo Mackenzie-SP. Membro do IBDP. Presidente Nacional da Comissão Especial de Regulamentação do novo Código de Processo Civil do CFOAB. Ex-presidente da OAB/DF. Advogada em Brasília.
2. CPC/1973, art. 100: É competente o foro: I – da residência da mulher, para a ação de desquite e de anulação de casamento; II – da residência da mulher, para a ação de separação dos cônjuges e a conversão desta em divórcio, e para a anulação de casamento; (Redação dada pela Lei n. 6.515, de 26.12.1977) II – do domicílio ou da residência do alimentando, para a ação em que se pedem alimentos.
3. Os princípios constitucionais integram o cotidiano do processo civil brasileiro. "Não há Constituição verdadeira, sem jurisdição garantida, como afirma a Ministra Carmem Lúcia. (ROCHA, Carmem Lúcia Antunes. *O direito Constitucional à jurisdição, Garantias do cidadão na justiça*. Coordenação Sálvio de Figueiredo Teixeira. São Paulo: Saraiva, 1993. p. 31 a 51).
4. (...) O princípio da igualdade se revela com a persecução da igualdade formal, prevista na lei, com a igualdade substancial, que corrige os desníveis provocados por agentes socioculturais, permitindo a implementação da equidade fática. Assim, o legislador, motivado pela diferença histórica entre homens e mulheres pode estabelecer diferenciação no tratamento de determinadas questões, concretizando o princípio constitucional em sua plenitude. O art. 100, I, CPC que prevê o foro *"ratione personae"* merece observância, sendo a ação de separação judicial proposta no fora da residência da mulher". (TJMG Processo n. 107130808421960011 MG 1.0713.08.084219-6/001(1), Relator: Eduardo Andrade, Data de Publicação: 06.02.2009).
5. Processual Civil – Ação de Divórcio Direto – competência – Casal estrangeiro – Casamento celebrado na argentina. I – A norma do art. 100, I, CPC não é absoluta. Se a mulher não oferecer exceção de incompetência do juízo, em tempo hábil, a competência territorial estará prorrogada por vontade das partes. II- Consoante a doutrina e jurisprudência "em se tratando de cônjuges estrangeiros, com um deles domiciliado no exterior, não tem prevalência o foro privilegiado da regra processual, eis que preponderam para serem observadas as normas de sobredireito em seu caráter geral". Tal privilégio assim estabelecido a benefício da mulher casada, já não mais prevalece, porquanto conflita com o princípio da igualdade entre cônjuges, proclamado no art. 266, par. 5. da CF/1988. Incidência da norma inscrita no art. 94, do CPC. III- Recurso conhecido e provido. (Superior Tribunal de Justiça. REsp 27.483/SP, Relator Ministro Waldemar Zveiter, Terceira Turma, DJ 07.04.1997, p. 1.111).
6. STF. RE 227.114, Relator Ministro Joaquim Barbosa, acórdão eletrônico, DJe-034 publicado em 16.02.2012, RT v. 101, n. 919, 2012, pp. 694-699. No seu voto, o Ministro Relator consigna que: "não se trata de um privilégio estabelecido em favor das mulheres, mas de uma norma que visa a dar um tratamento menos gravoso à parte que, em regra, se encontrava e, ainda se encontra, em situação menos favorável econômica e financeiramente". Nesta linha de raciocínio, observa-se que se desenvolvem estereótipos e discriminações à mulher não condizentes com as mutações axiológicas da sociedade.

constitucionais para o próprio Código, como ocorreu com o art. 53 do CPC/2015, *verbis*: "É competente o foro: I – para a ação de divórcio, separação, anulação de casamento e reconhecimento ou dissolução de união estável: a) de domicílio do guardião de filho incapaz; b) do último domicílio do casal, caso não haja filho incapaz; c) de domicílio do réu, se nenhuma das partes residir no antigo domicílio do casal; II – de domicílio ou residência do alimentando, para a ação em que se pedem alimentos".

O Código trouxe significativas mudanças do tema da competência de foro da mulher nas ações de direito de família, em razão das críticas construtivas lançadas na vigência do art. 100 do CPC/1973, que na verdade se encontrava dissociado do comando da Carta constitucional. Agora, o cenário é outro: põe-se fim ao foro da competência da mulher nas ações em que é parte no direito de família, mas ao mesmo tempo, o legislador utilizou de outros parâmetros condizentes com o texto constitucional para definir tal competência nas ações de direito de família. Aliás, como afirma o professor José Roberto dos Santos Bedaque, "foi o tempo em que o processo era concebido como fenômeno puramente técnico, caracterizado pelo formalismo estéril. Os institutos processuais são construídos sob a profunda determinante de valores éticos, exatamente aqueles que norteiam a própria Constituição"[7].

Esse texto buscará analisar os avanços que o Código de Processo Civil trouxe ao interiorizar normas constitucionais de igualdade de gênero para definir a competência nas ações de direito de família (ações de divórcio, anulação de casamento, reconhecimento ou dissolução de união estável, ações que pedem alimentos) e nas ações em que pedem alimentos, trazendo a tônica da vulnerabilidade para assegurar a igualdade de tratamento dos litigantes[8].

2. A REGRA DA COMPETÊNCIA TERRITORIAL, A INTEPRETAÇÃO AO ART. 53, I, A, B, E C, DO CPC/2015 E A OBSERVÂNCIA À VULNERABILIDADE

A regra geral de competência é o domicílio[9] do réu[10]. Não houve, portanto, modificação nesta regra, que se aplica ao direito pessoal ou direito real sobre bens móveis. É o que diz o art. 46 do CPC/2015[11]. Daí falar-se que se aplica a regra geral de competência territorial para a definição de foro de competência, qual seja: o foro do domicílio do réu.

A par do art. 46 do CPC/2015, que dita a regra de competência territorial, o art. 53 do mesmo Código traz regras específicas relativas à competência territorial. É exatamente nos incisos I e II deste artigo que preveem a competência especial para o guardião do filho incapaz (= homem ou mulher), e, na ausência de filhos incapaz, define o foro competente do último domicílio do caso e, por fim, fixa o domicílio do réu, em inequívoca observância a igualdade de gênero, conforme se verificará no decorrer do presente texto.

Prevê o art. 53 do CPC/2015, que é competente o foro: I – para ação de divórcio, separação, anulação de casamento e reconhecimento ou dissolução de união estável: a) de domicílio do guardião de filho incapaz; b) do último domicílio do casal, caso não haja filho incapaz; c) de domicílio do réu, se nenhuma das partes residir no antigo domicílio do casal.

A primeira observação que se faz está na supressão da indicação da mulher, como foro privilegiado, como existia no Código/1973. E não poderia ser diferente: a compatibilização das normas constantes na Constituição Federal no Código de 2015 trouxe naturalmente a abolição de que as ações de separação e de divórcio deverão ser ajuizadas no foro da mulher, como previa expressamente o art. 100 do CPC/1973.

A verdade é que o novo Código eliminou o foro competente da mulher nas ações de direito de família, prestigiando-se a norma constitucional da igualdade de direitos e obrigações entre homens e mulheres e fixando-se outros conceitos importantes para definição do foro (tais como: vulnerabilidade e hipossuficiência) ao invés de discriminar a mulher, colocando-a como regra em posição de desigualdade em relação ao homem. E mais: o art. 100, I, do Código anterior apenas apresentava um critério válido para as ações que envolvessem casais heteroafetivos. Com a

---

7. SANTOS, José Roberto Bedaque dos. Os elementos objetivos da demanda à luz do contraditório. In: *Causa de Pedir e pedido no processo civil*. Coordenação do autor e José Rogério Cruz e Tucci. São Paulo: Revista dos Tribunais, 2002. p. 17.
8. Sobre o tema, já tive oportunidade de escrever o artigo "A vulnerabilidade como parâmetro para definição de competência nas ações de família no CPC/2015". In: *Novos Desafios da Advocacia e o Código de Processo Civil de 2015*: debates da XIII Conferência Nacional da Advocacia Brasileira/ Coordenador: Paulo Henrique dos Santos Lucon. Florianópolis: Empório do Direito, 2018.
9. De acordo com o art. 70 do Código Civil: "o domicílio da pessoa natural é o lugar onde ela estabelece a sua residência com ânimo definitivo".
10. Essa regra se "fundamenta na ideia de que o réu encontra-se, ao menos, inicialmente, em desvantagem comparativamente ao autor, dado que este tanto maneja o 'ataque inicial' (ou seja, propõe a ação em face do réu) quando lhe convier, selecionando o momento de propositura da ação, quando dispõe de muito mais tempo para manejar a ação em desfavor do réu, o qual, ao ser citado, em regra conta com o prazo de 15 dias apenas para fazer frente ao ônus de contestar a demanda." (WAMBIER, Teresa Arruda Alvim e outros. *O novo Código de Processo Civil*: artigo por artigo. São Paulo: Revista dos Tribunais, p. 111).
11. CPC/2015, art. 46. A ação fundada em direito pessoal ou em direito real sobre bens móveis será proposta, em regra, no foro de domicílio do réu. § 1º Tendo mais de um domicílio, o réu será demandado no foro de qualquer deles. § 2º Sendo incerto ou desconhecido o domicílio do réu, ele poderá ser demandado onde for encontrado ou no foro de domicílio do autor. § 3º Quando o réu não tiver domicílio ou residência no Brasil, a ação será proposta no foro de domicílio do autor, e, se este também residir fora do Brasil, a ação será proposta em qualquer foro. § 4º Havendo 2 (dois) ou mais réus com diferentes domicílios, serão demandados no foro de qualquer deles, à escolha do autor. § 5º A execução fiscal será proposta no foro de domicílio do réu, no de sua residência ou no do lugar onde for encontrado.

chegada do Código/2015, foi apresentando um critério para definir a competência em demandas de casais homeafetivos. Isso por questões óbvias não há como se falar em foro de domicílio "da esposa" em casais homoafetivos masculinos ou femininos.

E as alterações não param por aí. O art. 53, I, do CPC/2015 modernizou-se ao mencionar o foro territorial para os casos de dissolução de união estável, compatibilizando-se também com a norma constitucional, que prevê no art. 226, § 3º, **que** "para efeito da proteção do Estado, é reconhecida a união estável entre o homem e a mulher como entidade familiar, devendo a lei facilitar sua conversão em casamento".

O art. 53, I, *a*, do CPC/2015 menciona que é competente o domicílio do guardião do filho incapaz, nas ações de direito de família. A guarda e a incapacidade do filho são parâmetros para fixação da competência do foro do domicílio do réu (cônjuge ou parte que detiver a guarda do filho). O balizamento deste artigo está consubstanciado **na presunção de vulnerabilidade** do guardião do filho incapaz, independentemente do gênero homem ou mulher, até considerando a responsabilidade decorrente desta guarda.

Como ensina a professora Fernanda Tartuce, a "vulnerabilidade processual é a suscetibilidade do litigante que o impede de praticar atos processuais em razão de uma limitação pessoal involuntária; a impossibilidade de atuar pode decorrer de fatores de saúde e/ou de ordem econômica, informacional, técnica ou organizacional de caráter permanente ou provisório"[12].

O legislador está preocupado com a paridade de igualdade de partes no processo, conforme prevê o art. 7º, do CPC/2015: "É assegurada às partes paridade de tratamento em relação ao exercício de direitos e faculdades processuais, aos meios de defesa, aos ônus, aos deveres e à aplicação de sanções processuais, competindo ao juiz zelar pelo efetivo contraditório".

Na mesma linha de raciocínio, tem-se o art. 139, I, do CPC/2015, que garante que "o juiz dirigirá o processo conforme as disposições deste Código, incumbindo-lhe: I – assegurar às partes igualdade de tratamento".

Com o novo Código, retirou-se o foco exclusivamente na mulher, como fator determinante para o foro especial de competência e evoluiu o conceito para a parte que demonstrasse a vulnerabilidade para participar do processo. Tanto é verdade que a ausência de filhos no relacionamento (CPC/2015, art. 56, I, *c*) impõe a aplicação da regra geral de competência: domicilio do réu, independentemente do gênero: homem ou mulher.

A preocupação, portanto, do legislador está no sujeito do processo, independentemente do seu gênero e principalmente na paridade de igualdade das partes no processo, conforme preveem os arts. 7 e 139, I, do CPC/2015. Como bem disse a professora Fernanda Tartuce, "Sendo a isonomia uma garantia constitucional, compete ao juiz assegurar às partes igualdade de tratamento. A conceituação é útil por permitir que o juiz reconheça com maior clareza a situação vulnerável de um litigante e possa engendrar iniciativas aptas a promover o equilíbrio em termos de oportunidades processuais"[13].

Com relação à guarda do filho, a regra é a da mulher permanecer com a guarda dos filhos, mas nada impede que judicialmente haja a transferência desta guarda para o pai, quando verificado "que o seu detentor não está prestando a devida assistência moral, educacional e material"[14].

Por sua vez, a guarda compartilhada, que tem sido a regra entre os pais dos menores, por força de lei, não interfere na definição da regra do art. 53, I, *a*, do CPC, quando a guarda permanece com apenas um dos pais. **É que o compartilhamento da guarda direciona-se em tomada de decisões conjuntas referentes à educação, saúde do filho, conforme determina o art. 1.634 da Lei n. 13.058/2014,** *verbis*: "compete a ambos os pais, qualquer que seja a sua situação conjugal, o pleno exercício do poder familiar, que consiste em, quanto aos filhos: "I – dirigir-lhes a criação e a educação dentre outros interesses do menor"[15].

O conceito de incapacidade, que a lei atrela ao filho, pode ser a incapacidade absoluta ou a relativa. O Código se restringiu a dizer que o foro competente é do guardião do filho incapaz. De acordo com o art. 4º do Código Civil, são incapazes absolutamente "para exercer pessoalmente os atos da vida civil os menores de 16 (dezesseis) anos": E os incapazes relativamente são: "I – os maiores de dezesseis e menores de dezoito anos; II – os ébrios habituais e os viciados em tóxico; III – aqueles que, por causa transitória ou permanente, não puderem exprimir sua vontade; IV – os pródigos".

---

12. Explica a professora que a hipossuficiência é sinônimo de vulnerabilidade econômica. (TARTUCE, Fernanda. *Vulnerabilidade no NCPC*, 2016. Disponível em: <http://www.fernandatartuce.com.br/wp-content/uploads/2016/01/Vulnerabilidade-no-NCPC />. Acesso em: 20 fev. 2017).
13. TARTUCE, Fernanda. *Vulnerabilidade no NCPC*, 2016. Disponível em: <http://www.fernandatartuce.com.br/wp-content/uploads/2016/01/Vulnerabilidade-no-NCPC />. Acesso em: 20 fev. 2017.
14. TJDFT. Processo n. 20150210014836APC, Acórdão n. 990919, Relator: Hector Valverde 1ª Turma Cível, Publicado no DJE: 13.02.2017, p. 250-265.
15. O mesmo artigo define outras atividades da guarda compartilhada dos pais: " II – exercer a guarda unilateral ou compartilhada nos termos do art. 1.584; III – conceder-lhes ou negar-lhes consentimento para casarem; IV – conceder-lhes ou negar-lhes consentimento para viajarem ao exterior; V – conceder-lhes ou negar-lhes consentimento para mudarem sua residência permanente para outro Município; VI – nomear-lhes tutor por testamento ou documento autêntico, se o outro dos pais não lhe sobreviver, ou o sobrevivo não puder exercer o poder familiar; VII – representá-los judicial e extrajudicialmente até os 16 (dezesseis) anos, nos atos da vida civil, e assisti-los, após essa idade, nos atos em que forem partes, suprindo-lhes o consentimento; VIII – reclamá-los de quem ilegalmente os detenha; IX – exigir que lhes prestem obediência, respeito e os serviços próprios de sua idade e condição".

Ainda, com relação ao inciso I, do art. 53 do CPC/2015, a alínea "c" define que é competente o "domicílio do réu, se nenhuma das partes residir no antigo domicílio do casal". Se cada cônjuge ou parte residir em locais diferentes, inclusive do último domicílio do casal, o Código trouxe como foro competente o domicílio do réu.

3. O FORO COMPETENTE DO ALIMENTANDO NAS AÇÕES QUE PEDEM ALIMENTOS

O art. 53 dedicou-se ao inciso II para definir o foro competente para as ações nas quais se pedem alimentos e definiu o foro competente para o foro do domicílio ou da residência do alimentando nestas ações. A redação, portanto, não sofreu nenhuma alteração comparando-se ao art. 100, II, do CPC/1973.

O legislador permaneceu sem restringir a definição do foro para as ações de alimentos, deixando a interpretação aberta por mencionar que na ação que houver o pedido de alimentos, define-se a competência do alimentando[16]. Isso significa que pode ser toda e qualquer ação pela qual se peça alimentos, incluindo-se inclusive as ações revisionais de alimentos e a própria ação de divórcio c/c com alimentos[17]. Tal foro competente foi definido com base na **vulnerabilidade do alimentando** (=hipossuficiência) que é considerada a parte mais fraca da relação, permitindo-se inclusive o processamento da execução de alimentos perante o próprio foro do domicílio do alimentando[18].

Nesta linha de raciocínio, o Superior tribunal de Justiça decidiu que o "foro competente para execução de alimentos é o foro do domicílio ou residência do alimentando, ainda que a sentença exequenda tenha sido proferida em foro diverso. A competência prevista no art. 100, II, do CPC prevalece sobre a previsão do art. 575, II, do CPC"[19].

Ainda, no âmbito dos tribunais, o Tribunal de Justiça do Distrito Federal e Territórios reconheceu ausência de hipossuficiência do alimentando, não declinando por tal razão a competência que foi fixada em foro diverso do alimentando, verbis: "(...) 1. As partes em comum acordo postulam na origem a homologação do acordo sobre exoneração de alimentos. A alimentanda conta com quase 20 anos, está inserida no mercado de trabalho possuindo condições de se sustentar. Assim, não cabe à hipótese a interpretação sistemática do antigo código processual civil, na esteira de que a ação de exoneração deva seguir a regra insculpida no respectivo art. 100, II, no sentido de que deva ser ajuizada no local do domicílio ou residência do alimentando, eis que hipossuficiente, porquanto tal característica a beneficiária não possui"[20].

4. OS CRITÉRIOS OBJETIVOS DA VULNERABILIDADE E A NECESSÁRIA PRODUÇÃO DE PROVAS NA DEFINIÇÃO DA COMPETÊNCIA DO ART. 53 DO CPC

A vulnerabilidade é um parâmetro para fixar a competência nas ações de família no Código de Processo Civil. Não obstante deixe transparecer que se trata de um tema de conceito aberto, a vulnerabilidade traz critérios objetivos para sua fixação, afastando-se a discricionariedade na sua aplicação pelo juiz.

No campo processual, os critérios para auferir a vulnerabilidade são vistos sob diversos vieses, tais como: a insuficiência econômica (hipossuficiente), obstáculo geográfico; debilidade na saúde e/ou no discernimento e, ainda, a dificuldade técnica consubstanciada na falta de informação pessoal quanto à matérias jurídicas relevantes[21].

---

16. A propósito, a Súmula n. 1/STJ, verbis: "O foro do domicílio ou da residência do alimentando é o competente para a ação de investigação de paternidade, quando cumulada com a de alimentos".
17. (...) "3. Emergindo os pedidos de decretação de divórcio e de alimentos da mesma causa de pedir remota – casamento –, estando endereçados ao mesmo sujeito passivo, sendo perfeitamente compatíveis entre si, estando sujeitos à jurisdição do mesmo juízo e sido formulados no ambiente do procedimento comum ordinário, não subsiste nenhum óbice para que sejam formulados de forma cumulada e assim transitem e sejam resolvidos, inclusive porque, agregada à satisfação do exigido para a formulação cumulada, consubstancia imperativo legal sua tramitação de forma cumulada como forma de materialização dos princípios da economia e efetividade processuais (CPC, art. 292, § 2º). 4. Agravo conhecido e provido. Unânime". (TJDFT. Acórdão n.851865, 20140020221187AGI, Relator: Teófilo Caetano 1ª Turma Cível, Publicado no DJE: 03.03.2015, p. 185).
18. TJDFT. Processo n. 20060020105123AGI, acórdão n. 261.859, Relatora Desembargadora Carmelita Brasil, 2ª Turma Cível, Publicado no DJU SEÇÃO 3: 16.01.2007, p. 86.
19. STJ. AResp 587.041/RS, Relator Ministro Marco Aurélio Bellizze, DJ 18.02.2015.
20. TJDFT. AGRAVO Processo: 20160020063475AGI, Relator Desembargador Gilberto Pereira de Oliveira.
21. A Corte Especial do Superior Tribunal de Justiça decidiu pela legitimidade da Defensoria Pública para propor ação civil pública em defesa de direitos individuais homogêneos de consumidores idosos, que tiveram seu plano de saúde reajustado, com arguida abusividade, em razão da faixa etária, aplicando-se a condição de vulnerabilidade, verbis: "(...) 3. No caso, o direito fundamental tutelado está entre os mais importantes, qual seja, o direito à saúde. Ademais, o grupo de consumidores potencialmente lesado é formado por idosos, cuja condição de vulnerabilidade já é reconhecida na própria Constituição Federal, que dispõe no seu art. 230, sob o Capítulo VII do Título VIII ("Da Família, da Criança, do Adolescente, do Jovem e do Idoso"): "A família, a sociedade e o Estado têm o dever de amparar as pessoas idosas, assegurando sua participação na comunidade, defendendo sua dignidade e bem-estar e garantindo-lhes o direito à vida." 4. "A expressão 'necessitados' (art. 134, caput, da Constituição), que qualifica, orienta e enobrece a atuação da Defensoria Pública, deve ser entendida, no campo da Ação Civil Pública, em sentido amplo, de modo a incluir, ao lado dos estritamente carentes de recursos financeiros – os miseráveis e pobres –, os hipervulneráveis (isto é, os socialmente estigmatizados ou excluídos, as crianças, os idosos, as gerações futuras), enfim todos aqueles que, como indivíduo ou classe, por conta de sua real debilidade perante abusos ou arbítrio dos detentores de poder econômico ou político, 'necessitem' da mão benevolente e solidarista do Estado para sua proteção, mesmo que contra o próprio Estado. Vê-se, então, que a partir da ideia tradicional da instituição forma-se, no Welfare State, um novo e mais abrangente círculo de sujeitos salva-

Tais critérios, ou até fatos, precisam ser provados para a definição correta da competência nas ações de família, considerando que, ao se amoldar ao texto constitucional, retirou a expressão "mulher" como forma de definir a competência no julgamento das referidas ações. A fase instrutória passa a ser de importância singular para o magistrado definir a competência no caso de resistência processual da outra parte (qualquer um dos gêneros), que arguirá a incompetência relativa em preliminar de contestação (CPC/2015, art.337, II).

Com o novo Código, o magistrado ganhou uma nova ferramenta na condução do processo, que é a prevista no inciso VIII, do art. 139, que determina "a qualquer tempo, o comparecimento pessoal das partes, para inquiri-las sobre os fatos da causa, hipótese em que não incidirá a pena de confesso".

No âmbito processual, pode-se afirmar que é um meio de prova de iniciativa do próprio juiz para esclarecimento de fatos importantes ao processo. Não é, portanto, depoimento pessoal, até porque não há a penalidade da confissão dos fatos. Tal regra traz, portanto, um interrogatório informal[22], cuja ausência injustificada da parte pode até configurar má-fé[23] (CPC/2015, art. 80, IV).

O inciso I conjugado com o VIII, ambos do art. 139 do Código levam à correta e justa solução do caso, que no âmbito familiar, apresentam as suas peculiaridades para auferir a igualdade de gênero, que impõe a distribuição adequada da competência. A condução do processo "sob a batuta do magistrado impõe a equilibrada fiscalização e o controle da relação processual, de forma desinteressada, porém sem alheamento, propiciando a correta e justa resolução do caso levado à apreciação jurisdicional[24]".

Para tanto, como já referido, a igualdade de tratamento das partes deve ser substancial e não formalmente para que seja capaz de propiciar o equilíbrio quanto ao legítimo direito das partes. O equilíbrio se busca sob o ângulo da vulnerabilidade quando o foro de prerrogativa da esposa prevalece caso constatada a fragilidade de suas condições, mas deve ser afastado quando verificada a real igualdade de condições entre os cônjuges, aplicando-se a regra geral de competência (= domicílio do réu). Sob esse prisma, a prerrogativa do foro da esposa desapareceu no Código/2015, tendo sido definida a competência em favor de alguém sempre vulnerável até porque confrontaria a norma constitucional de igualdade de gênero.

Sobre o tema, e reconhecendo no caso a vulnerabilidade econômica e jurídica da parte na união estável homoafetiva, o Tribunal de Justiça do Distrito Federal e Territórios compatibiliza o disposto no art. 226, § 3º, da Constituição, o art. 100 do Código de Processo Civil anterior e também o art. 1.723 do Código Civil, cuja ementa pela sua importância do tema merece transcrição na sua integralidade, *verbis*:

> PROCESSO CIVIL. CIVIL. DIREITO DE FAMÍLIA. AGRAVO DE INSTRUMENTO. UNIÃO ESTÁVEL HOMOAFETIVA POST MORTEM. COMPETÊNCIA. ART. 100, I, DO CPC. FORO PRIVILEGIADO. HOMEM. VULNERABILIDADE. CABIMENTO. PRINCÍPIO DA ISONOMIA CONSTITUCIONAL. UNIÕES ESTÁVEIS HETEROAFETIVAS. ANALOGIA. REMESSA DOS AUTOS AO DOMICÍLIO DOS REQUERIDOS. IMPOSSIBILIDADE. MANIFESTO PREJUÍZO AO CONSORTE SOBREVIVO. FIXADO O FORO DA ÚLTIMA RESIDÊNCIA DO CASAL. DECISÃO REFORMADA.
>
> 1. O art. 226, § 3º, da Constituição Federal de 1988 (CF/1988), reconhece a união estável como entidade familiar, de modo que não há razão para tratamento diverso entre os cônjuges e os companheiros.
>
> 2. Consoante jurisprudência majoritária, impõe-se a interpretação extensiva do preceito do art. 100, I, do CPC, que estabelece a competência do foro do domicílio da mulher para a ação de separação dos cônjuges, conversão desta em divórcio e a de anulação de casamento, para que se permita também à companheira ajuizar a ação que veicula pedido de reconhecimento e dissolução de união estável no foro de seu domicílio.
>
> 3. A união estável entre pessoas do mesmo sexo e as questões jurídicas dela derivadas são temas ainda recentes na doutrina e na jurisprudência. No entanto, cuidando-se de união estável homoafetiva, de acordo com a ADI 4.277 do e. STF, o art. 1.723 do Código Civil deve ser interpretado conforme à Constituição Federal para

---

guardados processualmente, isto é, adota-se uma compreensão de *minus habentes* impregnada de significado social, organizacional e de dignificação da pessoa humana" (REsp 1.264.116/RS, Rel. Ministro Herman Benjamin, DJe 13.04.2012).

(STJ. EREsp 1.192.577/RS, Relatora Ministra Laurita Vaz, DJe 13.11.2015).

22. "Em outros termos, o interrogatório informal caracteriza-se pela possibilidade de o juiz determinar o comparecimento de qualquer das partes perante ele, em qualquer momento do processo, fora da audiência de instrução, a fim de tirar dúvidas sobre fatos da causa, podendo ocorrer sucessivas vezes, diferentemente do depoimento pessoal da parte em audiência que, como regra geral, é único". (ALMEIDA, Roberto Sampaio Contreiras de. In: WAMBIER, Teresa Arruda Alvim...[et al.]. *Breves Comentários ao Novo Código de Processo Civil*. Coordenadores Teresa Arruda Alvim Wambier...[et al.]. 2. ed. rev. e atual... São Paulo: Revista dos Tribunais, 2016. Outros coordenadores: Fredie Didier Jr., Eduardo Talamini, Bruno Dantas, p. 457).

23. CARVALHO, Fabiano. In: CRUZ E TUCCI, José Rogério......[et al.]. *Código de Processo Civil Anotado*. 1. ed. Rio de Janeiro: LMJ Mundo Jurídico, 2016. Coordenadores: José Rogério Cruz e Tucci, Manoel Caetano Ferreira Filho, Ricardo de Carvalho Aprigliano, Rogéria Fagundes Dotti, Sandro Gilbert Martins, p. 214.

24. ALMEIDA, Roberto Sampaio Contreiras de. In: WAMBIER, Teresa Arruda Alvim...[et al.]. *Breves Comentários ao Novo Código de Processo Civil*. Coordenadores Teresa Arruda Alvim Wambier...[et al.]. 2. ed. rev. e atual... São Paulo: Revista dos Tribunais, 2016. Outros coordenadores: Fredie Didier Jr., Eduardo Talamini, Bruno Dantas, p. 448.

excluir dele qualquer significado que impeça o reconhecimento da união contínua, pública e duradoura entre pessoas do mesmo sexo como família.

4. Objetivando equilibrar o poder dos litigantes nas ações que visam reconhecer o estabelecimento das uniões estáveis homoafetivas, cabe analisar o art. 100, I, do CPC conforme a Constituição Federal para que seja interpretado à luz do Princípio da Isonomia, aplicando-o também na fixação de competência das ações de reconhecimento de união estável entre pessoas do mesmo sexo.

5. Atualmente, tendo sido conferido às uniões homoafetivas os mesmos direitos dos relacionamentos heteroafetivos, também deve ser garantido aos envolvidos em relacionamentos familiares de pessoas do mesmo sexo, o foro privilegiado conferido à parte mais vulnerável financeira ou juridicamente nessas relações, quando, examinando cada caso concreto, de fato, verificar-se que a pretensão da parte menos favorecida ficará manifestamente prejudicada caso tenha que litigar em local diferente da sua residência.

6. Na hipótese, tendo em vista que o aludido consorte sobrevivente se mostrou vulnerável, financeira e juridicamente, mormente em caso de remessa dos autos à comarca do interior do país, levando-se em consideração ainda os Princípios da Celeridade e da Economia Processuais, haja vista que as provas do relacionamento, aparentemente, deverão ser colhidas no Distrito Federal, local da última residência dos supostos companheiros, data vênia o entendimento do eminente juiz de primeiro grau, a ação de reconhecimento de união estável homoafetiva post mortem deve permanecer no juízo de origem, privilegiando a regra do art. 100, I, do CPC, em ordem ao Princípio Constitucional da Isonomia, a fim de garantir o equilíbrio entre as partes.

7. Recurso conhecido e provido. Decisão reformada. Segredo de Justiça.[25]

5. OS BENEFÍCIOS DO ART. 340 DO CPC/2015 E APRESENTAÇÃO DE DEFESA NO FORO DO DOMICÍLIO DO RÉU

Como já referido, a competência territorial é relativa. O novo Código alterou o formato de arguição da incompetência relativa, permitindo argui-la como preliminar da contestação (CPC/2015, art. 337, II) e não mais com a apresentação de exceção de incompetência relativa. A ausência desta impugnação pelo réu prorroga-se a competência.

Nessa linha de raciocínio, o legislador criou a norma do art. 340, *caput*, que prevê "havendo alegação de incompetência relativa ou absoluta, a contestação poderá ser protocolada no foro de domicílio do réu, fato que será comunicado ao juiz da causa, preferencialmente por meio eletrônico".

É uma norma inovadora, que traz benefícios concretos para o réu porque facilita o cumprimento do prazo da contestação, mas, ao mesmo tempo, é uma norma que nasceu com tempo limitado porque se refere aos processos físicos. Contudo, mesmo em se tratando de processo eletrônico, pode-se dizer que o réu, que arguir a incompetência relativa, precisa comparecer as audiências agendadas pelo juiz de primeiro grau, o que muitas vezes o deslocamento acarreta a vulnerabilidade em algum formado no caso das ações de direito de família. Por esse raciocínio, tem-se que é uma norma que traz vantagens para o réu, que não estaria no seu domicílio para se defender.

Isso porque alegada a incompetência relativa à realização de audiência de conciliação ou mediação, se já tiver sido designada, será suspensa até a definição da competência, nos termos do § 3º do art. 340 do CPC/2015.

Contudo, se o réu optou pelos benefícios do art. 340 do Código, não poderá após a apresentação da contestação, manifestar-se a ausência de interesse na realização da audiência conciliatória e tampouco completar as razões de contestação[26]. O ato da apresentação da contestação, que nela pode arguir incompetência, é definidor e acarreta preclusões processuais.

6. CONSIDERAÇÕES FINAIS

O novo Código incorporou as normas constitucionais, pondo fim ao foro do domicílio da mulher nas ações de direito de família. Os parâmetros para fixação da competência relativa foram modificados e adequados ao cenário jurídico, considerando-se outras variáveis para definição da competência, tal como a vulnerabilidade de ordem econômica, informacional, técnica ou organizacional de caráter permanente ou provisório. Essa adequação foi calcada na "paridade de tratamento em relação ao exercício de direitos e faculdades processuais", com o objetivo precípuo de assegurar às partes igualdade de tratamento.

Sai de cena o foro especial da mulher previsto no art. 100 do CPC/1973, e passa-se a utilizar a tônica da vulnerabilidade para fixação da competência para as ações de direito de família (ação de divórcio, separação, anulação de casamento e reconhecimento ou dissolução de união estável) e para o alimentando em toda e qualquer ação que for pedido alimentos.

Essas normas de fixação da competência podem atingir de forma indistinta o homem ou a mulher, que se encontre em vulnerabilidade em relação ao outro cônjuge ou parte. Isso é resultado das mudanças sociais da mulher no mercado de trabalho e da sua competitividade, alcançado postos de comando para demonstrar a igualdade de gênero e a igualdade de "armas" para lutar no processo.

---

25. TJDFT. AGI Processo: 0130020194678AGI, Relator Desembargador Alfeu Machado. Segredo de justiça.
26. SICA, Heitor Vitor Mendonça. In: WAMBIER, Teresa Arruda Alvim...[et al.]. *Breves Comentários ao Novo Código de Processo Civil*. Coordenadores Teresa Arruda Alvim Wambier...[et al.]. 2. ed. rev. e atual... São Paulo: Revista dos Tribunais, 2016. Outros coordenadores: Fredie Didier Jr., Eduardo Talamini, Bruno Dantas, p. 915.

O descompasso desta fórmula acarreta a definição da competência por presunção de vulnerabilidade decorrente da lei, como é o caso do art. 53, I, *a* (domicílio do guardião de filho incapaz) ou compete, a quem achar prejudicado na igualdade de tratamento, arguir e provar a necessidade de deslocamento de competência em busca da igualdade material.

Daí também a importância de o magistrado, na condução do processo, e, em busca da igualdade material, poder requer a produção de provas *ex officio* para auxiliá-lo na definição da competência, como é a hipótese inovadora do art. 139, VIII, do Código. A junção do disposto nos incisos I e VIII do referido artigo colaboram com a justa solução da lide, garantindo a imparcialidade e a equidistância do magistrado na resolução do caso.

7. REFERÊNCIAS BIBLIOGRÁFICAS

CRUZ E TUCCI, José Rogério......[et al.]. *Código de Processo Civil Anotado*. 1. ed. Rio de Janeiro: LMJ Mundo Jurídico, 2016. Coordenadores: José Rogério Cruz e Tucci, Manoel Caetano Ferreira Filho, Ricardo de Carvalho Aprigliano, Rogéria Fagundes Dotti, Sandro Gilbert Martins.

BEDAQUE, José Roberto dos Santos. Os elementos objetivos da demanda examinados à luz do contraditório. In: *Causa de Pedir e pedido no processo civil*: (questões polemicas). Coordenadores José Rogério Cruz e Tucci, José Roberto dos Santos Bedaque. São Paulo: Revista dos Tribunais, 2002.

MELO, Nehemias Domingos de. *Novo CPC – Adotado – Comentado e Comparado*: 1. Direito – Brasil. 2. Direito Civil. 3. Direito Processual civil. 4. Concursos: Editora Rumo Legal, 2015. Colaboradores: Denise Heuseler; Estefânia Viveiros; German Segre; Gisele Leite e Marcia Cardoso Simões.

NERY JUNIOR, Nelson. *Princípios do Processo Civil na Constituição Federal*. São Paulo: Revista dos Tribunais, 1999.

OLIVEIRA, Carlos Alberto Alvaro. *A garantia do contraditório*. Revista Forense, v. 346, abr.-jun. 1999.

ROCHA, Carmem Lúcia Antunes. *O direito Constitucional à jurisdição, Garantias do cidadão na justiça*. Coordenação Sálvio de Figueiredo Teixeira. São Paulo: Saraiva, 1993.

TARTUCE, Fernanda. *Vulnerabilidade no NCPC*, 2016. Disponível em: <http://www.fernandatartuce.com.br/wp-content/uploads/2016/01/Vulnerabilidade-no-NCPC/>. Acesso em: 20 fev. 2017.

WAMBIER, Teresa Arruda Alvim...[et al.]. *Primeiros Comentários ao novo Código de Processo Civil – artigo por artigo*. 3. tiragem. São Paulo: Revista dos Tribunais, 2015.

WAMBIER, Teresa Arruda Alvim...[et al.]. *Breves Comentários ao Novo Código de Processo Civil*. Coordenadores Teresa Arruda Alvim Wambier...[et al.]. 2. ed. rev. e atual. São Paulo: Revista dos Tribunais, 2016. Outros coordenadores: Fredie Didier Jr., Eduardo Talamini, Bruno Dantas.

Direito do Trabalho e a Mulher Empregada – Conquistas e Desafios no Brasil do Século XXI

Fabíola Marques[1]

SER MULHER

[...] há brinquedos básicos que falam o idioma da humanidade inteira, e para estes não há possibilidade de passar da moda nem da época [...] uma menina é uma pequena mãe, e uma boneca sempre terá guarida em seus braços [...] um menino estará sempre por aquilo que reclamam sua destreza desportiva [...] Uma pessoa que vai fazer um presente de um brinquedo [para uma criança] deve procurar o simples, o que responda ao natural instinto da criança... (Jornal das Moças, 08 jun. 1953 – citado no artigo "Mulheres dos Anos Dourados", de Carla Bassanezi Pinsky: In: História das Mulheres no Brasil, Mary Del Priore (org.); Carla Bassanezi Pinsky (Coord. de textos). 9. ed. 2. reimpr. São Paulo: Contexto, 2010. p. 624.)

1. INTRODUÇÃO

A política neoliberal, a globalização e as reformas legislativas no âmbito do Direito do Trabalho têm consequências desiguais sobre o mercado de trabalho conforme o sexo do trabalhador.

A perspectiva de gênero é fundamental para compreender as dinâmicas do trabalho e as desigualdades sociais.

O objetivo do presente artigo é analisar os direitos trabalhistas da mulher empregada, bem como a divisão sexual do trabalho profissional, para concluir que não é possível garantir a devida igualdade às mulheres trabalhadoras sem mudar a divisão sexual do trabalho doméstico, a divisão sexual do poder e ainda a divisão do conhecimento na sociedade.

A Constituição Federal Brasileira prevê o princípio da igualdade como um princípio fundamental da existência humana, que com a evolução da sociedade sofreu grande desenvolvimento.[2]

No Direito do Trabalho, o princípio da igualdade objetiva a isonomia substancial e verdadeira entre os atores sociais com a proteção do empregado, parte mais fraca da relação de trabalho. Tal imperativo constitucional projeta corolários negativos e positivos, já que serve de fundamento a comandos de índole proibitiva de um lado, e gera normas que criam aos destinatários deveres de agir em certos moldes. A ideia de não-discriminação impede o tratamento desigual e desvantajoso para grupos particulares de trabalhadores, como é o caso das mulheres. Por outro lado, as regras relativas à igualdade material das relações de trabalho, como o princípio *pro operario* (aplicável na interpretação de normas) e o da "norma mais favorável" (aplicável no conflito positivo de normas) caracterizam-se como regras positivas que obrigam o intérprete a certa atitude.[3]

Na atualidade, a promoção da igualdade e a eliminação de todas as formas de discriminação estão no centro das discussões do chamado "Trabalho Decente"[4], que para a OIT (Organização Internacional do Trabalho), *é um trabalho adequadamente remunerado, exercido em condições de liberdade, equidade, sem quaisquer formas de discriminação, e segurança, capaz de garantir uma vida digna a todas as pessoas que vivem de seu trabalho.*

Deste modo, a promoção da igualdade entre homens e mulheres é um elemento essencial para alcançar o trabalho decente, que está fundado em quatro eixos: a criação de empregos de qualidade para homens e mulheres, a extensão

---

1. Advogada, sócia do Escritório Abud Marques Advogados Associados. Mestre e Doutora em Direito pela Pontifícia Universidade Católica de São Paulo (2005). Tem experiência na área de Direito, com ênfase em Direito do Trabalho, atuando principalmente nos seguintes temas: direito do trabalho e direito processual do trabalho. É Professora de Direito do Trabalho e Direito Processual do Trabalho da PUC-SP, nos cursos de graduação e pós-graduação. Ex-Presidente da Associação dos Advogados Trabalhistas de São Paulo para o mandato de 2006/2008. Ex-Presidente da Comissão Especial de Direito Material do Trabalho da OAB/SP – 2009. Ex-Presidente da Comissão da Mulher Advogada da OAB/SP – 2010/2012. Ex-Presidente da Comissão de Relacionamento com o Tribunal Regional do Trabalho da 2ª Região de 2013/2015. Conselheira da OAB/SP nos mandatos de 2010/2012, 2013/2015 e 2016/2018. Membro efetivo da Comissão Especial da Diversidade Sexual e Combate à Homofobia e da Comissão da Mulher Advogada, no triênio 2016/2018.
2. Sobre o tema, célebres são as passagens de Aristóteles em *Política* (Livro I, Brasília: Ed. da UNB,1985. p. 18): "Alguns seres, com efeito, desde a hora de seu nascimento são marcados para ser mandados ou para mandar, e há muitas espécies de mandantes e mandados (a autoridade é melhor quando é exercida sobre súditos melhores; por exemplo, mandar num ser humano é melhor que mandar num animal selvagem; a obra é melhor quando executada por auxiliares melhores, e onde um homem manda e outro obedece pode-se dizer que houve uma obra). (...) Entre os sexos também, o macho é por natureza superior e a fêmea inferior; aquele domina e esta é dominada (...)"
3. Fabíola Marques, *Equiparação Salarial*. 2. ed. São Paulo: LTr, 2015. p. 20.
4. Documento lançado em 08 de março de 2005. Disponível em: <www.oitbrasil.org.br>.

da proteção social, a promoção e fortalecimento do diálogo social e o respeito aos princípios e direitos fundamentais no trabalho, expressos na Declaração dos Direitos e Princípios Fundamentais do Trabalho[5].

No mercado de trabalho, apesar dos avanços quanto à redução das desigualdades entre homens e mulheres, ainda persiste a distância em termos de salários e acesso ao emprego. Segundo o Relatório de Desenvolvimento Mundial de 2012, divulgado pelo Banco Mundial (BIRD), se fosse eliminada a brecha entre homens e mulheres, o produto agrícola mundial cresceria entre 2% e 4,5% e a produtividade nos países cresceria no mínimo 3% ou até 25%, dependendo do país.[6]

A Pesquisa do Instituto Brasileiro de Geografia e Estatística (IBGE), publicadas no DOU de 30.08.2017, indica que o Brasil tem 207,7 milhões, sendo que as mulheres representam 51,5% da população e os homens, 48,5%. Já com relação ao rendimento mensal, vemos que ainda existe uma grande desigualdade entre homens e mulheres. O rendimento médio real mensal dos homens, em 2015, era de R$ 1.516 e o das mulheres R$ 943, também segundo o IBGE.

Em se tratando das mulheres brasileiras com nível superior, a diferença salarial entre homens e mulheres é ainda maior, segundo o relatório *Education at a Glance*, publicado pela Organização para a Cooperação e o Desenvolvimento Econômico (OCDE)[7]. Nesta pesquisa, a mulher brasileira com nível superior ganha, em média, apenas 61% do que ganha um homem com o mesmo nível de instrução.

Ainda segundo o PNAD, no 2º trimestre de 2017, a taxa de desocupação, no Brasil, foi estimada em 13,0%, com retração em todas as grandes regiões. Porém, certos grupos têm maior dificuldade para ingressar no mercado de trabalho. De fato, as taxas de desocupação dos grupos de pessoas de 14 a 17 anos de idade (43,0%) e de 18 a 24 anos (27,3%) apresentaram patamar superior ao estimado para a taxa média total. Desagregada por cor ou raça, a taxa de desocupação mostrou que entre as pessoas que se declararam brancas (10,3%) ficou abaixo da média nacional, porém entre pretos (15,8%) e pardos (15,1%) ficou 3,8 e 3,1 pontos percentuais acima, respectivamente.

Diferente do que foi observado para as pessoas ocupadas, o percentual de mulheres (50,8%) na população desocupada foi superior ao de homens (49,2%), no 2º trimestre de 2017.

Em quase todas as regiões, o percentual de mulheres na população desocupada era superior ao de homens, com exceção do Nordeste, na qual este percentual representava 48,2%. Na região Sul, o percentual das mulheres foi o maior, elas representavam 53,0% das pessoas desocupadas.

Entre as pessoas ocupadas, verificou-se a predominância de homens (56,6%). Este fato foi confirmado em todas as regiões, sobretudo na Norte, onde os homens representavam 60,4% dos trabalhadores, no 2º trimestre de 2017. Ao longo da série histórica da pesquisa, este quadro não se alterou significativamente em nenhuma região.

Apesar de a maioria dos desempregados ser formada por mulheres, elas, de modo geral, são mais escolarizadas que os homens, com média de 7,5 anos de estudo, contra 7,1 anos dos homens. Em todos os grupos etários, com exceção do grupo de 60 anos ou mais de idade, a média de anos de

---

5. A Declaração dos Direitos e Princípios Fundamentais do Trabalho está baseada nas seguintes Convenções Internacionais: Liberdade de associação e de organização sindical e reconhecimento efetivo do direito de negociação coletiva (Convenções 87 e 98); Eliminação de todas as formas de trabalho forçado ou obrigatório (Convenções 29 e 105), Abolição efetiva do trabalho infantil (Convenções 138 e 182), Igualdade de remuneração para trabalho de igual valor (Convenção 100) e Eliminação da discriminação em matéria de emprego e ocupação (Convenção 111).
6. Jornal Valor Econômico, matéria de Sergio Leo, Brasília, "Produtividade poderia crescer 25% com mais igualdade entre sexos, avalia Bird", publicada em 19.09.2011. O relatório ainda contém a demonstração de que, em regiões mais atrasadas do mundo, é maior a disparidade de oportunidades entre os gêneros, apontando para o fato de que, apesar da redução do hiato educacional entre homens e mulheres – particularmente acelerado nos últimos anos em países em desenvolvimento da América Latina –, as mulheres têm continuado a receber salários mais baixos, mostrar menor produtividade e ser menos eficientes quando no comando de empresas.
7. Segundo Carlos Orsi, no artigo "Mulheres são maioria com nível superior, mas homens dominam o mercado de trabalho". In: O Estado de São Paulo, de 18 de setembro de 2012, o relatório aponta que a proporção de mulheres brasileiras com títulos acadêmicos de nível superior é maior que a de homens – 12%, ante 10% da masculina – mas esse dado sofre uma inversão no mercado de trabalho. Quando se analisam as pessoas que atuam em funções de nível superior, 91% dos homens estão empregados, contra 81% das mulheres. Ademais, "as mulheres também demoram mais para atingir seu potencial máximo de renda: a faixa etária mais bem remunerada, para as detentoras de diploma, é de 55 a 64 anos. No caso dos homens, a renda é maior entre 25 e 34 anos, declinando depois, a partir dos 55. A pior situação, no Brasil, é a da mulher sem ensino médio: sua renda é de apenas 47% da de uma mulher com diploma colegial (no caso dos homens, a renda é de 53%)". O artigo ainda esclarece que: "As evidências mostram que mulheres têm a mesma produtividade que homens quando têm acesso aos mesmos recursos", afirma o Banco Mundial. O documento aponta exemplos de medidas capazes de reduzir as disparidades, como a iniciativa de garantir créditos a empresas de propriedade feminina na África, por parte da Corporação de Finanças Internacional, braço do Fundo Monetário Internacional (FMI) para o setor privado. "Em um mundo globalizado, pequenas mudanças podem levar a grandes vantagens competitivas", disse a co-diretora do Banco Mundial para o relatório de Desenvolvimento, Ana Revenga, ao defender a adoção de políticas para reduzir o hiato entre homens e mulheres no mercado de trabalho. A eliminação das diferenças no acesso a oportunidades econômicas e dos hiatos de produtividade e remuneração entre homens e mulheres devem ser complementadas por medidas que reduzam a mortalidade e desigualdade na educação de mulheres, o que ainda ocorre principalmente em países da África Subsaariana, e a adoção de programas para reduzir a diferença de gênero na família e na sociedade, como a garantia de creches. Uma dessas medidas, elogiada no estudo, é a decisão de conceder à mulher o dinheiro dos programas de transferência de renda, como o Bolsa Família, no Brasil. Embora no México esse tipo de medida tenha levado ao aumento da violência doméstica, ele, em geral, leva ao aumento do poder de barganha da mulher no lar, favorecendo a uma mudança no papel das donas de casa.

estudo das mulheres foi superior a dos homens. A maior média foi a do grupo etário de 20 a 24 anos (9,8 anos), sendo de 10,2 anos de estudo na parcela feminina e de 9,3 anos na masculina.

As mulheres também estão sub-representadas nos conselhos de administração de empresas do mundo segundo a quinta edição do estudo "Women in the Boardroom – a global perspective", realizado pela Deloitte. De acordo com o levantamento, apenas 15% dos assentos dos conselhos de administração das mais de 7.000 companhias analisadas globalmente são ocupados por mulheres. Esse resultado é apenas três pontos percentuais melhor do que os 12% registrados no estudo anterior, cujos dados foram apurados em 2014 e divulgados em 2015. No mesmo período, o Brasil teve uma pequena evolução de 1,4 ponto percentual entre os dois estudos, passando de 6,3% das cadeiras de conselhos ocupadas por mulheres no estudo anterior para 7,7% atualmente. Essa progressão é, proporcionalmente, abaixo da média global do indicador. Com o percentual de 7,7%, o Brasil aparece na 37ª posição dentre os 44 países listados em ranking pelo estudo da Deloitte, à frente apenas do Chile, México, Rússia, Marrocos, Japão, Coreia do Sul e Emirados Árabes Unidos, nesta ordem. Além disso, somente 1,5% dos cargos de presidente dos conselhos das empresas do país que participaram da pesquisa eram ocupados por mulheres.

Segundo o relatório, a Noruega foi o primeiro país a exigir o percentual mínimo de 40% dos assentos para as mulheres nos conselhos de administração, em 2003. A lei entrou em vigor integralmente em 2008, quando as empresas de capital aberto deveriam estar adaptadas à regra[8]. Vale destacar que, apesar de a Noruega liderar a lista, o país ainda não conseguiu garantir a equidade de gênero às mulheres presentes nos conselhos de administração das empresas locais, com apenas 42% dos postos ocupados por profissionais do sexo feminino.

Pela primeira vez, o estudo da Deloitte incluiu uma análise por região da relação entre liderança corporativa e diversidade. Foi apurada uma correlação direta entre a liderança feminina nas empresas, que relaciona a presença de CEOs mulheres e diretoras com o estímulo à ocupação feminina de um maior número de cadeiras em conselhos. As organizações com mulheres em posições de liderança superiores (como presidentes ou CEOs) têm quase o dobro do número de assentos nos conselhos ocupados por profissionais do sexo feminino, segundo o levantamento. Isso ilustra uma tendência importante: de acordo com a ocupação do cargo de CEO e um maior número de cadeiras da diretoria ocupadas por executivas, é provável que a empresa promova uma maior diversidade de gênero na diretoria. No entanto, a percentagem de mulheres que ocupam os principais cargos de liderança permanece ainda muito baixa, com a ocupação por elas de apenas 4% dos cargos de CEO e de alta diretoria globalmente, indica a pesquisa. Regionalmente, entre os destaques da lista estão os países europeus, região com maior representatividade feminina proporcional (22,6%, na média) nos conselhos empresariais, e que ocupa grande parte das dez primeiras posições do ranking (com exceção da Nova Zelândia, em sexto lugar, e a Nigéria, em décimo). A América Latina aparece como a região de menor equidade de gêneros nos conselhos de administração, com 7,2% de presença feminina, próximo dos 7,8% da Ásia, menos da metade dos 14,5% da América do Norte e bem abaixo dos 18,8% da África.

Como se não bastassem todas as diferenças apresentadas entre homens e mulheres no mercado de trabalho, as empregadas do sexo feminino, em média, trabalham mais do que os homens, se contarmos a jornada de trabalho e os afazeres domésticos. De fato, ao conjugarem-se as informações relativas às horas de trabalho dedicadas às tarefas domésticas e de cuidado com menores, idosos e doentes com aquelas referentes à jornada exercida no mercado de trabalho, constata-se que, apesar da jornada semanal média das mulheres no mercado de trabalho ser inferior à dos homens (36,0 contra 43,4 horas), ao computar-se o tempo de trabalho dedicado aos afazeres domésticos (22,0 horas para elas e 9,5 para eles), a jornada média semanal total feminina alcança 58,0 horas e ultrapassa em 5,0 horas a masculina (52,9 horas)[9].

Podemos constatar que não obstante as mulheres ocupem cada vez mais postos no mercado de trabalho, elas ainda são a maioria dentre os desempregados, possuem salários inferiores aos dos homens, têm dificuldade maior em chegar aos postos de gestão e, ainda são responsáveis quase exclusivas pelas atividades domésticas.

---

8. Segundo a mesma pesquisa, os outros países que estudaram a imposição de cotas para mulheres e criaram legislação para regulamentar o assunto são: França, que aprovou a lei em 2007 e exigiu a paridade salarial na negociação, para evitar que as mulheres fossem colocadas nos conselhos apenas por formalidade, sem remuneração; Espanha, com lei de 2007 e período de adaptação até 2015; Holanda, que estabeleceu cotas para 2015; Bélgica e Itália, que estabeleceram cota de 33% em 2011, com a primeira exigindo o padrão *comply-or-explain* e, a segunda, um período de três anos de transição. A Austrália adotou solução menos rígida, ao exigir de suas empresas a divulgação das políticas de promoção de diversidade no padrão *comply-or-explain*, bem como Islândia e Finlândia. A Alemanha se movimentou após discussões na assembleia de seu principal banco, o Deutsche Bank, e a África do Sul já adota a regulação para as empresas que vão à bolsa em busca de recursos.
9. É o que revela pesquisa divulgada pela Cepal (Comissão Econômica para a América Latina e Caribe). Segundo o estudo, entre 90 e 2008, a população economicamente ativa feminina cresceu de 42% para 52% no continente. O Brasil puxa o incremento da participação feminina na economia, com um avanço de 52% no período. As brasileiras, contudo, acumulam mais horas de trabalho não-remunerado. Outro dado da pesquisa demonstra que as casas comandadas por mulheres são mais pobres que as chefiadas por homens, apesar de a participação feminina na economia ter ajudado no combate à pobreza na região. Disponível em: <http://www.bbc.co.uk/portuguese/ultimas_noticias/2012/07/120719_desigualdade_oit_lgb_rn.shtml>.

Por este motivo, é fundamental que as mulheres recebam uma proteção especial da legislação trabalhista. No entanto, não basta que as condições de trabalho conferidas às mulheres sejam mais vantajosas, é fundamental uma mudança de paradigmas para que seja possível a verdadeira igualdade entre os sexos.

2. HISTÓRICO

Durante a Revolução Industrial (século XVIII), o trabalho da mulher foi aproveitado em grande escala, sendo que os empregadores preferiam as trabalhadoras do sexo feminino porque estas, apesar de realizarem as mesmas atividades, recebiam salários inferiores ao dos homens. Ademais, diante da total ausência de legislação protetiva, as mulheres trabalhavam 14 ou 16 horas diárias, com salários inferiores e sujeitas a todo tipo de exposição prejudicial à saúde, além de acumular na sua totalidade, as obrigações domésticas e familiares.

Explica Amauri Mascaro Nascimento[10], que "o processo industrial criou um problema que não era conhecido quando a mulher, em épocas remotas, dedicava-se aos trabalhos de natureza familiar e de índole doméstica". Diante destes problemas, as primeiras leis trabalhistas voltaram-se à proteção da mulher e também do empregado menor de idade.

Em 1842, na Inglaterra, o "*Coal Mining Act*" proibiu o trabalho da mulher em subterrâneos; em 1844, o "*Factory Act*" reduziu a jornada de trabalho para 12 horas e proibiu o trabalho noturno para as mulheres; e, em 1878, o "*Factory and Workshop Act*" fixou a jornada semanal feminina em 55h30 na indústria têxtil e em 60h nas outras fábricas, com exclusão do domingo.

Em 1848, também surgiram na França, leis de proteção ao trabalho da mulher; e, em 1891, o Código Industrial da Alemanha fixou regras mínimas de proteção ao trabalho feminino.

A preocupação de coibir a exploração do trabalho feminino e estrangeiro constou da Constituição do México (1917): "*123 – VII – Para trabajo igual debe corresponder salário igual, sin tener en cuenta sexo ni nacionalidad; (...).*"

A seguir, o mesmo princípio foi previsto na Alemanha, pela Constituição de Weimar, em agosto de 1919.

Finalmente, com o intuito de sanar as desigualdades apontadas e combater a discriminação, o Tratado de Versailles (1919), em seu art. 427, n. 7, consagrou internacionalmente o princípio do "salário igual, sem distinção de sexo, para um trabalho de igual valor", o qual foi também inserido no preâmbulo da Constituição da OIT. A partir de então, o princípio da igualdade salarial incorporou-se ao direito positivo de diversos países, figurando em várias Constituições como regra basilar do Direito do Trabalho.

O mesmo princípio integrou a Declaração Universal dos Direitos do Homem, aprovada pela Assembleia Geral das Nações Unidas, em 10 de dezembro de 1948, em Paris, do qual o Brasil foi signatário. A Declaração estabeleceu:

"Art. XXIII – 2. Todo homem, sem qualquer distinção, tem direito a igual remuneração por igual trabalho."

Em 1951, a Organização Internacional do Trabalho aprovou a Convenção n. 100[11], que entrou em vigor no plano internacional em 23.05.1953. Essa Convenção foi complementada pela Recomendação n. 90, e reiterou a identidade de salário entre homens e mulheres, tendo sido ratificada por 107 países, inclusive o Brasil.[12]

---

10. *Curso de Direito do Trabalho.* 26. ed. São Paulo: Saraiva, 2011. p. 908/909.
11. Merecem transcrição os seguintes artigos da Convenção n. 100 da OIT:
    "*Art. 1 – Para os fins da presente convenção:*

    a) o termo 'remuneração' compreende o salário ou o tratamento ordinário, de base, ou mínimo, e todas as outras vantagens, pagas direta ou indiretamente, em espécie ou <u>in natura</u> pelo empregador ou trabalhador em razão do emprego deste último;

    b) a expressão 'igualdade de remuneração para a mão-de-obra masculina e mão de obra feminina por um trabalho de igual valor', se refere às taxas de remuneração fixas sem discriminação fundada no sexo.

    Art. 2 – 1. Cada Membro deverá, por meios adaptados aos métodos em vigor para a fixação das taxas de remuneração, incentivar e, na medida em que tudo isto é compatível com os ditos métodos, assegurar a aplicação a todos os trabalhadores do princípio de igualdade de remuneração para a mão-de-obra masculina e a mão de obra feminina por um trabalho de igual valor.

    2. Este princípio poderá ser aplicado por meio:

    a) seja da legislação nacional;

    b) seja de qualquer sistema de fixação de remuneração estabelecidos ou reconhecido pela legislação;

    c) seja de convenções coletivas firmadas entre empregadores e empregados;

    d) seja de uma combinação desses diversos meios.

    Art. 3 – 1. Quando tal providência facilitar a aplicação da presente convenção, tomar-se-ão medidas para desenvolver a avaliação objetiva dos empregados sobre a base dos trabalhos que eles comportam.

    2. Os métodos a seguir para esta avaliação poderão ser objeto de decisões, seja da parte das autoridades competentes, no que concerne à fixação das taxas de remuneração, seja, se as taxas forem fixadas em virtude de convenções coletivas, pelas partes destas convenções.

    3. As diferenças entre as taxas de remuneração, que correspondem, sem consideração de sexo, às diferenças resultantes de tal avaliação objetiva nos trabalhos a efetuar, não deverão ser consideradas como contrárias aos princípios da igualdade de remuneração para a mão-de-obra masculina e a mão-de-obra feminina, por um trabalho de igual valor.

    Art. 4 – Cada Membro colaborará, da maneira que convier, com as organizações de empregadores e de trabalhadores interessadas, a fim de efetivar disposições da presente convenção."
12. A Convenção n. 100 da OIT foi ratificada pelo Brasil em 25 de abril de 1957 e promulgada pelo Decreto n. 41.721 de 25.06.1957, com vigência a partir de 25 de abril de 1958.

A Convenção n. 111[13], de 1958, foi aprovada na 42ª reunião da Conferência Internacional do Trabalho em Genebra e entrou em vigor no plano internacional em 15.06.1960. Para os fins desta Convenção, a expressão "discriminação" foi conceituada como:

> "(...) toda distinção, exclusão ou preferência fundada na raça, cor, sexo, religião, opinião política, ascendência nacional ou origem social, que tenha por efeito destruir ou alterar a igualdade de oportunidade ou de tratamento em matéria de emprego ou profissão; (...)."

Ainda com a mesma preocupação, foi aprovada, no ano de 1962, a Convenção n. 117[14], na 46ª reunião da Conferência Internacional do Trabalho. A Convenção traçou os objetivos e normas básicas da política social, com a finalidade de promover melhoramentos nos setores de higiene pública, habitação, instrução pública, bem-estar infantil, condição da mulher, condições de trabalho, remuneração dos assalariados e dos produtores independentes, a proteção dos trabalhadores migrantes, a segurança social, o funcionamento dos serviços públicos e a produção em geral.

Quanto a não discriminação, o art. XIV, item 1, da referida Convenção estabeleceu que um dos fins da política social seria o de suprimir qualquer discriminação entre trabalhadores fundada na raça, cor, sexo, crença, associação tribal ou filiação sindical, como se pode conferir a seguir:

> "a) legislação e convenções de trabalho, as quais deverão oferecer um tratamento econômico equitativo a todos aqueles que residam ou trabalhem legalmente no país;
>
> b) admissão aos empregos, tanto públicos quanto privados;
>
> c) condições de recrutamento e promoção;
>
> d) oportunidades de formação profissional;
>
> e) condições de trabalho;
>
> f) medidas relativas à higiene, à segurança e ao bem-estar;
>
> g) disciplina;
>
> h) participação na negociação de acordos coletivos;
>
> i) níveis de salário, os quais deverão ser fixados de conformidade com o princípio da retribuição idêntica por trabalho idêntico, no mesmo processo e na mesma empresa."

O mesmo artigo, ainda estabeleceu, no item 2, que:

> "Serão tomadas todas as medidas práticas e possíveis no sentido de reduzir quaisquer diferenças nos níveis de salário resultante de discriminação fundada na raça, cor, sexo, crença, associação tribal ou filiação sindical, mediante elevação dos níveis aplicáveis aos trabalhadores de menor remuneração."

No plano internacional, também podemos apontar o Pacto Internacional dos Direitos Econômicos, Sociais e Culturais[15] que foi aprovado na XXI Sessão da Assembleia Geral das Nações Unidas, em Nova York, no dia 19 de dezembro de 1966.

O Pacto Internacional, no art. 7º, reconhece o direito de toda pessoa gozar de condições de trabalho justas e favoráveis, que assegurem especialmente:

> "a) uma remuneração que proporcione, no mínimo, a todos os trabalhadores:
>
> i) um salário equitativo e uma remuneração igual por um trabalho de igual valor, sem qualquer distinção; em particular, as mulheres deverão ter a garantia de condições de trabalho não inferiores às dos homens e perceber a mesma remuneração que eles por trabalho igual; (...)."

Também é de fundamental importância a Quarta Conferência Mundial sobre as Mulheres convocada pelas Nações Unidas, em setembro de 1995, em Beijing, na China.

O resultado da Conferência de Pequim é uma agenda para o empoderamento das mulheres e visa acelerar a participação das mulheres em todas as esferas da vida pública e privada através de uma participação plena e igualdade na vida econômica, social, cultural e política de tomada de decisão.

A Declaração de Pequim e a Plataforma de Ação foram aprovadas por consenso em setembro de 1995, incorporando o compromisso da comunidade internacional para o avanço das mulheres, acreditando que o "empoderamento das mulheres e a sua plena participação na base da igualdade em todas as esferas da sociedade, incluindo a participação no processo de tomada de decisão e acesso ao poder são fundamentais para a concretização da igualdade desenvolvimento e paz".

3. LEGISLAÇÃO TRABALHISTA NACIONAL

No Brasil, apesar das garantias existentes, nos dias de hoje, poucos são os dispositivos legais que distinguem o trabalho do homem e o da mulher.

O Código Civil de 1916 considerava a mulher relativamente capaz. Seguindo esta orientação, o art. 446 da CLT, revogado pela Lei n. 7.855, de 24.10.1989, presumia

---

13. A Convenção n. 111 da OIT foi aprovada pelo Decreto Legislativo n. 104, de 24.11.1964 e ratificada em 26 de novembro de 1965, com vigência a partir de 26 de novembro de 1966, sendo que sua promulgação se deu pelo Decreto n. 62.150, de 19.01.1968.
14. A Convenção n. 117 da OIT foi aprovada pelo Decreto Legislativo n. 65, de 30.11.1966 do Congresso Nacional e ratificada em 24 de março de 1969, com vigência a partir de 24 de março de 1970, sendo que sua promulgação se deu pelo Decreto n. 66.496, de 27.04.1970.
15. O Pacto Internacional dos Direitos Econômicos, Sociais e Culturais foi aprovado pelo Decreto Legislativo n. 226 de 12.12.1991 do Congresso Nacional. Foi ratificado em 24 de janeiro de 1992 e promulgado pelo Decreto n. 591 de 06.07.1992.

autorizado pelo marido o trabalho da mulher casada. Mas, o marido tinha o direito de pleitear a rescisão do contrato de trabalho de sua esposa, se o emprego viesse a acarretar "ameaça aos vínculos da família" ou, "perigo manifesto às condições peculiares da mulher".

Neste sentido, apenas recentemente, com a Reforma Trabalhista da Lei n. 13.467 de 2017, é que foi revogado expressamente o art. 792 da Consolidação que estabelecia que as mulheres casadas "poderiam" pleitear seus direitos perante a Justiça do Trabalho, "sem a assistência de seus pais, tutores ou marido"[16].

Para garantir a igualdade prevista constitucionalmente, a Consolidação das Leis do Trabalho dedica um capítulo específico às "Normas de Proteção do Trabalho da Mulher" (arts. 372 a 401 da CLT).

Algumas destas normas foram revogadas pela Constituição Federal de 1988; contudo, a CLT mantém dispositivos que protegem o trabalho da mulher.

Entretanto, a discriminação é tão enraizada que alcança juristas de renome. Roberto Barretto Prado, por exemplo, sustentava, em sua obra de 1971, que "não constitui motivo justo para a rescisão do contrato de trabalho da mulher, o fato de ela haver contraído matrimônio ou encontrar-se em estado de gravidez."[17] Mas, acrescentava:

> "O matrimônio é ato de alto significado moral, sempre recebido festivamente, e nunca poderá contar aspectos que possam justificar a rescisão do contrato de trabalho. Já o mesmo não acontece com a gravidez, a qual, ainda que excepcionalmente, pode produzir escândalo incompatível com o meio de trabalho, como seria o caso da empregada solteira que engravidasse. A empregada nessa situação, a nosso ver, poderia ser despedida por justa causa, sem direito a receber qualquer indenização, não por causa de sua gravidez, mas simplesmente em consequência dos atos anteriores a êsse estado, agora denunciados de modo público, notório e irretorquível. Estaria patente o seu mau procedimento, com reflexos positivos no ambiente da emprêsa, o qual nem sempre é complacente com desvios dessa ordem."

Tal entendimento, absurdo e ultrapassado, não deve prevalecer, sob pena de caracterizar odiosa discriminação à empregada gestante, que atualmente é contemplada com estabilidade provisória, desde a confirmação da gravidez, no curso do contrato de trabalho, ainda que durante o prazo do aviso prévio trabalhado ou indenizado, nos termos do art. 391-A da CLT e da alínea *b*, inciso II, do art. 10 do Ato das Disposições Constitucionais Transitórias, independentemente de qualquer condição, isto é, seja a empregada solteira ou casada.

Contudo, na maioria das questões relativas ao trabalho, não existem mais diferenças legais entre as atividades desenvolvidas pelo homem ou pela mulher empregada.

Aliás, este é o entendimento previsto no art. 372 da CLT:

> "Os preceitos que regulam o trabalho masculino são aplicáveis ao trabalho feminino, naquilo em que não colidirem com a proteção especial instituída por este Capítulo."

Deste modo, a legislação trabalhista estabelece que, assim como o homem, a mulher adquire a maioridade trabalhista aos 18 anos de idade. Antes disso, a mulher poderá trabalhar a partir dos 14 anos, como aprendiz, conforme o art. 428 da CLT, ou como empregada, a partir dos 16 anos, conforme as normas de proteção ao trabalho do menor que proíbem o trabalho em regime de horas extraordinárias, em ambiente perigoso ou insalubre, e em locais ou serviços prejudiciais à sua moralidade.

Quanto à remuneração, a Constituição Federal estabelece que não deve existir diferença salarial entre homens e mulheres (art. 7º, inciso XXX). Observando o mesmo princípio, a Consolidação trabalhista prevê que "sendo idêntica a função, a todo trabalho de igual valor, prestado ao mesmo empregador, no mesmo estabelecimento empresarial, corresponderá igual salário, sem distinção de sexo, etnia, nacionalidade ou idade." (art. 461, CLT)

A jornada normal de trabalho da empregada mulher, assim como a dos homens, é de 8 horas diárias ou 44 horas semanais, salvo nos casos em que seja fixada duração inferior, como esclarece o art. 373 da CLT. Os arts. 374 a 376 e 378, que faziam distinções relativas à limitação do trabalho diurno, à prorrogação de horas, à exigência de convenção ou acordo coletivo para a prorrogação, ou ainda, à autorização por atestado médico oficial foram revogados pelas Leis n. 7.855 de 1989 e n. 10.244 de 2001.

Também não existem mais diferenças quanto ao trabalho noturno, ou em locais insalubres ou perigosos. Neste aspecto, foram revogados os arts. 379, 380 e 387 da CLT.

Porém, o empregador não poderá empregar mulheres, em serviços que exijam o emprego de força muscular superior a 20 quilos para o trabalho contínuo, ou 25 quilos para o trabalho ocasional, como prevê o art. 390 e seu parágrafo único consolidado.[18]

O intervalo interjornada (entre uma jornada e outra de trabalho), intrajornada (dentro da jornada de trabalho) e o

---

16. Entendemos, entretanto, que o art. 792 da CLT já havia sido revogado tacitamente pelos incisos I e XXXV do art. 5º da CF. Consequentemente, desde 1988, a mulher já não necessitava de autorização para obter trabalho, nem para propor uma reclamação trabalhista. Ademais, desde a Lei n. 4.121, de 1962 (Estatuto da Mulher Casada), a mulher já era considerada plenamente capaz.
17. Tratado de Direito do Trabalho. São Paulo: Revista dos Tribunais, 1971. v. I, p. 415.
18. Entendemos que a referida distinção também não é mais razoável. Por mais que no geral, a constituição física dos homens seja maior que a das mulheres (os homens são, na média, mais altos e mais fortes que as mulheres), tal garantia de proteção dedicada somente às mulheres não pode ser generalizada, já que existem mulheres fisicamente fortes e homens fisicamente fracos.

descanso semanal remunerado são basicamente os mesmos que os garantidos aos empregados do sexo masculino. A mulher empregada tem direito a intervalo para alimentação e descanso de no mínimo uma hora e no máximo duas horas, salvo previsão contida no § 3º do art. 71 da CLT (art. 383, CLT); intervalo interjornada de pelo menos 11 horas consecutivas (art. 382, CLT); e descanso semanal de 24 horas consecutivas, coincidente no todo ou em parte com o domingo, salvo motivo de conveniência pública ou necessidade imperiosa de serviço; além da proibição de trabalho nos feriados civis ou religiosos (art. 385 e seu parágrafo único).

A chamada Reforma Trabalhista, instituída pela Lei n. 13.467 de 2017, revogou o art. 384 da CLT que dispunha que: "em caso de prorrogação do horário normal, será obrigatório um descanso de 15 (quinze) minutos no mínimo, antes do início do período extraordinário do trabalho."

Assim, foi revogado o direito da empregada mulher de descansar por 15 minutos, sem garantia de remuneração, antes de dar início à jornada extraordinária. Tratava-se de um descanso intrajornada não remunerado que era concedido à mulher, pelo empregador, em caso de trabalho além da jornada legal.

A nosso ver, o conteúdo do art. 384 da CLT contrariava a garantia de igualdade prevista constitucionalmente entre homens e mulheres. E mais, a sua aplicabilidade, além de discriminatória, prejudicava, ainda mais, a inserção da mulher no mercado de trabalho porque ao invés de proteger o trabalho das mulheres, fazia com que estas fossem discriminadas e que, no momento da contratação, o empregador optasse por um trabalhador homem.

É interessante observar que o Tribunal Superior do Trabalho, em decisão do Pleno proferida antes da Reforma Trabalhista, entendia que o art. 384 da CLT não havia sido revogado tacitamente pela Constituição Federal de 1988. Aliás, tal discussão no TST gerou o Incidente de Inconstitucionalidade, IIN-R-1540/2005-046-12-00.5, julgado no dia 17 de dezembro de 2008[19].

A referida questão, hoje revogada expressamente por lei, dividia os Ministros e os julgamentos nas Turmas do Tribunal e na Seção Especializada em Dissídios Individuais (SDI-1). O relator do Incidente, Ministro Ives Gandra Martins Filho, sustentava que "a igualdade jurídica entre homens e mulheres não afasta(ria) a natural diferenciação fisiológica e psicológica dos sexos", e que "não escapa ao senso comum a patente diferença de compleição física de homens e mulheres". Para o Ministro Relator, o art. 384 da CLT possuía "natureza de norma afeta à medicina e segurança do trabalho, infensa à negociação coletiva, dada a sua indisponibilidade". Em sua linha de argumentação, o Ministro observava que o desgaste natural da mulher trabalhadora é maior em comparação com o homem, em razão das diferenças de compleição física e que "não é demais lembrar que as mulheres que trabalham fora estão sujeitas à dupla jornada de trabalho. Por mais que se dividam as tarefas domésticas entre o casal na atualidade, o peso maior da administração da casa e da educação dos filhos acaba recaindo sobre a mulher." (IIN-RR – 1540/2005-046-12-00.5)

Com todo o respeito à justificativa expressada, consideramos que tais fundamentos além de reacionários e retrógrados, trazem sérios prejuízos às mulheres trabalhadoras. Primeiro porque não é possível generalizar e afirmar que as mulheres se cansam mais com o trabalho do que os homens, seja nas atividades físicas, seja nas atividades intelectuais. Tal declaração desqualificava a competência física e intelectual feminina para o trabalho. Segundo, que a concessão de intervalo fundamentada no fato de que as mulheres têm dupla jornada, o que realmente é constatado pelas pesquisas já indicadas neste trabalho, apenas reforça o pensamento machista de que o lugar da mulher é em casa, cuidando dos filhos e do marido.

Aliás, é em função deste pensamento patriarcal, segundo o qual o mundo do trabalho é dos homens, que a grande maioria das mulheres ainda exerce atividades relacionadas ao cuidado com a casa e família[20]. Não é por acaso, que o contingente de trabalhadores domésticos é formado, em grande parte, por trabalhadoras mulheres, com salários baixos e direitos inferiores aos garantidos aos trabalhadores urbanos. Segundo o PNAD, em 2016, o Brasil tinha 6,158 milhões de trabalhadoras domésticas, das quais 92% eram mulheres.

Essa visão está associada à vontade de aprisionar a mulher à esfera da vida privada, pensamento que, infelizmente, ainda se observa nas sociedades do século XXI.

Não é a toa que a rede terrorista Al Qaeda lançou a revista feminina "Beituki" ("sua casa", em árabe) destinada às mulheres casadas com militantes radicais. A "Beituki" começou a ser produzida em dezembro de 2017 e já conta com três edições na internet. Porém, suas matérias não

---

19. Notícia do site do TST (<www.tst.gov.br>), publicada em 19 nov. 2008 – "Pleno do TST confirma constitucionalidade do art. 384 da CLT". O Pleno do Tribunal Superior do Trabalho rejeitou incidente de inconstitucionalidade em recurso de revista do art. 384 da CLT, que trata do intervalo de 15 minutos garantido às mulheres trabalhadoras que tenham que prestar horas extras. Por maioria de votos, em votação apertada (14 votos a 12), o TST entendeu que a concessão de condições especiais à mulher não fere o princípio da igualdade entre homens e mulheres previsto no art. 5º da Constituição Federal.
20. O Jornal operário *A Razão*, citado por Margareth Rago, no artigo intitulado "Trabalho Feminino e Sexualidade". In: *História das Mulheres no Brasil*. Mary Del Priore (Org.); Carla Bassanezy Pinbsky (Coord. de textos). 9. ed. 2. reimpr. São Paulo: Contexto, 2010. p. 585, de 29 de julho de 1919, argumentava: "O papel de uma mãe não consiste em abandonar seus filhos em casa e ir para a fábrica trabalhar, pois tal abandono origina muitas vezes consequências lamentáveis, quando melhor seria que somente o homem procurasse produzir de forma a prover as necessidades do lar."

incitam o ódio ou mostram imagens de guerra e de mulheres armadas. A publicação apenas dá conselhos sobre diversos assuntos femininos. Entre os vários temas está desde como lidar com as dores nas costas durante a gravidez até dicas para noivas frustradas com seus maridos. A revista inclui também cartas de amor entre militantes terroristas e suas esposas. As reportagens também chamam atenção. Em um texto da matéria é sugerido que as mulheres cuidem dos seus maridos, e a justificativa para tal é a mais curiosa. "Você pode imaginar quanto derramamento de sangue e quantos ossos ele vê todos os dias? Suas reclamações só incrementam o estresse", informou a "Beituki"[21].

Como ainda observa a Professora do Departamento de Sociologia da Universidade Federal do Rio de Janeiro, Paola Cappellin Giuliani[22], é necessário às trabalhadoras rever a maneira como seus diversos papéis são exercidos, os papéis de companheira, de mãe, de filha, de organizadora do orçamento doméstico, de provedora, de profissional competente. De fato, devem ser questionadas as atribuições domésticas e extradomésticas típicas de homens e mulheres, a ponto de confrontar os papéis de mãe e de pai, as responsabilidades de companheira, de chefe de família, de dona de casa, de educadora e de cidadã.

Podemos concluir portanto que a revogação do art. 384 da CLT pela Lei n. 13.467 de 2017 põe fim à proteção legal que não auxiliava a mulher na conquista ou manutenção do emprego e que ainda reforçava a visão machista de que a mulher é responsável exclusiva pelas obrigações domésticas.

3.1. Trabalho aos domingos em escala de revezamento quinzenal

Se por um lado, a revogação do art. 384 da CLT, efetivada pela Reforma Trabalhista, acabou com uma diferença contrária à ascensão da mulher no mercado de trabalho, por outro, o legislador "esqueceu" de fazer o mesmo com o art. 386 da CLT.

Tal dispositivo garante à mulher, condição mais favorável com relação ao descanso aos domingos de maneira injustificada. Isto porque, a legislação trabalhista permite apenas à mulher o direito à escala de revezamento quinzenal na hipótese de trabalhar aos domingos, sem prever a mesma possibilidade ao homem trabalhador.

Ora, por que a mulher tem o direito de descansar dois domingos por mês, enquanto o homem trabalhador só tem direito a um domingo?

A única justificativa seria que a mulher, por ser responsável pela família, deve permanecer mais tempo em casa, cuidando de suas obrigações domésticas, do que os trabalhadores do sexo masculino.

Para os trabalhadores do sexo masculino, a questão é disciplinada pelo art. 6º da Lei n. 10.101/2000, que autoriza o trabalho aos domingos nas atividades de comércio. O parágrafo único desse artigo prevê que as folgas devem coincidir, pelo menos uma vez a cada três semanas, com o domingo[23].

Nesse contexto, a norma especial garante às mulheres o direito ao descanso aos domingos a cada duas semanas de trabalho, e não uma vez por mês, como estabelece a lei para todos os trabalhadores.

Mais uma vez, e na mesma linha de pensamento, entendemos que a referida discriminação não se justifica e tampouco traz benefícios para a mulher empregada.[24]

---

21. Disponível em: <https://estilo.uol.com.br/comportamento/noticias/ansa/2018/02/07/al-qaeda-lanca-revista-feminina-para-esposas-de-terroristas.htm>.
22. "Os Movimentos de trabalhadoras e a sociedade brasileira". In: *História das Mulheres no Brasil*. Mary Del Priore (Org.); Carla Bassanezy Pinsky (Coord. de textos). 9. ed. 2. reimpr. São Paulo: Contexto, 2010. No referido artigo, a autora ainda traz depoimentos prestados nos fóruns de luta sindical rural que ilustram claramente a busca para restabelecer a igualdade entre os sexos: "Os companheiros podem fazer muita coisa, mas a principal é se convencer de que nós mulheres também somos iguais e que temos os mesmos desejos e direitos. Os companheiros tiveram uma educação que os leva a ter dificuldades de olhar a coisa pelo lado da igualdade. Eu compreendo isso aí. Isso é político. Agora é preciso ter a capacidade de tentar romper dentro de si com essa educação. Nós mulheres também temos uma coisa dentro de nós. Que coisa é? A submissão. A partir do momento em que adquirirmos consciência, nós conseguimos romper com isso (depoimento de pequena proprietária e dirigente sindical)", p. 652.
23. Art. 6º Fica autorizado o trabalho aos domingos nas atividades do comércio em geral, observada a legislação municipal, nos termos do art. 30, inciso I, da Constituição. (Redação dada pela Lei n. 11.603, de 2007) Parágrafo único. O repouso semanal remunerado deverá coincidir, pelo menos uma vez no período máximo de três semanas, com o domingo, respeitadas as demais normas de proteção ao trabalho e outras a serem estipuladas em negociação coletiva. (Redação dada pela Lei n. 11.603, de 2007.)
24. (Ter, 02 out 2012, 06:05) A Sétima Turma do Tribunal Superior do Trabalho negou por unanimidade provimento ao Agravo de Instrumento da Companhia do Metropolitano do Distrito Federal (Metrô/DF) e dessa forma manteve a condenação imposta pelo Tribunal Regional do Trabalho da 10ª Região à obrigação de elaborar no escala de revezamento para uma inspetora de estação, de acordo com o art. 386 da CLT. O referido dispositivo consta do capítulo III da CLT que dispõe sobre a proteção do trabalho da mulher e estabelece que "havendo trabalho aos domingos, será organizada uma escala de revezamento quinzenal, que favoreça o repouso dominical". Na inicial a inspetora de estação afirma que devido à estrutura física, mais frágil que a do homem, bem como o acúmulo de funções entre cuidar da casa, dos filhos e trabalhar, foi conferida à mulher uma série de direitos trabalhistas, dentre os quais, o que prevê uma escala de revezamento quinzenal, de modo que favoreça o descanso aos domingos para as mulheres. Indica que a medida está prevista no art. 386 da CLT. Pedia o pagamento em dobro dos últimos cinco anos de descanso semanal remunerado, que havia trabalhado e não usufruído (um domingo por mês nos últimos cinco anos), com os devidos reflexos, assim como a obrigatoriedade de elaboração de uma nova escala de revezamento para seu cargo condizente com a legislação. A 7ª Vara do Trabalho de Brasília (DF) acatou somente o pedido quanto à elaboração de uma nova escala nos termos do art. 386 da CLT. Rejeitou o pedido do descanso remunerado por haver ficado comprovado que durante mais de quatro dos cinco anos pedidos pela empregada,

A referida proteção reforça a divisão de papéis entre homens e mulheres, segundo os quais, a mulher continua sendo a responsável pelos cuidados com a casa, com a família e com os filhos, enquanto os homens são vistos como provedores, mas sem responsabilidade pelos trabalhos domésticos.

3.2. Proteção à Maternidade

Um dos principais fundamentos para a proteção ao trabalho da mulher é a maternidade.

Aliás, a maternidade é a principal justificativa para as mulheres que nunca trabalharam ou que largaram seus empregos, segundo o que demonstra a pesquisa publicada em março de 2011 e realizada pela Fundação Perseu Abramo, em parceria com o SESC. A referida pesquisa aponta que 28% das mulheres nunca trabalharam em razão da maternidade e 30% largaram os empregos porque ficaram grávidas ou para se dedicar aos filhos.

Em pleno século XXI, a dedicação da mulher exclusivamente à família e a responsabilidade pelas questões domésticas ainda são um tabu. A maioria dos brasileiros (ou seja, 75% das mulheres e 79% dos homens) acredita que nas famílias com filhos pequenos, o homem deve trabalhar fora e a mulher deve ficar em casa cuidando dos filhos. No entanto, a mesma pesquisa aponta uma grande contradição. Se por um lado, os brasileiros e brasileiras, em sua maioria, acredita que a responsabilidade pela casa e pela família deve ser assumida pelas mulheres, por outro lado, 56% das mulheres prefere ter uma profissão e trabalhar fora de casa para dedicar-se menos às atividades domésticas. Este número explica o fato de que 30% das mulheres são responsáveis pelo sustento da família, 39% de mulheres são chefes de família e ainda, 52% de mulheres se consideram as principais responsáveis pela administração da renda familiar.

Na mesma linha, a pesquisa aponta que 91% das mulheres são as responsáveis pela execução dos serviços domésticos.

Entendemos que, tanto a mulher como o homem têm todo o direito de optar por não trabalhar para assumir as responsabilidades domésticas. O que não se pode conceber é que só a mulher tenha essa opção e/ou responsabilidade.

Porém, pelos dados apresentados, podemos constatar que a mulher assume como prioridade tanto o trabalho fora de casa como o trabalho doméstico, o que gera *stress*, culpa e a tão conhecida dupla jornada.[25]

Por estes motivos, a proteção à maternidade deveria ser estendida à família e não ficar limitada apenas à mulher. A nosso ver, a proteção exclusiva à mulher em razão da maternidade acaba por afastar os homens das responsabilidades domésticas.

Neste sentido, muitos países têm garantido proteção à família, com a concessão de licença parental, ou seja, a licença concedida aos pais biológicos ou adotantes, e não somente à mãe.

Em Portugal, por exemplo, a licença parental pode ter 120, 160 ou 180 dias. Em caso de nascimento de múltiplos, o período de licença é acrescido de 30 dias para cada gêmeo além do primeiro. Os períodos de licença se dividem em obrigatórios (mínimo de 16 semanas para a mãe e de 20 dias corridos para o pai) e facultativos, podendo os pais distribuírem entre si, os períodos facultativos. A licença parental de 120 a 180 dias também é extensível aos adotantes de crianças e adolescentes menores de 15 anos, segundo a Comissão para a Igualdade no Trabalho e Emprego, do Ministério da Economia e Emprego, de Portugal.

Este tipo de proteção, além de permitir a participação efetiva dos pais nos cuidados com os filhos (biológicos ou não), também garante o direito da licença às famílias constituídas por casais do mesmo sexo.

No Brasil, a proteção é praticamente exclusiva à mulher, já que a Constituição Federal estabelece, no art. 7º, inciso XVIII, o direito à "licença à gestante, sem prejuízo do emprego e do salário, com a duração de cento e vinte dias", enquanto que a licença paternidade, por sua vez, está limitada a 5 dias, conforme prevê o § 1º do art. 10 do Ato das Disposições Constitucionais Transitórias[26].

---

esta folgou aos sábados e domingos. A sentença foi mantida pelo Regional que fundamentou se voto no fato entender que o art. 386 da CLT foi recepcionado pela Constituição Federal, à luz do princípio da isonomia entre homens e mulheres (art. 5º, I, da CF). O Metrô recorreu da decisão por meio de recurso de revista, que teve o seu seguimento ao TST negado pela vice-presidente do Tribunal Regional do Trabalho da 10ª Região (DF). Diante disso ingressou com o Agravo de Instrumento agora julgado pela Turma. O relator do processo na Turma ministro Pedro Paulo Manus lembrou que o Pleno do TST ao julgar o Incidente de Inconstitucionalidade em Recurso de Revista n. TST-IIN-RR-1540/2005-046-12-00.5 que tratava de norma de proteção do trabalho da mulher contida no art. 384 da CLT concluiu que o dispositivo havia sido recepcionado pela Constituição de 1988, que conclui ser a mulher fisicamente mais frágil que o homem, e por isso submetida a um maior desgaste natural em face da sua dupla jornada de trabalho. Diante disso fundamentou a decisão de negar provimento ao recurso sob o entendimento de que por analogia ao julgado da relatoria do ministro Ives Gandra Filho entendia que o art. 386 da CLT foi recepcionado pela Constituição Federal de 1988, devendo a Companhia proceder nova escala de revezamento dentro das normas de proteção a mulher. Processo: AIRR – 1808-06.2009.5.10.0007.

25. A mesma pesquisa revelou que as mulheres, em casa, trabalham nos serviços de limpeza, cozinha, nos cuidados com os filhos e pessoas doentes por aproximadamente 30 horas por semana, enquanto que os homens trabalham apenas 5 a 6 horas por semana.
26. Vale ressaltar que a Lei n. 11.770 de 2008 criou o Programa Empresa Cidadã, permitindo a prorrogação da duração da licença maternidade por 60 dias e da licença paternidade por 15 dias. Porém, segundo artigo publicado na Revista Crescer, de 14.06.2016, apenas 10% das empresas aderem ao programa. Por isso, pouquíssimos trabalhadores e trabalhadoras são beneficiados. Disponível em: <http://revistacrescer.globo.com/Voce-precisa-saber/noticia/2016/03/empresa-cidada-entenda-o-que-e.html>.

Porém, o Poder Judiciário tem dado sinais de que é possível estender o direito também aos homens. Decisão do Juizado Especial Federal de Campinas, de agosto de 2012, proferida pelo juiz federal Rafael Andrade Margalho, concedeu salário paternidade, em antecipação de tutela, à requerente do sexo masculino, que teve o direito de se afastar do trabalho por 120 dias para cuidar do filho recém-nascido. A decisão levou em consideração o princípio da igualdade entre homens e mulheres em direitos e obrigações, conforme o art. 5º da Constituição Federal e no dever da família, da sociedade e do Estado de assegurar à criança e ao adolescente, com absoluta prioridade, o direito à vida, à saúde, à alimentação, à educação, ao lazer, à profissionalização, à cultura, à dignidade, ao respeito à liberdade e convivência familiar e comunitária, além de colocá-los a salvo de toda forma de negligência, discriminação, exploração, violência, crueldade e opressão, segundo o art. 227 da Carta Magna. O juiz federal adotou ainda como amparo à sua decisão, o art. 392-A da Consolidação das Leis do Trabalho e o art. 71-A da Lei n. 8.213/1991.[27]

Apesar de todos os fundamentos que sustentam o posicionamento adotado pela Justiça Federal de Campinas, a decisão é ainda isolada.

De fato, seguindo o direcionamento da Constituição Federal, a legislação trabalhista confere à empregada gestante o direito à licença-maternidade de 120 dias, sem prejuízo do emprego e do salário, nos termos do art. 392 da CLT. Assim, a empregada deverá notificar o seu empregador da data do início do afastamento, que poderá ocorrer entre o 28º dia antes do parto e a ocorrência deste (§ 1º do art. 392, CLT), sendo que os períodos de repouso, antes e depois do parto, poderão ser aumentados de 2 semanas cada um, tudo mediante atestado médico (§ 2º do art. 392, CLT). Além disso, a licença de 120 dias é garantida em caso de parto antecipado, bem como o direito à transferência de função e a sua retomada com o retorno das atividades, se houver exigência por questões de saúde; e a dispensa do horário de trabalho pelo tempo necessário para a realização de, no mínimo, seis consultas médicas e exames complementares (§§ 3º e 4º do art. 392, CLT).

Em 2017, o art. 392-A da CLT foi alterado, pela Lei n. 13.509, para fixar em 120 dias, o direito à licença-maternidade para as empregadas que adotarem ou obtiverem a guarda judicial para fins de adoção de criança ou adolescente, independentemente da idade. Neste caso, um passo foi dado em direção à igualdade entre homens e mulheres, já que em 2013, com a Lei n. 12.873, foi incluído o art. 392-C, que garantiu ao empregado que adotar ou obtiver guarda judicial para fins de adoção, os mesmos direitos que a empregada.

A possibilidade de prorrogação da licença-maternidade por mais 60 dias e da licença paternidade por mais 15 dias foi instituída pela Lei n. 11.770. A licença-maternidade de 180 dias e paternidade de 20 dias, foi garantida às empregadas e empregados que prestarem serviços à pessoa jurídica que aderir ao Programa Empresa Cidadã. Ocorre que tal prorrogação é opcional, depende da adesão da empresa ao programa mencionado e do requerimento do benefício pela empregada e empregado.

Vale acrescentar que durante o período de licença, a mulher terá direito ao salário integral e, quando variável, este será calculado de acordo com a média dos 6 (seis) últimos meses de trabalho, bem como aos direitos e vantagens adquiridos, sendo-lhe ainda facultado reverter à função que anteriormente ocupava.

Ainda, segundo a legislação trabalhista, a licença no caso de aborto não criminoso, comprovado por atestado médico oficial, será de duas semanas (art. 395 da CLT)[28].

No tocante à garantia no emprego, o art. 10, inciso II, alínea b, do Ato das Disposições Constitucionais Transitórias reza que: "II – fica vedada a dispensa arbitrária ou sem justa causa: b) da empregada gestante, desde a confirmação da gravidez até cinco meses após o parto". O texto constitucional utiliza expressamente o termo confirmação; assim, o direito à estabilidade se dá a partir da concepção, confirmada por exames médicos, e não a partir do conhecimento da gravidez.

Portanto, não há necessidade de que a gravidez seja informada pela empregada ao seu empregador, pois o desconhecimento do estado gravídico pela própria empregada ou pelo empregador não afasta o direito ao pagamento da indenização decorrente da estabilidade, conforme a Súmula n. 244, I, do TST. Ademais, se a gravidez for comprovada durante o período do aviso-prévio, mesmo indenizado, a empregada terá direito à estabilidade.

---

27. Segundo informações do site do Tribunal Regional Federal da 3ª Região. Disponível em: <http://web.trf3.jus.br/noticias/Noticias/Noticia/Exibir/277089>. "O requerente obteve o direito a manter-se afastado de seu trabalho habitual pelo prazo de 120 dias, facultando ao empregador estender esse prazo para 180 dias, conforme acordo ou convenção coletiva, nos moldes deferidos à gestante do sexo feminino, a contar da intimação do empregador, sem prejuízo de sua remuneração, a qual deverá corresponder ao último salário integral percebido pelo segurado. O atual empregador está autorizado a realizar as deduções do valor pago a título de salário paternidade, das contribuições previdenciárias futuramente realizadas sobre a folha de salários."

28. Vale o comentário a respeito de mais um ponto ultrapassado da legislação brasileira que impede à mulher o direito ao aborto. Neste sentido, observa-se que a lei trabalhista concede licença à mulher desde que o aborto não seja "criminoso". Isso porque, nosso Código Penal ainda prevê o aborto como crime (arts. 125 e ss.). Ocorre que, segundo a Organização Mundial da Saúde, a cada dois dias, uma mulher morre no país, vítima de aborto clandestino e mais de 1 milhão de mulheres no país se submetem a abortos clandestinos anualmente. Segundo a Pesquisa Nacional de Aborto realizada em 2010 pela antropóloga Debora Diniz e pelo sociólogo Marcelo Medeiros, mais de uma em cada cinco mulheres entre 18 e 39 anos de idade já recorreu a um aborto na vida. O que existe por trás dessas mortes é um verdadeiro quadro social de descaso político e social de nossos governantes que criminaliza mulheres que interrompem a gravidez.

Outra questão de grande discussão, diz respeito à possibilidade de a empregada renunciar ou transigir o direito à estabilidade provisória decorrente da gravidez. Neste caso, segundo a Orientação Jurisprudencial n. 30 da Seção Especializada em Dissídios Coletivos (SDC) do TST, o ato de renúncia ou transação praticado pela empregada é nulo, nos termos do art. 9º da CLT:

> "Estabilidade da gestante. Renúncia ou transação de direitos constitucionais. Impossibilidade. (Inserida em 19.08.1998) (Republicada em virtude de erro material DJe 19.09.2011). Nos termos do art. 10, II, b, do ADCT, a proteção à maternidade foi erigida à hierarquia constitucional, pois retirou do âmbito do direito potestativo do empregador a possibilidade de despedir arbitrariamente a empregada em estado gravídico. Portanto, a teor do art. 9º, da CLT, torna-se nula de pleno direito a cláusula que estabelece a possibilidade de renúncia ou transação, pela gestante, das garantias referentes à manutenção do emprego e salário.

O art. 396 consolidado complementa as regras de proteção à maternidade, ao prever a concessão de dois intervalos para amamentar o próprio filho, de meia hora cada um, durante a jornada de trabalho, até que o filho complete seis meses de idade, sendo que o § 2º incluído pela Lei n. 13.467, de 2017, estabeleceu que tais horários de descansos deverão ser definidos em acordo individual entre a mulher e o empregador.

A mulher grávida também tem o direito de rescindir o contrato de trabalho, desde que este seja prejudicial à gestação (art. 394, CLT) e deverá ser afastada de quaisquer atividades, operações ou locais insalubres (394-A, CLT). O exercício de atividades e operações insalubres em grau médio ou mínimo, pela gestante, somente será permitido quando ela, voluntariamente, apresentar atestado de saúde, emitido por médico de sua confiança, do sistema privado ou público de saúde, que autorize a sua permanência no exercício de suas atividades (§ 2º do art. 394-A, CLT).

Por fim, a empregada lactante será afastada de atividades e operações consideradas insalubres em qualquer grau quando apresentar atestado de saúde emitido por médico de sua confiança, do sistema privado ou público de saúde, que recomende o afastamento durante a lactação (§ 3º do art. 394-A, CLT).

3.3. Proteção contra práticas discriminatórias (Lei n. 9.029/1995 e art. 373-A da CLT)

A Lei n. 9.029, de 13.04.1995, proíbe a exigência de atestado de gravidez e esterilização, além de outras práticas discriminatórias para efeitos admissionais ou de permanência no trabalho. O art. 2º da referida lei ainda tipifica como crime a exigência de teste, exame, perícia, laudo, atestado, declaração ou qualquer outro procedimento relativo à esterilização ou a estado de gravidez, a adoção de quaisquer medidas, de iniciativa do empregador, que configurem: (a) indução ou instigamento à esterilização genética; (b) promoção de controle de natalidade, assim não considerado o oferecimento de serviços e de aconselhamento ou planejamento familiar, realizados pelas instituições públicas ou privadas, submetidas às normas do Sistema Único de Saúde (SUS), estabelecendo a pena de detenção de um a dois anos e multa.

Pela prática discriminatória, a empregada terá direito à reintegração e o empregador será condenado à multa administrativa de dez vezes o valor do maior salário pago pelo empregador, elevado em 50% em caso de reincidência, além de ser proibido de obter empréstimo ou financiamento de instituições financeiras oficiais.

Os sujeitos ativos dos crimes mencionados são a pessoa física empregadora, o representante legal do empregador como conceituado na CLT, bem como os dirigentes de órgãos públicos e entidades das administrações públicas direta, indireta e fundacional da União, dos Estados, do Distrito Federal e dos Municípios.

Além do mais, a Lei n. 9.799 acrescentou o art. 373-A a CLT, com o objetivo de especificar e combater os atos discriminatórios e abusivos praticados contra a mulher, que estabelece expressamente:

> "Art. 373-A – Ressalvadas as disposições legais destinadas a corrigir as distorções que afetam o acesso da mulher ao mercado de trabalho e certas especificidades estabelecidas nos acordos trabalhistas, é vedado:
>
> I – publicar ou fazer publicar anúncio de emprego no qual haja referência ao sexo, à idade, à cor ou situação familiar, salvo quando a natureza da atividade a ser exercida, pública e notoriamente, assim o exigir;
>
> II – recusar emprego, promoção ou motivar a dispensa do trabalho em razão de sexo, idade, cor, situação familiar ou estado de gravidez, salvo quando a natureza da atividade seja notória e publicamente incompatível;
>
> III – considerar o sexo, a idade, a cor ou situação familiar como variável determinante para fins de remuneração, formação profissional e oportunidades de ascensão profissional;
>
> IV – exigir atestado ou exame, de qualquer natureza, para comprovação de esterilidade ou gravidez, na admissão ou permanência no emprego;
>
> V – impedir o acesso ou adotar critérios subjetivos para deferimento de inscrição ou aprovação em concursos, em empresas privadas, em razão de sexo, idade, cor, situação familiar ou estado de gravidez;
>
> VI – proceder o empregador ou preposto a revistas íntimas nas empregadas ou funcionárias.
>
> Parágrafo único – O disposto neste artigo não obsta a adoção de medidas temporárias que visem ao estabelecimento das políticas de igualdade entre homens e mulheres, em particular as que se destinam a corrigir as distorções que afetam a formação profissional, o acesso ao emprego e as condições gerais de trabalho da mulher. (Artigo acrescentado pela Lei n. 9.799, de 26.05.1999, DOU 27.05.1999)"

Com relação à Revista íntima, é importante ressaltar que, em março de 2011, a Câmara dos Deputados aprovou, em votação simbólica, o Projeto de Lei n. 583/2007, da deputada Alice Portugal (PCdoB-BA), que proíbe a revista íntima de mulheres nas empresas privadas e nos órgãos e entidades da administração pública. A matéria ainda precisa ser analisada pelo Senado.[29] A proibição de revista íntima abrange as empregadas e as clientes do sexo feminino, sendo ainda que se não cumprida a proibição, o infrator ficará sujeito a multa de R$ 20 mil, paga pelo empregador e revertida aos órgãos de proteção dos direitos da mulher. Em caso de reincidência, a multa será aplicada em dobro, independentemente de indenizações por danos morais ou de sanções penais.

Sobre o tema, o TST vem entendendo que a revista de armários e bolsas não gera indenização por dano moral[30], mas a revista íntima, sim[31].

De fato, no regime da CLT, o art. 2º autoriza o empregador ao exercício da fiscalização do empregado. Portanto, sob este aspecto, a revista usual das empresas é amparada por

---

29. Disponível em: <http://www2.camara.gov.br/agencia/noticias/DIREITOS-HUMANOS/194195-CAMARA-PROIBE-REVISTA-INTIMA-DE--MULHERES-EM-EMPRESAS-E-ORGAOS-PUBLICOS.html>.
30. Notícia do site do TST (<www.tst.gov.br>), publicada em 22.04.2010. Por entender que revista em armários ou em bolsas não provoca constrangimento e humilhação a trabalhador, a Sétima Turma do Tribunal Superior do Trabalho inocentou o WMS Supermercados do Brasil, do Paraná, da condenação por dano moral imposta pelo 7º Tribunal Regional, em ação movida por um empregado que se sentiu ofendido com a revista em seus pertences. O dano moral constitui lesão de caráter não material ao patrimônio moral do indivíduo, o que não foi o caso, pois a inspeção era apenas visual, o empregado não era revistado pessoalmente, ressaltou a relatora do recurso da empresa na Sétima Turma, juíza convocada Maria Doralice Novaes. Assim, ela concordou com a empresa ao avaliar que a intimidade, a privacidade, a honra ou a imagem do empregado não foram ofendidas. Contrariamente ao entendimento regional de que o dano moral não necessita de comprovação, uma vez que o sofrimento se presume pelas circunstâncias, não se cogitando em provar a dor, a aflição, ou o constrangimento, pois inerentes à pessoa humana sujeita a agressões do meio social, a relatora afirmou que os fatos demonstrados no processo inocentam a empresa da acusação de abuso de poder e que o empregado não foi submetido a nenhuma forma de constrangimento ou humilhação. Assim, entendendo que "não há como enquadrar o caso concreto como gerador do direito à indenização por dano moral, a relatora reformou a decisão regional e inocentou a empresa da condenação. Seu voto foi aprovado por unanimidade pela Sétima Turma. (RR-2963400-92.2007.5.09.0652). No mesmo sentido, notícia do site do TST (<www.tst.gov.br>), publicada em 28.07.2011. A vice-presidente do Tribunal Superior do Trabalho, ministra Maria Cristina Irigoyen Peduzzi, no exercício da Presidência, concedeu, no último dia 12, liminar à Arcelormittal Brasil S/A, imprimindo efeito suspensivo à decisão do Tribunal Regional do Trabalho da 17ª Região (ES) que havia condenado a empresa ao pagamento de indenização por dano moral no valor de R$ 300 mil e a multa de R$ 5 mil, caso a empresa insistisse em realizar revista em seus empregados. A liminar foi concedida em ação cautelar inominada. Histórico da ação. O Ministério Público do Trabalho da 17ª Região (ES) ajuizou ação civil pública em que pedia o cancelamento do procedimento de revista realizado pela Arcelormittal em seus empregados e prestadores de serviço, bem como em seus pertences. Pedia ainda a condenação por dano moral coletivo pelo constrangimento a que foram submetidos os trabalhadores. Ao analisar o pedido, o juízo da 8ª Vara do Trabalho de Vitória indeferiu a antecipação dos efeitos da tutela. Na sentença, julgou improcedentes os pedidos feitos na inicial da ação civil pública. Diante disso, o Ministério Público interpôs recurso ordinário ao Tribunal Regional do Trabalho da 17ª Região (ES), no qual renovava o pedido de antecipação de tutela através da reforma da sentença e a consequente procedência dos pedidos feitos na inicial. A tutela foi deferida liminarmente pelo relator do recurso, que determinou a interrupção imediata das revistas. Em caso de descumprimento por parte da empresa, foi fixada multa de R$ 5 mil por cada trabalhador revistado. A Segunda Turma do Regional confirmou a liminar, acrescentando à multa a condenação ao pagamento por danos morais coletivos no valor de R$ 300 mil. O acórdão regional destacou o caráter ilícito da revista em trabalhadores, procedimento que "põe em dúvida a honestidade do obreiro, ofendendo a sua dignidade. O ato de revista indiscriminada em empregados deveria ser prontamente reprimido, recomendava a decisão. Ação cautelar. No pedido cautelar formulado ao TST, a empresa buscou demonstrar a existência do fumus boni iuris (fumaça do bom direito, ou presunção de direito) no fato de a legislação proibir somente a revista íntima, o que, segundo alegou, não ocorria no caso em questão. Em relação ao *periculum in mora* (perigo da demora, ou risco de prejuízo para a parte), apontou receio no prosseguimento da execução dos valores fixados para multa. A ministra Peduzzi, ao conceder a cautelar, lembrou primeiramente que sua concessão dependia da demonstração de que o pedido atendia aos requisitos do fumus boni iuris e do periculum in mora. Observou que, na situação apreciada pelo Regional, o quadro fático demonstrou que a revista era realizada apenas nas bolsas e sacolas dos empregados, o que não caracterizava revista íntima. Salientou estar presente a fumaça do bom direito" na aparente viabilidade de provimento do recurso de revista, uma vez que a jurisprudência do TST não caracteriza como abuso de direito a revista em bolsas e sacolas de empregados. Quanto ao perigo da demora, considerou justificado o receio demonstrado pela empresa quanto ao prosseguimento da execução do valor da multa. A vice-presidente do TST ressaltou que a liminar foi concedida diante do exame deliberatório dos autos, fato típico nas medidas judiciais de urgência", e lembrou que a concessão liminar não vincula ou conduz a apreciação do recurso de revista no processo principal. Determinou, por fim, que fosse dada ciência com urgência da decisão ao Presidente do Tribunal Regional do Trabalho da 17ª Região e ao Juiz da 8ª Vara do Trabalho de Vitória. O efeito suspensivo vigora até o julgamento definitivo do recurso de revista pela Terceira Turma do TST. Processo: RR-4114-74.2011.5.00.0000
31. Notícia do site do TST (<www.tst.gov.br>), publicada em 06 abr. 2010. Uma empresa hoteleira de Campinas (SP) recorreu ao Tribunal Superior do Trabalho na tentativa de reverter decisão regional que, além de condená-la ao pagamento de danos morais por ter feito revista íntima em uma garçonete terceirizada, foi obrigada a reconhecê-la como uma de suas empregadas efetivas. A Segunda Turma do TST negou provimento ao recurso de agravo de instrumento do hotel, o que, na prática, mantém a decisão do Tribunal Regional do Trabalho da 15ª Região (Campinas). De acordo com o relator do recurso na Segunda Turma, ministro Renato de Lacerda Paiva, o TRT-15 informou que a empregada era contratada por meio de uma falsa cooperativa composta por trabalhadores das mais diversas categorias profissionais, dentre outras, músicos, montadores, confeiteiros, açougueiros e garçons. Além de mantê-la trabalhando na sua atividade-fim, sob ordens e controle de horários, a empresa, inexplicavelmente, possuía alguns funcionários registrados e outros fornecidos pela cooperativa, constatou o relator. O vínculo de emprego da trabalhadora foi reconhecido no período de agosto de 2002 a junho de 2003. Quanto à indenização por dano moral, o ministro Renato de Lacerda Paiva manifestou que aí também não havia nada a fazer, uma vez que o acórdão regional foi taxativo ao afirmar que a empregada era submetida a revista íntima, por contato físico, quando saía do trabalho; situação que no entendimento regional, além de vergonhosa toca as raias da imoralidade e lhe dá direito de ser indenizada por dano moral, informou o relator. Ficou mantida ainda a multa determinada pelo Tribunal Regional, em razão de a empresa hoteleira ter interposto embargos apenas com a intenção de protelar a decisão. O voto do relator foi aprovado por unanimidade pela Segunda Turma. (AIRR-58340-71.2004.5.15.0092)

lei. O que é inadmissível é o abuso na forma da realização da revista que deverá ser feita por outra mulher e sem constrangimentos. O ideal seria que, se necessária, a revista fosse feita por meio de equipamentos eletrônicos, para evitar qualquer discriminação ou violação da honra e intimidade.

4. CONCLUSÃO

Verificamos que apesar das normas existentes, a efetiva igualdade entre homens e mulheres ainda está distante. Apesar do número de mulheres que trabalha no mundo ser maior do que nunca, a persistência das desigualdades de gênero – quanto à situação de emprego, segurança no trabalho, salários e acesso à educação – ainda contribui para uma "feminização" da pobreza entre os trabalhadores.

Esta é a conclusão do relatório "Tendências Mundiais do Emprego para as Mulheres 2007", segundo o qual: "nunca antes houve um número tão alto de mulheres participando do mercado de trabalho, incluindo tanto aquelas que têm emprego, como as que estão procurando de forma ativa. As estimativas da OIT indicam que, em 2006, havia 2,9 bilhões de trabalhadores no mundo, dos quais 1,2 bilhão eram mulheres."[32]

Pelos números apresentados, podemos concluir que as mulheres têm maior dificuldade de entrar no mercado de trabalho. Além disso, elas continuam recebendo, em média, rendimentos muito inferiores aos dos homens, apesar de possuírem nível de escolaridade superior. As pesquisas ainda apontam para o fato de que as mulheres com maior nível de escolaridade sofrem mais com a desigualdade salarial.

É preciso afastar a ideia de que o custo da mão de obra feminina por ser maior que o custo da mão de obra masculina tem servido como uma barreira para o acesso das mulheres a mais e melhores postos de trabalho.

As dificuldades das mulheres no mercado de trabalho decorrem basicamente do machismo enraizado em nossa sociedade de que a mulher é a única responsável pelos cuidados com os filhos e a família.

Em pleno século XXI, as mulheres predominam entre os trabalhadores que recebem salário mínimo e também se inserem profissionalmente em ocupações de menor qualificação, produtividade e prestígio social, ou seja, trabalham nos segmentos mais desvalorizados do mercado de trabalho e os que remuneram menos, como é o caso da saúde, educação e do trabalho doméstico.

Para mudar esta situação, é preciso uma verdadeira quebra de paradigmas! Afinal, a luta pela igualdade e pela justiça é um dever de todos, homens e mulheres, que juntos devem compartilhar direitos e obrigações, não segundo o sexo, mas de acordo com a ética e o respeito.

5. REFERÊNCIAS BIBLIOGRÁFICAS

ARISTÓTELES, *Política,* Livro I. Brasília: Ed. da UNB, 1985.

GIULANI, Cappellin Paola. "Os Movimentos de trabalhadoras e a sociedade brasileira." In: *História das Mulheres no Brasil.* Mary Del Priore (Org.); Carla Bassanezy Pinsky (Coord. de textos). 9. ed. 2. reimpr. São Paulo: Contexto, 2010.

HIRATA, Helena. "*Mudanças e permanências nas desigualdades de gênero*: divisão sexual do trabalho de uma perspectiva comparativa". São Paulo. Friedrich-Ebert-Stiftung. Análise n. 7/2015.

LEO, Sergio. "Produtividade poderia crescer 25% com mais igualdade entre sexos, avalia Bird". *Jornal Valor Econômico*, Brasília, publicada em 19 set. 2011.

MARQUES, Fabíola. *Equiparação Salarial.* 2. ed. São Paulo: LTr, 2015.

NASCIMENTO, Amauri Mascaro. *Curso de Direito do Trabalho.* 26. ed. São Paulo: Saraiva, 2011.

ORSI, Carlos. "Mulheres são maioria com nível superior, mas homens dominam o mercado de trabalho". In: *O Estado de São Paulo*, de 18 de setembro de 2012.

PINSKY, Carla Bassanesy. "Mulheres dos Anos Dourados". In: *História das Mulheres no Brasil.* Mary Del Priore (Org.); Carla Bassanezy Pinsky (Coord. de textos). 9. ed. 2. reimpr. São Paulo: Contexto, 2010.

PRADO, Roberto Barretto. *Tratado de Direito do Trabalho.* São Paulo: Revista dos Tribunais, 1971. v. I.

RAGO, Margareth. "Trabalho Feminino e Sexualidade". In: *História das Mulheres no Brasil.* Mary Del Priore (Org.); Carla Bassanezy Pinsky (Coord. de textos). 9. ed. 2. reimpr. São Paulo: Contexto, 2010.

Disponível em: <www.camara.gov.br>.

Disponível em: <www.oitbrasil.org.br>.

Disponível em: <www.planalto.gov.br>.

Disponível em: <www.stf.jus.br>.

Disponível em: <www.trf3.jus.br>.

Disponível em: <www.tst.gov.br>.

---

32. Disponível em: <http://www.oitbrasil.org.br/news/nov/ler_nov.php?id=3059>.

Feminismo, Pluralismo e Democracia – A Participação de Mulheres em Procedimentos de Arbitragem

Fátima Cristina Bonassa Bucker[1]

1. A PARTICIPAÇÃO FEMININA

Em 1946, no âmbito da Organização das Nações Unidas (ONU), instituída pela Resolução 11(II) do Conselho Econômico e Social das Nações Unidas, passou a funcionar a Comissão da ONU sobre a Situação das Mulheres com o propósito de promover a igualdade de gênero e o empoderamento das mulheres pelo mundo. Um dos resultados do trabalho dessa Comissão foi a Convenção sobre a Eliminação de Todas as Formas de Discriminação contra as Mulheres, adotada pela ONU em 1979. Outro, foi a inserção, na Declaração do Milênio adotada em 2000, da obrigação de todos os países de assegurar igualdade de direitos e de oportunidades a homens e mulheres (ONU - ORGANIZAÇÃO DAS NAÇÕES UNIDAS, 2000)[2]. Neste ano de 2018, o tema do Dia Internacional da Mulher é "O tempo é agora: ativistas urbanas e rurais transformando a vida das mulheres".

Esforços pela igualdade de gênero são observados em outras arenas. No ano de 2011, três mulheres engajadas na defesa dos direitos das mulheres e crianças oprimidas e vitimadas por guerras, Ellen Johnson Sirleaf, Leymah Gbowee, Tawakkol Karman, foram agraciadas com o Prêmio Nobel da Paz. Em seu discurso, o Presidente do Comitê do Prêmio Nobel, Thorbjørn Jagland, destacou ser impossível alcançar a democracia e a paz duradouras no mundo sem que sejam asseguradas, às mulheres, as mesmas oportunidades conferidas aos homens, para que elas tenham a capacidade de influir em todos os níveis de desenvolvimento da sociedade[3] (JAGLAND, 2011). Interessante notar que, dos 923 laureados pelo Prêmio Nobel desde sua criação em 1901, apenas 48 foram mulheres[4]. Esse dado mostra que o reconhecimento do valor das realizações femininas ocorre francamente em menor proporção, mas vem crescendo nos últimos anos. Entre 1901 e 2001, um período de 100 anos, o prêmio foi 29 vezes entregue a mulheres e, no sucessivo período de 16 anos, de 2001 a 2017, foram 19 as mulheres escolhidas.

Embora as mulheres venham ocupando posições de liderança, dentre os vinte executivos mais poderosos do mundo, conforme listagem anual da Fortune, em 2017, cinco são mulheres, ou seja, a *ratio* é de 25%. Entretanto, se considerados os 500 executivos mais influentes, esse percentual é muitíssimo inferior. No grupo de 500 empresas mais importantes do mundo, somente cerca de 6% das posições de comando são detidas por mulheres, cujas remunerações são inferiores à de seus pares masculinos. O total de participação feminina em cargos de gestão, consideradas as posições intermediárias, fica abaixo de 20%.

Em se tratando de carreiras jurídicas, várias pesquisas têm sido conduzidas para aquilatar o equilíbrio da participação de homens e mulheres. Um artigo publicado em periódico da Universidade de Yale constatou, no ano de 2006, clara diferença entre o tratamento conferido às mulheres por professores e pela própria instituição, destacando que os homens integrantes do corpo docente seriam menos inclinados a estimular e dar suporte às mulheres em comparação com o apoio e recompensas oferecidos aos homens (BASHI, 2006). Ainda nos Estados Unidos, uma pesquisa empreendida pela New York Bar Association, também no ano de 2016, cuja resposta foi obrigatória a todos os escritórios afiliados, concluiu que pouco obstante as mulheres representem metade dos egressos de faculdades de direito, elas correspondem a 19% de sócias e 42% de advogadas em grandes escritórios de advocacia. No ano anterior, em 2015, muito embora a pesquisa houvesse indicado maior número de advogadas em posições de liderança, constatou decréscimo de advogadas associadas e falta de mulheres de outras minorias nas posições de maior hierarquia (New York Bar Association, 2016).

No Brasil, mulheres ocupam posições proeminentes nas carreiras jurídicas, incluindo a presidência do Supremo Tribunal Federal e de outros tribunais. Essa é uma conquista a ser comemorada. Entretanto, representam apenas 37% da magistratura nacional conforme levantamento

---

1. Diretora Cultural da Diretor da Associação dos Advogados de São Paulo – AASP. Mestre e Bacharel em Direito pela Faculdade de Direito da Universidade de São Paulo.
2. O texto da Declaração do Milênio declara que os Estados resolvem "promover a igualdade de gênero e o empoderamento das mulheres de forma efetiva para assegurar o combate à pobreza, à fome e para estimular um desenvolvimento que seja verdadeiramente sustentável.
3. Em seu discurso asseverou, sobre as três mulheres vencedoras, que "You give concrete meaning to the Chinese proverb which says that "women hold up half the sky". That was why, when giving its reasons for this year's award, the Nobel Committee stated that "We cannot achieve democracy and lasting peace in the world unless women acquire the same opportunities as men to influence developments at all levels of society". Disponível em: <https://www.nobelprize.org/>. Acesso em: 02 fev. 2018.
4. Awards: 585 Prizes to 923 Laureates, Prize categories: 6, Awarded women: 48, Awarded organizations: 24. Disponível em: <https://www.nobelprize.org/>. Acesso em: 02 fev. 2018.

realizado pelo Departamento de Pesquisas Judiciárias (DPJ), órgão do Conselho Nacional de Justiça (CNJ). O mesmo patamar de 30% corresponde à participação feminina em sociedades de advogados brasileiras.

No âmbito da arbitragem, uma outra pesquisa concluiu que, embora o tema da participação feminina e de outras minorias esteja na pauta das preocupações da comunidade arbitral, as mulheres foram nomeadas em menos de 20% dos casos administrados pela Corte Internacional de Arbitragem da Câmara de Comércio Internacional ("Corte da CCI") (MULCAHY, 2017). Esse percentual é ainda menor em outras câmaras arbitrais internacionais e muito mais reduzido em centros de arbitragens no Brasil.

Os obstáculos à participação de mulheres são conhecidos, alguns muito evidentes como, a exemplo, a dificuldade de acesso à educação, o subemprego, o desamparo feminino durante a gestação e maternidade, a clara discriminação e o preconceito[5]. Por outro lado, características consideradas positivas para os homens, tais como cordialidade, empatia, cuidado com o próximo, em mulheres podem ser consideradas sinais de fraqueza, prejudicando a avaliação do desempenho feminino e, por consequência, seu progresso.

Certo que desafios se fazem presentes em todas as carreiras e para todas as pessoas. Mulheres também os enfrentam, mas há vicissitudes à sua participação e ao seu desenvolvimento profissional que nunca são explicitadas ou que ficam dissimuladas. É conhecida a expressão "teto de vidro" ("glass ceiling") para referir à barreira invisível interposta ao desenvolvimento profissional feminino. A mulher galga posições, mas a partir de um determinado ponto se vê estagnada em virtude desse teto de vidro, um obstáculo perceptível, mas transparente, não declarado, impedindo-a de prosseguir. Numa crítica a essa expressão "teto de vidro", que induziria ao entendimento de que os obstáculos seriam perceptíveis apenas nos últimos degraus da carreira, foi proposta outra metáfora, a da figura do labirinto para retratar os cotidianos e contínuos obstáculos a serem sobrepujados durante a carreira da mulher[6], ou seja, a existência de caminhos bloqueados, muros intransponíveis a serem desviados. O caminhar pelo labirinto requer inteligência e perseverança para buscar e encontrar as passagens corretas. Portas erradas levam repetidamente a vias bloqueadas. À mulher, para alcançar a liderança, cabe encontrar a saída do labirinto. A metáfora do labirinto exibiria, com mais clareza, toda a complexidade da jornada em seu desenvolvimento profissional, que, apesar de tudo, seria recompensadora.

Outros óbices, ainda, interceptam a via do sucesso feminino. Para citar um, a dificuldade de comunicação.

É conhecido o episódio ocorrido em 10 de maio de 2017, durante um julgamento diante do Supremo Tribunal Federal, envolvendo a Presidente, Ministra Carmen Lúcia, e a Ministra Rosa Weber, relatora do caso, cujo voto foi entrecortado pela fala inoportuna de seus pares homens[7]. A sequência de interrupções, jocosas, à fala da ministra relatora foi sucedida pelo comentário da Min. Carmem Lúcia de os ministros não permitirem às ministras falarem.

O fenômeno da interrupção das falas femininas também é universal. Um estudo conduzido na Universidade de Virgínia, nos Estados Unidos (JACOBI, 2017), evidenciou que, também na suprema corte americana, as mulheres são interrompidas por homens numa proporção muito superior ao cerceamento das falas de homens, quer por outros homens quer por mulheres[8].

As interrupções reportadas foram relatadas em diálogos havidos nas cortes constitucionais dos países e não durante conversas numa roda de moças e rapazes, adolescentes, num encontro vespertino informal – em qualquer ambiente, a interrupção e o desrespeito à fala de qualquer pessoa são inadmissíveis, que dirá no seio de um grupo cuja formação inclui o estudo dos direitos fundamentais, dos princípios constitucionais da liberdade de expressão, dos

---

5. O termo preconceito há de ser compreendido como uma avaliação injusta ou excessivamente rigorosa. Nesse sentido, (EAGLY A. e., 2003) esclarece que, embora as mulheres tenham vantagens ao exercer cargos de liderança, isso em virtude de características femininas, tais vantagens são obnubiladas por preconceitos e discriminação, que consistem numa avaliação injusta de um grupo de pessoas, avaliação essa calcada em julgamentos estereotipados ao invés de serem baseados no desempenho individual e nos resultados alcançados por cada indivíduo. O preconceito se revela "When people hold stereotypes about a group, they expect members of that group to possess characteristics and exhibit behavior consistent with those stereotype."
6. Essa designação do labirinto em que a mulher se encontra foi apresentada por Eagly em seu trabalho de 2003, acima referenciado.
7. A sequência de falas foi:Cármen Lúcia: Ministra Rosa Weber, Vossa Excelência tem a palavra para voto. Rosa: Ministro Lewandowski, o ministro Fux é quem tinha me concedido um aparte. Cármen: Agora é o momento do voto... Luiz Fux: Concedo a palavra para o voto integral (risos). Cármen: Como concede a palavra? É a vez dela votar. Ela é quem concede, se quiser, um aparte. Foi feita agora uma análise, so um parêntese. Foi feita agora uma pesquisa, já dei ciência à ministra Rosa, em todos os tribunais constitucionais onde há mulheres, o número de vezes em que as mulheres são aparteadas é 18 vezes maior do que entre os ministros... E a ministra Sotomayor [da Suprema Corte americana] me perguntou: como é lá? Lá, em geral, eu e a ministra Rosa, não nos deixam falar, então nós não somos interrompidas. Mas agora é a vez de a ministra, por direito constitucional, votar. Tem a palavra, ministra."
8. O texto da conclusão desse estudo é bastante interessante, numa tradução livre, p. 1.482, [N]ossa conclusão claramente estabelece que mulheres na Suprema Corte são interrompidas numa proporção marcadamente superior, durante suas falas, que os homens. Adicionalmente, os juízes e os advogados homens interrompem as mulheres muito mais frequentemente do que elas os interrompem. Em outras palavras, as mulheres são as mais interrompidas enquanto os homens são os que mais interrompem.

    "Our findings clearly establish that women on the Supreme Court are interrupted at a markedly higher rate during oral arguments than men. Additionally, both male Justices and male advocates interrupt women more frequently than they interrupt other men. In other words, women are more likely to be the interruptee, while men are more likely to be the interrupter."

princípios republicanos e do estado democrático de direito. O desrespeito pela fala – e, portanto, pela inteligência e pelas ideias das mulheres – é outro empecilho sério a ser transposto para que a igualdade seja alcançada[9].

Ainda que possa parecer um comentário tolo ou óbvio, todos esses estudos e estatísticas, muitos de caráter científico, procuram demonstrar a efetiva ocorrência da discriminação à mulher, o que o senso comum reconhece no cotidiano da vida de todas nós e que permanece disseminada em todos os estratos da sociedade, quer nas comunidades de extrema pobreza[10], quer em grandes corporações e universidades. Justamente por isso são necessários tratados, leis, regulamentos para assegurar o direito das mulheres à liberdade e ao respeito em todos os aspectos de suas vidas, inclusive profissional.

Em 2015 foi elaborado e colocado à adesão da comunidade arbitral o Compromisso para a Igualdade de Representação na Arbitragem ("Equal Representation in Arbitration Pledge"), visando assegurar a igualdade de oportunidades para as mulheres em tribunais arbitrais de todo mundo. Esse constitui um esforço mais do que necessário e legítimo. Entretanto, ingênuo imaginar que a discriminação e o preconceito possam ser removidos da vida em sociedade, ou mesmo do âmbito de um campo profissional, tal como o círculo de arbitragem, simplesmente por disposição normativa.

2. A PARTICIPAÇÃO FEMININA EM ARBITRAGENS

Os fatos e os dados brevemente apresentados conferem subsídio para compreender os motivos pelos quais as mulheres desfrutam de tão pouco espaço na comunidade arbitral, particularmente nos procedimentos de arbitragem.

A arbitragem é o método de solução de disputas visto como vantajoso e adotado particularmente pelas empresas as quais almejam, de um lado, ter a possibilidade de indicar o julgador e, de outro, contar com a flexibilidade e sigilo do processo privado. Por ser sabidamente um procedimento custoso, é mais utilizado por grandes corporações, em litígios e demandas envolvendo grandes contratos. Esse o cenário em que a arbitragem mais se aplica. Utilizando-se, a exemplo, os dados publicados pela Corte da CCI em seu relatório anual sobre o desempenho de 2016, sabe-se que 41% dos casos apresentados à arbitragem envolviam valor superior a cinco milhões de dólares e as disputas versavam sobre temas financeiros, securitários, de contratos de engenharia e construção. Na Corte de Arbitragem de Singapura ("SIAC"), as cifras se repetem – os 307 casos administrados pelo SIAC em 2016 somaram 11 bilhões de dólares e um só caso correspondia ao montante de 3,5 bilhões de dólares.

Quem são esses usuários da arbitragem? Ora, embora as informações sobre a identidade das partes envolvidas em arbitragens sejam sigilosas, dadas as cifras em disputa, é possível dizer que as empresas que se socorrem de arbitragem pertencem, com grande margem de certeza, ao mesmo espaço amostral da pesquisa das 500 maiores realizadas pela revista Forbes, acima referenciada. Justamente, as maiores empresas participam dos maiores contratos, dos mais vultosos litígios, e se socorrem de arbitragem administrada por entidades internacionais reputadas. Por outro lado, irão contratar os sócios mais reputados dos maiores escritórios de advocacia especializados em arbitragem.

As pesquisas indicadas no início mostraram que tanto nas empresas como nos escritórios de advocacia de grande porte, o número de mulheres no comando se encontra no patamar raso de 20%. Entretanto, serão justamente os gestores dessas corporações e os advogados dos grandes escritórios os responsáveis pela indicação de integrantes do tribunal arbitral[11].

Essa premissa propositadamente colocada nesses termos e o fato de ser a combinação cliente/advogado que leva à nomeação de árbitro, parecem justificar a escassa participação de mulheres em arbitragens. Seria muito descabido considerar que, por analogia, o mesmo padrão de comportamento relatado por Bashi (2006) em seu estudo sobre o tratamento dispensado por professores às alunas na faculdade de direito, poderia indicar a preferência dos advogados e gestores sêniores de grandes corporações (que poderiam ser comparados aos professores universitários) a prestigiar, estimular e dar apoio a outros homens em suas escolhas para a formação do tribunal arbitral? Os esforços devem ser dirigidos a modificar as atitudes recalcitrantes.

Em certa medida, ainda que timidamente, alguma reação aos estímulos da comunidade para fomentar a participação de mulheres em arbitragens, pode ser observada. A Corte da CCI, em seu relatório anual das atividades de 2016, reporta um aumento de 41% na nomeação de árbitras quando verificados os dados de 2015 e 2016. De acordo com comentários publicados sobre o referido relatório, o aumento do número de mulheres indicadas como árbitras

---

9. Uma empresa em São Paulo desenvolveu um aplicativo para ser instalado em telefones móveis – Woman Interrupted App – que, mediante o reconhecimento do timbre de voz feminino e masculino, identifica quantas vezes ocorreu interrupção do discurso feminino.
10. Tal como as comunidades nas quais se destacaram as mulheres ganhadoras do Nobel da Paz em 2011.
11. O tribunal arbitral pode ser composto por um ou três árbitros. O árbitro único pode ser indicado em comum acordo entre as partes ou pelo centro de arbitragem eleito ou, ainda, pela autoridade indicada pelas partes no contrato. O tribunal de três árbitros é formado mediante a indicação de um co-árbitro por cada uma das partes (requerente e requerida) e, o terceiro que será o presidente do tribunal, é indicado pelos dois co-árbitros. Dessa forma, grosso modo se pode dizer que as partes, diretamente, respondem por 2/3 das nomeações de árbitros e os co-árbitros, por 1/3. Perseguindo a lógica, poder-se-ia dizer que, estando as mulheres ombreadas aos homens na comunidade arbitral, sempre que dois homens fossem nomeados co-árbitros, procurariam indicar uma mulher para ocupar o terceiro posto. As estatísticas evidenciam que isso não ocorre.

passou de 136 em 2015 para 209 em 2016. Esse último, corresponde a 15% de todas as indicações do ano, muito embora 15% ainda configure uma participação restrita de mulheres em arbitragens.

A SIAC, por seu turno, também expressou, em seu relatório anual de atividades, um incremento no número de mulheres em tribunais arbitrais. Dos 167 árbitros indicados pela SIAC, 38 foram mulheres, ou seja, 22,8%. Quanto às indicações das partes, somente 5 de 145 indicações foram para mulheres, ou seja, apenas 3,4%. Essa cifra indica que as partes e seus advogados nas arbitragens, os quais tendem a ser os gestores de corporações e os sócios de grandes escritórios, mantêm o comportamento atávico de prestigiar os profissionais masculinos.

A Corte Internacional de Arbitragem de Londres (LCIA), que administra, em sua maioria, casos de valores superiores a 1 milhão de dólares, também acusou uma pequena alta no número de mulheres atuantes em tribunais arbitrais. Dentre 496 indicações em 2016, 102 foram mulheres, computando, assim, 20,6%.

O Chartered Institute of Arbitrators ("CiArb") aponta apenas 7% de indicações femininas. No total de 222 árbitros, 16 mulheres compuseram tribunais em arbitragens administradas por aquela entidade no ano de 2016.

A Corte de Arbitragem da Alemanha (Deutsche Institution für Schiedsgerichtsbarkeit, the "DIS"), contou com 46 mulheres em seus painéis no ano de 2016, formados pelo total de 346 árbitros, ou seja, 13,2% de árbitras. Nos casos em que a eleição coube à própria câmara, o percentual subiu para quase 30%[12].

Outras pesquisas publicaram suas estatísticas e mostram o aumento da participação feminina em tribunais arbitrais, muito embora o número, em comparação com o total de árbitros indicados, ainda seja ínfimo. Comparando os dados de diversas instituições de arbitragem, Lucy Greenwood propõe um gráfico para mostrar a participação feminina em tribunais arbitrais no mundo e, por sua expressividade, vale a pena ser transcrito (GREENWOOD, 2017):

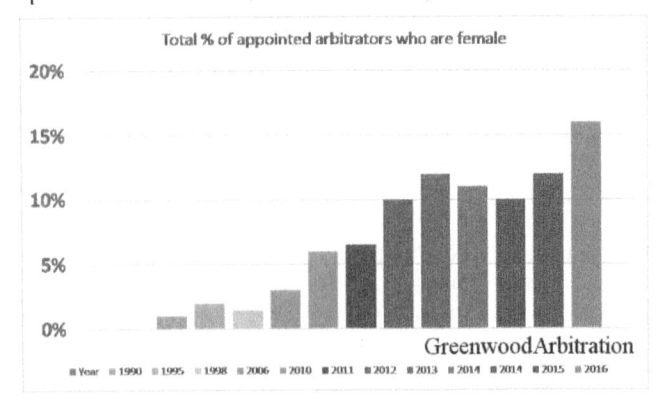

O gráfico mostra que, no ano de 2016, quando a indicação de mulheres para compor tribunais arbitrais internacionais alcançou o ápice, sua presença correspondeu a pouco mais de 15%.

Dentre as câmaras arbitrais brasileiras, a composição feminina é ainda mais reduzida. A Câmara de Arbitragem do Mercado ("CAM") apresenta uma lista de 62 profissionais, com apenas 9 mulheres. Bem por isso, a participação feminina foi de apenas 6,25%[13].

A Câmara de Arbitragem e Mediação da Câmara de Comércio Brasil Canadá ("CAM-CCBC"), oferece a possibilidade de indicação de 29 mulheres, dentre uma lista de 125 nomes de árbitros qualificados diante daquela instituição. O quadro é melhor se comparado com a listagem da CAM, mas está bem longe de ser alvissareiro. Segundo dados publicados, do total de árbitros indicados na CAM-CCBC, apenas 8% corresponderam a mulheres. O regulamento da CAM-CCBC, bom que se diga, faculta às partes a nomeação de qualquer profissional para atuar como árbitro, ficando a cargo do presidente da CAM-CCBC escrutinar candidatos não compreendidos na lista.

A lista de árbitros da Câmara de Mediação e Arbitragem Empresarial – Brasil ("CAMARB") é integrada por 17 mulheres dentre os 137 nomes que a compõe. Essa listagem da CAMARB, embora persuasiva, é apenas indicativa. De toda forma, o percentual de mulheres componentes de tribunais arbitrais em procedimentos administrados pela CAMARB, tal qual os demais casos, foi baixo, de cerca de 15% somente.

Um percentil singelamente superior na participação feminina foi apresentado pela Câmara de Arbitragem CEISP FIESP, com 16,47%. A indicação de árbitros é livre, mas oferece uma lista com 147 nomes, das quais 22 mulheres.

A expectativa de todas nós, mulheres, advogadas, atuantes em arbitragem, é de que o número de mulheres seja crescente, numa progressão que assegure a igualdade, ao menos numérica, entre mulheres e homens em arbitragens.

3. E ENTÃO?

Alguns comentários sobre os efeitos já produzidos pela adoção do Compromisso para Igualdade de Representação em Arbitragem parecem otimistas, assim como soam benfazejas outras assertivas sobre a participação da mulher na sociedade atual e suas alçadas de igualdade.

Entretanto, a realidade parece ser mais desafiadora. Em 1949, Simone de Beauvoir escrevia o livro Segundo Sexo e postulava que a configuração do ser "mulher" deriva de sua educação e da estrutura da sociedade. Dizia ela que a mulher não nasce passiva, ou posta em posição secundária, desprestigiada ou desimportante, essa configuração é fruto das pressões culturais, sociais, políticas, da malha social.

---

12. O relatório das atividades de 2017 dessas entidades ainda não foi publicado.
13. O Regulamento da CAM, no art. 3.2. estabelece que os árbitros sejam escolhidos pelas partes <u>preferencialmente</u>, dentre os listados.

Esse livro é citado logo no prefácio dos autores da Universidade de Princenton ao estudar o empoderamento feminino e seu poder discursivo[14] (MENDELBERG, 2014). No livro "The Silent Sex: Gender, Deliberation and Institutions" os autores ponderam ser insuficiente a presença física de mulheres em corpos deliberativos. Necessário assegurar mecanismos decisórios nos quais o discurso e a posição da mulher sejam considerados e acolhidos.

Formados tribunais arbitrais de três membros que reproduzam, internamente, os padrões atávicos de comportamento vistos na sociedade, sem dar ouvidos e sem acolher a posição feminina, promovendo interrupções de discursos, será, em realidade, uma tentativa frustrada de participação. Necessário, além da presença física, cuja garantia, sem dúvida, já constitui um avanço, estabelecer procedimentos, educar os participantes de tribunais arbitrais, para que a presença física de mulheres corresponda à possibilidade de manifestação e de influência concreta no processo de tomada de decisão.

4. REFERENCIAS BIBLIOGRÁFICAS

BASHI, S. A. Why legal education is failing women. *The Yale Journal of Law & Feminism (YJLF)*, p. 389-450, 2006.

BLP LAW. *INTERNATIONAL ARBITRATION SURVEY: DIVERSITY ON ARBITRAL TRIBUNALS*. 2016. Disponível em: BLP LAW: <http://www.blplaw.com/expert-legal-insights/articles/diversity-on-arbitral-tribunals-are-we-getting-there>.

EAGLY, A. A. Women and the Labyrinth of Leadership. *Harvard Business Review*, set. 2007

EAGLY, A. E. The female leadership advantage. *The Leadership Quarterly*, p. 807-834, 2003.

GREENWOOD, L. *Diversity and Inclusion – It's a numbers game*. 2017. Disponível em: Greenwood Arbitration: <http://www.greenwoodarbitration.com/diversity-and-inclusion/>.

JACOBI, T. E. Justice, Interrupted: the Effect of Gender, Ideology, and Seniority at Supreme Court Oral Arguments. *Virginia Law Review* v. 103, p. 1.378-1.475, 2017.

JAGLAND, T. (2011, Dezembro 10). Presentation Speech by the Chairman of the Norwegian Nobel Committee. Oslo. Retrieved from © THE NOBEL FOUNDATION, 2011.

Lexology. (02 de 02 de 2018). *2016 ICC Dispute Resolution Statistics*: Record Year for the ICC. Disponível em: Lexology: <https://www.lexology.com/library/detail.aspx?g=5a8c506a-eca9-4e85-b72b-75da3010f867>.

MULCAHY, C. (12 de janeiro de 2017). *Diversity on Arbitral Tribunals*: Are we getting there? | Expert Insights | Berwin Leighton Paisner. Disponível em: <http://www.blplaw.com/expert-legal-insights/articles/diversity-on-arbitral-tribunals-are-we-getting-there>

New York Bar Association. (2016). *Diversity Benckmarking Report 2016*. Disponível em: <http://www.nycbar.org/member-and-career-services/committees/reports-listing/reports/detail/2016-diversity-benchmarking-report>.

ONU – ORGANIZAÇÃO DAS NAÇÕES UNIDAS. (2000). Disponível em: <http://www.un.org/millennium/declaration/ares552e.htm>.

---

14. O problema das interrupções de discurso feminino foi abordado no início do texto.

As Conquistas das Mulheres nos Últimos Séculos: Histórico e Desafios

Fernanda Marinela[1]

1. INTRODUÇÃO

A busca pela igualdade de gênero foi tema marcante durante todo o Século XX. Basta lembrar dos movimentos feministas e defensores dos direitos humanos que percorreram e permanecem em todo o mundo, especialmente nas regiões menos desenvolvidas. Foram mais de dois séculos de luta ininterrupta em prol de direitos e posições sociais iguais para chegarmos ao atual estágio de relativa igualdade em nossa sociedade.

A introdução de uma data destinada a valorizar a figura feminina e o acesso, cada vez mais rápido, das mulheres aos altos cargos demonstra a evolução da temática. Embora lenta e gradual, é notório que as mulheres vêm conquistando, a cada dia, mais direitos. Porém, isto é fruto de séculos de lutas e debates incessantes, tornando necessário, portanto, que rediscutamos a igualdade de gênero, a fim de fazer com que ela não exista apenas na teoria, mas que seja colocada em prática no nosso dia a dia e se torne cada vez mais concreta.

É fato: a mulher foi tratada durante toda a história, de forma preconceituosa, mesmo na legislação constitucional.

2. AS MULHERES E A EVOLUÇÃO CONSTITUCIONAL

Ao longo de sua história política, o Brasil possuiu sete Constituições, uma no Império e seis na República. Embora elaboradas em ÉPOCAS E SITUAÇÕES DIFERENTES, sua esmagadora maioria raramente se refere à figura feminina. Baseado nisto, é notório o caráter evolutivo da temática em nosso constitucionalismo.

2.1. Constituição de 1824

Conhecida como a "Constituição da Mandioca", nela a mulher era simplesmente ignorada, sequer se cogitava de sua participação na sociedade. Sem direitos nem participação política. A única referência à mulher tratava especificamente da família real – o que demonstra discriminação não apenas de gênero, mas também de classes sociais – lembrando que esse era o texto que deveria garantir a liberdade e igualdade entre todos, mas ao contrário **taxava desigualdades**, como por exemplo o estabelecimento de dote para casamento das princesas, onde a mulher era tratada como mercadoria, não tendo o direito sequer de escolher com quem iria se casar, devendo se submeter à ordem dos pais. O amor e o livre-arbítrio são deixados de lado em nome de outros interesses.

Além disso, na sucessão do trono, a Constituição de 1824 impunha como um de seus critérios, a preferência do sexo masculino ao feminino. Se nessa classe social a regra já era discriminatória, imagine o que acontecia entre os pobres mortais. Era fato: em 1824 o preconceito era normal e constitucional em nosso país.

2.2. Constituição de 1891

Com a primeira Constituição da República, promulgada em 1889, a família imperial deixa o Brasil e os militares assumem o poder dando início ao período que ficou conhecido como República da espada. Porém, a mulher continuava excluída do conceito de cidadania. A Constituição somente se preocupava com ela quando se referia à filiação ilegítima, mostrando a (des)importância da figura feminina, que só interessava quando repercutia na esfera patrimonial. A mulher continuava sem direito de votar ou ser votada.

Entre o fim do Século XVIII e o início do Século XIX, o movimento feminista tomou forma quando as mulheres começaram a se organizar para exigir espaço na área da educação e do trabalho. Já sabíamos que o primeiro passo para a igualdade residia na educação e na qualificação profissional. Em 1898, Myrtes de Campos se torna a primeira advogada do país.

Enquanto isso, muitas mulheres trabalhavam como operárias de segunda classe nas fábricas, em condições desumanas de trabalho, o que reforçou sua mobilização por condições dignas de trabalho e de segurança. Assim, em 1907 eclodiu em São Paulo a greve das costureiras – ponto inicial para definição da jornada de oito horas, o que significou e significa muito na consciência coletiva das mulheres, ou seja, a busca dos seus direitos e da cidadania em todo o mundo por melhores condições de trabalho. Em 1917, com a eclosão da Primeira Guerra Mundial, as mulheres passam a ser admitidas nos quadros do serviço público como funcionárias públicas.

2.3. Na política, grandes conquistas

Em 1880, a dentista Isabel de Mattos Dillon evocou na Justiça a aplicação da Lei Saraiva, que garantia ao detentor

---

[1] Presidente da OAB/AL. Autora dos Livros DIREITO ADMINISTRATIVO e SERVIDORES PÚBLICOS pela Ed. Saraiva. Coautora de diversos livros e artigos. Professora de Direito administrativo da rede e LFG de ensino. Professora de direito administrativo do Centro de capacitação do STF. Advogada. Presidente do INJUR Instituto Cultural para difusão do conhecimento jurídico

de títulos científicos o direito de votar. Em 1894 foi promulgado em Santos (SP) o direito das mulheres ao voto, mas a norma foi derrubada no ano seguinte, e só em 1905 houve outro avanço, quando três mulheres votaram em Minas Gerais. Contudo, em 1928 o Brasil elege, na cidade do Lages no Rio Grande do Norte, a primeira prefeita mulher.

Com a deflagração do Estado Novo e a chegada de Vargas ao Poder por meio do Golpe de 30, a população, temerosa de ocorrer a instalação de uma ditadura, passou a exigir a elaboração de uma nova Constituição. Mas Vargas foi um defensor dos direitos das mulheres. Em 1932 o voto feminino se tornou um direito nacional e no ano seguinte, 1933, Carlota Pereira de Queiroz, que era médica, escritora e pedagoga, foi eleita a primeira deputada federal. Ela participou da Assembleia Nacional Constituinte nos anos de 1934 e 1935.

2.4. Constituição de 1934

Pela primeira vez, após mais de cem anos de constitucionalismo, e com a primeira mulher participando da elaboração da Constituição, homem e mulher são colocados em pé de igualdade na definição de cidadania.

> *Todos são iguais perante a lei. Não haverá privilégios, nem distinções, por motivo de nascimento, sexo, raça, profissões próprias ou dos pais, classe social, riqueza, crenças religiosas ou ideias políticas.*

A filiação ilegítima desaparece, apesar de o Código Civil de 1916 continuar a tecer esta discriminação.

A mulher passa a ter direitos políticos (direito de votar e ser votada), passa também a ter o direito de se "libertar" do casamento com a legalização do "desquite" e da anulação do casamento. A mulher deixa de ser uma escrava, um acessório do marido, e passa a ter cidadania.

Embora fosse uma grande conquista no papel, não o era ainda na sociedade, pois a mulher "desquitada" era tratada como vulgar e condenada a viver longe de todos; ninguém queria muito conviver com ela.

Mas a igualdade de direitos nunca foi suficiente, precisávamos de uma igualdade constitucional, aristotélica, com direitos e privilégios específicos para as nossas necessidades e diferenças em relação aos homens. E foi aí que se conquistou o primeiro tratamento diferencial em relação aos homens, a licença-maternidade: três meses de licença recebendo vencimentos integrais quando se paria um filho vivo. O texto foi um marco fundamental na luta pela igualdade de gênero, pena que o tempo desta Constituição foi pequeno.

2.5. Constituição de 1937

Nada mudou em relação às mulheres. Com o fim do Estado Novo e a eleição de Eurico Gaspar Dutra para a Presidência da República, uma nova Constituição assegura o retorno da democracia ao nosso país.

2.6. Constituição de 1946

Após o trauma da Segunda Guerra Mundial e o novo sentido de humanidade criado, uma nova obrigação surge para os pais. A assistência-maternidade é garantida às mulheres como uma espécie de gênese do princípio da paternidade responsável e o pai passa a ser obrigado a prover a mãe de seu filho. Por outro lado, o casamento voltou a ser indissolúvel, o que significou um retrocesso grande, posto que a mulher voltou a ser "presa" ao marido.

Em 1964 o golpe militar depõe do poder o então Presidente João Goulart e instala um regime ditatorial no nosso país – uma nova Constituição surge para legalizar o regime.

2.7. Constituição de 1967

Esta Constituição manteve a aposentadoria com a idade de 70 anos de idade para ambos os sexos, mas incluiu uma nova modalidade de assistência previdenciária: a aposentadoria voluntária após 35 anos de serviço. Contudo, uma nova desequiparação foi permitida, diminuindo o tempo de serviço necessário para a aposentadoria feminina voluntária para 30 anos. O regime militar experimentou o avanço de designar, detalhadamente, a igualdade de gênero. Mas não só esta, como todas as demais formas de igualdade foram descumpridas.

Mas era a década de 60, drogas, rock e amor livre eram as palavras de ordem entre os jovens que passaram a levantar as bandeiras das minorias e dos oprimidos: negros, mulheres, homossexuais, indígenas. Tudo era motivo de lutas e de conquista de direitos. E o surgimento da pílula anticoncepcional representou ao mesmo tempo um marco e uma libertação para as mulheres.

Levados nesta esteira, surgiram na década de 70 os grupos feministas de primeira geração, que pregavam um tratamento masculinizado às mulheres e protestavam por seus direitos tirando e pendurando seus sutiãs. Esta nova atitude gerou impacto ao discurso dominante, vozes silenciadas vinham à tona. E isso já era algo que divergia do modo de organizar as relações entre homens e mulheres.

A Ditadura militar chegou ao fim nos anos 80 e nosso país passou a viver a redemocratização, tendo como ápice a promulgação de nosso atual Documento da Liberdade.

2.8. Constituição de 1988

Com a "Constituição Cidadã" o constituinte quis ir mais além. Além de mencionar a igualdade perante a Lei também reafirmou a igualdade de direitos e obrigações de homens e mulheres. A afirmação não foi redundância do legislador, interessante mencionar que não cabia mais em nosso constitucionalismo qualquer forma de discriminação de gênero.

No âmbito trabalhista, a Constituição passou a garantir as licenças maternidade, e paternidade, além de proibir diferenças de salários por motivo de sexo e proteger as mulheres em seu mercado de trabalho. A mulher sai do plano de doméstica e entra no âmbito das grandes multinacionais e organizações estatais.

Na Previdência Social foi garantida a estabilidade à gestante e a desequiparação foi instituída, reduzindo em cinco anos a idade da aposentadoria das mulheres – inclusive das servidoras públicas. O princípio da isonomia – assegurado pelo Estado Democrático de Direito – veio corrigir as desigualdades com desequiparações permitidas em razão do gênero.

Na família, a Constituição protege a mulher ao reconhecer a união estável, a isonomia conjugal e o divórcio, além de assegurar o princípio da paternidade responsável e proteger o ambiente familiar de toda e qualquer forma de violência. Ficam proibidas as expressões "mulher junta", "amasiada" ou "amancebada". Ao longo da nossa história, os termos "separada", "desquitada" e "mãe solteira" foram utilizados para discriminar mulheres corajosas que, vendo a falência de seu ambiente familiar e, na maioria das vezes, submetida à violência nele, resolveram pôr fim ao seu matrimônio.

A participação ativa da mulher na unidade familiar representa uma das maiores conquistas femininas do século, isso porque a família é a base da sociedade. Com o reconhecimento da união estável, as mulheres adquiriram mais segurança em face de aventureiros sem responsabilidade que tratam o gênero feminino como um objeto. Com a isonomia conjugal, a esposa não é mais submissa ao marido. Ambos exercem igualmente os direitos e deveres decorrentes da sociedade conjugal. Dentre estes deveres, situa-se o princípio da paternidade responsável que é a principal forma de assegurar a constituição de uma família digna e feliz.

2.9. Leis importantes

Contudo, a disposição constitucional não bastava, e assim foram aprovadas leis para assegurar o disposto na Carta Magna na conquista da isonomia de gênero, a exemplo da **Lei do Divórcio**, da **Lei Maria da Penha** e da **Lei dos Alimentos Gravídicos**. Esta última passou a considerar os "alimentos gravídicos" como um direito da gestante. Tal direito foi de vital importância para a gestante, pois, sendo o filho uma responsabilidade de ambos os genitores, é natural que o pai exerça seu papel a fim de que o nascituro possa se desenvolver e nascer de forma saudável.

Algo importante nessa percepção é notar que a "História das mulheres" não é apenas delas, é a história da família, da criança, e está diretamente ligada à história dos homens e das relações de poder estabelecidas ao longo dos tempos. Estaríamos sendo hipócritas se mencionássemos que essas disposições legais vêm sendo rigorosamente obedecidas.

Mas, não podemos negar que nosso país avançou muito no sentido de possibilitar seu cumprimento. Na verdade os direitos conseguidos sob égides constitucionais anteriores são mantidos e reforçados a cada dia, tal qual uma casa que se constrói a partir dos alicerces deixados por gerações anteriores.

3. A MULHER E O CENÁRIO ATUAL

3.1. Comparação da mulher de 1824 com a mulher dos dias hoje

Olhando do agora para o passado, podemos observar duas situações completamente distintas. A mulher não é mais o objeto das relações; ela passa a ser o sujeito jurídico propriamente dito.

Assim como no âmbito constitucional, a legislação brasileira seguiu a tendência evolutiva no sentido de assegurar a isonomia de gênero, seja na forma regulamentadora, seja na forma de ações afirmativas. Conquistamos muito espaço, hoje somos cidadãs no sentido pleno da palavra, pelo menos na teoria. Na prática, ainda enfrentamos jornada dupla de trabalho, discriminação e violência. Somos preteridas na política geral e de classe, embora constituindo a maioria do eleitorado. Somos menos remuneradas, apesar de sermos mais escolarizadas. Somos preteridas nos esportes, mesmo sendo maioria nas participações esportivas internacionais.

3.2. O cenário da violência

A violência contra a mulher é crescente, especialmente em sua forma letal. A preocupação com os homicídios contra a mulher aumenta a cada dia, tornando este o contexto mais grave do tema. O número de homicídios contra a mulher nos últimos 30 anos mais do que triplicou. Estamos em quinto lugar do ranking mundial, de acordo com o Mapa da Violência publicado no ano de 2015, estando o Estado do Espírito Santo e Rondônia nas duas primeiras colocações, entretanto, a cada pesquisa esses números oscilam bastante. Nas capitais, Vitória e Maceió são as capitais com taxas mais elevadas.[2] A cada ano morrem no Brasil em média 4.762 mulheres por causas violentas, cerca de 80% dos casos de violência contra a mulher são praticados pelo parceiro – marido ou namorado. Registre-se ainda que o número de assassinatos de mulheres negras cresceu 54% nos anos de 2003 a 2013.

Em março de 2015 foi aprovada a Lei n. 13.104 que passou a prever na legislação penal o *feminicídio* passando a considerar crime hediondo o homicídio de mulher acontece por "razões de condição de sexo feminino", considerando que tais razões estão caracterizadas quando o crime envolve violência doméstica e familiar ou menosprezo ou discriminação à condição de mulher. O avanço na legislação local, porém, ainda não há dados

---

2. Dados disponíveis em: <http://www.mapadaviolencia.org.br/pdf2015/MapaViolencia_2015_mulheres.pdf>.

significativos para constatarmos se haverá ou não diminuição deste bárbaro crime. Outro ponto positivo sob este aspecto foi a publicação, em 08.04.2016, do documento "Diretrizes Nacionais para Investigar, Processar e Julgar com Perspectiva de Gênero as Mortes Violentas de Mulheres – Feminicídios" que tem por finalidade colaborar para a implementação da Lei do Feminicídio, já que não basta tipificar a conduta. O referido documento lançado pela ONU Mulheres e pela então Secretária Especial de Políticas para as Mulheres do Ministério das Mulheres, da Igualdade Racial e dos Direitos Humanos, reúne recomendações sobre elementos, técnicas e instrumentos práticos com uma abordagem intersetorial e multidisciplinar para ampliar as respostas necessárias durante a investigação policial, o processo e o julgamento e as reparações às vítimas diretas, indiretas e seus familiares.

A violência doméstica é democrática, seja ela física, moral, psíquico-verbal ou sexual, atinge mulheres de todos os níveis culturais, com ou sem curso superior, de todas as classes sociais, ricas ou pobres, de todas as religiões e regiões do país. A violência contra a mulher permeia toda a sociedade, seja qual for o recorte.

O cenário é sempre o mesmo: o vizinho não se mete, porque em briga de marido e mulher ninguém mete a colher. A mulher não encara publicamente, porque acredita que é um problema de família, que o casal é que deve resolver a questão. Mas os dados demonstram que não é nada disso, é uma questão endêmica e social, que exige política pública.

3.3. Escolaridade e remuneração

As mulheres são mais da metade da população e já estudam mais que os homens. 52% da população com educação universitária é constituída por mulheres. E esta média praticamente se repete em todos os níveis de instrução, o que não lhes assegura salário equivalente, pois a mulher recebe cerca de 70,4% do rendimento masculino.

3.4. Dupla jornada

Apesar de mais escolarizadas, as mulheres ainda continuam, em sua grande maioria, com a responsabilidade total pelas tarefas domésticas, o que resulta na jornada dupla e, às vezes até tripla, de trabalho. Estes dados nos colocam no lugar de perceber a concepção de que o espaço doméstico é, por excelência, feminino (lugar privado), reafirmando o que anteriormente já era destacado na construção dessas identidades. Em espaços urbanos consegue-se ver uma pequena evolução, um viés que aponta que isto está começando a mudar. Hoje já não é coisa de "mariquinhas" o homem ajudar nas tarefas domésticas, seja no cuidado dos filhos pequenos, lavando a louça ou mesmo fazendo o jantar. Esta situação, apesar de já ter deixado de ser uma exceção, não é uma regra, mas representa uma tendência no avanço da luta pela igualdade.

3.5. Esporte

No esporte, tal qual na luta pelos direitos civis, as mulheres enfrentaram as mesmas dificuldades. A primeira atleta brasileira a participar de uma olimpíada foi Maria Lenk, nadadora aceita em 1932. A primeira medalha foi somente conquistada com o vôlei de praia em Atlanta, em 1996. Na olimpíada de Londres, representamos 47% da delegação brasileira e conquistamos sete medalhas. No Rio 2016,, cerca de 4,7 mil mulheres – 45% de todos os atletas – representarão seus respectivos países em 306 eventos. Temos a melhor jogadora de futebol do mundo, a alagoana Marta, exemplo de superação e discriminação. Apesar de ser mundialmente reconhecida, sua remuneração não chega à metade da de um jogador de estatura similar.

Estamos avançando a passos largos em direção à hegemonia nos esportes, apesar do pouco incentivo recebido.

3.6. Famílias chefiadas por mulher

A parcela de famílias chefiadas por mulheres vem crescendo. Hoje, cerca de 38% das famílias têm na mulher a sua *provedora*. O aumento da chefia feminina também está vinculado a transformações nos modelos familiares, como por exemplo o aumento das famílias monoparentais. Hoje as mulheres conseguem ser muito mais independentes graças às liberdades conquistadas pelas gerações predecessoras.

3.7. Dirigentes

As mulheres representam, hoje, quase 50% da população economicamente ativa do país, mas não chegam a 20% nos cargos de maior nível hierárquico no comando da Nação.

No Poder Judiciário, por exemplo, temos, no STF, 11 cargos e apenas duas mulheres os exercendo; no STJ, dos 33 cargos existentes somente cinco são ocupados por mulheres; no CNJ, das 15 cadeiras, somente duas são de mulheres; e, no CNMP, nenhuma mulher aparece em cargo de comando.

Nas Forças Armadas há uma tímida presença de 5% de mulheres, lembrando que essa era uma profissão tipicamente masculina, e da qual, até 1980 na Marinha e até 1990 no Exército, as mulheres estavam proibidas de participar.

Em 16 de junho de 2014 pela primeira vez uma mulher assumiu a Presidência do Superior Tribunal Militar (STM), cargo ocupado pela Ministra Maria Elizabeth Guimarães Teixeira Rocha. Foi a primeira vez em 206 anos de história que a Corte é presidida por uma mulher. Atualmente a presidência é de um homem e a corte que tem 14 componentes, ainda somente tem 1 mulher. Outro avanço nas Forças Armadas foi a criação, em 17.04.2015, da Comissão de Gênero nas Forças Armadas com o objetivo de estudar e propor ações na efetivação dos direitos das mulheres e da igualdade de gênero dentro das Forças Armadas. A instância tem caráter consultivo e deve acompanhar e avaliar periodicamente o cumprimento das ações definidas no Plano Nacional de Políticas para as Mulheres (PNPM).

O interessante é que quando essas proporções são analisadas regionalmente percebe-se que as maiores disparidades da proporção de homens e mulheres dirigentes estão nas regiões Sul, Sudeste e Centro-Oeste, enquanto nas regiões Norte e Nordeste as proporções são mais próximas.

3.8. Na Política

Este talvez seja o aspecto mais importante. Hoje as mulheres representam 52% do eleitorado e, apesar de o cargo máximo da República ser ocupado por uma mulher, a participação feminina na esfera de poder ainda é baixa; ela compõe 9,94% da Câmara dos Deputados (51 Deputadas) e 10,53%(13 Senadoras) do Senado. A tímida representação feminina no Poder Legislativo se mantém inalterada mesmo depois da aprovação da Lei de Cotas para as Mulheres, que estabelece que 30% dos candidatos sejam do sexo feminino. Mesmo esta "cota" de candidatas não vem sendo respeitada. Na eleição de 2010 apenas 18% dos partidos cumpriram a regra. Em quatro Estados nenhum partido cumpriu a regra – Espírito Santo, Maranhão, Paraíba e Tocantins. Em 2014, somente 31,07% dos candidatos era do sexo feminino, não tendo sido publicada ainda a estatística por Estado quanto ao cumprimento da legislação eleitoral quanto ao sistema de cotas.

Ressalto que o fenômeno não decorre de carência de mulheres aptas a concorrer, mas do modo como os partidos são organizados. Eles são controlados por homens, que dão pouco espaço para as mulheres estruturarem as suas campanhas, inviabilizando as candidaturas. O fenômeno não é apenas nacional, no mundo apenas 35 países, cerca de 19%, contam com mulheres no Parlamento, enquanto cerca de 152 nações não têm sequer uma mulher ocupando uma cadeira no Legislativo. Por isso se fala em reforma política, pesquisa feita pelo Ibope e pelo Instituto Patrícia Galvão aponta que 71% dos entrevistados defendem a reforma política para garantir a homens e mulheres 50% nas listas das candidaturas dos partidos.

Como dito, as mulheres precisam se conscientizar sobre o atual estado das coisas. Atualmente as mulheres pagam a conta, mas não se sentam à mesa. A Secretaria Especial de Política para as Mulheres – que já possuiu *status* de Ministério, mas atualmente faz parte do Ministério da Justiça e Cidadania – organizou o Fundo Nacional de Instâncias de Mulheres de Partidos Políticos – que se reúne todos os anos. Por este fundo, deixando de lado qualquer ideologia partidária, discutem-se assuntos em comum que dizem respeito à igualdade de gênero. E daí alguns trabalhos já estão sendo desenvolvidos, como por exemplo os cursos de capacitação política para as mulheres e campanhas de filiação partidária.

Isso realmente funciona. Em 2012 e 2013 a filiação partidária de mulheres cresceu bastante: 64% de mulheres contra 36% de homens. Mas esse crescimento deve continuar, pois ainda estamos muito atrás deles, são, no total, 55% de homens contra 44% de mulheres filiadas.

No cenário atual é imperiosa a alteração do sistema político eleitoral, incluindo políticas afirmativas nos critérios de divisão dos recursos do Fundo Partidário para homens e mulheres candidatos, dando espaço, incentivando, capacitando e distribuindo receita igualitariamente. A baixa representatividade está na contramão do protagonismo feminino.

Nas últimas alterações legislativas ocorridas na área eleitoral apenas conseguimos a aprovação da Lei n. 13.165/2015 que determina que nas três eleições posteriores a sua aprovação os partidos deverão reservar entre 5% a 15% do dinheiro do Fundo Partidário para o financiamento das campanhas eleitorais das candidatas. O que não se pode ignorar é que este desequilíbrio é fruto da falta de recursos financeiros e de capacitação política, mas principalmente da pouca consciência das mulheres sobre seu peso na sociedade. Cabe também a nós, mulheres, ir atrás, protestar, erguer esta bandeira e lutar pelo espaço que deve ser nosso.

Outros projetos que possuíam como foco a participação feminina de forma mais efetiva na política não foram aprovados, restando como esperança ainda a aprovação da Proposta de Emenda Constitucional n. 98/2015 que foi aprovada no Senado Federal e remetida à Câmara de Deputados. O texto aprovado no Senado assegura a cada gênero – masculino e feminino – um percentual mínimo de representação nas três próximas legislaturas, na seguinte proporção: 10% das cadeiras na primeira legislatura, 12% na segunda e 16% na terceira. No caso de o percentual mínimo não ser atingido por um determinado gênero, as vagas necessárias serão preenchidas pelos candidatos desse gênero com a maior votação nominal individual entre os partidos que atingiram o quociente eleitoral. A proposta tem como abrangência os cargos da Câmara dos Deputados, das Assembleias Legislativas, da Câmara Legislativa do Distrito Federal e das Câmaras Municipais.

3.9. Na OAB a situação não é diferente

Não podemos deixar de levar em consideração que o mundo jurídico, que até pouco tempo tinha uma representação significativa de homens ocupando os cargos, teve nesses últimos anos o seu perfil alterado com o ingresso da mulher na atividade profissional. A Advocacia passou a atrair mais a atenção das mulheres nos últimos 30 anos e hoje elas representam 55% do total de matrículas e 58% dos estudantes que concluem o curso de Direito. Atualmente, representamos cerca de 45% da Advocacia nacional, em alguns Estados já passamos de 50%, mas, apesar de pagarmos a metade da conta nós não nos sentamos na metade da mesa.

Em 2014 conseguimos um marco na Advocacia, a aprovação do Provimento n. 161/2014 que passou a determinar em seu art. 7º que para o registro de chapa é necessário respeitar o mínimo de 30% (trinta por cento) e o máximo de 70% (setenta por cento) de candidaturas de cada sexo.

Antes da aprovação do aludido Provimento, somente 17% de mulheres ocupavam cargos de diretoria no sistema OAB. Não havia nenhuma mulher na presidência de seccional ou no Conselho Federal da Ordem.

Após o encerramento do pleito nas Seccionais no ano de 2015, cerca de 37% das diretorias eleitas passaram a ser formadas com a presença de mulheres. Igual número repercutiu também nas diretorias eleitas para as Caixas de Assistência, onde também 37% da composição do corpo diretivo passou a ser composto por advogadas. Na Presidência de Seccionais, apenas uma mulher, e 4 mulheres como Diretoras nas Caixas de Assistência. Por sua vez, a representação das Seccionais junto ao Conselho Federal obtivemos um aumento significativo, anteriormente, dos 81 integrantes, eram apenas cinco as mulheres. A cena era assustadora! Atualmente, no total, são 23 Conselheiras Federais entre titulares e suplentes eleitas para o próximo triênio.

Registre-se ainda a aprovação do Provimento n. 163/2015 que transformou a Comissão Especial da Mulher Advogada em uma comissão permanente – Comissão Nacional da Mulher Advogada. Foi também aprovado o Plano Nacional de Valorização da Mulher Advogada aprovado pelo provimento n. 164/2015 que entrou em vigor em janeiro de 2016, exigindo-se a adequação nas estruturas administrativas das Seccionais a partir de janeiro de 2017.

Por isso, mais uma vez relembro a importância e a necessidade de nós, mulheres, irmos atrás de nossa representatividade na política. Protestos não resolvem, Governos resolvem. A política permeia todos os aspectos de nossas vidas. Por mais que não gostemos, ou afirmemos a não tolerância à política e aos políticos, são eles que decidem as nossas vidas: a segurança, a saúde, a educação e a igualdade, tudo tem que passar pelos políticos. Então, não esperemos que os homens nos cedam o espaço graciosamente. A participação ativa da mulher na política é a única forma que temos de conquistar a igualdade plena, experimentada com as diferenças fundamentais, de modo a garantir uma sociedade mais justa, livre e fraterna.

4. FEMINISMO: AS TRÊS GERAÇÕES

O feminismo, para os "leigos", aparenta uma definição simples pela qual "feminismo" representa a defesa dos direitos das mulheres em prol da igualdade. Mas na verdade o conceito muda junto com a sociedade. Vivemos num mundo em constante transformação, a sociedade e seus valores são modificados cotidianamente, seja em virtude de novas tecnologias, novas formas de pensar, de viver ou com a evolução intelectual implementada com as comunicações instantâneas de um mundo cada vez menor e mais integrado, globalizado.

De igual modo, o feminismo vem mudando radicalmente seus conceitos, diante das suas conquistas e dos valores que vão se impregnando na sociedade moderna. Neste cenário, pode-se dizer que o feminismo vive hoje a sua terceira geração.

4.1. Primeira geração: Feminismo da igualdade

A ideia da igualdade entre os sexos foi o primeiro estágio dessa evolução. As mulheres tentaram ultrapassar as fronteiras do mundo dos homens, mas na luta pela igualdade tropeçaram na diferença. Durante muito tempo, a diferença foi usada como sinônimo de desigualdade dentro da hierarquia imposta pela dominação masculina. Mas a luta pela igualdade já nasceu capenga, uma vez que as mulheres se esforçavam para assimilar os modelos masculinos, para copiar os homens. Elas queriam ocupar os espaços dos homens, comportando-se, agindo, sentindo e falando como eles. Era comum ver nos protestos mulheres queimando sutiãs, no trabalho, usando cabelos curtos, roupas masculinas e abrindo mão da maternidade em prol da carreira.

Agindo dessa forma, acabaram se defrontando com uma crise de identidade ao perceberem que com essas posturas elas supervalorizavam as qualidades consideradas masculinas, em detrimento das femininas, denotando um forte sentimento de inferioridade internalizado. Tal cenário trouxe muita ambiguidade às mulheres e resultou em um grande "mal-estar", que levou a uma revisão do papel feminino.

4.2. Segunda geração: Feminismo da diferença

Era momento de rever as "estratégias de luta", no final dos anos 80 as mulheres passaram a defender a igualdade não mais em nome da capacidade de se assemelharem aos homens, mas, sobretudo, pelo direito de serem diferentes deles. O feminismo da diferença, desdobramento do feminismo da igualdade, introduziu uma postura mais radical, trazendo a promessa de uma contribuição sociocultural inédita e subversiva.

Ao instituir o "direito à diferença", esses movimentos sociais propõem novas premissas, tais como o "respeito às diferenças", a "preservação das particularidades culturais", a "irredutibilidade das experiências de gênero" e assim por diante. Atribuindo à diferença uma valência positiva, as feministas direcionaram sua luta em prol da *igualdade na diferença*. Reconhecendo e falando em *diferença cultural, cultura feminina, experiência feminina, reconhecimento da diversidade cultural de gênero* etc.

Neste contexto a proposição era a de que os valores são o fundamento da diferença, ou seja, as mulheres são diferentes dos homens, porque no centro de sua existência estão outros valores: a valorização do relacionamento interpessoal, a atenção e o cuidado com o outro, a proteção da vida, a valorização da intimidade e do afetivo, a gratuidade das relações, entre outros. O ser feminino provém da interação com os outros. Por isso, serem as mulheres mais intuitivas, sensíveis e empáticas.

Com isso, o feminismo passa por mais uma crise, o terrível sentimento de divisão em que mergulham, quando, no percurso de acesso ao espaço público, se veem obrigadas a confrontar seu modo de ser com as exigências de sucesso no mundo dos homens, marcado por agressividade, competitividade, objetividade e eficiência. Ao hastear a bandeira da *igualdade na diferença* e defender a valorização do feminino, o movimento acaba caindo no velho dualismo feminismo/masculino, atribuindo valores e características diferentes para cada sexo.

4.3. Terceira geração: Feminismo novo

Hoje a história é outra...

Chegamos na década de 2010 com a conclusão – obtida na prática – de que a universalização é burra. Quando se universalizam as diferenças, obscurecem-se outras possibilidades de homens e mulheres se diferenciarem dos modelos rígidos e estereotipados. Inúmeras características atribuídas ao masculino e ao feminino não são definidas apenas pelo gênero, mas são influenciadas por diversos elementos, tais como, a classe social, a cultura, a educação, bem como por características individuais de personalidade. Nem todos os homens são agressivos, objetivos e seguros de si. Da mesma forma que nem todas mulheres são inseguras, pouco agressivas e sem objetividade.

É preciso libertar-se dos modelos. Não obstante, a grande conquista do projeto feminista – *igualdade na diferença* – foi a possibilidade de mudança nas relações de gênero, na medida em que as mulheres (e os homens) puderam se libertar dos velhos estereótipos e construir novos modelos de se relacionar, agir e se comportar. Essa possibilidade tem permitido aos homens se libertarem do peso do machismo e, às mulheres, se libertarem do imperativo do feminismo. O fato é que, ambos podemos ser sensíveis, objetivos, fortes, inseguros, dependentes, independentes, com liberdade e autonomia, e não seguirem imperativos categóricos determinados pelo gênero. É assim que se concretiza a ideia de gênero como construção social. Nessa perspectiva, a reconstrução do feminino leva necessariamente à reconstrução do masculino. Essa relação **nunca será uma relação sem conflito**; ao contrário, será sempre um espaço de luta e tensão dialética, onde estão em jogo diferentes poderes e desejos.

Por isso, é importante que homens e mulheres, nas suas experiências subjetivas, possam exercitar a lógica, a razão, a intuição e a sensibilidade para construir novos valores e novas formas de se relacionar na vida afetivo-sexual, no casamento, na família, no trabalho, enfim, em todas as relações sociais.

Abre-se, nesta terceira geração, a possibilidade *concreta* de construir relações de gênero mais democráticas, nas quais o direito à igualdade e o respeito à diferença são as pedras angulares.

5. REFLEXÃO: GRATIDÃO E COMPROMISSO DE LUTA

Tenho sorte de ter nascido nos anos 70, em vez de na década de 40, como minha mãe, ou no início do Século XX, como minhas avós. Devo minhas próprias liberdades e oportunidades às gerações de corajosas mulheres à frente de mim, àquelas mulheres de sucesso que hoje estão na faixa dos 60, 70 e 80 anos e que enfrentaram uma discriminação endêmica num Brasil machista, totalitário e que sabiam que a única maneira possível para alcançar o sucesso, muitas vezes, era agir exatamente como um homem. Naquele tempo, agir ou mesmo admitir ter **desejos maternos** teria sido fatal para as suas carreiras. Mas, graças a elas, um **tipo diferente de conversa** agora é possível.

É hora de as mulheres em posições de liderança reconhecerem que, embora ainda estejamos num mundo masculinizado, podemos e queremos **SER MULHERES**, não melhores do que ninguém, mas simplesmente mulheres. Para isso precisamos de uma discussão honesta entre as mulheres de nossa época sobre as barreiras reais e falhas que ainda existem no sistema, apesar das oportunidades que herdamos.

Espero que todas nós possamos olhar para o 8 de março e encontrar diferentes significados nas rosas que são tão comumente a nós oferecidas. Desejo que, ao invés disso, ao nos olhar, os homens possam dizer: "*Você é sinal de resistência, e de muita coragem, estou com você nas suas lutas diárias da vida, percebo as potencialidades que fizeram de você mulher e luto com você pela sociedade do Bem Viver*".

E que nós mulheres possamos dizer para nós mesmas e para as outras mulheres que caminham conosco: *Com nossas cabeças levantadas, vamos participar, vamos sentar a mesa. De nós pode renascer o novo, e é nisso que devemos acreditar, vamos encontrar a beleza, a reciprocidade e a gratuidade em tudo e com tudo.*

Que assim seja!

6. REFERÊNCIAS BIBLIOGRÁFICAS

DANTAS, Joagny Augusto Costa. *A igualdade de gênero na evolução constitucional brasileira*. A Barriguda: Revista Científica, Campina Grande/PB, v.1, n.3, 2011.

RODRIGUES, Almira (Org.). RAMALHO, Iáris (Org). *Os direitos das mulheres na legislação brasileira pós-constituinte*. Centro Feminista de Estudos e Assessoria (Cfmea). Brasília: Letras Livres, 2006.

RANGEL, Patrícia. Existe democracia sem as mulheres? Uma reflexão sobre a função e o apoio às ações afirmativa na política. *Revista do Observatório Brasil da Igualdade de Gênero*. Brasília: Secretaria Especial de Políticas para as Mulheres, 2009.

SENADO FEDERAL. "*Mais Mulheres na Política* – Mulher, Tome Partido!" Disponível em: <http://www12.senado.leg.br/senado/procuradoria/publicacao/livreto-mais-mulheres-na-politica>. Acesso em: 03 abr. 2014.

SOW, Marilene Mendes. *A participação feminina na construção de um parlamento democrático*. Biblioteca Digital da Câmara dos Deputados. Disponível em: <http://bd.camara.gov.br>. Acesso em: 03 abr. 2014.

WAISELFISZ, Julio Jacobo. *Mapa da Violência 2015* – Homicídio de Mulheres no Brasil. Disponível em: <http://www.mapadaviolencia.org.br/pdf2015/MapaViolencia_2015_mulheres.pdf>.

Proteção dos Direitos Humanos das Mulheres no Sistema Interamericano

Flávia Piovesan[1]

1. INTRODUÇÃO

Objetiva este artigo enfocar o alcance da proteção dos direitos humanos das mulheres no sistema interamericano, com destaque a casos emblemáticos decididos pela Corte Interamericana e pela Comissão Interamericana envolvendo o combate à violência contra a mulher. Ambiciona o artigo estudar o *"corpus juris interamericano"* no que se refere aos direitos humanos das mulheres – sobretudo o direito à uma vida livre de violência -- identificando os direitos protegidos, os deveres estatais e o impacto no âmbito brasileiro.

Atente-se que a arquitetura protetiva internacional de proteção dos direitos humanos é capaz de refletir, ao longo de seu desenvolvimento, as diversas feições e vertentes do movimento feminista[2]. Reivindicações feministas, como o direito à igualdade formal (como pretendia o movimento feminista liberal), a liberdade sexual e reprodutiva (como pleiteava o movimento feminista libertário radical), o fomento da igualdade econômica (bandeira do movimento feminista socialista), a redefinição de papéis sociais (lema do movimento feminista existencialista) e o direito à diversidade sob as perspectivas de raça, etnia, dentre outras (como pretende o movimento feminista crítico e multicultural) foram, cada qual ao seu modo, incorporadas pelos tratados internacionais de proteção dos direitos humanos.

Enquanto um construído histórico, os direitos humanos das mulheres não traduzem uma história linear, não compõem uma marcha triunfal, nem tampouco uma causa perdida. Mas refletem, a todo tempo, a história de um combate[3], mediante processos que abrem e consolidam espaços de luta pela dignidade humana[4], como invoca, em sua complexidade e dinâmica, o movimento feminista, em sua trajetória plural.

Considerando a historicidade dos direitos humanos, destaca-se a chamada concepção contemporânea de direitos humanos, que veio a ser introduzida pela Declaração Universal de 1948 e reiterada pela Declaração de Direitos Humanos de Viena de 1993.

Esta concepção é fruto do movimento de internacionalização dos direitos humanos, que surge, no pós-guerra, como resposta às atrocidades e aos horrores cometidos durante o nazismo. É neste cenário que se vislumbra o esforço de reconstrução dos direitos humanos, como paradigma e referencial ético a orientar a ordem internacional. A barbárie do totalitarismo significou a ruptura do paradigma dos direitos humanos, por meio da negação do valor da pessoa humana como valor fonte do Direito. Se a Segunda Guerra significou a ruptura com os direitos humanos, o Pós-Guerra deveria significar a sua reconstrução. O sistema internacional de proteção dos direitos humanos constitui o legado maior da chamada "Era dos Direitos", que tem permitido a internacionalização dos direitos humanos e a humanização do Direito Internacional contemporâneo[5].

Fortalece-se a ideia de que a proteção dos direitos humanos não deve se reduzir ao domínio reservado do Estado, porque revela tema de legítimo interesse internacional. Prenuncia-se, deste modo, o fim da era em que a forma pela qual o Estado tratava seus nacionais era concebida como um problema de jurisdição doméstica, decorrência de sua soberania. Para Andrew Hurrell: "O aumento significativo das ambições normativas da sociedade internacional é

---

1. Professora doutora em Direito Constitucional e Direitos Humanos da Pontifícia Universidade Católica de São Paulo, Professora de Direitos Humanos do Programa de Pós Graduação da Pontifícia Universidade Católica de São Paulo; visiting fellow do Human Rights Program da Harvard Law School (1995 e 2000), visiting fellow do Centre for Brazilian Studies da University of Oxford (2005), visiting fellow do Max Planck Institute for Comparative Public Law and International Law (Heidelberg – 2007; 2008; 2015; 2016; e 2017); Humboldt Foundation Georg Forster Research Fellow no Max Planck Institute (Heidelberg – 2009-2014). Foi membro da UN High Level Task Force on the implementation of the right to development e é membro do OAS Working Group para o monitoramento do Protocolo de San Salvador em matéria de direitos econômicos, sociais e culturais. Membro da Comissão Interamericana de Direitos Humanos (2018 a 2021).
2. Sobre as diferentes fases do movimento feminista, ver Rosemarie Putnam Tong. *Feminist Thought* – a more comprehensive introduction. Oxford: Westview press, 1998.
3. Daniele Lochak, *Les Droits de l'homme*, nouv. edit., Paris, La Découverte, 2005. p.116, *Apud*, Celso Lafer, prefácio ao livro *Direitos Humanos e Justiça Internacional*, Flávia Piovesan. São Paulo: Saraiva, 2006. p. XXII.
4. FLORES, Joaquín Herrera. *Direitos Humanos, Interculturalidade e Racionalidade de Resistência*, mimeo, p. 7.
5. BUERGENTHAL, Thomas. prólogo do livro de Antônio Augusto Cançado Trindade, *A Proteção Internacional dos Direitos Humanos: fundamentos jurídicos e instrumentos básicos*, São Paulo, Saraiva, 1991. p. XXXI. No mesmo sentido, afirma Louis Henkin: "O Direito Internacional pode ser classificado como o Direito anterior à 2ª Guerra Mundial e o Direito posterior a ela. Em 1945, a vitória dos aliados introduziu uma nova ordem com importantes transformações no Direito Internacional." (Louis Henkin et al, *International Law: Cases and materials*. 3. ed. Minnesota: West Publishing, 1993. p. 3.)

particularmente visível no campo dos direitos humanos e da democracia, com base na idéia de que as relações entre governantes e governados, Estados e cidadãos, passam a ser suscetíveis de legítima preocupação da comunidade internacional; de que os maus-tratos a cidadãos e a inexistência de regimes democráticos devem demandar ação internacional; e que a legitimidade internacional de um Estado passa crescentemente a depender do modo pelo qual as sociedades domésticas são politicamente ordenadas"[6].

Neste contexto, a Declaração de 1948 vem a inovar a gramática dos direitos humanos, ao introduzir a chamada concepção contemporânea de direitos humanos, marcada pela universalidade e indivisibilidade destes direitos. Universalidade porque clama pela extensão universal dos direitos humanos, sob a crença de que a condição de pessoa é o requisito único para a titularidade de direitos, considerando o ser humano como um ser essencialmente moral, dotado de unicidade existencial e dignidade, esta como valor intrínseco à condição humana. Indivisibilidade porque a garantia dos direitos civis e políticos é condição para a observância dos direitos sociais, econômicos e culturais e vice-versa. Quando um deles é violado, os demais também o são. Os direitos humanos compõem, assim, uma unidade indivisível, interdependente e inter-relacionada, capaz de conjugar o catálogo de direitos civis e políticos com o catálogo de direitos sociais, econômicos e culturais.

A partir da Declaração de 1948, começa a se desenvolver o Direito Internacional dos Direitos Humanos, mediante a adoção de inúmeros instrumentos internacionais de proteção. Sob este prisma, a ética dos direitos humanos é a ética que vê no outro um ser merecedor de igual consideração e profundo respeito, dotado do direito de desenvolver as potencialidades humanas, de forma livre, autônoma e plena. É a ética orientada pela afirmação da dignidade e pela prevenção ao sofrimento humano.

Ao longo da história as mais graves violações aos direitos humanos tiveram como fundamento a dicotomia do "eu *versus* o outro", em que a diversidade era captada como elemento para aniquilar direitos. Vale dizer, a diferença era visibilizada para conceber o "outro" como um ser menor em dignidade e direitos, ou, em situações limites, um ser esvaziado mesmo de qualquer dignidade, um ser descartável e supérfluo. Nesta direção, merecem destaque as violações da escravidão, do nazismo, do sexismo, do racismo, da homofobia, da xenofobia e de outras práticas de intolerância. Como leciona Amartya Sen, "identity can be a source of richness and warmth as well as of violence and terror"[7]. O autor ainda tece aguda crítica ao que denomina como *"serious miniaturization of human beings"*, quando é negado o reconhecimento da pluralidade de identidades humanas, na medida em que as pessoas são *"diversily different"*[8].

O temor à diferença é fator que permite compreender a primeira fase de proteção dos direitos humanos, marcada pela tônica da proteção geral e abstrata, com base na igualdade formal.

Torna-se, contudo, insuficiente tratar o indivíduo de forma genérica, geral e abstrata. Faz-se necessária a especificação do sujeito de direito, que passa a ser visto em sua peculiaridade e particularidade. Nesta ótica, determinados sujeitos de direitos, ou determinadas violações de direitos, exigem uma resposta específica e diferenciada. Neste cenário as mulheres, as crianças, as populações afro-descendentes, os migrantes, as pessoas com deficiência, dentre outras categorias vulneráveis, devem ser vistas nas especificidades e peculiaridades de sua condição social. Ao lado do direito à igualdade, surge, também como direito fundamental, o direito à diferença. Importa o respeito à diferença e à diversidade, o que lhes assegura um tratamento especial.

Destacam-se, assim, três vertentes no que tange à concepção da igualdade: a) a igualdade formal, reduzida à fórmula "todos são iguais perante a lei" (que, ao seu tempo, foi crucial para a abolição de privilégios); b) a igualdade material, correspondente ao ideal de justiça social e distributiva (igualdade orientada pelo critério sócio-econômico); e c) a igualdade material, correspondente ao ideal de justiça enquanto reconhecimento de identidades (igualdade orientada pelos critérios de gênero, orientação sexual, idade, raça, etnia e demais critérios).

Para Nancy Fraser, a justiça exige, simultaneamente, redistribuição e reconhecimento de identidades. Como atenta a autora: "O reconhecimento não pode se reduzir à distribuição, porque o status na sociedade não decorre simplesmente em função da classe. (...) Reciprocamente, a distribuição não pode se reduzir ao reconhecimento, porque o acesso aos recursos não decorre simplesmente em função de status."[9] Há, assim, o caráter bidimensional da justiça: redistribuição somada ao reconhecimento. No mesmo

---

6. HURRELL, Andrew. Power, principles and prudence: protecting human rights in a deeply divided world. In: DUNNE, Tim; WHEELER, Nicholas J. *Human Rights in Global Politics*. Cambridge: Cambridge University Press, 1999. p. 277.
7. SEN, Amartya. *Identity and Violence*: The illusion of destiny. New York/London: W.W.Norton & Company, 2006. p. 4.
8. SEN, Amartya, *op.cit.* p. XIII e XIV.
9. Afirma Nancy Fraser: "O reconhecimento não pode se reduzir à distribuição, porque o status na sociedade não decorre simplesmente em função da classe. Tomemos o exemplo de um banqueiro afro-americano de Wall Street, que não consegue tomar um taxi. Neste caso, a injustiça da falta de reconhecimento tem pouco a ver com a má distribuição. (...) Reciprocamente, a distribuição não pode se reduzir ao reconhecimento, porque o acesso aos recursos não decorre simplesmente da função de status. Tomemos, como exemplo, um trabalhador industrial especializado, que fica desempregado em virtude do fechamento da fábrica em que trabalha, em vista de uma fusão corporativa especulativa. Neste caso, a injustiça da má distribuição tem pouco a ver com a falta de reconhecimento. (...) Proponho desenvolver o que chamo concepção bidimensional da justiça. Esta concepção trata da redistribuição e do reconhecimento como perspectivas e dimensões distintas da justiça. Sem reduzir uma à outra, abarca ambas em um marco mais amplo". (FRASER, Nancy. Redistribución, reconocimiento y participación: hacia

sentido, Boaventura de Souza Santos afirma que apenas a exigência do reconhecimento e da redistribuição permite a realização da igualdade[10]. Atente-se que esta feição bidimensional da justiça mantém uma relação dinâmica e dialética, ou seja, os dois termos relacionam-se e interagem mutuamente, na medida em que a discriminação implica pobreza e a pobreza implica discriminação.

Ainda Boaventura acrescenta: "temos o direito a ser iguais quando a nossa diferença nos inferioriza; e temos o direito a ser diferentes quando a nossa igualdade nos descaracteriza. Daí a necessidade de uma igualdade que reconheça as diferenças e de uma diferença que não produza, alimente ou reproduza as desigualdades"[11].

Se, para a concepção formal de igualdade, esta é tomada como pressuposto, como um dado e um ponto de partida abstrato, para a concepção material de igualdade, esta é tomada como um resultado ao qual se pretende chegar, tendo como ponto de partida a visibilidade às diferenças. Isto é, essencial mostra-se distinguir a diferença e a desigualdade. A ótica material objetiva construir e afirmar a igualdade com respeito à diversidade. O reconhecimento de identidades e o direito à diferença é que conduzirão a uma plataforma emancipatória e igualitária. A emergência conceitual do direito à diferença e do reconhecimento de identidades é capaz de refletir a crescente voz do movimento feminista, sobretudo de sua vertente crítica e multiculturalista.

Isto é, em sua fase inicial, o sistema internacional de proteção dos direitos humanos guiou-se pelo lema da igualdade formal, geral e abstrata – lema do movimento feminista liberal. O binômio da igualdade perante a lei e da proibição da discriminação, sob a ótica formal, vê-se consagrado em todos os instrumentos internacionais de direitos humanos. Sua proteção é requisito, condição e pressuposto para o pleno e livre exercício de direitos.

No entanto, gradativamente, surgem instrumentos internacionais a delinear a concepção material da igualdade, concebendo a igualdade formal e a igualdade material como conceitos distintos, mas inter-relacionados. Transita-se da igualdade abstrata e geral para um conceito plural de dignidades concretas. Daí a contribuição das demais vertentes feministas – como a libertária radical; a socialista; a existencialista; e a multiculturalista – para o processo de construção histórica dos direitos humanos das mulheres.

À luz da internacionalização dos direitos humanos, foi a Declaração de Direitos Humanos de Viena de 1993 que, de forma explícita, afirmou, em seu § 18, que os direitos humanos das mulheres e das meninas são parte inalienável, integral e indivisível dos direitos humanos universais. Esta concepção foi reiterada pela Plataforma de Ação de Pequim, de 1995.

O legado de Viena é duplo: não apenas endossa a universalidade e a indivisibilidade dos direitos humanos invocada pela Declaração Universal de 1948, mas também confere visibilidade aos direitos humanos das mulheres e das meninas, em expressa alusão ao processo de especificação do sujeito de direito e à justiça enquanto reconhecimento de identidades. Neste cenário as mulheres devem ser vistas nas especificidades e peculiaridades de sua condição social. O direito à diferença implica o direito ao reconhecimento de identidades próprias, o que propicia a incorporação da perspectiva de gênero[12], isto é, repensar, revisitar

---

un concepto integrado de la justicia, In: Unesco, *Informe Mundial sobre la Cultura*, 2000-2001. p. 55-56). Ver ainda da mesma autora o artigo From Redistribution to Recognition? Dilemmas of Justice in a Postsocialist age em seu livro *Justice Interruptus. Critical reflections on the "Postsocialist" condition*, NY/London, Routledge, 1997. Sobre a matéria, consultar Axel Honneth, *The Struggle for Recognition: The moral grammar of social conflicts*, Cambridge/Massachussets, MIT Press, 1996; Nancy Fraser e Axel Honneth, *Redistribution or Recognition? A political-philosophical exchange*, London/NY, verso, 2003; Charles Taylor, The politics of recognition, in: Charles Taylor et. al., *Multiculturalism – Examining the politics of recognition*, Princeton, Princeton University Press, 1994; Iris Young, *Justice and the politics of difference*, Princeton, Princeton University Press, 1990; Amy Gutmann, *Multiculturalism: examining the politics of recognition*, Princeton, Princeton University Press, 1994.

10. A respeito, ver Boaventura de Souza Santos, Introdução: para ampliar o cânone do reconhecimento, da diferença e da igualdade. In: *Reconhecer para Libertar: Os caminhos do cosmopolitanismo multicultural*. Rio de Janeiro: Civilização Brasileira, 2003. p. 56. Ver ainda do mesmo autor Por uma Concepção Multicultural de Direitos Humanos, *op.cit.* p. 429-461.

11. Ver Boaventura de Souza Santos, *op. cit.*

12. Afirma Alda Facio: "(...) *Gender* ou gênero sexual corresponde a uma dicotomia sexual que é imposta socialmente através de papéis e estereótipos". (*Cuando el genero suena cambios trae*. San José da Costa Rica: ILANUD – Proyecto Mujer y Justicia Penal, 1992. p. 54). Gênero é, assim, concebido como uma relação entre sujeitos socialmente construídos em determinados contextos históricos, atravessando e construindo a identidade de homens e mulheres. Para Encarna Carmona Cuenca: "En el ámbito de los derechos humanos, un análisis con perspectiva de género supone tener en cuenta las diferencias entre mujeres y hombres en el disfrute de los derechos. Se trata de poner de manifiesto que los derechos de las mujeres pueden ser violados de forma diferente a los de los hombres y que determinadas violaciones tienen lugar contra las mujeres por el hecho de serlo. Estas formas específicas de violación de derechos vienen determinadas por la situación real de subordinación de las mujeres vigente en casi todas las sociedades y por el dominio de unos estereotipos de género que asignan diferentes roles a hombres y mujeres en la vida social, política, económica, cultural y familiar". Encarna Carmona Cuenca, "La Perspectiva de Género em la Jurisprudencia de la Corte Interamericana de Derechos Humanos", In: Armin von Bogdandy, Mariela Morales Antoniazzi e Flávia Piovesan, *Ius Constitutioonale Commune na América Latina – Pluralismo e inclusão*, vol II, Curitiba, ed. Juruá, 2016. p. 190).

Sobre a matéria, ver ainda BUNCH, Charlotte. Transforming human rights from a feminist perspective. In: *Women's rights human rights*. Routledge, 1995. p. 11-17; BARTLETT, Katharine T. *Gender and law*. Boston: Litle, Brown, 1993. p. 633-636; SCALES, Ann. The emergence of feminist jurisprudence: an essay. In: SMITH, Patricia (Editor). *Feminist jurisprudence*. New York: Oxford University Press, 1993. p. 94-109; WEST, Robin. Jurisprudence and gender. *In*: SMITH, Patricia (Editor). *Feminist jurisprudence*. New York: Oxford University Press, 1993.

e reconceptualizar os direitos humanos a partir da relação entre os gêneros, como um tema transversal.

O balanço das últimas três décadas permite apontar que o movimento internacional de proteção dos direitos humanos das mulheres centrou seu foco em três questões centrais: a) a discriminação contra a mulher; b) a violência contra a mulher; e c) os direitos sexuais e reprodutivos. Este artigo será concentrado na proteção dos direitos humanos das mulheres no sistema interamericano, com destaque à temática da violência contra a mulher à luz de casos emblemáticos decididos pela Corte e Comissão Interamericana.

2. PROTEÇÃO DOS DIREITOS HUMANOS DAS MULHERES NO SISTEMA INTERAMERICANO: O COMBATE À VIOLÊNCIA CONTRA A MULHER

Em 1979, foi adotada a Convenção sobre a Eliminação de todas as formas de Discriminação contra a Mulher, ratificada por 189 Estados (2016). Apresenta, assim, um amplo grau de adesão, apenas perdendo para a Convenção sobre os Direitos da Criança, que, por sua vez, conta com 196 Estados-partes (2016). A Convenção foi resultado de reivindicação do movimento de mulheres, a partir da primeira Conferência Mundial sobre a Mulher, realizada no México, em 1975. No plano dos direitos humanos, contudo, esta foi a Convenção que mais recebeu reservas por parte dos Estados signatários[13], especialmente no que tange à igualdade entre homens e mulheres na família. Tais reservas foram justificadas com base em argumentos de ordem religiosa, cultural ou mesmo legal, havendo países (como Bangladesh e Egito) que acusaram o Comitê sobre a Eliminação da Discriminação contra a Mulher de praticar "imperialismo cultural e intolerância religiosa", ao impor-lhes a visão de igualdade entre homens e mulheres, inclusive na família[14]. Isto reforça o quanto a implementação dos direitos humanos das mulheres está condicionada à dicotomia entre os espaços público e privado, que, em muitas sociedades, confina a mulher ao espaço exclusivamente doméstico da casa e da família. Vale dizer, ainda que se constate, crescentemente, a democratização do espaço público, com a participação ativa de mulheres nas mais diversas arenas sociais, resta o desafio de democratização do espaço privado – cabendo ponderar que tal democratização é fundamental para a própria democratização do espaço público.

Embora a Convenção não explicite a temática da violência contra a mulher, o Comitê da ONU sobre a Eliminação de Todas as Formas de Discriminação contra a Mulher (Comitê CEDAW) adotou relevante Recomendação Geral sobre a matéria, realçando que[15]: "A violência doméstica é uma das mais insidiosas formas de violência contra mulher. Prevalece em todas as sociedades. No âmbito das relações familiares, mulheres de todas as idades são vítimas de violência de todas as formas, incluindo o espancamento, o estupro e outras formas de abuso sexual, violência psíquica e outras, que se perpetuam por meio da tradição. A falta de independência econômica faz com que muitas mulheres permaneçam em relações violentas. (...) Estas formas de violência submetem mulheres a riscos de saúde e impedem a sua participação na vida familiar e na vida pública com base na igualdade." Ainda nos termos da Recomendação Geral n. 19 (1992): *"Gender-based violence is a form of discrimination that seriously inhibits women's ability to enjoy rights and freedoms on a basis of equality with men. (...) The full implementation of the Convention required States to take positive measures to eliminate all forms of violence against women"*[16]. Segundo a ONU, a violência doméstica

---

p. 493-530; MACKINNON, Catharine. Toward feminist jurisprudence. In: SMITH, Patricia (Editor). *Feminist jurisprudence*. New York: Oxford University Press, 1993. p. 610-619.

13. Trata-se do instrumento internacional que mais fortemente recebeu reservas, dentre as Convenções internacionais de Direitos Humanos, considerando que ao menos 23 dos mais de 100 Estados-partes fizeram, no total, 88 reservas substanciais. A Convenção sobre a Eliminação de todas as formas de Discriminação da Mulher pode enfrentar o paradoxo de ter maximizado sua aplicação universal ao custo de ter comprometido sua integridade. Por vezes, a questão legal acerca das reservas feitas à Convenção atinge a essência dos valores da universalidade e integridade. A título de exemplo, quando da ratificação da Convenção, em 1984, o Estado brasileiro apresentou reservas ao art. 15, § 4º e ao art. 16, § 1º (a), (c), (g), e (h), da Convenção. O art. 15 assegura a homens e mulheres o direito de, livremente, escolher seu domicílio e residência. Já o art. 16 estabelece a igualdade de direitos entre homens e mulheres, no âmbito do casamento e das relações familiares. Em 20 de dezembro de 1994, o Governo brasileiro notificou o Secretário Geral das Nações Unidas acerca da eliminação das aludidas reservas.

14. HENKIN, Louis e outros. *Human Rights*. New York: New York Foundation Press, 1999. p. 364.

15. Comitê pela Eliminação de Todas as Formas de Discriminação contra a Mulher. *Violence against women*. CEDAW General recommendation n. 19, A/47/38. (General Comments), 29.01.1992.

16. Para a prevenção e a erradicação da violência contra a mulher, o Comitê CEDAW recomenda, dentre outras medidas: "(a) States parties should take appropriate and effective measures to overcome all forms of gender-based violence, whether by public or private act; (b) States parties should ensure that laws against family violence and abuse, rape, sexual assault and other gender-based violence give adequate protection to all women, and respect their integrity and dignity. Appropriate protective and support services should be provided for victims. Gender-sensitive training of judicial and law enforcement officers and other public officials is essential for the effective implementation of the Convention;(c) States parties should encourage the compilation of statistics and research on the extent, causes and effects of violence, and on the effectiveness of measures to prevent and deal with violence; (d) Effective measures should be taken to ensure that the media respect and promote respect for women; (e) States parties in their report should identify the nature and extent of attitudes, customs and practices that perpetuate violence against women, and the kinds of violence that result. They should report the measures that they have undertaken to overcome violence, and the effect of those measures; (f) Effective measures should be taken to overcome these attitudes and practices. States should introduce education and public information programmes to help eliminate prejudices which hinder women's equality; (g) Measures that are necessary to overcome family violence should include: Criminal penalties where necessary and civil remedies in case of domestic violence; Legislation to remove the defence of honour in regard to the assault or murder of a female family member; Services to ensure the safety and security of vic-

é a principal causa de lesões em mulheres entre 15 e 44 anos no mundo, manifestando-se não apenas em classes socialmente mais desfavorecidas e em países em desenvolvimento, mas em diferentes classes e culturas.

No âmbito da ONU, merece ainda destaque as Resoluções do Conselho de Direitos Humanos n. 11/2 de 2009 e n. 14/12 de 2010 sobre *"Accelerating efforts to eliminate all forms of violence against women"*. A Resolução n. 14/12 expressamente demanda dos Estados que estabeleçam ou fortaleçam planos de ação de combate à violência contra mulheres e meninas contemplando mecanismos de *accountability* para a prevenção da violência[17], considerando a adoção de estratégias de alcance universal e de alcance específico endereçada a grupos vulneráveis (por exemplo, mulheres afro-descendentes e indígenas). A Relatora Especial sobre a Violência contra a Mulher, de igual modo, tem realçado a necessidade de fortalecer *due diligence standards*, envolvendo tanto a prevenção, como a repressão à violência no campo da responsabilidade do Estado[18].

A Declaração sobre a Eliminação da Violência contra a Mulher, aprovada pela ONU, em 1993, bem como a Convenção Interamericana para Prevenir, Punir e Erradicar a Violência contra a Mulher ("Convenção de Belém do Pará"), aprovada pela OEA, em 1994, reconhecem que a violência contra a mulher, no âmbito público ou privado, constitui grave violação aos direitos humanos e limita total ou parcialmente o exercício dos demais direitos fundamentais. Definem a violência contra a mulher como "qualquer ação ou conduta, baseada no gênero, que cause morte, dano ou sofrimento físico, sexual ou psicológico `a mulher, tanto na esfera pública, como na privada" (art. 1º). Vale dizer, a violência baseada no gênero ocorre quando um ato é dirigido contra uma mulher, porque é mulher, ou quando atos afetam as mulheres de forma desproporcional. Adicionam que a violência baseada no gênero reflete relações de poder historicamente desiguais e assimétricas entre homens e mulheres.

A Convenção de "Belém do Pará" elenca um importante catálogo de direitos a serem assegurados `as mulheres, para que tenham uma vida livre de violência, tanto na esfera pública, como na esfera privada. Consagra ainda a Convenção deveres aos Estados-partes, para que adotem políticas destinadas a prevenir, punir e erradicar a violência contra a mulher. É o primeiro tratado internacional de proteção dos direitos humanos a reconhecer, de forma enfática, a violência contra as mulheres como um fenômeno generalizado, que alcança, sem distinção de raça, classe, religião, idade ou qualquer outra condição, um elevado número de mulheres.

Com relação aos direitos das mulheres, emblemático é o caso González e outras contra o México (caso "Campo Algodonero"), em que a Corte Interamericana condenou o México em virtude do desaparecimento e morte de mulheres em Ciudad Juarez, sob o argumento de que a omissão estatal estava a contribuir para a cultura da violência e da discriminação contra a mulher. No período de 1993 a 2003, estima-se que de 260 a 370 mulheres tenham sido vítimas de assassinatos, em Ciudad Juarez. A sentença da Corte condenou o Estado do México ao dever de investigar, sob a perspectiva de gênero, as graves violações ocorridas, garantindo direitos e adotando medidas preventivas necessárias de forma a combater a discriminação contra a mulher[19].

Para Encarna Carmona Cuenca: "en el Caso Campo Algodonero, de 2009, la Corte IDH se enfrentó a la realidad del feminicidio, al que calificó de "homicidio de mujer por razón de género". A partir de esta Sentencia, la doctrina ha establecido una serie de requisitos para poder hablar de feminicidio, fundamentalmente, que se trate de asesinatos de mujeres por el hecho de serlo; con un alto grado de violencia, incluida la violencia sexual; que se dé en un contexto de discriminación contra las mujeres y que las respuestas de las autoridades sean ineficientes, lo que provoca una situación de impunidad de los asesinos. En general, la Corte IDH ha considerado que, en los casos de violencia contra las mujeres, se estaban violando sus derechos a la integridad física, psíquica y moral, a la dignidad y, en su caso, a la vida (arts. 4, 5 y 11 CADH)". (...) En este mismo Caso, la Corte IDH afirmó también que la obligación de investigar debe adoptar una perspectiva de género: debe ser realizada por funcionarios/as altamente capacitados/as en casos de discriminación y violencia contra las mujeres y debe abarcar el desarrollo de líneas de investigación específicas respecto de la violencia sexual, la utilización de protocolos y manuales específicos y la consideración del impacto diferenciado que pudieron haber sufrido las mujeres y niñas en su integridad"[20]. Observa, ainda, a autora que: "En algunas sentencias, la Corte IDH ha advertido sobre la presencia,

---

tims of family violence, including refuges, counselling and rehabilitation programmes; Rehabilitation programmes for perpetrators of domestic violence; Support services for families where incest or sexual abuse has occurred; (h) States parties should report on the extent of domestic violence and sexual abuse, and on the preventive, punitive and remedial measures that have been taken; (i) That States parties should take all legal and other measures that are necessary to provide effective protection of women against gender-based violence". (Comitê pela Eliminação de Todas as Formas de Discriminação contra a Mulher. *Violence against women*. CEDAW General recommendation n. 19, A/47/38. (General Comments), 29.01.1992.

17. Observe-se que a Austrália destaca-se por apresentar um exemplar plano de prevenção à violência contra a mulher – *Time for Action: The National Council's Plan for Australia to Reduce Violence against Women and their Children*, 2009-2011.

18. Consultar *15 years of The United Nations Special Rapporteur on Violence against Women, its Causes and Consequences*. Sobre o tema, realça a Recomendação Geral n. 19 do Comitê CEDAW: "Under general international law and specific human rights covenants, States may also be responsible for private acts if they fail to act with due diligence to prevent violations of rights or to investigate and punish acts of violence, and for providing compensation". (Comitê pela Eliminação de Todas as Formas de Discriminação contra a Mulher. *Violence against women*. CEDAW General recommendation n. 19, A/47/38. (General Comments), 29.01.1992.)

19. Ver sentença de 16 de novembro de 2009. Disponível em: <www.corteidh.or.cr/docs/casos/articulos/seriec_205_esp.pdf>.

20. Consultar Encarna Carmona Cuenca, "La Perspectiva de Género em la Jurisprudencia de la Corte Interamericana de Derechos Humanos". *In*: VON BOGDANDY, Armin; ANTONIAZZI, Mariela Morales; Piovesan, Flávia. *Ius Constitutioonale Commune na América Latina – Pluralismo e*

en casos de violencia contra las mujeres, de la denominada "discriminación interseccional" (o discriminación múltiple), cuando a la condición de mujer se une la pertenencia a un grupo vulnerable, como sucede con las mujeres indígenas, las niñas y las mujeres con discapacidad. En estos casos las obligaciones de protección del Estado quedan reforzadas (Caso Fernández Ortega y otros c. México, de 30 de agosto de 2010 y Caso Rosendo Cantú y otra c. México, de 31 de agosto de 2010, entre otros)."[21]

Note-se que o caso Campo Algodonero e os parâmetros protetivos interamericanos nele desenvolvidos, fomentaram a adoção da lei que tipifica o feminicídio no Brasil (Lei n. 13.104/2015, que prevê o feminicídio como circunstância qualificadora do crime de homicídio).

Outro caso emblemático refere-se ao caso Maria da Penha Fernandes contra o Brasil, decidido pela Comissão Interamericana de Direitos Humanos.

"Sobrevivi, posso contar". É este o título do livro autobiográfico de Maria da Penha, vítima de duas tentativas de homicídio cometidas por seu então companheiro, em seu próprio domicílio, em Fortaleza, em 1983. Os tiros contra ela disparados (enquanto dormia), a tentativa de eletrocutá-la, as agressões sofridas ao longo de sua relação matrimonial culminaram por deixá-la paraplégica aos 38 anos. Apesar de condenado pela Justiça local, após quinze anos o réu ainda permanecia em liberdade, valendo-se de sucessivos recursos processuais contra decisão condenatória do Tribunal do Júri. A impunidade e a inefetividade do sistema judicial frente à violência doméstica contra as mulheres no Brasil motivou, em 1998, a apresentação do caso à Comissão Interamericana de Direitos Humanos (OEA), por meio de petição conjunta das entidades CEJIL-Brasil (Centro para a Justiça e o Direito Internacional) e CLADEM-Brasil (Comitê Latino-Americano e do Caribe para a Defesa dos Direitos da Mulher). Em 2001, após 18 anos da prática do crime, em decisão inédita, a Comissão Interamericana condenou o Estado brasileiro por negligência e omissão em relação à violência doméstica.[22] Recomendou ao Estado, dentre outras medidas, "prosseguir e intensificar o processo de reforma, a fim de romper com a tolerância estatal e o tratamento discriminatório com respeito à violência doméstica contra as mulheres no Brasil".[23] Adicionou a Comissão Interamericana que "essa tolerância por parte dos órgãos do Estado não é exclusiva deste caso, mas é sistemática. Trata-se de uma tolerância de todo o sistema, que não faz senão perpetuar as raízes e fatores psicológicos, sociais e históricos que mantêm e alimentam a violência contra a mulher".[24]

A decisão fundamentou-se na violação, pelo Estado, dos deveres assumidos em virtude da ratificação da Convenção Americana de Direitos Humanos e da Convenção Interamericana para Prevenir, Punir e Erradicar a Violência contra a Mulher ("Convenção do Belém do Pará"), que consagram parâmetros protetivos mínimos concernentes à proteção dos direitos humanos. A Comissão ressaltou que: "O Estado está (...) obrigado a investigar toda situação em que tenham sido violados os direitos humanos protegidos pela Convenção. Se o aparato do Estado age de maneira que tal violação fique impune e não seja restabelecida, na medida do possível, a vítima na plenitude de seus direitos, pode-se afirmar que não cumpriu o dever de garantir às pessoas sujeitas à sua jurisdição o exercício livre e pleno de seus direitos. Isso também é válido quando se tolere que particulares ou grupos de particulares atuem livre ou impunemente em detrimento dos direitos reconhecidos na Convenção. (...) A segunda obrigação dos Estados Partes é "garantir" o livre e pleno exercício dos direitos reconhecidos na Convenção a toda pessoa sujeita à sua jurisdição. Essa obrigação implica o dever dos Estados Partes de organizar todo o aparato governamental e, em geral, todas as estruturas mediante as quais se manifesta o exercício do poder público, de maneira que sejam capazes de assegurar juridicamente o livre e pleno exercício dos direitos humanos. Em conseqüência dessa obrigação, os Estados devem prevenir, investigar e punir toda violação dos direitos reconhecidos pela Convenção e, ademais, procurar o restabelecimento, na medida do possível, do direito violado e, quando for o caso, a reparação dos danos produzidos pela violação dos direitos humanos".[25] Ao final, recomendou ao Estado brasileiro que: a) concluísse rápida e efetivamente o processo penal envolvendo o responsável pela agressão; b) investigasse séria e imparcialmente irregularidades e atrasos injustificados do processo penal; c) pagasse à vítima uma reparação simbólica, decorrente da demora na prestação jurisdicional, sem prejuízo da ação de compensação contra o agressor; d) promovesse a capacitação de funcionários da justiça em direitos humanos, especialmente no que toca aos direitos previstos na Convenção de Belém do Pará.[26]

---

inclusão. Curitiba: Juruá, 2016. v. II, p. 196.
21. Consultar Encarna Carmona Cuenca, "La Perspectiva de Género en la Jurisprudencia de la Corte Interamericana de Derechos Humanos". In: VON BOGDANDY, Armin; Antoniazzi, Mariela Morales; PIOVESAN, Flávia. *Ius Constitutioonale Commune na América Latina – Pluralismo e inclusão*. Curitiba: Juruá, 2016. v. II, p. 196.
22. Flávia Piovesan e Silvia Pimentel, Conspiração contra a Impunidade, *Folha de São Paulo*, p. A3, 25.11.2002.
23. Comissão Interamericana de Direitos Humanos – OEA, *Informe 54/01, caso 12.051*, Maria da Penha Fernandes v. Brasil, 16.04.2001, §§ 54 e 55. Disponível em: <http://www.cidh.oas.org/annualrep/2000port/12051.htm>.
24. Comissão Interamericana de Direitos Humanos – OEA, *Informe 54/01, caso 12.051*, Maria da Penha Fernandes v. Brasil, 16.04.2001, §§ 54 e 55. Disponível em: <http://www.cidh.oas.org/annualrep/2000port/12051.htm>.
25. Comissão Interamericana de Direitos Humanos – OEA, *Informe 54/01, caso 12.051*, Maria da Penha Fernandes v. Brasil, 16.04.2001, §§ 42 a 44. Disponível em: <http://www.cidh.oas.org/annualrep/2000port/12051.htm>.
26. Comissão Interamericana de Direitos Humanos – OEA, *Informe 54/01, caso 12.051*, Maria da Penha Fernandes v. Brasil, 16.04.2001, Recomendações. Disponível em: <http://www.cidh.oas.org/annualrep/2000port/12051.htm>. Acesso em: 19 dez. 2002.

Em 31 de outubro de 2002, finalmente, houve a prisão do réu, no Estado da Paraíba[27]. O ciclo de impunidade se encerrava, após dezenove anos. As demais medidas recomendadas pela Comissão Interamericana (como, por exemplo, medidas reparatórias; campanhas de prevenção; programas de capacitação e sensibilização dos agentes da justiça, dentre outras) foram objeto de um termo de compromisso firmado entre as entidades peticionárias e o Estado Brasileiro[28]. Em 24 de novembro de 2003, foi adotada a Lei n. 10.778, que determina a notificação compulsória, no território nacional, de casos de violência contra a mulher que for atendida em serviços de saúde públicos ou privados. Em 31 de março de 2004, por meio do Decreto n. 5.030, foi instituído um Grupo de Trabalho Interministerial, que contou com a participação da sociedade civil e do Governo, para elaborar proposta de medida legislativa e outros instrumentos para coibir a violência doméstica contra a mulher. O Grupo elaborou uma proposta legislativa, encaminhada pelo Poder Executivo ao Congresso Nacional, no final de 2004. Na exposição de motivos do aludido projeto de lei, há enfática referência ao caso Maria da Penha, em especial às recomendações formuladas pela Comissão Interamericana. Finalmente, em 07 de agosto de 2006, foi adotada a Lei n. 11.340 (também denominada Lei "Maria da Penha"), que, de forma inédita, cria mecanismos para coibir a violência doméstica e familiar contra a mulher, estabelecendo medidas para a prevenção, assistência e proteção às mulheres em situação de violência.

3. CONCLUSÕES

O sistema interamericano irradia extraordinário impacto na proteção dos direitos humanos das mulheres, seja ao estabelecer e difundir parâmetros protetivos mínimos, compondo o *"corpus juris interamericano"*; seja ao permitir a compensação de deficits nacionais; seja, ainda, ao fomentar uma nova dinâmica de poder relativamente aos atores sociais.

No que tange à fixação de "standards" protetivos, a título exemplificativo, no caso Campo Algodonero, foram estabelecidos requisitos para a definição de "feminicídio", qualificado como homicídios em face de mulheres por razão de gênero. Também foi imposto ao Estado do México o dever de investigar, sob a perspectiva de gênero, as graves violações ocorridas – uma vez mais, a Corte vem a aclarar o alcance deste dever estatal. No caso Maria da Penha, foi delineado o conceito de violência contra a mulher e sua relação com a discriminação estrutural fundada nas relações de gênero, com destaque à obrigação dos Estados de atuar com a devida diligência para prevenir, investigar e punir a violencia contra las mujeres, cometida tanto por atores estatais, como atores não estatais. A Comissão endossou o dever do Estado de atuar com a devida diligência para prevenir, investigar, processar, punir e reparar a violência contra a mulher, assegurando às mulheres recursos idôneos e efetivos[29].

Observe-se que, na experiência brasileira, ambos os casos apresentaram relevante impacto, compreendendo a adoção da Lei "Maria da Penha" (Lei n. 11.340/2006, que cria mecanismos para coibir a violência doméstica e familiar contra a mulher, estabelecendo medidas para a prevenção, assistência e proteção às mulheres em situação de violência) e da Lei do feminicídio (Lei n. 13.104/2015, que prevê o feminicídio como circunstância qualificadora do crime de homicídio), dentre outros.

Como demonstram os dois casos destacados, a marca singular do sistema interamericano é o instituto da chamada reparação integral. No campo dos direitos humanos das mulheres, em especial do direito à uma vida livre de violencia tanto nas esferas pública como privada, as decisões do sistema interamericano invocam uma extraordinária força invasiva. Não apenas se limitam a fixar indenização ou compensação pecuniária às vítimas, mas avançam na imposição de medidas preventivas, garantías de não repetição, bem como medidas atinentes ao combate à impunidade. Por exemplo, no caso Maria da Penha, não apenas a Comissão Interamericana determinou o pagamento de indenização à vítima, como ainda determinou ao Estado o combate à impunidade, a fim de que concluísse de forma rápida e efetiva o processo penal envolvendo o responsável pela agressão. Impôs ao Estado, ademais, o dever de promover a capacitação de funcionários da justiça em direitos humanos e combater os padrões estereotipados e discriminatórios em face das mulheres.

Sob a perspectiva de gênero, o sistema interamericano tem tido a força catalizadora de propiciar avanços no âmbito doméstico, seja no campo normativo, seja no campo das políticas públicas, fortalecendo a proteção dos direitos humanos das mulheres e o seu mais essencial direito ao respeito e à dignidade.

---

27. Economista é preso 19 anos após balear a mulher, *Folha de São Paulo*, 31 de outubro de 2002.
28. No Relatório Anual da Comissão Interamericana de Direitos Humanos 2003, no capítulo sobre Situação Referente ao Cumprimento de Recomendações da CIDH. Disponível em: <http://www.cidh.org/annualrep/2003port/cap.3c.htm>. Acesso em: 25 fev. 2005) verifica-se que o Estado Brasileiro informou à Comissão sobre o andamento do processo penal em trâmite contra o responsável pelas agressões e tentativa de homicídio a que se refere a recomendação n. 1. Posteriormente, a Comissão teve conhecimento de que a sentença que condenou à pena de prisão do responsável havia sido executada.
29. Ver Comissão Interamericana de Direitos Humanos, Acceso a la Justicia para las Mujeres víctimas de violência em las Américas, OEA/Ser L./V/II Doc.68, 20.01.2007.

Movimento + Mulheres na OAB: é preciso dividir para multiplicar

Florany Mota[1]

Por vezes sentimos que aquilo que fazemos não é senão uma gota de água no mar. Mas o mar seria menor se lhe faltasse uma gota. *Madre Teresa de Calcutá*

1. CONSIDERAÇÕES INICIAIS

A advocacia, ao lado da medicina e das engenharias, compõe a tríade das profissões tradicionais. Durante décadas foi uma seara predominantemente masculina. Na geografia brasileira a atuação da mulher no campo do Direito só foi possível no início do século passado. No Brasil, mesmo com algumas bacharelas em Direito já no final do século XIX, somente em 1906 foi permitido o exercício da profissão jurídica à fluminense Myrthes Gomes de Campos, a primeira mulher a exercer a advocacia no país. A profissional apresentou o pedido de inscrição em 1898, depois de indeferimento, o registro foi concedido oito anos depois da solicitação inicial.

Mas foram necessários quase 50 anos, segundo Melaré (2010), para que as mulheres advogadas iniciassem a luta por direitos.

Foi só a partir da segunda metade do Século Vinte que o movimento de mulheres juristas evoluiu no sentido da busca da identidade e capacidade para gerir atos da vida civil. Em 1952, as advogadas Romy Medeiros da Fonseca e Orminda Bastos apresentaram à Oitava Assembléia da Comissão Interamericana de Mulheres, da Organização dos Estados Americanos, o anteprojeto, por elas elaborado, com vistas a modificar a condição jurídica da mulher no Brasil.[2] (MELARÉ, 2010)

Um século depois da importante conquista da advogada fluminense, uma mulher-advogada ascenderia ao mais alto posto do judiciário brasileiro: presidente do STF. A ministra Ellen Gracie, nomeada no ano de 2000, como a primeira mulher a integrar a suprema corte do Brasil, tornou-se também a primeira mulher presidente do Supremo Tribunal Federal (2006-2008).

Ao fazer um breve histórico dos nomes relevantes na advocacia no Brasil, Noélia Castro de Sampaio (2017), reclama da promoção da igualdade, ao observar que mesmo em tempos atuais a mulher ainda é excluída do cenário político, especialmente institucional, simplesmente pela condição do gênero.

Embora a igualdade já esteja prevista na Constituição Federal de 1988, ainda que majoritariamente a população brasileira seja mulher, apesar de que o eleitorado nacional majoritário seja mulher, ainda que o número de advogadas inscritas na Ordem chegue a ser metade, o que parece é que a mulher tem sido excluída das instituições, do cenário político e outros meios, em razão do gênero, por isso é muito importante que novas portas se abram, que se criem mecanismos e meios, para abordar e implementar a promoção da igualdade.[3] (SAMPAIO, 2017)

No estudo que realiza sobre a "construção social do gênero na advocacia" no estado de São Paulo, Bonelli & Barbalho (2008), apontam que a presença feminina na faculdade de Direito se torna mais densa a partir da década de 1970, intensificando-se a partir da década de 1990, com a presença dos cursos de Direito privado. "Em 1996, havia 67% de homens registrados e 33% de mulheres registradas na OAB nacional. Dez anos depois esta proporção atingiu 56% a 44%. Em São Paulo, em 2006, [...] o número de novas inscritas chegava a 52% superando os 48% deles, confirmando o processo em curso de feminização da atividade" (BONELLI & BARBALHO, 2008, p.275-276). Ou seja, a presença da mulher na advocacia brasileira cresceu exponencialmente em menos de duas décadas.

O Quadro da Advocacia, atualizado diariamente no site oficial do Conselho Federal da OAB, registra até a presente data o total de 1.048.565 inscritos nas 27 seccionais da OAB, sendo 505.040 do gênero feminino (48,16% do total) e 543.525 do gênero masculino (51,84% do total)[4].

Todavia a presença da mulher advogada nas instâncias decisórias, de uma das mais importantes instituições fiadoras da democracia brasileira, foi meramente figurativa, pelo menos até o final da década de 2010. Nos últimos

---

1. Jornalista, Advogada, Presidente da Associação Roraimense da Advocacia Trabalhista – ARAT e Secretária Geral da Comissão Nacional da Mulher Advogada do CFOAB.
2. Disponível em: <http://www.migalhas.com.br/dePeso/16,MI121375,61044-80+anos+OAB+mulheres+advogadas+seu+papel+protagonista+de+mudancas>. Acesso em: 27 jul 2017.
3. Disponível em: <https://jus.com.br/artigos/56911/mais-vozes-e-mais-forcas-abrem-portas-na-advocacia-mais-mulheres-na-oab>. Acesso em: 21 ago. 2017
4. Disponível em: <www.oab.org.br/institucionalconselhofederal/quadroadvogados>. Acesso em: 1º set. 2017.

anos, gradativamente, o cenário começa a se reconfigurar. Atualmente, apesar da paridade, nos quadros políticos esse percentual ainda é pouco representativo. No colegiado de 81 conselheiros do Conselho Federal da OAB, apenas 12 conselheiras federais entre suplentes e titulares são do sexo feminino. A OAB Nacional nunca foi presidida por uma mulher e entre as 27 seccionais estaduais, apenas oito já elegeram uma presidente. Segundo Moraes (2009, p. 39), a advogada Zelite Andrade Carneiro, que atuava no município de Mucajaí (RR), foi a primeira mulher a presidir uma seccional da OAB, em Roraima, no período de 1981-1983. À margem as exceções, entre os gestores do sistema, a presença feminina praticamente ainda restringe-se subsidiar o comando.

Os números explicitando uma paridade que contrastava com a situação posta causava inquietude, provocava questionamentos. Em 2010, a advogada Márcia Regina Machado Melaré (SP), uma das seis mulheres no Conselho Federal da OAB e a *única* na diretoria, indagava em um artigo sobre os 80 anos da mulher na advocacia brasileira:

> A pergunta, portanto, é a seguinte: se nós, mulheres, somos a maioria nas faculdades de Direito de todo o país, representamos hoje quase a metade dos inscritos nas seccionais da Ordem dos Advogados do Brasil, temos constitucionalmente os mesmos direitos e os mesmos deveres dos homens, lutamos tanto por nossa igualdade, inserção e respeito, por que a nossa participação em cargos de direção ou em postos de destaque ainda é tão pequena?[5] (MELARÉ, 2010)

No artigo, Melaré (2010) defende que essa é uma luta permanente, que deve culminar com o protagonismo da mulher "nas relações de poder":

> As mulheres, especialmente as mulheres advogadas, devem estar em permanente combate. A luta ainda é atual e diária. Todas as mulheres da carreira jurídica têm plena consciência sobre o papel da condição feminina na sociedade, principalmente onde as tradições culturais induzem ao errático conceito da desigualdade dos gêneros.
>
> A efetiva participação da mulher advogada em todos os segmentos da sociedade é a forma de protagonizar mudanças nas relações de poder, no mercado de trabalho, nos valores culturais, nos padrões comportamentais.[6] (IDEM)

Nos últimos anos, em diversas partes do país, as advogadas estão em movimento para promover uma mudança nesse cenário que nos coloca num papel secundário e suplementar. Na atual gestão não avançamos muito, apenas Fernanda Marinela atualmente exerce o cargo de Presidente da OAB Alagoas.

2. COTAS NO SISTEMA OAB

Em novembro de 2014, O Conselho Federal da OAB aprovou, por unanimidade, o Provimento n. 161/2014, dispondo "[...] sobre procedimentos, critérios, condições de elegibilidade" na escolha dos conselhos e diretorias do sistema OAB. A partir de então o art. 7º estabeleceu: "Para registro de chapa, que deverá atender ao mínimo de 30% (trinta por cento) e ao máximo de 70% (setenta por cento) para candidaturas de cada sexo [...]"[7]. Segundo dados da OAB Nacional, em 2014, as mulheres representavam apenas 17%, das vagas na direção do sistema OAB. Atualmente são 37% dos assentos destinados às advogadas, uma melhora significativa, mais ainda distante de acabar com o subsídio dos assentos na mesa de comando.

Em maio de 2015 foi realizada a I Conferência Nacional da Mulher Advogada (Maceió, 2015), no final da qual foi publicada a Carta de Maceió:

> Assumimos hoje o propósito de fazer perpetuar o compromisso assumido pela Constituição Federal de 1988 em concretizar o objetivo fundamental de promover o bem de todos, sem preconceitos de origem, raça, sexo, cor, idade ou quaisquer outras formas de discriminação.[8] (Carta de Maceió, 2015)

Entre as 13 ações propostas na Carta de Maceió, estavam "instituir o Plano Nacional de Valorização da Mulher Advogada", "apoiar mais mulheres na política", fortalecer as "ações afirmativas da mulher advogada" e apoiar o "Movimento Mais mulheres na OAB".

No mesmo ano de 2015, no mês de setembro, um novo Provimento (164/2015), também aprovado unanimemente pelo Conselho Federal da OAB, criou o "Plano Nacional de Valorização da Mulher Advogada", a ser coordenado pela Comissão Nacional da Mulher Advogada, "[...] em conjunto com as Seccionais, as Caixas de Assistência e as Subseções, em todo o território nacional"[9].

Na carreira jurídica, em especial da mulher advogada, o Plano Nacional da Mulher Advogada foi uma conquista histórica, pois este traz diretrizes que evidenciam

---

5. *Op. cit.* Disponível em: <http://www.migalhas.com.br/dePeso/16,MI121375,61044-80+anos+OAB+mulheres+advogadas+seu+papel+protagonista+de+mudancas>. Acesso em: 6 set. 2017.
6. Disponível em: <http://www.migalhas.com.br/dePeso/16,MI121375,61044-80+anos+OAB+mulheres+advogadas+seu+papel+protagonista+de+mudancas>. Acesso em: 6 set. 2017.
7. Provimento n. 161/2014 – Conselho Federal da OAB.
8. Carta de Maceió, I Conferência Nacional da Mulher Advogada (Maceió, maio/2015).
9. Provimento n. 161/2015 – Conselho Federal da OAB.

a mulher e que ajudam na facilitação do desempenho da sua atividade laboral, como desconto na anuidade ou até total isenção às profissionais no ano em que tiverem ou adotarem filhos, a promoção de diálogo com as instituições, visando humanizar as estruturas judiciárias voltadas às advogadas, a participação da mulher nos espaços de poder, dentre outras.[10] (SAMPAIO, 2017)

Nas diretrizes propostas no documento destacam-se a "defesa das prerrogativas; condições diferenciadas nas Caixas de Assistência; pauta de apoio à mulher na sociedade; igualdade de participação nos espaços de poder; presença de 30% de mulheres em todas as comissões da OAB", entre outras, de um total de 16 diretrizes.

3. COMPARTILHAMENTO DE SONHOS NO FORTALECIMENTO DA ADVOCACIA: MOVIMENTO MAIS MULHERES NA OAB

É necessário salientar que os movimentos de base já tomavam forma meses antes da histórica Conferência de Maceió. O Movimento mais Mulheres na OAB nascia num almoço por adesão, realizado em Boa Vista (RR), com a participação de 50 advogadas.

O movimento – que já conta [com] a adesão de aproximadamente 100 mulheres – visa integrar as advogadas [...], numa rede de apoio, defesa e fortalecimento da advocacia feminina. Além disso, promover uma maior participação das mulheres advogadas na política da Ordem. A finalidade principal é uma efetiva igualdade de gêneros dentro da classe.[11] (Jornal Folha de Boa Vista, 18/4/2015)

Uma frase e uma ambivalência marcam o discurso do movimento mais mulheres na OAB. Se representados numa fórmula matemática, ambos comprovariam o improvável, que há casos em que dividir é multiplicar. A frase de autoria de Fernanda Marinela – a qual virou um mantra do Movimento – é uma reivindicação feita por "quem paga metade da conta, merece metade da mesa" e evidencia a força motriz que as mulheres representam como parte da Ordem dos Advogados do Brasil. A ambivalência está num combate sem perdedores, numa luta em que predomine "a política do encontro é não do confronto".

Todavia a construção compartilhada dos sonhos de fortalecimento da OAB, com a participação do Movimento + Mulheres na OAB se origina com as dificuldades comuns a todo movimento vitorioso, com mobilização e participação espontânea. Foram em pequenas reuniões com algumas dezenas de advogadas dispostas, num almoço por adesão, a tratar de problemas comuns a todas. Ele nasce na comunhão do sonho coletivo de tornar a pauta corporativa aberta para temas cotidianos restritivos de direitos e não contemplados na agenda institucional da OAB.

Num encontro sempre alegre e festivo, tendo como pauta central o "fortalecimento da advocacia feminina", foram mobilizadas mais de duas centenas de advogadas, uma novidade, com grande repercussão, inclusive com a possibilidade da apresentação do movimento na I Conferência Nacional da Mulher Advogada.

Antes da Conferência de Maceió foram realizados outros encontros por adesão, que reuniram mais de 70% das advogadas atuantes em Roraima. O Movimento Mais Mulheres na OAB tem suas referências históricas no trabalho desenvolvido pela Comissão Nacional da Mulher Advogada, com o aval de Fernanda Marinela e todas as advogadas que contribuíram anteriormente para a existência e consolidação da Comissão na gestão do Conselho Federal da OAB.

Dos encontros surgiram então os seis pilares do Movimento Mais Mulheres na OAB: sustentabilidade, participação, dignidade, diversidade, respeito e igualdade. Foram também definidos os objetivos e a pauta do Movimento, a serem apresentados durante a 1ª Conferência Nacional da Mulher Advogada – evento histórico para a advocacia brasileira e sistema OAB, realizado em Maceió (Maio/2015), com a finalidade de promover e qualificar o diálogo das advogadas com a pauta nacional. Na carta final do encontro, o movimento foi reconhecido com uma das ações a serem reivindicadas.

Objetivos do Movimento Mais Mulheres na OAB:

Promover maior participação das advogadas na política de ordem; Mobilizar e qualificar as advogadas sobre a importância das cotas para mulheres na próxima eleição da OAB, definindo uma pauta de trabalho e luta para a articulação das mulheres nesses espaços do sistema OAB; Defender a institucionalização de um Plano Nacional de Apoio e Valorização da Mulher Advogada no âmbito do Sistema OAB (A edição de um Provimento tratando da matéria).

A pauta aperfeiçoada durante os encontros e debates é fruto de um sentimento sintetizado construído com várias ideias, tendo como instrumento a luta pelo compartilhamento de espaços e sentimentos. Eis a pauta que aos poucos está sendo implementada pelo Sistema OAB:

Implementar uma campanha nacional de defesa das prerrogativas das advogadas, com realce para a condição da mulher; Implementar o debate no âmbito do sistema OAB sobre a igualdade de gênero; Promover um diálogo com as instituições no sentido de humanização

---

10. Disponível em: <https://jus.com.br/artigos/56911/mais-vozes-e-mais-forcas-abrem-portas-na-advocacia-mais-mulheres-na-oab>. Acesso em: 17 ago. 2017.
11. Disponível em: <http://folhabv.com.br/noticia/Movimento-da-OAB-pretende-fortalecer-a-advocacia-feminina/6389>. Acesso em: 17 jul. 2017.

das estruturas judiciárias voltadas para as advogadas/mulheres (fraldários, berçários, priorização e flexibilização das audiências); Reivindicar a instituição da licença maternidade para as advogadas, de forma que os prazos sejam suspensos no período do parto; Elaborar proposta de provimento para a instituição do Plano Nacional de Apoio e Valorização da Mulher Advogada; Fomentar e apoiar a elaboração de textos/Trabalhos por meio da Editora do Conselho Federal da OAB; Fortalecer a pauta nacional da advocacia, em especial na defesa das prerrogativas, apoio a Campanha de honorários dignos. Uma questão de justiça e Luta contra o aviltamento e proletarização da advocacia; Construção de uma pauta de apoio à mulher na sociedade em relação: Igualdade de gênero, Combate ao tráfico de mulheres, Violência doméstica, Defesa da lei Maria da Penha, Diferença no mercado de trabalho, Mulheres indígenas, Feminicídio, Trabalhadoras rurais e Linguagem sexista.

Fotos da 1ª e 2ª Conferência da Mulher Advogada e I Encontro do Movimento Mais Mulheres na OAB – SP

No final de 2015, o Conselho Federal à OAB instituiu 2016 como o ano da Mulher Advogada, com o propósito de reafirmada a importância da mulher na sociedade e o comprometimento da Ordem pela igualdade de gênero. Munidas do sentimento de construção coletiva, as advogadas estabelecem com meta a implementação do Plano Nacional de Valorização da Mulher Advogada, especialmente com a aprovação e construção dos planos estaduais, a partir do diálogo e das ideias de cada seccional da OAB.

Uma das bandeiras de reivindicação, inclusive reconhecida a partir de um provimento, e ainda com previsão estatutária, foi a realização da II Conferência da Mulher Advogada (Belo Horizonte, nov./2016), com uma participação recorde de público.

Ao final do Encontro foi publicada a "Carta de Belo Horizonte", cujo lema "Advogadas unidas, OAB fortalecida", conclamava a participação "das advogadas e os advogados e todo o conjunto diretivo do Sistema OAB, para que juntos possamos fortalecer, com equidade, a advocacia brasileira, concretizando os ditames constitucionais do Estado Democrático de Direito".

Na Carta foram propostas 17 ações:

1 – Manifestar-se contrariamente a qualquer reforma, de natureza trabalhista ou previdenciária, que agrave a desigualdade de gênero, ou gere retrocesso quanto aos direitos já conquistados;

2 – Incentivar a efetiva participação da mulher advogada no cenário político partidário;

3 – Acompanhar os projetos de lei relacionados ao enfrentamento da violência contra as mulheres que tramitam no Congresso Nacional;

4 – Garantir a efetiva implementação da Lei n. 13.363/16, Altera a Lei n. 8.906, de 4 de julho de 1994, e a Lei n. 13.105, de 16 de março de 2015 (Código de Processo Civil), para estipular direitos e garantias para a advogada gestante, lactante, adotante ou que der à luz e para o advogado que se tornar pai.

5 – Incentivar a participação das mulheres advogadas no "Movimento Mais Mulheres na OAB" como forma de fortalecer o protagonismo das mulheres no cenário político institucional no sistema OAB;

6 – Apoiar e incentivar o "Movimento Mais Mulheres na OAB" a fim de proporcionar condições reais para a equidade de gênero no sistema OAB;

7 – Garantir maior espaço aos debates sobre a igualdade de gênero e à participação das mulheres na Conferência Nacional da Advocacia, bem como garantir aplicação do percentual de, no mínimo, 30% no número de palestrantes;

8 – Pugnar pela proteção dos direitos e prerrogativas da mulher advogada, no exercício profissional, nos departamentos jurídicos, públicos e privados;

9 – Pugnar por honorários dignos para a mulher advogada.

10 – Intensificar por meio da Comissão Nacional da Mulher Advogada a integração das Comissões Seccionais;

11 – Garantir o exercício da Advocacia, em igualdade de condições para todas as mulheres, levando em consideração suas diversidades: jovens, idosas, negras, indígenas, quilombolas, deficientes, e, em qualquer outra situação de vulnerabilidade;

12 – Promover capacitações, por meio de cursos da ENA e ESAs, em parceria com as Comissões Estaduais da Mulher Advogada, principalmente quanto às questões de gênero, as inovações no processo civil e mecanismos de solução consensual de conflitos;

13 – Promover o conhecimento do caráter multidisciplinar da Lei Maria da Penha, pugnando pela sua efetiva implementação junto à rede de enfrentamento a violência contra a mulher, especialmente junto a Advocacia;

14 – Apoiar projetos de enfrentamento à violência de todas as formas contra a mulher;

15 – Incentivar a participação da Mulher Advogada no esporte;

16 – Pugnar pela atitude ética da imprensa nacional em relação à mulher vítima de violência, em especial quanto ao feminicídio;

17 – Pugnar pela alteração da nomenclatura da Ordem dos Advogados do Brasil para Ordem da Advocacia do Brasil, e que nas identidades das advogadas seja observada a flexão de gênero.

A institucionalização da democracia, especialmente com a igualdade de gênero, deve ser uma bandeira do Sistema OAB, trata-se, portanto, de uma pauta consolidada, em que o protagonismo da mulher advogada seja uma realidade.

Em novembro de 2017, na XXIII Conferência Nacional da Advocacia Brasileira que ocorreu em São Paulo além do

Painel voltado para a Mulher Advogada foi realizado o 1º Encontro Nacional do Movimento Mais Mulheres na OAB, dentre as pautas discutidas está a reivindicação da mudança do nome da instituição que nos representa para Ordem da Advocacia Brasileira (item 6 da pauta):.

O Manifesto do 1º Encontro do Movimento Mais Mulheres na OAB aprovou as seguintes proposições:

> 1. Reconhecer e agradecer o trabalho e o apoio do CFOAB para a efetivação dos direitos da mulher advogada. Com especial realce para todas as medidas destinadas a efetivar o Plano Nacional de Apoio e Valorização da Mulher Advogada.
>
> 2. Conclamar o Sistema OAB a ultimar todos os esforços no sentido de apoiar, cumprir e fazer cumprir o Plano Nacional de Apoio e Valorização da Mulher Advogada, os Planos Estaduais de Apoio e Valorização da Mulher Advogada.
>
> 3. Conclamar o Sistema OAB a encampar e apoiar todas as pautas do Movimento + Mulheres na OAB.
>
> 4. Conclamar o Sistema OAB a manifestar total e irrestrito apoio por Mais Mulheres na Política.
>
> 5. Conclamar o CFOAB ao fortalecimento das condições de participação das advogadas nos quadros diretivos do Sistema OAB, com a ampliação para cotas para as Diretorias e demais Órgãos e Instâncias da Entidade.
>
> 6. Conclamar o Sistema OAB a alterar sua designação para Ordem da Advocacia Brasileira. Como medida de reconhecimento, respeito e de correta nominação da Entidade que é composta de um quadro de 50% de mulheres é 50% de homens.
>
> 7. Sugerir ao Instituto dos Advogados do Brasil a mudança da sua denominação para Instituto da Advocacia do Brasil.
>
> 8. Acompanhar os projetos de lei relacionados ao enfrentamento da violência contra as mulheres que tramitam no Congresso Nacional.
>
> 9. Garantir efetiva paridade de participação das mulheres na Conferência Nacional da Advocacia, assim como trazer temas que digam respeito às mulheres advogadas para serem debatidos.
>
> 10. Pugnar por honorários dignos para a mulher advogada.
>
> 11. Garantir o exercício da Advocacia, em igualdade de condições para todas as mulheres, levando em consideração suas diversidades: jovens, idosas, negras, indígenas, quilombolas, deficientes, e, em qualquer outra situação de vulnerabilidade.
>
> 12. Incentivar a efetiva participação da mulher advogada no cenário político partidário, e a sua presença nas instâncias partidárias de decisões.
>
> 13. Ter mulheres em todas as diretorias, inclusive subseções. Mulheres com representatividade. Não basta ser mulher.
>
> 14. Que o CFOAB se posicione em relação a PEC 181 que tramita no Congresso Nacional que criminaliza o aborto oriundo de estupro.

Esse momento histórico aponta que gradativamente não será possível a discussão político-institucional no sistema OAB sem inserção das mulheres advogadas como protagonistas. Seria politicamente incorreto pensar em política de ordem, bem como numa Diretoria do CFOAB sem a inclusão de mulheres que representem a pauta da advocacia feminina em todos os níveis de atuação. A Carta de São Paulo é prova do que aqui se aduz.

Carta da XXIII Conferência Nacional da Advocacia Brasileira

As advogadas e os advogados brasileiros, reunidos em sua XXIII Conferência Nacional da Advocacia Brasileira, na cidade de São Paulo, para discutir assuntos relacionados ao tema central "Em Defesa dos Direitos Fundamentais: Pilares da Democracia, Conquista da Cidadania", tendo em vista a atual conjuntura política e institucional do País, e considerando as preocupações e o compromisso da classe com os princípios que fundamentam o Estado Democrático de Direito, em relação aos quais não se pode jamais admitir qualquer forma de retrocesso, proclamam:

O Brasil não suporta mais a corrupção. Investigá-la não é ser contra a política e, sim, qualificar o ambiente político do País. A OAB é intransigente no combate à corrupção, que há de ser feito de acordo com a lei, pois não se coíbe um crime cometendo outro, por meio de atalhos processuais que burlem o devido processo legal e o direito à plena defesa, à presunção de inocência e ao contraditório.

São inaceitáveis quaisquer formas de desrespeito às garantias da nossa profissão. A criminalização das violações das prerrogativas da advocacia é uma conquista inadiável, por reforçar a concepção de que não lutamos por privilégios, mas por condições plenas de defesa da cidadania. A advocacia é, em essência, a verdadeira defensora da liberdade, do patrimônio, da honra, da dignidade e, muitas vezes, da própria vida.

A transparência é um direito fundamental para o aprimoramento da cidadania e um dever do Estado em prol da ética, da eficiência e do combate à corrupção, devendo-se adotar política pública obrigatória de coleta de dados de interesse da coletividade, de forma atualizada e de fácil acesso, visando ao planejamento, execução e fiscalização em todos os níveis de governo.

É inadmissível a intolerância, sob qualquer de suas formas. Cabe à advocacia resguardar as garantias constitucionais dos direitos fundamentais e resgatar os valores da Constituição da República, os quais representam o triunfo dos direitos humanos sobre o arbítrio, da cidadania sobre a opressão.

É indispensável equacionar a falta de capacidade instalada do Poder Judiciário, com diversas comarcas sem juízes e sem servidores, o que agrava ainda mais a morosidade processual, em prejuízo dos jurisdicionados e desrespeito à garantia da razoável duração do processo.

A Ordem precisa da força das mulheres e a classe apoia o Manifesto "Por Mais Mulheres na OAB", como instrumento de efetivação da igualdade de gêneros.

Aos Jovens Advogados deve ser proporcionada educação continuada por intermédio das Escolas Superiores e da Escola Nacional de Advocacia, buscando-se o aprimoramento do exercício profissional e a adoção de políticas permanentes de seu fortalecimento e sua valorização.

O Exame da Ordem, como prova de suficiência, constitui uma certificação de qualidade técnica mínima, assim como instrumento de defesa da qualidade do ensino jurídico. Sua manutenção e defesa são obrigatórias, pois o instituto visa à proteção da sociedade.

O novo Código de Ética e Disciplina da Advocacia, que estabelece as regras e os princípios de conduta que conferem à categoria o status de agente indispensável à administração da Justiça, impõe a observância dos deveres pessoais, profissionais, corporativos, políticos e sociais dos advogados.

Todo poder emana do povo. A advocacia brasileira exorta a sociedade a participar de uma grande corrente de conscientização sobre o dever cívico do voto e suas consequências para a Nação, na oportunidade em que este se exercerá novamente nas eleições vindouras.

São Paulo, 30 de novembro de 2017.

Importante frisar que essa luta ganhou corpo com a institucionalização da Comissão Nacional da Mulher Advogada, que até então era provisória, e foi transformada em permanente, trabalho coordenado pela atuante presidente à época Fernanda Marinela. Essa conquista torna perene as atividades em defesa da igualdade de gênero no âmbito da OAB, que já resultaram, inclusive, na aprovação da cota de 30% para as eleições na OAB, bem como do Plano Nacional de Valorização da Mulher Advogada com ações permanentes dentro do sistema, com isso temos um progressivo fortalecimento e ampliação dos espaços a serem ocupados pelas mulheres advogadas, mas o caminho a ser percorrido ainda é bem longo.

4. CONSIDERAÇÕES FINAIS

Apesar da presença das mulheres advogadas no percentual de 37% na direção do Sistema, ainda continuamos subsidiando assentos na mesa de comando. Os dados já mostram que praticamente metade dos inscritos na OAB são mulheres, o que evidencia que a divisão ainda não se ajustou a proposta de institucionalização da democracia, com a igualdade no gênero no Sistema OAB.

Portanto, a pauta já está consolidada, agora nos resta implementá-la com objetivo de evidenciar o protagonismo da Mulher Advogada, de fato como uma realidade. Isso significa a que a "política do encontro e não do confronto" é que vai de fato contribuir com o fortalecimento do sistema OAB.

As conquistas colhidas nos últimos três anos representam apenas uma pequena parte do que de fato e de direito pertencem a mulher advogada. Por isso, a luta, o diálogo e os encontros devem continuar.

5. REFERÊNCIAS BIBLIOGRÁFICAS

BONELLI, Maria da Gloria; BARBALHO, Rennê Martins. O profissionalismo e a construção do gênero na advocacia paulista. *Revista Sociedade e Cultura*, v. 11, n. 2, jul/dez. 2008. p. 275-284.

Carta de Maceió – I Conferência Nacional da Mulher Advogada (Maceió, maio/2015). Disponível em: <http://www.oab.org.br/noticia/28437/confira-a-carta-de-maceio-da-i-conferencia-nacional-da-mulher-advogada>. Acesso em: 17 ago. 2017.

Carta de Belo Horizonte – II Conferência Nacional da Mulher Advogada (Maceió, maio/2015). Disponível em: <https://oab-mg.jusbrasil.com.br/noticias/410070330/ii-conferencia-nacional-da-mulher-advogada-divulga-a-carta-de-belo-horizonte>. Acesso em: 17 ago. 2017

MATSUURA, Lilian. *Mulheres na Advocacia*. Brasileiras chegam a altos cargos na advocacia. <conjur.com.br>, 16.02.2010. Disponível em: <http://www.conjur.com.br/2010-fev-16/depois-ultrapassar-homens-numero-advogadas-chegam-comando>. Acesso em: 27 ago. 2017.

MELARÉ, Márcia Regina Machado. *80 anos – OAB – mulheres advogadas – seu papel protagonista de mudanças sociais e comportamentais*. <migalhas.com.br>, 17.11.2010. Disponível em: <http://www.migalhas.com.br/dePeso/16,MI121375,61044-80+anos+OAB+mulheres+advogadas+seu+papel+protagonista+-de+mudancas>. Acesso em: 6 set. 2017.

MORAES, J. V. *OAB Roraima* – Um resgate histórico. Boa Vista, Edição da OAB/RR, 2009.

Movimento da OAB pretende fortalecer a advocacia feminina. *Folha de Boa Vista*, Boa Vista, 18.04.2015. Disponível em: <http://folhabv.com.br/noticia/Movimento-da-OAB-pretende-fortalecer-a-advocacia-feminina/6389>. Acesso em: 17 jul. 2017.

Provimento n. 161/2014 – Conselho Federal da OAB.

Provimento n. 165/2015 – Conselho Federal da OAB.

SAMPAIO, Noélia Castro de. *Mais vozes e mais forças abrem portas na advocacia*: mais mulheres na OAB. <jus.com.br>, abril/2017. Disponível em: <https://jus.com.br/artigos/56911/mais-vozes-e-mais-forcas-abrem-portas-na-advocacia-mais-mulheres-na-oab>. Acesso em: 21 ago. 2017.

Reforma Trabalhista e Precarização do Trabalho Terceirizado: A Incorporação do Trabalho Feminino nos Estratos Assalariados de Serviços

Gabriela Neves Delgado[1]
Valéria de Oliveira Dias[2]

1. INTRODUÇÃO

A realidade social do trabalho no Brasil – composta por cidadãos que buscam acesso ao mercado de trabalho para fins de subsistência, pelos que ocupam postos de trabalho precários e desregulamentados e, ainda, pelos que vivem a iminência de terem seus postos de trabalho terceirizados e desprofissionalizados –, sobretudo após a vigência da Lei n. 13.467/2017, denominada Lei da Reforma Trabalhista, se distancia do ideal de estruturação do mundo do trabalho proposto na Constituição da República Federativa do Brasil de 1988.

Nesse contexto, a sistemática da autorregulação do mercado capitalista de trabalho e as dinâmicas de desregulamentação e de flexibilização do Direito do Trabalho implementadas pela nova legislação trabalhista requerem uma análise crítica centrada na organização do trabalho social hoje existente, em especial, sob a perspectiva da terceirização de serviços.

A lógica do mercado e do ultraliberalismo está centrada na flexibilização irrestrita, encontrando na intensificação da terceirização de serviços o caminho para alcançar seus principais objetivos: a maximização do lucro e a reificação do sujeito trabalhador.

Não é por outra razão que uma das alterações pretendidas pela nova lei da reforma trabalhista é a equivocada e inconstitucional possibilidade de a empresa transferir a terceiros a integralidade de suas atividades, inclusive a principal, denominada atividade-fim.

A prática da terceirização de serviços é uma das ferramentas que exacerba a precarização do trabalho humano, por fortalecer a dinâmica de privação de direitos dos trabalhadores terceirizados. Seus efeitos deletérios aumentam a probabilidade de graves acidentes de trabalho e de adoecimento profissional.

Em vista disso, esta pesquisa pretende articular a relação existente entre terceirização de serviços e precarização do trabalho, a partir do contexto da lei da reforma trabalhista, com destaque para a incorporação do trabalho feminino nos estratos assalariados de serviços.

Para tanto, inicialmente, propõe-se a discorrer sobre a organização capitalista do trabalho, na perspectiva de Axel Honneth[3], traçando os pontos convergentes entre mercado capitalista, reconhecimento e integração social como elementos fortalecedores da ordem econômica, da Democracia e do Estado Democrático de Direito.

A seguir, pretende-se traçar os avanços civilizatórios e humanísticos promovidos pela Constituição de 1988, que centrada na pessoa humana e sua dignidade, apresenta um plexo de direitos fundamentais e garantias ancorados na valorização do trabalho humano e da livre iniciativa, tanto no contexto socioeconômico, quanto institucional, de modo a compatibilizar o direito fundamental ao trabalho digno à ordem econômica.

Tenciona-se demonstrar, ainda, os impactos sociais da adoção da terceirização de serviços na realidade social brasileira, à luz de recentes pesquisas sobre o tema, e sua incompatibilidade com a ordem constitucional vigente.

Por fim, delimitar-se-á a relação entre terceirização, trabalho e potenciais efeitos danosos à integridade psicofísica da pessoa trabalhadora, sobretudo para a mulher trabalhadora, que integra grande parte dos espaços de trabalho terceirizados no setor de serviços do país.

2. ORGANIZAÇÃO CAPITALISTA DO TRABALHO E SOLIDARIEDADE SOCIAL: UMA INTER-RELAÇÃO NECESSÁRIA

Axel Honneth propõe que, para racionalizar a organização do trabalho contemporânea e evidenciar suas normas morais, o mercado capitalista deve ser analisado sob duas perspectivas: a *integrativa*, que se alicerça na função de integração social do mercado capitalista de trabalho; e a *funcionalista*, que objetiva incrementar a eficiência econômica mediante sua autorregulação[4].

---

1. Professora Associada de Direito do Trabalho dos Programas de Graduação e Pós-Graduação da Faculdade de Direito da UnB. Vice-Diretora da Faculdade de Direito da UnB. Doutora em Filosofia do Direito pela UFMG. Mestre em Direito do Trabalho pela PUC-Minas. Advogada.
2. Mestranda em Direito, Constituição e Cidadania pela Universidade de Brasília – UnB; integrante do Grupo de Pesquisa "Trabalho, Constituição e Cidadania" (UnB/CNPq); Especialista em Direito Constitucional do Trabalho pela UnB e em Direito do Trabalho pelo Instituto Processus; Bacharel em Direito pelo Centro Universitário de Brasília – UniCEUB e em Administração pela UnB. Servidora da Justiça do Trabalho.
3. HONNETH, Axel. Trabalho e reconhecimento: tentativa de uma redefinição. Civitas – *Revista de Ciências Sociais*, v. 8, n. 1, jan.-abr. 2008.
4. HONNETH, Axel. Trabalho e reconhecimento: tentativa de uma redefinição. Civitas – *Revista de Ciências Sociais*, v. 8, n. 1, p. 54, jan.-abr. 2008.

A primeira função integradora do mercado capitalista de trabalho, vislumbrada por Hegel, consiste na obrigação de cada membro da sociedade contribuir para o bem social desenvolvendo habilidades por meio de seu trabalho[5]. Em contrapartida, o trabalho deve garantir a autonomia econômica da pessoa trabalhadora e de sua família, de modo a gerar uma interdependência entre bem-estar da sociedade e autonomia econômica mediada pelo trabalho[6]. Esse sistema de interdependência confere cidadania às pessoas ao possibilitar que se reconheçam reciprocamente como sujeitos de direitos, cujas vidas são mantidas por meio do trabalho[7].

Hegel percebeu, todavia, que essa força moral existente na função integrativa do mercado se desvanece a partir da dependência e da miséria que a economia capitalista, centrada na maximização do lucro e na autorregulação, gera para a maioria da população[8].

A análise crítica de Hegel acerca das relações imanentes ao sistema capitalista de trabalho e dos seus princípios normativos permitiram delimitar os pressupostos morais que devem nortear a organização capitalista do trabalho: remuneração que não se restrinja à subsistência (e que garanta *autonomia* da pessoa que vive do trabalho e de sua família) e estruturação do trabalho de forma a permitir que o trabalhador demonstre suas habilidades, o que confere sentido ao trabalho e o torna digno de reconhecimento pela sociedade como contribuição para o bem de todos, promovendo integração social.[9]

Esse pressupostos morais que norteiam a organização do trabalho, contudo, não se mostraram suficientes para alcançar todos os desafios históricos propostos pelo mundo do trabalho capitalista, principalmente, no que concerne à perda do conteúdo significativo do trabalho, movimento que se aprofunda na atualidade em face do modelo toyotista de gestão[10].

O sentido qualitativo no trabalho encontra sua fonte na realidade econômica e proporciona aos trabalhadores relações de solidariedade, importância e adequação social, imprescindíveis à integração da própria sociedade e, por conseguinte, ao fortalecimento da Democracia e do Estado.

Para que alcancem esse propósito, segundo a análise de Durkheim, "as relações de trabalho mediadas pelo mercado não apenas necessitam estar organizadas justa e equitativamente, mas também devem cumprir a exigência de relacionar as atividades individuais umas às outras de modo mais transparente e inteligível possível"[11].

O reconhecimento do trabalhador, pelo outro e pela sociedade, como ser que contribui para o bem geral funciona como uma recompensa metafórica a qual dá sentido ao trabalho, transformando sofrimento em prazer e promovendo o pleno desenvolvimento da pessoa humana trabalhadora enquanto ser integral, inclusive, no que tange à sua saúde mental. A falta de reconhecimento, em contrapartida, gera sofrimento de ordem psíquica, desmotiva o sujeito para o trabalho, além de desestabilizar as relações de solidariedade em todas as dimensões da vida[12].

Em suma, a organização capitalista do trabalho deve, além de proporcionar uma retribuição que garanta autonomia e existência digna ao trabalhador e sua família, reconhecer o valor da pessoa humana trabalhadora em suas múltiplas dimensões. *O reconhecimento gera sentido ao trabalho que, por sua vez, gera laços de solidariedade no meio ambiente de trabalho e na comunidade na qual a pessoa que trabalha se insere, fortalecendo a ordem econômica e o sentido de Democracia no Estado constitucional.*

3. OS AVANÇOS CIVILIZATÓRIOS E HUMANÍSTICOS PROMOVIDOS PELA CONSTITUIÇÃO DA REPÚBLICA FEDERATIVA DO BRASIL DE 1988

Mauricio Godinho Delgado e Gabriela Neves Delgado destacam que a matriz constitucional de 1988 está situada em três principais pilares: "a arquitetura constitucional de um Estado Democrático de Direito; a arquitetura

---

5. HEGEL, G. W. F. *Grundlinien der Philosophie des Rechts*. Frankfurt am Main: 1970 (Theorie-Werkausgabe, v. 7). Português: Princípios da Filosofia do Direito. Tradução de Orlando Vitorino.: Guimarães Editores, 1990; São Paulo: Martins Fontes, 2000. apud HONNETH, Axel. Trabalho e reconhecimento: tentativa de uma redefinição. *Civitas – Revista de Ciências Sociais*, v. 8, n. 1, p. 54, jan.-abr. 2008.
6. *Ibidem*, p. 55.
7. HONNETH, Axel. Trabalho e reconhecimento: tentativa de uma redefinição. *Civitas – Revista de Ciências Sociais*, v. 8, n. 1, p. 54, jan.-abr. 2008.
8. HEGEL, G. W. F. *Grundlinien der Philosophie des Rechts*. Frankfurt am Main: 1970 (Theorie-Werkausgabe, v. 7). Português: Princípios da Filosofia do Direito. Tradução de Orlando Vitorino. : Guimarães Editores, 1990; São Paulo: Martins Fontes, 2000. apud HONNETH, Axel. Trabalho e reconhecimento: tentativa de uma redefinição. *Civitas – Revista de Ciências Sociais*, v. 8, n. 1, p. 54, jan.-abr. 2008.
9. *Idem*.
10. HONNETH, Axel. Trabalho e reconhecimento: tentativa de uma redefinição. *Civitas – Revista de Ciências Sociais*, v. 8, n. 1, p. 60, jan.-abr. 2008.
11. DURKHEIM. Emile. Über die Teilung der sozialen Arbeit. Frankfurt am Main: Suhrkamp, 1977. Português: A divisão do trabalho social. Lisboa: Presença, 1984, 2 v. apud HONNETH, Axel. Trabalho e reconhecimento: tentativa de uma redefinição. *Civitas – Revista de Ciências Sociais*, v. 8, n. 1, p. 62-63, jan.-abr. 2008.
12. CREMASCO, M. V. F.; EBERLE, A. D.; SOBOLL, L. A. Compreensões sobre o assédio moral no trabalho a partir da psicodinâmica do trabalho. In: *Assédio moral interpessoal e organizacional*: um enfoque multidisciplinar. SOBOLL, Lis Andrea; GOSDAL, Thereza Cristina (Org.). São Paulo: LTr, 2009. p. 131.

principiológica humanística e social da Constituição da República; a concepção constitucional de direitos fundamentais da pessoa humana"[13].

O Estado Democrático de Direito centra-se na pessoa humana, com sua dignidade, e o princípio da dignidade da pessoa humana torna-se "a diretriz cardeal de toda a ordem jurídica"[14], e "supõe a observância do caráter democrático e inclusivo de todo o sistema socioeconômico e institucional, inclusive da própria sociedade civil e suas instituições"[15].

No que tange à arquitetura principiológica humanística e social da Constituição da República, os autores destacam-se os seguintes princípios constitucionais do trabalho:

"1) princípio da dignidade da pessoa humana; 2) princípio da centralidade da pessoa humana na vida socioeconômica e na ordem jurídica; 3) princípio da valorização do trabalho e do emprego; 4) princípio da inviolabilidade do direito à vida; 5) princípio do bem-estar individual e social; 6) princípio da justiça social; 7) princípio da submissão da propriedade à sua função socioambiental; 8) princípio da não discriminação; 9) princípio da igualdade em sentido material; 10) princípio da segurança; 11) princípio da proporcionalidade e razoabilidade; 12) princípio da vedação do retrocesso social."[16]

Os direitos fundamentais da pessoa humana são aqueles "inerentes ao universo de sua personalidade e de seu patrimônio moral, ao lado daqueles que são imprescindíveis para garantir um patamar civilizatório mínimo inerente à centralidade da pessoa humana na vida socioeconômica e na ordem jurídica"[17].

Não é por outra razão que o *caput* do art. 170[18], considerando a unidade da Constituição de 1988, afirma que a ordem econômica, nas palavras de Eros Grau, "tem de necessariamente estar" fundada na valorização do trabalho humano e na livre iniciativa e "tem de necessariamente ter" por finalidade assegurar a todos existência digna, conforme os ditames da justiça social, de modo que "qualquer prática econômica (mundo do ser)" ou norma incompatível com o valor *trabalho* será considerada contrária à ordem constitucional[19].

"Valorizar o trabalho humano e tomar como fundamental o valor social do trabalho importa em conferir ao trabalho e seus agentes (os trabalhadores) tratamento peculiar. Esse tratamento, em uma sociedade capitalista moderna, peculiariza-se na medida em que o trabalho passa a receber proteção não meramente filantrópica, porém politicamente racional."[20]

Essas cláusulas principiológicas centradas na pessoa humana trabalhadora e no trabalho, ao interagir com os demais princípios constitucionais, expressam a "prevalência dos valores do trabalho na conformação da ordem econômica – prevalência que José Afonso da Silva reporta como *prioridade* sobre os demais valores da economia de mercado".[21]

Desse modo, o valor social da livre iniciativa, fundamento da República Federativa do Brasil e da ordem econômica, assim como o valor social do trabalho, não podem ser reduzidos à mera liberdade econômica ou empresarial, tampouco a liberdade de iniciativa pode ser concebida como, apenas, afirmação do capitalismo. Antes, deve ser "tomada no quanto expressa de socialmente valioso"; "é expressão de liberdade titulada não apenas pelo capital, mas também pelo trabalho"[22].

Para atender de forma equilibrada aos postulados fundamentais da Constituição de 1988 relativos à centralidade da pessoa humana no contexto socioeconômico e institucional, ao valor social do trabalho e ao valor social da livre iniciativa, o trabalho deve ser aliado aos direitos fundamentais de liberdade e aos direitos socioeconômicos – que assegurem, nos termos do art. 6º da Constituição Federal de 1988[23], educação, saúde, alimentação adequada, moradia, transporte, lazer, segurança, previdência social, proteção à maternidade e à infância, entre outros –, de modo a garantir as circunstâncias materiais que outorguem autonomia

---

13. DELGADO, Mauricio Godinho; DELGADO, Gabriela Neves. *A reforma trabalhista no Brasil*: com os comentários à Lei n. 13.467/2017. São Paulo: LTr, 2017. p. 22.
14. DELGADO, Mauricio Godinho. Constituição da República, Estado Democrático de Direito e Direito do Trabalho. In: DELGADO, M. G.; DELGADO, G. N. *Constituição da República e Direitos Fundamentais* – dignidade da pessoa humana, justiça social e Direito do Trabalho. 4. ed. São Paulo: LTr, 2017. p. 46.
15. DELGADO, Mauricio Godinho; DELGADO, Gabriela Neves. *A reforma trabalhista no Brasil*: com os comentários à Lei n. 13.467/2017. São Paulo: LTr, 2017. p. 28.
16. *Ibidem*, p. 31. Para aprofundar o estudo relativo aos princípios constitucionais do trabalho, consultar DELGADO, Mauricio Godinho. *Princípios Constitucionais do Trabalho e Princípios de Direito Individual e Coletivo do Trabalho*. 5. ed. São Paulo: LTr, 2017.
17. DELGADO, Mauricio Godinho; DELGADO, Gabriela Neves. *A reforma trabalhista no Brasil*: com os comentários à Lei n. 13.467/2017. São Paulo: LTr, 2017. p. 33.
18. Constituição da República Federativa do Brasil de 1988. Art.170. A ordem econômica, fundada na valorização do trabalho humano e na livre iniciativa, tem por fim assegurar a todos existência digna, conforme os ditames da justiça social, observados os seguintes princípios.
19. GRAU, Eros Roberto. *A ordem econômica na Constituição de 1988*. São Paulo: Malheiros, 2012. p. 193.
20. *Ibidem*, p. 196
21. *Ibidem*, p. 197.
22. *Ibidem*, p. 210.
23. Constituição da República Federativa do Brasil de 1988. Art. 6º São direitos sociais a educação, a saúde, a alimentação, o trabalho, a moradia, o transporte, o lazer, a segurança, a previdência social, a proteção à maternidade e à infância, a assistência aos desamparados, na forma desta Constituição.

plena à pessoa trabalhadora e a concretização de sua dignidade, inclusive no âmbito sociolaboral.

Significa dizer que "o trabalho valorizado pelo texto constitucional é o trabalho digno", ou seja, aquele prestado em condições dignas, com a declaração e a efetivação de direitos fundamentais, que "devem ser compreendidas como o ponto de chegada do momento ético de um Estado Democrático de Direito", no qual o valor da dignidade é o suporte de qualquer trabalho humano[24].

Efetivamente, a Constituição Federal de 1988 não somente realça o valor da dignidade da pessoa humana trabalhadora no Estado Democrático de Direito, como também ressalta o fato de o trabalho digno ser compatível com a ordem econômica brasileira, cuja função é promover a integração social e a consolidação de uma sociedade voltada para a justiça social e para a solidariedade (art. 3º).

4. A REALIDADE SOCIAL BRASILEIRA, A TERCEIRIZAÇÃO E A LEI DA REFORMA TRABALHISTA

Entende-se que a estratégia ultraliberal de precarizar as relações de trabalho por meio da lei da reforma trabalhista e instituir uma insegurança generalizada objetiva, sobretudo, tornar a exploração da pessoa humana trabalhadora algo natural e inerente à dinâmica capitalista de maximização do lucro.

Estudos demonstram que a precarização social do trabalho no Brasil é provocada pela vulnerabilidade das formas de inserção e desigualdades sociais, intensificação da terceirização, insegurança e saúde no trabalho, perda das identidades individual e coletiva, fragilização da organização coletiva dos trabalhadores e tentativa de desregulamentação das relações de emprego pelo descarte do Direito do Trabalho, especialmente.[25]

A Pesquisa Nacional de Amostra de Domicílios – PNAD retratou a população mais vulnerável quanto à inserção no mercado de trabalho e a crescente desigualdade social no Brasil, no ano de 2015[26].

Verificou-se que a população em idade ativa, ou seja, com 15 anos ou mais de idade, ocupada foi estimada em 94,8 milhões de pessoas, entre as quais, 60,6% estavam inseridas formalmente no mercado de trabalho como empregadas (57,4 milhões de pessoas), ou seja, 39,4% (37,4 milhões de pessoas) entre as ocupadas não tinham carteira de trabalho assinada.[27]

No que tange ao rendimento mensal domiciliar *per capita*, constatou-se um decréscimo real de 7,2%, se considerado o ano de 2014, indicando a tendência de queda da remuneração do trabalho humano.[28]

Os baixos salários praticados no mercado, no ano de 2015, são patentes. Entre os 68,2 milhões de domicílios particulares que declararam ter algum rendimento, 44,7% contavam com até um salário mínimo[29] por morador; 32,5%, de um a menos de dois salários mínimos; e 19,9%, dois ou mais salários mínimos.[30]

A taxa de desocupação cresceu 2,7% em relação ao ano anterior, alcançando o patamar de 9,6%, contingente esse formado, em sua maioria, por mulheres (53,6%); pessoas de 18 a 24 anos (21,3%,); e pretos ou pardos (60,4%).[31]

Por fim, somando-se a população ocupada sem carteira de trabalho assinada, a não ocupada e a ocupada sem remuneração, constatou-se que cerca de 47,53 milhões de pessoas economicamente ativas, em condições precárias quanto aos direitos básicos do trabalho assalariado e carentes de proteção social e trabalhista, não contribuem para a previdência social.[32]

A precarização existente no Brasil em termos de trabalho e rendimento, encontra suas raízes, especialmente, na intensificação da terceirização, que é estrategicamente adotada, com base na lógica do mercado e do ultraliberalismo fundada na flexibilização irrestrita, para a maximização do lucro empresarial.

A alta rotatividade e a redução dos custos com o trabalho características do sistema toytista e da terceirização trazem consequências nefastas para a pessoa humana trabalhadora.

Em nota técnica emitida pelo Departamento Intersindical de Estatística e Estudos Socioeconômicos – DIEESE, em março de 2017, que retratou a terceirização e e suas consequências no ano de 2014, constatou-se que, dos 12,5 milhões de vínculos ativos nas atividades tipicamente terceirizadas, a cada 100, 80 foram rompidos ao final de 2014; e dos 35,6 milhões de vínculos ativos nas atividades

---

24. DELGADO, Gabriela Neves. *Direito fundamental ao trabalho digno*. São Paulo: LTr, 2015. p. 182, 183 e 211.
25. DRUCK, Graça. *Trabalho, precarização e resistências*: novos e velhos desafios? Caderno CRH, Salvador, v. 24, n. spe 01, p. 47-53.
26. Pesquisa nacional por amostra de domicílios: síntese de indicadores 2015/IBGE, *Coordenação de Trabalho e Rendimento*. Rio de Janeiro: IBGE, 2016. Disponível em: <https://biblioteca.ibge.gov.br/visualizacao/livros/liv98887.pdf>. Acesso em: 16 nov. 2017.
27. Idem.
28. Idem.
29. No ano de 2017, de acordo com o Decreto n. 8.948, de 29 de dezembro de 2016, publicado no DOU de 30.12.2016, o salário mínimo passou a ser de R$ 937,00.
30. Pesquisa nacional por amostra de domicílios: síntese de indicadores 2015/IBGE, *Coordenação de Trabalho e Rendimento*. Rio de Janeiro: IBGE, 2016. Disponível em: <https://biblioteca.ibge.gov.br/visualizacao/livros/liv98887.pdf>. Acesso em: 16 nov. 2017.
31. Idem.
32. Idem.

tipicamente contratantes (vínculo de emprego direto), a cada 100, 40 foram rompidos[33].

Significa dizer que a taxa de rotatividade descontada, – ou seja, a que não inclui pedidos de demissão, falecimentos, transferências e aposentadorias –, em atividades contratantes alcançou o patamar de 28,8%, com vínculos com duração média de 5 anos e 10 meses, contra 57,7% em atividades tipicamente terceirizadas, cujos vínculos duraram, em média, 2 anos e 10 meses. Constatou-se, portanto, que a rotatividade no serviço terceirizado é duas vezes maior que a existente nas atividades contratantes[34].

A diferença na remuneração de empregados diretos e terceirizados constatada entre os anos de 2007 e 2014 manteve a média de 23% e 27%. Os homens empregados em atividades terceirizadas apresentaram remuneração intermediária, enquanto as mulheres, apresentaram os menores rendimentos. A diferenciação entre os salários das trabalhadoras diretas e terceirizadas se acentua fortemente a partir de 1,4 salário mínimo, chegando a uma média acumulada de –29,5%, o que reforça a maior vulnerabilidade da mulher no mercado de trabalho. Além disso, fora da região Sudeste, os salários pagos nas atividades terceirizadas eram menores, reforçando as desigualdades regionais[35].

Em relação à jornada de trabalho, 85,9% dos trabalhadores terceirizados trabalham entre 41 e 44 horas, enquanto que, entre os trabalhadores diretos, esse percentual alcança o patamar de 61,6%, o que leva à conclusão que os trabalhadores terceirizados, em sua grande maioria, possuem jornada de trabalho mais extensa do que a exercida pelos empregados diretos[36].

Gabriela Neves Delgado e Helder Santos Amorim, ressaltando os efeitos deletérios da terceirização e seu regime paralelo de "emprego rarefeito"[37], afirmam que a prática de terceirização intensifica a privação dos direitos dos trabalhadores terceirizados, na medida em que, "apesar de formalmente passíveis de gozo, esses direitos sofrem grave esvaziamento do seu conteúdo de sentido"[38].

A prática da terceirização, ao dificultar a consolidação da identidade de classe do obreiro, desvinculando-o da empresa principal, inviabiliza o alcance do patamar de garantias conquistadas pelo sindicato vinculado à empresa tomadora de serviços, além de prejudicar o direito de greve em razão da alta rotatividade no emprego, esvaziando-se "a eficácia e a função social do direito coletivo à organização sindical (Constituição, art. 8º), à greve (art. 9º) e ao reconhecimento constitucional das convenções e acordos coletivos de trabalho (art. 7º, XXVI)"[39].

Além do patamar remuneratório aquém do necessário para atender as necessidades vitais básicas da pessoa humana trabalhadora e de sua família – o que reduz a eficácia do disposto no art. 7º, IV e VI, da Constituição –, o trabalhador terceirizado "tem aumentado o risco de inadimplemento, em face do condicionamento contratual", reduzindo a eficácia do direito ao "Fundo de Garantia do Tempo de Serviço como poupança voltada a satisfazer necessidades futuras (art. 7º, III); da pontualidade salarial como imposição decorrente da natureza alimentar do salário (art. 7º, XI)"[40].

A alta rotatividade existente no trabalho terceirizado "esvazia o direito de proteção à relação de emprego contra despedida arbitrária ou sem justa causa (Constituição, art. 7º, I), pois o objetivo social da norma não reside no pagamento da indenização compensatória, mas no desestímulo à ruptura contratual", esvaziando, por consequência, o direito ao aviso-prévio proporcional ao tempo de serviço (art. 7º, XXI) e o direito à aposentadoria por tempo de contribuição (art. 7º, XXIV)[41].

Esse quadro, até então demonstrado nesse estudo, refere-se à realidade social do trabalho no Brasil em face da terceirização de serviços e seus efeitos deletérios antes da promulgação da lei da reforma trabalhista, cuja vigência teve início em 11.11.2017.

Esclareça-se que, até a vigência da mencionada lei, a terceirização era permitida, apenas, nas atividades meio da empresa tomadora de serviços. Esse entendimento decorreu

---

33. DIEESE. Nota técnica n. 172, de mar./2017. *Terceirização e precarização das relações de trabalho*. Condições de trabalho e remuneração em atividades tipicamente terceirizadas e contratantes. Disponível em: <https://www.dieese.org.br/notatecnica/2017/notaTec172Terceirizacao.pdf>. Acesso em: 17 nov. 2017.
34. *Idem.*
35. *Idem.*
36. DIEESE. Nota técnica n. 172, de março/2017. *Terceirização e precarização das relações de trabalho*. Condições de trabalho e remuneração em atividades tipicamente terceirizadas e contratantes. Disponível em: <https://www.dieese.org.br/notatecnica/2017/notaTec172Terceirizacao.pdf>. Acesso em: 17 nov. 2017.
37. A expressão "emprego rarefeito" foi utilizada, inicialmente, na seguinte obra: DELGADO, Gabriela Neves. AMORIM, Helder Santos. *Os limites constitucionais da terceirização*. 2. ed. São Paulo: LTr, 2015. "O emprego rarefeito é aquele que, apesar da roupagem formal, mediante registro e observância esquemática de direitos trabalhistas, padece de déficit de efetividade normativa, por uma intensidade e por uma qualidade protetiva muito inferior ao padrão constitucionalmente assegurado às relações de emprego diretas, firmadas entre o obreiro e o tomador de serviços." In: DELGADO, Gabriela Neves; AMORIM, Helder Santos. Os limites constitucionais da terceirização. 2. ed. São Paulo: LTr, 2015. p. 106.
38. DELGADO, Gabriela Neves; AMORIM, Helder Santos. *Os limites constitucionais da terceirização*. 2. ed. São Paulo: LTr, 2015. p. 61.
39. *Ibidem*, p. 61-62.
40. *Ibidem*, p. 62.
41. DELGADO, Gabriela Neves; AMORIM, Helder Santos. *Os limites constitucionais da terceirização*. 2. ed. São Paulo: LTr, 2015. p. 63.

da análise da evolução da legislação nacional e internacional de proteção social do trabalhador, além da própria jurisprudência trabalhista, sendo consolidado no Enunciado de Súmula n. 331 do Tribunal Superior do Trabalho[42] que "compatibilizou a liberdade de contratação da terceirização nas atividades-meio com a preservação da função social da empresa em manejar o trabalho, como fator de produção, em suas atividades essenciais, as atividades-fim", equilibrando a relação entre o capital e o trabalho, nos limites traçados pela matriz constitucional de 1988 e pelo Direito do Trabalho, que condenam fortemente a comercialização de mão de obra[43].

A inovação jurídica trazida pela lei da reforma trabalhista tida, por Mauricio Godinho Delgado e Gabriela Neves Delgado, como, talvez, a mais perversa entre todas, diz respeito à legalização da terceirização de serviços relacionados à atividade-fim empresarial[44].

As empresas, a partir da reforma trabalhista, têm a prerrogativa de transferir a execução de quaisquer de suas atividades, inclusive de sua atividade principal, à pessoa jurídica de direito privado prestadora de serviços[45]. Isso significa admitir a existência de empresas ocas, vazias, ou seja, destituídas de empregados diretos, onde suas atividades meio e fim poderão ser terceirizadas, sem as restrições até então consolidadas na jurisprudência do Tribunal Superior do Trabalho.

Ademais, admitiu-se textualmente o fim da isonomia salarial entre empregados terceirizados e empregados da empresa contratante que exercem as mesmas atividades, exceto no caso de estipulação contratual nesse sentido[46], esvaziando o conteúdo normativo do princípio da igualdade e do direito fundamental à não discriminação no ambiente laboral. Outra aberração jurídica.

Ora, é evidente que a terceirização estabelece código diametralmente oposto ao da valorização da pessoa humana trabalhadora e do direito fundamental ao trabalho digno[47] assentados na matriz constitucional de 1988.

Nesse contexto, embora não existam dados empíricos que confirmem que a lei da reforma trabalhista acentuará as vulnerabilidades sociais relacionadas ao trabalho, a marcante característica flexibilizatória da legislação pressupõe uma intensificação da terceirização e do processo de precarização do trabalho humano e, por conseguinte, tem-se certo que seus efeitos nefastos tornar-se-ão ainda mais deletérios.

5. TRABALHO E TERCEIRIZAÇÃO

Os empregos precários e flexíveis, especialmente os terceirizados, trazem consequências danosas à saúde da pessoa humana trabalhadora, não apenas pela predominância de alta rotatividade, jornada de trabalho elevada e remuneração baixa (que se situa em patamar inferior à percebida pelos empregados diretos), que intensificam a exploração do trabalho humano, mas também pelo elevado número de acidentes de trabalho.

Segundo pesquisa divulgada pelo DIEESE/CUT, em 2011, os postos de trabalho mais precários e arriscados, em regra, são ocupados pelos trabalhadores terceirizados[48]. Dados obtidos pela fiscalização do trabalho do Ministério do Trabalho e Emprego noticiam que, a cada dez acidentes de trabalho ocorrido no Brasil, oito ocorrem em empresas

---

42. Súmula n. 331 do TST: CONTRATO DE PRESTAÇÃO DE SERVIÇOS. LEGALIDADE (nova redação do item IV e inseridos os itens V e VI à redação) – Res. 174/2011, DEJT divulgado em 27, 30 e 31.05.2011. I – A contratação de trabalhadores por empresa interposta é ilegal, formando-se o vínculo diretamente com o tomador dos serviços, salvo no caso de trabalho temporário (Lei n. 6.019, de 03.01.1974). II – A contratação irregular de trabalhador, mediante empresa interposta, não gera vínculo de emprego com os órgãos da Administração Pública direta, indireta ou fundacional (art. 37, II, da CF/1988). III – Não forma vínculo de emprego com o tomador a contratação de serviços de vigilância (Lei n. 7.102, de 20.06.1983) e de conservação e limpeza, bem como a de serviços especializados ligados à atividade-meio do tomador, desde que inexistente a pessoalidade e a subordinação direta. IV – O inadimplemento das obrigações trabalhistas, por parte do empregador, implica a responsabilidade subsidiária do tomador dos serviços quanto àquelas obrigações, desde que haja participado da relação processual e conste também do título executivo judicial. V – Os entes integrantes da Administração Pública direta e indireta respondem subsidiariamente, nas mesmas condições do item IV, caso evidenciada a sua conduta culposa no cumprimento das obrigações da Lei n. 8.666, de 21.06.1993, especialmente na fiscalização do cumprimento das obrigações contratuais e legais da prestadora de serviço como empregadora. A aludida responsabilidade não decorre de mero inadimplemento das obrigações trabalhistas assumidas pela empresa regularmente contratada. VI – A responsabilidade subsidiária do tomador de serviços abrange todas as verbas decorrentes da condenação referentes ao período da prestação laboral.
43. DELGADO, Gabriela Neves; AMORIM, Helder Santos. *Os limites constitucionais da terceirização*. 2. ed. São Paulo: LTr, 2015. p. 31-32.
44. DELGADO, Mauricio Godinho; DELGADO, Gabriela Neves. *A reforma trabalhista no Brasil*: com os comentários à Lei n. 13.467/2017. São Paulo: LTr, 2017. p. 56.
45. Lei n. 6.019/1974: art. 4º-A. Considera-se prestação de serviços a terceiros a transferência feita pela contratante da execução de quaisquer de suas atividades, inclusive sua atividade principal, à pessoa jurídica de direito privado prestadora de serviços que possua capacidade econômica compatível com a sua execução. (Redação dada pela Lei n. 13.467, de 2017).
46. Lei n. 6.019/1974: art. 4º-C, §1º Contratante e contratada poderão estabelecer, se assim entenderem, que os empregados da contratada farão jus a salário equivalente ao pago aos empregados da contratante, além de outros direitos não previstos neste artigo. (Incluído pela Lei n. 13.467, de 2017)
47. Para aprofundar o estudo acerca do direito fundamental ao trabalho digno, consultar: DELGADO, Gabriela Neves. *Direito fundamental ao trabalho digno*. São Paulo: LTr, 2015.
48. Terceirização e desenvolvimento: uma conta que não fecha. Dossiê sobre o impacto da terceirização sobre os trabalhadores e para garantir a igualdade de direitos. São Paulo: DIEESE/CUT, set. 2011. p. 6. Disponível em: <http://www.sinttel.org.br/>. Acesso em: 20 nov. 2017.

terceiras e "nos casos em que há morte, quatro entre cinco ocorrem em empresas prestadoras de serviços"[49].

Na nota técnica emitida pelo DIEESE, em 2017, ficou constatado que entre os terceirizados que possuem remuneração de até 1,3 salário mínimo, ou seja, trabalhadores em situação de vulnerabilidade social profunda em razão de renda insuficiente para garantir seus direitos sociais, os afastamentos por acidente de trabalho típicos chegam a ser duas vezes mais altos, quando comparados com os sofridos pelos trabalhadores diretos.[50]

Os dados obtidos pelo Departamento de Erradicação do Trabalho Escravo do Ministério do Trabalho e Emprego denunciam, ainda, o vínculo entre terceirização e trabalho análogo à escravidão ao demonstrar que, entre os dez maiores resgates de trabalhadores em condição de escravidão contemporânea no Brasil, nos anos de 2010 a 2013, 90% deles envolvia trabalhadores terceirizados[51].

Esses dados estatísticos demonstram a fragilidade do trabalho terceirizado em termos de saúde e segurança no trabalho e denunciam a ausência de medidas efetivas de proteção do meio ambiente de trabalho. A empresa prestadora limita-se a designar o trabalhador terceirizado, sem qualquer ingerência sobre o meio ambiente laboral das empresas tomadoras de seus serviços, o que dificulta "a implementação de medidas de segurança e saúde no trabalho (art. 7º, XXII)", aumentando, como visto, os riscos de acidente de trabalho[52].

A dinâmica precarizante que é própria da terceirização dificulta, sobremaneira, a construção da *identidade temporal* do trabalhador terceirizado – haja vista a potencial situação de desemprego com o término do contrato de prestação de serviços de duração determinada entre a empresa prestadora e a tomadora que o impede de planejar seu futuro, causando-lhe potencial dano existencial – e da sua *identidade espacial*, na medida em que o trabalhador, além de não fazer parte do quadro de empregados da empresa tomadora de serviços, sequer sabe se permanecerá trabalhando para o mesmo tomador durante a vigência de seu contrato de trabalho[53].

Cristiano Paixão e Ricardo Lourenço Filho relatam que "comprimido entre a ausência de futuro (uma espécie de não tempo) e a incerteza sobre a localidade (uma espécie de não espaço), o trabalhador terceirizado vai se transformando nessa mercadoria dispensável, precária e sem referências"[54].

Aliás, todo esse mecanismo de flexibilização e sistema de "emprego rarefeito"[55], que desconstrói a identidade pessoal[56] e coletiva do trabalhador, se torna ainda mais perverso num contexto de reforma trabalhista que incorpora uma série de mecanismos que potencializam os instrumentos de precarização do trabalho, cuja consequência é a dificuldade de fruição de direitos fundamentais, inclusive o direito fundamental à integridade psíquica no meio ambiente do trabalho[57], em razão dos efeitos danosos provocados pela instrumentalização do trabalho humano.

Estudos demonstram que o medo do desemprego e da exclusão social são instrumentalizados pelo empregador para estimular o cumprimento de metas exageradas, a polivalência do trabalhador, a competitividade e o individualismo no meio ambiente de trabalho[58], institucionalizando a quebra dos laços de solidariedade e da mobilização coletiva, o que gera um cenário de adoecimento psíquico que muitas vezes culmina em suicídios[59].

---

49. DELGADO, Gabriela Neves; AMORIM, Helder Santos. *Os limites constitucionais da terceirização*. 2. ed. São Paulo: LTr, 2015. p. 15.
50. Constituição da República Federativa do Brasil de 1988. Art. 6º São direitos sociais a educação, a saúde, a alimentação, o trabalho, a moradia, o transporte, o lazer, a segurança, a previdência social, a proteção à maternidade e à infância, a assistência aos desamparados, na forma desta Constituição.
51. FILGUEIRAS, Vitor Araújo. *Terceirização e trabalho análogo ao escravo*: coincidência? Matéria veiculada em 24 jun. 2014. Disponível em: <http://reporterbrasil.org.br/2014/06/terceirizacao-e-trabalho-analogo-ao-escravo-coincidencia/>. Acesso em: 22 fev. 2018, 20h50.
52. DELGADO, Gabriela Neves; AMORIM, Helder Santos. *Os limites constitucionais da terceirização*. 2. ed. São Paulo: LTr, 2015. p. 62.
53. PAIXÃO, Cristiano; LOURENÇO FILHO, Ricardo. *Impactos da terceirização no mundo do trabalho*: tempo, espaço e subjetividade. Rev. TST, Brasília, v. 80, n. 3, p. 66 e 67, jul./set. 2014.
54. *Ibidem*, p. 67.
55. A expressão "emprego rarefeito" é de Gabriela Neves Delgada e Helder Amorim Santos utilizada, inicialmente, na seguinte obra: DELGADO, Gabriela Neves; AMORIM, Helder Santos. *Os limites constitucionais da terceirização*. 2. ed. São Paulo: LTr, 2015.
56. As pesquisas efetuadas no campo da psicodinâmica do trabalho, disciplina que estuda, em síntese, os impactos da organizaçao do trabalho na saúde da pessoa trabalhadora, revelam que o trabalho ocupa um papel fundamental na estruturação da subjetividade e da identidade. Isso o torna a base da saúde psicofísica da pessoa. Tanto a identidade individual, quanto a social são construídas nas relações cotidianas de troca com o outro, pois essa troca desempenha um papel primordial na formação da identidade, se relacionando intimamente com o reconhecimento do trabalhador, de seu esforço e investimento. O reconhecimento, por sua vez, funciona como uma retribuição simbólica fundamental na construção do sentido do trabalho para o sujeito, transformando sofrimento em prazer e promovendo a saúde mental da pessoa trabalhadora. Uma das consequências da ausência de reconhecimento é o sofrimento psíquico.
57. Acerca do direito fundamental à integridade psíquica no meio ambiente do trabalho, consultar: DIAS, Valéria de Oliveira. O Conteúdo Essencial do Direito Fundamental à Integridade Psíquica no Meio Ambiente de Trabalho na perspectiva do Assédio Moral Organizacional/The essential content of the fundamental right to psychological integrity in the workplace. *Journal of Law and Regulation / Revista de Direito Setorial e Regulatório*, [S.l.], v. 1, n. 1, p. 117-142, apr. 2015. ISSN 2446-5259.
58. DRUCK, Graça. *Trabalho, precarização e resistências: novos e velhos desafios?* Caderno CRH, Salvador, v. 24, n. spe 01, p. 37-57, 2011.
59. CREMASCO, M. V. F; EBERLE, A. D.; SOBOLL, L. A. Compreensões sobre o assédio moral no trabalho a partir da psicodinâmica do trabalho. In: *Assédio moral interpessoal e organizacional*: um enfoque multidisciplinar. SOBOLL, Lis Andrea; GOSDAL, Thereza Cristina (Org.). São Paulo: LTr, 2009. p. 115.

O medo, de ser dispensado, de não atender às demandas da empresa, de ser humilhado, da exclusão social, sob o ponto de vista do adoecimento psíquico do trabalhador, apresenta diversas dimensões, de acordo com os estudos de Christophe Dejours desenvolvidos na Psicodinâmica do Trabalho no contexto da organização do trabalho[60].

"Aquele relacionado ao desgaste do funcionamento mental e do equilíbrio psicoafetivo, o qual pode originar-se na desestruturação das relações entre os colegas, manifestando-se por meio de discriminações, da suspeição ou, ainda de relações de violência e de agressividade, opondo trabalhadores entre si e com a hierarquia. Existe também o medo específico relativo à desorganização do funcionamento mental, devido à auto repressão exercida sobre o aparelho psíquico e pelo esforço empregado para se manterem comportamentos condicionados. Há, ainda, o medo referente à deterioração do corpo físico, vinculado diretamente às más condições de trabalho"[61].

A mobilização da alma humana perpetrada pelo medo inerente à cultura da precarização do trabalho e à nova morfologia social do trabalho contribui significativamente para o alto índice de doenças psicossomáticas da atualidade, que, de acordo com Christophe Dejours, são desencadeadas pelo "conflito que não consegue encontrar resolução mental", provocando, no corpo, "desordens endócrino-metabólicas"[62].

Não é por outra razão que, em 2010, pesquisa efetuada entre os trabalhadores segurados da Previdência Social constatou que "transtornos mentais e comportamentais foram a terceira principal causa de concessão de auxílio-doença por incapacidade laboral"[63].

Estudo ecológico, publicado em 2014, relacionando a mortalidade por suicídio e indicadores ligados à atividade laboral e sofrimento psíquico, em seis metrópoles brasileiras, evidenciou que, em São Paulo – a maior cidade do país –, a curva é ascendente, denotando o agravamento do problema suicídio envolvendo trabalhadores e condições precárias de trabalho[64].

A estratégia adotada pela lei da reforma trabalhista concernente à desconstrução das normas constitucionais e legais de proteção à saúde e segurança do trabalhador no âmbito das relações trabalhistas é explícita[65] e, evidentemente, que a precariedade das medidas de proteção à sua saúde e segurança, como se pôde constatar nas pesquisas acima relatadas, se aprofundará.

Como exemplo desse esvaziamento do direito à saúde e ao meio ambiente do trabalho ecologicamente equilibrado (arts. 196, 200, VIII, e 225 da Constituição Federal[66]) promovido pela reforma trabalhista menciona-se a tentativa de exclusão, para fins de prevalência do negociado sobre o legislado, das regras sobre duração do trabalho e intervalos do rol de normas relacionadas à saúde, higiene e segurança do trabalho[67], como se a mera disposição legal nesse sentido fosse suficiente para invalidar todas as pesquisas científicas até então concluídas em sentido diametralmente oposto, ou seja, confirmando exatamente o impacto das longas jornadas de trabalho e da ausência de descanso adequado na saúde física e psíquica dos trabalhadores.

A possibilidade de redução do intervalo intrajornada de uma hora para 30 minutos, em jornada superiores a seis horas, e até de sua supressão, nos casos de jornada em escala de 12 horas de trabalho por 36 horasde descanso, mediante negociação coletiva desconsideram a "dimensão de saúde, higiene e segurança laborais da pessoa humana do trabalhador"[68], pois a ausência de descanso potencializa a ocorrência de acidentes de trabalho e o desencadeamento de diversas doenças.

---

60. DIAS, Valéria de Oliveira. O Conteúdo Essencial do Direito Fundamental à Integridade Psíquica no Meio Ambiente de Trabalho na perspectiva do Assédio Moral Organizacional/The essential content of the fundamental right to psychological integrity in the workplace. *Journal of Law and Regulation / Revista de Direito Setorial e Regulatório*, [S.l.], v. 1, n. 1, p. 117-142, p. 124, apr. 2015.
61. MERLO, Álvaro Roberto Crespo; LAPIS, Naira Lima. A saúde e os processos de trabalho no capitalismo: reflexões na interface da psicodinâmica do trabalho e da sociologia do trabalho. Psicologia & Sociedade, Porto Alegre, v. 19, n. 1, p. 61-68, p. 64. Apr. 2007.
62. DIAS, Valéria de Oliveira. O Conteúdo Essencial do Direito Fundamental à Integridade Psíquica no Meio Ambiente de Trabalho na perspectiva do Assédio Moral Organizacional/The essential content of the fundamental right to psychological integrity in the workplace. *Journal of Law and Regulation / Revista de Direito Setorial e Regulatório*, [S.l.], v. 1, n. 1, p. 117-142, p. 125, apr. 2015.
63. Idem.
64. CECCON, Roger Flores et al. Suicídio e trabalho em metrópoles brasileiras: um estudo ecológico. *Ciência e saúde coletiva*, Rio de Janeiro, v. 19, n. 7, p. 2.225-2.234, p. 2.231, jul. 2014.
65. DELGADO, Mauricio Godinho; DELGADO, Gabriela Neves. *A reforma trabalhista no Brasil*: com os comentários à Lei n. 13.467/2017. São Paulo: LTr, 2017. p. 42.
66. Constituição da República Federativa do Brasil. Art. 196. A saúde é direito de todos e dever do Estado, garantido mediante políticas sociais e econômicas que visem à redução do risco de doença e de outros agravos e ao acesso universal e igualitário às ações e serviços para sua promoção, proteção e recuperação. Art. 200. Ao sistema único de saúde compete, além de outras atribuições, nos termos da lei: [...]; VIII – colaborar na proteção do meio ambiente, nele compreendido o do trabalho. Art. 225. Todos têm direito ao meio ambiente ecologicamente equilibrado, bem de uso comum do povo e essencial à sadia qualidade de vida, impondo-se ao Poder Público e à coletividade o dever de defendê-lo e preservá-lo para as presentes e futuras gerações.
67. CLT: Art. 611-B. [...]. Parágrafo único. Regras sobre duração do trabalho e intervalos não são consideradas como normas de saúde, higiene e segurança do trabalho para os fins do disposto neste artigo. (Incluído pela Lei n. 13.467, de 2017)
68. DELGADO, Mauricio Godinho; DELGADO, Gabriela Neves. *A reforma trabalhista no Brasil*: com os comentários à Lei n. 13.467/2017. São Paulo: LTr, 2017. p. 42.

Outra consequência nefasta da terceirização de serviços aprofundada pela reforma trabalhista é o prejuízo ao direito ao gozo de férias anuais remuneradas (art. 7º, XVII), pois os sucessivos contratos de curta duração inviabilizam a aquisição e o usufruto desse direito fundamental.

Assim, a possibilidade de fragmentação das férias em três parcelas[69] tende a reforçar a prática de monetarização desse direito, cujo fundamento se relaciona "à política de saúde pública, bem estar coletivo e respeito à construção da cidadania, voltado a resgatar o trabalhador da noção estrita de ser produtivo, em favor de uma noção mais larga de ser familiar, social e político, ou seja, de uma noção mais larga de cidadania"[70].

6. TRABALHO FEMININO E TERCEIRIZAÇÃO

Sabe-se que o ingresso da mulher no mundo do trabalho "é um avanço no seu processo emancipatório". Contudo, este avanço,

"encontra-se hoje fortemente comprometido, na medida em que o capital vem incorporando cada vez mais o trabalho feminino especialmente nos estratos assalariados industriais e de serviços, de modo crescentemente precarizado, informalizado, sob o regime do trabalho *part-time*, temporário, etc., preservando o fosso existente, dentro da classe trabalhadora, entre o contingente masculino e feminino. Assim, o processo de feminização do trabalho tem um claro sentido contraditório, marcado pela positividade do ingresso da mulher no mundo trabalho e pela negatividade da precarização, intensificação e ampliação das formas e modalidades de exploração do trabalho. Enfim, é nessa dialética que a feminização do trabalho, ao mesmo tempo, emancipa, ainda que de modo parcial, e preariza, de modo acentuado. Oscilando, portanto, entre a emancipação e a precarização, mas buscando ainda caminhar da precarização para a emancipação".[71]

Este cenário descrito por Cláudia Mazzei Nogueira é exatamente o que se constrói na terceirização promovida no setor de serviços, no caso brasileiro.

Nos estratos assalariados de serviços terceirizados há tendência de feminização do trabalho, o que pode ser comprovado pelos seguintes dados estatísticos lançados por Valdete Severo:

"Dados revelados por uma pesquisa do Sindicato das Empresas de Asseio e Conservação do Estado do Rio de Janeiro apontam que 92% dos trabalhadores nos serviços de limpeza terceirizados são mulheres, enquanto 62% são negros. Dados do Instituto de Pesquisa Econômicas Aplicadas apontam que, em 2009, existiam 7,2 milhões de brasileiros trabalhando na limpeza, cozinha e manutenção de casas e escritórios, dos quais 93% do total (cerca de 6 milhões) eram mulheres e 61,6% do total (4 milhões) eram negros e negras. A taxa de desemprego em 2009 era de 12% entre mulheres negras, comparada a 9% para mulheres brancas, 7% para os homens negros e 5% para homens brancos. De acordo com o mesmo instituto, IPEA, em 2011 a taxa de escolarização de mulheres brancas era de 23,8%, enquanto entre mulheres negras era de apenas 9%.

Nesse mesmo ano, a renda média das mulheres negras era equivalente a 30,5% da renda percebida pelos homens brancos. Por fim, a Pesquisa de Emprego e Desemprego (PED) de 2013, aponta que 70,6% das mulheres negras que trabalham nas regiões metropolitanas de Belo Horizonte, Fortaleza, Porto Alegre, Recife, Salvador, São Paulo e Distrito Federal estão nos setores de serviços, na sua enorme maioria já como terceirizadas. Nos serviços de telemarketing a escolha de mulheres, negros e negras, para o trabalho, é por vezes justificada pela invisibilidade que esse trabalho promove. Longe dos olhos do consumidor, a atendente não precisa preencher o requisito perverso e racista da 'boa aparência'".[72]

A reforçar, ainda, a marca da intensificação da precariedade do trabalho da mulher, Renata Dutra destaca que o perfil dos trabalhadores que se ativam no setor de atividades de teleatendimento "não destoa da média nacional, em que cerca de 73% dos quadros são compostos por mulheres, entre 19 e 28 anos (67,7%), com prevalência, acentuada no caso da Região Metropolitana de Salvador – RMS, de pessoas negras e pardas (que representam 95,3% do total de trabalhadores)".[73]

---

69. CLT: Art. 134. As férias serão concedidas por ato do empregador, em um só período, nos 12 (doze) meses subsequentes à data em que o empregado tiver adquirido o direito. § 1º Desde que haja concordância do empregado, as férias poderão ser usufruídas em até três períodos, sendo que um deles não poderá ser inferior a quatorze dias corridos e os demais não poderão ser inferiores a cinco dias corridos, cada um. (Redação dada pela Lei n. 13.467, de 2017).
70. DELGADO, Gabriela Neves; AMORIM, Helder Santos. *Os limites constitucionais da terceirização.* 2. ed. São Paulo: LTr, 2015. p. 107.
71. NOGUEIRA, Cláudia Mazzei. *A feminização do mundo do trabalho: entre a emancipação e a precarização.* In: ANTUNES, Ricardo; SILVA, Maria A. Moraes (Orgs). O avesso do trabalho. São Paulo: Ed. Expressão Popular, 2010.
72. SEVERO, Valdete Souto. *Terceirização:* a precarização da proteção à mulher e à criança. Matéria veiculada em 26 abr. 2017. Disponível em: <http://justificando.cartacapital.com.br/2017/04/26/terceirizacao-a-precarizacao-da-protecao-a-mulher-e-a-crianca/>. Acesso em: 22 fev. 2018, 15h35.
73. DUTRA, Renata Queiroz. *Trabalho, Regulação e Cidadania*: a dialética da regulação social do trabalho em call centers na Região Metropolitana de Salvador. Tese de Doutorado defendida perante o Programa de Pós-graduação em Direito da Universidade de Brasília. Orientação: Gabriela Neves Delgado. 2017. p. 103 e 104.

Os dados compilados permitem concluir que a dinâmica de contratação terceirizada é, em si, perversa, porque, além de estabelecer práticas de exploração do trabalho humano, de reificação do sujeito que vive do trabalho e de precarização de direitos fundamentais, reforça uma perspectiva preconceituosa de rebaixamento do valor do trabalho feminino.

7. CONCLUSÃO

O sistema toytista de gestão – flexível, enxuto e desconcentrado – predominantes na organização do trabalho contemporânea tende a provocar o retorno a modelos de trabalho desprotegidos, o que se pode constatar pela aprovação e vigência da lei da reforma trabalhista.

Não obstante a relevância do trabalho protegido para o bem geral da sociedade e para a formação e consolidação da identidade do cidadão, a reforma trabalhista efetivada pela Lei n. 13.467/2017, enfatizando o discurso da modernização das relações de trabalho, foi indiferente às conquistas históricas dos trabalhadores elevadas ao patamar de direitos sociais e garantias fundamentais pela Constituição Federal de 1988, ao promover uma tentativa de ruptura da funcionalidade do Direito do Trabalho.

A precarização social do trabalho promovida pela desregulamentação e flexibilização das relações de trabalho, bem como a equivocada possibilidade de terceirização da atividade fim empresarial, introduzidas pela reforma trabalhista, caminha em sentido oposto à própria ordem constitucional brasileira, cuja funcionalidade se legitima na centralidade do ser humano e, no caso trabalhista, na centralidade da pessoa que vive do trabalho.

Esta auto-regulamentação do mercado de trabalho pretendida pela reforma trabalhista não se mostra apta a incrementar a eficiência econômica no país, ao contrário, intensifica sistemática danosa de exclusão social e econômica da classe que vive do trabalho. Este cenário torna-se ainda mais agudo para as mulheres trabalhadoras, sobretudo as trabalhadoras terceirizadas, que somam o maior contingente de trabalhadores dos estratos assalariados do setor de serviços.

8. REFERÊNCIAS BIBLIOGRÁFICAS

ANDERDON, Joel; HONNETH, Axel. Autonomia, vulnerabilidade, reconhecimento e justiça. *Cadernos de Filosofia Alemã*, n. 17, p. 81-112.

CECCON, Roger Flores et al. Suicídio e trabalho em metrópoles brasileiras: um estudo ecológico. *Ciência e saúde coletiva*. Rio de Janeiro, v. 19, n. 7, p. 2225-2234, jul. 2014.

CREMASCO, Maria Virginia Filomena; EBERLE, André Davi; SOBOLL, Lis Andrea. A. Compreensões sobre o assédio moral no trabalho a partir da psicodinâmica do trabalho. In: *Assédio moral interpessoal e organizacional*: um enfoque multidisciplinar. SOBOLL, Lis Andrea; GOSDAL, Thereza Cristina (Org.). São Paulo: LTr, 2009.

DELGADO, Mauricio Godinho. *Princípios Constitucionais do Trabalho e Princípios de Direito Individual e Coletivo do Trabalho*. 5. ed. São Paulo: LTr, 2017.

_____. Constituição da República, Estado Democrático de Direito e Direito do Trabalho. In: DELGADO, M. G.; DELGADO, G. N. *Constituição da República e Direitos Fundamentais*: dignidade da pessoa humana, justiça social e Direito do Trabalho. 4. ed. São Paulo: LTr, 2017.

DELGADO, Mauricio Godinho; DELGADO, Gabriela Neves. *A reforma trabalhista no Brasil*: com os comentários à Lei n. 13.467/2017. São Paulo: LTr, 2017.

DELGADO, Gabriela Neves. *Direito fundamental ao trabalho digno*. São Paulo: LTr, 2015.

DELGADO, Gabriela Neves; AMORIM, Helder Santos. *Os limites constitucionais da terceirização*. 2. ed. São Paulo: LTr, 2015.

DIAS, Valéria de Oliveira. O Conteúdo Essencial do Direito Fundamental à Integridade Psíquica no Meio Ambiente de Trabalho na perspectiva do Assédio Moral Organizacional/The essential content of the fundamental right to psychological integrity in the workplace. *Journal of Law and Regulation / Revista de Direito Setorial e Regulatório*, [S.l.], v. 1, n. 1, p. 117-142, apr. 2015.

DRUCK, Graça. Trabalho, precarização e resistências: novos e velhos desafios? *Caderno CRH*, Salvador, v. 24, n. spe 01, p. 37-57, 2011.

DIEESE. Nota técnica n. 172, de mar./2017. *Terceirização e precarização das relações de trabalho*. Condições de trabalho e remuneração em atividades tipicamente terceirizadas e contratantes. Disponível em: <https://www.dieese.org.br/notatecnica/2017/notaTec172Terceirizacao.pdf>.

_____. *Terceirização e desenvolvimento*: uma conta que não fecha. Dossiê sobre o impacto da terceirização sobre os trabalhadores e para garantir a igualdade de direitos. São Paulo: DIEESE/CUT, set. 2011. p. 6. Disponível em: <http://www.sinttel.org.br/>.

DUTRA, Renata Queiroz. *Trabalho, Regulação e Cidadania*: a dialética da regulação social do trabalho em call centers na Região Metropolitana de Salvador. Tese de Doutorado defendida perante o Programa de Pós-graduação em Direito da Universidade de Brasília. Orientação: Gabriela Neves Delgado. 2017.

FILGUEIRAS, Vitor Araújo. *Terceirização e trabalho análogo ao escravo*: coincidência? Matéria veiculada em 24 jun. 2014. Disponível em: <http://reporterbrasil.org.br/2014/06/terceirizacao-e-trabalho-analogo-ao-escravo-coincidencia/>. Acesso em: 22 fev. 2018, 20h50.

GRAU, Eros Roberto. *A ordem econômica na Constituição de 1988*. São Paulo: Malheiros, 2012.

HONNETH, Axel. Trabalho e reconhecimento: tentativa de uma redefinição. *Civitas – Revista de Ciências Sociais*, v. 8, n. 1, jan.-abr. 2008, p. 46-67.

IBGE. *Pesquisa nacional por amostra de domicílios*: síntese de indicadores 2015/IBGE, Coordenação de Trabalho e Rendimento. Rio de Janeiro: IBGE, 2016. Disponível em: <https://biblioteca.ibge.gov.br/visualizacao/livros/liv98887.pdf>.

MANDARINI, Marina Bernardo; ALVES, Amanda Martins; STICCA Marina Greghi. Terceirização e impactos para a saúde e trabalho: Uma revisão sistemática da literatura. *Revista Psicologia: Organizações e Trabalho*, 16(2), p. 143-152, abr.-jun. 2016.

MERLO, Álvaro Roberto Crespo; LAPIS, Naira Lima. A saúde e os processos de trabalho no capitalismo: reflexões na interface da psicodinâmica do trabalho e da sociologia do trabalho. *Psicologia & Sociedade*, Porto Alegre, v. 19, n. 1, p. 61-68, apr. 2007.

NOGUEIRA, Cláudia Mazzei. A feminização do mundo do trabalho: entre a emancipação e a precarização. In: ANTUNES, Ricardo; SILVA, Maria A. Moraes (Orgs). *O avesso do trabalho*. São Paulo: Ed. Expressão Popular, 2010.

PAIXÃO, Cristiano; LOURENÇO FILHO, Ricardo. Impactos da terceirização no mundo do trabalho: tempo, espaço e subjetividade. *Revista do TST*, Brasília, v. 80, n. 3, jul./set. 2014.

SEVERO, Valdete Souto. *Terceirização*: a precarização da proteção à mulher e à criança. Matéria veiculada em 26 abr. 2017. Disponível em: <http://justificando.cartacapital.com.br/2017/04/26/terceirizacao-a-precarizacao-da-protecao-a-mulher-e-a-crianca/>. Acesso em: 22 fev. 2018, 15h35.

Por uma Justiça Feminista

Gláucia Foley[1]

> *"Que podamos construir desde nuestros cuerpos de mujeres una propuesta de sociedad en la cuál recuperemos la comunidad, para superar el individualismo que nos ha impuesto el patriarcado, cuyo desarrollo ha sido neoliberal y que ahora no pueda reciclarse. Y que hagamos esa transformación desde nuestros cuerpos de mujeres, donde las mujeres y los hombres o como quiera llamarse cada quien, vivamos felices en armonía y ya no tengamos necesidad del feminismo. Porque el feminismo ha de ser algo histórico, algo que tiene que terminar, ya que es una lucha contra un sistema de opresión y por tanto el fin del feminismo significaría que hemos derrotado el patriarcado. Quisiera que tengamos entonces la comunidad de la heterogeneidad, la comunidad de las mujeres, de los hombres y de la madre naturaleza".[2]*
>
> (Julieta Paredes)

1. INTRODUÇÃO

Este artigo pretende apontar caminhos para a construção de uma justiça feminista, para além da indispensável democratização do Sistema Judiciário. Ainda que seja possível que as instâncias formais da justiça sejam radicalmente reformadas e profundamente democratizadas, a atividade jurisdicional é, por excelência, a expressão de uma racionalidade própria da Modernidade cujas promessas emancipatórias não foram cumpridas. Embora seu formato ainda seja útil – sobretudo nos conflitos em que há violência estrutural e assimetria de poder entre as partes – para conferir alguma dose de regulação em uma sociedade que ainda reproduz relações pré-modernas, uma justiça feminista demanda a adoção de novas práticas – horizontais, dialógicas, participativas, cooperativas – fora dos limites das liturgias forenses, voltadas ao protagonismo comunitário.

Da mesma forma que a democracia representativa é claramente insuficiente para a promoção de uma sociedade ética e materialmente democrática, a justiça gerenciada pelo Poder Judiciário ostenta limitações para lidar com uma realidade contemporânea, complexa e multifacetada.

Delinear os traços de uma justiça feminista, alinhada à democracia participativa, implica alargar o repertório das lutas por direitos, promovendo no âmbito comunitário, uma justiça que opere com a dimensão do afeto, da solidariedade e da alteridade, para a emergência de novas sociabilidades que transformem as relações de poder e de opressão, em relações horizontais e compartilhadas. Não se trata, aqui, de se propor uma justiça popular alternativa, em substituição à esfera estatal. O que se argumenta é que, se o feminismo é uma ferramenta poderosa de mudança do mundo, seu manejo não deve se limitar à (legítima) luta judicial por direitos, devendo também estar à disposição das instituições e das pessoas, na prática política do cotidiano, para a promoção de uma sociedade emancipatória, pautada na igualdade, na dignidade e no respeito entre todos os seres humanos.

Após breve análise da crise política dos tempos atuais, este artigo examina algumas possibilidades de democratização da justiça, indicando as limitações da atuação do Poder Judiciário e pautando a construção de uma justiça feminista no desenvolvimento de uma democracia participativa, na superação do patriarcado e na afirmação do feminismo no âmbito comunitário. Ao final, a mediação comunitária é apresentada como um dos caminhos possíveis para a prática cotidiana de uma justiça feminista, por sua aposta na cooperação, na alteridade e no afeto como alicerces da fundação de uma sociedade sem exclusões e sem violência.

2. CRISE POLÍTICA, CRISE DE JUSTIÇA.

A crise política atual no Brasil tem como uma de suas expressões a promiscuidade entre o poder econômico e o político. O Estado brasileiro atual, mera versão burocrática dos oligopólios financeiros, está pautado pela agenda do neoliberalismo pelo qual bens e indivíduos são traduzidos e etiquetados segundo os valores intrínsecos à circulação de mercadorias. Vivemos a era da pós-democracia, em que os princípios do Estado Democrático de Direito foram substituídos por um Estado sem limites no exercício do poder, voltado aos interesses do mercado que controla a vida social por meio de um Estado Penal que precisa ser cada vez mais forte para assegurar a contenção dos excluídos (CASARA, 2017).

Assistimos, perplexos, a reemergência do populismo criminal e o consequente furor punitivista; as transferências

---

1. Graduada em Direito pela PUC-SP e Mestre em Direito pela Universidade de Brasília. Realizou pesquisas na qualidade de *Visiting Scholar* junto a Universidade de Wisconsin-Madison – EUA e a Universidade de Essex – UK. É Juíza titular do Juizado Especial Criminal de Taguatinga e Coordenadora do Programa Justiça Comunitária do TJDFT. Recebeu a Medalha Márcio Tomaz Bastos de Acesso à Justiça, Ministério da Justiça – 2014 e foi ganhadora do Prêmio Innovare pelo Programa Justiça Comunitária, Dezembro de 2005.
2. Disponível em: <www.americalatinagenera.org>. Acesso em: 02 fev. 2018 (Dia de Yemanjá).

de renda intrínsecas aos benefícios e sonegações fiscais; os lucros abusivos auferidos pelas instituições financeiras; a seletividade cirúrgica com que o Sistema de Justiça vem operando na arena política; as violações à Constituição, em especial, aos direitos fundamentais; a ode à misoginia e ao racismo; a intensificação da violência no campo vitimando os sem terra e os povos tradicionais; o atentado à Justiça do Trabalho e o enfraquecimento da estrutura de fiscalização do trabalho escravo; a deificação da meritocracia e do empreendedorismo individual; o patrulhamento sobre a sexualidade alheia; a demonização da política, entre outros. Esse cenário dantesco vem se desenrolando sob a égide de um governo que, embora ilegítimo e impopular, conta com o suporte de parte da mídia para a viabilização das reformas demandadas pelo mercado.

A Justiça, como uma das esferas do Estado, não ficou alheia a esse processo. Parte de seus integrantes reproduzem a tradição aristocrática da formação da sociedade brasileira: patrimonialista, burocrática, formalista e patriarcal.

Nos últimos anos, assistimos à adoção de procedimentos altamente questionáveis à luz da Constituição e visivelmente alinhados à narrativa hegemônica pautada pela mídia. O Judiciário passou a ser o relicário das aspirações de parte da opinião pública que crê que a política deva ser substituída por um poder sem qualquer controle popular, mas forte o suficiente para conferir estabilidade à economia e para pautar as políticas públicas. Um Judiciário midiático, que promova espetáculos, consagrando a vitória sobre a impunidade e reforçando sua autoridade na regulação da vida social e na manutenção da ordem.

No campo do Direito Penal, o cenário é de luta do bem contra o mal. Qualquer voz que destoe dessa narrativa, reforçando a necessidade de preservação dos pilares constitucionais dos direitos e garantias fundamentais, é automaticamente associada aos inimigos da nação que compactuam com o crime, em especial, com a corrupção. A premissa é a de que a sociedade – formada pelos cidadãos de bem e distintos dos historicamente excluídos – precisa ser preservada, ainda que isso possa custar a violação das garantias individuais e dos direitos fundamentais. Os problemas sociais, agravados nos momentos de crise, transformam-se em assunto de polícia e o bom juiz é aquele que não teme o poder e flexibiliza as garantias constitucionais, se isso, atendendo ao apelo popular, contribuir para a luta contra o crime (CASARA, 2017).

A seletividade com que opera o sistema penal brasileiro reproduz os padrões de exclusão e de violência estrutural contra pobres e negros. O Judiciário, como uma das instituições absortas na tradição oligárquica, adota a política criminal sem qualquer esforço crítico, reforçando as exclusões raciais e mantendo o negro no lugar em que o Estado brasileiro historicamente o destinou: a prisão. A origem nuclear dessa violência praticada pelas instâncias judiciais tem como base a desigualdade social e racial, proveniente da escravidão, cujo papel foi constituinte na formação da sociedade brasileira (SOUZA, 2017).

Essa linhagem, associada ao fortalecimento de uma vertente político-judicial punitivista, afastou o Judiciário do seu principal mister consistente em assegurar os direitos fundamentais que, como resultantes de lutas e conquistas políticas, estão em constante ameaça (CASARA, 2017).

Diante da crise política que contaminou parte da sociedade e do Poder Judiciário, transformando-os em celeiros da reprodução da violência estrutural e alicerces do patriarcado, em quais espaços os movimentos feministas podem pautar suas ações para a emergência de uma justiça feminista? Qual a relação entre a justiça feminista e o processo de democratização da justiça?

No tocante à democratização da justiça, há dois movimentos complementares: um dentro do Poder Judiciário e, o outro, nas demais instituições, em especial, no âmbito local. Em ambos os casos, as ações implicam adoção de instrumentos de contra-hegemonia, tendo como referência os direitos fundamentais resultantes das lutas dos movimentos sociais e das conquistas políticas dos movimentos feministas nas últimas décadas.

Passemos a analisar, inicialmente, quais medidas que podem colaborar para uma democratização da justiça por dentro do Poder Judiciário, no sentido de ampliar o acesso à justiça formal e de democratizar as instâncias judiciais. Em seguida, ampliando nosso foco de atuação, investigaremos as possibilidades emancipatórias que a proposta de uma justiça feminista, erguida no âmbito comunitário, pode revelar.

3. DEMOCRATIZAÇÃO DA JUSTIÇA

Há um movimento paradoxal que se verifica ao longo das duas últimas décadas: de um lado, o acelerado desenvolvimento da sociedade de consumo, a afirmação de novos direitos e o incremento de alguns canais de exercício da cidadania ensejaram uma explosão de litigiosidade, "judicializando" a política e o social. De outro, a significativa exclusão das camadas mais pobres da população brasileira, em razão dos inúmeros obstáculos que impedem a universalização do seu acesso. Em 1988, dados do IBGE indicavam que somente 33% das pessoas envolvidas em algum conflito recorriam ao Poder Judiciário (SADEK, 2002). Conforme destacado por Sadek (2014), recente pesquisa realizada pelo IPEA em 2010 revelou uma realidade muito semelhante ao retrato de vinte anos atrás: 63% dos brasileiros que já se envolveram em algum tipo de conflito – familiar, criminal, de vizinhança, de trânsito, trabalhista e outros – não acionaram o Sistema de Justiça.

Os obstáculos de acesso à Justiça não se limitam a embaraços de natureza econômica, sendo também sociais e culturais. Quanto mais pobre o cidadão, menor o seu acesso ao Sistema, porque tendem a conhecer pior os seus direitos e, portanto, a ter mais dificuldades em reconhecer um problema que os afeta como sendo um problema jurídico (SANTOS, 1996).

A busca pela universalização do acesso à justiça deve contemplar, de um lado, o incremento de canais que assegurem o acesso a todos ao sistema formal, sempre que necessário e, de outro, mecanismos que limitem as demandas que colonizam e inflacionam o Judiciário por iniciativa dos próprios entes públicos, bancos e prestadoras de serviço público.

Mas não é só. Embora indispensáveis, a inclusão dos excluídos e a busca por eficiência do Sistema não são suficientes para a universalização do acesso à justiça. A sua democratização demanda desjudicializar a vida, por meio do alargamento do *locus* e dos meios de realização da justiça. A sociedade deve ser capaz de manejar recursos que assegurem a efetivação dos direitos e o atendimento de suas necessidades, por meio de processos que, livres de qualquer coerção, sejam capazes de colaborar para a reconstrução do tecido social, o empoderamento individual e a emancipação social (FOLEY, 2012).

A expressão "desjudicialização" adotada aqui tem o sentido de "transferência de competência da resolução de conflitos por instâncias não judiciais" (PEDROSO; TRINCÃO; DIAS, 2013). Como processo que projeta a realização da justiça para além dos tribunais e da prestação jurisdicional, a desjudicialização expressa uma dose de ambiguidade: de um lado, é interpretada como mero mecanismo para desafogar o Judiciário; de outro, o manejo de recursos mais participativos e transformadores é essencial para a promoção da ansiada "justiça democrática de proximidade" (SANTOS, 2007).

Como exemplo, o resgate do uso dos meios autocompositivos – em especial a mediação de conflitos – nos anos de 1960/1970, nos EUA, revelou um movimento dúbio: de um lado, buscava-se uma solução para a insatisfação e descrédito na Justiça pelo aumento de demandas não absorvidas pelo Sistema e, de outro, a emergência de meios alternativos à jurisdição implicava uma reação à centralidade do monopólio estatal, valorizando o espaço comunitário e estimulando a participação ativa da sociedade na solução dos seus conflitos (AUERBACH, 1983).

Nesse artigo, contudo, não há qualquer dubiedade. A Justiça Comunitária como instrumento para construção de uma justiça feminista será analisada, ao final deste trabalho, sob uma abordagem emancipatória, com vistas a restituir à sociedade e aos indivíduos a capacidade, o poder e a corresponsabilidade pela gestão de seus conflitos, a partir do amplo diálogo e da reflexão crítica sobre seus direitos e suas necessidades.

Antes, porém, de sustentarmos as possibilidades emancipatórias que a realização de uma justiça feminista fora do âmbito do Judiciário proporciona, é preciso analisar os limites da atuação jurisdicional, considerando o perfil dos seus integrantes e os instrumentos à disposição para o desempenho da atividade jurisdicional.

4. AS LIMITAÇÕES DA ATIVIDADE JURISDICIONAL

Como vimos, a democratização do acesso à justiça pressupõe a ampliação das possibilidades de se acionar o Judiciário sempre que necessário. No entanto, para além do acesso, é preciso democratizar o próprio Poder Judiciário, transformando-o em uma instância estatal que represente todos os segmentos da sociedade brasileira. Enquanto o Poder Judiciário refletir somente os segmentos sociais hegemônicos, não teremos uma justiça efetivamente democrática.

Segundo os dados da Justiça em Números do Conselho Nacional de Justiça – CNJ, o percentual de magistrados, por sexo, é de 64,1% de homens e 35,9% de mulheres, enquanto que o percentual, por cor/raça, é de 80,9% de brancos e 19,01% de negros e indígenas[3].

Nesse sentido, é preciso que sejam implementados mecanismos de ações afirmativas para que o segmento sub-representado da população brasileira tenha as mesmas oportunidades de acesso às carreiras jurídicas. Além disso, o Judiciário deve estar aberto ao diálogo com os movimentos sociais e com as Universidades, para que as esferas discursivas que permeiam as decisões judiciais não sejam mera reprodução da ideologia dominante, mas o resultado de narrativas plurais e socialmente inclusivas.

Ocorre que, ainda que projetemos um Judiciário cujos integrantes expressem a diversidade do povo brasileiro e estejam abertos ao diálogo com a sociedade, é preciso reconhecer que os padrões manejados pela atividade jurisdicional pertencem ao acervo da Modernidade e, como tais, não são suficientes para lidar com a realidade contemporânea marcada pela fragmentação, complexidade e pluralidade.

A jurisdição é uma das expressões mais clássicas do ideário da Modernidade. Os imperativos com os quais a prestação jurisdicional opera, têm por fundamento princípios universais pautados na racionalidade humana. E é exatamente essa pretensa universalidade que autoriza a aplicação do mesmo procedimento a casos tão diferentes, a partir de deduções racionais extraídas da autoridade da lei (*civil law*) ou dos precedentes (*common law*). Nas democracias ocidentais, os cidadãos livres e racionais, são capazes de eleger seus representantes para que o Parlamento, dentre outras atribuições, normatize e regule as situações de conflito de interesses.

Quando surge a lide, os indivíduos – sujeitos de direitos – acionam o Estado para que os juízes – teoricamente legítimos e imparciais representantes do Estado – apliquem a norma ao caso concreto. Todo o sistema, formatado para dar cumprimento a essa lógica, ostenta as seguintes características: é adversarial e dialético, na medida em que enseja uma síntese da contraposição de direitos que necessariamente se excluem. Haverá, ao final, necessariamente, um vencedor e um vencido; é autocrático, eis que lastreado

---

3. Justiça em Números, Portal do CNJ <www.cnj.jus.br>.

na autoridade da lei; tem pretensão universal; é coercitivo, burocrático e não-participativo porque produz resultados mandamentais, sem a livre participação dos envolvidos que sucumbem às estratégias da linguagem forense traduzida pelos operadores do direito (FOLEY, 2010).

Esse padrão adversarial, que opera sob a lógica binária, polariza o debate, distorce a realidade e não releva dimensões importantes do conflito, simplificando as complexidades – materiais, psicológicas, sociais ou culturais.

A partir dessa crítica, não se pretende advogar a substituição da prestação jurisdicional pela adoção de "meios alternativos". Ao operar com elementos da coerção e da burocracia, em detrimento de uma retórica dialógica (SANTOS, 1996), a jurisdição expressa alta intensidade regulatória, apta a lidar com conflitos pautados na desigualdade de poder entre os participantes, por exemplo. Há que se reconhecer que, ao menos teoricamente, é na jurisdição que se pode assegurar equilíbrio na proteção de direitos e garantias individuais, coletivos e sociais, sempre que as relações de conflito repousam na violência e na opressão. No entanto, se o objetivo for o protagonismo e a emancipação dos envolvidos no conflito e de toda a comunidade, há que se buscar outros meios de realização da justiça.

Diante das limitações da justiça oficial, o que significa democratizar a justiça em um sentido amplo? Se, de um lado, esse processo implica incluir os segmentos sociais excluídos do Sistema Oficial, de outro, a ampliação do acesso à justiça demanda o reconhecimento de outras esferas – para além da prestação jurisdicional – nas quais seja possível a promoção de uma justiça mais participativa e mais solidária. Uma justiça da proximidade. Nesse sentido, acesso à justiça não pode ser traduzido somente por acesso ao Sistema Judiciário.

A ampliação dos acessos que democratizam a justiça requer o alargamento do próprio conceito de justiça, a fim de que a sua efetivação não esteja confinada aos limites das liturgias forenses. A concentração da atuação exclusivamente na seara judicial expropria a capacidade de exercício da autonomia e as possibilidades de se promover o protagonismo comunitário. É preciso ampliar o *locus*, os meios e os sujeitos de atuação sob o formato de uma justiça na, para, e, sobretudo, pela comunidade. É a partir desse movimento que se busca a emergência de uma justiça feminista, em consonância com a prática de uma democracia participativa, em contraposição ao patriarcado.

5. DEMOCRACIA PARTICIPATIVA E SUPERAÇÃO DO PATRIARCADO

Diante das limitações da democracia formal, é preciso refundar a política em um sentido que contemple, no cotidiano, os anseios das pessoas. A política como o espaço da arte de conduzir a *polis*, processo no qual todos os cidadãos e cidadãs devem estar intensa e diretamente envolvidos.

Embora a democracia representativa veicule institutos legítimos – eleições livres, sufrágio universal e liberdade de pensamento – esse formato vem demonstrando suas limitações para a promoção de uma sociedade ética e materialmente democrática. Para tanto, é preciso "democratizar a democracia", adotando-se práticas sociais participativas, em nível local, a fim de fomentar novas formas de deliberação política. Será a articulação entre ambas as faces da democracia – representativa e participativa – que delineará a democracia do futuro (SANTOS, 2002).

Antes, porém, de nos debruçarmos sobre os possíveis caminhos para as práticas de democratização da democracia e para a construção de uma justiça feminista, é preciso analisar as diversas expressões do patriarcado, como fenômeno de dominação masculina que se manifesta sob a forma de estruturas de poder.

O arcabouço ideológico do patriarcado ostenta impressionante resistência temporal ao se alinhar, com desenvoltura, aos diversos arranjos de natureza estrutural ao longo da história da humanidade.

A sua expressão mais visível é a presença majoritária de homens nas posições de comando e a adoção de comportamentos de conteúdo misógino e machista nas mais variadas instâncias sociais e institucionais. Misoginia é o ódio ou aversão às mulheres e o machismo é o senso excessivo de autoridade masculina. Nem sempre ambos andam juntos e sua reprodução não é exclusiva dos homens. A ideologia do patriarcado segue a lógica da dominação e usa o poder e a violência para manter-se como paradigma. A violência simbólica e material são causa e efeito uma da outra (insultos pela condição de mulher resultam naturalização do feminicídio, do estupro ou da subrepresentação na política). (TIBURI, 2015)

O patriarcado, em sua essência, veicula paradigmas que servem à manutenção de sociedades fortemente marcadas pela dominação: a verticalidade, a ordem, a hierarquia, a obediência, a regulação, a burocracia, o sexismo e o racismo. A crise da atualidade nada mais é, senão a radicalização dos padrões com os quais vem operando o sistema patriarcal.

Embora as relações sociais – e com elas, as de gênero – nas sociedades contemporâneas sejam complexas e dinâmicas, o sistema de poder, dominação e exploração dos homens sobre as mulheres ostenta uma dinâmica nuclear ainda muito marcante que se consolida por meio do sexismo nas estruturas institucionais, na divisão sexual do trabalho e no inconsciente individual e coletivo – de homens e mulheres. Em outras palavras, no mundo contemporâneo, o patriarcado é um sistema que organiza as relações de gênero – constituídas por relações de poder – a partir de diversas variáveis: familiar, social, econômica, cultural, racial, religiosa e política. Presente nas mais variadas esferas da vida, o patriarcado foi naturalizado como um dos pilares da sociedade, por força de sua utilidade para os modelos econômicos que se sustentam por meio de sistemas estruturados na exclusão e na exploração.

E é exatamente aqui que se revela revolucionário o papel dos projetos feministas para se contrapor ao patriarcado, democratizando a democracia e colaborando na construção de uma justiça feminista, conforme se verá a seguir.

6. O FEMINISMO E A ESFERA COMUNITÁRIA

O feminismo aqui considerado não é uma inversão do poder, mas outra forma de poder. É um projeto filosófico de transformação a partir de uma análise crítica do mundo organizado pela dominação masculina. O feminismo procura construir outros caminhos que se contraponham às organizações sociais e estatais que operam com a lógica patriarcal. Dado que o patriarcado proporciona a naturalização das relações de dominação de gênero, ser feminista é desejar a transformação social na direção das liberdades individuais e do respeito às coletividades (TIBURI, 2015)

Mesmo nos países que consolidaram o conceito de igualdade de gênero em suas Constituições, o patriarcado persiste por meio de práticas cotidianas e institucionais que reproduzem a desigualdade. Nesse sentido, não basta que a promoção da igualdade esteja assegurada em instrumentos normativos. A justiça feminista aposta na cooperação, na alteridade e no afeto – padrões antagônicos ao patriarcado – como alicerces para a fundação de uma sociedade sem exclusões e sem violência, e o espaço vocacionado para essa construção é a comunidade.

Uma justiça feminista guarda sintonia com a abordagem desenvolvida pelo feminismo comunitário, que é uma corrente do feminismo presente em vários países da América Latina, que se define como um movimento sociopolítico, pautado na necessidade de construir comunidade sem violência, sem opressão, sem exploração, sem discriminação, em suma, sem patriarcado. Essa vertente tem a sua origem nas lutas de resistência contra o sistema capitalista, patriarcal e colonialista protagonizadas pelas mulheres indígenas na Bolívia.

O feminismo comunitário contempla cinco eixos de ação: 1) o corpo, como uma unidade integrada por dimensões materiais, espirituais, sensíveis e energéticas. O corpo pertence à mulher e sua aparência e disposição devem estar livres de qualquer padrão imposto pelo sistema religioso e sócio-econômico hegemônico; 2) o espaço, ou seja, os diversos campos escolhidos para que a vida se desenrole em comunidade, como um local de identidade comum; 3) o tempo, como a percepção dos movimentos necessários para o desenvolvimento dos atos conscientes da vida e não como um padrão regrado e medido a partir das demandas da produção capitalista e das exigências do patriarcado; 4) a ação, constituída nas práticas sociais e políticas para o desenvolvimento de uma vida boa de se viver e para o estabelecimento de relações positivas entre as mulheres e entre as instituições (sororidade); 5) a memória e a herança das raízes às quais pertencemos, o resgate do caminho já trilhado por nossas antecessoras e o (re)aprendizado de antigas tradições e saberes. (SACAVINO, 2016)

Trata-se de uma abordagem pela qual se busca criar espaços e experiências comunitárias onde o feminismo possa ser cotidianamente construído. Assim como o patriarcado mantém-se como um sistema de dominação nuclear e constituinte em diferentes sociedades, o feminismo, para além das lutas de âmbito global, pode ampliar o seu potencial emancipatório ao pautar suas práticas na esfera local, criando possibilidades de transformações tópicas.

A sociedade é repleta de espaços públicos onde há multiplicidade de narrativas e pluralidade de esferas discursivas. É exatamente nesses campos que, por excelência, há a disputa de hegemonia entre projetos para o mundo. A luta dos movimentos feministas por hegemonia implica estabelecer articulações nos diferentes espaços públicos na comunidade. O movimento contra-majoritário inerente ao feminismo denuncia que a ordem estabelecida – patriarcal – não é uma ordem natural, mas tão somente um modelo hegemônico sedimentado nas estruturas institucionais e nas práticas sociais. O poder patriarcal expresso no âmbito local deve ser confrontado não por um poder de mesma natureza com sinal inverso, mas pela construção de práticas de autoridade partilhada e cuidados mútuos.

Quais seriam então os traços de um projeto feminista para a justiça? Como intensificar a capacidade de transformação social e política na contramão das opressões – de sexualidade, gênero, raça, crença e classe social – também reproduzidas no âmbito comunitário?

Primeiramente, é importante delimitar que, no conceito de comunidade aqui utilizado, estão incluídos todos os agrupamentos que, na contramão do individualismo próprio do neoliberalismo, partilham uma "comum-unidade" nas mais diversas esferas: rural, urbana, religiosa, territorial, virtual, familiar, escolar, sexual, artística, dentre outras.

No seu conceito nuclear está localizada a ideia de identidade compartilhada, com potencial para desenvolver coesão social, a partir da mobilização popular e do envolvimento com os problemas e soluções locais. O grau de coesão social – que não exclui a pluralidade – se verifica a partir da conjugação de alguns elementos: senso de pertencimento e reconhecimento recíproco; compromisso e responsabilidade pelos interesses comunitários; mecanismos próprios de resolução de conflitos e acesso aos recursos materiais, sociais e culturais.

A partir do âmbito local, é possível a adoção de práticas sociais que colaborem para uma comunidade mais participativa e uma justiça feminista, emancipadora, capaz de conferir legitimidade ao direito, por meio de uma ação comunicativa praticada nos espaços públicos voltados para o exercício da liberdade, da autonomia, da cooperação, do cuidado, do afeto e do empoderamento individual e coletivo.

Esse é o ideário da mediação comunitária, cuja atuação se dá por meio da atuação de mediadores como sujeitos de transformação social, sob um modelo participativo, horizontal e democrático. Nesse sentido, não basta que a mediação seja feita para e na comunidade. Para merecer o *status* de comunitária, a mediação deve ser realizada pela própria comunidade.

Conforme se verá a seguir, a mediação comunitária não se limita a uma técnica de resolução de conflitos, constituindo um meio pelo qual a abordagem colonizadora – que ora se utiliza da repressão, ora do assistencialismo – cede lugar à emancipação.

7. MEDIAÇÃO COMUNITÁRIA

> *"Nossa sociedade precisa de homens e mulheres que escutem e se consagrem a estabelecer ligações e dissolver as incomunicabilidades. Isso será um apelo a todos, na vida quotidiana (...) um apelo a todos para aprenderem a realizar a mediação onde cada um se encontre, no seu escritório ou na rua, na sua casa ou com sua família".* (JEAN-FRANÇOIS SIX, 2001)

A mediação comunitária descrita a seguir é uma prática adotada pelo Programa Justiça Comunitária[4] há dezoito anos, e que se desenvolve a partir da atuação de atores sociais – os mediadores comunitários – capacitados para o desempenho das seguintes atividades: 1) educação para os direitos; 2) mediação de conflitos e; 3) animação de redes sociais. A primeira atividade tem por objetivo democratizar o acesso à informação sobre os direitos dos cidadãos, decodificando a complexa linguagem legal, por meio da (re)produção de materiais didáticos e da reflexão crítica sobre a criação do direito a partir das necessidades da comunidade.

A segunda atividade – mediação estrito senso – é uma técnica cooperativa de resolução de conflitos pela qual as pessoas envolvidas têm a oportunidade de refletir sobre o contexto de seus problemas, de compreender as diferentes perspectivas e, ainda, de construir, em comunhão, uma solução que atenda às suas necessidades e que assegure um espaço pautado no diálogo e no respeito às diferenças.

A terceira atividade democratiza a própria gestão da comunidade ao transformar o conflito – por vezes restrito, aparentemente, à esfera individual – em oportunidade de mobilização popular e criação de redes solidárias para o mapeamento e o reconhecimento não somente das dificuldades, mas dos recursos que a comunidade pode oferecer.

São inúmeras as possibilidades de atuação comunitária e essa diversidade se expressa nas variadas experiências que integram o rico mosaico da mediação comunitária como proposta emancipatória.

A abordagem aqui considerada, a partir do propósito de desenvolver uma justiça feminista no âmbito comunitário, sustenta que a mediação comunitária amplia seu potencial emancipatório quando sua prática: a) assegura o protagonismo comunitário, por meio da capacitação e atuação de agentes locais e; b) está articulada e integrada às atividades de animação de redes e de educação para os direitos.

Essa abordagem integradora – que não é a única e nem pretende ser a mais acertada – colabora na pavimentação de novos caminhos para uma justiça mais democrática. Uma justiça que pulsa na prática social do cotidiano e que reconhece a vocação da comunidade para a construção de seus próprios canais de inclusão, reconhecimento, respeito e autodeterminação. Uma justiça feminista.

A atuação da mediação comunitária está fundamentada no protagonismo social de seus mediadores comunitários. Ao contrário das intervenções políticas e assistenciais que reproduzem o padrão piramidal, hierárquico e colonizador, a mediação comunitária aposta na capacidade de seus atores locais atuarem sob um modelo participativo, horizontal e democrático, como sujeitos de sua própria transformação social.

Quando operada na comunidade e articulada com os demais eixos de atuação comunitária – a educação para os direitos e a animação de redes sociais –, a mediação ganha especial relevo, na medida em que os mediadores são membros da própria comunidade. Ao integrarem a ecologia local, os mediadores se legitimam a articular horizontalmente uma rede de oportunidades para que a própria comunidade identifique e compreenda os seus conflitos e as possibilidades de resolução.

A dinâmica da mediação comunitária fortalece os laços sociais na medida em que converte o conflito em oportunidade para se tecer uma nova teia social. A própria comunidade produz e utiliza a cultura e o conhecimento local para a construção da solução do problema que a afeta. Em outras palavras, a comunidade abre um canal para "dar respostas comunitárias a problemas comunitários" (FOLEY, 2012). E, aqui, o alinhamento com o feminismo comunitário é evidente. Ao contrário da esfera judicial e seus ritos, a prática da justiça na comunidade amplia as suas possibilidades emancipatórias.

Sob a perspectiva da mediação comunitária – cuja prática se identifica com a proposta de VEZZULLA (2005) sobre uma mediação para uma comunidade participativa –, o mediador comunitário não pode solucionar os conflitos no lugar das pessoas, assim como não pode desenhar a comunidade como ela deveria ser, a partir de uma ideologia que lhe seja exógena. Se assim o fizer, negará à comunidade a sua condição de sujeito, transformando-a em objeto e perpetuando suas relações de dependência em relação a algum "iluminado" que, por seu saber científico ou por sua liderança, acredita saber o que é melhor para a comunidade.

A colaboração do mediador comunitário é para que a comunidade possa diagnosticar-se e construir sua identidade, segundo seus próprios critérios da realidade. Para Vezzulla, é esse o maior de todos os respeitos: aceitar a

---

4. Mais informações sobre o Programa, confira no sitio do Tribunal de Justiça do Distrito Federal e Territórios, <www.tjdft.jus.br>.

elaboração da informação realizada pela comunidade, segundo seus próprios parâmetros. A partir desse reconhecimento, a comunidade consegue participar, incluir-se nas discussões e expressar seus sentimentos e necessidades. A inclusão favorece a participação e desenvolve a responsabilidade. Somente se sente responsável aquele que pode exercer a decisão. Quando se executa o que foi decidido pelo outro, a responsabilidade fica a cargo de quem decidiu. Reconhecimento e respeito, pois, são as bases da cooperação que se realiza quando há igualdade nas diferenças e respeito às necessidades e aos direitos de todos.

A atuação do mediador comunitário vai provocando transformações rumo a uma comunidade autônoma e participativa. Não há promessas, propostas, planos ou expectativas. Por meio da escuta ativa, com intervenções pontuais e resumos, o mediador colabora na organização do que foi dito sobre os problemas e as formas possíveis de enfrentá-los. É um exercício para que a ideologia derrotista ceda lugar a uma nova capacidade que vai sendo reconhecida: a habilidade para enfrentar as dificuldades com responsabilidade (VEZZULLA, 2005).

A comunidade participativa, gérmen da democracia participativa, assume a responsabilidade das suas questões e propõe conduzir, cooperativa e solidariamente, a procura de soluções que levem a uma melhor qualidade de vida, no respeito de cada um e na satisfação de todos.

Daí porque a mediação comunitária é inerente à horizontalidade da atuação em redes. O mediador comunitário vai reconstruindo o tecido social ao identificar e articular iniciativas e recursos já existentes – sejam sociais ou estatais – por meio de encontros em que a comunidade – farta de tanto ouvir – se expressa e cria a agenda de transformação de sua própria realidade.

O fato de o mediador comunitário integrar a própria comunidade em que atua não significa admitir que o conhecimento da realidade local o legitima a "saber a *priori*" o que é melhor para a sua comunidade. Ao contrário, o que se busca com tal pertencimento é o exercício da autonomia, ou seja, a ruptura das relações de dependência e de hierarquia com relação a algum ente externo. O mediador comunitário, quando membro de sua própria comunidade, atua como verdadeiro tecelão social que impulsiona a comunidade a "coser-se a si própria", elevando assim o potencial transformador e emancipatório da mediação comunitária.

A mediação comunitária está inserida em um ciclo virtuoso (PUTNAM, 2005) que ostenta os componentes descritos a seguir.

A confecção do mapa social e a educação para os direitos são práticas voltadas para a delimitação do *locus* de atuação da mediação comunitária, ou seja, o conhecimento da comunidade – aqui incluídas suas instituições sociais e estatais. O mapeamento social é um recurso importante para a compreensão não somente das dificuldades da comunidade e de suas circunstâncias, como também para a identificação e resgate de sua história e memória, de suas habilidades, talentos, potencialidades e referências democráticas. A consciência em relação às circunstâncias que envolvem os conflitos permite que a comunidade compreenda os seus direitos, a partir da reflexão de sua identidade social e de suas efetivas necessidades. Essa análise, aliada à compreensão da rede de recursos que integram o sistema social e judicial, é exatamente a finalidade da educação para os direitos, um dos eixos de sustentação da mediação comunitária.

A cartografia da comunidade e do sistema nos quais ela está inserida auxilia não somente na identificação das relações já estabelecidas, como na criação de novas relações sociais e institucionais. A articulação dessas conexões inaugura novos espaços públicos para o exercício da reflexão crítica, ampliando a participação coletiva na elaboração de políticas públicas. É na comunicação praticada nesses espaços – horizontais e livres de coerção – que os diversos saberes e suas incompletudes poderão se expressar. E é exatamente por sua capacidade de construir consensos que essa articulação é um dos pilares de sustentação da mediação comunitária, denominado animação de redes sociais.

A emergência de novas práticas sociais na comunidade – em especial a aplicação de técnicas horizontais de comunicação proporcionadas pela mediação – promove profundas transformações nas relações individuais, sociais e institucionais. A prática da mediação é capaz de converter o conflito em oportunidade para o desenvolvimento de confiança e reconhecimento das identidades; senso de pertencimento e cooperação; celebração de novos pactos e restauração do tecido social. E é exatamente esse processo de transformação que promove coesão social, autonomia e emancipação, tal qual ansiado pela mediação comunitária.

Ao promover a apropriação de recursos para o tratamento responsável e cooperativo dos conflitos, a mediação comunitária potencializa a sua dimensão emancipatória na medida em que fomenta o exercício da autodeterminação e a ampliação da participação nas decisões políticas.

A mediação comunitária se revela adequada para a construção de uma justiça feminista, na medida em que emerge de uma prática social transformadora, reconhecendo o protagonismo da comunidade e sua vocação para a construção de uma sociedade sem exclusão, sem violência, com cooperação, compromisso coletivo, liberdade e afeto.

8. REFERÊNCIAS BIBLIOGRÁFICAS

AUERBACH, Jerold S. *Justice without law?* UK: Oxford University, 1983.

CASARA, Rubens R. R. *Estado Pós-Democrático* – Neo-Obscurantismo e Gestão dos Indesejáveis. Rio de Janeiro: Civilização Brasileira, 2017.

FOLEY, Gláucia Falsarella. *Justiça Comunitária*. Por uma justiça da emancipação. Belo Horizonte: Forum, 2010.

_____. Justiça Comunitária: Uma justiça para a construção da paz, In: FOLEY, Conor (Org.). *Outro Sistema é Possível*. A Reforma do Judiciário no Brasil. Brasília: IBA – International Bar

Association, 2012. Em parceria com a Secretaria de Reforma do Judiciário do Ministério da Justiça, Brasília.

PEDROSO, João; TRINCÃO, Catarina; DIAS, João Paulo. *Percursos da informalização e da desjudicialização* – por caminhos da reforma da administração da justiça (análise comparada), disponível na Internet no sítio: <http://opj.ces.uc.pt/portugues/relatorios/relatorio_6.html>. Acesso em: 21 jun. 2013.

PUTNAM, Robert D. *Comunidade e democracia.* A experiência da Itália Moderna. 4. ed. Rio de Janeiro: Fundação Getúlio Vargas Editora, 2005.

SACAVINO. Susana. *Tecidos feministas de Abya Yala*: Feminismo Comunitário, Perspectiva Decolonial e Educação Intercultural. v. 16, num. 2, 2016.

Disponível em: <www.aprendeenlinea.udea.edu.co>. Acesso em: 02 fev. 2018.

SADEK, Maria Teresa. Poder Judiciário: críticas e desafios. In: DORA, Denise Dourado (Org.). *Direito e Mudança Social.* Rio de Janeiro:Renovar: Fundação Ford, 2002.

_____. *Acesso à Justiça*: um direito e seus obstáculos. São Paulo: Revista USP, n. 101, mar./abr./maio 2014.

SIX, Jean-François. *Dinâmica da mediação.* Belo Horizonte: Del Rey, 2001.

SOUSA SANTOS, Boaventura de. *Reinventar a Democracia.* Cadernos Democráticos. Lisboa: Gradiva, 1998.

_____. *A crítica da razão indolente*: contra o desperdício da experiência. São Paulo: Cortez, 2000.

_____. *Toward a new legal common sense.* 2. ed. London: Butterworths LexisNexis, oct. 2002.

_____. *Democratizar a Democracia.* Os caminhos da democracia participativa. Rio de Janeiro: Civilizacao Brasileira, 2002.

_____. O Estado heterogêneo e o pluralismo jurídico. In: SOUSA SANTOS, Boaventura de; TRINDADE, João Carlos (Orgs.). *Conflito e transformação social*: uma paisagem das justiças em Moçambique. Porto: Afrontamento, 2003.

_____. Para uma sociologia das ausências e uma sociologia das emergências. In: SOUSA SANTOS, Boaventura (Org.). *Conhecimento prudente para uma vida decente*: um discurso sobre as ciências. revisitado. São Paulo: Cortez, 2004.

_____. *Para uma revolução Democrática da Justiça.* São Paulo: Cortez, 2007.

SOUSA SANTOS, Boaventura de Sousa; MARQUES, Maria Manuel Leitão; PEDROSO, João; FERREIRA, Pedro Lopes. *Os Tribunais nas sociedades contemporâneas*: o caso português. Porto: Edições Afrontamento, 1996.

SOUZA, Jesse. *A elite do atraso.* Da escravidão a Lava-jato. Rio de Janeiro: Leya, 2017.

TIBURI, Marcia. O que é feminismo? *Revista Cult*, 04 mar. 2015.

VEZZULLA, Juan Carlos. *La mediación para una comunidad participativa.* Instituto de Mediação e Arbitragem de Portugal – IMAP, 2005. Dispinível em: <imap.pt/tag/juan-carlos-vezzulla>. Acesso em: 01 out. 2013.

_____. *Qué mediador soy yo?* La trama – revista interdisciplinaria de mediación y resolución de con ictos. Lisboa, 2007. IMAP. Disponível em: imap.pt/tag/juan-carlos-vezzulla. Acesso em: 01 out. 2013.

_____. *Teoria e prática da mediação.* Imab. 1998

_____. *A mediação de conflitos com adolescentes autores de atos infracionais.* Joinville: Habitus, 2006.

_____. *Mediação*: Teoria e Prática. Guia para utilizadores e Profissionais. 2. ed. Lisboa. Ministério da Justiça. Direcção-Geral da Administração Extrajudicial, 2005.

Breves Reflexões sobre a (Des)Proteção à Jornada de Trabalho da Mulher na Lei n. 13.467/2017

Juliana Cruz[1]

1. INTRODUÇÃO

O ano de 2017 foi um marco no sentido da desconstrução do Direito do Trabalho tão sonhada pelos empresários. A Lei n. 13.467 editada de forma abrupta, polêmica e sem qualquer construção ou debate com as organizações de trabalhadores alterou consideravelmente o sistema de proteção à classe trabalhadora e colocou em xeque a própria base principiológica desse ramo do Direito.

Com relação às mulheres trabalhadoras, a violação foi ainda mais grave porque, além das perdas comuns a qualquer obreiro (horas *in itinere*, indenização integral do intervalo parcialmente concedido, prevalência da proteção legislativa sobre a negociação coletiva, assistência sindical nas rescisões contratuais, entre tantas outras), elas foram alvo de redução de garantias relevantes de proteção relacionadas à jornada de trabalho e ao trabalho em locais insalubres no período de gestação e lactância.

Considerando que ao tempo da produção do presente texto a questão relativa ao afastamento do trabalho insalubre ainda depende de definição legislativa, haja vista que a nova lei (n. 13.467) após 4 dias de vigência foi alterada pela MP n. 808/2017, resolvemos nos ater exclusivamente à revogação do art. 384 da CLT que altera o sistema de proteção à jornada de trabalho da mulher.

Para tratarmos do tema a que nos propomos, faremos inicialmente uma reflexão sobre a necessidade de proteção especial ao trabalho feminino, em seguida discorreremos sobre a evolução da proteção à jornada de trabalho da mulher até chegarmos aos dias atuais.

2. TRABALHO DA MULHER: É PRECISO PROTEGER?

É certo que a revolução industrial foi um marco para a inserção da mulher no mercado de trabalho, nessa época as possibilidades de trabalho foram ampliadas, haja vista que a industrialização passou a demandar menor força física para realização das atividades contratadas, bem como houve uma maior demanda de força de trabalho para atender à produção crescente.[2]

No mais, não se pode deixar de observar que também contribuiu fortemente para essa nova realidade a necessidade de participação das mulheres na complementação de renda para sobrevivência da família e as baixas de oferta de mão de obra masculina em razão das guerras.[3]

Mas o fato de ingressar no mercado de trabalho não significa que ocorreu em igualdade de condições com homens, pois a força de trabalho feminina era considerada débil e, assim, as trabalhadoras recebiam menores salários e se submetiam a condições ainda mais degradantes para se manter naquele posto.

Assim, por ser mais barata e mais facilmente sujeita à exploração, a mão de obra da mulher era extremamente atrativa, o que a fez ocupar relevantes espaços dentro dos centros produtivos.

Noticia-se que as primeiras normas trabalhistas visavam justamente limitar a exploração do trabalho dos menores e das mulheres, mas com que intenção?

Os objetivos das leis não eram claros, pois se de um lado era certo que os níveis de exploração desses coletivos beiravam a desumanidade, por outro essa situação era extremamente oportuna para os detentores dos meios de produção, especialmente por seu preço irrisório, fato que suprimia os postos de trabalho dos homens. Desse modo, não há como precisar se a finalidade era proteger a mão de obra das mulheres e das crianças, garantir reserva de mercado para a mão de obra masculina, ou ambas as hipóteses.[4]

O certo é que com a Declaração Universal dos Direitos do Homem de 1948 ampliou-se o debate de não discriminação e passou-se, inclusive, a garantir igualdade de salário a todo ser humano que desenvolvesse igual trabalho. Mais adiante normas internacionais, como Convenção da ONU sobre a "Eliminação de todas as formas de discriminação da mulher de 1975" e a Convenção n. 156 da OIT de 1981

---

1. Advogada Trabalhista, sócia de Machado, Cruz & Toscano Advogados, Membro da Diretoria da ABRAT (2016/2018), doutoranda em Direito pela Universidade de Salamanca, Diploma de estudos avançados em Direito do Trabalho e em Direitos Humanos pela Universidade de Salamanca; Pós-graduada em Direito Judiciário e Magistratura do Trabalho pela Esmatra VI; Coordenadora dos Cursos de Pós-graduação em Direito e Processo do Trabalho e Direito Previdenciário e de Direito Público da Estácio Recife, Professora de Direito Material e Processual do Trabalho em cursos de graduação, MBA e de pós-graduação.
2. Cf. SOUTO MAIOR, 2008, p. 354-356, Cf. GUERRA, 2014, p. 63-65.
3. Cf. SOUTO MAIOR, 2008, p. 354-356.
4. Cf. SOUTO MAIOR, 2008, p. 354-356

que propôs além da igualdade de condições e oportunidades de trabalho uma equiparação nas responsabilidades familiares, foram aperfeiçoando e ampliando o sistema de proteção à mão de obra da mulher.

Trata-se, portanto, de uma transição do que Amauri Mascaro Nascimento chama de fase de *direito protetor*, em que as normas de proteção eram criadas com a finalidade apenas de proteger a fragilidade física natural da mulher e a família, já que ela precisava de tempo para realizar o trabalho doméstico, para a fase de *direito promocional*, em que se reconhece a igualdade de possibilidades entre homens e mulheres, diminuem-se as normas proibitivas e limitadoras do trabalho feminino e se busca efetivar uma igualdade de oportunidades[5].

Como brilhantemente afirma Jorge Luiz Souto Maior:

> A mulher embora ocupasse papel relevante na sociedade, há até pouco tempo não recebia o devido reconhecimento em termos jurídicos. Somente no século XX, após manifestações feministas das décadas de 60 e 70, iniciou-se um movimento de afirmação social da mulher, que repercutiu na esfera do direito.[6]

No Brasil, a Constituição de 1988 foi um marco de promoção da igualdade e da busca pela cessação de práticas discriminatórias contra a mulher, inclusive no ambiente de trabalho. No *caput* do art. 5º e em seu inciso I, o legislador constituinte foi veemente ao garantir a igualdade entre todos perante a lei e ao atribuir a homens e mulheres igualdade de direitos e obrigações. No art. 7º, XX, por sua vez, estabeleceu "proteção do mercado de trabalho da mulher, mediante incentivos específicos, nos termos da lei" e, ainda, no inciso XXX expressamente proibiu "diferença de salários, de exercício de funções e de critério de admissão por motivo de sexo, idade, cor ou estado civil".

Após a vigência da nova ordem Constitucional diversos artigos de lei perderam sua vigência por incompatibilidade com o seu texto, como era o caso do parágrafo único do art. 372 da CLT, que excluía da proteção celetista o trabalho nas oficinas em que serviam "exclusivamente pessoas da família da mulher" e estando esta "sob a direção do esposo, do pai, da mãe, do tutor ou do filho"[7], ou ainda, do art. 446 da CLT[8] que previa a interferência marital ou paterna no contrato empregatício da mulher adulta.[9] Como bem observa Delgado, "tais preceitos celetistas já estavam revogados (não recebidos), em decorrência de frontal incompatibilidade com a Constituição emergente"[10] nem precisavam de norma expressa para fazê-lo.

Caberia, então, a pergunta: se a Constituição prevê igualdade de direitos e obrigações entre homens e mulheres, se as mulheres hoje já estão ocupando altos postos nas organizações, se não cabe mais tratá-las como sexo frágil, ainda são necessárias normas de proteção ao trabalho da mulher?

Indiscutivelmente sim, sobretudo porque a igualdade pregada pela Constituição jamais pode ser interpretada de forma literal. Ela corresponde a um princípio de fundamental importância, qual seja, o princípio da isonomia, que não prega o tratamento absolutamente igual para todos, pois compreende a existência de diferença entre os indivíduos. Assim, está plenamente de acordo com os termos constitucionais o tratamento diferenciado entre os indivíduos sempre que existam diferenças entre eles que o autorizem.

Quando tratamos de questões de gênero é inegável a necessidade de aplicação desse princípio, pois, infelizmente, ainda estamos longe da paridade entre homens e mulheres e não se trata apenas de um problema apenas do Brasil. No último Fórum econômico mundial[11] verificou-se que houve um retrocesso na igualdade de gênero em todo o mundo, o Brasil também regrediu sua posição nesse quesito, de modo que não há como negar que é preciso se estabelecer um sistema de proteção e de promoção do trabalho da mulher para buscar do equilíbrio entre os gêneros.

3. A JORNADA DE TRABALHO DA MULHER NA LEGISLAÇÃO BRASILEIRA

Na CLT encontramos o núcleo de normas protetivas ao trabalho da mulher nos arts. 372 a 401, mas também há outras regras no texto celetista e em normas esparsas, merecendo destaque o texto da Lei n. 9.029/1995 que "proíbe a exigência de atestados de gravidez e esterilização, e outras práticas discriminatórias, para efeitos admissionais ou de permanência da relação jurídica de trabalho" e, inclusive, cria um tipo penal para algumas práticas discriminatórias

---

5. NASCIMENTO, 2011, p. 82.
6. SOUTO MAIOR, 2008, p. 354.
7. O referido artigo foi revogado expressamente pela Lei n. 13.467/2017 e era um dos dispositivos utilizados pela mídia e pelos defensores pra justificar o mote "modernização das normas trabalhistas".
8. "Art. 446. Presume-se autorizado o trabalho da mulher casada e do menor de 21 anos e maior de 18. Em caso de oposição conjugal ou paterna, poderá a mulher ou o menor recorrer ao suprimento da autoridade judiciária competente.
   Parágrafo único. Ao marido ou pai é facultado pleitear a recisão do contrato de trabalho, quando a sua continuação for suscetível de acarretar ameaça aos vínculos da família, perigo manifesto às condições peculiares da mulher ou prejuízo de ordem física ou moral para o menor."
9. Esse artigo foi um dos revogados expressamente pela Lei n. 7.855, de 24.10.1989, editada meses após a publicação da Constituição, para adequar a CLT ao novo comando de não discriminação estabelecido por ela.
10. DELGADO, 2016, p. 892.
11. *Vide* <http://www1.folha.uol.com.br/mundo/2017/11/1932301-indice-de-igualdade-de-genero-no-mundo-tem-primeira-queda-em-11-anos.shtml>. Acesso em: 12 fev. 2018. Para ter acesso ao relatório integral: <http://www3.weforum.org/docs/WEF_GGGR_2017.pdf>.

contra a mulher. Entretanto, como nos propusemos a analisar neste texto recente perda relacionada à jornada de trabalho, nos ateremos à análise das normas relacionadas a esse tema.

Diz o art. 372 da CLT que "os preceitos que regulam o trabalho masculino são aplicáveis ao trabalho feminino, naquilo em que não colidirem com a proteção especial" consagrada no capítulo de proteção à mulher. Assim, às mulheres se aplicam os limites constitucionais e celetista de 8 horas diárias de trabalho e quarenta e quatro horas semanais (art. 373 da CLT c/c art. 7º, XIII, da CF/1988).

O art. 381 da CLT, por sua vez, trata da jornada em horário noturno garantindo salário superior ao diurno, com adicional de pelo menos 20% (vinte por cento), e hora noturna reduzida de 52 (cinquenta e dois) minutos e 30 (trinta) segundos, tal qual está regulada a jornada masculina.

Com relação ao descanso interjornada, o legislador mais uma vez equiparou os trabalhos feminino e masculino ao estabelecer no art. 382 da CLT que entre 2 (duas) jornadas de trabalho, haverá um intervalo de 11 (onze) horas consecutivas, no mínimo, destinado ao repouso.

Por sua vez, com relação ao intervalo intrajornada, a norma celetista estabeleceu a concessão de um período para refeição e repouso não inferior a 1 (uma) hora nem superior a 2 (duas) horas salvo a hipótese prevista no art. 71, § 3º, que permitia a redução do limite mínimo de uma hora para repouso ou refeição por ato do Ministro do Trabalho quando verificasse que o estabelecimento atendia integralmente às exigências concernentes à organização dos refeitórios, e quando os respectivos empregados não estiverem sob regime de trabalho prorrogado a horas suplementares.

Ocorre que a CLT no art. 71, § 1º, quando trata do intervalo para repouso e alimentação dos trabalhadores em geral, reduz para 15 (quinze) minutos o período de descanso quando a jornada é superior a 4(quatro) horas diárias e não excede 6 (seis). Seria essa redução do período de intervalo aplicável à jornada da mulher?

Para Delgado sim, posto que não há qualquer razão que justifique tratamento diferenciado entre homens e mulheres nessa hipótese, de modo que o art. 383 da CLT não fora recepcionado pela Constituição, vejamos:

> Isso significa que outros preceitos discriminatórios ignorados pela Lei n. 7.855/89 também não mais produzem efeitos, por estarem revogados, de modo tácito (isto é, não recebidos), inequivocamente, pelo Texto Constitucional citado. É o que se passa, por exemplo, com o art. 383, da CLT, que exige um repouso mínimo de uma a duas horas para a obreira, qualquer que seja a extensão de sua jornada de trabalho. Ora, tal preceito é grosseiramente discriminatório (e insensato), impondo à mulher uma disponibilidade temporal enorme (ao contrário do imposto ao homem) mesmo em casos de curtas jornadas, abaixo de seis horas ao dia (como previsto no art. 71, § 1º da CLT, que prevê, em tais casos, descanso de apenas 15 minutos).[12]

Seguindo o mesmo raciocínio, entendendo-se constitucional o novo art. 611-A, III, da CLT que estabelece a prevalência do negociado sobre o legislado e permite redução de intervalo intrajornada para trinta minutos nas jornadas superiores a seis horas, ele igualmente é aplicável ao trabalho da mulher.

No que tange ao repouso semanal remunerado e feriados, aplicam-se também às mulheres as regras gerais previstas na CLT, na Constituição e na lei que rege especificamente o tema, qual seja, a Lei n. 605/1949.

Nota-se, pois, que com relação à jornada de trabalho já não se encontra na legislação vigente um padrão de proteção específico para o trabalho da mulher.

4. DO RECONHECIMENTO DE CONSTITUCIONALIDADE À REVOGAÇÃO: UMA ANÁLISE SOBRE O "FINADO" ART. 384 DA CLT

Até o advento da "Reforma" trabalhista de 2017 vigorava em nosso ordenamento o art. 384 da CLT que estabelecia um intervalo específico para o trabalho da mulher, o qual era também estendido ao menor por força do parágrafo único do art. 413 da CLT. Dizia o texto legal que, em caso de prorrogação da jornada da trabalhadora, era obrigatório um descanso de 15 (quinze) minutos no mínimo, antes do início do período extraordinário do trabalho.

Após a publicação do texto Constitucional de 1988, algumas vozes conclamavam a declaração de inconstitucionalidade do referido dispositivo legal alegando que o mesmo feria os arts. 5º, I, e 7º, XXX, da Constituição Federal de 1988 e conseguintemente não teria sido recepcionado pela nossa Carta Magna, já que inexistiam razões suficientes para o tratamento desigual apenas por questões de gênero.

A doutrina trabalhista se dividia basicamente em três correntes, a primeira entendia ser constitucional o dispositivo legal por atender a uma demanda física e social da mulher que indiscutivelmente tem carga de trabalho superior em virtude do "expediente doméstico", mas sobremaneira porque o referido intervalo tinha como maior norte diminuir os riscos de acidente de trabalho decorrentes do cansaço pelo prolongamento da jornada. Era o que defendia Delgado:

> o art. 384 da CLT, que estabelece intervalo de 15 minutos para a mulher nos casos de prorrogação de jornada, "antes do início do período extraordinário do trabalho". É que o preceito tem certa dimensão de

---

12. DELGADO, 2016, p.892.

política de medicina preventiva no ambiente de trabalho, usualmente corroborada pela Constituição (art. 7º, XXII), uma vez que as horas extras, de maneira geral, produzem inegáveis desgastes na saúde física e mental da pessoa humana a elas submetida.[13]

A segunda corrente defendia que o texto constitucional não havia recepcionado o art. 384 celetista por ofensa ao princípio da igualdade e da não discriminação garantidos na carta magna. Para Alice Monteiro de Barros, adepta dessa linha teórica, a revogação de leis protetoras eram necessárias para a integração da mulher no mercado de trabalho, pois se por um lado elas em dado momento tiveram papel importante no combate à exploração do trabalho feminino, atualmente a sua permanência discriminava o trabalho da mulher e poderia provocar seu afastamento dos postos de trabalho.[14]

E, por fim, encontrava-se, ainda, aqueles que optavam por realizar uma interpretação ampliativa da norma protetiva para fazê-la alcançar todos os trabalhadores. Para essa corrente, já que o intervalo de 15 minutos antes da jornada extraordinária promovia a proteção à saúde e segurança no trabalho, diminuindo, por consequência, os riscos de acidente, o mesmo era perfeitamente compatível com a Constituição e deveria, inclusive, ser estendida aos homens. Nesse sentido a doutrina de Jorge Luiz Souto Maior:

> Não há razão para deixar de aplicar a regra prevista no art. 384 da CLT (...). Primeiro porque está, expressamente, prevista na lei. Segundo, porque, em obediência ao princípio da norma mais benéfica, não há como excluir sua aplicação. Terceiro, por ela está de acordo, também, com o objetivo do Direito do Trabalho de oferecer condições melhores para os trabalhadores. E, quarto, porque atende ao postulado constitucional da redução de riscos inerentes ao trabalho (inciso XXII do art. 7º). Assim, por aplicação ao princípio isonômico, não se deve pensar em inaplicabilidade dessa norma e sim na sua aplicação também para os homens.[15]

No âmbito do Tribunal Superior do Trabalho, entretanto, a matéria era pacificada no sentido de que o art. 384 da CLT havia sido recepcionado pela Constituição Federal, conforme decisão do Tribunal Pleno proferida em Incidente de Inconstitucionalidade, relatado, pasmem, pelo Ministro Ives Gandra Martins Filho nos autos do Processo: RR 154000-3.2005.5.12.0046[16], porém só alcançava as mulheres. Para o TST as condições biológicas e a jornada doméstica da mulher por si só justificavam a discriminação constitucional positiva.

No mais, em sede de julgamento de Recurso Extraordinário o STF já havia reconhecido a constitucionalidade do art. 384 em acórdão que posteriormente foi considerado nulo e ainda estava pendente de novo julgamento ao tempo do início da vigência da Lei n. 13.467, de 2017 que o revogou.[17]

O grande problema é que o judiciário ao entender pela constitucionalidade do dispositivo o fez sempre justificando a discriminação positiva pelas condições biossociais da mulher, as quais sem dúvidas eram o argumento mais frágil para a validade da norma.

Não cabia mais a mera argumentação de proteção da mulher em virtude de sua fragilidade física (em muitos casos inexistente) e/ou do seu papel relativo às atividades domésticas e familiares, embora saibamos que esse é um cenário ainda real e presente na sociedade brasileira, o texto legal merecia ter sido efetivamente consagrado e estendido a todos os trabalhadores por se tratar de tutela à saúde do trabalhador, por consagrar a proteção contra riscos inerentes à atividade laboral.

Não obstante, antes mesmo de que se amadurecesse a interpretação ampliativa na jurisprudência, o legislador revogou o texto do art. 384 da CLT em patente transgressão ao princípio de vedação ao retrocesso social.

Ora, o princípio tuitivo juntamente com o princípio da progressividade dos direitos humanos sociais estabelecem um manto de proteção aos direitos trabalhistas que impedem a retração do padrão sociojurídico do trabalhador, como bem ressalta Daniela Muradas Reis:

> Por aplicação destes princípios se reconhece que "no Estado Democrático de Direito a lei passa a ser, privilegiadamente, um instrumento de ação concreta do Estado, tendo como método assecuratório de sua efetividade a promoção de determinadas ações pretendidas pela ordem jurídica". (...)

É de se observar que tanto o princípio da norma mais favorável quanto o princípio da progressividade dos direitos humanos sociais, analisados sob o prisma da produção legislativa nacional, não estabelecem a imutabilidade dos preceitos justrabalhistas; ao contrário, determinam o constante aperfeiçoamento do ramo juslaboral, a sua adaptação às novas necessidades

---

13. DELGADO, 2016, p. 892.
14. Cf. BARROS, 2012.
15. SOUTO MAIOR, 2008, p. 362.
16. BRASIL, *Tribunal Superior do Trabalho*. Mulher intervalo de 15 minutos antes de labor em sobrejornada constitucionalidade do art. 384 da CLT em face do art. 5º, I, da CF. II-RR – 1540/2005-046-12-00.5, Relator Ministro: Ives Gandra Martins Filho, Data de Julgamento: 17.11.2008, Tribunal Pleno, Data de Publicação: 13.02.2009. Disponível em: <www.tst.jus.br>. Acesso em: 12 fev. 2018.
17. BRASIL. Supremo Tribunal Federal. RE 658312 SC. Recorrente: A. Angeloni & Cia. Ltda. Recorrido: Rode Keilla Tonete da Silva. Relator: Ministro Dias Toffoli. Disponível em <http://http://www.stf.jus.br/arquivo/cms/noticiaNoticiaStf/anexo/RE658312.pdf>. Acesso em: 12 de fev. 2018.

sociais, sempre encerrando o sentido de proteção, atávico ao Direito do Trabalho.[18]

Entretanto, o legislador claramente se posicionou politicamente na defesa dos interesses empresariais, da acumulação de capital e da exploração da mão de obra humana, afastando-se por completo dos limites impostos pela Constituição, pelas normas internacionais, bem como pelos princípios norteadores do Direito do Trabalho.

Desse modo, verifica-se que a alteração legislativa que suprimiu o art. 384 da CLT, retirou do ordenamento jurídico norma Constitucional, que consagrava proteção à saúde e segurança no trabalho e com tal atitude atingiu não apenas o padrão protetivo da mulher, mas de todos os trabalhadores, dada a necessidade de interpretação ampliativa da referida norma.

5. CONSIDERAÇÕES FINAIS

Nas linhas traçadas nesse texto, nota-se com clareza que as normas de proteção ao trabalho da mulher ainda se fazem necessárias, não apenas as protetivas em sentido estrito que compensam desigualdades físicas e sociais entre os gêneros, mas sobretudo as normas promocionais de inclusão da mulher no mercado de trabalho e de não discriminação.

A norma insculpida no art. 384 da CLT, que teve sua constitucionalidade questionada durante anos, havia sido recepcionada pelo novo texto Constitucional, não apenas por proteger necessidades peculiares biossociais das mulheres, mas sobremaneira por se tratar de norma que visava proteger a saúde e a segurança da trabalhadora no ambiente de trabalho, fato que, inclusive, viabilizava, com base no princípio da isonomia, uma interpretação ampliativa para alcançar todos os trabalhadores.

Não obstante, assim como diversos outros direitos dos trabalhadores, a garantia de 15 minutos de descanso antes da jornada extraordinária foi excluída do texto celetista em patente afronta ao princípio do não retrocesso social dos direitos dos trabalhadores, diminuindo, conseguintemente, o padrão normativo de proteção não apenas da mulher, mas da classe trabalhadora como um todo.

Por fim, verdadeiramente assusta o fato de que essa desproteção à classe trabalhadora seja praticamente ignorada no âmbito das obras que tratam sobre a reforma trabalhista, pois consequências importantes podem advir dessa alteração legislativa.

Registre-se que normas de proteção à saúde e segurança no trabalho não são de interesse particular do trabalhador, mas de interesse público e com consequências sociais relevantes, pois acidentes de trabalho promovem o adoecimento crônico da classe trabalhadora, aumenta os custos com saúde pública, além de gerar o recebimento de benefícios previdenciários por indivíduos no auge da fase produtiva.

Por fim, não se pode esquecer que o "tiro pode sair pela culatra", pois embora tenham sido alteradas as regras de indenização por danos extrapatrimoniais, os custos com acidentes de trabalho permanecerão altos para os empresários que negligenciarem com a segurança no trabalho de seus empregados, sobretudo se consagrada a inconstitucionalidade pela Justiça do Trabalho dos dispositivos que foram alterados e que limitam os valores das indenizações.

6. REFERÊNCIAS BIBLIOGRÁFICAS

BARROS, Alice Monteiro de. *Curso de Direito do Trabalho*. São Paulo: LTr, 2012.

BRASIL. *Lei n. 13.467, de 13 de julho de 2017*. Altera a Consolidação das Leis do Trabalho (CLT), aprovada pelo Decreto-lei n. 5.452, de 1º de maio de 1943, e as Leis ns. 6.019, de 3 de janeiro de 1974, 8.036, de 11 de maio de 1990, e 8.212, de 24 de julho de 1991, a fim de adequar a legislação às novas relações de trabalho. Disponível em: <http://www.planalto.gov.br/ccivil_03/_ato2015-2018/2017/lei/L13467.htm>. Acesso em: 23 out. 2017.

_____. *Supremo Tribunal Federal*. RE 658312 SC. Recorrente: A. Angeloni & Cia Ltda. Recorrido: Rode Keilla Tonete da Silva. Relator: Ministro Dias Toffoli. Disponível em <http://http://www.stf.jus.br/arquivo/cms/noticiaNoticiaStf/anexo/RE658312.pdf>. Acesso em: 12 de fev. 2018.

_____, *Tribunal Superior do Trabalho*. Mulher intervalo de 15 minutos antes de labor em sobrejornada constitucionalidade do art. 384 da CLT em face do art. 5º, I, da CF. II-RR – 1540/2005-046-12-00.5, Relator Ministro: Ives Gandra Martins Filho, Data de Julgamento: 17/11/2008, Tribunal Pleno, Data de Publicação: 13.02.2009. Disponível em: <www.tst.jus.br>. Acesso em: 12 fev. 2018.

DELGADO, Mauricio Godinho. *Curso de Direito do Trabalho*. São Paulo: LTr, 2016.

GUERRA, Rogéria Gladys Sales. A inserção da mulher no mercado de trabalho diante da desigualdade de gênero na sociedade brasileira, in CLÁUDIO, Maria do Rozário e PEDROSO, Vanessa Alexsandra de Melo. *Mulheres, do que estamos falando?* Recife: Instituto humanitas Unicap, 2014.

NASCIMENTO, Amauri Mascaro. *Direito Contemporâneo do Trabalho*. São Paulo: Saraiva, 2011.

REIS, Daniela Muradas. *O princípio da vedação do retrocesso no direito do trabalho*. São Paulo: LTr, 2010.

SOUTO MAIOR, Jorge Luiz. *Curso de direito do trabalho*. Vol. II. São Paulo: LTr, 2008.

---

18. REIS, 2010, p. 20-21.

Valentes, Ousadas, Transgressoras e Libertadoras: Mulheres nada Invisíveis da Bíblia

Karlla Patricia Souza[1]

A proposta do presente artigo é lançar um olhar feminista sobre a história de vida e de luta de algumas Mulheres nas Escrituras Sagradas, a Bíblia Cristã Católica[2], tanto no Antigo quanto no Novo Testamento. Não se trata de exegese bíblica porque não se tem a profundidade categórica para tanto. É uma breve escrita a partir de uma leitura bíblica com holofotes para algumas Mulheres. O intuito é dar visibilidade e voz às realidades vividas por mulheres no passado da humanidade para uma obra que exalta o Feminismo, o Pluralismo e a Democracia na atualidade.

A partir de textos bíblicos, o desafio abraçado é reforçar a participação de Mulheres que se destacaram de tal forma que não foram invisíveis ou anônimas, ao contrário, ativa e sabiamente interferiram nos seus próprios destinos e nos destinos de um povo.

Da leitura dos textos sagrados, buscou-se iluminar algumas mulheres como inspirações a questões atuais que envolvem as lutas e os desafios da mulheres modernas.

Há relatos históricos de Mulheres que foram protagonistas em um contexto de relações de opressão imposto pelo sistema patriarcal, de total submissão e ausência de liberdade e igualdade. É preciso ler a bíblia dentro do contexto histórico e político de cada época e livro escrito porque não há neutralidade nos textos sagrados.

Com este olhar, podemos perceber que nas diversas fases e distintos contextos, encontram-se Mulheres que ousaram quebrar regras, exerceram lideranças e que assumiram postos predominantemente dos homens e que mereceram citações nominais a exemplo da história de Débora no livro de Juízes e, inclusive, livros inteiros destinados às Mulheres, como Rute e Ester, presentes na lista dos Livros da Bíblia Cristã Católica, Hebraica e Grega.

No Novo Testamento, encontramos mulheres que, a despeito das relações de poder e de hierarquia, ousaram construir novos paradigmas e ocuparam espaço fundamental na história da salvação Cristã.

No livro do Gênesis temos a narrativa sobre as origens do mundo e da humanidade. No primeiro capítulo e primeiro relato da criação, tendo criado céu e terra, noite e dia, depois de criar os seres vivos para fervilhar nas águas, aves para voar acima da terra, serpentes e todos os seres vivos que rastejam, bem como os animais domésticos, répteis e feras segundo sua espécie para povoar a terra, Deus viu que isso era bom.

Mas muito bom mesmo, constatou e disse Deus após ter criado o homem e a mulher à sua imagem e semelhança. Ambas as criaturas, homem e mulher foram criados e abençoados por Deus para dominar a terra. Deus não fez acepção de pessoa, deu aos dois a mesma dignidade de criaturas escolhidas para povoar a terra distinguindo-os dos outros animais. O texto de Gênesis no Capítulo 1, 26, utiliza-se expressamente do plural para designar que "...eles dominem sobre os peixes do mar, as aves do céu os animais domésticos, todas as feras e todos os répteis que rastejam sobre a terra". Portanto, a tarefa de exercer o domínio sobre as demais criaturas foi dada ao homem e a mulher porque ambos foram criados à imagem do Criador.

Esta representação divina de igualdade na criação à imagem e semelhança de Deus para homem e mulher não foi mantida pelos relatos em muitas histórias, em diferentes tempos e culturas tratados pela Bíblia. Dado que ambos foram abençoados e receberam de Deus o mesmo dom de domínio sobre as demais criaturas, é possível dizer que homem e mulher, criados com características próprias, específicas e distintas são frutos do mesmo desejo divino de criação da humanidade e a anterioridade da criação do homem em hipótese alguma deveria ser entendida como justificativa de desigualdade ou inferioridade.

Contudo, não é isso que vemos. No Antigo Testamento observa-se a discriminação e a opressão da mulher quando os escritos narram a participação das mesmas em fatos importantes sem nominá-las, quando as descrevem como pertencentes ao pai, irmãos ou como propriedade do marido, em caso de viuvez passava a ser propriedade do cunhado e não poderia aproveitar-se dos rendimentos de seu trabalho. Sem qualquer autonomia, eram obrigadas a conviver com as concubinas do marido em face da aceitação da poligamia. As concubinas tinham *status* inferior ao da esposa oficial e vale ressaltar o caso de Salomão que tinha setecentas mulheres princesas e trezentas concubinas. (1Reis 11:3)

---

1. Advogada, Sócia de Guaracy Carlos Souza Advogados Associados, Mestre e Doutora em Direito das Relações Sociais pela Pontifícia Universidade Católica de São Paulo, Professora, Palestrante, Vice-Presidente da Associação dos Advogados Trabalhistas de Mato Grosso – AATRAMAT, Vice-Presidente da Associação Brasileira de Advogados Trabalhistas – ABRAT – para a Região Centro-Oeste, Catequista há 15 anos e coordenadora da Catequese do Santuário de Nossa Senhora Auxiliadora em Cuiabá-MT.
2. *As consultas e citações utilizadas para o presente artigo são da Bíblia de Jerusalém.* São Paulo: Paulus, 2004.

Nos recenseamentos a mulher não era contada ou registrada e não lhe era permitido acesso ao ensino religioso e era deixada à parte nos cultos nos templos. A mulher não tinha direito a herança, a menos que houvesse filho homem.

A discriminação também ocorria de forma fisiológica pois nos períodos da menstruação, a mulher era considerada impura e, perversamente, acredita-se que a impureza do corpo tornava impuro tudo que a mulher tocasse. Por isso, permanecia impura por 40 dias após o parto se a criança fosse menino. Se desse à luz uma menina, ficava o dobro de tempo impura. (Lv 12,1-8)

Há registros de mulheres vítimas de violência sexual dos homens, a exemplo do estupro até a morte da concubina (sem nome) do levita descrita em Juízes 19, 22-30.

Às mulheres cabiam a educação da prole e na procriação havia a promessa da imortalidade da descendência, razão pela qual a infertilidade era tratada como maldição. Se estéreis, as mulheres eram relegadas ou poderiam ser substituídas por outras mulheres, não raro escravas, que por sua vez tinham o dever de honrar a descendência do marido.

Encontramos na lei do levirato, expressa no livro de Deuteronômio 25, 5-10 que quando dois irmãos moram juntos e um deles morre, a mulher do morto pode ser 'tomada' pelo cunhado para manter o nome da família, a menos que ele recusasse.

Em face do cenário de opressão imposto pela cultura e estruturas das sociedades descritas nos textos sagrados, neste artigo optamos por algumas dentre tantas mulheres que foram além dos contextos discriminatórios e se destacaram pelas ações intervencionistas na realidade em que viviam e, sobretudo, pela relação íntima e especial com o Divino Criador.

A iniciar pelo livro do Gênesis, temos exemplos de mulheres estéreis que conceberam, inclusive na velhice.

Abraão contava com noventa e nove anos quando Deus lhe apareceu e firmou o pacto da aliança acompanhada do título de pai de uma multidão de nações. Abraão era casado com Sara, que carregava o peso e a vulnerabilidade da esterilidade e, tendo mulheres como escravas, foi capaz de dar uma delas, Agar, ao marido para permitir a descendência da família e assim foi feito. A escrava engravidou e a fertilidade fez com que se sentisse superior à sua senhora, a ponto de desprezá-la.

Ocorre que Sara, com noventa anos, foi abençoada por Deus como matriarca de povos e nações, e a mulher idosa, antes estéril e marginalizada, vítima de humilhações e desprezo por tal condição, por parte inclusive da concubina e escrava, foi instrumento e alvo da confiança divina para assumir a gestação do povo de Israel e deu a luz a Isaac. (Gênesis 16, 4-6; 17, 1-21)

Ressalta-se aqui que a mulher não era vítima apenas de homens, mas mulheres também escravizavam outras mulheres. Tristemente as duas mulheres, Sara e Agar mostraram-se algozes e vítimas uma da outra, mas ambas lutaram por espaço e receberam de Deus o cumprimento de promessas porque o anjo do Senhor falou diretamente com a escrava Agar e esta é lembrada como a "matriarca do provo do deserto"[3], pois fugiu para lá com o filho Ismael.

No livro do Êxodo, temos um sistema de escravidão onde os egípcios obrigavam os israelitas ao trabalho forçado e o rei do Egito por receio da multiplicação dos homens e dos exércitos israelitas determinou que os meninos hebreus fossem mortos logo após o parto, ordem esta dada as parteiras que, com valentia, desobedeceram ao rei, protegendo os meninos nascidos.

Ora, mulheres na condição de parteiras ousaram subverter ordens reais e deliberadamente as descumpriram, sem temer as consequências. Sabiamente, mentiram ao rei quando o mesmo lhes perguntou porque continuava a nascer meninos ao que as mesmas responderam que as mulheres hebreias eram cheias de vida e quando as parteiras chegavam para executar o plano, as crianças já haviam nascido (Êx 1, 8-22). Duas parteiras foram nominadas: Sefra e Fua, mas sob o comando destas muitas outras anônimas fizeram a mesma ação transgressora de modo a permitir o nascimento de muitos meninos e, dentre tantos, Moisés, o libertador de um povo.

Moisés serviu-se na sua trajetória da coragem de mulheres que garantiram não só o seu nascimento com vida, mas a sua sobrevivência. Mulheres como a mãe Jocabed e a irmã de Moisés, Miriam, que desobedeceram ordens de jogar o filho homem no rio Nilo e, astutamente, fizeram com que o mesmo fosse criado por aquele que deu a ordem da matança. Portanto, sem a atuação e atitude transgressora dessas mulheres o destino de um povo seria outro.

No livro de Juízes mostra com muito vigor o sistema patriarcal quando os israelitas são governados por juízes predominantemente homens e eis que uma mulher chamada Débora é descrita no capítulo 4 e 5 como profetisa e juíza. Débora era casada com Lapidot, o que implica na concepção de que a mesma era esposa, profetisa e juíza, logo, uma mulher casada com exercício de outros papéis. Narra o texto sagrado que Débora vivia e atendia as pessoas à sombra da árvore palmeira, na montanha de Efraim e o povo de Israel ia ao seu encontro a procura de Justiça. Profetisa é a mulher que fala com autoridade divina e juízes eram líderes de Israel nos tempos anteriores à monarquia e normalmente adquiriam autoridade política após salvarem o povo por meio de batalhas.

Débora possuía tal título e não se tem referências de como ela os adquiriu. Mas contam-nos os biblistas que Débora se sentava sob uma palmeira para mostrar ao mundo que o povo judeu era unido e voltava seus olhos para Deus, como as palmeiras viram para cima juntas, em direção ao céu.[4]

---

3. ARNS, 2004, p. 20.
4. HOLTHMAN, 2012, p. 01.

Ressalta-se aqui a estratégia militar criada por Débora que exortou Barac, um líder de Israel, a enfrentar o inimigo que possuía superior exército com novecentos carros de ferro e tinha oprimido duramente os israelitas durante vinte anos. Débora profetizou a vitória, instruiu e motivou Barac e o acompanhou até o campo de batalha, e embora o exército inimigo tenha caído ao fio da espada e nenhum homem tenha escapado, o chefe do exército inimigo – Sísara, havia conseguido fugir. E eis que a narrativa lança luzes sobre outra mulher, destemida e sábia chamada Jael, que tendo a oportunidade de se encontrar com o inimigo, dele ganha a confiança ao ponto de fazê-lo descansar em sua tenda e, enquanto o mesmo dormia pegou uma estaca da tenda, apanhou o martelo e mansamente, cravou-lhe na têmpora a estaca até que penetrou na terra. Quando Barac chegou, o líder inimigo lhe foi entregue morto pelas mãos de uma mulher.

Da leitura do capítulo 4 de Juízes fica claro que não era tradicional o papel exercido por Débora e, do mesmo modo, revela que mulheres não foram excluídas do dom de profetizar por causa do sexo. E, ainda, tiveram o protagonismo em batalhas e guerras, a exemplo de Jael que rachou a cabeça do inimigo.

Rute mereceu um livro inteiro dedicado a sua história, encontrado nas traduções das Bíblias Católica, Grega e Hebraica. De poucos capítulos, apenas quatro, o livro fala o essencial sobre o caminhar de duas mulheres unidas pela dor, pelas perdas e ganhos e sobretudo pelo afeto.

Rute é a personificação da sororidade feminina. O livro narra período de fome e a fuga de uma família pertencente ao clã de Belém de Judá para os Campos de Moab. Dita família era composta pelo patriarca, sua esposa Noemi, filhos e noras. Com a morte do patriarca e dos filhos, a viúva ficou sozinha com as noras chamadas Orfa e Rute. Decidida a retornar para sua terra de Judá, Noemi viúva, sem filhos e sem a possibilidade de encaminhar as noras para outros filhos, resolve liberá-las para suas famílias. A nora Orfa beijou a sogra e voltou para o seu povo, mas Rute, que era moabita, portanto estrangeira, não abandonou a sogra e, ao contrário, deixou a própria pátria para acompanhar a sogra para a terra de Judá e, lá chegando, se pôs a trabalhar numa lavoura catando espigas que ficaram para traz quando da colheita dos homens. Importante atentar-se ao fato de que Rute, viúva e estrangeira pôde trabalhar desde que fosse permitido pelo dono do campo e pelos outros trabalhadores catando as sobras deles.

E nos campos de colheita Rute se destaca e conquista o proprietário das terras, parente da sogra Noemi e com ele se casa e dá a luz um filho. Com isso, restaura os bens e a dignidade da sogra e perpetua o nome do falecido marido.

Rute é tratada como a estrangeira solidária porque foi o sustento para a sogra, também viúva, sem filhos e sem terras.

Interessante esclarecer que a narrativa mostra que Rute permaneceu com a sogra sem esperar retribuição. Nada lhe foi prometido e, mesmo assim, Rute faz uma declaração de fidelidade à sogra ao dizer: "...para onde fores, irei também, onde for tua moradia, será também a minha; teu povo será o meu povo e teu Deus será o meu Deus". (Rute 1,16)

Rute também é considerada modelo de fidelidade para Israel porque transmite esperança aos judeus exilados, pois se duas mulheres viúvas, sendo uma estrangeira, sem filhos e sem bens podiam voltar à Terra Prometida e reconstruir a vida, todos os exilados também podiam.[5]

E, mais, Rute é citada na genealogia de Jesus no Evangelho de Mateus como bisavó do rei Davi e conforme Mt 1,5-17 de Abraão até Davi são quatorze gerações, de Davi até o exílio na Babilônia, quatorze gerações e do exílio da Babilônia até Cristo, quatorze gerações. E uma viúva, estrangeira e solidária faz parte dessa história.

Ester – a rainha, também mereceu livro próprio com dez capítulos no Antigo Testamento, e tal como Rute, está presente nas três traduções bíblicas.

Logo de início, narra o texto sagrado que no terceiro ano, na Pérsia do tempo do rei Assuero, também chamado de Xerxes, que dominou 127 províncias desde a Índia até a Etiópia, foi dada uma grande festa que durou 180 dias para chefes do exército, nobres e governadores das províncias. Após este grande banquete, seguiu-se outro, para o povo, com duração de sete dias. Não há como não comentar a ostentação e o tratamento diferenciado para os convidados.

O rei Assuero era casado com a rainha Vasti que por sua vez também ofereceu um banquete para as mulheres do palácio real. Festas separadas para homens e mulheres. As narrativas do primeiro capítulo iluminam a rainha Vasti que se recusou a atender um capricho do rei. Após todos os festejos, o rei mandou que a rainha fosse até a sua presença com diadema real, para mostrar ao povo e aos oficiais a sua beleza e a rainha se recusou a obedecer. A negativa de se apresentar diante do rei para ser ostentada para os convidados foi como uma ofensa não só ao rei, mas estendida a todos os príncipes e povos das províncias. A atitude da rainha gerou a preocupação expressa no texto sagrado segundo a qual a desobediência da esposa poderia ser conhecida por todas as mulheres e as incitaria a desprezar os seus maridos. Um decreto foi feito e expedido a todas as províncias para que todo marido – do maior ao mais humilde – fosse o senhor em sua casa e fizesse respeitar-se por sua mulher. Por conta da atitude transgressora, Vasti foi banida do reino.

A procura de outra rainha, o rei da Pérsia mandou procurar jovens e dentre tantas, Ester, órfã, judia e exilada no coração do império foi a escolhida do rei. O nome Ester significa "a escondida". Mas Ester significa, principalmente, a salvação dos povos oprimidos porque é no livro de Ester

---

5. ARNS, 2004, p. 51.

que encontramos o primeiro plano para a eliminação do povo judeu mediante massacre universal.[6]

Na qualidade de rainha, Ester soube usar do papel do poder para livrar seu povo da morte. Enquanto Amã, inimigo dos judeus, arquitetava o plano para matá-los porque era uma "nação dispersa e separada das outras, com leis diferentes das dos demais povos e se negavam a cumprir as leis do rei". (Ester, 3,8-9)

Com orações e práticas de jejum, com estratégias e sabedoria, Ester reverteu a situação, vestindo-se com trajes de rainha, oferecendo banquete ao rei e para Amã regado a muito vinho por mais de um dia, pois o texto diz que o rei estava sob o "efeito do vinho" quando disse a Ester que lhe daria o que ela pedisse, até a metade do reino lhe daria. Então, Ester suplicou pela própria vida e pela vida do seu povo. E foi atendida. E ainda apontou o opressor – Amã – e aquele que havia planejado a morte dos judeus foi enforcado.

Uma mulher, órfã e exilada, escolhida para ser rainha sem ter qualquer direito à escolhas, se vê diante de uma trama que poderia exterminar seu povo. E vira o jogo. E salva uma nação utilizando-se das estruturas do sistema e dos poderes que foi inserida.

No Novo Testamento, temos os quatro evangelistas que descrevem a participação ativa de mulheres na caminhada de Jesus. Importante notar que as genealogias eram sempre patriarcais e as mães não eram mencionadas. Ocorre que com Jesus, o primeiro evangelho de Mateus (capítulo 1, 1-16) cita cinco mulheres na genealogia: Maria, sua mãe e Tamar, Raab, Rute e Betsabéia. Registra-se que dentre as quatro últimas temos Tamar, a viúva que se disfarçou de prostituta para engravidar do sogro e garantir a linhagem do falecido marido; a prostituta – Raab –, a estrangeira – Rute e Betsabéia que foi indicada como a aquela que era mulher de Urias, mas que teve filho com Davi, portanto, adúltera. Em resumo, mulheres em situação reprovável para a época a fim de mostrar que "Deus escreve certo com as linhas tortas da história humana".[7]

Do nascimento, crescimento, missão, morte e ressurreição de Jesus Cristo, temos presenças marcantes e fundamentais de mulheres com quem Deus se comunica e as torna partes essenciais para a história da salvação.

Os contextos do sistema patriarcal permanecem e as mulheres eram discriminadas pelo simples fato de ser mulher. Andar sozinhas era proibido e um homem não devia conversar com uma estranha. A mulher adúltera poderia ser apedrejada até a morte segundo a lei e, em tudo, era inferior ao homem.

Em meio a todos estes cenários, mulheres escolhidas, mulheres de fé, mulheres fortes e corajosas seguiram um homem – Jesus Cristo – como discípulas, mãe e amigas. Jesus rompeu com regramentos e alargou os horizontes no tratamento digno às mulheres e outras minorias como crianças, doentes, exilados e oprimidos.

Para Sharon Jaynes Jesus fez escolhas deliberadas sobre *quem, que, quando e onde* de seus ensinamentos e milagres, razão pela qual muitas curas ocorreram em dias de sábado, muitas conversas foram com mulheres e também muitas mulheres foram curadas e libertadas da opressão que as mantinha num cativeiro social. Jesus aceitou mulheres no seu grupo, como seguidoras discípulas, incluiu-as nas parábolas e as elevou como iguais criaturas, alvos de amor e de misericórdia divinos.[8]

Muitas mulheres no Novo Testamento merecem uma releitura com as lentes feministas, para ressaltar o empoderamento de cada uma e de como mudaram os rumos da própria história e dos movimentos em torno de Cristo.

Maria, a mulher a escolhida de Deus para ser a mãe de Cristo era uma adolescente quando foi surpreendida pela visita de um anjo que lhe anuncia uma gravidez antes de se unir-se em casamento com quem estava prometida. Maria fica intrigada, mas supera qualquer hesitação e medo para dizer sim ao projeto divino e, ato contínuo, é avisada que sua prima Isabel, até então estéril, havia concebido na velhice pela mesma intervenção Divina. E Maria, no exercício da solidariedade feminina, se põe a caminho de região montanhosa para ajudar a parente. (Lucas 1,26-39)

Na história da Salvação Cristã, foi uma adolescente corajosa que aceitou livremente a missão de engravidar ainda solteira, conhecendo as consequências legais e sociais da época. Foi Maria de Nazaré, sem títulos sociais, uma jovem pobre que se tornou a mãe de Jesus assumindo uma maternidade virginal numa sociedade que dedicava à mulher a função principal da procriação.

Maria participou da vida pública de Jesus e atuou para que o primeiro milagre acontecesse. Foi ela quem alertou sobre o fim do vinho na festa de casamento com a autoridade de quem sabia a hora certa e sabia o que precisava ser feito para Jesus iniciar a trajetória de milagres e prodígios e, assim, a festa pôde continuar porque nas talhas de pedra nas quais antes eram água, Jesus transformou no melhor vinho. (João 2, 1-12)

O capítulo 8 do evangelho de Lucas inicia fazendo referência a companhia feminina de Jesus, porque ele andava por cidades e povoados e, além dos doze apóstolos, algumas mulheres também o seguiam. Mulheres que foram curadas, como Maria Madalena, Joana esposa de alto funcionário de Herodes, Susana e muitas outras mulheres que acreditavam na causa salvífica e ajudavam Jesus, inclusive com seus bens. Eram mulheres solteiras ou viúvas, exceto

---

6. ARNS, 2004, p. 71.
7. ARNS, 2004, p. 123.
8. JAYNES, 2016, p. 45.

Joana cuja menção ao posto do marido indica que além de casada era rica. Portanto, solteiras, viúvas e casadas, mulheres que transgrediram regras e saíram às ruas por acreditar num projeto que ia além das convenções e de tudo que era imposto na época.

As narrativas mostram que Maria Madalena fez parte de momentos marcantes como o momento em que foi curada por Jesus, a inclusão da mesma como discípula, a presença aos pés da cruz e, especialmente, a primeira que viu Jesus Ressuscitado (João 20, 11-18). Uma mulher, e não um homem do grupo dos discípulos, foi a escolhida porque estava no local certo, na hora certa e assim foi chamada pelo nome por Jesus Ressuscitado que a exortou a anunciar aos demais o que ela tinha visto.

Há riqueza imensurável a se extrair das muitas histórias de Jesus nas relações com as mulheres. Ele vai além dos ordenamentos legais e dos costumes por traze-las para seu convívio porque a sua pregação nos evangelhos se estende para todos aqueles que acreditam. Com isso, Jesus anunciava a Boa Nova sem fazer distinção de pessoas por sexo, condição social e política, raça ou descendência.

Em um texto marcado pelo simbolismo, Jesus se aproxima de uma mulher marginalizada por já ter tido cinco maridos, estrangeira considerada impura, sozinha à beira de um poço e humaniza e dignifica o tratamento às mulheres bem como aos exilados e estrangeiros, sem se preocupar com as tradições. É com esta carga valorativa que Jesus estabelece um dos maiores diálogos com uma mulher nas escrituras a ponto de causar espanto entre os seus discípulos. (João 4, 4-25)

É a valorização do ser mulher e de todos os marginalizados dentro de uma proposta onde a família ou a nova comunidade cristã pressupõe a adesão ao projeto de justiça, verdade, vida, solidariedade, fraternidade e caridade comunitária.

Do Antigo ao Novo Testamento, a atuação de mulheres foram fundamentais para a caminhada do Povo de Deus desde a aliança com Abraão à nova e eterna aliança com Cristo. O olhar feminino e feminista sobre os textos bíblicos é, sobretudo, apreender que discriminação, violência e qualquer tipo de opressão contra a mulher não é natural, muito menos desejo divino.

No primeiro relato da criação, repita-se, homem e mulher foram criados à imagem e semelhança de Deus com a mesma incumbência de domínio sobre a terra e os animais e não de domínio de um sobre o outro. E que não paire qualquer dúvida de que o "domínio" sobre os bens naturais e outras criaturas nem de longe se assemelha a cultura de exploração desmedida dos recursos naturais.

A exclamação divina de "muito bom" foi para a criação da humanidade – homem e mulher – em sintonia com terra, água, céu, plantas e animais de todas as espécies.

Que as mulheres exemplificativamente ressaltadas neste artigo sirvam de inspiração de luta, coragem, fraternidade e sororidade para a construção de ambientes sociais, políticos e econômicos saudáveis, produtivos e inclusivos.

REFERÊNCIAS BIBLIOGRÁFICAS

ARNS, Paulo Evaristo; GORGULHO, Gilberto; ANDERSON, Ana Flora. *Mulheres na Bíblia*. São Paulo: Paulinas, 2004.

Bíblia de Jerusalém. São Paulo: Paulus, 2004.

CASONATTO, Odalberto Domingos. *Jesus e as Mulheres*: A mulher nos Evangelhos Sinóticos. Disponível em: <www.abiblia.org>.

HOLTHMAN, Ivete. *Débora, profetisa e juíza*. Disponível em: <www.abiblia.org>.

JAYNES, Sharon. *Jesus e as mulheres*. O que Ele pensa de nós. São Paulo: Mundo Cristão, 2016.

Relatos de Sofrimento e de Luta das Mulheres: da Escravidão ao Tempo Atual

Kátia Magalhães Arruda[1]

1. INTRODUÇÃO

A partir de três relatos sobre mulheres foi pensado esse trabalho. Os relatos estão situados em diferentes momentos históricos: no período da escravidão, na década de 1940 e nos dias atuais, com o objetivo de contribuir para o debate de um tema nunca esquecido, mas sempre disfarçado no Brasil: a exploração e discriminação da mulher.

A exploração nos dias atuais não se mostra da mesma forma e proporção do ocorrido no período colonial brasileiro e, por vezes, é subliminar, fazendo com que as próprias mulheres não se vejam como exploradas em face da naturalização da cultura de inferiorização e/ou divisão de tarefas que se costuma atribuir às mulheres "atividades menos importantes", selecionadas especialmente para a manutenção de um *status quo* que implique na superioridade masculina.

Assim, mesmo as mulheres que ocupam posição de reconhecido destaque, nunca são ouvidas em sua primeira fala ou costumam ser interrompidas[2] em seus diálogos com muito mais facilidade do que fariam com os homens, questão muito visível em debates nos Parlamentos ou mesmo na cúpula do Judiciário, a exemplo do que ocorre no Supremo Tribunal Federal[3].

Mesmo sendo cada vez mais comum o discurso de igualdade a realidade mostra o contrário. Há uma barbárie no Brasil que escancara para o mundo uma evidência contínua contra as mulheres: cerca de 50 mil mulheres são estupradas por ano e uma mulher é assassinada a cada duas horas (segundo dados de 2016) totalizando 4.657 mulheres.

Essa violência não é um elemento autônomo ou distinto de outras, também evidentes: a violência contra os negros e as crianças, por exemplo. Daí a importância de começar o nosso relato com o período da escravidão, em que mulheres negras eram usadas como objetos de desejos sádicos de Senhores que mantinham seus próprios filhos negros como escravos, perpetuando um ciclo de martírio e opressão.

Esse texto percorre também momentos em que os feitos das mulheres são escondidos ou menosprezados quase como uma tentativa de apagá-los ou de diminuí-los, para tornar a mulher como um ser sem voz. É o exemplo da vida de Aracy Guimarães Rosa, quase desconhecida no Brasil e considerada heroína para os judeus, por conseguir vistos para os refugiados, desobedecendo ordens da ditadura Vargas. Com isso, salvou a vida de centenas de pessoas, atuando como funcionária do consulado brasileiro na Alemanha, na época do nazismo.

2. A VIDA NADA CORDIAL DAS MULHERES ESCRAVAS

Logo após o lançamento do filme americano "12 anos de escravidão"[4], debates se acenderam sobre as diferenças entre a escravidão nos Estados Unidos e no Brasil. Várias vozes disseram que a escravidão brasileira não teve a preponderância de traços violentos como os mostrados no filme: açoites, estupros, mutilações e assassinatos.

A realidade histórica é bem outra. Não existe escravidão sem violência! As informações são precisas: muito trabalho, pouco alimento, condições de vida indígnas, maus-tratos e todos os tipos de sevícias eram impostos aos homens, mulheres e crianças escravizados. Nunca houve cordialidade na escravidão brasileira sendo constatado inclusive, que a expectativa de vida dos escravizados brasileiros era menor do que a americana (no Brasil era de 25 e nos EUA de 35 anos).

As mulheres eram duplamente exploradas: pelo trabalho e pelo sexo. Seus corpos eram usados pelos patrões e para a iniciação sexual de seus filhos adolescentes. Expressões até hoje conhecidas, como "ama seca" ou "ama de leite" demonstram o egoísmo e crueldade às mulheres que eram impedidas de amamentar seus próprios filhos para amamentar os filhos de seus senhores:

> "Padecer com a arbitrariedade e o abuso dos senhores era moeda corrente, e mulheres escravizadas não poucas vezes foram vítimas do sadismo deles. Seu corpo não era apropriado apenas como produtor de riqueza, mas também como instrumento de prazer, gozo e culpa no caso dos proprietários, e de ódio, por conta dos ciúmes das senhoras.

---

1. A autora é escritora, Doutora em Políticas Públicas. Mestre em Direito Constitucional. Ministra do Tribunal Superior do Trabalho.
2. Os americanos criaram termos para expressar homens que sempre interrompem mulheres em falas, reuniões ou palestras: "manterrupintg" ou se apropriam de suas ideias: "bropriating".
3. Ver matéria: "Cármen Lúcia sobre ser mulher no STF: Não nos deixam falar, então nós não somos interrompidas" (<www.jota.info>) ou "Ministras são mais interrompidas que Ministros", diz Carmen Lucia em sessão (<conjur.com.br>).
4. "12 Years a Slave", no título original.

Aqui aparece pintada, e com tintas fortes, a sexualidade exercida na intimidade da alcova escravista: o autoritarismo senhorial ai se encontrava com a 'aparente' passividade da mulher escravizada, a qual era antes uma rendição apavorada" (SCHWARCZ e STARLING, 2015, p. 93)

São muitas as histórias de sofrimento das mulheres escravizadas. Algumas caminham em uma linha tênue entre mito e realidade, como ocorre com Anastácia. Segundo os relatos, Anastácia seria filha de uma princesa africana do povo bantu que foi estuprada e feita escrava após invasão de sua aldeia pelos portugueses. Anastácia nasceu na viagem entre a África e o Brasil, por volta do ano de 1740, e foi escrava em uma fazenda em Minas Gerais. Como castigo por ajudar outros escravos em fuga ou por vingança de seus donos, sua boca foi tampada com uma mordaça de flandres e seu pescoço foi atado a uma gargantilha de ferro até a sua morte, vítima de gangrena. Seu martírio, além da resistência à tortura, teria estimulado outros negros escravizados a lutar pela liberdade.

A mitologia que existe em torno de Anastácia é tão forte que resistiu por mais de 300 anos. Ela se tornou símbolo de resistência e liberdade, merecendo orações e cultos, por lhe atribuírem poderes mágicos de cura[5].

Outras mulheres escravizadas também ultrapassaram as delimitações históricas determinadas pelo poder dominante, a exemplo de Adelina e Dandara, mas nenhuma despertou tanta paixão popular como a jovem escrava que nunca se curvou ao terror da escravidão e morreu vítima dessa abominável injustiça.

3. A HISTÓRIA ESCONDIDA DA HEROÍNA BRASILEIRA DOS JUDEUS[6]

Na dedicatória do livro "Grande sertão: veredas", a obra mais importante do escritor Guimarães Rosa, está escrito: "A Aracy, minha mulher, Ara, pertence este livro".

Essa dedicatória passaria incógnita se não fosse o fato de saber que a doce Ara (Aracy), a quem se refere Guimarães Rosa, é uma personalidade reconhecida mundialmente por atos de coragem na salvação de judeus durante o período de perseguição nazista na Alemanha.

Segundo René Daniel Decol[7], sobre Aracy de Carvalho Guimarães Rosa, essa mulher, pouco conhecida pelos brasileiros, salvou judeus na Alemanha nazista, enfrentou as leis antissemitas do Estado Novo, e ainda escondeu perseguidos políticos durante a ditadura militar brasileira. "Enfrentou, portanto, nada menos do que três regimes autoritários, conhecidos por sua violência inclemente. Em Hamburgo, no final da década de 30, como funcionária do consulado brasileiro, ajudou refugiados judeus a saírem da Alemanha, conseguindo vistos para centenas de pessoas, apesar da lei que proibia a entrada de imigrantes judeus no Brasil".

Aracy nasceu no Paraná e, após a separação do primeiro marido, foi morar com a mãe na Alemanha, onde trabalhou como chefe da seção de passaportes, no Consulado brasileiro de Hamburgo. Permaneceu na Alemanha até 1942, quando retornou ao Brasil, já acompanhada de Guimarães Rosa, de quem ficou viúva em 1967.

Considerada heroína para os judeus, ganhou homenagens no Jardim dos Justos, no Museu do Holocausto de Jerusalém e no Museu do Holocausto de Washington, sendo conhecida pela comunidade judaica de São Paulo como o "Anjo de Hamburgo".

Já no Brasil, pouco ou nenhum reconhecimento.

Os noticiários estão repletos de nomes de criminosos, de detalhes sobre corrupção, de tragédias e de maus exemplos para os nossos filhos. Muito pouco sabemos, entretanto, sobre a vida de pessoas que, de forma destemida e positivamente, contribuíram para fazer a diferença no ambiente em que atuaram e na repercussão de tal atuação por toda a sociedade.

Aprendemos a divulgar o mal, o perverso, o que nos assombra, em vez da bondade, da generosidade ou de tudo o que nos leva à luz. Teremos mesmo uma "atração pelo precipício", a que se refere o poeta Augusto dos Anjos?

A pessoa que no Brasil é conhecida por ter sido, simplesmente, a mulher de Guimarães Rosa, foi, na verdade, uma mulher extraordinária, capaz de correr riscos em benefício dos outros, de pessoas muitas vezes desconhecidas, para as quais Aracy mirou seu olhar e voltou todo o seu potencial humano.

A filósofa alemã Hannah Arendt tornou conhecida a expressão "banalização do mal". Sendo ela própria judia e fugitiva da Alemanha nazista, escreveu sobre a naturalização com que a maldade vai se espalhando entre nós. Passamos a ver o outro como alguém capaz de atrocidades, sem perceber que também reproduzimos por ações ou omissões a maldade, a intolerância ou preconceitos. Poucos se permitem olhar pelo olhar do outro ou construir relações de solidariedade e igualdade que venham a repercutir no combate à opressão e ao totalitarismo.

Foi contra essa banalização que se insurgiu Aracy Guimarães Rosa, ao desafiar as normas injustas do Governo de Getúlio Vargas e permitir a entrada de judeus fugitivos no

---

5. A história de Anastácia ganhou maior força após a recuperação da Igreja do Rosário, no Rio de Janeiro, por ocasião da homenagem aos 80 anos de abolição, em 1968. Lá foi exposto um desenho, de autoria de Etienne Victor Arago, onde se reproduziu o rosto de uma escrava do Século XVIII com uma máscara de ferro preso ao seu rosto.
6. Esse texto, em parte, foi publicado em revista literária do TRT 16, sob o título "A homenagem aos bons: uma palavra sobre Aracy Guimarães Rosa".
7. O texto citado foi publicado no informativo <digestivocultural.com>, em 07 maio 2007, com o título Aracy Guimarães Rosa.

Brasil, cujos descendentes vivem hoje entre nós, construindo suas famílias e edificando suas vidas.

Quantas vidas foram salvas por essa mulher, até então desconhecida da maioria dos brasileiros? Quanto terror terá sido evitado às crianças que conseguiram sair da Alemanha com a autorização e o visto de entrada no Brasil, em decorrência de sua atuação?

Certamente pensar no bem, divulgar a tolerância, trabalhar pela justiça, não é fácil na sociedade atual, como não foi fácil na época de Aracy. Mesmo assim, ela não se amedrontou, daí a necessidade de divulgar e difundir esses exemplos, adubando o solo para germinar novas esperanças, afinal:

> "Até nos tempos mais sombrios temos o direito de esperar ver alguma luz. É bem provável que essa luz não venha tanto das teorias e dos conceitos e sim da chama incerta, vacilante, e muitas vezes tênue, que alguns homens e mulheres conseguem alimentar" (ARENDT, 2008, p. 40)

Quando morreu Guimarães Rosa, três dias após sua posse na Academia Brasileira de Letras, Carlos Drummond de Andrade escreveu um poema intitulado "Um Chamado João", em que questiona se João Guimarães Rosa era fabulista, fabuloso ou fábula, para, ao final, concluir: "ficamos sem saber o que era João e se João existiu de se pegar".

Dúvida não há quanto a D. Aracy (como era chamada). Embora sua vida pareça uma fábula (transportando judeus em seu próprio carro para embarcar nos navios brasileiros, como relatam alguns historiadores), ou acompanhando o escritor e marido em suas viagens, sua história é absolutamente real e exemplar, embora desconhecida por tantas pessoas.

Aracy faleceu em três de março de 2011, aos 102 anos. Aliás, como bem dizia Guimarães Rosa, "as pessoas não morrem, ficam encantadas".

A história de Aracy, como de tantas outras mulheres lutadoras, como Dandara, Leolinda, Maria Quitéria ou Anita[8] sempre surge embaçada, quase invisível ou apagada pela história de vida de seus companheiros, o que demostra, por si, a tentativa de encobrir a participação feminina nos grandes temas, lutas e destino do país.

4. A CONTÍNUA EXPLORAÇÃO DE MENINAS E MULHERES NA ATUALIDADE

Segundo a ONU, depois do tráfico de drogas e de armas, o tráfico de pessoas e a exploração sexual é o terceiro crime mais rentável do mundo, sendo as mulheres negras suas maiores vítimas.

A exploração sexual de crianças no Brasil é aterradora: mais de 100 mil meninas são vítimas, segundo a OIT. Há casos de crianças vendidas para bordéis e "leilão de meninas virgens", onde ganha quem der o valor mais alto para o agenciador, enquanto meninas de 12 ou 13 anos são posteriormente estupradas e arrastadas para um mundo de indignidade, violência e semiescravidão, com danos físicos e psíquicos praticamente irreversíveis.

Quem são os homens capazes de práticas tão abomináveis?

A resposta é assustadora! Não há um padrão capaz de encaixar esse homem: motoristas, professores, solteiros, casados, jovens e velhos. Não há um estereótipo de agressor. Quanto às vítimas, na maioria esmagadora dos casos, são meninas e pobres.

São tantas as histórias reais: tem o caso do flagrante em Sapé-PB, ocorrido em 2007, onde meninas de 12 a 17 anos eram "encomendadas" por ricos e poderosos do Município[9]. Tem o caso da menina maranhense vendida pelo próprio pai (assusta saber que 70% dos abusos sexuais sofridos por meninas são cometidos por parentes) (SAFFIOTI, 2015, p. 21). O caso das onze mulheres de Anápolis, levadas para o Exterior e submetidas à condições degradantes, induzidas a usar álcool e drogas para suportar os programas sexuais[10]. Há inúmeros casos de meninas ambulantes violadas e bulinadas nas ruas, apenas para citar alguns exemplos.

Esse tema tão duro e difícil foi retratado no filme "Anjos do Sol"[11], de 2013, que conta a vida de uma menina chamada Maria, de doze anos, que é vendida pela família para

---

8. Dandara foi à mulher de Zumbi dos Palmares e sempre atuou como figura central na resistência do quilombo. Leolinda Daltro foi precursora do feminismo no Brasil no século XIX e lutou pelo movimento sufragista. Maria Quitéria foi para o exército vestida de homem para lutar pela independência do Brasil. Anita Garibaldi foi revolucionaria no século XIX e lutou na Revolução Farroupilha.

9. É também desse Município a ação civil pública julgada pelo Tribunal Superior do Trabalho sobre a exploração sexual de crianças, cuja competência da Justiça do Trabalho foi primeiramente afastada sob o fundamento de tratar-se de "relação de consumo". Pasmem! Crianças tratadas como mercadorias, pedófilos como consumidores? Felizmente, o Tribunal Superior do Trabalho manteve a competência e, baseado na Convenção 182 da Organização Internacional do Trabalho, entendeu que a exploração sexual de crianças se enquadra entre as piores formas de trabalho infantil, condenando os agenciadores e vários usurpadores da infância (aí incluídos políticos, advogados, comerciantes), a uma indenização no valor de 500 mil reais

10. Segundo a matéria intitulada "Pessoas como mercadorias", escrita por Lylia Diógenes, todos os anos cerca de 60 mil brasileiros são levados para fora do país, sob ameaça ou enganados. O principal alvo são mulheres de 15 a 25 anos, utilizadas criminosamente na exploração sexual, no trabalho forçado ou para fins de remoção de órgãos. Os dados são de difícil apuração, mas a estimativa é que anualmente 2,5 milhões de pessoas sejam vítimas de tráfico de seres humanos, sendo que as mulheres representam 66% dos registros, enquanto os menores de 18 anos correspondem a 13% das vítimas. (DIÓGENES,2011,p.24)

11. Esse filme veio ao meu conhecimento por meio de matéria publicada no reporterbrasil.org.br, de autoria da articulista Beatriz Camargo, datada de 19.08.2006. O filme é dirigido por Rudi Langemann.

trabalhar como empregada doméstica. Com origem pobre e uma vida de privações no Nordeste brasileiro, após ser estuprada pelos donos da residência para onde foi enviada, é jogada em uma triste saga de sofrimento e exploração. Tratada como coisa, abusada continuamente, acaba prostituída e sem esperança.

A saga de Maria não difere de muitas outras meninas, jogadas no trabalho infantil e na exploração sexual. A maioria das trabalhadoras domésticas são mulheres negras e pardas, o que já dá a dimensão do quanto a cultura da escravidão ainda está presente em nosso cotidiano. As mulheres representam 93% dos 6,4 milhões de trabalhadores domésticos, o que mostra a interação entre racismo, gênero e classe, uma vez que "no universo do mundo produtivo e reprodutivo, vivenciamos também a efetivação de uma construção social sexuada, em que meninos e meninas são, desde a mais tenra idade, pela família e pela escola, diferentemente qualificados para o ingresso no mercado de trabalho". (AZEVEDO e PAZÒ, 2017, p. 159).

Não estamos mais no período escravocrata. No entanto, em 2017, acharemos com facilidade, denúncias sobre "leilão de virgens" ou conversas sobre pequenas empregadas domésticas que engravidaram ou foram usadas para a "iniciação sexual" dos filhos dos patrões. São aberrações difíceis de suportar, mas que não podem ser escondidas.

Por trás de tais práticas há o menosprezo à condição feminina, a coisificação da mulher, a ideia de impunidade e a cobertura ideológica de uma sociedade não apenas machista como também espoliadora de direitos elementares.

4. ALGUMAS CONSIDERAÇÕES FINAIS: BANALIZAÇÃO X ESPERANÇA

A princípio poder-se-ia perguntar por que unir histórias de mulheres escravizadas do século XIX, mulheres livres em meados do século XX e meninas exploradas no século XXI. A resposta é muito simples: o tecido social em que vivemos é árido para as mulheres e assim tem sido desde o início da história brasileira.

Para as mulheres escravizadas, uma vida de martírio e sofrimento; para as mulheres livres, uma sociedade patriarcal e preconceituosa que desvaloriza e não aceita a figura feminina com a mesma dignidade e envergadura humana. Tal ocorre, seja pela violência, física ou moral, que pode se expressar por estupros e agressões, seja pelo abafamento feminino, ou melhor, a tentativa de abafar, esconder ou subjugar o talento, a força e a verdade das mulheres, tudo para fazer prevalecer o domínio de uma sociedade originariamente patriarcal e profundamente vinculada a preconceitos.

A sociedade brasileira, construída a partir do trabalho escravo, desenvolveu-se calcada na violência, banalizando e justificando a exploração. O efeito dessas ideias auxiliou na cristalização da desvalorização do trabalho e nas práticas de inferiorização das mulheres, permitindo aos dominadores de ontem e de hoje a manutenção de uma sociedade discriminatória e ideologicamente comprometida com padrões de desigualdade e opressão, como bem expressa o texto abaixo:

> "Durante três séculos (do século XVI ao XVIII) a escravidão foi praticada e aceita sem que as classes dominantes questionassem a legitimidade do cativeiro. Muitos chegavam a justificar a escravidão, argumentando que graças a ela os negros eram retirados da ignorância em que viviam e convertidos ao cristianismo. A conversão libertava os negros do pecado e lhes abria a porta da salvação eterna. Dessa forma, a escravidão podia até ser considerada um benefício para o negro! Para nós, esses argumentos podem parecer cínicos, mas, naquela época, tinham poder de persuasão. A ordem social era considerada expressão dos desígnios da Providência Divina e, portanto, não era questionada. Acreditava-se que era a vontade de Deus que alguns nascessem nobres, outros, vilões, uns, ricos, outros, pobres, uns, livres, outros, escravos. De acordo com essa teoria, não cabia aos homens modificar a ordem social." (COSTA, 2010, p. 13)

Esse modelo repercute diretamente em todas as relações sociais, inclusive no mundo do trabalho, tema cujo aprofundamento não é possível nos limites desse artigo, mas que apresenta para as mulheres um universo de segregação. Apenas para uma rápida ilustração, embora as mulheres estejam próximas de integrar a metade da população economicamente ativa no mercado de trabalho brasileiro, recebem como valor remuneratório o equivalente a 76% da renda recebida pelos homens e apenas 40,5% possuem carteira de trabalho assinada, segundo o IBGE[12].

Sobre o impacto de uma política não discriminatória e de efetiva inserção da mulher no mercado de trabalho, afirma CALSING:

> "De acordo com pesquisa da OIT, a diminuição das diferenças de gênero no mercado de trabalho poderia aumentar o PIB brasileiro em 3,3%, ou 382 bilhões de reais, e acrescentar 131 bilhões de reais às receitas tributárias. Para isso, seria necessário que o Brasil reduzisse em 25% a desigualdade na taxa de presença das mulheres no mundo do trabalho até 2025, compromisso já assumido pelos países que compõem o G20. Em números absolutos, e de acordo com esse estudo, se a participação feminina crescesse 5,5%, o mercado de trabalho brasileiro ganharia uma mão de obra de 5,1 milhões de mulheres." (CALSING, 2018)

Não podemos desprezar os dados que comprovam a constante violação do direito das mulheres e nem esquecer

---

12. Ver IBGE. Estatísticas de Gênero: Uma análise dos resultados do Censo Demográfico de 2010.

o relato de sofrimento e de luta de Anastácia, Aracy e todas as Marias, que não tiveram oportunidades reais para viver uma vida digna.

Como diz a poesia[13]:

> "Maria, você poderia ser como tantas outras
> O teu sorriso ainda é de amor e dor
> Maria do mangue, da favela, do povo
> Uma Maria do povo deixou seu sorriso
> Marcado em nosso coração
> E tanta esperança pra gente"...

A banalização do mal não ficou restrita ao sistema nazista e aos regimes ditatoriais. Tem se estendido ao sistema contemporâneo da sociedade neoliberal (DEJOURS, 2006, p. 76) e se expressa quando as pessoas participam da engrenagem e com ela colaboram no sentido de manter um sistema de injustiças. A esperança está nas novas mentes de mulheres e homens livres para que não desistam de plantar e semear a liberdade construída passo a passo, todos os dias.

5. REFERÊNCIAS BIBLIOGRÁFICAS

ARENDT, Hannah. *Homens em tempos sombrios*. São Paulo: Companhia das letras, 2008.

AZEVEDO, Rosaly Stange; PAZÒ, Cristina Grobério. Como se fosse da família: Interconexão entre trabalho infantil doméstico, racismo e gênero. In: FARIAS, James Magno Araújo (Org.). *Trabalho decente*. São Paulo: LTr, 2017.

CALSING, Maria de Assis. Um olhar sobre as desigualdades sociais e trabalhistas da mulher brasileira. In: ARRUDA, Kátia Magalhães; ARANTES, Delaíde Alves Miranda (Coord.). *A centralidade do trabalho e os rumos da legislação trabalhista*. São Paulo: LTr, 2018.

CAMARGO, Beatriz. *"Anjos do Sol" retrata exploração sexual de crianças no Brasil*. Disponível em: <http://reporterbrasil.org.br/2006/08/anjos-do-sol-retrata-exploracao-sexual-de-criancas-no-brasil/>. Acesso em: 7 fev. 2018.

COSTA, Emília Viotti da. *A abolição*. 9. ed. São Paulo: Unesp, 2010. 13 p.: il.

DECOL, Rene Daniel. *Aracy Guimaraes Rosa*. Disponível em: <http://www.digestivocultural.com/ensaios/ensaio.asp?codigo=207&titulo=Aracy_Guimaraes_Rosa>. Acesso em: 6 fev. 2018.

DEJOURS, Christophe. *A Banalização da Injustiça Social*. 7. ed. Rio de Janeiro: FGV, 2006.

DIÓGENES, Lylia. Pessoas como mercadorias. *Revista Via Legal*, Brasília, v. 4. n. 12, 2011.

IBGE. *Estatísticas de gênero*: uma análise dos resultados do censo demográfico 2010. Rio de Janeiro, 2014.

NÃO nos deixam falar, diz Cármen sobre ela e Rosa no STF. *Jota*, Brasília, 10 maio 2017. Disponível em: <https://www.jota.info/jotinhas/carmen-lucia-eu-e-a-ministra-rosa-nao-nos-deixam-falar-10052017>. Acesso em: 6 fev. 2018

SAFFIOTI, Heleieth. *Gênero, Patriarcado, Violência*. 2. ed. São Paulo: Expressão Popular/Fundação Perseu Abramo, 2015.

SCHWARCZ, Lilia; STARLING, Heloisa. *Brasil*: uma biografia. São Paulo: Companhia das Letras, 2015.

TEIXEIRA, Matheus. *Ministras são mais interrompidas que ministros, diz Cármen Lúcia em sessão*. Disponível em: <https://www.conjur.com.br/2017-mai-11/ministras-sao-interrompidas-ministros-carmen-lucia>. Acesso em: 6 fev. 2018.

---

13. Trecho da poesia "Maria", do poeta Homero Arruda. Foi escrita em homenagem a professora Maria Lucia Petit, morta pelo regime militar, em 1972.

Cadê Tereza?
A Mulher no Samba como Ato de Resistência

Letícia Pedroso de Arruda Pinto[1]
Eliane Pedroso[2]

1. INTRODUÇÃO

Igualdade entre os integrantes da sociedade: um imperativo democrático. Não há democracia, sem isonomia, sem solidariedade e sem respeito à diversidade. O desigual, sobretudo, parece não ser natural ao homem. Caetano Veloso, em verso célebre, lembra que "à mente apavora o que ainda não é mesmo velho", e, nessa canção, adverte que "Narciso acha feio o que não é espelho". Em geral, os grupos de parecidos fecham-se, desestimulando a diversidade e a participação de estrangeiros. As razões, e aqui a palavra não tem sentido de justificativa, escoram-se em posição social, cor da pele, origem étnica, condição sexual, integridade ou deficiência física. Motivos, sempre desarrazoados, para explicar a razão do banimento.

Não aceitar a convivência com a diversidade criou diversos buracos na sociedade brasileira contemporânea, que precisam ser preenchidos, consertados, superados. Um deles distancia homens de mulheres, como se o gênero permitisse afirmar que uns são capazes disso ou daquilo e outros, apenas porque são do outro gênero, não. No mundo do trabalho, pagam-se menores salários às mulheres do que aos homens; são eles, ainda, que ocupam a maior parcela dos cargos de alta chefia. Nos costumes mais corriqueiros não é incomum ouvirmos "isso não é coisa de mulher", ou, para crianças, "isso é brinquedo de mulher".

O universo da música não escapa a essa violência discriminatória, como pretendemos demonstrar com este ensaio.

Trabalhar com o tema "a mulher no samba como ato de resistência" decorreu do convívio com o "Samba da Elis". Eliane tocou e cantou ali algumas vezes e Letícia fotografou, cantou e compôs para o evento, que ocorre na praça Elis Regina, no Butantã, todo terceiro domingo do mês. Ao observar a roda, em cada momento, víamos como aquilo era algo que devia e precisava de ser preservado. A luta daquelas mulheres, tanto das que estavam tocando, quanto das que estavam ouvindo, dançando, ou o que quer que seja que o samba estava pedindo a elas, era tão forte e expressiva que dava para ver em seus olhos o resultado.

Não estavam lá porque alguém as chamou, estavam lá porque gostam e acreditam que samba também é lugar de mulher.

Após vários meses frequentando a Roda, começamos a questionar qual é o papel da mulher no samba, e porque esse papel é tão subestimado. Era de se esperar que fosse uma questão histórica, já que todos os fatos vêm de uma questão histórica, principalmente quando tratamos sobre a opressão a um grupo de minoria. Isso puxou a fundo uma vontade de pesquisar mais.

O título do trabalho, "Cadê Tereza?", faz referência à música homônima, em que a mulher não está em casa e sim em um samba no morro: ele descontente e a mulher contente, e isso já diz muito do trabalho, porque samba também é lugar de mulher e lugar de mulher nunca será só em casa. Uma vista de olhos sobre a mulher no samba possibilita enxergar uma panorâmica da mulher na sociedade, porque tanto ali, quanto aqui, há milênios, tentam dizer o que é ou não é "coisa de mulher", ou onde é o "lugar da mulher".

Lugar de mulher é onde ela quiser.

2. INTRODUÇÃO AO SAMBA

"Pelo Telefone", música composta por Donga e registrada em disco em 1917, é considerada o primeiro samba a ser gravado no Brasil, oficializando o samba como um gênero musical.[3]

A presença de mulheres nesse gênero só começou a ser notada por volta dos anos 70, quando entram em cena grandes nomes como Clementina de Jesus e Ivone Lara, o que se daria cerca de 50 anos após o samba ter reconhecida a sua importância musical.

Pode parecer uma data justa devido ao papel que conhecemos das mulheres nessa época. Desde a abolição da escravidão, as mulheres negras foram, e ainda são, destinadas a permanecer em casas de família, senhorios e da elite, exercendo funções como cozinheiras, lavadeiras, copeiras

---

1. Atriz e estudante de gastronomia, integra o movimento feminista desde muito cedo. O texto básico de que resultou este ensaio, agora realizado a quatro mãos, foi por ela desenvolvido e apresentado como Trabalho de Conclusão de Curso no último ano do ensino médio, na escola Waldorff Micael, em dezembro de 2017.
2. Bacharel em Letras, com habilitação em Linguística; bacharel em Direito pela PUC; especializada em Direito do Trabalho pela Universidade de Salamanca, Espanha; juíza do trabalho titular da 2ª vara de Santana do Parnaíba, São Paulo, mãe de Letícia.
3. Cf. *Dicionário Grove de Música*, Stanley Sadie (editor). Rio de Janeiro: Jorge Zahar, 1994.

ou qualquer serviço que a elas poderia ser admitido. Elas, porém, possuíram um papel relevante nesse ambiente machista que foi, e ainda é o samba. A questão é que a importância delas foi mal ou pouco captada e apreendida pelos demais, embora sempre existente.

O samba surgiu de uma união de diferentes entidades, em um bairro negro do Rio de Janeiro, composta por excluídos, ex-escravos, judeus e todo tipo de pessoa que não mergulhou na fonte da boa sorte na capital e no capital. Muitos sabem disso, mas o que poucos têm conhecimento é de que as mulheres também foram parte da composição do samba como conhecemos hoje, principalmente por um núcleo de mulheres conhecidas como Tias Baianas.

Elas foram mulheres marcadas como protetoras, provedoras, mães, festeiras, cozinheiras, facilitadoras das rodas de samba entre outras coisas. Mas não foram marcadas por sua presença no samba, e sim por sua colaboração para fazer com que ele existisse. Conhecidas por "Matriarcas do Samba", as Tias Baianas estão entre as personalidades afrodescendentes mais importantes na virada do século XX, na cidade do Rio de Janeiro.

Ainda assim, sua contribuição para a história da música brasileira passa quase desapercebida. Esqueceram de suas grandes festas, que englobavam grandes nomes do samba, como Donga. Esqueceram que esses encontros continuavam apesar de viverem sob grande opressão das classes dominantes. Esqueceram que estes encontros continuavam apesar de viverem sob forte repressão da polícia. Esqueceram que "Pelo Telefone" foi composto no quintal da casa da Tia Ciata. Esqueceram ainda de sua influência na composição desse que, como dito anteriormente, é considerado o primeiro samba gravado.

Isso decorre de um grande machismo presente na sociedade, tanto naquela época como nos dias atuais, um machismo de carga histórica, que se mostra principalmente com as Tias Baianas. Não há dúvidas de que elas possuem um certo reconhecimento nessa época em que o samba se incendiou, porém quando se trata da parte musical, elas desaparecem, somem das referências históricas. É como se não estivessem lá, como se a prática musical do samba fosse um território somente masculino. Rodrigo Cantos Savelli Gomes[4], porém, prestou uma grande contribuição ao tema, em seu ensaio: "Samba no feminino", pelo qual demonstra que as Tias Baianas também entravam nas rodas de samba como instrumentistas:

> "João da Baiana carrega a fama de ter sido o primeiro ritmista a se apresentar raspando a faca no prato. Estes dados acabaram sendo incorporados pela maioria das versões sobre a história do samba. Entretanto, o documento A força feminina do samba (2007), apresenta uma versão ligeiramente diferente: 'Perciliana [...] ensinou ao filho a batida do pandeiro que tanto diferenciava de outros músicos. Perciliana foi a grande responsável pela introdução do instrumento no samba, em 1889. Todos os seus filhos se envolveram com a música. O movimento das mãos de Perciliana transmitido a João da Baiana era único. Não é à toa que, aos 15 anos, o jovem sambista era a atração nas festas pela sua habilidade como pandeirista. Perciliana foi também a primeira a ser vista raspando a faca no prato, um instrumento de ritmo inusitado".

O que João da Baiana de fato fez foi introduzir seus os aprendizados musicais que obteve com sua mãe e sua família nas rodas públicas, obtendo assim, o mérito.

E não é apenas nas rodas de samba que as figuras masculinas tiraram os papéis das mulheres e praticamente sumiram com os dados que comprovam a presença delas. Algo que muitos não sabem é que as mulheres, antigamente, também eram puxadoras de samba-enredo em desfiles, mas, se bem notar, hoje é uma raridade exemplar. E o porquê disto é simples: os desfiles foram tomando proporções maiores e ganhando seus lugares nas avenidas, até que os homens começaram a ver um problema em mulheres puxarem. Segundo as antigas puxadoras, alegaram a elas que não tinham a capacidade de continuar fazendo isso por conta de sua voz aguda, que não aguentariam cantar o samba-enredo todo já que sua voz delas não possuía o peso da voz de um homem, apesar de não existir um estudo técnico a comprovar isso.

E foi nesse pouco a pouco que as mulheres foram apagadas do samba, mal deixando lembranças ou estudos sobre sua passagem pela construção desse gênero musical.

Para se ter ideia, Hilária Batista de Almeida, mais conhecida por Tia Ciata, é a mais reconhecida das Tias Baianas, aparecendo em diferentes artigos e citações ao seu nome e até mesmo *até página de wikipedia*, mas ainda assim seu nome não é encontrado na Enciclopédia da Música Brasileira Popular, Erudita e Folclórica, que agrupa mais de 3.500 verbetes.

A história repete isso com as mulheres: menosprezo e esquecimento de suas funções e de sua importância.

Pensamos que o próprio samba comete essa diminuição da mulher em suas letras, o que tentaremos demonstrar na próxima seção, a partir da análise de algumas composições.

3. ANÁLISE DE TRÊS MÚSICAS

Foram separadas três músicas com teor machista, com o intuito de demonstrar como as mulheres são vistas no mundo do samba, quando este gênero musical estava ascendendo, e que, por serem ouvidas até hoje, carregam permanência.

Não são necessários mais do que trinta minutos para procurar músicas brasileiras com conteúdo machista, e encontrar por volta de também trinta músicas, considerando

---

4. "Samba no feminino". UDESC: Florianópolis, 2011.

apenas os grandes nomes do samba, sem muito aprofundamento, tais como: Originais do Samba, Jorge Ben Jor, Cartola, Zeca Pagodinho, Luís Melodia, Ney Matogrosso, Paulinho Tapajós, Adoniran Barbosa, Demônios da Garoa, Benito de Paula, Ataulfo Alves, Fundo de Quintal, Mário Lago, Martinho da Vila e Zeca Baleiro.

Todas as músicas localizadas retratavam a mulher de forma extremamente sexualizada, como se fosse apenas objeto em função dos homens, tanto de forma sexual como de real serviço e trabalho braçal.

Ouçamos primeiro "A Dona Do Primeiro Andar", de "Os Originais do Samba":

> **A Dona Do Primeiro Andar**
> *Estou apaixonado, apaixonado estou*
> *Estou apaixonado, apaixonado estou*
> *Pela dona do primeiro andar*
> *Pela dona do primeiro andar*
> *Peladona ... do primeiro andar*
> *Pela dona do primeiro andar*
> *Pela dona do primeiro andar*
> *Peladona*
> *Seu sorriso de criança era o que eu mais queria*
> *Implorei o seu amor ao menos por um dia*
> *Agora estou sofrendo, apaixonado estou*
> *Pela dona do primeiro andar*
> *Pela dona do primeiro andar*
> *Pela dona do primeiro andar*
> *Pela dona do primeiro andar*
> *Peladona...do primeiro andar*
> *Pela dona do primeiro andar*
> *Pela dona do primeiro andar*
> *Peladona...*
> *Toda manhã desce comigo no elevador*
> *Insiste sempre em olhar pro chão*
> *Mal ela sabe que o seu corpo sedutor*
> *Já machucou todo o meu coração*
> *Pela dona do primeiro andar*
> *Pela dona do primeiro andar*
> *Pela dona do primeiro andar*
> *Pela dona... do primeiro andar*
> *Pela dona do primeiro andar*

Essa música ficou famosa em várias regiões, principalmente por sua figura de linguagem, o cacófato que permitiu a junção de dois sons a formar um novo e não desejado, com a expressão "Estou apaixonado pela dona do primeiro andar", a junção de "pela" com "dona" gerou "peladona". Esse jogo de linguagem deu graça à música e a fez um reconhecido sucesso.

Os Originais do Samba usufruíram dessa figura de linguagem para fazer uma piada da mulher, sexualizando-a e objetificando-a.

A música, sem o cacófato, certamente não teria graça, a parte machista da canção é o que chama a atenção. Ou seja, o fato de objetificar a mulher é o que faz a música ser famosa. Isso acontece por diversas vezes no samba, a colocação do homem em um papel de malandro apaixonado e a mulher como alguém que rejeita os desejos dele.

Além do mais, o sujeito na canção alega estar apaixonado pela mulher em questão, porém na quinta estrofe fala que foi o corpo sedutor da moça que conquistou o coração dele. Cuida-se, assim, de objetificação da mulher, como se o que ela mais pudesse oferecer ou ter para conquistá-lo fosse seu corpo.

Não há, certamente, música que mais se aproxime da ideia de machismo do que a célebre "Ai que saudades da Amélia", de Atulfo Alves e Mário Lago, relembremos:

> **"Ai que saudade da Amélia**
> *Nunca vi fazer tanta exigência*
> *Nem fazer o que você me faz*
> *Você não sabe o que é consciência*
> *Não vê que eu sou um pobre rapaz*
> *Você só pensa em luxo e riqueza*
> *Tudo o que você vê, você quer*
> *Ai meu Deus que saudade da Amélia*
> *Aquilo sim que era mulher*
> *As vezes passava fome ao meu lado*
> *E achava bonito não ter o que comer*
> *E quando me via contrariado dizia*
> *Meu filho o que se há de fazer*
> *Amélia não tinha a menor vaidade*
> *Amélia que era a mulher de verdade*

Essa música chegou a gerar grandes conflitos e explodiu assim que foi lançada, sendo pedida até pela mulher de Getúlio Vargas para ser tocada no grande teatro municipal, enquanto seu marido ainda estava no poder.

Por conta dessa música, Amélia não se tornou apenas um nome, mas adquiriu uma carga de adjetivo. Ainda hoje, Amélia é adotada para se referir à mulher que cuida da casa, dos filhos ou como ingênua, boba, a que possui espaço no Dicionário Aurélio, com a seguinte definição: *"Mulher que aceita toda sorte de privações e/ou vexames sem reclamar por amor a seu homem"*.

O que gerou grandes conflitos na música, porém, foi a afirmação que Amélia só é uma "mulher de verdade" porque passava fome ao lado de seu marido e por não possuir vaidade, desvalorizando suas outras qualidades e apenas focando naquilo que estava a favor de seu companheiro. Ademais, a história contada na música está apenas com um ponto de vista, o do homem, o que, como consequência, acaba nos privando da real história, o ponto de vista da mulher. Durante todo esse tempo, ela estava sofrendo em silêncio, sem poder falar nada ante a sujeição à figura de um papel opressor exercido pelo marido.

Mas quem será que largou quem? Por que afinal, no tempo contado na letra da música, eles não estão mais juntos e, apesar dele glorificar tanto o papel de dona de casa submissa de Amélia, ele continua com outra mulher? A letra ganhou uma alteração em arranjo feito por Gabriel Pensador em que o cantor fala: "*Me deito com você, mas estou pensando nela*". Pode-se também chegar a outras hipóteses como: será que ele não a valorizou enquanto estavam juntos e só foi valorizá-la quando começou a sair com uma mulher que era seu total oposto?

Se é impossível ao ser humano "acha(r) bonito não ter o que comer", Amélia deveria estar sofrendo, faminta, sem encontrar saída para a situação, em silêncio e, desta maneira, era adorada e desejada pelo marido. Sua passividade, sinônimo do modelo de mulher inserida na sociedade patriarcal conservadora, assegurava o amor do marido, nenhum outro atributo.

Foram as tantas dúvidas sobre o papel de Amélia na história que foram criadas diferentes músicas, textos e poemas sobre ela, como por exemplo "Desconstruindo Amélia", composto e interpretado por Pitty. Tome-se um pedaço dos versos do poema, para compreender o oposto da "Amélia" antiga:

> "Vira a mesa, assume o jogo
> Faz questão de se cuidar (Uhu!)
> Nem serva, nem objeto
> Já não quer ser o outro
> Hoje ela é um também"

Amélia também exerce o papel da clássica "mulher de proletário", que nada quer, nada pede, nada exige, apenas está presente e tudo faz em prol do bem do marido. Já a outra mulher não pretende exercer este papel, o que o acaba zangando.

Passemos então à música que dá título a este ensaio, gravada por Jorge Ben Jor, em 1969, "Cadê Tereza?", de extenso e intenso conteúdo machista:

> "*Cadê Tereza*
> Cadê Tereza?
> Onde anda minha Tereza?
> Tereza foi no samba lá no morro
> E não me avisou
> Será que arranjou outro crioulo
> Pois ainda não voltou...
> Mas!
> Cadê Tereza?
> Onde anda minha Tereza?
> Tereza, minha nêga, minha musa
> Eu gosto muito de você
> Sou um malandro,
> Enciumado, machucado
> Que espera por você
> Eu juro por Deus
> Se você voltar
> Eu vou me regenerar
> Jogo fora o meu chinelo
> O meu baralho
> E a minha navalha
> E vou trabalhar
> Jogo fora meu chinelo
> O meu baralho
> E a minha navalha
> E vou trabalhar
> Mas! Por Deus!
> Cadê Tereza?
> Onde anda minha Tereza?
> Mas!
> Cadê Tereza?
> Onde anda minha Tereza?
> Mas!
> Cadê minha Tereza?
> Minha amada idolatrada
> Salve! Salve!
> A mais amada
> Adorada do meu Brasil
> Tereza a minha glória nacional
> - Tereza!
> O negócio é você voltar nêga
> A rapaziada toda lá em cima
> Já tá arrumando, olha aí!
> Pintei o barraquinho
> Todinho de azul e rosa
> Todinho pra você, aquilo tudo
> Tereza!
> Come Back, minha nêga, come back
> Sou um malandro apaixonado
> Caí na realidade que te amo
> Só quero você
> Depois de você, Tereza
> Bem depois, só o Flamengo
> Olha aí
> Volta Tereza, volta
> O negócio é você voltar"

A música trata de um homem cuja mulher está em uma festa lá no morro e, segundo o sujeito, ela já deveria ter voltado. Ele começa então a dizer diversas coisas com a intenção de que ela volte, mas antes explica para o ouvinte o motivo de suas falas. Conta ele que Tereza foi a um samba no morro e não o avisou, o que acaba deixando claro que, se a mulher quisesse sair, teria que pedir permissão ou ao menos anuência, não lhe conferindo liberdade, portanto.

Ele explica também o medo em sua demora, que não vai além da ideia de Tereza arrumar outro crioulo, ou seja, outro homem. Nota-se que ele está infeliz que ela tenha que se explicar e não o fez, além de preocupado porque não confia em sua mulher o suficiente para a deixar sozinha, acha que ela vai traí-lo. Não há real expressão de amor pela mulher com quem compartilha o telhado, mas demonstração do carinho material que sente por ela e a afirmação de que não seria correto ela o trocar, uma vez ser indevido desrespeitar seu "dono", seu "proprietário".

Ele também jura a ela que vai mudar, ou melhor, que vai "se regenerar", o que significa "formar-se de novo". Promete que jogará fora seu chinelo, símbolo de quem viva permanentemente descansando; seu baralho, que demonstra ser o jogo a "profissão"; e sua navalha, instrumento típico dos malandros do morro, utilizado para autodefesa. Ele agora decide que irá trabalhar.

Conclui-se, portanto, que antes do eu-lírico perceber, certa noite, que sua mulher está atrasada e pode não voltar, ele não fazia absolutamente nada, apenas descansava e esperava o que sua mulher faria por ele, no sustento da casa, sozinha, sem nenhum apoio.

Ao perceber que chamar Tereza não está resolvendo, insiste mais e mais, até terminar a música em uma estrofe não cantada, apenas falada. Nesta estrofe, ele a apressa para voltar, fala que o pessoal já está se arrumando para sair, fala que pintou o barraco onde eles moram todinho só para ela, a chama para voltar até em inglês, diz que é malandro mas é apaixonado, que agora caiu na realidade, que a ama e que no coração dele só tem ela, o Flamengo e olhe lá!

A mulher retratada é, desse modo, uma dona de casa que faz tudo pelo marido ao ponto de sustentá-lo e, ainda sim, o marido acha lógico que ela fique com ele e ilógico que ela vá divertir-se.

4. A MULHER COMO VITRINE NO SAMBA

Quando se diz que a mulher fez e faz parte do mundo do samba como vitrine, quer-se dizer e informar que o papel da mulher no samba não passa aos olhos da grande multidão, ou ainda, só existe na aparência, mas não conta como real.

Desde antes de ser lançada a música "Pelo Telefone", e assim o samba passar a ser reconhecido como um gênero musical, as mulheres estavam fora de cena. Só reconhecidas e marcadas nesse meio por um grupo de mulheres, as Tias Baianas, lembradas mais por fazer festas em casa, cozinharem e serem do candomblé do que por todos os feitos e contribuições para atuar na resistência e na permanência do samba em uma época onde era composto apenas pelos rejeitados do Rio de Janeiro. Elas tiveram, porém, também uma parte musical viva e presente; existiram e resistiram no samba também como instrumentistas e compunham desde aquela época.

Seu esquecimento pode ser correlacionado ao tratamento endereçado às mulheres que hoje estão no samba.

Há inúmeras mulheres sambistas que compõem, tocam diversos instrumentos, da faca no prato ao violão, que cantam, que brilham. Como, entretanto, crescemos sob entidades como Adoniran Barbosa, Cartola, Noel Rosa, Bezerra da Silva, Paulinho da Viola, Ataulfo Alves, Martinho da Vila e muitos outros, esquecemos de privilegiar e pensar sobre as mulheres que são tão geniais quantos eles. Nesse meio há compositoras e cantoras incríveis como Clementina de Jesus, Dona Ivone Lara, Leci Brandão, Elza Soares, Teresa Cristina, Inezita Barroso, Clara Nunes, Beth Carvalho etc. A valorização da mulher, contudo, restringe-se quase que exclusivamente à voz. Instrumentistas e compositoras, embora existam e não sejam raras, não figuram com a força que mereceriam entre os "sambistas".

5. MULHER COMO RESISTÊNCIA

Ainda que o samba seja um meio machista, protagonizado por homens e, em seu interior, a mulher seja objetificada, esquecida, subestimada e sexualizada, quando as mulheres se apropriam desse meio abrem uma porta para que o samba se torne um lugar de resistência.

Quando as mulheres se unem e fazem samba, elas realizam o ato de resistir. Elas entram no meio machista opressor e se tornam parte dele, lutam apenas por estar em uma roda de samba como compositoras e instrumentistas. No momento que elas se mostram como sambistas, quebram um paradigma criado há séculos por uma sociedade patriarcal reconhecida e impositiva.

Inseridos num sistema patriarcal, forma de organização social em que predomina a autoridade paterna, exercemos um papel importante. Nessa estrutura o homem é privilegiado, e como não habitamos uma sociedade utópica, se um grupo tem mais privilégios, o outro, por consequência, terá menos, como é o caso das mulheres.

A opressão nem sempre precisa ser proposital, mas quando, por exemplo, um homem alcança um cargo no trabalho apenas por ser homem, está sim oprimindo uma mulher, eis que está subtraindo da mulher a sua oportunidade de obter aquela colocação. O samba possui, na origem e na majoritária manifestação, essa figuração opressora, que torna normal que as mulheres sejam invisíveis nesse meio, embora elas existam!

As lutas das minorias conseguem, aos poucos, evidenciar a necessidade de respeito à pluralidade, à diversidade. A cada segundo, as pessoas estão cada vez mais conscientes sobre o meio em que vivem e percebendo que o fato de não haver um número expressivo de representantes das minorias, nos mais diferentes grupos, não se dá por falta de qualidade e sim por falta de *oportunidade*.

Diferentes grupos compostos apenas por mulheres, contemporaneamente, estão se formando na condição de ato de resistência das mulheres no samba, como por exemplo "Dandara", "Samba de Rainha", "Samba D'água Doce", "Sambadas", "Samba de Saia" etc. Tais grupos têm o foco de apresentar a mulher nesse meio, tanto como cantoras, quanto como compositoras, como instrumentistas e o que mais vier e aprouver.

Cíntia do Nascimento Silva, atualmente também participante do Samba D'água Doce, merece destaque por ter pensado a brilhante ideia de unir diferentes mulheres na praça Elis Regina e propor que fizessem samba. À Cíntia sempre incomodou a falta de mulheres na roda de samba, assim como o fato das presentes atuarem apenas como cantoras ou dançarinas, daí porque criou um grupo de estudos de samba somente para mulheres. Após um ano do grupo ativo, ela teve a ideia de se apropriar da praça para mais gente poder ver as mulheres tocando, para que isso se incorpore na população e, em torno de dezembro de 2015, esse sonho tornou-se realidade, além de criar ramos deste samba, como a roda de compositoras só para mulheres, que também ocorre na praça Elis Regina.

Em entrevista realizada para este ensaio, Cíntia ressalta qual é a grande dificuldade das mulheres em aparecer como protagonistas em uma roda de samba e porque é tão importante que essa minoria tenha um espaço que seja delas:

"Este processo de entrar e participar de uma roda masculina é muito complicado, eu presenciei muita cena, hora comigo, hora com colegas, de hostilização ou infantilização, são dois processos bem comuns quando a mulher quer entrar na roda de maneira protagonista. A hostilização é de ou não te derem espaço ou de tirarem o instrumento da sua mão, o pandeiro pode ser seu, mas você tá na roda e vem um cara e ele acha que ele pode tirar o pandeiro da sua mão, ele não faz isso com nenhum outro homem, tem toda uma regra de conduta na roda de samba, mas é uma regra que eles seguem homem com homem, quando é mulher é diferente, eles ultrapassam as linhas. E além disso tem a infantilização, quando já passam da premissa que você sabe menos, que você pode menos. Por isso que a gente quis criar o Samba Da Elis, para que a gente tivesse um momento em que você pudesse ficar concentrada no seu tocar, na energia da coisa e não ter mais esse fator opressor".

Segundo Cíntia, o coletivo é um lugar de extrema importância para a reflexão da nova geração, já que ajuda as pessoas a questionarem o porquê de não haver mulher em um determinado lugar ou de só haver mulheres em um outro, além de gerar oportunidade de autoconhecimento, além de possibilitar a formação de grupos, duplas e diferentes relações de apoio.

As mulheres vivem uma luta diária, desde a hora em que acordamos até a hora de dormir, vivenciamos inúmeros embates. Se não criarmos espaços de fortalecimento, encarar a luta de frente será mais difícil. É necessário ter esse lugar também no samba e o reconhecimento da mulher como sambista. No momento da roda em que um homem tira o instrumento da mão de uma mulher ou a julga como incapaz de compor ou tocar, ele a ridiculariza. No patamar civilizatório alcançado pela sociedade, que tem por núcleo o respeito aos direitos humanos, isso é inadmissível.

A mulher precisa sim entrar na roda de samba e tem de ser vista, admirada e compreendida como protagonista. A mulher precisa sim se apropriar de todos os meios que tem para vencer a luta diária contra uma sociedade de raízes patriarcais ainda bastante emersas.

Até lá ainda temos muita luta pela frente!

La Huelga Feminista: La Experiencia desde Argentina

Lucía Cavallero[1]
Verónica Gago[2]
Natalia Fontana[3]

Hace más de dos años que en la Argentina las mujeres estamos produciendo una confluencia que ha hecho que las estructuras más añejas de esta sociedad levantaran polvareda. Produciendo alianzas inesperadas, fuimos más allá de la "sectorización" con que se suelen compartimentar demandas y luchas. Mezcladas entre trayectorias diversas, a partir de interseccionar experiencias feministas, sindicales y laborales que exceden la frontera sindical, logramos deshacer las ataduras históricas en las que nos etiquetábamos y por las que quedábamos recluidas a mundos pequeños donde no podíamos mirarnos las unas a las otras. Así es como el debate sobre ¿qué es ser feminista? y sus implicancias prácticas en nuestros cotidianos se fugó del campo de las militantes históricas para ponerse en la boca de todas. Este proceso no fue mágico ni espontáneo. Por un lado, sus condiciones de posibilidad tienen una genealogía, un acumulado de luchas que en Argentina refieren a tres líneas históricas: las luchas de derechos humanos, los encuentros nacionales de mujeres y las experiencias populares de auto-organización que se dieron en la crisis de 2001. Por otro, tuvo unos momentos que podríamos denominar "constituyentes": nos referimos a la emergencia de la herramienta del paro como una medida de fuerza tomada, impulsada y reinventada por el movimiento de mujeres, lesbianas, trans y travestis. Hablamos del primer paro que se le hizo al gobierno neoliberal de Mauricio Macri el 19 de octubre de 2016. Luego del paro internacional de mujeres del 8 de marzo de 2017. Y nos referiremos también al proceso organizativo que estamos produciendo para este 8 de marzo de 2018.

Este texto surge de muchos encuentros entre integrantes del colectivo Ni Una Menos y compañeras organizadas sindicalmente para imaginar y tramar un sindicalismo post patriarcal.

1. ¿CÓMO SURGE EL PARO INTERNACIONAL DE MUJERES DE 2017?

El 19 de octubre de 2016 en Argentina se convocó a un Paro de Mujeres en protesta contra el femicidio de Lucía Pérez, una joven de 16 años. Utilizando la herramienta del paro, se lograron conectar las violencias machistas con los modos de violencia y precarización laborales, económicos, sociales y territoriales, y denunciarlos como una renovada "pedagogía de la crueldad" sobre el cuerpo de las mujeres.

Al inicio del mismo mes de octubre, en Polonia las mujeres convocaron a un paro nacional en rechazo a los cambios que se intentaron imponer en la legislación local para restringir todavía más el acceso al aborto legal.

Tras el Paro del 19 de octubre y la constitución de alianzas de mujeres de distintas partes del mundo, surgió el llamado a un Paro Internacional de Mujeres para el 8 de marzo de 2017.

Los antecedentes de las concentraciones masivas contra los femicidios con la consigna #NiUnaMenos, realizadas el 3 de junio de 2015 y de 2016 en Argentina, habían mostrado un fuerte poder de movilización. Y en el año 2016 ya se tramaba una coordinación entre distintos países de América Latina.

El Paro del 19 de octubre de 2016 fue el primer paro de mujeres en la historia argentina y en América Latina. Se llamó a parar durante una hora, en todos los espacios posibles: laborales, educativos, domésticos, barriales, etc. La movilización posterior fue de más de 250 mil personas en Buenos Aires y marchas que se sumaron en todo el país. América Latina se conectó de modo veloz a la convocatoria de huelga.

Utilizar la herramienta del paro permitió poner en escena la trama económica de la violencia patriarcal. Y además nos permitió desplazarnos del lugar de víctimas para posicionarnos como sujeto político y productoras de valor. Complejizamos la categoría de trabajadoras y evidenciamos que el trabajo es también doméstico, informal, e incluye las formas de asociación autogestivas. Como la consigna #NiUnaMenos ya se había tomado en varios países de América Latina, el 19 de octubre se replicaron rápidamente movilizaciones, en conexión con la convocatoria argentina y por las demandas de cada país frente a la violencia patriarcal.

La organización de asambleas, actos y movilizaciones para el 25 de noviembre (aprovechando otra cita del calendario de mujeres: el día del repudio contra la violencia hacia las mujeres) aceleró un trabajo de conexión transversal entre muchos países, desbordando las usuales iniciativas de la fecha.

---

1. Integrante del Colectivo Ni Una Menos
2. Integrantes del Colectivo Ni Una Menos.
3. Sindicato -de tripulantes de avión de la Argentina.

De esta manera se dibujaba una geografía que iba de Ciudad Juárez a Moscú, de Guayaquil a Varsovia y San Pablo, de Roma a San Salvador de Jujuy. El tejido local y global produjo un nuevo tipo de internacionalismo que se vio en las redes y en las calles. Una nueva práctica de internacionalismo feminista.

El 3 de febrero de 2017, en una asamblea abierta y heterogénea, todas las corrientes del movimiento de mujeres de Argentina coincidieron en la convocatoria a las centrales sindicales para que apoyen la iniciativa del paro de mujeres. Apelando a una interpelación de la cuestión del trabajo y al mismo tiempo haciéndolo en clave feminista: no hablándole sólo a las trabajadoras asalariadas y formales, sino convocando a inscribir nuestra crítica, nuestros reclamos y nuestra huelga en un marco que cuestiona de lleno la precarización de nuestras existencias y la criminalización de nuestra autonomía.

2. ¿QUÉ ES EL PARO DE MUJERES DESDE UN PUNTO DE VISTA FEMINISTA?

Este año, desde hace días venimos participando de asambleas masivas. Las convocamos para organizar el paro internacional de mujeres de 2018, en la Ciudad de Buenos Aires. Desbordan en cantidad y diversidad de mujeres, lesbianas, trans y travestis respecto de las del año anterior. Sabemos, además, que se están realizando asambleas en todo el país, y en casi todos los espacios de trabajo, en espacios comunitarios y barriales. En este sentido, *la huelga y la asamblea producen una dinámica conjunta*. Esto tiene que ver y materializa nuestra comprensión del *paro como un proceso y no como un acontecimiento* o fecha aislada: las asambleas van desplegando el proceso mismo del paro. En ellas, están presentes la mayoría de las voces de los conflictos laborales, territoriales y sociales del momento, dando cuenta de un mapa de la conflictividad social que ningún otro movimiento está en condiciones de aglutinar.

Como mencionamos anteriormente, a partir de la apropiación por parte del movimiento feminista de la herramienta del paro, ampliamos y diversificamos esta medida clásica del movimiento obrero organizado, llevándola más allá de los confines del mundo asalariado y sindicalizado (en general masculino y blanco).

El paro fue así revitalizado y resignificado por el *ensanchamiento de su composición*, ya que ahora aloja, incluye e interpela a trabajadoras sindicalizadas y trabajadoras precarizadas; mujeres campesinas que protagonizan la batalla contra el agronegocio, mujeres de fábricas y de talleres textiles informales, mujeres que sostienen la economía popular que se extiende a todo lo largo y ancho de estas tierras de América Latina, militantes feministas históricas y estudiantes secundarias, amas de casa y docentes.

3. EL PARO DEJA DE SER UNA ORDEN

Toda esta mezcla e intersección que muestra al feminismo hoy como multiplicidad, también le da fuerza como intransigencia y como capacidad política para reunir lo diferente. Cuando el movimiento de mujeres llama a la huelga, el paro deja de ser una **orden** que se acata -es decir, que se sabe cómo obedecerla-, para convertirse en una pregunta a responder desde la multiplicidad de situaciones del trabajo informal, doméstico, precario, pero también asalariado. ¿Qué significa parar para las amas de casa, para las vendedoras ambulantes, para las trabajadoras rurales sin tierra, para las estudiantes, para las desocupadas, para las beneficiarias de planes sociales, para las migrantes? ¿Qué significa parar cuando tu sindicato no da la orden de parar?

En el paro internacional del 8 de marzo de 2017 esta convergencia fue una clave de la medida de fuerza en común que se coordinó en 55 países. El paro convocado por el movimiento de mujeres sacudió a las estructuras sindicales que se vieron empujadas, desde sus bases, a abrir el debate sobre quién detenta el poder de convocatoria a una huelga. Se puso en tensión el mundo masculino verticalista que estructura al sindicalismo gracias a compañeras que abrieron nuevos espacios de discusión y democratización, que lucharon por hacer del paro una herramienta política: es decir, no sólo un modo de negociación y pacificación, sino de transformación y desacato.

La novedad que *revoluciona* la herramienta del paro es que la lleva más allá del mundo sindical pero a la vez la renueva dentro del universo sindical. En este sentido, es la incorporación del tema del trabajo desde una perspectiva feminista capaz de leer la crisis a la que el neoliberalismo nos impulsa permanentemente pero también los modos en que inventamos formas de reproducción de la vida lo que nos coloca en otro horizonte organizativo y discursivo.

4. EL PARO SE TRANSFORMA EN UNA INVESTIGACIÓN ORGANIZATIVA

Subrayamos una línea de doble movimiento: el paro deja de ser una orden y se abre como pregunta de investigación concreta y situada: "¿Qué significa hacer paro en la posición que estoy y ocupo?" El paro feminista implica lanzar esa pregunta. Abrir la noción de paro más allá de su "uso" monopolizado por los sindicatos como representantes únicos y legítimos de una parte de lxs trabajadorxs. Al abrirla como pregunta de investigación, de encuesta colectiva, de dinámica organizativa, le dimos a la huelga un uso nuevo, la actualizamos y ampliamos. Y, sobre todo, la hicimos inclusivas de las múltiples realidades de trabajo y por tanto nos permite a todas reconocernos como productoras de valor.

Resignificamos la noción de paro de modo tal que incluya las heterogéneas realidades del trabajo formal, informal, doméstico y reproductivo, y las trayectorias itinerantes entre las economías populares, la desocupación y las distintas precariedades. Logramos así vincular las nuevas formas de explotación con la dinámica de las violencias machistas. Esto nos permite conectar situaciones múltiples y enlazar luchas y sentidos bien diversos: desde los conflictos con las transnacionales neoextractivas a los conflictos por la vivienda; de la invisibilización de las tareas de cuidado a la feminización de la pobreza. Es también esa transversalidad la que pone en juego debates fundamentales sobre un feminismo no liberal ni moderado y que, más bien, se reconoce como un feminismo popular-comunitario, indígena y territorial, villero y queer, desde un léxico y unas prácticas que emergen con fuerza desde América Latina.

5. PONE EN CRISIS EL CONCEPTO DE TRABAJO PATRIARCAL

La confluencia de luchas que enlazan los diversos territorios del trabajo (doméstico, comunitario, asalariado, precario, migrante) desde la mirada feminista permite radicalizar y profundizar nuestras demandas. Ponemos en crisis el concepto de trabajo patriarcal porque:

- Cuestionamos que el trabajo digno es sólo el que tiene salario.
- Cuestionamos que el trabajo reconocido es sólo el masculino.
- Cuestionamos que el trabajo productivo es sólo el que se hace fuera de la casa o del barrio.
- Dejamos de estar esperando el momento ideal para poner en escena la multiplicidad de las opresiones.

Desde esta intersección estamos construyendo un feminismo popular que se hace cargo de la multiplicidad de formas en que producimos valor.

A su vez, estamos produciendo un diagnóstico, una dinámica de transversalidad y una manera de resistencia que permite hacer frente a las reformas previsional y laboral porque politiza todos los ámbitos de reproducción de la vida. Por eso, seguimos construyendo el paro en los sindicatos y más allá de los sindicatos, en los territorios y en las casas, en las calles y en los barrios.

6. ¿CÓMO EL PARO DE MUJERES SACUDIÓ E INTERPELÓ AL MUNDO SINDICAL?

El paro es para nosotras un tiempo de desobediencia al patriarcado, sabotaje de los estereotipos de género, cuestionamiento al funcionamiento "viril" de la organización sindical.

Nos sale la rabia al recordar los modos en los que la experiencia sindical de las mujeres busca ser aislada de otras prácticas políticas y confinada a reductos específicos donde se tratan las "temáticas propias de la mujer o el género". A partir de ambos paros y del impulso que notamos en este 2018, de su dinámica de fortalecimiento que es también transnacional, expresamos una *transversalidad política*. Damos cuenta así de una forma de construir experiencias de conducción y orientación del proceso entre nosotras, herramientas de lucha y reivindicación propias.

La reacción a esta marea no se hace esperar. Y desde entonces escuchamos en las propias organizaciones sindicales que:

1. que el feminismo es un sectarismo: que deja afuera a los hombres y que debilita la unidad de las demandas. Así, el movimiento de mujeres es presentado como una suerte de "agente externo" al sindicalismo, borrando la interseccionalidad de nuestras experiencias y la potencia de cuestionar la autoridad masculina y su lógica de construcción patriarcal.
2. que las mujeres no estamos preparadas para tomar los espacios de poder que reclamamos: se nos atribuye una intransigencia que hace que supuestamente no sepamos negociar. No se reconoce así que lo que ponemos en juego es otra lógica de construcción que, además, desnuda sus propios límites e ineficacias.
3. que el feminismo llamando a paro deslegitima y debilita el poder de las dirigencias, en un momento de ataque y campaña de desprestigio a los sindicatos: nos culpabilizan así por tomar la iniciativa frente a su inacción.
4. que la medida del 8M le quita fuerza a otras acciones sindicales y desconocen así la forma inclusiva que produce una mirada feminista de los conflictos.

En las tareas de organizar el paro del 8M nos topamos con las reacciones de quienes prefieren minimizar la profundidad de nuestra afirmación: si no valemos, produzcan sin nosotras. El paro pone en escena ese *sabotaje y a la vez visibilización* de nuestras tareas de trabajo doméstico-reproductivo en conexión con nuestros trabajos asalariados (muchas veces discontinuos, no reconocidos). Cuando paramos, sustraemos nuestro tiempo y nuestros cuerpos a las tareas que nos dejan invisibilizadas, ninguneadas, parasitadas.

Las organizaciones sindicales tienen una deuda pendiente con las mujeres trabajadoras: la de cuestionar realmente sus estructuras conservadoras y jerarquizantes para animarse a repensar la herramienta gremial desde una lógica no patriarcal. No es fácil desordenar ese mandato masculino al interior de los sindicatos. Mandato que concreta, a lo largo de toda su historia, el aislamiento de la experiencia sindical de las mujeres. Pero también ese cierre es el que hoy explota cuando entre nosotras nos decimos: estamos para nosotras.

7. ¿POR QUÉ DECIMOS QUE EL PARO NOS ORGANIZA DE UN NUEVA MANERA?

Porque el paro nos dio una práctica de **transversalidad** para poder justamente ser parte de una medida de fuerza organizada en común desde las diversas situaciones que habitamos como mujeres, lesbianas, trans y travestis. Desde el movimiento feminista, parar no es sólo dejar un trabajo o ausentarse de él, sino suspender, bloquear y sabotear todo tipo de tareas que históricamente han quedado a cargo de los cuerpos feminizados, de modo casi siempre invisible, no remunerado o mal remunerado. Tareas en general despreciadas políticamente pero que son la base de la reproducción de la sociedad en su conjunto.

El paro nos permite una **doble dimensión: bloquear y transformar**. No se trata de una acción puramente negativa, sino que a partir de la acción de parar, la pregunta sobre **qué hacer** se vuelve más rica, más importante, más colectiva. Queremos cambiarlo todo, hemos dicho. ¿De qué maneras concretas construimos esa transformación desde nuestras prácticas?

Como lo señala Silvia Federici en un video lanzado por la campaña del colectivo NiUnaMenos[4]: *"Parar significa no sólo interrumpir ciertas actividades laborales, sino que significa también comprometernos en actividades que tengan algo transformador, que en cierta manera nos llevan más allá de las ocupaciones rutinarias y de la vida cotidiana y que contienen en sí mismas otras posibilidades".*

El paro fue también la clave de conexión entre países, regiones, y escalas muy diversas, **dando a lo global una materialidad**. Entonces: es una **conexión territorial** que significa una **conexión entre luchas**. Pero también una **conexión de temporalidades**: tiempos de las horas de paro, tiempos de insumisión que desbordan las horas de paro, tiempos de organización que van construyendo el paro, tiempos personales y colectivos, tiempos generacionales y de distintas luchas históricas y tiempos de rumiar cómo seguimos nutriendo la marea de feminismos. Por eso es una **conexión de tiempos** que significa una **conexión entre historias heterogéneas**. Así, **la huelga es diferencia y conexión**. Porque contiene y se nutre de la **multiplicidad de tiempos y territorios** (de nuestras labores, situaciones vitales, experiencias, organizaciones, y demandas) a la vez que las **conecta** en un mismo plano, donde la diferencia no es un fragmento sino una fuerza constituyente de lo que tenemos en común.

Por eso decimos que el paro se hace fuerte como **proceso internacional, transnacional**. Entre una fecha y otra no ha sido un tiempo vacío, de espera entre "acontecimientos": hemos visto desplegarse un proceso de acumulación de fuerzas, de movilizaciones, de encuentros, de batallas, de campañas, de desafíos y desacatos.

---

4. Disponível em: <https://www.facebook.com/NUMArgentina/videos/771845543006630/>.

A Política do Reconhecimento e as Mulheres: Discursos Dominantes que Excluem as Mulheres dos Cargos de Poder Hierárquico nas Carreiras Jurídicas

Luciane Toss[1]

"Você me diz para ficar quieta porque minhas opiniões me deixam menos bonita, mas não fui feita com um incêndio na barriga para que pudessem me apagar.
Não fui feita com leveza na língua para que fosse fácil de engolir.
Fui feita pesada, metade lâmina, metade seda. Difícil de esquecer e não tão fácil de entender." (Rupi Kaur)

1. INTRODUÇÃO

A questão que envolve a categoria do reconhecimento e a colocação das mulheres nas carreiras jurídicas adveio da constatação de que, em que pese alcançarem postos importantes de comando e direção nas carreiras jurídicas, a grande maioria das mulheres encontra obstáculos para ingresso nos cargos de poder hierárquico, seja na advocacia, seja no judiciário.

Os dados que constam deste artigo são resultado de uma revisão bibliográfica que considerou não só literatura sobre o tema, mas dados quantitativos provenientes do Censo do Poder Judiciário realizado pelo Conselho Nacional de Justiça (CNJ) no ano de 2014, sobre a distribuição por sexo da magistratura brasileira; dados da Ordem dos Advogados do Brasil sobre a distribuição nos cargos de administração e representação da entidade em toda federação e do Censo da Educação Superior realizado pelo Ministério da Educação em 2012. O foco da análise foi a distribuição, na magistratura e na advocacia, para os cargos de presidente, vice-presidente e corregedor e número de desembargadoras (os especificamente no judiciário), de abrangência federal e regional.

Partimos da Teoria do Reconhecimento de Axel Honneth (2003), para analisar o conflito entre o discurso masculino como dominante e a relação entre a subjetivação do papel da mulher, seu lugar no espaço público e na distribuição de bens.

A discrepância entre o número de profissionais que atuam nas áreas jurídicas do sexo feminino (seja na representação política institucional e corporativa, seja no Judiciário) e o número de cargos ocupados por homens revela a existência de um processo discriminatório e excludente que propõe a manutenção de um discurso dominante que difere homens e mulheres no mundo do trabalho. Distinção essa que em nada se relaciona à tentativa de uma igualdade substantiva.

2. DADOS DE INGRESSO DAS MULHERES NAS CARREIRAS JURÍDICAS NO BRASIL

As mulheres são as que mais ingressam na educação superior. O censo realizado pelo Ministério da Educação em 2012 aponta que as mulheres estão em 59,6% dos ingressos, em 55,5% das matrículas e em 59,6% dos concluintes da grade geral de cursos. Nos cursos de Direito 53% dos estudantes são do sexo feminino[2].

Na advocacia, elas já representam quase 44% do total de inscritos na Ordem dos Advogados do Brasil (OAB)[3]. São números importantes, considerando que as mulheres só puderam ingressar nas carreiras jurídicas a partir da década de 1960. Esses dados poderiam sugerir uma maior presença feminina nos cursos de Direito e nos quadros profissionais da OAB.

A lógica induziria à conclusão de que a proporcionalidade de expansão, seja de concluintes de cursos superiores e de ingresso na advocacia resultariam em uma expansão do número de mulheres nas carreiras jurídicas, incluindo aqui, nos cargos de poder hierárquico. Mas não é isso que apontam os dados atuais. Os percentual de homens e mulheres inscritos na OAB, por estado da federação, é o seguinte:

---

1. Mestre em Ciências Sociais Aplicadas pela UNISINOS, Especialista em Novos Rumos do Direito pela Universidade de Burgos (ESP) e em Impactos das Reformas Trabalhistas pela Universidad Castilla La Mancha (ESP), Especialista em Direito Privado e Constitucional pela UNISINOS, Advogada Trabalhista, Especialista em Direito Sindical e Coletivo e do Trabalho, Professora da Fundação Escola da Magistratura Trabalhista do RS – FEMARGS. Disponível em: <http://buscatextual.cnpq.br/buscatextual/visualizacv.do?id=K4755560H3>.
2. Censo da Educação Superior 2012. MINISTÉRIO DA EDUCAÇÃO. In: http://portal.mec.gov.br/index.php?option=com_docman&task=doc_download&gid=14153&Itemid=.
3. ORDEM DOS ADVOGADOS DO BRASIL, 289 mil mulheres representam 44% dos inscritos na OAB. In: http://www.oab.org.br/noticia/16099/na-advocacia-289-mil-mulheres-representam-44-dos-inscritos-na-oab

Percentual de homens e mulheres inscritos na OAB[4]		
Estado	Homens	Mulheres
RO	49.7	50.3
PA	50.0	50.0
RJ	50.4	49.6
ES	50.6	49.4
BA	50.7	49.3
MT	50.9	49.1
RS	50.9	49.1
SE	51.0	49.1
GO	51.1	48.9
SP	51.2	48.8
DF	51.4	48.6
AM	51.8	48.2
RR	52.0	48.0
AP	52.8	47.2
PE	52.8	47.2
MG	53.0	47.0
PR	53.1	46.9
RN	53.2	46.8
SC	54.0	46.1
TO	53.9	46.1
CE	54.4	45.6
MS	54.5	45.5
AL	54.9	45.1
MA	55.3	44.7
PB	55.7	44.3
PI	55.8	44.2
AC	57.3	42.7

Em 86 anos de história da Ordem dos Advogados do Brasil apenas nove mulheres presidiram seccionais. Fernanda Marinela, empossada para o triênio 2016/2019 à frente da OAB de Alagoas revelou: "Hoje as mulheres já são quase 50% da advocacia brasileira, mas elas ocupam poucos cargos de liderança na OAB". Nas últimas eleições das seccionais foram apenas quatro candidatas em todo o país. "Infelizmente, a discriminação contra a mulher ainda acontece dentro da OAB", lamenta[5].

A mesma desigualdade, por sexo, é revelada nos quadros de representação da magistratura, apontados pelos quantitativos do Conselho Nacional de Justiça de 2014[6]. Nas últimas três décadas o número de mulheres que ingressam na carreira aumentou, no quadro geral há apenas 40% em relação aos homens. Se adentrarmos na contagem dos vários ramos da Justiça (eleitoral, federal, tribunais regionais e superiores) a média feminina cai a menos de 30%[7].

Em relação ao quadro geral, ou seja, número de mulheres e homens ocupantes de cargos na magistratura, verifica-se que os dados que desagregam os sexos (média geral) apontam 62,7% de homens e 37,3% de mulheres no judiciário.

Quando analisadas as vinte e sete unidades da federação, separadas ou em conjunto, as diferenças são completamente díspares. Em Estados como o Amapá, encontramos apenas 9,8% de ocupação feminina, já no Nordeste encontramos um percentual de 40% de juízas, considerando Bahia, Rio Grande do Norte e Sergipe[8].

O Rio de Janeiro é a unidade da federação com maior participação de mulheres na magistratura: 48,6% do total de juízes que atuam no estado. O levantamento inclui magistrados de todos os segmentos de Justiça (tribunais superiores, estaduais, federais, do trabalho, eleitorais e militares). O Rio Grande do Sul aparece em segundo lugar no levantamento, com 45,4% de mulheres entre os magistrados. Sergipe é terceiro lugar entre os estados com maior participação de mulheres na magistratura: 45,2%.

---

4. ORDEM DOS ADVOGADOS DO BRASIL. SECCIONAL SÃO PAULO. Dados da OAB mostram que quase a metade dos advogados do país são mulheres. Disponível em: <http://www.migalhas.com.br/Quentes/17,MI265657,11049-Dados+da+OAB+mostram+que+quase+-metade+dos+advogados+do+pais+sao>.
5. Entrevista de Fernanda Marinela à KOURA, Kalleo. *Discriminação contra a mulher acontece na OAB*. In: https://www.jota.info/advocacia/discriminacao-contra-mulher-ainda-acontece-na-oab-11052017.
6. CONSELHO NACIONAL DE JUSTIÇA. *Percentual de Mulheres na Magistratura*. Disponível em: <http://www.cnj.jus.br/noticias/cnj/84432-percentual-de-mulheres-em-atividade-na-magistratura-brasileira-e-de-37-3>.
7. MOREIRA, Rafaela Selem; FRAGA FILHO Roberto; SCIAMMARELLA, Ana Paula de O. *Magistratura e gênero*: um olhar sobre as mulheres nas cúpulas do judiciário brasileiro, *e-cadernos ces* [Online], 24 | 2015, colocado online no dia 15 dez. 2015, consultado a 04 fev. 2018. Disponível em: <http://journals.openedition.org/eces/1968; DOI: 10.4000/eces.1968>.
8. ODY BERNANDES, Célia Regina. *Poder Judiciário é retrato de desigualdade de gênero*. Disponível em: <http://justificando.cartacapital.com.br/2017/03/15/poder-judiciario-e-retrato-da-desigualdade-de-genero/#_ftn3>.

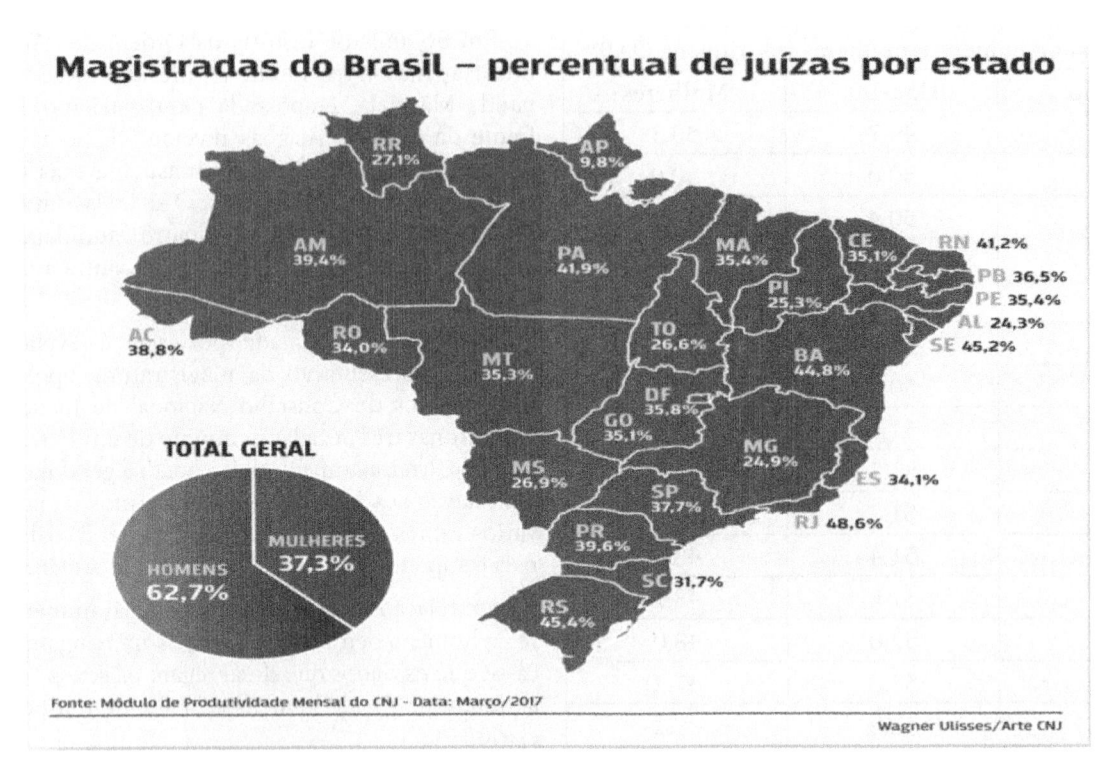

Magistradas do Brasil – percentual de juízas por estado

RR 27,1% | AP 9,8% | AM 39,4% | PA 41,9% | MA 35,4% | CE 35,1% | RN 41,2% | PB 36,5% | PE 35,4% | PI 25,3% | AL 24,3% | AC 38,8% | RO 34,0% | TO 26,6% | BA 44,8% | SE 45,2% | MT 35,3% | DF 35,8% | GO 35,1% | MG 24,9% | ES 34,1% | MS 26,9% | SP 37,7% | RJ 48,6% | PR 39,6% | SC 31,7% | RS 45,4%

TOTAL GERAL: HOMENS 62,7% / MULHERES 37,3%

Fonte: Módulo de Produtividade Mensal do CNJ - Data: Março/2017

Wagner Ulisses/Arte CNJ

Além destes, outros sete estados têm um percentual maior de mulheres na magistratura do que a média nacional: Acre (38,8%), Amazonas (39,4%), Bahia (44,8%), Pará (41,9%), Paraná (39,6%), Rio Grande do Norte (41,2%) e São Paulo (37,7%)[9]. Observando os dados por ramo do Poder Judiciário, a Justiça do Trabalho é a que garante igualdade na proporção homens e mulheres no exercício da magistratura, aqui existem uma magistrada para cada magistrado. O número cai para 50% no caso da Justiça Estadual e de 33% no caso da Justiça Federal, este último o ramo com as maiores disparidades.

Na Justiça Federal é que constatamos os maiores índices de sub-representação: 73,8% dos juízes federais são homens e apenas 26,2% são mulheres. Em Pernambuco (TRF da 5ª Região que exerce jurisdição sobre Sergipe, Ceará, Pernambuco, Rio Grande do Norte, Alagoas e Paraíba) todos os desembargadores são homens, impressionante 0% de representação feminina[10]. O Tribunal Regional Federal da 5ª Região teve apenas uma desembargadora em toda sua história.

Observa-se que a mesma Região (NE) que abrange mais Estados com a melhor representatividade de mulheres na 1ª instância é a que tem 100% de homens na 2ª instância da Justiça Federal. Seguem-no o TRF1, com 81,5% de homens; o TRF4, com 76%; o TRF2, com 74%; e o TRF3, com 72%[11].

Um levantamento feito no *site* dos tribunais aponta que apenas quatro dos 27 tribunais de Justiça Estadual tem uma mulher no cargo de presidente (Tribunais de Justiça do Acre, Amapá, Bahia e Roraima). Na Justiça Eleitoral, são presididos por mulheres os Tribunais Regionais Eleitorais do Mato Grosso, Mato Grosso do Sul, Pará, Paraíba, Rio Grande do Sul, Roraima, Rio de Janeiro e Tocantins. Na Justiça do Trabalho são comandados por mulheres os Tribunais Regionais do Trabalho da 4ª Região (Rio Grande do Sul), 5ª Região (Bahia), 7ª Região (Ceará), 8ª Região (Pará), 11ª Região (Amazonas), 21ª Região (Rio Grande do Norte) e 23ª Região (Mato Grosso). Na Justiça Federal, dos cinco Tribunais Regionais Federais (TRFs) apenas o da 3ª Região tem uma mulher na Presidência, a desembargadora federal Cecília Marcondes[12].

No caso dos tribunais superiores temos no Supremo Tribunal Federal (STF) a presidente, ministra Cármen Lúcia e na composição, ministra Rosa Weber (lembrando que temos 11 ministros na casa). No Superior Tribunal de Justiça (STJ), dos 33 ministros que compõem o Plenário, seis são mulheres, o mesmo número existente no Tribunal Superior do Trabalho (TST). No Tribunal Superior Eleitoral (TSE), há duas mulheres entre os sete ministros que compõem o colegiado. Portanto, o STF e o TST tem percentuais de 22%

---

9. CONSELHO NACIONAL DE JUSTIÇA. *Percentual de Mulheres na Magistratura*. Disponível em: <http://www.cnj.jus.br/noticias/cnj/84432-percentual-de-mulheres-em-atividade-na-magistratura-brasileira-e-de-37-3>.
10. CONSELHO NACIONAL DE JUSTIÇA. *Censo do Poder Judiciário*. Vetores Iniciais e Dados Estatísticos. Disponível em: <file:///C:/Users/Luciane/Documents/luciane/PESQUISAS%20LUCIANE/artigo%20para%20livro%20mulheres%20abrat%202018/CensoJudiciario.final.pdf>.
11. ODY BERNANDES, Célia Regina. *Poder Judiciário é retrato de desigualdade de gênero*. Disponível em: <http://justificando.cartacapital.com.br/2017/03/15/poder-judiciario-e-retrato-da-desigualdade-de-genero/#_ftn3>.
12. CONSELHO NACIONAL DE JUSTIÇA. *Percentual de Mulheres na Magistratura*. Disponível em: <http://www.cnj.jus.br/noticias/cnj/84432-percentual-de-mulheres-em-atividade-na-magistratura-brasileira-e-de-37-3>.

e 28%, respectivamente, contra os 18,18% do STJ e TST no que diz respeito à representação feminina.

Ocupando cargos de representação da magistratura vale lembrar que: Ilce Marques de Carvalho (89/91), Maria Helena Mallmann Sulzbach (95/97) e Beatriz de Lima Pereira (97/99) presidiram a Associação Nacional dos Magistrados da Justiça do Trabalho (ANAMATRA); Kenarik Boujikian (1999/2001 e 2013/2015) e Dora Martins (2007/2009) a Associação Juízes para a Democracia (AJD). A Associação dos Magistrados Brasileiros (AMB) e a Associação dos Juízes Federais do Brasil (AJUFE) jamais tiveram uma juíza na presidência. Para Bernardes *"talvez uma primeira medida para reverter tal estado de coisas seja incluir as juízas no nome desses coletivos"*[13].

A Associação dos Juízes Federais instituiu a Comissão do Acompanhamento do Trabalho da Mulher no Judiciário que em março de 2017 reuniu com a Presidenta do STF, Ministra Carmen Lúcia requerendo um censo mais preciso da posição funcional, dos caminhos, dos critérios de acesso e da colocação das magistradas em todo país. A intensão é mapear a disparidade entre o número de magistradas na carreira e aquele que denuncia a baixa ocupação de cargos de poder hierárquico[14].

O Comitê de Monitoramento da aplicação da Convenção sobre a Eliminação de todas as Formas de Discriminação contra a Mulher expressou, em meados dos anos 2000, suas preocupações com a baixa representatividade das mulheres nas carreiras jurídicas (fenômeno designado por "masculinização do comando e feminização da subalternidade)[15]. Ou seja, as carreiras jurídicas ainda estão pautadas pela lógica da dominação masculina e de uma cultura patriarcal. Na base da carreira é significativo o número de magistradas cujo ingresso vem reiteradamente superando o quantitativo masculino, *sem que essa alteração de perfil tenha impacto sobre as instâncias superiores e, em especial, os cargos providos por indicação, como, por exemplo, os do Conselho Nacional de Justiça*[16].

É importante deter que estamos analisando cargos em carreiras jurídicas, ou seja, cargos com valores remuneratórios expressivos e significativos (no público e no privado). Estas mulheres todas tem educação superior, possuem renda e uma colocação no espaço físico da sociedade como trabalhadoras que são. Portanto, não iremos discutir desfavorecimento econômico. Aqui, constatamos uma discriminação excludente da mulher, por ser mulher. Então, nossa questão se refere aos direitos simbólicos, à diferencialidade, a necessidade de desagregar dos dados o feminino, para analisar as causas de um número reduzido e desproporcional (em relaçao aos homens) em cargos de poder hierárquico das carreiras jurídicas.

3. DIFERENCIALIDADE, RECONHECIMENTO E DISCURSO DOMINANTE

As reivindicações e potenciais emancipatórios podem estar localizados nas lutas por bens imateriais, ou *pós-materiais*[17]. O espaço público deve estar aberto para agendas que visem bens sociais imateriais, ou seja, culturais e simbólicos e reconhecer tais diferencialidades.

Mulheres e carreiras jurídicas ou mulheres e o exercício de postos ou cargos de poder hierárquico. Aqui estamos falando de um processo de disputa política, mediada por um discurso interpretativo que se dá nas instâncias de interação e ocupação de cargos. Disputar o sentido destas instâncias à luz de interesses sociais por igualdade e respeito implica em estabelecer critérios que observem o reconhecimento da diferencialidade. Melhor dizendo, da condição de ser mulher.

A categoria do reconhecimento é sempre relacional. Quando as capacidades e qualidades do sujeito são por outros sujeitos reconhecidas, inicia-se um processo de reciprocidade, o qual gera a disposição deste de reconhecer os outros em suas singularidades e originalidades (reconhecimento mútuo).

O reconhecimento está na esfera do desejado, que se expressa através de lutas motivadas por noções de justiça, mas que necessitam desta validação discursiva (espaço de expressão reconhecido, ou *pontes semânticas*). Para Honnet o reconhecimento tem três esferas identificáveis, a saber: a íntima, que são as relações afetivas; a social, que coloca o sujeito num lugar socialmente positivo e a de Direito, com um sistema jurídico-normativo que valide e garanta a igualdade. O desrespeito pode se apresentar como violação destas esferas, ou seja, afetar a relação da mulher consigo (referência à 1ª pessoa) e com o mundo (referência à 3ª pessoa) e privar ou degradar seus direitos[18].

---

13. ODY BERNANDES, Célia Regina. *Poder Judiciário é retrato de desigualdade de gênero*. Disponível em: <http://justificando.cartacapital.com.br/2017/03/15/poder-judiciario-e-retrato-da-desigualdade-de-genero/#_ftn3>.
14. Associação dos Juízes Federais do Brasil. Disponível em: <https://www.ajufe.org/imprensa/noticias/7394-presidente-do-stf-recebe-magistradas-da-comissao-de-acompanhamento-do-trabalho-das-mulheres-no-judiciario>.
15. Disponível em: <http://www.spm.gov.br/assuntos/acoes-internacionais/Articulacao/articulacao-internacional/onu-1/CEDAW%20VII%20Relatorio%20_portugues_.pdf/view> .
16. FRAGALE FILHO, apud, MOREIRA, Rafaela Selem; FRAGA FILHO Roberto; SCIAMMARELLA, Ana Paula de O. *Magistratura e gênero*: um olhar sobre as mulheres nas cúpulas do judiciário brasileiro, e-cadernos ces [Online], 24 | 2015, colocado online no dia 15 dez. 2015, consultado a 04 fev. 2018. Disponível em: <http://journals.openedition.org/eces/1968>; DOI: 10.4000/eces.1968.
17. SOUZA, Jessé. A Dimensão Política do Reconhecimento Social. In: AVRITZER, Leonardo; DOMINGUES, José Maurício (Org.). *Teoria Social e Modernidade no Brasil*. Belo Horizonte: UFMG, 2000. p. 159-184.
18. HONNET, Axel. *Luta por Reconhecimento*. A gramática moral dos conflitos sociais. 2. ed. São Paulo: Editora 34, 2009.

Para Fraser o paradigma do conflito político do final do séc. XX é a luta por reconhecimento. Nos conflitos pós-socialistas, diz ela, a identidade grupal substitui as questões de classe na motivação de mobilizações políticas. *A dominação cultural estaria suplantando a exploração econômica como injustiça fundamental no mundo contemporâneo*[19].

A discussão proposta é que há um predomínio de intervenções específicas (homens, brancos, heterossexuais, jovens etc.[20]) na sociedade e para alguns grupos (mulheres, negros, homossexuais, idosos) esta função foi negada. Nosso artigo trata particularmente das esferas de competição e de controle exercidas e ocupadas majoritariamente pelos homens nos cargos de poder hierárquico das carreiras jurídicas.

Esse domínio discursivo masculino atua no que Allen chamou de *power over*, cuja dinâmica é a que estabelece a *subordinação de homens sobre as mulheres e* que tem a dominação como aspecto central. Uma dominação baseada nas crenças e costumes, a dominação patriarcal[21].

Mas há que se observar que os debates que envolvem a exclusão do discurso feminino não se aparta daqueles que, igualmente, excluem da discussão o discurso étnico, geracional ou religioso. Uma sociedade pautada pela superioridade masculina se retroalimenta de um argumento de universalidade, de não cisão do espaço público, um discurso simbólico de convencimento[22]. O exercício no espaço público (seja social, político, econômico, cultural ou filosófico) está voltado à *"normatização de formas de vida desejadas de reconhecimento social e se legitima e se realiza plenamente a partir da validação discursiva"*[23]. No caso das mulheres temos um discurso dominante excludente.

A exclusão social (o não-acesso, ou a inexistência do espaço) não significa apenas uma limitação na autonomia individual de cada uma das mulheres, mas uma desvantagem, uma quebra de possessão do *status* de pertencimento ("estima social que é concedida à sua maneira de autorrealização no horizonte da tradição cultural") dela em relação aos demais sujeitos. A negativa de direitos, ou a inacessibilidade a um sistema de garantias normativas legitimadas na sociedade, lesa as mulheres em seu autorrespeito – "... uma perda da capacidade de se referir a si mesma como parceira em pé de igualdade na interação com todos os demais")[24].

Um bom exemplo disso é a relação da CLT com os direitos da mulher. Ali a mulher não é protegida pela lei como ser humano, socialmente inferiorizada e carente de reparação e inclusão no ambiente de trabalho. Sua proteção se fundamenta na fragilidade e na incapacidade, por ser ela, a mulher, objeto social necessário à sociedade para reproduzir e para amparar seu marido e sua família[25]. O problema aqui é a predominância de um discurso que atribui à mulher um papel definido que a distingue dos demais trabalhadores, mas cujas características ela mesmo não reconhece como sendo suas[26].

Em nosso caso, a redução dos percentuais de mulheres na presidência das seccionais da OAB e das turmas de Tribunais Regionais deixa isso cristalino. Na graduação dos cursos de Direito e no 1º grau da magistratura temos uma predominância de mulheres cujo discurso dominante (masculino, patriarcal) as afasta dos cargos aqui referidos. Ausência de tempo, fragilidade, incapacidade, emotividade, enfim, há um discurso hegemônico atribuindo à mulher uma personalidade tão singular que a afasta do sucesso profissional. É neste discurso que não localizamos a identidade feminina.

---

19. FRASER, Nancy. *A justiça social na globalização*. Redistribuição, reconhecimento e participação. Texto da conferência de abertura do colóquio "Globalização: Fatalidade ou Utopia?" (22-23 de Fevereiro de 2002), organizado em Coimbra pelo Centro de Estudos Sociais. Disponível em: <http://www.eurozine.com/article/2003-01-24-fraser-pt.html>.
20. É um sistema de dominação exercido não somente sobre a mulher, mas também sobre os próprios homens, *de todos aqueles que não se ajustam corporalmente ao padrão e sobre as representações que são feitas de sua atuação no meio social, como a imposição de virilidade.* BURKHART, Tiago. Gênero, dominação masculina e feminismo: Por uma Teoria Feminista do Direito. Direito e Debate, *Revista do departamento de Ciências Jurídicas e Sociais UNIJUI/RS*. Disponível em: <https://revistas.unijui.edu.br/index.php/revistadireitoemdebate/article/viewFile/6619/5460>.
21. Para compreendermos esse processo buscamos inspiração teórica na pesquisa de BARGAS e CAL, que adotam a teoria de Amy ALLEN (1998; 2000; 2009). ALLEN, apud, BARGAS, Janine; CAL, Danina. *Entre lutas por reconhecimento e relações de poder*: o papel das mulheres na organização sociopolítica do movimento quilombola no Pará, Brasil. Trabalho apresentado no 9º Congresso Latino-americano de Ciência Política, organizado pela Associação Latino-americana de Ciência Política (ALACIP). Montevideu, 26 ao 28 de julho de 2017. Disponível em: <http://www.congresoalacip2017.org/arquivo/downloadpublic2?q=YToyOntzOjY6InBhcmFtcyI7czozNToiYToxOntzOjEwOiJJRF9BUlFVSVZPIjtzO-jQ6IjI0MDAiO30iO3M6MToiaCI7czozMjoiYzMwYTIyZDdmYzY0MWRhNDEzMWJjZWM2Y2I1NTNlYmYiO30%3D>.
22. Cf. Bourdieu, a reprodução é a condição pela qual o simbólico se difunde, produzindo seus efeitos em grande escala. Sua reprodução ocorre no plano do discurso. A dominação simbólica, que perpetua a dominação de uma classe sobre outra, assegura essa dominação por meio da "violência simbólica". Violência esta que se fundamenta nas ações e nos discursos e perpetua a relação de dominação. BOURDIEU, Pierre. *O poder simbólico*. Tradução Fernando Tomaz. Difusão Editorial: Lisboa, 1989.
23. HONNET, Axel. *Luta por Reconhecimento*. A gramática moral dos conflitos sociais. 2. ed. São Paulo: Editora 34, 2009.
24. HONNETH, *Op. cit.* p. 212 e 216, respectivamente.
25. NOBRE, Marcos; RODRIGUEZ, José. Mulheres e políticas de reconhecimento no Brasil. *Revista Jurídica da Presidência*, v. 11, n. 94 (2009). Disponível em: <https://revistajuridica.presidencia.gov.br/index.php/saj/issue/view/27/showToc>.
26. Se Direito for visto como um conjunto de instituições, práticas, concepções, ideologias, culturas e políticas, superada a definição que o limita a um conjunto de normas abstratas poderemos claramente perceber que suas concepções institucionais são um reflexo da ideologia dominante na sociedade. No caso das mulheres, sua construção, como bem observou BUTLER, considerou a noção e a perspectiva de gênero. BUTLER, Judith. *Gender trouble*: feminism and the subversion of identity. 2. ed. Nova York: Routledge, 1999.

Conforme Allen, o poder relacionado às questões de gênero ainda sofre duas graduações: o *power to*, o poder para, poder como *empoderamento das mulheres e resistência à subordinação*, onde encontraremos a busca por entendimentos, expressão, construção de projetos de vida, capacidades e potencialidades. E o *power with*, poder com, poder de identidade, que estabelece uma dinâmica de solidariedade tanto no conceito de sororidade, quanto de coalizões entre as mulheres, feminismo[27].

Portanto, é fundamental para as mulheres alimentar disputas que definam o lugar e a importância de seus discursos, sejam os que se destinam a elas mesmas (*power to*), sejam aos que se destinam a outras mulheres (*power with*). Dominar o discurso é dominar a ação de quem ocupa o espaço público.

As lutas por reconhecimento requerem uma espécie de validação pública. Existem sim elementos compensadores. A questão é que quanto maior o valor discursivo, menor a necessidade de contarmos e medirmos nossa posição no espaço global. É dizer, quanto maior os acessos e quanto maior a abertura de vantagens, menores as possibilidades de afastamento das mulheres dos processos de distribuição de bens.

No Brasil, até meados de 1902, não haviam mulheres graduadas na área do direito. Foi Maria Augusta Saraiva que ingressou na Faculdade do Largo São Francisco a quebrar esta barreira se tornando também a primeira mulher a atuar em um Tribunal do Júri. A magistratura, no entanto, só teve ingresso de mulheres em 1954 quando Tereza Grizola Tang tomou posse. Em 2004 ela relatou, em entrevista à revista Veja que "quando as mulheres faziam inscrição para concorrer ao cargo de juízas eram automaticamente dispensadas apenas por serem mulheres". Dias disse que "até 1973, quase todas as inscrições feitas por mulheres eram previamente negadas". "Na minha época, tivemos que brigar para que as provas não fossem identificadas. Na entrevista de admissão, o desembargador chegou a perguntar se eu era virgem", denunciou ela[28]. Os Tribunais de segundo grau só foram alcançados em 1998.

Como bem analisou Bourdieu, o Direito é uma instituição social que exerce poder simbólico sobre e na sociedade. Esta autoridade institucional (autoridade jurídica) detém o poder de indicar os temas universalizantes para o mundo social. Ao mesmo tempo os indica e os define. Portanto, produz seus efeitos através de um discurso *atuante*. Criador e criatura, na verdade. O Direito "faz o mundo social, mas com a condição de não esquecer que ele, o mundo social, é feito por este"[29]. É um importante instrumento, não só de efetivação do poder das classes dominantes, mas da manutenção e segurança dos seus privilégios. Na visão do francês a autoridade jurídica é "a forma por excelência da palavra autorizada, palavra pública, oficial, enunciada em nome de todos e perante todos"[30].

No caso das mulheres, este discurso dominante de universalização tem como principal categoria a sexualidade que foi, ao longo da história, mote não só para uma opressão religiosa, mas também para a científica. Esses discursos encarados como verdades exercem seu domínio sobre as pessoas (campo subjetivo) e em seu agir (inserção dos espaços discursivos) de forma que possam controla-los[31].

É fundamental que se insira nas práticas jurídico-culturais a desconstrução de discursos universalizantes (como o binarismo homem X mulher) que legitimam o não reconhecimento de determinados grupos em particular. Esta estrutura política, social e ideológica baseada na eficiência da homogeneidade faz com que um grupo torne-se inadequado ou não se encaixe no esquema geral[32].

Fraser também aponta os binarismos como resultado da construção de uma história dominante como eixo para exclusão. As diferenças devem ser vividas como diferenças e não como relações de poder. Para Fraser, uma política de reconhecimento passa por uma política de afirmação identitária e pela desconstrução da dicotomia cultura dominante/hegemônica/universal X cultura minoritária, desestabilizando assim, as identidades forçosamente construídas. A autora propõe uma transformação do modelo de esfera pública. Em primeiro lugar porque o modelo liberal foi construído por exclusões – branca, masculina e

---

27. ALLEN, apud, BARGAS, Janine; CAL, Danina. *Entre lutas por reconhecimento e relações de poder*: o papel das mulheres na organização sociopolítica do movimento quilombola no Pará, Brasil. Trabalho apresentado no 9º Congresso Latino-americano de Ciência Política, organizado pela Associação Latino-americana de Ciência Política (ALACIP). Montevideu, 26 ao 28 de julho de 2017. Disponível em: <http://www.congresoalacip2017.org/arquivo/downloadpublic2?q=YToyOntzOjY6InBhcmFtcyI7czozNToiYToxOntzOjEwOiJJRF9BUlFVSVZPIjtzOjQ6IjI0M-DAiO30iO3M6MToiaCI7czozMjoiYzMwYTIyZDdmYzY0MWRhNDEzMWJjZWM2Y2I1NTNlYmYiO30%3D>.

28. DIAS, Maria Berenice. *O direito e a mulher*. Disponível em: <http://www.mariaberenice.com.br/uploads/23_-_a_mulher_e_o_direito.pdf>. Acesso em: 02 jun. 2012.

29. BURKHART, Tiago. Gênero, dominação masculina e feminismo: Por uma Teoria Feminista do Direito. Direito e Debate. *Revista do departamento de Ciências Jurídicas e Sociais UNIJUI/RS*. Disponível em: <https://revistas.unijui.edu.br/index.php/revistadireitoemdebate/article/viewFile/6619/5460>.

30. BOURDIEU, apud, BURKHART, Tiago. Gênero, dominação masculina e feminismo: Por uma Teoria Feminista do Direito. Direito e Debate. *Revista do departamento de Ciências Jurídicas e Sociais UNIJUI/RS*. Disponível em: <https://revistas.unijui.edu.br/index.php/revistadireitoemdebate/article/viewFile/6619/5460>.

31. Para melhor entender o conceito de corpos docilizados ver FOUCAULT em Microfísica do Poder.

32. A categoria do sujeito abjeto é trazido por Butler que tenta afastar o feminismo da dominação imposta pelo binarismo homem-mulher. Para ela nem todos estão *encaixados* nesta definição e isso resulta na opressão de uma série de identidades ou existências. BUTLER, Judith. *Gender trouble*: feminism and the subversion of identity. 2. ed. Nova York: Routledge, 1999.

burguesa; segundo porque a igualdade se apresenta como poder discriminando os diferentes; terceiro porque o sistema partidário é homogeneizante; e quarto, as sociedades são compostas de *múltiplos públicos*[33].

Historicamente, a inclusão de mulheres, negros, homossexuais etc., aos processos de participação da esfera pública, só se tornara possível quando estes grupos aderiram a homogeneidade[34]. A vontade geral como princípio homogeneizante – que transcende particularidades – tem excluído dos processos políticos grupos que demonstram incapacidade em relação ao ponto de vista generalizante. A adesão a princípios de tratamento igual tende a perpetuar a opressão ou as desvantagens[35].

O espaço público deve estabelecer procedimentos aceitáveis para reconhecer múltiplos projetos e modos de vida que tenham como finalidade responder a questão da desigualdade, no acesso e na visibilidade de sujeitos, que compõem grupos socioculturais excluídos ou secundarizados no espaço político brasileiro. A ação afirmativa como uma estratégia normativa para uma política constitutiva de igualdade e dignidade, seria um bom exemplo destes procedimentos.

As quotas para mulheres tem sido questionadas como políticas que impõem às mulheres explicações acerca de suas desvantagens, seja de uma forma genérica na distribuição de bens públicos, seja especificamente no mercado de trabalho e nos cargos de poder hierárquico das carreiras jurídicas.

Mas um sistema de políticas diferenciadas não vulnerabiliza a condição da mulher ou lhe é um privilégio. Na verdade é uma necessidade: primeiro, porque tais direitos são idênticos aos direitos de todos os demais que compõem o tecido social, mas por razões de sexo, tem o acesso blindado; e segundo, porque representam o cumprimento de condição *sine qua non* para a existência, ou seja a igualdade substancial.

Esta quebra da igualdade formal-normativa se justifica pela constatação de desvantagens sociais e políticas que se dão por critérios identitários, ou seja, por ser mulher.

É a experiência da subordinação que o reconhecimento quer converter. O que importa, na verdade, é romper a dominação e o predomínio dos homens sobre as mulheres no que diz respeito à acessibilidade (distribuição) aos bens sociais. No nosso caso, especificamente, o acesso e ocupação das mulheres aos cargos de poder hierárquico nas carreiras jurídicas[36].

4. CONSIDERAÇÕES CONCLUSIVAS

Quando a mulher obtém sucesso por si mesma (concurso público, vestibular, prova técnica da OAB, antiguidade) ela consta das estatísticas quase com predominância, mas quando falamos de reconhecimento, ou seja, da ação relacionada a uma 3ª pessoa (indicação para tribunal regional, composição de listas tríplices, inserção em nominatas eletivas de associações profissionais) os dados corroboram a ideia de que ainda estamos sob o jugo de um discurso de dominação que mantém a mulher afastada.

As mulheres têm superado inúmeros embates discursivos neste universo político predominantemente masculino que aposta na homogeneidade dos sujeitos no espaço público e a separação entre este e o privado (jurídico e cultural, político e econômico etc.). A desconstrução do binarismo homem – mulher deve passar por uma articulação simbólica que introduza identidades linguísticas na formação de um novo discurso inclusivo.

A categoria do reconhecimento é uma forma de privilegiar o acesso e a visibilidade das mulheres na construção deste novo discurso. Isto porque ele se dá de forma relacional, nas dialogicidades que se estabelecem nas disputas pela ocupação dos espaços.

O foco dos conflitos se redireciona para o olhar de uns sobre os outros. Não um olhar seletivo, mas um olhar abrangente e includente. Não a pura e simples constatação de desvantagens, mas o compromisso de divisão assimétrica de recursos.

Ação afirmativa, cláusulas de igual proteção, discriminação positiva, direitos especiais de representação e associação, podem sim oportunizar não só uma melhor qualidade de vida, mas também a possibilidade de abertura de espaços de convívio que reduzam a inacessibilidade produzida pela discriminação e pelo afastamento.

Precisamos do exercício do *power to* e do *power with*. Entender-se como mulher, reconhecer-se como mulher, não naquelas singularidades impostas pelo discurso masculino que nos fragiliza, mas na capacidade de construção e participação efetiva, no empoderamento. Sororidade e Feminismo devem fazer parte deste novo discurso feminino.

Você é sua própria alma gêmea[37].

5. REFERÊNCIAS BBLIOGRÁFICAS

ARGELIN, Rosangela. *Direitos Humanos das Mulheres e Movimentos Feministas nas Sociedades Multiculturais*. Congresso Internacional da Faculdade EST., 2., 2014, São Leopoldo. Anais

---

33. FRASER, NANCY. *Reconhecimento sem ética?* Theoria, Cultura e Sociedade. São Paulo: Lua Nova, 2007.
34. PINTO, Céli Regina Jardim. A Democracia Desafiada – A presença dos direitos multiculturais. Em: AVRITZER, Leonardo; DOMINGUES, José Maurício (Org.). *Teoria Social e Modernidade no Brasil*. Belo Horizonte: UFMG, 2000. p. 136-158.
35. YOUNG, apud, PINTO, Céli Regina Jardim. A Democracia Desafiada – A presença dos direitos multiculturais. Em: AVRITZER, Leonardo; DOMINGUES, José Maurício (Org.). *Teoria Social e Modernidade no Brasil*. Belo Horizonte: UFMG, 2000. p. 139.
36. TOSS, Luciane Lourdes Webber. *COMUNIDADE E INCLUSÃO* – Entendendo o Comunitarismo. 1. ed. Porto Alegre: Da Casa Editora e Livraria Palmarinca, 2006. v. 1. 80p.
37. KAUR, Rupi. *Outros jeitos de usar a boca*. 11. ed. São Paulo: Planeta, 2017.

do Congresso Internacional da Faculdade EST. São Leopoldo: EST, v. 2, 2014.

BARGAS, Janine; CAL, Danina. *Entre lutas por reconhecimento e relações de poder*: o papel das mulheres na organização sociopolítica do movimento quilombola no Pará, Brasil. Trabalho apresentado no 9º Congresso Latino-americano de Ciência Política, organizado pela Associação Latino-americana de Ciência Política (ALACIP). Montevideu, 26 ao 28 de julho de 2017. Disponível em: <http://www.congresoalacip2017.org/arquivo/>.

BEAUVOIR, Simone de. *O segundo sexo*: fatos e mitos. Rio de Janeiro: Nova Fronteira, 1980. v. 1.

BOURDIEU, Pierre. *O poder simbólico*. Tradução Fernando Tomaz. Lisboa: Difusão Editorial, 1989.

BOURDIEU, Pierre. *A dominação masculina*. 2. ed. Tradução Maria Helena Kühner. Rio de Janeiro: Bertrand Brasil, 2002.

BUTLER, Judith. *Gender trouble*: feminism and the subversion of identity. 2. ed. Nova York: Routledge, 1999.

BURKHART, Tiago. Gênero, Dominação Masculina e Feminismo: Por uma Teoria Feminista do Direito. Direito e Debate. *Revista do departamento de Ciências Jurídicas e Sociais UNIJUI/RS*. Disponível em: <https://revistas.unijui.edu.br/index.php/revistadireitoemdebate/article/viewFile/6619/5460>.

CONSELHO NACIONAL DE JUSTIÇA. *Censo do Poder Judiciário*. Vetores Iniciais e Dados Estatísticos. Disponível em: <file:///C:/Users/Luciane/Documents/luciane/PESQUISAS%20LUCIANE/artigo%20para%20livro%20mulheres%20abrat%202018/CensoJudiciario.final.pdf>.

CONSELHO NACIONAL DE JUSTIÇA. *Percentual de Mulheres na Magistratura*. Disponível em: <http://www.cnj.jus.br/noticias/cnj/84432-percentual-de-mulheres-em-atividade-na-magistratura-brasileira-e-de-37-3>.

DIAS, Maria Berenice. *O direito e a mulher*. Disponível em: <http://www.mariaberenice.com.br/uploads/23_-_a_mulher_e_o_direito.pdf>.

HONNET, Axel. *Luta por Reconhecimento*. A gramática moral dos conflitos sociais. 2. ed. São Paulo: Editora 34, 2009.

FOUCAULT, Michel. *História da Sexualidade I* – a vontade de saber. Tradução Maria Thereza da Costa Albuquerque e J. A. Guilhon Albuquerque. Rio de Janeiro: Edições Graal, 1988.

FOUCAULT, Michel. *Microfísica do poder*. Tradução Roberto Machado. Rio de Janeiro: Edições Graal, 1984

FRASER, Nancy. *Reconhecimento sem Ética?* Theoria, Cultura e Sociedad. São Paulo: Lua Nova, 2007.

FRASER, Nancy. *A justiça social na globalização*. Redistribuição, reconhecimento e participação. Texto da conferência de abertura do colóquio "Globalização: Fatalidade ou Utopia?" (22-23 de fevereiro de 2002), organizado em Coimbra pelo Centro de Estudos Sociais. Disponível em: <http://www.eurozine.com/article/2003-01-24-fraser-pt.html>.

KAUR, Rupi. *Outros jeitos de usar a boa*. 11. ed. São Paulo: Planeta, 2017.

KOURA, Kalleo. *Discriminação contra a mulher acontece na OAB*. Disponível em: <https://www.jota.info/advocacia/discriminacao-contra-mulher-ainda-acontece-na-oab-11052017>.

MENDES, Betânia Gusmao. *A mulher e o Direito*: as relações de gênero nas carreiras jurídicas. Jus, publicado em 2015. Disponível em: <https://jus.com.br/artigos/45524/a-mulher-e-o-direito-as-relacoes-de-genero-nas-carreiras-juridicas/2>.

MINISTÉRIO DA EDUCAÇÃO. *Censo da Educação Superior – 2012*. Disponível em: <http://portal.mec.gov.br/index.php?option=com_docman&task=doc_download&gid=14153&Itemid=>.

MOREIRA, Rafaela Selem; FRAGA FILHO Roberto; SCIAMMARELLA, Ana Paula de O. *Magistratura e gênero*: um olhar sobre as mulheres nas cúpulas do judiciário brasileiro, e-cadernos ces [Online], 24 | 2015, colocado online no dia 15 dez. 2015, consultado a 04 fev. 2018. Disponível em: >http://journals.openedition.org/eces/1968; DOI: 10.4000/eces.1968>.

NOBRE, Marcos; RODRIGUEZ, José. Mulheres e políticas de reconhecimento no Brasil. *Revista Jurídica da Presidência*, v. 11, n. 94 (2009). Disponível em: <https://revistajuridica.presidencia.gov.br/index.php/saj/issue/view/27/showToc>.

ODY BERNANDES, Célia Regina. *Poder Judiciário é retrato de desigualdade de gênero*. Disponível em: <http://justificando.cartacapital.com.br/2017/03/15/poder-judiciario-e-retrato-da-desigualdade-de-genero/#_ftn3>.

ORDEM DOS ADVOGADOS DO BRASIL. *289 mil mulheres representam 44% dos inscritos na OAB*. Disponível em: <http://www.oab.org.br/noticia/16099/na-advocacia-289-mil-mulheres-representam-44-dos-inscritos-na-oab>.

ORDEM DOS ADVOGADOS DO BRASIL SECCIONAL SÃO PAULO. *Dados da OAB mostram que quase a metade dos advogados do país são mulheres*. Disponível em: <http://www.migalhas.com.br/Quentes/17,MI265657,11049-Dados+da+OAB+mostram+que+quase+metade+dos+advogados+do+pais+sao>.

PIERUCCI, Antonio Flavio. *Ciladas da Diferença*. São Paulo: Editora 34, 2000. 222p.

PINTO, Céli Regina Jardim. A Democracia Desafiada – A presença dos direitos multiculturais. Em: AVRITZER, Leonardo; DOMINGUES, José Maurício (Org.). *Teoria Social e Modernidade no Brasil*. Belo Horizonte: UFMG, 2000. p. 136-158.

PINTO, Celi Regina Jardim (Org.). *Cadernos de Ciência Política*. Porto Alegre: EDUFRGS, 1998. n. 10, 110p.

SCHULZ, Rosangela M. As contribuições da Teoria do Reconhecimento no entendimento das lutas sociais de mulheres em condições de extrema pobreza. *Mediações – Revista de Ciências Sociais*, v. 5, n. 2, Universidade Estadual de Londrina: Londrina, 2010. p. 184-201.

SOUZA, Jessé. A Dimensão Política do Reconhecimento Social. Em: AVRITZER, Leonardo; DOMINGUES, José Maurício (Org.). *Teoria Social e Modernidade no Brasil*. Belo Horizonte: UFMG, 2000. p. 159-184.

TIBURI, Marcia. *Filosofia prática*: ética, vida cotidiana e vida virtual. Rio de Janeiro: Record, 2014.

TIBURI, Marcia. Judith Butler: Feminismo como provocação. *Revista Cult*, 05 de novembro de 2013. Disponível em: <https://revistacult.uol.com.br/home/judith-butler-feminismo-como-provocacao/>.

TOSS, Luciane Lourdes Webber. *COMUNIDADE E INCLUSÃO – Entendendo o Comunitarismo*. 1. ed. Porto Alegre: Da Casa Editora e Livraria Palmarinca, 2006. v. 1. 80p.

A la Mujer Rebelde

"El rebelde quiere serlo todo, identificarse totalmente con ese bien del que ha adquirido conciencia de pronto y que quiere que sea, en su persona, reconocido y saludado; o nada, es decir, encontrarse definitivamente caído por la fuerza que le domina. Cuando no puede más, acepta la última pérdida, que le supone la muerte, si debe ser privado de esa consagración exclusiva que llamará, por ejemplo su libertad. Antes morir de pie que vivir de rodillas".
Albert Camus

Luisa Fernanda Gómez Duque[1]

La película Británica "Las Sufraguistas", dirigida por la cineasta Sarah Gavron, narra impecablemente una de las tantas luchas que en el margen de la ilegalidad han tenido que encarar los pueblos del mundo por el reconocimiento de los más elementales derechos humanos; las madres, esposas, trabajadoras, enfrentan el modelo de estado moderno patriarcal en el que desde los haberes patrimoniales hasta la patria potestad, se fincaron en la superioridad masculina para desconocer el quehacer político y social que encarna el ser femenino. La tensión entre el *estatus quo* y la vida posible, opone un momento histórico de trasgresión a las leyes que garantizan la perpetuación de un estado de cosas y el orden jurídico que las impone. El establecimiento del voto femenino implicó, sin lugar a dudas, una reivindicación que iba más lejos que la simple comparecencia a las urnas; fue una batalla por el reconocimiento mismo de la existencia, batalla que se asimila todos los "nadies", a los excluidos por género, sexo, raza, ideología, clase social.

Esta filmografía retrata también el mundo de trabajo desde la perspectiva de la mujer que es fuerza de trabajo explotada, sometida a diferenciación salarial, trato denigrante, explotación sexual, sobrecarga de tareas laborales y familiares, invisibilizada en toda su potencia como ser humano sintiente, pensante y participante. La historia se desarrolla en la primera mitad del Siglo XX y cabría preguntarse ¿cuáles de las condiciones actuales del rol político, social y cultural, de la mujer del Siglo XXI se mantienen en el orden de negación y exclusión? Pero más allá de estas consideraciones, ¿Qué de nuestro presente reclama, ante la obviedad de las circunstancias en las que el mundo se configura alrededor del depravado capitalismo, capaz de arrasar la vida individual y colectiva, que se trasmuten los sistemas de producción y reproducción de la vida juntos? La lucha es transformadora y los márgenes de las victorias posibles en el camino hacia la libertad demandan la movilidad de sus fronteras, un más allá. El sentido de la vida de los hombres y las mujeres que hacen de sí mismos caminantes hacia estos horizontes es inspirador, doloroso, gozoso, taladrante…vivo.

Es en esta lógica de reconocimiento del aporte que hicieron las mujeres transeúntes de los senderos de la libertad, que se pretende hablar de las reflexiones profundas que entregó para la historia la francesa Simone Weil.

Nacida en el primer decenio del Siglo XX, vivió hasta los 34 años de edad e hizo de su vida una permanente búsqueda por la comprensión de la condición obrera, lo cual la llevó a renunciar a su cátedra universitaria para internarse en la dura vida industrial, experiencia que describió como doblemente violenta por su posición de explotada y su condición de mujer. Su interés, comprender y sentir la vida del trabajador manufacturero, situación que convirtió en pensamiento filosófico y reflexión política.

De la Simone obrera nunca pudo ni quiso salir, se buscó a sí misma en los aterradores espacios fabriles de la Europa de la revolución industrial, hasta quedar anclada a sus horas de trabajo, desde las que describió los más inconfesables sentimientos de sumisión y autorrecriminación que la llevaron a considerar las profundidades de la vida de la clase sometida a los rigores de la producción serial. Los olores, los dolores, los desfallecimientos, la rabia, las angustias, la impotencia, quedaron descritos en una amplia comunicación epistolar que sostuvo con distintas personas, algunos amigos, otros no tanto, durante su tránsito por estos escenarios de la explotación.

1. LA VIDA COMO OBRERA

En uno de los escritos de enero de 1935 dirigido a Albertine Thévenon, su amiga sindicalista, Simone describe el agotamiento físico y psicológico que invade la cotidianidad de la vida obrera. Las extenuantes jornadas de trabajo y la imposibilidad fáctica de oponerse al poder subordinante en los límites de la fábrica, le resultan paralizantes de manera natural. Encuentra que, antes de nutrirse el sentimiento de rebeldía, este se oculta ante la brutalidad de las circunstancias reales de la experiencia obrera. Organizarse e instruirse, para erradicar las condiciones estructurales que hacen de la compraventa de la fuerza de trabajo el día a día de la mayoría de los seres humanos, resulta ser ante todo un

---

1. Presidente da ALAL – Associação Latino Americana de Advogados Laboralistas especialista en Derecho Laboral y Seguridad Social, magister en Filosofía, estudios doctorales en Ciencias Sociales, Docente de la Universidad de Caldas en el área laboral, representante de trabajadores y sindicatos, Secretaria de Asuntos Internacionales de ASOLABORALES.

esfuerzo adicional que no se muestra como resultado necesario de la posición que en el proceso productivo ocupan los trabajadores. El explotado es descrito como un ser sufriente, que repudia su realidad, pero para el que situarse en el horizonte transformador de la lucha, implica sobreponerse a la existencia cotidiana.

> *"Solo respiro el sábado por la tarde y el domingo, me encuentro a mí misma, recupero la facultad de hacer circular por mi mente pedazos de ideas. De manera general la tentación más difícil de rechazar, en semejante vida, es la de renunciar por completo a pensar: ¡sabe uno tan bien que es el único medio de no sufrir! En primer lugar de no sufrir moralmente. Pues la propia situación borra automáticamente los sentimientos de rebeldía: hacer el trabajo con irritación supondría hacerlo mal, y condenarse a morir de hambre; y no hay nadie a quien atacar fuera del propio trabajo. Con los jefes no puede permitirse uno ser insolente, y por otra parte casi nunca dan lugar a ello. Así que no queda otro sentimiento posible cara a la propia suerte más que la tristeza. Entonces se está tentado, pura y simplemente, de perder la conciencia de todo lo que no sea la rutina vulgar y cotidiana de la vida. También físicamente es una gran tentación, fuera de las horas de trabajo, hundirse en una semisomnolencia. Siento el mayor respeto por los obreros que llegan a labrarse una cultura..."* (Weil, 2014, págs. 42-43)

No de otra manera podría explicarse que el esclavismo y el feudalismo pervivieran durante siglos a pesar de la evidencia de la injusticia de tales modos de producción. Evidencia que el esclavo, el siervo y ahora, el obrero, encarnan en sus propios cuerpos, como experiencia viva, mortificante, dolorosa, avasalladora. Arrojarse a la batalla, decidirse al riesgo del perecimiento, darle sentido a la vida en la intención revolucionaria, es un acto de heroísmo y fortaleza, que no todos pueden y que no todos quieren; porque la tristeza no es una emoción fácil de encarar, porque no se quiere sentir hambre, porque la explotación acorta la perspectiva, castra propósitos y reproduce el sometimiento. No basta con las condiciones objetivas de posibilidad para trastocar el estado de cosas, la historia la hacen los hombres y las mujeres que fracturan la "normalidad", quienes deciden recorrer la línea de fuga y esta, es una disposición que implica elementos subjetivos que tendrían que ser considerados con la misma rigurosidad que aquellos objetivos.

Estos elementos de la subjetividad, son recurrentemente referidos por Weil.

En una carta de principios de marzo de 1935, escribe a su alumna Simone Gibert:

> *"Las mujeres por su parte, están relegadas a un trabajo completamente mecánico, donde no se requiere más que rapidez. Cuando digo mecánico, no crea que se puede soñar en otra cosa haciéndolo, ni aún mucho menos reflexionar. No, lo trágico de esta situación es que el trabajo es demasiado mecánico para ofrecer materia al pensamiento, y que sin embargo impide cualquier otro pensamiento".* (Weil, 2014, pág. 54)

Es de destacarse que se trata de la experiencia de una mujer acostumbrada al ejercicio de la reflexión por su condición de académica, lo que representa indubitablemente una disposición especial para esta actividad, lo cual se ve agravado por el hecho de que se encontraba situada en un eslabón de la cadena productiva muy básico, que lleva a la pregunta necesaria por el lugar de la reflexión para el obrero iletrado, sometido a tareas repetitivas de las cuales depende su subsistencia. Lo anterior es acotado en líneas posteriores de la misma nota, en la que escribe:

> *"...una obrera que está en la cadena, y con la que volví en el tranvía, me dijo que al cabo de algunos años, o incluso de un año, se llega a no sufrir, aunque una se siga sintiendo embrutecida. Es, me parece, el último grado de envilecimiento. Me explicó cómo ella y sus compañeras habían llegado a dejarse reducir a esta esclavitud (ya lo sabía por otra parte). Hace cinco o seis años, me dijo, se sacaba 70 F al día, y "por 70 F se hubiera aceptado cualquier cosa, se hubiera reventado una"...".* (Weil, 2014, pág. 59)

Cuando la vida se hace girar en torno al trabajo subordinado para la subsistencia, cualquier asomo de mejoramiento en las condiciones materiales de existencia, termina minando la voluntad y con ella se lleva la dignidad de la persona humana. ¿Cómo desconocer que la posibilidad de alimentarse mejor, reposar en una buena cama y vestirse con ropas decorosas, influye de forma decisiva en la toma de decisiones cotidianas? En su diario de fábrica, Simone Weil trascribe la frase de una de sus compañeras: *"Hay que ser más concienzudo, cuando hay que ganarse la vida"* (Weil, 2014, pág. 66). Y esa conciencia de quien se gana la vida con el trabajo diario no es unívoca, o ¿es acaso posible afirmar que quien baja la cabeza para alimentar a su familia es un inconsciente?

No obstante, más allá de lo planteado y precisamente porque no es deseable que la vida trascurra en medio de cabezas agachadas, miradas tristes, trabajos de autómatas y seres envilecidos, no cualquier conciencia es aceptable. El individualismo impulsado por el liberalismo clásico y todas sus transformaciones hasta nuestros días, ha implicado que se reconozca el bienestar exclusivamente en los círculos de lo personal, anquilosando la perspectiva de lo colectivo como horizonte de posibilidades.

Así entonces, el reconocimiento de la identidad de intereses entre los trabajadores, que conocen como nadie la dinámica de la producción, concreta aquellos otros intereses que les son opuestos y por supuesto esclarece en la conciencia de clase, que es menester forjar acorde con cada momento histórico, líneas de combate que conduzcan a la liberación colectiva de la actividad creadora del Hombre.

Pero para ello, hay que franquear la enajenación absoluta a la que parece condenarse al trabajador. Enajenación que viaja desde la fábrica hasta los otros lugares habitados y que hay que sacarse a fuerza de insistencia.

"¿Qué contestarle sino repetirle – por penosa que sea semejante confesión – que a mí me costó todo el trabajo del mundo conservar el sentimiento de mi dignidad? Hablando con mayor franqueza, casi lo perdí en el primer choque de un cambio de vida tan brutal, y fue necesario que lo recuperara por completo. Un día me di cuenta de que algunas semanas de esta existencia casi habían bastado para transformarme en bestia de carga dócil, y que solo el domingo recuperaba un poco la conciencia de mí misma... pero sentí hasta el último día que este sentimiento había que reconquistarlo siempre, porque aquellas condiciones de vida siempre lo borraban y tendía a rebajarme de nuevo a bestia de carga". (Weil, 2014, pág. 165)

Así entonces, la conciencia de la trabajadora del tranvía, que abraza la responsabilidad de responder diariamente por la subsistencia propia y de su prole, se reduce a los límites del círculo familiar y personal, resuelve las necesidades materiales momentáneamente, so pena del sometimiento a la esclavitud moderna. Es más bien una conciencia del reconocimiento del lugar que se ocupa en la estructura social y que termina por reproducir dicha estructura, en la que, como escribe Weil en marzo de 1936 a Víctor Bernard, un Jefe de Fábrica, *"...la humanidad se divide en dos categorías, los que cuentan para algo y los que no cuentan para nada"* (Weil, 2014, pág. 170). Es una conciencia tentadora por fuerza de las circunstancias, una conciencia que posiblemente se traduzca en la aspiración de acceder algún día a la posición de los que cuentan para algo y tienen mucho más de lo que los que no cuentan para nada.

La conciencia de clase en cambio, es el presupuesto de una tentativa liberadora, a la que hay que hacerse difícilmente, pero llamada siempre a devenir posibilidad de emancipación y sentido de la vida. ¿Cuándo y cómo? Son preguntas que ya los muchos levantamientos de trabajadores del mundo han resuelto a su manera. Quizás en los espacios de recreo, aquellos en los que se sueltan las cadenas, y que han sido descritos por Carl Marx en "Trabajo Asalariado y Capital" y por Máximo Gorki en la novela "La Madre", como escenarios de liberación y conspiración de los obreros. La taberna, la casa, eso que describe Simone de los domingos y que narra una y otra vez a sus interlocutores, es un territorio en disputa, que tal vez permite retornar al pensamiento, a la reflexión sobre la condición obrera. Y a la malintencionada afirmación, muy frecuente, de que no han logrado en definitiva la anhelada transformación estructural, habrá que responder desde el sentido de la vida que se gana en la batalla permanente y lo porvenir, como posibilidad abierta por cada uno de los que han levantado la cabeza y mirado de frente, a los ojos, al explotador.

En un texto nombrado como "La vida y la huelga de los obreros metalúrgicos", Simone Weil escribe sobre la huelga que se desarrolla en la fábrica Renault, en la que trabajó:

"Se trata, después de haberse doblegado siempre, de haberlo padecido todo, encajado todo en silencio durante meses y años, de atreverse por fin a levantarse. Mantenerse en pie. Tomar la palabra por turno. Sentirse hombres durante algunos días, independientemente de las reivindicaciones, esta huelga es en sí misma una alegría. Una alegría pura. Una alegría sin mezcla.

Sí, una alegría. Yo he ido a ver a los compañeros a una fábrica en la que trabajé hace algunos meses. He pasado algunas horas con ellos. Alegría de entrar en la fábrica con la autorización sonriente de un obrero que guarda la puerta. Alegría de encontrar tantas sonrisas, tantas palabras de acogida fraternal. ¡Cómo se siente uno entre compañeros en esos talleres donde, cuando yo trabajaba en ellos, cada cual se sentía tan solo en su máquina¡ Alegría de recorrer libremente los talleres donde se estaba pegado a la máquina, de formar grupos, de charlar, de echar un bocado. Alegría de oír, en lugar del estrépito despiadado de las máquinas, símbolo elocuente de la dura necesidad bajo la que nos doblegamos, música, cantos y risas. Uno se pasea entre las máquinas a las que ha dado durante tantas y tantas horas lo mejor de su sustancia vital, y se callan, ya no cortan dedos, ya no hacen daño. Alegría de pasar delante de los jefes con la cabeza alta. Se acaba por fin de tener necesidad de luchar en todo momento, para conservar la dignidad ante sí mismos, contra una tendencia casi invencible a someterse en cuerpo y alma. Alegría de ver a los jefes hacerse familiares por fuerza, estrechar manos, renunciar completamente a dar órdenes. Alegría de verlos esperar dócilmente su turno para tener el bono de salida que el comité de huelga consiente en concederles. Alegría de decir lo que se tiene en el corazón a todo el mundo, jefes y compañeros, en los lugares en los que dos obreros podían trabajar uno al lado del otro durante meses sin que ninguno de los dos supiera lo que pasaba al vecino. Alegría de vivir, entre esas máquinas mudas, al ritmo de la vida humana: el ritmo que corresponde a la respiración, a los latidos del corazón, a los movimientos naturales del organismo humano, y no a la cadencia impuesta por el cronometrador. Desde luego aquella vida tan dura se reanudará dentro de unos días. Pero no se piensa en ello, se está como los soldados de permiso durante la guerra. Y además, venga lo que venga después, siempre se habrá tenido esto. En fin, por primera vez, y para siempre, flotarán alrededor de estas pesadas máquinas recuerdos distintos del silencio, la constricción, la sumisión. Recuerdos que pondrán un poco de orgullo en el corazón, que dejarán un poco de calor humano sobre todo este metal." (Weil, 2014, págs. 206 - 207)

Cumplir juiciosamente la jornada de trabajo, recibir las órdenes con sumisión, bajar la mirada ante el superior jerárquico, llevar la comida a casa, asumir la posición en el proceso productivo, es una forma de subsistir.

Alzar el puño, levantar la voz, unir la fuerza de los "nadies", es una forma de vivir. La lucha dona sentido a la existencia. Pasar por el mundo con una causa a cuestas, con la solidaridad de clase por bandera, es como lo describe Simone, una alegría. También dolorosa. También mortificante. Pero una alegría al fin y al cabo que no puede arrebatarse a aquellos que optaron por vivir la vida sin acostumbrarse, dispuestos a perecer en el intento. Los muros de la fábrica y los escenarios de la explotación, nunca serán los mismos después de la rebeldía. Claro que esto no es suficiente, pero no ser indiferentes a la injusticia, comprometerse íntimamente, entrañablemente, con la trasformación de lo intolerable es ya una razón suficiente para arrojarse en el intento.

Esa fue Simone Weil, una rebelde. Por ella y por todas las rebeldes que en el mundo hacen de su causa un sentido de vida, vale la pena seguir adelante.

2. BIBLIOGRAFÍA

CAMUS, A. *El Hombre Rebelde*. México, D.F.: Grupo Editorial Tomo S.A. de C.V., 2015.

GORKI, M. *La Madre*. Madrid: Edimat Libros, 2004.

MARX, C. *Obras Escogidas*: Trabajo Asalariado y Capital. Bogotá: Tupac Amarú, 1975.

WEIL, S. *La Condición Obrera*. Madrid: Trotta. 2014.

Feminicídio

Luiza Nagib Eluf[1]

No ano de 2015, mais exatamente em 9 de março, foi sancionada a Lei n. 13.104, de 09.03.2015, que prevê o crime de "feminicídio" como circunstância qualificadora do crime de homicídio, descrito no art. 121 do Código Penal. Na mesma ocasião, foi alterada a Lei n. 8.072/1990 (Lei dos Crimes Hediondos) para incluir o feminicídio no rol dos crimes punidos com maior rigor penal.

Nos termos do Código Penal, art. 121, *caput*, o homicídio é "matar alguém – pena – reclusão de 6 (seis) a 20 (vinte) anos".

O § 1º do referido artigo prevê o caso de diminuição de pena, estabelecendo que "se o agente comete o crime impelido por motivo de relevante valor social ou moral, ou sob o domínio de violenta emoção, logo em seguida a injusta provocação da vítima, o juiz pode reduzir a pena de um sexto a um terço".

Em seguida, no § 2º, o Código Penal define o homicídio qualificado, estabelecendo cinco incisos que, com a criação do feminicídio, se estenderam para **seis incisos**, estabelecendo-se o seguinte: "§ 2º. Homicídio qualificado... *Feminicídio. VI- contra mulher por razões da condição do sexo feminino. A – Considera-se que há razões de condição de sexo feminino quando o crime envolve: I- violência doméstica e familiar; II- menosprezo ou discriminação à condição de mulher*".

A Lei n. 13.104, de 09 de março de 2015, também estabeleceu causas de aumento de pena para o feminicídio, de um terço até metade, se o crime for praticado "**I – durante a gestação ou nos 3 (três) meses posteriores ao parto; II- contra pessoa menor de 14 (catorze) anos, maior de 60 (sessenta) anos ou com deficiência; III- na presença de descendente ou de ascendente da vítima**".

Sendo o feminicídio um homicídio qualificado, foi incluído no rol dos **crimes hediondos** previstos na Lei n. 8.072/1990, *Lei dos Crimes Hediondos*.

Embora seja uma inovação bastante fácil de entender, permanecem algumas dúvidas, pois se trata de uma alteração ainda pouco comentada e não incluída na maioria dos livros de doutrina jurídica. No entanto, como a própria palavra já diz, *feminicídio* é, obviamente, o assassinato de pessoa do sexo feminino. No entanto, para que essa conduta esteja configurada de maneira destacada e não abrangida pelo tradicional crime de *homicídio*, está claro que alguma peculiaridade esse delito contém. Não se trata de qualquer homicídio de mulher, mas, como explicitado na Lei, consiste em "**matar mulher por razões da condição de sexo feminino**" (art. 121, § 2º, VI do Código Penal). Assim, a Lei deixa muito clara a diferença entre homicídio de mulher e feminicídio. Em resumo, a criação da figura penal do feminicídio veio esclarecer que uma pessoa que morreu assassinada não teria morrido nas mesmas circunstâncias se não fosse *mulher*. Trata-se de escancarar a **violência de gênero** e aumentar seu rigor punitivo, medida importante na intimidação do agressor.

Nem toda a comunidade jurídica do Brasil entendeu as razões que levaram o Congresso Nacional a aprovar o projeto de lei do feminicídio e a Presidência da República a sancioná-lo, criando um novo tipo penal.

A exemplo do que aconteceu com a Lei Maria da Penha, algumas críticas mordazes e improcedentes, a princípio, foram feitas ao feminicídio, no sentido de que "homicídio seria homicídio, sem necessidade de especificação, não importando se de homem ou de mulher, de jovem ou de idoso", mas é bom lembrar que nossa Lei Penal já há tempos prevê formas específicas de homicídio, como o infanticídio, o aborto e o genocídio. Além disso, a doutrina penal destaca também o parricídio, o matricídio e o fratricídio, mas, ainda que assim não fora, o feminicídio teria de ser criado, pois o morticínio de mulheres por motivos passionais (e portanto de gênero, resultante de violência doméstica) é gigantesco no Brasil e precisa ser mais severamente coibido. Trata-se de morte evitável, pois não existiria não fosse discriminação e a opressão da mulher.

Com uma taxa de 4,8 homicídios por cada 100 mil mulheres, em um grupo de 83 países, o Brasil ocupa a vergonhosa posição de **quarto pior país no *ranking* da violência de gênero, segundo dados da Organização Mundial de Saúde (OMS) de 2015**. Em comparação com os dados referentes aos países considerados *civilizados*, o Brasil tem 48 vezes mais feminicídios do que o Reino Unido, 24 vezes mais do que a Dinamarca e 16 vezes mais do que o Japão. Nosso país está atrás apenas de El Salvador, que ocupa o lamentável primeiro lugar mundial de violência contra a mulher, com uma taxa de 8,9 mulheres assassinadas a cada 100 mil; da Colômbia, com 6,3; da Guatemala, com 6,2; e

---

1. Advogada criminalista, ex-procuradora de justiça do Ministério Público de São Paulo, e ex-secretária nacional dos direitos da cidadania do Ministério da Justiça no primeiro mandato de FHC. É autora de sete livros dentre os quais "**A paixão no banco dos réus**", sobre crimes passionais, ed. Saraiva. Foi membro da Comissão de Juristas nomeada pelo Senado Federal para propor a reforma Penal em 2011 e 2012, sendo que o projeto encontra-se em tramitação. É membro consultor da Comissão da Mulher Advogada da OAB/SP. Site: <www.luizaeluf.com.br>.

empata com a Federação Russa com 4,8. O país que menos mata mulheres é a Nova Zelândia, com uma taxa de 0,8 mortes a cada 100 mil (dados colhidos pelo IPEA entre os anos de 2011 e 2013).

A análise das estatísticas mostra que a violência de gênero está intimamente ligada à brutalidade do patriarcalismo, pois o feminicídio é, em regra, praticado pelo homem que se sente superior à mulher. E não se trata de qualquer homem, não se trata de um desconhecido, mas daquele que se relaciona com a vítima. Segundo Nadine Gasman, representante da ONU Mulheres Brasil, o feminicídio é um crime "motivado pelo ódio, planejado, calculado e cometido numa das demonstrações finais de posse e misoginia com que a relação da vítima com o agressor foi marcada. Além de dar nome e visibilidade a esses crimes, a tipificação do feminicídio poderá aprimorar procedimentos e rotinas de investigação e julgamento, com a finalidade de coibir os assassinatos de mulheres. Acreditamos que esse é uma passo decisivo para reduzir e eliminar o quadro perverso de 5 mil assassinatos de brasileiras por ano" (sic. ONU Mulheres/Brasil, <www.onumulheres.org.br>).

Levantamento realizado pelo Instituto Avante Brasil apontou que, em 2012, o *Datasus* (órgão do Ministério da Saúde) que registra as estatísticas vitais da população, apontou 4.719 mortes de mulheres resultantes de agressão. O Centro Oeste foi a região com o maior número de mortes violentas, registrando 6,5 óbitos para cada 100 mil habitantes. A Região Norte apresentou a segunda maior taxa, chegando a 6,3 mortes para cada 100 mil, seguido da Região Nordeste que registrou 5,2, a Região Sul com 4,8 para cada 100 mil e por fim o Sudeste, que computou 3,9 mortes para cada 100 mil mulheres.

Desta forma, conclui-se que, na verdade, os maiores genocídios da história não precisaram de mísseis, pois os homens tonam-se armas de destruição massiva em relação às mulheres. Verifica-se que os efeitos da cultura patriarcal são tão destruidores que se trava no mundo uma verdadeira e contínua guerra de homens contra mulheres.

Em vista disso, a criação de uma nova definição criminal inserida no ordenamento jurídico penal brasileiro não se mostra desnecessária ou inócua. Ao contrário, tem função esclarecedora e inibidora, educativa e elucidativa, ao tornar visível e estatisticamente computável algo que estava oculto sob o manto da palavra genérica "homicídio". Em verdade, praticar homicídio, no sentido estrito do vocábulo, significa "matar um homem". Aplicado em sentido amplo, quer dizer matar uma pessoa de qualquer gênero, mas essa amplitude apenas acarreta mais invisibilidade à mulher.

Até o ano de 2015, 14 países da América Latina possuíam leis versando sobre o crime de feminicídio: Argentina, Bolívia, Chile, Colômbia, Costa Rica, Equador, El Salvador, Guatemala, Honduras, México, Nicarágua, Panamá, Peru e Venezuela.

O Brasil já deu vários passos na defesa da integridade física e psicológica da população feminina, mas as medidas adotadas ainda não se mostraram suficientes para fazer diminuir os índices de violência de gênero. Por essa razão, devemos continuar buscando caminhos para alcançar a eficiência que nos possibilitará viver em uma comunidade pacificada.

O Impacto da Síndrome de *Burnout* nas Mulheres

Maria José Giannella Cataldi[1]
Marcela Cataldi Cipolla[2]

1. INTRODUÇÃO

É praticamente impossível, no ritmo de trabalho que as sociedades modernas funcionam (e de exigências variadas), que não exista um clima de cansaço generalizado entre os habitantes de grandes cidades. Isso é visível em um dia de semana, em pleno horário comercial, não importa o ambiente. Não há sequer uma metrópole ou cidade de porte médio em que não se observe um considerável trânsito na hora de *rush* – pico esse de tráfego invariavelmente ligado ao fluxo de pessoas indo ou voltando do trabalho. Se não nas ruas, isso é evidente no transporte público. É de praxe ter transeuntes engravatados atrasados nas ruas, metrôs; ou ainda, balconistas, atendentes, executivos com aspecto visivelmente fatigado, correndo para um lado e para o outro. Não é preciso ser nenhum cientista social para notar tal ritmo frenético e nocivo que as atividades ocupacionais impõem. Este é o tão conhecido *stress* contemporâneo, estreitamente ligado ao labor das sociedades atuais, e em sintonia com o modelo econômico vigente.

Nesse contexto, as queixas ocupacionais parecem tão corriqueiras que já viraram conversa de elevador. É raro não se deparar, no dia a dia, com uma reclamação de algum "chefe" abusivo ou dos afazeres cotidianos e cobranças excessivas – e muitas vezes que demandam um esforço inútil e pouco eficiente. Com efeito, não tem uma só pessoa do mundo pós-industrial e pós-moderno que não se identifique ou, pelo menos, tenha presenciado algumas vezes o cenário descrito acima, no Brasil ou em qualquer lugar do mundo.

Apesar do inevitável *stress* que esse frenético ritmo gera, não se engane, não é disso que se trata a Síndrome de *Burnout*. Tampouco é esse o tipo de *stress* que será objetivo de nosso estudo. Não que esse "stress coletivo" não esteja também relacionado ao labor, e até mais, é um estilo de vida inerente ao modelo econômico e de trabalho da sociedade contemporânea, "que vive para trabalhar". Ademais, é inegável que esse panorama não contribui em nada para a saúde mental dos indivíduos (de toda a pirâmide social), sendo passível de inúmeras críticas.

Assim, é essencial estabelecer que há uma marcante distinção entre o *stress* característico da sociedade pós-industrial e a Síndrome de *Burnout*, mesmo que se possa concluir que ambas estão ligadas ao trabalho e às características psicossociais que vêm se alterando na Economia Global[3]. Para ilustrar esse aumento de demandas ocupacionais, que cria um campo fértil para o acometimento do *Burnout*, é possível citar a insegurança no trabalho, a necessidade de aprendizado contínuo (em sintonia com as novas tecnologias) e a nociva – e tão comum nos ambientes de trabalho atuais – "alta cobrança" mas com "poucos recursos"[4], entre outras "novas" necessidades ocupacionais instituídas em políticas de empresas.

Ainda, cumpre notar que, na linguagem cotidiana, é comum se apropriar de modo equivocado de nomes de patologias (especialmente as psiquiátricas) para designar um determinado comportamento. Por exemplo, o TOC – Transtorno Obsessivo Compulsivo tem sido empregado como sinônimo de "pessoas com manias" ou "manias de organização" no âmbito do senso comum.

Portanto, é preciso clarificar que assim como o TOC ou qualquer outro distúrbio (psiquiátrico ou não), a Síndrome de *Burnout* não é um mero "esgotamento", do mesmo modo que "depressão" não é uma simples tristeza, mas uma patologia que acomete alguns indivíduos. A doença é bastante grave, um estado extremo de cronificação do *stress* laboral[5] e cujo diagnóstico é feito por psiquiatras e psicólogos. Destarte, a Síndrome de *Burnout* é reconhecida pela OMS – Organização Mundial de Saúde e está catalogada na CID 10 – Classificação Estatísticas Internacional de Doenças e Problemas Relacionados à Saúde com o código Z.73.

As razões que levam um indivíduo a desencadear a síndrome, enquanto que outro, de um mesmo ambiente de trabalho, e possivelmente até submetidos à mesma carga de *stress*, não desencadeia a doença, é ainda um desafio para a Medicina. Todavia, o objetivo deste estudo não é fazer qualquer tipo de avaliação médica da Síndrome de *Burnout*, mas contribuir com as discussões jurídicas relacionadas ao assunto, e de forma indireta, com a saúde dos trabalhadores, bem como alertar e auxiliar na prevenção desse tipo de doença nos ambientes corporativos.

Isso porque, a Síndrome de *Burnout*, ao contrário de tantas outras enfermidades psiquiátricas é, essencialmente,

---

1. Professora e advogada especialista nas áreas de Direito do Trabalho, Previdenciário e Direitos Fundamental Graduação, Mestrado e Doutorado pela PUC-SP e com Pós-doutorado pela Universidade de Coimbra, Portugal.
2. Jornalista e estudante de Direito da PUC-SP
3. MASLACH & LEITER, 1997; ALLVIN & ARONSON, 2001; LANDBERGIS, 2003; ALLVIN, 2006; SENNETT, 2006.
4. DEMEROUTI, 2001; SCHAUFELI & BAKKER, 2004.
5. SHIROM, 1989; SCHAUFELI & ENZMANN, 1998; MASLACH, 2001.

uma patologia laboral. Consequentemente, possui uma enorme relevância no Direito do Trabalho. De modo que as análises que serão feitas aqui só foram possíveis após o diagnóstico técnico dos médicos dos pacientes e, muitas vezes, confirmados pela perícia judicial.

Com efeito, depois de diagnosticada, se é uma doença inequivocamente ocupacional, a sua origem ou o fato que a desencadeou é a atividade laboral ou o ambiente ocupacional nocivo do ponto de vista emocional. Com o objetivo de ilustrar tal diferença: uma escola que "exige" demais de um professor poderia gerar um nível de *stress* semelhante ao que foi descrito no início deste texto. Enquanto que uma professora que leciona em classes do Ensino Fundamental, e em uma delas, para o filho da dona do colégio, por exemplo, e é cobrada excessivamente acerca do desempenho da criança (esse é um caso real, vale observar) pode acarretar um nível de *stress* demasiado, fora do comum. Foi o que aconteceu com essa professora, que teve que se afastar das atividades laborais e pleiteia, na atualidade, auxílio-doença acidentário após relatórios e laudo pericial judicial indicando incapacidade e o diagnóstico de *Burnout*.

É claro que o que gerou exatamente a enfermidade nessa professora ou como será o tratamento cabe à área da saúde. O que nos interessa aqui é que há um nexo de causalidade (ou concausalidade) entre a atividade laboral e a enfermidade documentada por especialistas da área da saúde, bem como a doença pode acarretar a incapacidade total e indeterminada de um trabalhador.

De modo que existem consequências importantes disso nas relações de trabalho, que não podem ser olvidados pelo Direito, seja na seara do Direito do Trabalho, do Direito Previdenciário e, claro, no tocante aos Direitos Fundamentais. Portanto, a importância da Síndrome de *Burnout* extrapola muito o campo médico e gera impactos significativos no dia a dia das empresas e também no Poder Judiciário, que tem se deparado com o desafio de reconhecer a Síndrome de *Burnout* como doença profissional, bem como precisa lidar com as implicações disso.

É imprescindível mencionar também o impacto da enfermidade e sua relação com o gênero no mercado de trabalho. Não é novidade que as mulheres estão em desvantagem no mercado de trabalho, e infelizmente, isso não é diferente em relação à moléstia ora pesquisada. Estudos indicam que as mulheres são mais suscetíveis ao *Burnout*, bem como são impactadas de modo mais severo quando acometidas da moléstia em questão, como será analisado mais detalhadamente nas próximas páginas. Portanto, a importância do *Burnout* e sua relação com as atividades ocupacionais vão muito além do que análise superficial poderia prever.

De modo que, após a exposição que será feita doravante espera-se uma maior conscientização dos operadores do Direito no campo do Direito Trabalhista, Previdenciário e Constitucional, bem como dos empregados e empregadores a fim de evitar a cronificação do estresse laboral a ponto de gerar a Síndrome de *Burnout* e prevenir a saúde mental da mulher, já tão prejudicada.

2. *BURNOUT*: DEFINIÇÃO E INSERÇÃO NO ORDENAMENTO JURÍDICO BRASILEIRO

O termo *Burnout* emprestado da língua inglesa significa literalmente "queimar para fora", mas é também uma expressão conhecida entre os anglófonos para designar algo que "está com a bateria descarregada". A patologia que o presente artigo trata está ligada a esse segundo significado ou como é mais conhecido até como "esgotamento" ocupacional.

Na parte vestibular do presente estudo, restou evidente que a Síndrome de *Burnout* ainda é bastante desconhecida da sociedade e confundida com situações passageiras de *stress*. Soma-se a isso o fato de que no âmbito do senso comum há um enorme estigma em relação às doenças mentais, além de uma frequente confusão entre transtornos de ansiedade, depressão e demais doenças. Não que essas doenças não possam estar associadas, frequentemente está, conforme observamos em diversos laudos e relatórios médicos.

Também há uma enorme tendência no senso comum e até entre alguns médicos – o que foi constatado em uma análise superficial, mas em mais de um laudo de peritos assistentes de empresas sobre periciadas com *Burnout* – que se costuma relacionar a síndrome, e claro, relativizar sua importância associando às alterações hormonais ou problemas pessoais, especialmente quando a acometida é do gênero feminino.

Outras vezes, o diagnóstico é impreciso no começo. Isso tudo demonstra a complexidade da questão, o que também deve ser cautelosamente observado e analisado individualmente, caso a caso. De modo que, reitera-se, por todas essas questões, a síndrome de *Burnout* é um enorme desafio para os operadores do direito e para toda a sociedade.

No campo científico, infelizmente, também há uma escassez de estudos acadêmicos e científicos na literatura médica. Um dos principais nomes sobre o tema é a professora emérita de psicologia da University of California, Berkeley, Christina Maslach. Pioneira, Maslach iniciou seus estudos na área ainda nos anos 1970 e desenvolveu o Maslach Burnout Inventory, um método de diagnóstico da doença. Foi esse método e os ensinamento de Maslach que influenciaram os primeiros estudos sobre a doença e nortearam as primeiras regulamentações jurídicas sobre a questão.

Entre os principais pontos a serem analisados no paciente, segundo o método Maslach, vale destacar:

a) *a exaustão emocional*, quando o profissional está diante de uma intensa carga emocional. O profissional sente-se esgotado, com pouca energia para fazer frente ao dia seguinte de trabalho e a impressão que ele tem é que não terá como recuperar (reabastecer) as suas energias. Os profissionais passam a ser pessoas pouco tolerantes, facilmente irritáveis, e as suas relações com o trabalho e com a vida ficam insatisfatórias e pessimistas;

b) A *despersonalização* também está presente. É o desenvolvimento do distanciamento emocional que se exacerba. Manifesta-se mediante a frieza, insensibilidade e postura desumanizada. Nessa fase, o profissional perde a capacidade de identificação e empatia com as outras pessoas, passando a ver cada questão relacionada ao trabalho como um transtorno;

c) A *redução da realização pessoal e profissional* fica extremamente comprometida. Pode-se entender que surgiu outro tipo de pessoa, diferente, bem mais fria e descuidada, podendo acarretar a queda da autoestima, que chega à depressão.

Com efeito, cabe transcrever um excerto do Manual de Doenças do Trabalho do Ministério da Saúde do Brasil, Brasília, 2001, nas páginas 161 e 191, que àquela ocasião o termo foi grafado como "*burn-out*", e conceituou a enfermidade de modo bastante ligado aos ensinamentos da pesquisadora norte-americana:

> "DEFINIÇÃO DA DOENÇA – DESCRIÇÃO BURN-OUT. A sensação de estar acabado ou síndrome do esgotamento profissional é um tipo de resposta prolongada a estressores emocionais e interpessoais crônicos no trabalho. Tem sido descrita como resultante da vivência profissional em um contexto de relações sociais complexas, envolvendo a representação que a pessoa tem de si e dos outros. O trabalhador que antes era muito envolvido afetivamente com os seus clientes, com os seus pacientes ou com o trabalho em si, desgasta-se e, em um dado momento, desiste, perde a energia ou se 'queima' completamente. O trabalhador perde o sentido de sua relação com o trabalho, desinteressa-se e qualquer esforço lhe parece inútil. Segundo Maslach & Jackson, em 1981 e em 1986, e Maslach, em 1993, a síndrome de esgotamento profissional é composta por três elementos centrais:
>
> * exaustão emocional (sentimentos de desgaste emocional e esvaziamento afetivo); * despersonalização (reação negativa, insensibilidade ou afastamento excessivo do público que deveria receber os serviços ou cuidados do paciente); * diminuição do envolvimento pessoal no trabalho (sentimento de diminuição de competência e de sucesso no trabalho). Deve ser feita uma diferenciação entre o burn-out, que seria uma resposta ao estresse laboral crônico, de outras formas de resposta ao estresse. A síndrome de burn-out envolve atitudes e condutas negativas com relação aos usuários, aos clientes, à organização e ao trabalho, sendo uma experiência subjetiva que acarreta prejuízos práticos e emocionais para o trabalhador e a organização. O quadro tradicional de estresse não envolve tais atitudes e condutas, sendo um esgotamento pessoal que interfere na vida do indivíduo, mas não de modo direto na sua relação com o trabalho. Pode estar associada a uma suscetibilidade aumentada para doenças físicas, uso de **álcool ou outras drogas (para obtenção de alívio) e para o suicídio**."
>
> (...)
>
> Os níveis de atenção e concentração exigidos para a realização das tarefas, combinados com o nível de pressão exercido pela organização do trabalho, podem gerar tensão, fadiga e esgotamento profissional ou burn-out (traduzido para o português como síndrome do esgotamento profissional ou estafa).
>
> (...)
>
> Contextos de trabalho particulares têm sido associados a quadros psicopatológicos específicos, aos quais são atribuídas terminologias específicas. Seligmann-Silva propõe uma caracterização para alguns casos clínicos já observados. Um exemplo é o burn-out, síndrome caracterizada por exaustão emocional, despersonalização e autodepreciação. Inicialmente relacionada a profissões ligadas à prestação de cuidados e assistência a pessoas, especialmente em situações economicamente críticas e de carência, a denominação vem sendo estendida a outras profissões que envolvem alto investimento afetivo e pessoal, em que o trabalho tem como objeto problemas humanos de alta complexidade e determinação fora do alcance do trabalhador, como dor, sofrimento, injustiça, miséria (SELIGMANN-SILVA, 1995) (...)"

No ano de 1999, o Ministério da Saúde reconheceu por meio da *Portaria n. 1.339 de 18 de novembro de 1999*, uma compilação de doenças relacionadas ao trabalho, e incluiu a Sensação de Estar Acabado ("Síndrome de *Burn-Out*", "Síndrome do Esgotamento Profissional" Z73.0), nos transtornos mentais e do comportamento ocupacionais. Nesse mesmo sentido, o Decreto n. 6.957, de 09 de setembro de 2009, introduziu na legislação previdenciária a Síndrome de *Burnout* ou Síndrome do Esgotamento Profissional na lista de Doenças Relacionadas com o Trabalho – no grupo que trata dos Transtornos Mentais e de Comportamento V, CID 10.

A partir daí, ficou mais fácil enquadrar a síndrome de *Burnout* na regulamentação de acidente do trabalho contida no art. 19 da Lei n. 8.213/1991, que dispõe:

> "Acidente do trabalho é o que ocorre pelo exercício do trabalho a serviço da empresa ou pelo exercício do trabalho dos segurados referidos no inciso VII do art. 11 dessa lei, provocando lesão corporal ou perturbação funcional que cause a morte ou a perda ou redução, permanente ou temporária, da capacidade para o trabalho."

O art. 20 do mesmo dispositivo legal, que classifica as doenças resultantes de acidente do trabalho, se enquadra à enfermidade ora estudada de forma inequívoca:

> "Art. 20. Consideram-se acidente do trabalho, nos termos do artigo anterior, as seguintes entidades mórbidas:
>
> I – doença profissional, assim entendida a produzida ou desencadeada pelo exercício do trabalho peculiar a determinada atividade e constante da respectiva relação elaborada pelo Ministério do Trabalho e da Previdência Social;

II – doença do trabalho, assim entendida a adquirida ou desencadeada em função de condições especiais em que o trabalho é realizado e com ele se relacione diretamente, constante da relação mencionada no inciso I.

§ 1º Não são consideradas como doença do trabalho: a) a doença degenerativa; b) a inerente a grupo etário; c) a que não produza incapacidade laborativa; d) a doença endêmica adquirida por segurado habitante de região em que ela se desenvolva, salvo comprovação de que é resultante de exposição ou contato direto determinado pela natureza do trabalho.

§ 2º Em caso excepcional, constatando-se que a doença não incluída na relação prevista nos incisos I e II deste artigo resultou das condições especiais em que o trabalho é executado e com ele se relaciona diretamente, a Previdência Social deve considerá-la acidente do trabalho.

3. O *BURNOUT* E O GÊNERO FEMININO

Apesar de as pesquisas apontarem para um significativo aumento de casos de *Burnout* no gênero feminino, há uma marcante falta delas sobre a enfermidade, e alguns números empíricos conflitantes ou distantes da realidade brasileira. De modo que é prematuro afirmar que as mulheres são mais impactadas pelo *Burnout*, já que não há dados suficientes para sustentar tal tese ainda. Mas há significativos indícios e estudos acadêmicos nesse sentido.

Sobre esse debate acadêmico, pesquisadores alegam que as especificidades de cada país e de cada setor do mercado de trabalho interferem na apuração precisa sobre *Burnout* e a questão de gênero. Mas algumas pesquisas de classe, como um estudo liderado por Scott Reinardy, na Universidade de Kansas, nos Estados Unidos, realizado entre jornalistas[6] já evidenciam um significativo número maior da síndrome entre mulheres, em relação aos homens. Outra pesquisa recente e ilustrativa sugerindo essa diferença foi feita entre médicos norte-americanos, em 2017, e constatou que dos acometidos por *Burnout*, 55% eram mulheres[7]. Essas pesquisas e estudos, ainda que em caráter embrionário, estão sugerindo o que muitos cientistas já suspeitavam: as mulheres podem ser as principais vítimas do *Burnout*.

Entre os fatores que interferem nessa apuração, é possível mencionar que as atividades ocupacionais mais atingidas pela síndrome, estão a de enfermeiros e professores, profissões essas com significativo número de mulheres no mercado brasileiro. Por razões culturais, cada sociedade possui um percentual diferente de mulheres inseridas no mercado de trabalho, bem como atuando em cada área. Além desses, outros elementos que podem influenciar os números de pesquisas de *Burnout* e gêneros são a questão da prevalência masculina em cargos de gerência, o próprio número de mulheres e homens em cada sociedade, e até mesmo os dados de homens e mulheres que procuram diagnóstico e tratamento de doenças psiquiátricas, pois vale lembrar o enorme estigma que esse tipo de moléstia ainda carrega em nossa sociedade.

No Brasil, os dados oficiais revelam que a participação da mulher no mercado de trabalho formal vem aumentando: em 2007, as mulheres representavam 40,8% do mercado formal de trabalho; em 2016, passaram a ocupar 44% das vagas. Assim, é possível prever um aumento da incidência desta doença entre mulheres em curto prazo. Todavia, há locais em que a participação feminina no mercado de trabalho, segundo o Cadastro Geral de Emprego e Desemprego (CAGED) e da Relação Anual de Informações Sociais (RAIS), chega a índices baixíssimos. É o caso do Distrito Federal e em Mato Grosso com 39% e 39,5%, respectivamente.

O acesso à educação também é demasiado desigual, essa disparidade entre meninos e meninas se torna uma verdade inconveniente quando, por exemplo, Irina Bokova, diretora da Unesco, recentemente revelou que para 62 milhões de meninas é negado o direito à Educação no mundo e que só 40% dos países já conseguiram alcançar a paridade na educação primária.

Além de diferenças regionais e culturais, outra entrave em se estabelecer um consenso sobre a questão é porque a síndrome impacta homens e mulheres de modo diferente. O desenvolvimento do *Burnout* é um processo cujas manifestações clínicas iniciais da doença podem ser diferentes entre gêneros: estima-se que a prevalência do estágio de despersonalização é maior entre os homens, enquanto que o esgotamento emocional pode ser mais impactante para as mulheres.[8]

Sobre *Burnout* como fator de risco para doenças físicas, é interessante analisar as diferenças observadas pelo Instituto Ocupacional da Finlândia, em *Occupational Burnout and Health*, estudo de 2007, liderado por Hairi Vanio, que revelou que a síndrome está relacionada com uma maior propensão de consumo de álcool e desencadeamento do alcoolismo entre homens e mulheres, bem como distúrbios músculo-esqueléticos com mais intensidade no gênero feminino. Enquanto que entre os homens, é um fator de risco para moléstias cardiovasculares.[9] Ou seja, esses dados demonstram que não apenas as manifestações no âmbito psicológico são distintas entre homens e mulheres, mas na síndrome de *Burnout* como fator de risco para doenças físicas também.

Todavia, não há dúvidas de que as mulheres que estão inseridas no mercado de trabalho estão mais suscetíveis ao

---

6. Disponível em: <https://news.ku.edu/2015/03/23/study-shows-journalism-burnout-affecting-women-more-men>. Acesso em: 08 fev. 2018.
7. Disponível em: <https://www.advisory.com/daily-briefing/2017/01/13/burnt-out-doctors>. Acesso em: 10 fev. 2018.
8. Inge Houkes & Yvonne Winants, 2011. Disponível em: <https://www.ncbi.nlm.nih.gov/pmc/articles/PMC3101180>. Acesso em: 07 fev. 2018.
9. Kirsi Ahole & Hairi VAnio, 2007.

Burnout. Vale remontar rapidamente a divisão sexual do trabalho como consequência da produção industrial. Para o sociólogo Domenico De Masi, em sua obra mais famosa *O Ócio Criativo* (p. 60):

> "Antes, a maioria dos homens e mulheres era de camponeses, e como camponesas, as mulheres constavam das estáticas como trabalhadoras. A indústria (...) traz consigo uma divisão sexual do trabalho que antes não existia. E a tecnologia também extingue os poucos tipos de trabalho elementar que eram antes confiados às mulheres: por exemplo, as centrais automáticas de telefone tornaram inúteis as telefonistas, figuras tipicamente femininas".

A leitura do excerto acima é apenas ilustrativa das origens dessas distinções em razão do gênero no cenário pós-industrial. Hoje, com efeito, é notória a discriminação das mulheres tanto em razão das diferenças salariais como em função da diferença de número de mulheres ocupando cargos elevados, se comparadas aos homens.

Se voltarmos para analisar as causas da enfermidade de *Burnout*, inserindo nesse contexto de discriminação por gênero evidente do mercado de trabalho, e sua dinâmica pós-industrialização, é inegável que as mulheres estão mais expostas aos fatores que desencadeiam a síndrome de *Burnout*. Sobre isso, descreveu o pesquisador e autor holandês Willy Portegijs:

> "(...) a discriminação sexual no local de trabalho é uma fonte de estresse e pode causar uma falta de apoio social às mulheres, o que também é um fator de risco para o Burnout. Além disso, as mulheres têm redes profissionais menos efetivas, são confrontadas com as consequências negativas de estereótipos, tokenismo e alta carga de trabalho devido a divisão desigual das tarefas familiares e atenciosa."[10]

Na realidade brasileira, é possível também fazer uma avaliação não-empírica (devido à escassez de dados), mas atenta aos números da desiguldade entre homens e mulheres na Educação e no próprio mercado de trabalho. Se a mulher já nasce em desvantagem quando o assunto é mercado de trabalho e Educação. Com tantas limitações, a única conclusão possível é de que é muito pouco provável que a mulher vá encontrar um ambiente laboral mais saudável do ponto de vista emocional e psicológico do que o homem. Ao contrário, tudo leva a crer com base nos recentes estudos culturais sobre sexismo na sociedade (o que poderia ser transposto naturalmente ao mercado de trabalho) é que existe uma postura frequente de desvalorização da mulher.

E essa desvalorização da mulher, como demonstrou Domenico de Masi, é histórica, mundial e pode ser medida e comprovada em números da remuneração. Conforme apurações da revista *The Economist*, no ano de 2017, as mulheres britânicas ganhavam 29% menos que os homens no mesmo cargo. Na Espanha e na Alemanha, esse percentual variava entre 15% a 20%[11].

Se os dados quanto à remuneração não deixam dúvidas dessa discriminação, já os obstáculos das mulheres no campo das relações sociais é mais difícil de se identificar. Porém, há que lembrar que termos como "*Manterrupting*" que significa interrupção frequente e inoportuna pelo homem, enquanto uma mulher fala; foram cunhados para descrever práticas sociais abusivas, que inferiorizam a mulher, em relação ao homem.

Da mesma forma que a mulher está mais exposta a esse tipo de prática no dia a dia, também está no ambiente de trabalho, e é claro que esse é um fator a mais que pode levar as mulheres à cronificação do *stress* laboral.

É importante notar que a análise dos riscos e possibilidades dentro do ambiente de trabalho é ampla e de caráter reflexivo, além de genérica, por envolver um número grande de pessoas e possibilidades imateriais. Sendo que cada caso, cada setor e cada ser humano merecem sua individualização e julgamento dentro de diversos outros fatores envolvidos. Mas é correto concluir que as mulheres, geralmente, já entram nos escritórios e indústrias com essas desvantagens por causa do gênero, bem como têm sua saúde mental muito mais exposta pelas mesma razão.

4. CONCLUSÃO

Portanto, é possível concluir que as mulheres que estão inseridas no mercado de trabalho além de estarem sujeitas, na atualidade, às pressões competitivas, demandas de aumento de consumidores, transições tecnológicas frequentes (e necessidade de atualização constante) como os homens[12], fatores esses apontados como possíveis desencadeares da Síndrome de *Burnout* por diversos especialistas. Ainda, encontram um cenário bastante desfavorável em razão da desigual herança da divisão sexual do trabalho, explicada pelo professor Domenico De Masi.

Inequivocamente, essa herança histórica causa mais insegurança às mulheres no trabalho, que tendem a sentir-se menos motivadas com as diferenças salariais entre homens e mulheres no mesmo cargo. Consequentemente, há mais pressões ao ambiente corporativo para as mulheres, impactando-o de maneira negativa para elas.

Soma-se a isso a questão de que muitas das funções "tradicionais" que as mulheres ocupavam foram extintas pela tecnologia, como lembrou De Masi, no exemplo das telefonistas. Assim, a pressão acerca do reposicionamento da carreira pode ser ainda maior em desfavor ao gênero feminino.

---

10. PORTEGIJS, W, HERMANS, B., & LALTA, 2006.
11. Disponível em: <https://www.economist.com/blogs/graphicdetail/2017/08/daily-chart>.
12. ALLVIN & ARONSON, 2001; SPARKS, 2001; SHIROM, 2003.

Isso sem entrar na questão de jornada dupla ou tripla que a mulher está sujeita, com a atribuição cultural de afazeres domésticos quase que exclusivamente ao gênero feminino. Claro que esse fator cultural que "sobrecarrega" a mulher fora do ambiente de trabalho também é um fator importante de *stress*, que não pode ser olvidado.

Com efeito, conclui-se ainda que a dinâmica de trabalho atual pode gerar novas doenças psiquiátricas, como é o caso da Síndrome de *Burnout*, ainda pouco conhecida da sociedade, mas tão nociva e impactante. De modo que todos os setores devem estar atentos tanto na prevenção e tratamento da enfermidade, mas também o Direito (e seus operadores) na garantia de direitos fundamentais aos que estão acometidos dessas moléstias laborais, com a dignidade da pessoa humana em risco, e especialmente, aos que já estão prejudicados historicamente no mercado de trabalho, como as mulheres.

Por fim, estabelece-se a reflexão acerca da importância de mudanças de políticas de empresas com o intuito de criarem um ambiente de trabalho saudável do ponto de vista psicológico também. Pois se os EPIs – Equipamentos de Proteção Individual resolveram (ou minimizaram) muitas das doenças e acidentes físicos de uma sociedade pós-industrial, é preciso de novas respostas às inovações no tocante às demandas e pressões comportamentais do trabalhador no atual mercado globalizado. Vale ressaltar que esta é a era do *boom* de doenças mentais, portanto, há que se repensar dentro de ambientes corporativos, pelo menos, aquelas ações e fatos geradores de moléstias de cunho essencialmente ocupacional, assim como suas inerentes implicações jurídicas.

Uma Advogada Chamada Neusa

Maria Madalena Selvatici Baltazar[1]

Se a definição de advogado no sentido livre do conceito significa indivíduo que patrocina ou protege alguém ou uma causa; patrono, defensor então o caso que será contado é a história de uma advogada.

Sexta-feira às 15:00hs. Como de costume a patroa estava em casa o que deixava a Neusa bem feliz: adorava conversar com ela. Trocar ideias.

Naquele dia a patroa estava preparando uma caponata de berinjela para levar a um jantar com amigos.

A conversa fluía alegre e despretensiosa na cozinha.

Aí o telefone da Neusa tocou: alô, fala Pedro! Como? Por qual razão, o que o Gabriel fez?

Desligou, olhou para a patroa e disse: Biel foi preso. O amigo disse que foram lanchar na praça, apareceu a polícia e o levou... não sei para onde! Meu Deus, o que faço?

A patroa ficou sem respirar.

Não podia estar acontecendo isso! Ela não vai suportar. A Neusa todo mês visita o irmão preso no Complexo penitenciário distante mais de uma hora de sua casa. Sofre, sente vergonha, mas é a única dos irmãos que vai lá. Religiosamente.

E agora essa?

Perguntou: para onde será que levaram ele? A patroa respondeu que é costume ser levado para a Departamento de Polícia Judiciária em um bairro próximo e disse: vou junto. Não, não vai... não é um lugar bom para ir, você vai sofrer muito naquele lugar feio.

E apesar da insistência da patroa foi sozinha recebendo uma orientação para assim que fosse possível desse notícias.

Saiu a Neusa. E ainda se permitindo um sorriso e um conselho: vai lá na sua amiga que depois "nós conversa"!

E assim a tarde de sexta-feira acabou. Melancolicamente.

Como não veio notícias, no sábado a patroa liga: E aí Neusa? Achou o Gabriel?

"Achei, está preso mesmo na DPJ sob acusação de uso de arma de fogo e tráfico de drogas. Mas você sabe que ele não "mexe" com essas porcarias. Até o relógio que ele está na foto do facebook eu que comprei. O Delegado disse que vai averiguar, mas acredita que hoje ele sai"

A patroa gelou. Meu Deus mais um sofrimento? Será que aquele menino aprontou?

E aí a Neusa explicou que estava indo para a DPJ para que ele fosse solto, pois o Delegado já tinha deixado claro que o Gabriel não tinha nada com isso.

Ledo engano. Ao chegar à DPJ foi surpreendida com a notícia de que o menino tinha sido transferido para a Penitenciária, a mesma que estava o irmão.

Ela não hesitou, pegou o ônibus e foi atrás do filho.

No domingo deu a notícia para a patroa: ele assumiu a arma e a droga. Como? Como? Ele não mexe com isso. Ele só pode ter sido ameaçado para confessar porque o rapaz que foi preso com ele já tem muitas passagens. Obrigou ele a fazer isso, não é possível a nossa família é boa!

Então a patroa pensou: ninguém acreditará nela, afinal o irmão esta preso por tráfico e assassinato!

Mas lembrou o que ocorreu com o irmão: aos 18 anos namorava uma menina do bairro e costumavam ir a baile funk. Tinham um filho, na época com quase dois meses.

Uma noite após exagerar na bebida foi surpreendido com a fala da namorada de que recebera uma proposta de fazer uma entrega e uma mercadoria para o dono do baile e ganharia um bom dinheiro.

Ele tentou impedir, disse que ela iria se complicar e que mexer com aquele negócio só traria aborrecimento, mas a menina argumentava que só faria daquela vez e aí com o dinheiro poderiam montar casa e criar o filho juntos.

Desesperado e com medo enfiou a mão na bolsa dela pegou a mercadoria e quando ela tentou pegar, lhe deu uma leve empurrada, mas como estava alcoolizada, caiu batendo a cabeça no meio fio da calçada e morreu. Na hora.

Polícia chegou, ele com a droga na mão e a mulher morta.

Não teve defesa.

Nem testemunha.

Todos que estavam em volta saíram correndo com medo de envolvimento.

E assim, de pacato embalador de supermercado, se tornou um presidiário.

A patroa sabia de todos os detalhes porque pediu a um amigo, advogado criminalista renomado, que ajudasse no processo conseguindo este tão somente atenuar a pena.

---

[1]. Presidente da Associação Espírito-Santense de Advogados Trabalhistas - AESAT.

E aí o que faz a Neusa? Mãe de 4 filhos resolve pegar o sobrinho e criar. E como filho. É o meu último! E o marido, parceiro, aceitou porque "todo mundo sabe que Zezinho não era ruim...não teve foi sorte."

Solidariedade difícil de ser encontrada.

E agora essa: o filho preso.

Segunda-feira chega a Neusa para trabalhar. Pontual. Firme. Abatida, mas firme.

Eu vou tirar Biel de lá, ele não errou, eu vigio ele... vou conversar com o Juiz na audiência de custódia e provar quem é meu filho.

A patroa, sem saber o que fazer...Meu Deus, o menino confessou? Como se livrar disso agora Meu Deus?

Vamos lá conversar com o Juiz. Vou sozinha, não se envolva nesses negócios não.

Na quarta-feira chegou, muito abatida: ele está lá ainda. Vou hoje lá a tarde na audiência e tenho certeza que irei tirar ele de lá.

Foi. Não tirou. O Juiz falou que ia analisar por mais 15 dias.

A partir daí não era mais uma mulher: era um zumbi. O marido não tinha coragem de ir lá...só chorava. Os irmãos choravam... todos tinham medo de ir lá.

Mas, não obstante o desalento, a tristeza, não deixou de trabalhar um só dia e de ligar para a assistente social insistindo na inocência do filho.

Em uma semana definhou. Emagreceu muito, olhos fundos...mas cuidando da casa com o mesmo carinho e o que mais chamava a atenção: ia à penitenciária mesmo se não desse para ver o filho, ia... tentava falar com o Juiz.

Ia duas, três vezes na Defensoria Pública para conversar com a assistente social. Levava testemunhas, argumentava...

Não desanimava. Lutava bravamente pelo seu filho.

Sem estudos, sem saber conversar direito, sem a companhia do marido, dos outros filhos, sempre sozinha...mas lutava.

A patroa observava a luta e entendeu por bem contratar um advogado que, antes mesmo de se aprofundar nos fatos, disse que "nem adiantava ter esperanças porque ele confessou!"

Então ela disse para a patroa: não quero aquele advogado, ele não acredita no meu filho. Acha que meu filho é bandido e que o que pode fazer é tentar diminuir o tempo dele na cadeia.

Obrigada, mas não quero. Eu mesma resolvo.

E os dias passando. E o menino preso e a mãe lutando!

Não tinha paz! E no meio desse tormento não deixou de visitar o irmão.

Nessa tempestade em uma segunda-feira chegou dizendo que tinha notícias boas: soltaram o Biel? Não, mas o irmão, após muitos pedidos dela, recebeu uma oportunidade de trabalhar na fábrica de sapatos lá na Penitenciária.

Meu Deus como pode tanta coragem em uma mulher tão castigada pela vida?

E os dias passando, a Neusa definhando, o filho preso.

E aquela mulher, fisicamente frágil, não tinha descanso para provar a inocência do filho: ia ao local onde ele foi preso (antigo local onde morava), conversava com um e outro, pagava passagem, levava para conversar com assistente social, com Juiz, muitas vezes com viagens inúteis, pois ninguém era ouvido.

E o problema se tornou maior: o marido, que não tinha iniciativa para dar um passo em defesa do filho por medo e covardia, começa a beber. Passou a ficar em botecos virando a noite.

E com isso a patroa ficou sabendo de vários casos parecidos. De mulheres que lutam para libertar filhos, maridos presos.

Tomou conhecimento do que é a vida dessas mulheres que lutam bravamente, que enfrentam autoridades, que encontram argumentos mesmo sem sequer saber falar a língua pátria corretamente.

Essas mulheres que saem de manhã de casa, enfrentam transporte lotados, trabalham o dia todo, mas não desanimam, não se acomodam diante do infortúnio.

Não sabem o que quer dizer sororidade, mas se apoiam. Não sabem o que é direitos humanos, não sabem o que quer dizer igualdade de gênero, feminismo, nada disso sabem.

São pobres, negras, semi-analfabetas mas crescem como gigantes diante da adversidade.

Essas mulheres não são notícias. O feito delas não é notícia. Não vende jornal.

Quando são noticiadas, são pela desgraça que vivem como foto junto com filho preso e etc...

Quantas Neusas vivem por aí, travam batalhas diárias e são invisíveis.

Mais um mês de luta. Audiências. O filho permanecia preso.

Chegava abatida, mas com uma determinação gigante: vou tirar o meu filho de lá.

E o tempo foi passando e ela brigando com seus argumentos, com sua garra e determinação para livrar o filho do pesadelo da prisão.

Até que um dia resolve: vou lá no Fórum, só saio de lá quando falar com o Juiz e mostrar quem é o Biel.

E assim fez.

Foi.

Aguardou por horas a fio, sem almoço, sem lanche, sem nada.

Mas não arredava pé do seu propósito.

E finalmente conversou com o Juiz e saiu sem ouvir palavras de consolo, sem ouvir uma decisão, mas com esperança e satisfação de que tinha cumprido seu papel de mãe.

A tarde de uma terça-feira liga a Neusa para a patroa: Biel foi solto! Estamos muito felizes, marido animado.

E aí a patroa chegou a uma conclusão: é uma advogada. Como já dito, sem preencher quaisquer dos requisitos necessários para se fazer uma defesa, mas tão somente movida pelo que acreditava: a inocência do filho.

E nada foi noticiado. A luta dessa mulher, dessa advogada iletrada não é registrado em lugar algum, nem mesmo pela imprensa sensacionalista.

Mas que mulher essa Neusa!

Que coragem!

Uma bela advogada!

E essa história singela deve ser contada para que possamos trazer a superfície o rosto e nomes de tantas mulheres que trabalham, lutam pelo que acreditam com uma coragem que causa inveja a qualquer ativista.

Mas que são invisíveis.

La Violencia como Forma de Discriminación Hacia las Mujeres. Apuntes para Tejer la Trama de un Derecho Laboral Feminista

María Martha Terragno[1]

1. INTRODUCCIÓN

Para que se reconozcan los derechos de las mujeres a lo largo de la historia fue necesaria la elaboración de nuevos conceptos que dieran cuenta de la situación de subordinación, desigualdad y opresión que la mujer vive en un sistema social, económico y cultural patriarcal. El valor explicativo de ciertas consignas y dar nombre a las violencias y discriminaciones ha sido un objetivo central de la lucha del movimiento feminista y ha dado un vuelco en la cultura jurídica que aún pervive en constante producción.

La práctica del derecho del trabajo, aún encuentra dificultades para entrelazarse con algunas de dichas concepciones cuyas resistencias son inherentes al sistema patriarcal arraigado en nuestras sociedades, pero también a la tensión que se vislumbra entre el capital y el trabajo.

En tal sentido, las violencias contra las mujeres, cuyo aumento es debido a un sistema social, económico y laboral cada vez más regresivo e injusto, implica pensar en un nuevo derecho antidiscriminatorio que tenga permiso de entrada a todos los ámbitos donde las mujeres desarrollan su vida, como así también tenga lugar a la hora en que los tribunales judiciales juzguen cuestiones referidas a las problemáticas de las mujeres, haciéndolo con perspectiva de género.

Este trabajo pretende ser un pequeño aporte que permita de modo transversal otorgar herramientas para eliminar las barreras que impiden a las mujeres ejercer sus derechos para ser más libres.

2. LOS HILOS DE LA TRAMA

Poner en práctica un derecho del trabajo con perspectiva de género no siempre resulta ser una tarea fácil. El derecho del trabajo, nacido en la mayoría de los países del mundo a inicios del siglo XX, al calor de las luchas obreras para combatir la explotación y la muerte, en muchos casos omite entrelazarse con los derechos de las mujeres cuyas reivindicaciones fueran del mismo tiempo y con idénticos objetivos, pero cuyo reconocimiento por la comunidad jurídica internacional fuera 80 años después.

En efecto, fue en el año 1979 cuando la Organización de Naciones Unidas (ONU) adoptó la Convención sobre la Eliminación de Todas las Formas de Discriminación contra la Mujer (también conocida por sus siglas en inglés CEDAW), mediante la que se definió la expresión "discriminación contra la mujer", y fue recién la IIIº Conferencia de las Naciones Unidas sobre la Mujer, que se celebró en la Ciudad de Nairobi en 1985, la que denunció por primera vez el carácter sistémico de la violencia contra las mujeres, aprobando 8 años después la Asamblea General de las Naciones Unidas la Declaración para la Eliminación de la Violencia contra la Mujer (1993), reconociéndose por primera vez la responsabilidad de los Estados en las violaciones de los derechos humanos de las mujeres y la necesidad de legislar al respecto.

La historia de la lucha por la conquista de los derechos liberales, políticos y sociales también tuvo como protagonistas a las mujeres, pero no a la hora de sistematizar sus derechos.

La revolución francesa, que reconociera principios tan loables conquistados como los de libertad, igualdad y fraternidad no tuvieron nada que ver con las mujeres, sino todo lo contrario. Efectivamente, cuando se redactó la Declaración de los Derechos del Hombre, no hubo un uso sexista del lenguaje, realmente cuando escribieron "hombre" no se quiso decir ser humano o persona, se refería exclusivamente a los varones. Ninguno de esos derechos fue reconocido a las mujeres. Fue Mary Wollstonecraft -considerada la madre del feminismo- quien en 1790 a consecuencia de tal injusta y discriminatoria exclusión escribió "Vindicación de los derechos de la mujer", y al año siguiente, en 1791, fue otra mujer, Olimpia de Gouges quien escribió "Declaración de los derechos de la mujer y de la ciudadana", como una copia exacta de la redactada por los revolucionarios franceses, sólo cambiando la palabra hombre por la palabra mujer, y Olimpia fue aguillotinada por eso.

La historia de lucha de las sufragistas -mujeres que luchaban por sus derechos políticos-, no duró mucho menos tiempo que la de las revolucionarias francesas, casi cien años tuvieron que pasar hasta que lograron el reconocimiento de sus derechos en la vida política.

En la actualidad, no obstante ser reconocida una igualdad formal entre hombres y mujeres, los derechos laborales siguen siendo una deuda pendiente en materia de equidad de género.

El Resumen Ejecutivo de la OIT 2016 referido a las Mujeres en el Trabajo dice que *"a escala mundial, la probabilidad de que las mujeres participen en el mercado laboral*

---

1. Abogada laboralista. Asesora de organizaciones sindicales. Posgrado en Derecho del Trabajo y la Seguridad Social en la Facultad de Derecho de la Universidad Nacional de Córdoba, Argentina. Integrante de la Asociación de Abogados y Abogadas Laboralistas.

sigue siendo casi 27 puntos porcentuales menor que la de los hombres"[2]. Asimismo, establece dicho documento que la brecha salarial entre hombres y mujeres se estima en el 23 por ciento, es decir las mujeres ganan un 77 por ciento de lo que ganan los hombres por realizar el mismo trabajo, ampliándose la brecha en algunos países, como en la Argentina, en un 25 por ciento.

Las mujeres desempeñan mayoritariamente aquellas tareas que tienen que ver con el rol que la sociedad les asigna, en roles de asistencia, de cuidado, que por lo general son mal remunerados; enfermeras, docentes y secretarias son puestos de trabajo donde la ocupación femenina es mayoritaria. En Argentina, algunos Convenios Colectivos de Trabajo incluso tienen un uso sexista para calificar los puestos de trabajo, mientras todas las categorías las establecen en masculino, las de Secretarias o Camareras lo hacen en femenino[3].

Las tareas domésticas y las responsabilidades de cuidado familiar siempre están en cabeza de la mujer, como un rol claro indiscutido de que son ellas quienes deben realizar ese trabajo[4].

Las reformas laborales que se suceden en distintos países del mundo, tienen como blanco de tiro profundizar la desigualdad y la precariedad del trabajo de las mujeres, "monetarizando" incluso el valor sus vidas y las vidas de sus hijxs, como sucedió con la reforma del art. 394.A del Código de Trabajo Brasileño que permite el empleo de mujeres embarazadas en lugares de trabajo insalubres con el aval de un certificado médico que las habilite.

La tardía historia del reconocimiento de los derechos de las mujeres, lo que devela es que uno de los cimientos, uno de los pilares donde se erige el poder es el patriarcado[5]. Y aún hoy lo sigue siendo pese a contar con una próspera legislación en materia de género[6].

Frente a esta realidad desajustada, entre los derechos reconocidos en materia de género y la praxis, cabe sino preguntarnos qué es lo que sucede para que la mujer no salga de esa situación de subordinación. En la gran mayoría de los países de Latinoamérica, hemos tenido avances significativos en materia legislativa, esa legislación no ha erosionado las bases de acumulación capitalista, pero sin embargo los Estados no diseñan políticas públicas, no se asigna presupuesto para la defensa de los derechos y hay cada vez mayor violencia hacia las mujeres.

Los mandatos de masculinidad -sobre lo que debe ser un "hombre", fuerte, seguro, quien lleve el pan a la casa- y los mandatos de femineidad -sobre lo que debe ser una "mujer", sumisa, madre, cuidadora-, y las consecuentes violencias que se ejercen sobre las mujeres para cumplir dichos mandatos, siguen arraigados en nuestras sociedades pese a contar las mujeres con numerosas leyes en los planos internacionales y nacionales que reconocen sus derechos.

Afirma Rita Segato que *"el sufrimiento y la agresión impuestos al cuerpo de las mujeres, así como la espectacularización, banalización y naturalización de esa violencia constituyen la medida del deterioro de la empatía en un proceso adaptativo e instrumental a las formas epocales de explotación de la vida"*[7].

En definitiva, lo que revela la violencia de género son formas de dominación y abuso de las que el capitalismo depende para aleccionar, para desensibilizar, para que no haya empatía, reciprocidad, para que no haya reconocimiento de la igualdad más allá del sexo con el que cada uno de nosotros/as hemos nacido. Y la respuesta del porqué de la profundización de la violencia hacia las mujeres la encontramos a la vuelta de la esquina del camino que transitamos quienes nos dedicamos a defender lxs derechos de lxs trabajadorxs: el ejercicio de la violencia es la manifestación directa de la precarización de la vida, de la precariedad de la falta de trabajo, de empleos inestables y mal remunerados.

---

2. *"Las Mujeres en el Trabajo"* Tendencias de 2016. Resumen Ejecutivo. Organización Internacional del Trabajo (OIT), Ginebra, 2016. p. VIII.
3. El CCT 244/1994 de la "Industria de la alimentación" regula la categoría de cocinero con calificación masculina y le garantiza un mayor sueldo, calificando en femenino la categoría de camarera, encargadas, ayudantes de cocina, categorías a las cuales les otorga un sueldo menor. El CCT 303/1998 de la "Industria de la confección empleados" establece las categorías en masculino salvo la categoría de secretaria.
4. La economía feminista llama a dichos trabajos (que no son considerados como tales por la sociedad) la economía de "sostenimiento de la vida" que, a diferencia de la economía ortodoxa por medio de la cual se producen los bienes y servicios, es la economía que se sostiene a partir de ese trabajo que no es remunerado, como es el trabajo doméstico y de cuidado, y que es necesario para que la economía funcione.
5. Comparto la definición de patriarcado elaborada por Amalia Valcárcel que dice *"El patriarcado es el sistema de dominación genérico en el cual las mujeres permanecen genéricamente bajo la autoridad a su vez genérica de los varones; sistema que dispone de sus propios elementos políticos, económicos, ideológicos y simbólicos de legitimación y cuya permeabilidad escapa a cualquier frontera cultural o de desarrollo económico"* (Valcárcel, Amalia. *"Sexo y filosofía. Sobre "mujer" y "poder""*. Anthropos, Barcelona, 1991. p. 142). Rita Segato es quien enuncia con absoluta claridad que *"la presión desatada en todo el continente por demonizar y tornar punible lo que acuerdan en representar como "la ideología de género" y el énfasis en la defensa del ideal de familia como sujeto de derechos a cualquier costo transforma a los voceros del proyecto histórico del capital en fuentes de prueba de lo que he venido afirmando: que lejos de ser residual, minoritaria y marginal, la cuestión del género es la piedra angular y eje de gravedad del edificio de todos los poderes"* (SEGATO, Rita Laura. *La guerra contra las mujeres*. Madrid: Traficantes de Sueños. 2017. p. 15/16).
6. En Argentina en los últimos quince años fueron sancionadas muchas leyes que implicaron un avance en el reconocimiento de los derechos de las mujeres, tales como la Ley de cupo femenino para cargos electivos (Ley 24.012), Ley de cupo femenino para cargos de representación sindical en Comisiones Directivas y en la negociación colectiva (Ley 25.674), Ley de Parto Humanizado (Ley 25.929), Ley de Protección Integral a las Mujeres en todos los ámbitos en que desarrollen sus relaciones interpersonales (ley 26.485), Ley del Programa Nacional de Salud Sexual y Procreación Responsable (ley 25.673), Ley del Programa Nacional de Educación Sexual Integral (Ley 26.150), Ley sobre el derecho ligadura de trompas-vasectomía (Ley 26.130), Ley derecho de identidad de género de las personas (Ley 26.743).
7. SEGATO, Rita, *op. cit.*, p. 102.

En este marco, resulta evidente que el derecho laboral tiene deudas pendientes con las mujeres. Para ser precisa, lxs operadorxs jurídicxs, políticxs y sindicales son quienes no quieren o no logran comprender que la lucha de las mujeres por el reconocimiento de sus derechos atraviesa la relación capital-trabajo, como la trama que pasa por los hilos paralelos de la urdimbre y sólo así puede formarse el tejido, en este caso el tejido de la justicia social.

En tal sentido, defiendo aquí que no se pueden cambiar las desigualdades de la clase trabajadora sin resolver las desigualdades de género, así como tampoco se podrán resolver las desigualdades de género sin cambiar las desigualdades de clase. Pensar y construir un derecho laboral en clave feminista, implica revisar los cimientos que construyeron nuestra historia y nuestra cultura que desigualan, precarizan y violentan a las mujeres trabajadoras.

En el informe de la ONG Oxfam publicado en el mes de enero de 2018 titulado "Premiar el trabajo, no la riqueza", por el que se denuncia como el aumento de la riqueza extrema de unos pocos se erige sobre el trabajo peligroso y mal remunerado de una mayoría, se enuncia esta íntima vinculación entre la desigualdad económica y la desigualdad de género *"La desigualdad económica y la desigualdad de género están estrechamente relacionadas. Si bien cuando se habla de brecha de género suele referirse a la brecha salarial, la desigualdad en riqueza suele ser aún mayor. En todo el mundo, la tenencia de la tierra, las acciones y otros activos están mayoritariamente en manos de los hombres; los hombres reciben salarios más altos que las mujeres por hacer un mismo trabajo, y también son ellos los que ocupan la mayoría de los puestos mejor remunerados y con mayor reconocimiento social. No es casualidad que las mujeres estén sobrerrepresentadas en los trabajos mal remunerados e inseguros. En todo el mundo, las reglas sociales, las actitudes y las creencias infravaloran las capacidades de las mujeres y su papel en la sociedad, e incluso justifican la violencia y la discriminación contra ellas, al mismo tiempo que establecen qué empleos pueden hacer y a cuáles no pueden aspirar. La desigualdad de género no es ni nueva, ni fruto de la casualidad: nuestras economías han sido construidas por hombres ricos y poderosos en su propio beneficio. El modelo económico neoliberal no ha hecho más que empeorar estas dinámicas: recortando los servicios públicos, bajando los impuestos a los más ricos y estableciendo una carrera a la baja en salarios y condiciones laborales que han perjudicado más a las mujeres que a los hombres. Nuestra prosperidad económica también depende de la enorme contribución no reconocida que realizan las mujeres a través del trabajo de cuidados no remunerado. En Perú, por ejemplo, se estima que esta contribución podría ser de hasta el 20% del PIB. Las mujeres pobres están abocadas a asumir más trabajos de cuidados no remunerados que las mujeres ricas. Para abordar la desigualdad económica extrema, es necesario terminar con la desigualdad de género. De la misma manera, para lograr la igualdad entre hombres y mujeres, es necesario reducir drásticamente la desigualdad económica"*[8].

En consecuencia, construir un derecho del trabajo en clave "feminista" implica que no empujemos las dificultades que atraviesan las mujeres al rincón residual de la historia, como un tema puntual, menor, sólo de mujeres, sino que es necesario revisar el patrón patriarcal que mueve nuestra cultura para obtener la justicia social que pretendemos y por la cual luchamos.

3. EL NACIMIENTO DE UN CONCEPTO

Concebir la violencia contra las mujeres como una forma de discriminación, puede parecer una obviedad a simple vista, no obstante resulta ser un concepto complejo, que fuera la expresión de un hecho político en el movimiento feminista, y cuyo abordaje en la praxis del derecho en general, y del derecho del trabajo en particular, merece algunas consideraciones que vale la pena destacar.

El primer organismo internacional que legisló el tema de la discriminación fue la Organización Internacional del Trabajo (OIT) quien a través del Convenio n. 111 sobre Empleo y Ocupación del año 1958 estableció que la "discriminación" comprende *"cualquier distinción, exclusión o preferencia basada en motivos de raza, color, sexo, religión, opinión política, ascendencia nacional u origen social que tenga por efecto anular o alterar la igualdad de oportunidades o de trato en el empleo y la ocupación"* (art. 1 inciso a).

En el año 1979 la Organización de las Naciones Unidas (ONU) aprobó la Convención para la Eliminación de Todas las Formas de Discriminación contra la Mujer, mediante la que se acuñó por primera vez el concepto de discriminación contra la mujer. El art. 1º de la citada Convención establece que *"A los efectos de la presente Convención, la expresión "discriminación contra la mujer" denotará toda distinción, exclusión o restricción basada en el sexo que tenga por objeto o por resultado menoscabar o anular el reconocimiento, goce o ejercicio por la mujer, independientemente de su estado civil, sobre la base de la igualdad del hombre y la mujer, de los derechos humanos y las libertades fundamentales en las esferas política, económica, social, cultural y civil o en cualquier otra esfera".*

La incorporación en el mundo jurídico del concepto "discriminación hacia la mujer" fue muy importante atento que las Constituciones de las naciones de mediados de 1800, inspiradas en principios de libertad e igualdad "formal" (-somos todos iguales ante la ley-) no contemplaban

---

8. Oxfam Internacional, *Premiar el trabajo, no la riqueza*, enero de 2018, p. 15. Puede consultarse en: <https://www.oxfam.org/sites/www.oxfam.org/files/file_attachments/bp-reward-work-not-wealth-220118-es.pdf>.

la cuestión social, que tuviera en cuenta que en la realidad existen desigualdades sociales que impiden a las partes encontrarse en el mismo nivel para negociar, por lo que es necesario que el Estado intervenga fijando pisos mínimos de derechos[9].

La Convención para la Eliminación de Todas las Formas de Discriminación contra la Mujer determinó que la discriminación hacia las mujeres implica un ataque al corazón de sus derechos humanos. Sin embargo, la violencia no figura como forma de discriminación.

Fue tras años de presión del movimiento y de las organizaciones de mujeres, y con el impulso de la Tercera Conferencia Mundial de la Mujer celebrada en Nairobi en 1985 que, el Comité encargado de velar por el cumplimiento de la Convención, en 1992 y a través de la Recomendación General n. 19 (11º período de sesiones) por la que se efectuaron observaciones sobre disposiciones concretas de la Convención, determinó que *"La violencia contra la mujer es una forma de discriminación que inhibe gravemente la capacidad de la mujer de gozar de derechos y libertades en pie de igualdad con el hombre"* (§ 1º), y que *"La violencia contra la mujer, que menoscaba o anula el goce por la mujer de sus derechos humanos y libertades fundamentales en virtud del derecho internacional o de convenios específicos de derechos humanos, constituye discriminación, tal como se entiende en el artículo 1 de la Convención. Estos derechos y libertades comprenden, entre otros: a) el derecho a la vida; b) el derecho a no ser sometida a torturas o a tratos o penas crueles, inhumanos o degradantes; c) el derecho a la protección en condiciones de igualdad con arreglo a normas humanitarias en tiempo de conflicto armado internacional o interno; d) el derecho a la libertad y la seguridad de las personas; e) el derecho a la protección igual de la ley; f) el derecho a la igualdad en la familia; g) el derecho al nivel más alto posible de salud física y mental; h) el derecho a condiciones de empleo justas y favorables"* (§ 7º). En el año 1993 la Asamblea General de las Naciones Unidas proclamó la Declaración para la Eliminación de la Violencia contra la Mujer (1993), mediante la que se declaró el derecho de la mujer *"a verse libre de todas las formas de discriminación"* (art. 3).

Posteriormente, en el año 1994, en el sistema interamericano se sancionó la Convención Interamericana para prevenir, sancionar y erradicar la violencia contra la mujer conocida como la "Convención de Belém do Pará", en tanto fuera adoptada en la Ciudad de Belém do Pará, Brasil, en la que se determinó -siendo norma para los Estados que integran la Organización de Estados Americanos (OEA)- que *"El derecho de toda mujer a una vida libre de violencia incluye, entre otros: a. el derecho de la mujer a ser libre de toda forma de discriminación, y b. el derecho de la mujer a ser valorada y educada libre de patrones estereotipados de comportamiento y prácticas sociales y culturales basadas en conceptos de inferioridad o subordinación"* (art. 6).

Por otra parte, cabe destacar que fue justamente a través de la Recomendación General n. 19, en el marco de la Convención sobre la eliminación de todas las formas de discriminación contra la mujer, la primera vez que se considera la violencia contra la mujer en el mundo del trabajo, reconociendo que el hostigamiento sexual en el lugar de trabajo es una forma de violencia de género dirigida contra las mujeres y que puede perjudicar seriamente la igualdad en el empleo y puede constituir un problema de salud y de seguridad (art.11). Aún hoy cuando existe un cierto número de iniciativas de las Naciones Unidas centradas en la violencia doméstica y la protección de las mujeres contra el abuso sexual, rara vez abordan el tema de la violencia desde una perspectiva laboral, por lo que lo expuesto en dicha observación general del Comité resulta trascedente en dicho sentido. Cabe destacar al respecto que ningún instrumento de la OIT menciona explícitamente la violencia laboral, aún cuando se haya avanzado en la regulación de la violencia laboral en el sector de salud[10] y existan Convenios, como el Convenio sobre el marco promocional para la seguridad y salud en el trabajo, 2006 (n. 187), que incluye algunas disposiciones sobre medidas aplicables para promover la salud y la seguridad en general[11]. La Convención de Belém do Pará también incluye entre la violencia física, sexual y psicológica la que tenga lugar en el trabajo -acoso sexual en el lugar de trabajo- (art. 2 inciso b)[12].

Sin perjuicio de lo antedicho, puede verse como en la Convención para la Eliminación de Todas las Formas de Discriminación contra la Mujer para definir la discriminación se requiere de la lógica comparativa (en este caso con el hombre), circunstancias que en el caso de la violencia no se puede cumplir porque no hay trato para comparar individualmente.

Es por ello que tanto la Recomendación n. 19 como la "Convención do Belém do Pará" al definir que la violencia

---

9. La legislación laboral, en el caso de Argentina, la Ley de Contrato de Trabajo del año 1974, reformada en el año 1976, marcó avances importantes en la materia al prohibir *"cualquier tipo de discriminación por ...razones de sexo"* (art. 17 Ley 20.744) y establecer que *"el empleador debe dispensar a todos los trabajadores igual trato en idénticas situaciones"*, considerando que *"existe trato desigual cuando se produzcan discriminaciones arbitrarias fundadas en razones de sexo ..."* (art. 81 Ley 20744).
10. El Consejo Internacional de Enfermeras, la Internacional de Servicios Públicos, la OMS y la OIT colaboraron con miras a la adopción de un conjunto de directrices sobre la violencia laboral en el sector de la salud (Documento de base para el debate de la Reunión de expertos sobre la violencia contra las mujeres y los hombres en el mundo del trabajo (3-6 de octubre de 2016), Organización internacional del Trabajo (OIT), Departamento de Condiciones de Trabajo e Igualdad, Ginebra, 2016, p. 35).
11. Documento de base para el debate de la Reunión de expertos sobre la violencia contra las mujeres y los hombres en el mundo del trabajo, *op. cit.*, p. 32.
12. *"Se entenderá que violencia contra la mujer incluye la violencia física, sexual y psicológica: ... b. que tenga lugar en la comunidad y sea perpetrada por cualquier persona y que comprende, entre otros ... acoso sexual en el lugar de trabajo"* (art. 2)

es una forma de discriminación contra la mujer, y -viceversa- establecer que la discriminación es una forma de violencia contra la mujer, respectivamente, han determinado un avance profundo en la cultura jurídica y en el reconocimiento del derecho de las mujeres, estableciendo nuevos parámetros del derecho antidiscriminatorio, los que ahondaremos seguidamente.

Al concebirse a la violencia como forma de discriminación lo que se hace es cristalizar la ruptura de la igualdad que se configura en un sistema social, económico y cultural patriarcal.

Ello porque lo que revela la identidad de la violencia como una forma de discriminación hacia las mujeres es el contexto de dominación que rodea a la mujer[13], y que no sucede en todos los casos de discriminación. Es decir, podríamos decir que en la mayoría de los plexos normativos, la prohibición discriminatoria se refiere siempre a actos u omisiones que importan un trato desigual en igualdad de situaciones o condiciones y en el caso de la violencia contra la mujer, no se parte de ese piso de igualdad.

4. UNA VUELTA DE MIRADA AL DERECHO ANTIDISCRIMINATORIO.

En el tema de la violencia contra las mujeres no hay trato para comparar individualizadamente que es como opera el derecho en el derecho antidiscriminatorio, entonces, ¿Cómo puede ser calificada jurídicamente la violencia de género como una forma de discriminación?

En relación a este punto, la profesora de la Universidad del País Vasco María Ángeles Barrére Unzueta destaca que, a resultas de esta introducción, es decir, de la violencia como una forma de discriminación, se ha cambiado el concepto de discriminación en relación al de la cultura jurídica dominante: la discriminación deja de ser una cuestión de *trato* y se convierte en una cuestión de *estatus*[14].

Con el término "violencia contra las mujeres", "violencia machista" o "violencia patriarcal" lo que se pretende denunciar es que las mujeres son en la sociedad objeto de una violencia específica, con un significado concreto, que no puede ser interpretada como hechos individuales, aislados o personales, y sin el reconocimiento de un sistema que instituye estructuras y relaciones injustas de poder hacia las mujeres -entre otras- en forma de violencia[15].

Los sexos no son iguales socialmente, por lo que el derecho debe valerse de construcciones lingüísticas y jurídicas para captar una realidad que de otro modo se escurriría de la mano del concepto de la igualdad formal. En este sentido, la justificación de la violencia como una forma de discriminación depara el nacimiento de una nueva conceptualización, cuyas consecuencias en la praxis jurídica entiendo deben ser valoradas.

El concepto de igualdad de la cultura liberal no tiene en cuenta los sistemas de dominación; ello se vislumbra, por ejemplo, en el art. 16 de la Constitución Nacional Argentina cuando establece que "todos sus habitantes son iguales ante la ley", dicha concepción no contempla las situaciones de distintos grupos socialmente desaventajados tales como lxs mujeres, pero también lxs niños, lxs ancianxs y las personas con discapacidad. Mediante el avance en el reconocimiento de los grupos sociales vulnerables se acuñaron nuevas definiciones como el principio de igualdad de oportunidades y de trato, que también fue reconocido en la legislación mediante la necesidad de promoción de acciones positivas que puedan establecer "iguales puntos de partida"[16].

Calificar a la violencia hacia las mujeres como una forma de discriminación no es otra cosa que conceptualizar que dicha discriminación es la manifestación individualizada de un sistema de opresión/dominación, circunstancias que no se configuran en todos los hechos y actos discriminatorios, de ahí la importancia que arroja el concepto.

Destaca Celia Amorós que para que los casos de violencias contra las mujeres no fueran considerados como hechos aislados hubo un trabajo constante del pensamiento y del movimiento feminista para otorgarle una unidad

---

13. Dicho sistema de dominación se patentiza en las observaciones a los artículos 2 f), 5 y 10 c) 11, explicitadas en el art. 11 de la Recomendación General n. 19, cuando establece que: *"Las actitudes tradicionales según las cuales se considera a la mujer como subordinada o se le atribuyen funciones estereotipadas perpetúan la difusión de prácticas que entrañan violencia o coacción, tales como la violencia y los malos tratos en la familia, los matrimonios forzosos, el asesinato por presentar dotes insuficientes, los ataques con ácido y la circuncisión femenina. Esos prejuicios y prácticas pueden llegar a justificar la violencia contra la mujer como una forma de protección o dominación de la mujer. El efecto de dicha violencia sobre la integridad física y mental de la mujer es privarla del goce efectivo, el ejercicio y aun el conocimiento de sus derechos humanos y libertades fundamentales. Si bien en esta observación se hace hincapié en la violencia real o las amenazas de violencia contra la mujer, sus consecuencias estructurales básicas contribuyen a mantener a la mujer en un papel subordinado, a su escasa participación en política y a su nivel inferior de educación y capacitación y oportunidades de empleo"*
14. María Ángeles Barrere Unzueta, *"Género, discriminación y violencia contra las mujeres"*, publicado en Género, violencia y derecho, Laurenzo, Patricia, Maqueda, María Luisa, Rubio, Ana, Coordinadoras, del Puerto: Ciudad Autónoma de Buenos Aires, 2009, p. 18.
15. Las manifestaciones sociales gestadas en la Argentina bajo el lema de "Ni una menos" a partir del mes de junio de 2015 dio cuenta de dichas violencias ante la necesidad de decir "basta de femicidios" porque en Argentina cada 30 horas asesinan a una mujer por el hecho de ser mujer.
16. En la Argentina, luego de la reforma constitucional del año 1994 en la que adquirieron jerarquía constitucional numerosos Tratados Internacionales de Derechos Humanos mediante el art. 75 inciso 23 de la Constitución Nacional Argentina se dio un paso en materia de igualdad, garantizando la igualdad de oportunidades y de trato, al establecer: *"Corresponde al Congreso: ... Legislar y promover medidas de acción positiva que garanticen la igualdad real de oportunidades y de trato, y el pleno goce y ejercicio de los derechos reconocidos por esta Constitución y por los tratados internacionales vigentes sobre derechos humanos, en particular respecto de los niños, las mujeres, los ancianos y las personas con discapacidad".*

homogénea a las violencias que padecen las mujeres, para poder pasar de la anécdota a la categoría, de modo de poder elaborar conceptos[17].

Sin definiciones se obstaculiza la intervención del derecho para responder a las demandas de las mujeres; así como no se pueden categorizar cantidades heterogéneas, no pueden existir intervenciones unificadoras del derecho de lo que no se nombra. Son los conceptos los que visibilizan ciertas problemáticas, y es partir de dicha visibilización en que el derecho puede intervenir eficazmente.

En Argentina, en el año 2009, fue sancionada una ley de una importancia singular para el reconocimiento de las violencias hacia las mujeres. Se trata de la Ley de de Protección Integral de las Mujeres para prevenir, sancionar y erradicar las violencias contra las mujeres, Ley n. 26.485.

Mediante dicha ley se puso "nombre" a las violencias que -hasta su sanción- no tenían nombre, pero que las mujeres padecen bajo diversas modalidades y en diversos ámbitos donde desarrollan sus vidas[18]

Asimismo, mediante dicha Ley y su decreto reglamentario se evidenció el origen de las desigualdades hacia las mujeres y los objetivos de las políticas públicas cuya puesta en práctica constituye un deber para los Estados.

En efecto, cuando el art. 2 de la Ley 26.485 dice que tiene por objetivo, acorde con los estándares promovidos por la Convención sobre la Eliminación de Todas las formas de Discriminación hacia la Mujer, y la Convención Interamericana de Belém Do Pará *"Remover los patrones que promueven y sostienen la desigualdad de género y las relaciones de poder sobre las mujeres"*, y cuando en su Decreto reglamentario se establece que *"Se consideran patrones socioculturales que promueven y sostienen la desigualdad de género, las prácticas, costumbres y modelos de conductas sociales y culturales, expresadas a través de normas, mensajes, discursos, símbolos, imágenes, o cualquier otro medio de expresión que aliente la violencia contra las mujeres o que tienda a: 1) perpetuar la idea de inferioridad o superioridad de uno de los géneros; 2) promover o mantener funciones estereotipadas asignadas a varones y mujeres, tanto en lo relativo a tareas productivas como reproductivas; 3) desvalorizar o sobrevalorar las tareas desarrolladas mayoritariamente por alguno de los géneros; 4) utilizar imágenes desvalorizadas de las mujeres, o con carácter vejatorio o discriminatorio; 5) referirse a las mujeres como objetos"* (art. 2º inciso e) Decreto n. 1.011/2010), lo que hace es poner en evidencia las relaciones estructurales de poder que no son afrontables con los únicos esquemas de los derechos individuales.

Es por ello que no es posible entender a la violencia como una forma de discriminación bajo la tríada de los conceptos clásicos de igualdad ante la ley/discriminación/derechos individuales.

Bajo esta consideración se encuentra una de las posibles respuestas de por qué las violencias hacia las mujeres no cesan pese al enorme avance en el reconocimiento de sus derechos en los plexos normativos internacionales y nacionales. Con el sólo reconocimiento de los derechos no basta si no se modifican las estructuras sociales de poder que impiden que se ejerzan en igualdad. El Estado no sólo es responsable de instrumentar leyes que eliminen la segregación, sino además de gestionar políticas públicas que favorezcan la equidad de género y la justicia social.

Entonces, introducir la violencia de género como una forma de discriminación supone un paso adelante en la resignificación del principio de igualdad. Así como la introducción del concepto del género en el mundo del derecho dio cuenta de la necesidad de crear una categoría que articule la diferenciación, es la violencia como forma de discriminación a partir de la que se articula una nueva categorización en el derecho antidiscriminatorio.

Es decir, resulta necesario que el derecho vislumbre las violencias diferenciadas contra las mujeres como género para afrontar la discriminación que supone el mandato de las mujeres en nuestra sociedad.

Así como el derecho del trabajo no habría tenido nacimiento sin el reconocimiento de un sistema de explotación entre quienes detentan el capital por un lado, y sólo su fuerza de trabajo por otro, sería miope un derecho antidiscriminatorio que, en el caso de las mujeres, no reconociera un sistema de opresión o de subordinación.

Mediante este esquema es que Barrere Unzueta propone hablar de subordiscriminación para hacer referencia a estos actos discriminatorios y diferenciarlos así de los que en la cultura reciben tal denominación pero sin estar significados por tales sistemas[19], entendiendo que el juicio de similitud sobre el que se asienta el derecho antidiscriminatorio no se basa en las pretendidas diferencias (de raza, sexo), sino en los sistemas (normas, estereotipos y roles) de opresión construidos sobre ellas[20].

La Comisión Interamericana de DDHH aplicó por primera vez, la Convención de Belem do Pará en el caso *Maria Da Penha c/ Brasil*, fijando deberes especiales de protección estatal vinculados con el derecho a la vida y a la integridad física, en función de una interpretación del principio de igualdad[21].

---

17. Amorós Celia, "*Conceptualizar es politizar*", publicado en "*Género, violencia y derecho*", Laurenzo, Patricia, Maqueda, María Luisa, Rubio, Ana, Coordinadoras, Ed. del Puerto: Ciudad Autónoma de Buenos Aires, 2009. p. 18.
18. Así, se dio nombre a distintos tipos de violencia tales como la violencia física, psicológica, sexual, económica y patrimonial, simbólica, en sus distintas modalidades tales como violencia doméstica, laboral, institucional, contra la libertad reproductiva, obstétrica y mediática.
19. María Ángeles Barrere Unzueta y Dolores Morondo Taramundo, Igualdad y derecho antidiscriminatorio, Subordiscriminación y discriminación interseccional: Elementos para una teoría del derecho antidiscriminatorio, p. 39.
20. María Ángeles Barrere Unzueta, y Dolores Morondo Taramundo *op. cit*, p. 40.
21. Comisión IDH Informe 54/2001 María Da Penha/Maia Fernández y otros de fecha 16 de abril de 2001.

A su turno, la Corte Interamericana de Derechos Humanos en el caso "Fernández Ortega" estableció el valor probatorio fundamental del testimonio de las víctimas en aquellas situaciones como de violencia sexual que por su modalidad carecen de testigos u otras pruebas[22].

Juzgar con perspectiva de género da cuenta de la necesidad de que magistrados y magistradas cuenten con esta mirada, tanto en la producción de los medios probatorios, como a la hora de argumentar sus sentencias determinando la nulidad de los actos discriminatorios, de modo de arrojar luz y justicia a un sistema de opresión patriarcal tan arraigado que necesita ser desnaturalizado.

5. CONCLUSIÓN

En el marco de escaladas de violencias que se suceden contra las mujeres, profundizar en el análisis de un derecho antidiscriminatorio entiendo que resulta un tema impostergable.

También creo que en tiempos de profunda regresividad de los derechos sociales, que ahondan aún más la brecha de géneros, el derecho laboral debería impregnarse de la lógica que sustenta el derecho antidiscriminatorio, dando a la violencia laboral una mirada más profunda, lejos de esquemas individuales, que por mirar el árbol, se olvidan de observar el bosque.

Las mujeres tienen derecho a no ser discriminadas ni violentadas dentro y fuera de su ámbito de trabajo. En tal sentido, la "monetarización" de la discriminación no hace más que cristalizar la discriminación, impidiendo desde ya cualquier cambio social.

La historia de los derechos de las mujeres dan cuenta del esfuerzo conceptual realizado para hacer patente las relaciones de subordinación y dominación que atraviesan las mujeres en un sistema de poder patriarcal, que coloca al hombre como medida de todas las cosas, y deja a las mujeres en un rol minorizado.

La violencia contra las mujeres es una forma de discriminación, y la discriminación se ejerce a través de la violencia.

Es sin duda un concepto que produjo un cambio en la cultura jurídica dominante, pero que aún encuentra profundas resistencias, por ello es indispensable centralizar el tema de la mujer, de la mujer trabajadora, para que sus derechos humanos fundamentales no se queden en la puerta de la oficina, de la fábrica o del local de trabajo, de modo de construir una sociedad más democrática y con mayor justicia social.

---

22. Puede consultarse en: <http://www.corteidh.or.cr/cf/jurisprudencia2/ficha_tecnica.cfm?nId_Ficha=338&lang=es>. Sentencia de noviembre de 2010.

Mulheres e Políticas Públicas – Questão de Classe, Questão de Gênero

Maria Rosaria Barbato[1]
Bárbara Almeida Duarte[2]

O "dia da mulher" é um elo de longa e sólida corrente do movimento de mulheres trabalhadoras... O exército de mulheres socialistas chega a quase 1 milhão. Isso é que é força! E os poderes do mundo devem contar com elas quando se trata do aumento do custo de vida, da segurança da maternidade, do trabalho infantil, das leis que protegem a mão de obra feminina (KOLLONTAI, 2017, p. 160).

1. INTRODUÇÃO

Os programas de transferência de renda para pessoas pobres no Brasil foram e continuam sendo duramente criticados. A oposição a eles, com destaque para o Bolsa Família, se dá em duas linhas principais de pensamento: segundo alguns, trata-se de uma política que leva a população pobre a se acomodar, a não querer trabalhar; para outros, de um modo geral, a expansão desses programas sob a presidência de Lula correspondeu a uma tática para a formação de verdadeiro curral eleitoral.

Contudo, trata-se de uma política que coaduna com aquilo que se denomina como Estado Social. Assim, não obstante as diversas críticas dirigidas às transferências de renda, são notórios os impactos que esses programas tiveram para populações carentes que foram beneficiárias. Mas para além do viés de classe, destaca-se o impacto do Bolsa Família na vida de mulheres pobres, inclusive sobre a conformação familiar após começarem a receber o benefício.

Nesse sentido, reforça-se a ideia de que inclusões econômicas de mulheres pobres podem contribuir para uma alteração significativa no modo como elas se inserem socialmente, com destaque para o âmbito privado, para as relações familiares. Ainda que seja passível de crítica a própria cisão público/privado, por meio da qual se delega à mulher o cuidado do lar, a criação dos filhos, fato é que as políticas públicas, para além dos programas de transferência, contribuem de alguma forma para amenizar essa divisão.

Portanto, as transferências de renda por meio de políticas governamentais não são o único modo de perpetrar essas mudanças. A economia feminista, por exemplo, principalmente por meio de ações direcionadas às mulheres do campo, têm um forte impacto em termos de inclusão do gênero feminino. Porém, optou-se por uma análise que destaque os efeitos do Programa Bolsa Família, notadamente em razão do aspecto tributário, e, portanto, também de cunho governamental, que pode ser relacionado a ele.

2. RETROCESSOS SOCIAIS EM TEMPOS DE CRISE POLÍTICO-JURÍDICA

A análise dos retrocessos que são perpetrados em momentos de crises político-jurídicas com viés neoliberal impõe uma breve digressão sobre o Estado Social, a partir do qual ganha destaque a noção de trabalho digno.

No quadro intelectual, é a partir do pensamento de Hegel que a categoria trabalho passa a integrar a ideia de justiça que, até então, girava em torno da igualdade e da liberdade, como ressalta Joaquim Carlos Salgado (SALGADO, 1996). De acordo com Salgado, o filósofo alemão destaca o caráter fundamental do trabalho na estruturação do ser humano, ideia esta que contribui em muito para o desenvolvimento posterior do pensamento de Karl Marx.

Marx, porém, é quem radicaliza o pensamento acerca do trabalho, ressaltando o seu caráter estranhado sob a vigência do capital. Destaca o autor que nesse sistema socioeconômico o caráter estruturador do trabalho na vida humana se encontra prejudicado. O aspecto mais marcante desse estranhamento é o fato de que o trabalho é externo ao trabalhador, no sentido de que nele o homem não se afirma; pelo contrário, ele se nega, se sente infeliz em seu trabalho. Trata-se de um trabalho sacrificante.

O trabalho, nesse contexto, é visto como um mero meio, devendo ser desempenhado para possibilitar aos indivíduos a sua sobrevivência, ou seja, o atendimento de suas necessidades básicas, tais como alimentação, moradia, lazer.

> O trabalho — especialmente quando por conta alheia — pode produzir, ao mesmo tempo, a riqueza de alguns e a pobreza de muitos; o poder de ditar destinos e a aflição de sentir-se nas mãos do outro. Por isso, e tal como as faces de uma moeda, opressão e resistência têm marcado a história dos trabalhadores. (VIANA, 2007, p. 241)

Contudo, Joaquim Carlos Salgado visualiza na obra de Hegel algo referente ao Estado Social. Nesse sentido,

---

1. Professora Adjunta III de Direito do Trabalho na Faculdade de Direito e Ciências do Estado da UFMG.
2. Mestranda em Direito pela UFMG.

Embora não se possa dizer que Hegel tenha tratado de forma temática do Estado social, todo o contexto da sociedade civil leva à conclusão de que o Estado, entendido como uma organização racional de vida, não é um resultado separado da dialética do Espírito objetivo que começa com o direito abstrato, mas é uma totalidade, compreendendo o direito abstrato, a moralidade e a eticidade e, nessa última, a família e a sociedade civil. Hegel não declara, mas deixa implícito que, com o advento da sociedade civil, o Estado (no sentido amplo), se quer ser um Estado ético (no sentido estrito), tem de atender ao princípio de *justiça social*. (SALGADO, 1996, p. 378)

É no contexto do constitucionalismo social, que tem como marcos iniciais a Constituição Mexicana (1917) e a Constituição de Weimar (1919), que se estabeleceu, pela primeira vez, a constitucionalização dos direitos trabalhistas. Desse modo, deve-se atentar para o fato de que, além de o aparecimento das primeiras formas de regulamentação do trabalho coincidir com a primeira fase do constitucionalismo, o constitucionalismo social é o marco da constitucionalização dos direitos trabalhistas.

Verifica-se, portanto, que, se o Estado liberal consagra os direitos fundamentais individuais e políticos, o Estado social corresponde à fase em que se reconhecem os direitos fundamentais sociais (HORTA, 2010), dentre os quais os direitos trabalhistas, reconhecendo-se por meio dos diplomas legais que qualquer trabalho humano deve ser fundado na dignidade. (DELGADO, 2006)

Na visão marxiana, conforme dito, somente por meio do exercício de um trabalho de fato estruturador dos sujeitos será possível colocar fim ao estranhamento que marca a relação do homem com a natureza, consigo e com os demais. Para tanto, há que buscar novas formas capazes de fazer frente à reestruturação produtiva por que passou o capital. E o direito desempenha um papel de resistência. Nesse sentido,

> esse caminho de complexidades do sujeito trabalhador — e, neste estudo, especialmente do sujeito de Direitos Sociais — poderá apontar possíveis direções para que a resistência se dê também por meio do espaço jurídico, para o reconhecimento de demandas de inclusão e proteção social. (NICOLI, 2015, p. 37-38)

Da mesma forma, Roberto Lyra Filho destaca o caráter dúplice do Direito do Trabalho sob o sistema socioeconômico vigente, afirmando que mesmo para Marx a classe trabalhadora não deve deixar de lutar por melhorias conquistadas dentro do sistema vigente, tais como a limitação de jornada, o estabelecimento de idade mínima para o trabalho etc. Desse modo, as conquistas parciais alcançadas devem ser utilizadas de modo a buscar progredir ainda mais nos ganhos sociais (LYRA FILHO, 1982).

2.1. Questão de gênero na crise brasileira

A vigilância quanto às conquistas deve ser constante. "Com a crise, torna-se evidente que cada direito obtido não é uma conquista perene, mas que está sujeita a cortes e ajustes que imponham os governos e instituições financeiras internacionais" (D'ATRI, 2017, p. 88). Quanto à questão de gênero, a ofensiva neoliberal tem efeitos catastróficos. "Na população que é lançada pelo capital a uma vida miserável, não há 'igualdade de gênero': 70% são mulheres e meninas". E quem não se lembra do desastre do Rana Plaza, em Bangladesh (NICOLI, 2014), no qual a grande maioria de pessoas mortas e feridas eram mulheres (MARCHA MUNDIAL DAS MULHERES, 2014)? A precarização, a miséria, inevitavelmente atinge com mais violência as mulheres.

No Brasil a situação não é diferente. A terceirização trabalhista, por exemplo, tem uma composição predominantemente feminina, negra e pobre. A partir da reforma trabalhista, além de todo o viés contratualista, civilista por ela introduzido, há alterações que atingem especificamente a mulher. Se anteriormente o afastamento de atividades insalubres para gestantes era imperativo, com a Reforma ele fica condicionado à apresentação de atestado médico.

Anteriormente à Reforma:

> Art. 394-A. A empregada gestante ou lactante será afastada, enquanto durar a gestação e a lactação, de quaisquer atividades, operações ou locais insalubres, devendo exercer suas atividades em local salubre (BRASIL, Decreto-Lei n. 5.452).

Com a Reforma:

> § 2º O exercício de atividades e operações insalubres em grau médio ou mínimo, pela gestante, somente será permitido quando ela, voluntariamente, apresentar atestado de saúde, emitido por médico de sua confiança, do sistema privado ou público de saúde, que autorize a sua permanência no exercício de suas atividades (BRASIL, Decreto-Lei n. 5.452).

Outra questão, que não pode deixar de ser mencionada, é a extinção quase imediata do Ministério das Mulheres, da Igualdade Racial, da Juventude e dos Direitos Humanos por parte do Poder Executivo após o impeachment de Dilma Rousseff, algo que representa que políticas voltadas para a inclusão de minorias não é uma prioridade do governo atual (REDE BRASIL ATUAL). Além disso, foi extinto o Ministério do Desenvolvimento Agrário. A questão passou a integrar o Ministério do Desenvolvimento Social, do qual foi retirado o termo Combate à fome:

> Art. 1º Ficam extintos:
>
> (...)
>
> V – o Ministério do Desenvolvimento Agrário;
>
> VI – o Ministério das Mulheres, da Igualdade Racial, da Juventude e dos Direitos Humanos;
>
> Art. 2º Ficam transformados:
>
> (...)
>
> V – o Ministério do Desenvolvimento Social e Combate à Fome em Ministério do Desenvolvimento Social e Agrário. (BRASIL, Lei n. 13.341)

Por sua vez, a Reforma da Previdência se avizinha e é notório o intuito de supostamente acabar com o suposto rombo da Previdência por meio da retirada de benefícios somente da população mais pobre, sem tocar nos benefícios dos estratos mais privilegiados da sociedade brasileira. No entanto, como o projeto de Reforma ainda sofre alterações nesse período anterior à votação, não cabe entrar nos detalhes das propostas. Conforme dito, o viés geral da Reforma é dificultar e reduzir o acesso dos mais pobres a benefícios. Quanto ao gênero, igualar as regras de aposentadoria para homens e mulheres tem sido uma das propostas do projeto. São estes apenas alguns dos exemplos de que a orientação política do atual Poder Executivo Federal não somente deixa de priorizar como promove retrocessos em termos de inclusão de gênero.

Mas, infelizmente, há muita dependência feminina quanto a mudanças básicas e estruturais na sociedade, e é isso o que aponta no sentido de grandes impactos das políticas públicas sobre suas vidas[3]. Nesse sentido, afirma-se que nós "teremos novamente o tema da redução da maioridade penal e outras tantas políticas que vão inviabilizar o desenvolvimento das pessoas, em especial das mulheres, que ainda dependem muito de políticas públicas criadas para avançar no tema da autonomia econômica" (SEMPRE VIVA ORGANIZAÇÃO FEMINISTA). Não apenas econômica, claro, mas em uma sociedade capitalista, na qual programas como este devem ter um viés também econômico, o tema da autonomia econômica é fundamental de ser discutido. Assim, um dos desafios na atual conjuntura política do país é quanto aos rumos do programa de transferência de renda direta mais significativo do Brasil – o Bolsa Família.

3. O PROGRAMA BOLSA FAMÍLIA

Criado por meio da Lei n. 10.836/2004, o Programa Bolsa Família se propôs a unificar as políticas de transferência de renda do governo federal. Trata-se de "um programa de transferência direta de renda, direcionado às famílias em situação de pobreza e de extrema pobreza em todo o País" (CAIXA ECONÔMICA FEDERAL). Os valores recebidos por beneficiários do Programa não são altos[4], de modo que sequer tem fundamento toda a crítica de que seja um grande responsável por onerar o Estado brasileiro.

Nesse sentido, a própria discussão sobre a Reforma da Previdência, anunciada pelo governo federal como necessária e urgente, suscitou estudos que demonstram que o valor destinado ao pagamento da dívida pública é o principal responsável pelo déficit de recursos do país. Destaca-se entre os estudos e campanhas destinados a averiguar a real situação das contas do país o realizado pela Associação Nacional dos Auditores Fiscais da Receita Federal do Brasil (ANFIP)[5].

Por outro lado, o aspecto tributário de um Estado possui grande correlação com políticas de transferência direta de renda como o Bolsa Família. Afirma-se que "os gastos do governo com o Bolsa Família acabam sendo amenizados em considerável montante com o retorno dos valores arrecadados por meio de impostos". (TEIXEIRA, 2013, p. 89)

Porém, a questão é mais complexa, dadas as características do sistema tributário brasileiro.

O programa Bolsa Família é, a rigor, plenamente misto. Seu caráter assistencial não se perde, pois somente é pago às famílias de baixíssima renda que, certamente, não auferem quantia suficiente e indispensável à manutenção da vida. Entretanto, deveria configurar ainda reparação parcial da alta regressividade do sistema tributário brasileiro e possibilitar devolução de impostos a todos aqueles desprovidos de capacidade econômica que, no entanto, suportam-lhes o ônus que lhes são transferidos nos preços das mercadorias e dos serviços de alta necessidade que adquirem. Esse último aspecto configura o efeito negligenciado pelos políticos pragmáticos e pelos acadêmicos que o analisam. (DERZI, 2014, p. 42)

Dessa forma, o caráter regressivo do sistema tributário brasileiro impõe que o Programa seja visto não apenas como uma política assistencial, mas também como uma medida de reparação tributária. E é nesse sentido que a autora defende que ele seja compreendido como um direito, não apenas um programa. Ela pauta seus argumentos, dentre outros, no princípio da capacidade contributiva.

Caso o programa envolvesse a devolução de tributos suportados por quem não tem capacidade econômica para isso, seria convertido em direito à luz da Constituição da República, fundado no princípio constitucional da capacidade contributiva (art. 145, § 1º, da Constituição), direito que nenhuma legislação poderia reduzir. (DERZI, 2014, p. 43)

O fato é que há regressividade do sistema tributário, sendo que as pessoas mais pobres arcam com mais tributos se comparadas às de maior renda. A capacidade econômica para fins de tributação, insculpida na Constituição, permite que concluir: "é direito daqueles que pagam os impostos,

---

3. Dentre elas: creches públicas, proteção à maternidade, refeitórios e lavanderias públicas. Para mais detalhes sobre políticas de inclusão feminina, consultar as obras *Revolução das mulheres*, organizado por Gabriela Schneider e *Mulher, Estado e Revolução*, de Wendy Goldman.
4. Os valores dos benefícios, de acordo com a renda e a composição familiar estão detalhados na Lei que instituiu o Programa. Disponível em: <http://www.planalto.gov.br/ccivil_03/_ato2004-2006/2004/lei/l10.836.htm>.
5. Diversos artigos estão disponíveis quanto ao tema em <https://www.anfip.org.br/noticiasporeditoria.php?editoria=Previd%C3%AAncia%20Social>. Um vídeo de caráter didático também foi produzido por auditores: <http://www.somosauditores.com.br/previdencia-social/110-a--mentira-sobre-o-rombo-na-previdencia-social.html>.

sem qualquer disponibilidade econômica para isso, obter a devolução do montante injustamente transferido aos cofres públicos". (DERZI, 2014, p. 49)

Assim, a perenidade da política de transferência de renda poderia ser garantida, como continua a argumentar a autora ao longo do texto. Isso é fundamental, uma vez que, conforme explicitado acima, os direcionamentos políticos na atualidade apontam para possíveis esvaziamentos de programas focados em inclusão social.

3.1. Os impactos do Bolsa Família na "questão de gênero"

A Lei n. 10.836/2004 traz uma questão interessante quanto às regras de concessão do benefício. No § 14 de seu art. 2º, estabelece que "O pagamento dos benefícios previstos nesta Lei será feito preferencialmente à mulher, na forma do regulamento"[6]. O dispositivo suscita debates. De um lado, há quem defenda que isso instrumentaliza a mulher, de forma a mantê-la na clássica função de cuidadora do lar e dos filhos, uma vez que as condicionantes para o pagamento, de escolaridade e de saúde, continuariam a cargo dela[7]. Uma consideração, no entanto, é fundamental para o debate:

> O PBF tem um desenho mais dedicado ao combate à pobreza do que o Bolsa Escola e o Bolsa Alimentação, o que se percebe na existência do benefício básico e de superação da pobreza extrema, mas partilha com eles um viés claramente pró-criança – a pobreza que atinge as crianças e os adolescentes é uma de suas principais preocupações. Isso se reflete nas condicionalidades e no não atendimento de famílias em situação de pobreza que não possuam crianças ou adolescentes entre 0 e 17 anos. Esse viés está intimamente relacionado ao êxito do PBF na diminuição da pobreza e na melhoria do acesso das crianças e adolescentes aos sistemas de saúde e educação. Tal êxito, porém, não afrouxa a aderência do desenho do programa à crítica de instrumentalização da mulher como representante familiar responsável pelas tarefas de cuidado. Não se pode deixar de sublinhar, porém, um contraponto a esta crítica: o fato de que o acesso à renda regular pela mulher pode gerar modificações num dos polos da divisão sexual tradicional do trabalho, afinal, a provisão monetária é um atributo tradicionalmente masculino[8].

E é nessa questão da provisão monetária somada ao foco de combate à pobreza que parece estar o contraponto a isso. Aliar o combate à pobreza a outras políticas públicas que tenham um viés específico quanto ao gênero e à divisão sexual do trabalho (creches, refeitórios públicos, como já fora dito) é fundamental para que, de fato, a mulher se insira em lugares antes aparentemente inacessíveis para ela. Mas isso não significa que o Programa não tenha tido impactos nessa seara.

> Basicamente, o benefício, que muitas vezes é a maior ou a única fonte de renda regular, fornece às mulheres alguma segurança financeira e a percepção de que são donas de um rendimento, possibilitando-lhes fazer escolhas de consumo não subordinadas às vontades do parceiro. Está presente na maior parte dos estudos a identificação de que esta segurança de renda gera sentimentos de respeito próprio ou ampliações de expectativas para a vida futura que propiciam, inclusive, questionamentos sobre a autoridade masculina tradicional e a perspectiva de se livrarem de relações conjugais indesejadas. (BARTHOLO; PASSOS; FONTOURA, 2017, p. 22-23).

A chantagem da necessidade representa um óbice à libertação da mulher. Assim, o Bolsa Família pode dar um significado efetivo a sua subjetividade e autonomia decisional, podendo se tornar, de acordo com Melania Mieli que discute em sua obra sobre renda de autodeterminação, um fator de inclusão social para as mulheres que tem problemas de marginalidade. (MIELI, 2017, p. 41).

Da mesma forma, em outras pesquisas verifica-se que "o simples fato de mulheres marcadas pelo isolamento social terem de tirar documentos civis para se inscrever no PBF lhes fornecia a sensação de participar de um círculo mais amplo e de estar socialmente visível" (BARTHOLO; PASSOS; FONTOURA, 2017, p. 24). Parece inimaginável que algo tão trivial possa acarretar mudanças significativas na vida das pessoas, mas isso demonstra o quão difícil é mensurar ou simplesmente listar os impactos das políticas públicas de inclusão social. Porém,

> a independência feminina deverá começar por uma regeneração interior, por uma transformação do modo de pensar e do assédio social que liberte a mulher do constrangimento do dominio que o homem excerce em cada aspecto da sua vida: sobre os bisonhos materiais, sobre os corpos, sobre a mente e sobre a conduta. (GOLDMAN, 2009)

Uma cadeia de resultados vai se desenhando nessas políticas, como é o caso de mulheres beneficiárias do Programa residentes na cidade de Guaribas, sertão do Piauí. Suas

---

6. BRASIL. *Programa Bolsa Família*. Disponível em: <http://www.planalto.gov.br/ccivil_03/_ato2004-2006/2004/lei/l10.836.htm>. Acesso em: 15 fev. 2018.
7. BARTHOLO, Letícia; PASSOS, Luana; FONTOURA, Natália. Bolsa Família, autonomia feminina e equidade de gênero: o que indicam as pesquisas nacionais? Texto para discussão. *Instituto de Pesquisa Econômica Aplicada*. Brasília: Rio de Janeiro: Ipea, 2017.
8. BARTHOLO, Letícia; PASSOS, Luana; FONTOURA, Natália. Bolsa Família, autonomia feminina e equidade de gênero: o que indicam as pesquisas nacionais? Texto para discussão. *Instituto de Pesquisa Econômica Aplicada*. Brasília: Rio de Janeiro: Ipea, 2017. p. 12-13.

trajetórias de vida ficaram conhecidas por meio de documentários[9] nos quais essas mulheres narram os impactos da percepção do benefício em suas vidas e de seus filhos.

Não podemos esquecer também o impacto do Bolsa Família no combate à violência perpetrada pelos homens, que se soma frequentemente a situações de dependência econômica. O bolsa família coloca mulheres na condição de se afastar do marido sem ficar em condições de pobreza extrema. Da mesma forma, representa um válido instrumento para contrastar a escravização das profissionais do sexo que escolhem a profissão exclusivamente por necessidade, considerando a venda do próprio corpo o único caminho para a sobrevivência. De acordo com o manifesto do movimento feminista italiano *Non una di meno* (NONUNADIMENO, 2018), existe uma relação entre a reestruturação neoliberal e a violência de gênero, perpetrada através de mecanismos de fragmentação do trabalho, de exclusão, desemprego, exploração, através da substituição do Estado de Bem-estar social com as medidas neoliberais.

Estes fenômenos generalizados afetam mais especificamente as mulheres, pois na crise emerge com mais força o modelo de divisão sexual do trabalho patriarcal. Combater a violência significa prevenir, garantindo a autonomia e a autodeterminação das mulheres, tirando-as da violência dada pela dependência econômica, da exploração. E é papel do estado favorecer esta autodeterminação, enquanto as instituições continuam considerando a violência de gênero um fato privado.

Certamente o bolsa família não pode ser apresentado como uma solução final, mas deve ser um meio, entre outros, para induzir transformações vistas por muitos como impossíveis, e mudanças culturais, primeiramente entre as próprias mulheres que precisam acreditar no seu empoderamento. Assim, ele deve ser acompanhado, por exemplo, de investimentos em formação escolar e profissional para que o empoderamento as direcione não apenas a uma posição de mãe cuidadora do lar, mas da própria mulher em si.

E retoma-se aqui o que fora dito anteriormente: os impactos são grandes na vida de mulheres pobres, mas, ao mesmo tempo, o são porque as mulheres, infelizmente, ainda dependem muito de políticas públicas para conseguirem exercer plenamente sua humanidade.

4. REFERÊNCIAS BIBLIOGRÁFICAS

BARTHOLO, Letícia; PASSOS, Luana; FONTOURA, Natália. Bolsa Família, autonomia feminina e equidade de gênero: o que indicam as pesquisas nacionais? Texto para discussão. *Instituto de Pesquisa Econômica Aplicada*. Brasília: Rio de Janeiro: Ipea, 2017. p. 12-13.

BRASIL. *Consolidação das Leis do Trabalho*. Disponível em: <http://www.planalto.gov.br/ccivil_03/decreto-lei/Del5452.htm>. Acesso em: 15 fev. 2018.

BRASIL. *Lei sobre a organização da Presidência da República e dos Ministérios*. Disponível em: <http://www.planalto.gov.br/ccivil_03/_ato2015-2018/2016/lei/L13341.htm>. Acesso em: 15 fev. 2018.

BRASIL. *Programa Bolsa Família*. Disponível em: <http://www.planalto.gov.br/ccivil_03/_ato2004-2006/2004/lei/l10.836.htm>. Acesso em: 15 fev. 2018.

CAIXA ECONÔMICA FEDERAL. *Bolsa Família*. Disponível em: <http://www.caixa.gov.br/programas-sociais/bolsa-familia/Paginas/default.aspx>. Acesso em: 15 fev. 2018.

D'ATRI, Andrea; LIF, Laura. A emancipação das mulheres em tempos de crise mundial. I parte. In: ASSUNÇÃO, Diana; D'ATRI, Andrea. *Feminismo e Marxismo*. São Paulo: Edições Iskra, 2017. p. 88. Publicado originalmente em 04 de agosto de 2013 pelo núcleo de mulheres Pão e Rosas Brasil e republicado posteriormente no Esquerda Diário.

DELGADO, Gabriela Neves. *Direito fundamental ao trabalho digno*. São Paulo: LTr, 2006.

DERZI, Misabel de Abreu Machado. Guerra fiscal, bolsa família e silêncio (Relações, efeitos e regressividade). In: *Revista Jurídica da Presidência*. Brasília, v. 16, n. 108, p. 39-64, fev. 2014/maio 2014.

Lottomarzo. Sciopero generale delle donne e reddito di autodeterminazione

GOLDMAN, Emma. *Femminismo e anarchia*. BFS Edizioni: Pisa, 2009.

GOLDMAN, Wendy. *Mulher, Estado e Revolução*: política familiar e vida social soviéticas, 1917-1936. São Paulo: Boitempo, 2013.

HORTA, José Luiz Borges. *História do Estado de Direito*. São Paulo: Alameda, 2010.

KOLLONTAI, Aleksandra Mikháilovna. O dia da mulher. In: *A revolução das mulheres*: emancipação feminina na Rússia. Org. Graziela Schneider. Trad. Cecília Rosa. 1. ed. São Paulo: Boitempo, 2017. p. 160. Fonte: женскийДень ДеНь [O dia da mulher], em Pravda/ Правзда [Verdade], São Petersburgo, n. 40, 17 fev. 1913.

LYRA FILHO, Roberto. *Direito do capital e direito do trabalho*. Porto Alegre: Fabris, 1982.

MARCHA MUNDIAL DAS MULHERES. In: *Blog da Marcha Mundial das Mulheres*. Disponível em: <https://marchamulheres.wordpress.com/2014/04/22/nao-esquecer-as-mulheres-de-rana-plaza-bangladesh/>. Acesso em: 15 fev. 2018.

MIELI, Melania. Perché a renda basica é uma batalha feminista. In: *Quaderni per il diritto*. Non un dirittto di meno. Reddito di base per l'autodeterminazione, n. 6, speciale 8 marzo 2017. Disponível em: <http://www.bin-italia.org/wp-content/uploads/2017/03/QRspecial_8marzo_2017_compressed-1.pdf>. Acesso em: 14 fev. 2018.

NICOLI, Pedro Augusto Gravatá. A face trágica da terceirização trabalhista: do caso Rana Plaza ao dilema brasileiro. 2014. Blog *Trabalho, Constituição e Cidadania*. Disponível em: <http://trabalho-constituicao-cidadania.blogspot.com.br/2014/10/a-face-tragica-da-terceirizacao.html>. Acesso em: 15 fev. 2018.

NICOLI, Pedro Augusto Gravatá. *O sujeito trabalhador e o direito internacional social*: a aplicação ampliada das normas da

---

9. Documentários: *Severinas*. Disponível em: <https://www.youtube.com/watch?v=vt62puheABw>; *Libertar* – Relatos de Guaribanas do Bolsa Família. Disponível em: <https://www.youtube.com/watch?v=RTSXuuSeNV0>.

Organização Internacional do Trabalho. 2015. Tese (doutorado) – Universidade Federal de Minas Gerais, Faculdade de Direito.

NONUNADIMENO. El 8 de marzo la marea feminista vuelve las calles: nosotras paramos! In: *Nonunadimeno*, 18 fev. 2018. Disponível em: <https://nonunadimeno.wordpress.com/author/nonunadimeno/>. Acesso em: 19 fev. 2018.

REDE BRASIL ATUAL. Direitos humanos, das mulheres e dos negros: em poucas horas, a desconstrução. In: *Rede Brasil Atual*. Disponível em: <http://www.redebrasilatual.com.br/politica/2016/08/em-cem-dias-um-recuo-de-decadas-nos-direitos-humanos-da-mulher-e-dos-negros-6104.html>. Acesso em: 15 fev. 2018.

SALGADO, Joaquim Carlos. *A ideia de justiça em Hegel*. São Paulo: Edições Loyola, 1996.

SEMPRE VIVA ORGANIZAÇÃO FEMINISTA (SOF). O golpe, além de antidemocrático, é patriarcal, machista e patronal. In: *Sempre Viva Organização Feminista* (SOF). Disponível em: <http://www.sof.org.br/2016/05/13/o-golpe-alem-de-antidemocratico-e-patriarcal-machista-e-patronal/>. Acesso em: 15 fev. 2018.

TEIXEIRA, Érica Fernandes. Direito do trabalho e direito da seguridade social: clássicos e novos instrumentos de inclusão social e econômica. In: REIS, Daniela Muradas; MELLO, Roberta Dantas de; COURA, Solange Barbosa de Castro. *Trabalho e justiça social*: um tributo a Maurício Godinho Delgado. São Paulo: LTr, 2013.

VIANA, Márcio Túlio. Da greve ao boicote: os vários significados e as novas possibilidades das lutas operárias. *Revista da Faculdade de Direito da UFMG*. Belo Horizonte, n. 50, jan./jul. 2007.

Limites ao Poder Diretivo do Empregador e Direito à Imagem do Empregado ou Colaborador com suas Características Étnico-Raciais

Mylene Pereira Ramos Seidl[1]

*"Não digam que fui rebotalho, que vivi à margem da vida.
Digam que eu procurava trabalho, mas fui sempre preterida.
Digam ao povo brasileiro
que meu sonho era ser escritora, mas eu não tinha dinheiro
para pagar uma editora."*[2]
Carolina Maria de Jesus

O sistema jurídico brasileiro é dotado de dispositivo de proteção contra o racismo e a discriminação racial, especialmente relevantes na seara trabalhista, onde são comuns os conflitos que versam sobre o tema.[3]

Neste particular, merecem destaque os chamados princípios constitucionais trabalhistas, tais como o da Dignidade da Pessoa Humana, da Legalidade, da Igualdade e o da Função Social da Propriedade, os quais informam o legislador, e orientam a interpretação e aplicação das leis pelo julgador.[4] Estes princípios denotam a importância que o Constituinte de 1988 conferiu à pessoa humana e ao trabalho que ela desenvolve.[5]

É certo que estes princípios devem ser interpretados tendo em vista a necessidade de equilíbrio entre as forças do capital e do trabalho.[6]

Neste sentido, o poder diretivo do empregador – que encontra fundamento no direito de propriedade no art. 5º, inciso XXII da Constituição Federal de 1988 e no art. 2º da CLT – lhe permite – dentro dos limites da lei – usar e dispor de seu empreendimento, fiscalizando e impondo regras.

Pois bem, postas estas considerações, proponho as seguintes perguntas:

À luz da legislação vigente, poderia o empregador regular a aparência do empregado durante o horário de trabalho quando esta determinação ou código de aparência não é necessária para o desempenho da função?

E quando a determinação, além de não ser requisito para o desempenho da função, afeta diretamente as características que são inerentes a um determinado grupo étnico-racial?

A proibição do uso de tranças, turbantes ou de cabelo que não seja alisado quimicamente não é uma forma de discriminação?[7]

---

1. Juíza do Trabalho, Membro do Fórum Permanente da Magistratura e do Ministério Público pela Igualdade Racial
2. JESUS, Carolina Maria. *Quarto de despejo*. 10. ed. Ed. Ática, 2014.
3. A vedação ao racismo e a discriminação racial é objeto de vários dispositivos constituicionais, tais como: Art. 3º Constituem objetivos fundamentais da República Federativa do Brasil: (...).
   IV – Promover o bem-estar de todos, sem preconceitos de origem, raça, sexo, cor, idade e quaisquer outras formas de discriminação.
   Art. 5º – Todos são iguais perante a lei, sem distinção de qualquer natureza, garantindo-se aos brasileiros e aos estrangeiros residentes no país a inviolabilidade do direito à vida, à liberdade, à igualdade, à segurança e à prosperidade...(...).
   XLI – A lei punirá a qualquer discriminação atentatória dos direitos e liberdades fundamentais.
   Art. 4º A República Federativa do Brasil rege-se nas suas relações internacionais pelos seguintes princípios: II – prevalência dos direitos humanos;
   VIII – repúdio ao terrorismo e ao racismo;
   Art. 7º, XXX – proibição de diferença de salários, de exercício de funções e de critério de admissão por motivo de sexo, idade, cor ou estado civil;
   Art. 215 § 1º- O Estado protegera as manifestações das culturas populares, indígenas e afro-brasileiras, e das de outros grupos participantes do processo civilizatório nacional.
   Art. 216 § 5º – Ficam tombados todos os documentos e os sítios detentores de reminiscências históricas dos antigos quilombos.
   ADCT – Art. 68 – Aos remanescentes das comunidades dos quilombos que estejam ocupando suas terras e reconhecida a propriedade definitiva, devendo o Estado emitir-lhes os títulos respectivos.
4. RODRIGUES, Américo Plá. *Princípios de direito do trabalho*. 3. ed. São Paulo: LTr, fls. 13.
5. BATTOCHIO, Mariana. *A Constituição Federal, princípios e valores informadores do estado democrático de direito e dignidade da pessoa humana como parâmetro de interpretação jurídica.* Disponível em: <http://www.ambito-juridico.com.br/site/?n_link=revista_artigos_leitura&artigo_id=14221>.
6. Art. 1º., IV da Constituição Federal de 1988.
7. Cabelos crespos em diferentes texturas é uma característica comum em indivíduos de etnia negra.

E quando a exigência implica no uso de processos mecânicos ou químicos que alteram permanentemente características físicas, ou podem acarretar efeitos colaterais como reações alérgicas? O empregador poderia determinar ao funcionário que use determinado tipo de penteado (ou deixe de usá-lo)?

Neste artigo, discorrerei sobre a problemática do direito à regulação da aparência do empregado no local de trabalho, e sua intersecção com a legislação protetiva contra a discriminação racial no emprego.

1. APARÊNCIA E SUA DESVINCULAÇÃO DA PERFORMANCE DO EMPREGADO

Aparência, segundo o Dicionário Aurélio, é o "aspecto pelo qual julgamos pessoas ou coisas".[8] Tratando-se de seres humanos, pode-se dizer que a aparência é formada por um conjunto de características exteriores, algumas intrínsecas e outras extrínsecas. São intrínsecas, por exemplo, o rosto, o corpo, a forma de falar, andar e gesticular. São extrínsecas a vestimenta, penteado e maquiagem, por exemplo.

Muito embora saibamos que a aparência física não seja critério indicativo de atributos como caráter, inteligência, competência, nem de capacidade profissional, em nossa sociedade, a aparência exerce grande influência na forma como o indivíduo será avaliado, julgado e tratado por outros.

A superficialidade e desconexão da aparência do indivíduo e sua performance na relação de trabalho ou de emprego fez com que o legislador criasse uma proteção contra atos do empregador que desnecessariamente afetem o direito constitucional à intimidade e à imagem, insertos no art. 5º.

2. TRATAMENTO LEGAL DA DISCRIMINAÇÃO RACIAL NA CONTRATAÇÃO E NO DECORRER DA RELAÇÃO DE TRABALHO

O Brasil, apesar de contar com uma população de mais de 50% de negros e pardos, ainda tem o modelo europeu como padrão de beleza.[9]

São inúmeros os casos de denúncias de racismo e discriminação em razão da textura natural e/ou penteados de mulheres e homens negros no mercado de trabalho.[10]

Sem adentrar o mérito destas denúncias, é certo que as estatísticas demonstram que os trabalhadores negros enfrentam uma maior e crescente desvantagem no mercado de trabalho. Tomemos por exemplo os números do desemprego. No 3º trimestre de 2017, o número de desempregados era de 13 milhões de pessoas. Destes, 63,7% eram pretos e pardos, e 35,6% brancos. Em 2012, o desemprego entre pretos e pardos era de 61,2%, e de 38,3 % entre brancos.[11]

Estes resultados refletem uma maior dificuldade dos negros não só para conseguirem um trabalho, mas também para se manterem empregados.

A desvantagem experimentada pelos trabalhadores negros não termina no acesso e na manutenção do emprego. Comparativamente aos trabalhadores brancos, os negros recebem menores salários[12], e apenas um pequeno número deles ocupa posições de chefia[13].

Estes dados justificam a existência de um sistema jurídico de proteção contra o racismo e a discriminação racial.

Como já dissemos anteriormente, a Constituição Federal prevê direitos e garantias individuais tais como, direito à vida, à não discriminação, à imagem e à privacidade. São várias as disposições constitucionais e infraconstitucionais que vedam a discriminação, seja por motivo de raça, cor, sexo, idade, condição social, dentre outras.

O art. 5º., caput, da CF/1988 estabelece que todos são iguais perante a lei. Já o art. 3º estatui como um dos objetivos fundamentais da República a promoção do bem-estar de todos sem preconceitos de origem, raça, sexo, cor, idade e quaisquer outras formas de discriminação.

Este mesmo objetivo que rege as relações internas encontra ressonância em princípios que regem as relações externas do País (art. 4º, II e III), quais sejam, o da prevalência dos direitos humanos e do repúdio ao terrorismo e ao racismo.

De grande importância o conceito de discriminação racial constante da Convenção Internacional sobre a Eliminação de Todas as Formas de Discriminação Racial, qual seja "toda distinção, exclusão, restrição ou preferência baseada em raça, cor, descendência ou origem nacional ou étnica que tenha por objeto ou resultado anular ou

---

8. Aurélio, Dicionário Eletrônico. Disponível em: <https://dicionariodoaurelio.com/aparencia>.
9. In RODRIGUES JÚNIOR, Edson Beas, Discriminação visual e suas diversas dimensões: aschimofobia, discriminação etária, étnico-racial e cultural. Disponível em: <https://jus.com.br/artigos/63367/discriminacao-visual-e-suas-diversas-dimensoes-aschimofobia- discriminacao-etaria-etnico-racial-e-cultural>.
10. Disponível em: <https://ponte.org/perseguicao-contra-cabelo-afro-expoe-face-racista-do-mercado-de-trabalho/>; <https://www.pragmatismopolitico.com.br/2011/12/estagiaria-negra-e-forcada-alisar.html>; <https://noticias.r7.com/sao-paulo/apos-adotar-penteado-afro-enfermeira-e--humilhada-por-chefe-durante- reuniao-04102016>.
    Esta pesquisa mostra que candidatas negras tendem a alisar seus cabelos por medo de serem rejeitadas em entrevistas. Disponível em: <http://livros01.livrosgratis.com.br/cp146234.pdf>.
11. Disponível em: <https://agenciadenoticias.ibge.gov.br/agencia-sala-de-imprensa/2013-agencia-de- noticias/releases/18012-pnad-continua-taxa-de-subutilizacao-da-forca-de-trabalho-fica-em-23-9-no-3-trimestre- 2017.html>.
12. Disponível em: <https://agenciadenoticias.ibge.gov.br/agencia-sala-de-imprensa/2013-agencia-de-noticias/releases/18012-pnad- continua-taxa-de-subutilizacao-da-forca-de-trabalho-fica-em-23-9-no-3-trimestre-2017.html>.
13. Disponível em: <http://www.onumulheres.org.br/wp- content/uploads/2016/04/Perfil_social_racial_genero_500empresas.pdf>.

restringir o reconhecimento, gozo ou exercício em um mesmo plano (em igualdade de condição) de direitos humanos e liberdades fundamentais nos campos político, econômico, social, cultural ou em qualquer outro campo da vida pública."[14]

É certo que outros diplomas legais vieram regulamentar os dispositivos constitucionais, sendo um dos mais importantes a Lei Caó, ou Estatuto da Igualdade Racial (Lei n. 7.716 de 5 de janeiro de 1989), que elenca dentre seus crimes:

> "Art. 4º Negar ou obstar emprego em empresa privada.
>
> § 1º Incorre na mesma pena quem, por motivo de discriminação de raça ou de cor ou práticas resultantes do preconceito de descendência ou origem nacional ou étnica: (Incluído pela Lei n. 12.288, de 2010)
>
> II – impedir a ascensão funcional do empregado ou obstar outra forma de benefício profissional; (Incluído pela Lei n. 12.288, de 2010) (Vigência)
>
> III – proporcionar ao empregado tratamento diferenciado no ambiente de trabalho, especialmente quanto ao salário. (Incluído pela Lei n. 12.288, de 2010) (Vigência)
>
> § 2º Ficará sujeito às penas de multa e de prestação de serviços à comunidade, incluindo atividades de promoção da igualdade racial, quem, em anúncios ou qualquer outra forma de recrutamento de trabalhadores, exigir aspectos de aparência próprios de raça ou etnia para emprego cujas atividades não justifiquem essas exigências." (grifei)

Desta forma, podemos afirmar que o empregador pratica crime de discriminação racial, definido no art. 4º. da Lei n. 7.716 de 1989 c.c. art. 1º da Convenção Internacional sobre a Eliminação de Todas as Formas de Discriminação Racial, quando exige como condição de contratação de candidato à vaga de emprego, ou do empregado no decorrer da relação de emprego, que promova mudanças em sua aparência, de forma a alterar características inerentes ou naturais de sua etnia, tais como textura do cabelo ou penteado no caso de indivíduos negros.

Já a Lei n. 9.029/1995 impõe sanções ao empregador que praticar atos de discriminação racial, podendo ir desde a rescisão indireta do contrato de trabalho, até a readmissão e pagamento de indenização.[15] O diploma reafirma em seu art. 1º a intenção do legislador em vedar e punir práticas discriminatórias na contratação ou no decorrer da relação de emprego.[16]

3. CONCLUSÕES

Com fulcro na legislação retro mencionada, podemos concluir que é vedado ao empregador exigir do empregado que promova mudanças em sua aparência física quando estas desvinculam-se da necessidade do trabalho.

Assim, não existiria ilegalidade se, para evitar acidentes, o empregador exigisse que o empregado que opera uma determinada máquina mantenha seus cabelos presos, ou mesmo, proíba a utilização de acessórios como anéis e brincos.[17]

Por outro lado, quando a determinação do empregador não afeta o desempenho da atividade, ela não encontra abono legal.

Da mesma forma, com fulcro nos dispositivos constitucionais e infraconstitucionais retro mencionados não existe amparo, mas sim vedação legal, para determinações patronais que impliquem em modificação de características inerentes a um grupo étnico racial, por exemplo, exigir que funcionárias negras alisem seus cabelos, ainda que com o uso de secadores ou chapinhas, ou deixem de usar tranças, *dreadlocks* ou turbantes.

A prática é passível de sujeitar o empregador a ser responsabilizado por prática de crime de discriminação racial, com fulcro no art. 4º da Lei n. 7.716 de 1989 c.c. art. 1º da Convenção Internacional sobre a Eliminação de Todas as Formas de Discriminação Racial. A tipificação da conduta do empregador como delituosa não é extremismo, mas sim, decorrente da interpretação das normas aplicáveis à espécie (caso em concreto), e necessária para preservação dos direitos individuais do empregado ou colaborador, não só à sua imagem e intimidade, mas também à preservação de sua ancestralidade.

---

14. Art. 1º da Convenção Internacional sobre a Eliminação de Todas as Formas de Discriminação Racial, ratificada pelo Brasil em 27 de março de 1968.
15. Art. 4º, incisos I e II da Lei n. 9.029/1995.
16. Art. 1º É proibida a adoção de qualquer prática discriminatória e limitativa para efeito de acesso à relação de trabalho, ou de sua manutenção, por motivo de sexo, origem, raça, cor, estado civil, situação familiar, deficiência, reabilitação profissional, idade, entre outros, ressalvadas, nesse caso, as hipóteses de proteção à criança e ao adolescente previstas no inciso XXXIII do art. 7º da Constituição Federal. (Redação dada pela Lei n. 13.146, de 2015)
17. Disponível em: <http://www.ambito-juridico.com.br/site/?n_link=revista_artigos_leitura&artigo_id=17162&revista_caderno=25>.

Mulheres e Lutas Democráticas

Nilton Correia[1]
Elise Correia[2]

*Uma saudação inicial e especial
a Naomi Parker Fraley ("Rosie, a Operária"),
recentemente falecida, aos 96 anos de idade.*

Sempre fomos muito impressionados com a história (ou "estória") de Judite e a decapitação, por ela, do general Holofernes. Narrativa que vem desde o Século II AC até os dias atuais. São muitos os livros e artigos, que conseguem expor possibilidades variadas para a mesma ocorrência.

De tanto que foi escrito para (tentar) explicar o fato, parece que ele ocorreu mesmo durante uma invasão e parece envolver um general do exército de Nabucodonosor, rei dos assírios. O rei teria enviado o general e soldados, antecipadamente, com o projeto de convencer o povo das enormes (?) vantagens que obteria com a colonização (como se vê, esse discurso é antigo...).

Alguns dizem que Holofernes teria assediado Judite de forma grosseira (e nem se sabia que existe maneira doce, afável ou obsequiadora de assediar uma mulher). Agredida em sua dignidade, Judite pediu a companhia de uma criada, se vestiu para um "encontro" e foi "embebedar" o general, com a sua beleza e muitas taças de vinho. Apesar de extasiado com o belo, tombou bêbado com o volume de vinho ingerido. Desfalecido pela embriaguez – dizem – Judite o teria decapitado.

Outros, porém, contam essa mesma história de maneira bastante diferente, versão na qual acreditamos.

Ocorrida a invasão e com a população assustada e com medo, Judite teria procurado o general Holofernes e o decapitado, sim. Mas com o propósito de encorajar o povo a resistir e a lutar.

A Wikipédia se refere a um trabalho (que não localizamos): a Edição Pastoral da Bíblia, de 2010, que mostra "a situação difícil do povo, oprimido por uma grande potência. Por trás de Nabucodonosor e seu império, podemos entrever a figura de qualquer dominador com seu sistema de opressão".

Nabucodonosor seria apenas simbólico. E o "sistema de opressão" era o alvo da "decapitação".

Luta contra a opressão!

A história de luta das mulheres nos conduz a entender ser essa última versão a verdadeira (ou a mais próxima da verdade): Judite assumiu o comando da resistência e demonstrou ao povo que é possível e necessário lutar pelas liberdades.

Seu exemplo, ousado, valente e forte, teria servido para produzir encorajamento do povo a resistir à invasão, mesmo sendo o opressor fortíssimo.

Essa zona turva, verdadeira neblina, busca ocultar ou refrear a visibilidade plena desse ato de Judite e prejudicar a sua difusão, como uma necessidade que tem a sociedade de não revelar a valentia da mulher e suas possibilidades de assumir o comando das lutas democráticas.

Eclipsar, encobrir, absconder essa liderança (e tantas outras no curso da história) ficou importante.

Parece que se tornou necessário esconder que as mulheres são pessoas de luta, dispostas a lutarem e com capacidade para liderar, homens e mulheres, em qualquer estágio, mesmo em casos de enfrentamento físico (guerras etc).

E esse fato da Judite – como tantos outros – ficam em envólucro de enigmas e mistérios, cheios de arcanas. Aliás, as mulheres e suas atitudes, quando libertárias, estão sempre envoltas em mistérios. Li Beauvoir, no prefácio do livro "Problemas de Gênero – Feminismos e Subversão da Identidade" (Ed. *Civilização Brasileira*. 10. ed. 2016. p. 7), afirma que "ser mulher nos termos de uma cultura masculinista é ser uma fonte de mistério e de incognoscibilidade para os homens (...)".

Clarice Lispector: "Com todo perdão da palavra, eu sou um mistério para mim."

Será "mistério" ou a omissão das conquistas das mulheres tem uma omissão propositada, projetada, programada?

Será que não foi assim com as *judites* pernambucanas?

Nenhum mistério justifica a não inclusão das mulheres camponesas que combateram os holandeses: as "Guerreiras Tejucupapo".

Qual a razão (ou não terá razão nenhuma?) de não incluir esse evento – Tejucupapo – de enorme significado

---

1. Advogado. Diretor de Relações Institucionais da ABRAT. Presidente da ABRAT de 2002 a 2004. Presidente da JUTRA – Associação Luso-Brasileira de Juristas do Trabalho, período 2007 a 2009. Orgulhosamente, membro da Comissão da Mulher da ABRAT.
2. Advogada. Vice-Presidente da ABRAT para o Distrito Federal. Vice-Presidente da Associação de Advogados Trabalhistas do Distrito Federal (AATDF).

histórico nos livros didáticos e ensinar para a juventude brasileira o exemplo marcante da bravura, da coragem, da ousadia e da compreensão do significado de defesa das liberdades que aquelas mulheres pernambucanas legaram para todos nós?

Os holandeses estavam sob cerco em Recife, e precisavam urgentemente de víveres. No dia 24 de abril de 1646 uma tropa de 600 soldados, comandada pelo almirante Lichthant, saiu do forte Orange, na ilha de Itamaracá. E investiu contra o povoado de Tejucupapo, ao norte de Recife, em busca de farinha de mandioca e de caju, que seria remédio para o escorbuto que atingia a tropa invasora.

Para atacar, escolheram um domingo, dia em que os homens da localidade estariam em Recife, participando da feira onde vendiam seus pescados. E a vila, esperavam, estaria desguarnecida. Ali estariam apenas mulheres, crianças e idosos.

Os holandeses tomaram uma enorme decisão errada. Eles podem entender de queijo, leite, manteiga e chocolate, mas nada entendem de bravura de mulheres, menos ainda quando elas são nordestinas.

"O ano era 1646 e a ocupação holandesa de Pernambuco e dos estados do Nordeste já durava desde 1630, e seria derrotada finalmente em 1654, pelo grande esforço brasileiro que uniu colonos portugueses, os índios de Felipe Camarão e os negros de Henrique Dias. A eles devem ser acrescentadas as mulheres lideradas por Maria Camarão, Maria Quitéria, Maria Clara e Joaquina, que dirigiram a resistência em Tejucupapo (...)".

(...)

"Cavaram trincheiras, juntaram tudo o que pudesse ser usado como arma – paus, pedras, algumas armas de fogo, a pimenta e a água fervente referidas. Armaram emboscadas contra os atacantes, que surpreenderam principalmente por usar uma arma inesperada – jogavam pimenta em seus olhos. No final, a batalha teve 300 mortos, principalmente invasores. E a vitória foi das heroínas de Tejucupapo.

Este foi talvez a primeira batalha importante, em solo brasileiro, com a participação principalmente de mulheres." (Fonte: <http://www.vermelho.org.br/noticia/279398-1>).

Atualmente há, no município de Goiana, um tipo de obelisco, simples, sem pompas, mas há, que foi instalado pelo Instituto Arqueológico e, segundo o sítio eletrônico "O Vermelho", tem os seguintes dizeres:

"Aqui, em 1646, as mulheres de Tejucupapo conquistaram o tratamento de heroínas por terem com as armas, ao lado dos maridos, filhos e irmãos, repelido 600 holandeses que recuaram derrotados. Memória do Instituto Arqueológico em 1931".

Vale ler esse relato:

"Os poucos homens ocuparam-se em emboscar os assaltantes, atacando-os à bala e não lhes dando sossego. As mulheres, em contrapartida, escondidas em trincheiras, atacavam os holandeses com a mistura jamais esperada por eles: pimenta diluída em água fervente. Os olhos dos invasores eram o alvo, e a surpresa foi o melhor ataque.

A Batalha do Tejucupapo, como ficou conhecida (ou Guerra das Pimentas), é um marco na história do país porque, além de ser o primeiro registro da participação feminina em conflito armado, uma das poucas batalhas a envolver a participação coletiva de mulheres, foi reconhecida a luta delas com bravura, ao utilizar-se de todo tipo de armamento disponível: chuços (pequenas lanças), pedaços de pau, água fervente, pimenta, além das poucas armas de fogo." (Fonte: Jornal Mulier – <www.jornalmulier.com.br>)

Quatro mulheres lideravam: Maria Quitéria, Maria Clara, Joaquina e Maria Camarão. Dizem que Maria Camarão circulava pela vila portando um crucifixo e convocando as mulheres a pegarem em armas na luta contra as tropas inimigas. Ela, Maria Camarão, era esposa de Felipe Camarão (esse, sim, aparece em vários livros) e abandonou os (perdoem-me) "afazeres do lar" para lutar ao lado do seu marido.

Essa história é linda, seja pelo vigor, pela força, pela ousadia da criatividade ("Guerra das Pimentas", como alguns denominam), pela valentia, mas é omitida, ocultada, carregada de "mistérios", de "sigilos"[3].

Verdadeiras *Judites* pernambucanas. Porém, prefere ou ocultar o evento, que é marcante, precioso e importante; ou trazer outras versões.

Sempre ficará a dúvida: e se a "Batalha de Tejucupapo" tivesse como heróis os soldados, capitães e generais, ela estaria nos livros de história e sendo ensinada, orgulhosamente, nas escolas como a valentia dos nossos valorosos militares?

E não é só.

Existem outras *"judites"*.

Mais uma do Nordeste. Felipa! Maria Felipa de Oliveira.

Esse nome diz o que e a quem?

Quantos de nós lemos, vimos ou ouvimos falar da baiana Felipa?

---

3. Relatam que as mulheres surpreendiam os holandeses levantando a saia. Espantados, eles arregalavam os olhos e recebiam carga de pimenta irresistível. Até hoje no Nordeste existe uma pimenta fortíssima conhecida como "arriba saia".

"Nascida na Ilha de Itaparica, em data desconhecida, marisqueira, pescadora e trabalhadora braçal, ela liderou um grupo de 200 pessoas, entre mulheres negras, índios tupinambás e tapuias nas batalhas contra os portugueses que atacavam a Ilha de Itaparica, a partir de 1822.[2][3]. Conta-se que Maria Filipa era uma mulher alta e corpulenta, descendente de negros escravizados, vindos do Sudão[4]. Somente o grupo de Maria Felipa foi o responsável por ter queimado 40 embarcações portuguesas que estavam próximas à Ilha[2].

A partir da pesquisa do historiador Ubaldo Osório Pimentel, avô materno do escritor João Ubaldo Ribeiro, que apurou através de documentos públicos sobre registros de que um grupo de pessoas lideradas, em sua maioria mulheres, por Maria Felipa defenderam a costa da Ilha de Itaparica contra a repressão portuguesa.[5] Em seu livro "A Ilha de Itaparica", publicado em 1942, o historiador Ubaldo Osório Pimentel, cita a figura histórica de Maria Filipa, que também é citada no romance histórico "O Sargento Pedro", do autor Xavier Marques[5]". (Fonte: <https://pt.wikipedia.org/wiki/Maria_Filipa_de_Oliveira>).

Felipa é identificada nos registros que constam na Ilha de Itaparica como uma mulher negra, alta, forte, valente, sempre de saias rodadas, com os famosos torsos (que os escravos usavam nas cabeças e, ainda hoje, é comum na Bahia e tem sido utilizado também por muitos homens) e suas chinelas. Dizem ter sido notável estrategista e sabia, como poucos, como guarnecer as praias preferidas pelos portugueses para atracar os navios. Mantinha vigias por todo o dia e noite.

Ela era o terror dos portugueses, seguidamente surrados por Felipa, que se utilizava de elementos simples para expulsar os soldados de Portugal, como o uso do galho e folhas de cansanção (planta que, ao tocar na pele, provoca enormes coceiras, mal estar e formigamento). Para incendiar as embarcações usou palha de coqueiro (que há em abundância na Ilha de Itaparica).

"Durante as batalhas, seu grupo ajudou a incendiar inúmeras embarcações: a Canhoneira *Dez de Fevereiro*, em 1º de outubro de 1822, na praia de Manguinhos; a Barca *Constituição*, em 12 de outubro de 1822, na Praia do Convento; em 7 de janeiro de 1823, liderou aproximadamente 40 mulheres na defesa das praias de Itaparica. Armadas com peixeiras e galhos de cansanção surravam os portugueses para depois atear fogo aos barcos usando tochas feitas de palha de coco e chumbo.

Ela é um símbolo de resistência, de uma população que mesmo notificada para deixar a ilha pelo governo de Cachoeira, preferiu permanecer e lutar pela sua liberdade (...)". (Fonte: <http://osheroisdobrasil.com.br/herois/maria-felipa-a-heroina-negra-da-independencia/>).

Nesse sítio eletrônico, constam outras preciosas informações, em especial para esse trabalho, como:

"Mulher, pobre, negra, marisqueira, essas são características não só de Maria Felipa, mas de um grupo que teve participação significativa no processo de libertação da Bahia, mas que permanece, sob vários aspectos, ignorado".

(...)

"Diferente das outras heroínas do panteão do 2 de Julho, Maria Felipa transgrediu os padrões impostos pela sociedade por ser mulher e liderar um grupo armado e, sendo negra e pobre, reivindicar direitos mesmo após o fim da guerra".

O dia 2 de julho é feriado estadual em terras baianas e declarado como o "Dia da Independência da Bahia"[4]. Há desfiles militares e escolares.

Os estudantes, todos os profissionais, civis e militares, saem às ruas para prestar homenagem AO CABOCLO, símbolo da "Independência da Bahia", com enorme estátua no local conhecido como "Campo Grande", uma enorme praça.

O "Caboclo" é, claro!, representado por um homem, alto e musculoso.

Nossa "consciência" somente permite admitir que uma independência, que demandou lutas, fosse conquistada por homem, alto, forte e com poderosos músculos. Jamais seria admitida uma mulher, com saias rodadas e chinelas, porque isso nunca foi tomado como "coisa de mulher". Muito menos ainda quando a brava Felipa, além de mulher, era nordestina, negra e pobre.

Gente assim não cabe na história que a sociedade "quer" contar.

Daí porque no "2 de Julho", com tantos hinos e discursos, não se diz uma só palavra em homenagem (ou mesmo gratidão) à negra Felipa.

A ela, então, nossas saudações.

A luta das mulheres, a bravura das mulheres e a disposição aguerrida das mulheres são indispensáveis para qualquer disputa democrática. Foram de significativa importância para a derrubada da ditadura militar. Sem a resistência das mulheres não parece crível termos conseguido vencer a ditadura, ou, quando menos, o governo ditatorial teria permanecido por mais tempo.

---

4. O aeroporto de Salvador era denominado "2 de Julho", em homenagem à Independência, designação que perdeu para homenagear o filho de ACM, Luis Eduardo Magalhães.

Inesquecíveis as 14 mulheres argentinas que iniciaram um protesto na Praça de Maio, que sensibilizou o mundo inteiro. A elas se juntaram centenas de outras[5] mães, que buscavam seus filhos e o retorno do sistema democrático.

Todos se surpreendem quando as mulheres assumem as praças e as avenidas.

Alguns se espantam e fingem desconhecer as razões e pronunciam discursos idiotizados, ou midiotizados, para concluir que elas estavam ali porque são desocupadas. E, se desocupadas, elas são "vadias", o que, felizmente, gerou a "Marcha das Vadias" pelo mundo afora, uma das maiores (e alegres) hostilidades a expressões discriminatórias.

Na posse de Donald Trump (EEUU), as ruas de Washington foram tomadas por mais de 500 mil pessoas (surpreendendo a todos os cálculos), com as mulheres com um gorro na cabeça, cor de rosa, com orelhas de gatinho, jogando com a palavra "pussy" que, em inglês, significa "gatinho" e, nas ruas, passa a representar "vagina", numa forte e contundente crítica a expressão discriminatória igualmente abestada ou atoleimada produzida pelo Presidente americano.

São as mulheres sinalizando que não aceitarão depreciações.

A ocultação daqueles importantes eventos históricos e o veto camuflado ao conhecimento, pela sociedade, daquelas conquistas obtidas pela força das mulheres estão integrados a uma rede de silêncio, com propósitos específicos, porque não convém, para a elite, divulgar que a mulher pode, a mulher tem vigor, a mulher conquista. A sociedade atua para conter essas informações, porque não convém que as mulheres tomem consciência de que podem conquistar e, assim, a elite se cerca de uma ideologia machista para estabelecer que o lugar delas é "no lar", com docilidade, e não nas ruas, com bravura.

Tais ocultações e silenciamentos estão, indubitavelmente, associados à questão de gênero. Sem dúvida. Estão ligados por uma ponte que faz contato direto.

Mas temos de estar cientes de que não é só.

Nesse ponto, estamos plenamente de acordo com a Professora (filósofa) Carla Rodrigues, da UFRJ, quando ela manifesta que "(...) a luta contra a opressão das mulheres é a própria luta contra a opressão" (*Le Monde Diplomatique*, ano 11, número 126, p. 5), daí porque faz referência a Michel Foucault e seu conceito de "biopoder", para estabelecer que tal ocorre como forma política de controle sobre os corpos e arremata: "preferencialmente sobre os corpos marcados pela subalternidade" e os "excluídos da história".

De fato, há a questão de gênero. E de imensa importância. Porém, há uma questão matriz, que é o sistema capitalista.

A mulher era (ou ainda é) mão de obra gratuita ou barata, educada para ser "do lar" e trabalhar "no lar", tratando dos seus maridos, para que esses prestem, pacificamente (e satisfeitos), bons serviços aos seus empregadores.

Ocorre que a mulher resistiu, óbvio!, a esse posicionamento e passou a exigir o trabalho em qualquer posição e local e o pagamento pelas tarefas realizadas. Agora, inclusive, com remuneração igualitária.

Isso está revelado em uma música, absolutamente popular, em todos os sentidos, com letra de um negro encantador, fortemente crítico, pobre, que passeava nas ruas do Garcia, um bairro de Salvador, com calça branca, sapato branco, chapéu branco, mas a camisa estampada e colorida e um lenço de cores fortes no pescoço, exibindo um sorriso que quase lhe escondia todo o rosto. Riachão. Esse seu nome. O homem que foi ver uma baleia que atolou na praia da Barra, viu tudo da baleia, mas só não viu o "Pá da Baleia"..., o que gerou enormes brincadeiras na cidade, até nome de restaurante e de uma "boite" em Salvador.

Pois ele escreveu "Vá Morar com o Diabo", que Cássia Eller eternizou numa interpretação magnífica, onde ele relata a rebeldia da "sua nega", que não está mais querendo fazer os "serviços de casa" e está até querendo receber salário para limpar o barraco!

Ai meu Deus, ai meu Deus, o que é que há?
Ai meu Deus, ai meu Deus, o que é que há?
A nega lá em casa não quer trabalhar
Se a panela ta suja, ela não quer lavar
Quer comer engordurado, não quer cozinhar
Se a roupa tá lavada, não quer engomar
E se o lixo tá no canto, não quer apanhar
Se ela deita de um lado, não quer se virar
A esteira que ela dorme, não quer enrolar

E aí ele completa: "E pra varrer o barracão, eu tenho que pagar".

É! Só clamando por Deus.

O importante é não perdermos a referência de que essa opressão está ligada ao sistema, como sua matriz, sua fonte, sua sede.

O negro não foi escravizado em razão da cor da sua pele.

A história da chamada "Idade Antiga" mostra escravos brancos.

A escravidão está associada aos "corpos marcados pela subalternidade" (Carla Rodrigues).

A África vivia, circunstancialmente, um momento de absoluta fragilidade, o que viabilizou que os países ditos "civilizados" se apossassem de suas terras, suas riquezas e,

---

5. "Uma mulher puxa a Outra" – esse foi um dos lemas da "Marcha das Mulheres Negras", realizada ano passado, que defendia a força de "aquilombamento e de resistência".

evidente, seus habitantes, que foram conduzidos – o tráfico – para os locais onde deveriam prestar serviços (gratuitos).

Se os habitantes da África, naquele instante histórico, fossem os "amarelos" (como chamamos aos asiáticos) ou os "peles vermelhas" (como o cinema designou aos membros das tribos indígenas Norte-Americanas) seguramente eles teriam sido os "escravizados".

O que moveu a escravidão não foi a cor da pele, mas o sistema.

"O nascimento da questão da raça – e portanto do Negro – está ligado à história do capitalismo", diz Achille Mbembe (*Crítica da Razão Negra*. Ed. Antígona. p. 299). Achille Mbembe, camaronês, é hoje um dos mais importantes pensadores, profundo historiador, contundente cientista político e professor na África do Sul.

Afirma ainda que: "Nesse mundo, o escravo surge não como uma entidade definitivamente criada, mas como um sujeito de trabalho" (obra citada, p. 244).

Em uma obra interessantíssima, com o título "O Trabalho Indígena", editada pelo então denominado Ministério do Ultramar, em 1954, República Portuguesa, autoria de J. M. da Silva Cunha, consta pesquisa intensa sobre o "Direito Colonial", especialmente Internacional, onde se fez vasto apanhado histórico da escravidão, início dela e suas circunstâncias. De forma destacada, mostra a campanha pelo final do tráfico da escravidão (não necessariamente contra a escravidão, mas o transporte ultramar, atlântico).

Pois bem, Silva Cunha registra que "A escravatura formava a armadura do sistema económico do mundo antigo (...)" ("Trabalho Indígena", Divisão de Publicações e Biblioteca, do Ministério do Ultramar, Portugal, 2ª edição, revista e atualizada, p. 16). Anota que a Inglaterra tomou a dianteira no combate ao tráfico e traz uma excelente e curiosa informação (que muito lembra os nossos dias atuais...). Diz:

"Em 23 de Março de 1807, porém, na Inglaterra, depois de uma campanha que agitou profundamente a opinião pública, foi publicada uma lei que proibia o comércio de escravos para as suas colónias. Embora a proibição só tivesse entrado em vigor em 1812, logo após a lei de 1807, **a Inglaterra iniciou um movimento pro-universalização da proibição, levada pela necessidade de defesa da sua produção colonial contra a concorrência daqueles países que, possuindo colónias e continuando a dispor de mão-de-obra escrava, podiam produzir em melhores condições**". (obra citada, p. 17, literal, com a grafia do livro, mas os destaques na parte final são nossos).

Vale dizer: a Inglaterra estava preocupada com os países que mantinham mão de obra escrava, porque iriam produzir com preços mais avantajados, gerando, em consequência, uma concorrência "desleal".

Como visto, a data é "1807".

Esse mesmo discurso, igualzinho em tudo, ouvimos muito recentemente no Brasil, com a proposta de retirarmos direitos trabalhistas, porque o País estava perdendo em "competitividade" para outras nações que não asseguram direito algum.

As maiores resistências ao fechamento do tráfico vieram, àquela época, segundo a obra mencionada, de Portugal e Espanha. E diz: "As razões eram as de que ele (o sistema escravagista) era indispensável para sustentar a actividade económica das colónias que os dois países possuíam na América do Sul" (ob. cit., p. 20).

O que se deseja pontuar é que o racismo e sexismo são, de fato, duas formas próprias de opressão. Porém, se interligam em algum ponto, quando, então, se encontram com a "opressão matriz", que, ao nosso ver, é o sistema de produção.

Esses movimentos (e outros) tem pautas próprias, que podem em dados momentos convergirem ou divergirem, como informa Flávia Biroli, Professora do Instituto de Ciência Política da UnB: "Movimentos feministas, movimentos LGBT, movimentos negros e movimentos indígenas têm pautas e histórias distintas e, em alguns casos, conflitivas. Mas chamo a atenção aqui para o fato de sua luta envolver o questionamento das fronteiras da política. É que a conformação do ambiente e das instituições políticas é, em muitos sentidos, a história de sua exclusão" (*Le Monde Diplomatique*, Ano 11, Número 126, p. 7).

Certo é que há uma unidade nessa luta, abrangendo a todos, porque todos nós estamos na linha simbólica dos que serão submetidos à "gestão dos indesejáveis", dentro do "estado pós-democrático", no qual estaremos afastados das garantias e dos direitos fundamentais, porque somos "inimigos", ou seja, "por definição, inimigo é o não cidadão, aquele que não precisa gozar direitos", como nos alerta, com precisão e dureza de palavras, Rubens Casara, em notável obra (*Estado Pós-Democrático* – Neo-Obscurantismo e Gestão dos Indesejáveis. 1. ed. Editora Civilização Brasileira, 2017. p. 8 e 75).

Serão tempos difíceis.

Mas já nos acostumamos com eles.

Nos impõem e transmitem medo e insegurança, atitude do "estado pós-democrático" para facilitar a extração, de dentro de nós, das garantias e dos direitos fundamentais. Certamente, objetivam também obter de nós a desistência de resistir.

A opressão é quotidiana, por nos apanhar nos nossos afazeres do dia-a-dia e não permite tempo para reprogramar o fôlego. Temos de estar prontos, sempre. A opressão também é do passado, quando apaga nossas histórias de conquistas, elimina-as do conhecimento popular e almeja a perda de identidade. Porém, também a opressão é futuro, quando nos ameaça com uma sociedade indesejável, em especial com a exclusão das mulheres e dos negros. Sexo e raça. Os opressores precisam tê-los sob forte e persistente controle.

E nos obriga ao convívio com uma modernidade despida de civilidade.

No dizer de Luis Alberto Warat:

"Estranha modernidade esta que avança para trás, o entardecer do século XX (e os alvores do XXI) tem mais semelhanças com as brutais centúrias que o antecederam que com o plácido futuro antecipado pelas novelas de ficção científica para o novo milênio". (*A Rua Grita Dionísio!* – Direitos Humanos da Alteridade, Surrealismo e Cartografia. Editora Lumen Juris. 2010, p. 17).

"A nós, mulheres, coube a defesa incessante da democracia. Não viveremos mais 20 anos de ditadura, portanto a democracia exige ser resgatada, assim como a cidadania e um mundo melhor para as mulheres", disse Eleonora Menicucci, ex-ministra de Políticas para Mulheres do governo Dilma Rousseff, em praça pública, para mais de 15 mil pessoas. <http://www.extraclasse.org.br/exclusivo-web/2018/01/com-apagao-na-assembleia-legislativa-ato-mulheres-pela-democracia-ocupa-praca-da-matriz/>.

Tal defesa será árdua.

Mas certamente dela jamais desistiremos.

Achilles Mbembe destaca que: "o preconceito racial 'parece crescer na proporção em que os Negros deixam de ser escravos, e que a desigualdade se inscreve nos costumes, à medida que se vai apagando das leis' (...)" (ob. citada, p. 149), citando Tocqueville.

Da mesma forma, o volume de conquistas das mulheres nesses últimos períodos as tornou mais expostas aos agressores e os seus movimentos mais selecionados como "alvos" a atacar.

Que venham. Não lhe temos nenhum medo, senhores.

Mais medo e mais pavor temos das estatísticas da Organização Internacional do Trabalho (OIT), segundo a qual "em um relato de 2009, o tráfico humano rende 32 bilhões de dólares/ano. E em torno de dois milhões e oitocentas mil pessoas são traficadas anualmente", das quais – diz agora a ONU – "83% das pessoas vendidas na atividade econômica do tráfico de pessoas pertencem ao gênero feminino: são jovens mulheres, adolescentes ou até mesmo pequenas meninas. A grande maioria para a indústria do sexo" (Priscila Siqueira. *A Outra Face de Eva*. Grupo Editorial Scortecci, 2015. p. 89 e 90).

Chimamanda Ngozi Adichie recebeu carta de uma amiga que lhe indagava o que deveria fazer "para criar sua filha como feminista". De início, disse que pretendia não responder, porque, para isso, não há uma bula, um catálogo. Mas resolveu atender o pedido e fez 15 sugestões. Em uma delas sugeriu que a menina não se inserisse no grupo das garotinhas que são educadas para se mostrarem "boazinhas", "agradáveis", "fingidas", agarradas às bonequinhas, panelinhas etc. "Diga-lhe para falar, para se manifestar, para gritar sempre que se sentir incomodada com alguma coisa" (*Para Educar Crianças Feministas* – Um Manifesto. 5ª reimpressão. Editora Companhia das Letras, 2017. p. 50).

E vontade de manifestar e de gritar é o que não nos falta, jamais.

E tal ocorre em especial com as mulheres, que tem uma eletricidade diretamente ligada numa "tomada" democrática. Impossível pensar em luta pela democracia e por estado democrático sem a participação ativa das mulheres.

Relembrando Achille Mbembe, ele afirma:

"De resto, se algo devemos a Fanon, é exatamente a ideia segundo a qual existe, em qualquer ser humano, algo de indomável, de verdadeiramente inapreensível, que a dominação – pouco importa sob que formas – não consegue nem eliminar, nem conter, nem reprimir, pelo menos totalmente." (Obra citada, p. 285).

Exatamente assim: "algo de indomável, de verdadeiramente inapreensível, que a dominação – pouco importa sob que formas – não consegue nem eliminar, nem conter, nem reprimir, pelo menos totalmente."

Afinal, já se disse que a opressão pode silenciar a música, mas nunca calará os pássaros.

A luta democrática das mulheres nunca será eliminada, nem contida e nem reprimida, no sentido total.

As *Judites* existem e existirão sempre, todos os dias, em todos os tempos. Ou seja: é imputrescível, porque é indestrutível e eterna, como eterno é o sonho pelas amplas liberdades.

Relações de Trabalho e o Gênero Feminino: (Des)Igualdade e Assédio Sexual

Noemia Porto[1]
Ana Paula Porto Yamakawa[2]

1. INTRODUÇÃO

O ano de 2017 foi marcado, dentre outras coisas, por escândalos e denúncias no âmbito artístico-cinematográfico internacional de práticas de assédio sexual, envolvendo personagens famosos.[3]

Em novembro de 2017, agora não mais envolvendo personagens estrangeiros, mas inserido na carreira diplomática brasileira, um escândalo de assédio sexual também foi noticiado. Às vésperas do lançamento de uma cartilha de iniciativa do Sindicato Nacional representante da categoria profissional, que tem por objetivo servir de instrumento de combate à prática de assédio moral e sexual que tenham como vítimas servidores do Ministério das Relações Exteriores, tornou-se público um caso de assédio que, segundo as vítimas, envolveria o embaixador brasileiro que chefiava a Delegação Permanente do Brasil na Organização das Nações Unidas para Agricultura e Alimentação (FAO), com sede em Roma, na Itália.

Segundo se noticiou, as vítimas seriam diplomatas subordinadas ao embaixador. Em razão da formalização das acusações, com a determinação de retorno imediato ao Brasil, foi instaurado em desfavor do embaixador Procedimento Administrativo Disciplinar (PAD) pela Corregedoria do Itamaraty. Além dos relatórios circunstanciados das vítimas, nas notícias publicadas na mídia brasileira constaram informações sobre outros episódios de assédio moral e sexual envolvendo o mesmo diplomata em outros postos que serviu durante a sua carreira.[4]

As acusações, os relatos e as narrativas, tanto nos casos internacionais quanto o da missão diplomática brasileira, parecem apontar para a construção de um sentimento crescente de intolerância contra práticas abusivas de conotação sexual, e que por isso mesmo estimula e encoraja as denúncias. Também revelam um silêncio reiterado das vítimas resultado de múltiplos fatores, dentre eles o possível receio da exposição, além das regras implícitas de proteção corporativa. Nota-se, a propósito, a inserção dos casos em relações hierarquizadas, naturalizando-se a impunidade que protege os agressores. Além disso, o assédio não é algo isolado, uma prática esporádica ou individual, mas, sim, normalmente se encontra inserido num conjunto comportamental que afeta o meio ambiente do trabalho em prejuízo das vítimas. Tudo isso, a propósito, pertence a ambientes diversos, desde o artístico até o da diplomacia, e portanto não se encontra confinado a certos segmentos econômicos.

Os problemas da violência no local de trabalho, na perspectiva da prevenção dos riscos profissionais e da promoção da saúde dos trabalhadores, só ganharam visibilidade há cerca de 15 ou 20 anos. Primeiro, houve uma tomada de consciência da frequência e gravidade das formas de violência física, e dos seus custos para as vítimas, as famílias, as empresas, a sociedade e o Estado. Só mais tarde se autonomizou e conceitualizou outras formas de violência, mais sutis e mais psicológicas, como o assédio (sexual, primeiro; moral, depois).

Como fenômeno velho, na sua ocorrência, mas novo na sua conceituação e projeção, o assédio sexual exige

---

1. Vice-Presidente da Anamatra, Doutora em Direito, Estado e Constituição pela Universidade de Brasília, Juíza do Trabalho (TRT/10ª Região) e professora universitária.
2. Advogada.
3. Em outubro de 2017 vieram à tona acusações contra o diretor Harvey Weinstein, reforçadas por vozes famosas de atrizes como Angelina Jolie e Gwyneth Paltrow. Tal como acontece em casos similares, outras vítimas, encorajadas pelas denúncias iniciais, relataram suas histórias. A situação não se circunscreveu ao diretor, alcançando outros artistas, entre diretores e atores (tais como Brett Rattner, Kevin Spacey e Dustin Hoffman). As acusações, em sua imensa maioria, foram feitas por mulheres (atrizes, modelos e profissionais da indústria cinematográfica) contra homens, mas também há denúncia de assédio por um ator, que teria sido vítima de Kevin Spacey. Observando o teor das notícias, nota-se que o assédio não tem relação direta com essa ou aquela classe social. Há um silêncio reiterado de muitas vítimas, mesmo dentre mulheres de prestígio, que só é quebrado num movimento de solidariedade quando percebem que não foram as únicas. A prática é naturalizada e aceita sem oposições mesmo por parte daqueles (outros diretores ou colegas de trabalho) que têm ciência das ocorrências e que com elas não concordam (exemplificativamente, citam-se as reportagens mencionadas pelo Estadão. Disponível em: <http://cultura.estadao.com.br/noticias/cinema,denuncias-de-assedio-sexual-deixam-hollywood-sob-pressao,70002069714>. Acesso em: 12 fev. 2018).
4. Diversos veículos de comunicação deram voz às denúncias, e até as relacionaram à propagação dos escândalos internacionais envolvendo principalmente a indústria cinematográfica americana, como se observa, exemplificativamente, de reportagens da Folha de São Paulo e da Isto É. Disponível em: <http://www1.folha.uol.com.br/mundo/2017/11/1936426-embaixador-brasileiro-afastado-tem-historico-de-acusacoes--de-assedio.shtml>. Acesso em: 12 fev. 2018; disponível em: <https://istoe.com.br/o-assedio-do-embaixador/>. Acesso em: 29 jan. 2018.

diversos debates e reflexões críticas. De início, é necessário reconhecer a ausência de pesquisas de campo que comportem um mapeamento mais geral do problema, em diversos segmentos econômicos, que seriam úteis para a problematização das causas e construção institucional das soluções possíveis. Apenas para ficar em alguns exemplos de aspectos dessa violência que mereceriam investigações aprofundadas, tem-se o seguinte: embora em tese o assédio possa vitimar homens e mulheres, por qual razão há uma percepção, ao menos inicial, de que quantitativamente as vítimas sejam em sua maioria mulheres? Em termos jurídicos, normalmente se analisa o fenômeno do assédio sexual no contexto contratual de uma relação de emprego, mas essa restrição estaria de acordo com a realidade do mundo do trabalho? Como seria possível conectar os princípios constitucionais da liberdade sexual, da igualdade e da democracia na construção de relações de trabalho que passem ao largo de práticas de violência? Quais estruturas ambientais trabalhistas parecem contribuir para situações assediadoras? No caso das mulheres, que aspectos da desigualdade de gênero se conectam com o assédio sexual?

Na incursão sobre o tema, mesmo considerando os limites que se apresentam para este breve estudo, pretende-se discutir a relação que ainda persiste entre assédio sexual e a questão de gênero. A partir disso, são referidos possíveis fatores do meio ambiente do trabalho que contribuem para o problema. Na sequência, torna-se fundamental problematizar a temática da responsabilidade e promover uma discussão constitucional sobre a questão do direito à igualdade que desafia a construção de ambientes laborais mais inclusivos, seguros e participativos.

2. ASSÉDIO SEXUAL, GÊNERO E ESTRUTURAS PATRIARCAIS

O assédio sexual é um fenômeno multifacetado, com interações complexas de fatores históricos, políticos e sociopsicológicos, e parece indicar que se trata de um comportamento abusivo que pode atingir homens e mulheres. Embora isso de fato ocorra, e existam subnotificações, em geral o tema envolve fortemente uma questão de gênero e que não tem relação direta com os estratos sociais mais incluídos ou menos desfavorecidos. O estrato social no qual estão inseridos vítima e agressor parece indiferente para designar a presença e/ou a intensificação de situações de assédio sexual.

Em estruturas hierarquizadas, como as observadas nas mais diversas relações de trabalho, são comuns a tentativa de demonstração de poder e a presença de práticas de dominação. Especialmente para as mulheres, estas práticas podem se manifestar por atos de cunho sexual.

A referência a estruturas hierarquizadas não significa que o assédio apenas ocorra na relação entre superior e subordinado e, sim, em relações de trabalho nas quais a participação plural, em igualdade de condições, não se torna uma prioridade e não está inserida na política de organização institucional.

O ambiente cultural que forja identidades, há muito tempo, e até os dias de hoje, destaca as diferenças entre homens e mulheres para distanciá-los, normalmente tomando-se o gênero masculino como neutro universal e inferiorizando o gênero feminino, como uma subcategoria do gênero masculino.

Pesquisas que remontam à década de 1990 já demonstravam que:

> 45% do contingente feminino da administração federal dos EUA sustentaram que tiveram de suportar algum tipo de assédio no trabalho. Nos Países Baixos, 58% das mulheres entrevistadas viveram situação semelhante. No Brasil, pesquisa realizada no princípio do ano de 1995, em doze capitais, constatou que 52% das mulheres que trabalham já foram assediadas (BARROS, 1995, p. 31).

Apesar de muitas vezes ocorrer de forma velada, sem pronunciamento das vítimas ou qualquer queixa formal, o assédio sexual influencia direta e permanentemente a vida das trabalhadoras e repercute, de forma desfavorável, na permanência e no desempenho laboral. De fato, situações de assédio podem atingir a confiança e a autoestima das vítimas e exige delas esforço extra para se manterem ativas no ambiente laboral.[5]

Assim, as condutas de cunho sexual, ou que objetivem vantagens sexuais, afetam a liberdade e a intimidade das vítimas, caracterizando-se, ainda, como um dos fatores responsáveis pela desigualdade nas relações de trabalho e pela discriminação para ingresso e permanência no mercado de trabalho.[6]

---

5. A constatação de que o assédio representa para as mulheres condições de trabalho hostis e injustas, em se considerando o propiciado aos homens, o que aumenta a distância do primado da igualdade em tais relações, bem como a questão de que, independentemente do gênero, os cidadãos têm direito fundamental a um meio ambiente do trabalho saudável, o que inclui um ambiente de respeito à presença das mulheres, são ideias que foram abordadas no seguinte artigo: PORTO, Noemia. *Diálogos entre o direito do trabalho e o direito constitucional*. São Paulo: Saraiva, 2014. p. 241-262.
6. Alice Monteiro de Barros aponta razões que considera tenham contribuído para que a questão do assédio sexual, enquanto fator responsável pela discriminação de que são vítimas as mulheres no mercado de trabalho, tenha despertado interesse nos últimos anos nos Estados Unidos, embora o problema seja antigo e generalizado, dentre elas: "a promulgação de leis em favor da igualdade de oportunidades, aliada a um progresso do movimento feminista na política de países industrializados; as primeiras decisões de tribunais norte-americanos, no final de 1970, considerando o assédio sexual um comportamento proibido, por violar a Lei de 1964 sobre direitos civis, cujo texto veda a discriminação sexual no trabalho; o aumento de mulheres no trabalho também ocasionou oposição à sua presença, manifestada sob a forma de assédio sexual, visando a constrangê-las a deixar funções tradicionalmente masculinas, e, de outro lado, suscitou, em certas empresas, a exigência de que cedessem a solicitações sexuais para obterem o emprego ou mantê-lo" (1995, p. 31).

Mais recentemente, a Associação Brasileira de Jornalismo Investigativo (Abraji) e o site de jornalismo "Gênero e Número" divulgaram resultado de um levantamento inédito, realizado em 2017, que envolveu 500 jornalistas, cujos números apresentam o retrato do ambiente de trabalho nas redações brasileiras, onde práticas sexistas são naturalizadas.[7] Pesquisas como essa são reveladoras da regularidade com a qual as mulheres sofrem intensamente pela prática de assédio sexual no ambiente de trabalho, tanto que dentre os dados destacados observou-se, por exemplo, que 83,6% dentre as entrevistadas já sofreram alguma situação de violência psicológica e 70% destas mulheres tiveram conhecimento do assédio a uma colega. Indicando, ainda, um ambiente intimidador, a mesma pesquisa apontou que 73% das profissionais já escutaram comentários de natureza sexual, merecendo destaque o fato de que 32% das jornalistas foram tocadas sem consentimento, ou seja, tiveram sua esfera corpórea, sua intimidade física, simplesmente invadida.

Chama a atenção, a propósito, o fato de o assédio ocorrer independentemente de se tratar de um segmento profissional em que prepondera um bom nível de formação formal das trabalhadoras. Além disso, há certa normalização das condutas, que podem aparecer em forma de "brincadeiras", a corroborar a construção e a permanência de um ambiente de trabalho centrado no neutro masculino, dentro do qual não há espaço para manifestação do feminino, seja por meio de atitudes, falas, ou mesmo pela forma de se vestir. Dentre as jornalistas entrevistadas, 92% ouviram piadas que consideraram machistas. É inevitável concluir que a permanência em ambientes de trabalho como esses representa, para as vítimas, um custo físico, psíquico e social de difícil mensuração.

Esses levantamentos permitem lançar reflexões críticas. Dentre elas, quais fatores ambientais contribuem para a prática de assédio sexual nas hipóteses em que as vítimas são mulheres?

Os números apresentados podem ser assustadores e, até mesmo, parecerem irreais, em razão dos altos índices considerando as 500 jornalistas entrevistadas. Dentre eles, tem-se que 17% das mulheres ouvidas alegaram que foram agredidas fisicamente, o que não deixa de ser assustador. Exatamente por isso, há questionamentos que comumente surgem sobre o porquê de essas mulheres não virem à tona, de não se buscar adequada punição dos assediadores, e mesmo sobre a veracidade dos fatos.

Como o assédio sexual decorre, em geral, de condutas silenciosas ou, muitas vezes, de difícil identificação e comprovação, não são tantas as queixas, ações civis ou reclamações trabalhistas quanto são os relatos ou descrições protegidos pelo anonimato de pesquisas estatísticas. É necessário pontuar, a propósito, que referidos questionamentos podem ter o potencial de reforçar a ideia de vitimização das mulheres e o estereótipo feminino de fragilidade, na linha dos discursos que permitem a própria ocorrência de assédio.

Nesse sentido, a pesquisa antes mencionada, realizada pela Abraji (Associação Brasileira de Jornalismo Investigativo) e pelo site de jornalismo "Gênero e Número", revela, ainda, que:

> embora a maioria das jornalistas no país vivencie situações de machismo no ambiente de trabalho, as empresas ainda não respondem de maneira adequada ao problema, segundo disseram as profissionais que participaram da pesquisa. As mulheres presentes nos grupos focais afirmaram que a tendência geral nas empresas é minimizar e abafar os casos de assédio que chegam a ser denunciados. Também é recorrente a recomendação de que a jornalista administre a situação ou aprenda a "se impor" perante machistas e assediadores.

Nota-se, com isso, um evidente discurso de não responsabilidade dos tomadores de serviço em relação à qualidade do meio ambiente de trabalho que oferecem. Sob a ótica dessas empresas, a resposta, então, seria asfixiar os casos de que se tem notícia, sem repreensão ou punição do assediador, desencorajando a vítima e outras mulheres que possam sofrer da mesma violência naquele ambiente a se manifestarem e trazerem tais situações de constrangimento à tona.

Releva notar a permanência da culpabilização da vítima, no sentido de que à mulher competiria evitar certos comportamentos potencializadores das situações de assédio. Isso revela o pano de fundo cultural que naturaliza a aceitação e a desculpa pelo comportamento indesejável, que teria ocorrido em razão da provocação da vítima (em face da roupa, do vocabulário, de ter aceito uma vez o convite para sair etc.). A pesquisa também revelou que 75% das jornalistas já ouviram comentários desconfortáveis sobre suas roupas ou aparência. A vítima, além de vítima, é a única responsável pela administração do problema.

A pouca atenção que se dispende no âmbito das organizações com o assédio sexual serve para alimentar o ciclo de violência e a ausência de denúncias, na medida em que a prática, ao ser abafada, torna-se banal, construindo-se, ainda, uma cultura de impunidade.

É significativo que, segundo a pesquisa realizada pela Abraji e pelo site de jornalismo "Gênero e Número", 46% das empresas não possuem canais para receber e responder às denúncias de assédio e discriminação de gênero. A ausência desses mecanismos corrobora a tradição do silêncio.

Além da violação à individualidade e intimidade das mulheres causada pelo assédio em si, há a vergonha de vir à tona e ser desacreditada pelo reforço do estereótipo de gênero. Num cenário como esse, também seria importante

---

7. Disponível em: <https://portal.comunique-se.com.br/jornalistas-no-brasil-rotina-de-assedio-sexual-e-discriminacao/>. Acesso em: 29 jan. 2018.

indagar quais outros fatores, além da falta de canais eficientes para recebimento e tratamento das denúncias, poderiam ser determinantes para contribuir com o silêncio das vítimas?

O gradual ingresso das mulheres no mercado de trabalho e a vontade de permanência em postos de trabalho nos espaços públicos podem motivar o não pronunciamento sobre o assédio sofrido.

Apenas a partir da década de 1970 foi possível observar a maior ocupação de postos de trabalho indistintos pelas mulheres, avanço que foi acompanhado de uma enorme precarização, com péssimas condições de trabalho, jornadas excessivas e prática recorrente de assédio moral (ASSUNÇÃO, 2011, p. 47). Esta disparidade na ocupação dos postos de trabalho permanece, ainda que em menor escala.

A Organização Internacional do Trabalho, em cartilha denominada "World Employment Social Outlook: Trends for women 2017", estimou que naquele ano a taxa de participação na força de trabalho global para as mulheres (pouco mais de 49%) representa quase 27 pontos percentuais a menos que a taxa para os homens (76%). Além disso, a organização prevê que essas taxas permanecerão inalteradas em 2018. No Brasil, a OIT estima que a taxa de participação feminina no mercado de trabalho em 2017 seja de 56% – uma diferença de 22,1 pontos percentuais em comparação com a participação masculina, estimada em 78,2%. Há uma desigualdade de gênero que permanece, a despeito das aparências.

Como há perceptivelmente mais mulheres ocupando diversos postos no mercado de trabalho, isso pode gerar uma compreensão, equivocada, de que essa presença viria acompanhada, na prática, de igualdade de acesso, de permanência e de ascensão profissional, o que, porém, não ocorre. Quanto a aspectos que demonstram a ausência, na prática, de condições igualitárias de trabalho para as mulheres, a despeito da taxa crescente de sua ativação no mundo do trabalho, podem ser citados: a diferença salarial persistente; índices indicativos de trabalho sem remuneração; presença na informalidade em atividades com qualidade inferior à dos homens; ocupação com o trabalho doméstico, tradicionalmente considerado como feminino.[8]

Esse quadro demonstra que ainda se encontra em andamento, no século XXI, o processo gradual de inserção das mulheres no mercado de trabalho. Sem uma permanência igualitária e consistente, seria possível retornar ao questionamento anterior, ou seja, quanto a percepção dessa instável presença no mercado de trabalho pode influenciar no silêncio das vítimas nos casos de assédio?

Assim, mesmo que a disparidade venha progressivamente diminuindo, ainda é evidente o desequilíbrio entre a participação (inclusive qualitativa) de homens e mulheres no mercado de trabalho. A luta pelo ingresso, manutenção ou crescimento no emprego pode ser decisivo para se tolerar o sofrimento causado sem delatar o agressor.

O fato de ambientes de trabalho serem tradicionalmente ocupados por pessoas do sexo masculino também pode ajudar a compreender a própria ocorrência do assédio.

A estrutura organizacional patriarcal privilegia algumas performances de gênero no mercado de trabalho. Um ambiente de trabalho hierarquizado, agressivo, competitivo e carreirista exige uma identidade de trabalhador centrada no homem, em uma ideia de masculinidade totalmente disponível para o trabalho a qualquer tempo, focada em excelência da produtividade e dominante sobre a concorrência, aqui compreendida aquela que ocorre entre colegas de trabalho.

Então, comportamentos intimidadores e invasivos podem ocorrer com a motivação, mesmo que inconsciente, de reforçar essas características impostas. O assédio sexual não é apenas uma questão individual, ou seja, do sofrimento da vítima e dos prejuízos, notadamente emocionais, que foi capaz de suportar. Ele normalmente se insere, se desenvolve e eventualmente se expande a depender da qualidade do meio ambiente do trabalho.

Muito embora as vítimas possam ser homens ou mulheres, o assédio sexual ocorre em proporções menos intensas com relação aos homens. Além disso, deve-se considerar que as condutas abusivas podem ocorrer não apenas em razão do sexo biológico, mas também em razão do gênero, assim entendido como as expectativas sociais com relação a uma pessoa, baseadas em seu sexo biológico (McGINLEY, 2008, p. 1.153). Por isso é que, mesmo a existência de casos em que se relata a prática de assédio também contra os homens não é capaz de descaracterizar a questão de gênero que se evidencia.

O estudo da autora americana acima referida traz à baila aspectos relacionados a uma teoria das masculinidades, além de pesquisas sobre a influência da natureza do gênero em práticas de violência como é o caso do assédio, afirmando seu objetivo de contribuir em disputas nos tribunais. Segundo defende, seria fundamental compreender que certos comportamentos de assédio de grupo ocorrem por causa do sexo e para reforçar normas de gênero no local de trabalho ou, ainda, com a finalidade de punir aqueles que não atuam em conformidade com tais regras. Segundo a mesma autora, seus estudos revelam que o comportamento de assédio no trabalho é muitas vezes enraizado na percepção dos trabalhadores masculinos de que o feminino é inferior e nos esforços dos trabalhadores para reafirmar a masculinidade do grupo e do trabalho (McGINLEY, 2008, p. 1.154-1.155).

---

8. Esses fatores foram extraídos de estudos da Organização Internacional do Trabalho (OIT) e foram discutidos no seguinte artigo: PORTO, Noemia. Entre o global e o local: o princípio fundamental da igualdade no trabalho na perspectiva de gênero. In: *Caderno Jurídico do Tribunal Regional do Trabalho da 10ª Região*. Brasília, v. 3, n. 5, set./out. 2009.

Segundo Neuza de Farias Araújo (2010, p. 3):

> A consequência de tais representações sociais engendradas pelo capital simbólico é o quase consenso de que a mulher é o ser menos capaz, o sexo frágil que precisa a todo tempo de um protetor, além disso, ainda hoje é vista no papel de reprodutora, enquanto a virilidade e os atributos considerados masculinos como forte e protetor são preferidos em detrimento do feminino, sendo considerados naturalmente superiores. Assim, o homem é a norma, partindo deste pressuposto as construções simbólicas. [9]

Analisando esses estudos, é inevitável constatar a presença da lógica perversa da "coisificação", que não é atributo apenas de setores econômicos inseridos na iniciativa privada, estando presente, também, no serviço público.

A chamada "dominação masculina" não é aquela simplificada na relação de um gênero com outro, mas, sim, traduz uma cultura, um modo de impor padrões de comportamentos heteronormativos masculinos. Quando se refere a uma normatividade masculina isso implica considerar que práticas assediadoras ou de desrespeito à condição das mulheres não são de iniciativa apenas dos homens, porquanto também as próprias mulheres podem conferir reforço à política de dominação na reprodução das mesmas práticas.

Nesse sentido, o assédio sexual faz suas vítimas entre (muitas) mulheres e outras pessoas em razão da orientação sexual; faz vítimas, em suma, em relação a qualquer um que não se enquadre num padrão de mercado competitivo que possui normas e regras forjadas em torno do suposto neutro do padrão heteronormativo masculino.

3. NAS QUESTÕES JURÍDICAS, O DESAFIO DA AFIRMAÇÃO DA IGUALDADE COMO DIREITO E RESPEITO À DIFERENÇA

O assédio sexual como violência por agressão à liberdade do outro existe, permanece e não necessariamente faz vítimas aleatórias e constitui uma ameaça à saúde do(a) trabalhador(a), comprometendo, ainda, a boa prestação dos serviços, o que traz prejuízos também para as instituições. Neste cenário, um aspecto importante, embora não seja o único, seria situar o fenômeno juridicamente.

No campo do direito, as compreensões conceituais são tão importantes quanto desafiadoras, e normalmente insuficientes para abranger a dinâmica da sociedade contemporânea. É com essa perspectiva da importância, da abertura e da insuficiência que se aborda o assédio sexual.

E para além dele, o que se coloca para os cidadãos é o grau de vinculação constitucional do princípio da não-discriminação.

De fato, o assédio sexual é prática de exclusão. Como as vítimas de assédio vivenciam condições de trabalho assimétricas, que impõem esforços extras na manutenção do posto de trabalho, na ascensão profissional e na conservação da saúde física e mental, é indispensável problematizar os significados formal e material do princípio da igualdade.

A persistência das práticas de assédio, a discriminação sofrida pelas vítimas e a permanência da impunidade trazem à tona aspectos da normatividade constitucional.

A Constituição não pode ser compreendida a partir da leitura do seu texto formal. Tão importante quanto o texto é a sua práxis, a gramática social construída a partir das expectativas complexas que são geradas na aliança entre forma e matéria constitucional. É possível que essa dimensão poliédrica da Constituição consiga ao menos em parte justificar a constatação de que se avançou sobremodo na temática dos direitos de cidadania, incluindo o primado da igualdade, mas, ao mesmo tempo, no plano da vivência concreta, se experimenta uma intensificação no campo do trabalho de um processo de desafiliação social, que certamente tem reflexos na salubridade das relações que são ali geradas.

A Constituição de 1988 representa etapa importante na consolidação dos direitos trabalhistas como direitos sociais fundamentais. A República Federativa do Brasil se constitui em Estado Democrático de Direito (art. 1º), o que significa concretamente considerar a centralidade normativa dos direitos fundamentais, cujas normas têm aplicação imediata (art. 5º, § 1º). Enquanto o Título I da Constituição de 1988 cuida dos Princípios Fundamentais, o Título II confere tratamento normativo a tais direitos.

No sistema anterior, depois de mais de uma centena de artigos, no Título II da Constituição de 1967/1969, e iniciando-se pelos aspectos relacionados à nacionalidade (art. 140), era tratada a *Declaração de Direitos*, ou seja, a preocupação inicial, na quase totalidade dos dispositivos antecedentes, era com a estruturação e a organização do poder.

A questão, no paralelo entre os dois Textos, não é de uma mera reordenação de dispositivos. Na realidade, afirmar-se uma estrutura de princípios fundamentais, seguida imediatamente da declaração de direitos, como ocorre desde 1988, revela a construção de uma identidade constitucional voltada ao primado da pessoa humana, indicando que a estrutura de poder deve servir a essa finalidade primordial.

---

9. Neuza de Farias Araújo (2010) traz reflexões importantes sobre algumas conceituações de poder e dominação, baseadas nas definições de Weber, Foucault, Bourdieu e Perrot, e com isso discute a ineficiência do sistema de quotas no Brasil para uma inserção consistente das mulheres na política partidária. É interessante notar que no desenvolvimento dos seus argumentos a autora é cautelosa ao afastar a ideia de uma passividade por parte das mulheres quanto aos aspectos de dominação, ou seja, citando Michelle Perrot, refere que "pensar a história linearmente como a história da dominação masculina é um erro, é excluí-las de um período no qual elas também foram sujeito" (p. 3). Assim, a autora, sem negar os diversos problemas que condicionam uma desigualdade socialmente imposta ao gênero feminino, percebe nas mulheres sujeitos ativos e significantes do seu tempo, capazes da construção de espaços de respeito à diversidade.

Estabeleceu a Constituição atual como diretriz na construção da normatividade trabalhista a melhoria da condição social dos trabalhadores (art. 7º, *caput*) e afirmou os princípios da redução das desigualdades regionais e sociais e da garantia do pleno emprego (art. 170, incisos VII e VIII). Ao lado disso, não se pode negar o primado da dignidade humana (art. 1º, inciso III). Portanto, o direito ao trabalho na Constituição Federal não se circunscreve ao direito de acesso a uma ocupação (ou qualquer ocupação), mas, sim, alcança o direito ao trabalho digno. A performance normativa desse direito fundamental depende da observância às garantias de remuneração justa e do desenvolvimento das atividades laborais em condições de liberdade, equidade e segurança.[10]

Trata-se de questão relevante a de se compreender se a proteção constitucional está endereçada apenas àqueles que protagonizam uma relação de emprego. Ao contrário dessa limitação, é importante resgatar a promessa de universalização dos direitos fundamentais em geral, o que, para o Direito do Trabalho, significa inclusão no sistema de proteção de todas as pessoas que vivem do trabalho, repensando o próprio conceito de classe trabalhadora para além da ideia de operário.

Ricardo Antunes é um dos autores que vem construindo essa advertência sobre a necessidade de compreensão do alargamento do conceito de trabalhador. O autor se refere à classe-que-vive-do-seu-trabalho (2008, p. 140) e pondera que essa noção amplia e incorpora a ideia de proletariado industrial, que se reduz e se torna significativamente heterogêneo, como decorrência das mudanças tecnológicas e da automação. Para ele, então, a classe proletária não pode se circunscrever àquela formada em torno da grande fábrica, como unidade homogênea de produção.

Todavia, até os dias de hoje, isto é, mesmo depois do advento da Constituição de 1988 – que contempla a generalização de direitos para os trabalhadores, e não apenas para os empregados –,[11] as fórmulas formais (contratuais ou estatutárias) continuam atuando como um forte elemento de homogeneização trabalhista, inclusive na perspectiva dos próprios trabalhadores, e para a finalidade de se desbravar elos entre direitos e obrigações.

A expansão e o alargamento da proteção à pessoa que necessita viver do seu trabalho exigem, sobretudo, uma nova postura interpretativa sobre o significado da constituição, a compromissar os tribunais, as políticas públicas conduzidas pelo Estado e os desenhos normativos traçados pelo legislador, assim como a atuação dos organismos em geral de representação dos trabalhadores.

Ao mesmo tempo em que se pode apontar para o desafio de construção de mecanismos eficazes de proteção jurídica que permitam a extensão de direitos para os trabalhadores, independentemente da condição contratual ou formal que protagonizem nas relações de trabalho, e com ele o aumento do alcance do primado dos direitos fundamentais, estão postas as questões do conceitual do assédio sexual, visto como violência por avançar sobre liberdades constitucionais, e da possibilidade de construção de mecanismos institucionais de prevenção e de combate.

É certo que quando se fala em assédio sexual, inicialmente é possível imaginar a referência ao comportamento de um superior hierárquico que passa a exigir uma conduta sexual da vítima, e mesmo favores sexuais, como condição de manutenção do posto de trabalho e/ou de ascensão profissional.[12]

Essa referência conceitual, no entanto, encontra-se no estreito enquadramento do tipo penal e não é representativo de todas as situações que são atingidas por ato irregular do agressor. Diversamente, o assédio sexual, cuja prática pode ter outras repercussões jurídicas, incluindo o campo da responsabilidade civil-trabalhista, suplanta a referência penal, e se situa em âmbito compatível com a extensão do princípio da liberdade constitucional, que dentre as suas dimensões também compreende o da liberdade sexual e o da liberdade para trabalhar, acessando um posto considerado digno.

Nesta mesma linha de raciocínio, o assédio sexual não se apresenta no ambiente de trabalho de uma única e exclusiva forma, senão que comporta as seguintes: verbal, gestual, por escrito, contato físico, instrumento de intimidação, chantagens ou propostas, todas elas, inclusive, podendo ser entendidas – ou tentam ser traduzidas – como "brincadeiras". Ao contrário do tom jocoso que a expressão brincadeira pode carregar no tema do assédio, a questão, na verdade, precisa ser compreendida a partir da perspectiva da vítima. Assim, como uma "brincadeira" não seria assédio se apenas o seu autor se diverte com ela?

Além disso, não é praticado unicamente por um superior hierárquico sobre uma subordinada, mas pode ocorrer também entre colegas que ocupam o mesmo posto dentro da estrutura organizacional da relação de trabalho. Então, embora a verticalidade tenha sido ressaltada no tipo penal,

---

10. Esses argumentos foram desenvolvidos em maior profundidade e extensão na obra *O trabalho como categoria constitucional de inclusão* (PORTO, Noemia. São Paulo: LTr, 2013).
11. O art. 7º, *caput*, da Constituição possui a seguinte redação: "são direitos dos trabalhadores urbanos e rurais, além de outros que visem à melhoria de sua condição social:". O texto faz referência aos trabalhadores, e não necessariamente a empregados, contendo verdadeira cláusula de abertura quando possibilita a incorporação de outros direitos, além dos básicos elencados, desde que a finalidade seja a de melhoria da condição social dos trabalhadores. Esse raciocínio foi desenvolvido de forma mais abrangente na seguinte obra: *O trabalho como categoria constitucional de inclusão* (PORTO, Noemia. São Paulo: LTr, 2013).
12. De fato, a Lei n. 10.224/2001 inovou o Código Penal passando a prever o art. 216-A, com a seguinte redação: "Constranger alguém com o intuito de obter vantagem ou favorecimento sexual, prevalecendo-se o agente da sua condição de superior hierárquico ou ascendência inerentes ao exercício de emprego, cargo ou função. Pena – detenção, de 1 (um) a 2 (dois) anos."

a horizontalidade também pode caracterizar práticas de assédio sexual, ainda que sem repercussões criminais.

Inegável que há aspecto importante presente no dever de respeito no ambiente laboral que parece se flexibilizar absurdamente quando se trata da relação com uma colega de trabalho. Essa expressão obrigacional (o dever de respeito) é relevante no campo do direito porque é dela que podem ser extraídas consequências jurídicas de responsabilidade, inclusive em relação a colegas de mesma estatura hierárquica, sem prejuízo da responsabilidade do tomador de serviços.[13]

Quando caracterizado o assédio, o que há é a omissão do empregador ou do beneficiário dos serviços em propiciar um ambiente do trabalho saudável, isto é, seguro, implicando, inclusive, o dever constitucional de respeito irrestrito às pessoas trabalhadoras. A reparação que passa a ser devida, no mínimo de cunho moral, deve responsabilizar a pessoa física ou jurídica tomadora/beneficiária dos serviços, de quem certamente se pode exigir, pelo dever de diligência, que tivesse conhecimento sobre as práticas relacionadas ao trabalho, devendo fornecer mecanismos eficientes internos para que o trabalhador ou a trabalhadora possam reclamar do abuso na própria instituição.[14]

Aliás, o assédio pode ocorrer nas mais diversas relações de trabalho, independentemente de estarem formalizadas numa relação do tipo contratual empregatícia. O tipo penal, que por sua natureza comporta receituário jurídico mais estrito, menciona o exercício de emprego, cargo ou função. No entanto, o assédio não se insere exclusivamente na dinâmica dos contratos empregatícios, especialmente considerando que o mundo do trabalho convive hoje com notável expansão de contratos atípicos, entre "autônomos", "parceiros", "pejotizados", "colaboradores", e outras modalidades que procuram tensionar o dual pacto previsto nos arts. 2º e 3º da CLT.[15] Nesses novos pactos, as relações assimétricas não ficam atenuadas, ao contrário, são acentuadas pelo poder econômico de um lado e pela necessidade de trabalho de outro. Os contratos atípicos contam, ainda, com a agravante de uma crescente ausência de sindicalização dos envolvidos e de pertencimento a um grupo de trabalhadores. Apenas esses aspectos já são graves o suficiente para demonstrar que fragilizada a estrutura profissional, com ela também podem se tornar ineficientes instrumentos de solidariedade no trabalho que poderiam apontar para situações mais igualitárias, e livres da prática de assédio. De fato, como denunciar a um sindicato? De qual sindicato se exigiria a postura institucional de tensionar e negociar políticas empresariais de igualdade de oportunidades e de ocupação? Como receber o reforço do grupo para combate a práticas discriminatórias?

Essa percepção de que o assédio sexual não se encontra confinado a relações contratuais empregatícias, na exclusiva lógica da relação entre superior hierárquico e subordinado, faz atualmente parte da discussão pública sobre o problema, tanto que há projetos de lei em andamento que visam à punição do assédio nas ruas.[16]

Todavia, a penalização de condutas, ainda que se opte pelo alargamento dos tipos correspondentes vinculados à prática de assédio sexual, seria movimento suficiente e satisfatório na perspectiva da discriminação que as vítimas sofrem no ambiente de trabalho?

Os organismos internacionais, os Estados, os movimentos representativos dos trabalhadores, as empresas e, finalmente, o direito esboçam uma luta contra os agentes nocivos não somente à saúde física do trabalhador, mas também à sua saúde mental e ao seu aspecto psíquico/emocional. Mas a luta contra o assédio (moral e sexual) está há quanto tempo na pauta política das organizações coletivas e das instituições? Parece existir um descompasso entre a longevidade das práticas de violência no ambiente do trabalho e a construção de estruturas institucionais hábeis a combatê-las, mas, sobretudo, a preveni-las, quando

---

13. O art. 932 do Código Civil, que versa sobre responsabilidade objetiva, prevê que são também responsáveis pela reparação "o empregador ou comitente, por seus empregados, serviçais e prepostos, no exercício do trabalho que lhes competir, ou em razão dele" (inciso III).
14. A convicção sobre a abrangência da responsabilidade civil em casos de assédio sexual também foi expressa no seguinte estudo: PORTO, Noemia. Assédio Sexual: uma questão de gênero que desafia a normatividade da constituição. In: SARLET, Ingo Wolfgang; MELLO Filho, Luiz Philippe Vieira de; FRAZÃO, Ana de Oliveira (Org.). *Diálogos entre o direito do trabalho e o direito constitucional*. São Paulo: Saraiva, 2014. p. 241-262.
15. A expansão de contratos precários foi estimulada pelo advento da Lei n. 13.467/2017 ("Reforma Trabalhista") e as respectivas previsões fizeram com o que o Brasil voltasse a vigorar na chamada "long list", ou seja, "rol de casos que o Comitê de Peritos sobre a Aplicação de Convenções e Recomendações da Organização do Trabalho (OIT) considera graves e pertinentes para solicitar uma resposta completa quanto às observações relacionadas ao cumprimento de determinadas normas internacionais pelos Estados membros". Conforme notícia divulgada pela Associação Nacional dos Magistrados da Justiça do Trabalho (ANAMATRA), "o país também deve revisar, por solicitação do Comitê, previsões do art. 442 da CLT, que restringem direitos sindicais a alguns trabalhadores. A Convenção n. 98 prevê, como únicas exceções neste sentido, os policiais, membros das forças armadas, além dos servidores públicos envolvidos na administração do Estado. Como a Convenção preconiza que a proteção jurídica deve ser estendida a todos os trabalhadores, e não apenas àqueles que determinada legislação elege como empregados, outro problema da Lei n. 13.467/2017 é a proliferação de contratos de "autônomos", "parceiros", pessoas jurídicas e similares" (Disponível em: <https://www.anamatra.org.br/imprensa/noticias/26164-reforma-trabalhista-brasil-volta-a-figurar-na-lista-de-casos-que-devem-ser-analisados-pela-oit>. Acesso em: 07 fev. 2018). O relatório completo do comitê de peritos está disponível no seguinte endereço eletrônico: <http://www.ilo.org/wcmsp5/groups/public/---ed_norm/---relconf/documents/meetingdocument/wcms_617065.pdf>.
16. Como exemplo, cita-se o PLS n. 740/2015, de autoria do Senador Humberto Costa (PT/PE), que pretende acrescer o art. 216-B ao Decreto-Lei n. 2.848, de 7 de dezembro de 1940 (Código Penal), para tipificar o crime de constrangimento ofensivo ao pudor em transportes públicos. O projeto foi aprovado por comissão em decisão terminativa e seguiu para a Câmara dos Deputados em outubro de 2017.

se comparam os números, as denúncias, as persistências e o discurso formal de uma proteção jurídica igualitária no trabalho.

Tal proteção jurídica indica a importância do respeito às diferenças, sendo certo, a propósito, que igual tratamento não significa tratamento idêntico. "Temos o direito de ser iguais quando a nossa diferença nos inferioriza; e temos o direito a ser diferentes quando a nossa igualdade nos descaracteriza. Daí a necessidade de uma igualdade que reconheça diferenças e de uma diferença que não produza, alimente ou reproduza as desigualdades" (SANTOS, 2003, p. 56).

O processo de cidadania exige uma outra postura das instituições, qual seja, a do resgate do trabalho como categoria de inclusão.[17] O trabalho como expressão de cidadania e o trabalho como mecanismo de inclusão são incompatíveis com ambientes assimétricos que, como tais, possibilitam práticas assediadoras que se tornam constitutivas das próprias relações de trabalho. Para Sayonara Grillo Coutinho Leonardo da Silva, é preciso "adjetivar o trabalho como um locus de democracia e de participação" (2007, p. 1.364). Isso indica que talvez uma das possibilidades que podem fazer diferença na temática do assédio sexual, para além da penalização de condutas, de responsabilização cível ampla, do alcance protetivo para os trabalhadores e as trabalhadoras, não só para empregados e empregadas, é do se estabelecer o compromisso público e jurídico com estruturas internas laborais participativas e democráticas. Participação e democracia, em termos constitucionais, não podem ser apenas retórica e não se circunscrevem apenas a questões de política partidária.

Afinal, a igualdade no trabalho constitui importante dimensão da igualdade de gênero e o modo como se vê o patamar de igualdade das mulheres interfere no tratamento dado ao assédio sexual.

4. CONCLUSÃO

Tão importante quanto a integridade física em geral, tem-se a integridade moral, psicológica, social e sexual das pessoas, verdadeiro sinônimo do poliedro de liberdades que o Estado Democrático de Direito representa. O assédio não se caracteriza apenas quando há ameaça física real (isso é algo extremado), mas também quando a abordagem interfere nas condições de trabalho que deveriam ser proporcionadas a todos de forma igualitária. Apenas quando o outro é visto como objeto, e não como pessoa – ainda que diferente, por exemplo, em face do gênero – é que o desejo, de algo prazeroso, se transforma em expressão de violência e de abuso, na exata medida em que não é compartilhado e que funde objetos desejáveis com pessoas que são vítimas.

O assédio sexual não é uma questão individual. Além disso, não tem relação direta com essa ou aquela classe social e não se manifesta apenas nas relações contratuais empregatícias. Em vez disso, é fenômeno multifacetado, decorrente de interações entre fatores históricos, políticos e sociopsicológicos, que ainda envolvem fortemente a questão de gênero.

O assédio sexual, em suas mais diversas formas e manifestações, é prática de exclusão social que permite a dominação e o reforço dos estereótipos de gênero e, substancialmente, é incompatível com a construção de uma identidade do sujeito constitucional aberta a novas inclusões no ambiente de trabalho.

As vítimas de assédio sexual, apesar de vivenciarem condições de trabalho assimétricas, que impõem esforços extras na manutenção do posto de trabalho, na ascensão profissional e na conservação da saúde física e mental, propagam um silêncio que muitas vezes apenas é quebrado quando envolvido por um movimento de solidariedade entre outras vítimas que sofreram da mesma violência.

Torna-se indispensável, assim, problematizar os significados formal e material do princípio da igualdade e perceber que o reconhecimento e a penalização da conduta são importantes, mas não são suficientes na busca pela solução do problema.

A construção de estruturas institucionais hábeis a combater as práticas de violência no ambiente de trabalho, tais como canais de denúncia anônima, rodas de conversa feminina, políticas contrárias à manifestação do assédio e estruturação real de igualdade de oportunidades no trabalho não são tão antigas quanto a prática da violência, mas devem auxiliar na prevenção e no combate a essas manifestações. Destaca-se, ainda, a importância de uma educação para o trabalho e no trabalho que reforce políticas igualitárias e de respeito à diferença.

Pela restrição que é própria ao tipo penal, casos de assédio, quando notificados ou denunciados, podem redundar em ações civis reparatórias. Todavia, a monetarização das relações de trabalho não é resposta suficiente para dar conta dos prejuízos que, de forma indelével, marcam a vida pessoal e profissional das vítimas.

Ademais, a própria reestruturação de ambientes de trabalho propícios à reprodução de práticas de violência pode ser determinante no combate ao assédio, na medida em que se percebe que alguns fatores contribuem para o número de vítimas mulheres.

Estruturas organizacionais menos hierarquizadas e competitivas, mais democráticas e igualitárias abririam espaço para as mais diversas manifestações de identidade, sem que se exija um modelo de trabalhador centrado em uma ideia de masculinidade totalmente disponível para o

---

17. Este raciocínio está presente em SILVA, que o desenvolve com suporte em **Boaventura de Sousa Santos** (SILVA, 2007, p. 1363 – nota de rodapé).

trabalho, individualista e focada em excelência de produtividade de forma dominante sobre a concorrência, em prejuízo do trabalho visto como manifestação de cidadania.

A construção de relações verdadeiramente democráticas, que não se limitam às relações de emprego formais, se incompatibiliza com o movimento de expansão da desafiliação social trabalhista. Aliás, é importante resgatar a promessa de universalização dos direitos fundamentais em geral, o que, para o Direito do Trabalho, significa inclusão no sistema de proteção de todas as pessoas que vivem do trabalho, repensando o próprio conceito de classe trabalhadora para além da ideia de operário.

Desse modo, a proteção jurídica, que deve transcender o contrato de emprego e abranger todas as relações em que são protagonistas aqueles-que-vivem-do-seu-trabalho, advém direto da Constituição, uma vez que o direito ao trabalho não se circunscreve ao direito de acesso a uma ocupação (ou qualquer ocupação), mas, sim, alcança o direito ao trabalho digno e livre de violência, seja qual for a relação em questão.

A construção de um ambiente laboral no qual vigore o direito respeitoso e recíproco à discordância e à construção de consensos; que impere a possibilidade de uma participação mais plural de todos os envolvidos; que assimile a ideia de eficiência com a de bem-estar; que considere que as instituições não possuem um fim em si mesmas, mas devem visar o melhor desenvolvimento de todos, representa um dos grandes desafios no Estado Contemporâneo.

5. REFERÊNCIAS BIBLIOGRÁFICAS

Revistas, livros e artigos

ANTUNES, Ricardo. *Adeus ao trabalho?*: ensaio sobre as metamorfoses e a centralidade do mundo do trabalho. 13. ed. rev e ampl. São Paulo: Cortez, 2008.

ARAÚJO, Neuza de Farias. Diferentes definições de poder e dominação: repercussões na participação política envolvendo as relações de gênero. In: *Fazendo Gênero 9*. Diásporas, Diversidades, Deslocamentos. Universidade Federal de Santa Catarina (UFSC). 23 a 26 ago. 2010. Disponível em: <http://www.fazendogenero.ufsc.br/9/resources/anais/1278086119_ARQUIVO_ARTIGOREVISAODOC[1].pdf>. Acesso em: 12 fev. 2018.

BARROS, Alice Monteiro. *O assédio sexual no direito do trabalho*. Disponível em: <http://www.trt3.jus.br/escola/download/revista/rev_54/Alice_Barros1.pdf>. Acesso em: 29 jan. 2018.

ASSUNÇÃO, Diana (Org.). *A precarização tem rosto de mulher*: a luta das trabalhadoras e trabalhadores terceirizados da USP. São Paulo: Edições Iskra, 2011.

MCGINLEY, Ann C. *Creating masculine identities*: bullying and harassment "because of sex". 79 U. Colo. L. Rev. 1151, V. 79, 2008. Disponível em: <http://scholars.law.unlv.edu/cgi/viewcontent.cgi?article=1018&context=facpub>. Acesso em: 30 jan. 2018.

PORTO, Noemia. Assédio Sexual: uma questão de gênero que desafia a normatividade da constituição. In: SARLET, Ingo Wolfgang; MELLO Filho, Luiz Philippe Vieira de; FRAZÃO, Ana de Oliveira (Org.). *Diálogos entre o direito do trabalho e o direito constitucional*. São Paulo: Saraiva, 2014. p. 241-262.

_____. *O trabalho como categoria constitucional de inclusão*. São Paulo: LTr, 2013.

_____. Entre o global e o local: o princípio fundamental da igualdade no trabalho na perspectiva de gênero. In: *Caderno Jurídico do Tribunal Regional do Trabalho da 10ª Região*. Brasília, v. 3, n. 5, set./out. 2009.

SANTOS, Boaventura de Sousa. Reconhecer para libertar: os caminhos do cosmopolitismo multicultural. *Introdução*: para ampliar o cânone do reconhecimento, da diferença e da igualdade. Rio de Janeiro: Civilização Brasileira, 2003.

SILVA, Sayonara Grillo Coutinho Leonardo da. Cidadania, trabalho e democracia: um dos percursos possíveis para uma difícil, mas necessária, articulação na história. In: *Revista LTr*, São Paulo, ano 71, n. 11, p. 1.355-1.365, nov. 2007.

Pesquisa eletrônica, leis e documentos

ANAMATRA. *Reforma trabalhista*: Brasil volta a figurar na lista de casos que devem ser analisados pela OIT. Disponível em: <https://www.anamatra.org.br/imprensa/noticias/26164-reforma-trabalhista-brasil-volta-a-figurar-na-lista-de-casos-que-devem-ser-analisados-pela-oit>. Acesso em: 07 fev. 2018.

ESTADÃO. *Denúncias de assédio sexual deixam Hollywood sob pressão*. Disponível em: <http://cultura.estadao.com.br/noticias/cinema,denuncias-de-assedio-sexual-deixam-hollywood-sob-pressao,70002069714>. Acesso em: 12 fev. 2018.

FOLHA DE SÃO PAULO. *Embaixador brasileiro afastado tem histórico de acusações de assédio*. Disponível em: <http://www1.folha.uol.com.br/mundo/2017/11/1936426-embaixador-brasileiro-afastado-tem-historico-de-acusacoes-de-assedio.shtml>. Acesso em: 12 fev. 2018.

ILO (International Labour Organization). *World Employment Social Outlook*: Trends for women 2017. Disponível em: <http://www.ilo.org/wcmsp5/groups/public/---dgreports/---inst/documents/publication/wcms_557245.pdf>. Acesso em: 09 fev. 2018.

ISTO É. *O assédio do embaixador*. Disponível em: <https://istoe.com.br/o-assedio-do-embaixador/>. Acesso em: 29 jan. 2018.

PORTAL COMUNIQUE-SE. *Jornalistas no Brasil*: rotina de assédio sexual e discriminação. Disponível em: <https://portal.comunique-se.com.br/jornalistas-no-brasil-rotina-de-assedio-sexual-e-discriminacao/>. Acesso em: 29 jan. 2018.

Feminismo, Pluralismo e Democracia

Olívia Santana[1]

Este artigo é uma reflexão sobre a experiência democrática no Brasil, numa perspectiva feminista de valorização da pluralidade e de afirmação das diversidades, condicionantes básicos de uma sociedade democrática.

Como nos adverte Magdalena Valdivieso (2012), do Centro de Estudos da Mulher da Universidade Central da Venezuela, a cidadania moderna, à luz de uma teoria política, quase sempre se limita a uma formalidade, e ampara as desigualdades e exclusões que reduzem a cidadania, de direito universal a privilégio social. É o que acontece, por exemplo com o Brasil, em que, embora todos sejam iguais perante a lei, milhões de brasileiras e brasileiros não têm efetivos direitos culturais, educacionais, econômicos ou sociais, ou seja, têm a cidadania subtraída.

O Brasil é um país de pequena tradição democrática. Tendo vivido mais de 350 anos sob regime escravista, brutalmente exercido em toda sua plenitude, e estando a apenas 130 anos sob regime de trabalho livre, aplicado com precariedade e insuficiência, o que predominou em nossa história foi a ausência de liberdade dos trabalhadores. A República foi estruturada sob o garrote dos coronéis do leite e do café, grandes oligarquias de Minas Gerais e de São Paulo, o que conformou o eixo Sul/Sudeste como centro do poder, econômico e político. O direito de votar, básico em uma democracia, era muito limitado. Só homens, maiores de 21 anos e alfabetizados, podiam votar, e em escrutínio aberto, ou seja, não existia o voto secreto. As mulheres não votavam por uma interdição de gênero. Como os negros e os indígenas, eram majoritariamente analfabetos, também não tinham o direto ao voto. Deformações enormes apareceram, sendo dessa época o surgimento do chamado, popularmente, "voto de cabresto", aquele dado pelos eleitores mais pobres em troca de favores ou algum dinheiro, e do vulgarmente conhecido "curral eleitoral", em referência às regiões dominadas por determinados candidatos, a serviço poder autoritário dos coronéis.

A marcha dos acontecimentos, impulsionada pela luta do povo, proporcionou episódios civilizatórios importantes, como a Revolução de 1930[2], a partir de onde surgem o voto secreto, o voto feminino e o voto a partir dos 18 anos.

Bem mais à frente, a luta do povo impulsionou uma nova era da República e, após um longo período de ditadura militar (1964 – 1985), possibilitou mais abertura política, deu mais expressão ao voto das mulheres, conquistado em 1932[3], reconheceu o direito dos analfabetos votarem, ainda que não o de serem votados. Dessa forma, a democracia chega como uma promessa, que vai sendo conquistada passo a passo, com as cores da luta do povo e com um desafio ainda presente: descolonizar as mentes e garantir mecanismos efetivos de fortalecimento da participação popular nos espaços de decisão, ultrapassando a cultura política e social sexista, heteronormativa, impregnada de racismo e de privilégios de classe.

O processo de democratização da sociedade brasileira é marcado por idas e vindas, importantes avanços e muitos retrocessos. Prova disso, é o golpe de Estado que, com o auxílio das togas, e não mais das baionetas, estabeleceu no país um tipo de regime de exceção após 12 anos de uma experiência popular de governo (2003 – 2014), encabeçada primeiro pelo presidente Luiz Inácio Lula da Silva e depois pela presidenta Dilma Rousseff.

Pensar a democracia nestas terras de pindorama é, por um lado, respeitar o mandato do primeiro artigo da Constituição de 1988, segundo o qual todo o poder emana do povo, e ampliar seu alcance, de tal maneira que as esferas do poder expressem a inteira diversidade social existente (de classe, gênero, orientação sexual, étnico-racial, geracional etc.).

São grandes as contradições que persistem. As mulheres são a maioria do eleitorado, votam, mas poucas são votadas. Toda a representação feminina no parlamento, atualmente, em pleno século 21, não ultrapassa 10%[4]. O pluralismo de ideias precisa ser acompanhado do pluralismo, social e cultural. Reconfigurar o poder com a participação das mulheres, dos negros, dos indígenas, dos jovens, da classe trabalhadora, de pessoas de diferentes orientações sexuais, estabeleceria ruptura com a tradição oligárquica, machista, homofóbica e racista com a qual o convívio social historicamente foi forjado e naturalizado.

O ex-presidente Lula, certa vez, comentou que Dilma, por ter formação universitária e sobrenome sofisticado, não seria alvo dos preconceitos que ele, um operário, retirante nordestino, sempre sofrera. A vida mostrou que as coisas se passaram de forma diferente. As elites se empenham

---

1. Pedagoga, feminista e Secretária do Trabalho Emprego Renda e Esporte do Estado da Bahia.
2. Movimento armado que pôs fim à Velha República (1889 – 1930). Foi articulado por lideranças políticas dos estados de Minas Gerais, Rio Grande do Sul, Paraíba, depondo o presidente Washington Luís e inviabilizando a posse do presidente Júlio Prestes.
3. No Código eleitoral Provisório, instituído pelo Decreto n. 21.076, de 24 de fevereiro de 1932, no governo de Getúlio Vargas, o voto feminino foi estabelecido no Brasil, após intensa luta do movimento de mulheres.
4. PELLEGRINI, M. "*Sub-representação feminina no Congresso afeta direitos sociais da mulher*". Carta Capital, 16 de jun. de 2015. Disponível em: <https://goo.gl/yTWu8J>. Acesso em: 31 jan. 2018.

por controlar e dirigir o Estado, para impor o seu projeto, independente das pessoas que formalmente estão à frente. O ciclo inaugurado pelo presidente Lula, após três derrotas eleitorais, nunca deixou de estar em disputa por forças retrógradas que, embora tenham perdido parte do poder político, continuam vivas e controlando o parlamento, o judiciário, a grande mídia e outras estruturas estratégicas do Estado e, especialmente, o grande capital.

A presidenta Dilma Rousseff foi eleita para dar continuidade ao projeto democrático e popular que se desenvolvia no país. O patriarcalismo e o conservadorismo das forças neoliberais jamais deixariam que tal projeto continuasse, e aceitaram que, depois de um operário, a faixa presidencial tivesse sido passada para as mãos de uma mulher, de esquerda. Tudo seria feito para derrubá-la, inclusive ataques machistas e misóginos, parte do repertório de valores preconceituosos da elite hegemônica.

E foi assim que uma sociedade dirigida por uma elite provinciana, sem projeto de nação e historicamente vocacionada a servir aos interesses do grande capital externo, usou o pior dos seus preconceitos para barrar a experiência ungida por mais de 54 milhões de votos. O patriarcado se fez verbo na emblemática sessão da Câmara Federal de Deputados, no dia 17 de abril de 2016, quando por 367 votos favoráveis e 137 contrários, foi aprovada a admissibilidade do processo de *impeachment* da presidenta Dilma Rousseff. Em nome de Deus e da família deputados manipularam a fé de seus seguidores, deram ares de argumento nobre e emocional ao velho maniqueísmo tosco dos fascistas. Agiram em nome da religião, como enviados de Deus para extirpar da cadeira de presidente uma mulher honesta, artificialmente criminalizada e vendida como representante do mal por seus detratores no parlamento e pelos grandes meios de comunicação, maiores agenciadores da troca de comando. O *impeachment* foi confirmado no Senado, sob o olhar de cumplicidade do Supremo Tribunal Federal (STF) e os festejos da grande mídia. Mas Dilma se revelou impávida. Fez uma sustentação verbal durante horas apresentando sua autodefesa.

Chama a atenção, por ser uma prova da conspiração em prol da derrubada do governo e pelo aspecto da tirania de gênero, um dos áudios vazados de uma conversa entre Renan Calheiros, presidente do Senado, e o ex-presidente da Transpetro, Sérgio Machado[5]. Eles diziam que o governo estaria "perdendo a condição política" diante da impossibilidade de "negociar a transição" de uma mulher que "não está abatida e tem uma bravura pessoal que é uma coisa inacreditável".

Note-se que com a queda de Dilma, a conservadora revista Veja[6], celebrou a imagem da primeira-dama, Marcela Temer, como a mulher ideal: "bela, recatada e do lar", uma maneira de avisar às mulheres brasileiras que lugar de mulher não é nos espaços de poder, mas sim no ambiente da vida privada, na condição de zeladora da família. Rapidamente, centenas de memes viralizaram na internet satirizando a infeliz tentativa da revista de cristalizar estereótipos machistas sobre as mulheres[7].

Uma vez consumado o golpe, o que vimos em seguida foi a ascensão de um governo ilegítimo, liderado por Michel Temer assessorado pelo pior que a política nacional já produziu, representado por um ministério de homens brancos, proprietários, machistas, racistas e atolados em denúncias de corrupção, que empurrou o Brasil, ainda mais, para o abismo da crise econômica, da infindável crise política e para o pântano da corrupção.

A agenda de governo mudou radicalmente. Resgataram o programa derrotado nas urnas e partiram para o desmonte das conquistas sociais, do patrimônio nacional e para a revogação de grande parte dos direitos dos trabalhadores. No plano dos costumes, uma pauta obscurantista ganha força. O projeto "Escola Sem Partido" tenta criminalizar professores que estimulam o pensamento crítico. Há a tentativa de banir da escola formal o que chamam equivocadamente de "ideologia de gênero", que significa, na prática, impedir o estudo da situação de discriminação e opressão das mulheres e das pessoas de diferentes orientações sexuais, que são vítimas sistemáticas do bestial preconceito que brota da ignorância. Esse segmento altamente conservador busca manter o sistema educacional como um espaço político ratificador da ideologia patriarcal, retrógrada, que usa as diferenças biológicas para justificar e naturalizar as desigualdades de gênero, socialmente, culturalmente e historicamente construídas.

Nesse contexto, "Nenhum direito a menos" tornou-se um dos mais importantes slogan usados pelos movimentos feministas. Estamos vivendo, um tempo de perda das conquistas sociais acumuladas até a queda do governo Dilma. Após o congelamento dos investimentos nas áreas sociais, a Lei da Terceirização e a Reforma Trabalhista, está em pauta a Proposta de Emenda Constitucional n. 287/2016[8], da Reforma da Previdência. Há no Brasil brutais desequilíbrios regionais e baixo padrão de infraestrutura de serviços públicos universais que poderiam promover uma melhor qualidade de vida para as pessoas nas cidades. A PEC n. 287 não reconhece que milhões de mulheres trabalham na informalidade ou em ocupações precárias; não leva em conta a dupla jornada, que justifica a aposentadoria antecipada das mulheres em 5 anos a menos que os homens. Como nos primórdios da Revolução Industrial, o projeto possibilita que gestantes trabalhem em locais insalubres; muda a fórmula de cálculo e aumenta para 40 anos de contribuição o benefício da aposentadoria integral, desconhecendo que, para milhões de mulheres, negros, nordestinos e nortistas, de maioria indígena, esse tempo de contribuição será quase inatingível, pois a maioria dos trabalhadores não consegue se manter no mercado, sem

---

5. O áudio foi divulgado em maio de 2016 e está disponível em: <https://goo.gl/S3w1mp>. Acesso em: 10 fev. 2018.
6. LINHARES, J. Marcela Temer: Bela, Recatada e do Lar. In: *Revista Veja*. São Paulo: Editora Abril, 18 abr. 2016.
7. Alguns dos memes sobre a reportagem da Revista Veja podem ser conferidos em: <https://goo.gl/ta4ChM>. Acesso em: 10 fev. 2018.
8. A proposta pode ser conferida em:<https://goo.gl/uZHVg3>. Acesso em: 03 fev. 2018.

interrupção de seus contratos, seja por questões específicas, pela sazonalidade, ou por conta das crises econômicas que provocam ondas de desemprego. É fato que as mulheres do campo serão ainda mais mitigadas. Elas dividem mais intensamente suas atividades produtivas com o exercício da maternidade, comandando famílias ainda mais numerosas que as famílias das mulheres urbanas, e em condições ainda mais precárias de acesso aos serviços sociais de saúde, educação, entre outros. Na zona rural, as mulheres começam a trabalhar muito cedo, e envelhecem precocemente, na lida diária das lavouras ou de outras atividades. Sem dúvida a PEC n. 287, avança na deformação do que resta da Carta Magna, subtraindo ainda mais a frágil cidadania de brasileiras e brasileiros.

Dois anos depois de afastar à força a mulher que ousou continuar trilhando o caminho do avanço social na República, o golpe entra numa nova fase: a de desmontar qualquer possibilidade de retomada da experiência interrompida, do retorno de um projeto político que havia sido aprovado por via das urnas, nas eleições de outubro. Uma das alternativas encontradas é tentar, a todo custo, inviabilizar a participação do presidente Lula na disputa eleitoral de 2018.

Condenado sem provas por um juiz de primeira instância, Sergio Moro, o ex-presidente Lula teve a pena confirmada e ampliada na segunda instância, pelo Tribunal Regional Federal da 4ª Região (TRF-4). A ampliação da pena para 12 anos e um mês aponta para o espírito de perseguição e má-fé do Tribunal: caso a penalidade estipulada fosse até 12 anos, pela idade de Lula e tempo em que a suposta falta foi cometida, a pena já estaria prescrita. Então, deram um mês a mais.

O país é tomado de surpresa e perplexidade ante a gravidade da constatação de que parte do Judiciário e do Ministério Público Federal estão perfidamente capturados pelo carreirismo oportunista de direita, acobertado e promovido pelos holofotes mediáticos, que empresta brilho efêmero aos que fazem o serviço sujo de "justiceiros políticos", do *lawfare* desavergonhado.

1. A PARTICIPAÇÃO DAS MULHERES NOS ESPAÇOS DE PODER POLÍTICO NO BRASIL

Charles Fourier, citado por Engels (1980, p. 38), dizia que "o grau de emancipação da mulher numa sociedade é o barômetro natural pelo qual se mede a emancipação geral". Na democracia brasileira, a histórica invisibilidade das mulheres e, mais ainda das mulheres negras, desafia a nossa crença no Estado Democrático de Direito.

As instâncias de poder político no Brasil são por demais masculinizadas e embranquecidas. Um olhar sobre o Congresso Nacional nos faz constatar que as diversidades de gênero, etnia, raça, geração e orientação sexual, continuam do lado de fora, na externalidade do lócus que, contraditoriamente, se define como a casa do povo. Idem para o poder executivo nos estados e nos municípios. O Brasil está entre os piores países em representação feminina no parlamento. Os centros de decisões da nação são invariavelmente ocupados por homens brancos, ricos, com idade acima de 50 anos. Isso ocorre também em outros países, mas no Brasil é mais gritante, se considerarmos que somos o maior país da América Latina e estamos entre as maiores economias mundiais.

Nas eleições municipais de 2016, os postos de prefeitos e vereadores foram o centro da disputa. Mais uma vez a severa hierarquia de gênero e raça se repetiu. Os homens são numerosos entre os candidatos, enquanto as mulheres são maioria entre os eleitores e minoria entre os que conseguem se candidatar e ganhar eleições. O poder econômico atravessa a história, determinando a geografia do poder político. As desigualdades de condições financeiras, a hegemonia dos homens nos partidos políticos e suas direções, e a cultura machista que empurra as mulheres para as atividades domésticas, criam uma situação extremamente desfavorável para a participação feminina na política institucional eleitoral ou mesmo nos movimentos sociais.

Os movimentos feministas lutam pelo empoderamento das mulheres, por igualdade material de direitos e denunciam o desequilíbrio de gênero e também de raça/etnia nos processos eleitorais para ocupação dos cargos públicos. Mulheres e negros são os maiores contingentes populacionais, mas estão subrepresentados. Os mecanismos de exclusão impedem o desenvolvimento do Estado Democrático criando uma barreira intransponível para a maioria das mulheres, sobretudo para as mulheres negras. A cidadania, declarada na lei, é glosada na vida real.

Infelizmente, nossa experiência democrática atual tem somente 30 anos, e segue sem se consolidar. As eleições municipais de 2016 foram as primeiras eleições pós-golpe. Os resultados demonstraram que as mulheres permaneceram na mesma desvantagem em relação aos homens. Dos 57,8 mil vereadores eleitos, apenas 7,8 mil são mulheres[9]. Dos 5.570 cargos de prefeitos eleitos, apenas 637 são mulheres, segundo o Tribunal Superior Eleitoral (TSE)[10]. É, portanto, uma exacerbação da desigualdade e violação do ideário de cidadania.

É importante destacar que, em comparação com os resultados eleitorais de 2012, manteve-se a mesma taxa de representação nas instâncias legislativas, mas no executivo houve redução, já que em 2012, exatamente 663 mulheres foram eleitas prefeitas, 34 a mais que em 2016.

Os dados revelam que o Brasil não tem conseguido alterar sua posição no padrão mundial de representação política das mulheres. O país aparece na 155ª posição no documento "Mulheres no Parlamento: Revisão Anual", da União

---

9. VELASCO, C. *Proporção de vereadoras eleitas se mantém após quatro anos*. G1, 12 de out. de 2016. Disponível em: <https://goo.gl/J1E9wB>. Acesso em: 31 jan. 2018.

10. VELASCO, C. *A cada 10 prefeitos eleitos no 1º turno, apenas 1 é mulher*. G1, 03 de out. de 2016. Disponível em: <https://goo.gl/YkVpE5>. Acesso em: 31 jan. 2018.

Interparlamentar, de 2015[11]. Medidas urgentes são necessárias para garantir melhores oportunidades e condições de participação das mulheres.

2. AS RAÍZES DAS DESIGUALDADES ENTRE HOMENS E MULHERES

A divisão sexual do trabalho não é a única causa, mas é um dos principais fatores históricos que fundamenta a opressão de gênero. Desde a instituição da propriedade privada houve um injusto compartilhamento das tarefas entre homens e mulheres no modo de organização das sociedades. A produção da riqueza, baseada na propriedade privada dos meios de produção, que substituiu a experiência humana da propriedade coletiva das terras, as chamadas sociedade comunais, colaborou com um confinamento cada vez maior das mulheres à vida privada, enquanto os homens foram alçados ao vasto território da vida pública.

A filósofa Simone de Beauvoir (2009), mostrou que, nessa condição, as mulheres são confinadas a um estado de imanência, enquanto os homens vivenciam uma transcendência. Isto é, as mulheres têm suas vidas limitadas politicamente, socialmente, culturalmente, ao ato da reprodução biológica da humanidade, seu trabalho é voltado para a vida doméstica, às atividades relacionadas ao cuidado com as crianças, à família. A transcendência do homem assegura-lhe não haver limite para suas aspirações. Os homens são forjados para sufocar emoções, dominar o medo em nome da construção da sua masculinidade e virilidade; lançam-se à conquista de territórios, acumulam fortunas, dominam a natureza por meio da ciência e das tecnologias; são hegemônicos nas posições estratégicas da vida em sociedade e, assim, são a imensa maioria dos cientistas, dos políticos, das forças de segurança pública, das instâncias superiores da magistratura e do grande empresariado. Ademais, são os varões que desbravam mundos e fixam suas bandeiras de propriedade privada das terras conquistadas, e, muitas vezes, dos corpos de mulheres, nos delírios misóginos, que, por vezes, produzem o feminicídio. As leis e diplomas de cidadania são por eles escritos e também violados, em uma prática social onde imperam relações que os privilegiam em detrimento delas.

O trabalho é elemento *sine qua non* para a existência humana. É pelo trabalho que a humanidade vai transformando e dominando a natureza em seu favor. E é também "pelo trabalho que a mulher conquista sua dignidade de ser humano" (BEAUVOIR, 2009, p. 173). Entretanto, incrivelmente, a valoração do trabalho das mulheres é feita pelos homens que, no comando dos mercados, operam na estranha lógica da inferiorização do trabalho feminino.

A sociedade patriarcal restringe o horizonte das mulheres. Suas oportunidades de trabalho são geralmente direcionadas para as profissões ou funções de segundo escalão, ou que são recriações na esfera pública, dos cuidados domésticos, o que favorece as hierarquizações baseadas no sexo/gênero.

No fundo, há uma tendência forte, até os dias atuais, pela qual os sistemas se organizam de tal maneira que o trabalho reservado à mulher é complementar ao trabalho do homem.

O trabalho, em perspectiva materialista, é tudo que se acrescenta à natureza. Sua valoração, inclusive no mercado, passa pela sua importância para a reprodução da vida. Se no capitalismo uma das principais fontes de riqueza é a apropriação da força de trabalho, o trabalho não pago, na realização do patriarcado, os cuidados domésticos realizados pelas mulheres, baseados no afeto, em culpas e tradições, e a geração de vida, passam também por apropriações sem o reconhecimento do valor de tal trabalho, inclusive pelas próprias cuidadoras, as mulheres, o que caracterizaria uma violência simbólica, ou seja, uma violência em que a vítima se faz cúmplice em nome do amor.

No passado, a destinação das mulheres brancas era o matrimônio com um esposo endinheirado, milionário, ou qualquer pretendente que pudesse amparar sua existência. É como se as mulheres fossem somente o que seu corpo poderia lhes proporcionar, numa sociedade em que corpos eram também mercadoria, seja para fundir fortunas e adornar lares, em vantajosos casamentos, seja para o extenuante trabalho escravo, que assegurava a dinâmica de produção do capital à custa de sangue e vidas.

A Revolução Industrial levou mãos e mentes femininas para as fábricas, para o mundo do trabalho formal. A dupla jornada se estabeleceu: os afazeres domésticos, os quais deveriam ser compartilhados com os homens, foram agregados ao trabalho externo das mulheres. Por mais avanços que tenham ocorrido, ainda atualmente, as assimetrias persistem, os mecanismos subjetivos de legitimação dos estereótipos machistas sustentam e atualizam o patriarcado. O corpo é ainda mais valorizado que a capacidade intelectual e criativa das mulheres. Os meios de difusão da ideologia hegemônica impactam o imaginário político e cultural coletivo, são eles: o sistema educacional, a literatura, os meios de comunicação, a moda, a indústria cultural que difunde um padrão de mulher em que todas deveriam se enquadrar para conquistar um lugar ao sol. Quem não se enquadra, teria que conviver com sua incompletude. É aí que ganha força e importância os movimentos contra hegemônicos, que quebram padrões de beleza impostos e projetam outras possibilidades estéticas e de afirmação das diversas possibilidades de ser mulher.

A imagem feminina ainda é cultivada, a partir de um padrão eurocêntrico. Não obstante, a resistência feminista à opressão de gênero ocorre de formas distintas, através dos séculos. Mesmo depois da Revolução Francesa, as mulheres permaneceram sem seus direitos equiparados aos homens. Frente à isso, um importante documento foi feito por Olympe de Gouges, filósofa revolucionária francesa, e entregue às autoridades, em 1791. Trata-se da Declaração dos Direitos da Mulher e da Cidadã, contudo, a carta não foi aceita pelas instâncias de poder da época. Também a Revolução Russa,

---

11. GANDRA, A. *Brasil ocupa 115º lugar em ranking de mulheres na política*. Agência Brasil, 30 mar. 2017. Disponível em: <https://goo.gl/Nx6e92>. Acesso em: 31 jan. 2018.

de 1917, impulsionou a bandeira da igualdade entre homens e mulheres, ainda que o socialismo não tenha superado inteiramente as amarras culturais de desigualdades de gênero; a luta das operárias, nos Estados Unidos e na Europa, pela redução da jornada e por melhores condições de trabalho, salários justos e outros benefícios, que deu origem ao Dia Internacional das Mulheres, proposto em 1910 pela socialista alemã Clara Zetkin. As lutas e protestos se realizaram de forma diversificada e simultaneamente. O movimento sufragista instalou-se em vários países na primeira metade do século XX. Levou a conquista do voto feminino nos EUA em 1920 e na Inglaterra em 1929.

No Brasil, a primeira iniciativa de constitucionalizar o voto feminino partiu do parlamentar baiano Cezar Zama, que participou da elaboração da primeira Constituição Republicana e, na sessão de 30 de setembro de 1890, defendeu uma emenda prevendo o voto feminino que, entretanto, não passou. O Brasil deixou de ser, assim, o primeiro país do mundo a legalizar o voto feminino. Coube ao Equador fazer história, tornando-se o primeiro país da América Latina a garantir o sufrágio universal, em1929 (SCHUMAHER; CEVA, 2015).

Mas essa conquista, em escala planetária, não foi rápida nem está completa, sendo que países, como a França, que em 1789 sustentou os princípios de igualdade, liberdade e fraternidade, somente reconheceu o direito ao voto às francesas em 1940. E há outras surpresas. Entre as dezenas de retardatários nessa conquista democrática, estão a Itália, onde o voto feminino só vingou em 1946; o Japão, no mesmo ano; a Argentina e Israel em 1947; a Índia em 1950; a Grécia, pátria da democracia, em 1952; o México, em 1953 e a Suíça, onde o voto feminino só passou a prevalecer a partir de 7 de fevereiro de 1971.

3. OUTROS CAMINHOS DA RESISTÊNCIA

Ninguém nasce mulher, torna-se. Esta célebre frase, de Simone de Beauvoir (2009), nos remete à construção política das desigualdades de gênero, mas também às diferentes realidades vividas pelas mulheres. As distintas formas de opressão nos desigualaram. O movimento de mulheres negras parte de um ponto de resistência política muito próprio, que inclui até mesmo os suicídios nos navios negreiros, que transportavam cargas humanas para alimentar o sistema de escravidão. Muitos corpos de mulheres africanas foram tragados pelas águas profundas do Atlântico. Elas foram induzidas pelas circunstâncias a fazer uma macabra seleção: entregar-se à morte e não completar a dantesca travessia, ou enfrentar o desconhecido e serem consumidas pelo escravismo. As africanas escravizadas que puseram seus pés no Brasil e em outras terras das Américas enfrentaram o trabalho brutal e toda sorte de violações da sua condição humana. O estupro, as mutilações, o abandono compulsório de seus filhos e a obrigação de cuidar, e até mesmo, amamentar os filhos de seus patrões, seus amos e amas, mulheres e homens brancos, europeus, que detinham o poder de vida e morte sobre as pessoas que viviam sob o jugo da escravidão.

As rebeliões nas senzalas, a organização dos quilombos como espaços de resistência e de reinvenção de identidades subtraídas, a criação dos candomblés, fazendo surgir a religiosidade afro-brasileira, ressignificando o sagrado, trilhando o duro caminho da reconstrução cultural, e muitas outras experiências formam a trajetória de resistência das negras, que formaram de maneira própria, uma nova forma de feminismo.

Cabe aqui resgatar as figuras de Luíza Mahin, participante da Revolta dos Malês, ocorrida em 1835; de Ana Romana, membro da Revolta dos Búzios, em 1789; de Maria Tereza do Quarieterê, que liderou o quilombo de Quarierê, em Cuiabá, em 1611; da negra Zeferina, líder do Quilombo do Urubu, na Bahia, na segunda metade do século XVII; dentre tantas outras. Elas sinalizam o desabrochar de lutas históricas, contra a escravidão, pela liberdade e pelos direitos especificamente das mulheres negras. Lamentavelmente, estes nomes, que honram qualquer lista de vultos heroicos, não aparecem na historiografia oficial. Constam somente nos livros de historiadores e sociólogos críticos, que persistem em remontar a história dos povos vencidos, ainda que, muitas vezes, enfrentem a escassez de documentação.

Em meio a tantas desigualdades, o sufrágio foi uma conquista limitada, considerando que as mulheres afrodescendentes e indígenas não se beneficiaram de imediato. O Direito Eleitoral que estabeleceu o direito ao voto feminino, e também da elegibilidade das mulheres, tinha restrições que atingiram principalmente as mulheres pobres, maioria das afrodescendentes, as indígenas e parte das brancas. Até a Constituição de 1988, que estendeu o direito ao voto ao analfabeto, as mulheres não escolarizadas, desempregadas, que não tinham fonte de renda, grosso modo analfabetas, estavam excluídas do direito ao voto. Esta era a realidade da maioria das mulheres recém libertas da escravidão e seus descendentes. É curioso que também era exigido das amas de casa a autorização de seus esposos, se deles eram dependentes economicamente.

Na Revolução de 1932, as mulheres marcaram presença política. Carlota Pereira de Queirós liderou um destacamento de mulheres, lutou por direitos, deu assistência aos feridos e, em 1934, tornou-se a primeira mulher a ser eleita deputada federal, no Brasil e em toda a América Latina. Mais tarde, em 1937, a professora Antonieta de Barros torna-se a primeira deputada negra do Brasil, eleita para a Assembleia Legislativa de Santana Catarina.

A Constituição de 1988, onde houve um real avanço do sistema democrático brasileiro, foi de qualquer modo elaborada por uma Assembleia Nacional Constituinte onde somente 4% era composta de mulheres (SOUZA, 2008). Uma delas foi Benedita da Silva, que além de Constituinte, em 1987/1988, foi a primeira senadora negra do Brasil, em 1994, e depois Governadora do Rio de janeiro, em 2002. Mas os dados continuam chocando. Nossos passos no poder são lentos. Trinta anos depois dessa nova

Constituição, apenas 9,94%[12] da Câmara dos Deputados é composto por mulheres.

4. DISTINTAS TRAJETÓRIAS DAS MULHERES POR IGUALDADE DE DIREITOS

O movimento crítico contemporâneo de mulheres negras estuda e aponta a interseccionalidade das opressões como definidoras de uma realidade nova na luta das mulheres, que o feminismo clássico carece de dar conta. A socióloga estadunidense Kimberle Crenshaw (2002) sistematizou estudos que apreende as múltiplas formas de discriminação, a exemplo da orientação sexual, das desigualdades étnico-raciais, as desigualdades econômicas e tantas outras que, a partir de uma concepção interseccional, devem ser consideradas inseparáveis.

Angela Davis (2016), que fez história a partir da sua emblemática atuação no movimento Panteras Negras, nos anos 1970, uma socialista, defende que raça, gênero e classe são dimensões que andam juntos num mesmo processo de opressão. A produção das desigualdades não pode ser compreendida plenamente se abordarmos somente um aspecto da realidade. A ativista feminista afro-brasileira, Lélia Gonzalez (1982), no mesmo período, também adotou este paradigma de análise da situação das mulheres negras no país. A luta por emancipação é de todas as mulheres, contudo, ao diagnosticarem a invisibilidade de suas pautas no feminismo clássico, as mulheres negras reagiram tencionando criticamente, explicitando suas próprias ideias, ampliando suas vozes e denunciando não somente o machismo, mas, também, o racismo que as castigava e castiga ainda hoje.

As distintas trajetórias de mulheres brancas e negras, resultam de um mesmo processo histórico em que ambas são posicionadas na dinâmica das relações sociais, atendendo a uma hierarquia de poder, estabelecida pelo patriarcado e pelo capitalismo. Enquanto as mulheres negras trabalham como empregadas domésticas, as amas brancas partiam para a luta política por direitos, deixando suas casas, seus filhos sob os cuidados destas outras mulheres oprimidas, que viviam numa condição de tripla discriminação, por serem negras e pobres.

A narrativa de um feminismo branco que tornava invisível a história de resistência das mulheres negras, não foi mais suportada. É do pensamento crítico sobre a complexa situação das mulheres negras, que surge o "feminismo negro". Este colore o feminismo e põe em negrito o questionamento das relações de gênero no seio do movimento negro, revelando a insuficiência da luta antirracista quando divorciada da luta pela emancipação das mulheres, e da luta feminista, quando divorciada do antirracismo. Numa concepção de interseccionalidade, ambas as lutas devem engendrar a luta contra as desigualdades de classes sociais. O reconhecimento da interseccionalidade nos ajuda a identificar as contribuições que o conjunto dos movimentos feministas deu para avançarmos nas conquistas dos direitos das mulheres.

O cenário nacional revela uma correlação de forças políticas, muito desfavorável às transformações mais profundas e necessárias à melhoria da vida do povo brasileiro. O momento exige luta, mas também cautela com as mudanças das leis, para que não venhamos a piorar a situação, sobretudo a situação das mulheres. Em 2015, houve uma grande mobilização dos grupos sociais para mudança da lei eleitoral. As deputadas federais, de partidos distintos, apresentaram a Proposta de Emenda Constitucional (PEC) n. 134/2015[13] que prevê a implantação de cotas nos cargos legislativos para ocupação de mulheres, com percentuais de 10%, 12% e 16%, a serem aplicados de forma gradativa em todas as instâncias do poder, municipal, estadual e federal. Infelizmente esta tímida proposta não passou. Foi derrotada no plenário. Faltaram 15 votos para a aprovação, que depende de um quórum qualificado de 308 (trezentos e oito) votos, já que se trata de uma Emenda Constitucional. Hoje, a matéria está paralisada na Câmara dos Deputados.

O patriarcado é uma dominação de milênios, mas que precisamos e devemos pôr fim. Tal como o racismo, alimentado por 388 anos de escravidão e 130 de uma abolição incompleta. O Brasil é fruto de longos e duros processos de colonização, de escravidão e ditaduras, que forjaram relações desiguais, baseadas em preconceitos, discriminações raciais sexual e de gênero, que tornam mais dura para uma parcela da população a estratificação econômica capitalista. A cor, o sexo, as classes determinam lugares de poder em relações sociais. As mulheres, especialmente as negras e indígenas, as que vivem nas zonas rurais, as anônimas, sofrem uma verdadeira interdição do seu poder de autodeterminação até mesmo sobre seus direitos sexuais e reprodutivos, e não estão expressivamente incorporadas nas instâncias da democracia representativa para constituírem novas regras, dentro de uma nova lógica, uma perspectiva feminista que emancipa mulheres e o conjunto da sociedade. É preciso provocar mudanças no modo de pensar da sociedade, alterar comportamentos e práticas sociais, garantir que as leis eleitorais sejam revisadas, alteradas e sustentadas em princípios que promovam o pleno exercício da cidadania de mais mulheres, mais negros, e demais grupos sociais, historicamente excluídos.

5. CONSIDERAÇÕES FINAIS

A condição de desvantagem e a desvalorização das mulheres na sociedade são fruto de um processo histórico, social e cultural, política e economicamente determinado. As diferenças valorativas de gênero são construções da nossa civilização e impactam negativamente a vida e as expectativas das mulheres e meninas. É mister que o Estado assuma sua responsabilidade na superação da reprodução

---

12. MONTEIRO, E. *Lugar de mulher também é na política*. Senado Notícias, 08 mar. 2016. Disponível em: <https://goo.gl/M1CCFX>. Acesso em: 31 jan. 2018.
13. A proposta pode ser conferida em:< https://goo.gl/3fjywx>. Acesso em: 03 fev. 2018.

social dos estigmas e do conjunto de discriminações que regulam as relações sociais.

Embora o mundo, e não só o Brasil, esteja mais sombrio, há uma crescente renovação e atuação dos movimentos feministas aqui e em outros países. Em 2015, houve em Brasília, a "Marcha das Margaridas", que reafirmou a pauta da reforma agrária e outras bandeiras que tocam fundo as trabalhadoras rurais. Também testemunhamos de forma inédita a Marcha Nacional das Mulheres Negras "Em Defesa da Vida, do Bem viver e Contra o Racismo", que levou 20 mil mulheres ao Planalto Central do país. Em janeiro de 2017, a "Marcha das Mulheres contra Trump" reuniu mais de 3,5 milhões de pessoas nas ruas dos Estados Unidos. A greve convocada pelas mulheres na Argentina, sob o lema "Ni Una a Menos", após o crime de feminicídio que vitimou a compatriota Lucía Perez, inspirou a realização da Greve Internacional de Mulheres, sob o lema "Se nossas vidas não importam, produzam sem nós", envolvendo mulheres da América Latina e de outras partes do mundo, levando assim o 8 de março de 2017 para as páginas da história. Também no mundo das artes os protestos feministas e antirracistas não param. Assim como nos Jogos Olímpicos de 1936 Jesse Owens, atleta negro, venceu Hitler, em plena Alemanha, Moonligth, película que abordou o tema da homossexualidade entre dois personagens negros, arrebatou o Oscar 2017 de melhor filme, nos primeiros meses de governo do ultradireitista Donald. Trump. O desabafo de Madonna em resposta ao conservadorismo estranhamente presente no feminismo de Camille Paglia; o inesquecível discurso de Viola Davis, na cerimônia do Oscar 2017, vocalizando as dores e superações das mulheres negras e a reação ao ataque fascista contra Judith Butler, no Brasil, revelam que a quarta onda feminista está em curso e é crescente.

A democratização dos meios de comunicação e a intensificação de campanhas que valorizem as mulheres em espaços de poder são exemplos de ações que podem ajudar a mudar comportamentos preconceituosos. Medidas urgentes são necessárias para garantir melhores oportunidades e condições de participação das mulheres, no exercício pleno de cidadania, como sujeitos políticos. Os processos de tomada de consciência e mudança de mentalidade de toda gente depende de mais educação contextualizada, abordando as questões de sexo, gênero e relações étnico-raciais, bem como, expandindo os conhecimentos sobre os direitos humanos das mulheres negras, das indígenas. Só assim produziremos avanços civilizatórios efetivos.

É urgente a necessidade de organização política popular para barrar a Reforma da Previdência (PEC n. 287/2016) e reverter a agenda de desmonte de direitos que está em curso no Brasil, precarizando a vida de todos os trabalhadores, e, mais ainda, das mulheres, dos negros dos despossuídos.

A paridade nas instâncias de poder precisa ganhar força na dinâmica dos movimentos sociais, e não apenas na agenda feminista. O eleitorado brasileiro é composto por 53% de mulheres. Nas eleições de 2016, pela primeira vez, o número de mulheres eleitoras ultrapassou o de homens em todos os estados brasileiros[14]. Contudo, as instituições são dominadas por homens, como já constatamos aqui. A Câmara dos Deputados tem 513 assentos, mas só 51 são ocupados por mulheres e somente quatro delas são fenotipicamente negras. O senado tem 81 assentos e temos apenas 11 senadoras, dez brancas e uma negra. Tal realidade grita por solução, o que significa realizar uma ampla reforma política para a amplificação das oportunidades de grupos historicamente excluídos. Só com uma nova e avançada composição do Congresso seria possível corrigir tais distorções. A atual composição da Câmara de Deputados e do Senado são esteios do conservadorismo.

Para haver democracia é necessário garantir oportunidades iguais para o conjunto plural da sociedade, fazendo cessar iniquidades que não podem mais se perpetuar. Avante, mulheres! Há que se inspirar na canção que virou uma espécie de hino do feminismo brasileiro: "é preciso ter força, é preciso ter raça é preciso ter gana sempre". Esta música, composta por Milton Nascimento e Fernando Brant, traduz a garra das mulheres brasileiras e foi imortalizado na voz da grande Elis Regina que, como toda mulher, era meio Leila Diniz.

6. REFERÊNCIAS BIBLIOGRÁFICAS

BEAUVOIR, S. *O Segundo Sexo*. Rio de Janeiro: Nova Fronteira, 2009.

CRENSHAW, K. *A intersecionalidade na discriminação de raça e gênero*. 2002. Disponível em: <https://goo.gl/PYx6Z8>. Acesso em: 15 jan. 2018.

DAVIS, A. *Mulheres, raça e classe*. São Paulo: Boitempo, 2016.

DE GOUGES, O. Declaração dos direitos da mulher e da cidadã. *Revista Internacional Interdisciplinar Interthesis*, v. 4. n. 1, jan-jun, 2007. Disponível em: <https://goo.gl/qC7z2U> Acesso em: 20 jan. 2018.

ENGELS, F. *Do Socialismo Utópico ao Socialismo Científico*. São Paulo: Global, 1980.

GONZALES, L. A mulher negra na sociedade brasileira. In: LUZ, M (Org.). *O lugar da mulher*: estudos sobre a condição feminina na sociedade atual. Rio de Janeiro: Graal, 1982.

SCHUMAHER, S.; CEVA, A. *Mulheres no Poder*: trajetórias na política a partir da luta das sufragistas do Brasil. Rio de Janeiro: Edições de Janeiro, 2015.

SOUZA, M. F. B. A Participação das Mulheres na Elaboração da Constituição de 1988. In: DANTAS, B. *et al.* Constituição de 1988: *O Brasil 20 anos depois*: Os Alicerces da Redemocratização. Brasília: Senado Federal, Instituto Legislativo Brasileiro, 2008.

VALDIVESCO, M. Aportes e incidencia de Los Feminismos en el Debate sobre Ciudadnia y Democracia En América Latina. In: CAROSIO, A. *Feminismo y Cambio Social en América Latina y El Caribe*. Ciudad Autónoma de Buenos Aires: CLACSO, 2012.

---

14. Assessoria de Comunicação do Tribunal Superior Eleitoral. Pela primeira vez em uma eleição, eleitorado feminino será maior que o masculino em todos os estados. Site do TSE, 06 set. 2016. Disponível em: <https://goo.gl/D8iP6Y>. Acesso em: 10 fev. 2018.

Mulheres Brasileiras no Mercado de Trabalho: do Chão de Fábrica aos Grandes Escritórios de Advocacia

Patrícia Tuma Martins Bertolin[1]
Mary Lucia do Carmo Xavier Cohen[2]
Silvia Marina Ribeiro de Miranda Mourão[3]

1. INTRODUÇÃO

No Brasil, falar sobre qualquer temática de gênero postula o reconhecimento de múltiplas realidades de mulheres. Diferenças de gerações e, sobretudo, diferenças de classe e raça, nos organizam nessas diversas realidades, e em cada uma delas reconhecemos e somos submetidas a tipos e níveis de opressão machista. Dessa forma, é possível falar de um "feminismo", em uma perspectiva singular?

A ideia de união e, principalmente, de "sororidade"[4] é pensada e trabalhada dentro do feminismo como parte do seu projeto político de luta por igualdade de gênero. O feminismo teórico anuncia-se, portanto, enquanto ferramenta disponível a todas as mulheres para o enfrentamento do patriarcado, sistema de estruturação e hierarquização da sociedade em que podemos ver umas nas outras a figura de uma constante aliada. Mas, nessa hora – a da prática –, para onde vão nossas diferenças?

Não é estranho que se diga que o feminismo reivindica condições iguais de salário entre homens e mulheres, enquanto algumas de nós sequer conseguiram sair da condição de cuidadoras do lar? E, ainda, que a autonomia profissional de algumas de nós dependa da manutenção de outras mulheres em papéis servis, para que nos substituam nas tarefas do lar e tenhamos tempo de nos apoderarmos dos espaços tradicionalmente ocupados pelos homens?

Não é estranho deparar-se com um discurso de empoderamento e liberdade sexual na vindicação do uso de roupas curtas ou do consumo de músicas com letras propositalmente "indecorosas", em contrapartida à luta de não-sexualização do corpo feminino? Ou deparar-se com mulheres que fizeram a opção de voltarem-se exclusivamente à maternidade e ao lar, discrepando da ideia feminista clássica de que todas as mulheres querem e devem integrar o mercado de trabalho, ao passo que isso é demarcado como um direito arduamente conquistado por outras gerações? O que fazer diante de tantas realidades e formas de reivindicar sua própria autonomia? Seríamos algumas mais ou menos feministas do que outras?

De antemão: não. Feminismo é a resposta coletiva a uma estrutura machista. Ser feminista é a armadura que cada mulher veste para dar essa resposta. Para cada luta, a armadura apropriada. Não temos capacidade de compreender a totalidade da realidade de cada mulher (ou de cada grupo de mulheres), pois isso tem a ver com questões anteriores a nós e com vivências diferentes das nossas. Mas, tendo em vista uma sociedade de fato equânime, temos que fazer o contínuo exercício de ouvir as vozes mais baixas; de considerar as ideias que sempre foram ignoradas; de (auto-)criticar o que será tomado como pronto e acabado, assumindo que vivemos nesse "multiverso" e que ocupamos lugares específicos nessa estrutura – que está longe de ser igual para todas as mulheres.

Assim, pareceu-nos excelente a oportunidade de participar deste projeto, que objetiva refletir sobre os diversos "feminismos" e as questões centrais para a igualdade entre os gêneros. Escolhemos focar nosso artigo no mercado de trabalho, tendo em vista que o trabalho ainda constitui uma categoria central em nossa sociedade, apesar das transformações liberalizantes que o direito brasileiro vem sofrendo no período recente, com a aprovação da terceirização indiscriminada e da Reforma Trabalhista. Além disso, constitui um objeto teórico de aproximação entre nós, as três autoras deste texto: tivemos a alegria de ser colegas de turma e grandes amigas em Belém, durante o curso de Direito, ocasião em que desenvolvíamos nossas atividades acadêmicas sempre juntas. Muito diferentes, estávamos sempre unidas – como nos mantivemos até hoje e como esperamos que sejam as mulheres brasileiras.

---

1. Doutora em Direito do Trabalho pela Universidade de São Paulo, com pós-doutorado na Superintendência de Educação e Pesquisa da Fundação Carlos Chagas. Professora do Programa de Pós-Graduação em Direito Político e Econômico da Universidade Presbiteriana Mackenzie. Líder do Grupo de Pesquisa *Mulher, Sociedade e Direitos Humanos* e autora do livro *Mulheres na Advocacia: padrões masculinos de carreira ou teto de vidro*, publicado pela Editora Lumen Juris
2. Advogada Trabalhista.
3. Advogada Trabalhista e de Direitos Humanos.
4. "Sororidade" é termo de uso tão disseminado quanto recente. Ainda que não conste de vários dicionários da língua portuguesa, tem sido cada vez mais utilizado no contexto dos movimentos feministas, como sinônimo de empatia entre as mulheres, independentemente de que mulheres se esteja falando.

Decorre desse encontro o tom menos academicista deste texto, que constitui um exercício de reflexão de três mulheres com diferentes experiências e realidades. Que nossa reflexão crítica sirva para aproximar várias mulheres e seus diversos feminismos!

2. O TRABALHO DAS MULHERES NO BRASIL

Escrever sobre o trabalho das mulheres no Brasil demandaria falar sobre o período anterior à Constituição de 1988: quase um século de trabalho das mulheres externamente ao lar. Um século marcado por uma *inserção excluída*[5]:

Por períodos alternados de maior e menor entrada no mercado de trabalho e pelo que Peduzzi denominou de "masculinização do comando e feminização da subalternidade." (PEDUZZI, 2009, p. 69)

2.1. O trabalho doméstico, remunerado ou não

No lar, as mulheres sempre trabalharam, de forma remunerada ou não. Quando eram elas empregadas domésticas, não dispunham dos mesmos direitos que os demais trabalhadores, valendo lembrar que, só recentemente, as(os) empregadas(os) domésticas(os) brasileiras(os) passaram a ter os mesmos direitos que os demais empregados do país – tendo sido o processo de aprovação da "PEC das Domésticas" permeado de polêmica: "afinal, para que os mesmos direitos se ela não é como os demais empregados, mas 'uma pessoa da família'?" Com esse discurso, as famílias brasileiras tentaram retardar, mais uma vez, o acesso à cidadania de mais de 6 milhões de mulheres ou, em outras palavras, garantir o trabalho sem muitas garantias e mal remunerado das suas "mucamas" do século XXI.[6]

Não remunerado é o trabalho que a maioria das mulheres realiza em sua própria residência: limpar, lavar, passar, cozinhar, cuidar das crianças, dos enfermos e dos idosos... Assim, um grande número de horas de trabalho das mulheres (que se estima serem, em média, em torno de 25 por semana, para cerca de 10 horas dos homens[7]) é apropriado pela família gratuitamente, em nome do amor. Mas isso nem sequer chega a ser considerado trabalho.

No sistema capitalista, há uma exploração (do capital sobre o trabalho) construída sobre uma opressão, que lhe é anterior. Colette Guillaumin (2014, p. 33) se refere à "aproximação física nas relações de sexo", que "compreende o açambarcamento da força de trabalho" das mulheres. Segundo a autora, "o corpo é um reservatório de força de trabalho, e é, enquanto tal, que ele é apropriado. (GUILLAUMIN, 2014, p. 33)

2.2. O trabalho produtivo

No que diz respeito àquilo que o mundo capitalista considera trabalho – o trabalho desenvolvido tendo em vista a produção de algo revestido de valor monetário –, uma análise mais acurada precisa se ater ao que Maria Cristina Bruschini e Maria Rosa Lombardi, que se debruçaram sobre o tema trabalho das mulheres brasileiras nos anos de 1990, identificaram como uma "bipolaridade do trabalho feminino."[8]

As autoras assim denominaram a dupla realidade do trabalho das mulheres em nosso país: de um lado, temos mulheres em ocupações precárias, recebendo baixos rendimentos, com baixos níveis de formalização e, de outro, mulheres com profissões de nível superior, salários elevados, alta taxa de formalização e proteção social.

Este artigo será desenvolvido nessa dupla perspectiva e considerando duas pesquisas qualitativas, com entrevistas semi-estruturadas, de que a primeira das autoras participou: uma com operárias em uma indústria têxtil líder do setor no interior de São Paulo (especificamente fiação e tecelagem)[9]; a outra, com a elite da advocacia, realizada em dez das vinte maiores sociedades de advogados da capital paulista.[10] Realidades muito díspares, mas não conflitantes, como se poderia esperar. Utilizaremos, neste artigo, trechos das entrevistas realizadas em ambas as pesquisas.

a) As mulheres na indústria da fiação e tecelagem

A pesquisa com mulheres na indústria da fiação e tecelagem revelou alguns resultados no mínimo interessantes:

---

5. Segundo Posthuma e Lombardi, a atividade econômica feminina, no final dos anos de 1990, permanecia marcada pela segregação ocupacional, remunerações menores e baixo nível de escolaridade (1997, p. 124). Essa realidade pouco mudou.
6. É importante observar que, no passado, quando abolida a escravidão, não houve em nosso país políticas públicas para a inclusão dos(as) ex-escravos(as) no mercado de trabalho. Assim, a maior parte dos homens passou a viver de pequenos biscates, dando origem ao que hoje conhecemos por informalidade. A maioria das mulheres foi trabalhar como empregada doméstica, o que explica o fato de que, ainda hoje, esse tipo de trabalho seja desenvolvido predominantemente por mulheres negras. (21,8 das mulheres negras eram empregadas domésticas em 2009, para 12,6% das brancas. (IPEA; ONU Mulheres; SPM; SEPPIR, 2011, p. 29).
7. *Vide*; (IPEA; ONU Mulheres; SPM; SEPPIR, 2011, p. 36).
8. BRUSCHINI, Cristina; LOMBARDI, Maria Rosa. A bipolaridade do trabalho feminino no Brasil contemporâneo. *Cadernos de Pesquisa*, n. 110, p. 67-104, jul. 2000.
9. A pesquisa foi realizada entre 2011 e 2014 em uma grande unidade, situada no interior paulista, de uma indústria de fiação e tecelagem. Contou com o financiamento do Conselho Nacional de Desenvolvimento Científico e Tecnológico (CNPq), tendo sido desenvolvida por meio de entrevistas com profissionais de ambos os sexos, mas principalmente com mulheres, nos três turnos da produção, que generosamente aceitaram falar a respeito de suas vidas familiares e de suas atividades profissionais.
10. A pesquisa foi realizada em sede de Pós-Doutorado, junto à Superintendência de Educação e Pesquisa da Fundação Carlos Chagas, durante os anos de 2015-2016, ou seja, imediatamente após a anterior, tendo sido também desenvolvida por meio de entrevistas com profissionais de ambos os sexos, mas principalmente com mulheres, tendo nos permitido apreender a dinâmica da atividade das advogadas nesses escritórios, assim como suas principais dificuldades. Foi publicada em 2017 (*Mulheres na Advocacia*, Editora Lumen Juris).

contrariando nossa hipótese, as mulheres que trabalhavam na indústria têxtil pesquisada tinham boa autoestima, sentindo-se bem na tarefa exaustiva e mal remunerada que desenvolviam, principalmente porque eram capazes de – com sacrifício – manter seus filhos e assegurar-lhes, por exemplo, plano de saúde, já que a saúde pública do país não é de qualidade.

Vale ressaltar a fala de uma operária, que, para os fins deste artigo chamaremos de "Alice", sobre o ingresso e a permanência das mulheres na atividade:

...houve uma época que eles queriam só contratar homem para trabalhar aqui. Até nós achamos: "-*Nós, a mulherada, vamos rodar tudo.*" Porque o serviço é pesado, uma bobina pesa cinco quilos. Você tem que abaixar e levantar braço o dia inteiro. Então, o serviço é serviço braçal, é serviço pesado, é serviço para homem. Só que [a empresa] pegou os homens e não deu certo. Ah, chega final de semana falta, emenda folga, emenda feriado. Não deu certo. Parou um pouco e contratou mais mulher para trabalhar (...). Eu acho que os homens são um pouco mais tranquilos, se preocupam menos. A gente não, a gente corre atrás (...). Os homens não, aqui eles são mais sossegados. Eu posso dizer para você, de uma maneira geral. Porque tem uns que encosta mesmo. E ele não tem dó não porque é mulher que está trabalhando com ele. Ou ele faz só a parte dele e larga ali ou então, você adianta o seu lado e tem que ajudá-lo porque ele não vai [terminar o trabalho dele]... (grifos nossos)

Da entrevista mencionada, podemos verificar a ideia de que existiriam 'trabalhos de homem" e "trabalhos de mulher", mas também uma desconstrução desse raciocínio, ao constatar que os homens contratados, ora deixam o emprego, ora não são comprometidos e/ou não se empenham.

A fala de Alice é destacada aqui apenas exemplificativamente, pois esse relato foi reiterado pelas operárias entrevistadas e posteriormente repetido pelo Presidente do Sindicato, na sua entrevista. Ele destacou a persistência das operárias em se manter nos empregos – e atribuiu a indiferença dos homens ao fato de que eles podem ir trabalhar em outras cidades da região, indo passar apenas os finais de semana em casa. As mulheres, diferentemente, precisam se submeter aos empregos que conseguem na própria cidade (e aquela empresa, apesar de pagar baixos salários, era uma das maiores da região) e ser capazes de compatibilizar a vida familiar (cuidados com a casa e principalmente com os filhos) e o trabalho. Quando perguntado sobre a razão de não termos encontrado homens com 10 anos de empresa, enquanto havia várias mulheres com 20 ou 25 anos, respondeu:

Hoje é quase uma obrigação o casal trabalhar. Os homens não ficam 20 anos porque existem as [empresas] concorrentes que os convidam. As mulheres ficam mais presas, pois os encargos familiares ainda recaem sobre as mulheres. Eles se dedicam mais ao profissional, podem até sair [do município] para trabalhar em outra cidade, sair na segunda e voltar na sexta...

Segundo uma operária, aqui denominada Lúcia, as mulheres se submetem a determinadas condições de trabalho porque pensam nos filhos; sentem-se mais responsáveis por eles:

Eu acredito que homem não pensa muito para sair [da empresa]. Assim, ele não pensa muito para arriscar. Não estou falando que é um lado negativo deles. De repente eles arriscam mais que mulher. Aí, se aparece uma oportunidade para um homem, de repente ele não vai pensar tanto assim. Se ele vai perder um convênio, para ele, para os filhos. Talvez ele não pense assim: "-*Ah, eu não vou ficar parado tanto tempo, então vou arriscar.*" Acho que a mulher pensa mais nessa questão. Mulher pensa mais. Por exemplo, você vai faltar, mulher pensa duas vezes antes de faltar. Porque fica pensando assim: "-*Nossa, eu tenho isso para pagar.*" Homem não está nem aí, eles fazem qualquer biquinho, para eles está bom. Mulher não, mulher eu acho que tem um pouco mais de responsabilidade. Não são todos, mas eu acho que mulher tem mais responsabilidade...

Assim, verificamos que o grande motor para a dedicação das operárias ao trabalho e à permanência no emprego, quando elas tinham responsabilidades familiares, era exatamente os filhos. Contudo, as atividades de cuidado ainda continuam concentradas nas mãos das mulheres, independentemente do regime de trabalho que tenham externamente ao lar. Mesmo quando o companheiro tinha um trabalho menos pesado – e ainda que ele fizesse o próprio horário, como pudemos verificar em algumas entrevistas, – a principal responsável pela casa e pelos filhos era a mulher.

Por outro lado, as operárias, em sua maioria, acreditavam que tais tarefas caberiam às mulheres. Vejamos, a título de exemplo, a fala de Lúcia:

Uma coisa que só mulher sabe fazer. Homem não sabe cuidar. Cuidar de uma casa, organizar. O homem faz também, mas faz do jeito dele, mas não como uma mulher. Para organizar uma casa, eu acho que tem que ser mulher. Que é um serviço só para mulher mesmo. Não é igual a mulher. Acho que aí é uma coisa. Se não fosse a minha menininha, eu não ia voltar. Eu ia vim pedir as contas...

A operária destaca ainda a dificuldade que as mulheres encontram para conciliar vida familiar e vida profissional e o fato de que as mulheres dispõem de menos tempo para formação e encontram maiores dificuldades para ascender no emprego:

Homem pode ser que ele tenha mais tempo, eles sobem mais rápido porque eles têm mais tempo de estudar. Mulher já não tem tanto tempo para estudar assim, que tem a casa, tem os filhos. É difícil a mulher conciliar casa, filhos e estudo. Ter tem, eu admiro muito as mulheres que fazem isso. Eu tenho uma sobrinha, ela tem dois filhos e eu admiro muito ela que faz isso. Ela cuida dos dois e ainda faz faculdade.

Ainda foram destacadas muitas outras questões, como o fato de as operárias tentarem contar com outras mulheres, em geral da família, para cuidarem de seus filhos enquanto trabalham – ou mesmo passarem a trabalhar no turno da noite (quando os filhos estão dormindo), dispondo-se a viver com poucas horas de sono, a fim de se dedicarem às atividades de cuidado no decorrer do dia.[11]

Vale ainda ressaltar que as falas destacadas são representativas das 27 entrevistas realizadas no Projeto de Pesquisa "Da exclusão social no acesso ao emprego à inserção excluída[12]: divisão sexual do trabalho de mulheres na indústria têxtil paulista"[13]. Alguns de nossos achados de pesquisa serão retomados adiante, após a análise de algumas questões centrais do trabalho das mulheres nas maiores sociedades de advogados.

b) *As mulheres nos grandes escritórios de advocacia*

Enquanto as operárias da indústria do ramo têxtil pesquisada (fiação e tecelagem) se caracterizavam por um relativamente baixo nível de escolarização e por uma "inserção excluída" na empresa (recebendo baixos salários e com pouca possibilidade de crescimento profissional), as advogadas entrevistadas em 10 dentre as 20 maiores sociedades de advogados da capital paulista, segundo o *ranking* internacional *Chambers and Partners 2014*, eram altamente qualificadas e reconhecidas profissionalmente como membros de uma elite da advocacia no Brasil.

A pesquisa aqui referida, de que resultou o livro **Mulheres na Advocacia** (publicado pela Editora Lumen Juris, em 2017), teve por objetivo verificar se haveria um "teto de vidro" para as mulheres nessas sociedades de advogados, tal qual amplamente relatado pela literatura, principalmente estrangeira: "A metáfora 'de vidro' é uma referência à invisibilidade dessas barreiras, que algumas poucas mulheres têm conseguido transpor." (BERTOLIN, 2015)

Nas entrevistas realizadas, em nenhum momento houve qualquer referência a serem as mulheres menos competentes, qualificadas ou comprometidas que os homens, mas tanto de homens, quanto as mulheres, evidenciaram a dificuldade que a mulher encontra para conciliar seus diversos papéis.

Nesse sentido se pronunciou uma sócia de 38 anos, casada e mãe de dois filhos, denominada na pesquisa de E17 (Entrevistada 17):

Olha, sinceramente, eu acho que é mais fácil para o homem. Porque, para um advogado, a preocupação que ele tem maior na vida é ser um bom advogado. A mulher tem os três turnos, não tem jeito. Então, por mais que eu ame o que eu faço.... Eu não abortaria a carreira nunca, eu sei que eu nasci para isso. Nunca cogitei, nunca. Eu gosto muitíssimo do que eu faço. Mas eu tenho que ter esta preocupação, eu tenho que saber o que a minha empregada está fazendo em casa para as crianças comerem, eu tenho que ter tempo para chegar em casa e ver a lição de casa, participar com as crianças, tenho que ver se a dispensa tem as coisas para comer também, vamos programar o fim de semana. Se um dos meus filhos fica doente, tudo desanda. (grifo nosso)

A fala da advogada destaca o fato de que, assim como as operárias, as advogadas dos grandes escritórios também se esforçam muito para conciliar a vida profissional e o trabalho. Em várias entrevistas ficaram evidentes os esforços das mulheres nesse sentido.

Segundo Bertolin (2017, p. 168):

A importância que o cuidado com os filhos assume para a maior parte das mulheres trabalhadoras – e não é diferente para as advogadas – faz com que, muitas vezes, elas sejam consideradas "menos comprometidas" que os colegas do sexo masculino, com relação ao trabalho produtivo, o que tem servido de justificativa para a não ascensão profissional de mulheres com responsabilidades familiares.

Nas entrevistas com advogadas foi frequentemente referido o fato de que as profissionais da advocacia do sexo feminino precisam provar diariamente sua capacidade para desempenhar o trabalho. A pesquisa evidenciou o que Gorman destacara mais de uma década antes, relativamente à realidade da advocacia nos Estados Unidos:

Para gerar expectativas de igual capacidade, as mulheres devem demonstrar desempenho mais alto que os homens. Com efeito, as mulheres devem atender a um padrão mais elevado de desempenho – um "padrão duplo" – para que os gestores as avaliem como igualmente competentes.[14] (tradução livre) (GORMAN, 2006, p. 869 *apud* BERTOLIN, 2017, p. 165)

Para tanto, as advogadas também têm contado com a delegação das "suas tarefas" de cuidado, com relação aos filhos e à casa, a outras mulheres, em geral por elas remuneradas. Em face de sua situação econômica privilegiada,

---

11. Algumas das entrevistas foram realizadas com operárias do turno da noite. Várias delas esboçaram esse tipo de preocupação.
12. Fala-se em "inserção excluída" quando ocorre maior concentração dos membros de certo grupo em determinados setores ou postos de trabalho precários, com remunerações menores, pouco ou nenhum acesso à qualificação profissional e à tecnologia (POSTHUMA e LOMBARDI, 1997, p. 124), tudo isso dificultando a sua ascensão e acentuando o *gap* entre os membros desse grupo e a maioria dominante.
13. O Projeto de Pesquisa foi coordenado pela Professora Dra. Darcy Mitiko Mori Hanashiro, do Centro de Ciências Sociais e Aplicadas da Universidade Presbiteriana Mackenzie, em São Paulo.
14. No original: *"To generate expectations of equal ability, then, women must have stronger performance records than men do. In effect, women must meet a higher standard of performance – a "double standard" – before decision-makers will conclude they are equally competent."*

algumas delas chegam a contratar todo um aparato (cozinheira, babá, motorista...), cujo trabalho fazem questão de monitorar. Algumas poucas contam com outras mulheres da família, em geral suas mães, para cuidar das crianças, mas nenhuma das entrevistadas questionou a divisão sexual do trabalho, que concebe as mulheres como as responsáveis pelas tarefas de cuidado. Imaginamos que isso, no mínimo, geraria alguma controvérsia, já que hoje as mulheres assumiram também o papel de provedoras, que anteriormente cabia de forma quase exclusiva aos homens.

O entrevistado de mais idade nessa pesquisa, chamado de E10, um sócio de 75 anos, destacou o que pensa que uma mulher precisa ter para conseguir dedicar-se plenamente à advocacia: "(...)uma babá muito boa. Precisa ter um chofer muito bom. E não deixar que a educação da criança seja dada pela babá e pelo chofer (risos). Principalmente quando é pequenininho. Então, é uma realidade da vida..."

Em outras palavras, as mulheres se encontram, quase sempre, em uma encruzilhada. A participação dos pais no cuidado com os filhos e dos companheiros nas tarefas domésticas foi referida sempre como "ajuda", o que revela a compreensão de que essas atividades ainda recaem predominantemente sobre os ombros das mulheres. Assim, de certa forma, o sucesso profissional de algumas dessas mulheres tem dependido, principalmente, da permanência de outras nessas atividades subalternas, reforçando a divisão sexual do trabalho e à delegação das atividades domésticas – e não o seu compartilhamento com o marido ou companheiro.

As entrevistadas foram unânimes em dizer que o simples fato de a mulher ter filhos já lhe acarreta sério prejuízo à carreira, prejuízo que é visível desde a licença-maternidade: o próprio afastamento do escritório para a licença costuma ser visto como descompromisso da advogada. Mesmo o *home office*, ainda que essa possibilidade formalmente exista no escritório, tem gerado presumido descompromisso da(o) advogada(o) e aquelas(es) que lançam mão dele têm sido mantidas(os) fora da disputa por trabalhos importantes ou por promoções. (ACKER, 2009)

A advocacia foi pensada para ser desempenhada por homens, filhos de famílias abastadas, mas a profissão vem se feminizando no Brasil, assim como em muitos outros países. Contudo, segundo Wallace, citada por Bertolin, ela não adaptou seus indicadores de compromisso a esse ingresso maciço das mulheres:

> Segundo Jean E. Wallace, comprometimento tem sido definido como o grau de intensão de continuar praticando a advocacia, e o tempo despendido no ambiente de trabalho é compreendido pelos outros como um indicador de compromisso (WALLACE, 2004, p. 221 e 242). Contudo, a autora chama a atenção para o fato de que trabalhar longas horas não significa ser produtivo, podendo este critério ser questionado. (WALLACE, 2004, p. 242 apud BERTOLIN, 2017, p. 168)

A pesquisa evidenciou altos índices de evasão de mulheres dos escritórios, nas faixas de advogado pleno e advogado sênior – antes de se tornarem sócias, portanto. Isso foi atribuído, em parte, ao relógio biológico e à decisão de ter filhos (o que muitas entendem ser incompatível com o regime de trabalho no escritório) – ou com a percepção da dificuldade que as mulheres encontram para ascender nessas sociedades de advogados.

3. CONCLUSÕES

Este artigo se propôs a analisar a condição das mulheres no mercado de trabalho, a partir de duas pesquisas qualitativas realizadas: uma realizada com operárias da indústria têxtil no interior paulista, e outra, com advogadas de 10 das maiores sociedades de advogados da capital de São Paulo. Esses dois grupos profissionais exemplificariam os dois polos do trabalho das mulheres no Brasil, identificados por Bruschini e Lombardi nos anos de 1990: as mulheres que ocupam um dos polos são em geral pouco qualificadas e mal remuneradas, enquanto no outro polo estão mulheres altamente qualificadas e bem remuneradas, consideradas parte de uma elite da advocacia no Brasil.

As pesquisas foram realizadas quase simultaneamente e contaram com entrevistas, tendo sido alguns trechos utilizados neste artigo para exemplificar os achados. Apesar de tratarem de duas realidades bem diferenciadas, encontramos alguns pontos de interseção ente elas: a divisão sexual do trabalho se impondo, mantendo as mulheres de ambos os polos do trabalho feminino (no chão de fábrica e nas grandes sociedades de advogados) como as principais responsáveis pelas tarefas de cuidado com a casa e, principalmente, com os filhos.

Também prevaleceu, em ambos os casos, o sistema de delegação das atividades a outras mulheres: essas mulheres, mesmo quando são as maiores provedoras, não se desincumbiram de realizar ou fiscalizar a realização das "suas" tarefas domésticas. No caso das operárias, o cuidado com os filhos tem sido atribuído, na maioria das vezes, a outras mulheres da família (mãe, irmã ou cunhada). No caso das advogadas, em geral a uma empregada doméstica, sob a supervisão daquela. Assim, não houve o compartilhamento das atividades de cuidado com os companheiros, o que, mesmo quando existe, foi relatado como "ajuda"; mas a delegação a outras mulheres, em sua maioria negras, em muitos casos mantidas em condição social subalterna.

Assim, falar de feminismos no que diz respeito às diversas formas de trabalho das mulheres, longe de ser simples, é um processo que exige, *a priori*, o reconhecimento das diferenças entre nós mesmas, sabendo que nos dividimos por acúmulos de opressões empreendidas por homens, mas também por acúmulo de privilégios de mulheres em relação a outras. Na luta contra o machismo, que esteia essa sociedade, diante da complexidade da vida e da luta das mulheres, a questão passa a se tomar como seu próprio inimigo aquele ou aquilo que oprime outra mulher.

Não se trata de resgatar "o verdadeiro significado do feminismo", posto que o feminismo tradicional sempre foi restrito à realidade das mulheres brancas de classe média. Nosso papel é, assim sendo, o de reformulação contínua da luta de mulheres, reconhecendo todos os aspectos que nos constroem (e nos oprimem) pela condição de sermos mulheres.

Essa condição, apesar das profusas variações de nossas realidades – afinal, somos mulheres brancas, negras, ricas, pobres, heterossexuais, homossexuais, jovens, mais velhas etc –, automaticamente nos faz experimentar circunstâncias de subjugação, de forma já (perfeitamente) elaborada por Simone de Beauvoir, em 1949, em sua obra **O Segundo Sexo**. Cabe a nós fazermos dessas experiências instrumento de transformação de nossas próprias relações, exercitando a "alteridade", de forma a resgatarmos em nossas próprias trajetórias meios de compreensão da realidade singular de outra mulher. Só então estaremos falando de "igualdade de gênero".

4. REFERÊNCIAS BIBLIOGRÁFICAS

ACKER, Joan. From glass ceiling to inequality regimes: du plafond de verre aux régimes d'inégalité. *Sociologie du Travail*, v. 51, p. 199-217, 2009. Disponível em: <http://www.psykol.org/nos/images/0/04/Acker2009_glassceiling_inequality_topjobs.pdf>. Acesso em: 30 jan. 2014.

BEAUVOIR, Simone de. *O segundo sexo*. 6. ed. Rio de Janeiro: Nova Fronteira, 1980, v. 2.

BERTOLIN, Patrícia Tuma Martins Bertolin. Mulheres na liderança organizacional. *América Economia*, São Paulo, p. 24-25, 02 abr. 2015.

_____. *Mulheres na advocacia*. Rio de Janeiro: Lumen Juris, 2017.

GORMAN, Elizabeth H. Work uncertainty and the promotion of professional women: the case of law firm partnership. *Social Forces*, v. 85, n. 2, p. 965-890, dez. 2006.

GUILLAUMIN, Colette. Prática do poder e ideia de natureza. In: *O patriarcado desvendado: teorias de três feministas materialistas*: Colette Guillaumin, Paola Tabet e Nicole-Claude Mathieu. Organizadoras: Verônica Ferreira *et al*. Recife: SOS Corpo, 2014. p. 27-99.

Instituto de Políticas Econômicas Aplicadas – IPEA; ONU Mulheres; Secretaria de Políticas para as Mulheres – SPM; Secretaria de Políticas de Promoção da Igualdade Racial – SEPPIR. *Retrato das Desigualdades de Gênero e Raça*. 4. ed. Brasília, 2011.

LOMBARDI, Maria Rosa; POSTHUMA, Anne C. Mercado de trabalho e exclusão social da força de trabalho feminina. *São Paulo em perspectiva*, São Paulo, v. 11, n. 1, p. 124-131, 1997.

PEDUZZI, Maria Cristina Irigoyen. A mulher e o trabalho no mundo contemporâneo. In *Revista do Advogado*. v. 29, n. 104, p. 64-70, jul. 2009.

POSTHUMA, Anne Caroline.; LOMBARDI, Maria Rosa. Mercado de trabalho e exclusão social da força de trabalho feminina. *São Paulo em perspectiva*. v. 11, n. 1, 1997.

Direito do Trabalho Doméstico no Brasil: a Luta Contra a Persistência das Desigualdades

Patrícia Maeda[1]

"Por um mundo onde sejamos socialmente iguais, humanamente diferentes e totalmente livres"
Rosa Luxemburgo

1. APORTES TEÓRICOS PARA ENFRENTAR O PROBLEMA JURÍDICO

Para Dominique Fougeyrollas-Schwebel (2009), trabalho doméstico é "um conjunto de tarefas relacionadas ao cuidado das pessoas e que são executadas no contexto da família – domicílio conjugal e parentela – trabalho gratuito realizado essencialmente por mulheres". Desse conceito de trabalho doméstico, o Direito Brasileiro não dá conta, pois apenas regula o trabalho remunerado, além de proporcionar à trabalhadora doméstica um pacote diferenciado de direitos e garantias em relação aos demais trabalhadores. Este limite da forma jurídica na vida social não é sem propósito, mas observa a uma série de fatores históricos e sociais, sobre os quais pretendemos iniciar uma reflexão.

De início, para pensar o trabalho doméstico a perspectiva da interseccionalidade é de grande relevância, pois nos permite articular as relações de gênero, raça e classe que o compreende. Nesse sentido, a abordagem interseccional surgiu muito antes da expressão que a nomeou e consagrou a partir dos anos 1990 nos Estados Unidos.

No Brasil, o trabalho seminal *A mulher na sociedade de classes: mito e realidade*, de Heleieth Saffioti, fruto de sua tese de livre docência defendida em 1967, pode nos revelar um "voo solo" escrito dentro de incríveis condições: em plena Ditadura Militar, por uma acadêmica marxista declaradamente não feminista, cujo orientador se recusou a orientá-la no doutorado, pois só a aceitaria na livre-docência e com prazo exíguo para defesa. Dentre as diversas contribuições para o feminismo e a sociologia brasileiros, Saffioti (2013) já adiantava o argumento interseccional na compreensão do trabalho.

> A utilização social de caracteres raciais, assim como sexuais, permite dar aos fenômenos de natureza econômica, tais como o posicionamento dos indivíduos no sistema produtivo de bens e serviços, uma aparência inibidora da percepção de sua essência. Neste sentido, a determinação *sexo*, enquanto determinação comum, serve às determinações essenciais de cada uma das configurações estruturais histórico-sociais, fornecendo-lhes cobertura, isto é, a aparência necessária sob a qual se escondem os verdadeiros mecanismos de operação de cada modo específico de produção. Conquanto seja o fator sexo um critério menos conveniente do que o fator raça para a conservação do domínio das camadas privilegiadas, constitui sempre um elemento pelo menos potencialmente discriminador e, portanto, estratificatório.

Nos Estados Unidos, Claudia Jones teorizou na década de 1930 sobre a condição de superexploração a que as mulheres negras estadunidenses eram submetidas. A caribenha que morou nos Estados Unidos já observara que a mulher negra sofria tripla opressão: raça, classe e gênero. O movimento feminista negro estadunidense surgiu da própria experiência de que o movimento sufragista e subsequente movimento feminista (predominantemente de mulheres brancas), bem como o movimento negro (com demandas pautas pelos homens negros), não contemplavam as necessidades e os anseios das mulheres negras.

O Coletivo Combahee River era formado por feministas negras estadunidenses e perdurou entre 1974 e 1980. Combahee River foi uma ação militar durante a Guerra Civil Americana, liderada pela abolicionista Harriet Tubman, que libertou centenas de escravizados. A Declaração deste Coletivo (1978) é considerado o primeiro manifesto que articula interseccionalidade (classe, raça e gênero), mesmo antes de sua conceituação desenvolvida por Kimberly Crewshaw em 1989. Nesse manifesto é expresso o compromisso do Coletivo na luta política contra a opressão racial, sexual, heterossexual e de classe, com a tarefa de desenvolver análise e prática integradas, baseadas na ideia de que os grandes sistemas de opressão são interligados, cuja síntese cria as condições de vida das mulheres negras. "Nós lutamos junto com os homens negros contra o racismo, e contra os homens negros contra o sexismo".

---

1. Doutoranda em Direito do Trabalho (2017), mestra em Direito do Trabalho (05/2016) e graduada em Direito (1998) pela Faculdade de Direito da Universidade de São Paulo. Ex-bolsista do *Programme des futurs leaders dans les Amériques* (PFLA), sob a co-orientação do Professor Titular Angelo Soares, da *Université du Québec à Montréal* (UQAM). Integrante do Grupo de Pesquisas Capital e Trabalho - GPTC/USP. Ex-Auditora Fiscal do Trabalho no Ministério do Trabalho e Emprego (1999-2009). Juíza do Trabalho Substituta no Tribunal Regional do Trabalho da 15ª Região (2009-atual) e Vice-Presidenta da Associação dos Magistrados do Tribunal Regional do Trabalho da 15ª Região (Biênio 2017-2019). Autora do livro "A era dos zero direitos", publicado pela editora LTr (2017) e articulista na coluna Sororidade em Pauta no site Justificando.

Anos após, a partir de análise de processos judiciais, a jurista Kimberlé Crenshaw (2002: 177) percebeu que a discriminação contra mulheres negras deixava de ser percebida especificamente, pois as categorias raça e gênero eram analisadas separadamente pelos Tribunais, quando na realidade as discriminações eram vivenciadas simultaneamente, utilizando a metáfora da intersecção para nomear tal situação.

> A interseccionalidade é uma conceituação do problema que busca capturar as consequências estruturais e dinâmicas da interação entre dois ou mais eixos da subordinação. Ela trata especificamente da forma pela qual o racismo, o patriarcalismo, a opressão de classe e outros sistemas discriminatórios criam desigualdades básicas que estruturam as posições relativas de mulheres, raças, etnias, classes e outras. Além disso, a interseccionalidade trata da forma como ações e políticas específicas geram opressões que fluem ao longo de tais eixos, constituindo aspectos dinâmicos ou ativos do desempoderamento.

Elsa Dorlin (2012) afirma que este conceito de interseccionalidade é útil como conceito crítico do direito, mas não como um conceito crítico em geral. Como existem condições específicas que o justificaram, como as querelas judiciais reportadas por Crenshaw, tal conceito não necessariamente daria conta de enfrentar as questões decorrentes das relações sociais em geral.

Danièle Kergoat (2010:100), por sua vez, entende que, ao se valer de categorias e não de relações sociais, a interseccionalidade tende a fixar posições, pois "pensar em termos de cartografia nos leva a naturalizar as categorias analíticas". Propõe a ideia de consubstancialidade como forma de leitura da realidade social.

> É o entrecruzamento dinâmico e complexo do conjunto das relações sociais, cada uma imprimindo sua marca nas outras, ajustando-se às outras e construindo-se de maneira recíproca. [...]
> Mas o fato de as relações sociais formarem um sistema não exclui a existência de contradições entre elas: não há uma relação circular; a metáfora da espiral serve para dar conta do fato de que a realidade não se fecha em si mesma. Portanto, não se trata de fazer um tour de todas as relações sociais envolvidas, uma a uma, mas de enxergar os entrecruzamentos e as interpenetrações que formam um "nó" no seio de uma individualidade ou um grupo.

Helena Hirata (2014) precisamente aponta que a interseccionalidade de Crenshaw visa mais à intersecção entre sexo e raça e a consubstancialidade de Kergoat, entre sexo e classe, pelo menos inicialmente. Ressalta, no entanto, que ambas propõem a não hierarquização das formas de opressão. O termo interseccionalidade tem sido mais amplamente utilizado por outras teóricas e pesquisadoras, podendo abarcar outras relações sociais (sexualidade, idade, religião), o que Helena chama de "interseccionalidade de geometria variável", enquanto para Kergoat a imbricação da consubustancialidade se dá entre as três relações sociais fundamentais (gênero, classe e raça).

Helena Hirata (2009) observa que o conceito de trabalho assalariado, como aquele em que o assalariado trabalha sob o controle do capitalista ao qual pertence o produto de seu trabalho, dá conta de duas relações: homem-natureza e homem-homem. No entanto, parte de um modelo assexuado de trabalho, ou melhor, modelo em que o sujeito universal é o masculino.

As relações de trabalho observam uma divisão sexual, uma vez que as experiências de homem trabalhador e mulher trabalhadora são diferentes. A partir da problemática da divisão sexual do trabalho, Danièle Kergoat (2009: 67) descontrói/reconstrói o conceito de trabalho.

> A divisão sexual do trabalho é a forma de divisão do trabalho social decorrente das relações sociais de sexo; essa forma é historicamente adaptada a cada sociedade. Tem por características a destinação prioritária dos homens à esfera produtiva e das mulheres à esfera reprodutiva e, simultaneamente, a ocupação pelos homens das funções de forte valor social agregado (políticas, religiosas, militares etc.). Essa forma de divisão social do trabalho tem dois princípios organizadores: o da separação (existem trabalho de homens e outros de mulheres) e o da hierarquização (um trabalho de homem "vale" mais do que um de mulher).

Danièle Kergoat juntamente com outras pesquisadoras francesas na década de 1970 propuseram uma reconceituação do trabalho, para incluir o sexo social e o trabalho doméstico e abranger também o trabalho não assalariado, não remunerado, não mercantil e informal, pois, de acordo com Helena Hirata (2009), "trabalho profissional e trabalho doméstico, produção e reprodução, assalariamento e família, classe social e sexo social são considerados categorias indissociáveis". Esse conceito abrangente de trabalho é muito importante para a compreensão das questões de gênero e da consubstancialidade, mas não é abarcado pelo Direito.

Heleieth Saffioti (1984:51) nos dá pistas sobre o silêncio do Direito sobre o trabalho doméstico não remunerado, ao afirmar que no capitalismo a exploração da força de trabalho feminina não remunerada empregada no lar é escamoteada, uma vez que não há extração de mais-valia do trabalho doméstico, muito embora, o capital se aproprie indiretamente do trabalho doméstico.

> Em verdade, há uma pessoa engajada na produção *strictu sensu* – o homem – cuja remuneração não cobre senão uma parcela de seu trabalho (trabalho necessário), apropriando-se o capitalista da outra parcela sob a forma de mais-valia (trabalho excedente). Portanto, através do trabalho do homem, o capital explora diretamente este e indiretamente a mulher, na medida em que esta trabalha para criar as condições da produção diária e da reprodução da fora de trabalho, sem a qual não seria possível

desenvolver-se historicamente o modo de produção capitalista. O capital remunera parcialmente um trabalhador e dispões de dois em tempo integral. Evidentemente, este processo é vantajoso para o capital, mas apresenta consequências extremamente deletérias para as mulheres.

Daí o debate entre trabalho produtivo e improdutivo revela o referencial teórico da pesquisadora, que verifica que as categorias tradicionais do marxismo não são suficientes para entender o trabalho doméstico remunerado.

> Ora, o trabalho da empregada doméstica, portanto, remunerado com renda pessoal, jamais poderia ser qualificado de trabalho produtivo [...]. O trabalho de trabalhadores produtivos concretiza-se em mercadorias, em riqueza material destinada ao mercado, o que não se passa com o fruo do trabalho da empregada doméstica. Na medida em que esta produz bens e serviços para o consumo imediato da família empregadora, não produz mercadorias para serem comercializadas. Não se trata, pois, de produção simples de mercadorias, nem de trabalho improdutivo situado no interior do modo de produção capitalista, como é o caso das atividades comerciais.

Mesmo antes da influência da segunda onda do feminismo, Heleieth Saffioti (1984: 51-52) já podia intuir algumas inferências importantes sobre o trabalho doméstico e seu papel no capitalismo.

> Ainda que assalariada, determinação típica do sistema capitalista, esta força de trabalho atua de forma não-capitalista no seio das formações sociais dominadas pelo modo de produção capitalista. Organizadas, pois, de maneira não-capitalista, as atividades das empregadas domésticas têm lugar no interior de uma instituição não-capitalista – a família – que, contudo, mostra-se bastante adequada a auxiliar a reprodução ampliada do capital. Com efeito, têm lugar no seio da família atividades que concorrem para a produção diária e a reprodução da força de trabalho já empregada no setor capitalista da economia ou disponível para tal. Nesta medida, as atividades domésticas, sejam elas desempenhadas gratuitamente ou mediante o pagamento de um salário, contribuem para a produção de uma mercadoria especial – a força do trabalho absolutamente indispensável à reprodução do capital. [...] Desempenhando tarefas que tornam possível a produção e a reprodução da força de trabalho, a empregada doméstica cria condições para a reprodução do sistema capitalista. Fá-lo, porém, de forma não-capitalista, no interior de uma instituição incapaz de converter dinheiro em capital e, portanto, de extrair mais-valia.

Além disso, Heleieth Saffioti (1984:52) já adiantava também a chamada bipolarização do trabalho feminino, em que há a externalização do trabalho doméstico para outras mulheres, num arranjo de exploração classista.

> Muitas vezes, entretanto, a empregada doméstica substitui, na residência, a dona de casa determinada como trabalhadora típica do sistema capitalista. Neste caso, a empregada doméstica é vítima de uma "exploração" mediada pela exploração específica do modo de produção capitalista. Com efeito, seus salários contidos dentro de certos limites impostos pelo grau de exploração de que é objeto a patroa enquanto assalariada do capitalismo. Nestes termos, a empregada serve ao sistema capitalista, nele integrando-se na medida em que cria as condições para sua plena reprodução. Não podendo usufruir dos benefícios oferecidos por este, pode ser definida domo elemento "superexplorado" das formações sociais dominadas pelo capitalismo.

Nesse sentido, Cristina Bruschini e Maria Rosa Lombardi (2000: 100) apontam na década de 1990 os dois polos da participação da mulher no mercado de trabalho: "O primeiro abriga as ocupações de má qualidade quanto aos níveis de rendimento, formalização das relações e proteção no trabalho. O outro, as boas ocupações, caracterizadas por níveis mais elevados de formalização, de rendimentos e proteção."

O primeiro polo diz respeito em grande medida ao emprego doméstico, em que as mulheres representavam a grande maioria dos postos de trabalho ocupados (mais de 90%). As autoras chamam a atenção para a "natureza feminina" do emprego doméstico e para a questão da não consideração do trabalho doméstico não remunerado como parte do conceito de atividade econômica (2000: 70).

> A natureza feminina do emprego doméstico não é de surpreender. Em nossa sociedade, os afazeres domésticos são tidos como responsabilidade da mulher, qualquer que seja sua situação social, sua posição na família e trabalhe ela ou não fora do lar. Quando esses afazeres são realizados pela dona-de-casa, no âmbito da família, eles não são considerados como trabalho e são computados pelas estatísticas como inatividade econômica. Entretanto, quando as mesmas atividades são realizadas por uma pessoa contratada para esse fim, mediante remuneração em bens ou espécie, elas passam a ser computadas como trabalho, sob o rótulo de serviço ou emprego doméstico. Ou seja, apesar de sua natureza semelhante, as mesmas atividades têm significado diferente para a economia, caso sejam realizadas como prestação de serviços remunerados, ou por alguém da família, em geral uma mulher, sem qualquer pagamento.

Nesse sentido, Maria Valéria Junho Pena (1981:72), em importante estudo sobre a participação das mulheres no mercado de trabalho fabril brasileiro, ressalta a relação entre o patriarcalismo, a família e o trabalho doméstico.

> Por patriarcalismo estou entendendo as relações sociais de reprodução, organizadas na família e que designam à mulher o trabalho reprodutivo. A reprodução não contém apenas um elemento biológico; este elemento de resto está sacramentado na instituição da "maternidade". O trabalho reprodutivo supõe a reprodução em bases geracionais (a regulamentação da sexualidade, controle da fertilidade e o cuidado à criança) e em base rotineira (o trabalho doméstico). A família, assim, não apenas reproduz relações sociais de produção quanto

também relações de reprodução, não apenas uma sociedade dividia em classes, mas também uma sociedade dividida em gêneros. O controle da sexualidade feminina é absolutamente central na dominação patriarcal.

Essa ideia coaduna, mas não se confunde com o conceito de experiência como forma de explicar as opressões, que releva a subjetividade em oposição à objetividade, o que resulta em tomar experiências pessoais ou localizadas como sendo universais (o pessoal é político). Luiza Bairros (1995) aponta duas experiências tidas como universais na identidade das mulheres: maternidade e sexualidade. A partir da maternidade, reforça-se a noção patriarcal com base no caráter biológico, mas para atribuir às mulheres valores como altruísmo, carinho e cuidado com os interesses dos outros. A sexualidade justificaria a condição de vítima da mulher como objeto sexual do homem.

Luiza Bairros (1995:461) expõe ainda que a teoria do ponto de vista feminino considera "a experiência da opressão sexista e dada pela posição que ocupamos numa matriz de dominação onde raça, gênero e classe social interceptam-se em diferentes pontos". Daí a experiência de uma mulher negra trabalhadora se dá a partir de um lugar específico donde tem um ponto de vista diferente de uma mulher branca trabalhadora sobre como é ser mulher numa sociedade desigual, racista e sexista. É a experiência que reserva à mulher negra trabalhadora uma perspectiva própria sobre o trabalho, a partir de um lugar de fala próprio. Luiza Bairros invoca (1995:463), por fim, os trabalhos de bel hooks[2] e Patricia Hill Collins para concluir:

> O que se espera das domésticas é que cuidem do bem estar dos outros, que até desenvolvam laços afetivos com os que dela precisam, sem, no entanto, deixarem de ser trabalhadoras economicamente exploradas e, como tal, estranhas ao ambiente do qual participam (*outsider within*). Contudo, isto não deve ser interpretado como subordinação. No limite essa marginalidade peculiar é que estimula um ponto de vista especial da mulher negra (permitindo) uma visão distinta das contradições nas ações e ideologias do grupo dominante. A grande tarefa é potencializá-la afirmativamente através da reflexão e da ação políticas.

Assim, é possível ainda falar em divisão racial do trabalho. Conforme Bernardino-Costa (2015: 149-151), no contexto da colonização na América, materializava-se na escravidão negra e na servidão indígena, que, combinados à dominação patriarcal, definiam a associação de serviço doméstico à hierarquia racial e sexual. O padrão de dominação baseado na ideologia da superioridade racial continua exercendo um papel no continente no período pós-colonial, limitando oportunidades de emprego e ascensão social a negros e indígenas e relegando a mulheres negras a realização do trabalho doméstico.

2. O TRABALHO DOMÉSTICO NO BRASIL

A compreensão do trabalho doméstico passa por fazer um resgate sobre a transição do trabalho escravo para o trabalho livre no Brasil, sobretudo com relação às trabalhadoras negras. Na belíssima obra de Lorena Féres da Silva Telles (2013: 321-322), é possível ter contato com inúmeras histórias de mulheres invisibilizadas ao seu tempo, por meio de uma minuciosa pesquisa documental e que nos dá algumas pistas sobre como se deu tal transição.

> Afastadas das atividades produtivas e economicamente rentáveis, no contexto de pouca diversificação econômica, mãos femininas, brasileiras e negras ocuparam-se do trabalho mal pago, instável e socialmente desqualificado, atendendo às necessidades diárias de barões, classes médias, e remediados delas dependentes, antes e após a liberdade. [...] Experimentaram as liberdades possíveis: negociaram a habitação em moradias próprias, o limite de horas de trabalho e o pagamento de salários, compartilhando do alimento e do ordenado com seus parentes e companheiros, cuidando de seus doentes. Recusaram com suas indisciplinas as jornadas extenuantes de trabalho. Abandonando sucessivamente os sobrados, indispuseram-se ao assédio sexual, aos maus tratos e aos baixos ordenados, que nem sempre receberam. Os contratos revelaram, para além dos intuitos normativos, a heterogeneidade das identidades atribuídas pelos patrões e ex-senhores às trabalhadoras livres e libertas, além da complexidade de padrões de relações sociais de trabalho em tempos de transição, pautadas por prática paternalistas marcadamente escravistas, mais ou menos mediadas pela impessoalidade contratual.

Ressalvo que o trabalho assalariado doméstico já existia antes da abolição da escravatura, mas era tão marginal que a primeira lei sobre as atividades de "ama de leite" e de "criados"[3] é datada de 1886, ou seja, apenas dois anos antes da Lei Áurea. O trabalho assalariado pressupõe o possuidor livre da força de trabalho, ou seja, aquele que não dispõe de meios de produção e que possa vincular-se mediante contrato. Ao considerar o indivíduo como sujeito de direito, o direito declara a "liberdade" deste para vender sua força de trabalho no mercado" e "igualdade" dos contratantes perante a lei – portanto, apenas formal –, o que viabiliza a produção, a circulação e a valorização do valor, de modo que a subjetividade jurídica é a forma jurídica necessária para o capitalismo.

---

2. A própria autora (bel hooks) solicita que mencionemos seu nome com letras minúsculas.
3. O criado de servir, como toda pessoa de condição livre, que mediante salário convencionado, tiver ou que quiser ter ocupação de moço de hotel, hospedaria ou casa de pasto, cozinheiro, copeiro, cocheiro, hortelão, ama de leite, ama-seca, engomadeira ou costureira e, em geral, a de qualquer serviço doméstico. (Art. 263, Código de Posturas do Município de São Paulo). *Apud* BENTIVOGLIO, Elaine CS; FREITAS, Natalia S. *A evolução da legislação do trabalho doméstico no Brasil*. Disponível em: <http://dx.doi.org/10.15603/2176-1094/rcd.v11n11p219-232>.

De acordo com Alysson Leandro Mascaro (2013:06-10), a forma jurídica capitalista trata os indivíduos como átomos, e o Estado garante a propriedade de alguns contra todo o resto. Assim, a transação que garante o lucro e o mais-valor está respaldada em determinadas formas como a do sujeito de direito. De igual modo, o capitalista explora o trabalhador, valendo-se do artifício de que este, formalmente, trabalha para aquele porque *quis*, isto é, porque assinou um contrato de trabalho. Esse ato de vontade camufla o fato de que o trabalhador assim o faz por absoluta necessidade, na medida em que ele foi afastado dos meios de produção. A mercantilização das coisas a tudo domina; e o direito a tudo isso chancela, sob uma aura de universalidade. Vale dizer que, por todas as relações sociais, no capitalismo, opera a forma de mercadoria e, portanto, a forma jurídica é que permite a generalização da troca de equivalentes.

O tratamento jurídico do trabalho doméstico era o de locação de serviços com amparo legal no Código Civil de 1916, o que obviamente não contemplava a questão da desigualdade material entre trabalhador/a doméstico/a e empregador/a. A premissa das relações civis é a de igualdade entre as partes. Por outro lado, a relação de trabalho assalariado é caracterizada pela subordinação jurídica (decorrente da desigualdade material), especificidade que marca qualquer contrato de trabalho e que se revela de maneira bastante acentuada no trabalho doméstico.

No Decreto Lei n. 3.078/1941 foi regulamentado o contrato de locação de serviço doméstico, com previsão de anotação em carteira profissional e apenas do direito ao aviso prévio. Apesar dos esforços empreendidos por Laudelina de Campos Melo, que requereu expressamente a Getúlio Vargas que fossem incluídos direitos concernentes ao trabalho assalariado doméstico na CLT, promulgada em 1943, nada foi previsto a respeito do trabalho doméstico.

Embora consolidasse um pacote importante de direitos, a CLT teve repercussão bastante restrita ao se referir apenas ao trabalhador urbano, pois a maior parte da população ainda era rural. Em consequência de um passado, não tão distante, colonial e escravocrata, foram excluídos expressamente da proteção da CLT (art. 7º, *a* e *b*): os trabalhadores rurais, herdeiros da condição de escravos na lavoura, e as trabalhadoras e os trabalhadores domésticos, também herdeiras/os da condição de escravos na Casa Grande. Assim, a CLT representava um sonho para os excluídos e, também por isso, "fazer valer seus direitos" ainda é um horizonte de luta da trabalhadora e do trabalhador brasileiro.

A luta por direitos no trabalho doméstico continuou, mas não faz parte do repertório oficial de história do direito, que diz respeito sobretudo ao trabalho masculino fabril. Assim, quando foi promulgada a Lei n. 5.859/1972, sobre o direito da trabalhadora doméstica[4], a ela foi atribuído o *status* de uma concessão estatal, da mesma maneira que à CLT, muito embora os direitos trabalhistas das trabalhadoras domésticas tenham sido tratados separadamente, constituindo um patamar inferior ao estatuto dos trabalhadores urbanos não domésticos.

Os movimentos negro e feminista atuaram durante a Constituinte de 1988 em diversas pautas, dentre elas o reconhecimento de direitos no trabalho doméstico. Apesar desse avanço, a Constituição Federal apenas reconheceu um pacote mais restrito de direitos aos trabalhadores domésticos, atribuindo-lhes, além da integração à previdência social, apenas 9 dos incisos do art. 7º: IV – salário mínimo; VI – irredutibilidade do salário, salvo negociação; VIII – 13º salário; XV – repouso semanal remunerado, preferencialmente aos domingos; XVII – férias anuais remuneradas; XVIII – licença gestante de duração de 120 dias; XIX – licença-maternidade; XXI – aviso prévio de no mínimo 30 dias; XXIV – aposentadoria.

A Lei n. 10.208/2001 previu a contribuição facultativa do FGTS para a trabalhadora doméstica, ou seja, opcional para o empregador. Além disso, àquela que estivesse inscrita no FGTS garantia-se ainda o acesso ao seguro-desemprego por três meses. Dado o caráter "opcional do direito" e a burocracia que envolvia sua operacionalização, foi bastante baixa a adesão dos patrões.

A Lei n. 11.324/2006, por sua vez, igualou o direito a 30 dias de férias remuneradas, pois a previsão legal até então era de apenas 20 dias úteis. Ademais passou a garantir o emprego da trabalhadora gestante nos mesmos termos das demais trabalhadoras: no período entre a confirmação da gravidez e 5 meses após o parto.

Releva pontuar ainda a definição de trabalhador/a doméstico/a adotado pela OIT em sua Convenção 189 sobre o Trabalho Decente para as Trabalhadoras e os Trabalhadores Domésticos, que foi criada em 2011 e entrou em vigência no plano internacional em 03 de setembro de 2013. Esta convenção foi ratificada pelo Brasil no dia 31 de janeiro de 2018, após a publicação do Decreto Legislativo n. 172/2017 e, portanto, faz parte formalmente do ordenamento jurídico nacional.

> Art. 1º Para o propósito desta Convenção:
>
> (a) o termo "trabalho doméstico" designa o trabalho executado em ou para um domicílio ou domicílios; (b) o termo "trabalhadores domésticos" designa toda pessoa, do sexo feminino ou masculino, que realiza um trabalho doméstico no marco de uma relação de trabalho; (c) uma pessoa que executa o trabalho doméstico apenas ocasionalmente ou esporadicamente, sem que este trabalho seja uma ocupação profissional, não é considerada trabalhador doméstico.

Segundo a Organização Internacional do Trabalho (2013: 26-27), o Brasil tem o maior número de trabalhadoras domésticas no mundo: são mais de 7 milhões, sendo

---

4. Adotamos o feminino trabalhadora doméstica, tendo em vista a composição amplamente majoritária de mulheres no trabalho doméstico.

que mais de 90% são mulheres, e mais de 60%, negras, de acordo com dados da PNAD, 2009.

Com a promulgação da Emenda Constitucional n. 72/2013, houve uma expansão dos direitos trabalhistas assegurados às trabalhadoras e aos trabalhadores domésticos, mas não foi superado tratamento não isonômico em relação aos trabalhadores não domésticos, pois, por exemplo, não lhes é garantido o direito ao adicional de remuneração para as atividades penosas, insalubres ou perigosas, na forma da lei (art. 7º, XXIII).

Uma das principais conquistas que marcam este período é o direito à limitação da jornada (art. 7º, XIII – duração do trabalho normal não superior a oito horas diárias e quarenta e quatro semanais, facultada a compensação de horários e a redução da jornada, mediante acordo ou convenção coletiva de trabalho), um claro resquício da herança escravocrata, ressaltando que um dos critérios para configuração do trabalho em condição análogo ao de escravo pelo Código Penal é justamente a jornada exaustiva (art. 149, Código Penal). Fátima Guerra (2017: 76) aborda a questão da jornada para as trabalhadoras domésticas que residem nos domicílios dos patrões da seguinte forma:

> O aspecto mais importante diz respeito a uma maior propensão dessas profissionais em desenvolver vínculos de dependência afetiva e pessoal com os seus empregadores e que vão se tornando tanto mais fortes quanto mais tempo elas permanecem trabalhando no mesmo lugar. Isto ocorre porque ainda há uma percepção, herdada dos tempos em que as residentes eram chamadas de "crias da casa", de que elas são como amigas ou parentas da família. Expressões frequentemente usadas para se referir a elas, como "alguém da família", "igual a uma filha", "mãe preta", "nossa amiga", entre outras, são representações desse senso comum. Mas longe de refletirem a horizontalidade típica das relações de amizade e parentesco, essas expressões acabam servindo, em muitas situações, para omitir uma relação de trabalho abusiva (BARBOSA, 2000).

Nesse sentido, constata que as trabalhadoras domésticas residentes costumam ter uma jornada de trabalho bem mais longa dos que as não residentes, sendo que em 2010 essa diferença se dava na ordem de seis horas semanais. Ressalta ainda que em 2000 as trabalhadoras domésticas residentes cumpriam em média 47 horas semanais de trabalho, ou seja, média superior ao limite constitucional de 44 horas semanais, que não era extensivo a elas.

Tanto Fátima Guerra (2017: 92), quanto Sheila Tanaka (2017: 45) constataram o aumento da participação das mulheres negras no trabalho doméstico, ainda que tenham trabalhado com bases de dados e períodos diversos (Projeto IPUMS Internacional – período 1908-2010 e IBGE – período 1995-2015, respectivamente). Sobre esta constatação, afirma Sheila Tanaka:

Esse movimento corrobora a hipótese defendida até agora, de que o trabalho doméstico foi não apenas historicamente constituído como nicho de trabalhadoras negras, mas esse processo também foi acentuado por mecanismos contemporâneos no mercado de trabalho. Fica nítido como o crescimento da ocupação feminina remunerada se deu diferentemente para trabalhadoras brancas e negras, uma vez que as últimas são absorvidas no trabalho doméstico na medida em que outras oportunidades de trabalho são abertas às trabalhadoras brancas. A diminuição de trabalhadoras brancas e aumento de trabalhadoras negras indica, claramente, a continuidade de um processo histórico e a acentuação de desigualdades raciais e de gênero em processos atuais.

Luana Pinheiro e outros (2014), em pesquisa sobre inserção das mulheres no mercado de trabalho realizada pelo Ministério do Trabalho e Previdência Social (MTPS) e Instituto de Pesquisa Econômica Aplicada (Ipea) em 2014, constataram que nas moradias das classes média e alta, a realização do trabalho doméstico é quase exclusivamente feminina: 92% dos empregados domésticos são mulheres, e essa é a ocupação de 5,9 milhões de brasileiras, o equivalente a 14% do total das ocupadas no Brasil.

Tal estudo, que fez um corte estatístico de 2004 a 2014 e considerou as mulheres ocupadas a partir dos dez anos de idade, revelou também o quanto são precárias as condições de quem vive dessa profissão. A média de estudo delas é de seis anos e meio, o salário é de aproximadamente R$ 700,00 e, até 2013, mais de 70% não tinha carteira assinada.

Nesta pesquisa constatou-se ainda que a condição de trabalho das trabalhadoras domésticas negras é mais complicada. Elas são maioria, têm escolaridade menor e ganham menos. Em 2014, 10% das mulheres brancas eram domésticas, índice que chegava a 17% entre as negras.

Na questão da formalização do contrato de trabalho também existe diferença. O percentual de trabalhadoras domésticas em 2014 com carteira assinada é de 33,5% entre as mulheres brancas e 28,6% entre as negras. Isso reflete diretamente no salário que elas recebem: R$ 766,60 das brancas contra R$ 639 das negras, valor inferior ao salário-mínimo.

A questão da informalidade é bastante relevante quando pensamos o trabalho doméstico. Conforme estudo anterior sobre mulheres no trabalho informal, levantamos dados referentes a um grupo específico que corresponde à soma de trabalhadoras autônomas sem CNPJ e de trabalhadoras domésticas ou de empresa privada sem "carteira assinada". A partir desse recorte, de acordo com o Instituto Locomotiva[5], com base em dados da PNAD 2015 para a Região Metropolitana de São Paulo, três em cada 10 trabalhadoras com 16 anos ou mais estão nessa condição de informalidade (29%), o que corresponde a 1,3 milhões de mulheres no mercado de trabalho paulistano.

---

5. Registro meus agradecimentos à pesquisadora Maíra Saruê, do Instituto Locomotiva, que compilou diversos dados utilizados nesse estudo.

O que elas têm em comum? Basicamente, do ponto de vista do direito, a exclusão tanto do sistema tributário quanto dos direitos sociais.

Como vimos, dentro de uma estrutura de pensamento patriarcal, o papel da mulher seria mais voltado para o espaço privado, onde cuidaria do lar e da família, trabalhando sem remuneração, enquanto ao homem caberia buscar no espaço público o provento da família com o trabalho remunerado. No entanto, a ideia de que o trabalho da mulher é apenas complementar na renda da família, sendo-lhe opcional trabalhar ou não, não se confirma nas estatísticas, pois dessas 1,3 milhão de mulheres no trabalho informal paulistano, 41% são chefes de família e 25% são "mães solos".

Como é a remuneração dessas trabalhadoras? 82% delas recebem até 2 salários mínimos (SM), sendo que 46% ganham até 1 SM; e apenas 3% ganham mais que 5 SM. O suposto caráter complementar do trabalho da mulher, uma vez que, dentro do patriarcado, ela deveria priorizar o trabalho não remunerado doméstico e de cuidado da família, é o que normalmente justifica a tal flexibilidade de jornada de trabalho. Todavia, essas trabalhadoras não se ativam em sua maioria nos chamados contratos a tempo parcial (até 25 horas semanais). Ao contrário, 48% das mulheres no trabalho informal na Região Metropolitana de São Paulo trabalham mais de 40 horas semanais, sendo que 10% trabalham 49 horas por semana ou mais.

E isso não alivia o encargo já pressuposto de sua condição de mulher: além das horas de trabalho remunerado, essas trabalhadoras acumulam o trabalho não remunerado doméstico e de cuidado da família. Nesse sentido, dados do IBGE revelam que no período 2004-2014 em termos gerais os homens gastaram 10 horas semanais em tarefas domésticas, enquanto as mulheres gastaram 21 horas e 12 minutos por semana, mais do que o dobro do que os homens.

Além do recorte de classe e gênero, com relação ao trabalho de baixa renda, há uma forte influência do componente racial. A Fundação Sistema Estadual de Análise de Dados, SEADE, possui estudos especiais para a Região Metropolitana de São Paulo para os temas Mulher & Trabalho e Inserção da População Negra no Mercado de Trabalho, mas apenas no estudo Emprego Doméstico encontramos um estudo propriamente interseccional, ou seja, relacionando a questão de classe, gênero e raça, onde constatamos que as trabalhadoras negras são a maioria nessa ocupação, 55,8% das trabalhadoras domésticas se autoproclamam negras.

Chamar de informal o trabalho prestado pela mulher trabalhadora, de forma pessoal, habitual e remunerada é um eufemismo. Trata-se na verdade de uma ilegalidade, diante do descumprimento da exigência de registro de empregada, previsto na CLT.

Essa ilegalidade não é mera falta de formalidade burocrática, como poderíamos pensar a partir da expressão "trabalho informal", pois poderíamos associar a informalidade a algo desburocratizado, descomplicado. Significa sim a precarização das condições de trabalho com a exclusão da trabalhadora do acesso a uma série de direitos sociais, numa estratégia predatória de redução de custos do trabalho, com a manutenção do controle (subordinação).

A injusta negativa de proteção baseada numa falaciosa igualdade entre as partes já se verifica com a trabalhadora assalariada informal. A sua condição de trabalhadora informal não é fruto de exercício de autonomia de vontade nem expressão de liberdade ou igualdade. Não ter seu contrato de trabalho formalizado gera para a trabalhadora uma grande insegurança sobre até quando terá emprego ou que direitos serão "concedidos" pelo empregador.

Do ponto de vista do direito do trabalho, a formalização do contrato de trabalho não é opcional, mas sim obrigatória, tanto para empregada doméstica quanto para empregada em empresa privada. Sobre o trabalho assalariado doméstico, é interessante lembrar que segundo dados da SEADE, na Região Metropolitana de São Paulo, em 2016, 96,9% dos postos de trabalho doméstico foram ocupados por mulheres, sendo que apenas 39,4% delas são "mensalistas com carteira assinada"[6]. Não ter o devido registro em CTPS implica à trabalhadora assalariada, portanto, uma precarização de sua condição com os possíveis efeitos:

1. salários mais baixos – a partir da "carteira assinada", a trabalhadora passa a integrar determinada categoria profissional, neste caso o de empregada doméstica, com piso salarial específico e geralmente superior ao salário mínimo;

2. exclusão ou redução de direitos trabalhistas, tais como: férias anuais remuneradas com acréscimo de 1/3 do salário, 13º salário, depósitos em conta vinculada no FGTS, aviso prévio proporcional no caso de dispensa imotivada, dentre outros;

3. ausência de cobertura previdenciária contra riscos por acidente de trabalho – todo acidente de trabalho deve ser comunicado ao INSS e tem uma série de consequências, especialmente a possibilidade de concessão de garantia de emprego à acidentada que se afasta por mais de 15 dias. A subnotificação de acidentes de trabalho é uma realidade frequente para os contratos de trabalho regulares, ou seja, a trabalhadora se acidenta e tal fato não é comunicado ao Estado, mas é a **regra** para o caso de trabalho informal. Simplesmente não há dados sobre

---

6. Fonte: Secretaria de Planejamento e Gestão. Convênio Seade–Dieese e Ministério do Trabalho/FAT. *Pesquisa de Emprego e Desemprego – PED*. Disponível em: <http://www.seade.gov.br/produtos/mulher-trabalho/o-trabalho-domestico-na-regiao-metropolitana-de-sao-paulo-2015/?id=-periodo>.

isso, revelando mais uma a invisibilidade da trabalhadora assalariada informal para o Estado;

4. ausência de limite de horário de trabalho – embora não apareçam nas estatísticas oficiais, há relatos de trabalhadoras domésticas ou babás que ficam à disposição da família empregadora 24 horas por dia[7], pois têm o suposto benefício de "ser tratada como filha e morar no local de trabalho sem precisar se deslocar nem custear sua própria habitação", o que esconde a sua condição de trabalho degradante. Frisamos que recentemente, houve um aumento de trabalhadoras domésticas imigrantes, em regra paraguaias ou bolivianas, por vezes em situação irregular no Brasil, o que aumenta seu grau de precariedade, chegando a ser tratadas como "mercadoria importada"[8].

5. menor segurança e maior rotatividade nos postos de trabalho. Nesse sentido, constata-se sim a tal da flexibilidade para o empregador, que contrata e dispensa a trabalhadora sem a observação de qualquer direito trabalhista, em clara ofensa à ordem constitucional, sobretudo ao art. 7º, que prevê expressamente uma série de direitos, além de outros que visem à melhoria de sua condição social, dentre os quais destaco: relação de emprego protegida contra despedida arbitrária ou sem justa causa.

Mas não são apenas os direitos trabalhistas que são afetados pela informalidade. Por exemplo, no tocante ao trabalho doméstico "sem carteira assinada", o SEADE adverte que a grande maioria de trabalhadoras domésticas não contribuíram para Previdência Social, o que provoca um agravamento da condição de vulnerabilidade.

No entanto, entre 2015 e 2016, diminuiu a proporção daquelas que contribuíam para a previdência social, o que pode ser explicado pela redução de seus rendimentos médios. Como este é o contingente com características de maior responsabilidade na família e grande vulnerabilidade (maiores parcelas na chefia do domicílio e com filhos menores, idade mais avançada e menor nível de escolaridade), talvez essas trabalhadoras optem por não comprometer com taxas e/ou tributos – por mais baixos que estes sejam – seus rendimentos.

Como visto, o trabalho doméstico, embora tenha se retraído nos últimos anos, ainda é uma importante alternativa de inserção ocupacional e fonte de rendimentos para as mulheres adultas e com baixa escolaridade. A ampliação da proteção trabalhista e previdenciária para essa categoria significa um avanço importante, mas a alta parcela de mensalistas sem carteira assinada e de diaristas que não participam do programa de previdência contribui para a desvalorização desse tipo de trabalho, exercido em condições diferenciadas da maioria das ocupações.

3. A REFORMA TRABALHISTA E O TRABALHO DOMÉSTICO

Independentemente do déficit democrático da reforma trabalhista, a forma jurídica de que se reveste todo esse movimento neoliberal é fruto da contradição Capital X Trabalho e dá conta de uma agenda gestada por anos pelo grande capital. Basta consultar sites da CNI, Febraban, Federação do Comércio, o programa do desgoverno "Ponte para o Futuro", para perceber que os programas idealizados para o Brasil e seu mercado de trabalho já antecipavam o conteúdo da Lei n. 13.467/2017. Para dar a aura de legalidade a tudo isso, o Estado, como forma política, viabilizou ideias que há algum tempo seriam reputadas como inconcebíveis em debates jurídico-trabalhistas.

Analisando o discurso sobre os efeitos da PEC das domésticas para o mercado de trabalho em matérias veiculadas na impressa escrita durante o processo legislativo da Emenda Constitucional n. 72/2013, Sheila Tanaka (2017:62) aponta que:

> O argumento principal é o de que a ampliação de direitos trabalhistas para empregadas domésticas levaria a uma sobrecarga de encargos para empregadores. Estes seriam então impelidos a demitir suas empregadas domésticas, pela impossibilidade de conciliar o pagamento de encargos com o orçamento familiar. As consequências da nova legislação seriam, então, o aumento do desemprego entre as trabalhadoras domésticas e o aumento do grau de informalidade, uma vez que empregadores evitariam registrar a relação formal de emprego para fugir dos custos adicionais.

Essa racionalidade de "melhor ter menos direitos para manter os empregos" converge com o neoliberalismo. O discurso da atual reforma trabalhista é permeado pela mesma ideologia neoliberal que tomou força no Brasil a partir dos anos 1990, trazendo consigo as propagandas da modernidade e da flexibilização como fundamento para "repensar o direito do trabalho", o que, no concreto, significava destruir a ideia de proteção do trabalhador como se fosse algo necessário ou até mesmo inevitável para o aumento de produtividade ou de competitividade no cenário global.

De maneira geral, podemos afirmar ainda que a reestruturação produtiva pós-fordista está alicerçada na ideologia da flexibilidade, que, combinada com o ideário neoliberal, volta-se tão somente contra a classe trabalhadora, no seguinte sentido: direitos trabalhistas conquistados – e não meramente concedidos – no passado tornam-se entraves à dinâmica do mercado e passam a ser considerados privilégios.

O direito do trabalho passa a ser apresentado como o entrave à lógica do mercado mundial e vem sofrendo ataques

---

7. BONIS, Gabriel et al. *Os serviçais do Brasil*. Disponível em: <https://www.cartacapital.com.br/sociedade/os-servicais-do-brasil-2>.
8. SAMPAIO, Paulo. Famílias paulistanas contratam babás paraguaias. Disponível em: <http://www.estadao.com.br/noticias/geral,familias-paulistanas-contratam-babas-paraguaias,697927>.

desde então. Isso se reflete nas relações de trabalho, de modo que se tem verificado na reestruturação produtiva pós-fordista uma forte tendência à precarização do emprego e das condições de trabalho.

Paralelamente, a crítica repetida sobre a intervenção do Estado nas relações de trabalho busca fundamentar a desregulamentação do contrato de trabalho em benefício da liberdade contratual e, assim, da chamada flexibilidade. No entanto, esta desregulamentação não representa uma ausência do Estado nas relações de trabalho. Trata-se sim de uma opção política neoliberal instrumentalizada pelo Estado por meio de leis, que limitam, reduzem ou permitem reduzir os direitos trabalhistas.

Relevar que a falácia sobre o excessivo número de ações trabalhistas no Brasil[9], encobre uma questão de fundo. O Poder Judiciário é acionado quando as partes não conseguem resolver alguma divergência. Esta é a ideia mais basilar sobre a jurisdição: dizer quem está com o direito e qual o conteúdo deste. No entanto, a maior parte das ações trabalhistas versa sobre o não pagamento de verbas rescisórias[10], o que nem sempre se dá sob uma controvérsia jurídica, pois se trata de mero descumprimento de lei. Essa é a realidade na Justiça do Trabalho, que muitas vezes não dirime conflitos, mas apenas determina o cumprimento de obrigação legal de pagar. É a reiterada e naturalizada infração legal (não apenas o pagamento de verbas rescisórias, mas também outros direitos como pagamento das horas extras trabalhadas com adicional ou ainda a formalização do registro do contrato de trabalho) que é objeto das inúmeras, porém longe de ser 98% do volume mundial, ações trabalhistas.

Todo este ideário é amplamente difundido pela imprensa, o que em parte explica a (falta da) reação da classe trabalhadora ao processo de desmanche do direito do trabalho. O trabalho doméstico conta ainda com um antagonismo de interesses dentro da própria classe trabalhadora, não só por causa de sua feminização e racialização, mas também do próprio fenômeno da bipolarização, o que agrava ainda mais a compreensão do direito do trabalho doméstico como tal. Assim, em meio às mais de 200 alterações normativas advindas da Lei n. 13.467/2017, a previsão de formas de contratação mais precárias e atípicas, bem como a "flexibilização" da jornada de trabalho, são alterações legislativas que certamente impactarão no contrato de trabalho doméstico, em claro retrocesso aos direitos tão recente e duramente conquistados. Nesse sentido, a ratificação da Convenção n. 189 da OIT pode ser um marco importante para fazer frente a este processo de precarização decorrente da reforma trabalhista.

4. REFERÊNCIAS BIBLIOGRÁFICAS

ABREU, Alice R. P.; HIRATA, Helena; LOMBARDI, Maria R. (Org.). *Gênero e trabalho no Brasil e na França*: perspectivas interseccionais. São Paulo: Boitempo, 2016.

BAIRROS, Luiza. Nossos feminismos revisitados. *Revista de Estudos Feministas*, ano 3, p. 458-463, 2º semestre de 1995.

BENTIVOGLIO, Elaine CS. FREITAS, Natalia S. *A evolução da legislação do trabalho doméstico no Brasil*. Disponível em: <http://dx.doi.org/10.15603/2176-1094/rcd.v11n11p219-232>.

BERNARDINO-COSTA, Joaze. Decolonialidade e interseccionalidade emancipadora: A organização política das trabalhadoras domésticas no Brasil. *Revista Sociedade e Estado*. 2015. 30(1), p. 147-163.

BIROLI, Flavia; MIGUEL, Luis Felipe. Gênero, raça, classe. Opressões cruzadas e convergências na reprodução das desigualdades. *Mediações*. v. 20, n. 2, p. 27-55, jul.-dez. 2015.

BRUSCHINI, Cristina. Trabalho doméstico: inatividade econômica ou trabalho não-remunerado? *Revista Brasileira de Estudos de População*, v. 23, n. 2. São Paulo, jul.-dez. 2006.

_____. *Trabalho feminino no Brasil*: novas conquistas ou persistência de discriminação. Disponível em: <http://biblioteca.clacso.edu.ar/ar/libros/lasa98/Bruschini.pdf>. Acesso em: 29 nov. 2015.

_____. LOMBARDI, Maria Rosa. Instruídas e trabalhadeiras: Trabalho feminino no final do século XX. *Cadernos Pagu* (17/18) 2001/02. p.157-196.

COLLINS, Patricia Hill. Em direção a uma nova visão: raça, classe e gênero como categorias de análise e conexão. In: MORENO, Renata (Org.). *Reflexões e Praticas de Transformação Feminista*, São Paulo: SOF, 2015. p.13-42.

COMBAHEE RIVER COLLECTIVE. The Combahee River Collective Statement: A Black Feminist Statement. In: EISENSTEIN, Z (ed.). *Capitalism, Patriarchy and the Case for Socialist Feminism*. New York: Monthly Review Press, 1978.

DORLIN, Elsa. L'Atlantique féministe. L'intersectionnalité en débat. *Papeles del CEIC*. CEIC: Universidad del Pais Vasco, n. 83, v. 2012/2.

FOUGEYROLLAS-SCHWEBEL, Dominique. Trabalho doméstico. In: HIRATA, Helena et al. (Org.). *Dicionário crítico do feminismo*. São Paulo: UNESP, 2009.

CRENSHAW, Kimberlé W. "Beyond entrenchment: Race, gender and the new frontiers of (un)equal protection". In: Tsujimura, M. (ed.) *International Perspectives on Gender Equality & Social Diversity*. Sendai: Tohoku University Press, 2010.

_____. Documento para o Encontro de Especialistas em Aspectos da Discriminação Racial Relativos ao Gênero. *Estudos Feministas*. Ano 10, n. 1/2002, p. 171-188.

GUERRA, Maria de Fátima Lage. *Trabalhadoras domésticas no Brasil*: coortes, formas de contratação e famílias contratantes. 2017. 151 f. Tese (Doutorado) – Universidade Federal de Minas Gerais, Belo Horizonte, 2017.

---

9. Sobre esta falácia, recomendamos a leitura de CASAGRANDE, Cássio. Brasil, "Campeão de ações trabalhistas". Como se constrói uma falácia. Disponível em: <https://www.jota.info/opiniao-e-analise/artigos/brasil-campeao-de-acoes-trabalhistas-25062017>. Acesso em: 28 jan. 2018.
10. Trata-se do assunto mais demandado no ano de 2016 no Poder Judiciário como um todo (11,75% de todo o volume de ações e 17,01% das ações no 1º grau) e representa quase a metade das ações na Justiça do Trabalho (49,47% de todo o volume e 52,01% das ações no 1º grau). CONSELHO NACIONAL DE JUSTIÇA. *Justiça em números 2016*: ano-base 2015/Conselho Nacional de Justiça – Brasília: CNJ, 2016. P. 74, 75, 202 e 203.

HIRATA, Helena. Gênero, classe e raça: interseccionalidade e consubstancialidade das relações sociais. *Tempo Social*. v. 26, n. 1, jan-jun. 2014, p. 61-74.

_____; ZARIFIAN, Philippe. Trabalho (conceito de). Tradução de Miriam Nobre. HIRATA, Helena *et al.* (Org.). *Dicionário crítico do feminismo*. São Paulo: UNESP, 2009. p. 252.

_____ *et al.* (Org.). *Dicionário crítico do feminismo*. São Paulo: UNESP, 2009.

_____; KERGOAT, Danièle. A classe trabalhadora tem dois sexos. *Estudos Feministas*. 2 (3), 1994. Edição original: "La classe ouvrière a deux sexes". *Politis – la revue*, n. 4, 1993. p. 55-58.

INTERNATIONAL LABOUR OFFICE. *Domestic workers across the world*: global and regional statistics and the extent of legal protection. Geneva: ILO, 2013. p. 26/27.

KERGOAT, Danièle. Dinâmica e consubstancialidade das relações sociais. Tradução de Antonia Malta Campos. *Revista Novos Estudos CEBRAP*, n. 86, p. 93-103, mar. 2010.

LORDE, Audre. *Sister Outsider*. Essays and Speeches. Freedom. California: The Crossing Press, 1984.

MAEDA, Patrícia. Trabalho informal feminino e a "deforma" trabalhista. *Coluna Sororidade em Pauta*. São Paulo: Justificando, 2017. Disponível em: <http://justificando.cartacapital.com.br/2017/06/07/trabalho-informal-feminino-e-deforma-trabalhista/>. Acesso em: 11 dez. 2017.

MASCARO, Alysson Leandro. *Introdução ao estudo do direito*. 4. ed. São Paulo: Atlas, 2013.

PINHEIRO, Luana S. *et al. Nota técnica n. 24*. Mulheres e trabalho: breve análise do período 2004-2014. Brasília: IPEA, 2014.

PENA, Maria Valéria Junho. *Mulheres e trabalhadoras*: presença feminina na constituição do sistema fabril. Rio de Janeiro: Paz e Terra, 1981.

PINTO, Celi R. J. O feminismo bem-comportado de Heleieth Saffioti (presença do marxismo). *Estudos Feministas*. v. 22, n. 1, p. 321-333, jan.-abr. 2014.

SAFIOTTI, Heleieth. *A mulher na sociedade de classes*: mito e realidade. 3. ed. São Paulo: Expressão Popular, 2013.

_____. *Mulher Brasileira*: Opressão e Exploração. Rio de Janeiro: Achiamé, 1984.

_____. *Gênero, patriarcado, violência*. 2. ed. São Paulo: Expressão Popular, 2015.

SOUZA-LOBO, Elisabeth. *A classe operária tem dois sexos*: trabalho, dominação e resistência. 2. ed. São Paulo: Editora Fundação Perseu Abramo, 2011.

TANAKA, Sheila. *Interseccionalidade e trabalho doméstico*: O debate público sobre a Emenda Constitucional 72 no Brasil. Cadernos CEDEC n. 123. São Paulo: CEDEC, 2017. Disponível em: http://www.cedec.org.br/a-interseccionalidade-e-trabalho-domestico-o-debate-publico-sobre-a-emenda-constitucional-72-no-brasil. Acesso em 6 fev. 2018.

TELLES, Lorena Féres da Silva. *Libertas entre sobrados*: Mulheres negras e trabalho doméstico em São Paulo (1880-1920). São Paulo: Alameda, 2013.

Mulher como Realização de Mundo: Diálogos entre a Experiência, o Simbólico e o Imaginário

Petilda Serva Vázquez[1]

1. APRESENTAÇÃO

Em 1996, foi publicado o livro *Psicanálise: Problemas ao Feminino*, organizado pelo psicanalista Jorge Forbes. Esse livro trazia uma coletânea de artigos, frutos de exposições e palestras, de caráter multi disciplinar: psicanalistas, juristas, feministas entre outras, proferidas em congresso no campo psicanalítico. Interessa para o nosso ensaio, a conferência de abertura do Jorge Forbes com o título A Mulher e o Analista, fora da Civilização. O título da conferência, transformada em artigo, revela a tese apresentada pelo referido autor, ou seja, **o processo civilizatório não foi construído para satisfação e prazer da realização do construto e identidade do feminino**, lembrando a importância da dimensão do simbólico na constituição de sujeito, no devir de humanidade, para além das suas existências biológicas.

No artigo *Constituição de Identidade de Sujeito da Mulher no Mundo do Trabalho*, (2007), no qual desenvolvo uma análise, a partir de vozes, queixas e testemunhos de trabalhadoras, da sua condição de "espécie de cobaias", das relações precarizadas de trabalho, próprias ao capitalismo da Era da Qualidade Total, considerando que *a relação de Gênero é uma construção histórica, mas de uma história que data de tempos os mais remotos e que consubstanciam valores, sentidos e sentimentos. E, se a história da luta da mulher – os movimentos feministas expressam a realização de um lugar político relevante (mesmo de protagonismo), como sujeito histórico que constrói mundo –, representa a grande revolução do século XX (e mesmo na atualidade desses duas décadas do século XIX), por outro lado não se devem desconsiderar campos simbólicos constitutivos do sujeito e no caso da mulher, há uma falta milenar a ser enfrentada. (op. cit. p. 56)*

Essa falta milenar que impacta sobre lugares simbólicos, ou mesmo em lugares degradados, que Jorge Forbes em textos alude como pérolas, que podemos também considerar como sentenças. Vejamos algumas apontadas pelo psicanalista:

A mulher é má. Cada vez que tiver ocasião, toda mulher pecará. (Buda, 600 a.C)

Os melhores adornos de uma mulher são o silêncio com plena submissão. (São Paulo, séc. I)

Enquanto você repousa, eu descanso. (John Donne, poeta inglês séc. XIII)

Ainda que o homem e a mulher sejam duas metades, não são nem podem ser iguais. Há uma metade principal e outra subalterna: a primeira manda e a segunda obedece. (Molière, séc. XVII)

Todas as mulheres acabam sendo como suas mães: essa é tragédia. (Oscar Wilde, séc. XIX)

Sua confusão era tal que começou a piorar mentalmente, como uma mulher. (Elias Cannetti, prêmio Nobel de Literatura, 1981)

A partir desse processo, marcado por uma cultura desqualificadora da mulher, esse ensaio visa: i) apresentar mulher como sujeito de **experiência** e **realização** na sua vivência de mundo, como resposta de processo dialético, que nega campos simbólicos e existenciais de prazeres e de emancipação, já que a civilização reserva lugares desqualificados à sua existência; ii) refletir como diferentes universos narram a saga de mulheres e seus múltiplos enfretamentos na busca de *constituição de identidade*; iii) analisar como o **trabalho** é revelador de experiência potencialmente dialética de *ruptura de campo*, para além de uma abordagem exclusivamente funcional e alienante.

Nesse contexto, o ensaio está concebido em três momentos. O **Momento I** traz personagens femininas da literatura brasileira, com narrativas dos horrores e das crueldades vividas por uma mulher do campo, uma menina negra, órfã, filha de ex-escrava e uma jovem branca, órfã, com a missão de povoar o Brasil. **No Momento II** é feita uma breve resenha das contribuições e experiências de duas feministas revolucionárias russas do final do século XIX e início do século XX, no contexto de suas lutas. **No Momento III** trago falas e testemunhos de queixas de trabalhadoras com diferentes experiências de trabalho, de modo a revelar suas vivências e subjetividades no mundo do trabalho. Depoimentos obtidos em contexto de pesquisa sobre a saúde da mulher na organização flexível do capitalismo contemporâneo.

2. MOMENTO I – QUANDO O IMAGINÁRIO CAMINHA *PARI PASSO* AO MUNDO REAL

Seca da desgraça! Não sei quantas trouxas de roupa levava ao rio. Depois separar. Começava a molhar as claras, ensaboando-as batendo-as na pedra – plooff... plooff... flof. O dia inteiro aquela labuta que dava até dó. Sol em riba, espetando a lavadeira. Punha tudo a quarar. De espaço em espaço a molhar as peças. As mais finas já andavam na cerca

---

1. Faz Pós-doutorado no Programa de Pós-graduação em Ciências Sociais da Universidade Federal da Bahia. Doutora em Ciências Sociais pela Universidade Estadual de Campinas. Mestre em História Social, UFBA. Professora de Hermenêutica Jurídica, História do Direito e pesquisadora do Mundo do Trabalho, Responsabilidade Social e Direitos Humanos, Assédio Moral e Saúde do Trabalhador e da Trabalhadora.

de arame, trapajando à brisa, à sombra. Dizia-se, em casa, que nenhuma lavadeira alvejava a roupa como ela. Deixava tudo feito coco. Não quebrava botões, não rasgava nem os camisolos mais finos dos meninos pequenos...

(...) Rogaciano (político – coronel e latifundiário do cacau do Sul da Bahia) olhava a lavadeira, o seu modo de pisar no capim fechado, sem medo, a força de levar a roupa à pedra. O suor escorrendo, a espuma enfeitando de flores o colo, as mãos triturando as dobras, os plissados, costuras, bainhas, cós, braguilhas, ganchos, bolsos, cinturas, passadeiras, colarinhos, golas, punhos, espremendo os restos.

(...)Por que ela trocava de lugar as roupas já estendidas? Apanhava um vestido amarelo-flor-de-vergonha-de-homem e juntava ao lençol amarelo gema-de-ovo, depois tomava distância e olhava, virando o rosto assim, como quem aprecia pintura. Lá no canto da cerca, estendiam-se calças amarelas-cacau-maduro, formando um conjunto da mesma cor: tonalidade quente até a mais fria. Fez o mesmo com o verde e o rosa. (Euclides Neto, 2014, p. 186-187)

Os fragmentos apresentados são da obra *Machombongo* de autoria do jurista Euclides Neto, primeiro e único secretário da Reforma Agrária no Brasil, no mandato do governador Waldir Pires da Bahia[2].

Porque será, que o trabalho da lavadeira Deoclécia *dava gosto de ver*, a um cruel coronel do cacau, afeito a práticas de horrores aos seus e suas empregadas/os?

Deoclécia, personagem de obra de ficção, é exemplo de vivências de mulheres em suas experiências de trabalho e vida. Mais que ilustração, a experiência *de o dia inteiro aquela labuta que dava dó*, com o sol espetando o seu corpo, mas, que, *o seu modo de pisar no capim fechado,* **sem medo,** ainda olhava o seu trabalho, *como quem aprecia pintura* revela contradições do *trabalho alienado*, mas que na condição de trabalhadora *sublime*, se reconhece, processando uma experiência de *constituição de identidade* na sua atividade, porque cria uma estética no seu mundo. Não há estranhamento. Liberta-se dando sentido ao *seu* trabalho e estabelecendo sentimentos *seus*. Agora extensivos e confrontados à dimensão de crueldade de mundo.[3]

Tanto a *experiência*, quanto a conformação de um *campo simbólico* e com força de significante, fazem da vivência dialética do **trabalho** uma realização de *constituição de identidade* de sujeito, aos que vivem-do-trabalho, ou seja, *constituição de identidade forjada num processo dialético, no qual o sujeito se transforma. Diferentemente de pensar identidade como experiência de construção de iguais, de crença ou busca de essencialidade. Mas, vivências de experiências de conflito, de mobilizações individuais e/ou coletivas, quando o sujeito se refaz permanentemente nas suas próprias angústias e na materialidade das contradições de seu tempo e lugar, enfim na sua historicidade.*[4] (Vazquez &Pitta, 2017, p. 455)

Quem é a peste que está chorando aí? Monteiro Lobato, em seu conto *Negrinha*, narra os horrores sofridos por uma órfã negra, filha de ex-escrava, se interroga:

Que idéia faria de si essa criança, que nunca ouvira uma palavra de carinho? Pestinha, diabo, coruja, barata descascada, bruxa, pata choca, pinto gorado, mosca morta, sujeira, bisca, trapo, cachorrinha, coisa ruim, lixo (...) Tempo houve que foi – bubônica. A epidemia andava à berra, como novidade, e Negrinha viu-se logo apelidada assim – por sinal, achou linda a palavra. Perceberam-no e suprimiram-na da lista. Estava escrito que não teriam um gostinho só na vida, nem esse de personalizar a peste... **Isso no campo simbólico, mas no...** *seu corpo de criança era tatuado de sinais roxos, cicatrizes, vergões. Batiam nele os da casa, todos os dias, houvesse ou não motivos. A sua pobre carne exercia para cascudos, cocres e beliscões a mesma atração que o imã exerce para o aço.* (In Os Cem Melhores Contos do Século)

A Negrinha, quando substantivada se materializa em herdeira da **escravidão**. É a órfã de **ex-escrava**, experimentando a qualidade de **execrada** na vida, e, no mundo livre da *excelente senhora*, a patroa. Gorda, rica, dona do mundo, animada pelos padres, com lugar certo na igreja e camarote de luxo no céu.

Assim, inscreve-se a alma, o corpo, a vida e a experiência de herdeiros e herdeiras da **execração**! Pois, *a experiência é tão concreta que permanecerá por toda vida!* Retroalimenta-se o racismo, a discriminação, a exclusão, a desigualdade e a institucionalidade da dominação branca e elitista, porque também somos aquilo que acreditamos ser, **imaginação e símbolos**, que no caso da cultura brasileira estabelecem a crença da **obediência** de sujeitos coletivos e o **significante da ordem institucional como indestrutível!**

Nesse sentido, Ellen Hazan, em seu livro *Mulheres na efetivação dos Direitos Humanos* (2017) assevera: *o mais escandaloso dos escândalos é o nos habituarmos a ele. (...) Nossa subjetividade não é aceita; nossas diferenças também não. Na verdade deixam de nos considerar seres humanos para nos considerar negros (acrescento negras), índios/índias, fêmeas, gays, pobres, ignorantes e outros... E muitos de nós passamos a acreditar nessa ilógica maldita.* (Ellen Hazan, 2017 p. 5)

---

2. Segundo o Wikipédia "em 1986, quando nomeado pelo governador da Bahia para a pasta de Assuntos Fundiários e Reforma Agrária, Euclides Neto, comunista moderado, combateu o nepotismo.
   Sobre sua carreira jurídica, Euclides Neto, em entrevista ao jornal A Tarde (18.02.1990), comentou: "advoguei por 40 anos e nunca para firmas ou exportadores de cacau. Sempre defendi trabalhadores rurais".
3. O significado do conceito **sublime** do ensaísta, poeta e político inglês Joseph Addison, que viveu no final do século XVII e século XVIII, é que *os três prazeres da imaginação que ele identificou, grandeza, singularidade e beleza, provêm de objetos visíveis (isto é, de vista, em vez de retórica).*
4. A categoria constituição de identidade está desenvolvida in Vazquez, Petilda Serva. *Movimento de bancários*: possibilidades criativas de experiências constituição de identidade. Tese de Doutorado em Ciências Sociais. São Paulo: Unicamp, 2001.

A história da escravidão da população negra e seus horrores, sofrimentos e mortes, tem uma espécie de reforço e similaridade em experiências de jovens mulheres brancas portuguesas e órfãs *chegadas* – arrancadas para povoar um *Desmundo*[5]. Além dos horrores da viagens, elas carregavam um significante demoníaco do construto de mulher. Os homens que as traziam se punham (...) *com as mãos para o céu louvaram chegar vivos, que não esperavam, em naus, mulheres são mau agouro, em oceanos, fêmeas são baús cheios de pedras muito grandes e pesados, sem serventia nem a ratos a não ser turbar as vistas, nausear as tripas, alevantar as mãos em súplicas e trombetear por causa alguma, só pelo prazer, feitos os demos. E fôramos sete mancebas, umas sete sombras negras alembrando os sete pecados.* (Miranda, 1996, p. 14)

Contudo, enquanto sujeito e leitora de um mundo não construído para sua realização e prazer, entende a órfã, se fazendo mulher no novo (des)mundo:

(...) *cada dia me fizeram mais distante de onde fora eu arrancada com muita pena por serem meus pés quais umas abóboras nascidas no chão, minhas mãos uns galhos que se vão à terra e a agarram por baixo das pedras fundas. Aquele era o meu destino, não poder demandar de minha sorte, ser lançada por baías, golfos, ilhas até o fim do mundo, que para mim parecia o começo de tudo, era distância, a manhã, a noite, o tempo que passava e não passava, a viagem infernal feita de olhos das outras órfãs que me viam e descobriam, de meus enjôos, das náuseas alheias, da cor do mar e seu mistério maior que o mundo. O mar, lavrado pela natureza, o mar sobrepuja tudo, nos deixa feridos de morte e de amor. O mar nos deixa seus escravos, mar que não se pode tomar porto e se fica sendo nele inteiramente.* (Miranda, 1996, p. 15)

Essa é a saga de quem, de modo cristão, acredita que poderá ser feita a Oribela de Deus!

Essa ordem significante de mulher cristã, é apreendida pelo escritor russo socialista Máximo Gorki em um dos seus contos: *A mulher que peca não teme nada tanto quanto o riso, o descaso. A mulher tem mais vergonha que nós. Quando conseguimos o que queremos somos capazes de nos gabar disso até em praça pública, para que todos vejam como enganamos uma bôba!... A mulher não tem para onde ir, não há quem considere o pecado dela como audácia. Elas meu amigo, mesmo as mais decaídas, têm mais vergonha que nós.* (Máximo Gorki, Konoválov, 1897. In *Os Melhores Contos*. São Paulo: Boa Leitura Editora S.A.,).

3. MOMENTO II – COMO O MUNDO REAL PODE RESSIGNIFICAR O IMAGINÁRIO. OU, POR UMA OUTRA HERANÇA SIGNIFICANTE

Em 2017, ano no qual se comemora o Centenário da Revolução Russa, muitas as manifestações, eventos e publicações marcam a passagem desses 100 anos. Contudo, é preciso remarcar a participação das mulheres como sujeito político da maior relevância nessa história, que também instaura processos definitivos à existência da mulher como realização de mundo, não apenas enquanto suporte de um mundo do e para o masculino, que consagraram o homem como existência primeira e geral de humanidade. Há uma espécie de *ruptura de campo* (de significante no âmbito psicanalítico). O primado de humanidade a partir da existência do Homem, instaura bases de marcos regulatórios, do imaginário e do simbólico da Civilização do, *em nome do Pai!*

Nesse contexto de manifestações comemorativas, Graziela Schneider traduz na obra, Revolução das Mulheres (2017), um conjunto de artigos, panfletos, atas e ensaios a respeito da condição feminina. São 11 vozes de mulheres, ou "*as vozes da Revolução das Mulheres, do final do século XIX, com ápice no período 1905-1917. São relatos de participação nas mobilizações, nos congressos e protestos. As narrativas, reflexões e relatórios são a expressão das mulheres russas sobre a história, política, sobre o feminismo e temas que lhes pertencem – igualdade de direitos, sufrágio, condições operárias e camponesas, amor livre, casamento, maternidade, divisão das tarefas domésticas, aborto, religião, prostituição.* (Schneider, 2017 p. 12)

A autora se refere a ondas e vertentes do feminismo russo: são liberais como Maria Ivánovna Pokróvskaia (1852-s.d) e Tirkóva-Williams (1869-1962); as marxistas, a exemplo de Nadiéjda Konstantínovna Krúpskaia (1869-1939), Aleksandra Mikháilovna Kolontai (1872-1952) e Inessa Fiódorovna Armand (1874-1920); Anna Andréievna Kalmánovitch apresentada como radical e, a de origem camponesa Olga Andréievna Chapír (1850-1916) entre outras mulheres apresentadas por Graziela Schneider.

Vê-se a pluralidade de origem, de formação, de classe. Umas são aristocráticas, outras proveem de instituições filantrópicas. Algumas são estudiosas, marxistas, ou mesmo operárias e camponesas. Segundo Schneider, havia uma certa diferença das conquistas das mulheres ocidentais, que no âmbito do liberalismo, *reivindicam a igualdade de direitos em relação aos homens, sem propor uma mudança abrupta nos padrões sociais, enquanto na Rússia pré e pós revolucionária a transmutação do papel e dos costumes impostos à mulher era crucial. [...] A mulher deixa de ser apenas partícipe da história e passa a ser sua voz e representação [...] Temos, assim, um retrato da luta pela emancipação feminina, o início da era das mulheres.* (op. cit., p. 13-14)

Escutemos suas vozes, razões e sentimentos capazes de dar expressão ao combate, bem diferente de resistência, ao mundo dos homens, a ordem patriarcal, ao poder e ao domínio sobre seus corpos, e suas almas. Essas mulheres e suas manifestações gritam suas causas, dores e seus valores experimentados e confrontados em vivências de subordinação. É interessante sublinhar, que não havia **a culpa**, tão cara à cultura fundada no patriarcalismo católico do Ocidente.

No artigo *Algumas Palavras sobre o Feminismo*, Anna Kalmánovitch trata de duas questões relevantes na perspectiva **emancipatória** de humanidade.

---

5. O romance *Desmundo* da historiadora Ana Miranda (1996) narra a trajetória de órfãs portuguesas que vêm para o Brasil para se casar e povoar o mundo novo.

Um primeiro momento, a autora, identificada como representante do movimento feminista radical, situa a luta de mulheres em um contexto de *constituição de identidade de sujeito político coletivo*, libertário, asseverando que *está na hora, finalmente, de compreender que o movimento feminista não tem como objetivo a luta contra o sexo masculino, mas sim está direcionado à organização das mulheres, à mobilização daquela metade da população que está inerte para o combate dos preconceitos, independentemente de quem seja o agente deles: homem ou mulher. O feminismo inicia uma luta contra a unilateralidade da ordem social machista, supondo, com razão, que os tempos de párias, de criaturas-operárias sem voz, já passaram e que qualquer ser humano adulto de trabalho em prol do bem comum tem o direito de participar nos assuntos do governo e da sociedade. (op. cit., p. 18)*

Uma segunda consideração relativa a uma **autoridade** da mulher, a partir de experiências afetivas e lugares sociais, desconsiderados e mesmo desqualificados, tanto pelo mundo masculino quanto por segmentos de manifestações feministas, são revelados por Kalmánovitch:

A influência feminina, direta ou indiretamente, na vida social e governamental sempre foi grande. E ela se fortaleceu ainda mais atualmente, visto que a consciência da mulher cresceu e as condições econômicas a forçaram a sair do apertado circuito da vida doméstica para se engajar na luta pela sobrevivência. Além disso, sendo mães, esposas e irmãs, as mulheres exercem uma autoridade que não pode ser desconsiderada. [...] No lugar de amigável e sensato esforço coletivo dos cidadãos livres, entram as inconscientes forças obscuras. Isso já é compreensivo para muitos no que se refere à parte masculina da população, mas não se aplica as mulheres. Uma óbvia e simples verdade ainda não penetrou a consciência social: de que como são as mulheres, assim serão seus filhos, e como serão seus filhos será a sociedade! (op. cit., p. 19)

Um significante **emancipatório** pode ser escutado no trabalho *Ideais de Futuro* de Olga Chapír apresentado no I Congresso de Todas as Mulheres da Rússia, realizado entre os dias 10 a 16 de dezembro de 1908.

Impressiona em Chapír a força do pensamento dialético: *[...] quero falar sobre ideias de futuro... eu havia me aproximado desse tema mediante um contorno histórico superficial, um esboço da perpétua escravidão sexual e social, da privação dos direitos de metade da raça humana. No entanto, hoje não quero, não posso olhar para trás. O pensamento se recusa a deter-se em quadros que, contudo eu não considero hoje menos instrutivos: ele está preso demais no presente e no futuro.*

Sua sensibilidade clarificava e alinhava ideais e materialidade da vida. Convoca as participantes do I Congresso, que tiveram grande interesse e presença maciça nos temas de cunho econômico e jurídico, a fazerem uma reflexão e, o cuidado de não desconsiderar o campo das artes, pois, segundo Chapír, é precisamente aqui que a criatividade feminina nunca foi limitada por obstáculos formais... (op. cit., p. 43)

Consciente das necessidades contidas nas reivindicações das mulheres, ainda alertava: *em suas reivindicações, a mulher contemporânea encontra-se em um terreno firme, mas, infelizmente, com grande frequência seus atributos abalam sua própria mentalidade, ainda completamente adaptada a um sistema moribundo de vida. (op. cit., p. 45)*

A mentalidade adaptada a um sistema moribundo, para a referida autora, é atribuída ao *terrível histórico das mulheres* está associada a duas razões ou dimensões:

O impedimento do desenvolvimento natural da força feminina, através da privação da educação. Sim! Em que teria degenerado um ser deliberadamente privado de educação, espírito de iniciativa e vontade pessoal, privado de dignidade humana e subordinado à específica **honra feminina**, *que não coincide com a honra humana e que se constituí como propriedade do senhor? Esse ser estaria predestinado a viver apenas para o amor e para o trabalho vil, tal amor pode ser adquirido ou regateado em um acordo de negócio. [...] A mãe não possui o direito à maternidade livre e é obrigada a uma maternidade coercitiva [...] É um ser em que se* **cultivam de modo deliberado vícios e fraquezas encantadoras, mas do qual se exigem somente virtudes.** *O futuro mostrará o que uma mulher espiritualmente livre, ilustrada e igual em direitos oferece à humanidade. O amor materno cria e educa a humanidade e, quando esse amor não existe, resta somente todo o horror de uma infância sofrida. [...] Aquela* **sensação de hipertrofia** *que levou à repressão do poder feminino raramente ocorre em benefício da criança e da sociedade. (op. cit., p. 45. Grifos da autora).*

Sem dúvida, Olga Chapír questiona, naquele início de século XX, os fundamentos ideológicos de papel e função social da mulher, sublinhando criticamente, dimensões de subjetividades, afetos e valores imputados à condição feminina da cultura cristã. Contudo, ela devolve às mulheres experiência, que ela chama *de desenvolvimento da força natural feminina* de modo ressignificado, a partir da análise da segunda razão ou dimensão da sua crítica. Magistralmente ela evoca o que podemos considerar **emancipação humana**:

Mas, se o poder espiritual da mulher não pôde se desenvolver normalmente em condições violentas, de fato o poder livre do homem conduziu a um caminho unilateral: é nisso que consiste o segundo resultado da violação do equilíbrio. Conhecemos apenas a cultura que se desenvolveu na separação de duas forças individuais, que estão naturalmente destinadas a atuar juntas. Nunca antes foi utilizada toda a reserva de forças criativas próprias à humanidade completamente. [...] **Igualdade na diferença** *não só pode satisfazer o senso de justiça, mas é exatamente algo que se deve conceder, pela primeira vez, plenitude e harmonia às manifestações de duplicidade da alma humana. (op. cit., p. 46)*

Pode parecer que os ideias de futuro na avaliação de Chapir, carreguem uma certa dose de visão idealizada de paraíso na terra, também um valor do mundo cristão. No entanto, ela dialoga com a materialidade identificando tese e a complexidade das relações de construção e de intervenção humana no mundo. Ela o faz para evocar um significante de estar no mundo, localizando uma outra geopolítica de ser, sendo construtoras de mundo.

*Até agora, nós temos apenas uma cultura da força, sem considerar os sacrifícios humanos com os quais se paga cada passo. Para a cultura, a besta no homem não foi domesticada, porque ela foi o tempo todo, **cruelmente erigida no heroísmo**. Essa cultura é baseada na **escravidão do sexo** e na **escravidão do trabalho**. (op. cit., p. 46. Grifos da autora)*

Mas essa grande humanista, feminista que viveu no final do século XIX e nas duas primeiras décadas do século XX, ainda nos lega questões primordiais, e que permanecem atuais aos movimentos feministas:

Que caminho percorrerá a força libertadora da outra metade da humanidade e quando terminará sua dependência social e psicológica?

Será que esse caminho é apenas a continuidade obrigatória e o progresso de tudo aquilo criado pelo gênio masculino?

Uma cidadã que possui plenos direitos deveria somente ampliar quantitativamente a soma de seus valores materiais e intelectuais?

*As mulheres devem de fato reconhecer que seguir cegamente os passos do homem, exige delas os **mesmos atributos**? [...] é possível encontrar em nós tais características? (op. cit. p 46).*

Essa última questão de Chapír, nos impõe uma outra pergunta: será que os mesmos *atributos, a força do heroísmo e a criatividade do gênio masculino*, bem como uma certa correspondência da *virtuosidade* significante de mulher? Trata-se de campos simbólicos atualizados?

Na atualidade há um grande investimento do movimento feminista no *empoderamento* das mulheres, qualificadas também como *viris*, equivalência de *virtuosidade* na pós-modernidade, enquanto significante de **competência** no contexto do capitalismo flexível, na Era da Qualidade Total.

As considerações de companheiras que fizeram uma revolução no início do século passado, nos deixa um precioso legado, cujo valor ainda está por ser experimentada, em grande medida. Legado de valores, símbolos e experiências que somados conformam um universo de sonhos que estamos dispostas a realizar. Escutemos mais uma vez Olga Chapír, mulher do campo que com os pés no chão nos convida a realizar um sonho sonhado há 100 anos atrás.

É possível uma mulher livre arcar com um mundo novo de inclinações alheias, de possibilidades ainda desconhecidas, imobilizadas pela sua escravidão histórica? Como primeiro fundamental impulso, ela tirou de escravidão secular uma sede indestrutível de justiça e um ódio ao sofrimento, ao pecado e à monstruosidade da dor humana em uma terra maravilhosa! É possível que uma mulher não tome sob sua defesa a vida, a ela encarregada pela própria natureza? É hora de deixarmos de sentir vergonha de nós mesmas. Diz essa magnífica feminista! (op. cit., p 47-47. Grifo meu)

Penso que podemos acrescentar: É hora de deixarmos de ter pena de nós mesmas!

4. MOMENTO III – COMO É O SEU TRABALHO? DE HEROÍNA À EMANCIPAÇÃO HUMANA E NA LUTA POR DIREITOS

As vivências e sofrimentos físicos e psíquicos de personagens de ensaios presentes na literatura, são também versões de experiências de violências reais analisadas em obras, tais como: Marcadas a Ferro (2005), cujo título é autoexplicativo; Nova História das Mulheres no Brasil (2013), com destaque o depoimento da indígena, Azelene Kaingáng, no capítulo Depoimento de uma Militante, quando assevera que apesar dos avanços e da organização das mulheres indígenas, ainda há muito por fazer para conseguir, pelo menos, controlar a violência (2013, p. 419).

Na obra de Julita Lemgruber, *Cemitério dos Vivos. Análise Sociológica de Prisão de Mulheres* (1999), marco dos horrores vividos por mulheres privadas de liberdade, denuncia os efeitos perniciosos do sistema prisional *e a absoluta necessidade de limitar seu uso.*

Vejamos alguns depoimentos do que poderia ser um dia feliz dessas mulheres; Os Dias de Visita, que segundo a autora: *o dia é esperado com ansiedade e, para muitas, motivo que as estimula a ter "bom comportamento":*

- Não vou querer ficar de castigo, pra minha visita chegar aqui e me encontrar na tranca.

- Muitas vezes engolimos muita coisa para não ir de castigo; nossas famílias, às vezes, vêm de longe, enfrentando condução difícil, gastando o pouco que tem e não seria justo que chegassem aqui e não pudessem ver a gente.

- Sábados e domingos são os piores dias da semana – não tenho visita e é uma tristeza muito grande. Eu nem gosto de descer do meu cubículo.

Sinto muita vergonha do meu filho ter que passar por esse vexame – ele não tem culpa da mãe estar presa (familiares de mulheres detidas por uso e tráfico de entorpecentes passam por rigorosa revista, inclusive revista íntima.)

Algumas dessas mulheres fazem trabalhos (salão de beleza, artesanatos, prestação de serviços entre outas atividades), que podem gerar alguns recursos. Contudo, *quem não tem família fica sem poder vender seus trabalhos.* (Lemgruber, 1999, p. 49-50)

Voltando duas décadas depois desse *Cemitério dos Vivos* e ao suposto mundo dos/ das libertadas/os, e, do trabalho livre, é preciso debruçar e escutar algumas vozes da Pós-Modernidade, ou melhor, o que nos dizem mulheres trabalhadoras no contexto do capitalismo flexível.[6]

Decodificar as demandas, as experiências e relações de poder e de dominação se constitui um caminho a ser

---

6. As falas, depoimentos e escutas aqui apresentadas são frutos de pesquisas realizadas em segmentos de trabalhadoras e trabalhadores, ao longo de mais de duas décadas: bancárias/os nos anos 90; setor químico e petroleiro nos anos 2003, 2004, 2008, 2009; trabalhadoras do setor de

percorrido no enfrentamento, necessário à luta pela liberdade e pela emancipação humana. Mais que uma pergunta, *Como é o seu Trabalho* se constitui em uma questão que vem orientando minhas pesquisas e reflexões. As respostas possibilitam uma escuta, no sentido analítico[7].

5. A QUÍMICA DAS MULHERES: O SILÊNCIO-MEDO COMO MATERIALIDADE DO ASSÉDIO MORAL

Em 2003, a partir de demanda social, foi realizada uma pesquisa com o título fantasia *A Química das Mulheres* com o objetivo de implementação de um programa de formação para a recém criada **Secretaria de Gênero** do Sindicato de Trabalhadores do Ramo Químico e Petroleiro da Bahia.[8] Tal demanda atendia especialmente ao setor Plástico do referido ramo, majoritariamente integrado por mulheres. O Programa de Formação possibilitou uma significativa mobilização da base, assim, propiciando uma ação sindical capaz de expressar as reais demandas da base, trazendo para o Sindicato as vozes das mulheres que se encontravam em diversos municípios do Estado da Bahia Do ponto de vista político resulta numa articulação institucional entre as entidades envolvidas acrescida do Ministério Público do Trabalho, MPT. Mas relevância maior foram as vozes dessas trabalhadoras que tiveram que enfrentar o medo para participar das atividades de formação, cujo silêncio permitiu a revelação do *assédio moral* como racionalidade de gestão do processo de trabalho eficiente nas diversas unidades e plantas industriais.

6. PASSOS PARA UM FUTURO MELHOR: *OS SAPATOS ESTÃO CORRENDO ATRÁS DE MIM!*

O Projeto *Gênero, Trabalho e Saúde: a experiência das trabalhadoras do setor calçadista da Bahia*, concluído em 2007, com financiamento do Ministério da Saúde, permitiu a integração e formação de uma rede de relações que propiciaram a implementação de uma nova cultura de enfrentamento relativa ao local de trabalho, especialmente no que diz respeito à participação da questão da saúde do trabalhador e da trabalhadora em programas de saúde pública no Estado.[9]

A reestruturação produtiva do setor de calçados no Brasil desloca muitas unidades industriais de polos existentes na região sudeste (município de Franca em São Paulo e Vale dos Sinos no Rio Grande do Sul), para cidades do interior da Bahia n0 contexto da guerra fiscal ocorrida na segunda metade dos anos de 1990:

> *Mas o atrativo que mais qualifica o horror econômico, a corrosão do caráter, a banalização da injustiça social e a miséria do trabalho no Brasil na atualidade, em tempos de reestruturação produtiva do capitalismo flexível, trata da vantagem sinalizada pelo governo estadual (a época governada pelo PFL), da existência de terras virgens, ou seja, sem tradição de organização sindical operária industrial. É possível relacionar esse atrativo às análises de Calligaris (1997). Trata-se da lógica do **colonizador (significante de estrupador)**, que vem gozar a terra sem interditos, sem limites, até esgotá-la.* (VAZQUEZ, 2007, p. 10)

Três falas são ilustrativas do quadro de horror de experiências de jovens homens e mulheres de áreas rurais da Bahia, cuja vivência de tempo, até a chegada das empresas, era orientada pelo *sol que nasce, sobe e depois desce*, passam a conhecer, no corpo todo, o tempo da esteira que as/os obrigava a produzir 400 pares de sapatos por hora:

Não se sai, são de lá!

Tenho medo de perder o juízo!

Tenho medo de sair na rua, porque os sapatos estão correndo atrás de mim!

Nesse sentido, um importante desdobramento foi o reconhecimento em Termo de Ajuste de Conduta, TAC o reconhecimento de presença de equipamento tecnológico em local de trabalho, como **assédio moral**, publicado na Revista do Ministério do Trabalho, MPT (2004). Assim, a escuta do *silêncio-medo* das trabalhadoras do setor químico e as vozes das trabalhadoras sapateiras propiciam uma formulação de concepção **de assédio/violência** moral nos seguintes termos:

> *Assédio Moral são **experiências** vividas pelo sujeito no meio ambiente de trabalho no contexto da organização flexível, cuja racionalidade se sustenta na estética da ideologia da competência constituída por valores capazes de submeter o corpo. A mente e a alma de quem vive do trabalho. Os significantes de construto do sujeito são violentados, agredidos, constrangidos, ameaçados ou destituídos de sentidos ou de sentimentos. As experiências mais agudas de assédio moral podem levar à morte física e a falência psíquica, a exemplos do Karoche e do Burnout, respectivamente.* (VAZQUEZ, 2007, p. 14)

Tal concepção de assédio/violência moral de distingue da definição celebrada e tipificada no Direito, enquanto **práticas** assediadoras, e assume politicamente três outras dimensões, a saber: i) a centralidade é dada à categoria **experiência**; ii) a voz do sujeito é definidora do constrangimentos, sofrimento e maus tratos, já que se tratar de campo de subjetividade; iii), equipamentos e ferramentas

---

calçados da Bahia, 2005-2007; trabalhadores e trabalhadoras do campo e da floresta em 2008-2011; trabalhadoras do comércio em Salvador no período 2013-2015; agentes comunitárias de saúde de Salvador em 2016.

7. Desenvolvo trabalhos, oficinas, estudos e pesquisas a partir da pergunta Como é o seu Trabalho, desde início dos anos 90, no trabalho de formação e de assessoria na Secretaria de Formação da Central Única dos Trabalhadores, CUT Nacional. Em 2001.

8. O Projeto Gênero, Trabalho e Saúde foi desenvolvido em parceria Secretaria de Gênero do referido Sindicato, O Núcleo de Estudos Interdisciplinares sobre a Mulher, NEIM/UFBA e a Fundacentro, Bahia.

9. Os resultados da referida pesquisa integram uma publicação e um vídeo (Youtube e petildavazquez.com.br) com o título *Passos para um Futuro Melhor*.

tecnológicas como elementos de controle de trabalhadores e de trabalhadoras para além de relações interpessoais no âmbito da organização e gestão do trabalho.

7. PROFESSORA, DÁ PARA A SENHORA FAZER UMA PESQUISA QUE MOSTRE À SOCIEDADE QUE NÓS SALVAMOS VIDAS COM O NOSSO TRABALHO?

Os projetos de pesquisas foram desenvolvidos entre o período 2010 e 2015 no âmbito de pesquisas realizadas em cursos de Direito em instituições privadas na cidade de Salvador.[10]

A questão colocada por um líder e dirigente de associação de Agentes Comunitários de Saúde, ACS se apresenta e foi acolhida como uma *demanda*, no sentido analítico do termo. *Demanda* aproximado do conceito psicanalítico, ou seja, como queixa e/ou reclamação, quando a denúncia e enunciado acontecem *num contexto de indignação de quem não suporta mais um determinado sofrimento, lugar ou papel. É um enunciado que revela a tensão dialética de quem quer mudar de grau.* (VAZQUEZ, 2007, p. 13)

No contexto metodológico da pesquisa, a pergunta *como é o seu trabalho*, abre o caminho de análise a ser percorrido. Como as trabalhadoras ACS traduzem *o seu trabalho*:

– É um trabalho que exige esforço físico e mental, de autocontrole psicológico, pois lidamos com várias situações no nosso dia a dia laboral, com muita dificuldade no território no exercermos nossas atitudes, onde temos que estar sempre atentos (Kátia, 50 anos, segundo grau).

– É um trabalho muito gratificante, pois faço com amor e dedicação. Além de ser ACS, sou também "psicóloga" na área, pois as vezes o paciente só quer desabafar, que tenha uma pessoa para ouvir. Chego ao posto de saúde às 8:00h, então começo, faço alguns cadastramentos, pois tenho que abrir os prontuários, para cadastrar os moradores novos, que chegaram na área, fazer minhas visitas diárias, que são oito casos por dia ou, até mesmo, levar algumas marcação ou convite da equipe de saúde para os moradores. Trabalho com acompanhamento de hipertensos, diabéticos, hanseníase, tuberculose, tabagismo, idosos, gestantes, obesos, crianças, crianças de baixo peso. Peso crianças menores de dois anos. Tem também a parte odontológica que fazemos palestras e conscientização da escovação, grupos com crianças e de adolescentes, idosos, gestantes etc., recebemos cursos de aperfeiçoamento e de conhecimento de vacinação e doenças acometidas. Fazemos reunião de equipe todas às terças-feiras. Faço parte da equipe que é composta por 1 médica, 1 enfermeira, 2 técnicas de enfermagem, 1 odontóloga (dentista), 1 ACD e 6 ACS. Nessa reunião nós passamos tudo o que está acontecendo na área, os casos mais complicados que precisa de ajuda e acompanhamento do Nasf (Lídia, 43 anos, segundo grau incompleto).

– Dinâmico, há visitas no campo em várias comunidades no combate a doenças e informando através de panfletos e/ou palestras e ou conversando individualmente as ações realizadas, orientando sobre prevenção e controle das doenças, aplicação de inseticidas e/ou raticidas nos imóveis detectados como focos de proliferação de roedores. Dando direcionamento a uma equipe de no máximo catorze agentes na distribuição da burocracia de campo, dando materiais, EPIs, boletins a serem distribuídos pelos agentes, apoio no que ocorrer durante o período laboral, entrando no campo como observadora e vim de outros ramos, dentre eles de recepcionista, com atendimento ao público, também fui voluntária em uma associação de moradores, inicialmente ministrando aulas de informática básica para crianças carentes (Vanda, 38 anos, segundo grau. ACE supervisora de campo, porém sem regulamentação, cargo de indicação, não sendo remunerada para tal, negra, doze anos de profissão).

As atividades são descritas com sentimentos de responsabilidade, especialmente, o valor social do trabalho, dirigido à comunidade, à dimensão pública. *Meu trabalho é muito importante porque eu ajudo as pessoas!* Ou mesmo afirmando que o trabalho é dinâmico, há visitas no campo em várias comunidades no combate a doenças e informando através de panfletos e/ou palestras e/ou conversando individualmente as ações realizadas, orientando sobre prevenção e controle das doenças. (VAZQUEZ & PITTA, 2017, p. 462-463)

As contradições entre os sentimentos de quem se reconhece na realização de mundo, convive com as experiências de maus tratos, inseguranças, riscos e injustiças que atingem mulheres e homens **na sua condição de classe**, de quem conhece e se reconhece como gente que vive-do-trabalho. Na obra referenciada as autoras afirmam:

Não há alienação desses/as trabalhadores e trabalhadoras no que diz respeito ao âmbito da posse simbólica e social do trabalho. Estão autorreferenciados/as, de modo que conhecem a satisfação naquilo que fazem. Porém as dificuldades, as condições materiais e do próprio exercício laboral, somados aos territórios em que esses profissionais atuam; um meio ambiente de trabalho precário, hostil, perigoso e frustrante. (*op. cit.*, p. 463)

---

10. Um primeiro projeto, voltado para o setor de comércio, contou com a participação de cerca de 270 acadêmicas/os de Direito da Faculdade Unijorge, envolvendo três semestres letivos com a participação de professores das seguintes disciplinas: História do Direito, Sociologia Jurídica e Relações de Trabalho I.
    O segundo projeto, nessa linha de pesquisa *Mundo do Trabalho, Responsabilidade Social e Direitos Humanos*, foi desenvolvidos no curso de Direito da Faculdade Estácio de Salvador, voltado para o trabalho e saúde de trabalhadoras e trabalhadores Agentes Comunitários de Saúde de Salvador no período 2010 – 2015. Ambos os projetos tinham o objetivo de produzir um novo conhecimento, que permitisse uma nova hermenêutica do Mundo do Trabalho, bem como a responsabilidade social das instituições privadas de ensino superior, à medida que os projetos contemplaram atividades de formação acadêmica com sensibilidade social e cursos de extensão com trabalhadoras e trabalhadores os segmentos estudados.

Vale, ainda, no contexto de sentido e de sentimentos de classe, escutarmos a fala de um companheiro, narrando o cotidiano do seu trabalho. Narrativa essa, lapidar dos horrores de um trabalho de profunda importância, considerando que vivemos constantes surtos de epidemias no Brasil, que atinge populações com consequências à saúde pública. O trabalhor assevera:

> [...] subir ladeiras, casas, prédios, matagal, escadarias enfrentando marginais, desconfianças de moradores e até maus-tratos de policiais. Pensam que somos ladrões. E os bandidos pensam que nós somos policiais. O povo com mal humor. (op. cit., p. 464)

Nesse sentido, decodificar o mundo do trabalho a partir das dores horrores, sofrimentos adoecimento de – quem – vive – do – trabalho no Brasil, pode perscrutar e encontrar um tempo que não foi perdido, na perspectiva da tirania da casa grande, mas ouvir vozes de quem não se aliena, mesmo diante do drama eminente na ida ao trabalho, como expresso por um trabalhador da construção pesada e montagem industrial da Bahia:

> A senhora quer saber como é o meu trabalho? Saio todo dia com a sensação que vou namorar com a morte!

Talvez por isso, no seu livro Qual Democracia? o sociólogo Francisco Weffort tenha afirmado em tempos de lutas pela democracia em nosso País, que:

> Se Marx fosse brasileiro, teria dito, certamente, que a ditadura é a forma por excelência, de dominação burguesa. E talvez dissesse também que a democracia é a forma por excelência de rebeldia popular.

Mas, fiquemos com a voz de uma mulher, sujeito que carrega milenarmente o enunciado de emancipação humana, na saga de realizadora natural de vida:

Posto avançado

De posse dos meus cinquentas e tantos anos, das minhas cinquenta e tantas fatias, deste posto avançado em que me encontro, posso ver abrir-se agora... o panorama inteiro! É assim que eu me sinto: no pico da montanha!

Quando se pode descortinar um cenário de 360 graus e ver tudo, em todas as direções... Uau! Que vista!

Com tantas coisas vividas posso agora parar, assistir e até brincar com isso!

Mas tem tanta coisa ainda pra viver, tantas coisas pra tentar!

Pra lembrar, pra inventar!

Porque a Vida, só é possível...re-inventada!

Deste posto avançado em que estou, já posso dizer tranquilamente que a Vida sem Amor não vale a pena.

Não vale a pena!

E é por isso que a gente ama muitas vezes, e de muitas formas.

Já posso dizer que a Vida tem muito mais portas do que parece ter. E nem todas trancadas. Ao contrário!

Muitas estão mesmo... bem abertas!

Cleise Mendes

8. REFERÊNCIAS BIBLIOGRÁFICAS

CASTILLO_MARTÌ[ÍN, Márcia; OLIVEIRA, Suely de. Marcadas a Ferro (Org). *Violência contra Mulher uma visão multidisciplinar*. Brasília: Secretaria Especial de Política para as Mulheres, 2005.

GORKI, Máximo. *Os Melhores Contos*. Konoválov. São Paulo: Boa Leitura Editôra S.A.

HAZAN, Ellen Mara Ferraz. *Mulheres na Efetivação dos Direitos Humanos e Sociais*. Belo Horizonte: RTM, 2017.

LEMGRUBER, Julita. *Cemitério dos Vivos*. Análise Sociológica de uma Prisão de Mulheres. Rio de Janeiro: Forense, 1999.

LOBATO, Monteiro. *Negrinha*. Cem Melhores Contos do Século.

MENDES, Cleise. Posto Avançado. In: *Coração Bazar*. São Paulo, 2004.

MIRANDA, Ana. *Desmundo*. São Paulo: Companhia das Letras, 1996.

NETO, Euclides. *Machombongo*. Salvador: EDUFBA; São Paulo: Littera Criações, 2014.

SCHNEIDER, Graziela (Org). *A Revolução das Mulheres*. Emancipação Feminina Rússia Soviética. Artigos, atas, panfletos, ensaio. São Paulo: Boitempo, 2017.

VAZQUEZ, Petilda Serva. *Movimento de Bancários*: possibilidades criativas de experiências de constituição de identidade. Tese de Doutorado em Ciências Sociais, defendida no Instituto de Filosofia e Ciências Humanas da Unicamp. Campinas, São Paulo. 2001.

_____; VAZQUEZ, Vanessa Serva. *Gênero, Trabalho e Saúde*. Passos para um Futuro melhor: a experiência das mulheres do setor de calçados na Bahia. Fast Design, 2007.

_____. *A violência moral no comércio de Salvador*: o sofrimento programado. Olhares. uma publicação do Núcleo de Pesquisa e Práticas Docentes. Unijorge. 2010.

_____. *Mundo do Trabalho, Responsabilidade Social e Direitos Humanos*. Relatório Técnico. Curso de Direito do Centro Universitário Estácio da Bahia, Salvador, Bahia, 2015.

_____. Mundo do Trabalho, Responsabilidade Social e Direitos Humanos: Violência moral, descaminhos da dignidade humana. In: *Trabalho, Castigo e Escravidão*. Passado ou Futuro?. (Org. Benizete Ramos de Medeiros, Ellen Hazan). São Paulo: LTr, 2017.

_____; PITTA, Ana. Trabalho, sofrimento psíquico e direitos humanos. In: *Direitos Humanos & Saúde Mental*. OLIVEIRA Walter; PITTA Ana; AMARANTE Paulo (Org). São Paulo: Hucitec, 2017.

Biografia de uma Jovem Advogada

Rafaela Kasai Araújo Lima[1]

A escolha pela faculdade de direito surgiu muito cedo, desde a época do colégio, mesmo não tendo ninguém da área na família. Filha de pedagoga e geólogo, estes sempre deixaram que as escolhas partissem naturalmente dos filhos.

Pensava no direito como uma forma de minimizar o preconceito, tanto racial, quanto sexual, de crença ou classe social, sempre com o pensamento em lutar por um mundo mais justo. Sempre acreditando que o fato de cumprir o que a Lei determina, a favor de alguém que tem efetivamente razão no litígio, seria uma forma de fazer justiça.

A faculdade escolhida foi a Universidade Federal do Estado de Mato Grosso do Sul, e como a maioria das Federais, tendo os alunos que organizarem as aulas e os professores, enquanto as amigas de outras faculdades tinham resumo dos professores, a turma era obrigada a estudar o livro inteiro para as provas.

No primeiro ano de faculdade houve um concurso de oratória, concurso este em que todos os alunos do curso de direito poderiam se inscrever, e foi justamente o que fez: a inscrição no concurso, defendendo a legalização do aborto.

Com a legalização as mulheres passariam a realizar de forma sábia e legal tal procedimento. Defendia e defende que a mulher poderia efetivamente decidir seu destino, e não é porque estaria legalizado que aumentaria drasticamente o número de mulheres fazendo aborto, quem não o faria tem sua opinião formada e finalizada. Apenas teríamos mais respeito pela decisão da mulher, deixando de matá-las nas clínicas clandestinas.

Nem o aborto foi legalizado e nem ganhou o concurso, mas até hoje defende a tese de que morreriam muito menos mulheres se o aborto fosse sim legalizado.

E o que é o melhor, foi a recente decisão tomada STF (Supremo Tribunal Federal) de que praticar aborto nos três primeiros meses de gestação não é crime. Mas continua sendo engraçado que a decisão de prosseguir, ou não, com uma gestação, é do estado e não da gestante.

Foram também 5 anos de estágio, o primeiro, não remunerado, no cartório da 1ª Vara Cível do Fórum da Comarca de Campo Grande, na época ainda que se numeravam as folhas e batiam carimbo de juntada das peças nos processos, logo depois estágio no gabinete do Juiz da Vara de Falência, depois em três escritórios de advocacia em épocas distintas, passando pelo gabinete da Vara de Registro Públicos, Ministério Público, Procuradoria Geral da Defensoria Pública do Estado de Mato Grosso do Sul, e por fim estágio na Procuradoria da Fazenda Nacional.

Enfim, quando da formatura, já tinha uma noção de como era cada área de atuação e estava decidida a advogar.

Imprimiu 5 (cinco) currículos e os levou nos escritórios que considerava sérios e que poderiam lhe passar o conhecimento para que pudesse resolver todos os problemas dos clientes, afinal, a definição de advogar para ela era justamente essa, resolver problemas alheios.

No dia seguinte, a secretária de um dos escritórios ligou para uma entrevista, prontamente compareceu. O advogado alegou que conhecia seu sobrenome, que havia estagiado com o pai dela em uma empresa do Estado quando era jovem… enfim, o início da advocacia assim começou.

O escritório laborava, majoritariamente, na área trabalhista, área esta que pouca matéria tinha visto na faculdade.

Havendo a necessidade de se especializar, inscreveu-se em uma pós-graduação de direito do trabalho e processo do trabalho.

Como o escritório tinha como clientes grandes empresas, as audiências eram inúmeras. Chegava a realizar 9 audiências em um único dia, em varas diferentes, em andares diversos. E sempre com um salto finíssimo, como era muito jovem e tinha rosto de menina, procurava sempre estar elegante.

Apesar da pouca experiência do início, e com a maioria da sociedade com a tendência de colocar a mulher numa posição de fragilidade, sentia que tinha que se impor e não deixar que os comentários pequenos a afligisse.

Prestou serviços a este escritório de direito do trabalho por, praticamente, dois anos, aprendeu muito com a experiência do chefe, principalmente como se comportar nas audiências, nas sustentações orais, enfim, foi um perfeito mestre.

Ainda não se sentindo pronta para abrir seu próprio escritório, no terceiro ano de formada entrou em um escritório que atuava mais na área cível. Um certo dia estava peticionando quando chegou uma advogada e lhe injetou uma dose de ânimo para tomar as rédeas de sua vida, trabalhar para si mesma, era uma advogada da parte contrária que compareceu no escritório para fazer um acordo com a

---

1. Formada em Direito pela Universidade Federal de Mato Grosso do Sul – UFMS/Campo Grande, MS em 2006. Pós Graduada em Direito do Trabalho e Processo do Trabalho pela Universidade para o Desenvolvimento do Estado e da Região do Pantanal – UNIDERP – em parceria com a Escola Superior de Direito – ESUD em 2007. Membro da comissão de Direito do Trabalho da OAB/MS. Pós Graduanda em Direito Previdenciário pela INFOC em parceria com a ESA. Vice-Presidente da comissão de Direito Previdenciário. Diretora da Federação de Automobilismo. Tesoureira da Associação dos advogados trabalhistas biênio 2012/2014. Vice-Presidente da Associação dos Advogados Trabalhistas biênio 2014/2016. Presidente da Associação dos Advogados Trabalhistas biênio 2016/2018.

empresa que este escritório defendia. Na verdade foi um anjo encaminhado por Deus, pois foi a partir das palavras dela que houve a necessidade em abrir seu próprio escritório.

Pois bem, teve um convite, para montar um escritório de advocacia, de um colega do mesmo prédio comercial deste escritório para o qual trabalhava, a advogada estava prestes a ir para Espanha, mas, enfim, trocou a Espanha por uma linda mesa, cadeiras, armários e aceitou o convite de ir advogar para si mesma, dividindo as despesas da sala comercial.

A sala era simples, mas muito graciosa, tinha paredes em tons de verde claro, brancas e era dividia em três ambientes, logo que se entrava via um espaço que era um pouco mais largo que um corredor, era a recepção, e havia duas portas de correr, que eram duas salas do mesmo tamanho, em uma sala ficavam dois contadores e na outra sala os dois advogados.

Logo no primeiro dia, um cliente apareceu e já a contratou. No segundo dia foram dois clientes, no terceiro três e assim até o quinto dia, seguindo os demais dias plantando suas sementes em sua independência profissional.

Passados menos de um ano, o colega que dividia a sala passou em um concurso para ser advogado do exército, os contadores deixaram o local, e ela, então seguiu sozinha durante algum tempo, contratou um advogado, esse advogado passou a dividir os lucros e as despesas.

No último escritório que trabalhou ainda quando tinha um "chefe" e ficava alguns andares acima do dela, o sobrinho do chefe advogado lá também trabalhava, mas, mesmo casado, tendo uma família para sustentar, só pelo fato dele não ter a carteira da OAB, era muito explorado pelo tio.

Assim, a advogada convidou esse rapaz também para que com ela trabalhasse, a fim de também encontrar sua independência, retribuindo assim o presente que um dia a vida lhe tinha ofertado.

Aceito o convite, no primeiro mês em que o colega deixou de ser explorado, recebeu uma boa quantia, até hoje são sócios e brigam como se irmãos fossem.

Juntamente com esse sócio, veio também o namorado para a sociedade, agora firmada junto a instituição da classe, ou seja, "casaram-se", firmaram a sociedade, antes mesmo da oficialização do casamento que ocorreu alguns anos depois.

A especialização na área trabalhista, juntamente com o trabalho como advogada feito no escritório desta área, lhe deu uma excelente bagagem tanto jurídica, quanto do conhecimento da forma como cada juiz que julgava seus processos pensava.

Desde de que começou a trabalhar no primeiro escritório de advocacia já como advogada, ouvia falar sobre a Associação dos Advogados Trabalhistas, filiou-se no ano de 2008, durante o biênio de 2012/2014 serviu a esta associação como diretora financeira, e no biênio seguinte, 2014/2016 foi a vice-presidente, até que assumiu a presidente perante o biênio 2016/2018.

Hoje sente-se em um lugar de destaque, mas o fato de assumir a presidência após três biênios defendidos por homens, faz com que a cobrança seja incessante, mesmo realizando audiências públicas, inúmeras reuniões com a diretoria, com a OAB, com o tribunal, com juízes, palestrar, congressos, enfim, trabalhando pela classe.

Ainda mais em um período tão tumultuado quanto ao que a legislação vem sofrendo com a reforma trabalhista pela qual passou, que de um modo geral suprimiu direitos constitucionais e inclusive já foi e está passando por inúmeras Medidas Provisórias, devido a pressa e incipiência com a qual foi aprovada a reforma.

Mesmo com todas as cobranças, o que muito lhe incomoda é ver como em toda cerimônia que participa, 90% dos lugares de destaque são compostos por homens.

Quando da inauguração do prédio da justiça do trabalho, nenhuma mulher convidada à frente, uma enxurrada de ternos pretos, uma afronta ao sexo feminino.

Inúmeros são os movimentos para engajamento da mulher em locais de destaque, houve a campanha no ano de 2016 na OAB, sobre o ano da mulher advogada, e mesmo assim, só teve homens concorrendo à presidência da Ordem.

Se numericamente há mais mulheres do que homens em inúmeros Estados do Brasil, por qual motivo continuamos a ver só homens em lugar de destaque???

Indignada com a situação, engajou-se em vários grupos de lutas em prol do empoderamento da mulher, faz parte da diretoria do CONSELHO MUNICIPAL DOS DIREITOS DAS MULHERES, além de um grupo chamado FRATERNITAS, em que todas as integrantes são mulheres da área jurídica.

Mesmo sendo a presidente da Associação dos Advogados Trabalhistas do Estado de Mato Grosso do Sul, estando ciente da relevância de seu lugar, ainda sente que falta muito a conquistar, e, principalmente, a repassar às mulheres, para que tenham sim os lugares de destaque, tanto na profissão quanto na vida.

Insta salientar que no final do ano de 2017 perante a cerimônia Ordem Guaicurus do Mérito Judiciário do Trabalho do Tribunal Regional do Trabalho da 24ª Região, foi com muita honra que recebeu a medalha e o título de Comendadora desta especializada, dentre todos os demais homens que em sua categoria também receberam.

O Brasil, seguindo a legislação e a tendência mundial, ratificou Convenções da Organização Internacional do Trabalho (OIT) que tratam de forma direta ou indireta da desigualdade de gênero nas relações de trabalho, são elas, a n. 100 (Salário igual para trabalho de igual valor entre o Homem e a Mulher, ratificada em 25.04.1957, com vigência nacional em 25.04.1958), a n. 103 (Amparo à Maternidade, ratificada em 18.06.1965 e com vigência nacional em 18.06.1966); a n. 111 (Discriminação em matéria de emprego e Ocupação, ratificada em 26.11.1965, com vigência nacional em 26.11.1966); e a de n. 117 (Objetivos e normas básicas da política social, ratificação em 24.03.1969 e vigência nacional em 24.03.1970)[2].

Algumas leis tiveram que ser criadas para equiparar o homem e a mulher no mercado de trabalho, minimizando os ternos pretos para que possamos ver mais mulheres no mercado de trabalho.

Outro tabu, é o fato de a sociedade cobrar da mulher que ela tem que se tornar mãe e como a advogada que está focada em seu trabalho e desenvolvendo várias outras atividades paralelas como presidindo a Associação dos Advogados Trabalhistas, ainda não teve filhos, a cobrança vem de todos os lados.

Tornar-se mãe, para muitos é considerado o período tido como o ápice da maturidade feminina, mas também pode ser considerado como o principal entrave na colocação das mulheres no mercado de trabalho.

Para uma profissional liberal, acredita que não haverá grandes entraves, eis que como advogada poderá inclusive levar seus filhos para o local de trabalho, diferentemente da mulher contratada, tanto na iniciativa pública quanto privada, estas sim se deparam com muita dificuldade, primeiramente, de onde deixar seu filho, passando pelo risco de não serem contratadas pelo fato de serem férteis, ora, como se já não bastasse o salário defasado em relação ao homem.

Não se pode fechar os olhos e ignorar que, o que mais pesa ao empresariado é o aumento do custo para manter essa trabalhadora e o seu filho. A matemática é simples: os empregadores calculam o aumento dos encargos (salário, convênio médico, creche, farmácia etc.) e, com isso, perde-se o interesse na colaboração dessas candidatas. Além disso, outro empecilho, na visão dos empregadores, é a maior probabilidade de a mulher-mãe ter de ausentar-se do trabalho para cuidar das crianças.

A história da mulher no mercado de trabalho, no Brasil, está sendo escrita com base, fundamentalmente, em dois quesitos: a queda da taxa de fecundidade e o aumento no nível de instrução da população feminina. Estes fatores vêm acompanhando, passo a passo, a crescente inserção da mulher no mercado e a elevação de sua renda. A analista do Departamento de Rendimento do IBGE Vandeli Guerra defende que a velocidade com que isto se dá não é o mais relevante.[3]

Para consolidar sua posição no mercado, a mulher tem cada vez mais adiado projetos pessoais, como a maternidade. A redução no número de filhos é um dos fatores que tem contribuído para facilitar a presença da mão-de-obra feminina, embora não isto seja visto pelo técnicos do IBGE como uma das causas da maior participação da mulher no mercado. A redução da fecundidade ocorreu com mais intensidade nas décadas de 70 e 80. Os anos 90 já começaram com uma taxa baixa de fecundidade: 2,6% que cai para 2,3% no fim da década. Com menos filhos, as mulheres puderam conciliar melhor o papel de mãe e trabalhadora.[4]

Apesar de toda a mentalidade contrária a contratação de mulheres, pesquisas revelam que nos últimos anos a inserção da mulher no mercado de trabalho tem sido crescente e visível, assim como o percentual de mulheres em cargos de comando de grandes empresas.

Os avanços nas leis trabalhistas permitiram o crescimento dessa mão de obra. Em 2007, as mulheres representavam 40,8% do mercado formal de trabalho; em 2016, passaram a ocupar 44% das vagas.[5]

"Essa diferença tende a ser reduzida. Não faz sentido que mulheres capacitadas e em idade produtiva sejam preteridas no mercado de trabalho pelo único fato de serem mulheres. O Brasil tem reduzido essa injustiça. Esse é um caminho sem volta", disse o ministro do Trabalho, Ronaldo Nogueira.[6]

Mulheres de todo o mundo se esforçam para superar barreiras significativas que as impedem de atingir seu potencial. Essas barreiras precisam ser demolidas. Mulheres com igualdade de direitos é um bem insubstituível para toda a sociedade e economia.

Segundo dados do IBGE[7], em janeiro de 2008, havia aproximadamente 9,4 milhões de mulheres trabalhando nas seis regiões metropolitanas onde foi realizada a pesquisa: São Paulo, Rio de Janeiro, Recife, Salvador, Belo Horizonte e Porto Alegre. Este número significa 43,1% das mulheres. Em 2003 esta proporção era de 40,1%. O que comprova o aumento da representatividade feminina no mercado de trabalho.

Além disso, também nesta pesquisa divulgada no sítio do IBGE, o rendimento delas correspondia a 71,3% do rendimento dos homens, se encontrando sempre em situação desfavorável à dos homens.

Após 10 anos o IBGE não divulgou nova pesquisa, mas acredita-se que o aumento da mulher no mercado de trabalho continua crescendo, mesmo que em passos lentos.

Com o avanço da mulher no mercado de trabalho, elas respondem atualmente por 43,8% de todos os trabalhadores brasileiros. Mas a participação vai caindo conforme aumenta o nível hierárquico. Elas representam

---

2. (Marcos Vinicius Poliszezuk, do Departamento jurídico da FEAAC, sócio-titular do Fortunato, Cunha, Zanão e Poliszezuk Advogados.) https://www.feaac.org.br/show.aspx?idMateria=mypugPnPoto5c1oRjG+nrg==
3. Disponível em: <http://www.rhportal.com.br/artigos-rh/a-evoluo-da-mulher-no-mercado-de-trabalho/>.
4. Disponível em: <http://www.rhportal.com.br/artigos-rh/a-evoluo-da-mulher-no-mercado-de-trabalho/>.
5. Disponível em: <http://www.brasil.gov.br/economia-e-emprego/2017/03/mulheres-ganham-espaco-no-mercado-de-trabalho>.
6. Disponível em: <http://www.brasil.gov.br/economia-e-emprego/2017/03/mulheres-ganham-espaco-no-mercado-de-trabalho>.
7. Disponível em: <https://ww2.ibge.gov.br/home/estatistica/indicadores/trabalhoerendimento/pme_mulher/Suplemento_Mulher_2008.pdf>.

37% dos cargos de direção e gerência. No topo, nos comitês executivos de grandes empresas, elas são apenas 10% no Brasil[8].

Os cargos de poder e decisão ainda representam um desafio para a superação do abismo entre a quantidade de posições ocupadas por homens e pela minoria desses postos ocupados pelas mulheres. Tomando-se por base o ano de 2008, as mulheres ocuparam apenas 9% das cadeiras na Câmara dos Deputados, não chegando nem a 15% no Senado Federal. As mesmas proporções se repetem nas esferas subnacionais, considerando-se o mesmo período analisado, em que somente 9% das prefeituras foram lideradas por mulheres e 12,5% das cadeiras de assembleias legislativas foram ocupadas por vereadoras.[9]

Para se ter uma visão sobre os números de destaque das mulheres nos autos cargos do judiciário, temos que entre os 11 ministros do Supremo Tribunal Federal (STF) que são indicados pelo presidente da República, há somente duas mulheres. No Superior Tribunal de Justiça (STJ), dos 33 ministros, seis são mulheres. No Tribunal Superior do Trabalho (TST), há seis mulheres entre os 27 ministros.

Regionalizando, no Tribunal Regional do Trabalho da 24ª Região, não temos nenhuma desembargadora na ativa, são apenas 8 desembargadores homens.

Entretanto, a relevância maior é não apenas incluí-las no mercado, mas sim, trazer um lugar de destaque às mulheres. Nenhuma sociedade tornou-se próspera sem uma grande contribuição de suas mulheres.

Precisamos de mais mulheres líderes. E nosso mundo precisa de mais homens defendendo a igualdade de gênero.

Apesar de todas as constatações, lutas contra o preconceito e aumento de mulheres no mercado de trabalho, a situação ainda não é a ideal. Isso porque os homens são predominantes em quase todos os setores. Segundo a vice-presidente de Expansão da Associação Brasileira de Recursos Humanos Seccional Rio Grande do Sul, Simone Kramer, a desvalorização não impede as mulheres de lutarem por desenvolvimento e crescimento profissional, inclusive, por salários melhores ou equivalentes ao dos homens. "Cada vez mais as mulheres estão em maior número nos cursos de todos os tipos, na busca de sua ascensão profissional", comentou a executiva.[10]

A sociedade tem o direito de ter mais mulheres nos palanques, nos congressos, nos tribunais, nos auditórios, enfim, em lugares de evidências, e que a luta pela igualdade não caia no esquecimento.

Se as mulheres passarem a ser maioria em todos os degraus de entrada das profissões em questão, não haverá discriminação nem preconceito que as impeçam de chegar em igualdade de condições ao topo da pirâmide das empresas e das instituições.

As mulheres que estão seguras, saudáveis, educadas e plenamente empoderadas para perceberem seu potencial e lutarem por desenvolvimento e crescimento profissional, transformam suas famílias, suas comunidades, suas economias e suas sociedades.

---

8. Disponível em: <https://oglobo.globo.com/economia/mulheres-estao-em-apenas-37-dos-cargos-de-chefia-nas-empresas-21013908#ixzz56iUEaWen>.
9. Disponível em: <http://www.fdc.org.br/hotsites/mail/livro_objetivos_desenvolvimento_sustentavel/objetivo/dar-poder-as-mulheres-e-criancas-e-atingir-a-igualdade-de-genero.html>.
10. http://www.abrhrs.org.br/noticia/o-cenario-atual-da-mulher-no-mercado-de-trabalho

O Feminismo nas Estruturas Sindicais

Renata Fleury[1]
Veronica Quihillaborda Irazabal Amaral[2]

Não é de hoje que a opressiva estrutura patriarcal nega às mulheres[3] os mesmos direitos e oportunidades oferecidas aos homens, criando situação de profunda desigualdade e obstáculos formais e materiais cuja desconstrução tem exigido, há gerações, articulação política permanente na busca pela igualdade de gênero[4].

Em cenário de milenar exclusão, o movimento feminista começa a tomar corpo no século XIX, com o que se convencionou chamar de *primeira onda*, na qual as conquistas estavam focadas no campo político, merecendo destaque o direito ao voto.

Na década de 1970, quando vivemos período da ditadura militar, ganha força no Brasil a *segunda onda* do movimento feminista, que para além de lutar pela valorização do trabalho da mulher e contra a violência sexual, incorpora também pautas de resistências políticas. Nesse momento de pautas compartilhadas, as militantes feministas se aproximaram dos movimentos sociais e sindicais de mulheres, o que resultou em um diálogo constante entre o feminismo e os movimentos populares e entre feminismo e o "*novo sindicalismo*". (DELGADO, 2007, p. 6)

No âmbito internacional, cuidou-se de sedimentar, ao menos formalmente, os direitos da mulher, ressaltando-se a importância da Convenção sobre a Eliminação de todas as Formas de Discriminação contra a Mulher (CEDAW), adotada em 1979 pela Assembleia Geral da ONU. O documento define o que constitui discriminação contra as mulheres e apresenta uma agenda de atividades nacionais visando a eliminar essa discriminação.

Para fins dessa Convenção, o termo "discriminação contra a mulher" é entendido como: "*[...] toda a distinção, exclusão ou restrição baseada no sexo e que tenha por objeto ou resultado prejudicar ou anular o reconhecimento, gozo ou exercício pela mulher, independentemente de seu estado civil, sobre a base na igualdade do homem e da mulher, dos direitos humanos e das liberdades fundamentais das esferas política, econômica, social, cultural e civil ou em qualquer outra esfera*".

Acrescente-se, nesse particular, a Declaração e o Programa de Ação de Viena, adotados pela Conferência Mundial sobre Direitos Humanos promovida pela Organização das Nações Unidas (1993), segundo a qual *os direitos das mulheres, além de inalienáveis, constituem parte integral e indivisível dos direitos humanos universais* (Capitulo I, item n.18). Na mesma conferência destacou-se que *as mulheres tenham pleno e igual acesso aos direitos humanos e que esta seja uma prioridade para os governos e as Nações Unidas,* enfatizando a importância da integração e plena participação das mulheres como agentes e beneficiárias do processo de desenvolvimento (...) (capítulo II, B, n.3, i tem n.36).

Dentro do sistema interamericano de direitos humanos, foram também marcos importantes a Convenção Americana sobre Direitos Humanos, ratificada pelo Brasil e a Convenção Interamericana para Prevenir, Punir e Erradicar a Violência contra a Mulher, expedida na cidade de Belém do Pará, em 9 de junho de 1994.

Sobre o extenso caminho trilhado até aqui, em brilhante voto, no RE 658312/SC[5], o Ministro Celso de Mello, do Supremo Tribunal Federal aduz "*que o longo itinerário histórico percorrido pelo processo de reconhecimento, afirmação e consolidação dos direitos da mulher, seja em nosso País, seja no âmbito da comunidade internacional, revela trajetória impregnada de notáveis avanços, cuja significação teve o <u>elevado propósito de repudiar práticas sociais que injustamente subjugavam a mulher, suprimindo-lhe direito e impedindo-lhe o pleno exercício dos múltiplos papéis que a moderna sociedade,</u>*

---

1. Sócia e Coordenadora do escritório Roberto Caldas, Mauro Menezes & Advogados.
2. Sócia do escritório Roberto Caldas, Mauro Menezes & Advogados e cofundadora da Associação de Advogadas pela Igualdade de Gênero, Raça e Etnia.
3. Não refere este artigo ao termo biológico. Entende-se que excluir, por exemplo, mulheres trans, acabaria por reforçar a biologização da mulher e a tão combatida noção de um destino biológico.
4. Esclarece-se que não se busca neste artigo artificialmente universalizar o termo feminismo ou uniformizar suas pautas e lutas. Não se deve perder de vista as pertinentes críticas lançadas no emblemático livro *Problemas de gênero* de Judith Butler, um dos grandes marcos teóricos da terceira onda do feminismo, que demonstram que é necessário discutir gênero com recorte de classe e raça, já que o discurso universal é excludente e ignora que as opressões atingem as mulheres de modos diferentes. Por exemplo, trabalhar fora sem a autorização do marido não era uma reivindicação das mulheres negras/pobres. (RIBEIRO, 2014)

    Assim, é importante ressaltar que não existe apenas um enfoque feminista, mas sim uma diversidade de posições, abordagens e perspectivas, que mantém como traço comum a luta por mudanças, tanto a esfera social como jurídica, que transformem a sociedade de modo a que o gênero não seja usado para conceder privilégios ou legitimar opressões, inclusive no mercado de trabalho.
5. (RE 658312, Relator(a): Min. DIAS TOFFOLI, Tribunal Pleno, julgado em 27.11.2014, ACÓRDÃO ELETRÔNICO REPERCUSSÃO GERAL – MÉRITO DJe-027 DIVULG 09-02-2015 PUBLIC 10-02- 2015)

hoje, lhe atribui, por legítimo direito de conquista." (destaques acrescidos)

Apesar da crescente construção de arcabouço de normas formalmente garantidoras de tratamento isonômico, as mulheres sofreram – e ainda sofrem –, opressão, transpondo-se para o ambiente fabril a divisão sexual do trabalho. Ou seja, a expansão do trabalho feminino tem-se verificado sobretudo em trabalhos mais precarizados, marcados pela informalidade e salários menores que os pagos aos homens, nos quais as atividades exercidas são mais rotinizadas e de trabalho intensivo, desenvolvidas em jornadas prolongadas. (ANTUNES, 2003, p. 105-109)

As discriminações sofridas pelas mulheres no mercado de trabalho foram denunciadas pelo movimento feminista, que também criticava os sindicatos por excluir e marginalizar a pauta feminista e por não considerar todos os elementos opressores com os quais as mulheres tinham que lidar. (DELGADO, 2009, p. 8)

Na prática, foi somente a partir de lutas feministas no interior do movimento sindical, com a chegada à América Latina da chamada *segunda onda do feminismo,* que foi ganhando força, no Brasil, a noção de que os sindicatos deveriam também ser um espaço para a luta pela igualdade de gênero no mercado de trabalho e em espaços políticos.

Em que pese o movimento feminista e de mulheres ter se desenvolvido primordialmente fora da estrutura sindical, a partir de questões ligadas à condição feminina, essas mobilizações alçaram as mulheres à condição de sujeitos sociais.

A progressiva abertura de espaço para a participação de mulheres em cargos dentro da estrutura sindical representa a superação de uma posição subalterna, por posição que permita incluir questões de igualdade de gênero na agenda da luta sindical.

A contenção da pauta feminista a espaços bem delimitados dentro da estrutura sindical (sobretudo, a organização das mulheres no interior das entidades, com a formação de coletivos/secretarias/departamentos de mulheres) e sua limitada inclusão na agenda central do movimento sindical, contraria o consenso cristalizado na Declaração dos Princípios e Direitos Fundamentais no Trabalho adotada pela Organização Internacional do Trabalho (OIT) em 1998, de que eliminação de toda forma de discriminação é elemento indispensável para que se alcance o trabalho decente, deixando evidente que a igualdade de gênero e raça é uma dimensão estratégica do trabalho decente.

Merece destaque a virtuosa experiência da Central Única dos Trabalhadores – CUT, que em 2015 implementou a paridade de gênero na direção e atuou, por meio de suas representantes, na promoção e garantia dos direitos consagrados na Constituição de 1988.

Estudo realizado por DELGADO relata que as mulheres participaram da CUT desde o princípio e fomentaram a prática de relações de gênero mais igualitárias e a formação de uma política de igualdade condenando todas as formas de exclusão e discriminação. Em 1993, uma quota mínima de 30% para ambos os sexos foi adotada em seus conselhos executivos nacionais e estaduais, uma "quota de gênero", que na prática significava 30% de mulheres. Isso significa que a adoção da paridade, longe de ser uma medida isolada, é, de fato, o resultado de um longo processo de afirmação inclusiva.

Mas a paridade, infelizmente, constitui uma exceção no sindicalismo. No Brasil, a Confederação Nacional de Trabalhadores Agrícolas (CONTAG) adotou a paridade em 2013 para ser implementada em 2017. Dentro da CUT, a confederação de Trabalhadores de Saúde (CNTSS) e a Confederação de Trabalhadores de Serviços Públicos Municipais (CONFETAM) a adotaram, embora os estatutos direcionem a quota para determinados setores. Nenhuma das outras federações sindicais do país tem paridade. A propósito, apesar de o número de mulheres no mundo do trabalho ter aumentado, a presença delas nos sindicatos ainda não reflete essa proporção, em especial quando verificamos os cargos de poder nas organizações sindicais. (GODINHO, 2017)

Porém, não se pode perder de vista que ações afirmativas, tais como a política de cotas, embora possam iniciar virtuoso ciclo no qual a participação na tomada de decisão desenvolve o interesse e incrementa a capacidade para a participação na tomada de outras decisões, tem como principal objetivo mitigar a influência dos atuais preconceitos e pontos cegos institucionais, mas não se prestam a compensar discriminações passadas nem suprimir supostas deficiências do grupo excluído. (YOUNG, 1990, p. 333 e 372)

Assim, em complemento à busca pela paridade nos cargos de direção do ente sindical, é importante que os sindicatos estejam atentos aos elementos que na prática obstaculizam uma maior participação feminina no movimento. Nesse sentido, é particularmente relevante o resultado da pesquisa realizada por SOUZA-LOBO, que, a partir das falas das operárias, identifica quatro obstáculos principais:

1. A dupla jornada;
2. A desvalorização social das funções exercidas pelas mulheres dentro da fábrica;
3. A opinião de que homens e não as mulheres são os principais atores sociopolíticos;
4. A exigência de que as mulheres procriem e criem filhos. (2011, p. 136)

De forma convergente, SAFFIOTI (1982), em sua pesquisa, aponta para o fato de que ocupações predominantemente femininas apresentam enorme fragilidade na negociação e na luta por melhores condições de trabalho. Ela registra que a regra é haver baixo índice de sindicalização das mulheres, explicando o fenômeno não apenas como fruto de deficiência na formação política de mulheres, mas também em função de exaustiva dupla jornada, que não lhes deixa tempo livre para participar de atividades que não se configurem estritamente como trabalho.

A falta de tempo decorre do fato de que, em geral, a mulher trabalhadora é duplamente explorada pelo capital, dentro da fábrica e dentro de casa. Ela exerce, no espaço público, seu trabalho produtivo, mas no universo da vida privada, as tarefas domésticas lhe consomem muitas horas diárias, com o que se possibilita, ao mesmo capital, sua reprodução. (ANTUNES, 2003, p. 108)

A seu turno, a desvalorização social das funções exercidas dentro da fábrica decorre da *divisão sexual do trabalho*, termo que traduz a divisão de tarefas na sociedade que não geram uma suposta complementariedade, mas sim espelham uma relação de poder dos homens sobre as mulheres. Esta forma de divisão social do trabalho separa e hierarquiza o trabalho. Alguns trabalhos seriam de homens (estes tidos como mais valiosos), enquanto que outros seriam tipicamente femininos e desvalorizados. (KERGOAT, 2009, p. 67)

A interação entre os movimentos feministas e os movimentos de mulheres denuncia como a opressão das mulheres, com a consequente desvalorização e precarização de seu trabalho, serve para dificultar a participação delas até mesmo na direção dos sindicatos. (PINHEIRO; ROUSSENQ, 2014, p. 312).

A pouca visibilidade da agenda feminista nos sindicatos pode ser explicada por vários fatores, sendo um deles, levantado por CASTRO, em seu estudo *Gênero e Poder no Espaço Sindical*, ligado à invizibilização das personagens femininas. A pesquisadora relata que nas entrevistas que realizou com diversas sindicalistas, estas se queixam principalmente que os homens não as escutam.

No estudo está transcrita a seguinte fala exemplificativa da Diretora de Departamento de Assuntos da Mulher do Sindicato dos Bancários da Bahia, Rebeca Serravalle, que de forma eloquente expõe o problema: "*Eu tenho que gritar. Fico irritada. Eles nem percebem. Passam por cima das minhas posições. (...) algumas vezes, quando expresso uma opinião, eles fazem como se não estivessem escutando, então, alguns minutos depois, um dos homens apresenta a mesma posição. Então, todos os diretores homens, claro, apoiam e parabenizam o grande autor da ideia.*" Ao que acrescenta, Patrícia Rocha Ramos, outra diretora do mesmo Sindicato: "*eles viviam me interrompendo e como eu não falo alto quase que desisti, mas hoje eu bato na mesa.*" (1995, p. 47)

Tais elementos explicam porque, mesmo em cenário com progressiva abertura de espaços para as mulheres nas lideranças sindicais, o tema da igualdade de gênero ainda não está no centro da agenda sindical. De fato, a análise dos dados do SACC-DIEESE[6] demonstra que embora as cláusulas sobre a mulher tenham aumentado de 407 para 553 ao longo dos anos estudados (1993/2009), em geral estas não abordam a desigualdade de gênero e se limitam a tratar de licenças remuneradas de curta duração para acompanhamento de cônjuges/familiares, em situações de emergência médica, ou estabelecimento de horários flexíveis de entrada e saída. (LEITE, 2017, p. 56)

Não há dúvida que a ativa participação das mulheres nos debates dentro dos sindicatos, além de trazer maior legitimidade, é estratégica para reformular o Sindicalismo que, atualmente, enfrenta desafios para alcançar integralmente suas categorias.

Portanto, a busca por condições decentes de trabalho está imbricada com a luta contra todas as formas de discriminação.

Fato é que a urgente inserção do feminismo na pauta sindical torna-se um imperativo no Brasil como reação à aprovação de diversas leis, como a Lei n. 13.429/2017 e a Lei n. 13.467/2017, que implementam processos de flexibilização e precarização das condições de trabalho, atingindo de forma desproporcional as mulheres, em inequívoco retrocesso social.

Em particular a lei que permite a terceirização irrestrita alcança atividades tipicamente femininas, como a limpeza, costura e telemarketing, na medida em que as consequências da adoção de práticas neoliberais que permitem a externalização da produção agravam as desigualdades sociais já existentes. É possível concluir, a partir de pesquisas realizadas no Brasil, na França e no Japão, que onde há terceirização em cascata, as empresas mais distantes da "empresa-mãe" utilizam, em geral, a mão de obra feminina (HIRATA, 2015), aumentando a presença de mulheres em postos com remuneração mais baixa e com menos direitos.

Setores tipicamente terceirizados, como os que desenvolvem atividades de telemarketing, deixam em evidência a desproporcionalidade da contratação de mulheres negras. De acordo com dados de 2011 da RAIS – Relação Anual de Informações Sociais do Ministério do Trabalho e Emprego, a categoria de trabalhadores que se ativa nesse setor é composta, em sua maioria, por mulheres (74% da força de trabalho) que estão ingressando no mercado de trabalho sub-remuneradas (81,3% percebem até dois salários mínimos) e inseridas em categorias sindicais frágeis. (DUTRA, 2014, p. 15)

Nesse contexto, faz-se necessário trazer a pesquisa realizada por ANTUNES ao destacar que frequentemente os sindicatos excluem do seu espaço as mulheres integrantes das categorias profissionais que representam, com consequências para a própria estrutura sindical:

> Dentre tantas consequências dessa divisão sexual do trabalho, posso lembrar, a título de exemplo, que

---

6. Sistema de Acompanhamento das Convenções Coletivas de Trabalho, que registra as cláusulas negociadas por 90 contratações coletivas de trabalho, referentes a 30 categorias profissionais desde 1993.

frequentemente os sindicatos excluem do seu espaço as mulheres trabalhadoras, além de mostrarem-se incapazes também de incluir os trabalhadores *terceirizados e precarizados*. Ocorre que a classe trabalhadora moderna é crescentemente composta por esses segmentos diferenciados, mulheres e terceirizados e/ou precarizados (e ainda mais frequentemente por *mulheres terceirizadas*), que são parte constitutiva central do mundo do trabalho. Se os organismos sindicais não forem capazes de permitir a *(auto)organização das mulheres* e/ou dos/as trabalhadores/as *part time* no espaço sindical, não é difícil imaginar um aprofundamento ainda maior da crise dos organismos de representação sindical dos trabalhadores. (2003, p. 108-109)

Para além do fato de que "o gênero é um organizador-chave da globalização neoliberal" (HIRATA, 2015), o cenário posto de crescente precarização e flexibilização exige do sindicalismo atual novas estratégias para alcançar as categorias mais vulneráveis, muitas das quais contém expressivo percentual de mulheres.

Dados do Pesquisa Nacional de Amostra Domiciliar (PNAD) do IBGE 2012 mostra que a taxa de sindicalização das 91 milhões de pessoas ocupadas é de 17%. O estudo aponta ainda que de 2002 a 2012 a porcentagem de homens sindicalizados reduziu de 22% para 18% e de mulheres aumentou de 14% para 16%. Vale destacar que a sindicalização das mulheres rurais triplicou no mesmo período.

Apesar da taxa positiva de sindicalização das mulheres, as queixas a respeito do ambiente de trabalho se repetem há décadas, pois não basta inseri-las formalmente na estrutura sindical, é preciso que tenham voz e sejam efetivamente ouvidas, e mais, possam compor a gestão dos sindicatos, presidir, dirigir e debater ativamente nas lutas contra o racismo, a homofobia, o sexismo, como parte de projetos de classe, empoderando as mulheres.

Para que a desejável inserção feminina na estrutura sindical se concretize efetivamente, é necessária uma maior compreensão por parte dos dirigentes sindicais sobre a especificidade da condição feminina e a necessidade de estabelecer programas especiais de formação e práticas sindicais para mulheres.

Nesse sentido, mostram-se pertinentes e elucidativas as ideias propostas por COSTA, que se implementadas potencializarão a capacidade dos sindicatos de serem espaços de luta pela igualdade de gênero. Entre as propostas, está a realização de programas de formação de lideranças femininas, o oferecimento de cursos de sensibilização sobre as pautas feministas, a elaboração de material de divulgação que incluam as temáticas da igualdade e ensine algumas ferramentas para identificar, prevenir e combater o assédio sexual. Em acréscimo, a pesquisadora sugere a realização de cursos internos para sensibilizar dirigentes sindicais sobre o sexismo nas práticas sindicais e sobre como a prática sindical masculina pode acabar funcionando como fator de exclusão feminina. (COSTA, 2015)

Quanto ao próprio sindicato, recomenda-se a implantação da proporcionalidade nos cursos de formação e adoção de cotas de participação para as mulheres nas instâncias de direção, para além de garantir serviço de creche em todos os eventos sindicais. Já em relação à agenda de lutas sindicais, os sindicatos podem em suas negociações coletivas tentar incluir sanções específicas para o assédio sexual e para qualquer tipo de conduta discriminatória, bem como se posicionar de forma a ativamente lutar pela redução da distância que existe entre a remuneração de homens e mulheres. (COSTA, 2015)

Diante do atual cenário político do país, pós reforma trabalhista e sob a ameaça de uma reforma previdenciária que se aproxima sem que se vislumbre qualquer vantagem aos cidadãos trabalhadores, não resta dúvida o quão importante e urgente se faz a construção de espaços legítimos com a inserção das mulheres, inequivocamente atingidas pelas reformas, quer trabalhista (exemplo da ampla terceirização), quer previdenciária (tempo de efetivo serviço para aposentadoria).

É indispensável que os sindicatos lutem pela igualdade de gênero e pelo fim de condutas opressivas, tais como assédio sexual pelo superior hierárquico, desigualdades salariais entre homens e mulheres e seletividade no acesso a treinamento, limitando, assim, a mobilidade das mulheres. Nada mais estratégico para o trabalho decente.

Trata-se de passo importante na busca por um mundo no qual o gênero não seja utilizado como justificativa para oprimir e negar igualdade e oportunidade de direitos a todas e todos.

1. REFERÊNCIAS BIBLIOGRÁFICAS

ANTUNES, Ricardo. *Os sentidos do trabalho*: ensaio sobre a afirmação e a negação do trabalho. 6. ed. Boitempo Editorial, 2003.

CASTRO, Mary Garcia. Gênero e poder no espaço sindical. *Estudos feministas*, 1º semestre 1995, ano 3. Disponível em: <https://periodicos.ufsc.br/index.php/ref/article/viewFile/16913/15475>.

COSTA, Ana Alice. As mulheres no sindicato. *Revista Feminismos*, v. 2, n. 2, 2015. Disponível em: <http://www.feminismos.neim.ufba.br/index.php/revista/article/viewFile/139/112>.

DELGADO, Didice Godinho. Sindicalismo y género. Experiencias y desafios de la Central Única de Trabajadores de Brasil. In: *Revista Análisis y Propuestas*. Montevideo: Friedrich Ebert Stiftung, nov. 2007.

DELGADO, Didice Godinho. *Trade Unions in Transformation*. Building Trade Union Power with Gender Equality: The Case of the Unified Workers' Central of Brazil. Berlim: 2017. *Friedrich Ebert Stiftung G*lobal Policy and Development Hiroshimastr.

DUTRA, Renata Queiroz. Do outro lado da linha: poder judiciário, regulação e *adoecimento dos trabalhadores em call centers*. São Paulo: LTr, 2014.

HIRATA, Helena. Mudanças e permanências nas desigualdades de gênero: divisão sexual *do trabalho numa perspectiva* comparativa. In: Revista Análise. n. 7. Ed. Friedrich Ebert Stiftung, 2015.

KERGOAT, Danièle. "Divisão sexual do trabalho e relações sociais *de sexo.*" *Dicionário crítico do feminismo.* São Paulo: Editora UNESP, 2009. p. 67-75.

LEITE, Marcia de Paula. Gênero e trabalho no Brasil: os desafios da desigualdade. In: Revista Ciências do Trabalho. n. 8. *Dossiê: Desafios* do movimento sindical, ago. 2017. p. 56.

PINHEIRO, Milena e ROUSSENQ, Raissa. Em Busca da Participação Igualitária: A implementação de cotas de gênero nas eleições sindicais e o exemplo da CUT. In: DELGADO, Gabriela Neves; PEREIRA, Ricardo José Macedo de Britto (Coord). *Trabalho, Constituição e Cidadania*: A dimensão coletiva dos direitos sociais trabalhistas. São Paulo: LTr, 2014.

RIBEIRO, Djamila. *As diversas ondas do feminismo acadêmico.* Disponível em: <https://www.cartacapital.com.br/blogs/escritorio-feminista/feminismo-academico-6221.html>. Acesso em: 06 fev. 2018.

SAFFIOTI, Heleieth Iara Bongiovanni. O trabalho da mulher no Brasil. *Perspectivas: Revista de Ciências Sociais*, Perspectivas, São Paulo, 1982.

SOUZA, Elizabeth Lobo. *A classe operária tem dois sexos*: trabalho, dominação e resistência. 2. ed. São Paulo: Editora Fundação Perseu Abramo, 2011.

TELES, Maria Amélia de Almeida. *Breve história do feminismo no Brasil.* São Paulo: Brasiliense, 1999.

YOUNG, Iris Marion. *La Justicia y la política de la diferencia.* Tradução: Silvira Álvarez. Madri: Edições Cátedra, 1990.

As Mulheres, o Mercado de Trabalho, o Teto de Vidro das Advogadas. Desafios e Expectativas

Rita Cortez[1]

A igualdade de tratamento e de oportunidades das mulheres no mercado de trabalho é uma luta constante, inesgotável.

A relação entre a procura e a oferta de trabalho, quando se trata das advogadas, não se difere, até porque o nosso ingresso neste mercado restrito ainda é profundamente mercado pela desigualdade de tratamento e de oportunidades.

O crescimento da participação da mulher no mercado de trabalho, de forma geral, depende, dentre outros fatores, da transformação estrutural na composição de forças sociais. Trata-se de mutação essencial à criação de um ambiente mais favorável a outras mudanças notadamente no que diz respeito a situação da desigualdade de oportunidades.

As lutas travadas cotidianamente por nós mulheres para superar as desigualdades de gênero envolvem, em diferentes momentos da história e contextos sociais, dramas, tragédias e resistências variadas, que começam na família, passam pela escola e deságuam, invariavelmente, no trabalho, na comunidade, nos partidos e nos sindicatos, apenas para citar alguns exemplos.

Atualmente estamos inseridas num contexto social extremamente difícil para os trabalhadores de forma geral, sendo que os retrocessos impingidos nos direitos individuais e sociais, constitucionalmente garantidos, atingem a todos e, em especial, a mulher trabalhadora.

É agravante, neste quadro de retrocessos sociais, a falsa ideia que a existência de normas trabalhistas de proteção específica como jornada reduzida, intervalos intrajornada, proibição de trabalho em ambientes insalubres agressivos, proteção à gravidez e ao nascituro, aleitamento, e medidas contra assédio, principalmente o de natureza sexual, são fatores que dificultam a contratação de mulheres.

Não precisamos que nos tratem como seres humanos iguais aos homens. Precisamos tão somente que nos sejam oferecidas iguais oportunidades, notadamente, no que se refere ao mercado de trabalho.

Além das transformações estruturais, mudanças nos padrões e formação cultural da sociedade brasileira, essencialmente machista, é uma imposição. São traços culturais tão arraigados que passamos a incorporar o pensamento masculino, não só na forma de agir, mas de pensar. Sentimo-nos, por exemplo, no dever de cuidar da casa, dos filhos, dos idosos, e nos cobramos emocionalmente quando não damos conta disto. Em outro giro, não é incomum o receio de votar e eleger outras mulheres para o exercício de cargos de representação ou funções políticas.

Apesar de toda a evolução acerca da importância do nosso papel social, o preconceito ainda é um elemento presente. A professora Brigitte Marie-Claude Macron, esposa de Emmanuel Macron, presidente da República Francesa, ficou exposta por um bom tempo na mídia, em razão de ser uma mulher mais velha que mantinha um relacionamento com um homem mais novo.

O escritor Walcir Carrasco, em entrevista realizada em 2012, denunciava que a mulher madura que assume um relacionamento com um rapaz não era "bem-vista": "é incrível como o preconceito se oculta nas dobras da vida social, pronto para atacar quando menos se espera".

Carrasco prossegue dizendo que este tipo de preconceito "vive dentro de cada um de nós, se incorpora no nosso modo de agir e pensar. Conheço muitas mulheres solitárias que evitaram relacionamentos por medo do que poderiam dizer. Medo da rejeição social. Ou até por desconfiar das intenções do rapaz: ele só pode estar interessado em alguma coisa. Não conseguem acreditar que ele pode estar interessada nela mesma, sem nenhum outro motivo. A mulher já realizou muitas conquistas. É respeitada profissionalmente, já consegue exercer altos cargos numa empresa. Temos até a presidente Dilma. Mas a mulher ainda precisa conquistar o direito de amar quem quiser, quando e como bem entender."

Portanto, não obstante as numerosas e importantes conquistas, estamos longe de atingir dados compatíveis com a evolução feminina, fruto das inúmeras batalhas travadas ao longo da história.

Analisando alguns dados evolutivos podemos perceber que o progresso libertário e igualitário é espantosamente lento.

O IBGE, em parceria com a Secretaria de Políticas para as Mulheres e o Ministério do Desenvolvimento Agrário, usando dados do Censo de 2010, comparados aos de 2000, concluiu que a participação das mulheres com idade ativa (16 anos ou mais) no mercado de trabalho havia crescido de 50% (2000) para 55% (2010), enquanto a participação dos homens caiu de 80% para 76%.

Essa diferença de participação entre homens (76%) e mulheres (55%) era um forte indicativo de um contingente

---

1. 1ª Vice Presidente do IAB, conselheira nata da ACAT e presidente da Comissão de Direito Sindical da OAB-RJ.

potencial de mulheres que poderiam ingressar no mercado de trabalho e continuar responsável pelo vigor futuro da formação da força de trabalho do País.

O crescimento dessa participação era maior para aquelas com mais de 30 anos, assim como a participação das que viviam nas cidades (56%) era superior à das que viviam no meio rural (46%).

O levantamento estatístico apontava também um crescimento na ocupação formal por mulheres entre 30 e 39 anos (43,8%) e entre 50 e 64 anos (64,3%).

Os setores em que o percentual de mulheres ocupadas era superior ao dos homens seriam: a administração pública e serviços, enquanto os homens eram maioria na indústria de transformação; agropecuária, extração vegetal, caça e pesca; construção civil, serviços industriais de utilidade pública; e extrativa mineral. No comércio, a participação de homens e mulheres mostrou equilíbrio, sendo que 20,1% dos homens e 19,9% das mulheres estavam no setor.

Merece ser destacado que a renda dessas trabalhadoras vem alcançando maior importância no sustento das famílias. Os lares brasileiros começaram a ser efetivamente chefiados por mulheres.

Em 1995, 23% dos domicílios tinham mulheres como pessoas de referência. Vinte anos depois, esse número chegou a 40%. Devemos ressaltar que as famílias chefiadas por mulheres não se limitavam, exclusivamente, aquelas nas quais não havia a presença masculina: em 34% delas, havia a presença de um cônjuge.

No período analisado, portanto, dobrou o número de domicílios que tinham as mulheres como responsáveis. Em 2000, eram 11 milhões (24,9%), em 2010, eram 22 milhões, o que corresponde a 38,7% dos domicílios comandados por mulheres.

Nas famílias de casal com um filho, as mulheres são chefes em 24% dos casos (e 23% nos casos de famílias sem filhos). Somos ainda responsáveis por 87% das famílias formadas por responsável sem cônjuge e com filho.

No entanto, o que mais surpreende é o fato de as mulheres com maior nível de instrução possuírem formação em áreas que pagam menores salários, ocupando postos de trabalho com menor remuneração. É recorrente observar o pagamento de salários menores para mulheres que ocupam funções idênticas às dos homens. Em 2010, o rendimento médio era de R$ 1.587 para eles e de R$ 1.074 para elas, o que corresponderia a 68% da remuneração masculina.

Essas diferenças diminuem nas maiores cidades e na maioria das capitais brasileiras, contudo aumentam dependendo da região. A remuneração média do Nordeste, no mesmo período da coleta de dados, era 43% menor que a do Sudeste (R$ 881 contra R$ 1575).

Um outro dado lamentável é a forte influência de outras formas de discriminação. O rendimento médio das mulheres negras ou pardas (R$ 727) representava 35% do rendimento médio do homem branco (R$ 2.086). O rendimento médio das mulheres rurais era de R$ 480, valor inferior ao salário mínimo da época, de R$ 510.

Só para fazermos um recorte rápido, o contingente das mulheres trabalhadoras mais importante está concentrado no serviço doméstico remunerado. No geral, são mulheres negras, com baixo nível de escolaridade, e com os menores rendimentos na sociedade brasileira

Percebe-se, diante dos dados referenciados, que as progressivas melhorias não foram suficientes para superar o quadro de desigualdades: as mulheres ainda ganham em média menos do que os homens, mesmo tendo mais tempo de estudo e qualificação. No total, a diferença de remuneração entre homens e mulheres em 2015, ano com os dados indicadores mais recentes, era de 16%. O rendimento médio do homem era de R$ 2.905.91, e o pago às mulheres, de R$ 2.436,85.

Quanto à participação em cargos de chefia e gerência nas empresas e organizações, os avanços são pífios. Isso porque somente entre 5% e 10% dessas instituições são chefiadas por mulheres no Brasil, de acordo com um estudo da Organização Internacional do Trabalho (OIT).

Emprego e renda são dois componentes que criam condições para que as mulheres se libertem das incontáveis situações de opressão e humilhação que vivem na relação com os homens. Não obstante o rendimento das mulheres ter crescente participação na renda familiar ainda é delas o ônus do cuidado dos filhos e, na maior parte das vezes, dos idosos também.

O quadro é perverso porque os encargos familiares assumidos acabam provocando o abandono da profissão ou dos postos de trabalho. Pode se dizer que a responsabilidade familiar é uma das maiores causas de abandono dos postos de trabalho.

Em nota recente, o colunista do Jornal "O Globo", Ancelmo Góes (5 de fevereiro de 2018), nos chama a atenção para a "MATERNIDADE PUNIDA": "No Brasil o salário médio da mulher, como se sabe, é menor do que o homem (hoje, 12,4% a menos). Se for mãe, então, a situação piora. Na faixa dos 35 aos 44 anos por exemplo as mamães que trabalham ganham a metade do salário das mulheres sem filhos. Já na faixa dos 25 aos 34, a proporção é de 60%. O levantamento é do IDados com base no PNAD".

Voltando o nosso olhar para o universo das ADVOGADAS, podemos dizer que o diagnóstico não é muito diferente, em que pese o fenômeno da FEMINIZAÇÃO DA ADVOCACIA.

A chamada "feminização da advocacia" no Brasil ocorreu, segundo analistas, a partir da década de 1980. O maior ingresso de mulheres na advocacia, entretanto, não conseguiu reverter a lógica masculina com que a profissão fora delineada no passado.

Simultaneamente à "feminização" ocorreu uma estratificação da profissão, à semelhança do que houve em vários outros países, ou seja, as mulheres são mais numerosas nos estágios iniciais da carreira e menos numerosas à medida que a carreira avança.

É O NOSSO TETO DE VIDRO, "barreira invisível que as mulheres – e membros de outros grupos minoritários – costumam encontrar para ascender ao topo das organizações".

Existe (ou não) um teto ou telhado de vidro para as mulheres nas sociedades de advogados?

Quem nos responde é a professora Patrícia Tuma Martins Bertolin em sua tese de mestrado: "REFLEXÕES SOBRE A (BUSCA POR) IGUALDADE ENTRE MULHERES E HOMENS NO MUNDO DO TRABALHO e O TETO DE VIDRO NAS SOCIEDADES DE ADVOGADOS".

O MÉTODO DE ESTUDO da professora foi realizado em várias etapas.

No estudo exploratório inicial a pesquisa desenvolveu-se através dos *sites* das maiores sociedades de advogados da capital paulista, assim classificadas pelo importante *ranking* internacional (*Chambers and Partners*) de 2014.

Constatou-se que as mulheres estariam concentradas preponderantemente na base (advogadas associadas ou empregadas), mas não como sócias.

A segunda etapa foi verificar os modelos de sociedade de advogados pelo Brasil: a professora Bertolin pesquisou como e quando se deu a adoção do modelo de sociedade de advogados pelo brasil.

Na análise desses modelos tomou por base os períodos de constituição dividindo-os em 03 gerações:

A PRIMEIRA GERAÇÃO seria a de Escritórios criados nos anos de 1940 e 1950. O traço característico neste período era ter um sócio principal fundador do escritório. Este sócio vinha da Inglaterra ou dos Estados Unidos, onde conheceu o modelo de sociedade de advogados, importando-o para o Brasil.

Os escritórios, nesta primeira geração, eram eminentemente mais masculinos, "talvez por terem se constituído em um momento em que as mulheres ainda não haviam ingressado em massa na profissão".

A SEGUNDA GERAÇÃO, segundo a doutora Patrícia, caracteriza-se por escritórios criados ou estruturados como "full service" nos anos de 1970 e 1980. Trata-se de período marcado pelo ingresso no Brasil de um grande número de empresas estrangeiras e multinacionais.

A constituição de sociedades de advogados estava voltada para atender essas empresas e por isto, mais ou menos estruturadas nos mesmos moldes das sociedades de advogados de seus países de origem. "Em apenas dois deles (escritórios) os advogados são empregados; nos demais, são associados. Surge, também, a figura do "sócio B", que, segundo uma Sócia Sênior entrevistada pela professora seriam "sócios de mentira".

A TERCEIRA GERAÇÃO envolveria a criação de escritórios nos anos de 1990, marcado pelo auge das privatizações do governo FHC e da abertura para o capital estrangeiro. "São escritórios em que as mulheres ascendem em maior número, perfazendo um total de 50% e 54,5% dos sócios. São escritórios, fortemente marcados pelo neoliberalismo, nos quais a produtividade é levada a extremos, a ponto de haver muitos afastamentos por estresse".

A professora Bertolin justifica a ascensão de um maior número de mulheres, na terceira geração, exatamente em razão da alta produtividade da maior parte delas.

Os prognósticos sobre as dificuldades e óbices de ascensão profissional na tese defendida pela professora foram os seguintes:

• A assimilação do Padrão Masculino:

Estratégia adotada por algumas mulheres para ascender nas sociedades de advogados (ocorreria também em outras ocupações).

A consequência desta forma de assimilação foi a tentativa de minimizar os efeitos da maternidade ou encargos familiares sobre sua atividade profissional. As advogadas passaram a criar uma estrutura, cara, de suporte, para que conseguissem permanecer muitas horas por dia no escritório e viajar a trabalho.

• Responsabilidades familiares:

Apesar do papel de provedoras, as mulheres permaneceram como as principais responsáveis pelos cuidados com a casa e a família mesmo quando os homens assumem algumas dessas tarefas. Quando assumem taredas familiares o fazem seletivamente e em caráter de "ajuda". Segundo o IPEA a divisão dos afazeres domésticos ainda é o maior fator de desigualdade entre homens e mulheres.

O resultado constatado na pesquisa foi o da evasão de advogadas plenas e seniores dos escritórios para trabalhar em departamentos jurídicos de empresas, com horário pré estabelecido, possibilitando conciliar a atividade profissional e as responsabilidades familiares. Outro caminho foi o de se transferirem para uma empresa ou escritório menor ou, em outros casos, fazer concurso público.

• Complexo do "pão que o diabo amassou":

Um grupo de mulheres expressivamente numeroso achavam que as advogadas iniciantes deveriam passar pelas mesmas dificuldades. Se as advogadas mais bem colocadas nos escritórios tiveram que vencer obstáculos, enfrentando toda a sorte de dificuldades, todas as demais mulheres também teriam que passar pelas mesmas agruras, em especial, as recém formadas.

• Meritocracia:

É um valor preponderante em todos os escritórios pesquisados pela doutora Bertolin. A presunção é de maior competência masculina.

"Quando a tarefa que se espera do profissional não é típica de determinado sexo (a exemplo das atividades domésticas para as mulheres ou do trabalho como mecânico para os homens), presume-se a maior competência masculina, de modo que o sexo de quem presta o trabalho assume relevância, mesmo que indireta".

A professora concluiu que os processos de seleção e de avaliação nas sociedades de advogados são apenas aparentemente neutros.

> "Os homens que em geral estão no topo dos grandes escritórios, escolhem quem será contratado ou se tornará sócio. Nesta escolha existe a aplicação de "esquemas culturais" e estereótipos que acabam por favorecer os membros do mesmo sexo daquele a quem cabe a decisão".

Na maior parte dos escritórios pesquisados, nem a maciça entrada de mulheres na profissão, nem o alto investimento em tecnologia possibilitou que o trabalho em "home office" deixasse de ser visto como falta de comprometimento do profissional, em geral da mulher com filhos pequenos.

Daí que a presença de várias mulheres nos mais altos postos das sociedades de advogados (e das empresas, de modo geral) pode atuar de dois modos antagônicos:

- Não são poucas as mulheres que, ao ascender, costumam se identificar com os homens, assumindo perfil masculino, a fim de serem mais facilmente aceitas. Agem como tal e hostilizam outras mulheres.
- Mas podem também assumir uma postura conscientemente inclusiva de outras mulheres, revertendo o atual panorama em que se consideram excepcionais aquelas que conseguiram quebrar "o teto de vidro".

Recaem sobre a análise da situação da presença feminina no mundo do trabalho, e da identificação dos desafios, a revisão das funções sociais da mulher. Cabe também, aqui, a crítica ao entendimento (convencional) do que seja o trabalho e as formas de mensuração com parâmetros unicamente encontrados ou vinculados ao mercado.

1. CONCLUSÃO

Para que se promova efetivamente a igualdade de condições de inserção da mulher no mercado de trabalho, é fundamental que as políticas públicas universalizem o direito de acesso às creches, à educação infantil, básica e média, todas em tempo integral.

Ademais da equiparação salarial e dos aspectos da representação da participação feminina nos espaços sociais, um terceiro desafio se coloca diante das mulheres, que é o de reconhecerem diversidade naquilo que as torna iguais.

Quando mergulhamos mais fundo na questão do gênero trazendo de forma transversa outros aspectos da diversidade como raça, orientação sexual e religião, tornamos o leque de desafios maior e mais complexo: mulheres brancas com alto nível de escolaridade não enfrentam os mesmos desafios das mulheres negras com alto nível de escolaridade; mulheres brancas com alto nível de escolaridade e lésbicas enfrentam desafios que mulheres brancas ou negras heterossexuais desconhecem, e assim por diante.

O emprego, a renda, o acesso à educação e à saúde são componentes que criam condições para que as mulheres conquistem a igualdade de condições de inserção e de competitividade no mercado de trabalho, mas o caminho para a equidade de gênero precisa se dar conta de que há desafios em diferentes espaços e dimensões e que se traduzem de maneiras diferentes para mulheres diferentes.

A ação social coletiva de participação das mulheres em debates que visam potencializar a conscientização civil sobre os direitos sociais e civis é obrigatória, posto que esta consciência construída coletivamente irá possibilitar a aquisição da emancipação individual.

É na consciência coletiva que encontraremos os elementos necessários a superação da dependência social e econômica, bem como da dominação política. Dela, nasce uma questão básica: a solidariedade.

O caminho não é fácil e, por vezes, permeado por grandes polêmicas.

A atriz francesa Catherine Deneuve defendeu a sua assinatura numa carta em defesa da "liberdade de importunar" dos homens, divulgada na França. A despeito da defesa, a atriz pediu desculpas às vítimas de assédio sexual em um texto publicado no site do jornal "Liberation".

A carta, assinada por 100 mulheres, defendia a "liberdade de importunar" dos homens, considerando-a "indispensável à liberdade sexual", indo de encontro à onda surgida com o caso do produtor de cinema Harvey Weinstein nos Estados Unidos, uma posição criticada e muito comentada há pouco tempo.

Após a publicação da carta aberta pelo jornal Le Monde, Caroline de Haas e outras 30 militantes feministas se manifestaram, dizendo que "aceitar insultos contra as mulheres é permitir a violência". Seria banalizar a violência sexual, desprezando as milhões de mulheres que sofrem ou sofreram essa violência.

O primeiro comentário de Deneuve foi: "Efetivamente assinei a petição (...) Sim, amo a liberdade. Mas não amo essa característica da nossa época em que todos se sentem no direito de julgar, ser árbitros, condenar. Uma época em que simples denúncias nas redes sociais geram punições, demissões e, com frequência, linchamentos na mídia (...) Não desculpo nada. Não decido sobre a culpa desses homens, já que não estou qualificada para isso. E poucos estão.

Ambas, as francesas Deneuve e Caroline, podem ter alguma razão. No entanto, a troca das ideias e as divergências sobre o tema se deu em tom ácido e agressivo de lado a lado. São pontos de vista diferentes, legítimos, mas que não geraram qualquer reflexão ou resultado positivo, seja para por em foco a repudiável violência (sexual inclusive) contra a mulher, seja para estabelecer um pensamento crítico às abordagens de cunho meramente punitivo.

A inserção social e a ampliação do papel político da mulher na sociedade ainda são metas a serem alcançadas.

Na OAB, por exemplo, em 85 anos de sua história, com mandatos de 3 anos, em 27 seccionais, em média em 765 mandatos Brasil afora, somente 8 foram presididos por mulheres.

No Instituto dos Advogados Brasileiros – IAB Nacional, ao longo de seus 174 anos de sua existência, sendo a casa jurídica mais antiga das Américas, apenas uma única mulher presidente.

Na Associação Brasileira de Advogados Trabalhistas – ABRAT, um recorde: três mulheres ocuparam a presidência: Moema Baptista, Clair Flora Martins e Silvia Burmeister.

Nas empresas, nos sindicatos, nas associações civis e profissionais, nas instituições jurídicas, e nas academias de direito, poucas mulheres ascendem a presidência. Observada esta triste e persistente realidade, penso na necessidade da manutenção das cotas na política e no mercado de trabalho.

Lutar contra as deformações culturais e nas formas de dominação ideológica, combater a cultura do machismo, impedir a assimilação deste tipo de pensamento e comportamento, estimular ambientes de solidariedade e construir uma consciência coletiva ainda são desafios a serem enfrentados.

Sem embargo, as perspectivas são boas. Um bom exemplo emerge desta obra coletiva, editada em homenagem ao mês de março, dedicado às comemorações do dia internacional da mulher, providencialmente organizado pelo Presidente da ABRAT, Roberto Parahyba, e oportunamente intitulado: "FEMINISMO, PLURALISMO E DEMOCRACIA".

Os Usos dos Tempos: A Desigual Vivência Temporal Cotidiana entre Mulheres e Homens

Sarah Hakim[1]
Ana Claudia Moreira Cardoso[2]

"O tempo é relativo e não pode ser medido exatamente do mesmo modo e por toda a parte."

A célebre frase de Albert Einstein nos incita a refletir sobre a valorização do tempo. Em nossa sociedade capitalista, onde o tempo é monetizado e tem inegável importância, é necessário entender em quais aspectos a distinção de gênero se reflete nos usos dos tempos.

Essa reflexão é relevante tanto para a constatação de desigualdades relacionadas à divisão da sobrecarga de atividades entre mulheres e homens, como para entender as ainda incipientes mudanças quanto à garantia da igualdade de gênero nos diversos ambientes: social, profissional, político e econômico.

A luta inesgotável contra o tempo é desigual entre mulheres e homens.

A mulher precisa conciliar a formação acadêmica e/ou profissional aos cuidados com a família, a prole, os mais velhos e as tarefas domésticas. Acumula o trabalho pago com o trabalho desprovido de remuneração e, não raro, vê o trabalho remunerado interrompido ou obstaculizado. O nascimento dos filhos constitui ponto decisivo no qual se definem ou reforçam assimetrias de gênero, uma vez que histórica e socialmente, o trabalho reprodutivo e de cuidados é atribuído à mulher

Não por acaso, o trabalho não pago, constituído do trabalho doméstico e de cuidados, é tradicionalmente conhecido como "trabalho reprodutivo", ao passo que o trabalho remunerado, intitulado de "trabalho produtivo".

A natureza dificulta a maternidade com o passar do tempo, a cada ciclo. Se, de um lado, a mulher jovem é contemplada com maiores chances à maternidade, o mercado de trabalho se mostra implacável em suas exigências, num confronto em que apenas a mulher é atingida. Na busca por uma concorrência menos desigual, mulheres de maior poder aquisitivo têm desafiado a biologia e optado por congelar seus óvulos. A tecnologia que parece ser uma ótima aliada à primeira vista denota a pressão social imposta à mulher, que precisa se sujeitar a procedimentos invasivos, incertos, artificiais e restritos às camadas financeiramente mais favorecidas.

As mulheres sofrem pressões constantes e contrárias, por vezes invisíveis, a demandar reflexão, sensibilidade para a distribuição mais equilibrada do trabalho não pago, bem como, políticas públicas como instrumento para a igualdade de gênero.

A medição e valoração do trabalho não remunerado tem relevo internacional. A Convenção Internacional pela Eliminação da Discriminação contra as Mulheres (Cedaw), aprovada em 1979 pela Assembleia Geral da ONU, é tida como o primeiro grande marco internacional relacionado com a promoção da igualdade de gênero e de direito das mulheres. Muito embora não tenha feito referência específica à medição do uso do tempo, trouxe elementos relacionados à importância de reconhecer o trabalho não remunerado das mulheres.

É em Pequim que se reconhece pela primeira vez, de forma explícita, a necessidade de medir as diferenças entre homens e mulheres em relação ao trabalho não remunerado:

> "Elaborar meios estatísticos adequados para reconhecer e visibilizar em toda sua extensão o trabalho das mulheres e todas as suas contribuições à economia nacional,

---

1. Advogada, Vice-Presidente da Associação dos Advogados Trabalhistas de São Paulo 2016-2018; Vice-Presidente da Comissão de Direito Empresarial do Trabalho da OAB-Secção São Paulo; Membro da Comissão Examinadora do XLI Concurso de Magistratura do Trabalho do TRT 2ª Região; Palestrante da OAB-SP; Palestrante da Associação dos Advogados Trabalhistas de SP; membro da Comissão de Relacionamento com o TRT-2 da OAB-SP; Membro da Comissão de Ética Pública da OAB-SP; Conselheira da Federação Nacional dos Advogados; Secretária-Geral da Comissão de Combate ao *Bullying* da OAB-SP; Membro da Comissão de Direito Material do Trabalho da OAB-SP; Conselheira e Diretora da AAT-SP - Gestão 2015/2016; Membro-efetivo da Comissão da Mulher-advogada da OAB/Secção São Paulo; Membro-efetivo da Comissão de Prerrogativas da OAB-SP; Presidente da AAT-Social 2015/2016; Assessora do Tribunal de Ética e Disciplina da 04a. Câmara da OAB/SP em 2015; sócia-titular do escritório de advocacia Oscar Azevedo & Hakim Advogados Associados; Graduada pela Pontifícia Universidade Católica de São Paulo - PUC-SP e Universidade Paulista -Unip; Membro da AASP - Associação dos Advogados de São Paulo.
2. Doutora em Sociologia pela Universidade de São Paulo e pela Universidade Paris 8. Pós doutora pelo Centre de Recherche Sociologiques e Politiques de Paris (2013) e pela Universidade de Brasília. Trabalhou no Departamento Intersindical de Estatísticas e Estudos Socioeconômico (DIEESE) desde 1990, e foi professora na Escola DIEESE de Ciências do Trabalho. Atualmente é pesquisadora convidada no European Trade Union Institute - Bruxelas.

incluindo no setor não remunerado e ambiente doméstico. Examinar a relação entre trabalho não remunerado das mulheres e a incidência da pobreza e vulnerabilidade das mulheres" (ONU, 2017:05)

A Plataforma de Ação de Pequim é adotada em 1995 como documento resultante da IV Conferência Mundial sobre as Mulheres. Despontam ainda como marcos globais para o reconhecimento do uso do tempo a Conferência Internacional sobre Medição e Valoração do Trabalho não remunerado (CANADÁ, 1994), Conferência Mundial sobre Desenvolvimento Social (COPENHAGUE, 1995) e 18ª e 19ª Conferências Internacionais de Estatísticas de Trabalho da OIT (GENEBRA, 2008 e 2013).

A desproporção das horas de trabalho não pago entre homens e mulheres, não obstante inquestionável, por flagrante do ponto de vista social, tem sido objeto de estudos criteriosos em diversos países, inclusive no Brasil.

Por exemplo, os dados sobre "usos do tempo" da PNAD Contínua de 2009, no Brasil, mostram que as mulheres dedicavam, em média e por dia, 3h 35min no trabalho doméstico e 2h 45min no trabalho remunerado. Os homens, por sua vez, dedicavam 1h 14min e 5h 12min, respectivamente (IBGE, 2012). Na Bélgica, em 2012, dentre as mulheres inseridas no mercado de trabalho, 11% das que não tinham filhos trabalhavam a tempo parcial, sendo que esse percentual aumentava para em torno de 15% quando tinham uma criança entre 0 e 2 anos e para até 27% no caso de criança entre 3 e 5 anos. Por sua vez, dentre os homens empregados, 5% dos que não tinham filhos trabalhavam a tempo parcial e esse percentual chegava a cair para 3,6% no caso dos que tinham criança entre 0 e 2 anos (Theunynck e Neels, 2012).

Esses dados nos levam a indagar sobre os motivos de mulheres e homens utilizarem seus tempos sociais – pensados como os tempos de trabalho, de lazer, de estudo, de trabalho no domicílio, de participação política, entre outros – de maneira tão desigual.

Mais do que isso, nos levam a questionar sobre o que estas desiguais e diferentes vivências temporais nos dizem sobre a sociedade. Na realidade, a desigualdade nos usos dos tempos sociais é apenas um aspecto de um contexto, daquilo que se pode ver e medir, sendo que seus determinantes são mais profundos e se referem aos valores presentes em cada sociedade e em cada momento histórico.

Reflete o que uma sociedade valoriza ou desvaloriza, o que considera justo ou injusto, normal ou anormal, aceitável ou inaceitável, igual ou desigual. Valores que são apreendidos nos processos de socialização desde muito cedo, seja na família, na escola, no trabalho, no convívio social e mesmo a partir da mídia. Valores que constroem uma determinada cultura temporal e que irão repercutir nos hábitos, costumes, regras, normas ou leis que, por sua vez, poderão contribuir para a reprodução ou transformação desses valores (GROSSIN, 1974).

A própria noção de tempo constitui-se "de acordo com a consciência histórica dos atores sociais em um dado período. Apresentando-se como uma trama na aparência objetiva que organiza os fatos sociais, o tempo com isso nos revela a natureza construída de um sistema de valores que ele exprime" (Sue: 1994:85). Assim, compreendemos o tempo e seus usos como uma construção social que "possui a marca da sociedade que lhe dá vida e que lhe sustenta, estabelecendo hierarquias de valores" Tabboni (2006:29).

Por isso Grossin (1974), ao pensar as situações temporais vivenciadas cotidianamente como desagradáveis e mesmo insuportáveis, se surpreende com a tolerância dos seres humanos. Os motivos para essa complacência, segundo o autor, é que as atitudes em relação às questões temporais partem de ideias correntes, aceitas, interiorizadas e legisladas. E pelo fato de não serem discutidas amplamente, acabam sendo entendidas como o destino normal e não como uma construção social passível de mudança.

Nesta senda, a proposta de realizarmos essa discussão sobre as desiguais vivências temporais cotidianas entre mulheres e homens, contribuindo para que a discussão sobre um tema tão relevante.

Para tal, algumas indagações orientam a presente análise: como mulheres e homens vivenciam os tempos de trabalho e de não trabalho? Os diferentes sexos dedicam o mesmo tempo ao trabalho? Estão distribuídos da mesma maneira entre o trabalho a tempo parcial e a tempo pleno? Os tempos de trabalho são vivenciados de forma ininterrupta ou descontínua? Se interrompidos, os fatores determinantes são os mesmos para mulheres e homens? Como se configuram os tempos com a chegada de uma criança? Como os usos dos tempos impactam na saúde? E no salário? E na aposentadoria?

Dado o pressuposto de que os usos dos tempos são construções sociais e historicamente determinadas, é necessário explicitar que a presente análise tem como foco a sociedade capitalista. Uma sociedade onde a equação "tempo igual a dinheiro" é o símbolo mais forte de um tempo transformado em mercadoria. E que, como consequência, desvaloriza os tempos em sentido contrário: tempos das experiências, das interações afetivas e pessoais e das relações familiares.

A revolução industrial impôs uma progressiva e agressiva separação entre o tempo/espaço de trabalho e tempo/espaço de "não trabalho", isto é, entre produção e reprodução (HOBSBAWM, 2000). Nesse processo de separação, apenas o trabalho contido no espaço da produção passou a ser remunerado e valorizado pelos capitalistas. Essa limitação do trabalho às instituições produtoras e quase exclusivamente ao universo masculino, impediu a compreensão da atividade doméstica como trabalho (HIRATA, 1996). Deixando de ser valorizado, o espaço doméstico encontrou dificuldade para ser alçado à condição de objeto de análise científica.

São os pensadores que analisam temas como o lazer e o trabalho da mulher que rompem com essa identificação do trabalho apenas aos tempos contratados e remunerados, ressaltando que nem todo tempo liberado da jornada de trabalho pode ser considerado um tempo livre ou de lazer, dado que ele ainda contém obrigações profissionais, familiares ou sociais.

Para Hirata e Kergoat (2003), no caso das mulheres, nunca se constituiu uma clara separação entre tempo e espaço de trabalho e de "não trabalho", dado que, mesmo nos momentos em que elas se inserem no mercado de trabalho, continuam a cumprir o papel que socialmente lhes foi definido no espaço da casa.

Finalmente, nos últimos 40 anos, o capital realiza um movimento contrário, forçando a reaproximação entre os tempos e espaços de trabalho e de "não trabalho", de forma que a limitação entre onde cada um começa e termina está cada vez mais fluída. E ainda é possível observar que o tempo de trabalho remunerado passa a ser organizado tendo como modelo o tempo de trabalho doméstico, caracterizado pela ausência de limites e contabilidades e marcado por um controle muito mais interiorizado, indireto e impessoal (ZARIFIAN, 2001). Movimentos definidos pelo capital que buscam driblar as limitações legais da jornada de trabalho fazendo com que o tempo de trabalho invada, cada vez mais, o tempo livre conquistado.

Para responder às questões anteriormente levantadas recorremos a algumas pesquisas nacionais e internacionais, possibilitando uma análise mais aprofundada sobre os desiguais usos dos tempos entre mulheres e homens, em diálogo com as consequências advindas dessas vivências.

A "*European Working Conditions Survey – EWCS*", de 2010, que aporta informações para a idade de 30 anos ou mais na União Europeia, revela a desigualdade no que se refere aos tempos que mulheres e homens dedicam ao trabalho doméstico, ao cuidado com os filhos e com idosos. Enquanto 56% das mulheres entrevistadas dedicavam ao menos uma hora por dia aos afazeres domésticos e 27% aos filhos, para os homens, temos 22% e 13%, respectivamente.

Entre 31 e 49 anos a desigualdade é ainda mais importante: 83% no caso do tempo dedicado ao trabalho doméstico e 61% ao cuidado com os filhos. Para os homens há um pequeno aumento para 28% (trabalho doméstico) e para 40% (cuidado com filhos). No que se refere ao cuidado de pessoas mais velhas, 7% das mulheres entre 31 e 49 anos dedicam ao menos uma hora por dia para essa atividade, e os homens, 2% (EWCS 2010, in VENDRAMIN e VALENDUC, 2014).

Por sua vez, a pesquisa "*European Quality of Life Surveys – EQLS*", de 2011, traz os dados sobre o número de horas por semana consagrado ao trabalho não remunerado (cuidado de netos e trabalho doméstico) para as pessoas com mais de 50 anos. Neste caso, 70% dos homens usavam menos do que 10 por semana com o trabalho doméstico, contra 46% das mulheres; 2% dos homens usavam entre 21 e 30 horas, contra 10% das mulheres.

No cuidado com os netos, há uma diferença muito menor, sendo que 20% dos homens consagravam entre 11 e 20 horas, contra 23% das mulheres (EQLS 2011, in Vendramin e Valenduc, 2014). Resta saber a natureza das atividades realizadas com os netos, pois, de acordo com pesquisa realizada por Cardoso (2009), o trabalho doméstico realizado pelos homens é muito seletivo e pontual. Em sua pesquisa, enquanto as mulheres cuidavam da comida, da casa e dos filhos, os homens realizavam tarefas pontuais como colocar o lixo na rua, lavar o quintal, cuidar de animais e levar as crianças na escola.

No que se refere ao tempo dedicado ao trabalho principal, de acordo com os dados do IBGE para o Brasil, em 2012, as mulheres dedicavam em torno de 35 horas ao trabalho principal, e os homens, 42,4 horas (ANDRADE, 2016). A realização de menos horas no trabalho principal por parte das mulheres permite "conciliarem a participação no mercado de trabalho e as responsabilidades familiares. Entretanto, trabalhar jornadas parciais implica em menores rendimentos" (DIEESE, 2017b: 07).

Desta forma, ainda que tenham ocorrido constantes ganhos de rendimentos para as mulheres em anos anteriores a 2016, estas "seguem recebendo uma remuneração menor em todas as posições ocupacionais, e tanto no emprego formal como no trabalho autônomo" (DIEESE, 2017b:07).

Mesmo quando analisamos o rendimento médio real por hora trabalhada, eliminando assim as distorções ocasionadas pelas diferentes jornadas de trabalho entre os sexos, o rendimento médio real por hora feminino ainda é menor, sendo registrada "a maior diferença no Distrito Federal, onde o valor médio recebido pelas mulheres alcançou somente 79,6% do rendimento masculino" (DIEESE, 2017b:08).

Ainda no que diz respeito à sociedade brasileira, a soma de horas dedicadas ao trabalho principal e ao trabalho doméstico, por posição na ocupação, em quase todas as ocupações é maior para as mulheres. O mesmo pode ser visto quando o recorte é por setor de atividade, sendo que "tanto as mulheres rurais quanto as urbanas apresentam, na média, jornadas semanais totais mais longas que as dos homens, atingindo 55,9 horas semanais, contra 51,8 horas dos homens em média" (ANDRADE, 2016:27).

Andrade (2016) salienta ainda, a partir de dados da OIT, que também nos países "desenvolvidos", apesar de uma diferença menor entre homens e mulheres, estas seguem ocupando mais horas na soma do trabalho principal e doméstico.

Esses dados possibilitam uma melhor compreensão de que a divisão do trabalho doméstico não está tão relacionada a questões mais objetivas, como o fato de ambos trabalharem fora ou terem filhos, mas muito mais ao papel construído socialmente para homens e mulheres.

Um claro exemplo é apresentado por Cardoso (2009). Um dos entrevistados relata que a esposa trabalha e faz faculdade, e que volta para casa às 23h e ele, às 18h. No sábado, ele vai ao curso de inglês e assiste TV, enquanto ela realiza o trabalho doméstico. Ao ser perguntado por que apenas ela cuida da casa, ele responde que não tem tempo e, questionado se não é ele que tem mais tempo livre, ele responde:

> "Não é meu hábito também estar ajudando. Eu ajudo em coisas bem supérfluas mesmo, jogar uma água na calçada, na escada, pegar o lixo da casa. (...)Agora, além disso, só se for, se eu estiver com muita disposição para mim estar varrendo uma sacada ou coisa parecida, mas nada além do que isso" (CARDOSO, 2009: 264).

Menos horas livres para as mulheres significa, dentre outras restrições, maior dificuldade para dedicar tempo aos estudos. E mesmo quando da conquista de um diploma, estas enfrentam um segundo desafio que é provar que o título e os anos de estudo têm o mesmo valor técnico e social que o dos homens. Como salientam Hirata e Kergoat (2003: 23), "o valor distingue o trabalho masculino do trabalho feminino: produção vale mais que reprodução, produção masculina vale mais que produção feminina (mesmo quando idênticas)".

Assim, mesmo no caso das mulheres que têm um diploma, na maior parte das vezes o que é ressaltado como qualidades no trabalho é a delicadeza, a destreza, o cuidado, a atenção e o capricho. Características vistas como naturais e inatas e que, por isso mesmo, não têm o mesmo valor social que o conhecimento científico, adquirido na escola e entendido como o resultado do investimento e do esforço.

No que diz respeito ao percurso profissional, de acordo com Storms (1995 in Theunynck e Neels, 2012), as mulheres entre 18 a 49 anos passam por frequentes transições entre tempo de trabalho integral e parcial, além de licenças e tempos de inatividade e desemprego. A fala de um entrevistado por Cardoso (2009) nos mostra esse itinerário cheio de interrupções: "...daí minha mulher parou de trabalhar para poder ficar com o pai que estava doente, só que pouco tempo depois ele faleceu e daí ela decidiu voltar a trabalhar. Mas engravidou e então decidiu esperar a filha nascer e crescer para retornar" (CARDOSO, 2009:252).

O *"Generations & Gender Survey"* realizado na Bélgica, entre 2008 e 2011, revela que a chegada de uma criança para o caso dos homens não altera em nada seus tempos de trabalho sendo que, no caso das mulheres, significa a saída do mercado de trabalho por um tempo ou definitivamente.

Mas há diferenças entre aquelas inseridas em trabalhos com maior ou menor qualificação. Neste caso, a chegada de uma criança significará um tempo de inatividade ou desemprego. Para as que estão inseridas num trabalho de média qualificação, será um tempo de licença e volta ao trabalho a tempo parcial. Dentre as inseridas em profissões com maior qualificação significará uma licença e a volta ao mesmo trabalho, sendo que 45% retorna ao tempo pleno (esse percentual cai para 26% para as mulheres inseridas em profissões de média qualificação e apenas 19% no caso de baixa qualificação) (THEUNYNCK e NEELS, 2012).

As interrupções na carreira profissional, bem como uma carreira mais curta se reflete, ainda, nos tempos da aposentadoria das mulheres. No Brasil, assim como para o caso da Europa, dado o alto percentual das que saem do trabalho com a chegada de uma criança e que muitas não voltam mais e permanecem como inativas ou que permanecem muito tempo desempregadas, não é difícil compreendermos porque a modalidade de aposentadoria mais comum é por idade dada a maior "dificuldade que a maioria delas tem para alcançar o tempo mínimo exigido pela lei para se aposentar por tempo de contribuição" (DIEESE, 2017a: 03).

De acordo com as informações do Anuário Estatístico da Previdência Social, em 2015 as mulheres corresponderam a 62,6% do total de aposentadorias por idade e os homens 37,4% de homens e na aposentadoria por invalidez, eles representavam 57,7% e elas, 42,3% (DIEESE, 2017a).

No que se refere aos valores recebidos, mantêm-se a desigualdade de rendimento vindos do trabalho remunerado, "os valores dos benefícios pagos às mulheres são, em média, inferiores aos valores daqueles pagos aos homens. Em dezembro de 2015, o valor médio pago aos homens foi de R$ 1.260,41 e às mulheres, de apenas R$ 954,78" (DIEESE, 2017a:04).

As vivências desiguais dos tempos no trabalho principal e doméstico impactam diferentemente a saúde de trabalhadoras e trabalhadores. Artazcoz *et al* (2001) ressaltam que o tempo dedicado ao trabalho doméstico (assim como a sua natureza), bem como aos filhos e as pessoas mais velhas ou doentes influenciam negativamente o estado de saúde das mulheres, mas não a dos homens.

Essas vivências resultam também em diferentes problemas de saúde. Conforme dados do *"European Statistics on Accidents at Work – ESAW"*, de 2014, os homens apresentam um maior percentual de acidentes de trabalho. Já no que se refere ao adoecimento no trabalho Dupré (2002), mostra que no caso das mulheres, a LER/DORT abrange 54,4% e o stress, depressão e ansiedade, 20,2%. Para os homens os percentuais são de 51,4% e 16,5% respectivamente. No caso de problemas respiratórios e pulmonares e doenças cardíacas/cardiovasculares, há uma prevalência mais elevada no caso dos homens.

Uma situação parecida é identificada no Brasil onde, de acordo com o Ministério da Previdência, há uma "diferença de gênero entre a prevalência das causas ligadas a acidentes e doenças do trabalho: os homens apresentam maior vulnerabilidade para causas traumáticas, devido a acidentes, e as mulheres para doenças relacionadas às condições ergonômicas no trabalho" (Andrade, 2016).

Uma série de hipóteses são apresentadas no estudo realizado pelo *Bureau Technique Syndical Européen pour la Santé et la Sécurité* em relação não apenas a homens e mulheres apresentarem doenças diferentes, mas, sobretudo, à questão de estas terem uma maior dificuldade para terem o seu adoecimento reconhecido como relacionado ao trabalho.

Umas das explicações diz respeito ao fato de que a segregação sexual concentrou os homens em áreas onde as doenças do trabalho foram observadas por mais tempo, tendo mais estudos, maior atenção sindical e maior legislação e, consequentemente, por essas doenças já fazerem parte da lista de doenças reconhecidas como relacionadas ao trabalho. Doenças que, por sua vez, "se relacionam mais frequentemente com setores com forte presença masculina (por exemplo, a dor lombar pode ser reconhecida para os trabalhadores da construção civil e não para as enfermeiras infantis) (VOGUEL, 2003:158).

Além disso, as constantes interrupções de carreira, no caso das mulheres, é outro forte obstáculo ao reconhecimento de uma doença profissional. Finalmente,

> "A precariedade do emprego desempenha um papel comparável à descontinuidade das carreiras. Muitas vítimas não relatam uma doença profissional para evitar perder o emprego. É possível que esse fenômeno afete mais as mulheres do que os homens; Em geral, doenças relacionadas à organização do trabalho (intensidade, falta de independência, etc.) são consideradas como doenças menos específicas do que as causadas por agentes materiais físicos ou químicos" (Voguel, 2003: 158).

A equação é complexa. Além disso, a própria violência doméstica atua como molestadora do tempo e da qualidade de vida da mulher. Neste sentido, não podemos deixar de fazer menção à Lei n. 11.340/2006, melhor conhecida como Lei Maria da Penha, que propiciou importante avanço para a mulher e a trabalhadora ao estabelecer em seu art. 9º, § 2º, II que a mulher vítima de violência doméstica e familiar possui o direito à manutenção do vínculo empregatício por até seis meses, em caso de necessidade de afastamento. Trata-se de direito relevante para preservar a integridade física e psicológica da vítima.

Esta suspensão do contrato de trabalho facultada pelo dispositivo legal em comento figura como uma espécie de estabilidade provisória no emprego e não obstante não envolva percepção de salários ou depósitos fundiários, uma vez que não tem na relação de emprego sua causa, é uma importante garantia para a trabalhadora que, não fosse esta hipótese, certamente teria o vínculo de emprego dissolvido, dada a impossibilidade de labor. Não se pode deixar de considerar, de qualquer forma, que seria um avanço ainda maior houvesse o cômputo deste lapso de tempo para fins de aposentadoria, o que nos leva às considerações sobre tempos de inatividade e ao estudo da desigualdade de interrupções de carreiras e seus determinantes.

Assim, vimos que as vivências dos tempos sociais têm na experiência da condição de sexo e das relações de gênero um demarcador marcante, mesmo que elas não possam ser consideradas de maneira isolada, mas, sim num contexto de imbricação de múltiplas relações sociais, como as de raça, geração e de exploração (KERGOAT, 1986).

Ficou explícito que apesar das transformações, ainda estamos, predominantemente, diante de relações de gênero desiguais, hierárquicas, assimétricas, antagônicas e discriminatórias. Em que pese o aumento contínuo do tempo dedicado pelos homens ao trabalho doméstico, inclusive dado o crescimento da participação feminina no mercado de trabalho, a desproporção ainda resiste e exige uma distribuição mais equilibrada do trabalho não pago.

De se registrar que o aumento da taxa de atividade profissional para as mulheres não pode mascarar a persistência da extrema desigualdade, vez que estas não passaram a dedicar mais tempo ao trabalho remunerado por terem antes se liberado do tempo utilizado com o trabalho doméstico. E, como o dia continua a ter as mesmas 24 horas, uma vez expresso o conflito entre esses dois tempos é forçoso solvê-lo pela hierarquização estabelecida entre eles; como resultado, as mulheres têm menos tempo ao lazer, descanso, ao estudo ou à participação política.

Tal realidade explicita o importante papel das legislações, das negociações coletivas e das políticas públicas no sentido de transformá-la. Políticas que transfiram parte da responsabilidade pelas atividades de cuidado e do trabalho reprodutivo a uma oferta maior de creches e de estabelecimentos para idosos e doentes. E que a transfiram também aos homens, com o aumento da licença paternidade, por exemplo.

Vimos ainda que, mesmo quando os homens têm mais tempo livre, esta condição não é suficiente para alterar os desiguais usos dos tempos. Um exemplo foi o ocorrido após a redução da jornada de trabalho na França, em 2000. Um dos argumentos favoráveis à redução da jornada de trabalho, de 39 para 35 horas, era que a queda drástica no tempo de trabalho levaria a uma divisão menos desigual entre os sexos no que se refere ao trabalho doméstico e cuidado com os filhos. Porém, o resultado não foi esse, e as horas livres ganhas foram utilizadas por ambos os sexos para se fazer mais do que já era feito. Assim, enquanto os homens passaram a dedicar mais tempo à bricolagem, ao lazer e ao esporte, as mulheres usaram esse tempo para o cuidado da casa e dos filhos (CARDOSO, 2009).

A redução da jornada de trabalho sem redução de salário é premente, tanto pela capacidade de gerar empregos, como por oportunizar maior dedicação de tempo a outras atividades, mas ela não pode vir sozinha pois é necessário a transformação dos valores da sociedade.

De todo necessária a construção de políticas públicas de educação que orientem as escolas a criarem espaços de reflexão e crítica sobre os papeis exercidos por cada sexo, suas desigualdades e possibilidades de mudança. Afinal, como bem salientou Grossin (1974), o fato dos valores não serem discutidos amplamente contribui para a ideia de normalidade e naturalidade quando, de fato, são construções sociais e, portanto, passíveis de mudança. Por isso mesmo, as políticas públicas de educação são a base capaz de influenciar qualquer projeto de mudança, independente do espaço onde ele seja pensado.

Ainda no que se refere às políticas públicas, em função do percurso profissional descontínuo das mulheres, se faria necessário que, de alguma forma, o tempo que elas saem do mercado de trabalho para cuidar dos filhos restasse considerado para fins de aposentadoria. E, evidentemente, a regra seria a mesma para os homens, incentivando assim uma divisão menos desigual desse tempo.

Já no que se refere à dificuldade para as mulheres comprovarem a relação entre o adoecimento e o trabalho, esse é mais um fator para a ampliação da discussão sobre as "novas" formas de adoecimento no setor de serviço e comércio (onde há uma predominância de mulheres), assim como sobre os Riscos Psicossociais no Trabalho, RPS.

Essa já é uma realidade na Europa onde diversas pesquisas sobre RPS são realizadas com o objetivo de melhor compreender os chamados "riscos emergentes" e assim elaborar leis para combatê-los, bem como inserir na lista de adoecimento do trabalho as doenças a eles relacionados. No Brasil, infelizmente, essa discussão ainda não conseguiu ganhar o espaço merecido apenas dos avanços já obtidos (CARDOSO, 2015). A legislação para combater a desigualdade, facilitando a vida das mulheres trabalhadoras para que não tenham que abandonar o trabalho, há que considerar questões relacionadas à gestação, à definição de local, função e horário de trabalho compatíveis com a mulher gestante e lactante. São questões a merecerem abordagem muito diferente da conferida pela Lei n. 13.467/2017, que traz intrínseca um retrocesso social sem precedentes.

Licenças para homens e mulheres acompanharem seus filhos ao médico também têm um papel importante, auxiliando a conciliação dos diferentes tempos sociais. Questões que devem ser objeto de legislação e, também, de negociação coletiva. Além, é claro, de legislações específicas contra o assédio sexual e organizacional/moral.

Há ainda leis de combate à discriminação salarial, como a que passou a valer desde o início de 2018 na Islândia, onde as empresas devem comprovar que mulheres e homens exercendo a mesma função recebem o mesmo salário e a mesma formação.

Lei de cotas para a representação política também deve ser relacionada, vez que em todas as regiões do mundo as mulheres estão menos presentes neste espaço. Nos países da Europa e da África que adotaram a política de cotas, seja a partir do governo ou por iniciativa dos partidos políticos, a situação já foi alterada (DAHLERUP, 2012).

Sem dúvida as entidades sindicais e de representação profissional também têm um papel fundamental, não apenas criando condições para a participação das mulheres, como estabelecendo cotas para os cargos de direção. O mesmo vale para as empresas públicas.

No Brasil há, ainda, um longo caminho a ser percorrido, mas ações importantes já foram realizadas, dentre as quais a criação da Secretaria de Políticas para as Mulheres da Presidência da República, em 2003, os Planos Nacionais de Políticas para as Mulheres, bem como as Conferências Nacionais de Políticas para as Mulheres. Ou ainda, as regras de propriedade do Programa Minha Casa, Minha Vida, no sentido de garantir que as mulheres fiquem com os imóveis em caso de separação.

Sarah Hakim, Advogada, Vice-Presidente da Associação dos Advogados Trabalhistas de São Paulo, Vice-Presidente da Comissão de Direito Empresarial da OAB-SP, Conselheira da Federação Nacional dos Advogados e Secretária Geral da Comissão de Combate ao Bullying da OAB-SP.

Ana Claudia Moreira Cardoso, Socióloga. Pesquisadora convidada no European Trade Union Institute (ETUI), Bélgica. Doutora em Sociologia pela Universidade de São Paulo e Paris VIII e Pós doutora pela Universidade de Brasília e pelo Centre de Recherches Sociologiques et Politiques de Paris.

1. REFERÊNCIAS BIBLIOGRÁFICAS

ANDRADE, T. Mulheres no mercado de trabalho: onde nasce a desigualdade? In: *Estudo Técnico Consultoria Lagislativa* (*on line*), jul. 2016. 72 p.

ARTAZCOZ L. L. et al. Trabajo doméstico, género y salud en población ocupada, Gaceta Sanitaria, 2001. v. 13, p. 150-153.

BANDEIRA, L. *Importância e motivações do Estado Brasileiro para pesquisas de uso do tempo no campo de gênero*. Rio de Janeiro: Revista Econômica, v. 12, n. 1, p. 47-63, jun. 2010.

CARDOSO, A. C. M. *Tempos de trabalho, tempos de não trabalho*: disputas em torno da jornada do trabalhador. São Paulo: Annablume, 2009.

_____. O trabalho como determinante do processo saúde-doença. *Tempo Social*, v. 27, n. 1, p.73-93, jun. 2015.

Departamento Intersindical de Estatística e de Estudos Socioeconômicos – DIEESE. As mulheres na mira da reforma da Previdência. Nota Técnica (on line), n. 171 março 2017a. 17 p. Disponível em: <https://www.dieese.org.br/notatecnica/2017/notaTec171MulherPrevidencia.pdf>.

_____. *As Mulheres nos Mercados de Trabalho Metropolitanos*. Boletim Sistema Pesquisa Emprego e Desemprego – PED. (*on line*), Novembro 2017b. 10 p. Disponível em: <https://www.dieese.org.br/analiseped/2016/2016pedmulhersintmet.pdf>.

DUPRÉ, D. *La santé et la sécurité des hommes et des femmes au travail*, Statistiques em Bref (on line), Thème 3 n. 4, 2002, 8 p. Disponível em: <http://ec.europa.eu/eurostat/documents/3433488/5458598/KS-NK-02-004-   FR.PDF/1ff860f1-2ef9-48a2-a312-653339e-d27f7>.

European Statistics – Eurostat. Accidents at work statistics, in Statistics Explained. Eurostat (*on line*), 2018, 11 p.. Disponível em: <http://ec.europa.eu/eurostat/statistics- explained/pdfscache/11539.pdf>.

ELIAS, N. *Sobre o tempo*. Rio de Janeiro: Jorge Zahar, 1998.

GROSSIN, W. *Les temps de la vie quotidienne*. Paris: Mouton & Co, 1974.

HIRATA, H. Introduction: lê travail dês femmes: nouveaux partages, nouvelles divisions. In: HIRATA, H.; SENOTIER D. *Femmes et partage du travail*. Paris: Syros, 1996. p. 7-20.

HIRATA, H.; KERGOAT, D. A divisão sexual do trabalho revisitada. In: MARUANI, M.; HIRATA, H. *As novas fronteiras da desigualdade*: homens e mulheres no mercado de trabalho. São Paulo: SENAC, 2003. p. 111-123.

HOBSBAWM, E. J. *Da Revolução Industrial inglesa ao imperialismo*. Rio de Janeiro: Forense Universitária, 2000.

Instituto Brasileiro de Geografia e Estatística – IBGE. Pesquisa Piloto de Uso do Tempo 2009 Primeiros Resultados. In: *12º Fórum do Sistema Integrado de Pesquisas Domiciliares* – Rio de Janeiro, (on line) 2012. 60 p. Disponível em: <https://ww2.ibge.gov.br/home/estatistica/indicadores/sipd/decimo_segundo_forum/uso_tempo_2009.pdf>.

KERGOAT, D. Em defesa de uma sociologia das relações sociais: da análise crítica das categorias dominantes à elaboração de uma nova conceituação. In: KARTCHEVSKY-BULPORT. A. et al. *O sexo do trabalho*. Rio de Janeiro: Paz e Terra, 1986. p. 79-93.

Organização das Nações Unidas – ONU. *Mulheres, Medição e Reconhecimento do valor do trabalho doméstico não remunerado*: avanços normativos. 2017, 25 p. Disponível em: <http://ipea.gov.br/agencia/images/apresentacoes/mesa_1_apresentacao_1_ana_querino.p df>.

PEIXOTO RAMOS, D. Pesquisas de usos do tempo: um instrumento para aferir as desigualdades de gênero. *Revista Estudos Feministas* (on line) 2009, n. 17, set.-nov. Disponível em: <http://artificialwww.redalyc.org/articulo.oa?id=38114364014%3E>.

TABBONI, S. *Les temps sociaux*. Paris: Armand Colin, 2006.

THEUNYNCK, Z; NEELS, K. *La participation des femmes et des hommes au marche du travail*: l'ecart se creuse nettement apres la naissance d'un enfant, in Generations and Gender Programme Belgium, out. 2012. 3 p.

VENDRAMIN, P; VALENDUC, G. Perspective de genre sur l'emploi et les conditions de travail des seniors. In: *ETUI Working Paper*, 2014. 03, 73 p.

VOGEL, L. La santé des femmes au travail en Europe des inégalités non reconnues. In: *Bureau technique syndical européen pour la santé et la sécurité*. 388 p.

ZARIFIAN, P. *Temps et modernité*: le temps comme enjeu du monde moderne. Paris: L'Harmattan, 2001.

A Mulher Migrante nas Oficinas de Costura em São Paulo

Silvana Abramo Margherito Ariano[1]

1. PANORAMA DA POBREZA NA AMÉRICA LATINA E CARIBE

O recém-publicado Panorama Social da América Latina de 2017, relatório anual da COMISSÃO ECONÔMICA DA AMÉRICA LATINA Y EL CARIBE – CEPAL, órgão da Organização das Nações Unidas – ONU, apresenta a evolução dos índices de pobreza e pobreza extrema desde 2002. Este ano, utilizado como marco para a análise, apresentou, de acordo com evolução histórica dos dados da Comissão, o maior número de pessoas em situação de pobreza e de pobreza extrema na região desde a década de 1990. A partir de então os dados demonstram que entre 2002 e 2014 houve uma redução significativa da pobreza e pobreza extrema, para, a partir de então haver um incremento desses indicadores (CEPAL, 2017, p. 87/115).

Após o período de 2002-2014, no qual foram significativos os avanços sociais, tanto em termos de evolução econômica quanto inclusão e assistência do Estado às populações vulneráveis, com redução tanto dos **níveis** de pobreza como de pobreza extrema, verificou-se inequívoco retrocesso em ambas as situações, chegando em 2016 a 186 milhões de pessoas nestas situações. O aumento da pobreza extrema, que em 2014 atingiu 8,2 por cento da população elevou-se, com projeção para 2017, para 10,2 por cento, o que equivale ao ingresso de 14 milhões de pessoas em patamar abaixo da linha da pobreza, alterando a situação de 48 milhões em 2014 para 62 milhões em 2017.

Houve um aumento de mulheres, neste período, tanto em situação de pobreza quanto de pobreza extrema. Segundo a análise do *Panorama* (CEPAL,2017, pg.89) o aumento regional da pobreza extrema foi fortemente influenciado pela crise econômica no Brasil e na Venezuela, que apresentaram quantitativos superiores à média dos demais países.

Este sumário recorte de dados relacionados à pobreza na América Latina e Caribe não pode ser compreendido, para as finalidades do tema em análise, sem o exame dos eixos estruturantes da desigualdade na distribuição da riqueza.

A pobreza tem idade, cor, sexo e local de origem e não afeta igualmente a todas as pessoas. Os dados coligidos no documento citado demonstram que a proporção de jovens com até 15 anos de idade é maior na faixa da extrema pobreza do que na população em geral, assim como o são as pessoas que vivem no meio rural.

Destaca-se a situação das mulheres. Ainda considerada a faixa de pobreza extrema, em termos percentuais, no período de 2002 a 2016, as maiores diferenças entre a presença de homens e mulheres abaixo da linha da pobreza ocorrem quando estas se encontram no período produtivo de suas vidas, entre 15 e 59 anos. Interessante notar que durante a infância e início da juventude, de 0 a 14 anos, a diferença entre os sexos foi de 0,2 pontos percentuais enquanto que após os 60 anos os homens superam as mulheres em 0,7 percentuais em pobreza extrema (*Op. cit.*, p. 102).

Estes dados por si só reafirmam a importância central do trabalho e do sistema de seguridade social no bem-estar da população como também demonstram claramente as diferenças que são impostas às mulheres, lançando-as em maior número à pobreza, confirmando **também** que nos últimos três anos houve piora de sua situação.

O Panorama (*Op. cit.*, p. 31) comprova que entre as mulheres da região que exercem trabalho remunerado metade está empregada em setores de baixa produtividade e são afetadas pelos seguintes fatores: (i) discriminação no trabalho, com recebimento de salários inferiores aos dos homens para as mesmas tarefas; (ii) maior presença no trabalho informal; (iii) realização da maior parte do trabalho doméstico e de cuidados não remunerados; (iv) maiores períodos de afastamento laboral e ausência de contribuição previdenciária em razão de maternidade ou de trabalho não remunerado. Como consequência sofrem maior vulnerabilidade por estarem, em maior número, excluídas dos sistemas previdenciários contributivos ou por receberem benefícios previdenciários em valores inferiores aos dos homens e por dependerem em maior número de benefícios previdenciários e assistenciais não contributivos.

Estes dados demonstram ainda, sem qualquer margem de dúvidas, que é possível a realização de ações efetivas, econômicas e sociais, por parte do Estado que alterem para melhor as condições de vida e trabalho, em especial das mulheres. Com relação a estas não são poucos os estudos que demonstram como a elevação do padrão de vida de uma mulher tem reflexo imediato na melhoria das condições das crianças, idosos e adultos homens, aumentando a circulação de riquezas e estendendo seus efeitos benéficos para toda a sociedade.

Demonstram ainda como a crise econômica e a interrupção ou redução de políticas públicas inclusivas tem efeito deletério imediato, em sentido contrário, contribuindo para o retorno de milhões de pessoas à situação de pobreza e pobreza extrema.

---

1. Desembargadora Federal do Trabalho no TRT2 e secretária-geral da Associação Nacional dos Magistrados da Justiça **do Trabalho** – ANAMATRA, gestão 207/19.

2. A MIGRAÇÃO PARA O TRABALHO

O Panorama (CEPAL, 2017) agora publicado esclarece as imensas necessidades pessoais e familiares que impulsionam trabalhadoras e trabalhadores a sair de suas casas, separar-se de suas famílias, costumes e cultura e lançar-se em busca de melhores condições em outro país. É fato que existem outros motivos além da pobreza que podem mover indivíduos para a migração laboral, mas estes seguramente não tem a mesma expressão social e quantitativa.

Segundo estudo promovido pela OIT Brasil denominado *Inserção Laboral de Migrantes Internacionais: transitando entre a economia formal e informal no Município de São Paulo,* (OIT, 2018), o Brasil, que já recebia grande fluxo migratório latino-americano desde a década de 80 do século XX, voltou a se tornar destino de migração para o trabalho, desde o início do século XXI, sendo que em número de migrantes, em primeiro lugar se encontram pessoas vindas do Haiti e em seguida, da Bolívia (*Op. cit.*, p. 13). Este poder de atração se deu em parte pelo forte desenvolvimento econômico brasileiro na primeira década e meia, com o aumento do salário mínimo e redução do desemprego, além da ampliação da presença de empresas brasileiras em outros países e a redução da pobreza com melhoria das políticas sociais, como demonstrado pelo *Panorama* (CEPAL, 2017). Teve também influência no deslocamento do fluxo migratório **para o Brasil** o aumento da crise econômica européia e as restrições migratórias ocorridas nos EUA e Europa. No caso do Haiti, o terremoto de 2010, a crise política e social e a presença brasileira na liderança da Missão das Nações Unidas para Estabilização, tornaram o país referência de alternativa de trabalho e melhoria de vida.

A cidade de São Paulo e os municípios vizinhos, polo econômico nacional e regional são escolha prioritária para a migração urbana intra e extra-regional, entretanto, o justo anseio de melhoria de vida termina por se afigurar em uma armadilha <u>com a</u> qual é difícil romper. A grande maioria das migrantes e dos migrantes insere-se em atividades laborais informais, em trabalhos não qualificados e mal remunerados. A falta de regularização documental é o motor que mantém esse contingente de trabalhadoras e trabalhadores em situação de extrema vulnerabilidade, impedindo o acesso a empregos formalizados e por consequência fora da possibilidade de contar com o fundo de garantia do tempo de serviço, programas de empregabilidade e qualificação profissional e acesso ao seguro desemprego. Em alguns âmbitos dos serviços oferecidos pelo Estado, como acesso a crédito popular e programas de habitação a dificuldade de acesso também ocorre pela impossibilidade de abertura de contas bancárias, no caso das indocumentadas e dos indocumentados. A falta de contas bancárias, além disso as/os expõe a assaltos e violências e alimenta agências informais de remessa de dinheiro para os familiares que permaneceram no local de origem, mediante cobrança de taxas altas. A pesquisa desenvolvida pela OIT (*Op. cit.*, p. 87) indica que o maior número de migrantes, na amostra estudada é oriundo do Haiti e da Bolívia, e os principais motivos para a migração para a cidade de São Paulo, na ordem decrescente de incidência foi fugir de guerra ou conflitos; trabalho; por convite de recrutador ou parente e para buscar uma vida melhor.

Há ainda as mulheres neste nicho de atividade, que migram em busca de autonomia, para trabalhar, com o objetivo de se estabelecer como pequenas empreendedoras, estudar e muitas vezes considerando o trabalho em oficinas de costura como base inicial para alcançar a profissionalização em outras áreas de atuação.

As diferenças econômicas e sociais entre homens e mulheres delineiam diferenças absolutas entre eles quando se trata da migração laboral urbana de pessoas vindas da América Latina e Caribe para a região metropolitana de São Paulo.

A diferenciação inicia-se pelo ramo de atividade. Enquanto os homens migram para trabalhar na construção civil, em restaurantes e no comércio ambulante, as mulheres migram prioritariamente para trabalhar nas oficinas de costura ou em serviço doméstico.

3. AS OFICINAS DE COSTURA

No ramo da costura a migração tem características fortemente diferenciadas em relação às demais, e se iniciam na própria decisão de migrar, com o oferecimento de empregos nos locais de origem. Trata-se de atividade desenvolvida no que a OIT denomina de nichos étnicos nos quais as relações pessoais de conhecimento e confiança se estabelecem desde os locais de origem, e com base principalmente familiar e de vizinhança. Diferença fundamental e que se constitui em eixo estruturante da migração para trabalho em oficinas de costura, vez que a migração se dá de casa a casa, ou seja, a migrante ou o migrante, acompanhando ou não seu núcleo familiar sai de sua residência e se dirige diretamente para o novo local de trabalho, a oficina de costura, onde irá residir e trabalhar.

Neste processo de mudança não existe a intermediação do Estado. O ingresso no Brasil, no caso de latino americanos, em razão de tratados internacionais, não requer passaporte ou outra documentação especial, e nesta situação os intermediários da contratação informal de trabalho, sejam parentes, amigos e vizinhos sejam traficantes de pessoas profissionalizados, agem livremente. Uma das consequencias deste processo foi a dificuldade inicial e ainda presente em grande medida para o conhecimento aprofundado do fluxo migratório e a construção de políticas públicas voltadas para as pessoas nesta situação.

A trabalhadora e o trabalhador que vem a são Paulo nestas condições, ao chegar à oficina que será seu destino de trabalho e residência já tem dívida consolidada, que a/o obriga e mantém vinculada/o ao patrão: a passagem do transporte internacional, o aluguel e a comida. A maioria das trabalhadoras e dos trabalhadores informais têm seus ganhos mensais divididos em três partes, o aluguel, a comida e o valor líquido. O que recebem, considerado o pagamento normalmente parcelado das dívidas com a viagem, importa no recebimento médio líquido de 20% do valor de sua remuneração (CEPAL, 2017, p. 68).

Situação diversa, mas não menos exploratória de mão de obra ocorre, por exemplo, com os Haitianos, que necessitam de passaporte e buscam, enfrentando muitas vezes filas intermináveis, os escritórios das embaixadas em seu país. Nesta situação são abordados pelos traficantes profissionalizados, que cobram vultosas quantias para fazer a travessia e ingresso ilegais no país, em rota que termina em grande parte na capital do estado do Acre, Boa Vista, onde há ação de acolhimento e auxilio, ainda que insuficiente, e de onde em sua maioria seguem para trabalhar no sul e no sudeste do Brasil.

No Brasil a migrante e o migrante deve requerer o RNE, o Registro Nacional de Estrangeiros para a regularização de sua situação de permanência, documento que é concedido ao estrangeiro admitido na condição de temporário, permanente, asilado ou refugiado, obrigado a se registrar e identificar no Ministério da Justiça, por intermédio da Polícia Federal sendo o valor da taxa a ser recolhida atualmente R$ 204,77. Este valor, que para a maioria dos imigrantes no setor de costuras é extremamente elevado se constitui em um grande obstáculo para a formalização de permanência no país, aliado muitas vezes à retenção de seus documentos pessoais pelo dono da oficina, a falta de disponibilidade de tempo em razão das jornadas excessivas, a dificuldade de comunicação em razão da língua e a dificuldade na obtenção da gratuidade legal para expedição do documento tornam muito difícil a obtenção do RNE, em especial para as mulheres.

Nos anos recentes o esforço conjunto de organizações da sociedade civil e do sistema de justiça junto aos executivos municipal, estadual e federal tem obtido grandes avanços no acolhimento e facilitação de obtenção de documentação para migrantes, mas ainda, especialmente no nicho étnico que se especializou em costura, as dificuldades de formalização persistem.

Historicamente no ramo da confecção de roupas na cidade de São Paulo, concentraram-se muitos migrantes vindos em razão do nazismo e da 2ª Grande Guerra, da Europa central e do leste europeu, dentre eles muitos judeus que se instalaram nos bairros do Pari, Bom Retiro e Brás, bairros em que, antes deles, na migração do final do século XIX, haviam sido ocupados por italianos e espanhóis.

A partir da década de 1960 do século XX, a maioria dos migrantes coreanos instalou-se na cidade, e a partir do trabalho nas oficinas de costura, tornou-se majoritária no ramo de confecções, muitos passando a situação de proprietários, seja na confecção seja no comércio, nestes mesmos bairros, que se tornaram áreas de concentração do comércio de roupas vendidas a preços mais baixos que no comércio em geral e também passaram a fornecer produtos acabados para grandes redes de lojas e marcas de grife, construindo assim as bases da atual cadeia produtiva têxtil, caracterizada pela superexploração de mão de obra.

Foi para trabalhar nas oficinas de costura de proprietários coreanos que a primeira grande migração de bolivianos e peruanos chegou a São Paulo, na década de 1980 do século XX, sendo que parte destes, após vinte ou mais anos de trabalho, passaram à condição de donos de confecções, impulsionando a migração mais recente de compatriotas, acentuadamente, a partir de 2002.

As oficinas de costura normalmente são instaladas em antigos imóveis em locais centrais ou em bairros distantes onde os aluguéis são mais baratos, nas quais passam a residir e trabalhar grupos compostos por uma ou várias famílias e onde são instaladas máquinas de costura. A organização da casa contempla, no caso de sobrados, o trabalho com costura nas pequenas salas de visita e parte da cozinha, sendo o piso superior destinado aos quartos.

A característica do trabalho em domicilio e o pagamento por produção, previstos na legislação trabalhista, sofrem, aqui, profunda inversão, que pode transitar da legalidade para a ilegalidade do trabalho forçado, degradante e escravo. No trabalho doméstico previsto na legislação trabalhista se entende que o local de moradia, individual ou de único núcleo familiar precede a relação de trabalho, já se encontra estruturado quando esta se inicia, e é realizado de ordinário, dentro do ritmo e ocupação do tempo determinado pelas outras atividades domésticas.

No trabalho nas oficinas de costura, ao contrário, o ingresso no local de moradia é definido pelo trabalho, e há dominação clara deste em relação ao espaço e ao tempo. O volume da produção é aumentado pelo fato que não haver gasto de tempo com deslocamentos e com intervalos; o trabalho doméstico é realizado no mesmo local nas franjas do tempo dedicado ao trabalho, e, no local também integram a produção os jovens e em não poucas vezes as crianças. Nestes ambientes, em que vivem maior número de pessoas do que as casas foram planejadas para receber, os ambientes são saturados de tecidos e peças de roupas, máquinas, fiação exposta, iluminação deficiente e mal ventilados, como comprovam inúmeras fiscalizações levadas a efeito por auditores fiscais da Superintendência Regional do Ministério do Trabalho e Emprego.

A clandestinidade destas oficinas e o fato de se constituírem em imóveis antigos levam em muitos casos a serem cobertas as janelas com tecidos escuros, com gambiarras na fiação, sendo não rara a ocorrência de incêndios. Já foram também encontrados portões fechados com correntes, em restrição de liberdade das trabalhadoras e trabalhadores por auditores fiscais.

Da expectativa de trabalho livre, formal e previsto na legislação, a situação do trabalho de grande parte de migrantes, ao contrário, se apresenta com restrição de liberdade física e por dívidas, por retenção de documentos e medo de expatriação, jornadas extenuantes, falta de higiene e de condições salubres e seguras de trabalho, definidas pela legislação como trabalho análogo ao de escravo, com **tipificação** no art. 149 do Código Penal Brasileiro.

Segundo o Observatório do Trabalho Escravo entre 2002 e 2017 foram resgatados do trabalho escravo no Estado de São Paulo 1.544 pessoas, em 97 operações, dentre eles pessoas do nicho étnico latino americano que trabalhavam em confecções de roupas.

Nas oficinas todos trabalham na costura, homens e mulheres. Crianças pequenas por vezes ajudam em pequenos serviços e crianças e jovens em idade escolar trabalham no contra-horário da escola, mas as mulheres, além disso, realizam as tarefas domésticas, fazendo as refeições, cuidando das crianças e lavando roupas. As jornadas são interligadas, impossibilitando intervalos.

O pagamento por tarefa tem sido apontado como sistema de remuneração que leva às jornadas extenuantes e ao esgotamento físico e mental. O impulso pelo pagamento das supostas dívidas e o objetivo de enviar dinheiro para as famílias que ficaram no local de origem substitui o controle pessoal da jornada pelo empregador. As jornadas extensas e extenuantes, de até 15 horas por dia, para os trabalhadores e trabalhadoras informais, a insegurança gerada pela falta de documentação e a dificuldade de comunicação, vez que nas oficinas, neste nicho étnico, de ordinário se utiliza a língua materna, o quéchua e o aimará, mantém especialmente as mulheres em isolamento social.

Para elas, diferentemente dos homens, que tem intervalo semanal da tarde do sábado à noite do domingo, em razão de tarefas com filhos e domésticas, tem intervalo somente nas tardes dos domingos, quando permanecem nas cercanias das oficinas, com relações sociais sempre no interior da comunidade étnica.

Esta definição de existência, ao passo que preserva fortes laços comunitários mantém a divisão hierárquica de riqueza, poder e gênero, e o trabalho domiciliar e feminino se afigura como de caráter estruturante, sem o qual não se tornaria possível a superexploração do trabalho e a obtenção de vultosos lucros por parte dos beneficiários finais do produto, que mantém em atividade toda a cadeia produtiva do ramo têxtil.

Os donos das oficinas são homens, em sua generalidade. São os homens que contratam os trabalhadores e trabalhadoras; que têm autonomia para se afastar da oficina; que realizam as negociações de intermediação na venda da produção; controlam a produção e fazem os pagamentos. As peças a serem costuradas são levadas e retiradas pelo dono da oficina, assim como fornecidos os insumos necessários para a realização dos serviços. O trabalho é pago por peça costurada, e o preço varia de acordo com o tamanho e complexidade, em valores que podem variar, no caso das trabalhadoras e trabalhadores informais, de R$ 0,25, para costuras parciais das peças, a R$ 1,50, para camisas e de R$ 2,00 a R$ 5,00 para peças maiores (OIT, 2018, p. 68), valores ínfimos em face dos preços pelos quais as roupas são comercializadas pelas empresas destinatárias, componentes da cadeia de produção.

As mulheres em sua maioria migram como integrantes da família comandada pelo chefe ou, quando sós a maioria vem acompanhada de filhos, em busca de oferecer um futuro melhor a eles, educação, assistência de saúde e trabalho.

A violência doméstica, praticada por maridos e companheiros contra mulheres e crianças, neste contexto, vem aumentando a cada ano. Avaliação do Instituto Patrícia Galvão é de que os casos entre as migrantes são mais subnotificados do que no resto da população, vez que o isolamento, o idioma, a falta de documentação impedem a mulher de buscar ajuda no poder público, sendo recorrente a falta de informação a respeito de serem portadoras dos mesmos direitos que as nascidas no Brasil e também pela naturalização da violência doméstica e o medo do agressor. No caso das mulheres que residem e trabalham em oficinas de costura o rompimento com a situação de violência é ainda mais dificultada em razão do trabalho se dar no mesmo local da moradia, de forma que ao sair da casa a mulher estará sem moradia e sem trabalho ao mesmo tempo, em país estranho.

4. RESISTÊNCIA E CONQUISTA DE AUTONOMIA

A CEPAL define: *"La noción de autonomía refiere a la capacidad de las personas para tomar decisiones libres e informadas sobre sus vidas, de manera de poder ser y hacer en función de sus propias aspiraciones y deseos, en el contexto histórico que las hace posibles"*, e continua:

> "(...)El grado actual de desarrollo económico, tecnológico y social permite afirmar que una mayor autonomía de las mujeres es posible(...) la desigualdad, y por tanto la falta de autonomía son, principalmente, consecuencia de la injusticia, de la mala distribución de poder, los ingresos y el tiempo entre hombres y mujeres, y la falta de reconocimiento de los derechos de las mujeres por parte das elites políticas y económicas." (CEPAL, 2011, p. 9)

Se as mulheres se encontram em situação extrema de vulnerabilidade, são também elas as mais determinadas e dispostas a transformar sua situação. São elas, mais que os homens que procuram o apoio da sua comunidade, das organizações não governamentais, das igrejas. Estatística dos atendimentos realizados pela Missão Paz em São Paulo comprova que o número de mulheres que realizou os cursos de capacitação oferecidos pela entidade supera em muito o de homens. Também são elas que mais se mobilizam para manifestações públicas e para fortalecer suas entidades representativas.

Na cidade de São Paulo a principal referência não governamental de acolhimento para migrantes de todas as origens é a Missão Paz, obra da igreja católica, que conta com alojamento, orientação e diversos serviços.

A par desta estrutura foram se desenvolvendo diversas organizações de migrantes e de apoio que, estabelecendo parcerias entre si e com o poder público e, diante das necessidades imediatas de grande contingente de pessoas que chegavam à cidade, foram conquistando o alargamento dos serviços públicos com vistas à sua inclusão. Escolas públicas municipais e estaduais passaram a receber estudantes indocumentados no momento da matrícula, auxiliando-os a conseguir a formalização de permanência já no âmbito escolar assim como os serviços de saúde. Em novembro de 2014 foi inaugurado o CRAI – Centro de Referência e Atendimento para Imigrantes.

No caso das migrantes e dos migrantes originárias dos países andinos, o local de encontro aos domingos é a tradicional feira da Kantuta no bairro do Pari, onde se comercializam produtos típicos, são feitas apresentações musicais e os encontros sociais. Existem vários grupos de danças tradicionais, que contam com muitos jovens. A rádio comunitária, em espanhol, tem grande audiência na comunidade. Estima-se a permanência na região metropolitana de São Paulo de cerca de 500 mil pessoas, sendo 300 mil delas não documentadas.

As mulheres são, também, as principais participantes de organizações não governamentais e multiculturais que buscam informar, formar e conscientizar os migrantes, em especial para combater a superexploração e o trabalho escravo contemporâneo e a violência doméstica. Exemplo disto é o Centro de Apoio e Pastoral do Migrante – CAMI, que tem por eixo central de suas atividades o exercício da cidadania e a efetivação dos direitos humanos, e mantém um jornal bilíngue, classes com aulas de português, informática e de modelagem e ativistas, também eles migrantes, que percorrem as oficinas de costura, buscando o contato direto com as trabalhadoras e os trabalhadores em seus locais de trabalho e moradia e também de lazer, como por exemplo, a realização de rodas de conversa após os jogos de futebol, esporte popular entre as mulheres bolivianas (FOLHA, 2017).

Estes movimentos sociais têm na Marcha dos Imigrantes, de caráter anual seu maior momento de mobilização. Em 2017 foi realizada a 11ª Edição da Marcha com o tema "Pelo fim da Invisibilidade" (MIGRAMUNDO, 2017) e que em 2014, contou pela primeira vez com a participação da Frente de Mulheres Imigrantes, com os temas de equidade de gênero e contra a violência (MUSEU DO IMIGRANTE, 2017).

Verifica-se que as mulheres migrantes vêm, cada vez mais, com determinação e coragem, resistindo às mais graves adversidades e violações de seus direitos, e, coletivamente, construindo novas vidas e alternativas não no país em que nasceram, mas naquele em que vivem e trabalham.

5. REFERÊNCIAS BIBLIOGRÁFICAS

AGÊNCIA PATRÍCIA GALVÃO. *Violência contra mulheres imigrantes é recorrente e subnotificada no Brasil*. Disponível em: <http://agenciapatriciagalvao.org.br/violencia/violencia-contra-mulheres-imigrantes-e-recorrente-e-subnotificada-no-brasil>. Acesso em: 13 fev. 2018.

CAMI – CENTRO DE APOIO E PASTORAL DO MIGRANTE. Disponível em: <http//camimigrantes.com.br>. Acesso em: 11 fev. 2018.

CENTRO DE REFERENCIA E ATENDIMENTO A IMIGRANTES. Disponível em: <www.prefeitura.sp.gov.br › Secretarias › Direitos Humanos › Migrantes › CRAI>. Acesso em: 18 fev. 2018.

CEPAL (Comissión Económica para América Latina y El Caribe (2017) *Panorama Social de América Latina*, Santiago.

_____. (2011) Informe anual 2011. *El salto para la autonomia*: de los márgenes al centro, Documentos de Proyectos (LC/W.436), Santiago, septiembre., in Panorama Social de América Latina (2017), Santiago.

FIGUEIRA, Ricardo Resende e outros (Orgs.). Privação de Liberdade ou atentado à dignidade: escravidão contemporânea. *Capítulo 25*: La esclavitud contemporánea em La zona andina: um acercamiento bibliográfico. Dania López-Córdova. Rio de Janeiro: Mauad X, 2013.

FOLHA DE SÃO PAULO. *Bolivianas tem no futebol arma contra a violência e o trabalho pesado*. Disponível em: <http//www1.folha.uol.com.br>2017/09> Acesso em 13.2.2018.

GOVERNO DO BRASIL. Registro Nacional de Estrangeiros. Disponível em: <htpp//www.brasil.gov.br./cidadaniaejustiça/registronacionaldeestrangeiros> Acesso em: 11.2.2018.

MIGRAMUNDO. *Marcha dos Imigrantes 2017*. Disponível em: <htpp//migramundo.com>. Acesso em: 13 fev. 2018.

MINISTÉRIO PÚBLICO DO TRABALHO. *Observatório Trabalho Escravo*. Disponível em: <http//www.observatorioescravo.mpt.mpt.br>. Acesso em: 13 fev. 2018.

MISSÃO PAZ. *Centro de Estudos Migratórios*. Disponível em: <hhttp//www.missaopaz.org>. Acesso em: 11 fev. 2018.

MUSEU DA IMIGRAÇÃO. *Frente de Mulheres na 8ª Marcha dos Imigrantes*. Disponível em: <http://museudaimigracao.org.br/frente-de-mulheres-na-8a-marcha-dos-imigrantes-mulheres-i-migrantes-marcham-neste-domingo-por-um-mundo-sem-papeis-sem-fronteiras-e-sem-violencia-de-genero>. Acesso em: 13 fev. 2018.

ORGANIZAÇÃO INTERNACIONAL DO TRABALHO – OIT Brasil. *Inserção Laboral de Migrantes Internacionais*: transitando entre a economia formal e informal no Município de São Paulo. Disponível em: <htpp//ilo.org>Brasília.18.1.2018>. Acesso em: 09 fev. 2018.

_____. *Combatendo o Trabalho Escravo Contemporâneo: o exemplo do Brasil*. 2010, Brasília.

REPÓRTER BRASIL. Disponível em: <http//www.reportesbrasil.org>. Acesso em: 18 fev. 2018.

SALADINI, Ana Paula Sefrin. *Trabalho e Imigração*. São Paulo: LTr, 2012.

SUPERINTENDÊNCIA REGIONAL DO MINISTÉRIO DO TRABALHO E EMPREGO NO ESTADO DE SÃO PAULO. Disponível em: <http://trabalho.gov.br/delegacias/sp/combate ao trabalho escravo>. Acesso em: 18 fev. 2018.

UNICAMP – UNIVERSIDADE DE CAMPINAS. *Coreanos no Brasil*. Disponível em: <http//www.labeurb.unicamp.br//coreanosnobrasil>. Acesso em: 13 fev. 2018.

Silêncios, Avanços e Retrocessos no Enfrentamento à Igualdade de Gênero nas Empresas Brasileiras

Silvana Valladares de Oliveira[1]
Adriane Reis de Araujo[2]

1. O CONTEXTO SOCIAL DA DISCRIMINAÇÃO DE GÊNERO CONTRA A MULHER NO BRASIL

O Direito brasileiro, como todo ordenamento, é um reflexo de traumas históricos e sociais na busca constante de aprimoramento e construção de novos paradigmas. Como não poderia deixar de ser, a igualdade de gênero no trabalho repercute esse contexto, com especial ênfase ao patriarcado, a nossa prolongada história de escravidão, ao recente período ditatorial e à enorme desigualdade social.

Nesse modelo social, a mulher ocupa um papel secundário, de cuidado, em que sua identidade é construída a partir do outro. Melhor explicando, a mulher, ao nascer, já tem seu papel social definido de mulher, mãe ou filha de alguém. Essa configuração cria um imaginário favorável à coisificação da mulher e à exploração de sua força de trabalho.

A ampliação da participação feminina no mercado de trabalho e o fato de ser arrimo de família, por si só, não provocou grandes transformações sociais. Os dados estatísticos indicam que as mulheres ocupam trabalhos precários, mal remunerados ou informais, que reduzem, segundo dados do PNAD-2015, a remuneração média da mulher em 25% dos valores atribuídos aos homens, mesmo diante de níveis superiores de escolaridade em favor da mulher (as mulheres têm em média 8,1 anos de estudo e os homens 7,7 anos). As mulheres, além disso, compõem a maioria da mão de obra com remuneração inferior a um salário mínimo (IBGE – 2015) e são praticamente invisíveis nos cargos de decisão (3%, segundo o projeto Plano Feminino). O aprofundamento da diferença salarial cresce com o maior nível de formação educacional, ou seja, a diferença em prejuízo da mulher ultrapassa 25% quando o tempo de estudo é superior a 12 anos (IBGE – 2015).

A mão de obra feminina está, ainda, embebida em situações culturais e sociais em que há ausência de remuneração, quando trabalham auxiliando o negócio familiar, ou em que convivem com a violência doméstica que as afastam do trabalho. Em pesquisa recente, realizada pela Universidade do Ceará sobre o impacto da violência doméstica no mercado de trabalho, verifica-se que as mulheres vitimadas por essa violência revelam ter sequelas físicas e emocionais, temporárias e permanentes, que impactam diretamente na sua capacidade laboral, em especial em sua produtividade, absenteísmo e auto estima e progressão na carreira[3]. Como exemplos, observa-se: que cerca de 47% das mulheres agredidas perderam de 1 a 3 dias de trabalho em decorrência da violência, 22% faltaram entre 4 e 7 dias, 20% entre 8 e 29 dias, e 12% de 30 dias para cima; além do mais, as mulheres vítimas de violência doméstica têm menor chance de estar empregada e têm o período de contratação reduzido em 25% se comparado a mulher que não sofre esse tipo de violência. Ao se fazer o recorte racial, observa-se que a mulher negra segue em desvantagem salarial se comparada a situação da mulher branca, ainda que a comparação se estabeleça entre mulheres em igual situação de violência doméstica[4]. Mesmo diante desse cenário impactante, a pesquisa do IPEA sobre a Tolerância social à violência contra as mulheres (2014) indica que a sociedade brasileira vê a violência doméstica como um problema privado e ainda culpabiliza a mulher pela violência[5].

---

1. Procuradora Regional do Trabalho, Especialista em Direito do Trabalho pela USP, delegada da ANPT- Associação Nacional dos Procuradores do Trabalho na PRT2 – Procuradoria do Trabalho da 2ª Região.
2. Procuradora Regional do Trabalho, Mestre em Direito das Relações Sociais PUC-SP, Doutora em Direito pela Universidade Complutense de Madri, Coordenadora do Grupo de Trabalho de Gênero da Coordenadoria Nacional de Promoção de Igualdade de Oportunidades e Eliminação da Discriminação no Trabalho – GT Gênero-COORDIGUALDADE, Coordenadora Regional da COORDIGUALDADE junto à PRT 2ª Região, Presidente do Instituto de Pesquisas e Estudos Avançados da Magistratura e do Ministério Público do Trabalho – IPEATRA.
3. Pesquisa concluída em 2017, que abrange o período de 2001 a 2015 e centraliza seus estudos na mulher nordestina brasileira. PCSVDF MULHER. *Violência Doméstica e seu Impacto no Mercado de Trabalho e na Produtividade das Mulheres.* Disponível em: <http://www.justica-desaia.com.br/wp-content/uploads/2017/08/Relatorio-Violencia-Domestica-e-seu-impacto-no-Mercado-de-Trabalho-e-na-Produtividade-das--Mulheres.pdf.>. p. 6. Acesso em: 09 fev. 2018.
4. PCSVDF MULHER. *Violência Doméstica e seu Impacto no Mercado de Trabalho e na Produtividade das Mulheres.* Disponível em: <http://www.justicadesaia.com.br/wp-content/uploads/2017/08/Relatorio-Violencia-Domestica-e-seu-impacto-no-Mercado-de-Trabalho-e-na-Produtividade-das-Mulheres.pdf>. p. 18. Acesso em: 09 fev. 2018.
5. A pesquisa do IPEA indica que 63% dos entrevistados concordam, total ou parcialmente, que "casos de violência dentro de casa devem ser discutidos somente entre os membros da família", 89% concordam que "a roupa suja deve ser lavada em casa", e 82% consideram que "em briga de marido e mulher não se mete a colher". Além do mais 42,7% concordam que "mulheres que usam roupas que mostram o corpo merecem ser atacadas", e 35,3% concordam que "se as mulheres soubessem se comportar, haveria menos estupros". Disponível em: <http://www.ipea.gov.br/portal/images/stories/PDFs/SIPS/140327_sips_violencia_mulheres_antigo.pdf.>. Acesso em: 09 fev. 2018.

2 O PARADIGMA CONSTITUCIONAL DE 1988 E A NORMATIZAÇÃO INFRACONSTITUCIONAL DA DISCRIMINAÇÃO DE GÊNERO NO BRASIL

A Constituição da República Federativa do Brasil, promulgada em 1988 sob a influência das normas internacionais (Convenção sobre a Eliminação de Todas as Formas de Discriminação contra a Mulher – ONU), incorporou um novo paradigma – de equivalência entre homens e mulheres – ao incluir entre seus objetivos fundamentais a promoção do bem de todos, sem preconceito de origem, raça, sexo, entre outros (art. 3º, III). O texto constitucional, desse modo, elevou a promoção da igualdade de gênero a valor do Estado brasileiro, que deve ser observado por todos os órgãos governamentais e pelos particulares em todos os atos de trato jurídico e social.

O marco constitucional previu, desde o início, alguns mecanismos de tutela em favor da igualdade no emprego, que podem vir a ser desenvolvidos e aprimorados pelo legislador ordinário. Por exemplo, o texto parte do art. 5º, inciso I, que estabelece a igualdade entre homens e mulheres em direitos e obrigações, para em seguida especificar no art. 7º a licença-maternidade de 120 dias (inciso XVII), a proibição de diferenças salariais em razão do sexo (inciso XXX), e a obrigação do legislador ordinário de proteger o mercado de trabalho da mulher por meio de incentivos específicos (inciso XX).

A proibição de distinção salarial entre ambos os gêneros não é novidade ao legislador brasileiro. Esta proibição consta do texto original da Consolidação das Leis do Trabalho (art. 5º, I). Contudo, essa regra consolidada foi prevista sob a égide de um modelo social marcado pela desigualdade entre os gêneros, de modo que o Título III, Capítulo III, Seções I a VI da CLT, convivia com várias restrições ao trabalho da mulher (proibição de prorrogação de jornada e de trabalho insalubre), inclusive autorizando a ingerência do pai ou marido no contrato de trabalho daquela que tivesse menos de 21 anos ou fosse casada, respectivamente. Em consequência, o surgimento do novo paradigma constitucional exigiu a revisão da Lei trabalhista e a derrogação de diversos dispositivos da CLT pelas Leis ns. 7.855/1989 e 10.244/2001.

A expansão ou regulamentação das garantias previstas no texto constitucional surge com a promulgação das Leis ns. 9.029/1990, 9.799/1999, 10.241/2002, 11.324/2006, 11.340/2006, 11.770/2008, 12.010/2009 (alterada pelas Leis ns. 12.812/2013, 13.109/2015 e 13.509/2017) e a Lei n. 13.287/2016. Salvo as Leis ns. 9.029/1990, 9.799/1999 e 11.340/2006, que tratam de medidas contra a discriminação de gênero, todas as demais têm como eixo central a proteção da maternidade.

O reduzido número de leis contra a discriminação da mulher no trabalho se destaca frente ao numeroso quadro de normas regulando a maternidade. A disparidade revela certa resistência do legislador ordinário para temas de discriminação de gênero e violência contra a mulher mas, também, anuncia o lento reconhecimento da relevância social do cuidado familiar, em especial relativo ao cuidado com as crianças em tenra idade.

As normas que combatem a discriminação de gênero contra a mulher regulam exclusivamente os casos mais graves, tais como: proibição de exigência de atestado médico de esterilização, controle de natalidade pelo empregador ou a realização de revistas íntimas nas trabalhadoras.

Essas normas regulam também a conduta empresarial para o acesso e rompimento do contrato de trabalho, vedando toda e qualquer forma de discriminação. A abertura normativa do dispositivo não impede o reconhecimento da discriminação indireta para a contratação e rompimento do contrato, contudo, a jurisprudência ainda é conservadora na análise da prova da discriminação indireta, principalmente quando a prova se faz com base em dados estatísticos. Por exemplo, no caso de ação civil pública proposta pelo Ministério Público do Trabalho contra as cinco maiores instituições bancárias de âmbito nacional, em que se enfrentava a discriminação indireta, com pedido inicial que proibia a empresa de adotar medidas discriminatórias em razão do gênero e raça para o ingresso e progressão de trabalhadores e de pagamento de indenização por danos morais coletivos foram afastados, mesmo em face de robusta prova documental comprobatória da discriminação (censo interno)[6]. A jurisprudência reconhece mais facilmente a discriminação de gênero em casos de discriminação direta, como nas hipóteses de dispensa da trabalhadora logo após o retorno da licença-maternidade.

Salta aos olhos, em especial, a imprecisão do art. 9º, § 2º, II, da Lei Maria da Penha que, ao reconhecer que a assistência à mulher em situação de violência doméstica e familiar deve ser prestada de forma articulada, *impõe o dever de o Juiz assegurar a esta mulher*, para preservar sua integridade física e psicológica: "*II – manutenção do vínculo trabalhista, quando necessário o afastamento do local de trabalho, por até seis meses*". Essa regra utiliza uma linguagem atécnica e lacônica, pois não especifica a natureza jurídica da manutenção do vínculo determinada judicialmente no período de afastamento, o que resulta na ausência de consenso entre os doutrinadores quanto aos efeitos dessa garantia. O debate se estabelece desde a natureza desse direito – se garantia de emprego, interrupção ou suspensão contratual –, e se estende pelo responsável pelo pagamento dos salários do período e ao órgão jurisdicional competente para a análise do pedido. Outra questão difícil diz respeito à necessidade do afastamento do local do trabalho. Para certa jurisprudência, a mulher deve demonstrar de forma robusta que o agressor ronda seu ambiente de trabalho. Outra dificuldade repousa no fato de, nos casos em que há o pagamento de benefício previdenciário, este é deferido como auxílio doença, uma vez que não

---

6. O censo interno do setor revelou que as mulheres compunham 41% dos cargos do setor, com igual nível de escolaridade que os homens, mas elas apareciam frequentemente em funções correspondentes ao pessoal de apoio de escritório ou na venda de produtos (62%), enquanto que eles ocupavam os postos de direção, supervisão e análise de informática ou econômica e atuação no mercado de valores (78%).

há previsão legal de benefício previdenciário ou assistencial contemplando essa hipótese específica, situação que leva a incidência dos requisitos e prazos daquele benefício.

A profusão de leis sobre licença-maternidade, por outro lado, revela avanços qualitativos em relação ao texto constitucional, tanto em relação à duração da licença quanto aos titulares desse direito. As novidades se concentram em desvincular a licença maternidade da gestação por meio da inclusão das mães e pais adotivos e dos pais biológicos, bem como o alcance desse direito às trabalhadoras domésticas.

Em relação às mães adotivas e pais adotivos, estes são equiparados em direitos às mães biológicas para o gozo da licença-maternidade. O art. 392-A, § 5º somente restringe que o seu gozo seja restrito a um dos pais.

Os pais biológicos têm assegurado 5 dias de licença-paternidade, o que lhe permite participar de maneira restrita do cuidado com o recém-nascido e com a mãe. Aos pais somente é assegurada a titularidade da licença-maternidade em caso de ausência da figura materna, pelo falecimento da mãe, e desde que ele demonstre que a criança está sob seus cuidados.

No que diz respeito ao direito à licença-maternidade da trabalhadora doméstica, a Lei n. 11.324/2006 alterou a redação do art. 4ª da Lei n. 5.859/1972 (Lei do Trabalhador Doméstico) para estipular expressamente o direito à estabilidade no emprego da empregada doméstica gestante, em período idêntico àquele assegurado às demais trabalhadoras, ou seja, desde a confirmação da gravidez até 5 (cinco) meses depois do parto.

A ampliação do prazo das licenças-maternidade e paternidade somente foi conquistada após 20 anos de promulgação da Constituição da República, por meio da Lei n. 11.770/2008, que aumentou a licença-maternidade de 120 (cento e vinte) para 180 (cento e oitenta) dias e a paternidade de 5 (cinco) para 20 (vinte) dias, quando a empresa adere voluntariamente ao Programa Empresa Cidadã, mediante incentivos fiscais.

Diante da ausência de norma assegurando esse direito para os contratos a prazo determinado, a garantia veio por meio de entendimento jurisprudencial, com a nova redação dada à Súmula n. 244 do C. Tribunal Superior do Trabalho, que inseriu o item III, por meio da Resolução 185, publicada no DEJT em 25, 26 e 27 de setembro de 2012.

Finalmente, em uma alteração recente, a Lei n. 13.287/2016, o legislador proibiu o trabalho da gestante em locais insalubre, sem permitir a redução de sua remuneração, o que foi considerado uma conquista para as mulheres que viram a maternidade e a saúde elevadas acima do interesse meramente econômico da relação de trabalho. Porém essa norma foi lacônica em estabelecer mecanismos de incentivos à contratação feminina nos setores insalubres.

3. A DISCRIMINAÇÃO DE GÊNERO CONTRA A MULHER NA REFORMA TRABALHISTA

A Lei n. 13.467/2017 (Reforma Trabalhista) igualmente trouxe inovações na temática da discriminação da mulher, com ênfase à proteção à maternidade. Os dispositivos consolidados alterados pretenderam acolher práticas que favorecem as empresas em detrimento das medidas de enfrentamento à discriminação de gênero contra a mulher, são eles: art. 394-A e art. 396, § 2º.

Antes de tratar da alteração promovida pela reforma, vamos analisar o que dispunha a Lei n. 13.287/2016. Esta Lei tem um único artigo em que se altera o art. 394-A para determinar o afastamento da empregada gestante ou lactante, enquanto durar a gestação e a lactação, de quaisquer atividades, operações ou locais insalubres, devendo exercer suas atividades em local salubre. Ali ficou definido que o empregador deveria providenciar a atribuição de atividade salubre à trabalhadora, sem qualquer previsão para o caso concreto em que fosse inexistente ou vedada a possibilidade de designação de outra atividade. Claramente, na impossibilidade de designação de atividade salubre nesse período, a melhor solução é afastar a trabalhadora do local da prestação de serviços, garantindo-se a remuneração integral. Nessa hipótese, o empregador fica integralmente responsável pelo pagamento dos salários, uma vez que a Lei não determinou qualquer compensação desses valores sobre as obrigações previdenciárias.

A Lei n. 13.467/2017 então fez dois movimentos: separou a gestante da lactante e graduou a obrigação patronal conforme o grau de insalubridade. A nova redação prevê, no art. 394-A, o afastamento somente da empregada gestante em atividade insalubre em grau máximo, restringindo esse direito ao período de gestação. Para as atividades insalubres em grau médio ou mínimo, a mulher continua a prestar serviços, salvo se apresentar atestado médico que recomende o afastamento durante a gestação. Para a mulher lactante, o afastamento se efetivará apenas mediante atestado médico que o recomende, independente do grau de insalubridade da atividade laboral. Em todos os casos de afastamento, é assegurado o pagamento do adicional de insalubridade à mulher e a compensação do valor do adicional pago pelo empregador *por ocasião dos recolhimentos das contribuições incidentes sobre a folha de salários e demais rendimentos pagos ou creditados, a qualquer título, à pessoa física que lhe preste serviços*, conforme o art. 248 da Constituição da República (art. 394-A, § 2º). Em caso de impossibilidade de desempenho do trabalho em local salubre, o afastamento da gestante ou lactante se equipara à situação de gravidez de risco e enseja a percepção do salário-maternidade, nos termos da Lei n. 8.213/1991.

A norma reformadora agiu bem em explicitar o direito do empregador a compensar os valores pagos para a mulher gestante ou lactante, reduzindo as tensões econômicas. Contudo, essa norma peca ao separar situações que tem como fundamento a mesma hipótese (maternidade) e bem jurídico (saúde da mãe e do nascituro). Porém, ela resulta no esvaziamento do direito da maioria das mulheres, ao dificultar o gozo do direito para os níveis mais brandos de insalubridade e durante o período da lactação, quando trata essa hipótese como exceção e exige que a mulher apresente atestado médico que o recomende. A experiência comum relativa ao gozo da licença-maternidade antes da promulgação da Constituição da República indica que a mulher encontrará dificuldade até mesmo em comprovar a entrega de referidos atestados ao empregador.

Importa destacar ainda, que a Lei da Reforma Trabalhista, alterou o art. 396 da CLT para estabelecer que os períodos de descanso de meia hora para amamentar sejam fixados por acordo individual pelo empregador e trabalhadora lactante (art. 396, § 2º). Esta norma igualmente coloca a empregada em situação de vulnerabilidade perante o seu empregador, ao permitir que este interfira no direito à lactação.

Com o advento da Medida Provisória n. 808, o art. 394-A passou a regular o afastamento da empregada gestante de *quaisquer atividades, operações ou locais insalubres* e determinou à empresa a designação de atividades em local salubre, excluindo, nesse caso, o pagamento de adicional de insalubridade. Esta norma inverte a lógica anterior e apenas admite o exercício de atividades e operações insalubres em grau médio ou mínimo, pela gestante, quando ela apresente atestado médico que autorize sua permanência no exercício de suas atividades (art. 394-A, § 2º). Esta medida provisória suprimiu a hipótese de afastamento por impossibilidade de atribuição de funções salubres que equiparava à gravidez de risco, para ali regular o gozo do afastamento das funções à empregada lactante, nos mesmo termos anteriores, ampliando o espectro de profissionais médicos que podem recomendá-lo para abranger os médicos do sistema público de saúde (art. 394-A, § 3º).

Importa destacar, ainda, que a Lei da Reforma Trabalhista, alterou o art. 396 da CLT para estabelecer que os períodos de descanso de meia hora para amamentar sejam fixados por acordo individual pelo empregador e trabalhadora lactante (art. 396, § 2º). Embora houvesse ajustes entre empregador e empregada, sem autorização expressa da lei, tal prática originava-se das próprias condições de desenvolvimento do trabalho, como a distância entre o local de trabalho e a creche ou casa; algumas normas coletivas estabelecem expressamente a possibilidade de negociação, sempre tendo em vista o interesse da mulher e da criança. A inovação deixa a empregada em situação de vulnerabilidade perante o seu empregador ao permitir que este interfira no direito à lactação. É necessária muita cautela para que não haja desvirtuamento do fim social da norma, especialmente para não se correr o risco de "espúria monetarização dessas pausas ou seu agrupamento sob a forma de compensação de jornada, o que foge completamente à finalidade da norma" (Homero Batista Mateus da Silva, comentários à Reforma Trabalhista, Revista dos Tribunais, 2017. p. 71).

Em conclusão, tanto a Reforma Trabalhista, quanto a Medida editada pelo Presidente da República e sob análise do Congresso, configuram um retrocesso na trajetória de valorização social do cuidado familiar, pois transferem à mulher a responsabilidade por escolher entre o gozo do direito ao afastamento com remuneração reduzida ou o trabalho "voluntário" em condições insalubres. Essas normas claramente colocam a mulher em situação de vulnerabilidade perante o empregador, em um quadro geral de precariedade laboral trazido pela norma, e faz recair sobre seus ombros e saúde o custo da gestação em trabalho insalubre, rompendo com a solidariedade social e com o caminho do reconhecimento da importância da maternidade para a sociedade brasileira.

As alterações aqui analisadas foram precedidas de debates acalorados em um contexto político, social e econômico instável, em que a atuação das parlamentares mulheres foi decisiva para dar destaque e visibilidade ao tema, como veremos a seguir.

5. OS DEBATES PARLAMENTARES NA TRAMITAÇÃO DA REFORMA TRABALHISTA QUANTO À PROTEÇÃO À MATERNIDADE

Nada obstante o texto constitucional imponha ao legislador ordinário a obrigação de proteger o mercado de trabalho da mulher por meio de incentivos específicos, o que vimos foi um retrocesso que reflete a distância entre o discurso e a prática.

Conforme descrito acima, a chamada Reforma Trabalhista previu a possibilidade de trabalho de gestantes em ambiente insalubre, nos graus mínimo ou médio, desde que a mulher seja autorizada a permanecer no exercício de suas funções por médico de sua confiança.

Segundo o Relator do parecer final do Projeto de Lei na Câmara (PL n. 6.787/2016), Deputado Rogério Marinho (PSDB/RN), a redação até então vigente do artigo 394-A, da CLT acarretaria "*situações de discriminação ao trabalho da mulher em locais insalubres, tanto no momento da contratação quanto na manutenção do emprego. Essa situação é marcante em setores como o hospitalar, em que todas as atividades são consideradas insalubres, o que já tem provocado reflexos nos setores de enfermagem, por exemplo, com o desestímulo à contratação de mulheres*".

O Relator fez também referência à redução salarial, decorrente da não percepção do adicional de insalubridade no período de gestação e de lactação e concluiu que, embora a Constituição Federal e a legislação ordinária proíbam a discriminação de gênero no mercado de trabalho, "*no dia a dia, é muito difícil impedir a discriminação indireta, quando a mulher deixa de ser contratada sem que os motivos reais sejam expostos*" (fonte: site oficial da Câmara Federal, parecer final, p. 47-48).

Assim, o que se percebe é que, sob o pretexto de evitar a discriminação indireta, a tarifação da saúde rompeu a barreira da proteção à maternidade.

A proposição legislativa causou furor. Objeções de diversos setores da sociedade ecoaram na Câmara. A oposição travou batalhas para impedir essa alteração na Lei trabalhista, até mesmo deputados da base do governo Temer manifestaram insatisfação com a medida, porém, o texto foi aprovado na primeira casa legislativa e seguiu para o Senado Federal.

No Senado Federal, o projeto foi autuado como PL n. 38, de 2017 e encaminhado sucessivamente a três comissões: Comissão de Assuntos Econômicos – CAE, Comissão de

Assuntos Sociais – CAS e Comissão de Constituição, Justiça e Cidadania – CCJ, antes de ser submetido à votação no Plenário. A tramitação foi rápida.

Na Comissão de Assuntos Econômicos (CAE), o projeto recebeu parecer favorável, mas o relator, senador Ricardo Ferraço, apresentou recomendações de veto. Quanto à permissão do trabalho de gestante e lactante em ambiente insalubre, pronunciou-se o Relator nos seguintes termos:

"Entendemos ser inoportuna a alteração pretendida para o art. 394 da CLT. Este dispositivo dispõe sobre o afastamento da empregada em período de gestação e lactação de acordo com as condições de insalubridade. Reconhecemos que há uma demanda legítima a favor da mudança proposta pelo PLC por parte de médicas e enfermeiras do setor de saúde, que desejam ter a opção de trabalhar nestas situações. Porém, o dispositivo como está implicaria abrir espaço para abusos contra mulheres menos esclarecidas, com menor poder de barganha e em ambientes mais insalubres e desprotegidos do que os hospitais. (...) Conforme o referido concerto para aprovação da matéria, com posterior veto e regulamentação dos dispositivos aqui tratados, rejeito as seguintes Emendas: nos 15; 33; 89; 92; 107 e 109."

Em seguida, o projeto foi submetido à Comissão de Assuntos Sociais -CAS, onde foi recebido em 07.06.2017. Na CAS, o relatório do senador Ricardo Ferraço foi rejeitado por 10 votos contrários e 09 favoráveis, com o que foi designado Relator o senador Paulo Paim, que apresentou voto pela rejeição do projeto. Esse voto divergente vencedor passou a ser o Parecer daquela Comissão.

Sob o título "Empregada Gestante e Lactante pode Trabalhar em Locais Insalubres", assim se manifestou o senador Paulo Paim: *"(...) Além de possibilitar que a gestante ou lactante trabalhe em locais com grau médio e mínimo de insalubridade, a regra permitirá que a empresa a exclua da folha de pagamento, caso não tenha outra ocupação compatível com sua situação e transfira todos os encargos para a Previdência Social. Ou seja, a empresa se exime de sua função social e constitucional de proteção à maternidade, transferindo-a integralmente ao Estado".*[7]

O Parecer contrário ao projeto de Lei foi remetido à Comissão de Constituição, Justiça e Cidadania – CCJ, em 20.06.2017 e no mesmo dia o senador Romero Jucá apresentou relatório favorável ao projeto. Em tempo recorde, na data de 28.06.2017, o relatório foi aprovado e passou a constituir, assim, o Parecer da CCJ, com rejeição de todas as emendas apresentadas pelos senadores.

Acerca do tema ora tratado, o Relator apresentou a seguinte manifestação: *"Além disso, muito se tem falado sobre a nova redação do art. 394-A. Especula-se que, a partir de aprovação deste projeto, as gestantes serão todas obrigadas a trabalhar em condições insalubridade (sic) o que, absolutamente, não é o caso". "O Projeto, ao alterar esse artigo, mais uma vez privilegia a autonomia das partes. Assim, caberá à própria gestante, juntamente com o seu médico de confiança, estabelecer o que é melhor para ela (e para seu bebê) durante o período da gestação/lactação. (sic) Faz-se necessário salientar, aqui, que essa prerrogativa passa a ser da mulher, sendo nenhuma a discricionariedade do empregador. Apresentado pela empregada o atestado, está o empregador obrigado, sem prejuízo da remuneração da empregada, nesta incluído o valor do adicional de insalubridade, a afastá-la das atividades habituais, alocando-a em local salubre na empresa. Este artigo, como os demais dispositivos, quando analisados sem pré-julgamentos e sem desconfianças desnecessárias, revela um ganho, e não um prejuízo ao trabalhador. Nesse caso, especificamente, trata-se de medida que preserva a saúde da gestante/lactante, sem inibir o seu direito ao trabalho"* (fonte: site oficial do senado/documentos/ parecer CCJ, Senador Romero Jucá, p. 7 – relatório, p. 25).

Digna de nota é a epígrafe estampada no início das considerações sobre "A constitucionalidade material e da juridicidade" do projeto, a saber: *"Quando o direito ignora a realidade, a realidade se vinga, ignorando o Direito"* (Georges Ripert, em sua obra "Aspectos Jurídicos do Capitalismo Moderno, 1946)[8].

Eis a síntese do capitalismo moderno: a mulher deve negociar diretamente com o empregador se permanece no local insalubre, com risco à própria saúde e à da criança, ou se é afastada do trabalho. Embora a Lei faça referência a médico de confiança da mulher (pode ser público ou particular, ou da própria empresa), sabe-se que a grande maioria das trabalhadoras não poderão debater livremente com médico de sua confiança a possibilidades de permanecer ou não nas mesmas funções. À qual realidade o Relator estaria se referindo? Certamente não é à realidade da maioria esmagadora da classe trabalhadora.

Enfim, com parecer favorável da CCJ, em 29.06.2017 o projeto foi encaminhado ao Plenário do Senado Federal. Em seguida, na data de 04.07.2017, restou aprovado o regime de urgência para o projeto, o que permitiu a sua inclusão na pauta de discussão na sessão seguinte, dia 05.07.2017. Com apenas mais um dia de debate, em 06.07.2017, o parecer das Comissões (CAE, CAS e CCJ) foi substituído pelo Parecer n. 113, de 2017, do Plenário do Senado, de relatoria do senador Romero Jucá, com rejeição de todas as emendas. Assim, a matéria foi colocada na ordem do dia da sessão de 11.07.2017.

O processo legislativo relâmpago causou espécie pois haveria profundas alterações na legislação laboral sem que a sociedade tivesse tido a oportunidade real de colaborar para o aperfeiçoamento das normas.

---

7. Disponível em: <https://www25.senado.leg.br/web/atividade/materias/-/materia/129049>. (Site oficial do Senado Federal, voto vencedor do Relator designado, senador Paulo Paim, contrário ao Projeto de lei, p. 22/23).

8. Disponível em: <https://www25.senado.leg.br/web/atividade/materias/-/materia/129049/documentos/>. Parecer CCJ, Senador Romero Jucá, p. 21.

Representantes das carreiras do Ministério Público do Trabalho, da magistratura, da auditoria fiscal e da advocacia trabalhista e das respectivas associações, assim como entidades sindicais de todos os níveis apresentaram robustos argumentos para impedir retrocessos e aperfeiçoar a legislação do trabalho, mas essas vozes não ecoaram nas duas casas legislativa. Também a OIT – Organização Internacional do Trabalho alertou o governo acerca das ofensas às convenções internacionais contidas no projeto de lei.

No dia da votação do Senado, as senadoras Fátima Bezerra (PT-RN), Vanessa Grazziotin (PCdoB-AM), Gleisi Hoffmann (PT-PR) e Regina Sousa (PT-PI) ocuparam a mesa diretora do Plenário, em protesto "contra a posição do Senado de não alterar o projeto de reforma que veio da Câmara dos Deputados".[9]

Um dos motivos principais do protesto, revelado pela rádio do Senado, diz respeito ao dispositivo da reforma que permite o trabalho de grávidas e lactantes em locais insalubres. As senadoras que se mantiveram na mesa diretora por quase sete horas receberam o apoio das colegas Kátia Abreu (PMDB-TO), Lídice da Mata (PSB-BA) e Angela Portela (PDT-RR), entre outros senadores.

A inesperada resistência feminina acarretou forte reação dos parlamentares da base aliada do governo. A rádio Senado registrou as falas dos políticos da casa. A título de exemplo, o líder do PSDB, Paulo Bauer (SC) declarou: "O que está acontecendo hoje no Senado, produzido pelos partidos de esquerda, usando-se das mulheres senadoras, que tomaram a mesa diretora do Plenário...." (grifo aposto).

Essa fala revela o mais rudimentar preconceito contra a mulher. Aquelas senadoras, democraticamente eleitas para representar os respectivos Estados da Federação, em pleno exercício dos seus mandatos, não poderiam agir daquela maneira se não houvesse homens no comando. O ato político e suas protagonistas foram menosprezados em uma única tacada.

Outros senadores manifestaram sua indignação com ameaças de representação das senadoras perante a Comissão de Ética, o que de fato ocorreu.

Esse ato de resistência deve ficar para a história: as senadoras não silenciaram diante de tamanho retrocesso aos direitos dos trabalhadores, notadamente aos direitos da mulher trabalhadora.

Durante a votação no Plenário, diversos senadores inscreveram-se para comentar a proposta de supressão da proibição de trabalho insalubre para gestantes e lactantes.

Logo no início dos trabalhos, manifestaram-se expressamente de forma contrária ao novo texto do artigo 394-A, da CLT, as senadoras Gleisi Hoffmann (PT/PR), Vanessa Grazziotini (PCdoB/AM) e Fátima Bezerra (PT/RN).

Também solicitou um aparte no pronunciamento do Senador Lindbergh Farias (PT/RJ), para tratar do tema aqui debatido, o senador Paulo Paim, trecho a seguir transcrito:

(...) Aquela lá – permita-me que eu fale já –, aquela da licença gestante, lactante em área insalubre... Eu chego a dizer que é muita covardia, muita covardia. Senadora Lídice, Senadora Vanessa, Senadora Fátima, Senadora Gleisi, é muita covardia! Eu duvido que um Senador, ou uma Senadora, ou um Deputado Federal vá aceitar que a mulher dele trabalhe em área insalubre grávida; vá aceitar que a filha dele trabalhe em área insalubre grávida; vá aceitar que a tia, que a amiga, que a sobrinha trabalhe em área insalubre – penosa e perigosa, porque libera tudo – gestante ou lactante. Então, é a fácil para eles apontar para os outros, mas eles não aceitam. O projeto é tão vergonhoso, tão irresponsável e tão covarde... Porque é covarde o projeto, porque ataca a classe média para baixo [10] (destaques apostos).

A favor da alteração legislativa, pronunciou-se a senadora Marta Suplicy (PMDB/SP), nos seguintes termos:

"*(...) Se há uma pessoa aqui neste plenário que pode dizer que lutou a vida inteira pela mulher... Vocês podem ir ao Estado que vocês quiserem, eu tenho uma história no Brasil.*

Nunca votaria contra a mulher. Quando recebi da Câmara o texto, eu fiquei escandalizada, tive a mesmíssima reação. Li aquilo e resolvi conversar com as Deputadas. Por que elas haviam inserido que a mulher poderia trabalhar, a pedido dela, na insalubridade média ou mínima?

A resposta veio: "As enfermeiras nos procuraram, as médicas nos procuraram." Uma enfermeira, que trata de neonatos, com esta Lei – do jeito que foi aqui dito, que nós estamos querendo acabar com a mulher –, não poderá trabalhar no neonatal. Ela vai ser afastada, porque é insalubre. Ela vai perder também 20% dos seus rendimentos de insalubridade. Fora isso, ela vai, nove meses, ficar afastada pela insalubridade e mais os meses de lactante. Ela vai ficar mais de ano afastada. Ela não quer. Ela quer poder, se assim ela desejar, falar – não é médico do trabalho não, porque elas vieram falar para mim que com médico do trabalho poderia acontecer exatamente o que as Senadoras falaram: eles iriam ter mais poder, eles iriam obrigar aquela mulher a ceder. E eu falei: "Vocês têm toda razão." Mas eu estava achando médico particular uma coisa também... Que mulher tem médico particular?

Aí, foi colocado... Vai ser colocado na medida provisória que o atestado é do médico do SUS ou do médico que a mulher assim desejar. E é ela que tem que falar que quer, porque o texto começa dizendo: o trabalho insalubre é vedado à gestante e lactante. A que desejar trabalhar no mínimo

---

9. Fonte: reportagem da Rádio Senado do dia 11 fev. 2017. Publicada no site oficial.
10. Disponível em: <http://www25.senado.leg.br/web/atividade/pronunciamentos/-/p/texto/433279>. Pronunciamento do Senador Lindberg Farias (PT/RJ), aparte cedido ao senador Paulo Paim (PT/RS).

ou no médio de insalubridade terá que ter um atestado, mas é iniciativa dela.

Então, nós temos que pensar que temos que empoderar a mulher do seu desejo de querer nessa situação da que trabalha, por exemplo, na questão de amamentação artificial no hospital, ou a do neonatal, ou a médica. Todas elas terão prejuízo. Nós não pensamos nem nas outras especificidades, que certamente também terão vontade de trabalhar, no mínimo, para manter o salário adicional de insalubridade, quando o mínimo não afeta a sua gestação segundo seu médico ou o médico do SUS, não o médico da fábrica, o médico do trabalho, que certamente poderia aí haver risco.

Então, nós achamos que seria muito importante colocar dessa forma. Essa é situação. Eu fiquei aqui, eu vou dizer, muito decepcionada com as colegas Senadoras, porque, a partir dessa conversa com as Deputadas, chamei as Deputadas para conversar.... elas não quiseram conversar. Aí, chamamos as Deputadas, por fim, aqui e chamamos, quase que eu tive que carregar, uma a uma para ouvir as Deputadas. Ouviram, e o que eu ouvia, o que elas diziam: "Não queremos saber. Nós queremos que volte para a Câmara."

Não se teve aqui nesta Casa, em nenhum momento, a discussão do mérito; teve-se uma discussão ideológica. E o que nós estamos vendo é que a possibilidade de avançarmos na questão trabalhista, colocando exatamente o que muitos daqui falaram, é uma possibilidade concreta com a medida provisória.

(...)

Então, é uma realidade que nós estamos vivendo aqui que não passa pelo mérito. Infelizmente, até com as mulheres, que vão ser prejudicadas" [11] (destaques apostos).

Também favorável à alteração legislativa e com duras críticas à bancada da oposição, registrou a sua explicação pessoal a Senadora Ana Amélia (PP – Partido Progressista/RS): "(...) *Quero dizer também que esse destaque retira – o destaque feito – o direito das mulheres ao adicional por trabalharem em local insalubre. Retira o direito, retira o direito! Porque aquele acordo na Câmara aqui não foi respeitado. Os mesmos partidos agora fazem o destaque para retirar o direito das mulheres lactantes e gestantes. Eu também tinha dúvidas, mas fui convencida quando as mulheres Deputadas que tiveram a coragem de fazê-lo, a pedido de enfermeiras e de várias mulheres trabalhadoras, vieram aqui implorar que fosse mantido o que está na reforma, porque há garantia do adicional de insalubridade".*[12]

Igualmente da base governista, mas a favor do destaque que retirava a permissão do trabalho de gestante e lactante em locais insalubres, manifestou-se a senadora Rose de Freitas (PMDB/ES): "(...) *Eu não posso esquecer que sou mulher e mãe. Já trabalhei em local insalubre. Sei as dificuldades de levar aquela gestação nas condições de risco em que eu estava. Portanto, vou votar a favor do destaque, dizendo o seguinte: o Governo errou neste detalhe, no meu entendimento, de não produzir um documento acordado que daria tranquilidade a este Plenário de votarmos, pelo menos, mais 50% a favor deste texto.*

Portanto, v. Exª sabe o respeito que lhe tenho e eu o parabenizo pela atitude de hoje produzir esta votação. Não gostei do que vi durante a manhã, embora fossem colegas minhas. Acho que esta Casa não pode produzir nenhum espetáculo, ainda que sob a repriminda das suas posições, ainda que com a vontade de demonstrar a injustiça, ainda que protestando contra o encaminhamento. Eu quero dizer que o meu voto será a favor das mulheres, porque, ainda assim, sendo médico da empresa, conhecedor da empresa e de seus funcionários, jamais se pode dizer que, naquele momento, poderia ou não ter uma tendência que não viesse a amparar o direito da trabalhadora, muitas vezes o direito do patrão" [13] (destaques apostos).

Ao final, o texto aprovado na Câmara foi mantido pelo Senado Federal, sem sofrer qualquer emenda. Em seus discursos, diversos parlamentares afirmaram que o Senado Federal abdicou de sua função de casa legislativa revisora.

O projeto, transformado na Lei n. 13.467/2017, significa nítido retrocesso à luta por igualdade de oportunidades no mercado do trabalho.

Conforme dito acima, por meio de medida provisória (MP n. 808), foram propostas alterações no texto da Lei n. 13.467/2017.

Esse simples relato dos fatos históricos que constam nos arquivos do Congresso Nacional serve para demonstrar quão longo é o caminho para atingirmos a igualdade de oportunidades no mercado de trabalho.

Até mesmo uma questão básica de saúde do trabalhador foi desprezada sob o pretexto de modernizar as relações de trabalho, reduzir a discriminação indireta da mulher no mercado de trabalho e promover a livre negociação entre trabalhadora e patrão.

No açodamento para aprovar a norma, o legislador sequer considerou a necessidade de estudos técnicos para analisar o impacto da medida para a saúde da trabalhadora gestante e lactante. Dizemos isso do ponto de vista das medidas de controle da saúde no trabalho, o que não se confunde com análises individualizadas de um médico de confiança da mulher.

Vale lembrar que nem mesmo no grau máximo de insalubridade, o legislador determinou o afastamento imediato da

---

11. Disponível em: <http://www25.senado.leg.br/web/atividade/pronunciamentos/-/p/texto/433345>. Pronunciamento senadora Marta Suplicy em 11 jul. 2017.
12. Disponível em: <http://www25.senado.leg.br/web/atividade/pronunciamentos/-/p/texto/433343->. Pronunciamento senadora Ana Amélia (PP/RS).
13. Disponível em: <http://www25.senado.leg.br/web/atividade/pronunciamentos/-/p/texto/433342->. Pronunciamento da Senadora Rose de Freitas (PMDB/ES).

lactante, como constava no artigo 394, com a redação dada pela Lei n. 13.287, de 2016.

Mais uma vez, transferiu-se para a mulher o peso de decidir se deve afastar-se do trabalho e perder parcela de sua remuneração ou permanecer na função e colocar em risco a sua saúde e a saúde da criança em gestação ou lactação.

Existe uma questão técnica não abordada até aqui que diz respeito à classificação da insalubridade. Em poucas funções e situações a Norma Regulamentadora n. 15, ao longo de seus 14 anexos, reconhece o grau máximo de insalubridade, como ocorre com centros cirúrgicos, limpeza de bueiros, trabalho em necrotérios ou em contato com radiação ionizante, ou no caso de pressões elevadas para os trabalhadores submersos. Ademais, os índices de risco ocupacional previstos na NR-15 (que disciplina os graus de insalubridade) encontram-se defasados. *"Ora, se fôssemos realmente atualizar os limites de tolerância de 1978 (calcados, por sua vez, em pesquisas da década de 1960, diga-se de passagem), então várias profissões alcançariam ao patamar do grau máximo. Mas parece que o tema não era prioritário na reforma de 2017"* (Homero Batista Mateus da Silva, em Comentários à Reforma Trabalhista, Editora Revista dos Tribunais, 2017, p. 67/68).

Conforme vimos, ao invés de procurar-se eliminar ou reduzir os agentes que trazem risco à saúde dos trabalhadores, os legisladores fixaram-se na questão remuneratória e na discriminação indireta, praticadas na forma da não contratação. Parece que precisamos lembrar aos parlamentares que é para isso que existem políticas afirmativas e que o princípio da igualdade implica compensar com mecanismos apropriados aqueles que se encontram em situação de desigualdade.

Acerca das modificações trazidas pela Reforma Trabalhista, relacionadas ao trabalho da mulher, notadamente quanto à revogação do artigo 384, da CLT, que previa período de descanso antes da prorrogação da jornada, vale a pena transcrever a doutrina: "As vantagens jurídicas adicionais atribuídas à mulher, pelo Direito – inclusive o Direito do Trabalho – são, conforme visto, sufragadas pela Constituição da República. Esta se voltou, como se sabe, para a eliminação da discriminação milenar arquitetada contra as mulheres na sociedade histórica, não só mediante a proibição de tratamento diferenciado com relação aos homens, como também *pela agregação de vantagens adicionais específicas, fundadas em peculiaridades consideradas relevantes no que tange as razões biológicas e/ou sociológicas da mulher*. A retirada de direitos das mulheres, portanto, é conduta legislativa contrária ao espírito constitucional de 1988, uma incompreensão a respeito da sociedade livre, justa e solidária que a Constituição da República quer ver instaurada no País" (itálico no original, Mauricio Godinho Delgado e Gabriela Neves Delgado, A reforma trabalhista no Brasil, com os comentários à Lei n. 13.467/2017, LTr, 2017. p.150/151).

5. CONCLUSÃO

Em conclusão, o tema da igualdade de gênero, para seu pleno desenvolvimento, requer a capacitação dos agentes públicos em torno da questão. O silêncio do legislador brasileiro sobre temas de importância indiscutível, como são as medidas para alcançar a igualdade salarial efetiva e os programas de igualdade de gênero nas empresas, como também a escassez de serviços públicos essenciais, em particular de cuidados familiares, demonstram seu descaso com o marco constitucional e com a normativa internacional.

A conduta omissiva do legislador pode ser suprida por meio de negociação coletiva. Contudo, o reduzido número de normas coletivas regulando a questão evidenciam a invisibilidade social desse tema. As iniciativas empresariais voluntarias, em criar grupos ou comissões para a discussão da igualdade de gênero, são igualmente em quantidade reduzida e de pequeno efeito. Em geral esses grupos internos enfrentam dois problemas: a cultura patriarcal dentro das empresas, o que exige sempre que, previamente à apresentação de um projeto, se renove a discussão sobre gênero, bem como a ausência de autonomia e sistematização para concretização de seu trabalho.

O lento avanço legislativo em favor do combate à discriminação confirma as previsões de que, nesse ritmo, chegaremos à igualdade de gênero dentro de 170 anos. A aceleração desse projeto futuro demanda a adoção de ações afirmativas, principalmente para a participação feminina em espaços de decisão, seja os parlamentos, sejam os conselhos administrativos, sejam os conselhos dos órgãos públicos. Os governos, em todos os seus níveis nacional, estadual e municipal, devem, de todo modo, tratar com seriedade a exigência de formação de secretarias e ministérios visando a diversidade de gênero em sua composição.

A transformação dessa realidade também repousa na educação das questões de gênero desde o início do período escolar e na permanência dessa discussão nos movimentos sociais, empresas e órgãos governamentais em um discurso articulado e com o entrelaçamento de dados intersetoriais: gênero, raça e classe social.

Devemos sempre nos lembrar e destacar que a luta contra a discriminação de gênero é uma luta contra a opressão e fator determinante para a construção de uma sociedade democrática.

6. REFERÊNCIAS BIBLIOGRÁFICAS

DELGADO, Mauricio Godinho e Delgado, Gabriela Neves. *A reforma trabalhista no Brasil, com os comentários à Lei n. 13.467/2017*, LTr, 2017.

SILVA, Homero Batista Mateus da. *Comentários à Reforma Trabalhista*, Revista dos Tribunais, 2017.

PCSVDF MULHER. *Violência Doméstica e seu Impacto no Mercado de Trabalho e na Produtividade das Mulheres*. Disponível em: <http://www.justicadesaia.com.br/wp-content/uploads/2017/08/Relatorio-Violencia-Domestica-e-seu-impacto-no-Mercado-de-Trabalho-e-na-Produtividade-das-Mulheres.pdf.>. p. 18. Acesso em: 09 fev. 2018.

Sim, a Mulher Pode!

Sílvia Lopes Burmeister[1]

> *(....) Sou mulher independente não aceito opressão*
> *Abaixa sua voz, abaixa sua mão. Mais respeito.*
> *Sou mulher destemida, minha marra vem do gueto.*
> *Se tavam querendo peso, então toma esse dueto.*
> *Desde pequenas aprendemos que silêncio não soluciona.*
> *Que a revolta vem à tona, pois a justiça não funciona.*
> *Me ensinaram que éramos insuficientes.*
> *Discordei, pra ser ouvida, o grito tem que ser potente(...).*
> *Mc Carol – 100% Feminista*

Em pleno anos 20, em Porto Alegre no Rio Grande do Sul, Natércia da Silveira, tornou-se a primeira mulher a formar-se em Direito pela UFRGS (1926), após a formatura passou a viver no Rio de Janeiro, onde militou ativamente nos movimentos sufragistas.

Em Minas Gerais, Maria Ernestina Carneiro Santiago Manso Pereira, advogada mineira de forma inédita, impetrou Mandado de Segurança e obteve o direito de votar e concorrer ao cargo de Deputado Federal em 1927.

No Rio Grande do Norte, temos Alzira Floriano a primeira mulher Prefeita na América Latina, no Município de Lages 1928;

A Baiana Leolinda de Figueiredo Daltro, baiana que lutava pela inserção dos índios à sociedade. Almerinda Farias Gama, mulher, negra e nordestina, indicada pela FBPF (Federação Brasileira pelo Progresso Feminino), para delegada eleitoral na Constituinte de 1933, compondo o grupo que escolheria a representação classista dos trabalhadores, alagoana nascida em 1899 e formada em Direito. Maria Luisa Bittencourt, advogada e primeira Deputada Estadual da Bahia, nascida em 1910, atuante como representante da luta em prol da emancipação feminina, teve participação na política e entidades de classe. Por fim, Laudelina Campo Melo, nascida em 1904 em Poços de Caldas/MG, sob sua direção a Associação foi transformada em Sindicato das Trabalhadoras na década de 1980.[2]

Essas entre tantas outras grandes mulheres operárias, professoras, médicas, engenheiras, jornalistas, policiais, procuradoras, advogadas públicas e magistradas, abriram caminho para nós continuarmos a luta que não cessa.

Especificamente em relação às mulheres que trabalham com o Direito neste País, informa o CNJ – Conselho Nacional de Justiça, que 37,3% dos magistrados no Brasil são do gênero feminino. O número representa os magistrados que compõem a Justiça, como Tribunais Superiores, Estaduais, Federais, do Trabalho, Eleitorais e Militares.

O Rio de Janeiro é considerado o lugar com maior participação de mulheres na magistratura, sendo composto por 48,6% de juízas e desembargadoras. Com 45,4% de mulheres entre os magistrados, o Rio Grande do Sul aparece em segundo lugar e Sergipe está em terceiro, com 45,2% de mulheres na magistratura. Além destes, outros sete estados têm um percentual maior de mulheres na magistratura do que a média nacional: Acre (38,8%), Amazonas (39,4%), Bahia (44,8%), Pará (41,9%), Paraná (39,6%), Rio Grande do Norte (41,2%) e São Paulo (37,7%). Já o Amapá é o estado com a menor participação de mulheres no total de magistrados: 9,8%.

Dos 27 tribunais de Justiça, apenas o do Acre, do Amapá, da Bahia e de Roraima têm uma mulher no cargo de presidente. Dos cinco Tribunais Regionais Federais (TRFs), apenas o da 3ª Região tem uma mulher na Presidência, a Desembargadora Federal Cecília Marcondes.

O Supremo Tribunal Federal (STF), entre onze ministros, possui em sua composição hoje, duas mulheres, a Presidente Cármen Lúcia e a Ministra Rosa Weber, no Superior Tribunal de Justiça (STJ), dos 33 ministros que compõem o Plenário, seis são mulheres, o mesmo número existente no Tribunal Superior do Trabalho – TST, que possui 27 Ministros. O Superior Tribunal Militar é formado por 15 ministros, sendo uma mulher, a Ministra Maria Elizabeth Guimarães Teixeira Rocha, que já presidiu a corte militar.[3]

Na Justiça do Trabalho, sempre discriminada pelas outras áreas do Direito, o número de mulheres é significativo. A primeira mulher ministra do Tribunal Superior do Trabalho, foi nomeada em 1990 Cnéa Cimini Moreira. Hoje,

---

1. Advogada Trabalhista, Ex Presidente da ABRAT.
2. Mulheres no Poder – Trajetória na Política a partir da Luta das sufragistas do Brasil. Schuma Schumaher e Antônia Ceva – Editora de Janeiro.
3. Sitio do CNJ – <www.cnj.jus.br>.

o Tribunal Superior do Trabalho possui o maior percentual mulheres em sua composição: vinte por cento. Atualmente contamos com as ministras Maria Cristina Peduzzi, Maria de Assis Calsing, Dora Maria da Costa, Kátia Magalhães Arruda, Delaíde Alves Miranda Arantes e Maria Helena Malmann.

O maior número de juízas do trabalho está no primeiro grau o que se considera um avanço na paridade de gênero.

Pela análise de números divulgados pelo CNJ, verifica-se que as juízas titulares estão em maior número, pois 42,4% são exercidos por mulheres, contra 42,2% de homens. Contudo em relação aos juízes substitutos, a diferença é muito maior: de 1.420 cargos, 777 são ocupados por mulheres, representando 54,72%, com apenas 643 exercidos por homens.

Na construção de um mundo jurídico plural e democrático, estão presentes mulheres que militam em seus organismos de classe: juízas junto a AMB – Associação dos Magistrados Brasileiros, que congrega os juízes de todos os seguimentos da Magistratura, com exceção dos Juízes Federais, Esta entidade jamais teve uma mulher Presidente desde 1954, quando de sua primeira diretoria.

Da mesma forma em relação à Associação de Juízes Federais – AJUFE, cuja primeira diretoria foi eleita em 1974, nunca uma mulher presidiu a entidade.

Todavia, em relação à ANAMATRA o pluralismo democrático em relação ao gênero, já está bastante adiantado, três juízas/desembargadoras mulheres já estiveram na presidência da entidade, desde sua fundação em 1985, são elas Ilce Marques de Carvalho – 5ª Região, Beatriz Lima Pereira 2ª. Região e a Gaúcha Maria Helena Malmann da 4ª Região, hoje Ministra do TST. [4]

Nos Tribunais de Justiça dos Estados a presença de mulheres nas direções ainda é muito tímida, para não dizer quase nenhuma, além da Presidência do Tribunal, poucas são as mulheres que ocupam cargos de vice-presidente e corregedor-geral. Levantamento feito no site dos tribunais, no entanto, mostra que quatro dos 27 tribunais de Justiça Estaduais têm, hoje, mulher no cargo de presidente, são eles TJ Acre – Desembargadora Cezarinete Angelim, como Vice-Presidente Denise Bonfim e Corregedora-Geral Regina Ferrari. No Amapá o Tribunal de Justiça elegeu Stella Ramos; no TJ Bahia tivemos Silvia Zarif; em Roraima a desembargadora Elaine Bianchi, assumiu a presidência em 2017. Estranhamente, nos Tribunais onde há o maior número de mulheres, Rio de Janeiro e Rio Grande do Sul, as mulheres nunca chegaram à presidência.

A participação de mulheres na Presidência dos tribunais é maior nos outros ramos de Justiça. Na Justiça Eleitoral, são presididos por mulheres os Tribunais Regionais Eleitorais do Mato Grosso, Mato Grosso do Sul, Pará, Paraíba, Rio Grande do Sul, Roraima, Rio de Janeiro e Tocantins. Também são comandados por mulheres os Tribunais Regionais do Trabalho da 4ª Região (Rio Grande do Sul), 5ª Região (Bahia), 7ª Região (Ceará), 8ª Região (Pará), 11ª Região (Amazonas), 21ª Região (Rio Grande do Norte) e 23ª Região (Mato Grosso).

Na Justiça Federal, dos cinco Tribunais Regionais Federais, apenas o da 3ª Região, tem uma mulher na Presidência, a Desembargadora Federal Cecília Marcondes. O Tribunal exerce sua jurisdição nos estados de São Paulo e Mato Grosso do Sul.[5]

Nos tribunais superiores (STF), as mulheres são representadas por sua presidente, a ministra Cármen Lúcia, e pela ministra Rosa Weber. Tivemos, ainda a primeira mulher presidindo a corte na pessoa de Ellen Gracie Northfleet (2006-2008). No Superior Tribunal de Justiça (STJ), dos 33 ministros que compõem o Plenário, seis são mulheres, o mesmo número existente no Tribunal Superior do Trabalho (TST). No Tribunal Superior Eleitoral (TSE), há duas mulheres entre os sete ministros que compõem o colegiado.[6]

A escolha para Presidência dos tribunais brasileiros é feita por meio de eleição entre os componentes do Pleno do órgão e a prática é respeitar o critério de antiguidade na escolha, mas isso nem sempre é observado, alijando muitas vezes as mulheres, quando da concorrência.

No que tange a ADVOCACIA, uma categoria que abrange o monumental número de um milhão e cem mil advogados no mercado de trabalho (1.1000.000) e, portanto em condições de exercício da profissão igualmente em seu Conselho Federal, jamais teve uma mulher na presidência.

Em um levantamento do Conselho Federal da OAB, é divulgado que as mulheres hoje são mais de 50% dos inscritos regularmente, donde verificamos que somos maioria no País a exercer a advocacia. [7]

Desde sempre a mulher vem se preparando para os desafios profissionais, sejam eles na advocacia ou nas instituições como a magistratura, ministério público e defensoria.

Em que pese, o número de mulheres advogadas, que hoje ultrapassa o número de 500 – quinhentos mil, a representação junto aos Conselhos seccionais teve alteração somente em 2016, com o advento das cotas de participação feminina, onde quase sempre figuram como suplentes. Todavia, em relação à formação do Conselho Federal, seja em sua composição de bancada ou na diretoria da entidade, continua inalterada.

---

4. Sitio da ANAMATRA – <www.anamatra.org.br>.
5. Sitio da AJUFE – <www.ajufe.org.br>.
6. Sitio do STF – <www.stf.jus.br>.
7. Sitio da OAB CF – <www.oab.org.br>.

As mulheres, sem sombra de dúvida, ingressam no mercado de trabalho nas áreas jurídicas com mais vigor, o que nos faz pensar, que em breve haverá a conquista de mais espaço de poder da advogada mulher em um campo, que já não é predominante masculino.

Hoje, há várias pesquisas no campo da advocacia, onde apontam o imenso número de mulheres advogadas no gerenciamento e comando de departamentos jurídicos, grandes empresas e escritórios de advocacia.

Então, perguntamos: Porque a ausência de mulheres no comando das entidades de classe?

A advogada, ainda sofre com a discriminação de gênero e isto é fato. O Conselho Federal da Ordem dos Advogados do Brasil, depois de inúmeras tentativas na busca de equidade de gêneros, vota e define a paridade no sistema OAB, a nosso ver de forma incompleta, pois se aplica apenas no âmbito dos conselhos seccionais, onde reiteramos, a mulher continua como coadjuvante nas suplências para cumprir tabela, uma vez que a maioria dos conselheiros federais são homens. Hoje, somente seis (6) mulheres figuram no Conselho Federal. Abriu-se, uma pequena brecha, no entanto ínfima, em face aos avanços da sociedade como um todo.

A discriminação sempre odiosa é praticada à luz do dia, ou melhor dizendo, nos autos dos processos, de forma escrita, como a petição apresentada por um advogado a uma Juíza de Direito do Estado de São Paulo, pedindo o afastamento da magistrada, com base no argumento de que: "os mais graves erros judiciários são cometidos por mulheres juízas", em pleno século XXI, uma magistrada lança em sua decisão, também nos autos do processo, a sugestão à uma advogada, grávida de oito meses, que renunciasse ao mandato.

Mas ainda há muito mais! Em 2014, a ex-secretária da igualdade racial do Distrito Federal, foi abordada por policiais, com violência psicológica e física, palavras de intimidação ao sair de uma reunião com outros colegas. Ao mostrar sua identificação, a carteira da OAB ouviu: "essas neguinhas quando aprendem alguma coisa se acham".

Certamente as empresas, os grandes escritórios e a própria OAB, reproduzem os males da sociedade, (pois dela fazem parte) como a discriminação de gênero, racial e a desigualdade salarial. Tais fatores, agregados àqueles que tratam da dupla ou tripla jornada de trabalho da mulher inviabiliza a participação efetiva em entidades de classe.

Infelizmente a participação da mulher no sistema OAB, ainda é muito pequena, quase nula em se tratando do conselho federal quando hoje em 2018, somos representadas por somente seis (6) mulheres e, somente uma Presidente de Seccional em Alagoas e sem nenhuma na diretoria.

Tratar de cotas para a participação da mulher em partidos políticos e entidades de classe sempre foi assunto incomodo, posto que chega, as raias da humilhação pleitear a igualdade de gênero pela via de imposição de cotas.

É certo, ainda, que a participação feminina no sistema OAB, não pode ficar adstrita a cota mínima de 30%, quando do registro de Chapas para eleições de Seccionais, como aprovado no CF OAB, em 03 de novembro de 2014, art. 7º do Provimento n. 161 do Conselho Federal.

As mulheres advogadas inscritas nos quadros da OAB são mais de 50% e em sendo assim, não podemos aceitar que não seja observada a paridade de gênero na composição do seu Conselho Federal. Deve ser nosso objetivo primeiro a reivindicação da paridade na formação do Conselho Federal e da Diretoria.

Agora, importante ressaltar que a participação das mulheres no sistema OAB ou em qualquer outra Entidade de Classe, não deve ser a única forma de estratégia concreta para atrair as mulheres, não basta cotas como encerramento da discussão é necessário um projeto nacional de efetiva participação, espaço de trabalho e debate.

Por exemplo: A composição das comissões na OAB Federal, deve formar-se a partir da igualdade de gênero.

Urge que mudemos a premissa de que a advocacia é coisa de homens de uma vez por todas, necessitamos de maior compromisso de nossos dirigentes institucionais com a causa da mulher advogada e seu papel a cumprir na sociedade, urgente que busquemos por via de nossas entidades informações sobre o mercado, salários e condições de trabalho da advogada mulher.

Por fim a OAB, a ABRAT, a AASP, os Sindicatos dos Advogados e Entidades de âmbito regional devem se unir na busca de maior e melhor espaço para a atuação da mulher advogada.

A Associação Brasileira de Advogados Trabalhistas – ABRAT dos dezessete presidentes, três foram mulheres, são elas: Moema Baptista 1989/1996, Clair da Flora Martins 1998/2000 e Silvia Burmeister 2014/2016, o que convenhamos, também é muito pouco diante da estatística que demonstra serem de mais de 300 mil aqueles que se dizem estritamente trabalhistas e deste, mais de 60% são mulheres.

O grande número de advogadas demonstra a pluralidade caracterizada pelos diferentes pontos de vista, afirmações, objetivos, opiniões e experiências de vida, que poderão ser utilizados das mais diversas maneiras, que certamente serão muito enriquecedoras.

A mulher advogada quando efetivamente presente nas Entidades de Classe, nos movimentos sociais, políticos, filosóficos que via de regra têm objetivo comum: direitos iguais, participação efetiva, espaço e libertação dos padrões patriarcais, que tem como eixo as normas ditadas pelo gênero masculino.

Vivemos na advocacia, na magistratura e demais profissões ligadas ao mundo jurídico, inclusive em aparelhos policiais, novas perspectivas quanto ao direito das mulheres, diria que o feminismo está presente cada vez mais no mundo daquelas construtoras do direito, daquelas que buscam o direito reprodutivo, proteção contra a violência, trabalhista, salários iguais e contra todas as formas de discriminação pessoal e na vida profissional.

Se a mulher sente maior segurança em relatar violência doméstica a uma advogada e uma Policial; se uma trabalhadora vê em sua advogada maior confiança para relatar assédio no local de trabalho ou quando a mulher vê na magistrada aquela que verá seu "caso" com o olhar de uma mulher, porque não sermos representadas no CF OAB, por uma mulher. Assim, igualmente me parece ser o caso das Entidades e Instituições de classe, onde as mulheres são maioria ou quase.

Devemos incentivar a fomentação de organizações, como por exemplo, Rede Feminista de Juristas, uma organização que hoje conta com mais de 100 mulheres que atuam na área do direito de família, especialmente no que tange à violência física, e é um organismo supra Partidário formado por advogadas, magistradas, defensoras públicas, escrivãs, e pesquisadoras, que discutem as questões de Gênero e que buscam a valorização dos direitos da mulher vítima em casos de violência doméstica.[8]

Precisamos acabar com a pauta estruturalmente patriarcal da sociedade brasileira, refletida na representação das Instituições de Classe, que acabam por ditar o comportamento machista na condução de Entidades.

Efetivamente o papel da mulher na construção da democracia, passa pela participação feminina, enquanto protagonista de movimentos de classe, políticos e sociais.

Se já temos algumas magistradas assumindo a presidência de suas instituições de classe; porque, ainda não temos uma mulher presidindo o Conselho Federal da OAB? Poucas são as mulheres que já presidiram seccionais, entre elas temos Cléa Carpi da Rocha, primeira mulher a presidir uma Seccional, a da OAB/RS, Estefânia Viveiros OAB/DF, Fernanda Marinela, seccional AL e quanto ao CF OAB, apenas três mulheres participaram de diretorias do CF da OAB, em seus mais de 80 anos de existência?

A advogada gaúcha única mulher advogada homenageada com a medalha Rui Barbosa, Cléa Carpi da Rocha, nos lembra que "A caminhada é uma caminhada de todos, advogadas e advogados". Recentemente, Cléa citou a frase de Pablo Neruda, quando falava sobre a luta pela igualdade de gênero:

> "A luta é igual, para homens e mulheres, crentes e não crentes, é a luta para dar melhor efetividade e proteção à condição humana. Justa e igualitária para todos."

Por fim, relembro as palavras daquela que ocupou a presidência deste País, Dilma Vana Rousseff, em janeiro de 2011. "a igualdade de oportunidade para homens e mulheres é um princípio essencial da democracia. Gostaria muito que os pais e as mães de meninas olhassem hoje nos olhos delas e lhes dissessem: "sim, a mulher pode!".[9]

---

8. Revista Carta Capital – 05.02.2018 – Artigo *Procura-se uma Advogada Feminista*.
9. Mulheres no Poder – Trajetória na Política a partir da Luta das sufragistas do Brasil. Schuma Schumaher e Antônia Ceva – Editora de Janeiro.

A Importância da Manutenção dos Meios de Proteção ao Trabalho da Mulher

Tânia Regina Silva Reckziegel[1]

O Dia Internacional da Mulher é comemorado mundialmente no dia 08 de março, em razão do protesto realizado por 90 mil mulheres russas em 1917, conhecida como "Pão e Paz", sendo representativo da luta histórica das mulheres por melhores condições de trabalho, movimento este que teve início no século XIX, tanto na Europa como nos Estados Unidos. Tal data, no entanto, passou a ter visibilidade somente com o advento dos movimentos feministas dos anos de 1960, sendo que a Organização das Nações Unidas somente reconheceu o Dia Internacional da Mulher em 1977.

A luta pela igualdade de condições entre homens e mulheres, no entanto, ainda é longa e árdua, tendo sido marcada por avanços e retrocessos.

Com efeito, as mulheres vem percorrendo um longo caminho na busca da igualdade e da garantia de acesso à cidadania plena e à inserção na vida política e no mercado de trabalho. Não temos dúvida de que houve progressos nesta caminhada, pois antes a figura da mulher era relegada ao lar e à família e, atualmente, vem ocupando cargos públicos, vagas de trabalho e no mundo acadêmico.

Durante muito tempo ao longo da história, as mulheres não estavam incluídas no processo de reconhecimento de direitos. Pelo contrário, permaneciam como peças de ornamentação cenográfica, num mundo de protagonistas exclusivamente masculinos, onde as violações eram amplas e constantes, descaradamente aceitas pela sociedade. Foram anos de trevas sobre a consciência, onde a fé e até mesmo a ciência negaram a igualdade feminina.

A respeito do papel feminino, o seu exercício estava condicionado à procriação e cuidados com o lar. Toda função que representasse algo fora desse contexto era ideologicamente debatida e reprimida.

Para Marx, o homem construía sua identidade pela inclusão que se dava com a produção laboral. E embora o trabalho fosse fundamental na vida das pessoas, a sua interação e reconhecimento no mercado estavam adicionados a privilégios que não eram, inicialmente, reconhecidos à mulher.

Com a segunda revolução industrial e com o progresso e a tecnologia, no entanto, a necessidade de valorização da qualificação profissional garantiu a presença das mulheres dentre os operadores humanos mais qualificados, ainda que se saiba que os maiores salários ainda são pagos aos homens.

A inserção da mulher no mercado de trabalho foi lenta e gradativa na história e ainda, por certo, precisa evoluir muito mais.

Esta visão mudou nas últimas décadas, e tivemos uma ampliação da participação política e profissional da mulher na sociedade.

De fato, as duas grandes guerras mundiais foram responsáveis em parte pelos espaços ocupados pelas mulheres no mercado de trabalho, ainda que os meios de comunicação, à época, continuassem a reforçar a imagem da mulher apenas como mãe e dona de casa.

No final dos anos de 1960, os primeiros passos foram dados para a construção de uma teoria feminista que, além de denunciar as desigualdades e reivindicar direitos iguais, passou a questionar as raízes culturais dessas desigualdades.

Nos anos de 1970, o movimento feminista ressurgiu com uma nova perspectiva e inegável força política, o que contribuiu, também, para a formação de uma consciência a respeito das condições das mulheres em todas as esferas (política, acadêmica, do trabalho etc.).

Em 1975 foi decretado pela Organização das Nações Unidas (ONU) o Ano Internacional da Mulher, na Conferência Mundial do México, o que revigorou o movimento feminista e expôs questões até aquele momento abafadas, como os direitos das mulheres.

Na década de 1980, foram aprofundados estudos sobre a condição da mulher e elaborado o conceito de gênero.

No ano de 1993, em Viena, na Áustria, a ONU realizou a Conferência Mundial dos Direitos Humanos, reforçando a proteção dos direitos humanos das mulheres.

Motivadas pela esperança da igualdade, surgiram organizações de mulheres em todo o mundo, dando origem a um dos movimentos mais consagrados da história. A busca por condições equânimes de convivência nutria os anseios pelo fim dos ditames normativos estabelecidos pelo gênero.

No fim do século XIX e início do XX, o feminismo defendia direitos igualitários de propriedade, voto, contrato,

---

1. Mestre em Direitos Sociais e Políticas Públicas UNISC, Especializada em Gestão Pública pela UFRGS e Desembargadora Federal do Trabalho no TRT da 4ª Região.

autonomia, integridade do corpo, dentre outros, sendo que tais conquistas foram paulatinamente incorporadas por inúmeros países, inclusive pelo Brasil.

Neste espírito, a partir de 1988, com o resgate da democracia no Brasil, após longos anos de obscuridade política, os direitos ligados ao princípio da dignidade da pessoa humana mereceram previsão expressa no texto da Constituição, tendo sido incluídos entre os objetivos do Estado Brasileiro. O inciso I do art. 5º da Constituição Federal estabelece tratamento igualitário entre homens e mulheres, vedando a discriminação entre sexos e criando idênticos direitos e deveres para ambos. A Constituição Federal de 1988 deu nova feição às estruturas de poder no país, delineou com clareza os direitos humanos, as garantias individuais e as liberdades civis, garantindo às mulheres, de forma expressa, o direito à igualdade e à titularidade da plena cidadania, deflagrando uma maior inserção feminina nos espaços sociais e na vida política da Nação.

Consoante preceitua a Constituição Cidadã, no seu art. 3º, inciso IV, integram os objetivos fundamentais da República Federativa do Brasil, "*promover o bem de todos, sem preconceitos de origem, raça, sexo, cor, idade e quaisquer outras formas de discriminação*". Ainda, no Título II, que versa sobre os direitos e garantias fundamentais, a Constituição Cidadã, no Capítulo I (DOS DIREITOS E DEVERES INDIVIDUAIS E COLETIVOS), em seu art. 5º, *caput* e inciso I, prevê, expressamente: "*Art. 5º Todos são iguais perante a lei, sem distinção de qualquer natureza, garantindo-se aos brasileiros e aos estrangeiros residentes no País a inviolabilidade do direito à vida, à liberdade, à igualdade, à segurança e à propriedade, nos termos seguintes: I – homens e mulheres são iguais em direitos e obrigações, nos termos desta Constituição*".

Portanto, não há como se contestar o fato de que a Constituição preconiza o tratamento isonômico entre homens e mulheres.

No entanto, a interpretação da lei de igualdade de gênero em grande parte dos países ocidentais e também no Brasil é feita pela abordagem diferenciada, cujo "impulso moral" é "conferir às mulheres acesso àquilo a que os homens têm acesso".

Não há dúvida de que tivemos vários sucessos: acesso das mulheres ao emprego e à educação, às ocupações públicas – inclusive como acadêmicas, profissionais, liberais, operárias –, à carreira militar e acesso a importantes cargos políticos.

No entanto, dados estatísticos do IBGE demonstram que o trabalho da mulher, mesmo prestado com igual produtividade e perfeição técnica, ainda é menor remunerado que o trabalho do homem, e que o homem ainda ocupa a maioria dos cargos de direção e de chefia, o que demonstra que o Texto Constitucional, apesar de vigente há quase trinta anos, está longe de ser implementado e respeitado pela sociedade.

Dados da OIT e do IBGE demonstram a grande discrepância entre a valorização do trabalho da mulher em comparação ao trabalho do homem, os quais recebem maiores salários e ocupam a maioria dos cargos de chefia, apesar de os dados estatísticos demonstrarem que as mulheres procuram uma maior qualificação profissional e já são maioria no ensino superior e nos cursos de pós-graduação, além de procurarem grupos de *network* e *coaching*.

Aliás, no Brasil a desigualdade de oportunidades entre homens e mulheres ainda é tão grande que, em 2009, o país ocupava o 124 lugar em relação à igualdade de salários, em uma comparação entre 142 países feita pelo Fórum Econômico Mundial.

No âmbito das relações de trabalho, a diferenciação de gênero é mais acentuada, em face da discrepância na valorização do trabalho das mulheres, ainda que estas tenham igual ou, muitas vezes, melhor produtividade e perfeição técnica que os homens.

As pesquisas feitas revelam este distanciamento, e demonstram que os homens recebem salários superiores; ocupam a maioria dos cargos de chefia; além de as mulheres liderarem o rol de trabalhadores sem carteira de trabalho assinada e, ainda, laborarem, em média, mais horas que os homens, apesar de investirem mais em sua qualificação que eles.

Conforme dados atuais divulgados pela OXFAM[2], com base em relatório elaborado pelo Fórum Econômico Mundial, a desigualdade de renda continua a crescer no mundo inteiro, sendo que 82% da riqueza está nas mãos de apenas 1% da população, sendo que, dentro deste cenário perverso, as mulheres são as mais prejudicadas (também nas camadas mais ricas, 9 entre 10 bilionários são homens). Aliás, segundo a mesma fonte, ainda se estima que somente em 217 anos será possível antever a possibilidade de que as mulheres possam auferir salários e oportunidades idênticas a dos homens. E mais, o mesmo estudo demonstra que de 83% dos trabalhadores domésticos do mundo, 60% deles são mulheres, a demonstrar que as mulheres ainda são relegadas a tarefas menos complexas que aquelas oferecidas aos homens.

Com efeito, as mulheres ainda são maioria nos postos de trabalho informais, em cargos de menor hierarquia e

---

2. A Oxfam International é uma confederação de 17 organizações e mais de 3.000 parceiros, que atua em mais de 100 países na busca de soluções para o problema da pobreza e da injustiça, através de campanhas, programas de desenvolvimento e ações emergenciais. Sob o nome de Oxford Committee for Famine Relief (Comitê de Oxford de Combate à Fome), foi fundada em Oxford, Inglaterra, em 1942 por um grupo liderado pelo cônego Theodore Richard Milford (1896-1987) e constituído por intelectuais quakers, ativistas sociais e acadêmicos de Oxford. Seu objetivo inicial foi de convencer o governo britânico a permitir a remessa de alimentos às populações famintas da Grécia, então ocupada pelos nazistas e submetida ao bloqueio naval dos aliados. Sua primeira filial internacional foi fundada no Canadá, em 1963. A organização mudou seu nome para o seu endereço telegráfico, OXFAM, em 1965.

nos regimes de tempo parcial, e, por conseguinte, são mais atingidas pelas medidas que flexibilizam direitos, como é a tônica do novo texto trabalhista recentemente aprovado no Congresso Nacional.

Particularmente, no que tange à flexibilização do trabalho a tempo parcial de 25 para 30 horas, por certo, apenas ampliará essa realidade da precarização do trabalho da mulher, a qual, como já referido, é maioria a ocupar tal modalidade de contratação, já que, historicamente, estão em maior condição de vulnerabilidade social.

Além da desvalorização salarial e profissional, é notório, a par dos inúmeros julgados no âmbito desta Justiça do Trabalho, que as mulheres são preponderantemente alvo, também, de assédio moral e sexual no ambiente de trabalho, a demonstrar que o menosprezo às trabalhadoras ainda é um problema cultural neste país, o que resulta em ofensa à dignidade dessas profissionais e a seus direitos de personalidade.

Acerca do assédio moral, a lição de Marie-France Hirigoyen[3]:

"por assédio em um local de trabalho temos que entender toda e qualquer conduta abusiva manifestando-se sobretudo por comportamentos, palavras, atos, gestos, escritos que possam trazer dano à personalidade, à dignidade ou à integridade física ou psíquica de uma pessoa, pôr em perigo seu emprego ou degradar o ambiente de trabalho".

Na tarefa diária de examinar processos submetidos a Justiça do Trabalho, nos deparamos rotineiramente com os mais diversos tipos de assédio moral contra a mulher, que também é a maior vítima de assédio sexual. Vale citar, aqui, ementa e excerto da fundamentação de acórdão de relatoria desta autora (Processo 0000732-57.2013.5.04.0561, julgado em 05.05.2016-Desa. Tânia Regina Silva Reckziegel- 2ª Turma):

ASSÉDIO SEXUAL. INDENIZAÇÃO. A reiteração de condutas ofensivas à dignidade da trabalhadora e aos demais direitos inerentes à sua personalidade, máxime a sua liberdade sexual excede o poder diretivo e configura assédio. Caracterizado o assédio, o dano moral é presumido, competindo ao empregador a reparação correspondente

(...) Ademais, foi realizada perícia psicológica com entrevista e teste tanto da reclamante quanto do suposto assediador. A perita lança a seguinte conclusão acerca desse último:

"Sua projeção denota menos valia do sexo feminino, imaturidade psicossocial, fixação na infância ou na adolescência. Pode haver problema sexual. Demonstra insegurança e necessidade de proteção. Há suspeita de traumas infantis"

Concluo, diante de tais provas, que efetivamente ocorreram os atos de assédio sexual narrados na petição inicial.

Pelo exposto, tenho que houve evidente extrapolação do poder diretivo do empregador, em grave lesão ao direito à intimidade, privacidade e à liberdade sexual da reclamante.

Ademais, demonstrado o assédio sexual, o dano moral é in re ipsa, isto é, comprovada a ofensa à dignidade do trabalhador, presume-se a ocorrência do abalo moral.

Saliento que, forte no art. 932, inciso III, do Código Civil, o empregador é objetivamente responsável pelos atos de seus empregados e prepostos. Assim, demonstrada a conduta ofensiva da reclamada, despicienda a perquirição da culpa.

A fixação do valor devido a título de indenização por dano moral deve levar em conta a extensão do dano causado pelo ofensor e a capacidade patrimonial das partes, bem como objetivar a amenização do sofrimento experimentado pela vítima. Por outro lado, destina-se também a reprimir a conduta do empregador e desestimular a sua reincidência.

Na espécie, considerando os fatores referidos supra e os parâmetros usualmente adotados por esta Corte em situações análogas, em atenção às peculiaridades do caso concreto, entendo por bem manter o valor da indenização por danos morais em R$18.000,00 (dezoito mil reais) consoante fixado na origem.

Em face disso, é importante a adoção, pelos aplicadores do direito, de normas de proteção ao trabalho da mulher. A própria OXFAM preconiza, nesse sentido, a criação de medidas governamentais que erradiquem a desigualdade de gênero no mercado de trabalho.

Aliás, além das normas de proteção trazidas pela Constituição Federal, ao aplicarmos o direito na defesa do trabalho da mulher, a legislação infraconstitucional contém inúmeros preceitos protetivos à mulher, a exemplo da Lei Maria da Penha; dos arts. 372 a 378 da CLT, que tratam DA DURAÇÃO, CONDIÇÕES DO TRABALHO E DA DISCRIMINAÇÃO CONTRA A MULHER; da vedação de práticas discriminatórias (Lei n. 9.029/1995); da regulação do trabalho noturno (art. 381 da CLT); do descanso e horas extras (art. 7º, XV, da CF e arts. 382 a 386 da CLT; das regras de métodos e locais de trabalho (a exemplo dos arts. 388-389 da CLT e da Portaria n. 3.296/1986, que trata do reembolso de creche, e do art. 7º, XXV, da CF, que prevê o direito à assistência gratuita aos filhos e dependentes desde o nascimento até cinco anos de idade em creches e pré-escolas); da proteção à maternidade (ADCT art. 10, II, b e art. 7º, XXV, XVIII, XXX, da CF: arts. 391 e seguintes da CLT; Art. 4-A, Lei n. 5.895/1972 da doméstica; da Lei n. 8.213/1991, arts. 71 e 71-A, que tratam do salário-maternidade e Lei n. 11.770/2008, que dispõe sobre as regras da empresa-cidadã. Sem falar de inúmeras previsões jurisprudenciais protetivas: Súmula n. 244 do TST, OJ SDC 30 TST; PN 6 SDC TST; OJ SDI-1 n. 44 e 399 etc.

---
3. HIRIGOYEN, Marie-France. *Assédio moral*: a violência perversa no cotidiano. 12. ed. Rio de Janeiro: Bertrand Brasil, 2010. p. 65.

Destaca-se aqui o art. 9º da Lei Maria da Penha, o qual prevê que:

"A assistência à mulher em situação de violência doméstica e familiar será prestada de forma articulada e conforme os princípios e as diretrizes previstos na Lei Orgânica da Assistência Social, no Sistema Único de Saúde, no Sistema Único de Segurança Pública, entre outras normas e políticas públicas de proteção, e emergencialmente quando for o caso. (...) § 2º O juiz assegurará à mulher em situação de violência doméstica e familiar, para preservar sua integridade física e psicológica: I – acesso prioritário à remoção quando servidora pública, integrante da administração direta ou indireta; II – manutenção do vínculo trabalhista, quando necessário o afastamento do local de trabalho, por até seis meses".

Não poderíamos deixar de referir que alguns preceitos de proteção ao trabalho da mulher foram revogados pela reforma trabalhista, recentemente aprovada no Congresso Nacional, a exemplo do intervalo da mulher, até então contemplado no art. 384 da CLT, que deixou, então, de existir, em menosprezo aos avanços sociais até então conquistados e às peculiaridades da trabalhadora mulher, a qual, como é cediço, acumula a atividade profissional com a manutenção da casa e da família.

Além disso, a CLT vigente até novembro de 2017 previa no parágrafo único do art. 372:

Os preceitos que regulam o trabalho masculino são aplicáveis ao trabalho feminino, naquilo em que não colidirem com a proteção especial instituída por este Capítulo.

Parágrafo único – Não é regido pelos dispositivos a que se refere este artigo o trabalho nas oficinas em que sirvam exclusivamente pessoas da família da mulher e esteja esta sob a direção do esposo, do pai, da mãe, do tutor ou do filho.

O preceito contido no parágrafo antes transcrito, no entanto, também foi retirado pela reforma trabalhista, sendo revogado no novo texto legal, o que leva a crer que também aqui a proteção ao trabalho da mulher foi mitigada, exigindo-se desta esforços semelhantes aos que seriam exigidos do trabalhador do sexo masculino.

Ora, em que pese existissem inúmeros mecanismos legais destinados a proteger a trabalhadora mulher dos abusos do empregador, bem como destinados a promover a igualdade da mulher perante os demais empregados do sexo masculino, na prática evidencia-se que ainda há um longo caminho a trilhar na busca da efetividade destes direitos. E, neste caminho, é possível afirmar que, com a reforma da CLT pela Lei n. 13.467/2017, vários passos foram dados na direção oposta aos avanços já conquistados, tornando ainda mais distante o atingimento do preceito constitucional de igualdade, tendo a reforma trabalhista acentuado gravemente o abismo da desigualdade entre homens e mulheres neste país.

A reforma trabalhista implementada se revela contrária aos próprios objetivos fundamentais da República Federativa do Brasil, definidos no art. 3º da Constituição Cidadã, sobretudo no que se refere à construção de uma sociedade mais justa e solidária, à erradicação da pobreza e das desigualdades sociais e à promoção do bem de todos, independentemente de origem, raça, sexo, idade ou outras formas de discriminação.

No Brasil, permanece vivo o conservadorismo dos seus parlamentares, que se mostram refratários a políticas afirmativas da participação feminina na sociedade, sobretudo, quando retiram-se da mulher direitos trabalhistas tão arduamente conquistados através da evolução histórica.

Aliás, o próprio corte de despesas implementado recentemente pelo governo Temer em seus cargos comissionados, em maio de 2016, atingiu mais mulheres que homens e diminuiu ainda mais a participação feminina no alto escalão de governo (o corte de cargos de mulheres foi de 12,13% e de homens de 8,46%). E mais, dos cargos comissionados, conforme dados de novembro de 2016, 11.242 eram ocupados por homens e 7.999 por mulheres.

Há ainda os que defendem que a proteção ao trabalho feminino acaba por restringir as oportunidades de emprego às mulheres, gerando maior prejuízo do que benefícios. Esta é a tese que exsurge quando da retirada de direitos trabalhistas. A exemplo, a retirada do direito ao intervalo antes previsto no art. 384 da CLT: A questão aqui trazida é a de que surgiriam lacunas na linha de produção, que não permitiriam a conclusão do produto em industrialização, uma vez que tarefas a cargo das mulheres deixariam de ser realizadas durante o intervalo, ademais em se tratando de tarefas ligadas aos seus colegas homens, que trabalham lado a lado na produção. Haveria, assim a opção pelos trabalhadores homens por parte do empresário, com restrição ao emprego para as mulheres, não pelo custo do valor do intervalo não concedido, mas pelo custo da quebra de produção no caso de concessão do intervalo.

Não obstante, contrapondo-se a esta visão machista que impera em nossa sociedade, o novo relatório da Organização Internacional do Trabalho (OIT), publicado em 14.06.2017, demonstra que se as políticas públicas de redução de desigualdade de gênero fossem, de fato, implementadas em 25% até 2025, seria possível adicionar US$ 5,8 trilhões à economia global, aumentando as receitas fiscais, inclusive. Somente no Brasil, tal aumento seria na ordem de 382 bilhões de reais, ou seja, de 3,3% do PIB, representando, também, acréscimo de 131 bilhões de reais em tributos.

Infelizmente, não é essa a realidade que se apresenta no momento, pois a desigualdade de gênero continua a ser um desafio mundial.

Evelyne Sullerot[4], em análise histórica e sociológica do trabalho da mulher já apregoava a necessidade do fim do

---

4. *A Mulher no Trabalho – História e Sociologia*. Editora Expresso e Cultura. 1. ed. 1970. p. 28 e 29.

preconceito à mulher no trabalho fora do lar e a necessidade de um caminho de igualdade nos deveres do lar e da criação dos filhos, citando o ultrajante pensamento de Xenofonte: *Os Deuses criaram a mulher para as funções domésticas, o homem para todas as outras. Os Deuses a puseram nos serviços caseiros, porque ela suporta menos bem o frio, o calor e a guerra. As mulheres que ficaram em casa são honestas e as que 'vagueiam' pelas ruas são desonestas; para os homens seria vergonhoso 'ficar em casa' e não se ocupar das coisas de fora de casa."*

A ideologia defendida, portanto, é no sentido de relegar a mulher à margem da sociedade, considerando que, como mencionado pela autora, os valores da sociedade são construídos fora do lar e, ao se limitar ao trabalho caseiro, nada de valoroso poderia ser feito pela mulher.

Aqui surge uma dualidade entre proteção e oportunidades de trabalho à mulher: Há quem defenda que este condicionamento histórico imposto à mulher, quanto ao seu dever nas tarefas domésticas e na educação dos filhos, limitando seu papel no mundo do trabalho, deve ser combatido e não utilizado como justificativa para pseudo vantagens de proteção, que serviriam apenas para afastar a mulher ainda mais das oportunidades de emprego.

Com efeito, em um mundo ideal, não restam dúvidas de que o problema da dupla jornada da mulher, no emprego e no lar, decorrente de condicionamento histórico que lhe foi imposto, deveria ser resolvida não por meio da adoção de normas mais protetivas, mas por meio da correta divisão de tarefas domésticas entre homens e mulheres, implementada pelas devidas políticas educacionais públicas, a fim de que não servisse de fundamento para tratamento desigual no trabalho, e que de fato pode restringir o mercado de trabalho da mulher, ao protegê-la, no exercício de funções iguais, por motivo de sexo.

Contudo, não vivemos em um mundo ideal, mas em um país no qual as mais básicas políticas públicas não são implementadas, tais como na saúde, segurança e educação, e que ocupa o vergonhoso 5º lugar no *ranking* de países com maior número de assassinatos de mulheres no mundo, consoante dados amplamente divulgados no ano de 2017. E mais, consoante recente levantamento feito pelo Tribunal de Justiça do Rio Grande do Sul, foi constatado que os processos judiciais de feminicídios aumentaram 36% em 2017 no Estado. Sem falar, ainda, nos casos de estupro e na cultura do estupro presente em nosso país.

Portanto, a discriminação e o desrespeito contra a mulher não são prerrogativas das relações de trabalho, mas fruto de uma cultura de menosprezo e de violência contra elas, o que somente pode ser vencido com educação e políticas públicas adequadas e de uma legislação protetiva da mulher, quer no âmbito civil, penal ou no trabalhista.

Não se pode minimizar os abusos cometidos contra as mulheres no meio ambiente de trabalho diante de tamanha discriminação e desrespeito à mulher no Brasil.

Não obstante, e não sem dificuldade, nunca antes na história deste país as mulheres exerceram cargos tão importantes em todas as áreas (política, empresarial, áreas públicas), exercendo papéis de destaque e liderança. Contudo, este papel de destaque a duras penas conquistado não impediu as mulheres de serem vítimas de abusos, de discriminação e de violência.

Ainda que assédios sobre as mulheres trabalhadoras tenham sempre ocorrido ao longo da história, nunca vieram à tona tantos casos de abuso contra trabalhadoras, quer seja nas profissões mais simples, quer seja no mercado milionário de trabalho de Hollywood, conforme recentes campanhas e protestos veiculados pelas atrizes americanas na mídia mundial.

Não se desconhece o fato de que políticas públicas de educação familiar seriam o correto caminho para pôr fim à discriminação da mulher no trabalho. Mas também não se desconhece o fato de que, neste momento político e econômico do Brasil, não se verifica, a curto prazo, qualquer possibilidade de implementação imediata, com sucesso, destas políticas.

Ante à ausência de políticas públicas aptas a afastar a discriminação à trabalhadora, torna-se necessária à manutenção da proteção ao trabalho da mulher, seja por meio da legislação constitucional e infraconstitucional, ou seja por meio de decisões proferidas pela Justiça do Trabalho que reprimam a conduta discriminatória do empregador e desestimulem a sua reincidência.

Também uma maior participação política da mulher se revela necessária como ferramenta para por fim à discriminação da mulher no trabalho e na sociedade. Conforme Eliana Calmon, jurista e magistrada brasileira, e também primeira mulher a compor o Superior Tribunal de Justiça "a participação política ou o empoderamento da mulher no eixo político é importante na medida em que são tomadas nos espaços privilegiados de poder as decisões referentes às políticas públicas e à ações afirmativas que levam à equidade de gênero."[5]

Enfim, apesar dos avanços e conquistas da atuação feminina na sociedade, em especial no mercado de trabalho, há que se reconhecer, também, que há inúmeros desafios a serem vencidos. A desigualdade ainda está presente nas relações de trabalho, em especial na menor remuneração alcançada, na falta de amparo à maternidade (insuficiência de creches) e, também, no grande número de casos de assédio moral e sexual que vitimizam as mulheres em seu ambiente de trabalho.

Dentre os diversos desafios da modernidade está o da consolidação da cidadania da mulher em um processo de transformação e lutas pela igualdade de gênero mediante reflexões acerca do seu papel social ao longo dos tempos, em especial o seu espaço no mercado de trabalho.

---

5. CALMON, Eliana. O empoderamento sociopolítico da mulher. *Revista Justiça & Cidadania*. Rio de Janeiro: Editora JC, jan. 2014.

Conforme a diretora geral adjunta da OIT, Deborah Greenfield[6]:

"O fato de que metade das mulheres em todo o mundo está fora da força de trabalho, quando 58% delas preferem trabalhar em empregos remunerados, é uma forte indicação de que há desafios significativos que restringem suas capacidades e liberdade de participação.

A preocupação mais imediata para as pessoas responsáveis pelo desenvolvimento de políticas, portanto, deve ser aliviar as restrições que as mulheres enfrentam para escolher entrar no mercado de trabalho e abordar as barreiras que elas enfrentam quando estão no local de trabalho."

A desigualdade de tratamento entre homens e mulheres é uma realidade inerente à maioria dos países, infelizmente. Tal desigualdade se manifesta de múltiplas formas, quer na forma de violência física ou psicológica, quer pela sonegação de melhores oportunidades de crescimento pessoal e profissional às mulheres.

Conforme relatório da OIT, o acesso das mulheres ao mercado de trabalho e aos empregos de qualidade é afetado por inúmeros fatores, incluindo discriminação, educação, tarefas não remuneradas, equilíbrio entre trabalho e família e estado civil, sendo que a conformidade de gênero também restringe, por si só, as oportunidades de trabalho oferecidas às mulheres.

Esse equilíbrio de gênero, no entanto, esbarra em entraves culturais também e não parte apenas dos homens, pois, conforme a OIT, 20% dos homens e 14% das mulheres ainda pensam que não é aceitável uma mulher trabalhar fora de casa.

Essa desigualdade é ainda mais cruel com a trabalhadora negra, cuja precarização é mais acentuada, em razão da herança da cultura escravocrata brasileira.

Com efeito, o trabalho doméstico é a ocupação de 18% das mulheres sendo que, destas, apenas 10% são brancas. E, tendo em conta que o trabalho doméstico só foi equiparado, em direitos, ao trabalhador urbano com a reforma constitucional de 2013, resta claro o quanto ainda é preciso avançar e quão lento é este processo evolutivo.

Por todo o exposto, é imperiosa a defesa da isonomia de gênero, devendo qualquer proposta de alteração a texto de lei se pautar sempre e irrestritamente nos limites fixados pela Constituição Federal quando define os direitos e garantias fundamentais de todos os cidadãos, lembrando que o art. 60, §4º, veda toda e qualquer emenda à Constituição que restrinja os direitos e garantias individuais. E ainda é longo o caminho em busca da garantia à existência digna e à justiça social neste país.

Neste contexto, sobretudo, é preciso ser vigilante no cumprimento da Lei Pátria e na construção do país que se quer deixar como legado às futuras gerações.

Nesta linha, Marli Marlene Moraes da Costa e Mariana Camargo D'Oliveira[7] nos esclarecem que

"Exsurge como guardião do exercício da cidadania e da dignidade o anteriormente aludido princípio da igualdade. É por conta dos percalços advindos ao longo do caminho e das características e especificidades inerentes às mulheres, que se mostra necessário um Direito do Trabalho da Mulher, salvaguardando as conquistas obtidas. É indispensável, inclusive, a construção de mecanismos que efetivem a consecução da isonomia não apenas formal, mas também, e sobretudo, no plano fático de direitos. Não há mais espaço e tempo para a postergação das políticas públicas positivas nesta área, que se mostra essencial.

Diante destas ilações, é imprenscíndivel que haja o esclarecimento das próprias mulheres, responsáveis por reproduzir um paradigma patriarcal e hierarquizado, mormente porque criaram seus filhos seguindo estes padrões ultrapassados. É desconstruindo tais modelos estabelecidos socialmente que se efetivará, na sua plenitude, a igualdade tão vindicada. Acredita-se que, a partir destas reflexões, contribui-se para o avanço social e, consequentemente, para uma transposição de cânones obsoletos, através de um verdadeiro protagonismo feminino, operacionalizando o seu empoderamento via inserção maciça em todas as ambiências laborais".

Por fim, relevantes as tocantes palavras proferidas pela apresentadora americana Oprah Winfrey durante recente cerimônia do Globo de Ouro, no antológico discurso em que atacou o assédio sexual contra as trabalhadoras mulheres:

"(...)

What I know for sure is that speaking your truth is the most powerful tool we all have. And I'm especially proud and inspired by all the women who have felt strong enough and empowered enough to speak up and share their personal stories. Each of us in this room are celebrated because of the stories that we tell, and this year we became the story. But it's not just a story affecting the entertainment industry. It's one that transcends any culture, geography, race, religion, politics, or workplace.[8]

---

6. Disponível em: <https://nacoesunidas.org/oit-reduzir-a-desigualdade-de-genero-beneficiaria-as-mulheres-a-sociedade-e-a-economia>.
7. COSTA, Marli Marlene Moraes da; D'OLIVEIRA, Mariana Camargo. Desobstaculizando a igualdade através de práticas discriminatórias epungidas. In: *Direito e Políticas Públicas VII*. Curitiba: Multideia, 2012. fl. 167 e ss.
8. O que eu sei com certeza é que dizer a sua verdade é a ferramenta mais poderosa que todos nós temos. Eu tenho especial orgulho e inspiração por todas as mulheres que se sentiram fortes o suficiente, empoderadas o suficiente para erguer a voz e compartilhar suas histórias pessoais. Cada um de nós nesta sala somos celebrados por causa das histórias que contamos. E, este ano, nós nos tornamos as histórias. Mas não é apenas história que afeta a indústria do entretenimento. É uma que transcende cultura, geografia, raça, religião, política ou ambiente de trabalho.

So I want tonight to express gratitude to all the women who have endured years of abuse and assault because they, like my mother, had children to feed and bills to pay and dreams to pursue. They're the women whose names we'll never know. They are domestic workers and farm workers. They are working in factories and they work in restaurants and they're in academia, engineering, medicine, and science. They're part of the world of tech and politics and business. They're our athletes in the Olympics and they're our soldiers in the military.[9]

(...)

In my career, what I've always tried my best to do, whether on television or through film, is to say something about how men and women really behave. To say how we experience shame, how we love and how we rage, how we fail, how we retreat, persevere, and how we overcome. I've interviewed and portrayed people who've withstood some of the ugliest things life can throw at you, but the one quality all of them seem to share is an ability to maintain hope for a brighter morning, even during our darkest nights. So I want all the girls watching here, now, to know that a new day is on the horizon! And when that new day finally dawns, it will be because of a lot of magnificent women, many of whom are right here in this room tonight, and some pretty phenomenal men, fighting hard to make sure that they become the leaders who take us to the time when nobody ever has to say 'Me too' again." [10]

Enfim, é preciso lutar. Lutar com as armas que temos para a manutenção dos meios de proteção ao trabalho da mulher. Não nos calando diante dos abusos. Como oportunamente ilustra a linda canção "Maria Maria", de Milton Nascimento, que traduz muito bem este sentimento que une todas as mulheres em busca de um mundo com mais respeito e igualdade:

Mas é preciso ter força
É preciso ter raça
É preciso ter gana sempre
Quem traz no corpo a marca
Maria, Maria
Mistura a dor e a alegria
Mas é preciso ter manha
É preciso ter graça
É preciso ter sonho sempre
Quem traz na pele essa marca
Possui a estranha mania
De ter fé na vida

---

9. Então eu quero, esta noite, expressar minha gratidão a todas as mulheres que suportaram anos de abuso e assédio por que elas, como minha mãe, tinham filhos para alimentar e contas para pagar e sonhos para perseguir. Elas são as mulheres cujos nomes nós nunca saberemos. São trabalhadoras domésticas e rurais. Elas trabalham em fábricas e em restaurantes e na academia, e em engenharia e medicina e ciência. Elas são parte do mundo da tecnologia e da política e dos negócios. São atletas nas Olimpíadas e soldados no exército.

10. Na minha carreira, eu sempre tentei fazer o meu melhor para, fosse na televisão ou no cinema, dizer algo sobre como homens e mulheres realmente se comportam. Para falar sobre como experimentamos vergonha, como amamos, como nos enraivecemos, falhamos, nos retraímos, perseveramos, e como superamos. Eu entrevistei e retratei pessoas que suportaram algumas das coisas mais feias que a vida pode jogar sobre você, mas uma qualidade que todos eles parecem ter em comum é a habilidade de manter a esperança por uma manhã mais ensolarada. Mesmo durante nossas noites mais escuras. Então, quero que todas as meninas que estão assistindo aqui e agora saibam que um novo dia está no horizonte! E quando esse dia finalmente chegar, será graças a muitas mulheres magníficas, muitas das quais estão aqui neste salão agora, e a alguns homens fenomenais que estão lutando para garantir que elas se tornem as líderes que nos levarão ao tempo em que ninguém, nunca mais, precisará dizer "eu também" de novo.

A (Des)Valorização Laboral da Mulher e a sua Transformação Social através das Princesas dos Contos de Fadas

Tatiana C. Fiore de Almeida[1]

1. INTRODUÇÃO

Fui desafiada a escrever nesse artigo sobre "Feminismo, Pluralismo e Democracia", e para tanto foi necessário realizar um revisionismo histórico, para que a reinterpretação do papel feminino através dos contos de fadas protagonizados pelas princesas nos livrasse da reprodução culturalmente impregnada em nossa sociedade do personagem mulher.

Feminismo abrangendo a atitude reivindicativa dos direitos da mulher na sociedade, em particular no que se refere à igualdade econômica e política do homem.

O desafio maior foi desmistificar a mulher no sentido lato de fêmea do homem, gênero, para introduzi-la no contexto democrático de ser humano, sem o estigma que lhe foi imposto de desvalorização, mas no empoderamento de poder ser o que ela deseja, sem perder a feminilidade; sem abrir mão da maternidade e/ou da sexualidade; sem perder a importância no núcleo da célula familiar; sem arquejar pelo pecado de Adão que lhe foi imputado como culpa e ter que trabalhar e ter direitos a menos e deveres a mais.

Para melhor delimitar o trabalho vamos fazer uso dos contos de fadas, mas apenas das protagonistas que nasceram ou se tornaram princesas pelo casamento, pois até 1962, as mulheres casadas só podiam trabalhar fora de casa se o marido permitisse limitação essa imposta pelo Código Civil de 1916, o que evidencia que por séculos as mulheres sofreram diversas restrições por não ter os mesmos direitos civis, políticos e educacionais dos homens.

Essa postura das sociedades primitivas sobre o papel da mulher refletiu nas relações de empregabilidade e atuação política, e reforçou ideologias preconceituosas, que ainda nos colocam em patamares diferentes dos homens, e resta cediço que a igualdade ainda não prevalece da forma desejada em nossa Carta Magna, especialmente, quando pensamos em remuneração de trabalho, oportunidades de empregos, entre outros.

2. CONTEXTUALIZAÇÃO HISTÓRICA X TRANSFORMAÇÃO SOCIAL ATRAVÉS DAS PRINCESAS DOS CONTOS DE FADAS

Neste trabalho, objetivamos analisar o papel feminino através dos contos de fadas protagonizados pelas princesas, analisando, especificamente a contextualização histórica presente nestas produções cinematográficas e como se dá a construção da figura feminina, bem como, as transformações da sua posição na sociedade, e esse processo se divide em três partes principais, as princesas clássicas; princesas rebeldes; e princesas contemporâneas.

No início do século XVIII a vida da mulher era assinalada por aspectos que a conformava como um ser submisso ao lado de um homem provedor, nos 'padrões' comportamentais instituídos pela sociedade, onde exercem papéis sociais bem definidos, eis aqui o conceito de gênero, que privilegia avaliação de processos de diferenciações biológicas, e socioculturais. E apesar dessa rigidez na demarcação dos papéis, pode-se observar através das princesas que no decorrer dos períodos os contos de fadas, propõem sinais de uma transição do papel da mulher no meio social.

Assim sucede na transição das princesas clássicas para as rebeldes, evidenciando e porque não ratificando o advento da industrialização e a expansão capitalista que levam a mulher, responsável pelos afazeres domésticos para o chão das fábricas, e ao fazer parte do mercado de trabalho, gradativamente passa a assumir funções secundárias, e em decorrência ela adota uma atitude diferente na sociedade, renunciando a aceitação de estereótipos, condicionamentos e diferenças nas relações de poder, que permeiam a convivência de homens e mulheres nos mais diversos espaços, e demonstram enraizados padrões comportamentais estabelecidos outrora da marca do sexo frágil, como diferenças salariais, baixo empoderamento, violência doméstica/feminicídio, entre outras situações ainda bem evidentes na sociedade contemporânea.

2.1. As Princesas Clássicas

Ao longo da história ocidental sempre houve mulheres que se rebelaram contra sua condição, que lutaram por

---

[1]. Advogada Consultiva; Parecerista; Doutoranda em Direito Previdenciário pela UBA (Universidade de Buenos Aires); Especialista em Direito do Trabalho, e Previdenciário pela ESA/SP; Presidente do Conselho Federal do IAPE (2017-2019); Membro do GEP – Grupo de Estudos Wladimir Novaes Martinez (desde 2017); Coordenadora Científica do ENSINAPREV – Instituto de Prevenção ao Uso e Abuso de Drogas (desde 2017); Diretora Executiva do Conselho Federal do IAPE (2015-2017); Foi coordenadora do Núcleo Seguridade Social do Instituto Orgulho de Ser Advogado (2016); Coordenadora Geral e Científica do Congresso de Direito Previdenciário de Guarulhos (desde 2010); Autora de Livros e Artigos Jurídicos; Professora de Pós-Graduação; Conferencista/Palestrante.

liberdade e muitas vezes pagaram com suas próprias vidas. A Inquisição da Igreja Católica foi implacável com qualquer mulher que desafiasse os princípios por ela pregados como dogmas insofismáveis.

O período que antecede as princesas clássicas evidencia uma época marcada pela luta mundial dos movimentos feministas, como a Marcha das Mulheres do Mercado (1789) em Versalhes; a Luta das Trabalhadoras Fabris (1857) em Nova York; e diversos outros, que tinham como objetivo a luta pela igualdade de gêneros, visando ampliar o espaço para a atuação da mulher na sociedade.

A chamada primeira onda do feminismo aconteceu a partir das últimas décadas do século XIX, o direito ao voto foi conquistado no Reino Unido em 1918, e no Brasil, a primeira com a promulgação do Código Eleitoral Brasileiro, de 1932, que impulsionou o governo de Getúlio Vargas a regulamentar em 1934 o pleito de ampla cidadania, e é precedido do golpe do Estado Novo de 1937, que vem para abolir as liberdades democráticas e abortar as organizações políticas e sociais do país.

Esses acontecimentos motivam a contextualização *histórica* das princesas clássicas que são compostas por *Branca de Neve e os Sete Anões (1937), Cinderela (1950) e A Bela Adormecida (1959)*, dos contos de fada refletiam o espaço limitado da mulher na sociedade ocidental. Branca e Aurora são princesas de berço, e Cinderela tornou-se princesa pelo casamento.

Branca de Neve é um conto de fadas originário da tradição oral alemã, que foi compilado pelos Irmãos Grimm e publicado entre os anos de 1812 e 1822, num livro com várias outras fábulas, intitulado "Contos de Fada para Crianças e Adultos[2]", certo é que as versões populares têm constantemente modernizado a história, adicionando elementos e, muitas vezes, atenuando os pormenores mais intrigantes, de acordo com as exigências sociais e os valores de cada época, este conto antecede a Segunda-Guerra mundial.

A protagonista é uma princesa solitária que vive com sua malvada madrasta, uma Rainha vaidosa e ciumenta, que teme que a beleza de Branca de Neve supere a sua própria, obrigando-a trabalhar como criada, e pergunta diariamente ao Espelho Mágico: "Espelho, Espelho Meu, existe alguém mais bela do que eu?", durante anos a resposta é que não havia ninguém mais bela que a Rainha, até que um dia, o Espelho diz que Branca de Neve é a mais bela de todas.

A Rainha irritada ordena que o Caçador mate Branca de Neve, e como prova da morte traga o coração dela numa caixa de joias. No entanto, ele não consegue matá-la, e implora pelo seu perdão, deixando Branca de Neve fugir para a floresta.

A princesa é socorrida por bondosos animais da floresta que a conduzem para uma casa de campo no fundo da floresta, e ao entrar, encontra sete cadeiras pequenas na sala de jantar da casa, e conclui que a casa é desarrumada porque é habitada por sete crianças órfãs, quando na verdade, a casa é habitada por sete anões adultos: Mestre, Zangado, Feliz, Soneca, Dengoso, Atchim (Espirro) e Dunga, que trabalham em sua própria mina. Os anões ao retornarem para casa ficam surpresos ao encontrá-la limpa e concluem que alguém a invadiu e eles concordam em deixá-la ficar, ao saber que ela cozinha e limpa perfeitamente, e que Ela vai cuidar da casa enquanto eles vão trabalhar durante o dia na mina de joias. À noite, todos cantam, dançam e tocam música.

Mais tarde, a Rainha descobre que Branca de Neve ainda está viva ao perguntar ao Espelho Mágico quem é a mais bela de todas, e ele ainda afirmar ser a Branca de Neve. O Espelho também revela que o coração na caixa dada pelo Caçador é de um porco. Usando uma poção que transforma a si mesma numa velha mendiga, a Rainha cria uma maçã envenenada que coloca a pessoa que a morde num "Sono da Morte", uma maldição que só pode ser quebrada por um "Beijo de Amor Verdadeiro", mas descarta esta possibilidade, acreditando que Branca de Neve será enterrada viva. A Rainha vai para a casa de campo, enquanto os anões estão fora; os animais que estavam vigiando correm para encontrar os anões. A Rainha engana Branca de Neve, que morde a maçã envenenada. Os anões voltam para a casa de campo e encontram-na morta. Recusando-se a enterrá-la, eles a colocam em um caixão de vidro adornado em ouro numa clareira da floresta, juntamente com as criaturas da floresta, e permanecem em luto, até que um príncipe, que tinha conhecido e se apaixonado por Branca de Neve, descobre seu sono eterno e visita seu caixão, e triste com sua morte aparente, ele a beija, o que quebra o feitiço e acorda Branca de Neve. Todos os anões e animais se alegram enquanto o Príncipe leva Branca de Neve para o seu castelo.

Assim, Branca de Neve evidencia sua representatividade como a mulher ideal para a sociedade patriarcal da época. Além dos atributos físicos e morais, a princesa demonstra prazer pelos afazeres domésticos, e a busca por um homem que representasse o papel pré-definido à época de provedor do lar e protetor da família, um príncipe encantado que a leve para viver num castelo, onde, certamente, continuará a desempenhar as funções domésticas.

Cinderela é muito análoga a Branca de Neve, sua madrasta também impõem a obrigação aos afazeres domésticos, porém essa protagonista sonha com os bailes, onde poderá encontrar um príncipe que a resgate e liberte desta opressão através do amor, mudando sua vida de sofrimento.

Cinderela mesmo com todo trabalho doméstico e grosseiro, ela não perde o charme, formosura e delicadeza, e justifica a mudança de paradigma da mulher dona de casa para a que busca uma mudança de vida, ou seja, a não obrigação de seus afazeres domésticos, demonstrando a

---
2. Conto: Schneewittche, livro: Kinder-und Hausmärchen.

transformação feminina com o fim da Segunda-Guerra, nesse período os Estados Unidos despontaram como potência mundial e o mundo viveu a "era de ouro" do capitalismo, pois o que antes era um luxo tornou-se o padrão do conforto desejado: a geladeira, a lavadora de roupas automática, o telefone, elevando o custo de vida, todavia, encontrar o príncipe encantado que pudesse assumir o papel de mantenedor da família não era tarefa fácil, embora fosse um desejo de grande parte das mulheres da época.

A Bela Adormecida, protagonizado pela princesa Aurora, na festa do seu batizado foram convidadas fadas para serem as madrinhas, presenteando a criança com dádivas como a beleza, a inteligência, a riqueza, a bondade etc., no Conto filmado aparece apenas três (Flora, Fauna e Primavera) No entanto, uma velha feiticeira do reino que fora negligenciada porque o rei tinha apenas doze pratos de ouro, interrompeu o evento e lançou lhe como vingança uma maldição, cujo resultado seria a morte pelo picar do dedo num fuso quando a princesa atingisse a idade adulta. As três fadas querendo proteger a princesa recém-nascida, sequestram-na e levam-na para a floresta, onde a criam disfarçadas de camponesas. A princesa sonha com o príncipe e só descobre que é filha do rei e da rainha ao completar dezesseis anos de idade, quando Malévola a atrai para um cômodo do castelo e a princesa fura o dedo no fuso de uma roca. Com a ajuda das fadas, o príncipe ainda derrota a própria Malévola transformada em dragão e após beijar a princesa, o conto acaba com o casal dançando em vosso casamento e as três fadas indecisas sobre a cor do vestido da protagonista.

Contudo, o enredo revela um problema enfrentado pela mulher da época: o casamento por interesses, designado pela família. Aurora e o príncipe Felipe que foram prometidos antes do nascimento e se apaixonam, sem saber que já estavam comprometidos, ficam indignados ao descobrir que já possuem um pretendente indicado por seus familiares. Entretanto, Aurora se resigna, revelando a submissão feminina e demonstrando o valor vigente à época, de que o casamento era escolhido pela família.

Essas Princesas Clássicas impregnam às ideias iluministas, do romantismo favorecendo o desenvolvimento e a expressão do amor em todas as suas formas, afiançando a discriminação, consolidada pelo discurso da mulher frágil, emotiva, amorosa, incapaz, portanto, "inferior", não permitindo o acesso ao conhecimento dessa condição opressiva; contexto esse que na virada do século XIX, impregna um novo discurso filosófico que preveem uma melhoria na perspectiva da forma de viver das mulheres, que busca elevar-se alterando seus padrões próprios de conduta na sociedade, que ainda dá ao homem a responsabilidade de mantê-la dependente e sob seu domínio.

2.2. Princesas Rebeldes

Apenas em fins dos anos de 1980, trinta anos depois de *A Bela Adormecida*, as histórias de princesas voltam com *A Pequena Sereia*, o período entre 1959 (meados do Século XX) e início do Século XXI, marca o **Movimento Feminista** dos anos de 1960 e 1970, quando as mulheres se rebelaram contra a situação de opressão e submissão que as afligia, com o emblemático episódio conhecido como "queima dos sutiãs", o papel feminino passou por uma alteração significativa, que vem se desenvolvendo até os dias atuais, porém o período deu visibilidade para mostrar o lugar ocupado pelas mulheres em diversas esferas.

O período que antecede a retomada das princesas é marcado pela quebra de paradigmas que existia há muito tempo, como exemplo, se destaca que até 1962, as mulheres casadas só podiam trabalhar fora de casa com permissão do marido, uma limitação imposta pelo Código Civil de 1916.

Esse foi um período de fortalecimento dos movimentos sociais e de embate com o regime autoritário de governo, e ao mesmo tempo em que as mulheres denunciavam pautas gerais, também bradavam temas específicos à sua condição como direito a creche e direitos trabalhistas, saúde, sexualidade, contracepção e violência contra a mulher.

Nos anos de 1980, o feminismo inaugura uma fase de luta efervescente pelos direitos das mulheres vê a implantação das primeiras políticas públicas com recorte de gênero; o primeiro Conselho Estadual da Condição Feminina, em 1983; e a primeira Delegacia de Polícia de Defesa da Mulher, em 1985, ambos no Estado de São Paulo; e nesse período e outorgada a Constituição Federal de 1988, um dos documentos jurídicos que garante maior gama de direitos para a mulher, e é nesse contexto histórico que surge a nova era de princesas, tomadas de independência, obstinação e desconstrução do papel de gênero, *é a fase das princesas rebeldes e está representado pelas princesas* Ariel (1989); Bela (1991); Jasmine (1992); Tiana (2009); Rapunzel (2010), e um breve parêntese, para justificar a exclusão dessa lista da Pocahontas (1995) e Mullan (1998), elas não são princesas de nascimento, nem por casamento.

A Pequena Sereia é protagonizada por Ariel, princesa de nascimento e pelo casamento, uma sereia com personalidade alegre, que se rebela contra a ordem de seu pai para não se aproximar dos humanos e ao desobedecer ela salva um príncipe humano e se apaixona por ele, sendo convencida pelo seu pai de que não será feliz no mar, longe de seu amado, que a estimula à transformação da sereia em mulher.

O que diferencia Ariel de fato das princesas clássicas da Primeira fase? Em sucinta análise o conto tem um príncipe clássico (em que está em uma posição superior a da personagem feminina), e uma vilã que se interpõe como obstáculo ao amor do casal – a importância da mulher ter um homem para esse empoderamento. Um olhar mais criterioso na princesa mostra a necessidade de desbravar, da contestação e subversão as regras impostas e a altivez no cumprimento de seus objetivos.

A Bela e a Fera, uma cidade no interior da França, a protagonista é discriminada em razão do seu gosto pela leitura, e diferentemente de Ariel, que deixa o reino submarino, Bela renuncia ao "marido ideal" e se empenha em salvar seu pai, capturado pela Fera. Gaston representava o marido ideal, um personagem bonito, porém bruto e inteiramente tomado por ideais machistas, que é desejado pelas garotas da cidade, mas sente-se atraído pela beleza de Bela, criticando-a pelo seu hábito de leitura, pois a partir daí começará a ter ideias e pensar, o que considerava inadmissível. Vê-se que Gaston buscava uma mulher submissa, enquanto Bela desejava alguém que compreendesse seus anseios e aspirações, o que encontrou na Fera, que lhe presenteou com uma biblioteca. Quando Bela conhece a Fera, empenha-se em transformar o monstro em alguém amável e se apaixona por ele, apesar de sua aparência esquálida.

O enredo discute e subverte a construção dos gêneros masculino e feminino pela sociedade, o início do empoderamento do feminino pela crítica ao masculino, **sem proporcionar** detrimento de um gênero sobre o outro, como força de valorização da mulher. Bela e o príncipe terminam juntos, porém nunca ninguém viu o casamento.

Jasmine tem personalidade forte, que se rebela contra um casamento arranjado e imposto pela lei e confronta seu pai, fugindo do seu lar, considerando, inclusive, a possibilidade de não ser mais princesa, mas consegue convencer o Sultão a mudar a lei do casamento, permitindo que ela case com Alladin, sem perder sua riqueza e *status*; e Tiana do conto "A Princesa e o Sapo", foi a primeira protagonista afroamericana que trabalha fora de casa para conseguir realizar seu sonho, que é ter seu próprio restaurante, e não fica a espera do príncipe encantado para solucionar seus problemas, embora case com o príncipe Naveen, este é apenas um complemento do seu verdadeiro sonho. Rapunzel protagonizou Enrolados, para ela, as tarefas que realizava, dedicadas à culinária e pintura, não representavam uma obrigação ou imposição de quem quer que seja, mas uma consequência do tempo livre de que dispunha no período em que esteve presa na torre. Aqui a figura feminina encontra-se novamente vinculada a um padrão de independência e autonomia que a liberta dos tradicionais padrões comportamentais, portanto, sua felicidade não está atrelada ao um príncipe encantado. Seu maior sonho era a liberdade. O que Rapunzel mais desejava era ver de perto as "luzes flutuantes" e fugir da torre para continuar a ser livre. A figura do príncipe encantado é cercada de uma peculiaridade: longe de ser aquele que assumiria o tradicional papel de provedor do lar, Flynn Rider era um ladrão. Deve-se ressaltar que Rapunzel é uma princesa que também caminhou na contramão dos personagens mais antigos, pois, ao invés de ser salva pelo príncipe, ela salva a vida dele.

Ariel, Bela, Jasmine, Tiana e Rapunzel marcam essa trajetória, sob a égide de uma realidade social totalmente desvinculada da submissão à figura masculina, a mulher, detentora de autonomia e liberdade para tomar decisões, ocupa posição de destaque pessoal, profissional e social, delineando-se uma clara mudança na representação de seu papel, são princesas atreladas à realidade vigente, independentes, questionadoras, determinadas e obstinadas, velando pela diferença étnica, que atendia aos padrões de globalização que despontavam no período.

A palavra regente desse período das Princesas Regentes é empoderamento, demonstrando o processo da conquista da autonomia, da autodeterminação, e configura um instrumento/meio e um fim em si próprio, pois implica na libertação das mulheres das amarras da opressão de gênero, da opressão patriarcal.

2.3. As Princesas Contemporâneas

Apesar de todas as conquistas já alcançadas, as princesas contemporâneas é a ressignificação do Papel da Mulher, certo de que a igualdade de direitos ainda é uma realidade relativamente distante, pois o ideal igualitário propugnado pelo movimento feminista assumiu a vertente, na prática, de cumulação de funções, e não igualdade propriamente dita, não se pode negar a autonomia, liberdade e independência financeira e social alcançadas pela figura feminina, que é demonstrada pelas princesas Mérida (2012), Anna e Elsa (2013), que refletem essas mudanças, criando novas representações e identidades, inclusive desvinculadas da necessidade da figura masculina para encontrar a felicidade, e como se verá a seguir, evidenciam a relação de amor no seio familiar, o que também apresenta um novo significado ao papel feminino.

Mérida, que estreou como protagonista de Valente, em 2012, representa o padrão antagônico do que se busca numa princesa: cabelo desarrumado, rebelde, impetuosa, maneja arco-e-flecha, desastrada e com um senso de liberdade que a faz ter repulsa pela possibilidade de ser obrigada a se submeter a um casamento "arranjado", razão pela qual desafia as regras da época e compete pelo direito de decidir com quem casar, pois quer decidir seu futuro. Embora tenha sido treinada para se tornar uma rainha, como sua mãe, ela acha chato ser uma princesa sendo alvo de críticas, e reprimendas por acordar tarde, comer com a boca muito cheia, rir exageradamente, não ser cautelosa e paciente etc., e mesmo conquistando o direito de escolher com quem vai casar, esta não termina com um príncipe encantado, o que diferencia esta trama das demais, pois aqui o papel de independência e liberdade assumido pela mulher a faz desejar, cultivar e fortalecer os laços familiares com os pais, ao invés de pautar sua felicidade e seu bem-estar num relacionamento amoroso.

Frozen – Uma Aventura Congelante, de 2013, traz duas protagonistas Anna e Elsa, e que quebra os padrões clássicos e estereotipados das princesas frágeis e indefesas e dos príncipes heroicos, descortinando a adaptação dos contos de fadas ao pensamento contemporâneo e às necessidades da sociedade atual. O enredo aborda pela primeira vez o amor fraterno, sem olvidar o amor homem/mulher. Além disto, existe outro tema central: o poder mágico de Elsa de criar gelo e/ou transformar em gelo tudo aquilo que toca, que é revelado quando esta se indigna com Anna, que decide casar com um príncipe que acabara de conhecer, por julgar ter se apaixonado por ele.

Anna ratifica aqui as imposições veladas na criação das mulheres, que parte da conduta tradicional das princesas clássicas, como Branca de Nave, Cinderela, e Aurora, e oferece neste enredo como atitude impulsiva e inconsequente, trazendo a representação da sociedade atual, que pressupõe um relacionamento consolidado para se chegar ao casamento. O amor fraterno é expresso quando Elsa foge e Anna sai em busca dela e, nesta saga, conhece Khristoff, que lhe ajuda a encontrar a irmã e mostra que não existe amor à primeira vista. Enquanto Anna, após se decepcionar com seu amado Hans, descobre que príncipes encantados não existem, Elsa assume o trono do reino, que aceita seus poderes, representando a única rainha que não tem um marido, o que denota o atual papel social da mulher, que prescinde da figura masculina para obter êxito e reconhecimento profissional e pessoal.

3. A (DES)VALORIZAÇÃO LABORAL DA MULHER

Em 07 de março de 2013, após as princesas contemporâneas, sob os efeitos da coincidência ou não, o Ministério do Trabalho e Emprego revelou que no Brasil com base nos dados do Cadastro Nacional de Atividades Econômicas (CNAE), e segundo o IBGE em conformidade com o grupo de pessoas ocupadas nas 5,2 milhões de empresas e outras organizações formais ativas no país, apontou alta de 3,2% entre os anos de 2011 e 2012, e que a participação feminina na variação pessoal ocupado assalariado, de um ano para outro, foi superior à presença masculina pela primeira vez, enquanto os homens somaram 41,5% (438,9 mil pessoas) as mulheres somaram 58,5% (619,8 mil pessoas).

Esse progresso da participação das mulheres no mercado de trabalho também ocorreu em termos salariais. Embora em 2012 os homens tenham recebido em média R$ 2.126,67 (dois mil cento e vinte e seis reais e sessenta e sete centavos) e as mulheres o montante equivalente a R$ 1.697,30 (um mil seiscentos e noventa e sete reais e trinta centavos) a pesquisa constatou, em relação a 2011, que em 2012 os salários das mulheres tiveram aumento real superior ao dos homens, 2,4% contra 2% deles, o que ratifica a tese contextualizada da relação poder que permeiam a convivência de homens e mulheres nos mais diversos espaços, percebemos diferenças salariais, o baixo empoderamento político, busca por melhor qualificação e maior nível de escolaridade, restam bem evidentes na sociedade contemporânea, embora o Ministério do Trabalho e Emprego intente a mostrar houve um pequeno aumento na participação dos salários das mulheres versus os dos homens, e que o salário médio de admissão de mulheres no mercado de trabalho apresente um aumento real de 2,72%, índice foi ligeiramente superior ao dos homens que teve um aumento de 2,51%, segundo dados do Cadastro Geral de Empregados e Desempregados (Caged) divulgado em 17 de abril de 2014, e é evidente o descumprimento do art. 7º, inciso XXX da Constituição Federal que proíbe expressamente a diferença de salários, de exercício de funções e de critério de admissão por motivo de sexo, idade, cor ou estado civil; bem como o desrespeito aos arts. 5[3] e 461[4] da Consolidação das Leis do Trabalho que trouxe a proibição da discriminação por motivo de sexo.

Segundo o estudo da Confederação Internacional dos Sindicatos (ICFTU) as trabalhadoras brasileiras são as que sofrem com maior diferença salarial em relação aos homens no mundo inteiro, com 34% de variação entre as remunerações de ambos os gêneros, já em relação ao grau de instrução, essa diferença é acentuada nos extremos dos desníveis de escolaridade, ou seja, por um lado os analfabetos e, de outro, os de nível superior incompleto. É notável o acréscimo representativo do número de mulheres inseridas no mercado de trabalho atual, elas já são 44% da população economicamente ativa do Brasil, segundo a Organização Internacional do Trabalho. Em uma década, 10,7 milhões de brasileiras ingressaram no mercado de trabalho. Seu poder crescente terá um impacto cada vez maior no desenvolvimento do País, sob o ponto de vista de um contexto histórico.

Apesar dos avanços, a histórica (Des)Valorização do trabalho da mulher apontam para dois fatores que influenciam significativamente, a quantidade de horas trabalhadas e os setores em que predominam trabalhadores, e enquanto os homens têm um rendimento médio mensal de R$ 1.451,00 (um mil quatrocentos e cinquenta e um reais), o das mulheres gira em torno de R$ 1.070,00 (um mil e setenta reais).

Certo é que grandes progressos ocorrem ao longo dos anos, porém, a busca por melhorias ainda continua, ainda há muito que evoluir, pois essa (Des)Valorização, não se restringe ao Direito Laboral, mas impacta no seu futuro enquanto segurada da Previdência Social.

4. CRITÉRIOS DE REANÁLISE SOCIAL

Um dado interessante é que a essa (Des)Valorização do Trabalho da Mulher reflete diretamente na sua vida enquanto segurada do Instituto Nacional do Seguro Social (INSS), da breve análise dos benefícios programados, destacamos que aposentadoria por Tempo de Contribuição predomina entre os homens, enquanto as mulheres percebem o maior número de aposentadorias por Idade.

---

3. Art 5º – *A todo trabalho de igual valor corresponderá salário igual, sem distinção de sexo.*
4. Art. 461 – *Sendo idêntica a função, a todo trabalho de igual valor, prestado ao mesmo empregador, na mesma localidade, corresponderá igual salário, sem distinção de sexo, nacionalidade ou idade.*

Fato curioso a ser mencionado é que antes da Constituição Federal, quando se tratava de benefícios previdenciários rurais, a legislação privilegiava a cabeça do casal, de modo que as estatísticas apontam que do total de 2,3 milhões de aposentados, tem sexo ignorado/desconhecido, e dentro deste dado 2,2 milhões eram aposentadorias rurais, o que faz presumir que a maioria delas seja concedida para homens.

A crescente presença das mulheres no mercado de trabalho se reflete diretamente na Previdência Social. A mulher brasileira já é maioria quando o assunto é acesso aos benefícios do Instituto Nacional do Seguro Social (INSS). Em dezembro de 2015, o INSS emitiu 28,3 milhões de benefícios do Regime Geral da Previdência Social para pagamento. Desse total, 56,7% foram para mulheres, o que corresponde a 16.044.798 benefícios.

A maior parte das beneficiadas (65,7%) é composta por seguradas da área urbana. As seguradas rurais compõem os 34,3% restantes. Em termos de valores, em dezembro de 2015, o total dos benefícios ultrapassou os R$ 29 bilhões, dos quais 51,3% destinado a elas, ou seja, R$ 14.990.249.547.

Os dados do Ministério da Previdência comprovam que, quando separados por grupos de espécies e entre homens e mulheres, os benefícios em que as mulheres representam maioria, claro, além do salário-maternidade, no qual elas constituem 100% das beneficiárias, a pensão acidentária, em que representam 94,9%; a pensão por morte (79,2%); a aposentadoria por idade (62,4%); e o auxílio-reclusão (58,6%).

Outro dado alarmante, aferir que mais de 93% das crianças e dos adolescentes envolvidos em trabalho doméstico no Brasil são meninas, e se não bastasse isso, no Brasil, os homens ganham aproximadamente 30% a mais que as mulheres de mesma idade e nível de instrução. E quais os motivos? A Previdência fundamenta nas diferenças biológicas, e nas socioculturais.

4.1. Diferenças Biológicas

As diferenças biológicas entre os sexos, para efeitos de previdência social, ligam-se primordialmente à reprodução. Incumbindo à mulher funções como a gestação e a amamentação dos filhos, as quais exigem tempo e cuidados médicos durante o período gestacional e pós-natal. O princípio basilar da previdência social é o custeio de um ingresso por causa da perda de capacidade em gerar renda, real[5], seja presumida[6]. Ocorre que quando se observa a estrutura de mortalidade por idade é flagrante a sobremortalidade masculina, em face de esperança de sobrevida maior para as mulheres, enquanto a especificidade feminina em termos de sobrevivência não tem sido objeto de um tratamento diferenciado, esse aumento da participação feminina entre os idosos, é o que chamamos de *"feminização da velhice"*, segundo projeções do IBGE, em 2020, para cada 10 mulheres com mais de 70 anos, teremos 7 homens.

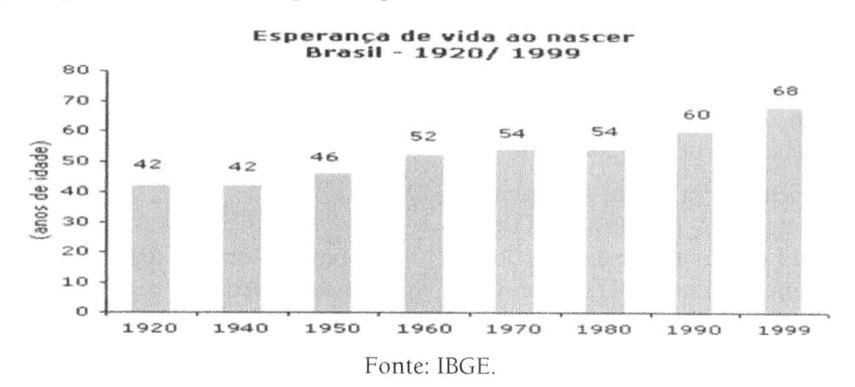

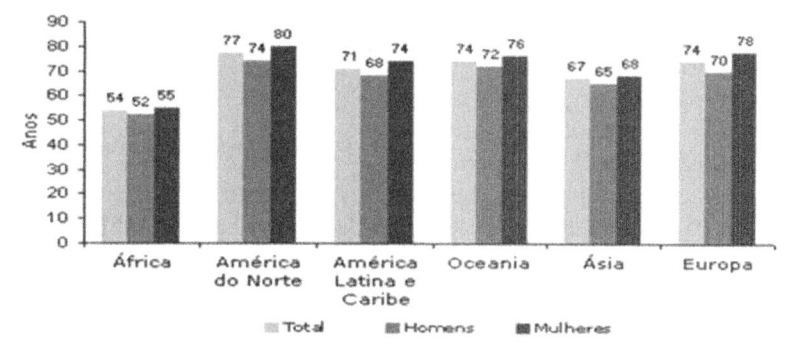

Fonte: IBGE.

Fonte: cuadro de la populacíon mundial.

---

5. Real um acidente, doença ou morte = benefícios não programados
6. Presumida pelo envelhecimento, desgaste por tempo de serviço ou desemprego = benefícios programados.

Expectativa de sobrevida dos brasileiros aumentou mais 40 anos em 11 décadas, segundo a tábua de mortalidade de 2014, a expectativa de vida ao nascer no Brasil subiu para 75,2 anos, segundo dados do IBGE, e considerando a diferença de sexo, as mulheres, era de 78,8 anos, já os homens era de 71,6 anos. Outro fator que influência é a unidade de federação, observem o gráfico abaixo.

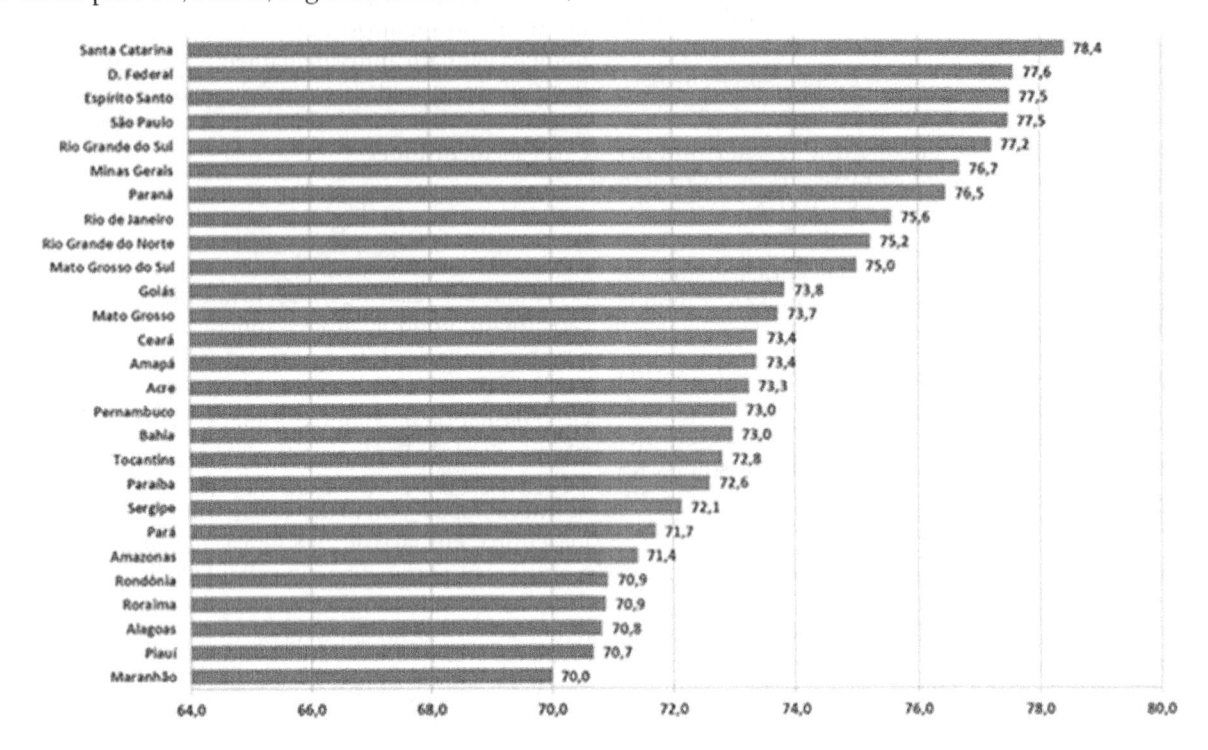

Estado	Expectativa
Santa Catarina	78,4
D. Federal	77,6
Espírito Santo	77,5
São Paulo	77,5
Rio Grande do Sul	77,2
Minas Gerais	76,7
Paraná	76,5
Rio de Janeiro	75,6
Rio Grande do Norte	75,2
Mato Grosso do Sul	75,0
Goiás	73,8
Mato Grosso	73,7
Ceará	73,4
Amapá	73,4
Acre	73,3
Pernambuco	73,0
Bahia	73,0
Tocantins	72,8
Paraíba	72,6
Sergipe	72,1
Pará	71,7
Amazonas	71,4
Rondônia	70,9
Roraima	70,9
Alagoas	70,8
Piauí	70,7
Maranhão	70,0

Fonte: IBGE.

A consequência previdenciária disto é que mais das metades das mulheres chegam aos 65 anos sem seus companheiros, o que afeta o benefício de pensão por morte.

A despesa bruta com pensão por morte no âmbito do RGPS cresceu do patamar de R$ 39 bilhões, em 2006, para R$ 86,5 bilhões em 2013 e, portanto, mais que dobrou em valores nominais no período (alta de 121,5%), com um crescimento médio anual de cerca de 12% a.a.. Em termos da despesa em % do PIB, os pagamentos com pensão passaram de 1,6% do PIB, em 2006, para cerca de 1,8% em 2013, apenas considerado o RGPS, sem levar em consideração os Regimes Próprios de Previdência dos servidores públicos. A quantidade de pensões emitidas e a duração média do benefício também têm crescido ao longo do tempo. O total de pensões no âmbito do RGPS passou de 5,9 milhões, em dezembro de 2005, para cerca de 7,4 milhões em outubro de 2014, um incremento de cerca de 1,5 milhão no período. A duração média dos benefícios cessados passou do patamar de 13 anos, em 1999, para 16 anos em 2012, em 2013; e cerca de 20,3 mil tiveram duração de 35 anos ou mais, o que segundo a exposição de motivos da MP 664/2014, convertida na Lei n. 13.135/2015 é reflexo, entre outros fatores, do aumento da expectativa de vida e sobrevida e das atuais regras de concessão.

Porém, ignoram a regra da contrapartida[7], e do princípio da solidariedade.

4.2. Diferenças Socioculturais

Essas diferenças são estudadas a partir de três vertentes, mercado de trabalho, estrutura familiar e níveis de instrução, e tem determinado origem e formas distintas de concessão aos benefícios previdenciários entre homens e mulheres.

4.2.1. Mercado de Trabalho

A cobertura previdenciária do Regime Geral de Previdência Social às mulheres, em 1999[8] era de 36,6%,

---

7. Na definição de Zélia Luiza Pierdoná, *"no preceito constitucional em referência, que não há saída (prestações de saúde, previdência e assistência), sem que haja entrada (receitas que possibilitem os pagamentos das referidas prestações), ou seja, poderão ser criadas, majoradas ou estendidas prestações de seguridade social somente se houver recursos para tanto. Isso significa que o sistema protetivo não proporcionará benefícios sem que haja a contrapartida financeira."* (A proteção social na Constituição de 1988. Revista de Direito Social n. 28. Porto Alegre: Notadez, 2007).

8. Em 1998, com a reforma previdenciária, passou a ser exigido tempo de contribuição, em substituição ao tempo de serviço, como condição para acesso aos benefícios; também após a EC 20/1998, as contribuições sociais incidentes sobre a folha de pagamento das empresas foram transformadas em contribuições previdenciárias, deixando de integrar o conjunto de fontes para o financiamento de toda a seguridade

bem inferior a dos homens 42,1%, com ênfase no censo de 2010, a taxa passou para 39,1%, contrapondo os 53,3% dos homens. A situação ainda é mais periclitante se tomarmos o mesmo período como base, e os segmentos das empregadas domésticas e autônomas, que de 25,8% passam para 6,6%; ou quiçá as rurais que de 34,3% chegam a 27,2%.

Observe o Gráfico que trata do nível de ocupação por sexo:

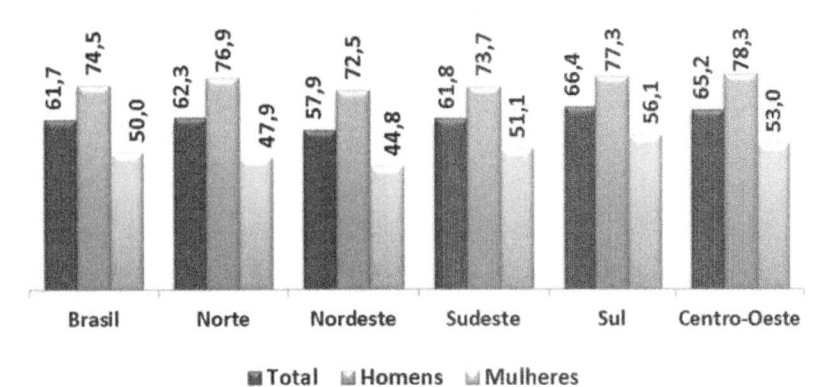

Fonte: PNAD/IBGE.

O mercado de trabalho tem impactos desde sua estruturação, onde as mulheres estavam direcionadas aos trabalhos extensivos do trabalho doméstico, caracterizados por atividades filantrópicas e não remunerado por muito tempo. As atividades rurais e nas comerciais urbanas, sua mão de obra caracterizada pelo *status* de membro familiar não remunerado. O trabalho noturno no Brasil somente em 1957, quando ratificou a Convenção da OIT, pois tinha um liame restritivo em razão de suas funções reprodutivas. Estas ocupações começam a ser revistas com os avanços tecnológicos, e a crescente mecanização de certas atividades, o que faz minimizar a concepção de divisão sexual do trabalho, aumentando as opções de ocupações femininas nos últimos anos.

Porém, examinar a situação da mulher no mercado de trabalho somente através de sua ocupação, não é a melhor forma de medir sua condição econômica. O gráfico a seguir distribuição de empregados, por setor público ou privado, com CTPS, esclarece que em 2011, 58,9% contribuíam para a previdência social.

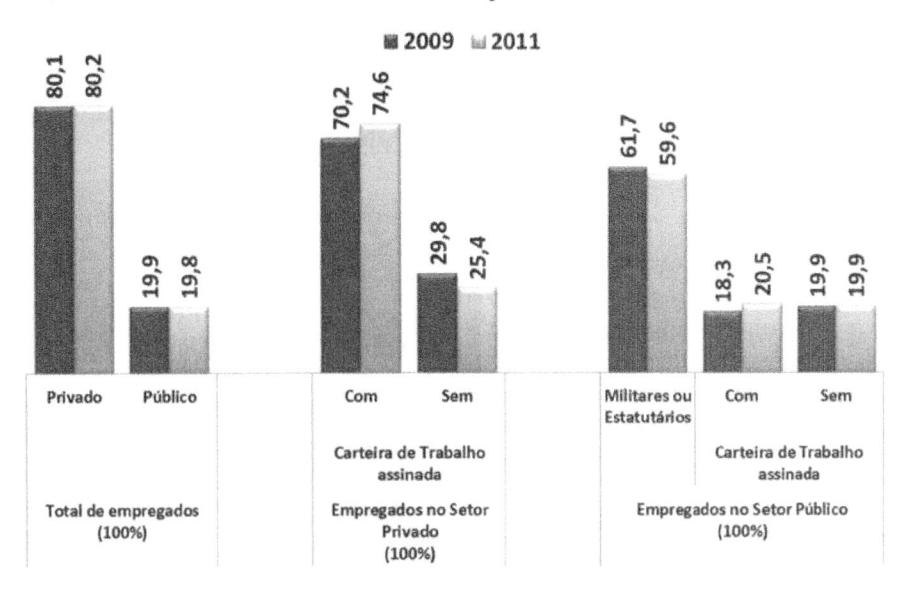

Fonte: PNAD/IBGE.

Observe o gráfico do IBGE, ano 2011, distribuição das pessoas desocupadas, em comparativo com as ocupadas, segundo as classes de salário mínimo do rendimento médio mensal real de trabalho, 64,3% dos trabalhadores ganha até 2 salários mínimos.

---

social, isto é, vedou a utilização de recursos provenientes das contribuições das empresas, para a realização de despesas distintas do pagamento de benefícios do RGPS.

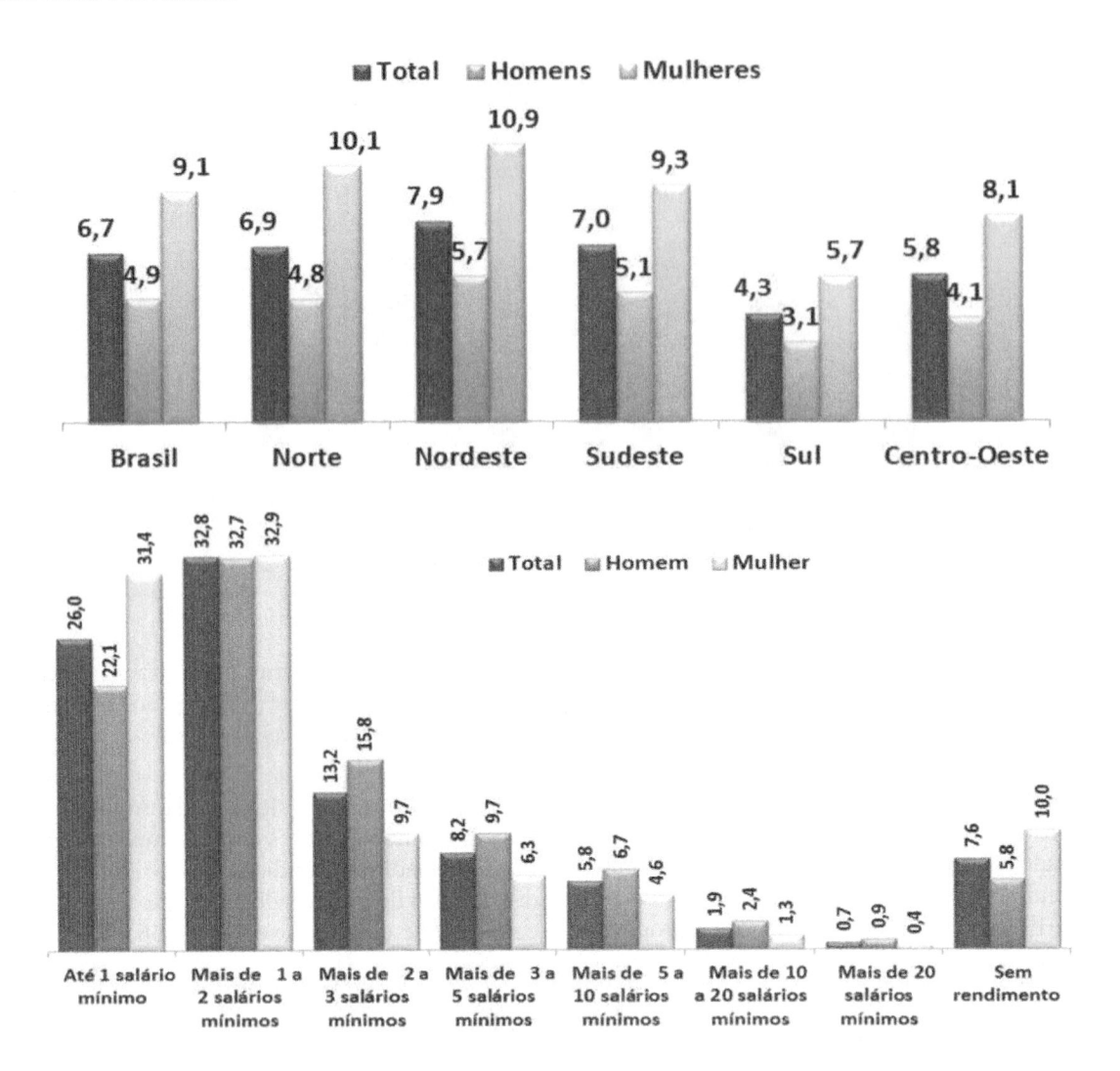

Gráfico superior — Total, Homens, Mulheres por região:

Região	Total	Homens	Mulheres
Brasil	6,7	4,9	9,1
Norte	6,9	4,8	10,1
Nordeste	7,9	5,7	10,9
Sudeste	7,0	5,1	9,3
Sul	4,3	3,1	5,7
Centro-Oeste	5,8	4,1	8,1

Gráfico inferior — Total, Homem, Mulher por faixa de salários mínimos:

Faixa	Total	Homem	Mulher
Até 1 salário mínimo	26,0	22,1	31,4
Mais de 1 a 2 salários mínimos	32,8	32,7	32,9
Mais de 2 a 3 salários mínimos	13,2	15,8	9,7
Mais de 3 a 5 salários mínimos	8,2	9,7	6,3
Mais de 5 a 10 salários mínimos	5,8	6,7	4,6
Mais de 10 a 20 salários mínimos	1,9	2,4	1,3
Mais de 20 salários mínimos	0,7	0,9	0,4
Sem rendimento	7,6	5,8	10,0

Fonte: PNAD/IBGE 2011
Elaboração: SPS/MPAS

4.2.2. Estrutura Familiar

A seguridade social contempla a cobertura do indivíduo, ou do grupo familiar, e na legiferança previdenciária ao longo da história a mulher quase sempre aparece como dependente, que pode ser interpretado como a subvaloração da contribuinte feminina que parte do ponto de vista do indivíduo contribuinte; ou da supervalorização do homem, que advém do papel de provedor ao seu grupo familiar (que entendo superado).

O conceito de família adotado pelo IBGE é considerado equivalente à Unidade de Consumo[9]. O Manual do CadSus, do Ministério da Saúde entende como o conjunto de pessoas ligadas por laços de parentesco, dependência doméstica ou normas de convivência, que residem na mesma unidade domiciliar, incluindo empregado doméstico que resida no domicílio, pensionistas e agregados. O Programa Bolsa Alimentação, hoje integrado à Bolsa Família, trata família como unidade nuclear formada pelos pais e filhos, ainda que, eventualmente, possa ser ampliada por outros indivíduos com parentesco, que forme um grupo doméstico, vivendo na mesma moradia e que se mantenha economicamente com renda dos próprios membros, destacando a consanguinidade. Para o Sistema Único de Assistência Social (SUAS) de acordo com a PNAS (2004) a família pode ser um conjunto de pessoas que se acham unido por laços consanguíneos, afetivos e ou de solidariedade. Destaca

---

9. Unidade de consumo compreende um único morador ou conjunto de moradores que compartilham a mesma fonte de alimentação, isto é, utilizam um mesmo estoque de alimentos e/ou realizam um conjunto de despesas alimentares comuns. Não existindo estoque de alimentos nem despesas alimentares comuns, a identificação ocorre por meio das despesas com moradia. Nesse caso, não há coincidência com o conceito de domicílio, admitindo-se a existência de várias unidades de consumo no mesmo domicílio. O número de unidades de consumo é estabelecido pelo número de fontes de alimentação independentes existentes ou com base nas despesas com moradia ocorridas de forma compartilhada ou individualizada.

assim a necessidade de encarar os diversos desenhos que se apresentam famílias menores, monoparental, reconstituídas, e as demandas e necessidades particulares de cada arranjo.

4.2.3. Nível de Instrução

Em conformidade com o PNAD/IBGE, demonstra que o analfabetismo está concentrado em pessoas com mais Idades, e em regionalizado, nos moldes do gráfico, vejam:

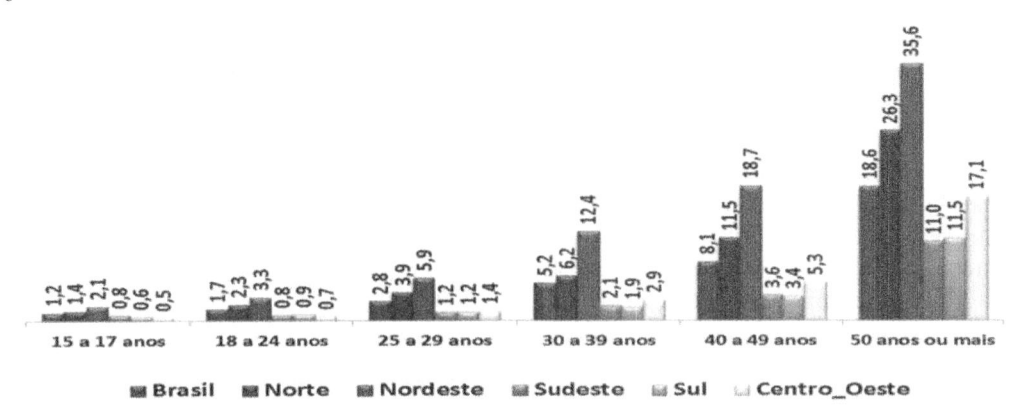

De acordo com o Banco Mundial (2001, p. 43-44), o número do sexo feminino, matriculadas em escolas bem como o tempo dedicado por elas ao estudo formal vem crescendo gradativamente, o que demonstra que as mulheres ainda que em pequena escala, número de anos de estudo superior ao dos homens.

2011

	Brasil	Norte	Nordeste	Sudeste	Sul	Centro-Oeste
Total	7,3	6,6	6,2	8,0	7,7	7,8
Homem	7,1	6,3	5,8	7,9	7,6	7,5
Mulher	7,5	7,0	6,6	8,1	7,8	8,0

Essa taxa de maior escolaridade não tem vertido grandes efeitos na competição entre os sexos para efeitos de mercado de trabalho, pois em conformidade com o PNAD, distribuição da população ocupada por sexo e escolaridade Brasil, considerando o contingente de 2011, em milhões, os homens ocupam 53,3%, contra 39,1% das mulheres.

O Relatório sobre Desenvolvimento Humano revelou que no Brasil as mulheres representam 44% da força de trabalho, proporção superior a países como Chile (36,6%), Argentina (34,3%), Venezuela (42,1%), e México (38,4%), sendo superior até em países europeus, como Espanha (24,3%), e Grécia (26,5%).

Os PNADs mostram que as taxas de atividade feminina nas zonas urbanas passaram de 32,5% em 1981; para 48,9% em 1999; e em 2010 chegou a 64,9%. Observa-se nesses estudos uma forte elevação nas taxas e atividade feminina nas faixas etárias compreendidas pelos 25 e 50 anos, e nos setores do comércio de mercadorias e serviços sociais.

No tocante a contribuição previdenciária feminina, a faixa etária onde mais se verte pagamento ao INSS, é a de 25 a 29 anos, grande parte das inscrições pode ser atribuída à possibilidade de acesso ao benefício do Salário-Maternidade, que garante proteção contra risco de perda temporária a capacidade de trabalho, e ao retornarem ao mercado de trabalho com mais de 30 anos, não se inserem em atividades formais, que exijam vínculos com a previdência social, salvo, os empregos que exigem maior escolaridade, onde a maioria delas é chefe de família em relação ao cônjuge.

5. CONSIDERAÇÕES FINAIS

O feminismo pôde legar: querêmo-las guerreiras, independentes, femininas e desejáveis ao mesmo tempo, nos impõem uma missão quase impossível, mas é nesta exata corda bamba que se equilibra cada mulher do século XXI.

Nossa Constituição Federal declara a absoluta igualdade entre homens e mulheres, fechando seus olhos para a realidade. As mulheres passaram a trabalhar fora, mas continuam a ser responsáveis pela manutenção do lar e da família; possui escolaridade idêntica, a mesma formação, exercem o mesmo trabalho, e na contramão das regras recebem menos que os homens. Sim, as mulheres ganham menos, trabalham mais e ainda tem dupla, às vezes tripla jornada, no trabalho e no lar.

É necessária uma profunda mudança de mentalidade para alcançar a tão desejada igualdade material, e isso ocorrerá quando superarmos as diferenças, assim como as princesas dos contos de fadas, evidenciando e porque não ratificando o advento da industrialização e a expansão capitalista que levam a mulher, responsável pelos afazeres domésticos para o chão das fábricas, e ao fazer parte do mercado de trabalho, gradativamente passa a assumir funções secundárias, e em decorrência ela adota uma atitude diferente na sociedade, renunciando a aceitação de estereótipos, condicionamentos e diferenças nas relações de poder, que permeiam a convivência de homens e mulheres nos mais diversos espaços, e demonstram enraizados padrões comportamentais estabelecidos outrora da marca do sexo frágil.

Não é justo esperar que a sociedade alcançasse a igualdade de gêneros naturalmente pelo próprio bom senso; não foi assim em 1789 com a Declaração dos Direitos do Homem e dos Cidadãos, que proclamou as liberdades e os direitos fundamentais do homem de forma econômica, visando abarcar toda a humanidade, porém não contemplava as mulheres; mas serviu de inspiração jurídica para a Declaração dos direitos das Mulheres e da cidadã, produzido em 1791, exigindo *status* de completa assimilação jurídica, política e social das mulheres. Ironicamente, ia contra o preconceito masculino, e denunciava o fato de que a Revolução esqueceu as mulheres em seu projeto de liberdade e igualdade. A convenção à época rejeitou o projeto, obtendo o seu devido reconhecimento apenas em 1986 quando foi republicada. Entretanto, para essa efetivação é necessário um esforço simultâneo no que diz respeito à interpretação de normas sociais, ao estabelecimento de políticas públicas prioritárias, ao planejamento orçamentário, e outros aspectos, tais como: sobreposição de benefícios, o que pode levar à criação de subgrupos bastante protegidos, ou a necessidade de algum mecanismo de compensação pelo custo de oportunidade que as mulheres têm que arcar em seu período reprodutivo, ou mesmo o novo papel que a mulher idosa que tem indicadores crescentes chefiando família feminina e decrescentes as de mulheres classificadas na categoria de "outros parentes" – "feminização da velhice".

Isto confirma a necessidade de lutas permanentes, para que se tornem menos preponderantes as fronteiras e os abismos entre os papéis desempenhados por homens e mulheres na sociedade, e dessa forma, com o passar dos séculos, os contos de fadas acompanhou e retratou as Brancas de Neve, Cinderela, Aurora, Jasmine, Tiana, Ariel, Rapunzel, Mérida, Anna, Elsa, pontuando as diferentes configurações atribuídas à figura feminina, bem como, as modificações da sua posição na sociedade e a (Des)Valorização laboral da mulher e a sua transformação social através das princesas.

6. REFERÊNCIAS BIBLIOGRÁFICAS

BARROS, Alice Monteiro de. *Curso de Direito do Trabalho*. São Paulo, 2010.

_____. *Discriminação no emprego por motivo de sexo*. São Paulo, 2008.

Constituição da República Federativa do Brasil de 1988.

Consolidação das Leis do Trabalho. (CLT).

DELGADO, Mauricio Godinho. *Manual de Direito do Trabalho*. São Paulo, 2010.

_____. *Proteções contra discriminação na relação de emprego*. São Paulo, 2010.

FILHO, Georgenor de Sousa Franco. *Trabalho da Mulher; Homenagem a Alice Monteiro de Barros*. São Paulo, 2009.

HENSE, Nathalie. *Chega de Rosa*. Tradução: SANTOS, Rafaela Moreira dos. São Paulo: SM, 2013.

LOURO, Guacira Lopes. *Gênero, sexualidade e educação*: Uma perspectiva pósestruturalista. Petrópolis: Vozes, 1997.

ZILBERMAN, Regina. *A literatura infantil na escola*. 11. ed. São Paulo: Global, 2005.

7. FILMOGRAFIA

Bela Adormecida (Sleeping Beauty). Direção: Clyde Geronimi, Les Clark, Eric Larson e Wolfgang Reitherman. Produção: Walt Disney. Walt Disney Productions, 1959. 75 min, cor.

A Bela e a Fera (Beauty and the Beast). Direção: Gary Trousdale e Kirk Wise. Produção: Don Hahn. Walt Disney Pictures, 1991. 84 min, cor.

A Branca de Neve e os Sete Anões (Snow White and the Seven Dwarfs). Direção: David Hand, William Cottrell, Wilfred Jackson, Larry Morey, Perce Pearce e Ben Sharpsteen. Produção: Walt Disney. Walt Disney Productions, 1937. 83 min, cor.

A Pequena Sereia (The Little Mermaid). Direção: Ron Clements e John Musker. Produção: John Musker e Howard Ashman. Walt Disney Pictures, 1989. 82 min, cor.

A Princesa e o Sapo (The Princess and the Frog). Direção: Ron Clements e John Musker. Produção: Peter Del Vecho e John Lasseter. Walt Disney Pictures, 2009. 97 min, cor.

Aladdin. Direção: Ron Clements e John Musker. Produção: Ron Clements e John Musker. Walt Disney Pictures, 1992. 90 min, cor.

Cinderela (Cinderella). Direção: Clyde Geronimi, Hamilton Luske e Wilfred Jackson. Produção: Walt Disney. Walt Disney Productions, 1950. 74 min, cor.

Enrolados (Tangled). Direção: Nathan Greno e Byron Howard. Produção: Roy Conli, John Lasseter e Glen Keanc. Walt Disney Pictures, 2010. 100 min, cor.

Frozen. Direção: Chris Buck, Jennifer Michelle Lee. Produção: John Lasseter e Peter Del Vecho. Walt Disney Pictures, 2013. 108 min, cor.

Valente (Brave). Direção: Mark Andrews e Brenda Chapman. Produção: Katherine Sarafian. Pixar Animation Studios, 2012. 93 min, cor.

A Mulher na Previdência e o Princípio da Vedação do Retrocesso

Thais Riedel[1]

1. A PREVIDÊNCIA E A PROTEÇÃO AO RISCO SOCIAL

A Previdência Social é uma política pública de proteção à população brasileira em relação ao risco social. Ser previdente é estar preparado para os infortúnios da vida, que podem gerar um estado de necessidade social. É fruto do princípio da proteção social, que se inicia no exercício do trabalho e evolui para abranger, de forma indissociável, a condição de pessoa humana.

A proteção contra determinados eventos de indigência (exposição humana a sofrimentos e privações, como a morte, doença, idade avançada, acidentes etc.) preocuparam a Humanidade desde as épocas mais remotas. O receio do porvir sempre frequentou os temores humanos e a noção de proteção contra os riscos sempre se fez presente na história. Nesse sentido, explica Assis que "o temor da insegurança acompanha desde sempre o homem. Por isso mesmo, a busca de um meio de defesa não é problema apenas de nossos dias" (ASSIS, 1963, p. 41).

Sobre o Risco, sua noção genérica está relacionada com o Direito do Seguro, o qual o considera como todo acontecimento futuro e incerto, cuja atualização não depende exclusivamente da vontade do segurado. Ou seja, o risco é um acontecimento fortuito na maior parte das vezes; um sinistro. Porém, pode-se aplicar também às questões afortunadas, podendo o Sistema de Seguridade Social estar relacionado com as prestações familiares.

Existem riscos inerentes à vida social, ligados ao meio físico (fenômenos geológicos); ao meio social (risco de guerra; risco político; risco monetário; risco legislativo; risco administrativo; e o risco das desigualdades das condições sociais); riscos de ordem fisiológica (maternidade; invalidez; falecimento); e os riscos da vida profissional (insegurança no emprego; insuficiência remuneratória da atividade profissional; lesões corporais na execução do trabalho provocadas por acidentes ou doenças profissionais). (ZUBA, 2013)

Acerca dos riscos normais da existência humana elucida Cesarino Júnior:

> Há na vida humana acontecimentos independentes da vontade do homem, mais ou menos aleatórios e prejudiciais para ele chamados *riscos*.

Podem ser *biológicos*, isto é, relativos a modificações do estado de saúde e da consequente capacidade para o trabalho, ou da supressão da vida, ou *econômico-sociais*, eventos impedientes da aquisição pelo hipossuficiente de meios para sua subsistência, decorrentes da atual organização econômica da sociedade. Os primeiros são: doença, invalidez, velhice, morte, acidentes do trabalho e maternidade; e os últimos são os relativos ao desemprego. Em linguagem previdencial a final, há quem prefira os termos contingências ou necessidades em lugar de riscos.

> A realização dos riscos, denominada sinistro, produz suas consequências danosas: 1 – dano emergente, isto é, o prejuízo resultante da realização do risco e que pode ser de ordem física, psicofísica ou econômica e 2 – o lucro cessante, vale dizer, a perda ou diminuição do salário pela incapacidade ou impossibilidade de trabalhar. (CESARINO JÚNIOR, 1980, p. 437).

Depois de um longo desenvolvimento das garantias fundamentais, o Estado trouxe para si a responsabilidade de garantir segurança em relação aos riscos sociais da população por meio da Seguridade Social, formada por um conjunto integrado de ações no campo da Saúde, Previdência e Assistência Social (art. 194 da Constituição Federal).

Ou seja, por intermédio de políticas públicas integradas em torno da prevenção e reparação das contingências sociais que afligem a sociedade, cria-se a Seguridade Social com a seguinte lógica: o Estado se propõe a garantir, por meio de medidas preventivas e reparadoras, saúde pública para todos os brasileiros. Com saúde, a população economicamente ativa deve trabalhar e contribuir obrigatoriamente para um sistema previdenciário, de forma a se prevenir contra os riscos sociais. Aqueles que não possuírem condições de trabalho e que estejam em situação de miserabilidade contam ainda com os benefícios e serviços assistenciais.

Assim, em tese, com a Seguridade Social criam-se os fundamentos para se alcançar os objetivos da Ordem Social brasileira (art. 193 da CF/1988), quais sejam: bem-estar e justiça social. Afinal, seria possível, num modelo redistributivo de renda, evitar a ocorrência ou, pelo menos, minimizar os efeitos negativos que a ocorrência dos riscos sociais geram na população.

Para garantir esses direitos à Saúde, Previdência e Assistência Social, a própria constituição tratou de indicar quais riscos deveriam, minimamente, proteger (morte,

---

1. Mestre em Direito Previdenciário.

idade avançada, maternidade, doenças etc.) e quais seriam as formas de financiamento para esse sistema destinadas a um Orçamento da Seguridade Social próprio, com várias fontes de custeio (contribuição do empregador sobre o faturamento, sobre receita, sobre a folha de salários e sobre o lucro; contribuições dos trabalhadores e demais segurados; contribuição sobre a importação e também sobre concurso de prognósticos, entre outras – art. 195 da CF/1988).

Entretanto, há ainda muito a avançar para que as diretrizes apontadas pelo Texto Maior consigam se concretizar na vida dos brasileiros. As diferenças sociais, regionais, de gênero e das condições do ambiente do trabalho fazem com que os riscos não sejam os mesmos para todos os brasileiros, o que justifica regras específicas para adequar os diferentes graus de proteção que a norma deve proporcionar.

2. DA PROTEÇÃO DO RISCO PREVIDENCIÁRIO FEMININO

Se o desenvolvimento do direito previdenciário se deu, em âmbito mundial, pela evolução cultural e legislativa da proteção do risco na vida de uma pessoa; a proteção do risco feminino veio de forma tardia e ainda carece de melhorias substanciais.

Somente em 1919, ano em que ocorreu a primeira Conferência Internacional do Trabalho, promovida pela Organização Internacional do Trabalho – OIT, foram realizados os primeiros debates a respeito de igualdade e de especificidades entre gêneros para fins previdenciários. (BELTRÃO, 2002)

A Declaração de Filadélfia de 1944, um relevante documento editado pela Organização das Nações Unidas – ONU, num momento de luta para afirmação das mulheres, já reproduzia intenções e propósitos relacionadas à igualdade de oportunidades entre homens e mulheres.

Na década de 1950 surgiram dois importantes avanços: em 1951, na Conferência Geral da Organização do Trabalho, a Convenção da Remuneração Igualitária (C100), a qual convenciona que deverá existir igualdade de remuneração de homens e mulheres; e em 1958, a Convenção de Discriminação Ocupacional e do Trabalho (C111), quando a OIT adota dispositivos contrários à discriminação, seja qual for a raça, credo ou sexo, para que todos tenham direito ao progresso em liberdade e dignidade, com segurança econômica e iguais oportunidades.

A Conferência Mundial do Ano Internacional da Mulher (ONU), em 1975, definiu o conceito de gênero para a agenda internacional, a transversalidade das políticas públicas com a perspectiva de gênero e a necessidade de empoderamento das mulheres. Assim foi estabelecida a denominada década da mulher pela ONU (1975 a 1985), período no qual ocorreram debates de temas relacionados à participação da mulher na vida política, social e econômica, igualdade de direitos, oportunidades e responsabilidades entre homens e mulheres, auxiliando diretamente a seguridade social. Essa igualdade deveria estar definida na Lei com objetivo de proporcionar oportunidades nas condições de trabalho, da educação e de estabelecer o fim da discriminação da mulher.

Destaque-se que, nesse mesmo ano de 1975, foi editada a Declaração de Igualdade de Oportunidades e Tratamento para mulheres trabalhadoras, estabelecendo condições e oportunidades iguais para os gêneros no trabalho. O objetivo da OIT era a extinção de tratamentos discriminatórios à mulher, principalmente em relação aos direitos no campo da ocupação laboral e da seguridade social. (BELTRÃO, 2002)

Em 1979 ocorreu nova Assembleia Geral das Nações Unidas, cuja orientação foi no sentido de estimular que seus países membros se esforçassem para eliminar a discriminação em relação às mulheres e garantir os mesmos direitos dos homens. Surgiu a Convenção sobre a Eliminação de Todas as Formas de Discriminação contra a Mulher proibindo a demissão do emprego que tenha como base gravidez ou maternidade e obrigando o pagamento de licença-maternidade. (GUARNIERI, 2010)

Em 1985 ocorreu a 71ª Conferência Internacional do Trabalho na qual foram definidas medidas para o desenvolvimento dos sistemas de seguridade social da mulher, garantia de tratamento igualitário aos homens, proibição de discriminação e a ampliação da proteção da seguridade social. (BELTRÃO, 2002)

Para coroar a Década da Mulher, em 1985 ocorreu em Nairóbi a III Conferência Mundial sobre a Mulher com tema central "Estratégias Orientadas ao Futuro para o Desenvolvimento da Mulher até o ano de 2000". Nesse encontro foram analisados os progressos da luta pela Igualdade entre gêneros e o fim da discriminação contra as mulheres, sendo também abarcados os temas de remuneração e seguridade social da mulher. (BELTRÃO, 2002)

Outro importante acontecimento histórico na luta pelos direitos das mulheres foi a Declaração de Pequim, adotada pela IV Conferência Mundial da Mulher, realizada novamente pelas Nações Unidas, na China em 1995. Essa conferência definiu os direitos das mulheres como direitos humanos e, no âmbito da seguridade, a reivindicação direitos e oportunidades iguais e acesso aos mesmos recursos para mulheres e homens.

Esforços desenvolvidos pelos organismos internacionais e de diplomas como a Declaração e Programa de Ação de Viena de 1993 e a Declaração e Plataforma de Ação em Pequim de 1995, foram essenciais para a ampliação do compromisso de desenvolvimento quanto aos problemas e necessidades das mulheres, levando mais de 70 países aderirem a convenções emanadas. (DOS REIS, 2013)

Destacam-se importantes marcos na história da proteção social da mulher no mundo tais como: A Conferência Internacional do Trabalho, em 1919, em que foi adotada a Convenção de Proteção à Maternidade (C3), que trata do emprego da mulher antes e depois do parto e da garantia de licença-maternidade e remuneração apropriada durante esse período. Esse diploma foi revisto em 1952 (C103) para dispor sobre o tempo de amamentação e aumentar o tempo de licença-maternidade de 6 para 12 semanas. Em 2000, essa convenção foi novamente revista (C183), dispondo sobre a promoção da igualdade entre gêneros para abranger formas "atípicas" de trabalho, a ampliação do tempo de licença-maternidade para 14 semanas e a garantia ao emprego no retorno, após a licença-maternidade à mesma posição ou equivalente.

Assim, esses diplomas internacionais passaram a ser gradativamente ratificados nos ordenamentos dos países signatários estabelecendo esforços efetivos de proteção à mulher quanto ao parto, emprego, amamentação e maternidade. (IORA, 2016)

No Brasil, a inclusão da mulher no tema da Previdência Social se deu de forma lenta e gradual e tem relação direta com a liberação da mulher do ambiente doméstico e a sua inclusão no mercado de trabalho. No âmbito constitucional, apenas na constituição de 1967 fica expressa a condição de igualdade sem distinção de sexo, situação a qual se consolida na constituição de 1988, no que se refere à obrigações e aos direitos.

A Constituição Federal de 1937 foi a primeira a abordar o tema específico da mulher ao proibir o trabalho feminino em indústrias insalubres (art. 137, *k*). Assegurou-se também assistência médica e higiênica à gestante (art. 137, *l*), prevendo, sem prejuízo do salário, um repouso antes e depois do parto.

O Texto Constitucional de 1946, ao determinar os preceitos a serem obedecidos pela legislação do trabalho e a da previdência social, estabeleceu a proibição de diferença salarial por motivo de sexo (art. 157, II), vedação do trabalho da mulher em indústrias insalubres (art. 157, IX); direito da gestante a descanso antes e depois do parto, sem prejuízo do emprego nem do salário (art. 157, X); direito à previdência, em favor da maternidade e contra as consequências da doença, da velhice, da invalidez e da morte (art. 157, XVI).

Sem grandes avanços, a Constituição Federal de 1967 proibia a diferença de salários e de critérios de admissões por motivo de sexo (art. 158, III), mantinha a vedação ao trabalho insalubre à mulher (art. 158, X), assegurava o descanso remunerado da gestante, antes e depois do parto, sem prejuízo do emprego e do salário (art. 158, XI); e previdência social para proteção da maternidade (art. 158, XVI).

Na Constituição de 1988 consolida-se tratamento igualitário para as mulheres quanto aos seus direitos trabalhistas e previdenciários, com previsão constitucional no art. 7º (direitos trabalhistas), art. 201 (direitos previdenciários para as trabalhadoras do Regime Geral de Previdência Social – RGPS) e art. 40 (regras específicas para as servidoras públicas). Cumpre observar que se buscou trazer regras diferenciadas apenas no que tangem aos riscos específicos do trabalho feminino e rural.

Na legislação infraconstitucional, especificamente em relação aos direitos previdenciários, com a Promulgação da Lei Orgânica da Previdência Social (Lops) na década de 60 e, posteriormente, com a criação do Instituto Nacional da Previdência Social (INPS), foram criados e implementados benefícios diferenciados entre homens e mulheres. (OLIVEIRA, 1998)

Entretanto, somente em 1974, com a Lei n. 6.195, se estende proteção às mulheres trabalhadoras rurais chefes de família e também a concessão de benefício que fosse decorrente de acidente de trabalho. Com legislação específica (Lei n. 5.859/1972), as empregadas domésticas também sofreram tratamento diferenciado quanto aos direitos a salário-maternidade, salário-família e benefícios decorrentes de acidentes do trabalho, além de o valor de benefício ser, inicialmente, restrito a um salário mínimo. (CAMARANO, 2002)

Sobre as regras de aposentadoria, atualmente o texto constitucional prevê os seguintes requisitos para as seguradas do Regime Geral de Previdência Social:

> Art. 201. A previdência social será organizada sob a forma de regime geral, de caráter contributivo e de filiação obrigatória, observados critérios que preservem o equilíbrio financeiro e atuarial, e atenderá, nos termos da lei, a:
>
> § 7º É assegurada aposentadoria no regime geral de previdência social, nos termos da lei, obedecidas as seguintes condições:
>
> I – trinta e cinco anos de contribuição, se homem, e trinta anos de contribuição, se mulher;
>
> II – sessenta e cinco anos de idade, se homem, e sessenta anos de idade, se mulher, reduzido em cinco anos o limite para os trabalhadores rurais de ambos os sexos e para os que exerçam suas atividades em regime de economia familiar, nestes incluídos o produtor rural, o garimpeiro e o pescador artesanal.

A legislação infraconstitucional, por meio do art. 25, Lei n. 8.213, de 1991, define a idade mínima de aposentadoria por idade em 65 anos para homens e 60 anos para mulheres, e condiciona, para ambos os sexos, a 180 meses de contribuições à Previdência Social. Já para a concessão das aposentadorias rurais, é reduzida em cinco anos a idade mínima exigida para cada sexo, sendo 60 anos de idade para homens e 55 para mulheres, desde que comprovado um tempo mínimo de contribuição presumido em 15 anos de atividade agrícola. Essa mesma diferenciação de requisitos se aplica para a concessão das aposentadorias por tempo de contribuição, pois a Lei introduz o diferencial de cinco anos de acordo com o sexo: 30 anos de contribuições para as mulheres e 35 anos para os homens.

Após avanços em relação aos direitos das mulheres, a previdência social se firmou como uma das poucas políticas públicas que trazem regras mais benéficas às mulheres. Isso se deu como forma de compensá-las em relação à diferenças sociais gritantes ainda existentes no plano fenomênico no que diz respeito ao seu risco social, seja no mercado de trabalho seja pela sua condição reprodutiva:

> Essas diferenças de idade e de tempo de contribuição entre homens e mulheres realizam um princípio de justiça cujo fundamento reside na existência das desigualdades de gênero que caracterizam de modo distinto a inserção de homens e mulheres no mundo social do trabalho, compreendido como o conjunto total dos trabalhos relativos à produção social (ligados ao mercado de trabalho e às atividades econômicas integradas à esfera da circulação de bens e serviços) e dos trabalhos relativos à reprodução social (ligados às tarefas de cuidados com membros da família e aos afazeres domésticos). (MOSTAFA; VALADARES; SOUZA; REZENDE; FONTOURA, 2017, p. 4)

A proteção da mulher no Direito Previdenciário, portanto, traz uma discriminação positiva, tanto na Constituição quanto na legislação infraconstitucional, em obediência aos diplomas internacionais de direitos humanos que o Brasil se comprometeu a cumprir. Desse modo, além de proibir a discriminação, há uma mudança de postura do Estado que também passa a assumir obrigações positivas em favor daqueles que historicamente sofreram práticas discriminatórias, trazendo para o âmbito da proteção previdenciária as situações específicas da mulher, grupo ainda mais vulnerável aos riscos sociais.

3. PERSPECTIVAS FUTURAS DA PROTEÇÃO PREVIDENCIÁRIA DA MULHER

O perfil do mercado de trabalho e as alterações na dinâmica demográfica brasileira vem sendo transformados com o ingresso crescente das mulheres em ocupações outrora ocupada apenas pelos homens, o que tem gerado ampliação da quantidade de beneficiárias no sistema previdenciário e aumento do tempo de recebimento dos benefícios, haja vista diferenças entre gêneros que apontam maior expectativa de vida para as mulheres. (CAMARANO, 2002)

Como no âmbito previdenciário a legislação evoluiu alcançando regras positivas às mulheres, surge a indagação se ainda seria justificável a diferenciação nas regras de aposentadoria entre homens e mulheres. Desse modo, surgem propostas legislativas de reforma da previdência que, sob a alegação de que as mulheres já se encontrariam no mesmo nível de igualdade que os homens em todos os setores, buscam a redução ou a eliminação de regras com requisitos diferenciados entre os sexos.

Nesse sentido, a Proposta de Emenda à Constituição – PEC n. 287/2016, sugeriu a ampliação e equiparação da idade mínima para a aposentadoria de ambos os sexos aos 65 anos de idade e ampliação do tempo mínimo de contribuição de 15 para 25 anos, eliminando as modalidades diferenciadas de aposentadoria por idade e tempo de contribuição, bem como igualando os trabalhadores rurais, urbanos, professores e servidores públicos.

Após mobilizações e pressões da sociedade, o Governo flexibiliza sua proposta para redução da diferença etária entre homens e mulheres de 5 para 3 anos, ou seja, os homens seguiriam com a idade mínima para aposentadoria aos 65 anos de idade e as mulheres aos 62 anos, com uma regra de transição e uma equiparação no futuro.

Cumpre observar, portanto, se há condições para a equiparação ou mesmo a diminuição da diferença etária entre homens e mulheres sob o ponto de vista do núcleo essencial da previdência: a proteção do risco.

Na ótica previdenciária, dois aspectos são relevantes para se dimensionar o risco da mulher em comparação ao risco dos homens: o biológico e o sociocultural. Sob a questão biológica, cabe à mulher a gestação, procriação e amamentação, o que naturalmente exige diversos tempos biológicos e mecanismos de proteção diferenciados no desempenho dessas funções. Não há dúvidas que culturalmente tem havido uma evolução dos papéis dos membros da família, pois o cuidado com os filhos não tem se restringido totalmente às mulheres, o que tem, inclusive, motivado alterações na legislação previdenciária, mas as diferenças fisiológicas entre os sexos existe e deve ser ponderada. Já quanto à questão sociocultural, há a necessidade de se observar que os benefícios previdenciários abarca diversas dimensões, dentre as quais: mercado de trabalho, estrutura familiar e nível de instrução. (MATOS, 2007)

Isto porque a política pública previdenciária, ao proteger a pessoa dos riscos sociais, necessariamente depende das demais políticas públicas relacionadas ao mercado de trabalho, à educação da população, à saúde pública e aos aspectos sociais das famílias. E nesse quadro mais amplo, ainda que tenhamos avanços significativos quanto a igualdade de gênero na legislação pátria, os números que medem a tão perseguida igualdade de oportunidade no mercado de trabalho e, consequentemente, de direitos sociais, demonstram que a taxa de participação das mulheres no mercado de trabalho evolui lentamente, a taxa de desemprego entre mulheres ativas ainda é maior do que as dos homens, a remuneração feminina também é menor do que a masculina e muitas das barreiras discriminatórias para as mulheres no mercado de trabalho ainda não foram superadas. (IBGE, 2010)

Ao se analisar a inserção de homens e mulheres no mercado de trabalho não há como negar as desigualdades de gênero ainda presentes:

> As mulheres apresentam taxas de participação significativamente inferiores às masculinas, 57% e 79%, respectivamente. É importante reter que a diferença na participação no mercado de trabalho entre homens e mulheres está relativamente estável desde 2005. (...) Quando as mulheres se lançam no mercado, têm maiores dificuldades de encontrar emprego, apresentando taxas de desemprego muito superiores às masculinas, de 11,6% contra 7,7% respectivamente, de acordo como PNAD 2015. Quando encontram emprego, têm menor jornada de trabalho, inserção mais precária e remuneração que apresenta, em média, 70% da remuneração masculina. (MOSTAFA; VALADARES; SOUZA; REZENDE; FONTOURA, 2017, p. 7-8)

Estudo do Instituto de Pesquisa Econômica Aplicada, em 2016, aponta para ainda existente desigualdade de gênero no mercado de trabalho, ao demonstrar que a aproximação dos rendimentos femininos, ainda se mostra lento e desigual em relação aos homens:

> Se, em 2015, as mulheres ultrapassaram pela primeira vez o patamar de 75% da renda masculina, as mulheres negras prosseguem recebendo menos de 40% da renda dos homens brancos. Portanto, não houve alteração em profundidade na estrutura da desigualdade de gênero e cor: "os homens continuam ganhando mais do que as mulheres (R$1.831 contra R$1.288, em 2014), as mulheres negras seguem sendo a base da pirâmide (R$946 reais, em 2014) e homens brancos, o topo (R$2.393 no mesmo ano). (IPEA, 2016, p. 13)

Ainda que a legislação trabalhista e previdenciária reconhecerem o papel da mulher em relação à maternidade, com a devida remuneração para os cuidados da criança, há de ser observado que esse não é o único aspecto que limita a participação das mulheres no mercado de trabalho. Existe outro aspecto que é o da divisão sexual do trabalho que opera uma naturalização do "feminino" ao destinar às mulheres a grande maioria das ocupações, remuneradas ou não, que tenham ligações a atividades domésticas e de cuidados. Desse modo, via de regra, são as mulheres que cuidam de idosos, de pessoas com deficiência e do companheiro, condições essas que geram a devida consequência no mercado de trabalho:

> A condição de gênero suscita preconceitos em relação à "disponibilidade" das mulheres para o trabalho remunerado. Por isso, mesmo as jovens ainda sem filhos, se deparam com maiores taxas de desemprego que os jovens, com menores salários e menores perspectivas de progressão em suas carreiras. Ou seja, o mercado precifica o gênero. (MOSTAFA; VALADARES; SOUZA; REZENDE; FONTOURA, 2017, p. 5)

Desse modo, os aspectos sociais relacionados ao gênero ainda atribuem às mulheres uma demanda maior de trabalhos não remunerados ligados à reprodução social, e consequentemente, de menor remuneração dos trabalhos relativos à esfera da produção social. Ademais, determinados tipos de trabalho remunerado, os quais são majoritariamente ocupados por mulheres e, via de regra, mais desvalorizados, carregam muitas características do trabalho doméstico e de cuidado, como é o caso das ocupações nos campos da enfermagem, pedagogia, assistência social, psicologia, beleza, limpeza, atendimento ao público e preparação de alimentos. (SILVEIRA; MOSTAFA; CAETANO; SANTOS, 2011)

É inegável os avanços conquistados pelas mulheres no mercado de trabalho e na economia. A força de trabalho feminina representa grande parte da população economicamente ativa no Brasil e são as mulheres, muitas vezes, as responsáveis pelo sustento da família (uma em cada quatro famílias). Entretanto, a inserção da mulher no mercado de trabalho continua a ocorrer muitas vezes em bases discriminatórias que contribuem para manter e reproduzir as desigualdades entre os gêneros. (OLIVEIRA TEIXEIRA, 2017)

Além da atividade laboral remunerada, existe outra atividade tão importante quanto a primeira, que se desenvolve no âmbito familiar, cujo papel ainda é atribuído majoritariamente às mulheres. Dados estatísticos apontam que 88% das brasileiras acumulam tarefas domésticas e trabalho remunerado, enquanto os homens que acumulam esses dois papéis representam apenas 46%. (ANDRADE, 2016)

É a chamada "dupla jornada, decorrente da divisão sexual do trabalho, em que se reserva à mulher a missão de executar os afazeres domésticos e os cuidados com a família e que gera, no total, uma maior carga de trabalho:

> No que tange à divisão sexual do trabalho e ao uso do tempo, observa-se que a jornada total das mulheres, somando-se o tempo dedicado ao trabalho principal (mais de 35 horas semanais) e aos afazeres domésticos (quase 21 horas semanais), era sempre superior à jornada total dos homens (quase 42 horas dedicadas ao trabalho principal e 10 horas aos afazeres domésticos) [...]. Assim, tanto as mulheres rurais quanto as urbanas apresentam, na média, jornadas semanais totais mais longas que as dos homens, atingindo 55,9 horas semanais, respectivamente, contra 51,8 horas dos homens em média. (BRASIL/SPM, 2014, p. 20)

Ocorre que a inserção feminina no mercado de trabalho não foi necessariamente acompanhada de uma liberação das atribuições familiares e seguiu refletindo as relações de poder entre os gêneros:

> É comum que ao se falar em igualdade entre os gêneros (inclusive no mercado de trabalho) exista uma reação geral calcada na ideia de que as mulheres estão em busca de se igualarem aos homens como se não possuíssem diferenças biológicas. Na verdade, essa fala tão corriqueira apenas evidencia o poder simbólico na aceitação das discriminações sociais como decorrência natural das diferenças entre os sexos biológicos, através de discursos que expõem o ser masculino como mais forte, competitivo, inteligente e dotado das capacidades necessárias para ocupar os postos de trabalho mais "importantes", e o ser feminino como fisicamente frágil, sociável, dócil, e menos capaz, a não ser para as funções que sejam adequadas a essas características e que correspondam aos seus papeis socialmente atribuídos. (RODRIGUES, 2012)

Outrossim, o trabalho feminino ainda é visto por muitos como algo secundário, instável e eventual, de forma apenas complementar às atividades domésticas. Isto porque a inserção da mulher no trabalho, por vezes, é associada ao fato de que essa deva assumir a condição de "provedora" apenas quando lhe falta alternativa, ou seja, quando as circunstâncias impedem que exerça seu papel fundamental de "cuidadora" pela falha do homem como "provedor principal". Demonstra-se aí a imagem estereotipada da mulher como alguém com baixo compromisso com o trabalho e tendente a abandonar a atividade econômica. (ANDRADE, 2016)

O IPEA fez importante pesquisa, a partir da PNAD (Pesquisa Nacional por Amostra de Domicílios), em que se traçou o perfil das pessoas inativas, para identificar as barreiras que as separam do mercado de trabalho e as causas determinantes de sua inatividade e concluiu, então, que quanto maior o número de filhos e menor a idade deles, maior a propensão à inatividade feminina em face da desigualdade na divisão sexual do trabalho. A média de idade das mulheres inativas é de 52 anos, muito menor do que a média masculina, que ultrapassa 64 anos. Sendo que menos da metade dos homens inativos têm filhos *versus* quase dois terços das mulheres nessa condição. A idade média dos filhos é menor entre as mulheres inativas e o número médio de filhos delas é maior. (IPEA, 2016)

As pesquisas sociais identificam, portanto, uma maior inatividade feminina que reflete a grande desigualdade na distribuição sexual das tarefas domésticas e de cuidados:

> As mulheres inativas são, portanto, mais sozinhas e contam com um peso adicional de responsabilidade familiar por ainda possuírem mais filhos de idades mais novas do que os homens inativos. Este contexto certamente se impõe como uma dificuldade adicional para que as mulheres consigam equacionar a necessidade de responder às responsabilidades familiares impostas quase que com exclusividade a elas e o desejo ou a necessidade de entrarem no mercado de trabalho. Não há dúvidas de que diversos outros fatores contribuem para conformar este quadro de maior inatividade feminina. Estes aqui apontados, porém, já são capazes de indicar como a desigual distribuição do trabalho de cuidados pune as mulheres e, particularmente, as mulheres negras nas possibilidades e condições de participação na economia. (IPEA, 2016, p. 7)

Curioso é o fato de que as mulheres possuem escolaridade superior à dos homens inativos. As mulheres estudam 6,4 anos na média enquanto os homens estudam na média 5,3 anos. Porém, o maior grau de instrução não tem sido suficiente para sua inserção no mercado de trabalho:

> O que estes dados parecem indicar é que as inativas são mulheres ainda em plena idade produtiva, com escolaridade mais elevada que a dos homens e que, tendo a oportunidade, poderiam – para além do que já fazem para a reprodução da vida – contribuir elas próprias para a produção de riquezas do país e não apenas como possibilitadoras da contribuição que os homens dão à economia. (IPEA, 2016, p. 6/7)

Esse quadro de desigualdades é ainda mais alarmante ao se referir às mulheres negras e trabalhadoras rurais. As trabalhadoras negras, que representam 51% do total da força de trabalho feminina, ainda são maioria entre os trabalhos sem carteira assinada, em situações mais precárias e com menores salários. Já as trabalhadoras rurais, via de regra, começam a vida laboral de forma precoce (muitas vezes antes dos 14 anos de idade), em trabalhos braçais e com menor expectativa de sobrevida. (IBGE, 2014)

O emprego doméstico, muitas vezes informal, ainda é predominantemente feminino, com baixos níveis de rendimento e de proteção social associados à discriminação e exploração de mais difícil controle pelo Estado. A informalidade dessa relação de trabalho doméstico, que também se apresenta muitas vezes no trabalho terceirizado e em prestações de serviços autônomas, gera reflexos na ausência da respectiva contribuição para a previdência social. Tanto é que estudos confirmam as desigualdades existentes entre gêneros ao demonstrar que, em virtude da dificuldade de se comprovar as contribuições exigidas pela legislação, que possibilitariam a aposentadoria por tempo de contribuição, a maior parte das aposentadorias concedidas às mulheres é por idade, aos 60 anos. Portanto, a precarização dos postos de trabalho doméstico, terceirizado e informal, nos quais as mulheres são maioria, exigem políticas públicas específicas:

> Em resumo, a discriminação sofrida pelas mulheres nos espaços públicos e privado e a deficiência das políticas públicas, que motivaram os constituintes a criarem, por meio da aposentadoria antecipada, uma espécie de "compensação" em favor delas, ainda se mantêm, impondo a elas muitas penalidades ao longo da vida. (DIEESE, 2017)

A partir dos dados apresentados, verifica-se que a discussão sobre o diferencial de requisitos por sexo na idade de aposentadoria se apresenta como princípio de justiça que, ao ser incluso nos critérios de acesso à Previdência Social, gera uma retribuição do trabalho não remunerado e da desigualdade da relação de trabalho realizado pelas mulheres. Ao tratar diferentemente homens e mulheres, o Estado reconhece uma desigualdade social ainda presente na valoração de seus trabalhos:

> Conferir valor ao trabalho reprodutivo não pago significa reconhecer sua importância econômica para a dinâmica produtiva da vida social. A Previdência Social é, hoje, a principal política que realiza a conexão econômica entre a esfera produtiva e a esfera reprodutiva, conferindo um bônus pelo "sobretrabalho" feminino acumulado ao longo da vida ativa. Esse reconhecimento econômico por meio do Estado, na forma de um direito, é em si transformador porque relativiza a hierarquia entre trabalho produtivo e reprodutivo, e altera sua correlação de forças. (MOSTAFA; VALADARES; SOUZA; REZENDE; FONTOURA, 2017, p. 5)

Uniformizar a idade mínima de acesso a todos trabalhadores, sem quaisquer considerações a heterogeneidade do mundo do trabalho pode gerar grandes injustiças. Assim como ocorreu nos países desenvolvidos, uma possível alteração no diferencial de idade para aposentadoria de homens e mulheres, deve observar a redução das desigualdades de gênero em nossa sociedade:

> Para promover uma possível alteração no diferencial de idade para aposentadoria de homens e mulheres, seria necessário observar a redução das desigualdades de gênero em nossa sociedade, assim como ocorreu nos países centrais. Uma alternativa seria constituir uma cesta

de indicadores que pudessem espelhar essa redução. Assim, à medida que estes fossem se alterando, uma quantidade "x" de anos seria reduzida do diferencial de idade hoje existente, de cinco anos. Seria fundamental considerar fatores como: a diferença na quantidade de horas gastas em trabalho produtivo e reprodutivo entre homens e mulheres; o percentual de homens que realizam afazeres domésticos; o diferencial nas taxas de desemprego entre os sexos; o diferencial de rendimentos entre os sexos e a taxa de participação feminina no mercado de trabalho. (MOSTAFA; VALADARES; SOUZA; REZENDE; FONTOURA, 2017, p. 20-21)

A Constituição Federal de 1988 firma um contrato distributivo através do Seguridade Social, que opera, em grande parte, por meio da diferenciação das regras de acesso que não apenas permitem aumentar a inclusão beneficiária, mas que, de algum modo compensam as desigualdades estruturais do mercado de trabalho. A diferenciação do requisito idade para aposentadoria entre homens e mulheres presente na Lei reflete o reconhecimento social da dupla jornada feminina de trabalho, já que o acúmulo do trabalho doméstico não remunerado com as demais ocupações, é uma expressão essencial do princípio de equidade que rege o sistema de seguridade brasileiro. (MOSTAFA; VALADARES; SOUZA; REZENDE; FONTOURA, 2017)

Ao longo da história, as mulheres foram gradativamente tendo seus direitos reconhecidos, com incremento significativo do grau de cobertura previdenciária. Porém, a aprovação de emenda à constituição que visa uma equiparação de idade entre homens e mulheres sem a devida observância das questões de gênero e uma análise efetiva de risco social, acaba por gerar mais desigualdades e um retrocesso de direitos ferindo a máxima do Princípio constitucional da igualdade que envolve tratar desigualmente os desiguais.

A discussão acerca da Reforma da Previdência, portanto, deve passar primeiramente pela análise real da proteção do risco social no Brasil, e isso não tem sido quase discutido. Reformar deve ser para melhorar e não para retroceder; o que não impede ajustes no ordenamento para se adequar à dinâmica social e econômica, mas sem perder de vista a razão de ser do sistema que é evitar o estado de necessidade da população. Nesse cenário, estudiosos do direito têm se debruçado sobre o Princípio da Vedação do Retrocesso e as reformas que envolvem matérias de direito social, como as da previdência.

4. O PRINCÍPIO DA VEDAÇÃO DO RETROCESSO E A PROTEÇÃO DOS RISCOS

Parte-se para o estudo da existência em nosso ordenamento constitucional do princípio da vedação do retrocesso. Quanto ao termo "retrocesso", José Vicente Mendonça explica que se deve compreender seu estrito sentido numa dogmática jurídico-constitucional que trate das ideias de efetividade, força normativa da Constituição, eficácia de defesa dos direitos prestacionais e dever de proteção aos direitos fundamentais sociais. (MENDONÇA, 2003)

Compreende-se, portanto, que, além da segurança jurídica abranger um direito à segurança pessoal e social, também abrange um direito à proteção (por meio de prestações normativas e materiais) contra atos violadores dos diversos direitos de proteção que resultam da dimensão jurídico-objetiva dos direitos fundamentais e sociais.

Em íntima relação à noção de segurança jurídica, Canotilho define o princípio da proibição do retrocesso social:

> [...] O princípio da proibição de retrocesso social pode formular-se assim: o núcleo essencial dos direitos sociais já realizado e efectivado através de medidas legislativas ("Lei da segurança social", "Lei do subsídio de desemprego", "Lei do serviço de saúde") deve considerar-se constitucionalmente garantido sendo inconstitucionais quaisquer medidas estaduais que, sem a criação de outros esquemas alternativos ou compensatórios, se traduzam na prática numa "anulação", "revogação" ou "aniquilação" pura e simples desse núcleo essencial. Não se trata, pois, de proibir um retrocesso social captado em termos ideológicos ou de garantir em abstracto um *status quo* social, mas de proteger direitos fundamentais sociais sobretudo no seu núcleo essencial. A liberdade de conformação do legislador e inerente auto-reversibilidade têm como limite o núcleo essencial já realizado. (CANOTILHO, 2001, p. 332)

A doutrina brasileira também vem discorrendo acerca do princípio. Barroso e Barcellos afirmam que a vedação do retrocesso importa: "[...] a invalidade da revogação de normas que, regulamentando o princípio, concedem ou ampliem direitos fundamentais, sem que a revogação em questão seja acompanhada de uma política substitutiva ou equivalente". (BARROSO; BARCELLOS, 2008, p. 3)

Luis Roberto Barroso traduziu o princípio da vedação do retrocesso, nos seguintes termos:

> Por este princípio, que não é expresso, mas decorre do sistema jurídico-constitucional, entende-se que se uma lei, ao regulamentar um mandamento constitucional, instituir determinado direito, ele se incorpora ao patrimônio jurídico da cidadania e não pode ser arbitrariamente suprimido. [...] Nessa ordem de ideias, uma Lei posterior não pode extinguir um direito ou garantia, especialmente os de cunho social, sob pena de promover um retrocesso, abolindo um direito fundado na Constituição. O que se veda é o ataque à efetividade da norma, que foi alcançada a partir da sua regulamentação. Assim, por exemplo, se o legislador infraconstitucional deu concretude a uma norma programática ou tornou viável o exercício de um direito que dependa de sua intermediação, não poderá simplesmente revogar o ato legislativo, fazendo a situação voltar ao estado de omissão legislativa anterior. (BARROSO, 2005, p. 158-159)

Nesse sentido, o estudo do princípio da vedação do retrocesso analisa se há a possibilidade de o legislador suprimir determinado conteúdo, seja por emenda à Constituição ou, por qualquer reforma na esfera legislativa, expresso na Lei Fundamental ou revogar norma regulamentadora de dispositivo constitucional voltado à proteção e garantia dos direitos sociais.

Quais seriam, então, os limites de uma Reforma da Previdência diante do Princípio da Vedação do Retrocesso? Afinal, o direito previdenciário é caracterizado como direito social, incluso no art. 6º da Constituição de 1988, dentro do capítulo "Dos Direitos Sociais" e inserido no título relativo aos "Direitos e Garantias Fundamentais".

No âmbito da proibição do retrocesso, intimamente vinculada às noções de segurança jurídica e proteção da confiança, Ingo Sarlet utiliza-se de exemplos em matéria previdenciária para demonstrar que tanto maior deverá ser a garantia da segurança jurídica individual, quanto mais merecedora de proteção for a confiança depositada pelo indivíduo no sistema vigente, proteção esta vinculada também ao fator tempo:

> Em outras palavras, valendo-nos do exemplo da alteração das regras para aposentadoria e pensões, quanto mais alguém estiver contribuindo num determinado regime de aposentadoria, maior deverá ser a sua segurança jurídica, já que mais merecedora de proteção a sua confiança, o que, por sua vez, deverá ser observado no âmbito das regras de transição a serem estabelecidas pelo legislador. Resulta inadmissível, neste sentido, alterar as regras vigentes, ainda que mediante a ressalva dos direitos adquiridos, da mesma forma para quem estiver contribuindo – e, portanto, confiando – há dois, há vinte anos ou mesmo há trinta anos, pois é evidente que diversa a intensidade da confiança depositada pelo cidadão individualmente considerado (no sentido subjetivo) bem como diferente o dever de respeito a esta confiança. (SARLET, 2004, p. 46)

Embora as reformas dos regimes previdenciários sejam um fenômeno mundial, o Brasil tem realidades próprias, típicas dos países periféricos, que ainda não alcançaram um pleno Estado de bem-estar social, diferentemente dos países centrais:

> Com efeito, enquanto que nos países centrais discute-se a operacionalidade de um modelo estatal que garantiu, em dado momento histórico, eficácia a direitos sociais, nos países periféricos propugna-se pelo afastamento do Estado das políticas sociais, ignorando-se a agravante de que neles nunca se alcançou o nível de verdadeiro Estado de Bem-Estar social. A ironia é que nos países periféricos discute-se a crise de um modelo de Estado que nunca existiu. (FORTES 2005, p. 186)

Em relação à comparação internacional em relação à equiparação etária entre os gêneros para a aposentadoria, cumpre observar que o risco social é sensivelmente distinto entre os países:

> Nos países da União Europeia, a equiparação das idades mínimas de aposentadoria tem ocorrido de forma gradual e tem sido acompanhada pela expansão de políticas de cuidados (creches, apoio a idosos e pessoas com deficiência) e compensações às mulheres no próprio Sistema de previdência (EGGSI, 2011). Isto porque a simples supressão da diferença de idade aumenta a desigualdade de gênero dentro do sistema, os chamados diferenciais de gênero. Também é preciso ter em conta que, na União Europeia, a taxa de desemprego é, em média, igual para ambos os sexos, e a diferença salarial está em torno de 15% entre homens e mulheres (EGGSI, 2011) – patamar muito mais igualitário que o verificado no Brasil. (MOSTAFA; VALADARES; SOUZA; REZENDE; FONTOURA, 2017, p. 10)

Portanto, entende-se que: enquanto ainda houver a probabilidade da ocorrência de um dano, cujo risco social já seja protegido pela ordem jurídica, por meio de direitos sociais, não pode o legislador, mesmo sob o poder reformador da constituição, retirar do ordenamento ou restringir sua proteção, sem alguma medida compensatória, enquanto o risco ainda existir, sob pena de violar o princípio da vedação do retrocesso. (ZUBA, 2013)

Afinal, o núcleo essencial dos direitos fundamentais sociais encontra-se diretamente vinculado ao princípio da dignidade da pessoa humana, que assegura a cada indivíduo um conjunto de prestações materiais indispensáveis para uma vida com dignidade. Tal noção se associa ao princípio da segurança jurídica e da proteção da confiança, no sentido de que eventual intervenção restritiva no âmbito de posições jurídicas sociais exige uma ponderação entre o dano provocado pela Lei restritiva à confiança individual e a importância do objetivo visado pelo legislador para o bem da coletividade.

Esse desenvolvimento normativo quanto à proteção do risco social exige um maior avanço cultural quanto ao trabalho doméstico e com os cuidados da família também pelo homem. Medidas como a extensão da licença-paternidade, por exemplo, com o respectivo salário, refletiriam a importância desses afazeres para a sociedade, independentemente do sexo de quem as façam. No Brasil, a legislação já avançou assegurando o mesmo direito de licença para homens adotantes, conforme Lei n. 8.213/1991, Art. 71-A: "Ao segurado ou segurada da Previdência Social que adotar ou obtiver guarda judicial para fins de adoção de criança é devido salário-maternidade pelo período de 120 (cento e vinte) dias". Mas ainda há muito a avançar.

Portanto, não se quer dizer que o direito previdenciário deva ser estático, sem acompanhar as alterações na realidade brasileira, como o aumento da expectativa de vida, por exemplo. Pelo contrário, deve ser um direito dinâmico capaz de acompanhar os novos desafios existentes, sempre buscando a proteção em face do risco social. Nesse sentido, enquanto houver o risco social, não se pode restringir os direitos que lhe asseguram proteção, sob pena de violação do Princípio da Vedação do Retrocesso.

Há possibilidade de redução do risco por meio de políticas econômicas e sociais. Na seguridade social é possível reduzir os riscos, o que o seguro privado não possibilita de uma forma ampla. Reformar a Previdência deve necessariamente envolver maior prevenção do risco: o que envolve melhor fiscalização do acidente do trabalho (já que atuarialmente a acidentalidade gera grandes custos para o sistema), do ambiente do trabalho (manter ambientes salubres e evitar as doenças do trabalho); evitar endemias e doenças transmissíveis (diminuição de gastos com benefícios por incapacidade e SUS). Envolve também melhorar a gestão, com investimentos em pessoal capacitado e tecnologia, para evitar fraudes e melhorar a fiscalização da arrecadação dos tributos da seguridade social. Assim como, especificamente no que tange à discriminação de gênero, investir em políticas públicas de políticas de cuidados (creches, apoio a idosos e pessoas com deficiência) e políticas que favoreçam a igualdade de condições e oportunidades no mercado de trabalho.

Por ser um direito sempre em formação, que busca o atingimento dos objetivos do bem-estar e justiça social, e em razão das variações que o risco social pode apresentar ao longo do tempo, nada obsta o desenvolvimento de mudanças normativas. Contudo, para que sejam alcançados os objetivos fundamentais da República Federativa do Brasil, dispostos no art. 3º da Lei Suprema, tais reformas devem ter caráter ampliador, numa função impeditiva do retrocesso social. (ZUBA, 2013)

Nessa perspectiva, e equiparação entre mulheres e homens no Brasil exige avanços. Ainda é imposto um pesado ônus às mulheres, que são as mais afetados pelos preconceitos e estereótipos, seja em função à sua condição biologicamente exclusiva de reprodutora, seja pela desvalorização ainda presente no mercado de trabalho. Portanto, a igualdade etária para aposentadoria entre os gêneros ainda deve seguir como um ideal a ser alcançado, mas apenas poderá ser justamente implementado quando os riscos sociais forem exatamente os mesmos.

6. REFERÊNCIAS BIBLIOGRÁFICAS

ANDRADE, Tânia. *Mulheres no Mercado de Trabalho Onde Nasce a Desigualdade?* Consultora Legislativa da Area v. Direito do Trabalho e Processual do Trabalho. Estudo Técnico, jul. 2016.

ASSIS, Armando de Oliveira. *Compêndio de Seguro Social*. Rio de Janeiro: Fundação Getúlio Vargas, 1963.

BARROSO, Luís Roberto; BARCELLOS, Ana Paula de. *O Começo da História*: a nova interpretação constitucional e o papel dos princípios no direito brasileiro. Disponível em: <http://www.camera.rj.gov.br/setores/proc/revistaproc/revproc2003/arti_histdirbras.pdf>. Acesso em: 12 jun. 2008.

BARROSO, Luís Roberto. *O Direito Constitucional e a Efetividade de Suas Normas*. 5. Rio de Janeiro: Renovar, 2001.

BELTRÃO, K. I.; MEDICI, A. C.; OLIVEIRA, F. E. B. de. *Mulher e previdência social*. São Paulo: trabalho apresentado no Seminário Mulher e Cidadania: rumos e descaminhos das políticas sociais, promovido pela Abep, 1994.

BRASIL/SPM. *Relatório Anual Socioeconômico da Mulher – RASEAM 2013*. Brasília: Secretaria de Políticas para as Mulheres, novembro de 2013. Disponível em: <http://www.spm.gov.br/sobre/publicacoes/publicacoes/2013/raseam-interativo> Acesso em: 07 jan. 2018.

CAMARANO, Ana Amélia; PASINATO, Maria Tereza. *Envelhecimento, condições de vida e política previdenciária. Como ficam as mulheres?* Encontro de Associação Brasileira de Estudos Populacionais. Ouro Preto, 2002. p. 6. Disponível em: <http://www.en.ipea.gov.br/agencia/images/stories/PDFs/livros/Arq_16_Cap_08.pdf>. Acesso em: 9 jan. 2018.

CANOTILHO, José Joaquim Gomes. *Direito Constitucional e Teoria da Constituição*. 4. Coimbra: Almedina, 2001.

DIEESE – Departamento Intersindical de Estatística e Estudos Socioeconômicos. *As mulheres na mira da reforma da Previdência*. Nota Técnica, n. 171, mar. 2017.

DOS REIS, Sérgio. *Manual dos Direitos da Mulher*. São Paulo: Saraiva, 2013.

FORTES, Simone Barbisan. *Previdência Social no Estado Democrático de Direito*. São Paulo: LTr, 2005.

GUARNIERI, Tathiana Haddad. Os direitos das mulheres no contexto internacional – Da criação da ONU (1945) à Conferência de Beijing (1995). *Revista Eletrônica da Faculdade Metodista de Granbery*, ISSN 1981 0377, Minas Gerais, n. 8, p. 10-20, jan./jun. 2010.

IBGE. *As fundações privadas e associações sem fins lucrativos no Brasil* – 2010.

IORA, Tania Angelita. A construção dos direitos das mulheres na conquista de seu espaço. *Quaderns de Psicologia*. Centro Universitário Estácio de Sá de Santa Catarina, v. 18, n. 3, 7-14. ISNN 0211-3481, p. 10-15. p. 12, 2016.

IPEA. *Mulheres e trabalho: breve análise do período 2004-2014*. Nota Técnica n. 24. IPEA: Brasília, 2016.

MATOS, Maurren Lessa, GITAHY, Raquel Rosan Christino. *A evolução dos direitos da mulher*. Colloquium Humanarum v. 4. n. 1, jun. 2007.

MENDONÇA, José Vicente dos Santos. *Vedação do retrocesso: o que é e como perder o medo*. Revista de Direito da Associação dos Procuradores do Novo Estado do Rio de Janeiro. Direitos Fundamentais, v. XII. BINENBOJM, Gustavo (Coord.). Rio de Janeiro: Lumen Juris, 2003.

MOSTAFA, J; VALADARES, A.; SOUZA, M.; REZENDE, M.; FONTOURA, N.; *Previdência e gênero: por que as idades de aposentaria de homens e mulheres devem ser diferentes?* IPEA: Nota Técnica n. 35, Brasília, mar. 2017.

OLIVEIRA, Wilson de. *A Mulher em Face do Direito Ao Alcance de Todos*. 2. ed. Belo Horizonte: Del Rey, 1998.

OLIVEIRA TEIXEIRA, Marilane. *O desmonte da previdência social e as mulheres*. Disponível em: <http://plataformapoliticasocial.com.br/wpcontent/uploads/2017/03/Previdencia-e-as-mulheres.pdf>. Acesso em: jan. 2018.

RODRIGUES, Julia de Arruda. *A construção histórica e cultural do gênero feminino e a valorização do trabalho da mulher*. 17º Encontro Nacional da Rede Feminista e Norte e Nordeste de Estudos e Pesquisa sobre a Mulher e Relações de Gênero, Brasil, dez. 2012.

SARLET, Ingo Wolfgang. A eficácia do direito fundamental à segurança jurídica: dignidade da pessoa humana, direitos fundamentais e proibição do retrocesso social no direito constitucional brasileiro. *Revista de Direito Social*. Porto Alegre: Notadez, n. 4, 2004.

SILVEIRA, F. G.; MOSTAFA, J.; CAETANO, M. A.; SANTOS, M. p. G. dos. Previdência dos Servidores Públicos: Reflexões em Torno da Proposta de Instituição da Previdência Complementar. *IPEA: Texto para discussão* n. 1.679, Rio de Janeiro, dez. 2011.

ZUBA, Thais M. Riedel de Resende. *O Direito Previdenciário e o Princípio da Vedação do Retrocesso*. São Paulo: LTr, 2013.

Precisamos Falar sobre Aborto!

Valdete Souto Severo[1]

1. INTRODUÇÃO

A condição feminina se revela assustadora em tantas situações de convívio social, que por vezes se torna impossível separar discussões políticas ou jurídicas, de um sério debate sobre nossa cultura misógina.

Se temos hoje a coragem de enfrentar temas como o estupro, o aborto, a liberdade sexual, a necessidade de respeito mútuo, o fim da cultura pela qual a um homem é reconhecido o direito de impor sua vontade, pois se avança é porque algum sinal obteve da mulher que é objeto de seu desejo, é porque muitas guerreiras, ao longo da história, desafiaram as "regras do jogo" e pagaram com a vida a ousadia da revolta.

Ainda assim, em 2018, temos um longo caminho a seguir.

Nossos jovens por vezes perguntam qual o sentido do movimento feminista em pleno Século XXI, afinal de contas já somos maioria em várias carreiras públicas, já alçamos postos políticos importantes, obtivemos conquistas jurídicas que alteraram as possibilidades concretas de vida de gerações de mulheres. O que mais pretendemos?

A essas indagações, respondo sempre com outra: algum homem tem medo de ser estuprado? Pois esse é um medo que carregamos desde a mais tenra infância, muitas de nós o enfrentam cara a cara dentro de suas próprias casas. Um medo que nos acompanha até o fim de nossas vidas, e que é apenas um singelo exemplo do longo e árduo caminho que ainda devemos seguir, para suplantar concretamente a cultura machista que infelizmente ainda determina os rumos de nosso convívio social.

Aliás, é incrível perceber a expressiva quantidade de mulheres que já passou por episódios de abuso sexual, desde situações dissimuladas e de difícil compreensão, porque praticadas dentro da própria casa, quando ainda não havia condições mentais de assimilar e compreender o que estava ocorrendo, até a ousadia de namorados que pensavam poder qualquer coisa, ou mesmo de situações mais agressivas. Recentemente, uma amiga disse-me que se sentiu responsável, quando foi subitamente "agarrada" pelo homem que estava em sua casa fazendo um conserto. Seu primeiro pensamento foi: "o que fiz para que ele pensasse que eu desejava isso?". E paralisou. Não conseguiu reagir. Essa situação é bem mais comum do que podemos supor.

Além de convivermos com o medo do abuso, ainda precisamos administrar a culpa, que nos é incutida desde a mais tenra infância, e que nos atribui a responsabilidade pelo que sofremos.

Homens e mulheres somos criados para reproduzir a lógica misógina, pela qual meninas vestem rosa e sentam com as pernas cruzadas, enquanto os guris brincam na rua. A lógica pela qual uma mulher que escolhe seus parceiros sexuais é puta, enquanto o homem que faz o mesmo é garanhão. Uma lógica que julga a mulher pelas roupas que usa, por transitar em ambientes que supostamente não lhe são destinados, por verbalizar seus desejos e emoções.

O que compreendo por feminismo, o reconhecimento de que somos diferentes uns dos outros, mas todos destinatários do mesmo respeito, e de que *ser mulher* tem implicações que apenas nós compreendemos, e que precisam ser discutidas, ressignificadas e claramente enfrentadas, para que nossos filhos, filhas, netos e netas finalmente avancem para uma cultura mais horizontal das relações sociais, é um movimento mais necessário do que nunca.

Esse breve ensaio pretende trazer à luz uma das questões que revelam a direta imbricação entre feminismo e democracia, e sobre a necessidade de repensarmos os rumos que estamos adotando em nosso país.

2. VAMOS FALAR DE ABORTO?

Quando estamos em um grupo de amigos ou amigas, e o assunto começa a ficar chato, desanimado, logo alguém arrisca: "vamos polemizar, vamos falar de aborto". Aborto é um tabu em nossa cultura de matriz judaico-cristã, algo sério, sem dúvida alguma. Para falar desse tema, porém, precisamos em primeiro lugar ouvir quem já passou pela experiência de optar ou se sujeitar a um aborto. Trata-se de uma experiência emocional de intensidade difícil de ser mensurada, algo que nunca mais abandona o pensamento, que nos visita com sua tristeza, que nos interpela como seres humanos, que nos convida a questionar nossa fé.

Não tratarei das razões para que alguém escolha abortar. Não importa. Peço apenas àqueles que queiram discutir seriamente o tema, que busquem em primeiro lugar exercer a alteridade. Coloquem-se no lugar de quem vive uma tal experiência. Mas já adianto: é impossível mensurar a

---

[1]. Doutora em Direito do Trabalho pela USP/SP. Pós-doutoranda vinculada ao Programa de Pós-graduação da USP/SP; Membra da AJD – Associação de Juízes pela Democracia; Diretora e Professora da FEMARGS – Fundação Escola da Magistratura do Trabalho do RS; Juíza do Trabalho em Porto Alegre.

extensão e o turbilhão de sentimentos que um tal ato exige; a coragem de enfrentar e exercer uma tal escolha.

É por isso que um relatório como aquele assinado pelo Deputado Jorge Tadeu Mudalen causa repulsa[2]. Refiro-me à PEC n. 181/2015 que, seguindo a linha do golpe parlamentar também utilizado para a chamada "reforma" trabalhista, de alterar projetos legislativos desfigurando-os e, com isso, impedindo o amplo debate público sobre matérias de capital relevância, altera o projeto inicial. A PEC é apresentada com um único dispositivo, pretendendo alterar o art. 7º da Constituição, para estender o prazo da licença-maternidade em caso de nascimento prematuro. Na "Comissão Especial destinada a proferir parecer à proposta de Emenda à Constituição n. 181 de 2015, do Senado Federal, que "ALTERA A REDAÇÃO DO INCISO XVIII DO ART. 7º DA CONSTITUIÇÃO FEDERAL PARA DISPOR SOBRE LICENÇA-MATERNIDADE EM CASO DE PARTO PREMATURO", na mesma linha do que fez Rogério Marinho em relação ao PL n. 6.787, Mudalen altera a proposta incluindo novas alterações no texto constitucional.

Após reconhecer que "compete-nos, dessa feita, nos termos do que dispõe o § 2º do art. 202 do Regimento Interno, a análise **do seu mérito**", o Relator sugere, "para melhor compreender a amplitude da matéria, que a sua apreciação considere as circunstâncias institucionais em que o debate sobre a proteção da vida tem se desenvolvido em nosso país" a partir de "três eixos temáticos, quais sejam: 1º) Dignidade da pessoa humana e o direito à vida; 2º) Estado de Direito; 3º) Ativismo Judicial". Com a mágica do discurso, transforma completamente sua competência, que deveria se resumir à avaliação do texto proposto, tornando-se legislador de um novo texto. O que resulta é a proposta de algo diverso, que do inicial propósito de estender a licença-maternidade, passa a constituir anacrônico e preconceituoso libelo contra o exercício da liberdade feminina.

Tratarei da proposta de alteração constitucional no próximo tópico deste ensaio. Aqui, pretendo apenas demonstrar como o preconceito contra a mulher, e consequentemente contra o ato de abortar, se imiscuiu na PEC n. 181/2015, evidenciando a necessidade de urgente debate sobre o tema.

De acordo com estudo realizado pelo IPEA em 2014, mais de 70% das mulheres estupradas o foram quando tinham menos de dezoito anos; a maioria absoluta delas é preta ou parda; 96,69% dos agressores são homens. Em caso de estupros cometidos contra crianças, por pessoas que a vítima já conhecia, 79% ocorreram dentro de casa. Um número significativo de mulheres engravidou em razão do estupro. De acordo com a pesquisa, "a cada ano no mínimo 527 mil estupros são cometidos no Brasil, mas apenas 10% dos casos chegam ao conhecimento da polícia"[3]. Trago esses dados porque temos mais facilidade de pensar o aborto em tais situações de agressão e violência. Apenas isso. Registro, porém, que evidentemente o tema do aborto não se limita a tais situações extremas e se quisermos realmente superar o preconceito de pretender definir como a mulher pode dispor do próprio corpo, precisamos admiti-lo em qualquer situação, como decorrência do exercício de liberdade que precisa ser garantido à mulher.

Senão pela convicção de que abortar é algo que diz respeito à mulher que engravida e dela deve ser a decisão sobre como dispor do próprio corpo, que o façamos pelo fato objetivo de que a proibição pública do ato não gera como consequência são elisão. Ao contrário, apenas fomenta a existência de um "mercado negro" em que mulheres seguem abortando sem qualquer segurança para a sua saúde. Aquelas que possuem a sorte dos incluídos, o fazem em clínicas para as quais devem pagar não apenas o valor do trabalho, mas também o silêncio. As menos afortunadas o fazem em clínicas clandestinas ou mesmo em casa, sem qualquer assistência ou proteção à saúde, arriscando sua vida. Em artigo sobre o tema, alerta-se que:

> O ato de abortar de forma insegura pode ser considerado uma injustiça social. Índices de mortalidade decorrentes do aborto, na maioria das vezes, refletem mulheres solteiras ou separadas judicialmente. As desigualdades dos efeitos danosos da clandestinidade e da criminalização do aborto atingem principalmente a parte mais vulnerável da população, de mulheres pobres e negras, com baixa escolaridade; as mais jovens e aquelas com menor acesso à informação. Além disso, quando se trata da razão de mortalidade materna por aborto, em relação às mulheres negras, obtém-se 11,28/100 mil nascidos vivos, ou seja, duas vezes mais do que em relação às mulheres brancas (MARTINS; MENDONÇA, 2005). Tratando-se da ilegalidade do aborto no Brasil, verifica-se que esta favorece o ganho ilícito de pessoas com manobras abortivas e a sociedade permanece enraizada em ideologias favoráveis à criminalização apenas das mulheres, não analisando quem elas são, o risco de morbidade e mortalidade ao praticar o aborto, a eficácia de programas de planejamento familiar e as iniquidades existentes no contexto social do qual as mesmas fazem parte[4].

A Pesquisa Nacional de Aborto 2016 mostra que "das 2.002 mulheres alfabetizadas entre 18 e 39 anos entrevistadas pela PNA 2016, 13% (251) já fez ao menos um aborto".

---

2. Disponível em: <http://www.camara.gov.br/proposicoesWeb/prop_mostrarintegra?codteor=1586817&filename=Tramitacao-PEC+181/2015>. Acesso em: 25 jan. 2018.
3. Disponível em: <file:///Users/valdetesevero/Downloads/DOC_ORADOR_C_13194_K-Comissao-Permanente-CDH-20140415CNJ008_parte3238_RESULTADO_1397577899379.pdf>. Acesso em: 24 jan. 2018.
4. Anjos, Karla Ferraz dos. Santos, Vanessa Cruz. Souza, Raquel. Gonçalves Eugênio, Benedito. Aborto e saúde pública no Brasil: reflexões sob a perspectiva dos direitos humanos. Disponível em: <http://www.scielo.br/pdf/sdeb/v37n98/a14v37n98.pdf>. Acesso em: 27 jan. 2018.

Na faixa etária de 35 a 39 anos, "aproximadamente 18% das mulheres já abortou". O estudo afirma que em 2016, aos 40 anos de idade, "quase uma em cada cinco mulheres já fez aborto (1 em cada 5,4)". Mostra, ainda, que metade das mulheres aborta usando medicamentos, como o Misoprostol, "recomendado pela Organização Mundial da Saúde para a realização de abortos seguros". Aponta que metade das mulheres precisou ser internada para finalizar o aborto[5].

Fácil perceber, portanto, que a clandestinidade do aborto, em vez de inibir sua prática, vem causando um número significativo de mortes. Em 2014, a Câmara dos Deputados anunciava que "cerca de 800 mil mulheres praticam abortos todos os anos. Dessas, 200 mil recorrem ao SUS para tratar as sequelas de procedimentos malfeitos". Apontava, ainda, que o aborto "é o quinto maior causador de mortes maternas no Brasil" e que para a Organização Mundial da Saúde (OMS), "a situação pode ser ainda mais alarmante: o número de abortos pode ultrapassar um milhão de mulheres"[6]. Certamente é, pois a maioria das mulheres pobres que fazem aborto não constam nas estatísticas. Nada disso é novidade, mas revela uma realidade que insiste em desafiar o falso moralismo de quem combate o aborto como uma heresia. Do período de lei seca nos Estados Unidos à falida política de repressão contra drogas arbitrariamente eleitas como ilegais, precisamos urgentemente aprender que atos assimilados como necessários e aceitáveis no convívio social não podem ser simplesmente negados pelo Estado. Ao negar algo que recorrentemente acontece e seguirá acontecendo, o Estado apenas se demite de sua função de regular as regras do jogo e controlar seu regular cumprimento.

3. PREOCUPAÇÃO COM A VIDA HUMANA? SERÁ?

É preciso refletir acerca da suposta defesa da "dignidade da vida", que fazem aqueles que condenam a prática do aborto. Em seu relatório, Mudalen, em nome do que chama de "pluralismo efetivo, dando oportunidade para todos se manifestarem, inclusive àqueles que não concordam com o aborto, num debate democrático e racional", parte do pressuposto de que há "um sentimento plenamente majoritário" contrário à legalização do aborto. Portanto, além de não oferecer qualquer base empírica para essa afirmação que, de resto, contraria o estudo antes referido, o que propõe não é debate, mas retrocesso. Ora, se de cada 05 mulheres em idade fértil uma realizou aborto; se a OMS estima mais de um milhão de abortos praticados em 2014, há algo de estranho nas pesquisas oficiais que insistem em reproduzir a ideia de que somos uma sociedade contrária a sua legalização. Talvez a forma mesma como o tema é questionado, com perguntas do tipo "você é contra ou a favor do aborto", como se se tratasse de questão singela, passível de ser resolvida por um raciocínio binário e superficial, contribuam para essa distorção. Fato é que o aborto acontece na realidade de vida de um número expressivo de mulheres e sua simples negação, por parte do Estado, em lugar de proteger a vida dessas mulheres ou de seus filhos, as expõe de modo cruel e cínico à possibilidade concreta de morte ou prejuízo irreparável à saúde reprodutiva.

Para "defender a vida humana", Mudalen propõe a alteração da Constituição, para que o inciso III do art. 1º tenha a seguinte redação: "dignidade da pessoa humana, *desde a concepção*", e para que o *caput* do art. 5º disponha: "Todos são iguais perante a lei, sem distinção de qualquer natureza, garantindo-se aos brasileiros e aos estrangeiros residentes no País a inviolabilidade do direito à vida *desde a concepção*, à liberdade, à igualdade, à segurança e à propriedade, nos termos seguintes". Com isso, pretende claramente – e não disfarça tal intenção em seu relatório – recrudescer a criminalização da prática de aborto, sem qualquer exceção, seja ele decorrente da vontade exclusiva da gestante, seja motivado por concepção resultante de estupro ou doença como a anencefalia[7].

Se o objetivo fosse a defesa da vida humana, como compreender que pessoas que bradam contra o aborto ignorem propositadamente a necessária discussão sobre o número expressivo de mulheres que morrem em clínicas clandestinas ou em suas próprias casas, em razão desse procedimento[8]. Como compreender a completa ausência de preocupação com a mortalidade infantil[9], com a morte por

---

5. Disponível em: <http://www.scielo.br/scielo.php?script=sci_arttext&pid=S1413-81232017000200653&lng=en&nrm=iso&tlng=pt>. Acesso em: 27 jan. 2018.
6. Disponível em: <http://www2.camara.leg.br/camaranoticias/tv/materias/EXPRESSAO-NACIONAL/478093-ABORTO-E-UM-DOS-PRINCIPAIS-CAUSADORES-DE-MORTES-MATERNAS-NO-BRASIL.html>. Acesso em: 13 fev. 2015.
7. Anencefalia é um defeito na formação do tubo neural de um bebê durante o desenvolvimento. Um bebê que nasce com anencefalia pode ser natimorto ou sobreviver apenas algumas horas ou dias após o nascimento. Disponível em: <https://www.gstatic.com/healthricherkp/pdf/anencephaly_pt_BR.pdf>. Acesso 26 jan. 2018.
8. De acordo com recente pesquisa, o "Brasil registra uma média de quatro mortes por dia de mulheres que buscam socorro nos hospitais por complicações do aborto. Até setembro, foram 1.215. Os registros de 2015 têm padrão semelhante: de janeiro a dezembro, houve 1.664 relatos de mulheres que morreram depois de dar entrada em hospitais por complicações relacionadas à interrupção da gravidez". Disponível em: <http://saude.estadao.com.br/noticias/geral,diariamente-4-mulheres-morrem-nos-hospitais-por-complicacoes-do-aborto,10000095281>. Acesso em: 27 jan. 2018.
9. De acordo com o último relatório da UNICEF, mantendo-se as tendências atuais, 30 milhões de recém-nascidos morrerão nos primeiros 28 dias de vida entre 2017 e 2030. Também nesses dados transparecem as marcas da concentração de renda, pois crianças de famílias pobres "são quase duas vezes mais propensas a morrer antes dos cinco anos do que as dos mais ricos". Não há novidade alguma nesse dado, mas impressiona que estejamos tão alheios a uma séria discussão sobre o tema, preocupados em tolher das mulheres o direito ao aborto, enquanto crianças desejadas morrem todos os dias nos braços de suas mães. Ver o relatório completo em: <https://data.unicef.org/resources/levels-trends-child-mortality/>. Acesso em: 27 jan. 2018.

doenças que já haviam sido erradicadas e que retornam ao cenário brasileiro em razão da concentração de renda e, por consequência, da miséria cada vez maior de parte significativa da população[10].

Se há preocupação com a dignidade da vida humana, repensemos nosso modelo de organização social. Em um plano mais objetivo e imediato, tenhamos o mínimo de coerência e combatamos iniciativas como a da "reforma" da previdência, que tornará o direito a um mínimo de assistência à saúde ainda mais distante de importante parcela da população brasileira[11].

Das crianças que nascem todos os dias, segundo dados do Cenário da Infância e da Adolescência no Brasil, "17,3 milhões de crianças até 14 anos vivem em domicílios de baixa renda, dos quais 5,8 milhões em situação de extrema pobreza"[12]. O que faz a chamada "bancada da Bíblia" para acabar com essa realidade?

Se a discussão deve enveredar-se para os caminhos da proteção à dignidade humana, tratemos de enfrentar o tema sob a perspectiva da mulher. Os estudos que temos sobre o aborto relevam que a "mulher comum que aborta é religiosa", 88% delas se declara católica, evangélica, protestante, ou espírita. Não são hereges negando o direito à vida. São pessoas comuns tentando sobreviver em ambientes misóginos, miseráveis ou apenas inadequados para a gestação de um novo ser. Essas mulheres certamente reconhecem a importância da maternidade, pois a "grande maioria delas tem filhos" e, como refere reportagem recente da Carta Capital, são mulheres que sentem medo: "medo de morrer, de arriscar a vida ou de ser presa"[13]. Fazem sua escolha por inúmeras razões de ordem íntima, mas também social, muitas delas diretamente relacionadas a própria sobrevivência, à possibilidade de seguir trabalhando, ao receio de represálias. A dignidade dessas mulheres é desrespeitada por um conjunto normativo que lhes nega proteção adequada em um momento tão grave de sua existência.

4. O ESTADO DE DIREITO DIANTE DO TEMA: ABORTO E DEMOCRACIA

A preocupação do Deputado Mudalen em impedir a liberação do aborto e até mesmo a discussão do tema pode parecer desnecessária, na medida em que a lei penal vigente já criminaliza essa prática[14]. Justifica-se, porém, em razão da atuação do STF, ao reconhecer o anacronismo de tais tipos penais. O fez no Habeas Corpus n. 124.306, cuja ementa do voto vista de Barroso estabelece:

DIREITO PROCESSUAL PENAL. *HABEAS CORPUS*. PRISÃO PREVENTIVA. AUSÊNCIA DOS REQUISITOS PARA SUA DECRETAÇÃO. INCONSTITUCIONALIDADE DA INCIDÊNCIA DO TIPO PENAL DO ABORTO NO CASO DE INTERRUPÇÃO VOLUNTÁRIA DA GESTAÇÃO NO PRIMEIRO TRIMESTRE. ORDEM CONCEDIDA DE OFÍCIO. 1. O *habeas corpus* não é cabível na hipótese. Todavia, é o caso de concessão da ordem de ofício, para o fim de desconstituir a prisão preventiva, com base em duas ordens de fundamentos. 2. Em primeiro lugar, não estão presentes os requisitos que legitimam a prisão cautelar, a saber: risco para a ordem pública, a ordem econômica, a instrução criminal ou a aplicação da lei penal (CPP, art. 312). Os acusados são primários e com bons antecedentes, têm trabalho e residência fixa, têm comparecido aos atos de instrução e cumprirão pena em regime aberto, na hipótese de condenação. 3. Em segundo lugar, é preciso conferir interpretação conforme a Constituição aos próprios arts. 124 a 126 do Código Penal – que tipificam o crime de aborto – para excluir do seu âmbito de incidência a interrupção voluntária da gestação efetivada no primeiro trimestre. A criminalização, nessa hipótese, viola diversos direitos fundamentais da mulher, bem como o princípio da proporcionalidade. 4. A criminalização é incompatível com os seguintes direitos fundamentais: os direitos sexuais e reprodutivos da mulher, que não pode ser obrigada pelo Estado a manter uma gestação indesejada; a autonomia da mulher, que deve conservar o direito de fazer suas escolhas existenciais; a integridade física e psíquica da gestante, que é quem sofre, no seu corpo e no seu psiquismo, os efeitos da gravidez; e a 2 igualdade da mulher, já que homens não engravidam e, portanto, a equiparação plena de gênero depende de se respeitar a vontade da mulher nessa matéria. 5. A tudo isto se acrescenta o impacto da criminalização sobre as mulheres pobres. É que o tratamento como crime,

---

10. É o caso de doenças como o vírus zica, que inclusive terá a atenção do STF quando do julgamento (ainda não realizado) da ADI 5.581, que trata, entre outras coisas da possibilidade de interrupção da gravidez em caso de diagnóstico de infecção pelo vírus zica. A PGR já apresentou parecer favorável quanto a esse tópico, esclarecendo que o aborto é necessário "para proteção da saúde, inclusive no plano mental, da mulher e de sua autonomia reprodutiva. Configura-se causa de justificação genérica de estado de necessidade, cabendo às redes pública e privada realizar o procedimento apropriado, nessas situações". Disponível em: <https://www.stf.gov.br>. Acesso em: 27 jan. 2018.
11. Curiosamente, o DEM, partido a que pertence Mudalen, tem posição favorável às alterações que precarizam completamente o sistema de seguridade social do país. Ver, entre outras reportagens: <http://ultimosegundo.ig.com.br/politica/2017-12-12/reforma-da-previdencia-dem.html>. Acesso em: 25 jan. 2018.
12. Disponível em: <http://www.correiobraziliense.com.br/app/noticia/brasil/2017/03/21/internas_polbraeco,582296/quase-6-milhoes-de-criancas-vivem-em-situacao-de-extrema-pobreza.shtml>. Acesso em: 27 jan. 2018.
13. A reportagem vale a leitura: <https://www.cartacapital.com.br/sociedade/aborto-a-cada-minuto-uma-mulher-faz-um-aborto-no-brasil>. Acesso em: 27 jan. 2018.
14. Código Penal, Art. 124 – Provocar aborto em si mesma ou consentir que outrem lho provoque: Pena – detenção, de um a três anos. Art. 126 – Provocar aborto com o consentimento da gestante: Pena – reclusão, de um a quatro anos.

dado pela lei penal brasileira, impede que estas mulheres, que não têm acesso a médicos e clínicas privadas, recorram ao sistema público de saúde para se submeterem aos procedimentos cabíveis. Como consequência, multiplicam-se os casos de automutilação, lesões graves e óbitos. 6. A tipificação penal viola, também, o princípio da proporcionalidade por motivos que se cumulam: (i) ela constitui medida de duvidosa adequação para proteger o bem jurídico que pretende tutelar (vida do nascituro), por não produzir impacto relevante sobre o número de abortos praticados no país, apenas impedindo que sejam feitos de modo seguro; (ii) é possível que o Estado evite a ocorrência de abortos por meios mais eficazes e menos lesivos do que a criminalização, tais como educação sexual, distribuição de contraceptivos e amparo à mulher que deseja ter o filho, mas se encontra em condições adversas; (iii) a medida é desproporcional em sentido estrito, por gerar custos sociais (problemas de saúde pública e mortes) superiores aos seus benefícios. 7. Anote-se, por derradeiro, que praticamente nenhum país democrático e desenvolvido do mundo trata a interrupção da gestação durante o primeiro trimestre como crime, aí incluídos Estados Unidos, Alemanha, Reino Unido, Canadá, França, Itália, Espanha, Portugal, Holanda e Austrália. 8. Deferimento da ordem de ofício, para afastar a prisão preventiva dos pacientes, estendendo-se a decisão aos corréus[15].

Na decisão, Barroso observa que "para ser compatível com a Constituição, a criminalização de determinada conduta exige que esteja em jogo a proteção de um bem jurídico relevante, que o comportamento incriminado não constitua exercício legítimo de um direito fundamental e que haja proporcionalidade entre a ação praticada e a reação estatal". Há um trecho do voto que merece destaque. Barroso afirma que "a criminalização da interrupção voluntária da gestação atinge gravemente diversos direitos fundamentais das mulheres, com reflexos inevitáveis sobre a dignidade humana" e que é preciso compreender que "a mulher que se encontre diante desta decisão trágica – ninguém em sã consciência suporá que se faça um aborto por prazer ou diletantismo – não precisa que o Estado torne a sua vida ainda pior, processando-a criminalmente".

Essa é uma assertiva importante. Aborto é um trauma que certamente a maioria das mulheres que por ele passaram teriam evitado, se pudessem. Evitá-lo implica realizar políticas públicas de prevenção, acesso à informação e educação sexual. Essa deveria ser a preocupação do Estado: evitar a necessidade da escolha extrema, em vez de, como refere o Ministro Barroso, tornar a vida da mulher ainda pior. Ainda assim, preciso registrar que o avanço no trato desse assunto deve ir além. Sem prejuízo da necessidade de prevenção, precisamos reconhecer o direito da mulher a dispor de seu próprio corpo. Vale dizer: o aborto precisa ser um ato reconhecido, e não criminalizado, pelo Estado como expressão do direito feminino de viver com dignidade, escolhendo seus próprios rumos.

É exatamente contra essa compreensão humana e libertadora de tudo que envolve o ato de abortar, ratificada pelo STF na ADPF 54, em que declara a inconstitucionalidade da interpretação segundo a qual a interrupção da gravidez de feto anencéfalo é conduta tipificada nos arts. 124, 126, 128, incisos I e II, todos do Código Penal, que o Deputado Mudalen e seus aliados se insurgem. Pretendem um Estado que em lugar de propiciar condições reais de prevenção e respeito às escolhas femininas, puna, marginalize e estigmatize as mulheres que optam por abortar. E o Relator da PEC n. 181 o faz sob o pressuposto interessante de que "em nossa democracia, como sabemos, a definição dos temas mais candentes é feita pela lei, isto é, pelo instrumento normativo que decorre da deliberação dos representantes do povo", de modo que o ativismo judicial que "muda as bases" da ordem jurídica deve ser coibido[16]. O relatório refere-se evidentemente às decisões do STF, embora sem mencioná-las expressamente.

Refere que existe "uma ditadura dos entendimentos individuais", que assumem "uma função legiferante em detrimento das atribuições do Congresso Nacional". Acusa expressamente o Poder Judiciário de desrespeitar "um dos pilares da nossa Democracia, consagrado no art. 2º da nossa Constituição", a divisão de poderes. E recupera o discurso clássico moderno, no sentido de que "ao Poder Legislativo que se atribui a definição de temas polêmicos, complexos, que devem ser enfrentados pela sociedade no seu cotidiano como forma de tolerância e convivência pacífica dos interesses contrapostos que nela encontram abrigo", e não ao Judiciário. Acrescenta que ao STF "falta competência e legitimação constitucional para definir" temas como o aborto. E arremata que "não pode eventualmente um Ministro – que não foi eleito e, assim, não tem vinculação direta com o titular do poder, qual seja o povo – desconsiderar não apenas o princípio representativo consubstanciado no Congresso Nacional", como também "desconsiderar direta e veementemente a vontade do povo, que, quase à unanimidade, rechaça a prática do aborto".

Precisamos fazer uma leitura atenta dessa insistente referência ao ativismo judicial em relatórios de projetos de lei que pretendem retirar direitos sociais e recrudescer a face repressora do Estado. Há, aí, a enunciação de um sintoma:

---

15. Data de Publicação da Decisão Final: DJ 30.04.2013. Disponível em: <http://www.stf.jus.br/portal/peticaoInicial/verPeticaoInicial.asp?base=ADPF&s1=54&processo=54>. Acesso em: 12 jul. 2015.
16. O Relator Ricardo Ferraço fez o mesmo em relação à "reforma" trabalhista (PLC n. 38/2017). Acusou o que chamou de "populismo judicial" de responsável pela alteração das regras trabalhistas, cujo suposto objetivo seria evitar uma (inexistente) proteção demasiada aos trabalhadores promovida pela Justiça do Trabalho.

o mal estar com a iniciativa (muito tímida, é verdade) do Poder Judiciário, de fazer valer a Constituição. Não se trata de negar a existência de um problema real, que perpassa as discussões acerca do chamado ativismo judicial e revela a crise que enfrenta o chamado "Estado moderno" e que talvez indique até mesmo seu esgotamento como forma de organização política. A questão é que a enunciação do ativismo como razão para que mais uma legislação seja editada, na contramão do projeto de sociedade contido na Constituição de 1988, sequer se aproxima de uma discussão real sobre os limites da decisão judicial. Por isso mesmo, considerando o objetivo deste ensaio, não tratarei especificamente do tema do ativismo, mas apenas das razões para que, de um momento para o outro, a atuação judicial passe a incomodar tanto determinados setores do poder. Busco-o aqui, portanto, em razão das considerações de Mudalen em seu perverso relatório, apenas para evidenciar a prática (algo comum) de invocar problemas reais para a partir deles propor falsas soluções.

Portanto, se o ativismo é um problema real, que deve ser debatido com seriedade, é preciso compreender que a alteração proposta para a PEC n. 181 nada tem a ver com isso. Ali, o ativismo é mencionado como argumento de retórica, para fragilizar a atuação judicial que propõe um olhar constitucionalizado para as regras jurídicas. O pressuposto dessa desvirtuação do discurso é a recuperação de um conceito de lei há muito ultrapassado, que a equipara às regras contidas em códigos, e relega à Constituição a mera atribuição de ditar a forma de organização das instituições estatais. O pressuposto do discurso, portanto, é a negação dos dois últimos séculos de evolução da teoria do Estado e da decisão judicial. Para atingir o objetivo de retroceder no tempo e recrudescer o combate contra quem aborta, revivendo pensamentos típicos do medievo, o parlamento – por seu representante – invoca a ideia revolucionária (para o século XVIII) de que a divisão de poderes é sagrada e, portanto, decidir em conformidade com a Constituição, afastando do ordenamento uma regra que nega seus princípios, é desconsiderar a vontade do povo.

Eis aí o verdadeiro debate, em que a democracia encontra-se com o tortuoso tema do aborto.

A "vontade do povo" traduzida no número significativo de abortos praticados por mulheres brasileiras é substituída pela "vontade do povo" traduzida nas palavras de um parlamentar conservador. Ora, ao contrário do que parecer crer o Relator, o reconhecimento da força normativa da Constituição representa uma evolução em nosso compromisso com a democracia[17].

Nosso déficit democrático, que tantas vezes compromete a atuação dos três poderes, não pode obscurecer o avanço que representa, no sentido de proteção da maioria sem voz contra desmandos da minoria dominante, a concepção de um pacto constitucional como projeto de regulação do convívio social. Se isso vale em geral, tem sem dúvida ainda maior relevância no Brasil, em que a Constituição de 1988 representa um acordo de vontades gestado em momento de abertura democrática, que avança pouco perto do que poderia, mas que sem dúvida se revela como um projeto a ser construído e consolidado, cujas bases, queiramos ou não, são o respeito à dignidade humana, a redução das desigualdades e erradicação da pobreza.

Como ensina Streck, a Constituição deve ser compreendida como "um evento que introduz, prospectivamente, um novo modelo de sociedade", edificado sob certos pressupostos derivados de nossa história institucional, que condicionam "toda tarefa concretizadora da norma, porque é a partir daí que podemos dizer se o direito que se produz concretamente está legitimado de acordo com uma tradição histórica que decidiu constituir uma sociedade democrática, livre, justa e solidária[18]. Portanto, o Código Penal, a exemplo de todas as demais leis do país, precisa ser "contaminado" pelo evento que introduz um novo modelo de sociedade no Brasil em 1988.

Considerando que Direito é linguagem, é certo que propor e praticar vivências jurídicas alicerçadas em um projeto algo moral, como é a Constituição de 1988, especialmente para uma sociedade de matriz escravocrata, com histórico de dominação de elites que nunca deixaram realmente o poder e recém saída de uma traumática experiência de ditadura sangrenta, é tarefa hercúlea. Daí os tantos deslizes do Poder Judiciário e a necessidade de discutirmos (em outro momento) o tal ativismo judicial. Pior que isso, porém, é deixar de lado o projeto constitucional, negando-o em nome de preconceitos anacrônicos e práticas assassinas como a do fomento ao aborto clandestino por sua simples negação.

O que precisa ficar claro é que o problema do ativismo judicial não é a verdadeira questão que move o Deputado Mudalen a propor alteração constitucional com objetivo de punir quem pratica aborto. O que o move é o apego a uma lógica penal, punitivista, que nega a Constituição, toda a teoria dos direitos fundamentais e, especialmente, o reconhecimento da igualdade de gênero.

A verdadeira questão, por trás do debate sobre o aborto, que dialoga com o tema da democracia, é que não podemos falar seriamente em Estado Democrático quando optamos por penalizar e, portanto, negar em lugar de enfrentar temas sociais que constituem verdadeiras chagas decorrentes do sistema que adotamos. É de machismo, misoginia e capitalismo que devemos falar, se quisermos realmente

---

17. Conforme Zagrebelsky, a Constituição concebe e pontua a diferença entre lei (regra posta pelo legislador) e direitos humanos (validados por si mesmos, independentemente da lei), abrindo caminho para a superação dos problemas que decorrem de uma visão positivista do Direito e, por consequência, do Estado. ZAGREBELSKY, Gustavo. *Diritto Mite*. Torino: Einaudi, 1992. p. 49.
18. STRECK, Lenio Luiz. *Verdade e Consenso*. Constituição, Hermenêutica e Teorias Discursivas. 4. ed. São Paulo: Saraiva, 2011. p. 546.

falar de aborto, pois são esses os fatores que determinam a concentração de renda e o assujeitamento da mulher a condições de vida que tantas vezes a obrigam a optar pelo trauma de sua realização.

Viver de forma democrática implica respeitar escolhas conscientes, de modo que ao Estado compete instruir, esclarecer e propiciar condições de prevenção. Ao mesmo tempo, compete-lhe respeitar o direito que todas as mulheres possuem de dispor do próprio corpo e escolher os rumos que sua vida irá tomar. Exigir que nossa escolha seja entre uma gestação indesejada (seja por que motivo for) e a marginalidade, com exposição de grave risco à vida da mulher, é negar o espaço democrático em que o aborto efetivamente deveria estar sendo debatido. Viver de forma democrática é abandonar o preconceito religioso e moral que colamos ao tema do aborto e discuti-lo como um exercício de liberdade e como política pública de respeito à individualidade feminina.

6. CONCLUSÃO

Abortar é interromper um ciclo, assumindo todos os efeitos físicos e emocionais que daí decorrem. Os motivos para uma decisão dessa magnitude são de várias ordens e devem ser estudados seriamente, sob a perspectiva da necessidade de apoio institucional às mulheres que enfrentam esse trauma. Dar espaço para que o aborto seja discutido sem preconceito e constitua uma opção consciente é a maior contribuição que podemos dar à consolidação da nossa frágil democracia.

Não é razoável para um Estado que se pretende democrático, que estejamos em 2018 discutindo a possibilidade de processar penalmente, e segregar, mulheres que assumem decisões de tamanha gravidade para a sua própria vida e seu futuro. Criminalizar implica deixar à margem, invisibilizar, permitir que práticas abortivas sejam feitas sem o cuidado necessário, dificultando as possibilidades de prevenção.

7. OBRAS CITADAS

ANJOS, Karla Ferraz dos; SANTOS, Vanessa Cruz; SOUZA, Raquel; GONÇALVES, Benedito Eugênio. *Aborto e saúde pública no Brasil*: reflexões sob a perspectiva dos direitos humanos. Disponível em: <http://www.scielo.br/pdf/sdeb/v37n98/a14v37n98.pdf>. Acesso em: 27 jan. 2018.

ZAGREBELSKY, Gustavo. *Diritto Mite*. Torino: Einaudi, 1992.

STRECK, Lenio Luiz. *Verdade e Consenso*. Constituição, Hermenêutica e Teorias Discursivas. 4. ed. São Paulo: Saraiva, 2011.

Em Busca da Coexistência: Um Giro Negro sobre o Feminismo, o Pluralismo e a Democracia

Vera Lúcia Santana Araújo[1]

A mais que oportuna instigação para a reflexão coletiva acerca do feminismo, do pluralismo e da democracia, num cenário de crescentes conflitos identitários, xenofobia em alta, migrações em massa, fazendo emergir novas e/ou revisadas hostilidades entre os povos, constitui exercício de fôlego ante as perplexidades que se avolumam numa rapidez que levam à incredulidade. Essa dinâmica inova e desafia socialmente as organizações sociais compromissadas com o humanismo.

No Brasil, e é sobre nossa história que estamos a operar, o contexto não pode ser mais desolador – a incipiente democracia instituída após o desmonte da ditadura militar, culminando com a participativa convocação da Assembleia Nacional Constituinte que promulgou a Carta Política de 1988, vive hoje incontestável turbulência, com surpreendente presença do Poder Judiciário assumindo papel político de proa na desconstrução do arcabouço democrático que amparava conquistas iniciais na inédita democracia inclusiva, como a querer reafirmar – a sociedade brasileira resiste a se fazer uma Nação.

As raízes do sistema escravocrata estão fincadas na tessitura social brasileira, e sobressaem em incômoda exposição – as mídias tecnológicas exibem a ferocidade do racismo. As políticas públicas que recentemente insinuaram pequenas alterações na estratificação social reinante importunaram o suficiente para impulsionar o desmantelo institucional ora vivido, à custa da pauperização das maiorias, tendo como meta o fortalecimento do grande capital transnacional, com verdadeira renúncia de soberania, elevando internamente a concentração da riqueza e aumentando a espiral da desigualdade.

Nesta senda, reformas já aprovadas e por vir dão bem a mostra das motivações que levaram as elites a romper o pacto constitucional, falseando um processo que teria lastro da Carta se houvesse o cometimento de um só crime de responsabilidade. À ausência do fato jurídico, às favas a constitucionalidade, em sofisticada engrenagem capitaneada pela mídia monopolista, um Congresso rigorosamente desconectado do povo que diz representar, e gravíssimo, tudo entronizado pelo Judiciário.

Com tal contexto, as linhas a seguir buscam percorrer um pouco das tortuosas trilhas que marcam as relações raciais no Brasil, sem escapar da circulação pelo 'universo jurídico', aqui compreendido pelo tripé magistratura, Ministério Público e advocacia, e isso exige deixar assentado o *locus* a partir do qual ouso o debate.

Negra, sou ativista pela sobrevivência em todos os níveis, num país que insiste em me situar nos quartos "de despejo", e aqui homenageio a grandiosa Carolina de Jesus.

Advogada, sou militante do Direito, instrumental especialmente destinado à manutenção do *status quo* dominante, que entretanto não pode ser ignorado pelos dominados; devemos manejá-lo, levando ao Estado as contradições da vida assim como ela é, e talvez seja pelo Poder Judiciário que o Brasil se desvela perversamente excludente – sua composição é a fiel expressão de seu olhar sentenciante, fazendo-se evidente que os impactos de sua branquitude são devastadores, notadamente sobre as mulheres negras.

Feminista, experimento o cotidiano do machismo, e os dias atuais parecem fazer mais forte a misoginia; os assédios, as grotescas 'cantadas', os crimes sexuais até o limite do feminicídio desafiam a concretização da democracia, e também neste quesito os traços da desigualdade racial se pronunciam de modo mais marcante, mais doído.

Logo, o esforço ora desenvolvido intenta articular, transversalmente, a contemporaneidade sobre como fluem, ou não, os diálogos e as vivências plurais, democráticas, entre as mulheres.

A exploração escrava que formalmente estimulou a economia e a vida brasileira até 1888 forjou sólido e singular modelo social racista, com a indisfarçada conivência estatal, em todas as esferas, por todos os tempos, materializada agora no efetivo e incontestável genocídio negro, destaque à matança da Juventude Negra, como a querer matar o futuro...

Com as peculiaridades inerentes em que se gestou, se trata de afirmar que o Brasil é um país monocromático, monocórdico, monopolista, enfim, as composições do poder permanecem exclusivistas – somente homens brancos unidos em torno da perpetuação de modelos econômicos concentradores das riquezas, com gestão política autoritária, podem estar nos comandos dos aparelhos de Estado; a história mais recente foi categórica para não que não pairassem dúvidas acerca dos 'donos do poder', como densamente trabalhou o jurista e sociólogo Raymundo Faoro, em

---

[1]. Advogada, militante da Frente de Mulheres Negras do DF e Entorno, é Diretora da Igualdade e Defesa Social da Associação Brasileira de Advogadas.

1958, em seu celebrado *Os Donos do Poder – Formação do Patronato Brasileiro*, Ed. Globo.

Entre as idas e mais vindas institucionais que o Brasil experimenta, a Carta Política de 1988 trouxe alento à cidadania, e a negritude brasileira trava incansável luta pela concretude de direitos ali consagrados, resultado de ativa mobilização e articulação dos movimentos negros em torno de pautas que reparem danos do escravismo, não sendo impróprio afirmar que a cidadania constitucional jamais se apresentou ao povo negro – a desigualdade racial em números expõe às escâncaras as dimensões da exclusão racial, numa visceralidade que ofende a consciência humanista.

Nos embates por uma organização democrática da sociedade e do Estado, a participação das mulheres ganha relevo, quer pela denúncia do genocídio de seus filhos, irmãos, companheiros, pais, maridos, quer pela afirmação das ancestralidades africanas a fortalecer e reafirmar a diáspora negra, reconhecendo os legados que vão para além da escravidão, tecendo redes, desfazendo falsos saberes, desmontando estereótipos, revelando a estética negra.

Nesta perspectiva, pensar o feminismo implica ressignificá-lo, para incorporar em sua pauta as múltiplas nuances do mulherio nativo – plural e diverso, com cruzamento racial literalmente forçado, mas que representa nosso maior capital humano, e assim o combate ao racismo torna-se a pedra angular da democracia por fazer.

Cotejar as interseções desse amálgama remete às origens da organização social do país, e as notas introdutórias de Katia de Queirós Mattoso no estudo *Família e Sociedade na Bahia do Século XIX*, ed. Corrupio, 1988, p. 15, merecem transcrição:

> "*Os historiadores descobriram ou redescobriram o papel essencial, fundamental, representado pela família no estabelecimento das estruturas sobre as quais foi construído, a pouco e pouco, o Estado brasileiro. Estruturas familiares, estruturas religiosas, estruturas políticas nem sempre são, por certo, fáceis de serem estudadas em sua originalidade específica, embutidas que estão num emaranhado difícil de desembaraçar. Apesar disso, quando empreendemos o estudo das instituições do Estado ou o das instituições religiosas e econômicas, quando tentamos compreender certos traços de mentalidade que presidem as ações da vida diária, somos sempre levados a nos reportarmos à família*".

Tal lição é lapidar às considerações que tecemos; todas as estruturas destacadas foram erguidas sobre o comércio humano das famílias africanas, desestruturadas para compor o modo de produção escravo, e o regime vigente impunha, dentre as medidas de sua sustentação, a desagregação familiar de negras e negros. Assim, compreender as delicadas correlações que entrelaçam os feminismos no Brasil significa reconhecer as extensões da primitiva exploração que teimam em perenizar vínculos de subalternidade, vendo-se no trabalho doméstico, com sua modelagem tupiniquim, a *sua mais completa tradução*.

Arriscando então este exercício, impõe revolver quais passos empreendemos neste rumo, confrontando todo o tecido social e estatal que resiste ferrenhamente às possibilidades da coexistência plural; sua legitimação à matança negra somente se explica pela racional escolha de perpetuação da pirâmide racial que os números brutais ostentam, conforme relatórios do Congresso Nacional – *Relatório Final da Comissão Parlamentar de Inquérito Homicídios de Jovens Negros e Pobres*, julho de 2015, da Câmara dos Deputados, e *Relatório da Comissão Parlamentar de Inquérito do Assassinato de Jovens*, do Senado Federal.

Ante os pontos de convergência das comissões de ambas as Casas congressuais, extraio somente breve trecho do relatório do Senado, em face da relevância da intervenção feminina, para reiterar que nossa agenda feminista é um fio desencampado, e assim requer ações mais prementes e enérgicas – estamos tratando DAS vidas negras, que importam, sim!

> "Antes de propriamente iniciar o Relatório, são necessárias breves palavras a respeito das mães ouvidas por esta Comissão Parlamentar de Inquérito, criada para investigar o assassinato de jovens no Brasil.
>
> (...)
>
> A partir de denúncias que essas mulheres trouxeram à CPI, constatou-se a inevitabilidade de se assumir que o Estado Brasileiro vem sistematicamente dizimando sua população jovem, em sua maioria negra e de origem pobre, como demonstraremos ao longo deste relatório. O Poder Público não tem mais o direito de fugir ao tema".

Noutro vértice das demandas, ponto crucial: trabalho!

Pilar estruturante da vida nacional, o racismo se sustenta e se reproduz por sua ampla funcionalidade econômica, política e social, a serviço da acumulação de privilégios – reais e simbólicos – que ele gera.

Desde o nascer, o item cor representa no Brasil um conjunto de determinantes que somente se alteram por incomensuráveis determinações pessoais, familiares, nos episódicos ineditismos de êxito, como verdadeiras sagas, transformando indivíduos em quase lendas, com perverso efeito – reduzir a maioria à condição de incapazes e incompetentes, em distorcida meritocracia, negando a existência dos altíssimos e impeditivos muros das escolas, das universidades, dos hospitais, dos tribunais, das moradias dignas, etc... e transpô-los é a maratona do cotidiano.

O seletivo Estado, nas formulações e execução de suas políticas, faz incidir o racismo institucional que compromete e macula a apregoada igualdade formal da Constituição; a desigualdade material se traduz na Carta que norteou a Marcha das Mulheres Negras 2015 contra o Racismo e a Violência e pelo Bem Viver, realizada em Brasília, no dia 18 de novembro de 2015, com extensa e densa pauta, perpassando por todos os campos da vida humana, em moderna recuperação e retomada dos ideais de Zumbi e Dandara!

De fato, a organização das mulheres negras por todo o país mostrou-se ampla, arregimentando solidários e ativos apoios de diversos segmentos sociais organizados, ocupando as ruas da Capital da República com toda a diversidade conclamada no documento que anuncia:

"NÓS, mulheres negras do Brasil, irmanadas com as mulheres do mundo afetadas pelo racismo, sexismo, lesbofobia, transfobia e outras formas de discriminação, estamos em marcha. Inspiradas em nossa ancestralidade somos portadoras de um legado que afirma um novo pacto civilizatório. Somos meninas, adolescentes, jovens, adultas, idosas, heterossexuais, lésbicas, transexuais, transgêneros, quilombolas, rurais, mulheres negras das florestas e das águas, moradoras das favelas, dos bairros periféricos, das palafitas, sem teto, em situação de rua. Somos trabalhadoras domésticas, prostitutas/profissionais do sexo, artistas, profissionais liberais, trabalhadoras rurais, extrativistas do campo e da floresta, marisqueiras, pescadoras, ribeirinhas, empreendedoras, culinaristas, intelectuais, artesãs, catadoras de materiais recicláveis, yalorixás, pastoras, agentes de pastorais, estudantes, comunicadoras, ativistas, parlamentares, professoras, gestoras e muitas mais".

A Marcha das Mulheres se inscreveu na história política nacional, e portanto seu manifesto não pode ser ignorado, desconhecido; seu inventário abarca e atravessa existencial e materialmente as mais candentes reivindicações da população negra, e ao assim fazer, apresenta um projeto nacional generoso e acolhedor, que reconhece e dignifica a Vida, o Bem Viver, equalizando os acessos à educação, à garantia da integridade física, protegendo os bens culturais e religiosos laicamente, combatendo os fundamentalismos religiosos, reconhecendo as terras quilombolas, e tantas outras medidas ali desenhadas.

Proteger a juventude negra da sanha policial é dever inarredável do Estado, que igualmente tem a obrigação constitucional de condenar os crimes de racismo, mas não é isso que se verifica. A desqualificação penal do racismo para o ato subjetivo e individualizado da injúria racial tem o condão de retirar de campo coletivo e estruturado do racismo as reiteradas agressões presenciais ou virtuais animalizadoras de toda e qualquer pessoa negra. Identificar como macaca uma mulher negra resvala para todas nós negras que gestamos vidas.

No âmbito do trabalho, não se pode passar ao largo da crueza do trabalho doméstico na história de antes e do Brasil de agora.

Sobre essa atividade econômica perversamente "reservada" às mulheres negras, é sabido que as garantias constitucionais para trabalhadores e trabalhadoras domésticas receberam tardia regulamentação, fato por si só sintomático e revelador do desprezo comum, no seio das famílias e na esfera pública, às condições impiedosas para o trabalho da mulher negra.

Números do Instituto de Pesquisa Econômica Aplicada (Ipea), publicados em março de 2016, abrangendo os anos de 2004 a 2014, registram que o recorte racial agrava o trabalho das negras – entre as empregadas domésticas, 10% eram brancas, ante 17% de negras; entre as brancas, 33,5% trabalhavam com carteira profissional assinada, ao passo que somente 28,6% das trabalhadoras domésticas negras obtinham a garantia do reconhecimento do vínculo de emprego, conforme dados do sítio oficial do governo federal <www.brasil.gov.br>, visto em 06 fev. 2018.

Relativamente ao trabalho doméstico, sabe-se que o cotidiano de crianças e mulheres negras nos lares brasileiros muitas vezes se aproxima das condições análogas ao trabalho escravo, evidenciando que essa relação de trabalho demonstra simbolicamente a complexidade que envolve pensar o feminismo como ideário único; como falar de sororidade, quando os números destampam um caldeirão fervilhante de opressão?

Encarar a pluralidade do feminismo nacional já é, de per si, riquíssimo desafio ao encontro dos ideários libertários que nos irmanam em pautas e agendas, e desvelar a situação empregatícia das negras empregadas emerge como tarefa coletiva; temos, entre nós, patroas, empregadoras e empregadas, reproduzindo muito das senzalas; revisitar, rever e reformular este capítulo de grandeza nacional é crucial na busca da coexistência humana como novo patamar de convívio social; a tolerância é o limite civilizatório da norma jurídica, estatal. A coexistência é a plenitude do respeito, e aí poderemos falar de sororidade.

Prosseguindo nosso giro, indo ao topo da pirâmide na escadaria estatal, o 'universo jurídico' merece não apenas uma escala, mas uma conexão que não faremos nesta assentada; aqui vamos apenas lançar a chama do olhar sofrido das mães vitimadas pelo genocídio; das empregadas domésticas sem proteção trabalhista, submetidas inclusive às sevícias sexuais, tudo encontrando o silêncio cúmplice do Direito.

Com efeito, a branquitude da composição da advocacia, da magistratura e do Ministério Público se reflete com todas as cores na condução do pensamento jurídico e da consecução do fazer jurisdicional do Estado.

Sobre a branquitude, compreendida como identidade privilegiada no autoconhecimento numa sociedade multirracial, é notável que a Ordem dos Advogados do Brasil, com mais de um milhão de advogados e advogadas, sendo 48,2% de mulheres, como mostra o site <www.migalhas.com.br>, especializado em temas jurídicos, visto em 06 fev. 2018, nada tenha a ilustrar sequer quantitativamente, quanto somamos de mulheres e homens negros na advocacia.

Nesse campo, a magistratura tomou dianteira, realizando censo que confirma o olhar leigo – seu funcionar expressa sua composição, em que pese, por exemplo, o julgamento da constitucionalidade da política de ação afirmativa na forma das cotas nas universidades públicas, pelo Supremo Tribunal Federal; as pesquisas que estudam a prestação jurisdicional do Estado se marcam pelo racismo institucional que permeia os demais setores da vida pública ou privada.

O Conselho Nacional de Justiça, em censo publicado no ano de 2014, indicou em seus quadros a presença de 1,4% de negros (homens e mulheres), em pesquisa de autodeclaração.

O Ministério Público, instituição cada vez mais visível no cenário político nacional, não traz para sua estrutura sequer os comandos de que algumas vezes lança mão, quando exercita seu relevante papel constitucional de defesa da ordem jurídica, do regime democrático e dos interesses sociais e individuais indisponíveis.

No âmbito federal, o Conselho Nacional do Ministério Público não apresenta informes que permitam conhecer sua face – múltipla, plural, ou monocromática, como vemos?

Assim, considerando somente o dado do Ministério Público do Estado de São Paulo, extraído do portal da instituição <www.mpsp.mp.br>, consultado em 06 fev. 2016, constatamos que o censo realizado em 2015 contabilizou 4% de seus membros como sendo de raça/etnia negra, 93% branca, 0,3% indígena e 3% amarela.

Os números trazidos pretendem tão somente pincelar o mosaico que temos a desnudar, reconhecendo em nossa diversidade as possibilidades libertárias que podemos vivenciar.

Nesta panorâmica, sobressai o quão distante estamos de um patamar mínimo de equilíbrio nas condições de acesso aos bens econômicos e culturais que conformam qualquer noção ou conceito de dignidade.

De fato, as conquistas amealhadas com a ordem democrática inscrita na Constituição de 1988 não chegaram à maioria de seu povo, as parcas medidas de democracia inclusiva que vínhamos ensaiando geraram a desordem constitucional que ora vige, e os silêncios eloquentes de segmentos que possuem missão constitucional com a efetividade dos primados da dignidade humana não são mais aceitáveis.

Diante da constatação de que vivemos um Brasil de representação "singular" – os homens brancos ainda ditam e comandam o Estado –, Poderes Executivo, Legislativo e Judiciário, instituições como o Ministério Público e Ordem dos Advogados do Brasil conduzem as grandes corporações do capital, a luta pelo pluralismo é tarefa das mulheres.

Os feminismos hão de se encontrar, se entrelaçar e se fortalecer!

A vanguarda da democracia está na capacidade criadora das mulheres, na generosidade guerreira das mães que não se quedam ante a força bruta do Estado ao matar seus filhos; que não se furtam à solidariedade nas adversidades; que não se escondem em qualquer manto, inclusive ombreando, lado a lado com seus companheiros e companheiras, enfrentando tantas jornadas públicas e privadas, sem perder até mesmo a ternura, mas principalmente, sem perder a esperança que dá coragem e revigora as forças, mesmo que num *Quarto de Despejo*.

Em homenagem a tantas bravas e ternas mulheres do Brasil, temos o dever de forjar um feminismo de somas, plural, inclusivo, legando ao país os saberes e prazeres da democracia ainda desconhecida.

1. OUTRAS PÁGINAS ELETRÔNICAS VISITADAS (OUTRAS REFERÊNCIAS ELETRÔNICAS)

Disponível em: <www.geledes.org.br>.

Disponível em: <bradonegro.com>.

Disponível em: <www.ceert.org.br>.

Disponível em: <www.revistaforum.com.br>.

Disponível em: <www.cnj.jus.br>.